Julian von Aeclanum – Ad Florum liber primus

Supplements
to
Vigiliae Christianae

TEXTS AND STUDIES OF EARLY CHRISTIAN LIFE AND LANGUAGE

Editors-in-Chief

D.T. Runia
G. Rouwhorst

Editorial Board

B.D. Ehrman
K. Greschat
J. Lössl
J. van Oort
C. Scholten

VOLUME 175

The titles published in this series are listed at *brill.com/vcs*

Julian von Aeclanum – Ad Florum liber primus

Text, Übersetzung und Kommentar

von

Veronika Müller

BRILL

LEIDEN | BOSTON

Dissertation, Graduiertenschule für die Geisteswissenschaften, Julius-Maximilians-Universität Würzburg, 2022

Library of Congress Cataloging-in-Publication Data

Names: Julian, of Eclanum, Bishop, 380-approximately 455, author. | Julian, of Eclanum, Bishop, 380-approximately 455. Ad florum. 2022. | Julian, of Eclanum, Bishop, 380-approximately 455. Ad florum. German. 2022. | Müller, Veronika (Medievalist), editor.
Title: Ad florum liber primus / Julian von Aeclanum ; Text, Übersetzung und Kommentar von Veronika Müller.
Other titles: Supplements to Vigiliae Christianae ; v. 175.
Description: Boston : Brill, 2022. | Series: Supplements to Vigiliae Christianae texts and studies of early Christian life and language, 0920-623X ; volume 175 | Includes bibliographical references and index.
Identifiers: LCCN 2021060651 (print) | LCCN 2021060652 (ebook) | ISBN 9789004510500 (hardback) | ISBN 9789004510692 (ebook)
Subjects: LCSH: Pelagianism–Early works to 1800.
Classification: LCC BT1450 .J85 2022 (print) | LCC BT1450 (ebook) | DDC 273/.5–dc23/eng/20220126
LC record available at https://lccn.loc.gov/2021060651
LC ebook record available at https://lccn.loc.gov/2021060652

Typeface for the Latin, Greek, and Cyrillic scripts: "Brill". See and download: brill.com/brill-typeface.

ISSN 0920-623X
ISBN 978-90-04-51050-0 (hardback)
ISBN 978-90-04-51069-2 (e-book)

Copyright 2022 by Veronika Müller. Published by Koninklijke Brill NV, Leiden, The Netherlands.
Koninklijke Brill NV incorporates the imprints Brill, Brill Nijhoff, Brill Hotei, Brill Schöningh, Brill Fink, Brill mentis, Vandenhoeck & Ruprecht, Böhlau and V&R unipress.
Koninklijke Brill NV reserves the right to protect this publication against unauthorized use. Requests for re-use and/or translations must be addressed to Koninklijke Brill NV via brill.com or copyright.com.

This book is printed on acid-free paper and produced in a sustainable manner.

Inhalt

Vorwort VII
Allgemeine Anmerkungen zur vorliegenden Publikation IX

Ad Florum 1 – **Hinführung** 1
1 Entstehung von *Ad Florum* – Hintergründe der Debatte und literarische Einflüsse 1
   1.1 *Ein Streit zwischen Zitaten – Ziel der vorliegenden Arbeit* 1
   1.2 *Überblick über Julians Leben und sein schriftstellerisches Wirken* 3
   1.3 *Historischer Kontext der Entstehung von* Ad Florum 7
   1.4 *Gattungseinflüsse auf* Ad Florum 1 11
   1.5 *Darstellung der Quellen, die Julian in* Ad Florum 1 *konsultiert* 18
2 Aufbau von *Ad Florum* 1 und inhaltliche Schwerpunkte der Debatte 21
   2.1 *Disposition von* Ad Florum 1 *und Bedeutung des ersten Buches im Kontext des Gesamtwerkes* Ad Florum 21
   2.2 *Das Welt- und Menschenbild der beiden Kontrahenten* 26
      2.2.1 Julians Welt- und Menschenbild 26
         2.2.1.1 *Der Mensch als Geschöpf Gottes* 26
         2.2.1.2 *Das Verhältnis von Körper und Seele* 27
         2.2.1.3 *Eine optimistische Sicht auf den menschlichen Willen* 31
         2.2.1.4 *Mögliche Vorbilder für Julians Ansichten* 35
      2.2.2 Augustins Welt- und Menschenbild 43
         2.2.2.1 *Das Verhältnis von Körper und Seele* 43
         2.2.2.2 *Menschlicher Wille und göttliche Gnade* 46
         2.2.2.3 *Die Bedeutung der* concupiscentia *in der Auseinandersetzung mit Julian* 55
   2.3 *Die exegetische Methode im ersten Buch von* Ad Florum 57
3 Rhetorisch-argumentatives Vorgehen in *Ad Florum* 1 65
   3.1 *Literarische Ausgestaltung von* Ad Florum 1 *unter Evokation eines Gerichtsverfahrens* 65
   3.2 *Wiederkehrende polemische Topoi* 68
      3.2.1 Der Manichäismus- und Häresievorwurf gegenüber Augustinus 69
         3.2.1.1 *Das manichäische Weltbild* 69
         3.2.1.2 *Die Verwendung des Manichäismus- und Häresievorwurfs in* Ad Florum 1 72
      3.2.2 Charakterfehler Augustins und Augustinus als punischer/verschlagener Redner 76

3.3 *Beweisführung und Widerlegung* 79
    3.3.1 Schlussfolgerungen auf Basis eigener Konzepte und dialektischer und logischer Prinzipien 79
    3.3.2 Hervorhebung von anerkannten Ansichten und Schlüsselbegriffen für den christlichen Glauben 82
    3.3.3 Exegese als Mittel der *refutatio* 83

Ad Florum liber primus – **Das erste Buch an Florus** 91
Conspectus codicum 93
Edition und Übersetzung 94

Gliederung von *Ad Florum* 1 – Inhaltsverzeichnis zum Kommentar 214

Kommentar 218

Bibliographie 569
Namen, Orte, Sachen 613

Vorwort

Die vorliegende Arbeit ist eine leicht überarbeitete Version meiner im Januar 2018 an der Graduiertenschule für Geisteswissenschaften der Julius-Maximilians-Universität Würzburg eingereichten Dissertation mit dem Titel „Julian von Aeclanum – Ad Florum liber 1. Text, Übersetzung und Kommentar". Die Abfassung eines Kommentars bringt es mit sich, dass man sich mit einer Vielzahl an Detailfragen konfrontiert sieht und dabei die großen Fragen in Bezug auf das Gesamtwerk nicht aus dem Blick verlieren darf. Zur Orientierung im Geflecht von großen und kleinen Fragen während der Promotion haben viele Menschen beigetragen, von denen ich hier leider nur einen kleinen Teil persönlich nennen kann. Für die Anregung zu dieser Arbeit und die unablässige Begleitung während ihrer Entstehung danke ich Herrn Professor Dr. Christian Tornau in besonderem Maße. Ihm ist es ebenfalls zu verdanken, dass ich bereits während meines Studiums als studentische, später als wissenschaftliche Hilfskraft beim Zentrum für Augustinusforschung e. V. in Würzburg mitarbeiten durfte und so zum ersten Mal in Kontakt mit der Auseinandersetzung zwischen Augustinus und Julian von Aeclanum kam. Den Mitarbeitern des Zentrums für Augustinusforschung, allen voran Herrn Professor Dr. Dr. Christof Müller, Herrn Dr. Andreas Grote sowie Frau Dr. Carolin Oser-Grote, der Leiterin der Bibliotheca Augustiniana, die diese Arbeit jederzeit durch Gespräche gefördert haben, sei ebenfalls ein großes Dankeschön ausgesprochen. Die freundliche Atmosphäre und die umfassende Ausstattung des Zentrums für Augustinusforschung und der Bibliotheca Augustiniana haben eine intensive und motivierende Auseinandersetzung mit dem Promotionsthema erst möglich gemacht.

Für die Anstöße zur Weiterentwicklung von Fragestellungen und die zielführenden Diskussionen danke ich Herrn Professor Dr. Jörn Müller und Herrn Professor Dr. Dr. h. c. Michael Erler, die Mitglieder des Promotionskomitees dieser Dissertation waren. Des Weiteren gilt mein Dank Herrn Professor Dr. Josef Lössl für die bereichernden Gespräche und Frau Professorin Dr. Dorothea Weber für die Erstellung des Drittgutachtens und die hilfreichen Anmerkungen am Manuskript. Bedanken möchte ich mich außerdem bei allen Mitarbeitern und Mitarbeiterinnen am Institut für Klassische Philologie in Würzburg, insbesondere bei Herrn Professor Dr. Thomas Baier für die Förderung während meines Studiums und meiner Promotion. Ferner konnte ich durch die Aufnahme in die Graduiertenschule für Geisteswissenschaften an der Universität Würzburg meine Dissertation unter strukturierten Rahmenbedingungen abfassen, wofür ich mich v. a. bei deren Geschäftsführer Herrn Dr. Thomas Schmid bedanken möchte. Für die Aufnahme in die Reihe „Vigiliae Christianae Supplements" und die Unterstützung bei der Publikation danke ich Herrn Professor Dr. David Runia, Herrn Professor Dr. Gerard Rouwhorst und Marjolein van Zuylen sowie für das gründliche Lektorat Herrn PD Dr. André Heller. Ein herzlicher Dank gilt der Hanns-Seidel-Stiftung für das Promotionsstipendium in den Jahren 2013–2016 sowie Herrn Thomas Jentzsch, dem Leiter des Verlags der Österreichischen Akademie der Wissenschaften für die freundliche Erlaubnis, den lateinischen Text aus der CSEL-Edition, Band 85,1 von Michaela Zelzer inklusive Teilen des Apparates abdrucken zu dürfen.

Undenkbar wäre diese Arbeit schließlich ohne meine Freunde und meine Familie gewesen, die in allen Phasen, die eine Doktorarbeit mit sich bringt, an meiner Seite waren. Für die einzigartige Zeit möchte ich mich v.a. bei Marco Bleistein, Vicenzo Damiani, Tobias und Caroline Dänzer, Manuel Huth, Tobias Janotta, Anna Schwetz sowie Albrecht Ziebuhr bedanken.

In besonderer Weise danke ich meinen Eltern Felicitas und Hubert Zilker sowie meinen Schwestern Julia und Irene für das motivierende Interesse an meiner Arbeit, Marion Schneider für den immer erkenntnisreichen Gedankenaustausch und meinem Mann Johannes Müller für den unermüdlichen Zuspruch.

Veronika Müller
Würzburg, August 2021

Allgemeine Anmerkungen zur vorliegenden Publikation

Die vorliegende Arbeit ist in vier große Teile gegliedert: Hinführung, lateinischer Text, Übersetzung und Kommentar. Der lateinische Text stellt eine überarbeitete Version des in der CSEL-Ausgabe (Band 85,1) von Zelzer enthaltenen Textes des ersten Buches von *Ad Florum* (*Flor.*) dar, das im ersten Buch von Augustins *Contra Iulianum opus imperfectum* zitiert ist. Der kritische Apparat, der im Falle von Änderungen am Text angegeben und angepasst wird, basiert ebenso auf Zelzers Ausgabe.[1] Ebenfalls aus der CSEL-Ausgabe stammen die Hinweise auf Zitate innerhalb des Textes von *Ad Florum*, welche von der Autorin erweitert wurden. Die Paragraphennummerierung von *Flor.* 1 stimmt mit derjenigen Zelzers überein, die Zeilennummerierung der CSEL-Ausgabe wurde im Text nachgebildet. Für die Überarbeitung des Textes und des kritischen Apparates wurden Anmerkungen und Vorschläge von Primmer, Alexanderson sowie Cipriani, Volpi und Teske herangezogen.[2] Diese sind im Apparat zu den textlichen Veränderungen angegeben und zusätzlich im Kommentar zu der jeweiligen Stelle erläutert. Änderungen an der Interpunktion Zelzers sind dann im Kommentar vermerkt, wenn sich gravierende Änderungen im Textverständnis ergeben. Für die im lateinischen Text enthaltenen Zitate aus anderen Werken Julians wurde die Fragmentsammlung von De Coninck im CCL, Band 88, sowie diejenige Bruckners herangezogen.[3] Bei Zitaten aus *De nuptiis et concupiscentia* verweisen die Stellenangaben auf die Textausgabe von Vrba und Zycha im CSEL, Band 42; die Stellenangaben für Zitate aus *Contra duas epistulas Pelagianorum* und *De peccatorum meritis et remissione et de baptismo paruulorum* stammen aus dem CSEL, Band 60, der ebenfalls von Vrba und Zycha ediert ist; die Stellenangaben für Zitate aus *De duabus animabus* stimmen mit der Edition von Zycha im CSEL, Band 25,1, überein. Die Zitatangabe ist dabei jeweils mehrgliedrig, wenn es sich um Augustinuszitate handelt, die Julian in *Ad Florum* 1 verwendet. Sie spaltet sich auf in Werk, Buchnummer und Paragraphenzahl, wobei in Klammern dahinter Seiten- und Zeilenzahl der jeweiligen

---

1 Zu den im Apparat verwendeten Abkürzungen cf. Zelzer, CSEL 85,1, pp. xliii und xlvi, zur handschriftlichen Überlieferung des *Contra Iulianum opus imperfectum* cf. Zelzer, CSEL 85,1, pp. xiii–xxvii und Zelzer, Iulianum opus 833 sq.
2 Cf. Primmer, Rhythmus 1–2; id., Textvorschläge; Alexanderson, Idées; Cipriani/Volpi, Sant' Agostino 1; Teske, Answer.
3 Cf. Bruckner, Bücher.

Ausgabe genannt ist. An letzter Stelle folgt im Fettdruck die Paragraphen- und Zeilenangabe der Passage, in der das Zitat in *Ad Florum* 1 angeführt wird.

Der deutschen Übersetzung von *Ad Florum* 1 liegt eine deutsche Arbeitsübersetzung von Ring (*1936, †2009) zugrunde.[4] Überarbeitet wurde diese unter Zuhilfenahme der Übersetzungen von Teske und Volpi.[5]

Die Hinführung zum Kommentar umfasst die Entstehungshintergründe von *Ad Florum* 1, die Erläuterung der Grobstruktur dieser Schrift, die für das Verständnis des Textes wesentlichen Schwerpunkte sowie eine Darstellung des rhetorisch-argumentativen Vorgehens Julians. Innerhalb des Kommentars wird auf die Kapitel der Hinführung und deren Unterkapitel zurückverwiesen, um die Redundanz im Text zu verringern und einen Überblick zu ermöglichen. An Stellen, an denen Julian mit seiner polemischen Rekonstruktion von Augustins Ansichten argumentiert, ist gelegentlich Augustins Name in Anführungszeichen gesetzt, um zu verdeutlichen, dass es sich hierbei nicht um Augustins eigentliche Position handelt.

Der Kommentar bietet eine inhaltliche, literarische, rhetorisch-argumentative und an einigen Stellen auch sprachliche Analyse. Es werden dort also z. B. Erläuterungen zu den Ansichten Julians, aber auch zu denen Augustins angeführt, Anspielungen auf andere Werke erklärt und Julians Vorgehensweise bei der Widerlegung Augustins offengelegt. Für einen Überblick über die Sprache und den Stil Julians sei auf die Anmerkungen von Baxter, Bouwman, Vaccari und Lössl verwiesen.[6] Erläuterungen zu von Julian in *Ad Florum* 1 angeführten umfangreichen Augustinuszitaten und Selbstzitaten sind durch Einrückung des Kommentars gekennzeichnet. Stellenangaben aus *Ad Florum* 1 sind im gesamten Text durch Fettdruck hervorgehoben und bestehen aus Paragraphen- und Zeilenangabe, die der Nummerierung in Zelzers Ausgabe entsprechen. Stellenangaben aus den anderen Büchern von *Ad Florum* sind zwei-

---

4 Die Version von Ring ist eine Überarbeitung der Arbeitsübersetzung von Sebastian Kopp, OSA. Für die Leihgabe des Typoskripts und die hilfreichen Informationen möchte ich an dieser Stelle Frau Dr. Carolin Oser-Grote, der Leiterin der Bibliotheca Augustiniana – Forschungsbibliothek der Deutschen Augustiner, meinen herzlichen Dank aussprechen. Zur Person von Thomas Gerhard Ring cf. Mayer, Ring. In der Bibliotheca Augustiniana befinden sich weitere Überarbeitungen von Übersetzungen zum *Contra Iulianum opus imperfectum* aus dem Nachlass von Ring. Für die Bücher 2–5 liegen dabei Vorarbeiten von Augustinerpatres aus Münnerstadt vor; für das sechste Buch findet sich dort keine Übersetzung. Mit der Überarbeitung dieser Vorlagen ist Ring nicht bis über den Anfang des dritten Buches hinausgekommen. Bei der Erstellung dieser Arbeit wurde lediglich die Übersetzung zum ersten Buch des *Contra Iulianum opus imperfectum* herangezogen.
5 Cf. Teske, Answer; Cipriani/Volpi, Sant'Agostino 1.
6 Cf. Baxter, Notes; Bouwman, Wortschatz; id., Kommentar; Vaccari, Commento; Lössl, Julian 90–101.

oder dreigliedrig (Buch, Paragraph, gegebenenfalls Zeile entsprechend der Edition Zelzers im CSEL 85,1–2) und nicht durch Fettdruck hervorgehoben.[7] Die von Julian überlieferten Kommentare und Fragmente sind entsprechend der Ausgabe von De Coninck (CCL 88) zitiert. Der lateinische Text und die Stellenangaben (und gegebenenfalls auch Seiten- und Zeilenangaben) von Zitaten aus den Werken Augustins sind zum Großteil aus dem CAG (*Corpus Augustinianum Gissense*) übernommen und entsprechen damit den dort zur Verfügung stehenden Editionen.[8] Die für Werke Augustins verwendeten Abkürzungen stimmen mit den Richtlinien des Augustinus-Lexikons überein. Für die Editionen, die nicht mit dem CAG übereinstimmen oder aus denen Texte anderer Autoren entnommen worden sind, sei auf die Bibliographie verwiesen. Hervorhebungen innerhalb lateinischer und griechischer Zitate, die von der Autorin stammen, wurden im Fettdruck vorgenommen. Sofern kein lateinischer Text zitiert und nur eine Stellenangabe zu einem antiken Autor vermerkt ist, wurde auf die Angabe von Editionen in der Bibliographie verzichtet. Die Abkürzungen und Stellenangaben dieser Autoren entsprechen im Falle lateinischer Schriftsteller den Abkürzungen des TLL-Indexbandes und im Falle griechischer Schriftsteller den Abkürzungen des LSJ,[9] Brill[10] (nur im Falle Plutarchs) oder dem Abkürzungsverzeichnis von Lampe.[11] Die Abkürzungen für Zeitschriften, Reihen und Lexika entsprechen den Richtlinien des Augustinus-Lexikons. Zur Erläuterung von Anspielungen auf Bibelstellen, die Julian in *Ad Florum* 1 einflicht, wurde auf den Bibeltext der Vulgata zurückgegriffen.[12] Die angeführten Übersetzun-

---

7   Bei den Zitaten aus den Büchern 2–6 von *Ad Florum* aus der Edition des *Contra Iulianum opus imperfectum*, die sich über mehrere Paragraphen erstrecken, wurde auf die Auslassungszeichen zur Markierung des Wegfalls von Augustins Einwürfen aus dem *Contra Iulianum opus imperfectum* verzichtet. Andernfalls wäre dem Leser nicht ersichtlich, ob es sich bei der Auslassung um einen Teil des im *Contra Iulianum opus imperfectum* zitierten Textes von Julian oder um Augustins eigene Kommentare zu *Ad Florum* handelt.
8   Das CAG wurde ebenso wie der TLG und die LLT-A für die Recherche nach Parallelstellen verwendet. Die Angaben von Bibelstellen innerhalb von Texten Augustins und Julians entsprechen denjenigen des CAG.
9   Liddell, H.G./ Scott, R., A Greek-English Lexicon revised and augmented throughout by H.S. Jones with the assistance of R. McKenzie, Oxford 1940.
10 Montanari, F./ Goh, M./ Schroeder, C., The Brill Dictionary of Ancient Greek, Leiden [u.a.] 2015.
11 Lampe, G.W.H., A Patristic Greek Lexicon, Oxford 1961. Eigens erstellte Abkürzungen sind in der Bibliographie hinter der jeweiligen herangezogenen Edition vermerkt.
12 Die Bibeltexte sind in diesem Fall dem wissenschaftlichen Bibelportal der Deutschen Bibelgesellschaft entnommen, die den Vulgatatext von Weber und Gryson zur Verfügung stellt (http://www.bibelwissenschaft.de/online-bibeln/biblia-sacra-vulgata/lesen-im-bibeltext/ [Stand: 25.08.2021]). In der Hinführung und im Kommentarteil sind Zitate aus der Vulgata durch den Zusatz „Vulg." markiert.

gen lateinischer und griechischer Texte sind selbstständig verfasst, sofern nicht zuvor durch einen Kurztitel auf eine herangezogene Übersetzung hingewiesen ist.[13] Nicht zu jeder zitierten Stelle wurde eine Übersetzung beigegeben, sondern nur zu Kernstellen und solchen Texten, zu denen keine deutsche Übersetzung existiert. Deutsche Übersetzungen, die für die Übertragung dieser Texte zur Orientierung herangezogen wurden, sowie englische Übersetzungen, die zu Hilfe genommen wurden, sind unter den jeweiligen antiken Autoren in der Bibliographie vermerkt. Die Übersetzungen von Zitaten aus den Büchern 2–6 von *Ad Florum* wurden unter Zuhilfenahme der Übersetzungen des *Contra Iulianum opus imperfectum* von Teske und Volpi angefertigt.[14]

Die Bibliographie enthält neben den mit Kurztiteln versehenen und in der vorliegenden Arbeit zitierten Werken weitere zum Themenkomplex gehörende Schriften, die einen Überblick über die vorhandene Literatur bieten sollen. Editionen, aus denen lateinische oder griechische Texte entnommen sind, auf die aber innerhalb der vorliegenden Arbeit nicht direkt verwiesen wird, sind in der Bibliographie ebenfalls ohne Kurztitel aufgeführt.

13 Für die Hilfe bei der Übersetzung der griechischen Zitate möchte ich mich hier herzlich bei Marion Schneider bedanken.
14 Cf. Teske, Answer; Cipriani/Volpi, Sant'Agostino 1–2. Auch für die weiteren Fragmente aus den Werken Julians gibt es keine eigenständige Übersetzung. Für die Übertragung dieser Texte ins Deutsche wurden daher auch die englischen und deutschen Übersetzungen der Werke Augustins, in denen Fragmente aus den Schriften Julians zitiert sind, konsultiert. Diese finden sich in der Bibliographie zu Augustinus; die jeweilige Passage, in der ein Zitat aus den Schriften Julians (von *Ad Florum* abgesehen) bei Augustinus angeführt wird, ist in Klammern hinter der Stellenangabe des Fragments im Fließtext angegeben.

Ad Florum 1 – Hinführung

1 Entstehung von *Ad Florum* – Hintergründe der Debatte und literarische Einflüsse

1.1 *Ein Streit zwischen Zitaten – Ziel der vorliegenden Arbeit*

Das Werk *Ad Florum* Julians von Aeclanum ist ein in vielerlei Hinsicht bemerkenswertes Dokument. Es ist ein Beispiel für die Verknüpfung rhetorisch-argumentativer Technik mit biblischer Exegese. Es zeigt, mit welchen Mitteln ein im pelagianischen Streit exilierter Bischof für seine Rehabilitierung kämpft, indem er ein schiedsgerichtliches Verfahren literarisch evoziert, das ihm nicht zugestanden wurde. Es gibt Zeugnis von der vielgestaltigen Funktion des Zitierens in literarischen Werken und ist gerade in dieser Hinsicht auch selbst ein Beispiel für eine überlieferungsgeschichtliche Besonderheit. Der wortreichen Widerlegung und der ausführlichen Zitation Augustins im *Contra Iulianum opus imperfectum* ist es zu verdanken, dass die nicht minder wortreiche Verteidigung Julians von Aeclanum in seinem Werk *Ad Florum* gegen Augustins Worte aus dem zweiten Buch von *De nuptiis et concupiscentia* zumindest in sechs von acht Büchern erhalten ist.

Julian, Bischof von Aeclanum, verweigert zur Zeit des pelagianischen Streits seine Zustimmung zur Verurteilung des Pelagius und des Caelestius durch Zosimus, Bischof von Rom, wird infolgedessen selbst verurteilt und muss ins Exil gehen. In seinem Werk *Ad Florum* richtet er sich gegen die theologisch-philosophischen Positionen Augustins zur Ehe und sexuellen Begierde und weist Augustinus, der maßgeblich am Vorgehen gegen Pelagius und Caelestius beteiligt war, schließlich die Schuld für sein eigenes Schicksal zu. Um Augustinus zu widerlegen, zitiert er dabei ausführlich aus dem zweiten Buch von Augustins Werk *De nuptiis et concupiscentia*, welches sich wiederum gegen Julians Werk *Ad Turbantium* wendet. Die Worte Julians in *Ad Florum* sind damit ein Zeugnis für die Reaktion eines exkommunizierten Bischofs, der sich aus dem Exil Gehör verschafft, um das von ihm empfundene Unrecht zum Ausdruck zu bringen.

Schon die Vehemenz der augustinischen Widerlegung von *Ad Florum* im *Contra Iulianum opus imperfectum* verdeutlicht, dass es sich bei Julians Werk um eine Schrift handelt, deren Schlagkraft von Augustinus als eine ernst zu nehmende Bedrohung seiner eigenen Standpunkte und als eine potentielle Gefahr für die Einheit der Kirche wahrgenommen wurde. Dies spiegelt sich in Augustins Umgang mit dem gegnerischen Text wider, da er nicht wie in seinen anderen Schriften, die sich gegen einen Kontrahenten wenden, nur die

Hauptpunkte der Argumentation des Gegners in einzelnen Zitaten wiedergibt, sondern die ersten sechs Bücher von *Ad Florum* vollständig zitiert. Um Julian widerlegen zu können, unterbricht er jedoch abschnittsweise die laufende Zitation, gibt mal kürzere, mal ausführlichere Antworten auf die jeweilige Passage und macht es dadurch an einigen Stellen dem Leser des *Contra Iulianum opus imperfectum* nicht leicht, die argumentative Struktur von *Ad Florum*, so wie sie von Julian konzipiert ist, in vollem Umfang zu erfassen. Um Julians Gedankengang nachvollziehen zu können, ist es daher notwendig, sein Werk *Ad Florum* aus dem Kontext der Widerlegung Augustins herauszulösen und für sich zu betrachten.

Das Werk *Ad Florum* und die darin enthaltenen Zitate Augustins aus *De nuptiis et concupiscentia* dokumentieren, wie zwei Autoren um die Überzeugung ihrer Leser und um die Widerlegung des jeweiligen Gegenübers ringen. Die Ansichten Augustins wirken dabei auf den Leser eher pessimistisch-realistisch, die Julians eher optimistisch-motivierend.[1] Die so beim Leser erzeugte Spannung zwischen den beiden Positionen, die den Wunsch auslöst, für eine der beiden Seiten Partei zu beziehen, ist insbesondere dadurch bedingt, dass es in der Debatte zwischen Julian und Augustinus nicht nur um unterschiedliche Auslegungen von Bibeltexten geht: Es geht im Kern um eine wesentliche Frage, die die Motivation und die Gründe des menschlichen Handelns betrifft, nämlich darum, ob der Mensch aus sich selbst heraus fähig ist, das Gute zu tun, und welchen Anteil Gott an diesem Handeln hat. Es ist jedoch zu beachten, dass der Eindruck von den Positionen Julians und Augustins, der dem Leser in *Ad Florum* vermittelt wird, auch wesentlich durch die rhetorisch-argumentative Vorgehensweise Julians beeinflusst ist. Eine Untersuchung von *Ad Florum*, die die argumentative Struktur des Textes ins Zentrum rückt, wurde in der Forschung bisher nicht durchgeführt.[2] Die vorliegende Studie, die sich dem ersten Buch von *Ad Florum* widmet, setzt es sich daher als Ziel, dem Leser dieses Buches zu ermöglichen, Julians Gedankengang und insbesondere sein rhetorisch-argumentatives Vorgehen gegen Augustinus nachvollziehen zu können, wobei jedoch auch die eigentliche Position Augustins im Blick behalten werden soll.

---

1 Cf. Flasch, Kampfplätze 37.
2 Im Hinblick auf Einzelaspekte wird die rhetorisch-argumentative Technik Julians in den Aufsätzen von Weber (insbesondere ead., Literatur; ead., Punic), von Lamberigts (v. a. id., Assessment; id., Italian) sowie von Cipriani (v. a. id., Aspetti; id., Polemica) aufgedeckt.

1.2 Überblick über Julians Leben und sein schriftstellerisches Wirken

Julian wurde um 381 als Sohn des Memor und der Juliana vermutlich in der italischen Stadt Aeclanum geboren.[3] Seine Eltern entstammen der Oberschicht, sein Vater selbst war Bischof und nahm 408/409 brieflich Kontakt zu Augustinus auf, um ihn für die Ausbildung von Julian um seine Schrift *De musica* zu bitten (cf. A. *ep.* 101).[4] Julian genießt entsprechend seiner gesellschaftlichen Herkunft eine umfassende pagane und christliche Bildung[5] und tritt in die Fußstapfen seines Vaters, indem er, vermutlich im Jahr 416, von Innozenz I. zum Bischof von Aeclanum geweiht wird.[6] Aus einem Epithalamium, das Paulinus von Nola anlässlich der Hochzeit Julians geschrieben hat, wissen wir, dass er mit der gesellschaftlich etwas höherstehenden Titia verheiratet war.[7] Wahrscheinlich über den Kontakt zu Paulinus hatte Julian Zugang zu den Frühwerken und den *Confessiones* Augustins, die er in *Flor.* für Anspielungen und zur Herabsetzung seines Gegners verwendet. Über Paulinus von Nola könnte Julian auch mit den Schriften des Pelagius in Berührung gekommen sein; ein Zusammentreffen zwischen Pelagius und Julian ist nirgends dokumentiert.[8]

In der Zeit um 411, als der Konflikt über die Ansichten des Caelestius und des Pelagius noch nicht in vollem Maße entzündet war, hat Julian offenbar eine Reise nach Karthago unternommen und dürfte dort u.a. mit Honoratus, der Augustinus bekannt war, über religiöse Fragen gesprochen haben (cf. 5,26,25–28).[9] Kirchenpolitisch besonders bedeutsam wird Julians Engagement hinsichtlich der Verurteilung des Caelestius und des Pelagius. In einer Abfolge von Verurteilung, Rehabilitierung und erneuten Verurteilungen vonseiten des afrikanischen Klerus, verschiedener Bischöfe von Rom und mehrerer Kaiser versucht Julian immer wieder, Einfluss auf das Geschehen zu nehmen und eine explizite Klärung der Fragen um die Unschuld der Kleinkinder, die Freiheit des menschlichen Willens und die Bedeutung der göttlichen Gnade zu erreichen. Julians Vorgehen umfasst dabei Reisen während seines Exils zu kirchenpolitisch bedeutsamen Personen, wie Theodor von Mopsuestia oder Nestorius,

---

3 Zu den Eltern Julians cf. Lössl, Julian 22.34.47; zu Julians Herkunft cf. ib. 19–43. Es lassen sich Ausgrabungen dieser antiken Stadt nordöstlich des heutigen Mirabella Eclano finden (cf. Lössl, Julian 43).
4 Cf. Lamberigts, Iulianus Aeclanensis 836; id., Alternative 95 und Wermelinger, Rom 226 sq.
5 Cf. Lamberigts, Iulianus Aeclanensis 836.
6 Cf. Mar. Merc. *Conc.* ^{s} 1,5 p. 68,29 sq., Lamberigts, Iulianus Aeclanensis 837 und Lössl, Julian 260 sq. n. 67.
7 Cf. Paul. Nol. *carm.* 25 und Lössl, Julian 33 n. 62; ib. 59.65.72.
8 Cf. Lössl, Julian 56 und Wermelinger, Rom 227 sq.
9 Cf. Lössl, Julian 251–254 und Drecoll/Kudella, Augustin 104 sq. mit n. 51.

dem Patriarchen von Konstantinopel.[10] Er verfasst Briefe an den Bischof von Rom und an einflussreiche Männer, denen er seine Position und die seiner Anhänger deutlich macht. Schließlich sind von ihm Streitschriften gegen zwei Werke Augustins überliefert, worunter auch das Werk *Ad Florum* fällt.[11]

Die Beharrlichkeit Julians und seiner Anhänger bei der Verteidigung ihrer Position erlischt auch nach Augustins Tod nicht. Trotz der Rehabilitationsversuche vonseiten des Nestorius sind Julian und seine Begleiter noch vor Augustins Tod aus Konstantinopel verbannt worden.[12] Auf dem Konzil von Ephesus wurden die Urteile gegen die Pelagianer ein weiteres Mal bekräftigt. Nach dem Aufenthalt in Konstantinopel (428/429) schweigen die Quellen über Julians Aufenthaltsort.[13] Es gibt lediglich einen Beleg bei Prosper von Aquitanien, dass sich Julian 439 in Rom aufhielt, um dort bei Sixtus, dem damaligen Bischof von Rom, ein weiteres Mal vergeblich um seine Rehabilitierung zu ersuchen.[14] Doch auch Sixtus und sein Nachfolger Leo gehen auf die Anfragen Julians nicht ein.[15] Über Julians Lebensende gibt es, von einer Äußerung des Gennadius abgesehen, keine zuverlässigen Anhaltspunkte. Mit Lössl darf jedoch angenommen werden, dass Julian „[...] noch [...] vor dem 16. März 455 [...]"[16] verstorben ist.

Insgesamt lassen sich die schriftstellerischen Werke Julians grob in drei Gruppen einteilen: Briefe, Streitschriften gegen Augustinus und Kommentare. Überliefert sind Fragmente von vier Briefen, in denen Julian versucht, seine theologische Position kirchenpolitisch sicherzustellen. Des Weiteren sind zwei Schriften überliefert, die explizit gegen Augustins Schriften konzipiert sind. Davon richtet sich die erste mit dem Titel *Ad Turbantium* gegen Augustins erstes Buch des Werks *De nuptiis et concupiscentia*; sie ist nur fragmentarisch erhalten. Die zweite, durch die Zitate in Augustins *Contra Iulianum opus imperfectum* großenteils erhaltene Schrift trägt den Titel *Ad Florum* und wendet sich gegen das zweite Buch des Werks *De nuptiis et concupiscentia*. Schließlich sind Fragmente von Bibelkommentaren zum Buch Hiob sowie zu den Propheten Hosea, Joel und Amos, zum Hohelied und aus einem Buch mit dem Titel *De bono constantiae* erhalten.[17]

---

10   Cf. Lamberigts, Évêques 265 sq.
11   Zum ausführlichen historischen Kontext cf. Hinführung. 1.3.
12   Cf. Lamberigts, Évêques 264 sq. 273.
13   Cf. Lössl, Julian 319.
14   Cf. Lössl, Julian 319 sq. unter Heranziehung von Prosp. *chron.* 1 p. 477,1336.
15   Cf. Lamberigts, Iulianus Aeclanensis 839 und Lössl, Julian 319–326.
16   Lössl, Julian 326. Cf. Gennad. *uir. ill.* 46.
17   Für Werke, die Julian fälschlicherweise zugeschrieben wurden, cf. die Besprechung bei Lössl, Julian 12–15.

a) Kommentare

Für die vorliegende Arbeit sind die Kommentare Julians insofern von Relevanz, als sie sowohl sprachlich als auch inhaltlich dazu beitragen, Julians Ansichten in *Flor.* präzisieren zu können. Der Hiobkommentar wurde vom Kopisten des erhaltenen Manuskripts einem Schüler des Hieronymus, dem *presbyter Philippus*, zugeschrieben.[18] Anhand sprachlicher und inhaltlicher Studien wurde schließlich von Vaccari Julian von Aeclanum als eigentlicher Autor des Kommentars identifiziert.[19]

Als Autor der drei erhaltenen Prophetenkommentare wurde in den Handschriften Rufin von Aquileia ausgewiesen, aufgrund sprachlicher wie inhaltlicher Analysen kann jedoch auch für diese Kommentare Julian als Urheber gelten.[20] Genannt sei außerdem noch eine lateinische Übersetzung des griechischen Psalmenkommentars von Theodor von Mopsuestia, als deren Verfasser Julian bestätigt wurde.[21] Parallelen zu den Kommentaren haben sich bei der vorliegenden Arbeit insbesondere in sprachlicher Hinsicht gezeigt und waren v. a. dort erhellend, wo Julian in *Flor.* hermeneutische Termini technici verwendet.[22] Die Autorschaft Julians wird daher nicht in Zweifel gezogen.

Bei Beda sind schließlich namentlich gekennzeichnete Fragmente aus zwei weiteren Werken Julians erhalten, davon einige aus einem Kommentar zum Hohelied (*Commentarius in Canticum canticorum / De amore*)[23] und weitere aus einem Buch über die Standhaftigkeit (*De bono constantiae*).[24] Anders als in den Kommentaren zu den Propheten und zum Buch Hiob, die keine antiaugustinische Stoßrichtung haben, finden sich in den wenigen Fragmenten dieser beiden Werke Aussagen, die an die polemischen Werke gegen Augustinus erinnern.[25]

---

18   Cf. De Coninck, CCL 88, p. xii mit n. 42.
19   Cf. De Coninck, CCL 88, p. xii und Vaccari, Commento.
20   Cf. De Coninck, CCL 88, pp. xviisq.
21   Cf. Lössl, Julian 11 sq.
22   Zu Julians exegetischer Technik in den Kommentaren cf. auch die einschlägigen Analysen von Lössl (id., Julian 164–187). Zu sprachlichen und inhaltlichen Parallelen von *Ad Florum* und den Kommentaren cf. Hinführung. 2.3 und Kommentar zu 37,1–5; 47,1–10; 131,24; 140,5–15.
23   Cf. Bouwman, Kommentar 6.
24   Cf. Beda, *in Ct.* (CCL 119 B, p. 167, l. 1–17) und ib. (CCL 119 B, p. 174, l. 277–281). Die Fragmente sind ebenfalls in der Ausgabe von De Coninck gesammelt (*in Ct.*, De Coninck, CCL 88, pp. 398–401, *b. const.*, De Coninck, CCL 88, pp. 401sq.). Cf. auch Drecoll, Pelagius 649sq. und Lössl, Julian 8 mit n. 55.
25   Cf. *b. const.* frg. 5 (De Coninck, CCL 88, p. 402) und *in Ct.* frg. 8.

b) Kirchenpolitische Briefe

Wie bereits angemerkt, wurde Julian als Autor verschiedener kirchenpolitischer Briefe ausgewiesen. Dabei handelt es sich um einen Brief an Zosimus (*ep. Zos.*), der bei Marius Mercator überliefert und laut seiner Aussage eine Reaktion auf die *Epistula tractoria* ist,[26] einen Brief an den Comes Valerius (*ep. Val.*),[27] einen Brief an Rufus von Thessaloniki (*ep. Ruf.*) sowie einen Brief, den Julian, wie Augustinus berichtet, nach Rom geschickt haben soll (*ep. Rom.*).[28] Die Briefe *ep. Rom.* und *ep. Ruf.* werden Augustinus von Alypius überbracht, der diese von Bonifatius erhalten hat (cf. A. *c. ep. Pel.* 1,3). Augustinus widerlegt sie in seinem Werk *Contra duas epistulas Pelagianorum*, dem sämtliche erhaltenen Fragmente dieser Briefe entstammen.[29] Bereits in ihnen nennt Julian Augustins Namen und sein Werk *nupt. et conc.* und argumentiert gegen ihn.[30]

c) Werke in direkter Auseinandersetzung mit Augustinus

Die explizite Widerlegung von Augustins Schriften unter Heranziehung ausführlicher Zitate beginnt Julian im Werk *Ad Turbantium*. In vier Büchern antwortet er auf Augustins *nupt. et conc.* 1, das dieser an den Comes Valerius gerichtet hatte.[31] Valerius schickt daraufhin Exzerpte aus dem ersten Buch *Ad Turbantium*, die von Augustinus und Julian als *chartulae* bezeichnet werden (cf. *nupt. et conc.* 2,1, p. 254, l. 1 und 17,3), an Augustinus, der wiederum Passagen aus diesen Exzerpten zunächst in *nupt. et conc.* 2 widerlegt.[32] Später liegt Augustinus die vollständige Version von *Turb.* vor, weshalb er auf diese in seinem Werk *c. Iul.* erneut reagiert.[33] Dafür zitiert er eine Auswahl von Stellen aus *Turb.* und argumentiert gegen diese Passagen.[34] In *Ad Florum* finden sich keine Indizien dafür, dass Julian die zweite Widerlegung Augustins von *Ad Turbantium* in *Contra Iulianum* zur Zeit der Abfassung von *Ad Florum* kannte.[35]

---

26 Cf. die einleitenden Worte des Marius Mercator zu diesem Brief (*ep. Rom.* frg. 1) und Wermelinger, Rom 229–231; 212 sq.
27 Cf. Lössl, Julian 7.
28 Cf. A. *c. ep. Pel.* 1,3.
29 Augustinus geht im ersten Buch von *c. ep. Pel.* auf *ep. Rom.* ein und im zweiten bis vierten Buch auf *ep. Ruf.* Cf. Ring, Epistulas 674 sq.
30 Cf. A. *c. ep. Pel.* 1,3; *ep. Rom.* frg. 2 (= Iulian. A. *c. ep. Pel.* 1,9).
31 Cf. Weber, Aspects 289.
32 Cf. A. *nupt. et conc.* 2,1 (p. 253, l. 2–p. 254, l. 5), Kommentar zu 7,3.
33 Cf. dazu Lamberigts, Iulianus Aeclanensis 838; Weber, Aspects 289 sq. und cf. Zelzer, Iulianum 812.
34 Cf. Weber, Aspects 290.
35 Cf. Bouwman, Kommentar 6 und Weber, Aspects 290.

Anders ist die Zitierpraxis Augustins in *c. Iul. imp.* gelagert. Mit dem Werk *Ad Florum* richtet sich Julian gegen *nupt. et conc.* 2. Augustinus zitiert *Flor.* in *c. Iul. imp.* im Ganzen und richtet sich in Form eines Buchdialoges abschnittsweise gegen Julians Aussagen.[36] Auf diese Weise sind sechs der acht Bücher an Florus durch die ausführliche Widerlegung in *c. Iul. imp.* überliefert. Auf die beiden letzten Bücher von *Flor.* konnte Augustinus vor seinem Tode nicht mehr antworten, von ihnen sind auch keine Fragmente erhalten. Dass die ersten sechs Bücher von *Flor.* von Augustinus weitestgehend vollständig zitiert sind, ist schon deshalb anzunehmen, weil die Konzeption von *c. Iul. imp.* eine Reaktion auf den Vorwurf Julians aufgefasst werden kann, Augustinus habe in *nupt. et conc.* 2 das Werk *Turb.* nur unvollständig widerlegt.[37] Bei der Kommentierung zum ersten Buch von *Flor.* ist lediglich eine Stelle aufgefallen, bei der eine Lücke im lateinischen Text anzunehmen ist, und zwar im Umbruch von Paragraph 68 zu Paragraph 69.[38] Diese Lücke lässt sich jedoch leicht durch einen Zeilensprung bei der Abfassung von *c. Iul. imp.* durch Augustinus erklären.

1.3 Historischer Kontext der Entstehung von Ad Florum

Die Debatte zwischen Julian von Aeclanum und Augustinus entzündet sich, wie bereits erwähnt, an den Verurteilungen des Mönches Pelagius und dessen Anhängers Caelestius,[39] die beide aufgrund des Goteneinfalls im Jahr 410 von Rom nach Afrika geflohen waren, wobei Pelagius sich eine Zeit lang in Karthago aufhielt.[40] Sowohl Pelagius als auch Caelestius lehnen die Erbsündenlehre ab und betonen eine starke Eigenverantwortung des Menschen.[41] Zum Eklat kommt es jedoch erst, als sich Caelestius um das Priesteramt bewirbt.[42] Er vertritt u.a. die Ansicht, dass die Taufe von kleinen Kindern nicht dazu

---

36   Cf. dazu Lamberigts, Iulianus Aeclanensis 838 sq. und Hinführung. 1.4.
37   Dieser Vorwurf wird an vielen Stellen in *Flor.* deutlich. Cf. z. B. Kommentar zu 16,1–11; 17,1–21,11. Cf. auch Zelzer, Iulianum opus 824 sq.
38   Cf. dazu Kommentar zu 69,1–6.
39   Für eine detailliertere Schilderung unter Einbeziehung der Zeit nach der Abfassung von *Ad Florum*: Cf. Lössl, Julian 249–329; cf. außerdem Lamberigts, Zosimus; id., Iulianus IV 485–489; zu Pelagius und Caelestius maßgeblich: Cf. Löhr, Pelagius 1–6; Bonner, Caelestius; Drecoll, Pelagius; und das Standardwerk Wermelinger, Rom.
40   Cf. Wermelinger, Rom 5 sq.
41   Zu den Werken des Pelagius cf. die Tabelle bei Drecoll, Pelagius 645–650. Caelestius wurden die sogenannten *Definitiones* zugeschrieben, die Augustinus in *De perfectione iustitiae hominis* widerlegt (cf. Bonner, Caelestius 693 sq.).
42   Cf. Löhr, Pelagius 3. Augustinus und Pelagius stehen anfangs in zurückhaltendem, aber freundlichem Briefwechsel (cf. Drecoll, Pelagius 631 sq.).

diene, eine Sünde von ihnen zu nehmen.[43] Es kommt daraufhin zu einer Reihe von Konzilien. Caelestius wird 411 durch das Konzil von Karthago verurteilt,[44] wohingegen Pelagius am Konzil von Diospolis 415 freigesprochen wird.[45] Beide werden 416 bei den Synoden von Mileve und Karthago verurteilt und durch Innozenz I., den Bischof von Rom, 417 exkommuniziert.[46] Die Exkommunizierung von Caelestius und Pelagius durch Innozenz I., die dessen schnelle Reaktion auf ein Schreiben afrikanischer Bischöfe, darunter Augustinus, darstellte, war dabei anscheinend weniger ein Schritt, um die Pelagianer ins Abseits zu drängen, als eher ein Versuch, sie zu integrieren.[47] Innozenz I. legt den Inhalt der Irrlehre als das Abstreiten der göttlichen Gnade fest und fördert damit eine Wiederaufnahme der Pelagiusanhänger, indem er als Bedingung dafür lediglich von ihnen fordert, sich zur Gnade zu bekennen.[48] Zosimus, der Nachfolger Innozenz', nimmt dessen Versuch, Pelagius und Caelestius von ihrer Verurteilung freizusprechen, auf und rehabilitiert Pelagius und Caelestius zunächst wieder.[49] Am 30. April 418 erscheint ein Erlass des Kaisers Honorius, den er möglicherweise unter dem Einfluss des Briefwechsels zwischen afrikanischen Bischöfen (darunter auch Augustinus) und Innozenz I. verfasst hatte[50] und worin Pelagius und Caelestius verurteilt wurden. Auf einem Konzil in Karthago im Mai 418 werden die beiden ebenfalls ein weiteres Mal verurteilt.[51] Zosimus sieht sich infolge der mehrfachen Verurteilungen auch unter Einfluss der afrikanischen Kirche gezwungen, sein Urteil zu revidieren,[52] und verfasst die

---

43 Cf. Burns, Efficacy 1299. Die Taufthematik in der Auseinandersetzung mit den Pelagianern kann damit auch als eine Parallele zur Auseinandersetzung mit den Donatisten verstanden werden (cf. ib.).
44 Cf. Löhr, Pelagius 3.
45 Cf. Drecoll, Pelagius 634 sq.
46 Cf. Löhr, Pelagius 4 sq.
47 Cf. Lössl, Julian 258–261.
48 Cf. Lössl, Julian 259–261.
49 Cf. Lamberigts, Zosimus 318–323, wo die Briefe *ep.* 45 und *ep.* 46 (CSEL 35,1) des Zosimus ausgewertet sind. Cf. außerdem Lössl, Julian 262–267.
50 Cf. Wermelinger, Staatliche 81–85; Marcos, Anti-Pelagian 318–329 (Marcos leugnet den Einfluss der Afrikaner nicht, ist aber zurückhaltender im Hinblick auf die Grundlage des Reskriptes); cf. Lössl, Julian 267 (*Coll. Quesnell.* 14 in PL 56, 490–492 = Marcos, Anti-Pelagian 340 sq.); Lössl, Julian 258 sq. Zur Sammlung *Collectio Quesnelliana* cf. Marcos, Anti-Pelagian 317; zu deren Inhalt cf. PL 56, 359–368 und Wermelinger, Staatliche 83–85.
51 Cf. Lössl, Julian 267; Lamberigts, Zosimus 321 sq. Basis der verurteilten Aussagen bildete dort ein von Augustinus in *gest. Pel.* 65 vorbereitetes und *ep.* 186,32 sq. aufgesetztes „antipelagianische[s] Gnadenbekenntnis[]" (Wermelinger, Rom 112 sq.; cf. auch ib. 155 n. 94); dieses Bekenntnis befindet sich im Anhang III bei Wermelinger (id., Rom 300 sq.). Zum Konzil von Karthago im Mai 418 cf. Wermelinger, Rom 165–196.
52 In *retr.* 2,50 formuliert Augustinus es so, als wären die afrikanischen Bischöfe lediglich

sogenannte *Epistula tractoria*, die nach dem 30. April 418 veröffentlicht wurde und von den Bischöfen unterzeichnet werden sollte.[53] Marius Mercator hält es für plausibel, dass sie nach Alexandrien, Konstantinopel, Thessaloniki und Jerusalem versandt wurde.[54]

Infolge dieses Wechsels von Exkommunizierung und Rehabilitierung weigert sich nun Julian von Aeclanum zusammen mit 18 weiteren norditalischen Bischöfen,[55] die *Epistula tractoria* des Bischofs von Rom zu unterzeichnen. Julian versucht in der zweiten Hälfte des Jahres 418 in zwei Briefen, Zosimus auf seine Seite zu bringen, was ihm allerdings nicht gelingt.[56] Er wendet sich des Weiteren empört an den Comes Valerius,[57] einen Mann mit Einfluss am Kaiserhof in Ravenna,[58] und erhofft sich von ihm eine Neubeurteilung der Stand-

---

eine Unterstützung bei der Entscheidung des Zosimus gewesen, in *ep.* 215,2 jedoch deutet er an, dass Zosimus die *Epistula tractoria* als Reaktion auf ein Schreiben der afrikanischen Bischöfe formuliert hat (cf. Lamberigts, Zosimus 317 mit n. 36 sq.).

Wie Lamberigts hervorhebt, präsentiert Augustinus in seinen anderen Schriften das Handeln des Zosimus nicht als Unentschlossenheit oder Neigung zum Pelagianismus, sondern als Strategie des Zosimus, Caelestius zum richtigen Glauben zu bringen (cf. A. c. *ep. Pel.* 2,5; *ep.* 190,22; c. *Iul.* 6,37; cf. Lamberigts, Zosimus 316 sq.).

53 Es ist gemäß Lamberigts nicht klar, ob Zosimus im Wissen der Ergebnisse der Verurteilung von Pelagius und Caelestius vom 1. Mai 418 die *Epistula tractoria* verfasst hat (cf. Lamberigts, Zosimus 322 n. 73).

54 Mar. Merc. *Conc.* ˢ 1, 5 p. 66, l. 43–p. 67, l. 4 und Mar. Merc. *Conc.* ˢ 1, 5 p. 68, l. 20–23 (cf. Duval, Julien 255). Von Wermelinger wird die *Epistula tractoria* auf ca. Juni 418 datiert, da sie Augustinus gegen Juli 418 erreichte (cf. Wermelinger, Rom 209 mit n. 374). Zur Rekonstruktion der *Epistula tractoria* cf. Wermelinger, Rom 211–214 und ib. im Anhang v, 307 sq.; cf. auch Marcos, Anti-Pelagian 330.

55 Cf. Lamberigts, Iulianus IV 485 sq.; cf. c. *ep. Pel.* 1,3.

56 Cf. Julians Aussagen in 18,3–6; Lamberigts, Iulianus IV 485 sq.; Lamberigts, Zosimus 323 sq. Einer der beiden Briefe ist fragmentarisch durch Marius Mercator überliefert, er findet sich in der Fragmentsammlung von De Coninck, CCL 88, pp. 335 sq. Julian wehrt sich darin gegen Aussagen, gegen die sich in Diospolis auch Pelagius verteidigen musste und die anscheinend einen Teil der *Epistula tractoria* ausmachten.

57 Lamberigts, Zosimus 324: „On top of all this, it sticks in Julian's throat that the signing of the *Tractoria* was enforced by Rome without the slightest prior consultation. Furthermore he thought that the intervention of the African church ought to be treated as a sort of highway robbery, a Manicheistic attack on the catholic church based on anything but fairness, an attack which should not cause people of real intelligence to yield. For Julian it is clear, nevertheless, that the whole question was never discussed at the appropriate level, namely in a consultation between bishops." Lamberigts zieht u. a. *Turb.* 1, frg. 3 (= Iulian. A. c. *Iul.* 2,34 sq.), ib. frg. 9 (= Iulian. A. c. *Iul.* 2,37); ib. frg. 51 (= Iulian. A. c. *Iul.* 3,31); 4, frg. 313 (= Iulian. A. c. *Iul.* 1,29) und *ep. Ruf.* frg. 28 (= Iulian. A. c. *Iul.* 4,34; cf. ib. 4,20) heran (cf. Lamberigts, Zosimus 324 n. 82–86). Das Schreiben Julians an Valerius ist einzuordnen in die Zeit zwischen Anfang Sommer und Anfang Oktober 418 (cf. Lamberigts, Iulianus IV 485 sq.).

58 Cf. Lössl, Julian 280; Flasch, Kampfplätze 15 sq.

punkte sowie ein ökumenisches Konzil, welches allerdings die Zustimmung des Kaisers benötigt hätte.[59] Valerius zieht Augustinus zurate,[60] der ihm wohl bereits einige Briefe geschrieben hatte, die möglicherweise mit der „pelagianischen" Thematik zu tun hatten, aber von Valerius unbeantwortet gelassen worden waren.[61] Daraufhin schreibt Augustinus sein Werk *nupt. et conc.* 1 (verfasst nach dem Sommer/Herbst 418),[62] das er Valerius widmet, und reagiert mit dem Thema des Werkes auf Julians Vorwürfe, er missbillige die Ehe. Auf diese Schrift antwortet Julian mit dem Werk *Ad Turbantium* (geschrieben Sommer 419),[63] das er wahrscheinlich bereits vor seiner Abreise ins Exil verfasste.[64]

Zwei weitere Schritte, die Julian und seine Anhänger unternahmen, waren neben den Briefen an Zosimus und Valerius die sogenannte *Epistula ad Romanos*, ein Brief, der offenbar darauf abzielt, unter den Christen in Rom Zustimmung für die eigene Position zu finden,[65] und die *Epistula ad Rufum*, ein Brief an Rufus von Thessaloniki, der sich für Julians Seite hätte stark machen können (nach dem Tod des Zosimus am 26. Dezember 418 verfasst).[66] Infolge des Scheiterns dieser Bemühungen werden Julian und seine Anhänger schließlich kurz vor Ende des Jahres 418 verurteilt,[67] und Julian muss spätestens im Sommer 419, nach der *constitutio* des Honorius vom 9. Juni, Italien verlassen.[68]

Julian begibt sich ins Exil nach Kilikien und findet Asyl bei Theodor von Mopsuestia.[69] Seine Schrift *Ad Turbantium* kommt in Exzerpten auf Augusti-

---

59 Cf. Wermelinger, Staatliche 85 sq.
60 Cf. Fuhrer, Augustinus 47.
61 Cf. Duval, Julien 251 unter Heranziehung von A. *ep.* 200,1 (dem Begleitschreiben zu *nupt. et conc.* 1): *cum diu moleste haberem, quod aliquotiens scripserim et nulla tuae sublimitatis rescripta meruerim, repente epistulas tres tuae benignitatis accepi* [...]. Cf. auch Lössl, Julian 280. Vorsichtiger in der Vermutung betreffs eines antipelagianischen Inhalts der Briefe ist Marcos (ead., Anti-Pelagian 327 sq.). Sie hebt hervor, dass der Erlass durch Honorius im April 418 bereits vor der Beantwortung dieser Briefe stattgefunden hat.
62 Cf. Marcos, Anti-Pelagian 327 sq.
63 Cf. Lamberigts, Iulianus IV 488.
64 Cf. Lössl, Julian 7; anders Zelzer, Giuliano 226.
65 Cf. Ring, Epistulas 673 sq. Julian und seine Anhänger warnen dort auch vor dem vermeintlichen Manichäismus ihrer Gegner (cf. *ep. Rom.* frg. 15 = Iulian. A. *c. ep. Pel.* 1,42).
66 Cf. Lamberigts, Iulianus IV 486. Rufus war Bischof von Thessaloniki und hatte eine Machtposition in der Vermittlung zwischen Rom und Konstantinopel inne (cf. Lössl, Julian 289–291).
67 Cf. Lössl, Julian 281 und ib. 286.
68 Cf. Lamberigts, Iulianus IV 486; Lössl, Julian 286 sq.; Marcos, Anti-Pelagian 334–336; cf. Mar. Merc. *Conc.* ^{S} I 5 p. 68, l. 20–26. Zum Schreiben des Honorius cf. *Coll. Quesnell.* 16 (PL 56, 493 sq. = Anhang 5 in Marcos, Anti-Pelagian 342 sq.).
69 Cf. Lamberigts, Iulianus IV 486.

nus, die dieser in *nupt. et conc.* 2 widerlegt.[70] Julian kontert daraufhin bereits in Kilikien[71] mit der Abfassung seiner acht Bücher umfassenden Schrift *Flor.*, die *nupt. et conc.* 2 entkräften soll.[72] Florus, der Adressat der Widmung des Buches ist ein Anhänger Julians, der mit ihm später bei Nestorius in Konstantinopel vorstellig wird.[73] Er hat Julian offenbar aufgefordert, zu *De nuptiis et concupiscentia* 2 im Ganzen Stellung zu nehmen, statt, wie geplant, nur einige von Augustinus verwendete Bibelstellen auszulegen, die in *Turb.* nicht behandelt worden waren (cf. 1–7). Datieren lässt sich der Text in die Zeit zwischen 420/421, der Fertigstellung von Augustins *De nuptiis et concupiscentia* 2,[74] und 427, dem Zeitpunkt, als Alypius auf die Bücher *Flor.* in Rom stößt (cf. A. *ep.* 224,2).[75] In seiner Erwiderung *Contra Iulianum opus imperfectum* zitiert Augustinus die ersten sechs Bücher von *Flor.* Buch für Buch in chronologischer Reihenfolge. Diese spezielle Anlage des von *c. Iul. imp.* wird im nächsten Kapitel bei der Untersuchung der Gattungseinflüsse auf *Flor.* ebenfalls beleuchtet.

1.4 *Gattungseinflüsse auf* Ad Florum *1*
Vor der Besprechung der Gattung von *Flor.* sollen hier zunächst Beobachtungen zur Gattung von *c. Iul. imp.* festgehalten werden, die auch für *Flor.* relevant sind.[76] Die Zuordnung von *c. Iul. imp.* zu einer literarischen Gattung wurde bisher einzig von Schmidt unternommen.[77] Zur Charakterisierung der frühchristlichen Dialoge gibt er u. a. den Typ des „dogmatische[n] Kontroversialog[s]"[78] an, dessen Merkmal das Vorgehen gegen einen Widersacher darstellt;[79] unter diesem Typus sind *c. Iul. imp.* als „Buchdialog"[80] und z. B. auch fiktive Dialoge zu subsumieren, in denen eine heidnische der christlichen bzw. eine häretische der orthodoxen Position gegenübergestellt wird.[81] Der wohl bekannteste ist der *Octauius* des Minucius Felix, bei dem es sich um ein fiktives Konversionsge-

---

70   Cf. Hinführung. 1.2.
71   Cf. Mar. Merc. *Conc.* ˢ I 5 p. 19, l. 25–27; Duval, Julien 250; Lössl, Julian 292 sq. n. 240.
72   Cf. A. *c. Iul. imp.* praef.; Lamberigts, Iulianus Aeclanensis 838.
73   Cf. Lamberigts, Évêques 266.
74   Cf. Lamberigts, Iulianus IV 488.
75   Cf. Lössl, Julian 296 n. 257.
76   Die Beobachtungen zu *c. Iul. imp.* in diesem Kapitel basieren auf meinem gemeinsam mit M. Schneider gehaltenen und publizierten Vortrag Schneider/Zilker, Talking.
77   Cf. Schmidt, Typologie.
78   Schmidt, Typologie 109.
79   Cf. Schmidt, Typologie 109.
80   Cf. Schmidt, Typologie 142.
81   Cf. Schmidt, Typologie 109–114.

spräch zwischen dem Christen Octavius und dem Heiden Caecilius handelt.[82] Beide Unterredner bringen ihre Argumente gegen bzw. für das Christentum an, zuerst Caecilius, dann Octavius. Der Erzähler nimmt die Rolle des Schiedsrichters ein,[83] warnt in einem Mittelstück zwischen den beiden Reden vor den Gefahren der Rhetorik und betont dort auch die Notwendigkeit, beide Seiten zu hören (cf. Min. Fel. 14,7). Weitere dogmatische Kontroversdialoge sind z. B. die *Altercatio Heracliani laici cum Germinio episcopo Sirmiensi* eines unbekannten Autors[84] und Hieronymus' Dialoge gegen die Luciferianer und die Pelagianer.[85] Im ersten Fall handelt es sich hier um ein literarisch überarbeitetes Prozessprotokoll,[86] im zweiten um eine fiktive öffentliche Disputation.[87]

Augustins „Buchdialoge" setzen sich von den genannten Dialogen folgendermaßen ab: Er kleidet nicht etwa einen szenischen Dialog aus, bei dem der rechtgläubigen die häretische Ansicht gegenübergestellt wird, sondern er zitiert ein Werk eines Autors, den er widerlegen will, im Ganzen und unterbricht das laufende Zitat durch eigene Anmerkungen immer wieder.[88] Es handelt sich deshalb um einen Dialog, der weder vollkommen fiktiv noch vollkommen authentisch verbürgt ist, wie es z. B. die Aufzeichnung einer öffentlichen Disputation wäre.[89] Augustinus verwendet dieses Genre ausschließlich in

---

82 Cf. Erler, Gesprächsstrategie 292; cf. Schmidt, Typologie 109.
83 Cf. dazu Min. Fel. 4,6, eine Stelle, in der der Erzähler darüber spricht, dass er sich in die Mitte zwischen den beiden Diskutierenden setzt: *nec hoc obsequi fuit aut ordinis aut honoris, quippe cum amicitia pares semper aut accipiat aut faciat, sed ut arbiter et utrisque proximus aures darem et disceptantes duos medius segregarem*. Übers.: „Das erfolgte nicht aufgrund von Rang- oder Ehrenstellung, denn die Freundschaft akzeptiert Menschen immer als gleichberechtigt oder macht sie zu Gleichberechtigten, sondern damit ich als Beurteilender sowohl mein Gehör beiden gleichermaßen schenken als auch die beiden Diskutierenden in der Mitte voneinander trennen konnte." Cf. Schmidt, Typologie 144.
84 Cf. Erler, Gesprächsstrategie 292.
85 In den *Dialogi contra Pelagianos* erwähnt Hieronymus die sokratische Methode zu disputieren (*adu. Pelag.* 1,1). Es handelt sich bei dem Werk um einen fiktiven Dialog zwischen dem Christen Atticus und dem Pelagianer Critobulus. Wie in *ep.* 180 Augustins an Oceanus zu sehen ist, kannte Augustinus dieses Werk des Hieronymus (cf. Hennings, Briefwechsel 48 n. 142). Es könnte also möglicherweise Einflüsse von Hieronymus' Dialog auf Augustins *c. Iul. imp.* geben. Der Dialog gegen die Pelagianer ist 415 vollendet, *c. Iul. imp.* zwischen 423 und 426. Wie Lössl hervorhebt, argumentieren Hieronymus und Augustinus jedoch auf unterschiedliche Weise (cf. Lössl, Julian 257). Zur Datierung der anderen Dialoge cf. Schmidt, Formtradition 224 sq. und id., Typologie 174–177.
86 Cf. Schmidt, Typologie 130 sq.
87 Cf. Schmidt, Typologie 132–134.
88 Cf. Schneider/Zilker, Talking 5 sq.
89 Cf. Schneider/Zilker, Talking 7.

antihäretischen Schriften und zwar insgesamt viermal: Im antimanichäischen Werk *Contra Faustum*, in den beiden antidonatistischen Dialogen *Contra Gaudentium* und *Contra litteras Petiliani* und schließlich im *Contra Iulianum opus imperfectum*.[90] Stellt man die Frage nach Augustins Beweggründen, diese Art des Dialogs zu wählen, so fällt zunächst die Anlage des zitierten Werkes in *c. Faust.* ins Auge. Der Augustinus persönlich bekannte Manichäerbischof Faustus schreibt mit seinen *Capitula* ein Werk, das Manichäern in einer Diskussion mit einem Glaubensgegner als Hilfe bei der Verteidigung ihrer Ansichten dienen sollte.[91] Faustus stellt sich in jedem Kapitel selbst eine gegnerische Frage in Form einer *prosopopoiia* und beantwortet diese.[92] Augustinus imitiert dieses Vorgehen in *c. Faust.* gewissermaßen, indem er sich zwar nicht selbst eine gegnerische Frage stellt, aber dadurch, dass er Faustus' Schrift durch Zitation selbst sprechen lässt und jedem Kapitel eine eigene Antwort entgegensetzt. Die Anlage der *Capitula* lässt außerdem vermuten, dass sie zur Verbreitung gedacht waren und die Religionsgemeinschaft der Manichäer stärken sollten.[93] Dem wollte Augustinus mit seiner Antwort entgegenwirken. Durch das Zitieren des gesamten gegnerischen Textes sichert sich Augustinus gegen den Vorwurf ab, ein gegnerisches Argument absichtlich nicht erwähnt zu haben, und gewährleistet, einen gewissen Grad an Exaktheit bei der Argumentation eingehalten zu haben.[94] Augustinus selbst äußert sich bezüglich dieses Motivs für die Wahl des Genres in *c. litt. Pet.*, einem seiner anderen Buchdialoge. Hatte er in *c. litt. Pet.* 1 noch in freierer Manier auf einen unvollständigen Brief von Petilianus geantwortet und überzeugt geschrieben: *quid autem prodest omnia eius contumeliosa uerba retexere? nam quoniam aliud est documenta firmare, aliud maledicta refellendo tractare, illud potius attendamus, quo pacto demonstrare uoluerit nos baptismum non habere [...]* (*c. litt. Pet.* 1,2),[95] widerlegt er in *c. litt. Pet.* 2 den nun vollständig erhaltenen Brief als Buchdialog, möglicherweise, weil ihm bewusst geworden war, dass die Argumentation im ersten Buch lückenhaft war.[96]

---

90 Cf. Schneider/Zilker, Talking 7 sq.
91 Cf. Wurst, Werke 312–315.
92 Cf. Wurst, Werke 314 und id., Bemerkungen 308–313.
93 Cf. Wurst, Werke 314 und Decret, Faustum 1246.
94 Cf. Schneider/Zilker, Talking 9–11.
95 Übers.: „Was aber nützt es, alle Beschimpfungen abzuschreiben? Es macht ja einen Unterschied, ob man ein Zeugnis festhalten will oder ob man auf Schimpftiraden eingeht; wir wollen unsere Aufmerksamkeit lieber nur darauf richten, wie Petilian zeigen wollte, dass wir die [sc. wahre] Taufe nicht hätten [...]."
96 Cf. Schneider/Zilker, Talking 10 sq. In den *Retractationes* schreibt Augustinus zu diesem

Eine weitere Motivation für die Wahl des Genres ist, wie Schmidt zeigt, der Wunsch nach einer mündlichen Debatte mit dem Gegner, die nicht stattfinden konnte. Augustinus hebt in *c. litt. Pet.* 2,1 die Nähe der Anlage dieses Werkes zum Typus des Disputationsprotokolls hervor.[97] In der Tat strebte Augustinus im donatistischen Streit eine Disputation mit den Gegnern an, welche von ihnen aber verweigert wurde.[98] Der Buchdialog dient demnach auch als Ersatz für ein Streitgespräch vor einem Schiedsrichter.[99] Vergleichbar damit ist auch die Situation in der Debatte mit Julian von Aeclanum. Dieser fordert in seinem Text eine objektive Beurteilung seiner Ansichten vor Schiedsrichtern.[100] Mit der Gestaltung von *c. Iul. imp.* suggeriert Augustinus dem Leser eine Unterredung zwischen ihm und Julian und deutet damit an, ein reales Streitgespräch bzw. die Bewertung durch Schiedsrichter sei unnötig.

Auf der Suche nach den Vorgängern dieser Gattung muss man sowohl der mündlichen polemischen Tradition als auch der schriftlichen Kommentartradition nachgehen. Was erstere anbelangt, könnte Ciceros 13. *Philippische Rede* als ein Vorläufer angesehen werden.[101] Antonius hatte Cicero zu einer Debatte im Senat herausgefordert, doch dieser erschien aus Angst um seine Sicherheit nicht.[102] Cicero erlitt aufgrund seiner eigenen Abwesenheit deshalb eine Niederlage, die er nicht hinnehmen wollte. Eine erneute mündliche Debatte zwischen den beiden Kontrahenten war jedoch zu diesem Zeitpunkt

---

zweiten Buch (*retr.* 2,25): *et scripsi in hanc rem tria uolumina, quorum primo primae parti epistulae ipsius quam scripsit ad suos, quia non tota in nostras manus uenerat sed prior parua pars eius, quanta potui celeritate et ueritate respondi. etiam ipsa epistula est ad nostros, sed ideo inter libros habetur, quia ceteri duo in eadem causa libri sunt. postea quippe inuenimus totam, eique tanta diligentia respondi quanta Fausto Manicheo, uerba scilicet eius sub ipsius nomine prius ponens particulatim et sub meo per singula responsionem meam.* Übers.: „Und auch bezüglich dieser Angelegenheit habe ich drei Bücher geschrieben, wobei ich im ersten Buch dem ersten Teil seines Briefes, den er an seine Anhänger geschrieben hat, so schnell und wahrheitsgemäß wie möglich geantwortet habe, denn der ganze Brief lag mir zu diesem Zeitpunkt noch nicht vor, sondern nur ein kleinerer Abschnitt aus dem vorderen Teil. Mein Werk richtet sich auch als Brief an unsere Anhänger, aber zu den Büchern wird er deshalb gezählt, weil es noch zwei weitere Bücher zu diesem Sachverhalt von mir gibt. Nachdem ich den ganzen Brief erhalten hatte, habe ich ihn mit so großer Sorgfalt wie gegenüber dem Manichäer Faustus beantwortet, indem ich zuerst seine Worte unter seinem Namen abschnittsweise vorangestellt habe und dann unter meinem Namen meine Antwort zu den jeweiligen Zitaten gegeben habe."

97 Cf. Schmidt, Typologie 142.
98 Cf. Voss, Dialog 300 sq.
99 Cf. Schmidt, Typologie 142.
100 Cf. z. B. 2,10–17; 10,1–6; 2,1,1–2,4; cf. auch Hinführung. 1.3.
101 Cf. Schneider/Zilker, Talking 13–18.
102 Cf. Ramsey, Debate 161.

nicht möglich, da Antonius sich nicht in Italien befand, weshalb Cicero eine andere Methode wählte, um eine Revanche zu erhalten.[103] In seiner 13. *Philippischen Rede* zitiert er dazu einen Brief des Antonius, den dieser an Octavian und Hirtius gerichtet hatte, über mehrere Paragraphen hinweg im Ganzen und unterbricht den Textfluss des Briefes durch Einwürfe (Cic. *Phil.* 13,22–48),[104] wodurch ein ähnliches Arrangement wie in den Buchdialogen Augustins zustande kommt. Stilistische Parallelen lassen sich v. a. an der direkten Anrede an die Zitate und an der Technik, Stichworte aus dem zitierten Text aufzugreifen und umzuwenden, festmachen.[105] Die Form der 13. *Philippischen Rede* kann demnach ähnlich wie Augustins Buchdialoge auch als Ersatz für ein Wortduell gesehen werden.[106]

Die Methode, einen zitierten Text anzusprechen, findet sich jedoch auch in antiker Kommentarliteratur. Hier zeigt sich, dass v. a. in polemischen Kommentaren der Kommentator dazu tendiert, den Autor des kommentierten Textes anzusprechen.[107] Ebenso kann das Herausgreifen von Lemmata aus dem kommentierten Text und die Erklärung der eigenen Position bzw. das Streben danach, die Ansichten des kommentierten Autors zu korrigieren, als Parallele zwischen Kommentarliteratur und Buchdialog gesehen werden. Einen Hinweis darauf, dass diese Methode durch den antiken Schulunterricht beeinflusst ist, bietet Plutarchs *De audiendis poetis*, ein Werk, das der Anleitung zum Studium poetischer Texte dient und Einblick in den Umgang mit Texten innerhalb des antiken Unterrichts gibt.[108] Plutarch fordert darin die Leser von poetischen Texten dazu auf, sich kritisch mit dem vorgegebenen Text auseinanderzusetzen und auch Widersprüche im Text aufzudecken (id., *Aud. poet.* 25a).[109] Der Leser soll so in einen Dialog mit dem Text treten und dessen Aussagen entkräften (was Plutarch u. a. an einem Beispiel von Homer vorführt, cf. id, *Aud. poet.* 20e–f).[110]

Dieselben Gattungseinflüsse, die hier für Augustins Buchdialoge gelten, lassen sich in ähnlicher Form auch für Julians *Flor.* ausmachen. Bei *Flor.* handelt es sich nicht um einen Buchdialog. Die Bücher *Ad Florum* enthalten jeweils

---

103 Cf. Ramsey, Debate 162 sq.
104 Cf. Wooten, Philippics 162.
105 Cf. dazu Schneider/Zilker, Talking 13–18.
106 Cf. Ramsey, Debate 162 sq.
107 Cf. Schneider/Zilker, Talking 18–28.
108 Cf. Schenkeveld spricht von einem „textbook for the pupil and its companion" (Schenkeveld, Structure 71), das ebenso Anweisungen für den Lehrer enthält („instructions for the teacher" (ib.)).
109 Cf. Schneider/Zilker, Talking 28 sq.
110 Cf. Schneider/Zilker, Talking 29 sq.

Proömien, die an diejenigen Ciceros in seinen philosophischen Schriften oder Sallusts in der *Coniuratio Catilinae* und dem *Bellum Iugurthinum* erinnern.[111] Darauf folgt die Widerlegung von Augustins Argumenten im Werk *nupt. et conc.* 2, aus dem Julian zwar zitiert, allerdings, von *Flor.* 1 abgesehen, nicht immer in chronologischer Reihenfolge, sondern auch in thematischer Gruppierung der relevanten Stellen. Für das erste Buch von *Ad Florum* ist festzuhalten, dass Julian in diesem Fall zwar die ersten acht Kapitel von *nupt. et conc.* 2 vollständig und in chronologischer Reihenfolge zitiert (cf. Hinführung. 2.1), seine Antworten auf die jeweiligen Zitate gestaltet er jedoch deutlich umfangreicher, als es Augustinus im Hinblick auf *Flor.* in *c. Iul. imp.* tut.

Auch Julian spricht Augustinus nach der Zitation jeweils direkt an und greift Formulierungen seines Gegners auf, um sie ad absurdum zu führen oder zu berichtigen. Er evoziert damit aber seltener einen Dialog mit dem Gegner als gelegentlich eher das Szenario einer Rede vor Gericht.[112] Auffällig ist dies insbesondere in der Ausgestaltung der Paragraphen 22–51, in denen sich die *partes orationis* wiederfinden lassen (zur weiteren Struktur cf. Hinführung. 2.1 und Gliederung von *Ad Florum* 1 – Inhaltsverzeichnis zum Kommentar).[113] Die Gattung der Rede wird in *Flor.* aber nicht in dem Maße durchgehalten wie z. B. in Tertullians *Apologeticum*, der seine Worte von Anfang an an den Provinzstatthalter richtet (cf. id., *apol.* 1,1).[114] Die abwechselnde Anrede Augustins bzw. Augustins und seiner Anhänger in der zweiten Person Singular/Plural und wiederum die Rede über Augustinus in der dritten Person,[115] die an ein Hinwenden zum „Angeklagten" respektive zum „Richter/Publikum" erinnert, lassen das Szenario jedoch immer wieder präsent werden. Es ergibt sich damit

---

111 Cf. Cipriani, Aspetti 135 sq.
112 Cf. Cipriani, Aspetti 132 sq.; Zelzer, Giuliano 227. Ribreau versteht den Buchdialog des *Contra Iulianum opus imperfectum* ebenfalls als eine Antwort auf Julians Anklänge an die juristische Rede. Seiner Ansicht nach erschafft Augustinus eine christliche *disputatio* im Gegensatz zu Julian, von dem das Bild entstehe, er sei nur auf die Widerlegung und nicht auf die Überzeugung des Gegners aus (cf. Ribreau, Manifeste 238). Hingegen wolle Augustinus den Gegner von seiner Ansicht überzeugen und rationale Argumente anführen (ib. 239). Wenngleich dieses Bild erzeugt wird, übersieht Ribreau hier meines Erachtens jedoch, dass Augustins wiederholte Aufforderungen, Julian solle aufhören, ihn zu beschimpfen und Haltloses zu behaupten (cf. z. B. A. *c. Iul. imp.* 1,41.42; 4,104,103–109), auch als eine Strategie aufgefasst werden können, die Julians Argumentationen gegenüber dem Leser als streitsüchtige und inhaltslose Tiraden erscheinen lassen sollen, und durch die Julians Argumente verblassen. Zudem können die exegetischen Partien in *Ad Florum* ebenfalls als Überzeugungsmittel verstanden werden.
113 Cf. Cipriani, Aspetti 154 sq.
114 Cf. Becker, Tertullian 26 sq.
115 Insbesondere zur Einleitung von Zitaten: z. B. 22,1 sq..; 73,1 sq..

für die Struktur der *argumentatio* von *Flor.* 1 eine Sprechersituation, die der „dreipolig-dialogische[n] Konstellation"[116] in anderen rhetorischen Texten, wie z. B. Augustins *De ciuitate dei*, entspricht.[117] Wesentlich dabei ist, dass durch diese Konstellation in *Flor.* Augustinuszitate u. a. die Rolle mündlicher Aussagen einnehmen. Julian reagiert auf die Zitate mal in schärferer Form der Empörung (in 22,37–46, in Anspielung auf die *Catilinarische Rede*, mit direkter Apostrophe Augustins; in 52,33–37 als Ausruf der Empörung, er sei kein Feind der göttlichen Gnade; in 67,18–29 in Beschimpfung der Falschheit Augustins), mal in schwächerer Form der Abstreitung oder sarkastischen Äußerung (in 71,9–20 als Erklärung dafür, dass die *concupiscentia* etwas Gutes sei; in 74,12–75,4 mittels Unterstellung, Augustinus äußere Ansichten, die Julian auch vertrete, aus Scham und Angst vor der Entlarvung seiner eigentlichen Meinung). Passagen, in denen Augustinus als fiktiver Sprecher eingeführt wird, verstärken den dialogischen Eindruck.[118]

Der Gattungseinfluss vonseiten polemischer Kommentarliteratur macht sich in *Flor.* 1 darin bemerkbar, dass Julian direkte Zitate Augustins anführt und die Reihenfolge seiner Widerlegung am Text von *nupt. et conc.* 2,1–8 ausrichtet (cf. Hinführung. 2.1; ein expliziter Hinweis darauf findet sich z. B. in 52,1–6 und 110,1 sq.). Teilweise greift er dabei Passagen aus *nupt. et conc.*-Zitaten auf, die in einem erheblichen Abstand zur gegen sie gerichteten Argumentation stehen.[119] Julian baut zudem in seine Widerlegungen Begriffsdefinitionen mit ein, die der Klärung seines eigenen Standpunktes und der Dekonstruktion des augustinischen Standpunktes dienen (cf. 34,1–48,3; 77,9–83,6). Er weist auf die fatalen Konsequenzen der gegnerischen Ansicht und Exegese hin[120] und korrigiert diese (cf. 31,1–32,5; 70,1–12; 72,2–25; 90,1–92,4; 104,1–106,21; 113,14–125,7).

Sein Vorgehen lässt dabei auch an Augustins eigene Verfahrensweise in *nupt. et conc.* 2 denken, jedoch mit dem Unterschied, dass er die Anrede seines Gegners konsequenter durchhält und Anspielungen auf die Gerichtsrede mit einbaut.[121] Die Tatsache, dass Julian die chronologische Zitation aus *nupt. et*

---

116 Tornau, Rhetorik 107.
117 Cf. Tornau, Rhetorik 106 sq.
118 Cf. z. B. 48,18–50; 101,2–17.
119 So z. B. in 109,8–112,5, wo Julian sich gegen Aussagen aus *nupt. et conc.* 2,8 (p. 259, l. 9–19) wendet, die er bereits in 74,2–11 zitiert hatte und die er innerhalb seiner Widerlegung nicht erneut direkt zitiert; oder auch in 107,1–109,13, wo Julian das Zitat *Rm* 6,20 auslegt, das sich im Kontext von einem Zitat aus *c. ep. Pel.* in 94,5–47 befunden hat.
120 Cf. Lössl, Julian 111.
121 In *nupt. et conc.* 2 spricht Augustinus seinen Gegner nicht durchgehend an, sondern wendet sich eher an Valerius, den Adressaten seiner Schrift, um Julian vorzuführen, cf. z. B. *nupt. et conc.* 2,14 nach einem Zitat aus *Turb.*

conc. 2 nicht im ganzen Werk *Flor.* durchhält, rückt ihn wiederum auch in die Nähe anderer nicht-dialogischer antihäretischer Streitschriften wie die des Hieronymus (z. B. *Aduersus Iouinianum*) oder des Tertullian (z. B. *Aduersus Marcionem*),[122] in denen oftmals die gegnerischen Werke nicht ausführlich, sondern thesenartig oder in Ausschnitten zitiert werden.[123] Im Ganzen vermittelt *Flor.* den Eindruck einer polemischen Widerlegungsschrift von *nupt. et conc.* 2, die zugleich auch Julians eigene Verteidigung ist.[124]

1.5   *Darstellung der Quellen, die Julian in* Ad Florum *1 konsultiert*

In der Forschungsliteratur wurden bereits umfangreiche Angaben über die Hintergründe von Julians Bildung und die von ihm in *Flor.* verwendeten Quellen gemacht.[125] Über das von ihm im ersten Buch vermutlich herangezogene und zitierte Material soll im Folgenden ein Überblick gegeben werden.

Unter den für Julian wichtigen Autoren ist an erster Stelle sein Gegner Augustinus zu nennen. Von dessen Werken sind natürlich die beiden Bücher *nupt. et conc.* als bekannt vorauszusetzen; zudem finden sich in *Flor.* 1 direkte Zitate aus *c. ep. Pel.* 1,5–7 in **94,5–47**, aus *duab. an.* 15 in **44,7–11** (cf. **45,2–4**; **47,11 sq.**), ein Verweis auf *pecc. mer.* 1,21 (**68,2–5**) sowie die Erwähnung der *Confessiones*, aus denen Julian biographische Details über Augustinus zieht und auf die er immer wieder anspielt (**11,1–7**; **25,1–6**; **59,6–10**; **67,23–28**; **68,7–9**; **69,29–33**; **82,9.11–15**). Für die antideterministische Argumentation könnten auch die antimanichäischen Werke *c. Fel.* (cf. Kommentar zu **49,3 sq.**; **66,11–14**; **97,1–6**) und *c. Fort.* (cf. Kommentar zu **69,29–37**; **82,2–11**) für die Abfassung von *Flor.* von Relevanz gewesen sein. Bei Paulinus von Nola, der Julian ein Hochzeitsgedicht gewidmet hat und einer seiner Freunde war, befanden sich Abschriften einiger antimanichäischer Werke Augustins.[126] Es ist daher in der Forschung plausibel gemacht worden, dass Julian auf diesem Wege mit ihnen Bekanntschaft gemacht haben könnte.[127] Lössl vermutet z. B. auch einen Einfluss von

---

122   Cf. Cipriani, Aspetti 130 sq.; Julian verwendet Vorwürfe, die die Autoren dieser Werke gegen ihre Gegner anbringen, auch gegen Augustinus (cf. ib. und Kommentar zu **11,1–7**; **19,5–7**; **25,4 sq.**).
123   Cf. Hunter, Marriage 15.
124   Cf. Cipriani, Aspetti 130–133; Lössl, Julian 106 sq. Cipriani sieht in der Tatsache, dass *Flor.* auf mehrere Bücher in unterschiedlichen Themenkomplexen, die ineinander übergreifen, aufgeteilt ist, und aufgrund der Themenwahl in den Proömien, die sich von der Gestaltung des Hauptteils abheben, zudem eine Parallele zu Ciceros philosophischen Schriften (cf. Cipriani, Aspetti 132 sq.150–155). Cf. auch Hinführung. 2.1.
125   Cf. Bruckner, Julian 75–100; Lamberigts, Iulianus IV 490–499; Lössl, Julian 74–82.
126   Cf. Lössl, Julian 56–71.
127   Cf. Evans, Pelagian 235. Paulinus von Nola lobt in *ep.* 6,2 zudem Augustins antimanichäi-

lib. arb.,[128] wobei sich dieser jedoch nicht genau bestimmen lässt. Wichtig dürfte insbesondere das erste Buch sein, in dem Augustinus sich mit der Frage des Evodius beschäftigt, ob Gott der Urheber des Bösen sei.[129] Hier ist jedoch festzuhalten, dass Julian in *Flor.* 1 weder aus *lib. arb.* noch aus *c. Fel.* und *c. Fort.* direkt zitiert.[130]

Neben Augustinus sind für Julian die Schulautoren Cicero und Vergil von Relevanz. Aus Ciceros *De officiis* zitiert Julian in 78,1–3; möglicherweise diente das Werk auch als Quelle für 64,26–32 und 79,6–80,8.[131] Lamberigts vermutet, dass Julian ebenfalls die *Academica* Ciceros kannte,[132] wofür auch die Tatsache spricht, dass er für die Ansichten über die Antakoluthie der Tugenden ebenso wie Ciceros Varro in *ac.* 1,38 Zenon als Gewährsmann nennt.[133] Ein Einfluss von Ciceros *De fato* könnte aufgrund der antideterministischen Thematik ebenfalls wahrscheinlich sein (cf. dazu Hinführung. 2.2.1.4).[134] Von Ciceros Reden adaptiert Julian in 22,37–44 den berühmten Anfang der ersten *Catilinaria*.[135] Anspielungen auf Vergils *Aeneis*, aus welcher Julian auch in *Turb.* und in den anderen Büchern von *Flor.* häufig zitiert, finden sich schließlich in 48,36–39.[136]

Von den Kirchenschriftstellen sind zunächst Hieronymus, Tertullian und Rufin zu nennen. In 19,5–7 verwendet Julian einen Vergleich aus dem Werk *Aduersus Iouinianum* des Hieronymus.[137] Er dürfte ihm auch als Quelle für sein Wissen über Jovinian gedient haben (cf. Kommentar zu 98,1–4);[138] möglicherweise kannte Julian auch den Brief *epist.* 112, den Hieronymus an Augustinus verfasst hat (cf. Kommentar zu 33,1–8). Auch auf Tertullians *Aduersus Marcio-*

---

sche Schriften als eine gute Waffe gegen diese Häretiker (cf. Evans, Pelagian 242 n. 4). Cf. auch Lössl, Julian 55 sq.
128 Cf. Lössl, Julian 125 sq.
129 Cf. Lössl, Julian 126 mit n. 245 u. a. unter Heranziehung von *lib. arb.* 1,1. Dass *lib. arb.* von Pelagius herangezogen wurde, geht aus *retr.* 1,9 hervor. In 67,101 sq. findet sich eine Passage, die an Augustins Worte in *lib. arb.* 3,50 erinnert.
130 In *Turb.* 4, frg. 277 (= Iulian. A. c. Iul. 6,39) schreibt Julian zumindest selbst, dass er Augustins Ansichten in seinen Frühschriften zustimme. Cf. auch Lamberigts, Assessment 114.
131 Cf. auch 4,43,3.
132 Cf. Lamberigts, Iulianus IV 491. Er verweist auf *Turb.* 2, frg. 148 (= Iulian. A. c. Iul. 4,75–77), wo eine Liste von Philosophen angeführt wird, die sich ebenso in Cic. *ac.* 2,118 findet.
133 Cf. Kommentar zu 36,1–9.
134 Cf. Lössl, Julian 124.
135 Cf. Lössl, Julian 105 sq.
136 Eine Auflistung der zahlreichen Vergilzitate, die nicht aus *Flor.* 1 stammen, findet sich in Lössl, Julian 75 sq. n. 12.
137 Cf. Cipriani, Aspetti 131.
138 Cf. Lössl, Julian 82 n. 29.

nem greift Julian innerhalb seiner Polemik, aber wahrscheinlich auch innerhalb der Argumentation zurück;[139] er vergleicht zudem seine Lage mit der des Athanasius unter Heranziehung von Rufinus' Fortsetzung der *Historia Ecclesiastica* des Eusebius (Rufin. hist. 10,22; p. 988, l. 5–22; cf. 75,20–76,11).[140]

Zu potentiellen Vorgängern der philosophischen und theologischen Ansichten Julians gehören Pelagius, der Ambrosiaster und die östlichen Kirchenschriftsteller Theodor von Mopsuestia und Johannes Chrysostomus.[141] Parallelen zu diesen Autoren werden unten (Hinführung. 2.2.1.4) aufgezeigt.

Als Quellen für sein Wissen über den Manichäismus nennt Julian die *Epistula ad Patticium*, die mit der *Epistula fundamenti* zu identifizieren ist,[142] und die *Epistula ad Menoch*,[143] und spricht davon, er habe Schriften Manis gelesen (4,120,8–10), womit er wahrscheinlich auf die beiden genannten Werke zurückverweist. Er wird sein Wissen über den Manichäismus jedoch auch aus polemischen Werken von Vorgängern, die sich bereits gegen die Manichäer gerichtet haben, beziehen. Zu nennen ist hier Serapion von Thmuis, dessen Schrift *Aduersus Manichaeos* Julian fälschlicherweise Basilius dem Großen zuschreibt.[144] Auch Pelagius und Johannes Chrysostomus richten sich mit ihren Auslegungen immer wieder gegen die manichäischen Ansichten (cf. Hinführung. 2.2.1.4).

---

139   Es finden sich gelegentlich Anklänge, aber auch inhaltliche Parallelen zu dieser Schrift in *Flor*. 1 (cf. Kommentar zu 25,1–26,3; 48,19–29; 78,7–9; 79,1–6; 81,1–82,2).

140   Cf. Duval, Julien.

141   Cf. Lössl, Julian 158–187; Lamberigts, Iulianus IV 496 sq.; Cipriani, Fonti 157 sq.

142   Cf. Harrison/BeDuhn, Authenticity 136 n. 38 und Stein, Manichaica 2, 106 sq.

143   Cf. Zelzer, Iulianum opus 827 sq.; cf. 4,109. Der Text der *Epistula ad Menoch* findet sich in 3,172–187. Eine englische Übersetzung des Briefes mit Kommentar bieten Harrison und BeDuhn, (id., Authenticity 131–139). Eine deutsche Übersetzung mit Kommentar findet sich bei Stein (id., Manichaica 1). Nach Julians Aussagen hat Florus ihm den Brief zugesandt, dem dieser in Konstantinopel zugetragen wurde (cf. Harrison/BeDuhn, Authenticity 140). Die Argumente von Harrison und BeDuhn lassen es plausibel erscheinen, dass die *Epistula ad Menoch* keine „pelagianische" Fälschung ist, missversteht doch Julian selbst, was der Autor des Briefes über den Römerbrief sagt (cf. Harrison/BeDuhn, Authenticity 147–150.166); des Weiteren belegen sie, dass der Inhalt des Briefes gut in den manichäischen Kontext passt (cf. Harrison/BeDuhn, Authenticity 167 und den Kommentar von Harrison/BeDuhn, Authenticity 139–154) und dass die „antipelagianische" Färbung, die man in dem Brief hat sehen wollen, sich gut aus der Auseinandersetzung Manis mit den Anhängern Bardaisans erklären lässt, die ebenfalls die Freiheit des Willens verteidigten. Diese wirkten in Armenien und Syrien und wurden von Mani auch in seiner Schrift *Thesaurus* angegriffen (cf. Harrison/BeDuhn, Authenticity 168–171). Zur Echtheit der *Epistula ad Menoch* cf. auch Stein, Manichaica 1, 28–43.

144   Cf. Lamberigts, Assessment 115 mit n. 14; Cipriani, Autore; id., Polemica 156 sq.; Julian zitiert aus der Übersetzung von Serap. adu. Man. in Turb. 4, frg. 309 (= Iulian. A. c. Iul. 1,16); cf. Cipriani, Fonti 162–165. Cf. Kommentar zu 9,3–7; 23,6–13; 48,37–39; 66,11–14.

Schließlich könnten Julian auch die oben angeführten antimanichäischen Schriften Augustins als Informationsquelle gedient haben.

2 Aufbau von *Ad Florum* 1 und inhaltliche Schwerpunkte der Debatte

2.1 *Disposition von* Ad Florum *1 und Bedeutung des ersten Buches im Kontext des Gesamtwerkes* Ad Florum

Es wird an dieser Stelle die grundlegende Gliederung und Struktur von *Flor.* 1 besprochen; für die Feingliederung bietet die Darstellung vor Beginn des Kommentarteils einen Überblick (cf. Gliederung von *Ad Florum* 1 – Inhaltsverzeichnis zum Kommentar), weitere Details finden sich in den Inhaltsangaben nach den jeweiligen Gliederungspunkten im Kommentar.

Innerhalb des umfangreichen Werkes *Flor.* erfüllt das erste Buch eine grundlegende Aufgabe. Es finden sich dort die Begriffsdefinitionen von *iustitia, peccatum* und *liberum arbitrium*, die für die weiterführende Argumentation der darauffolgenden Bücher wesentlich sind.[145] Es dient außerdem dazu, dem Vorwurf Augustins, Julian habe *nupt. et conc.* 1 in seinem Werk *Turb.* falsch zitiert (cf. *nupt. et conc.* 2,1–6), die Grundlage zu entziehen, und erschüttert damit auch die Gültigkeit der gesamten Argumentation Augustins in *nupt. et conc.* 2. Julian greift sich dazu im Verlauf von *Flor.* 1 die ersten acht Paragraphen von *nupt. et conc.* 2 heraus, um im Gegenzug Augustins Zitierweise als unzuverlässig vorzuführen. Julian zitiert innerhalb der Argumentation ab 22,1 aus *nupt. et conc.* 2,3–8 abschnittsweise, geht Augustins Text durch und bespricht dabei die für das ganze Werk *Flor.* wichtigen Themen: göttliche Gerechtigkeit, Gnade, Sünde/Sündhaftigkeit der menschlichen Natur, (sexuelle) Begierde und freier Wille.

Die Grobstruktur von *Flor.* 1 zerfällt in das *exordium* (1,2–21,11) und die Argumentation (22,1–141,22). Das *exordium* wiederum gliedert sich in zwei Teile auf, deren erster die Widmung an Florus (1,2–8,5) und deren zweiter die Erläuterung der Sachlage innerhalb der Debatte zwischen Julian und Augustinus (9,1–21,11) umfasst. In 9,1–21,11 wird bereits Gebrauch von Zitaten aus *nupt. et conc.*

---

[145] Dies ist im Einklang mit dem klassischen Ideal (Voss, Dialog 287: „Bei Cicero dient die Definition der Abgrenzung des Gegenstandes der Erörterung. Sie ist für die Erörterung verbindlich; man kann sie ausdeuten, bis in ihre letzten Konsequenzen verfolgen und zur Grundlage von Schlüssen machen. Sie selbst wird nicht in Frage gestellt, ihr Verhältnis zum Sachverhalt, den sie umgreift, wird nicht untersucht.") Cf. auch den Verweis auf Cic. *off.* 1,7 in 78,1–3 und Kommentar zu 41,1sq.; Rückblicke auf das erste Buch finden sich in 2,20; 3,2 sq.; 3,96,4–99,5.

2,1 sq. gemacht und der formale Vorwurf der falschen Zitation vonseiten Augustins als Auslöser der Widerlegung von *nupt. et conc.* 2 genannt. Die eigentliche Widerlegung beginnt erst ab 22; ab hier zitiert Julian vor seiner Erwiderung die Abschnitte *nupt. et conc.* 2,3–8 in korrekter chronologischer Reihenfolge des augustinischen Textes. Der Umbruch zwischen *exordium* und *argumentatio* ist dadurch markiert, dass Julian nun Augustinus selbst anspricht. Gemäß Cipriani zerfällt die *argumentatio* von *Flor.* 1 in einen philosophischen, streng dialektischen Teil (35–48) und einen exegetischen Teil, der zeigen soll, dass das Konzept der Erbsünde nicht aus der Heiligen Schrift hervorgeht (52–141).[146] Wenngleich Cipriani recht hat, dass sich Julian in *Flor.* 1 erst in 52–141 mit der Auslegung von Bibelstellen beschäftigt und diese gewissermaßen seine Argumentation stabilisieren,[147] muss jedoch ergänzend hervorgehoben werden, dass Julian seine Argumentation am Inhalt der von ihm direkt zitierten Passagen aus *nupt. et conc.* 2,3–8 ausrichtet. Cipriani ist der Ansicht, die Auslegungen der Bibelzitate, die Julian heranzieht, kämen Beweisen gleich, die, wie im Falle einer Argumentation, die auf *loci extrinseci* beruht, von außen für einen Fall herangezogen würden.[148] Da die Auswahl der Bibelstellen, die Julian bespricht, bereits durch die Zitate, die er aus *nupt. et conc.* 2 und *c. ep. Pel.* 1,5–7 heranzieht, vorgegeben ist, handelt es sich bei den Auslegungen jedoch insbesondere um die Besprechung strittiger Textstellen, die daher mit Gesetzestexten in einer Debatte vor Gericht verglichen werden könnten. Diese Beobachtung merkt Cipriani zusätzlich an, geht jedoch nicht auf die Herkunft von Julians Auswahl der Bibelstellen ein.[149] Das Ziel der Auslegungen ist es natürlich dennoch, dass Julian diese Bibelstellen als Unterstützung seiner eigenen Position beanspruchen kann. Es ergibt sich demnach einerseits eine thematische Gliederung und andererseits eine Gliederung auf Basis der von Julian herangezogenen Zitate aus *nupt. et conc.* 2,[150] wobei letztere als Ausgangspunkte der Argumentation verstanden werden können. Die Anordnung der übergreifenden Themenpunkte der Argumentation von *Flor.* 1 in Widerlegung der zitierten Stellen aus *nupt. et conc.* 2 gestaltet sich folgendermaßen:

1) Göttliche Gerechtigkeit und menschliche Sündhaftigkeit
   22,1–51,9; gegen *nupt. et conc.* 2,3 sq. (p. 254, l. 23–p. 256, l. 9) zitiert in 22,2–37

---

146 Cf. Cipriani, Aspetti 140.
147 Cf. Hinführung.3.1; 3.3.3.
148 Cf. Cipriani, Aspetti 140.
149 Cf. Cipriani, Aspetti 141.
150 Cf. Bruckner, Julian 54.

2) Taufgnade, Zustand der Kleinkinder, Ehe
52,1–66,14 gegen *nupt et conc.* 2,4 sq. (p. 256, l. 9–p. 257, l. 9) zitiert in 52,8–33
3) Menschliche Natur; Sterblichkeit und *concupiscentia*
67,1–72,25 gegen *nupt. et conc.* 2,6 (p. 257, l. 10–24) zitiert in 67,3–17; *nupt. et conc.* 2,6 (p. 257, l. 24–p. 258, l. 5) zitiert in 69,1–6 sowie *nupt. et conc.* 2,6 (p. 258, l. 5–13) zitiert in 71,2–9
4) Freier Wille
73,1–109,8 gegen *nupt. et conc.* 2,6 sq. (p. 258, l. 13–p. 259, l. 8) zitiert in 73,3–23 und *nupt. et conc.* 2,8 (p. 259, l. 9–19) zitiert in 74,2–11
5) Gottesbild
109,8–141,22 gegen *nupt. et conc.* 2,8 (p. 259, l. 16–25) zitiert in 113,6–13.

Unterhalb dieser übergreifenden Themen finden sich auf verschiedene Art und Weise angeordnete Modi der Argumentation. Exemplarisch sei an dieser Stelle die Struktur der Paragraphen 52–66 erläutert. Der Abschnitt beginnt mit dem Zitat *nupt. et conc.* 2,4 sq. (p. 256, l. 9–p. 257, l. 9; 52,8–33), daraufhin wehrt sich Julian mit einem polemischen Ausruf gegen den dort vorgebrachten Vorwurf, er sei ein *inimicus gratiae*, und wirft Augustinus vor, er zitiere falsch (52,33–37). Es folgt ein Zitat aus *Turb.* (53,4–38), mit dem gezeigt werden soll, dass dort die Gnade Gottes nicht bestritten werde. Dieses Zitat erläutert Julian daraufhin, um seine Ansicht der Gnade gegen Augustins Aussagen in Stellung zu bringen (54,3–56,3). Er erörtert den moralischen und natürlichen Zustand kleiner Kinder und beschränkt den Begriff der Gnade an dieser Stelle auf die Taufgnade, die kleine Kinder empfangen, dabei erwähnt er auch, dass er an späterer Stelle nochmals umfassender auf das Thema „Gnade" zurückkommen werde (54,1–3; cf. 94,48–106,21). Dies lässt sich dadurch erklären, dass er gegen Augustins Vorwürfe im angebrachten *nupt. et conc.* 2-Zitat (52,8–33) vorgeht, wo er insbesondere angeklagt wird, er verweigere den kleinen Kindern die Gnade Christi, weil er die Existenz der *tradux peccati* bestreite; mit seinen Worten verteidigt er also zuerst im Sinne einer *confirmatio* den eigenen Standpunkt. In 57,1–61,5 folgt dann eine *refutatio* des impliziten augustinischen Arguments, das Sakrament der Taufe sei ein Beleg für die Existenz der *tradux peccati* (52,8–16). In 62,1–63,9 erläutert Julian als Konsequenz der *tradux peccati*, dass im Falle von deren Existenz die Ehe verurteilt werden müsse. Dies ist für ihn in zweierlei Hinsicht von argumentativem Vorteil: Erstens wendet er sich damit gegen den aus *nupt. et conc.* 1,1 (p. 211, l. 18–p. 212, l. 6) in *nupt. et conc.* 2,4 (p. 256, l. 1–7; 22,29–35) zitierten Vorwurf Augustins, Julian polemisiere zu Unrecht gegen ihn, wenn er ihn als *damnator nuptiarum* bezeichne; zweitens nutzt er Augustins Behauptung, er habe sich davor gefürchtet, den Satz *nihil peccati esse in paruulis dicunt, quod lauacro regenerationis abluatur* (*nupt. et conc.* 1,1 (p. 212,

l. 2 sq.) in *nupt. et conc.* 2,4 (p. 256, l. 9–17)) zu zitieren (52,8–16). Das *peccatum* der Kleinkinder, welches Augustinus in diesem Satz vertritt, dient Julian dazu zu erläutern, weshalb er Augustinus in *Turb*. bezichtigt hatte, er verurteile die Ehe. Durch seine Argumentation in 62,1–63,9 führt er dem Leser vor, weshalb er keinen Grund hatte, sich vor dem Zitat zu fürchten, und entkräftet diesen Vorwurf. Schließlich geht Julian in 64,1–66,14 auf Augustins Bemerkung ein, er verstehe nicht, weshalb Julian nochmals seine Worte aus *nupt. et conc.* 1,1 (p. 211, l. 9 sq. und l. 14 sq.) zitiert habe (*nupt. et conc.* 2,5 p. 256, l. 18–23; 52,16–22), und erläutert den Kontext der Argumentation in *Turb*. Der Abschnitt endet mit dem Vorwurf des Manichäismus gegenüber Augustinus (66,11–14).

Wie sich an diesem Beispiel zeigt, richtet sich die Anordnung der diskussionsrelevanten Themen innerhalb von *Flor*. nach der für die Widerlegung Augustins angemessenen Struktur der Argumente (cf. auch die Einleitungen zu den jeweiligen Paragraphen der *argumentatio* im Kommentarteil (Kommentar zu 22,1–141,18) und die Gliederung von *Ad Florum* 1 – Inhaltsverzeichnis zum Kommentar). Im Folgenden soll nun noch ein Überblick über den Inhalt der weiteren Bücher *Ad Florum* gegeben werden.[151]

Im **2. Buch** wendet sich Julian zunächst gegen Augustins Auslegung von *Rm* 5,12 in *nupt. et conc.* 2,45–47 und legt dar, wie *Rm* 5,12 nicht verstanden werden sollte (2,35–149); dann legt er *Rm* 5,1–21 und *Rm* 6,1–19 im Kontext aus (2,150–236). Ziel der Auslegung ist es zu zeigen, dass sich die Erbsündenlehre, die im ersten Buch als manichäisch „erwiesen" wurde, aus dem Römerbrief nicht belegen lässt.[152]

Im **3. Buch** zieht Julian, wie in 2,20 angekündigt, Textstellen aus dem Alten Testament heran, um zu zeigen, dass sich die Erbsündenlehre auch mit diesen nicht rechtfertigen lässt (3,11–84); er kehrt dann zurück zur Besprechung von *Rm* 5,12 (3,85–95) und rundet damit die Auslegung aus dem zweiten Buch ab. In 3,96–210 widmet er sich neuen Textstücken aus *nupt. et conc.* 2 (cf. *Flor*. 3,96; *nupt. et conc.* 2,8 in 3,101; *nupt. et conc.* 2,9 in 3,138), befolgt daraufhin aber nicht die Reihenfolge von *nupt. et conc.* 2, sondern gruppiert Stellen aus diesem Werk thematisch (*nupt. et conc.* 2,32 sq. und 2,36 in 3,142–144; nochmals 2,36 in 3,188 und 3,206); in 3,153–188 findet sich dann ein ausführlicher Vergleich Augustins mit Mani unter Heranziehung der *Epistula ad Menoch*[153] in 3,172–186 und 3,187 sq.

---

151 Zu einer umfangreicheren Inhaltsangabe cf. die Einleitung zur Übersetzung von Teske (id., Answer 15–21), cf. auch Zelzer, Iulianum opus 825–831.
152 Cf. Cipriani, Aspetti 152.
153 Cf. dazu Hinführung. 1.5.

Im **4. Buch** beleuchtet Julian Augustins Ansichten zur *concupiscentia carnis* aus verschiedenen Blickwinkeln. Er reagiert auf Augustins Vorwürfe und Argumente aus *nupt. et conc.* 2,12 (4,4 sq.); 2,12–14 (4,5.14.18.45); 2,17 (4,65); 2,15 (4,90.106) und 2,20 (4,123). Es wird erklärt, welche Aufgabe die *concupiscentia* erfüllt, und es werden Argumente gegen Augustins Auffassung, dass die *concupiscentia carnis* schlecht sei (4,18–44), angeführt; Julian zieht aus Augustins Aussagen Schlüsse auf dessen Ansichten über die Natur Christi (4,45–89) und argumentiert gegen die Auffassung, die Sünde würde von Adam weitergegeben, wobei er Augustinus beschuldigt, er verurteile die Ehe (4,90–136), und in 4,123–136 die Worte aus *Sap* 11,24–12,15 auslegt, um den Kontext von *Sap* 12,10 sq. zu erläutern, eine Bibelstelle, die von Augustinus in *nupt. et conc.* 2,20 (4,90) herangezogen worden war.

Im **5. Buch** orientiert Julian seine Worte wieder stärker an den Zitaten aus *nupt. et conc.* 2. Er zitiert dabei aus *nupt. et conc.* 2,29 (5,15); 2,30 (5,16); 2,35 (5,17); 2,43 (5,21); 2,38 (5,25); 2,48 (5,26) und 2,32 (5,64). Ein weiteres Mal wird das Thema der *concupiscentia* (5,1–25; mit Auslegung von *Rm* 1,27 in 5,17–20 sowie *Mt* 12,33 in 5,21–24), der Ehe und die Frage nach dem Wesen der menschlichen Natur besprochen. Im zweiten Teil behandelt Julian die Frage des *unde malum* (5,25–64) unter Rückgriff auf die Definitionen von Sünde und freiem Willen (5,28 sq.). Es werden dabei auch die Begriffe von *necessitas* und *possibilitas* eingehend untersucht und Konsequenzen aus Augustins Ansichten über das *nihil* als Grund für die Existenz des bösen Willens gezogen (5,45–63).

Im **6. Buch** zitiert Julian lediglich *nupt. et conc.* 2,57 sq. (6,7). Die Themen des Buches sind der Sündenfall und seine Folgen. Es wendet sich gegen Augustins Ansicht, die Natur des Menschen habe sich durch den Sündenfall verändert (6,7–25). Für die Gegenargumentation erfolgt eine Auslegung von *Gn* 3,14–19 in 6,25–31 und 1 *Cor* 15,12–57 in 6,32–41.

Wie sich aus dieser Zusammenfassung zeigt, greifen die einzelnen Bücher thematisch ineinander über und einzelne Themen gehen über die Buchgrenzen hinaus. Die Bücher können jeweils zu thematischen Teilen gruppiert werden: Buch 1 und 2 sowie Buch 3 bis Paragraph 96 behandeln die Hauptfragen und dienen dazu zu zeigen, dass die Theorie der Erbsünde nicht mit der göttlichen Gerechtigkeit vereinbar und deshalb zu verwerfen sei.[154] Die mit dem Zitat der *Epistula ad Menoch* versehene zweite Hälfte des dritten Buches, das darauffolgende vierte Buch über die *concupiscentia* sowie die erste Hälfte des fünften Buches können ebenfalls als thematische Einheit zum Überbegriff *concupiscentia* verstanden werden. Das sechste Buch knüpft mit der Behandlung

---

154 Cf. Cipriani, Aspetti 152.

des Sündenfalls (und insbesondere der biblischen Stellen) an das vorangehende fünfte Buch an, in dem in der zweiten Hälfte die Frage nach dem *unde malum* bearbeitet wird.

2.2 *Das Welt- und Menschenbild der beiden Kontrahenten*

Das Welt- und Menschenbild von Julian und Augustinus soll nun im Hinblick auf die für die Debatte relevanten Gesichtspunkte betrachtet werden. Das Hauptaugenmerk wird demnach auf das Verständnis von der göttlichen Gnade, dem göttlichen Wirken, den Fähigkeiten des menschlichen Willens und der Beschaffenheit der menschlichen Natur gelegt.

2.2.1 Julians Welt- und Menschenbild

Julians Gott zeichnet sich durch Attribute aus, die für das christliche Gottesbild typisch sind. Er verteidigt in *Flor.* die Eigenschaften Gottes mit ebenso großem Nachdruck wie die Freiheit und die Fähigkeiten des menschlichen Willens, woraus sich ein optimistisches Welt- und Menschenbild ergibt.[155] Nach der allgemeinen Veranschaulichung der ausgeführten Positionen Julians im vorliegenden Kapitel wird unten (Hinführung. 3.3.2) erläutert, welchen Stellenwert diese in der Argumentation gegen Augustinus einnehmen.

2.2.1.1 *Der Mensch als Geschöpf Gottes*

Julians Gott lässt sich mit den Eigenschaften *iustitia, omnipotentia, bonitas* und *misericordia* charakterisieren. Er ist der Schöpfer der Natur und damit Schöpfer aller Dinge, die notwendigerweise geschehen (5,63,13 sq.).[156] Alles, was er geschaffen hat, ist aus dem Nichts entstanden und ist gut und unveränderlich eingerichtet.[157] Der Mensch, von Gott mit der Seele ausgestattet,[158] ist als Teil der Schöpfung von seiner Veranlagung her *capax uirtutis* (*Turb.* 1, frg. 17b = Iulian. A. *c. Iul.* 3,36) und mit dem freien Willen geschaffen, damit er das Gute tue.[159] Voraussetzung für das gute Handeln ist die Möglichkeit der Wahl und damit die Möglichkeit zum Guten wie zum Schlechten. Ausführende Instanz

---

155 Grundlegend für die vorliegende Thematik sind die Aufsätze von Lamberigts (id., Origin; id., Grace; id., Alternative; id., Plea; id., Virtues; id., Background), sowie die Ausführungen Lössls (id., Julian, 126–146; id., Pain).
156 Cf. Lössl, Julian 138 sq. und Refoulé, Julien 67–69.
157 Cf. Refoulé, Julien 67–69, Lamberigts, Plea 9–12 und cf. Lössl, Julian 129–135.138 sq. Cf. 5,15,55–57: *deus qui fecit omnia bona ualde, nihil ita instituit, ut in illo genere quod factum est, fieri potuisse aut aptius aut rationabilius approbetur.*
158 Cf. Lamberigts, Origin; id., Virtues 129 sq.
159 Cf. 2,7,2–5: [...] *deum iustum ad bonum opus liberum hominem condidisse et esse in uniuscuiusque potestate recedere a malo ac studiis splendere uirtutis* [...].

dieser Wahl ist die Vernunft als Teil der Seele, die von Julian als etwas Natürliches, Gottgegebenes (cf. 4,43,12 *ratio naturalis* im Anschluss an ein Cicerozitat (Cic. *off.* 1,127 sq.; cf. 4,134,4 sq.)) angesehen wird, denn die Vernunft zeichnet den Menschen als *animal rationale* aus und macht ihn ebenso wie das *liberum arbitrium* als Naturausstattung zum Ebenbild Gottes (94,58–61; 3,109,24–27; 4,39,1 sq.; 5,38). In dieser Hinsicht können aufgrund ihrer Schöpfung alle Menschen zunächst gleichermaßen dazu fähig sein, das Gute zu tun;[160] ihnen allen ist durch die Fähigkeit zur Vernunft die Möglichkeit gegeben, Gott zu erkennen.[161] Die menschliche *natura* ist unveränderlich und gut, sodass ein Konzept einer verderblichen Natur wie das Augustins bei Julian nicht denkbar ist.[162] Auf Grundlage des *liberum arbitrium* kann sich die göttliche *iustitia* zudem ein Urteil über den Menschen bilden, da das *liberum arbitrium* notwendig für die Ausbildung seines Charakters ist. Veränderlich ist also nicht die menschliche Natur, sondern die *qualitas* der menschlichen Gesinnung (cf. 96,8–11).[163] Gott lässt die Menschen beim Streben nach dem Guten nicht alleine, sondern kommuniziert durch unterschiedliche Maßnahmen mit ihnen, um sie zum Guten hin zu beeinflussen (cf. 138,7–9; 139,7–12).

2.2.1.2 *Das Verhältnis von Körper und Seele*

Julian beschreibt das Verhältnis der psychischen bzw. physischen Vorgänge als ein Zusammenspiel von unterschiedlichen Strebensarten mit der Vernunft, die erstere regiert. Auf der Seite des *animus* (des Geistes/der Seele) unterscheidet er meines Erachtens zunächst zwischen der *ratio* und dem Strebensvermögen *motus*. Die *ratio* ist das Vermögen im menschlichen *animus*, das souverän über das Arsenal an Strebensbewegungen (*appetitus*) herrschen kann,[164] und umfasst – soweit es sich aus dem vorhandenen Textmaterial schließen lässt – *scientia, conscientia,* das *deliberare* und die *cogitatio*.[165] Der *appetitus* hingegen bezeichnet offenbar ganz allgemein ein Streben, das auf etwas hin ausgerichtet ist; der Begriff wird von Julian sowohl als Komponente der *uoluntas* als auch als Bezeichnung für die Bewegung verwendet, die ein natürlicher Trieb im Menschen auslöst.[166] Als natürliche Zustände des *animus* versteht er die

---

160 Cf. Lamberigts, Virtues 130.
161 Cf. Lamberigts, Virtues 139.
162 Cf. Refoulé, Julien 67 und Lamberigts, Alternative 107.
163 Cf. Lössl, Julian 144 sq.; cf. auch Lamberigts, Alternative 107 sq.
164 Cf. Lamberigts, Virtues 133. Dies schließt auch solche Bewegungen ein, die durch die Sinne bzw. den Körper zustande kommen (*Turb.* 4, frg. 282 = Iulian. A. c. Iul. 3,10): (... *ipse dixisti*) *administrationem corporis* [...] *animo esse commissam.*
165 Cf. 2,228,10–13; 79,6–80,8; *in Os.* 3,12,7–8 (p. 211, l. 132–136).
166 Cf. 4,57,1–8: *Christus igitur non minus homo uerus quam uerus deus, nihil de naturalibus*

affectus/affectiones, womit er jedoch nicht ausschließlich die vier Hauptaffekte (*timor, cupiditas, tristitia, uoluptas*) bezeichnet, die für ihn zur Disposition der menschlichen Natur gehören, sondern auch, im Sinne des Begriffes διάθεσις, die vier Kardinaltugenden[167] und andere Seelenzustände, die sich aus Affekten oder Tugenden ableiten lassen.[168] Maßgeblich für die Bewertung dieser *affectus* ist, wie sie genutzt werden, um Gutes hervorzubringen.[169] Daneben finden

> *minus habuit, sed iustum erat ut qui dabat perfectionis exemplum, omnibus uirtutum studiis antecelleret castitasque eius continua integritate celsa, nullo permota libidinis appetitu [...] et humanitate imitabilis fieret et sublimitate mirabilis.* Übers.: „Christus also, der ebenso wahrer Mensch wie wahrer Gott ist, war mit derselben natürlichen Einrichtung ausgestattet wie wir; aber es war richtig, dass er, der ein Beispiel der Vollkommenheit gab, alle im tugendhaften Leben übertraf, und dass seine dauerhafte Enthaltsamkeit in vollkommener Unversehrtheit, von keinem Streben der Lust befallen, [...] sowohl aufgrund der Tatsache, dass er selbst Mensch war, nachahmbar wurde, als auch wegen seiner Vortrefflichkeit bewundernswert wurde."

167 Cf. Lamberigts, Origin 244. *Turb.* 2, frg. 108, l. 72–81 (= Iulian. A. c. Iul. 4,19): [...] *cunctarum (inquis) origo uirtutum in rationabili animo sita est, et affectus omnes, per quos aut fructuose aut steriliter boni sumus, in subiecto sunt mentis nostrae: prudentia, iustitia, temperantia, fortitudo. horum igitur affectuum uis cum sit in omnibus naturaliter (inquis), non tamen ad unum finem in omnibus properat; sed pro iudicio uoluntatis, cuius nutui seruiunt, aut ad aeterna aut ad temporalia diriguntur.* Übers.: „[...] Der Ursprung aller Tugenden, sagst du, liegt in der Seele, die vernunftbegabt ist, und alle unsere Seelenzustände, durch die wir entweder mit oder ohne Erfolg gut sind, sitzen in unserem Geist, der ihr Träger ist. Diese Tugenden sind: Klugheit, Gerechtigkeit, Mäßigung und Tapferkeit. Auch wenn das Vermögen zu diesen Seelenzuständen in allen von Natur aus gegeben ist, sagst du, strebt es dennoch nicht bei allen nur zu einem Ziel hin; sondern gemäß der Willensentscheidung, werden sie entweder auf Ewiges oder auf Vergängliches hingelenkt." Cf. auch Lamberigts, der auch folgende Stelle heranzieht (id., Virtues 130–133): 4,129,35: [...] *homo per omnia probus,* **congenitis** *dicatur florere* **uirtutibus**. Dabei ist hervorzuheben, dass auch Cicero von der Gerechtigkeit als *affectio animi* spricht (*fin.* 5,65).

168 Cf. z. B. die Formulierungen: *affectus colendi; correctionis affectus* (*in Os.* 3,13,1–2; p. 216, l. 18; l. 25), *affectus emendationis* (*in Am.* 1,4; p. 283, l. 214); *affectus paenitendi* (ib. p. 285, l. 265); *desperationis affectus* (*in Iob* 14,14; p. 40, l. 57). Bemerkenswert ist zudem: *nos quidem in omnem actionem duplici mouemur affectu, uel spe scilicet uel timore, dum aut prodesse nobis quid uolumus aut ne obsit sollicite prouidemus* (*in Iob* 22,3–4; p. 61, l. 23–25). Es ließe sich hier fragen, inwiefern *spes* und *timor* i. S. v. ὁρμή und ἀφορμή verstanden werden könnten (cf. zu diesen Seelenbewegungen Inwood, Ethics 226 sq.).

169 Cf. 6,17,10–17, wo Julian den Nutzen von Affekten wie *timor* und *aegritudo* hervorhebt. Cf. auch *in Ioel* 1,15–18; p. 236, l. 314, wo vom *affectus formidinis* die Rede ist, der hervorgerufen werden soll (ebenso *in Ioel* 2,12–14; p. 242, l. 193). Dass die Affekte in der Patristik auch als positiv/natürlich angesehen werden bzw. erst abhängig von ihrem Objekt, ihrem Gebrauch oder dem Willen bewertet werden, hebt Vögtle hervor (cf. id., Affekt 168 sq.) unter Heranziehung von z. B. Chrys. *hom.* 17,1 *in Mt.* (PG 57, 256); Lact. *inst.* 6,15 sq.; Basil. *hom.* 10,5–7 (PG 31, 364–372); cf. auch Becker, Kardinaltugenden 192–195). Cf. dazu auch Lössl, Pain 225 sq. 233.

sich auf der Seite des Körpers auch solche *affectus/affectiones*, die der Mensch mit den Tieren gemeinsam hat,[170] wie die *concupiscentia carnis/libido/uoluptas carnis*.[171] Die *concupiscentia* „affiziert", d. h., sie befällt die Sinnesorgane und ist eine natürliche Empfindung,[172] die moralisch nicht verwerflich ist, sofern sie nicht in ein Übermaß umschlägt.[173] Dies gilt insbesondere auch für die sexuelle Begierde, vorausgesetzt sie findet im Rahmen der Ehe statt;[174] ohne sie wäre zudem die Fortpflanzung gar nicht möglich (cf. 5,5,1–4).[175] Neben der *concu-*

---

170 Cf. Lamberigts, Background 252 n. 51.
171 Julian verwendet diese Begriffe synonym, wie aus 3,167,1–7 hervorgeht (cf. Lamberigts, Background 251 sq.): *et quamuis iam pro concupiscentia uel uoluptate carnis, quae etiam libido dicitur,* [...] *primo illo opusculo eatenus disputauerim, ut docerem illam nihil aliud esse quam unam de instrumentis corporis rationabilibus et irrationabilibus aeque inditam ad dei operam pertinentem, qui carnem nostram in sensibus affecisset* [...]. Übers.: „Und auch wenn ich schon in meinem ersten Buch über die Begierde oder Lust des Fleisches, die auch als Libido bezeichnet wird, [...] insofern eingegangen bin, als ich erklärt habe, dass sie nichts anderes ist als eine unserer Körperfunktionen, die vernunftbegabte und unvernünftige Lebewesen gleichermaßen besitzen und die ein Werk Gottes ist, der unser Fleisch hinsichtlich unserer Sinne belebt hat [...]."
172 Cf. Lamberigts, Plea 17–19; cf. *Turb.* 4, frg. 295 (= Iulian. A. c. Iul. 6,56): (*quid autem dicere uoluisti, quasi*) *claudens* (*ut loqueris*) *Aristotelis palaestram, ut inde ad sacras litteras reuertaris* (? *ais enim,*) *sensus est igitur concupiscentia, et mala qualitas non est; ergo quando minuitur concupiscentia, sensus minuitur.* Übers.: „Was wolltest du aber sagen, während du, wie du sagst, gewissermaßen die Schule des Aristoteles abschließt, um von dort zu den heiligen Schriften zurückzukehren? Du sagst nämlich: ‚Die Begierde ist eine Bewegung der Sinne und keine schlechte Qualität; wenn also die Begierde abnimmt, nimmt auch die Sinnesempfindung ab'." Der Begriff *sensus* ist hier meines Erachtens als *Abstractum pro Concreto* zu verstehen und bedeutet ein Streben, das die Sinne gewissermaßen befällt/ausrichtet. Im vorangehenden Fragment *Turb.* 4, frg. 294 (= Iulian. A. c. Iul. 6,54) findet sich eine Paraphrase von Arist. *Cat.* 8 9a 28–10a 10 (cf. De Coninck, CCL 88, p. 350 und Lössl, Julian 114 sq.). Es wird dort zwischen *affectio* und *affectionalis qualitas* unterschieden. Während erstere den *animus* oder das *corpus* punktuell befällt, kann zweitere kaum oder gar nicht von der ihr zugrundeliegenden Substanz getrennt werden. Julian führt dort an, dass Augustins Worte, die *concupiscentia* sei wie eine *affectionalis qualitas*, im Widerspruch dazu stünden, dass er sie in *nupt. et conc.* 1 bisher so beschrieben hatte, dass sie den Charakter einer *affectio* besitze (cf. *nupt. et conc.* 1,28; *c. Iul.* 6,53). Cf. auch Kommentar zu 34,3 zur *qualitas*; 71,9–20. Cf. Lössl, Julian 114 sq.
173 Cf. Rist, Thought 322 und *Turb.* 2, frg. 130 (= Iulian. A. c. Iul. 4,52): *bona igitur concupiscentia naturalis* (*inquis*), *quae cum intra modum suum tenetur* (*inquis*) *nulla mali aspersione turpatur.* Cf. auch 4,24,6–9; 5,24,40–45.
174 Cf. Lamberigts, Background 249 sq. Cf. *Turb.* 1, frg. 44, l. 415 sq. (= Iulian. A. c. Iul. 3,26): [...] *modum* [sc. *concupiscentiae*] *in opere coniugali, excessum in intemperantia fornicandi* (cf. Lamberigts, Background 258 mit n. 115). Julian versteht unter der *continentia* ein *bonum amplius* (*Turb.* 3, frg. 197 (= Iulian. A. c. Iul. 5,39); cf. ib. 1, frg. 47 (= Iulian. A. c. Iul. 3,28); cf. Lamberigts, Background 253).
175 Cf. Lamberigts, Background 255 sq. Die medizinischen Ansichten zu Julians Zeit zeigen

piscentia gehören für Julian beispielsweise auch die Schmerzen bei der Geburt und der Tod des Menschen zur natürlichen Kondition.[176] Aufgrund der Natürlichkeit der *libido* kann der Mensch gegen sie zunächst bei ihrer Entstehung nichts mit seinem Willen bewerkstelligen, er kann sie jedoch richtig gebrauchen[177] und mithilfe des *animus*, der über dem Körper steht, die Begierden koordinieren.[178] Wesentlich bei der Steuerung der körperlichen oder geistigen Erregungen ist die *uoluntas*, die Julian ebenfalls als *motus animi* definiert, und deren Voraussetzung die bereits ausgebildete *ratio* ist,[179] da er für sie in 80,4–8 festhält, dass sie von *cogitatio* und *appetitus* bestimmt sei. Die *uoluntas* ist bei Julian somit das Ergebnis einer Entscheidung mithilfe der *ratio*,[180] das erst ab einem gewissen Alter zustande kommen kann (46,1–47,10). Je nachdem welche Entscheidung der Mensch mittels seiner *ratio* trifft, besitzt er eine *uoluntas mala* (als *appetitus transgressionis*) oder eine *uoluntas bona*.[181] Der Wille ist damit der klassischen Vorstellung entsprechend für ihn kein von der *ratio* abgekoppeltes Vermögen, sondern eine Seelenbewegung, die von ihr abhängig ist. Zusätzlich kennt er jedoch offenbar auch eine Seelenregung (*uoluntas* als *impetus breuis*), die von der Zustimmung des Menschen unabhängig ist und die möglicherweise dem stoischen Begriff der προπάθεια nahekommt (cf. Kommentar zu 79,6–80,8), was allerdings mit einer gewissen Vorsicht gesagt werden muss, da Julian in den überlieferten Texten nirgends eine systematische Übersicht über alle Strebensbewegungen des Körpers und der Seele bietet.

---

ein ähnliches Bild von der Sexualität: „People like Galenus and Soranus (and their successors) considered lust as necessary for ejaculation and successful conception." (Lamberigts, Background 255).

176   Cf. Lamberigts, 1 Corinthians 158 sq.; cf. Lössl, Pain 233–237.
177   Cf. 5,24,40–45 und Lamberigts, Background 257–259 unter Heranziehung von *Turb.* 4 frg. 294 sq. (= Iulian. A. c. Iul. 6,54 und 6,56).
178   Cf. *Turb.* 2, frg. 116, l. 127–129 (= Iulian. A. c. Iul. 4,35): [...] *animum, uirtute praeditum* (*dicis*) *et membris corporis bene et cupiditatibus imperare*. Cf. Lamberigts, Background 257 mit n. 97.
179   Es gibt die *uoluntas* in diesem Sinne daher bei Kleinkindern noch nicht, cf. 4,95,2 sq.: *de paruulis certe agimus, quibus nulla propriae mentis adest uoluntas* [...]; cf. auch 5,63,28–34; cf. Kommentar zu 46,1–3; 47,1–10.
180   Cf. 60,1–3 und 5,51,11 sq.: *quippe ut habeat quam elegerit uoluntatem, non cogitur, sed a possibili ei uenit*; Julian spricht auch von *assensio* cf. Kommentar zu 46,1–3; 60,1–9 und 79,6–80,8.
181   Cf. *in Os.* 3,12,7–8 (p. 211, l. 132–136): *ubi enim talis animi uersatur affectus, ut non impetu aut neglegentia, sed cum deliberatione, quasi suspensis ab utraque parte ponderibus, nefanda committat, dicitur peccasse sub trutina*. Übers.: „Dort, wo nämlich der Zustand des Geistes so beschaffen ist, dass er nicht aufgrund eines Impulses oder aufgrund von Nachlässigkeit, sondern mit Überlegung, gewissermaßen unter Abwägung beider Seiten, Verbrechen begeht, sagt man, er habe ‚unter der Waage' gesündigt."

2.2.1.3 Eine optimistische Sicht auf den menschlichen Willen

Ob der Mensch sich durch einen wohlwollenden oder boshaften Charakter auszeichnet, hängt von einem Wollen ab, das mit Überlegung verbunden ist, und diese Bedeutung von *uoluntas* überwiegt in Julians Argumentation, da er die Kontrollierbarkeit der Seelenregungen gegen Augustinus ins Felde führt. Die Sünde entsteht gemäß Julian dadurch, dass man aufgrund einer Entscheidung einen *appetitus* entwickelt (47,12–14), der von dem, was geboten ist, abweicht (47,24–26)[182] und offenbar ein gewisses Lustempfinden auslöst.[183] Die *uoluntas* selbst darf dabei nicht durch eine vorangehende Ursache bestimmt sein, was Julian in dem Ausdruck *cogente nullo* (unter Heranziehung von A. *duab. an.* 14) gegeben sieht,[184] und sie muss das freie Urteil einer Überlegung sein, welches dann zur Sünde oder zum Guten führen kann. Julian geht es hierbei darum, gegen Augustins Konzept der menschlichen Willensschwäche anzuschreiben und einen starken Willen hervorzuheben, auch wenn er ebenso das Konzept der *consuetudo mala* vertritt, die es dem Menschen erschwert, das Gute zu erstreben.[185] Ob der Mensch die Sünde zu einem Zwang bzw. einer Gewohnheit werden lässt, hat er nach Julian jedoch selbst in der Hand.[186] Die *consuetudo* ändert daher nichts an der Fähigkeit des Menschen zur freien Entscheidung. Dass diese Gewohnheit den Menschen aber durchaus beeinträchtigen kann, zeigt sich z. B. in der Bezeichnung *inter principia tamen emendationis rebellis consuetudo mala* (cf. 69,12 sq.). Julian bestreitet somit nicht, dass der menschliche Wille manchmal auch schwach ist und sich nicht gegen die *consuetudo* durchsetzen kann – er betont jedoch, dass er von seiner menschlichen Natur her und mit Gottes Wirken in der Lage ist, der *consuetudo* entgegenzutreten,

---

182 Wesentlich für solche Entscheidungen ist für Julian anscheinend auch die Instanz der *conscientia*, wenngleich sich Äußerungen zu ihr nur vereinzelt in *Flor.* finden lassen (cf. Kommentar zu 84,8–11; 87,1–12; 91,1–7; cf. 2,228,9–13; 5,39,7–9).

183 Cf. 3,122,2–4: [...] *arbitrium liberum, quod in mali parte uitiorum uoluptatibus uel diaboli persuasionibus, in boni autem parte uirtutum dogmatibus et uariis gratiae diuinae speciebus iuuatur* [...]. Übers.: „[...] die Fähigkeit zur freien Entscheidung aber, die bei Entscheidungen zum Bösen durch die Lust oder durch Einflüsterungen des Teufels beeinflusst wird, bei der Entscheidung zum Guten aber durch die Unterweisung in den Tugenden und durch die verschiedenen Formen der göttlichen Gnade unterstützt wird [...]."

184 Cf. 5,41,2–4: *huic motui animi libero sine coactu originis inquieto, si causa ipso motu detur antiquior, non gignitur omnino, sed tollitur.* Cf. ib. 18–20: *naturalia cuncta cogunt esse quod sequitur, uoluntas autem, si praecedentibus causis cogatur, uoluntas esse mox desinit et perdit conditionem, si accepit originem.* Cf. dazu Hinführung. 2.2.1.4.

185 Dieses Konzept findet sich bereits bei Pelagius (cf. Kommentar zu 67,33–60) und Origenes/Rufinus (cf. Müller, Willensschwäche 268), der Pelagius beeinflusst hat (cf. de Bruyn, Commentary 16 sq., Hinführung. 2.2.1.4 und Kommentar zu 69,6–15).

186 Cf. Lössl, Julian 144 sq.

und dass die *consuetudo* sich nur aufgrund freier Entscheidung entwickeln kann.[187] Gottes Gnade entfaltet ihre Wirkung u. a. in der Unterstützung der *ratio* und des *liberum arbitrium* durch Unterweisung und Belohnung,[188] die der Mensch immer wieder erbitten muss.[189] Während aber bei Augustinus die Gnade Gottes zum handlungsleitenden Wollen des Guten und zum guten Willen überhaupt führt (cf. Hinführung. 2.2.2.2), ist die Hilfe Gottes in Julians Augen ein Angebot, das der Mensch ablehnen oder annehmen kann.[190] Er legt damit den Schwerpunkt – sicher auch aufgrund des Kontextes der Diskussion mit Augustinus – auf die starke Betonung der menschlichen Freiheit.

Anders als in Augustins Weltbild bleibt dem julianischen Menschen die Fähigkeit, das Gute zu wollen und zu erreichen, auch nach dem Sündenfall. Das Gute ist damit genauso wie die Sünde ein Akt des freien Willens,[191] wohingegen das Böse als eine Möglichkeit gesehen wird, die Gott zugesteht, um dem

---

187 Cf. Refoulé, Julien 79.
188 Cf. Kommentar zu **94,48–95,11** (cf. Kommentar. 2.4.3.3.2). Cf. auch 3,114,3–10: *adsunt tamen adiutoria gratiae dei, quae in parte uirtutis numquam destituunt uoluntatem, cuius licet innumerae species, tali tamen semper moderatione adhibentur, ut numquam liberum arbitrium loco pellant, sed praebeant amminicula, quamdiu eis uoluerit inniti, cum tamen non opprimant reluctantem animum. inde quippe est, quod ut alii ad uirtutes a uitiis ascendunt, ita etiam alii ad uitia a uirtutibus relabuntur.* Übers.: „Dennoch gibt es Hilfsmittel vonseiten der Gnade Gottes, die hinsichtlich der Tugend den Willen niemals im Stich lassen. Es gibt zwar viele Arten der göttlichen Hilfe, sie werden dennoch immer mit Maß angewandt, sodass sie niemals die Fähigkeit zur freien Entscheidung von ihrem Posten vertreiben, sondern nur Stützen darstellen, solange der Wille sich an sie lehnen will. Dennoch unterdrücken sie niemanden, der sie von sich weist. Daher kommt es, dass, so wie es den einen gelingt, sich von ihren Fehlern zu Tugenden aufzuschwingen, andere auch von Tugenden in ihre Fehler zurückfallen." Turb. 2, frg. 113, l. 110–114 (= Iulian. A. c. Iul. 4,28): (*perfacile igitur studio sanctitatis, quod deus adiuuat, potest homo carere peccatis.*) *si enim uincuntur* (inquis) *peccata peccatis, quanto magis possunt uirtutibus peccata superari!* Übers.: „Ganz einfach kann also der Mensch durch die Bemühung um Heiligkeit, die von Gott unterstützt wird, frei von Sünden sein. Wenn nämlich, wie du sagst, Sünden von anderen Sünden besiegt werden können, um wieviel mehr können dann Sünden von Tugenden überwunden werden!" De Coninck setzt den ersten Satz nicht in Klammern, meines Erachtens dürfte diese Aussage jedoch ein indirekter Kommentar zum im Folgenden von Augustinus zitierten *Turb.*-Fragment sein. Die Ansicht, der Mensch könne durch Gottes Hilfe *facilius* von den Sünden frei werden, ist eine Aussage des Pelagius (cf. Drecoll, Pelagius 636). Augustinus scheint hier also aus dem Zitat diesen Schluss ziehen zu wollen, um Julian näher an Pelagius heranrücken zu können.
189 Cf. Lamberigts, Virtues 136.
190 Cf. Lamberigts, Alternative 104 sq.; cf. 3,114,3–9.
191 **47,25–29**: [sc. *peccatum*] *nihil est autem aliud praeter uoluntatem excedentem ab eo calle, cui debet insistere et unde liberum est non deflectere. fit autem de appetitu inconcessorum et nusquam est nisi in eo homine, qui et habuit uoluntatem malam et potuit non habere.*

AD FLORUM 1 – HINFÜHRUNG

Menschen die Freiheit seines Willens zu ermöglichen,[192] und Julian ist auch optimistisch, was das Erlangen des Guten anbelangt.[193] Der Grund dafür, dass die menschliche Natur sich nach dem Sündenfall nicht verändert hat, liegt in Julians Verständnis der gut geschaffenen, unveränderlichen menschlichen Natur.[194] Mit dem Gebot, nicht vom verbotenen Baum zu essen, sollte Adam von Gott auf die Probe gestellt werden.[195] Er stellt infolge des Sündenfalls ein schlechtes Vorbild dar, an dem sich der Mensch, wenn er sündigt, orientiert (2,56,3–8).[196] Die Vorstellung, der menschlichen Natur könnte nach dem Sündenfall etwas Böses anhaften, ist für Julian damit ausgeschlossen. Sie bleibt, als Gottes Schöpfung, von Adams Sünde unangetastet. Julian schließt jedoch nicht aus, dass Adam hätte ewig leben können, wenn er nicht gesündigt hätte (6,30).[197] Folge des Sündenfalls ist, wie sich aus der Auslegung von *Rm* 5,12 in *Flor.* 2 zeigt, die Einführung des ewigen Todes als Strafe für alle Sünder, die das Beispiel Adams nachahmen (2,66–68).[198] Was er darunter verstehen möchte, zeigt sich aus *Flor.* 6,36: Innerhalb der Auslegung von 1 *Cor* 15,20–22 weist Julian auf die Mehrdeutigkeit der Begriffe *mors* und *resurrectio* hin und legt vor diesem Hintergrund dar, dass sowohl der körperliche Tod ein Gut als auch die *resurrectio* eine Qual sein kann.[199] Erweckt werden nach dem Tod durch die

---

192 Cf. 5,63,28–34: *quod opus et diabolo et homini a possibili uenit et uenit, opus autem dei est natura, in qua non a possibili, sed a necessario subsistit homo. quae natura multis est temporibus sine uoluntate, quoniam uis eius aetate certa sentitur. quamdiu ergo est natura sine uoluntate, opus dei tantummodo est; at haec quod non fecerit, non potest habere peccatum.* Übers.: „Die Sünde nämlich kam und kommt dem Teufel und dem Menschen als etwas zu, das möglich ist. Das Werk Gottes aber ist die Natur, in der der Mensch besteht und zwar notwendigerweise, nicht als etwas, das nur möglich ist. Diese menschliche Natur existiert einige Zeit ohne den Willen, weil dieser erst in einem gewissen Alter vom Menschen wahrgenommen wird. Solange sie also Natur ohne Willen ist, ist sie einfach nur Gottes Geschöpf. Jedoch kann sie keine Sünde an sich haben, die sie nicht begangen hat." Cf. auch Lamberigts, Iulianus Aeclanensis 840 sq. und id., Plea 10 sq.
193 Cf. *Turb.* 1, frg. 85 (= Iulian. A. c. Iul. 3,64), l. 813–815: [...] *nullum culmen ita arduum esse uirtutis, ut non ad illud adiuuante deo mens queat fidelis euadere.*
194 Cf. Lössl, Julian 138–141; cf. Lamberigts, Alternative 107.
195 Cf. Lamberigts, Conceptions 375 unter Heranziehung von 2,187.
196 Cf. Kommentar zu 48,32; 67,40–60; 94,61–66.
197 Adam verliert durch seine Sünde die Möglichkeit die Unsterblichkeit *pro remuneratione* zu erlangen (cf. 6,30; Lamberigts, Conceptions 376 sq. n. 7).
198 Cf. Beatrice, Transmission 107; cf. Lössl, Julian 131.214.
199 Cf. 6,36,22–32: *ita etiam non est idem resurrectio quod beatitudo; est quippe misera excitatio cinerum, tamen nullus regnabis, nisi ante resurrexeris. mors ergo corporis et resurrectio corporis e regione consistunt; si mors esset uniuersa poenalis, esset quoque uniuersa resurrectio praemialis. nunc autem est resurrectio poenalis omnium, qui ignibus deputantur aeternis, ergo et mors non supplicialis est sed naturalis. sicut enim non facit generaliter corporis mors ut paeniteat interisse, sic non facit generaliter resurrectio ut placeat reuixisse. uerum et istius*

excitatio zwar alle Menschen, es gibt jedoch eine *resurrectio beata*, die nur denjenigen zuteilwird, die es durch ihre *merita* verdient haben (6,36,1–10).[200] Die *mors naturalis* wird denjenigen Menschen zur Strafe, die in ihren Vergehen verhaftet geblieben sind, da sie nach der *excitatio* eine *poena perpetua* ereilt (6,36,26–39).[201] Um die *resurrectio beata* erreichen zu können, ist die Taufe notwendig,[202] wodurch der Mensch von der *adoptio* zur *iustificatio* gelangen kann.[203] Die Taufe ermöglicht es dem Menschen zudem, sich in Hoffnung auf das ewige Leben im diesseitigen Leben zu bessern (cf. 87,5–12; 2,167).[204] Der Glaube an Christus ist damit der erste Schritt zur Besserung, und eine Besse-

bonum in remuneratione surgentium et illius amaritudo in adustione punitorum est, quae utraque pro meritis consequuntur. Übers.: „Ebenso ist die Auferstehung nicht dasselbe wie die Glückseligkeit; es gibt natürlich auch eine unglückselige Erweckung der Asche, aber dennoch wirst du niemals die Chance haben, frei und ungebunden zu sein, wenn du nicht zuvor auferstanden bist. Der Tod des Körpers steht der Auferstehung des Körpers gegenüber; wenn der Tod für alle eine Bestrafung wäre, wäre die Auferstehung für alle eine Belohnung. Die Auferstehung ist aber nur für all diejenigen eine Strafe, die mit dem ewigen Feuer bestraft werden, also ist der Tod keine Strafe, sondern natürlich. Wie nämlich nicht im Allgemeinen der Tod des Körpers dazu führt, dass man ihn bedauert, so führt die Auferstehung auch nicht im Allgemeinen dazu, dass man sich über sie freut. Das Gut der Auferstehung besteht aber in der Belohnung derjenigen, die auferstehen, und das Übel des Todes besteht in der Verbrennung der Bestraften; beide erfolgen entsprechend der Verdienste der Menschen."

200 Cf. Lamberigts, 1 Corinthians 159 sq.
201 Cf. auch 6,40,50–58: *cum autem hoc, inquit, fuerit impletum, tunc licebit insultare diabolo et morti perpetuae, quae hanc corruptionem naturalem fecerat malam uideri; tunc increpabunt sanctorum gaudia contusum a se aculeum mortis uidentium dicentque: „ubi est, mors, aculeus tuus? ubi est uictoria tua? aculeus autem mortis peccatum, uirtus autem peccati lex* [1 Cor 15,55 sq.]". *id est: o tu mors aeterna, aculeum habebas peccatum, quo desertores iustitiae uulnerares, quoniam si hoc aculeo armata non esses, id est peccato uoluntario, nulli omnino nocuisses.* Übers.: „Wenn dies aber erfüllt worden ist, sagt er, dann wird man den Teufel und den ewigen Tod verlachen können, der diese natürliche Vergänglichkeit wie ein Übel hat erscheinen lassen. Dann werden die Heiligen vor Freude rufen, weil sie sehen, dass sie den Stachel des Todes zerschlagen haben: ‚Tod, wo ist dein Stachel? Wo ist dein Sieg? Der Stachel des Todes ist die Sünde, die Macht der Sünde aber ist das Gesetz [1 *Cor* 15,55 sq.].' Das heißt: O ewiger Tod, du hattest als Stachel die Sünde, wodurch du diejenigen, die die Gerechtigkeit verlassen haben, verletzen konntest, denn wenn du mit diesem Stachel nicht bewaffnet gewesen wärst, d. h. mit der freiwilligen Sünde, hättest du überhaupt keinen Schaden angerichtet."
202 Zur Bedeutung der Taufe bei Julian cf. Kommentar zu 52,33–56,3 (cf. Kommentar. 2.2.2).
203 Cf. 2,119,7–9: *in his quippe, qui motu propriae uoluntatis utuntur, suppetit ei materia gloriandi, quia ex multis criminibus in iustificationem, quos adoptarit, educit.* Übers.: „Diese Taten, die durch den eigenen Willen zustande kommen, bieten ihm eine Basis für Ruhm, denn er führt diejenigen, die er angenommen hat, aus vielen Verbrechen zur Rechtfertigung." Cf. Lamberigts, 1 Corinthians 160 sq.
204 Cf. Lamberigts, Grace 344 sq.; id., Alternative 104–106.

rung der Lebensweise geschieht im vollen Maße erst nach der Taufe. Aufgabe des Christen ist es, dem Vorbild Christi zu folgen und sich immer mehr an eine *sanctitas* anzunähern.[205] So wie der Mensch dem negativen Vorbild von Sündern folgt, sollte der Christ dem guten Vorbild Christi folgen und kann so die *uirtus* erreichen (cf. 2,146).[206] Dies ist nicht gleichzusetzen mit der Pelagius von Hieronymus unterstellten Behauptung, der Mensch könne im diesseitigen Leben vollkommen sündenfrei werden.[207] Er soll allerdings danach streben, diesem Ideal möglichst nahezukommen und ein Leben in *sanctitas*, d. h. in gottesfürchtiger Tugendhaftigkeit, zu führen.[208] Menschen, die hingegen dem Vorbild Adams nacheifern, erleiden nach der Auferweckung die verdiente Bestrafung (cf. 2,66.173; 6,36).

2.2.1.4 *Mögliche Vorbilder für Julians Ansichten*
Die von Julian vertretenen Ansichten können in einer Linie mit den traditionellen philosophischen und theologischen Standardpositionen seiner Zeit verstanden werden, was sich insbesondere bei der Betrachtung der folgenden Themen herauskristallisiert: an der Freiheit des Menschen, das Gute oder das Schlechte zu wollen, dem Zusammenwirken von göttlicher Gnade und menschlichem Willen sowie den Konsequenzen der Sünde Adams. Als gedankliche Vorbilder für philosophische und theologische Themen können hier

---

205 Cf. 2,223,1–8 (bzgl. *Rm* 6,1–4 zitiert in 2,222,16–22): *dicit nos mortuos esse peccato eo iam tempore, quo, ut acciperemus indulgentiae donum, renuntiare nos mundo omnibusque peccatis professi sumus, atque ideo muneris memores debere sic uiuere, ut Christo consepulti esse doceamur atque resurrectionem eius conspicua sanctitate gestemus et, quomodo ille, postquam resurrexit a mortuis, nullas infirmitates corporis, nulla flagella perpetitur, ita etiam et nos esse inuulnerabiles peccatis omnibus et uitiis annitamur.* Übers.: „Er sagt, wir seien für die Sünde gestorben, sobald wir, um das Geschenk der Vergebung zu erhalten, uns dazu bekannt haben, dass wir der Welt und allen Sünden widersagen. Er sagt auch, dass wir deshalb in Dankbarkeit gegenüber diesem Geschenk so leben müssen, dass wir zeigen, dass wir mit Christus begraben worden sind, dass wir seine Auferstehung durch herausragende Heiligkeit nach außen tragen und dass wir uns bemühen, unverwundbar gegenüber allen Sünden und Fehlern zu sein, so wie er, nachdem er von den Toten auferstand, keine Schwächen des Körpers und keine Leiden mehr erdulden muss."
206 Cf. Lamberigts, Christologies 168.173; cf. auch Lössl, Julian 242 sq., id., Pain 226–229 und 2,51,1–5. Die *imitatio Christi* ist ein Motiv, das in den Paulusbriefen verwendet wird. Es ist ein Fundament der christlichen Lehre und hat daher auch einen hohen Stellenwert in den Weltbildern der christlichen Schriftsteller (cf. Crouzel/Mühlenkamp, Nachahmung 544–563). Die Nachahmung Gottes findet sich außerdem bereits bei Platon, der Stoa und im Platonismus (cf. ib. 527–535).
207 Cf. Rees, Pelagius 93 sq. Cf. Hier. *adu. Pelag.* 1,26; 2,16; Annecchino, Nozione 78 sq. und ib. 85 sq.; Dupont, Gratia 41 sq.; Lamberigts, Research 181.
208 Cf. Karfíková, Disput 94 sq.

Cicero, Pelagius,[209] Origenes/Rufinus, Ambrosiaster, Theodor von Mopsuestia,[210] Johannes Chrysostomus und der frühe Augustinus genannt werden (cf. dazu Hinführung. 2.2.2.2).[211] Die Stoßrichtung gegen den Determinismus ist Cicero und allen genannten christlichen Kommentatoren gemeinsam,[212] die Willensfreiheit wird von ihnen als Selbstverständlichkeit betrachtet.[213]

a) Cicero: Die Tatsache, dass Julian den Willen von der Naturnotwendigkeit des menschlichen Individuums unabhängig macht, könnte auf einen Einfluss von Ciceros *De fato* hindeuten.[214] Cicero argumentiert in *fat.* 7–11 gegen die vermeintliche Ansicht Chrysipps,[215] das Handeln des Menschen sei durch seinen jeweiligen Charakter vorherbestimmt, welcher wiederum durch natürliche *causae antecedentes* aufgrund des *fatum* determiniert sei.[216] Er hält dieser Ansicht Beispiele von Menschen entgegen, denen es gelungen ist, ihr Verhalten bzw. ihren Charakter radikal zu ändern.[217] Wie Bobzien herausstellt, trennt Cicero das handelnde Subjekt, welches er mit der Rationalität und der *uoluntas* gleichsetzt, von angeborenen oder durch äußere Einflüsse bestimmten Cha-

---

209   Cf. Lössl, Julian 202.
210   Cf. Cipriani, Fonti 165–169; Lössl, Julian 158–187 (insbesondere in Bezug auf die Exegese, cf. dazu Hinführung. 2.3).
211   Zu Johannes Chrysostomus cf. Lamberigts, Uso 432 sq., id., Iulianus IV 496 sq.
212   Heither spricht für Origenes/Rufinus von einer „antimarcionitischen und antignostischen Polemik" (Heither, Commentarii 1, 24); Müller betont, dass die Gnostiker *Rm* 7 als Beleg für ihre Weltsicht verwendeten (cf. Müller, Willensschwäche 264). Der gleiche Fall liegt bei den Bibelstellen vor, die Origenes in *De principiis* bespricht (cf. Frede, Will 113–115). Johannes Chrysostomus schreibt in seinen Homilien gelegentlich gegen die Manichäer (z. B. *hom.* 12,4 *in Rom.* (PG 60, 500): καὶ γὰρ καὶ Μανιχαίων ἐσπούδακεν ἐμφράξαι τὰ στόματα τῶν κατηγορούντων τοῦ νόμου, jedoch hier nicht in Bezug auf den Determinismus, sondern auf die Abwertung des mosaischen Gesetzes. Cf. auch *hom.* 26,5 *in Mt.* (PG 57, 340); *hom.* 55,6 *in Mt.* (PG 58, 547)); Pelagius schreibt ebenfalls gegen die Manichäer (cf. Kommentar zu 67,40–60; cf. Pelag. *in Rom.* 6,19 p. 53,11–13; cf. de Bruyn, Interpretation 37 sq.).
213   Cf. de Bruyn, Commentary 16 sq.
214   Cf. Lössl, Julian 124.
215   Cicero unterstellt Chrysipp in *fat.* 7–11, er mache den Willen von äußeren Ursachen abhängig, schreibt jedoch in 39–43 Chrysipp einen wesentlich differenzierteren Standpunkt zu. Dies ist in der Ausrichtung seiner Argumentation begründet (cf. dazu Schallenberg, Freiheit 105–114; cf. auch Bobzien, Determinism 296 sq.)
216   Cf. Bobzien, Determinism 296 sq.
217   Cic. *fat.* 11: *sed haec ex naturalibus causis uitia nasci possunt, exstirpari autem et funditus tolli, ut is ipse, qui ad ea propensus fuerit, a tantis uitiis auocetur, non est id positum in naturalibus causis, sed in uolontate, studio, disciplina*. Übers.: „Aber diese Fehler können aus natürlichen Ursachen entstehen; sie auszumerzen und gänzlich zu beseitigen, sodass selbst derjenige, der sich zu ihnen hingeneigt hat, von so großen Fehlern abläßt, wird nicht durch natürliche Ursachen bewirkt, sondern nur durch Willen, Eifer und Disziplin."

rakterzügen, die er als die individuelle *natura* des Menschen ansieht.[218] Selbst wenn also diese Natur des Menschen von äußeren Faktoren bestimmt ist, bedeutet dies nicht, dass seine Handlungsfähigkeit und seine Fähigkeit, sich zu ändern, determiniert sind.[219] Dies erinnert an Julians Konzept des Menschen, denn er trennt ebenfalls zwischen der sozial geformten (aber auch der biologischen)[220] Natur des Menschen und dem Menschen als willentlich handelndem Subjekt. Für den Menschen in Julians Weltbild besteht deshalb die Möglichkeit, sich gegen die Einflüsse der aufgrund von *imitatio*, also aufgrund äußerer Einflussfaktoren entstandenen *consuetudo mala*, durchzusetzen. Des Weiteren schreibt er ebenso wie Cicero gegen eine Ansicht an, die den menschlichen Charakter von vorangehenden Ursachen abhängig macht, denn in Augustins Menschenbild steht der Wille des Menschen unter dem Einfluss des *peccatum originale* und ist abhängig von der Gnade Gottes.

In *fat.* 39–43 referiert Cicero entgegen der von ihm in *fat.* 7–11 widerlegten vermeintlichen Ansicht Chrysipps, wie dieser die Theorie des *fatum* mit der Verantwortlichkeit des Menschen zu vereinbaren versucht. Er tut dies, indem er betont, dass die Zustimmung des Menschen unabhängig von äußeren Kausalketten in ihm selbst begründet, also frei, sei.[221] Die vorangehenden Ursachen im Prozess der Zustimmung werden dabei als *causae adiuuantes et proximae* bezeichnet und erinnern damit in gewisser Weise an Julians Vorstellung der göttlichen Gnade als *adiutorium*, welches man annehmen oder ablehnen kann. Wie Cicero macht auch Julian den Willen von Naturkausalitäten unabhängig.[222]

---

218 Bobzien, Determinism 297: „Cicero [...] detaches the agents from their inborn and externally determined character traits, which he identifies with their nature, and identifies the agents with their rationality or their *uoluntas* (*Fat.* 9)."
219 Cic. *fat.* 9: *non enim, si alii ad alia propensiores sunt propter causas naturalis et antecedentis, idirco etiam nostrarum uoluntatum atque adpetitionum sunt causae naturales et antecedentes. nam nihil esset in nostra potestate, si ita res se haberet.* Übers.: „Wenn einige durch natürliche und vorangehende Ursachen eher zu bestimmten Verhaltensweisen neigen als andere, folgt daraus nicht, dass es auch natürliche vorangehende Ursachen für unseren Willen und unsere Entscheidungen für das, was wir anstreben, gibt. Denn wenn dies so wäre, läge nichts mehr in unserer Macht." Cf. dazu 5,41,18–20: *naturalia cuncta cogunt esse quod sequitur, uoluntas autem, si praecedentibus causis cogatur, uoluntas esse mox desinit et perdit conditionem, si accepit originem.* Cf. auch *Turb.* 2, frg. 148, l. 326–331 (= Iulian. A. c. Iul. 4,75–77): [...] *omnes philosophi in scholis licet aliud disserentes, tamen idola cum plebe uenerantes, qui de naturalibus causis aliquid excogitare conati sunt, inter multas opinionis suae uanitates, aliquas tamen ueritatis uelut lamsere partes* (mit vorangehender Anspielung auf eine Philosophenliste aus *ac.* 2,118 (cf. Lamberigts, Iulianus IV 491)).
220 Cf. dazu insbesondere Lössl, Julian 135–146.
221 Cf. Tornau, Rhetorik 270 sq.
222 Cf. Schallenberg, Freiheit 109.

b) Pelagius: Sicherlich vermeidet es Julian in der Debatte mit Augustinus, sich zu sehr am Wortlaut des Pelagius zu orientieren, da dies weitere Vorwürfe des Pelagianismus nach sich zöge. Vor allem, was die ethischen Ansichten Julians anbelangt, kann Pelagius allerdings unübersehbar als ein Vorgänger seiner Position gelten, das Gegenteil wäre im Hinblick auf den Einsatz Julians für Pelagius auch verwunderlich. Der Römerbriefkommentar des Pelagius (*Expositiones in epistulas Pauli*) weist Parallelen zu Origenes/Rufinus, zum Ambrosiaster, zum frühen Augustinus und zum sogenannten Budapester Anonymus auf.[223] Er ist vor der Debatte mit Augustinus entstanden und wurde in einem zweiten Stadium „überarbeitet", um einzelne Aussagen näher an die als „pelagianisch" angesehenen Ansichten heranzurücken.[224] Dadurch entstehen teils erhebliche Textprobleme, die bei der Untersuchung nicht vernachlässigt werden dürfen.

Typisch für Pelagius' Ansichten ist die Vorstellung, dass Christus als Vorbild für den Menschen wirkt, durch dessen Tod den Menschen die Erlösung geschenkt worden ist, obwohl sie dies eigentlich nicht verdient hätten (cf. Kommentar zu 67,40–60).[225] Dies gilt auch für die Rolle der *consuetudo* im Guten wie im Schlechten und die Einübung einer guten Willenshaltung, um sich gegen die Macht der Gewohnheit durchsetzen zu können (cf. Pelag. A. *gr. et pecc. or.* 2,30). Die Taufe und die Bekehrung sind ein Wendepunkt im menschlichen Leben;[226] sobald der Mensch angefangen hat, an Gott zu glauben, wird er zunächst allein aufgrund seines Glaubens (*sola fide*) gerechtfertigt.[227] Wenn sich im Verlauf gute Werke einstellen, bilden diese die Grundlage für die Bewertung. Bewertet wird dann allein der Charakter, den sich der Mensch durch

---

223 Cf. de Bruyn, Commentary 16 sq.; Matteoli, Origini 15–26; Karfíková, Grace 169 sq.
224 Cf. Lamberigts, Research 179 sq. Souter bezeichnet Worte, die in den stark interpolierten Handschriften A oder B fehlen, mit eckigen Klammern (cf. Souter, Expositions 2, 2 und Matteoli, Origini 11 sq.). Auch Matteoli beobachtet in ihren Ausführungen zum Gnadenkonzept des Pelagius in den *Expositiones* eine Tendenz von B, die *Expositiones* zu einem Text zu gestalten, der sich besser mit den Ansichten parallelisieren lässt, die den „Pelagianern" zugeschrieben werden (cf. Matteoli, Origini 158–164).
225 Cf. Matteoli, Origini 166–170 und im Vergleich dazu 2,170,9–171,3: *aperuit, quanta totum Christus pietate gessisset, qui mori dignatus est pro nihil boni merentibus, quippe qui rationem et legem criminum amore calcauerant euntes post desideria sua, quae ipsa conscientia, cuius uis est maxima, castigabat.* Übers.: „Er hat gezeigt, wie Christus uns gegenüber alles in Barmherzigkeit getan hat, der sich erbarmt hat, für diejenigen, die keinen guten Verdienst besitzen, zu sterben; denn sie hatten ja aus Liebe zu den Vergehen die Vernunft und das Gesetz mit Füßen getreten, während sie ihren Wünschen nachgingen, die doch ihr Gewissen, dessen Kraft außerordentlich groß ist, tadelte." Cf. dazu Lamberigts, Grace 344.
226 Cf. de Bruyn, Commentary 42 und Pelag. *in Rom.* 6,11 p. 51,7–12; id., *in 1 Cor.* 15,49 p. 224,13–17; cf. **53,12–33**; 2,108,1–8 und 2,171,18–172,4.
227 Cf. Matteoli, Origini 169 sq.; Evans, Pelagius 117 sq.119.

seinen Willen angeeignet hat (cf. Kommentar zu 81,1–82,2).[228] Des Weiteren spielt das Verständnis von der göttlichen Hilfe beim Erreichen des Guten eine große Rolle; die göttliche Gnade manifestiert sich im Vorbild Christi,[229] in der *doctrina* und der *reuelatio* Gottes sowie in der Illumination des menschlichen Denkens durch den Heiligen Geist (cf. Kommentar zu 94,61–66).[230] Die Gnade Gottes zeigt sich wie bei Julian auch in der Tatsache, dass der Mensch ein gutes Geschöpf Gottes ist, weshalb er sich mit der Freiheit des Willens auszeichnet.[231] Die *possibilitas*, das Gute zu wählen, geht damit auf Gott zurück.[232] Adam hingegen wird von Pelagius als *forma/exemplum* der Sünde interpretiert.[233] Pelagius sieht wohl nicht den körperlichen Tod als Folge von Adams Sünde in die Welt kommen, sondern den spirituellen Tod des Menschen.[234]

c) Origenes/Rufinus: Wie bei Pelagius finden sich auch bei Julian Einflüsse der Origenes-Übersetzungen des Rufinus von Aquileia,[235] die v. a. in Julians Exegese deutlich werden.[236] Besonders offensichtlich wird dies an der Interpretation der *lex peccati* als *consuetudo mala*, die bei Origenes'/Rufinus' Ansich-

---

228 Cf. Cipriani, Morale 313 mit Bezug auf *epist. ad Demetr.* 8.
229 Cf. Greshake, Gnade 116 sq. 124 sq.
230 Cf. Matteoli, Origini 161.163 sq. (Matteoli gruppiert jedoch ib. die Begriffe *exemplum Christi* und *doctrina* auf der einen Seite und *gratia* und *illuminatio* auf der anderen Seite); Cipriani, Morale 319: „Insomma, l'azione di Dio non tocca direttamente la volontà dell'uomo, ma solo attraverso la sua mente. Il pensiero infatti è la *fons boni et origo peccandi* e ogni influsso positivo (di Dio) o negativo (del diavolo) sulla volontà umana passa per il pensiero." Unter Bezug auf *epist. ad Demetr.* 26. Cf. außerdem Greshake, Gnade 115–125 und Dupont/Malavasi, Question 542–548.
231 Cf. Evans, Pelagius 94–96.
232 Cf. Ogliari, Gratia 234–237.
233 Cf. Pelag. *in Rom.* 5,12 p. 45,10–15; cf. Drecoll, Pelagius 628; cf. Kommentar zu 67,40–60.
234 Cf. Dupont, Christusfigur 340 mit n. 156 und Matteoli, Origini 67; de Bruyn, Commentary 41; cf. Kommentar zu 67,33–40; 67,77–93 zur Interpretation des *corpus mortis* in *Rm* 7,24 durch Pelagius. Zu den Konsequenzen, die ein sündhaftes Leben nach dem Tod mit sich zieht, cf. Pelag. *in 1 Cor.* 15,41 p. 223,4–8: „*stella enim a stella differt in claritate: ita et resurrectio mortuorum.*" *stellarum diuersitati iustorum differentiam conparauit, quos gradus uirtutum in gloria, non peccata, facient esse diuersos: nam pecctorum diuersitas in caelo non erit, sed in poena.* Übers.: „‚Die Sterne unterscheiden sich nämlich in ihrer Helligkeit voneinander. So ist es auch mit der Auferstehung der Toten.' Er vergleicht die unterschiedlich hellen Sterne mit den Unterschieden zwischen den gerechten Menschen. Diese werden sich jedoch durch die Abstufungen ihrer Tugenden, die zum Ruhm führen, nicht in den Sünden unterscheiden. Eine Unterscheidung von Sünden wird es nämlich im Himmel nicht geben, sondern nur bei der Bestrafung."
235 Zum Einfluss von Origenes/Rufin auf Pelagius cf. die Gegenüberstellung bei Souter (id., Expositions 1, 188–193).
236 Cf. Lössl, Julian 202 sq. und ib. 203–229 innerhalb der Besprechung der von Julian besprochenen Stellen aus dem Römerbrief.

ten zur Willensschwäche eine wichtige Rolle einnimmt (cf. Rufin. *Orig. in Rom.* 6,9, l. 75–116; Kommentar zu 67,33–40; 67,40–60).[237] Auch was die Verteidigung der Willensfreiheit und die Eigenverantwortlichkeit des Menschen für sein Verhältnis zu Gott anbelangt, kann Origenes/Rufinus als Vorgänger Julians gelten.[238] Origenes/Rufinus legt sich allerdings nicht darauf fest, ob es sich bei der Folge der Sünde Adams um den seelischen oder den körperlichen Tod des Menschen handle.[239] Julians Nähe zu Origenes/Rufinus zeigt sich insbesondere in seiner Römerbriefauslegung.[240]

d) Ambrosiaster: Neben Origenes/Rufinus ist auch der Ambrosiaster als Vorgänger für Pelagius' und Julians Römerbriefverständnis zu sehen.[241] Dies wird am Verständnis von *Rm* 5,12–14 deutlich. Zwar sieht Ambrosiaster den physischen Tod als Folge des Sündenfalls an, nennt jedoch eine *mors secunda* der Seele, die die Bestrafung für Sünden ist, die in Nachahmung Adams geschehen ([...] *in similitudinem praeuaricationis Adae* [...]).[242] Diese Unterscheidung geht auf die Johannesoffenbarung (*Apc* 2,11; 20,6) zurück und ist in der lateinischen Patristik als Bezeichnung für die Verdammung verankert.[243] Julian sieht zwar nicht den physischen Tod als Folge des Sündenfalls an, jedoch den ewigen Tod als Bestrafung für alle, die Adams *praeuaricatio* nachahmen (cf. auch Kommentar zu 67,77–93; 69,15–29).[244]

e) Theodor von Mopsuestia: Im Exil hielt sich Julian bei Theodor von Mopsuestia, einem Schüler des Johannes Chrysostomus, auf, weshalb man die Ansichten Theodors und Julians in der Forschung verglichen hat.[245] Zentral für Theodors Weltbild ist die Lehre von den zwei Katastasen (cf. Kommentar zu 53,30–

---

237 Cf. Müller, Willensschwäche 242–284 (insbesondere ib. 265–269).
238 Cf. Kommentar zu 69,15–29; 134,15–135,10.
239 Cf. Matteoli, Origini 67 sq.
240 Origenes hat auch Augustinus in seinen antipelagianischen Schriften als Inspiration gedient. Cf. dazu Hammond Bammel, Translation (in diesem Aufsatz werden sowohl die Unterschiede und Gemeinsamkeiten zwischen Rufins Übersetzung und den Ansichten Augustins als auch die Unterschiede und Gemeinsamkeiten zwischen Rufins/Origenes' und Pelagius' Ansichten hervorgehoben).
241 Zu einer Gegenüberstellung auffälliger Parallelen zwischen Pelagius und dem Ambrosiaster cf. Souter, Expositions 1, 176–183.
242 Cf. Beatrice, Transmission 136 sq. unter Heranziehung von Ambrosiast. *in Rom.* 5,14,1 (rec. β.γ). Cf. auch Lukken, Original 106 sq.
243 Cf. Freund, Laktanz 350. Dementsprechend findet sich die Bezeichnung auch bei Augustinus (cf. *ciu.* 13,12; cf. Kotila, Mors 93 sq.).
244 Cf. 2,66,1–4 und 2,66,6–8: *quae tamen mors nec in sanctos nec in innocentes ullos saeuire permittitur, sed in eos peruadit, quos praeuaricationem uiderit aemulatos.* Cf. Beatrice, Transmission 107.
245 Cf. Lössl, Julian 293, ib. 147–249; Cipriani, Fonti 165–169; id., Presenza; Malavasi, Involvement.

38; 67,77–93).[246] Das Diesseits, die erste Katastase, wird von ihm als eine Art Übungsplatz der Tugend betrachtet, die im Jenseits ihre Vollendung findet.[247] Dabei besteht jedoch *potentialiter* schon ab der Taufe eine Teilnahme an der künftigen Vollendung,[248] bei der die Nachahmung (μίμησις) eine wichtige Rolle spielt.[249] Hinsichtlich der Sterblichkeit des Menschen, finden sich bei Theodor sowohl Aussagen darüber, dass der Tod eine Folge des Sündenfalls sei, als auch solche, dass der Mensch von Beginn an sterblich geschaffen worden sei.[250] Theodor hebt zudem hervor, dass Sünde nicht in der menschlichen Natur, sondern in der Entscheidung des Menschen gefunden wird (γνώμη und φύσει), und dass Gott aufgrund dieser Entscheidung ein Urteil fällt.[251] Er vertritt die Ansicht, dass Gottes Gnade und der menschliche Wille in einer συνέργεια zusammenwirken.[252]

---

246 Cf. Cipriani, Fonti 165 sq.
247 Cf. Wickert, Studien 94 und ib. 102. Cf. *Kat. Hom.* 16,23 (= Bruns, Homilien 2, 437 sq.; Übersetzung des syrischen Textes).
248 Cf. Bruns, Homilien 1, 63–65.
249 Cf. *Kat. Hom.* 11,12 (= Bruns, Homilien 2, 309 sq.; Übersetzung des syrischen Textes); *Comm. Rom.* 6,17 (Staab, Pauluskommentare 123). Cf. Wickert, Studien 99.
250 Cf. Kommentar zu 67,77–93.
251 Cf. Bruns, Homilien 1, 48, der als Beleg *Comm. in Ps.* 50,7 heranzieht, ein Werk, das Julian später übersetzt hat (cf. *Exp. Ps.* 50,7a); cf. *Kat. Hom.* 7,11 (= Bruns, Homilien 1, 178 sq.; Übersetzung des syrischen Textes). Cf. Kommentar zu 131,11–13. Cf. *Comm. in Ps.* 50,7: „ἰδοὺ γὰρ ἐν ἀνομίαις συνελήφθην, καὶ ἐν ἁμαρτίαις ἐκίσσησέ με ἡ μήτηρ μου." οὐ τὴν τῶν τεχθέντων φύσιν αἰτιᾶται, ἄπαγε, οὐδὲ γὰρ περὶ ἐκείνων φύσιν ὅλως εἴρηται, ἀλλὰ τὴν τῶν τεκόντων γνώμην ἐξαγγέλλει, – τὸ γὰρ „ἐν ἀνομίαις" συλληφθῆναι καὶ „ἐν ἀνομίαις" κισσηθῆναι ὑπὸ τῆς μητρός, δῆλον ὅτι τῶν γεννώντων ἀλλ' οὐ τῶν γεννωμένων μηνύει τὸ ἔγκλημα, – κἀκείνων γνώμην διαβάλλει, ἀλλ' οὐ φύσιν τῶν τικτομένων, ὡς οἱ ἀνόητοι βούλονται. οὐ γὰρ περὶ αὐτοῦ ταῦτα λέγει ὁ Δαυίδ. πῶς γὰρ ἂν ἐκεῖνος περὶ τῆς οἰκείας ταῦτα εἴποι φύσεως, περὶ οὗ φησιν ὁ Θεός „εὗρον ἄνδρα κατὰ τὴν καρδίαν μου,", οὗ γε οὐ μόνον τὴν φύσιν οὐκ αἰτιᾶται, ἀλλὰ καὶ τὴν προαίρεσιν θαυμάζει; Übers.: „‚Siehe, in Ungerechtigkeit bin ich empfangen worden und in Sünden hat mich meine Mutter geboren.' Er klagt nicht die Natur der Geborenen an, ganz und gar nicht, denn er spricht überhaupt nicht von deren Natur, sondern er verdeutlicht die Einstellung der Gebärenden – denn es ist klar, dass die Aussage ‚in Ungerechtigkeit empfangen zu sein und in Sünde geboren von der Mutter' eine Anklage gegenüber den Gebärenden und nicht gegenüber den Geborenen darstellt, – und er klagt das Sinnen und Trachten von jenen an, nicht die Natur der Kinder, wie es unverständige Menschen behaupten. Denn David sagt all das nicht darüber. Wie dürfte nämlich jener dies über seine eigene Natur sagen, über den Gott sagt: ‚Ich habe einen Mann gefunden nach meinem Herzen [*Act* 13,22]', dessen Natur er nicht nur nicht anklagt, sondern dessen Entscheidung er sogar bewundert?".
252 Cf. Wickert, Studien 62. Die schlagwortartige Betonung dieser beiden Begriffe erinnert an Julian, der gegen Augustinus immer wieder den Unterschied zwischen *natura/natiuitas/semina* und *uita/uoluntas/mores* als Grundlage für die Bewertung des Menschen ins Feld führt (cf. 67,52–54; 89,1 sq.; 90,1 sq.12–15; 105,9–11; 107,15–23; 122,9 sq.; 131,19 sq.; 137,1–4).

f) Johannes Chrysostomus: Johannes Chrysostomus vertritt ebenso wie Julian ein positives Menschenbild[253] und weist ebenfalls hinsichtlich des Zusammenwirkens von göttlicher Gnade und menschlichem Handeln eine gewisse Unklarheit auf (cf. Kommentar zu 95,6–11).[254] Auch er betont, dass der Mensch zum Guten geschaffen sei und es in seiner Hand liege, sich zu bessern (Chrys. *hom.* 22,4 *in* 1 *Cor.*; PG 61, 185 sq.).[255] Als Folge des Sündenfalls sieht er im Gegensatz zu Julian den leiblichen Tod des Menschen an, erachtet den Menschen jedoch ebenso wie Julian dazu in der Lage, auch nicht zu sündigen, und betont dabei das Wirken der Gnade Christi (cf. Chrys. *hom.* 10,1 sq. *in Rom.*; PG 60, 473–477). Zusätzlich zum physischen Tod treten nach dem Sündenfall die ungezügelten Affekte auf, die in seinen Augen an sich kein Übel wären, sofern sie nicht ein Maß überschreiten (Chrys. *hom.* 13,1 *in Rom.*; PG 60, 507 sq.; cf. Julians Position Kommentar zu 71,9–20). Julians Auslegungen weisen des Weiteren eine gedankliche Nähe zu den Römerbriefhomilien des Johannes Chrysostomus auf (cf. Kommentar zu 71,14–17; 95,6–11; 134,15–135,10),[256] den er in *Turb.* (*Turb.* 4, frg. 312 = Iulian. A. *c. Iul.* 1,21) und 3,111 (zusammen mit Basilius und Theodor) als Autorität nennt.[257] Julian zitiert zudem in *Turb.* die Taufkatechese Εὐλογητὸς ὁ θεός des Johannes Chrysostomus in der lateinischen Übersetzung „*Ad neophytos*".[258] Welche weiteren Schriften Julian von Johannes gelesen hat, lässt sich allerdings nicht klären.[259]

---

253   Cf. Brändle/Jegher-Bucher, Johannes 472.
254   Brändle hebt hervor, dass bei Johannes Chrysostomus Passagen, in denen die Vorrangigkeit der göttlichen Gnade hervorgehoben wird, neben solchen stehen, die die Willensfreiheit in den Mittelpunkt rücken. Grund dafür ist der Wunsch, bei seinen Adressaten zum einen die Hoffnung auf Gottes Unterstützung zu wecken, zum anderen sie zum christlichen Handeln zu animieren (cf. Brändle, Dogmen 127–132).
255   Cf. Kopp, Stellung 11.
256   Für die Parallelen zwischen den Ansichten der „Pelagianer" und denen des Johannes Chrysostomus cf. Beatrice, Transmission 158–167. Cf. auch Souter, Expositions 1, 193–195 zu Johannes Chrysostomus und Pelagius. Brändle/Jegher-Bucher heben den Einfluss der antiochenischen Exegese auf Johannes Chrysostomus in ihrem Artikel hervor (id., Johannes 465–467).
257   Das tat auch schon Pelagius cf. Pelag. A. *nat. et gr.* 76 (cf. Beatrice, Transmission 164 sq.; Zelzer, Giovanni 929). Lössl verweist darauf, dass Theodor von Mopsuestia, bei dem sich Julian einige Zeit aufgehalten hat, Johannes Chrysostomus freundschaftlich verbunden war (cf. Lössl, Julian 292 sq.).
258   Der lateinische Text ist in der Version von Wenger (id., Catéchèses 168–181) abgedruckt bei Kaczynski (Catecheses 254–289; cf. ib. 101). Julian zitiert daraus auch in *Turb.* 4, frg. 312 (= Iulian. A. *c. Iul.* 1,21; cf. Lamberigts, Alternative 96; cf. Chrysost. *ad neoph. vers.* W 5 sq. = *catech.* 4,5 sq., Kaczynski, Catecheses 258,1–260,1). Dass Julian Werke des Johannes Chrysostomus gelesen hat, schreibt er selbst in *praef. in proph.* (p. 116, l. 43–46). Cf. Lamberigts, Iulianus IV 497; id., Alternative 104; cf. auch Beatrice, Transmission 165 sq.
259   Cf. Cipriani, Fonti 165.

Bei aller Ähnlichkeit zu Julians Ansichten muss jedoch für die hier genannten Autoren festgehalten werden, dass sie in der Darlegung ihrer Gedanken deutlich ausführlicher sind, da es sich bei der Gattung ihrer Werke nicht um Schriften handelt, die sich ausschließlich gegen eine bestimmte Person richten. Die Darlegungen zur *consuetudo mala* finden sich bei Julian beispielsweise in erster Linie innerhalb der Auslegung bestimmter Bibelstellen, die gegen Augustins Auslegung in Stellung gebracht werden.[260]

2.2.2 Augustins Welt- und Menschenbild

Augustins Gottesbild stimmt, was die für Julian genannten Schlagworte der guten Schöpfung aus dem Nichts, der guten Einrichtung des Menschen und der Welt sowie der göttlichen Gerechtigkeit anbelangt, auf den ersten Blick mit dem Julians überein, doch interpretiert er die genannten Grundpfeiler des christlichen Glaubens auf eine andere Art und Weise als Julian. Offensichtlich wird dies an seinem Verständnis der Auswirkungen des Sündenfalls auf die menschliche Natur, des Wirkens der göttlichen Gnade und der göttlichen Gerechtigkeit. Die genannten Gesichtspunkte werden im Folgenden betrachtet, wobei zunächst ein knapper Überblick über Augustins Ansichten zur Beteiligung des Willens innerhalb der innerseelischen Vorgänge im Menschen gegeben und dann das Verhältnis von Gnade und menschlichem Willen in den Früh- und Spätschriften dargestellt wird. Schließlich soll Augustins Ansicht über die *concupiscentia* als Folge des Sündenfalls erläutert werden.

2.2.2.1 *Das Verhältnis von Körper und Seele*

Wie für Julian ist es für Augustinus selbstverständlich, dass der Mensch von Gott geschaffen und mit Körper und Seele ausgestattet wurde (*trin.* 15,11). Der Körper war von Anfang an sterblich, Adam jedoch hätte durch die Vermeidung der Sünde die Unsterblichkeit erreichen können.[261] Körper und Seele stehen für Augustinus in einem komplexen Verhältnis zueinander. Die Seele steht aufgrund ihrer Immaterialität über den materiellen Dingen und lenkt den Körper, ist jedoch zugleich unter Gott positioniert.[262] Die Seele ist für Augustinus u. a. geprägt durch die Instanzen *ratio, memoria* und *uoluntas*.[263] Sie verfügt über einen irrationalen Teil, der Ort von *appetitus* und Sinneswahrnehmung ist,

---

260   Cf. **67,18–68,16; 69,6–37**; 2,223; 3,178.
261   Cf. Mayer, Homo 389 unter Heranziehung von *Gn. litt.* 6,25,36 (cf. Mayer, Homo 390 n. 76).
262   Cf. Mayer, Homo 391 unter Heranziehung von *Gn. litt.* 7,19,25.
263   Cf. O'Daly, Philosophy 11.

und einen rationalen Teil, der aus *ratio* und *uoluntas* besteht.[264] Die *memoria* nimmt gewissermaßen eine Zwischenstellung ein, da in ihr sowohl Sinneseindrücke und Emotionen als auch Wissen gespeichert werden.[265] Die *mens/ratio* ist der übergeordnete Teil der Seele (*ciu.* 9,5; cf. *trin.* 14,26),[266] der sich auf Gott hin ausrichten soll.[267] Die Wahrnehmung ist für Augustinus ein Akt, in dem die Seele mit einem Reiz umgeht, der von den Sinnesorganen ausgeht, eine Bewegung in der Seele bewirkt[268] und dessen sie sich bewusst ist.[269] Wesentlich für die Sinneswahrnehmung ist die *intentio cogitationis/animi*, die vom Willen bewirkt wird, wodurch die Wahrnehmung zu einer Handlung wird.[270] Die Affekte teilt Augustinus ein in solche, die die Seele, und solche, die den Körper befallen (*imm. an.* 7). Diese versteht er nicht als rein negativ, sondern befürwortet so wie Julian einen guten Nutzen derselben.[271] Die vom Menschen wahrgenommenen Ereignisse gelangen direkt beim Akt der Wahrnehmung in die *memoria*.[272] Auch der Akt der Erinnerung geschieht dabei durch den Willen, der zum einen bewirkt, dass die Sinneswahrnehmungen ins Gedächtnis gelangen, und der zum anderen auf die im Gedächtnis gespeicherten Eindrücke der

---

264 Cf. *ciu.* 5,11: *qui et animae inrationali dedit memoriam sensum adpetitum, rationali autem insuper mentem intellegentiam uoluntatem.* Übers.: „Auch hat er dem unvernünftigen Teil der Seele das Gedächtnis, die Sinneswahrnehmung und das Streben gegeben, dem vernünftigen aber, der dem unvernünftigen Teil übergeordnet ist, die Vernunft, den Verstand und den Willen." Cf. auch *Gn. litt.* 9,14,25: *omnis enim anima uiua, non solum rationalis sicut in hominibus, uerum etiam inrationalis, sicut in pecoribus et uolatilibus et piscibus, uisis mouetur. sed anima rationalis uoluntatis arbitrio uel consentit uisis uel non consentit; inrationalis autem non habet hoc iudicium, pro suo tamen genere atque natura uiso aliquo tacta propellitur. nec in potestate ullius animae est, quae illi uisa ueniant siue in sensus corporis siue in ipsum spiritum interius, quibus uisis adpetitus moueatur cuiuslibet animantis.* Übers.: „Jede lebendige Seele, nicht nur die rationale wie bei den Menschen, sondern auch die irrationale wie beim Vieh, bei den Vögeln und den Fischen wird durch Wahrnehmungen bewegt. Die vernünftige Seele jedoch stimmt mit der Entscheidung des Willens den Wahrnehmungen zu oder stimmt ihnen nicht zu; die unvernünftige Seele aber hat solch ein Urteilsvermögen nicht, wird aber ihrer Gattung und Natur entsprechend angetrieben, wenn sie irgendetwas wahrnimmt. Es steht nicht in der Macht der Seele, welche Wahrnehmungen sie hat, sei es durch die Sinne des Körpers, sei es innen im Geist, wodurch das Streben jedes Lebewesen bewegt wird." Cf. O'Daly, Philosophy 7.56.
265 Cf. Müller, Memory 93–101.
266 Cf. O'Daly, Anima 322 sq. und id., Philosophy 7.
267 Cf. Brachtendorf, Mens 1275.
268 Cf. O'Daly, Philosophy 83 sq.
269 Cf. O'Daly, Philosophy 85 sq.
270 Cf. O'Daly, Philosophy 84 sq.132 und Brachtendorf, Struktur 196 sq.; cf. dazu *trin.* 11,2.
271 Cf. *ciu.* 14,9; O'Daly, Philosophy 47–49.
272 Cf. O'Daly, Philosophy 132.

Sinneswahrnehmungen zurückgreift, die dann als Vorstellungen (*phantasiae*) aktualisiert werden.[273]

Im Hinblick auf die Akte des Willens ist jedoch zu unterscheiden zwischen einer Zustimmung des Willens (*consensio/consensus/assensio/assensus*), die handlungsleitend ist und im bewussten Zustand geschieht, und einer Willensbewegung, die moralisch neutral oder im unbewussten Zustand (z. B. im Traum) geschieht,[274] in dem die Seele ihre Regungen nicht steuern kann (*Gn.*

---

273   Cf. O'Daly, Philosophy 132–135 und die Übersicht ib. 144; cf. *trin.* 11,6; 11,15: *uoluntas porro sicut adiungit sensum corpori, sic memoriam sensui, sic cogitantis aciem memoriae.*

274   Cf. Müller, Willensschwäche 313 sq.; cf. Wu, Involuntary 54 sq. 73; Wu führt in seinem Aufsatz (id., Involuntary 54 sq.), als Beispiel *s.* 98,6 an: *prima est enim quasi titillatio delectationis in corde; secunda, consensio; tertium, factum; quarta, consuetudo. sunt enim qui res illicitas obuias cogitationibus suis prorsus ita abiciunt, ut nec delectentur. sunt qui delectantur, et non consentiunt: nondum perfecta mors est, sed quodam modo inchoata. delectationi accedit consensio: iam est illa damnatio. post consensionem in factum proceditur: factum in consuetudinem uertitur* [...]. (Die Worte *sunt enim qui res – in consuetudinem uertitur* sind bei Wu, Involuntary 55 nicht zitiert, ich führe hier den weiteren Kontext an, da er meines Erachtens wichtig für die Interpretation dieser Stelle ist). Übers.: „Die erste Regung ist nämlich gewissermaßen ein Kitzeln der Vorfreude in der Seele; die zweite ist die Zustimmung, die dritte die Handlung, die vierte die Gewohnheit. Es gibt nämlich Menschen, die Verlockungen, die ihnen unterkommen, mit ihren Gedanken so von sich wegstoßen, dass in ihnen noch nicht einmal die Vorfreude entsteht. Es gibt auch Menschen, in denen zwar die Vorfreude entsteht, die aber nicht zustimmen. Das ist dann noch kein vollendeter Tod, aber in gewisser Weise bereits der Anfang davon. Kommt der Vorfreude die Zustimmung hinzu, kommt es bereits zur Verurteilung. Nach der Zustimmung schreitet man zur Tat, die Tat wird zur Gewohnheit [...]."

Wu zieht u. a. auch *trin.* 12,17 und *c. Iul.* 4,10 heran (cf. Wu, Involuntary 55.73) und spricht davon, dass diese Texte darauf hindeuten, dass es eine implizite Zustimmung des Willens gäbe, die an der Entstehung der *concupiscentia* beteiligt sei und der man erst noch die bewusste Zustimmung geben müsse, bevor sie als Sünde gelten könne (cf. Wu, Involuntary 73; cf. auch id., Adaptation 101 sq.). Meines Erachtens muss hier differenziert werden zwischen Zustimmungen, die im unbewussten Zustand getroffen werden (z. B. im Schlaf cf. *c. Iul.* 4,10), und zwischen der Beteiligung des Willens an der Entstehung von Sinneswahrnehmungen, Affekten, Emotionen etc., die das Bewusstsein voraussetzen. Als Sünde gilt dabei nur eine solche Zustimmung, die mit Bewusstsein als eine Reaktion auf eine Wahrnehmung, Empfindung, Erinnerung getroffen worden ist (cf. *ciu.* 1,25). Wie sich am Beispiel von *s.* 98,6 zeigt, ist die *titillatio delectationis* weder unbewusst (sonst könnte man sich wie ib. beschrieben gegen die *delectatio* nicht wehren) noch mit dem Begriff der Zustimmung belegt (ansonsten ergäbe ib. die Formulierung *sunt qui delectantur, et non consentiunt* meines Erachtens keinen Sinn) und dürfte damit einer Vorstellung entsprechen (cf. Byers, Perception 51 mit n. 154). Aus *trin.* 12,17 sq. geht hervor, dass bereits die *cogitatio*, auf die eine *delectatio* erfolgt (also die Vorstellung = *phantasia*, die sich im Geist bildet und deren Folge), als Sünde betrachtet werden muss, wobei Augustinus hierfür den Begriff des *consensus* verwendet. Es handelt sich hierbei aber meines Erachtens nicht um eine unbewusste Zustimmung oder Billigung des Willens, wie Wu es schreibt (id., *litt.* 12,15,31).[275] Die Zustimmung kann der Wille auf eine *phantasia*/ein *uisum* hin erteilen, wobei Augustinus für handlungsleitende Vorstellungen auch den Begriff *suggestio* verwendet (möglicherweise entsprechend einer φαντασία ὁρμητική).[276] Die innerseelische Abfolge verläuft dabei über die drei Stufen *suggestio, delectatio, consensio* (cf. *s. dom. m.* 1,34).[277] Im Folgenden soll nun im Fokus stehen, welche Äußerungen Augustinus in seinen Werken zur Wirkungsweise des menschlichen Willens im prä- und postlapsarischen Zustand macht.

2.2.2.2 Menschlicher Wille und göttliche Gnade

Die Tatsache, dass Augustinus dem menschlichen Willen eine herausgehobene Rolle bei der Verarbeitung und Funktion von innerseelischen Vorgängen zuschreibt, zeigt, dass er den Willen als den wesentlichen Motor für das menschliche Handeln ansieht.[278] Dementprechend macht er die Schwachstelle der menschlichen Natur in seinem Konzept des Menschen nach dem Sündenfall gerade in der Funktion des Willens aus. Für das Verständnis von Julians *Flor.* sind hier sowohl die Frühschriften Augustins als auch seine spätere Lehre von Bedeutung, weshalb hier zunächst die Vier-Stadien-Lehre[279] aus der *Expositio quarundarum propositionum ex epistola ad Romanos* sowie der *Expositio epistulae ad Galatas* erläutert und dann die veränderte spätere Sicht auf die Gnade v.a. aus dem Werk *Ad Simplicianum* dargelegt werden soll.[280] Julian steht dem Augustinus der Frühschriften, was die Auslegung des Römer-

---

Adaptation 101–103 und id., Involuntary 73), sondern um den willentlichen und bewussten Akt einer *phantasia/suggestio*, der daraufhin zugestimmt wird, und in der man sich gedanklich verliert (*trin.* 12,18). Cf. dazu Bochet, Imago 511 sq.: „La responsabilité du sujet est engagée s'il se complaît volontairement dans des i. [i.e. *imagines*] au point de ne plus pouvoir s'en séparer (*trin.* 10,7–11) [...]".

275 Cf. Bochet, Imago 511 sq.
276 Cf. Byers, Perception 30–35 z.B. unter Heranziehung von *en. Ps.* 36,3,19; 99,11; *cont.* 3.
277 Cf. Mann, Ethics 149 sq. Anders als im stoischen Modell, bei dem der Handlungsimpuls auf die Zustimmung erfolgt, vertritt Augustinus die Ansicht, man könne dem Handlungsimpuls die Zustimmung erteilen oder verweigern (cf. Tornau, Motus 104 sq. mit n. 49).
278 Horn sieht als konstitutive Elemente für einen philosophischen Willensbegriff das Kriterium der Bewusstheit (d.h., dass sich der Mensch in seinem vollen Bewusstsein für das Falsche entscheiden kann) und das Kriterium der Spontaneität an (d.h., dass die getroffene Entscheidung auf nichts anderes mehr weiter zurückführbar ist als auf den Willen) (cf. Horn, Entstehung 116). Diese beiden Kriterien sind im Falle des Willensbegriffs Augustins erfüllt (cf. ib. 116–119 und ib. 131 sq.).
279 Cf. Drecoll, Gratia 194–196.
280 Grundlegend für diese Thematik sind die Monographien von Drecoll (id., Entstehung) und Müller (id., Willensschwäche), sowie die Aufsätze von Horn (id., Entstehung; id., Willensschwäche).

briefs und das Verständnis von der menschlichen Freiheit anbelangt, nahe.[281] Er wendet sich gegen Augustins spätere Auffassungen zu den in den genannten Werken besprochenen Bibelstellen, die sich auch in *nupt. et conc.* niederschlagen.[282]

Als Ausgangspunkt für Augustins Gedanken zum menschlichen Willen sind seine antimanichäischen Schriften zu sehen, in denen er die Entscheidungsfreiheit gegen die manichäischen Ansichten verteidigt.[283] Dabei ist er zu Beginn noch relativ optimistisch, was die Freiheit des Willens zum Guten anbelangt,[284] doch bereits in *lib. arb.* 3 findet sich der Gedanke der *poena peccati* als Folge des Sündenfalls, die dem Menschen das Wollen des Guten erschwert.[285]

Innerhalb von *exp. prop. Rm.* und *exp. Gal.* entwickelt Augustinus eine „Vier-Stadien-Lehre",[286] die sich „[...] auf den einzelnen Menschen und auf die Welt sowie ihre Geschichte [...] [bezieht]":[287] Er unterscheidet zwischen dem *homo ante legem* (Heiden), dem *homo sub lege* (Juden), dem *homo sub gratia* (Christen im Diesseits) und dem *homo in pace* (Christen im Jenseits).[288] In *exp. prop. Rm.* 13–18 legt Augustinus diese Vier-Stadien-Lehre im Rahmen seiner Auslegung von *Rm* 3,20 (Vulg.: *quia non iustificabitur in lege omnis caro coram illo per legem enim cognitio peccati*) dar. Vor dem Eintreten des mosaischen Gesetzes in die Welt sündigt der Mensch und heißt die Sünde auch gut. Erst das Gesetz ermöglicht dem Menschen zu erkennen, dass er gegen die Sünde ankämpfen muss, doch gelingt ihm ohne göttliche Gnade deren Überwindung noch nicht.[289] In die *consuetudo carnalis* ist der *homo sub lege* verstrickt (*exp. prop.*

---

281   Cf. Lamberigts, Iulianus Aeclanensis 836; cf. *Turb.* 4, frg. 277 (= Iulian. A. c. Iul. 6,39). Cf. auch Lössl, Julian 125 sq.203. Zu Parallelen zwischen der Paulusexegese des Pelagius und der frühen Paulusexegese Augustins cf. Souter, Expositions 1, 185–187.

282   Cf. Hinführung. 3.3.3; der Auslegung von *Rm* 5,12 ist das zweite Buch von *Ad Florum* gewidmet. Cf. auch Flasch, Kampfplätze 27 sq.

283   Cf. z.B. *c. Fort.* 15; *c. Fel.* 2,3; cf. Müller, Liberum 974; *lib. arb.* (cf. Cipriani, Libero 963). Cf. insbesondere: *uoluntas est animi motus cogente nullo ad aliquid uel non amittendum uel adipiscendum* (A. duab. an. 14) und *ergo peccatum est uoluntas retinendi uel consequendi quod iustitia uetat et unde liberum est abstinere* (A. duab. an. 15). Diese Ansichten über den Willen sind noch geprägt vom Verständnis einer Freiheit der Entscheidung, der Julian nicht fernsteht (cf. auch *lib. arb.* 1,27). Julian beruft sich ebenfalls auf diese Definitionen; cf. Kommentar zu 44,1–9; 46,1–3; 47,1–10. Cf. Flasch, Kampfplätze 27–29.

284   Cf. Müller, Liberum 975; cf. auch *c. Fort.* 15.

285   Cf. Müller, Liberum 975 unter Heranziehung von *lib. arb.* 3,52–56.

286   Drecoll, Gratia 196. Zu dieser Lehre cf. Drecoll, Gratia 194–196.

287   Drecoll, Gratia 235.

288   Cf. Drecoll, Gratia 195.

289   Cf. Drecoll/Kudella, Augustin 123 sq. Cf. *exp. prop. Rm.* 13–18: [...] *fatemur enim mala esse, quae facimus, et fatendo mala esse utique nolumus facere, sed quia nondum est gratia, superamur.*

Rm. 38.45 sq.; cf. *exp. Gal.* 46).[290] Das Gesetz setzt den Menschen über seinen Zustand in Kenntnis, was in ihm gewissermaßen den Konflikt zwischen zwei Arten des Wollens auslöst, sich für Gesetz oder *concupiscentia* mittels des Aktes einer bewussten Zustimmung (*consensus*) zu entscheiden.[291] Als *homo sub lege* will der Mensch zwar einerseits der *lex* (womit das Gesetz der Juden gemeint ist) gehorchen, wird aber andererseits von der Begierde verführt (cf. *exp. Gal.* 46). In solch einem Menschen gibt es, wie Müller herausgearbeitet hat, zwei Arten der Willensausrichtungen, eine *prudentia carnis* und eine *prudentia spiritus*, „zwei unterschiedliche Bewertungssysteme",[292] die ihm im Bereich der Nutzgüter und im Bereich des ontologisch Höherwertigen dienen.[293] Die *lex peccati*, die Paulus beschreibt, wird von Augustinus mit der *consuetudo* und der *concupiscentia carnis* gleichgesetzt (*exp. prop. Rm.* 13–18.45 sq.), die dem Menschen das Nichtsündigen unmöglich macht.[294] Dieser Zustand erhält auch eine Konnotation des Zwanges, wenn Augustinus ihn als eine Strafe für die Ursünde bezeichnet (*poenalis consuetudo* (cf. *exp. Gal.* 46)).[295] Der Begriff *concupiscentia* bezieht sich dabei nicht nur auf die Sexualität, sondern auf eine menschliche Schwäche schlechthin.[296] Um sich gegenüber der *concupiscentia carnis* ganz zu behaupten, benötigt der Mensch die Gnade Gottes, die er jedoch

---

290 Cf. Müller, Willensschwäche 317 sq.
291 Cf. Müller, Willensschwäche 313 sq.; cf. Drecoll, Gratia 234: „Der Unterschied zwischen dem Stadium ‹sub lege› und ‹sub g. [sc. *gratia*]› besteht in der Zustimmung zur ‹concupiscentia› einerseits und dem zunehmend erfolgreichen Kampf gegen dieselbe andererseits."
292 Müller, Willensschwäche 320.
293 Cf. Müller, Willensschwäche 311–318.
294 Wie sich in *conf.* 8,10.20 sq. zeigt, wird diese *consuetudo* für den Menschen zur *necessitas*, sodass der gute Wille zwar vorhanden sein kann, sich jedoch auf Ebene des Gesamtwillens nicht durchsetzt (cf. Müller, Willensschwäche 330; cf. auch Horn, Entstehung 127–129).
  Cf. *conf.* 8,10: *uelle meum tenebat inimicus et inde mihi catenam fecerat et constrinxerat me. quippe ex uoluntate peruersa facta est libido, et dum seruitur libidini, facta est consuetudo, et dum consuetudini non resistitur, facta est necessitas. quibus quasi ansulis sibimet innexis – unde catenam appellaui – tenebat me obstrictum dura seruitus.* Übers. Flasch/Mojsisch, Confessiones 371: „Der Feind hielt mein Wollen in seinen Händen; er hatte mir daraus eine Kette geschmiedet und mich mit ihr umschlungen. Denn aus einem verkehrten Wollen entspringt die Begierde (libido), und wer der Begierde dient, verfällt der Gewohnheit, und wer der Gewohnheit nicht widersteht, verfällt der Notwendigkeit. Mit Hilfe dieser untereinander verflochtenen Ringe – daher mein Bild von der Kette – lag ich in den Banden einer harten Sklaverei."
295 Cf. Müller, Willensschwäche 318. Cf. ib. 322: „Das eigene moralische Versäumnis ist nicht die vorgegebene und deshalb persönlich nicht zuschreibbare *poenalis consuetudo*, sondern deren fortlaufende Verstärkung in Form der charakterlichen Habitualisierung." Cf. auch Rist, Thought 175.
296 Cf. Rist, Thought 321.

durch die freiwillige Umkehr zum Glauben an Gott empfangen kann (*exp. prop. Rm.* 44). Das *liberum arbitrium* gibt ihm damit die Möglichkeit, sich auf Gottes Ruf hin zu Gott zu bekehren und die *gratia* zu empfangen (*exp. prop. Rm.* 44.60–62).[297] Hierbei vertritt Augustinus demnach ein Konzept vom Zusammenwirken göttlicher Gnade und menschlichen Willens und gesteht dem Menschen somit den eigenen guten (wenn auch schwachen) Willen zu.[298] Erst im Stadium *sub gratia* werden dem Menschen dann die Sünden vergeben. Auch wenn er noch durch *desideria* in Versuchung geführt wird, hilft ihm die Gnade, diesen *desideria* seine geistige Zustimmung nicht zu geben,[299] weshalb es ihm hier gelingen kann, sich gegen die *consuetudo mala* durchzusetzen.[300] Im Stadium *in pace*, das dem Menschen im Eschaton zuteilwird, ist die *concupiscentia carnis* ganz aufgehoben,[301] sodass es auch zu keiner Versuchung mehr kommt. In vollem Maße frei kann im Vergleich zu den anderen Menschen im Diesseits nur der Mensch im Paradies genannt werden, da dieser ungestört von Affekten, jedoch in vollem Maße Herr über seinen Willen ist.[302] Erlöst werden diejenigen Menschen, die Gott ausgewählt hat. Die Wahl sieht Augustinus in seinen frühen Werken abhängig vom Glauben und vom Verweilen im Glauben, jedoch nicht von den Werken der Menschen, die, wenn sie gut sind, nur durch Gottes Gnade geschehen. Gott sieht also die *fides* der Menschen voraus und wählt aufgrund dieser Voraussicht, dem Menschen aber ist es selbst überlassen, ob er im zeitlichen Geschehen sich mit seinem Willen entscheidet, der Berufung Gottes zu folgen (*exp. prop. Rm.* 60).[303]

Neben den Ausführungen in *exp. prop. Rm.* und *exp. Gal.* findet sich im dritten Buch von *lib. arb.* ein weiterer Gedankengang, der die Beschaffenheit des Willens nach dem Sündenfall erläutert. Augustinus führt dort die Begriffe

---

297 Cf. Ring, Expositio 1214 sq.
298 Cf. Müller, Willensschwäche 359 sq.
299 Cf. *exp. prop. Rm.* 13–18: *gratia uero efficit, ut non tantum uelimus recte facere, sed etiam possimus, non uiribus nostris, sed liberatoris auxilio, qui nobis etiam perfectam pacem in resurrectione tribuet, quae pax perfecta bonam uoluntatem consequitur.*
300 Cf. *exp. Gal.* 46.
301 Cf. Drecoll, Entstehung 151 sq.
302 Cf. *exp. Gal.* 46; *ciu.* 14,10; cf. hierzu die treffende Zusammenfassung bei Müller, Willensschwäche 347 sq.: „Während der befreite Wille (*voluntas liberata*) der von Gott Erretteten gerade dadurch gekennzeichnet ist, dass er nicht mehr sündigen kann (*non posse peccare*), ist der freie Wille (*voluntas libera*) im Paradies sowohl dazu fähig im Guten zu bleiben als auch zum Bösen abzufallen: [...] Kurzum: Es war der freien Entscheidung (*liberum arbitrium*) des Menschen im Urzustand anheimgestellt, in der göttlichen Gnade zu verbleiben oder nicht, und er wollte eben nicht."
303 Cf. Drecoll, Entstehung 165–171.

der *difficultas* und *ignorantia* als Folgen des Sündenfalls ein (*lib. arb.* 3,52),[304] indem er *Rm* 7,18 sq. (Vulg.: [...] *uelle adiacet mihi perficere autem bonum non inuenio* (19) *non enim quod uolo facio bonum sed quod odi malum hoc ago*) und *Gal* 5,17 (Vulg.: *caro enim concupiscit aduersus spiritum spiritus autem aduersus carnem haec enim inuicem aduersantur ut non quaecumque uultis illa faciatis*) auslegt (cf. *lib. arb.* 3,51). Diese beiden Zustände sind die Kondition der gefallenen Menschen, durch die sie daran gehindert werden, das Richtige zu wollen, selbst wenn sie es eigentlich als richtig erkannt haben.[305] Als Pendant zur *ignorantia* findet sich die Aufforderung an den Menschen, trotz dieser Schwierigkeiten nach Gott zu suchen (*lib. arb.* 3,57).[306] Dennoch zeigt sich in *lib. arb.* noch keine Gnadenlehre im Format der aus *Ad Simplicianum*, in der der gute Wille des Menschen und der Glaube an Gott von Gott allein initiiert wird.[307] Augustinus deutet an, dass der Mensch die Strafe, die seit dem Sündenfall auf ihm liegt, als einen Anreiz zur Besserung auffassen solle (*lib. arb.* 3,76). Er hebt außerdem hervor, dass man Gott um Hilfe anflehen müsse, um die Kraft zu erhalten, sich aus dem Zustand der Schwäche zu befreien (*lib. arb.* 3,57).[308] Schuldig ist der Mensch nur dann, wenn er wider besseres Wissen im Zustand der *ignorantia* und der *difficultas* verharrt und sich nicht um Besserung bemüht (*lib. arb.* 3,64).[309]

In *Ad Simplicianum* modifiziert Augustinus seine Ansicht bezüglich der Erwählung und der Fähigkeiten des Willens radikal, wie sich insbesondere innerhalb seiner Auslegung von *Rm* 9,10–29 zeigt (*Simpl.* 1,2).[310] In seinen Schriften ab *Ad Simplicianum* versteht Augustinus die Gnade Gottes nicht mehr als Unterstützung gegen die Willensschwäche, die vom Menschen selbst erbeten wird, sondern begreift die *uoluntas bona*, also bereits die erste Hinwendung des Menschen zu Gott, selbst schon als einen rein durch Gott initiierten Willensakt (*Simpl.* 1,2,12). In den *Confessiones* wird deutlich, dass Augustinus sich ein Nebeneinander von verschiedenen Willensstrebungen (*uoluntates*) vorstellt, den „zerrissenen Willen",[311] wobei neben der *uoluntas* zu einem Leben zu Gott gewissermaßen auch eine *uoluntas* zu den weltlichen Gütern gegeben ist. Hierbei bedeutet jedoch Wollen nicht zwangsläufig ein handlungsleiten-

---

304 Cf. Drecoll/Kudella, Augustin 116 sq. unter Heranziehung von *lib. arb.* 3,55.
305 Cf. Müller, Willensschwäche 310.
306 Cf. Cipriani, Libero 968.
307 Cf. Cipriani, Libero 969.
308 Cf. Müller, Willensschwäche 359 sq.
309 Cf. Drecoll/Kudella, Augustin 117 und Drecoll, Entstehung 196.
310 Zur Kontinuität der Gedanken Augustins zu seinem Willens- und Gnadenkonzept cf. Harrison, Rethinking.
311 Horn, Willensschwäche 105, cf. auch ib. 113 sq.

des Wollen.³¹² Der Mensch kann nicht mehr zu einer einheitlich guten und handlungsleitenden Willensdisposition gelangen, da es seine schlechte Gewohnheit verhindert.³¹³ Augustinus unterscheidet somit zwischen dem *liberum arbitrium* als Fähigkeit des Willens, eine Entscheidung zu treffen, und den *uoluntates* als Willenstendenzen.³¹⁴ Unter der *uoluntas bona* versteht er einen Willen, der rundum das Gute anstrebt und frei von anderen schlechten Willensausrichtungen ist.³¹⁵ An diesen Ansichten hält er in seinen späteren Schriften fest.³¹⁶ Während Gott den Menschen gut geschaffen hat, wendet sich Adam durch *inoboedientia* und *superbia*³¹⁷ von Gott ab, und die Natur des Menschen wird zu einer *natura uitiata*,³¹⁸ der durch den Sündenfall nun der böse Wille

---

312   Cf. Müller, Willensschwäche 313 sq. Wie oben ausgeführt, ist der Wille an vielen innerseelischen Vorgängen beteiligt (Wu, Battle 13: „The bodily affection always presupposes the active participation of the soul.").
313   Cf. Müller, Willensschwäche 329 sq.
314   Cf. Horn, Entstehung 127 sq.
315   Cf. Horn, Entstehung 127 sq.
316   Cf. *gr. et lib. arb.* 31: *gratia uero dei semper est bona, et per hanc fit, ut sit homo uoluntatis bonae, qui prius fuit uoluntatis malae. per hanc etiam fit, ut ipsa bona uoluntas, quae iam esse coepit, augeatur, et tam magna fiat, ut possit implere diuina mandata, quae uoluerit, cum ualde perfecteque uoluerit.* Übers.: „Die Gnade Gottes aber ist immer gut und durch sie kommt es zustande, dass der Mensch, der früher einen schlechten Willen hatte, nun einen guten Willen hat. Durch sie kommt es auch zustande, dass der gute Wille, der bereits seinen Anfang genommen hat, gefördert wird und so stark wird, dass er die göttlichen Aufträge so erfüllen kann, wie er es wollen wird, da er es dann vollkommen und umfassend will."
   Cf. *c. ep. Pel.* 3,24: *et liberum arbitrium captiuatum non nisi ad peccatum ualet, ad iustitiam uero nisi diuinitus liberatum adiutumque non ualet.*
317   Auch im weiteren Dasein des Menschen spielt der Hochmut eine wesentliche Rolle, da er den Menschen verblendet und davon abhält, sich selbst zu reflektieren (cf. Rist, Thought 176). In *conf.* 5,18 beschreibt Augustinus z.B., dass er als Manichäer die Sünden einer schlechten Natur zugeschrieben habe und es seine *superbia* freute, die Schuld von sich weisen zu können. Augustinus lehnt sich in seiner Bewertung der *superbia* als Auslöser für das Schlechte an Plotin. *Enn.* 3,7,11,15 an (cf. Rist, Thought 188 mit n. 96).
318   Cf. *nupt. et conc.* 1,26 (p. 238, l. 14–20): *hoc generi humano inflictum uulnus a diabolo quidquid per illud nascitur cogit esse sub diabolo, tamquam de suo frutice fructum iure decerpat, non quod ab illo sit natura humana, quae non est nisi ex deo, sed uitium, quod non est ex deo. non enim propter se ipsam, quae laudabilis est, quia opus dei est, sed propter damnabile uitium, quo uitiata est, natura humana damnatur.* Übers.: „Nachdem also den Menschen aufgrund des Teufels eine Wunde zugefügt worden ist, zwingt sie alles, was durch diese Wunde entsteht, dazu, dem Teufel zu unterliegen; gleich, als ob er von seinem Busch zu Recht die ihm gehörende Frucht abpflückte, nicht so, als ob von ihm die menschliche Natur stamme, die nur von Gott kommt, sondern weil das Vergehen von ihm ist, das nicht von Gott kommt. Die menschliche Natur wird nämlich nicht aufgrund ihres Wesens verurteilt, da sie lobenswert ist, weil sie Gottes Werk ist, sondern aufgrund des verurtei-

im Sinne eines Akzidenz anhaftet (*pecc. mer.* 1,10; *ciu.* 14,13; *nupt. et conc.* 1,19 (p. 232, l. 2 sq.); 1,28 (p. 240, l. 21–23)).[319] Der Tod wird für den Menschen ab diesem Zeitpunkt zur Realität (*pecc. mer.* 1,2 sq.9).[320] Dass die Abwendung von Gott und die damit verbundene Verschlechterung der menschlichen Natur nicht als Defizit auf den Schöpfer zurückgeführt werden kann, sieht Augustinus darin begründet, dass Gott den Menschen *ex nihilo* geschaffen habe und nicht aus seiner eigenen Natur (*nupt. et conc.* 2,48 (p. 303, l. 18–24)). Aufgrund der *creatio ex nihilo* ist der böse Wille als Möglichkeit gegeben.[321]

Es ist demzufolge nicht der Wille oder der Charakter, der die Grundlage für die Erwählung Gottes ist. Dies zeigt sich insbesondere an der Interpretation der Geschichte von Esau und Jakob. Gott setzt vor der Geburt von Esau und Jakob ein *propositum* fest, aufgrund dessen er die *iustificatio* des jeweiligen Menschen bestimmt, die jedoch von den zukünftigen Werken der beiden unabhängig ist (*Simpl.* 1,2,6).[322] Im Gegensatz zu den Frühschriften ist es nicht mehr die *fides*, die das Auswahlkriterium Gottes darstellt. Genau genommen wird gar kein dem Menschen nachvollziehbares Auswahlkriterium für die Wahl Gottes mehr angeführt. Es liegt ganz in Gottes Hand, wen er erwählt und wen nicht, und er tut dies unabhängig vom menschlichen Handeln und aufgrund einer *aequitas occultissima et ab humanis sensibus remotissima* (cf. *Simpl.* 1,2,16), die für den Menschen nicht einsehbar ist.[323] Von der *electio* zu unterscheiden ist zudem die *uocatio*, was sich in der Bibelstelle *Mt* 20,16 widerspiegelt.[324] Nur bei den *electi* bewirkt Gottes Ruf auch die Nachfolge, die *uocatio* Gottes löst dann im Menschen ein Wollen aus, die der *bona uoluntas* entspricht. Die *praedestinatio* Gottes bestimmt den Menschen für das Empfangen der Gnade vor.[325] Ob

---

lungswürdigen Vergehens, durch das sie verdorben ist." Cf. Lamberigts, Alternative 107 sq.; Söder, Natura 173–175.
[319] Cf. *ciu.* 14,11: *porro mala uoluntas quamuis non sit secundum naturam, sed contra naturam, quia uitium est, tamen eius naturae est, cuius est uitium, quod nisi in natura non potest esse: sed in ea, quam creauit ex nihilo, non quam genuit creator de semet ipso, sicut genuit uerbum, per quod facta sunt omnia.* Übers.: „Ferner existiert der schlechte Wille, auch wenn er nicht der menschlichen Natur entspricht, sondern der Natur sogar entgegensteht, weil er ein Fehler ist, dennoch in dieser Natur, deren Fehler er ist. Nur in dieser Natur kann er existieren: allerdings in einer Natur, die der Schöpfer aus dem Nichts geschaffen hat, nicht in einer Natur, die der Schöpfer aus seiner eigenen Substanz geschaffen hat, so wie er das Wort geschaffen hat, durch das alles geschaffen ist." Cf. Lamberigts, Alternative 107 sq.
[320] Cf. Kotila, Mors 91.
[321] Cf. Fuhrer, Nihil 207; Müller, Willensschwäche 349 sq.
[322] Cf. Drecoll, Entstehung 226.
[323] Cf. Drecoll, Entstehung 226 sq. und ib. 233.
[324] Cf. Ogliari, Gratia 315.
[325] Cf. Ogliari, Gratia 323 in Bezug auf *praed. sanct.* 19 und *perseu.* 35 (= *praed. sanct.* 2,35).

jemand, der berufen ist, auch auserwählt ist, hängt vom Erbarmen Gottes ab. Diejenigen, die erwählt sind, erhalten eine *uocatio congrua*, wohingegen auch zu anderen, die nicht erwählt sind, zwar eine *uocatio* gelangt, bei ihnen aber nicht verfängt.[326] Diejenigen, die nicht erwählt sind, werden demnach nicht durch Gottes Gnade unterstützt, das Gute zu tun. Dabei schließt Augustinus es nicht aus, dass ein Mensch, der Christ geworden ist, auch vom Christentum wieder abfallen kann bzw. Heiden sich erst spät bekehren und trotzdem zu den *electi* Gottes gehören können. Prinzipiell kann der Mensch nicht wissen, ob er zu den *electi* gehört oder nicht.[327]

Der Mensch kann mit Gottes Gnade also durchaus gute Werke tun und einen guten Willen besitzen, darf sich jedoch nicht in Sicherheit wiegen und muss in *humilitas* vor Gott treten.[328] Der Ruf Gottes ergeht an viele Menschen, doch hängt ihr Nachfolgen davon ab, ob sie für die Berufung geeignet sind. Was das Zusammenspiel von Gottes Wirken und menschlichem Handeln anbelangt, so ist es Gott, der den Menschen ruft bzw. das Wollen des Menschen ausrichtet und unterstützt.[329] Als einen Beleg dafür versteht Augustinus die Tatsache, dass dem Menschen nicht obliegt, Vorstellungen zu generieren, die ihn zum Glauben bewegen.[330] Die auf den Menschen willkürlich wirkende Wahl Gottes wird durch Augustins Erbsündenkonzept schließlich als gerechter Plan Gottes verteidigt, da der Mensch aufgrund seiner Abstammung von Adam prinzipiell die Verdammung verdient hätte.[331]

---

326 Cf. Drecoll, Entstehung 230 sq.; cf. *Simpl.* 1,2,13: *ad alios autem uocatio quidem peruenit, sed quia talis fuit, qua moueri non possent nec eam capere apti essent, uocati quidem dici potuerunt sed non electi.*
327 Cf. Ogliari, Gratia 319 unter Heranziehung von *Io. eu. tr.* 45,12 sq. und cf. Ogliari, Gratia 322.
328 Cf. Dihle, Gerechtigkeit 355 sq.
329 Cf. *Simpl.* 1,2,12: *illa etiam uerba si diligenter attendas: „igitur non uolentis neque currentis sed miserentis est dei* [*Rm* 9,16]*", non hoc apostolus propterea tantum dixisse uidebitur, quod adiutorio dei ad id quod uolumus peruenimus, sed etiam ex illa intentione qua et alio loco dicit: „cum timore et tremore uestram ipsorum salutem operamini. deus enim est qui operatur in uobis et uelle et operari pro bona uoluntate* [*Phil* 2,12 sq.]*", ubi satis ostendit etiam ipsam bonam uoluntatem in nobis operante deo fieri.* Übers.: „Wenn du die folgenden Worte sorgfältig betrachten möchtest: ‚Also liegt es nicht am Wollen oder am Laufen des Menschen, sondern an Gott, der sich erbarmt [*Rm* 9,16]‘, so wird es dir scheinen, dass der Apostel dies nicht nur deshalb gesagt hat, weil wir durch die Hilfe Gottes das erreichen, was wir wollen, sondern auch in dem Sinne, wie er an anderer Stelle sagt: ‚Erarbeitet euch mit Furcht und Schrecken euer eigenes Heil. Gott ist es nämlich, der in euch bewirkt, dass ihr wollt, aber auch, dass ihr es gemäß dem guten Willen vollbringt [*Phil* 2,12 sq.]‘, wo er ausreichend zeigt, dass auch unser guter Wille durch Gottes Wirken in uns zustande kommt."
330 Cf. *Simpl.* 1,2,21: *quis habet in potestate tali uiso attingi mentem suam, quo eius uoluntas moueatur ad fidem?*
331 Cf. Fitzgerald, Damnatio 225 sq.; Dodaro, Iustitia 877 sq.; cf. *Simpl.* 1,2,16: *sunt igitur omnes*

Man kann sich bei all dem nun fragen, welchen Ansporn der Mensch hat, gut zu handeln, wenn er in solchem Maße von Gott abhängig ist. Welche Implikationen Augustins Gnadenlehre im ethischen Bereich mit sich bringen kann, zeigt sich am deutlichsten an der Reaktion der Mönche aus der afrikanischen Stadt Hadrumetum, wie die augustinischen Schriften *De gratia et libero arbitrio* und *De correptione et gratia* bezeugen.[332] So stellt sich einer der Mönche die Frage, ob Zurechtweisungen von Ordensvorstehern gegenüber ihren Mitbrüdern bei Fehlverhalten vonnöten seien, wo es doch Gottes Gnade ist, die es den Mönchen ermöglicht, das Richtige zu wollen. Er plädiert stattdessen dafür, dass das Gebet für die Mitbrüder ausreichen müsse (cf. *retr.* 2,67).[333] Augustinus sieht jedoch die Zurechtweisung als notwendig an, da sie demjenigen, der falsch gehandelt hat, die Augen öffnen könne, dass sein Fehlverhalten auf seinen eigenen Willen zurückzuführen ist, und ihn dazu bewegen könne zu bereuen.[334] Ob die Zurechtweisung zu einer Besserung führt, werde jedoch durch die göttliche Gnade bestimmt (*corrept.* 5–9).[335] Das Abfallen mancher Getaufter vom Glauben hingegen begründet Augustinus mit der *praedestinatio*. Einige Menschen erhalten von Gott das Geschenk, im Glauben beharrlich zu sein, andere nicht. Diejenigen jedoch, die abfallen und auch nicht mehr zum Glauben zurückfinden, sind verdammt (*corrept.* 11).[336] Das bedeutet jedoch

---

homines – quando quidem, ut apostolus ait, „in Adam omnes moriuntur [1 Cor 15,22]*", a quo in uniuersum genus humanum origo ducitur offensionis dei – una quaedam massa peccati supplicium debens diuinae summaeque iustitiae, quod siue exigatur siue donetur, nulla est iniquitas.* Übers.: „Es sind also alle Menschen gewissermaßen eine Sündenmasse, die von der göttlichen und obersten Gerechtigkeit Bestrafung verdient, weil ja, wie der Apostel sagt, ‚alle in Adam sterben [1 Cor 15,22]', weshalb das ganze Menschengeschlecht als der Ursprung der Ungnade Gottes gilt. Wenn darum die Bestrafung ausgeführt wird, oder wenn sie dem Menschen erlassen wird, handelt es sich dabei nicht um Ungerechtigkeit."

332 Cf. Zumkeller, Correptione 39 sq.
333 Cf. Ogliari, Gratia 70 sq.
334 Cf. Ogliari, Gratia 73 sq.
335 Cf. Zumkeller, Correptione 42.
336 Cf. Ogliari, Gratia 75, in Bezug auf *corrept.* 13: *quicumque ergo ab illa originali damnatione ista diuinae gratiae largitate discreti sunt, non est dubium quod et procuratur eis audiendum euangelium, et cum audiunt, credunt, et in „fide quae per dilectionem operatur* [Gal 5,6]*", usque in finem perseuerant; et si quando exorbitant, correpti emendantur, et quidam eorum etsi ab hominibus non corripiantur, in uiam quam reliquerant redeunt; et nonnulli accepta gratia in qualibet aetate periculis huius uitae mortis celeritate subtrahuntur.* Übers.: „Welche Menschen es also auch immer sein mögen, die von jener ursprünglichen Verurteilung durch diese genannte Großzügigkeit der göttlichen Gnade abgesondert worden sind, es besteht kein Zweifel, dass für ihre Ohren das Evangelium bestimmt ist, und dass sie, wenn sie es hören, glauben, und im ‚Glauben, der durch die Liebe bewirkt wird [Gal 5,6]' bis an ihr Ende verharren. Wenn sie einmal vom Weg abkommen, bessern sie sich,

nicht, dass die Getauften, die sich um ein gutes Leben bemühen, davon ausgehen können, dass sie tatsächlich zu den *electi* gehören (*perseu.* 33 (= *praed. sanct.* 2,33)). Die Taufe kann damit als notwendige, aber nicht als hinreichende Bedingung für das ewige Leben angesehen werden.[337] Doch ist es gerade das, was in Augustins Augen zum Ansporn werden kann: Kein Mensch weiß, ob er zu den *electi* gehört oder nicht. Es bleibt im Menschen immer eine Unsicherheit zurück, er kann um den Beistand der Gnade nur wissen, wenn er das Gute tatsächlich selbst will. Das jedoch ist für denjenigen, der sich auf dem Weg des Glaubens befindet, ein Grund, sich um das Gute zu bemühen:[338] Das Wollen und das Handeln sollte also nicht mit der Frage beginnen, ob man erwählt ist oder nicht, sondern mit dem Wunsch, tugendhaft zu sein.

2.2.2.3 Die Bedeutung der concupiscentia *in der Auseinandersetzung mit Julian*

Innerhalb der Auseinandersetzung mit Pelagius und Julian von Aeclanum muss sich Augustinus zu speziellen Fragen äußern, die sich aus seiner Gnaden- und Erbsündenlehre ergeben. Als besonders kritisch erscheint hier die Frage, wie es um die Sündhaftigkeit kleiner Kinder bestellt ist. Gottes Handeln, wenn er kleine Kinder verdammt, scheint hier willkürlich und lieblos gegenüber seiner Schöpfung zu sein, wenn man – wie Julian das tut – von der Annahme ausgeht, dass kleine Kinder unschuldig und mit einer guten Natur geschaffen sind. Augustinus rechtfertigt Gottes Gerechtigkeit mit der Lehre vom *peccatum originale*: Seit dem Sündenfall wird durch die geschlechtliche Fortpflanzung die

---

wenn sie gemaßregelt wurden; manche von ihnen kehren auch dann, wenn sie von Menschen nicht gemaßregelt werden, auf den Weg zurück, den sie verlassen haben. Einige werden, nachdem sie die Gnade in welchem Alter auch immer empfangen haben, durch einen schnellen Tod den Gefahren dieses Lebens entrissen."

[337] Cf. Flasch, Kampfplätze 36. Wenn ein bereits Getaufter wieder in seine Sünden zurückverfällt, so heißt das in Augustins Augen nicht, dass damit die Taufe aufgehoben ist. Der Getaufte hebt damit zwar die Heiligung auf, kann jedoch durch das Bereuen der Sünden und durch Segnung seine Taufe erneuern (cf. Burns, Efficacy 1295).

[338] Cf. Wu, Initium 36 unter Heranziehung von *perseu.* 41 (= *praed. sanct.* 2,41): *sicut autem ille, quem castum futurum esse praesciuit, quamuis id incertum habeat, agit, ut castus sit, ita ille, quem castum futurum praedestinauit, quamuis id incertum habeat, non ideo non agit, ut castus sit, quoniam dei dono se audit futurum esse, quod erit* [...]. Übers.: „Jener aber, von dem er [i.e. Gott] vorher gewusst hat, er werde enthaltsam sein, bemüht sich darum, enthaltsam zu sein, auch wenn er über den Erfolg nicht sicher Bescheid weiß. Ebenso verhält es sich nicht so, dass derjenige, den er vorherbestimmt hat, enthaltsam zu sein, auch wenn dieser über den Erfolg nicht sicher Bescheid weiß, sich nicht darum bemüht, enthaltsam zu sein, nur weil er gehört hat, es sei ein Geschenk Gottes, dass er das werde, was er sein wird [...]." Cf. auch Kommentar zu 110,2-4.

Schuld für das *peccatum originale* und eine Krankheit der menschlichen Natur „weitervererbt", letztere manifestiert sich für ihn insbesondere im Wirken der *concupiscentia*.[339] Die menschliche Natur ist demnach nicht mehr so gut wie noch vor dem Sündenfall, sondern ist eine *natura uitiata*. In seinen Augen ist der Mensch in jeder Altersklasse aufgrund des Sündenfalls mit einer Schuld beladen. Dementsprechend ist es gemäß Augustinus eine gerechte Strafe, wenn Gott den ungetauften Kleinkindern keine Erlösung zuspricht.[340] Die Taufe ist deshalb vonnöten, da sie die Schuld für die Folge der Ursünde vergibt. Die *concupiscentia* ist daher nicht mit der Erbsünde gleichzusetzen, sondern Folge derselben.[341] Während die *concupiscentia* auch nach der Taufe noch besteht, so wird doch der Schuldcharakter, den das *peccatum originale* mit sich bringt, durch die Taufe aufgehoben.[342] Sündhaft wird die *concupiscentia* erst dann, wenn man ihr die Zustimmung erteilt (cf. *ciu.* 1,25; *cont.* 8).[343] Augustinus relativiert jedoch zumindest die Härte der Strafe für die ungetauft gestorbenen Kinder.[344] Die Macht, die die *concupiscentia* auf den Menschen ausübt, mindert sich außerdem, wenn der Mensch sich ihr, infolge seiner Taufe, mithilfe der göttlichen Gnade widersetzt.[345] Für die Vergebung ist sowohl vor als auch nach der Taufe die *paenitentia* notwendig (*nupt. et conc.* 1,38 (p. 250, l. 8–10)).

---

339 Cf. Bonner, Concupiscentia 1119.

340 Cf. Fitzgerald, Damnatio 226; cf. *corrept.* 12: […] *et qui per aetatem paruulam nec credere potuerunt sed ab originali noxa solo possent lauacro regenerationis absolui quo tamen non accepto mortui perierunt, non sunt ab illa consparsione discreti quam constat esse damnatam, euntibus omnibus ex uno in condemnationem*. Übers.: „[…] und auch diejenigen, die aufgrund ihres jungen Alters noch nicht glauben konnten, aber von jener ursprünglichen Schuld nur durch das Bad der Taufe befreit werden könnten, ohne Taufe sterben, sind nicht von jener Menge zu unterscheiden, die offensichtlich verurteilt ist, da ja alle aus einem in die Verdammung gehen."

341 Lamberigts, Peccatum originale 608: „‹Concupiscentia carnis› is sin and punishment of sin (*c. Iul. imp.* 1,47), but not identical with p. o. [i. e. *peccatum originale*]. A. [i. e. Augustine] qualifies it metaphorically as sin. Because of its burning presence in procreation, people are born with p. o. Carnal concupiscence transmits the bond of sin to offspring by birth. The guilt related to it will be forgiven, while its agitation continues to exist, although it can be overcome with the help of grace."

342 Cf. Zumkeller, Erläuterungen 435–438; cf. *pecc. mer.* 1,28.

343 Cf. Tornau, Rhetorik 197 sq.; id., Motus 104; Ilgner, Consensio 254–260; cf. auch Nisula, Functions 303–307.

344 Cf. *pecc. mer.* 1,21: *potest proinde recte dici paruulos sine baptismo de corpore exeuntes in damnatione omnium mitissima futuros*. Cf. *pecc. mer.* 1,15. Cf. Bonner, Baptismus 600.

345 Cf. *nupt. et conc.* 1,27; *s.* 151,5: *quotidie minui potest, finiri non potest*. Cf. Lamberigts, Peccatum originale 608 und Dupont, Gratia 248 sq.; O'Daly/Zumkeller, Affectus 176–178; Brundage, Law 80 sq.

Eine besondere Rolle nimmt für Augustinus die *concupiscentia carnis*, die sexuelle Begierde, ein, die zu differenzieren ist von der *concupiscentia*, mit der bereits Kleinkinder versehen sind.[346] Ihre Unbeherrschbarkeit ist für ihn das offensichtlichste Beispiel für die Folgen des Sündenfalls.[347] Vor dem Sündenfall war die *concupiscentia carnis* mit dem menschlichen Willen lenkbar und deshalb nicht als *pudenda* angesehen (*nupt. et conc.* 1,18; p. 230, l. 14–20; cf. *ciu.* 14,20 sq.).[348] Sie entstand nur dann, wenn der Mensch es wollte (*nupt. et conc.* 2,37; p. 291, l. 11–16). Ebenso war der Mensch frei von Affekten, die den guten Willen beeinträchtigen können (cf. *ciu.* 14,26). Augustinus interpretiert *Rm* 5,12 so, dass alle Menschen ein Teil Adams waren und daher auch am Sündenfall teilhatten.[349] Deshalb ist das *semen* seit dem Fall Adams in einer Art und Weise beschaffen, dass bei der Fortpflanzung die Schuld für den Sündenfall weitergegeben wird (*nupt. et conc.* 2,20; p. 273, l. 7–12). Dabei ist besonders die zur Zustimmung treibende Kraft der *concupiscentia carnis* und deren Unkontrollierbarkeit, sobald ihr einmal zugestimmt wird, als problematisch und als eigentliche Strafe anzusehen (*ciu.* 14,15.20; *c. ep. Pel.* 1,35).[350] Durch den Sündenfall wird Gott von den Menschen nicht mehr als unantastbarer Herrscher anerkannt; dieser Bruch im Verhältnis zu Gott spiegelt sich, wie Nisula zeigt, im Ungehorsam des Körpers gegenüber dem menschlichen Willen wider.[351]

2.3 Die exegetische Methode im ersten Buch von Ad Florum

Julian greift in den exegetischen Passagen von *Flor.* 1 auf hermeneutische Werkzeuge zurück, die aus der Tradition der Bibelexegese bekannt sind. Auch wenn Julian gemäß dem Ziel seiner Schrift keine systematische Ausführung über seine Hermeneutik gibt, finden sich doch gelegentlich Hinweise auf die

---

346 Rigby, Original 609: „It is true that, since the fall, sexual concupiscence necessarily accompanies all acts of procreation, yet it is distinct from the concupiscence that is handed down. Infants from the moment of conception are subject to inherited concupiscence, but sexual concupiscence awakens only with puberty. Inherited concupiscence is the failure to desire the things of the spirit according to the respective capacities of infants and adults."
347 Cf. Nisula, Functions 113 sq.
348 Cf. auch Nisula, Functions 114.
349 Cf. Lamberigts, Peccatum originale 607: „In A.'s [i.e. Augustine's] monogenetic view all human beings were seminally present in Adam when the latter sinned and his ‹semen› became a vitiated one, a proof that p.o. [i.e. *peccatum originale*] is contracted through procreation (*nupt. et conc.* 2,20)." Zur Übersetzung und Interpretation des ἐφ' ᾧ in *Rm* 5,12 bei Augustinus und Julian cf. Karfíková, Disput 92 n. 8; Flasch, Kampfplätze 35.
350 Cf. van Oort, Mani 147–149; id., Concupiscence 384 sq.
351 Cf. Nisula, Functions 113 unter Heranziehung von *nupt. et conc.* 1,7 (p. 218, l. 13–22).

Methode, die er bei der Auslegung anwendet, die sich zudem durch seine Äußerungen im Prophetenkommentar und durch Beobachtungen, die bisher in der Forschung zur Kommentarliteratur Julians gemacht wurden, erhellen lassen.[352] Julian zeigt mit seinen Erörterungen im ersten Buch en passant einige Grundpfeiler seiner Exegese auf:

1) Fundamentalen Ansichten des christlichen Glaubens darf eine Exegese des biblischen Textes nicht widersprechen (cf. 3,7–5,8).

2) Bei schwer zu verstehenden Schriftstellen ist die *regula rationis* anzuwenden[353] und es sind Parallelstellen heranzuziehen;[354] die Heilige Schrift sollte aus sich selbst heraus ausgelegt werden.[355]

3) Die Exegese sollte die sprachlichen Gewohnheiten der Heiligen Schrift berücksichtigen; bei sprachlichen Ungereimtheiten ist deshalb die *consuetudo* der biblischen Sprache zu beachten.[356]

4) Die Aussagen in der Heiligen Schrift sollten aus ihrem Kontext heraus verstanden werden (cf. Kommentar zu 113,1–6; 113,14–114,7)[357] oder spezi-

---

352 Cf. dazu Lössl, Julian 164–249 und Bouwman, Kommentar 80–123.

353 Cf. **69,27–29**: *et ideo, ubi uerborum communitas ingerit quaestionem, adhibeatur regula rationis, ad cuius aequalitatem, quae putabantur deflexisse, tendantur.*

354 Cf. die Exegese in **67,18–68,16** und **131,1–137,4**.

355 Cf. Lössl, Exegesis 98–100.

356 Cf. *in Ioel* 2,28–31 (p. 250, l. 492–503): „*dabo*", inquit, „*prodigia in caelo et in terra, sanguinem, et ignem, et uaporem fumi. sol uertetur in tenebras et luna in sanguinem, antequam ueniat dies domini magnus et horribilis; et erit: omnis qui inuocauerit nomen domini saluus erit.*" *consuetudo prophetica est, ut, quotiens annuntiatur deus uel ad propugnandum uel ad ulciscendum cum indignatione consurgens, mutata polorum facies et elementa ipsa trepidantia describantur: quale est illud apud beatum Dauid, qui occursum et habitum aetherii propugnatoris effugiens,* „*ascendens*", *inquit,* „*fumus in ira eius, et ignis a facie eius exardescet, carbones succensi sunt ab eo, inclinauit caelos, et descendit*", *et reliqua.* Übers.: „Es heißt da: ‚Ich werde ungeheuerliche Zeichen im Himmel und auf der Erde geben, Blut, Feuer, Nebel, Rauch. Die Sonne hüllt sich in Schatten, der Mond färbt sich blutrot, bevor der große und schreckliche Tag des Herrn kommen wird; und so wird es sein: Jeder, der den Namen Gottes angerufen hat, wird gerettet sein [*Ioel* 2,30–32; cf. *Act* 2,19 sq.].' Es ist im Prophetentext üblich, dass, immer dann, wenn sich Gott mit Empörung zum Widerstand oder zur Rache erhebt, beschrieben wird, sich der Anblick des Himmelsgewölbes verändert und die Bestandteile der Schöpfung selbst in Unruhe versetzt werden. So ist es auch beim seligen David, der vor dem Anblick und Zustand des Himmels, in den Gott ihn in seiner Gegenwehr versetzt hat, flieht und sagt: ‚Wegen seines Zorns steigt Rauch hervor und sein Gesicht erglüht in Feuer; er entzündet Kohlen, neigt den Himmel und steigt herab [*Ps* 17,9]', etc." Cf. auch die Erklärung des *corpus mortis* in *Rm* 7,24 (cf. Kommentar zu **67,77–93**).

357 Cf. auch 2,236,11–15; 3,99; 6,32,1. *In Os.* 12,9 (p. 212, l. 193 sq.): *sed illum priorem sensum loci uidetur iuuare contextus*; cf. ib. 11,3–(4) (p. 203, l. 69–72). Cf. Lössl, Julian 165 sq. mit n. 86 und Santorelli, Note 194.

eller sollte, wie Julian in seinem Prophetenkommentar hervorhebt, die *consequentia lectionis* – also die logische Implikation, die sich aus der Lektüre des Textes ergibt – beachtet werden.[358]

5) Einige Aussagen aus dem Alten Testament ergeben innerhalb des narrativen und historischen Kontextes (*historia*) der Textstelle einen Sinn, können jedoch auch mit Blick auf das Neue Testament hin typologisch ausgelegt werden und auf ein weiteres wirkliches Ereignis vorausdeuten (cf. 138,1–141,18).

Das erste Prinzip von Julians Auslegung ist in *Flor.* insbesondere im Hinblick auf die göttliche Gerechtigkeit als Richtschnur der Exegese formuliert (cf. Hinführung. 3.3.2); allgemein kann darunter die Berücksichtigung der *regula fidei* verstanden werden.[359] Die Prinzipien 2, 3 und 4 entstammen der Methodik

---

Über ein Zitat aus Joel, das Petrus anbringt (*in Ioel* 2,28–31; p. 247, l. 396–398): *animaduertendum proinde, quia hoc solum de contextu propheticae orationis apostolus, quod suo tempori congruebat, assumpserit* [...]. Übers.: „Es ist hier daher zu beachten, dass der Apostel nur das dem Kontext der prophetischen Rede entnommen hat, was seiner eigenen Zeit angemessen war [...]."

358 *In Os.* 10,9–(10) (p. 198, l. 156–162): *sed quoniam optima est exponendi regula quae de consequentia lectionis assumitur, „duas" illum „iniquitates" appellasse eas nimirum, quas in praesenti loco arguit, arbitremur, id est, quod non solum ueros prophetas contumeliis et cladibus operiebant, sed et e regione falsos ac daemonibus seruientes et officiis et muneribus honorabant.* Übers.: „Doch weil es das beste Prinzip der Auslegung ist, auf die logische Implikation des Textes zu achten, dürfte ich meinen, dass er mit den ‚zwei Ungerechtigkeiten [Os 10, 10]' zweifellos diejenigen meint, die er an der vorliegenden Textstelle behandelt. Das bedeutet, dass sie nicht nur wahre Propheten mit Beschimpfungen und Schande bedeckt haben, sondern im Gegenteil auch falsche Propheten und solche, die Dämonen dienten, mit Ämtern und Ehrenstellungen geehrt haben."

Zur Verwendung der *consequentia* in Julians Prophetenkommentar cf. Santorelli, Note 192–200. Santorelli nennt dabei die *consequentia* als ein Verfahren, aus dem Inhalt eines Textes Schlüsse für die Interpretation unklarer Stellen zu ziehen (cf. ib. 192 sq. u. a. unter Heranziehung von Quint. *inst.* 5,10,75; cf. **126,1–7**). Dieses Verfahren hängt unabdingbar mit der Untersuchung des Kontextes zusammen (cf. Pennacchio, Sermo 183).

359 Cf. Mayer, Regula 643–646. Für Augustinus cf. ib. 653–658. Cf. auch Julians Worte am Ende von *Flor.* 6 (6,41,18–22): *uerum quoniam hic fui longior, huius quoque libri fine commoneo lectorem meum, ut uigilanter inspiciat nullam in lege dei occasionem Manicheae impietatis offendi, sed si qua putantur ambigua, secundum regulas ueritatis atque rationis et exponi posse et iustitiae conuenire non dubitet.* Übers.: „Aber weil ich mich länger bei diesem Thema aufgehalten habe, ermahne ich am Ende dieses Buches meinen Leser daran, dass er mit wachen Augen im Blick behält, dass das Wort Gottes keine Gelegenheit bietet, von der Gottlosigkeit der Manichäer angegriffen zu werden, sondern dass er, wenn er meint, es sei etwas mehrdeutig ausgedrückt, nicht daran zweifelt, dass es sowohl gemäß den Regeln der Wahrheit und der Vernunft ausgelegt werden könne, als auch mit der Gerechtigkeit im Einklang stehe."

der paganen Grammatiker und Rhetoriker;[360] diese Methodik ist, wie Neuschäfer für Origenes hervorhebt, ausgehend von der Dichterexegese im spätantiken Grammatik- und Rhetorikunterricht gelehrt worden und von dort auch in die christliche Exegese übergegangen.[361] Wenn Begriffe oder Aussagen in der Heiligen Schrift unklar sind oder *ambiguitas* vorliegt (3,1–10), kann der Exeget diese unter der Berücksichtigung der *consuetudo* (συνήθεια) der biblischen Sprache durch Heranziehung von Parallelstellen erschließen.[362] Dieses Vorgehen entspricht dem bei Porphyrius formulierten Ὅμηρον ἐξ Ὁμήρου σαφηνίζειν, dessen Entstehung von Schäublin auf die in der Statuslehre der rhetorischen Theorie des Hellenismus festgehaltene Technik, unklare Gesetze durch Heranziehung anderer Gesetze desselben Autors zu erläutern, zurückgeführt wird.[363] Schäublin hat ebenso darauf hingewiesen, dass Cicero zur Auslegung von Gesetzestexten, also einer Argumentation in einem der vier *status legales*, auch auf grammatische Beobachtungen verweise.[364] Man kann an dieser Stelle auch eine Parallele zwischen dem *status legalis* des *scriptum et sententia* und der Frage nach der *sententia* und dem Wortlaut des biblischen Textes ziehen.[365] Auch der *status* der *leges contrariae* lässt an die Exegese bei Textstellen denken, die sich zu widersprechen scheinen. Diese Beobachtungen spielen jedoch nicht nur hinsichtlich der Herkunft des Heranziehens von Parallelstellen in der Exegese, also dem von Schäublin untersuchten *Homerum ex Homero*, eine Rolle.[366] Sider hat für Tertullian nachgewiesen, dass dieser innerhalb der Auslegung von Bibelstellen auf die Argumentation nach den *status legales* zurückgreift, und führt Argumentationsprinzipien aus Cic. *inu.* 2,117–121 an, die im Falle von mehrdeutigen Passagen in Gesetzen zur Geltung kom-

---

360 Cf. Lössl, Julian 93.
361 Cf. Neuschäfer, Origenes 125 sq. u. a. unter Verweis auf Schäublin, Untersuchungen 36 (cf. Neuschäfer, Origenes 388 sq. n. 176). Cf. auch Schäublin, Prägung 154 und id., Untersuchungen 171 sq.
362 Diese wurde ursprünglich als Kriterium zur Textrekonstruktion paganer Texte eingesetzt und im Sinne des Sprachgebrauchs des jeweiligen Autors, aber auch im Sinne des gewöhnlichen gelehrten Sprachgebrauchs verstanden (cf. Sluiter, Grammar 60 sq.). Zum selben Vorgehen bei Augustinus cf. Tornau, Locutio und Kommentar zu 67,77–93. Cf. auch 3,60 sq.; 6,41,18–22.
363 Cf. Schäublin, Homerum 225–227; cf. auch Lössl, Exegesis 99 sq. sowie zur Herkunft der Methode auch: Neuschäfer, Origenes 276–278 mit Verweis auf Schäublin, Homerum (cf. Neuschäfer, Origenes 482 n. 166–168).
364 Cf. Schäublin, Homerum 226 unter Heranziehung von Cic. *inu.* 2,116.118. Zu der hier verwendeten Terminologie für die Statuslehre cf. auch Quint. *inst.* 3,6,61 und Steudel-Günther, Ratiocinatio 599 sq.
365 Cf. Schäublin, Homerum 225 sq.
366 Cf. Mansfeld, Prolegomena 177 sq.

men.[367] Diese sind: die Berücksichtigung des Kontextes eines Gesetzes, die Miteinbeziehung des Lebens des Gesetzeschreibers, die Zeitumstände, in denen das Gesetz verfasst wurde, das Prinzip der Ehrenhaftigkeit und des Nutzens sowie die lexikalische und grammatikalische Analyse der gewählten Worte.[368] Es ergibt sich demnach eine Schnittmenge zwischen den oben angeführten exegetischen Prinzipien bei Julian und den Argumentationsprinzipien im Fall der Mehrdeutigkeit von Gesetzestexten und es stellt sich hier die Frage, ob für die frühchristliche Exegese generell der Einfluss der Gesetzesauslegung festzuhalten ist und dieser sich somit nicht nur auf das Prinzip des Heranziehens von Parallelstellen beschränkt. Während sich der Gesetzesausleger auf das *aequum* beruft,[369] beruft sich der Ausleger der Heiligen Schrift auf Glaubensgrundsätze. Demnach nehmen z. B. die *regula fidei*/das *symbolon* bzw. – im Kontext der hier vorliegenden Arbeit – auch die von Julian definierten Begriffe in *Flor.* die Rolle des *aequum* ein, das in Zweifelsfällen der Exegese herangezogen werden muss, um Widersprüche und Fragen aufzulösen (cf. auch Hinführung. 3).[370]

Was die grammatische Exegese anbelangt, verweist Julian z. B. auf den Kasusgebrauch, der Unterschiede in der Bedeutung von Aussagen zum Vorschein bringt (cf. 107,1–109,8). Julian macht auf den polysemen Gebrauch von Begriffen aufmerksam, die die Auslegung berücksichtigen muss (cf. 87,15–21; 89,1–90,15). Zudem stehen für eine grammatische Exegese verschiedene Tropen und Figuren zur Verfügung, die zur Erläuterung von unklaren Aussagen erwogen werden können.[371] Darunter fällt z. B. die κατάχρησις,[372] die für die übertragene Bedeutung eines Begriffes steht und die Julian in *Flor.* 1 zur Erläuterung des biblischen Textes anwendet (cf. 69,20–25, wo er das Gegensatzpaar *proprie – abusiue* verwendet).

Die Kontextualisierung der Bibelstellen, die Julian auslegt, erinnert ebenfalls an die Tradition von (paganen wie christlichen) Kommentarprologen, in denen ein Muster von zu klärenden Fragen abgearbeitet wurde, das jedoch nicht als starres Schema zu begreifen ist.[373] Julian nennt in den exegetischen Partien in *Flor.* 1 meist nur den Sprecher, den Adressaten sowie den Skopos der Bibel-

---

367 Cf. Sider, Rhetoric 86 sq.
368 Cf. Sider, Rhetoric 86 sq.
369 Cf. Tornau, Rhetorik 375–380.
370 Zu den Debatten, die auf der Interpretation von Gesetzestexten beruhen, cf. Hinführung. 3.1.
371 Cf. Tornau, Locutio 1036 und id., Locutionum modi 1055 sq.
372 Cf. Neuschäfer, Origenes 221–223.
373 Zu diesem Schema cf. Mansfeld, Prolegomena 10–12; Markschies, Kommentierung 80 sq. Zur unterschiedlichen Anwendung des Schemas cf. Neuschäfer, Origenes 57–67.77. Cf. zur Schultradition der Suche nach dem Skopos außerdem Young, Meaning 9 sq.

stelle.[374] Dass er keine ausführlichen Äußerungen zu den anderen typischen Punkten, wie z. B. der τάξις oder der εἰς τὰ κεφάλαια διαίρεσις, macht, liegt darin begründet, dass er seine Exegese als argumentatives Mittel gegen Augustinus anwendet und keinen Kommentar zu einem ganzen biblischen Buch schreibt, sondern es nur bei der Betrachtung von einzelnen kürzeren Bibelpassagen belässt.

Neben diesen grammatisch-technischen Auslegungswerkzeugen berücksichtigt Julian auch die unterschiedlichen Interpretationsebenen der biblischen Texte und unterscheidet in *Flor.* 1 in einer der exegetischen Partien zwischen der Auslegung *secundum historiam* und *secundum prophetiam*.[375] Die Prophetenworte sind nicht nur *secundum historiam*, also im Einklang mit der Erzählung und dem berichteten Geschehen, zu verstehen, sondern tragen auch einen höheren Sinn in sich. Julian äußert sich über diese zwei Hinsichten auf den Text in einem Abschnitt des Hosea-Kommentars (*in Os.* 1,1,10–11; p. 130, l. 515–528):

„[...] et erit in loco ubi uocabitur, non plebs mea uos, ibi uocabuntur filii dei uiui." gentium ergo magister ostendit quod euangelii tempore felicitatis huius promissio compleretur: non utique ut negaret illud quod totius prophetiae textus inculcat: resolutionem uidelicet captiuitatis quoque Babyloniae fuisse promissam; sed ut ostenderet, quam intelligentiae regulam custodire in propheticis libris debeamus: id est, ut cum sub narratione Iudaicarum rerum ingentius, quam unius gentis mediocritas caperet, aliquid promeretur, et ex parte in illo populo nosceremus fuisse completum, etiam per theoriam, aliis quoque, idest cunctis gentibus, conuenire. theoria est autem (ut eruditis placuit) in breuibus plerumque aut formis aut causis, earum rerum quae potiores sunt considerata perceptio.[376]

---

374 Cf. 67,34–40; 131,1–132,13; 138,2–12.
375 Cf. die Auslegung von *Is* 45,9 in 138,2–141,18 unter Heranziehung des Kontextes von *Is* 45,8–13.
376 Übers.: „‚[...] und dort, wo gesagt werden wird, ihr seid nicht mein Volk, werden sie lebendige Söhne Gottes genannt werden [*Rm* 9,26]'. Der Lehrer der Völker zeigt also, dass in der Zeit der Verkündigung des Evangeliums das Versprechen dieses Glückes erfüllt werde. Nicht, um den Sinn abzustreiten, den der Text der ganzen Prophetie einschärft, nämlich, dass die Befreiung aus der babylonischen Gefangenschaft versprochen wurde, sondern, um zu zeigen, welche *regula intelligentiae* wir in den prophetischen Büchern beachten müssen. D. h., dass *neben der Erzählung der jüdischen Geschichte* etwas Gewaltigeres, das nicht nur ein einzelnes Volk betrifft, ausgesagt wird und dass es, auch wenn es zum gewissen Teil bereits bei diesem Volk eingetreten ist, auch gemäß der *theoria* anderen Völkern,

Im Anschluss an diese Stelle macht Julian deutlich, dass die figurative Auslegung bereits im Wortlaut des auszulegenden Textes begründet ist. Literale und figurative Auslegung schließen somit einander nicht aus, sondern gehen Hand in Hand (ib.; p. 130, l. 528–p. 131, l. 532):[377]

> haud igitur illa Iudaeorum de Babylone reuocatio secundum historiam, ista uero quae per fidem Christi est collata libertas secundum allegoriam significata proprie diceretur: cum sermo propheticus absolute utrumque promiserit, ut praecedens mediocritas sequentes cumulos indicaret [P; B intimaret].[378]

So bestreitet auch Paulus in Julians Augen, als er das Hoseazitat in *Rm* 9,24–26 anbringt, nicht den Sinn der Prophetie zur Zeit Hoseas, sondern sieht in der Bibelstelle zusätzlich bereits den Beginn der zukünftigen Zuwendung Gottes angedeutet.[379]

Bezüglich der exegetischen Vorbilder betont Lössl v. a. die Nähe zu Theodor von Mopsuestia (Prophetenkommentar und Paulusexegese) und sieht Julian als einen Exegeten antiochenischer Prägung.[380] Was die Methodik der Exegese

---

d. h. allen Völkern, zukommt. Die *theoria* aber ist, wie es die Gelehrten gutheißen, das Erfassen von Dingen mit tiefgreifender Bedeutung bei der Betrachtung von Ausdrucksweisen und Inhalten, die im Vergleich meist von geringerer Bedeutung sind."
Eine ausführliche Besprechung zur Definition der *theoria* bei Julian mit Bezug auf die Forschungsgeschichte findet sich bei Lössl, Julian 174–187; cf. auch Pennacchio, Sermo; Simonetti, Lettera 248–254.

377 Cf. Pennacchio, Sermo 179–182; cf. auch ib. 188.
378 Übers.: „Es ist also nicht so, dass das Ereignis, dass die Juden aus Babylon zurückgerufen worden sind, nur im historischen Sinn gesagt wäre, aber eigentlich die Freiheit, die durch den Glauben an Christus gebracht worden ist, gemäß der allegorischen Auslegung gemeint ist: Die prophetische Rede hat vollumfassend beides versprochen, indem das vorangehende Ereignis, das von eher geringerer Bedeutung ist, die darauffolgenden großen Ereignisse andeutete."
379 Cf. *in Os.* 1,1,10–11 (p. 131, l. 547–553): *sic ergo quod Osee de temporibus Babylonis edixerat, Paulus ad negotia transtulit saluatoris, non utique propheta quasi abnuente aut aegre quo ducitur subsequente, sed apostolico intellectui per tenorem uaticinii nimis fauente, quo docuit aucta esse hic prope usque ad consummationem uel dona uel gaudia, quae illo iam saeculo fuerant inchoata.* Übers.: „So also hat Paulus das, was Hosea im Hinblick auf die babylonische Zeit gesagt hatte, auf die Taten des Erlösers übertragen. Das ist nicht so zu verstehen, als ob der Prophetentext es zurückweise oder dem ungern folge, worauf er [sc. von Paulus] bezogen wird, sondern er begünstigt durch den Kontext der Prophetie das apostolische Verständnis. Dadurch lehrt Paulus, dass hier die Gaben und Freuden gesteigert worden seien, ja bis zur Vollendung gekommen seien, die in jenem Zeitalter bereits begonnen hatten."
380 Cf. Lössl, Julian 154–187.

anbelangt, ist darauf hinzuweisen, dass Julian dieselben Prinzipien anwendet, wie Antiochener und Alexandriner, die gleichermaßen auf die Inhalte des spätantiken Grammatik- und Rhetorikunterrichts zurückgriffen.[381] Die Kritik an der Exegese der Alexandriner vonseiten der Antiochener zielt auf Auslegungen ab, die sich in ihren Augen zu wenig mit dem Zusammenhang des besprochenen Textes beschäftigen.[382] Allerdings findet sich die Bemühung um ein kohärentes Ganzes des auszulegenden Textes prinzipiell auch in der Exegese der Alexandriner. Young sieht den Unterschied zwischen alexandrinischer und antiochenischer Auslegung in der Tendenz der Alexandriner, diesen Zusammenhang im spirituellen Ganzen zu erfassen, der durch die allegorische Analyse des biblischen Textes zum Vorschein komme,[383] wohingegen es die antiochenische Intention sei, den Textzusammenhang im Auge zu behalten und es mit der Allegorese nicht zu übertreiben.[384] Letztere Intention findet sich ebenfalls bei Julian, der Kritik an ausschweifender Allegorese äußert.[385] Hinsichtlich der Argumentführung und der literarischen Ausführung seiner Exegese in *Flor.* dürfte jedoch ein Einfluss von beiden Seiten zu sehen sein (cf. Hinführung. 3.3.3).

Julian zeigt in *Flor.* 1, dass er sich insbesondere bei seiner Paulusauslegung in die Tradition der Exegese seiner Vorgänger stellt, insofern er wie sie die Willensfreiheit bei der Auslegung der jeweiligen Passagen verteidigt (cf. dazu Hinführung. 2.2.1.4). Zum argumentativen Einsatz der Exegese in *Flor.* cf. Hinführung. 3.3.3, zur gedanklichen Nähe zu den genannten Autoren cf. Hinführung. 2.2.1.4.

---

381 Cf. Neuschäfer, Origenes 35.
382 Cf. Young, Exegesis 164.
383 Cf. Young, Exegesis 183 sq.
384 Mit Youngs Worten gilt für Origenes (id., Exegesis 184): „Coherence lay not in the text or narrative itself, but in what lay behind it." Für die Antiochener hingegen heißt es (ib.): „The narrative sequence and flow of argument mattered. The text was not a pretext for something else."
385 Cf. Lössl, Julian 164–187, der seine Beobachtungen v. a. auf den Prophetenkommentar Julians bezieht. Cf. Julians Worte in *praef. in proph.* (p. 116, l. 46–48): *Origenes autem, proprio tenore decurrens, allegoriarum magis lepida quam historicarum explanationum solida et tenenda componit.* Übers.: „Origenes aber weicht vom eigentümlichen Zusammenhang ab und verfasst auf diese Weise eher nicht ernst zu nehmende Auslegungen, die durch Allegorese entstehen, als gehaltvolle und glaubwürdige Auslegungen, die dem historischen Verständnis dienen."

3   Rhetorisch-argumentatives Vorgehen in *Ad Florum* 1

Betrachtet werden in diesem Kapitel Motive und Argumentationsformen, die im ersten Buch von *Ad Florum* und auch in den anderen Büchern dieses Werkes immer wieder auftreten und die deshalb als argumentative Taktik verstanden werden können.

3.1   *Literarische Ausgestaltung von* Ad Florum *1 unter Evokation eines Gerichtsverfahrens*

Oben (Hinführung. 1.4) wurde bereits erörtert, dass sich in *Flor.* Elemente finden lassen, die an eine Rede vor Gericht erinnern.[386] Vergleichbar mit den Werken Tertullians disponiert Julian Teile seiner Argumentation in *Flor.* 1 passagenweise nach den fünf Teilen der Rede[387] und bedient sich der Statuslehre.[388] Als Ursache für den Einsatz von Elementen aus der forensischen Rhetorik kann Julians Bedauern und Empörung darüber, dass es zu keiner objektiven Beurteilung der Debatte zwischen ihm und Augustinus gekommen ist, sowie die pathetische Ausgestaltung seines Werkes gesehen werden (cf. Kommentar zu 10,1–13 und Hinführung. 1.3). Die Zitate aus *nupt. et conc.* 2 dienen im ersten Buch von *Flor.* gewissermaßen als Redepartien Augustins. Julian lässt sie „sprechen", indem er nach dem jeweiligen Zitat mit einer direkten Anrede an Augustinus reagiert. Gelegentlich führt er Augustinus auch selbst als Sprecher ein.[389] Der *prudens lector* wird immer wieder dazu aufgefordert zu beurteilen, welcher der beiden Autoren eine plausiblere Sicht auf Gott und die Menschen besitzt.[390] Er wird dazu ermahnt, aufmerksam zu sein, damit er sich von Augustins Argumenten nicht täuschen lässt und erkennt, dass dieser noch immer ein Manichäer ist – wenn nicht sogar schlimmer als die Manichäer. Die Aufforderungen an den Leser erinnern an die Anrufung der Richter, objektiv zu urteilen.[391] So ergibt sich gewissermaßen eine Dreierkonstellation zwischen Julian, Augustinus und dem Leser.[392] Für die Entlarvung von Augustins Geisteshaltung zieht Julian auch andere Texte aus dessen Werken heran, indem er

---

386   Cf. Cipriani, Aspetti 133; Cipriani arbeitet diese Elemente in dem genannten Aufsatz heraus. Cf. auch Lössl, Julian 105–126.
387   Cf. Cipriani, Aspetti 132 sq.; zu Tertullian cf. Sider, Rhetoric 21–40.
388   Cf. Kommentar zu 3,7–5,8; 48,2; 75,5–20; Einleitung im Kommentar zu 76,11–109,8.
389   Cf. 48,18–50; 101,2–17.
390   Cf. 13,5–11; 66,11–14; 101,1 sq.; 106,1–4; 114,4–7.
391   Cf. z. B. Cic. *Verr.* 2,3,104: *attendite, iudices, diligenter*; id. *Font.* 43: *quae si diligenter attendetis, profecto, iudices* […]; id. *S. Rosc.* 9 sq.: *quapropter uos oro atque obsecro, iudices, ut attente bonaque cum uenia uerba mea audiatis.*
392   Cf. dazu Tornau, Rhetorik 106 sq. und Hinführung. 1.4.

auf *conf.* und *pecc. mer.* (68,2–5) anspielt und direkte Zitate aus *c. ep. Pel.* 1,5–7 anbringt (cf. Hinführung. 1.5).[393] Bibelzitate, die nicht ausführlicher behandelt werden, dienen der Untermauerung der eigenen Position bzw. der Entlarvung des Gegners.[394] Die Bibelstellen, die von Julian in *Flor.* 1 ausgelegt werden, erinnern schließlich an strittige Gesetzestexte innerhalb einer Gerichtssituation (cf. Hinführung. 3.3.3). Alle ausgelegten Zitate finden sich auch in den von ihm zitierten Passagen aus *nupt. et conc.* 2,3–8 bzw. aus *c. ep. Pel.* 1,5–7 wieder.

Hinsichtlich der fünf *status legales*, die Cicero in *De inuentione* anführt, lassen sich ebenfalls thematische Parallelen zwischen der Durchführung der Exegese in *Flor.* und der Auslegung von Gesetzestexten innerhalb der Gerichtsrede ziehen (Cic. *inu.* 1,17):[395]

> (1) nam tum uerba ipsa uidentur cum sententia scriptoris dissidere, (2) tum inter se duae leges aut plures discrepare, (3) tum id, quod scriptum est, duas aut plures res significare, (4) tum ex eo, quod scriptum est, aliud, quod non scriptum est, inueniri, (5) tum uis uerbi quasi in definitiua constitutione, in quo posita sit, quaeri.[396]

Die *ambiguitas* der Gesetzesworte ist zwar ein eigener Status (nämlich Nummer 3 im genannten Zitat),[397] sie liegt jedoch zugleich allen anderen *status legales* zugrunde. Julian kann sich damit den grammatisch-rhetorischen Hintergrund der Exegese zunutze machen, um den Eindruck einer gerichtlichen Verhandlung zu verstärken. Er verweist in *Flor.* auf die *ambiguitas* der Worte der Heiligen Schrift, die es durch die Auslegung zu erhellen gilt (3,1–7). Der erste *status legalis* erinnert an Julians Äußerungen, die Heilige Schrift dürfe nicht so ausgelegt werden, dass sie der Gerechtigkeit Gottes widerspreche, die

---

393 Für *Flor.* 3 sind hier die Zitate aus der *Epistula ad Menoch* zu nennen, die Julian anbringt, um den Manichäismusverdacht gegenüber Augustinus zu erhärten (cf. 3,172–186). Cf. auch Hinführung. 3.2.1.
394 Cf. z. B. 27,6–13; 45,1–12; 93,1–18; 94,62–74.
395 Die Nummerierung ist von der Autorin vorgenommen worden. Zu generellen Parallelen der Exegese zur Statuslehre cf. Hinführung. 3.3.3.
396 Übers.: „Denn (1) mal scheinen die Worte selbst von der Intention des Schreibers abzuweichen, (2) mal scheinen zwei oder mehrere Sätze im Widerspruch miteinander zu stehen, (3) mal scheint das Geschriebene zwei oder mehrere Dinge zu bezeichnen, (4) mal scheint es, dass in dem Geschriebenen etwas anderes, das nicht dort steht, gefunden werden kann, (5) mal, als müsse die Bedeutung eines Wortes wie im ‚Status definitivus' herausgefunden werden."
397 Cf. Schäublin, Homerum 225.

im christlichen Glauben als verankert gilt. Bei Stellen, an denen die Gerechtigkeit infrage gestellt scheint, muss daher nach einer Auslegung gesucht werden, die die Gerechtigkeit Gottes im Auge behält (cf. 3,1–5,8). Der vierte *status legalis* kann z. B. in der *refutatio* zum Einsatz kommen, wenn man dem Gegner entgegenhalten möchte, dass seine Ansichten aus den Worten der Heiligen Schrift nicht belegt werden können (zur Anwendung bei Julian cf. Hinführung. 3.2). Der fünfte *status legalis* lässt schließlich an Julians Methode denken, bei der Exegese gegebenenfalls unter Heranziehung einer Definition die Bedeutung eines Wortes abzuwägen (cf. 77,9–83,6 und 87,15–21).[398] Die christlichen Fundamente, die Julian immer wieder formuliert (cf. Hinführung. 3.3.2), und die Definitionen, die er in *Flor.* anführt (cf. Hinführung. 3.3.1), können als das *aequum* aufgefasst werden, auf das er sich berufen kann, wenn biblische Texte zweifelhaft sind.

Die Argumentation in *Flor.* 1 zerfällt, wie bereits erwähnt (cf. Hinführung. 1.2), grob in zwei Teile, einen eher dialektischen, der sich nicht mit der Auslegung von Bibelstellen beschäftigt (22–51), und einen, der von Exegese geprägt ist (52–141).[399] Der zweite Teil von *Flor.* 1 enthält jedoch nicht nur exegetische Partien, sondern bedient sich ebenso dialektischer Mittel, wie z. B. in 77,9–86,4; 57,16–19 und 62,5–7. Die argumentativen und exegetischen Partien in *Flor.* 1 unterscheiden sich in der Explizitheit ihrer Ausrichtung gegen Augustinus. In den Übergängen von einem Gliederungspunkt zum anderen und zum Abschluss von Zitaten aus *nupt. et conc.* 2 setzt Julian häufig die unten (Hinführung. 3.2) erläuterten polemischen Topoi sowie Stilmittel ein, was an pathetische Übergänge in Ciceros Reden erinnert.[400] Dabei ist auffallend, dass manche Partien von *Flor.* durchweg bzw. hauptsächlich in Apostrophe an Augustinus gestaltet sind, wohingegen Julian in anderen Partien Augustinus nicht direkt anspricht. Die polemischen Partien fallen dabei in die erste Kategorie,[401] wohingegen die argumentativen Partien in beide Kategorien fallen können;[402] der Stil der argumentativen Partien ist eher durch das *genus humile* geprägt, wodurch ein höherer Grad von Objektivität suggeriert wird.[403] Auch

---

398 Julian hat in 77,9–83,6 zuerst das *liberum arbitrium* definiert, um in seiner Auslegung von *Io* 8,36 in 87,15–21 zu zeigen, dass der dort verwendete *libertas*-Begriff nichts mit dem freien Willen zu tun hat, sondern es sich dort um eine andere Bedeutung von *libertas* handle.
399 Cf. Cipriani, Aspetti 140; cf. Hinführung. 2.1.
400 Cf. z. B. Cic. *S. Rosc.* 29 sq. (im Anschluss an die *narratio*).
401 Z. B. 41,3–44,5; 68,2–9; 72,16–25; 85,1–86,4.
402 Ohne Apostrophe an Augustinus: 34,1–41,2; 77,9–82,7; mit Apostrophe an Augustinus: 52,33–66,14; 96,1–106,21.
403 Cf. 34,1–48,3; 77,9–83,6.

die exegetischen Partien variieren im Grad der Explizitheit der Ausrichtung gegen Augustinus.[404] Unter den polemischen Passagen fungieren manche als Scharnierstücke und knüpfen einen weiteren Beweis für ein höherstehendes Argumentationsziel an;[405] andere hingegen folgen auf eine abgeschlossene Argumentation, die mit einer Binnenperoratio im pathetischen Stil beendet wird,[406] oder stehen als direkte Antwort auf ein angebrachtes Augustinuszitat.[407]

Auch was die polemische Topik anbelangt, greift Julian auf die Rhetorik zurück. Unter den bei Quintilian aufgezählten 14 *argumenta a persona* (Quint. *inst.* 5,10,23–31)[408] sind für Julian wesentlich hervorzuheben: *genus, natio* (Augustinus als *Poenus orator*), *educatio et disciplina* (Augustinus als ehemaliger Manichäer und Rhetor),[409] *animi natura* (Augustinus als leichtfertiger und gewinnsüchtiger Mensch),[410] *intuendum etiam quid affectet quisque, locuples uideri an disertus, iustus an potens* (tritt in Kombination mit dem Topos des *Poenus* auf), *spectantur ante acta dictaque* (was Augustinus früher gedacht und gesagt hat, erläutert Julian durch Heranziehung von Zitaten aus Augustins Werken). Ziel der Anwendung dieser Topoi ist gewissermaßen, die christliche Wahrheit der Häresie und die Aufrichtigkeit der Verschlagenheit gegenüberzustellen. Dies soll im folgenden Abschnitt näher erläutert werden.

3.2 Wiederkehrende polemische Topoi

Entsprechend der antiken Rhetoriktheorie kann der Redner mithilfe rhetorischer Topoi die Glaubwürdigkeit des Gegners schwächen. Wie bereits erwähnt, wendet Julian einige dieser Topoi an, wobei sich manche auf die Lektüre der *Confessiones* Augustins zurückführen lassen dürften.[411] Vor allem findet sich sowohl bei Julian als auch bei Augustinus die Intention, den theologischen Gegner als Häretiker zu stigmatisieren. Auch hierbei greift Julian, der Augustinus

---

404 Mit direkter Apostrophe an Augustinus: 67,33–104; 107,1–109,8; zunächst ohne Apostrophe 87,1–88,2, dann in 88,2–91,7 mit Apostrophe an Augustinus; ohne Apostrophe an Augustinus: 131,3–134,30; 138,1–141,18.
405 Cf. z. B. 59,1–10; 76,11–77,9; 96,1–7.
406 Cf. z. B. 50,1–51,9; 70,1–12; 72,2–25.
407 Cf. z. B. 22,37–23,19; 52,33–37; 67,18–29; 74,12–75,4.
408 Zusammengestellt bei Lausberg, Handbuch 204 sq.
409 Quint. *inst.* 5,10,25: *educatio et disciplina, quoniam refert a quibus et quo quisque modo sit institutus.*
410 Quint. *inst.* 5,10,27: *animi natura, etenim auaritia iracundia misericordia crudelitas seueritas aliaque his similia adferunt fidem frequenter aut detrahunt* […].
411 Cf. Lamberigts, Assessment 115.

in die Ecke des Manichäismus drängen möchte, auf die *Confessiones*[412] und auf bekannte polemische Topoi aus der Polemik gegenüber Häretikern zurück.[413]

3.2.1 Der Manichäismus- und Häresievorwurf gegenüber Augustinus
3.2.1.1 *Das manichäische Weltbild*

Im Folgenden soll in groben Zügen das manichäische Weltbild erläutert werden, um die Passagen in *Flor.* 1, in denen Julian Augustinus mit den Manichäern vergleicht, zu erhellen. Der Manichäismus war eine Religion, die, aus dem Perserreich kommend, sich im *Imperium Romanum* ausbreitete[414] und durch diverse kaiserliche Edikte, angefangen bei Diokletian, verboten bzw. zurückgedrängt wurde.[415] Die Christen nahmen sie als Bedrohung wahr, da im Manichäismus Schriften des Neuen Testament und v.a. die Paulusbriefe für die Untermauerung des eigenen Weltbildes herangezogen wurden. Ein charakteristisches Merkmal für den Manichäismus ist, dass seine Anhänger die Schriften des Alten Testaments ablehnten und Widersprüche zwischen den beiden Testamenten nachweisen wollten[416] – eine Vorgehensweise, die auch Markion schon verfolgt hatte.[417]

Grundlegend für das manichäische System ist ein metaphysischer Dualismus zwischen dem Herrscher des Reichs des Lichts und dem des Reichs der Finsternis, die als *duo principia* beide ihre Macht ausüben wollen.[418] Bei diesen beiden Prinzipien handelt es sich aber nicht um zwei Götter, lediglich der Herrscher des Lichts wird als Gott bezeichnet.[419] Zu unterscheiden sind im Hinblick auf die Entstehung der Welt und die Weltzeitalter die Zeit der Trennung von Licht und Finsternis, die Zeit der Vermischung der beiden Prinzipien und eine dritte Zeit, die den „Großen Krieg" umfasst.[420] Der Gott des Lichts wird von der Macht der Finsternis angegriffen und verteidigt sein Reich in mehreren komplexen Stufen des Kampfes.[421] Im Laufe dieses Prozesses vermischen sich das Licht und das Böse, wobei letzteres materialistisch gedacht

---

412 Cf. Flasch, Kampfplätze 21.
413 Grundlegend für diese Thematik sind die Arbeiten von Opelt (ead., Polemik; ead., Streitschriften; ead., Schimpfwörter). Cf. auch Weber, Punic 76.
414 Cf. Drecoll/Kudella, Augustin 9.
415 Cf. Drecoll/Kudella, Augustin 9.11–13; Hutter, Manichäismus 35–37.
416 Cf. Drecoll, Manichaei 1136.
417 Cf. Drecoll/Kudella, Augustin 48.
418 Cf. van Oort, Mani(chaeus) 1125 sq.: „M. [i.e. Mani] and his followers taught a cosmogony of an absolutely dualistic kind: evil is an eternal cosmic force, not the result of a fall."
419 Cf. Drecoll/Kudella, Augustin 33 sq. unter Heranziehung von Faust. A. *c. Faust.* 21,1: *numquam in nostris quidem assertionibus duorum deorum auditum est nomen.*
420 Cf. Hutter, Manichäismus 17–19.
421 Cf. Hutter, Manichäismus 17–19. Eine Darstellung über diese verschiedenen Stufen des

wird.⁴²² Produkt dieser Vermischung ist die Welt und deren Geformtheit (cf. *nat. b.* 44);⁴²³ auch der Mensch ist aus der Vermischung entstanden,⁴²⁴ wobei die Seele zwar von Gott und von Natur aus gut ist, der Körper jedoch von seiner Substanz schlecht ist und den Zweck besitzt, die Teile des Lichtes gefangen zu halten.⁴²⁵ Die Entstehung von Sünde ergibt sich somit im manichäischen System aus der schlechten Materie,⁴²⁶ die dem Menschen beigemischt ist und ihm innewohnt (A. *haer.* 46,19,1–3: *peccatorum originem non libero arbitrio uoluntatis, sed substantiae tribuunt gentis aduersae, quam dogmatizant esse hominibus mixtam*). Die *concupiscentia*, die als Prinzip des Bösen betrachtet wird (cf. ib.),⁴²⁷ bemächtigt sich der Seele und führt damit zum sündigen Handeln.⁴²⁸ Das materielle Prinzip des Bösen wird in *ep. Men.* auch als *naturale peccatum* (*ep. Men.* fr. 7 (Stein, Manichaica 1, 24))⁴²⁹ oder *materia concupiscentiae* (*ep. Men.* fr. 3 (Stein, Manichaica 1, 18)) bezeichnet. Die ὕλη besitzt demnach eine

---

Kampfes würde an dieser Stelle für die Erhellung der julianischen Polemik zu weit führen. Einen guten Überblick bieten Gardner/Lieu, Manichaean 11–21; van Oort, Mani(chaeus) 1125–1128.

422 Hutter, Manichäismus 18: „Um die Rückführung des Lichtes zu vermeiden, erschaffen die Dämonen das erste Menschenpaar, damit dieses durch die Zeugung von Kindern die in der Materie gefesselten Lichtelemente weiter verstreut (Hegem. act. Arch. 9, 1/4; (13 f.); Aug. haer. 46,7 f. 14 (CCL 46, 314. 317); nat. bon. 46 (CSEL 25,2, 884/6)). Solange der Mensch nicht die in ihm verborgenen göttlichen Lichtteile erkennt, bleibt er den Dämonen verbunden."

423 Stein, Manichaica 1, 60: „Die Wahrnehmbarkeit (in ihren verschiedenen Arten) ist das Resultat der Körperlichkeit. Daher wird die Materie, die *natura mali*, in ep. fund. fr. 6 auch als *corporum formatrix* bezeichnet [...] (fr. 6,7 [...])." Cf. insbesondere, wie ib. zitiert, *ep. Men.* fr. 2,1–3 (Stein, Manichaica 1, 14–16) (cf. *Flor.* 3,172,5–12; 174,7–175,2).

424 Cf. Stein, Manichaica 1, 60 sq. unter Heranziehung von *ep. fund.* fr. 6 (Stein, Manichaica 2, 32–34). Zur Erschaffung der Welt und des Menschen cf. Drecoll/Kudella, Augustin 24–30.

425 Cf. Fitschen, Serapion 44.

426 Cf. auch ein Zitat des Manichäers Secundinus bei Augustinus (Secundin. A. c. Sec. 9): *non enim propria uoluntate peccauit, sed alterius ductu; carnis enim commixtione ducitur, non propria uoluntate* und Augustins Reaktion auf Secundins Behauptung, er streite den freien Willen nicht ab (c. Sec. 19). Augustinus nutzt Aussagen, in denen Manichäer von der Verantwortlichkeit des Menschen für die Sünde sprechen, um ihre Lehre als widersprüchlich zu entlarven (cf. nat. b. 42; c. Fel. 2,5 und dazu Drecoll/Kudella, Augustin 151 sq. mit n. 125).

427 Einen hervorragenden Überblick über die negative Sichtweise auf die *concupiscentia* im manichäischen Kontext bietet van Oort, Mani 140–145. Die negative Bewertung der sexuellen Begierde lässt sich aus dem Weltentstehungsmythos des Manichäismus verstehen (Gardner/Lieu, Manichean 16): „Mankind has been deliberately fashioned by demonic forces in an attempt to prevent the redemption of the light, for through the urge for sex humans will multiply, and further entrap the divine Soul in multitudes of material bodies."

428 Cf. Stein, Manichaica 1, 87 sq. zu *ep. Men.* fr. 6 (Stein, Manichaica 1, 22).

429 Wobei hier jedoch zu betonen ist, dass die Sünde bei den Manichäern auch als Handlung und nicht als etwas Substantielles betrachtet wurde. Die Formulierung *naturale peccatum*

Dynamik, die es ihr ermöglicht, dem Licht gegenüber übergriffig zu werden.[430] Der Mensch kann sich jedoch durch die Aneignung der *scientia rerum* dieser Dynamik bewusst werden und vom Sündigen ablassen.[431] Zumindest für den Menschen, der nicht durch den Manichäismus zum richtigen Wissen gekommen ist, kann diese Eigendynamik gewissermaßen als Zwang zu sündigen verstanden werden.[432] Der Kosmos an sich kommt einer Befreiungsmaschinerie[433] für die Lichtpartikel gleich, wobei jedoch ein Teil des Lichts nicht gerettet werden kann und am sogenannten *globus horribilis tenebrarum* für immer haften bleibt (*nat. b.* 42; *ep. fund.* fr. 8 (Stein, Manichaica 2, 36–38)).[434] Ob es zu dieser Verdammung kommt, hängt nach dem römischen Manichäer Secundinus davon ab, ob der Mensch sein Fehlverhalten bereut oder sich bis zum Ende seines Lebens gegen die Reue entscheidet[435] – eine Ansicht, die auch durch andere manichäische Quellen gestützt werden kann.[436] Die Seele befindet sich hin- und hergerissen zwischen dem Guten und dem Bösen. Sünde entsteht durch die Entscheidung der menschlichen Seele, den Kräften des Bösen, die in ihr aufgrund der Vermischung wirken, zuzustimmen.[437] Ist der Mensch zu der Erleuchtung gekommen, dass seine Seele göttlichen Ursprungs ist, sollte er sich von seinem sündigen Leben abkehren, andernfalls entfremdet er sich weiter vom Guten (Faustus zieht dafür Paulus heran, der vom neuen Menschen

---

ist also irreführend, da die Manichäer zwischen dem Prinzip des Bösen und der Sünde unterschieden haben (cf. Stein, Manichaica 1, 89 sq.).

430 Dies hebt sich stark vom platonischen Begriff der ὕλη ab (cf. Scibona, Doctrine 391 sq.).

431 Cf. Fort. A. *c. Fort.* 20 und unter Bezug auf diese Stelle Scibona, Doctrine 394 sq.

432 Cf. Decret, Afrique 1, 342–344. Hutter, Manichäismus 30: „Sünde in manichäischer Sichtweise besteht zunächst darin, dass der Mensch den göttlichen Ursprung seiner Seele vergisst u. dem ‚Ruf' der Gottheit nicht antwortet." Cf. auch Drecoll/Kudella, Augustin 29 sq. mit n. 50 und Hoffmann, Secundinus 489.

433 Wurst, Manichäismus 87 sq.: „Der Mythos beschreibt sodann ausführlich, wie Gott durch verschiedene, aus ihm hervorgehende Mächte aus der mit der Lichtsubstanz vermischten bösen Materie den Kosmos als eine Maschinerie zu deren Befreiung erschaffen läßt, während die Materie, die Hyle als Gegenmaßnahme den Menschen erschafft, um den erbeuteten lichten Teil Gottes an sich zu binden."

434 Dies geschieht dann, wenn die Menschen ihr Fehlverhalten nicht bereuen: Hoffmann, Secundinus 489 sq.: „Bestraft wird nicht das Fehlverhalten, sondern die fehlende Reue. [...] Wenn die Seele ihre Verfehlung bereut, erhält sie Vergebung und wird gerettet. Verweigert sie aber bewusst diese Reue [...] bis zum Ende des menschlichen Lebens, geht sie der endzeitlichen Verdammung im Bolos entgegen." Cf. auch Drecoll/Kudella, Augustin 29 sq.

435 Cf. Hoffmann, Secundinus 489 sq.

436 Cf. Hoffmann, Secundinus 490–492.

437 Cf. Decret, Afrique 1, 340; BeDuhn, Dilemma 2, 109.119.

spricht, cf. Faust. A. c. Faust. 24,1).[438] In diesem Kontext ist es auch bei den Manichäern möglich, von einer Sünde aus freier Entscheidung zu sprechen. Vor der Erleuchtung durch den Manichäismus kann insofern nicht von Sünde gesprochen werden, es handelt sich dann um ein Sündigen aus Zwang.[439] Unabhängig davon, wie stark der Anteil des Bösen in der Seele ist, halten die Manichäer sie dennoch für das Element im Menschen, mit dem er sein Handeln bestimmt.[440] Gott garantiert dabei im manichäischen System zwar die Rückführung der guten Seelen in das Reich des Lichts, tritt jedoch nicht als Richter auf, der Seelen bewertet und verurteilt. Eine Verdammung erwirkt die Seele selbst, indem sie sich vom Guten abwendet.[441]

3.2.1.2 *Die Verwendung des Manichäismus- und Häresievorwurfs in* Ad Florum *1*

Mit der Auswahl seiner polemischen Vorwürfe stellt sich Julian in die Tradition antihäretischer Schriftsteller. So findet sich die Augustinus vorgeworfene Täuschungsabsicht, auf die Julian in *Flor.* immer wieder anspielt, z. B. bei Hieronymus (*c. Lucif.* 11; *adu. Pelag.* 1,26), im antimanichäischen Kontext jedoch insbesondere bei Augustinus selbst (*conf.* 3,12; 6,5; 7,3). Julian erwähnt in der Einleitung zu seinem ersten Buch von *Ad Turbantium*, dass Augustinus und seine Anhänger einen Trick anwenden, um einfache Menschen auf ihre Seite zu bringen: Jeder, der Gott als Schöpfer bekennt und den freien Willen anerkennt, würde sofort mit dem Namen *Pelagianus* oder *Caelestianus* belegt. Die Menschen würden durch diese Bezeichnungen in Schrecken versetzt und wollten sich nicht den Hass zuziehen, der mit diesen Bezeichnungen verbunden ist.[442] Infolgedessen stritten sie das Schöpfertum Gottes und den freien Willen ab. Julian reagiert hier mit einer *retorsio criminis*: Die Hauptanklagepunkte gegen die Pelagianer sind eigentlich die Leugnung der Notwendigkeit der Kindertaufe[443] und die Leugnung der Notwendigkeit der Gnade Christi für die

---

438 Cf. Decret, Afrique 1, 344 sq.
439 Cf. BeDuhn, Dilemma 2, 116; cf. Decret, Afrique 1, 340. Die Ausführungen Decrets stützen sich zu Teilen auf den Brief des römischen Manichäers Secundinus an Augustinus, sodass diese nicht einwandfrei auch für die afrikanische Lehre der Manichäer herangezogen werden können (cf. Drecoll/Kudella, Augustin 5).
440 Cf. BeDuhn, Dilemma 2, 110 sq.
441 Cf. BeDuhn, Dilemma 2, 117 sq.
442 Cf. Kommentar. 2.4.2.
443 Cf. Wermelinger, Rom 307 (= Anhang v); in der ib. rekonstruierten *Epistula tractoria* des Zosimus findet sich als zu verurteilender Punkt (D4 = D17 der Anklagepunkte von Diospolis, ib. 297): *infantes, etiamsi non baptizati moriantur, habent uitam aeternam*. Daraus lässt sich die Unterstellung schließen, die Kindertaufe sei nicht notwendig.

Initiierung des guten Willens.[444] Aus der Tatsache, dass sie die *tradux peccati* und damit eine Sündhaftigkeit der kleinen Kinder bestreiten, wird gefolgert, dass sie deren Taufe für irrelevant halten. Ebenso wird gefolgert, dass das Wirken der göttlichen Gnade durch die Betonung der Willensfreiheit geleugnet werde. Julian reagiert in seiner Einleitung von *Ad Turbantium* auf diese Vorwürfe, indem er selbst als Ansicht Augustins ebenfalls die polemischen Schlussfolgerungen aus dessen Erbsündenlehre präsentiert. Die Leugnung des freien Willens folgt in seinen Augen aus der Belastung des menschlichen Willens mit der Erbsünde und die Leugnug des guten Schöpfergottes folgt aus der Ansicht, dass bereits Kleinkinder Sünde in sich trügen. Er formuliert die eigentlichen Anklagepunkte gegen den Pelagianismus um, indem er die polemischen Schlussfolgerungen aus Augustins Position negiert und als Vorwurf sich selbst gegenüber präsentiert. Augustinus wirft er vor, er leugne den freien Willen und bestreite Gott als den Schöpfer der Menschen. Daraus folgert er, dass es ihm zum Vorwurf gemacht werde, dass er den freien Willen und Gott als den Schöpfer der Menschen bekenne. Die vermeintliche Leugnung des freien Willens und des Schöpfergottes vonseiten Augustins versucht Julian dann in seinen Ausführungen nachzuweisen, um zu zeigen, dass seine eigene Position die orthodoxe ist und die des Augustinus eine „neo-manichäisch[e]".[445] Der Manichäismusvorwurf gegenüber Augustinus findet sich nicht nur in *Ad Turbantium*, sondern ist auch in den Briefen an Rufus von Thessaloniki und an die christlichen Gläubigen von Rom vorhanden.[446] Julian reagiert damit auch auf Augustins Vorwurf, er sei ein *nouus haereticus*.[447] Bereits Pelagius flicht in seinen Kommentar zum Römerbrief antimanichäische Spitzen ein.[448]

Julian setzt den Manichäismusvorwurf an unterschiedlichen Positionen in seinem Werk ein und verwendet, wie bei den anderen polemischen Topoi,

---

444 Cf. Wermelinger, Rom 297 (= Anhang II) nennt als Anklagepunkt D21: *gratiam dei et adiutorium non ad singulos actus dari, sed in libero arbitrio esse uel in lege ac doctrina.*

445 Lössl, Julian 104. Cf. auch ib. 129 sq.107 mit n. 154.

446 Cf. *ep. Rom.* frg. 1 (= Iulian. A. *c. ep. Pel.* 1,4); ib. frg. 3 (= Iulian. A. *c. ep. Pel.* 1,10); ib. frg. 15 (= Iulian. A. *c. ep. Pel.* 1,42); *ep. Ruf.* frg. 1 (cf. A. *c. ep. Pel.* 2,1). Bezeichnenderweise schreibt Augustinus in *c. ep. Pel.* 2,1, dass Julian im Brief an Rufus gegen die Sekte der Manichäer schreibe, und hält dessen Polemik für eine Taktik, um zu verschleiern, dass er die Gnade Gottes abstreite. Der Vorwurf der Verschleierungs- und Täuschungstaktik ist demnach auf beiden Seiten präsent.

447 Cf. Lössl, Julian 130 n. 268. Die *nouitas* einer Lehre ist ein Indiz dafür, dass sie häretisch sein könnte. Wenn Julian Augustinus also vorwirft, er sei ein Manichäer, ist die logische Konsequenz, dass dieser die Orthodoxie seiner Lehre durch Verweis auf Autoritäten zu beweisen versucht (cf. Perago, Valore 144).

448 Cf. Pelag. *in Rom.* 6,19 p. 53,11–13.

Augustins *Confessiones* für Anspielungen.[449] Im *prooemium* setzt Julian den Leser über die Hintergründe seiner Auseinandersetzung mit Augustins Werk *nupt. et conc.* 2 in Kenntnis und führt zum argumentativen Teil von *Flor.* 1 hin. Dort wird der Manichäismusvorwurf gegenüber Augustinus von ihm angebracht, da er bereits in der Polemik von *Turb.* zum Einsatz gekommen ist und ein Ergebnis seiner Ausführungen in *Turb.* war (cf. 1,6–13; 2,10–17; 9,1–7; 19,1–4). Im argumentativen Teil von *Flor.* 1 findet er sich zudem in der Polemik zu Beginn oder am Ende eines Argumentationspunktes (cf. 52,33–37; 66,11–14; 141,18–22), aber auch als Überleitung zu einem weiteren Argument innerhalb eines größeren Widerlegungsabschnittes, so innerhalb der Argumentation von 52,1–66,14 (59,1–10; 64,26–32). Eine starke Funktion kommt dem Manichäismusvorwurf schließlich zu, wenn Julian die Ansichten Augustins denen der Manichäer in Synkriseis gegenüberstellt.[450] In diesen Abschnitten findet sich der Vorwurf ebenfalls innerhalb polemischer Einleitungen, Übergänge und *perorationes*, jedoch tritt zusätzlich zur Polemik die dialektische Verwendung hinzu (22–51; 95–106; 115–123). Ziel dieser Partien ist es jeweils zu zeigen, dass Augustinus die Manichäer hinsichtlich der Verdorbenheit und der Inkonsistenzen seines Weltbildes sogar übertrifft (48,3–49,20; 96,1–103,3; 113,14–125,7). Der Vergleich Augustins mit Mani wird also nicht allein verwendet, um Augustinus des Manichäismus zu verdächtigen, sondern auch, um im Sinne einer *amplificatio* darzustellen, dass er noch schlimmer als die Manichäer ist.[451]

Neben dem Manichäismusvorwurf verwendet Julian auch polemische Topoi, die in das Umfeld des allgemeinen Häretikervorwurfs fallen. Dazu gehört die Behauptung, der Gegner nutze den Namen Christi aus, um Gläubige von der wahren Religion abzubringen, er sei ein Feind der Wahrheit.[452] Unter diese Kategorie fällt auch der Vorwurf, der Gegner verschleiere den Sinn der Heiligen Schrift,[453] er nutze gewissermaßen die Autorität der Bibelstellen aus und reiße sie aus dem Kontext.[454] Die Absicht hinter dieser „häretischen" Heranzie-

---

449 Cf. z. B. Kommentar zu 7,3; 11,1–7; 25,1–26,3; 59,6–10; 67,23–28; 68,7–9; 69,29–37; 82,11–15.
450 Cf. zu solch einer Synkrisis z. B. auch Cic. *Mur.* 22; Sall. *Catil.* 53 sq. (cf. Wuttke, Synkrisis 2962).
451 Cf. auch Lamberigts, Assessment 133 sq.
452 Cf. Opelt, Polemik 117–120. Cf. 19,18–26; 82,7–10; 98,26 sq.; 117,3 sq.
453 Cf. 76,11–77,11; 92,1–4; 93,16–18 bezüglich der Heranziehung von *Io* 8,36 in *nupt. et conc.* 2,8 (p. 259, l. 9–19); 127,1–129,3; 136,3–6. Cf. auch Wurst, Haeresis 293.
454 Cf. 25,1–27,6; 70,1–12 in Bezug auf die Heranziehung von *Rm* 7,23–25 in *nupt. et conc.* 2,6 (p. 257, l. 10–24; 67,3–17 und p. 257, l. 24–p. 258, l. 5; 69,1–6); 84,11–14; 85,1–6; bezüglich der Heranziehung von *Io* 8,36 in *nupt. et conc.* 2,8 (p. 259, l. 9–13; 74,2–6); 127,1–129,3 in Bezug auf die Verwendung von *Rm* 9,21 in *nupt. et conc.* 2,8 (p. 259, l. 16–25; 113,6–13). Cf. Sommer, Ende 15 sq.; Flasch, Kampfplätze 36.

hung von Bibelzitaten sei dabei immer die Täuschung anderer Menschen. Die Hinterlist Augustins verdeutlicht Julian dadurch, dass er ihm nachweist, dass er sich in Widersprüche verstrickt,[455] indem er aus dessen Schriften belegt, dass jener seinen *error* nicht aufgibt, aber gleichzeitig vordergründig katholische Ansichten für sich beansprucht.[456] Gesteigert wird dieser Topos bei Julian dadurch, dass er Augustinus vorwirft, er sei aufgrund der offensichtlichen Absurdität seiner Schlussfolgerungen sogar in der Verschleierung seiner häretischen Absichten nicht sehr erfolgreich (cf. Kommentar zu 99,1–100,6). Julian selbst stilisiert sich dadurch als einen rechtschaffenen Kämpfer für die christliche Wahrheit.[457]

Die polemische Dekonstruktion von Augustins Ansichten, die darauf abzielt, ihn besser mit den Manichäern oder generell mit Häretikern vergleichen zu können, ist eng verknüpft mit der Dialektik auf Basis eigener Definitionen und Konzepte (cf. Hinführung. 3.3.1). Julian interpretiert z. B. die Auffassung Augustinus von der menschlichen Natur als eine *mala natura* und legt zu diesem Ziel seine eigenen Konzepte – wie das der Unveränderbarkeit der menschlichen Natur – zugrunde (cf. Kommentar zu 24,11–16; 31,1–32,5). Ebenso ist es auffallend, dass Julian nicht besonders ausführlich auf die manichäische Kosmologie eingeht. Der Kampf zwischen Gut und Böse, der im manichäischen System für die Entstehung der Welt verantwortlich ist, ist in mehreren Mythen verwoben und läuft in unterschiedlichen Stadien ab. Julian reduziert diesen jedoch schematisch nur auf einen Kampf, bei dem der „Gott des Lichts" Teile seiner Substanz opfert, um Macht über sein Reich behalten zu können (ebenso reduziert er auch Augustins Ansichten; cf. 49,1–11; 66,4–11; 113,13–114,7; 116,1–10).[458] Auch die Zitation der *Epistula ad Menoch* ist bei Julian verkürzt, sodass es plausibel ist, dass er absichtlich Teile des Briefes ausgespart hat, die sich für eine Argumentation gegen Augustinus nicht geeignet hätten.[459]

Auf einen Vergleich mit dem Manichäismus zielt auch die Argumentation gegen Augustins Gottesbild ab. Hier zitiert Julian Augustinus, um nachzuweisen, dass sein Gott alle Menschen für die Verdammung erschaffe und deshalb schlimmer als der Gott der Manichäer sei, da es im manichäischen Weltbild zumindest das Prinzip des Bösen sei, das die Verdammung bewirke, und nicht der gute Gott des Lichts (cf. 109,8–125,7).[460]

---

455 Cf. 24,11–16; 71,20–25; 127,1–129,3; auch ohne Bezug zur Exegese: 57,7–19; 86,1–4; 101,14–18.
456 Cf. 24,11–26,3; 64,26–32; 88,2–7; 108,5–8.
457 Cf. 2,10–17; 5,1–8; 12,8–14; 14,3–15,4.
458 Cf. auch Lamberigts, Assessment 117–120.
459 Cf. dazu Harrison/BeDuhn, Authenticity 142 (in Bezug auf 3,172).
460 Cf. Lamberigts, Assessment 133 sq.

3.2.2 Charakterfehler Augustins und Augustinus als punischer/verschlagener Redner

Zu den Topoi, die sich aus den *Confessiones* speisen, kann neben dem Manichäismusvorwurf der Vorwurf genannt werden, Augustinus sei ein verschlagener Rhetor.[461] Gleiches dürfte auch für die Assoziation Augustins mit einem *homo mendax*, der Täuschungsabsichten hegt, gelten.[462] In seinen *Confessiones* zieht Augustinus dieses Bild von sich häufig für die Beschreibung seines Charakters vor seiner Bekehrung heran.[463] Julian verwendet zudem Wortfelder, in denen die Sprache der *Confessiones* anklingt,[464] und spielt darauf an, dass Augustinus seine Mutter als Trinkerin bezeichnet hat, um Augustinus damit vor dem Leser zu diskreditieren.[465] Auf charakterlicher Ebene belegt Julian Augustinus zudem häufig mit Beschimpfungen und abwertenden Begriffen, die seine intellektuelle Begabung, aber auch seine moralische Integrität herabsetzen sollen.[466] Augustinus ist *impudens*,[467] *stultus*,[468] *improbus*,[469] *impius* und *profanus*.[470] Der negativ charakterisierten Seite Augustins wird die rechtgläubige, für den wirklich katholischen Glauben kämpfende Seite Julians und sei-

---

461   Cf. Flasch, Kampfplätze 13. Cf. auch Weber, Punic 79 sq.; Weber hebt ib. zwar hervor, dass Julian Augustinus unterstellen möchte, dass er ein verschlagener Redner sei, vermerkt jedoch nicht, dass Julian dabei auch Augustins eigene Bewertung seiner Lehrtätigkeit im Blick gehabt haben dürfte. Cf. dazu z. B. Kommentar zu 67,23–28 und A. *conf.* 6,10.
462   Cf. Weber, Punic 79 sq.
463   Cf. Kommentar zu 67,23–28.
464   Cf. Kommentar zu 11,1–7 und 82,9.11–15 (cf. auch Hinführung. 1.5). Dies lässt wiederum darauf schließen, dass die Adressaten, an die sich die Schrift wendet, mit den *Confessiones* vertraut gewesen sein dürften. Interessant ist an dieser Stelle, dass auch Pelagius die Genesis-Auslegung Augustins in den *Confessiones* ablehnt (cf. Mayer, Da quod; A. *perseu.* 53 (= *praed. sanct.* 2,53)). Eine weitere Reaktion eines Zeitgenossen auf die *Confessiones* findet sich in einem Brief, in dem der Spanier Consentius Augustinus mitteilt, er habe nach wenigen Seiten des Werkes zunächst mit dem Lesen aufhören müssen, da er darin nichts hätte finden können, was ihn hätte aufbauen können (cf. Consent. A. *ep.* 12*,1; cf. Quillen, Consentius 88 sq.).
465   Cf. Kommentar zu 68,7–9.
466   Cf. 8,1–5. Polemische Schriften enthalten damit Elemente der Invektive. Anders als bei der Invektive ist bei polemischen Schriften die Ausfälligkeit der (vermeintlich) sachlichen Argumentation nachgeordnet (cf. Koster, Invektive 30). Cf. z. B. auch die Adjektive, mit denen Cicero Antonius in seinen *Philippicae* belegt (cf. Manuwald, Philippics 1, 108 sq.). Zur Vergabe von Spitznamen zur Abwertung des Gegners und der Umsetzung bei Julian cf. Weber, Punic 76 und ib. 77–82.
467   Z. B. 16,1–6; 22,39; 52,33–37; 66,4–9.
468   Z. B. 64,26–32; 100,5 sq.; 86,1–4.
469   Z. B. 16,6–8; 66,4–9.
470   Z. B. 64,2–6; 86,1–4; 100,5 sq.

ner Anhänger gegenübergestellt.[471] Dies unterstreicht Julian in der Gegenüberstellung auch jeweils durch die Verwendung der Pronomina *nos – uos*; *noster – uester* etc.[472]

In Zusammenhang mit der Täuschung der Leser/Zuhörer und der Unglaubwürdigkeit Augustins dürfte die Beschimpfung als *disputator/tractator/orator/scriptor Poenus* (*c. Iul.* 3,31; 7,2; 48,17; 73,41; *Aristoteles Poenorum* 3,199,5) bzw. *Numida* (16,9) zu verstehen sein.[473] Mit diesen Bezeichnungen soll bewirkt werden, dass der Leser bestimmte Stereotype mit Augustinus assoziiert, die für Punier geläufig sind.[474] Zunächst sind hier charakterliche Komponenten zu nennen: Negative Eigenschaften, wie Treulosigkeit[475] und Vertragsbruch,[476] Affektgetriebenheit, Verblendung und Unmenschlichkeit, der Ehrgeiz, mit allen Mitteln einen Sieg zu erreichen (cf. dazu Julians Charakterisierung Augustins als *sycophanta* (cf. 64,7); cf. die Beschreibungen bei Livius und Silius Italicus),[477] List und Betrug[478] werden auf Augustinus übertragen. Er

---

471 Cf. 2,10–17; 23,1–25,9 verknüpft mit dem Vorwurf des Manichäismus; 50,1–51,9; 59,1–10; 94,48–56; 106,18–21; 119,1–9; 130,7–11; 141,18–22.

472 Cf. 50,1–51,9; 129,1–4; 130,3–11.

473 Cf. Kommentar zu 7,2 und Lössl, Julian 107 mit n. 154.

474 Cf. Cipriani, Polemica 147 sq.; cf. 48,16–18; 72,16–19; 76,7: [...] *fabricatores doli* [...]. Cipriani (id., Polemica 147) zitiert als ein Beispiel in der Rhetorik, in dem die typischen Vorwürfe gegenüber den Karthagern zutage treten, eine Textstelle beim Auctor ad Herennium: *qui sunt qui foedera saepe ruperunt? Kartaginienses. qui sunt qui crudele bellum gesserunt? Kartaginienses. qui sunt qui Italiam deformauerunt? Kartaginienses. qui sunt qui sibi postulant ignosci? Kartaginienses. Videte ergo quam conueniat eos inpetrare* (*Rhet. Her.* 4,14,20). Übers.: „Wer war es, der oft die Bündnisse gebrochen hat? Die Karthager. Wer war es, der einen grausamen Krieg gegen Italien geführt hat? Die Karthager. Wer war es, der Italien verwüstet hat? Die Karthager. Wer ist es, der um Verzeihung bittet? Die Karthager. Seht also, wie es gelingen soll, dass sie dies erreichen." Dieses Beispiel könnte sich in den Kontext der Debatte zwischen Cato Maior und P. Scipio Nasica verorten lassen, wo es um die Frage geht, ob Karthago zerstört werden solle (cf. *Rhet. Her.* 3,2,2). Gemäß Calboli war dies ein beliebtes Deklamationsthema (cf. Calboli, Rhetorica 312 sq.). Cf. auch Calboli, Rhetorica 312 sq. zu weiteren punischen Stereotypen.

475 Cf. Weber, Punic 81. Weber hebt ib. hervor, dass *perfidia* zudem im christlichen Kontext die Komponente der „Ungläubigkeit" erhält.

476 Cf. Cipriani, Polemica 147 unter Heranziehung von Cic. *off.* 1,38: *Poeni foedifragi, crudelis Hannibal, reliqui iustiores.*

477 Nach einem Lob von Hannibals Tugenden schreibt Livius (id., 21,4,9): *has tantas uiri uirtutes ingentia uitia aequabant, inhumana crudelitas, perfidia plus quam Punica, nihil ueri, nihil sancti, nullus deum metus, nullum ius iurandum, nulla religio.* Übers.: „Die genannten Tugenden dieses Mannes ebneten gewaltige Charakterfehler ein, nämlich eine unmenschliche Grausamkeit, eine Treulosigkeit, die schlimmer ist, als die der Punier; ihm fehlten der Sinn für das Wahre, der Sinn für das Heilige, die Furcht vor den Göttern, die Verlässlichkeit hinsichtlich der Gültigkeit von Schwüren, die Ehrfurcht." Bei Silius Italicus wird Hannibal charakterisiert als Mensch, der von *furor* gezeichnet ist (cf. z.B. das Abschiedsgespräch mit seiner Frau Imilce (Sil. 3,61–157); cf. Laudizi, Silio 113 sq.).

möchte, damit beim Leser also den Eindruck erzeugen, Augustinus sei unehrlich und unzuverlässig – Charakterzüge, die gut in das Stereotyp des Puniers passen.[479] Im weiteren Sinne wird durch die Assoziation Augustins mit einem Punier die Debatte auf eine Ebene höherer Bedeutung gehoben: Augustinus und seine Anhänger sind in der Debatte mit den Pelagianern als verschlagene Gegner zu betrachten, die den Konflikt zwischen Italien und Afrika erneuern.[480] Gleichzeitig suggeriert Julian mit diesem Bild, dass auch diesmal das mächtige Italien den Sieg heimtragen wird.[481]

Verknüpft mit dieser Beschimpfung ist demnach auch der Vorwurf einer unrechtmäßigen Beeinflussung des Volkes. Julian stellt Augustinus mal als miserablen Gelehrten und stümperhaften Redner dar, der in seiner Not auf demagogische Mittel und Bestechungen zurückgreifen muss,[482] mal als einen Rhetor, der einfache Menschen durch verschlagene Rhetorik hinters Licht führt,[483] indem er sich christlicher Konzepte bedient und von der *catholica fides* spricht, jedoch damit etwas anderes meint.[484] Dabei wird Augustinus unterstellt, er verbreite das Gerücht, die Anhänger Julians seien *inimici gratiae* und hielten die Taufe von Kleinkindern für unnötig.[485] Letzterer Vorwurf geht einher mit der falschen Inanspruchnahme und Dekontextualisierung von Textstellen aus der Heiligen Schrift, die die Ansichten Augustins zu stützen schei-

---

478 Val. Max. 7,4, *ext.* 2: *haec fuit Punica fortitudo, dolis et insidiis et fallacia instructa*. Cf. auch Liu. 22,23,4: *[...] una fraude ac dolo Hannibalis [...]*; id. 26,17,15: *tum demum Claudius Punicam fraudem adgnoscens ut se dolo captum sensit [...]*.
479 Cf. Opelt, Schimpfwörter 183.
480 Cf. Cipriani, Polemica 147–149.
481 Nimmt man die Antworten Augustins hinzu, verlagert sich laut Lössl dieses Bild durch die Anspielung auf Julians vermeintliche Herkunftsregion Apulien, die nach der Schlacht von Cannae zur punischen Seite übergelaufen war und infolgedessen Niederlage erleiden musste (cf. id., Julian 32). Cf. dazu Lössl, Julian 32: „Augustins Erwiderung an Julian suggeriert, daß sich in ihrer Kontroverse Geschichte in gewissem Sinne auf kirchlich-dogmatischer Ebene wiederholt. Erneut, so könnte Augustinus hier meinen, fällt der apulische Adel von Rom ab. Nur diesmal ist es ironischerweise nicht die punische Macht, die sie dazu treibt. Im Gegenteil, es sind die punischen Provinzialen, die Bischöfe der Metropole Karthago, die der römischen Kirche zu Hilfe eilen."
482 Cf. Kommentar zu 10,1–13; 33,1–8; 41,3–43,5; 74,12–18; cf. 3,31,8–12.
483 Cf. Weber, Punic 80; cf. Kommentar. 2.4.2; 3,50,1–6; 5,3; cf. 2,36,1–3: *abuti te imperitia fauentum tibi et delitescere sub ambiguitate uerborum, quicumque ille fuerit operum nostrorum eruditus lector intellegit*. Übers.: „Dass du die Unerfahrenheit deiner Anhänger ausnutzt und dich hinter der Mehrdeutigkeit der Worte versteckst, erkennt jeder gebildete Leser unserer Werke."
484 Cf. Kommentar zu 23,6–13 und die rekonstruierte Einleitung von *Turb.* 1 (cf. Kommentar zu 73,23–42).
485 Cf. 53,4–38 = *Turb.* 1, frg. 16.

nen, einer Vorgehensweise, die, wie bereits oben (Hinführung. 3.2.1.2) erläutert, in Julians Augen charakteristisch für alle Häresien ist.[486] Julian unterstellt, dass Augustinus sich dessen bewusst sei, dass ungebildete Menschen die Heilige Schrift nicht verstehen, und er sich diese Unwissenheit zunutze mache.[487] Er selbst präsentiert sich als den intellektuellen Gegenspieler, der sich des Werkzeugs der Vernunft bedient.[488] Ziel seiner eigenen Ausführungen ist es damit auch, die „Täuschungsmethoden" Augustins zu entlarven, was er durch den Nachweis von Inkonsistenzen im augustinischen System anstrebt (cf. Hinführung. 3.3.1).

3.3 Beweisführung und Widerlegung
3.3.1 Schlussfolgerungen auf Basis eigener Konzepte und dialektischer und logischer Prinzipien

Die in *Flor.* 1 herangezogenen und in der Argumentation und Exegese innerhalb der anderen Bücher von *Flor.* angewandten Definitionen von *iustitia*, *peccatum* und *liberum arbitrium* leitet Julian allesamt aus Ansichten her, die beim Leser als anerkannt gelten können. Im Falle der göttlichen Gerechtigkeit ist dies das *suum cuique tribuere*, im Falle des freien Willens erhält die Definition Glaubwürdigkeit mittels der Herleitung des Menschenbildes. Die Definition der Sünde schließlich stammt aus Augustins *duab. an.* 15 und fügt sich gut in den antideterministischen Kontext von *Flor.* ein. Ausgehend von diesen Definitionen kann er im Folgenden die Prämissen seiner Schlussfolgerungen bilden und seiner Argumentation Objektivität verleihen. Auf Basis der Definition des *peccatum* und der *iustitia* erfolgt so in 57,1–61,5 die Argumentation für die Sündlosigkeit der Kleinkinder und gegen Augustins Vorstellung von der *tradux peccati*. Auch Julians Exegese in 67,18–68,16; 69,6–37 (*Rm* 7,23–25) bedient sich der Sündendefinition (cf. 67,89–91). In 77,9–83,6 tritt zu diesen beiden Definitionen noch diejenige des *liberum arbitrium* hinzu, die zu Beginn eines weiten Argumentationsbogens steht, in dem Julian entlarven will, dass Augustinus die Aussage *non liberum negamus arbitrium* nicht ehrlich meint.[489] Demgemäß liegt sie allen folgenden Zwischenabschnitten dieser Ausführungen zugrunde: In Kombination mit der Sündendefinition ist sie für

---

486 Cf. 25,1–9; zum Vorwurf, Augustinus lege die Schrift falsch aus und wolle mit seiner Herangehensweise die Menschen täuschen, cf. 24,11–25,9; 70,1–12; 76,6–77,9; 84,8–14; 92,1–4; 107,1–3; 113,14–19; 126,1–130,11.
487 Cf. 33,1–8; 70,8–12; die rekonstruierte Einleitung von *Turb.* 1 (cf. Kommentar zu 73,23–42), insbesondere Kommentar zu 73,19–23; 75,5–20; 85,1–6; 86,1–4; 107,1–13.
488 Cf. Lamberigts, Italian 85; Weber, Literatur 503 sq. Cf. z. B. 31,1–5; 41,3–43,5; 48,21 sq.44–50; 67,20 sq.; 69,26; 114,1–4; 120,1–8; 2,1,1–2,6,7; 4,6,3.
489 Cf. die Vorbemerkungen im Kommentar zu 73,1–109,8.

die Exegese in 87,1–92,4 (*Io* 8,36) relevant, ebenso wie für die Erläuterung des Zusammenhangs von Gnade und freier Entscheidung (94,48–95,11) und bei der Gegenüberstellung von Augustins Ansichten mit denen Jovinians und der Manichäer (96,1–106,21); schließlich bildet sie auch bei der Exegese von *Rm* 6,20 die Basis (107,1–109,8). Wesentlich für die Argumentbildung im letzten großen Abschnitt von *Flor.* 1 (109,8–141,18) sind schließlich alle drei Definitionen. Julian will dort Augustins Gott Willkür und Ungerechtigkeit nachweisen, indem er Augustins Worte aus *nupt. et conc.* 2,8 (p. 259, l. 19–25; 113,6–13) so interpretiert, als würde Gott alle Menschen unabhängig von ihrem Charakter für die Verdammung erschaffen. Er legt dabei zugrunde, dass die Willensfreiheit gilt und das *peccatum originale* widerlegt ist.

Die drei Begriffsdefinitionen von Gerechtigkeit, Sünde und freiem Willen hängen zudem untereinander zusammen und bilden ein Geflecht. Gott trifft auf Basis des Charakters der Menschen eine gerechte Wahl, wobei der Charakter jedoch abhängig davon ist, ob der Mensch sündigt oder nicht, was wiederum auf das *liberum arbitrium* zurückzuführen ist. Der freie Wille ist damit die notwendige Bedingung für die Beurteilung des Menschen durch Gott, da Handlungen nur dann honoriert bzw. bestraft werden können, wenn sie aus freiem Entschluss geschehen sind (cf. 130,1–7). Die drei Definitionen sind zudem so gewählt, dass offensichtlich wird, dass Augustinus mit seinen Ansichten gegen sie verstößt. Das *peccatum originale* widerspricht der Sündendefinition Julians, da diese für ihn nur durch Willensentscheidung zustande kommen kann. Die Prädestination im augustinischen Gottesbild läuft Julians Konzept von der Gerechtigkeit Gottes zuwider, mit der dieser auf Basis des Charakters seine Wahl trifft. Das Gnadenkonzept Augustins schränkt bei Annahme von Julians Verständnis des *liberum arbitrium* die Freiheit des Menschen ein und macht Gott zu einem Willkürherrscher. Dort, wo Augustinus auf die gerechte Wahl Gottes verweist, deren Kriterien der Mensch nicht kennen kann (cf. Hinführung. 2.2.2.2), verweist Julian auf den Charakter der Menschen.[490] Er nähert sich der göttlichen Gerechtigkeit ebenso wie Augustinus

---

490 Zu Esau und Jakob cf. 131,18–24: *comprimit igitur gentium magister Iudaeorum tumorem et ostendit non in seminibus humani generis, sed in moribus esse distantiam, ut se illi agnoscerent, nisi fideles esse curassent, nulla praerogatiua circumcisi generis uindicandos, siquidem Iacob et Esau una seminis exceptione concepti et una ui parientis effusi diuersos nimium exitus pro meritorum diuersitate pertulerint.* Julians Ansicht nach wendet sich der Apostel Paulus im Römerbrief gegen die Juden, die meinen, ihre Abstammung von Abraham genüge, um von Gott auserwählt zu sein. Stattdessen beruft er sich auf die guten Taten der Menschen und schreibt, dass sowohl Juden, die schlecht leben, von Gott verdammt werden als auch Heidenchristen, die gut leben, von Gott das ewige Leben geschenkt bekommen.

mit dem *suum cuique tribuere*, schreibt Gott jedoch Urteilskriterien zu, die der Mensch zu einem gewissen Grad nachvollziehen kann. Neben den von Julian definierten Begriffen sind für seine Argumentation noch die Konzepte von der menschlichen Natur, der Schöpfung und der Gnade wesentlich. Wie oben (Hinführung. 2.2.1) erläutert, geht er von einer unveränderbar guten menschlichen Natur aus und sieht daher in der Theorie der Erbsünde einen Angriff auf die gute Einrichtung der Schöpfung. Seiner Ansicht nach greift das augustinische *peccatum originale* direkt in die Substanz der menschlichen Natur ein, die er selbst als unveränderlich ansieht.[491] Er weigert sich dagegen anzuerkennen, dass Augustinus die Erbsünde nur als ein Akzidenz der menschlichen Natur ansieht,[492] und Augustinus vertritt in seinen Augen eine Position, in der die menschliche Natur substantiell veränderlich ist (6,18,4–6: *ea, inquit, quae erant naturalia, perpetua non fuerunt, et illa, quae studio suscepta sunt, primis coagulis adhaesere membrorum*).[493] Er interpretiert ihn so, dass die Sünde nach dem Sündenfall für den Menschen zum Zwang wird (6,9), da er das *peccatum originale* als einen irreversiblen Defekt der Substanz begreift.[494] Die göttliche Gnade versteht Julian demnach auch nicht als Auslöser für den guten Willen, sondern als dessen Unterstützung, sodass die menschliche Entscheidungsfreiheit uneingeschränkt bestehen bleibt (cf. Hinführung. 2.2.1.3).

Neben den genannten Konzepten und Definitionen hebt Julian bei seinen Schlussfolgerungen[495] des Öfteren Prinzipien der Logik und der Dialektik hervor. Dabei kommen z. B. *diuisiones*,[496] der Satz vom Widerspruch[497] oder die Analyse polysemer Begriffe[498] zum Einsatz. Die Betonung dieser Prinzipien kann als Taktik verstanden werden, Augustins eigene Logik zu diskreditieren. Da die genannte Methodik bzw. die genannten Regeln bei den Lesern von *Flor*.

---

491 Zu Folgerungen, die auf dieser Prämisse beruhen, cf. Kommentar zu 24,1–6; 55,1–56,3; 61,1–5; 69,12 sq.; 98,27–39; 105,7–11; 123,1–6; 124,2–125,7.
492 Cf. Lamberigts, Alternative 107 sq.; Söder, Natura 174 sq.
493 Übers.: „Augustinus behauptet, dass die Dinge, die natürlich sind, nicht für die Ewigkeit geschaffen waren, und jene hingegen, die auf eigenes Betreiben hin von den Menschen aufgenommen worden sind, von ihrem ersten Zustandekommen an den Gliedern anhaften."
494 Cf. auch Lamberigts, Alternative 107 sq. und ib. 112 sq.
495 Cf. z. B. 38,10–12; 48,7–13; 57,13–19.
496 Cf. 34,1–48,3; 77,9–83,6.
497 Cf. Kommentar zu 57,1–19; 64,26–32; 84,1–86,4; 3,31 sq. (cf. Arist. *Cat.* 10 11b 32–12a 25). cf. dazu Lössl, Julian 118. Ein weiteres Beispiel ist die Verwendung der aristotelischen Kategorien der Qualität (*Turb.* 4, frg. 294 = Iulian. A. c. Iul. 6,54) und der Quantität (*Turb.* 4, frg. 302 = Iulian. A. c. Iul. 6,64), die Julian in *Turb.* herangezogen hat, cf. Lössl, Julian 114–117.
498 Cf. Kommentar zu 48,32; 87,15–25; 90,5–15.

akzeptiert gewesen sein dürften, sichert eine Hervorhebung dieser Prinzipien zudem Julians eigene Argumentation ab.

3.3.2 Hervorhebung von anerkannten Ansichten und Schlüsselbegriffen für den christlichen Glauben

Julian kommt innerhalb seiner Argumentation gegen Augustinus immer wieder auf Ansichten zurück, die fundamental für den christlichen Glauben sind und an das Glaubensbekenntnis erinnern[499] sowie teilweise mit den von Julian angeführten Definitionen in *Flor.* einhergehen (cf. Hinführung. 3.3.1). Mit der Akzentuierung dieser Ansichten verfolgt Julian das Ziel, die eigene Position als orthodox zu verteidigen und gleichzeitig Augustinus zu unterstellen, er rüttle gerade an diesen Fundamenten des Glaubens (cf. Kommentar zu 50,11 sq.). Diese Ansicht drückt Julian nach dem ersten argumentativen Abschnitt in *Flor.* 1 aus (**48,47–50**): *iusta enim et probabili grauitate indignum te disputatione censerem, qui eo usque a religione, ab eruditione, a communibus postremo sensibus aufugisses, ut, quod uix ulla barbaries, deum tuum criminosum putares*. Neben der Tatsache, dass Augustinus falsch argumentiert (cf. Hinführung. 3.2.2), verletzt er zudem die christlichen Glaubensfundamente und anerkannte Ansichten des Menschenbildes. Wesentliche Konzepte, die Julian in *Flor.* darunter immer wieder hervorhebt, sind die göttliche Gerechtigkeit, der freie Wille sowie die Unveränderlichkeit und Gutheit der menschlichen Natur, die nichts mit Gottes Bewertung des Menschen zu tun hat.[500] Diese Konzepte belegt er zum einen durch Argumentation (cf. Hinführung. 3.3.1), zum anderen durch Bibelstellen (cf. 27,6–13; 45,1–12; 93,1–18; 94,62–74). Sie bilden zugleich auch eine Grundlage für seine Exegese (cf. Hinführung. 3.3.3).

Es ist auffällig, dass die Schwerpunkte bei der Wahl der Schlagworte der Argumentation gegen Augustinus angepasst sind. Julians Vorgehen lässt hier auch an die Schriften Tertullians denken, der sich abhängig vom jeweiligen Gegner auf verschiedene *regulae fidei* beruft, die alle eine gemeinsame Basis besitzen.[501] Julian verweist darauf, dass die göttliche Gerechtigkeit die Basis

---

499   Cf. 29,1–3: [...] *hic unus uerus, cui credimus et quem in trinitate ueneramur* [...] (cf. 2,16,18–20; 5,63,23 sq.; 6,22,27 sq.); diese Zeile erinnert an das sogenannte pseudo-athanasische Glaubensbekenntnis (cf. Denzinger, Enchiridion 45); cf. auch 50,11–22; 53,1–4 in Bezug auf *Turb*.

500   Zur Gegenüberstellung von *mores/uita* und *natura/semina* cf. 67,52–54; 89,1 sq.; 90,1 sq.12–15; 105,9–11; 107,15–23; 122,9 sq.; 131,19 sq.; 137,1–4 und ebenso 2,57,1–3. Cf. auch Flasch, Kampfplätze 32 sq.

501   Countryman verortet diese formelhaften *regulae fidei* aus dem 2. Jahrhundert in den Unterricht der Taufbewerber und nennt als Grund für ihre Entstehung u. a. die Auseinandersetzung mit der Gnosis (cf. Countryman, Tertullian 221–226).

einer jeden Interpretation der Heiligen Schrift sein muss (27,2–33,8). Damit einher geht auch die Betonung der Bewertung des Menschen durch Gott (50,2–22), die Notwendigkeit der Taufe (53,1–54,3), das Bekenntnis zur göttlichen Gnade (94,56–95,11) sowie zur Güte Gottes (129,1–130,8). Überall, wo Julian diese Punkte verdeutlicht und verteidigt, argumentiert er gegen Augustins Ansichten zu diesen Themen (cf. Hinführung. 3.2). So reagiert er z. B. im Falle seiner Verteidigung der Notwendigkeit von Taufe und des Bekenntnisses zur göttlichen Gnade auf die Vorwürfe Augustins, er halte die Kindertaufe für überflüssig und sei ein *inimicus gratiae* (*nupt. et conc.* 2,4 sq. (p. 256, l. 9–p. 257, l. 9); 52,8–33). Mit einem weiteren Bekenntnis zur göttlichen Gnade in 94,56–95,11 sichert er sein eigenes Menschenbild ab und wendet sich zugleich gegen Augustins Ansicht, Gott bewirke den guten Willen. Die exegetischen Partien laufen ebenfalls oft auf die Fokussierung eines der genannten Prinzipien wie die Güte und Gerechtigkeit Gottes und die Existenz des freien Willens hinaus (cf. Hinführung. 3.3.3). Julian kann einerseits bei Augustinus und dem Leser mit einer Zustimmung zu den jeweiligen Konzepten rechnen und ihm damit vorführen, dass die Schlüsse, die Augustinus aus diesen Konzepten zieht, falsch oder widersprüchlich sind. Andererseits kann er die aufgeführten Konzepte mit den Ansichten abgleichen, die er aus Augustins Schriften rekonstruiert bzw. die er reduziert, um sie absurd erscheinen zu lassen.[502] Es entsteht dadurch zum einen ein Kontrast zwischen Julians Ansichten und den vermeintlichen Ansichten Augustins, zum anderen kann Julian damit Augustinus wiederum eine Verschleierungstaktik unterstellen (cf. Hinführung. 3.2). Er erschafft durch die Betonung der hier genannten Ansichten und durch die Stigmatisierung seines Gegners mittels polemischer Topoi, um mit Classen zu sprechen, ein „climate of values",[503] für das seine eigene Seite steht, aus dem Augustins Partei jedoch ausbricht.

3.3.3 Exegese als Mittel der *refutatio*

Auch bei der Einordnung der exegetischen Passagen in den Kontext von *Flor.* 1 ist im Auge zu behalten, dass es sich um eine Verteidigungsschrift gegen Augustins *nupt. et conc.* 2 handelt. Der folgende Abschnitt ist nicht so zu verstehen, dass Julians Exegese hier auf ein rhetorisches Mittel „reduziert", sondern im Sinne einer Ergänzung die argumentative Funktion der Exegese in *Flor.* dargestellt werden soll. Die Passagen, in denen Julian in *Flor.* 1 Bibelstellen aus-

---

502 Cf. Kommentar zu 62,5–7; 63,1–9; 66,4–11; 68,5–16; 97,7–11; 98,4–11.27–39; 99,1–100,6; 124,2–125,7; 128,2–129,3.
503 Classen, Speeches 204. Cf. ib. 197–199. Classen stellt dieses Vorgehen für Demosthenes' *Kranzrede* dar.

legt, dienen nicht ausschließlich der Erklärung derselben, wie in einem Kommentar zu erwarten wäre, sondern sind gezielt (argumentativ und polemisch) gegen Augustins Ansichten eingesetzt und dienen demnach auch der Beweisführung innerhalb der Verteidigungs-/Widerlegungssituation. Abschnitte, in denen Bibelstellen innerhalb ihres Kontextes ausgelegt werden, finden sich in *Flor.* 1 in den Paragraphen 67,18–68,1; 69,6–37 (*Rm* 7,23–25); 87,1–91,7 (*Io* 8,36); 107,1–109,8 (*Rm* 6,20); 131,1–137,4 (*Rm* 9,21) und 138,1–141,18 (*Is* 45,9). Dabei sind die jeweiligen Bibelstellen, die Julian auslegt, von Augustinus bereits in *nupt. et conc.* 2,6–8 verwendet worden. Da Julian in seiner *argumentatio* die Passagen aus *nupt. et conc.* 2,3–8 Stück für Stück zitiert, kann jede Auslegung somit als eine direkte Antwort auf Augustins eigene Verwendung der jeweiligen Bibelstelle gelten. Auch Julians Anmerkungen zu exegetischen Prinzipien dienen demnach nicht nur zur Erläuterung des Bibeltextes, sondern können die Position von Argumenten innerhalb der Widerlegung Augustins einnehmen. Gerade der Skopos der Bibelstellen ist von Julian in *Flor.* oft so gewählt, dass die jeweilige Textstelle aus der Heiligen Schrift nicht mehr als Beleg für Augustins, sondern nunmehr als Beweis für die Richtigkeit seiner eigenen Lehre gelten kann. Abgesehen von der Auslegung in 138,1–141,18 (*Is* 45,9) dienen letztlich alle Auslegungen in *Flor.* 1 als Beweis dafür, dass die Sünde der Menschen in ihren Verhaltensweisen und nicht in ihrer Natur zu verorten ist (cf. 67,52–60; 89,1–90,1; 107,15–21; 131,18–24). Julian verknüpft sein Vorgehen zudem damit, dass er die oben genannten (Hinführung. 2.3) exegetischen Techniken dem Leser explizit macht.[504] Er tut dies meist dann, wenn er innerhalb der Exegese ein Gegenargument gegen die augustinische Position anbringen möchte. Für die einzelnen exegetischen Passagen haben sich somit folgende exegetische Techniken herauskristallisiert, die den Stellenwert von Argumenten erhalten.

Innerhalb der Auslegung von *Rm* 7,23–25 (67,18–68,1; 69,6–37) beruft sich Julian auf die sprachliche *consuetudo* der Heiligen Schrift und zieht Parallelstellen heran, um zu erläutern, was Paulus unter den *membra* und unter dem *corpus mortis* in *Rm* 7,24 sq. verstehen möchte. Die *membra* stehen für die Einzelsünden, wohingegen das *corpus mortis* die Sündenverstrickung des einzelnen Menschen darstellt, der sich von seiner Gewohnheit zu sündigen erst durch die Vergebung in der Taufe losmachen kann. Der Skopos der Textstelle ist die Befreiung aus der *consuetudo delinquendi*, die der Mensch durch die Bekehrung zu Christus erleben kann. Dies richtet sich gegen Augustins Verständnis des *corpus mortis* als Ergebnis des *peccatum originale* Adams, dessen Schuld

---

504 Z. B. auch 2,53, wo er zwischen eigentümlichem und nicht eigentümlichem Gebrauch des Begriffs *generatio* unterscheidet, um gegen die Erbsündenlehre Augustins seine Theorie der *imitatio peccati* als Prinzip der Verbreitung der Sünden stark zu machen.

jeder Mensch auf sich lädt (cf. *nupt. et conc.* 2,6; p. 257, l. 10–24; 67,3–17). Julian unterstellt Augustinus hier, er verstehe den Bibeltext zu wörtlich bzw. verstehe den übertragenen Sinn der Worte nicht (cf. Kommentar zu 67,33–40.77–93; 69,6–29).

Eine andere Methode zur Worterklärung wendet Julian bei der Auslegung von *Io* 8,36 (87,1–91,7) an. Er legt dar, dass der Begriff *libertas* sich durch Polysemie auszeichnet (87,15–21) und richtet sich damit gegen Augustins Verständnis von *Io* 8,36, der diese Stelle als einen Beleg dafür heranzieht, dass der menschliche Wille, um das Gute wollen zu können, die Befreiung durch Christi Gnade benötigt. In Julians Auslegung geht es in *Io* 8,36 nicht um die Befreiung des Willens, sondern stattdessen um die *sanctitas*, das christliche Leben in einem möglichst tugendhaften, gottesfürchtigen und daher freien Zustand – also gerade um die optimistische Ansicht, dass dem Menschen ein solches gutes christliches Leben aufgrund der Gutheit seiner Schöpfung gelingen kann.[505] Als Skopos kann die *uera libertas conscientia gaudente* im Leben der Christen angesehen werden.[506] Auch die unterschiedliche Bedeutung der Begriffe *pater* und *filius* in *Io* 8,37–41 nutzt Julian gegen Augustins Exegese, um zu zeigen, dass Jesus mit dem Begriff *pater* in *facitis opera patris uestri* (*Io* 8,41) nicht auf eine *natura mala* der Menschen, die Julian schlagwortartig für die Konsequenzen der Erbsünde verwendet, hinweist, sondern dass dies im übertragenen Sinne zu verstehen sei und auf deren schlechten Willen abziele. Er unterstellt Augustinus, er verstünde den *diabolus* als *pater* der Juden in *Io* 8,44 im wörtlichen Sinne (cf. Kommentar zu 90,1–5).

Die Auslegung von *Rm* 6,20 (107,1–109,8) richtet sich gegen Augustins Anmerkung, Paulus habe absichtlich *liberati a peccato* geschrieben, um zu kennzeichnen, dass der menschliche Wille nur durch die Gnade Gottes das Gute wollen könne und dazu durch sie erst vom sündigen Handeln befreit werden müsse. Julian nennt hier den *ordo uerborum* (cf. 108,11), der Augustins Verständnis vom Willen zum Schlechten widerstrebe, weil Paulus *liberi fuistis peccato* hätte schreiben müssen, um zu kennzeichnen, dass der Mensch vor der Erlösung durch Gottes Gnade nur das Schlechte wollen kann (cf. 108,11–16). Die Intention Julians, mit seiner Exegese Augustins eigene Exegese zu widerlegen, ist bei dieser Auslegung am explizitesten, da er währenddessen durchgehend Augustinus anspricht.

Flor. 1 endet mit der Exegese von *Rm* 9,21 innerhalb des Kontextes von *Rm* 9,18–24 (131,1–137,4) und *Is* 45,9 innerhalb des Kontextes von *Is* 45,8–13 (138,1–

---

505 Cf. Hinführung. 2.2.1.3.
506 Cf. auch Lössl, Julian 248.

141,18). Die Auslegung der Römerbriefstelle soll Augustinus und dem Leser vor Augen halten, dass es Paulus nicht darum ging zu zeigen, dass die Menschen aus einer *massa damnata* von Gott ausgewählt werden und nichts gegen diese Willkür tun können. Stattdessen werden die Worte des Paulus so ausgelegt, dass durch Heranziehung von 2 Tm 2,20 sq. deutlich wird, dass es Gott um die *mores* der Menschen ginge und nicht um eine prinzipiell verurteilungswürdige menschliche *natura* (cf. Kommentar zu 134,15–135,10 und 137,1–4). Der Skopos dieser Römerbriefstelle ist es, der *superbia* der Juden etwas entgegenzusetzen. Die Frage danach, ob der Ton sich beim Töpfer über seine Beschaffenheit beschweren dürfe, die Paulus in *Rm* 9,20 stellt, spielt auf *Is* 45,9 an, eine Textstelle, die Julian anschließend erhellt. Gemäß der Auslegung *secundum historiam* und *secundum prophetiam* wird dabei beide Male das Bild eines gütigen und gerechten Schöpfergottes gezeichnet, das dem Gottesbild Augustins entgegengestellt wird. Julian wendet sich damit wieder gegen Augustins Ansicht, die Menschen seien eine *massa damnata*, und kehrt zudem zum Anfang von *Flor.* 1 zurück, wo er hervorgehoben hatte, dass nichts in der Heiligen Schrift Gottes Gerechtigkeit infrage stelle (cf. 3,7–5,8).

Neben diesen hermeneutischen Schlagworten, die Julian gegen Augustinus einsetzt, macht er sich jedoch auch Argumentationsformen und literarische Mittel zunutze, die in der Kommentartradition üblich sind. An dieser Stelle seien zwei Beispiele für literarische/argumentative Anklänge in *Flor.* 1 angeführt: Im Römerbrief nimmt Paulus in Julians Augen stellenweise die Rolle eines fiktiven Interlokutors ein und antizipiert damit eine kritische Stimme, die sich gegen ihn richtet, so z.B. *Rm* 9,19. In seiner Auslegung dieses Textes bedient sich Julian derselben Vorgehensweise wie Paulus: Er schlüpft sozusagen in die Rolle des Paulus, erklärt dessen Aussagen in der ersten Person und erläutert aus dieser Perspektive auch den Einwurf des fiktiven Interlokutors (cf. Kommentar zu 133,7–134,5). Dieselbe literarische Vorgehensweise findet sich auch in den oben genannten Kommentaren (cf. Hinführung. 2.2.1.4), so z.B. bei Theodor von Mopsuestia und bei Origenes/Rufinus (cf. Kommentar zu 133,7–134,5).[507] Diese Tatsache spiegelt die didaktische Zielrichtung der Kommentarliteratur wider, da der Leser durch den Personenwechsel unmittelbarer an den kommentierten Text herangeführt wird. Bei Julian ist hier jedoch die Argumentation gegen Augustinus eingewoben. Julian spricht *ex persona Pauli* gegen den fiktiven Interlokutor von *Rm* 9,19, der Paulus in seinen Augen eine Gnadenlehre vom Format derjenigen Augustins vorgeworfen hat, und drückt

---

507   Die Exegese des Origenes wendet sich an den bereits zum Christentum konvertierten Leser, der häretische und orthodoxe Auslegung auseinanderhalten können soll (cf. Fladerer, Kommentar 312 sq.).

damit aus, dass Paulus sich mit seinen Worten gegen eine solche Gnadenlehre ausgesprochen hätte.

Eine Argumentationsfigur, die sich in der Kommentarliteratur bzw. bei Texten, in denen Bibelstellen ausgelegt werden, häufig findet, ist die Berufung auf die Klarheit der Schrift; hierbei wird der biblische Text umformuliert und dann herausgestellt, dass eben genau diese Umformulierung vom Sprecher des Textes *nicht* intendiert ist (cf. Hinführung. 2.3).[508] Ein solches Vorgehen findet sich z. B. bei Johannes Chrysostomus, der mögliche Einwände gegen seine Auslegung antizipiert und ihnen sogleich mittels einer Umformulierung des jeweiligen Bibeltextes entgegentritt[509] (Chrys. *hom.* 13,1 *in Rom.* im Hinblick auf *Rm* 7,15 (PG 60, 509)):

ἀλλ' ὥσπερ, „οὐ γινώσκω", λέγων, οὐκ ἄγνοιαν ἐνέφηνεν, ἀλλ' ἅπερ εἰρήκαμεν·οὕτω καὶ τό, „ὃ οὐ θέλω", προσθείς, οὐκ ἀνάγκην ἐδήλωσεν, ἀλλὰ τὸ μὴ ἐπαινεῖν τὰ γινόμενα· ἐπεὶ εἰ μὴ τοῦτο ἦν δηλώσας τῷ εἰπεῖν, „ὃ οὐ θέλω", τοῦτο πράσσω, πῶς οὐκ ἐπήγαγεν, ἀλλ' ὃ ἀναγκάζομαι καὶ βιάζομαι, τοῦτο ποιῶ; τοῦτο γὰρ τῷ θέλειν καὶ τῇ ἐξουσίᾳ ἀντίκειται. νυνὶ δὲ οὐ τοῦτο εἴρηκεν, ἀλλ' ἀντὶ τούτου τό, „ὃ μισῶ", τέθεικεν, ἵνα μάθῃς ὡς καὶ ἐν τῷ εἰπεῖν, „ὃ οὐ θέλω", οὐ τὴν ἐξουσίαν ἀνεῖλε.[510]

Durch dieses Vorgehen zeigt Johannes Chrysostomus zum einen, dass er nicht einfach über die Ansichten der Gegner hinweggeht,[511] zum anderen werden durch das Heranziehen des kommentierten Textes und dessen Umformulierung falsche/unerwünschte Auslegungen für den Leser als solche direkt entlarvt.[512] Auch Julian verwendet diese Argumentationsfigur und richtet sie di-

---

508 Cf. Neuschäfer, Origenes 238 sq.
509 Cf. zu diesem Vorgehen auch Young, Meaning 10.
510 Übers.: „Aber wie er mit den Worten ‚ich weiß es nicht [*Rm* 7,15]' nicht sein Unwissen deutlich macht, sondern das, was wir gezeigt haben, so meint er auch, wenn er ‚was ich nicht will [*Rm* 7,15]' hinzufügt, keinen Zwang, sondern erklärt, dass das Geschehene nicht auf seine Zustimmung stößt. Wenn er das nämlich mit den Worten ‚was ich nicht will [*Rm* 7,15]', tue ich, nicht meinen würde, warum hat er dann nicht hinzugefügt: ‚sondern das tue ich, wozu man mich mit Gewalt zwingt'? Denn das würde dem Wollen und der Freiheit [sc. des Menschen] widersprechen. Das aber hat er eben nicht gesagt, sondern im Gegenteil sein ‚Was ich hasse [*Rm* 7,15]' hingestellt, damit du erkennst, dass er auch durch die Worte ‚was ich nicht will [*Rm* 7,15]' nicht die Freiheit [sc. des Menschen] aufhebt."
511 Hieronymus greift mit diesem Verfahren mögliche Missverständnisse des Textes auf und geht ihnen sogleich entgegen (Hier. *in psalm.* 1 p. 138, l. 158–174; *adu. Pelag.* 2,3). Dasselbe Vorgehen findet sich auch bei Augustinus (*c. Faust.* 5,10).
512 Dass diese Argumentationsfigur letztlich auf den Verweis auf die Klarheit der Heiligen Schrift zurückgeht, zeigt Neuschäfer, Origenes 237–240, cf. auch Hinführung. 2.3.

rekt gegen „Augustins" Ansichten (cf. 67,74–77; 93,6–13; 107,1–13; 108,11–15; 109,6–8).[513] So nennt er z. B. in 108,8–11 in einem ersten Schritt die augustinische Position (Freiheit hat der Mensch nur zum Schlechten), in einem zweiten Schritt erläutert er, wie das Römerbriefzitat hätte lauten müssen, wenn Paulus tatsächlich gemeint hätte, was Augustinus verstehen wollte (108,11–15): *nam si hoc quod tu putasset, quia libertate solum peccaretur, debuit dicere: liberi fuistis peccato, non: „liberi fuistis iustitiae [Rm 6,20]", ut illi diceretur esse liber cui operabatur ipsa libertas.*

Die biblische Kommentarliteratur und die Homilie verbindet dabei zum einen die Zielrichtung, den Bibeltext zu erklären, jedoch auch der didaktische Kontext dieses Unterfangens.[514] Beide genannten Beispiele erinnern an mündliche Situationen im Schulunterricht, in denen didaktische Methoden angewandt werden, um den Text leichter verständlich zu machen.[515] In diesen beiden Fällen wird jedoch von den jeweiligen Autoren auch die Autorität des Bibeltextes durch ihre literarische Vorgehensweise auf ihre eigene Interpretation übertragen. Im ersten Fall geschieht dies dadurch, dass der Apostel selbst als Erklärer seiner eigenen Worte herangezogen wird. Im zweiten Fall gewinnt die Exegese dadurch Autorität, dass das ihr entsprechende Gegenteil einer anderen Wortwahl im Bibeltext bedürfte. Bei Julian kommt im Vergleich zu den genannten Autoren noch stärker die Ausrichtung gegen seinen Gegner zum Tragen, da hier hermeneutische Mittel direkt gegen Augustinus ausgespielt werden. Julians Vorgehen erinnert nicht zuletzt auch hier an eine Debatte über einen Gesetzestext im Kontext einer Rede vor Gericht (cf. Hinführung. 3.1).[516] Die Argumentation mit der Klarheit der Schrift findet sich beispielsweise auch in Reden Ciceros,[517] der in *De inuentione* die Taktik nennt,

---

513 Cf. auch Kommentar zu 67,40–60; 90,5–15; 108,1–6.15–23.
514 Dass Kommentare für den Schulunterricht gedacht waren, ist zumindest für pagane Werke, wie die *Isagoge* des Porphyrius, bekannt (cf. Scholten, Katechetenschule 26 sq.). Die Homilie wird als Vortrag verstanden, der sich stark am Publikum orientiert (ib. 26 mit n. 65). Die Homilien des Origenes sind in Zusammenhang mit seiner Lehrtätigkeit zu sehen (ib. 28).
515 Cf. z. B. auch für die Vorgehensweise des Johannes Chrysostomus, den Bibeltext mit Fragen zu erschließen: Young, Meaning 15–18.
516 Cf. Cipriani, Aspetti 137 sq.
517 Cf. Cic. *Cluent.* 148: *ubi enim omnis mortalis adligat, ita loquitur: ‚QVI VENENVM MALVM FECIT, FECERIT.' omnes uiri, mulieres, liberi, serui in iudicium uocantur. si idem de coitione uoluisset, adiunxisset: ‚QVIVE COIERIT.'* Übers.: „Dort, wo das Gesetz nämlich jeden Menschen in die Verantwortung zieht, heißt es so: ‚Wer ein gefährliches Gift gemischt hat oder mischen will.' Es werden also alle, Männer wie Frauen, Freie wie Sklaven zur Rechenschaft gezogen. Wenn er dasselbe auch in Bezug auf ein Komplott hätte sagen wollen, hätte er hinzugefügt: ‚oder wer ein Komplott schmieden will.'"

wenn ein unklares Gesetz vorliege, zuerst zu behaupten, dieses sei nicht unklar, und in einem weiteren Schritt zu konstatieren, es drücke hingegen genau das aus, was man im Folgenden demonstrieren möchte,[518] sowie von der gegnerischen Auslegung zu zeigen, dass diese unplausibel sei (cf. Cic. *inu.* 2,117 sq.). Auf diese Weise geht Julian an die Auslegung der Bibelstellen heran, wenn er gleich zu Beginn exegetischer Partien von *Flor.* sicherstellt, dass die herangezogene Bibelstelle Augustins Ansicht widerspricht (cf. z. B. 67,34–40 gegen die *tradux mortis*; cf. 77,6–9). Es lässt sich hierbei vermuten, dass Julian sich letztlich für seine Argumentation die Herkunft der christlichen Exegese aus der grammatisch-rhetorischen Schultradition (cf. Hinführung. 2.3) zunutze macht und dadurch der Eindruck von einer Verhandlung vor Richtern verstärkt wird (cf. Hinführung. 1.4; 3.1).

518 Cf. Cic. *inu.* 2,116: *primum, si fieri poterit, demonstrandum est non esse ambigue scriptum, propterea quod omnes in consuetudine sermonis sic uti solent eo uerbo uno pluribusue in eam sententiam, in quam is, qui dicet, accipiendum esse demonstrabit.* Übers.: „Zuerst muss, sofern es gelingen kann, gezeigt werden, dass das Geschriebene nicht mehrdeutig ist, mit der Begründung, dass alle dem Sprachgebrauch entsprechend für gewöhnlich dieses eine Wort oder diese Worte in genau der Bedeutung verstünden, von der der Sprecher beweisen wird, dass man sie für gültig halten müsse." Cf. auch Cipriani, Aspetti 141, der Cic. *part.* 132–134 heranzieht.

Ad Florum liber primus –
Das erste Buch an Florus

Conspectus codicum

P   Parisinus Latinus Bibl. Nat. 2100, s. IX (continet libros I et II)
C   Cassinensis 164 L, s. XI
G   Gratianopolitanus (Grenoble) 212, s. XII ex.
T   Trecensis (Troyes) 40 vol. VII, s. XII ex.
K   Claustroneoburgensis (Klosterneuburg) 223, s. XII ex. (continet excerpta quae ne tertiam quidem partem huius operis praebent)
L   Londiniensis BM Royal 5 C. VI, s. XIV (*des*. lib. II 90, 6)
M   Matritensis Bibl. Nac. 520, s. XIV

Migne = Augustini Opera omnia, opera et studio Maurinorum, editio nouissima accurante J.-P. Migne, Paris 1861, tom. 10, 2 = vol. 45, 1050 sqq.

Kal. = editio ab Ernesto Kalinka praeparata
Zelzer = Sancti Aureli Augustini opera. Sect. VIII pars IV, Contra Iulianum (opus imperfectum). Tomus prior, libri I–III, rec. post E. Kalinka M. Zelzer (CSEL 85,1), Wien 1974.[1]

Alexanderson, Idées = Alexanderson, B., Quelques idées sur le texte et l'interprétation du *Contra Iulianum opus imperfectum* d'Augustin, in: WSt 121 (2008), 285–298.
Cipriani/Volpi, Sant'Agostino 1 = Sant'Agostino, Polemica con Giuliano 2,1: Opera incompiuta (libri I–III), Introduzione e note di N. Cipriani, traduzione di I. Volpi, ed. I. Volpi, Roma 1993.
Gryson, Esaias = Esaias. Introductio: Codices manu scripti, capita 40–66, conclusio: Historia textus, additamenta, registrum, ed. R. Gryson (VL 12,2), Freiburg 1993–1997.
Primmer, Rhythmus 1 = Primmer, A., Rhythmus- und Textprobleme in IVL. Aug. op. imperf. 1–3, in: WSt 88 (1975), 186–212.
Primmer, Rhythmus 2 = Primmer, A., Rhythmus- und Textprobleme in IVL. Aug. op. imperf. 1–3 (2. Teil), in: WSt 90 (1977), 192–218.
Primmer, Textvorschläge = Primmer, A., Textvorschläge zu Augustins Opus imperfectum, in: Bannert, H./ Divjak, J. (edd.), Latinität und alte Kirche, Festschrift für Rudolf Hanslik zum 70. Geburtstag, Wien [u.a.] 1977, 235–250.
Teske, Answer = Augustine, Answer to the Pelagians III. Unfinished Work in Answer to Julian, introduction, translation, and notes by R.J. Teske, ed. J.E. Rotelle, New York 1999.

---

1   Der *Conspectus codicum* ist der Ausgabe von Zelzer (CSEL 85,1) entnommen und mit dem Verweis auf deren Ausgabe und die Anmerkungen von Primmer, Cipriani/Volpi, Teske, Gryson und Alexanderson ergänzt worden.

Liber Primus

1. Magnis licet impeditus angoribus, | quos intuenti mihi hac tempestate ecclesiarum statum partim | indignatio ingerit, partim miseratio, non abiceram tamen [5] promissionis meae fidem, uidelicet ut, qui fueram factus | debitor promittendo, soluendo quoque esse curarem. nam in | libris quos ad fratrem nostrum Turbantium episcopum, | uirum magno uirtutum fulgore conspicuum, contra Augustini | scripta dictaui, pollicitus sum, si nihil, quod studiis obsisteret, [10] eueniret incommodi, occursurum me protinus eorum argu- | mentis omnibus, qui ex sententia Manicheorum traducem | peccati, id est malum naturale, defenderent; a quo sum hac- | tenus munere uaria et indissimulabili necessitate suspensus. **2.** uerum ut primum respirare licuit, consilium | erat, quantum maxime tulisset ipsius rei natura, breuiter | promissa complere, nisi me actuosiorem denuo ingredi pro- | uinciam, beatissime pater Flore, uoluisses; qui, quoniam tan- [5] tum uales reuerentia sanctitatis, ut praeceptis tuis segniter | oboedire irreligiosum iudicem, obtinuisti facile, ut in longiores | uias compendium illius quam elegeram breuitatis extenderem. | fauebis itaque operi tua auctoritate suscepto, cuius ob hoc | potissimum nomen inserui, ut stilus securior et hilarior [10] graderetur sub tantae patrocinio iussionis. fuit igitur con- | cepta animo non importuna ratio breuitatis, quia in illis | quattuor libris cuncta fere quae inuenta a Manicheis Augu- | stini contra nos fuerant ore prolata catholicae fidei ueritas, | pro qua et cum qua labentis mundi odia promeremur, tam [15] disputationibus inuictis quam sacrae legis testimoniis armata | protriuerat, nec quicquam paene reliquum erat, si aequis | iudicibus uteremur. **3.** testimonia tamen scripturarum, quibus contra | nos agi aliquid posse existimant, nonnulla praeterieram, quae | me explanatum ire pollicitus eram, ut docerem ambigua | quaeque legis uerba, quae ab inimicis nostris assumi solent, [5] nec ueritati praeiudicare perspicuae et secundum hoc esse |

1. Auch wenn ich von größter Unruhe beeinträchtigt war, die in mir teils durch meine Entrüstung, teils durch mein Bedauern in Anbetracht des Zustands der Kirche in diesen widrigen Umständen hervorgerufen wird, hatte ich dennoch nicht mein Versprechen verworfen, mein Amt als Schuldner, das ich durch das gegebene Versprechen angenommen hatte, durch Einlösung des Versprechens auch zu erfüllen. In den Büchern gegen die Schriften Augustins, die ich unserem Bruder, dem Bischof Turbantius, einem Mann, der sich durch den strahlenden Glanz der Tugenden auszeichnet, gewidmet habe, habe ich nämlich versprochen, dass ich, sofern mich keine Unannehmlichkeit von meinen Studien abhielte, sogleich gegen alle Beweisführungen derer vorgehen würde, die im Einklang mit den Manichäern die Weitervererbung von Sünde, d. h. ein Übel von Natur aus, verteidigen. Von diesem Vorhaben bin ich bisher durch verschiedenartige und unaufschiebbare Notwendigkeit abgehalten worden. 2. Aber sobald mir die Möglichkeit gegeben war aufzuatmen, war es mein Plan, mein Versprechen in aller Kürze einzulösen gemäß dem Umfang, den die Natur der Sache selbst mit sich brachte, wenn du, gesegneter Vater Florus, nicht von mir verlangt hättest, mich wieder auf ein allzu unruhiges Gebiet zu begeben. Weil du aufgrund deiner Heiligkeit so große Achtung verdienst, dass ich es für respektlos erachte, deinen Forderungen nur zögerlich nachzukommen, hast du es leicht durchsetzen können, dass ich die knappe Abhandlung, die ich eigentlich für meine Darstellung gewählt hatte, in längeren Gedankengängen ausweite. Du wirst daher meinem Werk, das ich aufgrund deiner Autorität auf mich genommen habe, gewogen sein. Deinen Namen habe ich hier vor allem eingefügt, damit ich unter dem Schutz einer solchen Anweisung umso furchtloser und zuversichtlicher schreiben kann. Ich hatte also das angemessene Vorhaben, meine Gedanken mit wenigen Worten darzustellen, da in jenen genannten vier Büchern [Ad Turbantium] die Wahrheit des katholischen Glaubens, für die und mit der wir den Hass der strauchelnden Welt auf uns zogen, mit unanfechtbaren Erörterungen und mit Belegstellen der Heiligen Schrift bewaffnet beinahe alles zunichtegemacht hatte, was von den Manichäern erdacht und durch den Mund des Augustinus gegen uns vorgebracht worden war; es wäre auch fast nichts mehr zu tun gewesen, wenn wir unparteiische Richter hätten. 3. Einige Belegstellen der Bibel, mit welchen sie meinen, uns in irgendeiner Weise angreifen zu können, hatte ich jedoch ausgelassen. Ich hatte aber versprochen, ich würde sie [sc. später] auslegen, um zu zeigen, dass gerade die mehrdeutigen Schriftworte, die unsere Gegner gewöhnlich heranziehen, der offensichtlichen Wahrheit nicht abträglich sind und dass sie so zu ver-

intellegenda quod absolutissimis scripturae sanctae auctori- | tatibus et insuperabili ratione firmatur. siquidem hoc ipso, | quam sit diuinae legis imperitus interpres et profanus, | appareat, quisquis putat eius sanctione defendi, quod iustitia [10] non potest uindicari. 4. nam si lex dei fons est ac magistra iustitiae, | auxiliis quoque eius dei aequitas adiuuari potest, impugnari | non potest. nullum ergo amminiculum iniquitati de illius | scripturae uiribus comparari natura rerum sinit, quae hanc [5] unam promulgationis causam habuit, ut eius testimoniis, | remediis, minis, ultionibus iniquitas deleretur. 5. nihil ergo per legem dei agi potest contra deum | legis auctorem; quo uno compendio excluditur quidem, quic- | quid ab errantibus consueuit obici, sed nos ad docendum, | quam sit ueritas locuples, cui credimus, illis quoque scriptu- [5] rarum locis, quae intellectum sententiae elocutionum per- | plexitate uelarunt, expositionis lucem solemus afferre, ut | originis suae dignitatem reserata possideant nec ab stemmate | sacro uelut notha aut degenerantia separentur. 6. hoc ergo ex nostro more adhuc solum exsequi | cogitabam, id est ut a Traducianorum interpretationibus | membra diuinae legis quae subiacebant contumeliae libera- | rem, quae erant scilicet diuina, quod essent iusta monstrando; 7. uerum quia id impendio poposcisti, immo | indixisti auctoritate patria, ut libro tractatoris Poeni, quem | ad Valerium comitem uernula peccatorum eius Alypius nuper | detulit, obuiarem, hinc mihi est longior facta responsio; 8. dedit enim ingenii sui denuo fideique monu- | menta, quae intellegantur aegerrime, exponantur difficillime, | uix sine horrore audiantur, conuincantur autem facillime, | confodiantur acerrime et propter honestatis reuerentiam [5] obliuioni exterminata mandentur.

9. Primus igitur eius liber, qui ante hunc solus est | editus, nouos nos esse haereticos criminatur, quia repugnemus | opinioni, quae dealbati instar sepulcri,

---

9,1 primus – 2 criminatur: Cf. A. *nupt. et conc.* 1,1 (p. 211, l. 5).   9,3 dealbati – 5 confertum: Cf. *Mt* 23,27.

stehen sind, wie es von unbestreitbaren Beispielen aus der Heiligen Schrift und der unbesiegbaren Vernunft bestärkt wird. Denn gerade dadurch erkennt man ja, wie unerfahren in der Auslegung des göttlichen Gesetzes und wie gottlos jemand ist, wenn er meint, es könne mittels einer Verordnung im göttlichen Gesetz etwas verteidigt werden, das die Gerechtigkeit nicht zulassen kann. 4. Denn wenn das Gesetz Gottes die Quelle für und die Unterweisung in der Gerechtigkeit ist, kann die Gerechtigkeit Gottes mit seiner Hilfe gefördert, aber nicht angegriffen werden. Die Natur der Dinge lässt es also nicht zu, dass aus den Inhalten der Heiligen Schrift der Ungerechtigkeit ein Beistand geleistet werden kann, einer Schrift, für deren Verkündigung es nur einen Grund gab: Durch ihre Vorschriften, Hilfestellungen, Drohungen und Strafen sollte die Ungerechtigkeit beseitigt werden. 5. Nichts kann also durch das Gesetz Gottes gegen Gott, den Urheber des Gesetzes, angeführt werden. In dieser einen kurzen Aussage wird all das ausgeschlossen, was von denen, die sich irren, gewöhnlich vorgebracht wird. Um zu lehren, wie untrüglich die Wahrheit ist, an die wir glauben, erhellen wir trotzdem für gewöhnlich auch solche Stellen der Heiligen Schrift, die das Verständnis des Inhalts aufgrund von sprachlicher Dunkelheit verbergen, mit dem Licht der Auslegung. Dies tun wir, damit sie, wenn sie entschlüsselt sind, im Vollbesitz ihrer angestammten Würde sind und nicht, so als wären sie unecht oder missraten, vom heiligen Stammbaum abgetrennt werden. 6. Dies also einzig und allein gedachte ich wie üblich auszuführen, nämlich die Teile des göttlichen Gesetzes, die Misshandlung erfahren haben, von den Auslegungen der Traduzianer zu befreien – und zwar durch den Beweis, dass das, was göttlich ist, auch gerecht ist. 7. Weil du aber mit Nachdruck gefordert, ja sogar mit deiner väterlichen Autorität angewiesen hast, ich solle auf das Buch [De nuptiis et concupiscentia 2] des punischen Schrifterklärers antworten, das Alypius, der gemeinsam mit ihm aufgewachsene Sündensklave, neulich dem Comes Valerius gebracht hat, ist meine Darlegung länger geworden. 8. Er hat nämlich wieder einmal ein Zeugnis seiner Geisteshaltung und seines Glaubens von einer solchen Art abgelegt, dass man es nur mit größter Mühe verstehen, äußerst schwierig erklären, sich kaum ohne Entsetzen anhören kann, es aber dafür leicht des Irrtums überführen, energisch angehen und, sobald es wegen der Rücksicht auf den Anstand ausgesondert ist, der Vergessenheit anvertrauen kann.

9. Sein erstes Buch also, das vor dem zweiten als ein einziges herausgegeben worden ist, beschuldigt uns, wir seien neue Häretiker,[1] weil wir uns gegen die

---

1 Cf. A. *nupt. et conc.* 1,1 (p. 211, l. 5).

quod secundum | euangelii sententiam mundo extrinsecus colore uestitum, [5] spurcitia est et iniquitate confertum, sub laude baptismatis | eructat Manicheorum sordes ac naturale peccatum, ut | ecclesiae catholicae pura hactenus sacramenta contaminet; 10. laudat etiam potentem hominem, quod nostris | petitionibus, qui nihil aliud quam dari tanto negotio iudices | uociferabamur, ut ea, quae subreptionibus acta constabat, | emendarentur potius quam punirentur examine, mole suae [5] dignitatis obstiterit nec disceptationi tempus aut locum | permiserit impetrare. quod utrum ille ad quem scribitur | tam nequiter fecerit quam testatur ista laudatio, ipse uiderit; | nos tamen in quantum de eo melius aestimauerimus, nominis | illius commemoratio opusculo meo honorifice inserta patefecit. [10] uerum liber ille de patrono suo falsa fortasse contineat, porro | fideliter, quid scriptor eius cupiat, ostendit; uidelicet ut |contra rationem, contra fidem, contra omnem morum et | dogmatum sanctitatem ui fera et caeca impotentia dimicetur. 11. quibus gestis inter uoluminis primas partes | progressus est ad distinctionem nuptiarum et concupiscentiae, | sicut fuerat tituli inscriptione pollicitus, deditque toto | deinceps opere documentum artis et uirtutis suae: inter [5] negationem enim confessorum et negatorum confessionem | ultima necessitate uexatus, quid aerumnarum pateretur | foeda conscientia publicauit. 12. priori ergo operi quattuor libellis ea quam | suppeditauit ueritas facultate respondi praefatus sane praeter- | iturum me, quae et pro dogmate illius nihil habere ponderis | apparebat et me possent arguere multiloquii, si fuissem [5] imbecilla quaeque et inania persecutus. quamquam, si hanc | regulam, ut decuit, seruare licuisset, id est, ut nec oppugna- | tionem ex professione inepta mererentur, paene omnia eius | inuenta publico fuerant spernenda silentio; sed quoniam rebus | in peiorem

---

10,5 disceptationi *P pc. mp. Migne, Cipriani/Volpi, Sant'Agostino 1, 12*, disceptionis *Kal.* disceptionem *P ac. M*, disceptatiorem *K* disceptationem *C G T L Zelzer*.

10,1 laudat – 6 impetrare: Cf. A. *nupt. et conc.* 1,2 (p. 212, l. 20–p. 213, l. 3).

Meinung stellten, die – wie ein weißes Grabmal, das nach Aussage des Evangeliums von außen von reiner Farbe, innen aber voll von Unflätigkeit und Ungerechtigkeit ist – unter dem Deckmantel des Lobes der Taufe den Schmutz der Manichäer und die Naturgegebenheit der Sünde ausstößt, um die bisher reinen Sakramente der katholischen Kirche zu entweihen. 10. Er lobt nämlich den mächtigen Mann [sc. Valerius], dass er unseren Bittgesuchen mit dem Gewicht seines Einflusses entgegengetreten ist, obwohl wir nichts anderes lautstark forderten, als dass einer so großen Affäre Richter gegeben würden. Damit haben wir bezweckt, dass die Entscheidungen, die erwiesenermaßen durch Bestechungen getroffen worden sind, eher korrigiert werden, als durch ein Urteil bestraft. Ebenso lobt er ihn dafür, dass er es nicht zugelassen hat, dass wir einen Zeitpunkt und einen Ort für eine Verhandlung durchsetzen konnten.[2] Ob derjenige, dem er schreibt, dies so niederträchtig getan hat, wie in der Lobrede behauptet wird, soll er selbst sehen. Inwieweit wir aber dennoch besser über ihn [sc. Valerius] denken, hat die ehrenvolle Erwähnung seines Namens in meinem kleinen Werk deutlich gemacht. Aber mag das Buch Augustins vielleicht Falsches über seinen Schutzherrn beinhalten, so zeigt es dennoch zuverlässig, was sein Autor eigentlich möchte, nämlich, dass mit roher Gewalt und blinder Unbeherrschtheit gegen die Vernunft, gegen den Glauben und gegen jegliche Unantastbarkeit von Sitten und Glaubenssätzen gekämpft wird. 11. Nachdem er dies in den ersten Abschnitten des Buches geschrieben hatte, ist er zur Unterscheidung der Ehe und der Begierde übergegangen, wie er es im Titel versprochen hatte, und gab mit dem ganzen Werk wieder einmal ein Zeugnis seines Könnens und seiner Tugend: Zwischen dem Leugnen des Einbekannten und dem Bekenntnis des Geleugneten hat er nämlich in höchster Not der Öffentlichkeit kundgetan, unter welchen Qualen sein grässliches Gewissen leidet. 12. Auf das erste Werk [*De nuptiis et concupiscentia* 1] also antwortete ich mit vier Büchern [*Ad Turbantium*] nach allen Kräften, die mir die Wahrheit zur Verfügung stellt; dabei sagte ich in meinem Proömium, ich würde das übergehen, was offensichtlich kein Gewicht für die Lehrmeinung Augustins hatte; wenn ich jedem noch so schwachen und unnötigen Argument nachgegangen wäre, so sagte ich, hätte es mir den Vorwurf der Geschwätzigkeit einbringen können. Indes, wenn es mir, wie angemessen, gestattet gewesen wäre, diese Regel zu befolgen, nämlich, dass erklärtermaßen Abgeschmacktes keiner Widerlegung wert sei, hätten beinahe alle seine Lügengeschichten in öffentlichem Schweigen verachtet werden müssen. Aber weil bei der rapiden Verschlechterung der

---

2 Cf. A. *nupt. et conc.* 1,2 (p. 212, l. 20–p. 213, l. 3).

partem properantibus, quod mundi fini suo [10] incumbentis indicium est, in ecclesia quoque dei adepta est | stultitia et turpitudo dominatum, *pro Christo legatione* | *fungimur* et pro uirili portione, quantum ualemus opis ad | defensionem catholicae religionis afferimus nec piget mandare | litteris remedia quae contra errorum uenena conficimus. 13. testatus utique, ut dixi, fueram nec contra | omnes me species defendendae traducis in primo disserturum | opere nec cuncta quae ille liber tenebat replicaturum, sed | cum his conflicturum, in quibus summam et uim sui dogmatis [5] collocasset; hoc autem me spopondisse fideliter, quicumque | uel obliquus sit, tantum diligens utriusque operis lector | agnoscet. ego autem conscientiae honestate securus inimicum | nostrum et adhortor et stimulo, ut si aliquod a se prolatum, | a me praetermissum aestimat argumentum, quod cuiuspiam [10] momenti uel ipse iudicet, in medium proferat et me timoris | dolique conuincat. 14. scripturarum sane testimonia quaedam latius | exposui quaedam breuius, quia me plene id secuturo opere | facturum spopondi. nihil itaque ibi de omnibus Augustini | argumentis et propositionibus inexplosum remansit, nihil a me [5] impletum est aliter quam promissum; multa in inuentis eius | falsa, multa stolida, sacrilega multa conuici. 15. qua professione non est nobis arrogantiae | fama metuenda, quia non ingenio meo ueritatem defensam, | sed imbecillitatem nostri ingenii ueritatis uiribus confitemur | adiutam; 16. cum haec itaque haud aliter quam dixi con- | stet impleta, mirari satis nequeo hominis impudentiam, qui | in hoc recenti opere suo libros meos falsitatis accusat, quos | tamen necdum in manus suas uenisse testatur – durum qui- [5] dem, quod consuetudo peccandi amorem delicti facit, sed | nihil durius quam quod extinguit pudorem; quod licet ex | improbitatis usu esse constaret, tamen amplius praesentia | pericula docue-

---

12,11 pro – 12 fungimur: 2 *Cor* 5,20.   16,3 quos – 4 testatur: Cf. A. *nupt. et conc.* 2,2 (p. 254, l. 17–22); 17,15–20.

Lage, die ein Zeichen dafür ist, dass sich die Welt ihrem Ende zuneigt, auch in der Kirche Gottes Dummheit und Verworfenheit die Oberhand gewonnen haben, *sind wir für Christus Botschafter* (2 *Cor* 5,20). Soweit es in unseren Kräften steht, werden wir so viel, wie in unserer Macht steht, zur Verteidigung des katholischen Glaubens beitragen, und es verstimmt uns nicht, die Heilmittel in schriftlicher Form darzureichen, die wir gegen das Gift des Irrglaubens zusammenstellen. 13. Wie gesagt, hatte ich jedenfalls klargestellt, dass ich mich in meinem ersten Werk nicht gegen jedes einzelne Argument für die Sündenvererbung wenden würde und auch nicht alles, was jenes Buch [*De nuptiis et concupiscentia* 1] enthält, wiedergeben würde. Stattdessen, schrieb ich, würde ich mich mit den Aussagen auseinandersetzen, in welchen er die Hauptsache und die Kernpunkte seiner Lehre dargelegt hat. Dass ich mein Versprechen eingehalten habe, wird jeder Leser erkennen, selbst jeder feindlich gesinnte, wenn er nur beide Werke [*Ad Turbantium* und *De nuptiis et concupiscentia* 1] sorgfältig gelesen hat. Ich aber fordere mit reinem Gewissen unseren Gegner explizit dazu auf, sich zu Wort zu melden und mich der Feigheit und der List zu überführen, wenn er der Meinung ist, ich hätte ein Argument übergangen, das er vorgebracht hat und von dem zumindest er selbst glaubt, es sei von irgendeinem Belang. 14. Von den Bibelstellen habe ich einige detaillierter, andere weniger ausführlich ausgelegt, weil ich versprochen hatte, dies in meinem folgenden Werk erschöpfend zu tun. Nichts ist daher dort bezüglich aller Argumente und Thesen Augustins ohne Zurückweisung geblieben, nichts habe ich anders ausgeführt, als ich es versprochen hatte; viele seiner Erfindungen habe ich als falsch, viele als unsinnig, viele als gottlos entlarvt. 15. Wir müssen nicht fürchten, dass uns in Anbetracht dieser Erklärung vorgeworfen wird, wir seien anmaßend. Ich behaupte ja nicht, mit meinem Verstand die Wahrheit verteidigt zu haben, sondern bekenne, dass die Schwäche meines Verstandes von den Kräften der Wahrheit unterstützt wurde. 16. Da ich das Genannte so, wie ich es gesagt habe, erfüllt habe, kann ich mich nicht genug über die Unverschämtheit dieses Mannes wundern, der meine Bücher in seinem neuesten Werk der Falschheit bezichtigt, obwohl er sie nach seiner eigenen Aussage noch gar nicht in seinen Händen gehalten hat.[3] Es ist natürlich schlimm, dass die Gewohnheit zu sündigen eine Liebe zum Vergehen bewirkt, aber nichts ist schlimmer, als dass sie das Schamgefühl auslöscht. Auch wenn dies offensichtlich aus seinem wiederholten schlechten Verhalten bereits feststand, so hat es dennoch die gegenwärtige gefährliche Lage deutlicher gezeigt, als ein jeder von uns hätte

---

3 Cf. A. *nupt. et conc.* 2,2 (p. 254, l. 17–22); 17,15–20.

runt, quam quisquam nostrum poterat autu- | mare. quando enim crederem eo usque Numidae induruisse [10] frontem, ut in uno opere et in uno uersu utrumque fateretur | et me falsa dixisse et se non legisse quid dixerim?

17. Nam scribens ad eum quem miratur | studiosum esse librorum suorum, cum sit militiae sudoribus | occupatus, indicat ab Alypio cartulas ad se fuisse delatas, | quae ita superscriptae essent:

„'Capitula de libro Augustini [5] quem scripsit, contra quae de libris pauca decerpsi.' hic uideo | eum qui tuae praestantiae ista scripta direxit de nescio | quibus libris ea – causa, quantum existimo, celerioris respon- | sionis, ne tuam differret instantiam –, uoluisse decerpere. | qui autem sint isti libri, cum cogitarem eos esse arbitratus [10] sum, quorum mentionem Iulianus facit in epistula quam | Romam misit, cuius exemplum simul ad me usque peruenit. | ibi quippe ait: 'dicunt etiam istas quae modo aguntur nup- | tias a deo institutas non fuisse, quod in libro Augustini legi- | tur, contra quem ego modo quattuor libellis respondi.'"

[15] Et post haec uerba infert iterum suis sermonibus:

„Credo ex | his libellis ista decerpta sunt; unde melius fortasse fuerat, ut | uniuerso ipsi operi eius, quod quattuor uoluminibus explica- | uit, refellendo et redarguendo nostra elaboraret intentio, nisi | et ego responsionem differre noluissem, sicut nec tu trans- [20] missionem scriptorum, quibus respondendum est, distulisti." |

Ostendit ergo hic apertissime excerpta illa suspicari se de | opere meo tumultuarie fuisse collecta, integros autem ignorare | libros, quibus tamen audet se dicere respondere potuisse. **18.** facit quoque epistulae mentionem, quam a me | ait Romam fuisse directam, sed per uerba quae posuit nequi- | uimus, quo de scripto loqueretur, agnoscere. nam ad Zosimum | quondam illius ciuitatis episcopum super his quaestionibus [5] duas epistulas destinaui, uerum eo

---

17,4 capitula – **14** respondi: A. *nupt. et conc.* 2,2 (p. 254, l. 7–16). **17,12** dicunt – **14** respondi: Iulian. *ep. Rom.* frg. 2, l. 8–12.   **17,15** credo – **20** distulisti: A. *nupt. et conc.* 2,2 (p. 254, l. 17–22).   **18,1** facit – **2** directam: Cf. A. *nupt. et conc.* 2,2 (p. 254, l. 11–16); **17,**9–14.

meinen können. Wann nämlich hätte ich glauben können, der Numider sei so verbissen gewesen, dass er in einem Werk und in einem Satz gleichzeitig sagen könnte, dass ich Falsches gesagt hätte und er nicht gelesen habe, was ich gesagt hätte?

17. Denn während er an Valerius schreibt, den er bewundert, weil er trotz der Anstrengungen seines Beamtendienstes ein eifriger Leser seiner Bücher sei, weist er darauf hin, dass ihm Schriften mit folgender Betitelung von Alypius gebracht worden seien:

„‚Abschnitte aus dem Buch Augustins, das er geschrieben hat [sc. an Valerius], und eine kleine Auswahl von Stellen [sc. aus Julians Büchern] gegen diese Abschnitte.' Hier sehe ich, dass derjenige, der diese Schriften an dich geleitet hat, aus irgendwelchen Büchern etwas hat exzerpieren wollen – soweit ich einschätzen kann einer schnelleren Antwort wegen, um dein Drängen nicht hinzuhalten. Als ich aber darüber nachdachte, was dies für Bücher seien, meinte ich, dass es die sein müssten, die Julian in seinem Brief nach Rom erwähnt hat. Von diesem Brief habe ich ebenfalls eine Abschrift erhalten. Dort heißt es nämlich: ‚Sie sagen auch, dass die Ehe, um die es jetzt geht, nicht von Gott eingerichtet worden ist. Das kann man im Buch Augustins nachlesen, gegen welches ich vor Kurzem vier Bücher geschrieben habe.'"[45]

Und danach fährt er mit eigenen Worten fort:

„Ich glaube, dass die Auszüge aus diesen Büchern stammen; daher wäre es vielleicht besser gewesen, wenn wir unsere Energie auf die Widerlegung des ganzen Werks Julians [Ad Turbantium], das er in vier Bänden dargelegt hat, gerichtet hätten. Ich wollte aber die Antwort nicht weiter hinauszögern, so wie auch du die Sendung der Schriften, auf die geantwortet werden soll, nicht hinausgezögert hast."[6]

Er macht hier also überaus deutlich, dass er vermute, diese Auszüge aus meinem Werk seien in Eile zusammengerafft worden, und erklärt aber, dass er die vollständigen Bücher nicht kenne, von denen er dennoch zu behaupten wagt, er habe auf sie antworten können. 18. Er erwähnt auch einen Brief, von dem er sagt, ich hätte ihn nach Rom geschickt; aber anhand der Worte, die er zitiert, kann ich nicht erkennen, von welchem Schreiben er spricht.[7] An Zosimus, den einstigen Bischof dieser Stadt, habe ich nämlich zwei Briefe über diese Thematik

---

4 Iulian. *ep. Rom.* frg. 2, l. 8–12.
5 A. *nupt. et conc.* 2,2 (p. 254, l. 7–16).
6 A. *nupt. et conc.* 2,2 (p. 254, l. 17–22).
7 Cf. A. *nupt. et conc.* 2,2 (p. 254, l. 11–16); 17,9–14.

tempore, quo adhuc libros | exorsus non eram. 19. porro utatur indicio epistulae, quam aut | accepit aut finxit, me responsionem contra nouos Manicheos, | quia uetus dedignatur uideri, quattuor uoluminibus expli- | casse – cur non curauit ea, quae obiecissemus, addiscere? [5] cur non studuit, quicum esset congressurus, agnoscere, sed | leuitate turpissima concitatus in certamen maximum lumini- | bus inuolutis Andabatarum more processit? quod factum | eiusmodi allegatione defendit, ut dicat se patroni sui festina- | tionem, quam ille in transmittendis schedis habuit, imitari [10] praecipiti responsione uoluisse, quasi non honestissime potuerit | intimare tempus sibi aliquod debere concedi, quo ad lectio- | nem editi operis perueniret; flagitium esse inter eruditos in | scribendi grauitate delinquere et impatientia deliberandi | impugnare quod nescias. huc accedit, quod nobis calli- [15] ditatis moliturus inuidiam, quae dictorum eius seriem curta- | uerit, his excerptis fidem accommodauit, quae uerisimilius | falsitate eius et malignitate, quam cuiusquam nostrum im- | perita simplicitate uidentur esse composita. uerum id quouis | animo, quouis auctore contigerit, nobis tamen duobus suffra- [20] gatur modis, quia simul patuit et quanta sit leuitas et | quanta imbecillitas in ueritatis inimico, qui se approbauit et | cum loqui non debeat, tacere non posse, et paucis semiplenis | discerptisque magis quam aggregatis sententiis de primo | tamen solum libro meo ita cessisse fractum, ut uulgi in nos [25] femineis admodum uocibus pectora commoueret, quod dispu- | tationis nostrae processibus apparebit. 20. ammoneo tamen hic quoque, sicut priore a | nobis opere factum est, non me omnia examussim eius uerba | positurum, sed ea capita, quibus destructis naturalis mali | opinio conteratur; 21. quod licet plene primo opere constet effectum, | tamen, quoniam nunc nonnulla de uno dumtaxat libro meo | sibi refellenda proposuit meque, ut prolocutus sum, arguit, | quod capita dictorum eius, quae inserui, magna ex parte [5] truncauerim, ostendam primo, id quod reprehendit nec a me | esse factum et ab illo impudentissime in hoc eodem opere | frequenta-

gerichtet, aber das zwar zu einer Zeit, zu der ich mit den Büchern [sc. an Turbantius] noch nicht angefangen hatte. 19. Wie dem auch sei, er soll sich ruhig auf den Brief berufen, den er entweder wirklich erhalten oder sich ausgedacht hat, und der ihm die Auskunft gibt, dass ich in vier Bänden eine Antwort gegen die neuen Manichäer (weil er es ja von sich weist, als ein alter Manichäer zu erscheinen) geschrieben hätte. Warum hat er sich nicht darum bemüht, in unsere übrigen Vorwürfe einen Einblick zu erhalten? Warum hat er sich nicht angestrengt, seinen Gegner zu erkennen, sondern ist von verabscheuenswürdiger Leichtfertigkeit angetrieben mit verbundenen Augen ganz wie ein Andabata in den Kampf gezogen? Dies verteidigt er mit einer Rechtfertigung von solcher Art, dass er sagt, er habe die Eile seines Schutzherrn, die jener bei der Übermittlung der Auszüge hatte, mit einer überstürzten Antwort nachahmen wollen. Als ob es seinem Ansehen einen Abbruch getan hätte, wenn er gesagt hätte, dass er ein wenig Zeit benötige, bis er zum Lesen des ganzen veröffentlichten Werkes käme, und dass es unter Gebildeten ein Vergehen sei, das Schreiben nicht ernst zu nehmen und etwas anzugreifen, das man nicht kenne, nur weil man zu ungeduldig sei, genauer nachzudenken. Es kommt hinzu, dass er diesen Exzerpten Glaubwürdigkeit zuerkannt hat, um mir die Verschlagenheit vorwerfen zu können, ich hätte angeblich seinen Wortlaut gekürzt, obwohl sie mit höherer Wahrscheinlichkeit durch seine falsche Boshaftigkeit zusammengestellt worden sind, als dass es scheint, sie könnten durch die unerfahrene Arglosigkeit eines unserer Männer verfasst worden sein. Aber mit welcher Intention und durch wen auch immer dieser Text zustande gekommen ist, er nützt uns doch auf zwei Arten: Zum einen ist offensichtlich, wie leichtfertig und wie geistesschwach unser Feind der Wahrheit ist, der beweist, dass er nicht schweigen kann, obwohl er eigentlich nicht sprechen darf. Zum anderen zeigt er, dass er, entkräftet durch wenige, eher zerpflückte Auszüge als zusammengestellte Sätze (zumal nur aus meinem ersten Buch), sich so unterlegen gefühlt hat, dass er das gemeine Volk mit geradezu weibischem Geschrei gegen uns anstachelte, was im weiteren Verlauf unseres Werks deutlich werden wird. 20. Ich erinnere dennoch noch einmal daran, dass ich, ebenso wie ich es im vorhergehenden Werk getan habe, nicht pedantisch alle seine Worte zitieren werde, sondern nur die Hauptabschnitte, durch deren Widerlegung sich die Ansicht, es gäbe das Böse von Natur aus, zunichtemachen lässt. 21. Das habe ich zwar schon ausführlich im ersten Werk getan, aber weil er nun einige Worte – wenn auch nur aus meinem ersten Buch – meint, widerlegen zu müssen, und mich, wie gesagt, anklagt, ich hätte die zitierten Abschnitte seiner Aussagen zum Großteil verstümmelt, will ich trotzdem zuerst zeigen, dass sein Vorwurf nicht zutrifft, und dass er selbst hingegen es ohne jegliche Scham in seinem Werk ständig getan hat; dann werde ich beweisen, dass er diesen, wenn auch

tum, tunc probabo illis ipsis concisis breuibusque | sententiis, quas de scriptis meis, quibus fuerat impugnatus, | interserit, ita nullis eum solidis responsionibus obstitisse, ut [10] et illa inuexata permaneant et hic planius detestanda fateatur, | quam nostra oratio laborauerat explicare.

22. Attoniti ergo, quid contra me scripserit, | audiamus:

„Verba", inquit, „de libro meo tibi a me misso | tibique notissimo ista posuit, quae refutare conatus est: | 'damnatores nos esse nuptiarum operisque diuini, quo ex [5] maribus et feminis deus homines creat, inuidiosissime clami- | tant, quoniam dicimus eos qui de tali commixtione nascun- | tur trahere originale peccatum' 'eosque de parentibus quali- | buscumque nascantur non negamus adhuc esse sub diabolo, | nisi renascantur in Christo.' in his uerbis meis testimonium [10] apostoli quod interposui praetermisit, cuius se premi magna | mole sentiebat. ego enim, cum dixissem homines trahere | originale peccatum, mox adiunxi: 'de quo apostolus ait: | *per unum hominem peccatum intrauit in mundum et per* | *peccatum mors et ita in omnes homines pertransiit, in quo omnes* [15] *peccauerunt.*' quo testimonio, ut diximus, praetermisso cetera | illa contexuit, quae supra commemorata sunt. nouit enim, | quemadmodum soleant haec uerba apostolica quae praeter- | misit accipere catholicorum corda fidelium. quae uerba tam | recta et tanta luce fulgentia tenebrosis et tortuosis inter- [20] pretationibus noui haeretici obscurare et deprauare moliuntur. | deinde alia mea uerba subtexuit, ubi dixi: 'nec aduertunt, | quod ita nuptiarum bonum malo originali, quod inde trahitur, | non potest accusari, sicut adulteriorum et fornicationum | malum bono naturali, quod inde nascitur, non potest excusari. [25] nam sicut peccatum, siue hinc siue inde a paruulis trahatur, | opus est diaboli, sic homo, siue hinc siue inde nascatur, opus est dei.' | etiam hic ea praetermisit, in quibus aures catholi- | cas timuit; nam ut ad haec uerba ueniretur, supra dictum | erat a nobis: 'hoc ergo quia dicimus quod antiquissima [30] atque firmissima

---

21,11 oratio *P Migne Kal.* (cf. *Cipriani/Volpi, Sant'Agostino 1, 20 sq.*; Kommentar zu 21,11), operatio *C G T L M Zelzer*.

22,2 uerba – 37 est: A. *nupt. et conc.* 2,3 sq. (p. 254, l. 23–p. 256, l. 9).　　22,4 damnatores – 7 peccatum: A. *nupt. et conc.* 1,1 (p. 211, l. 7–10).　　22,7 eosque – 9 Christo: A. *nupt. et conc.* 1,1 (p. 211, l. 14 sq.).　　22,12 de – 15 peccauerunt: A. *nupt. et conc.* 1,1 (p. 211, l. 10–14); 22,13 per – 15 peccauerunt: *Rm* 5,12.　　22,21 nec – 27 dei: A. *nupt. et conc.* 1,1 (p. 212, l. 6–11).　　22,29 hoc – 35 calumniantur: A. *nupt. et conc.* 1,1 (p. 211, l. 18–p. 212, l. 6).

zerstückelten und kurzen Zitaten aus meinen Schriften, die sich gegen ihn wenden, keine sicheren Antworten entgegensetzten konnte, sodass meine Schriften einerseits unerschüttert bleiben und er andererseits wesentlich expliziter, als wir mit unserer Darstellung hatten enthüllen können, abstoßende Aussagen von sich gibt.

22. Lasst uns also mit Staunen anhören, was er gegen mich geschrieben hat. Er sagt:

„Er [sc. Julian] hat folgende Worte aus meinem Buch, das ich dir geschickt habe und das dir wohlbekannt ist, zitiert und hat versucht, sie zu widerlegen: ‚Sie schreien lauthals und gehässig, dass wir die Ehe und die göttliche Schöpfung verurteilten, in der Gott aus Männern und Frauen Menschen erschafft, weil wir sagen, dass diejenigen, die aus einer solchen Zeugung entstehen, sich die Erbsünde zuziehen,'[8] ‚und weil wir nicht abstreiten, dass diejenigen, die von welchen Eltern auch immer gezeugt werden, so lange unter der Macht des Teufels stehen, bis sie in Christus wiedergeboren werden.'[9] In diesen meinen Worten hat er das Bibelzitat des Apostels, das ich eingefügt hatte, ausgelassen, denn er hat gemerkt, dass es ihm gewaltige Schwierigkeiten bereitet. Ich habe nämlich, nachdem ich gesagt hatte, dass sich die Menschen die Erbsünde zuziehen, sogleich hinzugefügt: ‚Deshalb hat der Apostel gesagt: *Durch einen einzigen Menschen trat die Sünde in die Welt und durch die Sünde der Tod und ging so auf alle Menschen über, in dem alle gesündigt haben* (Rm 5,12);'[10] diese Bibelstelle hat er, wie gesagt, ausgelassen und alles übrige zusammengestellt, wie ich es oben zitiert habe. Er weiß nämlich, in welchem Sinne die katholischen Gläubigen diese von ihm übergangenen Worte des Apostels normalerweise verstehen. Diese richtigen und sonnenklaren Worte versuchen die neuen Häretiker, mit unverständlichen und verworrenen Interpretationen zu verdunkeln und zu verdrehen. Dann hat er andere Worte von mir hinzugeschrieben, wo ich gesagt habe: ‚Sie verstehen nicht, dass das Gut der Ehe durch das erbliche Übel, das durch sie zugezogen wird, ebenso wenig beschuldigt werden kann, wie das Übel der Unzucht und des Ehebruchs durch das natürliche Gut, welches daraus hervorgeht, entschuldigt werden kann. Denn so wie die Sünde, sei es, dass die Kinder sie sich aus der Ehe oder aus dem Ehebruch zuziehen, ein Werk des Teufels ist, so ist der Mensch, sei er durch Ehe oder Ehebruch gezeugt, ein Werk Gottes.'[11] Auch hier hat er Worte ausgelassen, bei welchen

---

8 A. *nupt. et conc.* 1,1 (p. 211, l. 7–10).
9 A. *nupt. et conc.* 1,1 (p. 211, l. 14 sq.).
10 A. *nupt. et conc.* 1,1 (p. 211, l. 10–14).
11 A. *nupt. et conc.* 1,1 (p. 212, l. 6–11).

catholicae fidei regula continetur, isti nouelli | et peruersi dogmatis assertores, qui nihil peccati esse in | paruulis dicunt, quod lauacro regenerationis abluatur, tam- | quam damnemus nuptias et tamquam opus dei hoc est | hominem, qui ex illis nascitur, opus diaboli esse dicamus, [35] infideliter uel imperite calumniantur.' his ergo nostris | praetermissis sequuntur illa nostra, quae posuit sicut supra | scriptum est."

Quousque simplicitati, qui haec loqueris, | religiosorum pectorum et imperitis auribus perstabis illudere? | quem ad finem sese impudentia effrenata iactabit? nihil te, [40] cum haec scriberes, censura doctorum uirorum, nihil reueren- | tia futuri iudicii, nihil ipsa litterarum monumenta mouerunt? | patere iam fallaciam tuam et deprehensam teneri non uides? | quid in primo, quid in secundo opere conscripseris, quem | nostrum ignorare arbitraris? libuit enim prorsus et decuit [45] his te compellare modis, quibus in parricidam publicum | eloquens consul infremuit. 23. apostoli me testimonium praetermisisse con- | fingis, quod nec tibi opitulari potest et a me praetermissum | non est, sed eo insertum ordine, quo a te fuerat collocatum, | utque in primo fideliter commemoratum, ita etiam in quarto [5] operis mei libro, licet cursim et breuiter, explanatum est. | commemorationem quoque catholicae ecclesiae, quam tu ad | hoc feceras, ut catholicam fidem desererent a te decepti et | catholica miserabiles appellatione gauderent, non praeter- | misi; et quamuis nulla argumentorum uis in eiusmodi uerbis [10] esset, tamen a me haud aliter dictorum tuorum caput pro- | positum est, quam a te fuerat ordinatum. lege editos libros | meos responsionisque fidem, quam tu arguis fraudis,

---

22,37 quousque – **44** arbitraris: Cf. Cic. *Catil.* 1,1.   **23,1** apostoli – confingis: Cf. A. *nupt. et conc.* 2,3 (p. 254, l. 23–p. 255, l. 14); **22,2–16**.   **23,6** commemorationem – **8** praetermisi: Cf. A. *nupt. et conc.* 2,4 (p. 255, l. 24–p. 256, l. 9); **22,27–37**.

er die katholischen Zuhörer fürchtete; denn damit ich die zitierten Worte schreiben konnte, war vorher von mir gesagt worden: ‚Weil wir also aussprechen, was in der äußerst alten und festen Regel des katholischen Glaubens festgeschrieben ist, klagen uns diese Verteidiger einer neuen und verkehrten Lehrmeinung an, die behaupten, dass Kinder keine Sünde besäßen, welche im Taufbecken abgewaschen würde. Sie tun dies auf eine häretische Weise und ohne Ahnung zu haben, so als ob wir die Institution der Ehe verurteilten und als ob wir sagten, dass das Werk Gottes, also der Mensch, der aus der Ehe entsteht, ein Werk des Teufels sei.'[12] Nach der Auslassung dieses Zitats folgen die Worte, die Julian zitiert hat, wie oben geschrieben."[13]

Wie lange noch willst du, der du so etwas sagst, mit der Einfachheit der Gläubigen und mit ungeübten Zuhörern dein Spiel treiben? Wie weit soll diese ungezügelte Unverschämtheit noch gehen? Haben dich, während du das hier schriebst, die Bewertung durch gelehrte Männer, die Scheu vor dem kommenden Urteil, ja die Zeugnisse der Schriften selbst gar nicht beeindruckt? Siehst du denn nicht, dass deine Täuschung aufgedeckt, ertappt und überführt ist? Wer von uns meinst du, hat nicht begriffen, was du im ersten, was du in deinem zweiten Werk geschrieben hast? Es beliebte mir nämlich und war außerdem angemessen, dich auf dieselbe Weise zu maßregeln, auf die der redegewandte Konsul den Hochverräter lautstark niedergemacht hat.[14] 23. Du gibst vor, ich hätte die Bibelstelle übergangen,[15] die dir nicht helfen kann und die ich gar nicht übergangen, sondern an der Stelle zitiert habe, an der sie von dir selbst angebracht worden war. So wie ich diese Bibelstelle in meinem ersten Buch [des Werks *Ad Turbantium*] wortgetreu zitiert habe, habe ich sie auch im vierten Buch meines Werks [*Ad Turbantium*], wenn auch flüchtig und knapp, ausgelegt. Auch die Aussage, in der du die katholische Kirche erwähnst, habe ich nicht ausgelassen; das hattest du getan, damit die bemitleidenswerten Menschen, die sich von dir haben täuschen lassen, vom katholischen Glauben abfallen und sich an dem Begriff „katholisch" erfreuen;[16] auch wenn in diesen Worten keine Beweiskraft war, ist der Absatz aus deiner Schrift von mir in keiner anderen Reihenfolge als der bei dir angegebenen zitiert worden. Lies meine veröffentlichten Bücher [*Ad Turbantium*] und sag unterdessen in Anbetracht der Verlässlichkeit mei-

---

12 A. *nupt. et conc.* 1,1 (p. 211, l. 18–p. 212, l. 6).
13 A. *nupt. et conc.* 2,3 sq. (p. 254, l. 23–p. 256, l. 9).
14 Cf. Cic. *Catil.* 1,1.
15 Cf. A. *nupt. et conc.* 2,3 (p. 254, l. 23–p. 255, l. 14); 22,2–16.
16 Cf. A. *nupt. et conc.* 2,4 (p. 255, l. 24–p. 256, l. 9); 22,27–37.

aspiciens | me interim pronuntia uera dicere! tu uero, si consuetudo tua | permiserit, erubesce! sed iam ostensa inexcusabili falsitate, [15] quae semper quidem turpis, fit tamen turpior, cum locum | censoris inuadit et deformitatem suam decori exprobrat | alieno, responde, quid Manicheis sensibus aut nomen ecclesiae | aut apostoli uerba conducant, ut ea cum tam magna inuidia | praetermissa causeris!

24. Hoc semper fuit maximum inter Manicheos | catholicosque discrimen et limes quidam latissimus, quo a se | mutuo piorum et impiorum dogmata separantur, immo magna | moles sententias nostras quasi caeli a terra⟨e⟩ profunditate [5] disiungens, quod nos omne peccatum uoluntati malae, illi | uero malae conscribunt naturae. qui cum diuersos sequuntur | errores, sed uelut de capite fontis istius effluentes consequen- | ter ad sacrilegia flagitiaque perueniunt, sicut catholici e | regione a bono inchoantes exordio bonis aucti processibus ad [10] religionis summam, quam ratio munit et pietas, peruehuntur. | tu igitur malum naturale conatus asserere profano quidem | uoto, sed inefficaci intentione usurpasti apostoli testimonium, | quem hac eadem perscriptione ostendo nihil tale sensisse, | quale tu persuadere conaris, quod repugnantibus modis et [15] illum catholicum confiteris et dicta eius Manicheo aestimas | suffragari. 25. numquid non idem Adimantus et Faustus, | quem in libris confessionis tuae praeceptorem tuum loqueris, | haeresiarchae sui traditione fecerunt obscuriores quasque uel | de euangelio uel de apostolorum epistulis sententias rapientes [5] et corrodentes, ut profanum dogma nominum auctoritate | tuerentur? quamquam quid dico de Manicheis? omnes | prorsus haereses inuenta sua, quibus a pietate et fide exorbi- | tauerunt, scripturarum elocutionibus sententiisque commu- | niunt. 26. num igitur ideo aut libri sacri auctores pro- | babuntur errorum aut crimina pereuntium scripturarum | dignitas expiabit? 27. extinguatur itaque indisciplinatarum expo- |

24,4 terrae *coni. Primmer, Rhythmus 1, 201 sq.*, terra *codd. Zelzer Cipriani/Volpi, Sant'Agostino 1, 24*, profunditate *codd. Migne Kal. Primmer, Rhythmus 1, 201 sq. Cipriani/Volpi, Sant'Agostino 1, 24*, -tem *coni. Zelzer.*

25,1 Faustus – 2 loqueris: Cf. A. *conf.* 5,10–13.

ner Antwort, die du des Betrugs anklagst, dass ich auch die Wahrheit spreche! Du aber schäm dich, sofern es deine schlechte Gewohnheit erlaubt. Aber jetzt, wo deine unentschuldbare Falschheit gezeigt ist, die natürlich immer verwerflich ist, aber noch umso abstoßender wird, wenn sie den Rang eines scharfen Kritikers einnimmt und fremder Schönheit ihre eigene Entstelltheit vorwirft, antworte mir, was die Erwähnung der Kirche oder die Worte des Apostels den manichäischen Ansichten nutzen, dass du dich mit so großer Entrüstung darüber beschwerst, sie seien nicht zitiert worden!

24. Das war immer der größte Unterschied zwischen den Manichäern und den Katholiken und bei Weitem die breiteste Grenzlinie, durch die sich die Lehrsätze der Gottesfürchtigen und der Gottlosen voneinander trennen lassen, ja vielmehr eine riesige Konstruktion, die unsere Ansichten [sc. von denen der Manichäer] in der Art trennt wie das Gewölbe des Himmels von der Tiefe der Erde, dass wir jede Sünde dem schlechten Willen, die Manichäer aber einer schlechten Natur zuschreiben. Diese folgen verschiedenen, aber aus dieser einen Quelle gleichsam hervorströmenden Irrtümern und gelangen folgerichtig zu abstoßender Glaubenslästerung. Die Katholiken hingegen beginnen mit einem guten Anfang, entwickeln sich mit guten Fortschritten weiter und kommen zum vollendeten Glauben, den die Vernunft und die Gottesfurcht sicherstellt. Du also hast versucht zu verkünden, es gäbe das Böse von Natur aus, indem du dich wegen deines gottlosen Gelübdes mit vergeblicher Mühe auf eine Bibelstelle des Apostels berufen hast. Unter Heranziehung des identischen Wortlautes zeige ich, dass er nichts von dem denkt, was du versuchst zu zeigen; denn auf widersprüchliche Weise nennst du ihn katholisch und meinst zugleich, seine Worte stützten den Manichäismus. 25. Machten nicht Adimantus und Faustus, den du in deinen *Bekenntnissen* als deinen Lehrer bezeichnest,[17] dasselbe, wenn sie ganz in der Tradition ihres Sektenoberhauptes gerade die eher dunklen Stücke aus dem Evangelium oder den Apostelbriefen an sich rissen und zernagten, um die gottlose Lehre unter dem Mantel der angesehenen Namen zu schützen? Jedoch was rede ich von Manichäern? Denn überhaupt alle Häresien sichern ihre Märchen, mit denen sie von Gottesfurcht und Glauben abweichen, mit Aussagen und Sätzen aus der Heiligen Schrift. 26. Wird sich deshalb also etwa die Heilige Schrift als Urheberin von Irrlehren erweisen oder wird die Autorität der Heiligen Schrift die Vergehen derjenigen, die dem Untergang geweiht sind, entschuldigen? 27. Deshalb soll die Willkür der unsystematischen Auslegungen ein Ende haben; man soll daran festhalten, dass

---

17   Cf. A. *conf.* 5,10–13.

sitionum libido! nihil agere contra manifestam dei iustitiam | uerba credantur. quae si eius personae sunt, quam uenerari | necesse est, defendantur explanationibus diuinae congruenti- [5] bus aequitati; sin autem non metuendo sunt auctore prolata, | etiam ineliquata pellantur. igitur nunc de dei iudicio disputa- | tur, de quo scribitur: *deus fidelis, in quo non est iniquitas*; | *iustus et sanctus dominus deus*, et iterum: *iustus dominus et* | *iustitiam dilexit, aequitatem uidit uultus eius*, et iterum: [10] *omnia iudicia tua aequitas*. innumera sunt testimonia quibus | aequitas diuina in sacris uoluminibus | praedicatur; de qua | nemo tamen uel gentilium uel haereticorum praeter Manicheos | Traducianosque dubitauit. 28. ita enim omnibus generaliter edocente natura | inculcatum est deum iustum esse, ut manifestum sit deum | non esse quem constiterit iustum non esse. potest igitur et | homo iustus esse, deus uero esse nisi iustus non potest. 29. qui cum est hic unus uerus, cui credimus et | quem in trinitate ueneramur, dubio procul in omnibus | iudicii est ratione iustissimus. 30. de huius itaque legibus ita probari et uindicari | non potest, quod esse constat iniustum, ut si hoc fieri posset, | illius diuinitas tota uilesceret. ab eo igitur probabitur de | scripturis sanctis iniustitiae dogma firmari, a quo approbari [5] quiuerit trinitatem, cui credimus, diuinitatis gloria posse | priuari. 31. quod quoniam nec ratio sustinet ulla nec | pietas, aut doce uel posse esse uel iustum esse imputari | cuiquam naturale peccatum aut a scripturarum sanctarum | contaminatione discedito, quarum sententiis sanciri aestimas, [5] quod iniquum cogeris confiteri! 32. quod si neutrum horum quae diximus facies | et huic deo te asseris credere cuius institutis iniustitiam | communiri aestimas, cognosce multo te nouum antiquo | Manicheo esse peiorem, qui talem deum habeas, qualem [5] Manicheus dei sui est commentus inimicum! 33. quas mihi ergo tu hic ambages, quae cerui- | calia mendaciorum et ineptiarum, quae Hierusalem

---

27,7 deus – 8 deus: *Dt* 32,4.   27,8 iustus – 9 eius: *Ps* 10,8.   27,10 omnia – aequitas: *Ps* 118,172.
33,1 ceruicalia – 5 commiserint: Cf. *Ez* 13,18.

Worte nichts gegen die offensichtliche Gerechtigkeit Gottes ausrichten können. Wenn sie von einer Person geäußert wurden, die geachtet werden muss, müssen sie mit einer Auslegung, die mit der göttlichen Gerechtigkeit vereinbar ist, verteidigt werden; wenn sie aber von jemandem vorgetragen wurden, vor dem man keinen Respekt haben muss, müssen sie auch ohne Klärung ihres Sinnes zurückgewiesen werden. Es wird also nun über das Urteil Gottes diskutiert, von dem geschrieben steht: *Gott ist treu; in ihm gibt es keine Ungerechtigkeit; Gott, der gerechte und heilige Herr,*[18] und wiederum: *Der Herr ist gerecht und schätzt die Gerechtigkeit, sein Auge richtet sich auf die Unparteilichkeit,*[19] und ebenso: *Alle deine Urteilssprüche sind gerecht.*[20] Unzählig sind die Belegstellen, mit denen die Bibel die göttliche Gerechtigkeit verkündet; an ihr hat niemand, ob Heide oder Häretiker, gezweifelt mit Ausnahme der Manichäer und Traduzianer. 28. Von der Lehrmeisterin Natur ist nämlich allen prinzipiell eingeprägt, dass Gott gerecht ist. Dadurch wird deutlich, dass derjenige, von dem sich herausgestellt hat, dass er ungerecht ist, niemals Gott sein kann. Der Mensch kann also auch gerecht sein, Gott aber kann nur gerecht sein. 29. Weil er der einzige und wahre Gott ist, an den wir glauben und den wir in der Dreieinigkeit verehren, besteht kein Zweifel, dass er in jeder Hinsicht aufgrund seines Urteils am gerechtesten ist. 30. Aus Gottes Gesetzen heraus kann also nicht bewiesen und gezeigt werden, was offensichtlich ungerecht ist; und genauso ist sicher, dass, wenn das geschähe, Gottes ganze Göttlichkeit verfiele. Dass die Lehre von der Ungerechtigkeit durch die Heilige Schrift gestützt werden kann, wird also nur jemand billigen können, der es auch gutheißen kann, dass die Dreieinigkeit, an die wir glauben, ihrer Göttlichkeit beraubt werden kann. 31. Weil keine Vernunft und keine Gottesfurcht so etwas erträgt, beweise entweder, dass eine naturgegebene Sünde existieren kann und dass sie jemandem gerechterweise angerechnet werden könnte, oder hör auf, die Heilige Schrift zu verunstalten, durch deren Aussagen, wie du glaubst, etwas bestätigt wird, das, wie du zugeben musst, ungerecht ist! 32. Wenn du keine dieser beiden Varianten zugibst und zustimmst, dass du an einen Gott glaubst, dessen Einrichtungen nach deiner Ansicht die Ungerechtigkeit bestätigen, dann erkenne, wie viel schlechter als der alte Mani du neuer Manichäer bist, weil du einen solchen Gott hast, den sich Mani als Feind seines Gottes ausgedacht hat! 33. Was für Ausflüchte, welche Polster von Lügen und Dummheiten, die der Prophet Ezechiel Jerusalem

---

18   Cf. *Dt* 32,4.
19   Cf. *Ps* 10,8.
20   Cf. *Ps* 118,172.

fornicanti | Hiezechiel propheta imputat, ammouebis, in quibus muliebres | animae cubent nomina mysteriorum tenentes, cum in ipsam [5] diuinitatem retecta profanitate commiserint? remotis omni- | bus praestigiis et aduocatarum saepe a te plebicularum | cateruis doce iustum esse quod per scripturas sanctas | affirmare conaris!

34. Ne ergo in infinita uolumina extendatur oratio, | hic harum de quibus agimus rerum genus species differen- | tia modus qualitasque cernatur, immo sollicitius, utrum sint, | unde sint, ubi sint, quid etiam mereantur et a quo. hoc enim [5] modo nec diu per disputationum anfractus errabitur et | certum, quod teneri debeat, apparebit. **35.** creatoris hic igitur et creaturae ratio uertitur | id est dei et hominis; iudicat ille, iudicatur iste; itaque | iustitiae et culpae quae sit natura uideatur:

Iustitia est, et | ut ab eruditis definiri solet et ut nos intellegere possumus, [5] uirtus – si per Stoicos liceat alteri alteram praeferre – uirtutum | omnium maxima fungens diligenter officio ad restituendum | sua unicuique sine fraude sine gratia. **36.** quod si eam maximam dici Zeno non siuerit, | qui tantam uirtutum copulam unitatemque confirmat, ut ubi | fuerit una, omnes dicat adesse uirtutes, et ubi una non fuerit, | omnes deesse, atque illam ueram esse uirtutem quae hac [5] quadrua iugalitate perficitur, tunc quoque nobis plurimum | praebebit auxilii, cum docuerit nec prudentiam nec fortitu- | dinem nec temperantiam posse sine iustitia contineri, secun- | dum quam ueritatem et Ecclesiastes pronuntiat: *qui in uno | peccauerit, multa bona perdet.* **37.** haec igitur augusta uirtus, expunctrix unius- | cuiusque meritorum, in operibus quidem imaginis dei id est | humanae animae pro creaturae ipsius modo et uiribus

---

34,2 hic hic *C G T K L Zelzer Cipriani/Volpi, Sant'Agostino 1, 30*, hic *alt. om. P M.*

36,8 qui – 9 perdet: *Ecl* 9,18.

vorhielt, als es Unzucht trieb, wirst du gegen mich vorbringen, damit sich auf ihnen weibische Seelen ausruhen, die sich auf die Glaubensgeheimnisse berufen,[21] obwohl sie mit unverdeckter Gottlosigkeit gegen die Göttlichkeit selbst vorgegangen sind? Nachdem alles Blendwerk und die Scharen von Gesindel, die du so oft zur Hilfe gerufen hast, weggeschafft sind, zeige, dass es gerecht ist, was du mithilfe der Heiligen Schrift zu beweisen versuchst!

34. Damit also meine Ausführungen nicht ins Unermessliche wachsen, sollen hier und jetzt von den Dingen, über die wir sprechen, die Herkunft [*genus*], die Formen ihres Auftretens [*species*], die Unterschiede innerhalb dieser Ausformungen [*differentia*], die Beschaffenheit [*qualitas*] und die Art und Weise, wie sie sich verhalten [*modus*], betrachtet werden, ja, es soll noch genauer gefragt werden, ob es sie gibt, woher sie sind, wo sie sind, was ihnen verdientermaßen zukommt und von wem. Auf diese Weise nämlich durchstreift man nicht zu lange die Irrwege der Erörterung und es wird offensichtlich, welche Ansichten für unumstößlich gehalten werden müssen. 35. Es geht hier nun also um das Verhältnis von Schöpfer und Schöpfung, d.h. um das Verhältnis zwischen Gott und Mensch; jener urteilt, dieser wird beurteilt. Deshalb soll betrachtet werden, was das Wesen der Gerechtigkeit und der Schuld ist: Die Gerechtigkeit ist, wie sie von Gelehrten definiert wird und wie wir sie auch verstehen können, die höchste aller Tugenden – falls die Stoiker es uns gestatten, eine Tugend einer anderen vorzuziehen –: Sie verwaltet sorgfältig ihr Amt, wenn sie jedem das Seine zuteilt, ohne jemanden zu benachteiligen oder zu begünstigen. 36. Mag auch Zenon nicht zugelassen haben, diese Tugend als die höchste zu bezeichnen, weil er ein starkes Band und eine Einheit unter den Tugenden annimmt, sodass er sagt, dass, wo nur eine Tugend schon vorhanden sei, auch alle anderen Tugenden seien, wo eine fehle, alle anderen fehlten, und nur diejenige Tugend die wahre Tugend sei, die durch die Verbindung aller vier entstehe; dennoch wird er uns insofern am meisten Hilfe leisten, als er gelehrt hat, dass weder die Klugheit noch die Tapferkeit noch die Mäßigung ohne die Gerechtigkeit aufrechterhalten werden können. Gemäß dieser Wahrheit verkündet der Ekklesiastes: *Wer einmal gesündigt hat, verliert viele Güter* (*Ecl* 9,18). 37. Das ist also die erhabenste Tugend, sie bewertet die Verdienste eines jeden; sie leuchtet zwar in den Werken des Abbildes Gottes, also der menschlichen Seele entsprechend des Maßes und des Vermögens des Geschöpfes selbst, bis-

---

21 Cf. *Ez* 13,18.

inter- | micat, in ipso uero deo, omnium quae sunt ex nihilo conditore, [5] immenso et claro per aeternum orbe resplendet. origo eius | diuinitas est, aetas eius aeternitas et aeternitas ultro citro | nescia uel desinere uel coepisse; ut ergo genus eius, quo | nomine nihil aliud quam originem intellegi uolo, deus est, ita | species eius in legum promulgatione iudiciorumque apparet [10] effectibus; 38. differentiam uero eius non absurde intellegere | possumus uariam pro opportunitate temporum dispensatio- | nem: uerbi gratia hostiae de pecoribus in ueteri testamento | fuerant imperatae; id tunc implere pertinebat ad reuerentiam [5] iussionis. nunc uero indicta eorum dissimulatio ita seruit | iustitiae praecipienti, ut tunc oblatio seruiebat. modus uero | eius est uel status, quod nec cuiquam amplius quam uires | patiuntur, indicit uel, quod misericordiam non retundit. | qualitas autem eius intellegitur, per quam piis mentibus sapit [10] dulciter. est igitur procul dubio iustitia, sine qua deitas non | est. quae si non esset, deus non esset; est autem deus. est | itaque sine ambiguitate iustitia. non est autem aliud quam | uirtus omnia continens et restituens suum unicuique sine | fraude sine gratia. consistit autem maxime in diuinitatis [15] profundo; 39. testimonium uero, ut ab auctore suo, ita etiam | uel a probis uel ab improbis meretur, quod et illos iure pro- | uexerit et istos iure damnauerit. cum uero per se nec boni | quicquam nec mali merentibus misericordiam liberalem esse [5] permittit, nihil sentit iniuriae, quia et hoc ipsum, ut sit | clemens operi suo deus, cum in seueritatem non cogitur, pars | magna iustitiae est. 40. quos enim fecit, quia uoluit, nec condemnat | nisi spretus; si, cum non spernitur, faciat consecratione | meliores, nec detrimentum iustitiae patitur et munificentia | miserationis ornatur.

   41. His igitur iustitiae quas praemisimus diui- | sionibus explicatis discutiamus, quae sit definitio peccati. | equidem affatim mihi tam philosophantium quam eorum qui | catholici fuerunt, quod quaerimus, scripta suppedi-

weilen auf; im wahren Gott selbst aber, im Schöpfer aller Dinge, die aus dem Nichts sind, erstrahlt sie in Ewigkeit in unermesslichem, vollem Umfang. Ihre Herkunft ist die Göttlichkeit, ihre Dauer die Ewigkeit, und zwar eine Ewigkeit, die weder nach vorn noch nach hinten anzufangen oder aufzuhören weiß. Wie also ihre Herkunft, womit ich nichts anderes als ihren Ursprung bezeichnen will, Gott ist, so zeigt sich die Form ihres Auftretens in der öffentlichen Bekanntmachung der Gesetze und in den Auswirkungen der Urteilssprüche.

38. Ferner ist es nicht abwegig, die Verschiedenheit ihrer Ausformungen in der unterschiedlichen Art und Weise [sc. göttlicher] Einrichtungen zu verstehen, die sich an den Gepflogenheiten des jeweiligen Zeitalters orientiert. Zum Beispiel wurden im Alten Testament Tieropfer befohlen: Damals gehörte es zur Ehrfurcht gegenüber dem Gebot, sie zu vollbringen. Nun aber dient die Verordnung, diesen Befehl nicht mehr zu berücksichtigen, genauso der Gerechtigkeit, die dies vorschreibt, wie ihr damals die Beachtung des Befehls diente. Die Art und Weise, wie sich die Gerechtigkeit aber verhält (oder ihre Verfassung), ist, dass sie einem nicht mehr auferlegt, als es dessen Kräfte zulassen, oder dass sie Mitleid nicht zurückweist; die Beschaffenheit aber erkennt man darin, dass sie den gottesfürchtigen Menschen süß schmeckt. Ohne Zweifel gibt es also die Gerechtigkeit, ohne die Göttlichkeit nicht sein kann; wenn es diese nicht gäbe, gäbe es Gott nicht; Gott gibt es aber, deshalb gibt es ohne Zweifel auch die Gerechtigkeit. Sie ist aber nichts anderes als eine Tugend, die alles beinhaltet und jedem das Seine zuteilt, ohne jemanden zu benachteiligen oder zu begünstigen; im vollen Maße aber besteht sie in der Tiefe der Göttlichkeit.

39. Der Gerechtigkeit kommt von ihrem Urheber ebenso wie von den Guten und den Schlechten verdientermaßen das Zeugnis zu, dass sie die Guten zu Recht fördert und die Schlechten zu Recht verurteilt. Wenn sie aber zulässt, dass ihre Güte denjenigen gegenüber, die von sich selbst aus weder Gutes noch Schlechtes verdienen, freigebig ist, so geschieht ihr dadurch kein Unrecht. Es ist ja auch ein großer Teil der Gerechtigkeit, dass Gott milde gegenüber seinem Werk ist, wenn er nicht zur Strenge gezwungen wird. 40. Denn er verurteilt die Menschen, die er aus eigenem Entschluss geschaffen hat, nur dann, wenn sie ihn verachtet haben. Wenn er aber dann, wenn er nicht zurückgewiesen wird, die Menschen durch seinen Segen besser macht, nimmt seine Gerechtigkeit dadurch keinen Schaden, sondern wird durch die Freigebigkeit seiner barmherzigen Zuwendung ausgezeichnet.

41. Nachdem wir nun den Begriff der Gerechtigkeit mittels der Kategorien, die wir angeführt haben, dargelegt haben, wollen wir erörtern, was die Definition der Sünde ist. Was mich anbelangt, bieten mir die Schriften der Philosophen und der katholischen Gelehrten bezüglich unserer Frage genügend Hilfe. Ich fürchte aber, dass du dem im Weg stehst und, wenn ich den Senat

tant, sed [5] uereor, ne refrageris et, si philosophorum ego senatum aduo- | cauero, tu continuo sellularios opifices omneque in nos uulgus | accendas, **42.** uociferans cum feminis cunctisque calonibus | et tribunis, quibus octoginta aut amplius equos tota Africa | saginatos collega tuus nuper adduxit Alypius, **43.** nequaquam te acquiescere eruditorum sen- | tentiis, et addas, secundum quod intellectui tuo congruit, | dixisse apostolum, quia *stultam fecit deus sapientiam mundi,* | disputatores uero nostros sine metu a te posse despici, quod [5] nulla auctoritate talium premaris. **44.** quid ergo? acquiescam prorsus tibi faciam- | que in hoc loco iacturam omnium quorum amminiculo uti | possem contentusque ero definitione, quae ad indicium | bonae naturae post Manicheorum secretum de ore tuae [5] honestatis effugit. in eo igitur libro cui titulus est uel „de | duabus animabus" uel „contra duas animas" ita loqueris: |

„Expecta, sine prius peccatum definiamus": „peccatum est | uoluntas ammittendi uel retinendi quod iustitia uetat et | unde liberum est abstinere. quamquam si liberum non est, [10] nec uoluntas dici potest; sed malui grossius quam scrupulo- | sius definire."

45. O lucens aurum in stercore! quid uerius, quid | plenius dici a quoquam uel orthodoxo potuisset? „pecca- | tum est", inquis, „uoluntas ammittendi uel retinendi quod | iustitia uetat et unde liberum est abstinere." ostendit hoc [5] Ecclesiasticus: *deus,* inquit, *fecit hominem et dimisit eum in | manibus consilii sui;* posuit ante eum uitam et mortem, aquam | et ignem; *quod placuerit ei, dabitur illi.* et per Esaiam deus: | *si uolueritis,* inquit, *et audieritis me, quae bona sunt terrae | edetis; si nolueritis nec audieritis, gladius uos comedet.* et [10] apostolus: *resipiscite iusti et nolite peccare;* atque iterum: | *nolite errare! deus non irridetur; quae enim seminauerit homo | illa et metet.* **46.** uoluntas itaque motus est animi in iure suo | habentis, utrum sinisterior ad praua decurrat, an dexterior | ad celsa

---

43,2 et ad *P Teske, Answer 152 n. 45,* et addas *Kal. Primmer, Rhythmus 1, 207,* ut addas *C G T K L M Zelzer Cipriani/Volpi, Sant'Agostino 1, 38.* **45,2** uel *P Kal. Primmer, Rhythmus 2, 207 Cipriani/Volpi, Sant'Agostino 1, 40 Teske, Answer 152 n. 47,* add. in mg. alias uel et melius *T mp.,* uelut *C G K L M Zelzer.*

43,3 stultam – mundi: 1 *Cor* 1,20.   **44,7** expecta – definiamus: A. *duab. an.* 15 (p. 70, l. 13).   **44,7** peccatum – 11 definire: A. *duab. an.* 15 (p. 70, l. 15–18).   **45,2** peccatum – 4 abstinere: A. *duab. an.* 15 (p. 70, l. 15–17).   **45,5** deus – 6 sui: *Ecli* 15,14.   **45,6** posuit – 7 ignem: Cf. *Ecli* 15,17 sq.   **45,7** quod – illi: *Ecli* 15,18.   **45,8** si – 9 comedet: *Is* 1,19 sq.   **45,10** resipiscite – peccare: 1 *Cor* 15,34.   **45,11** nolite – 12 metet: *Gal* 6,7 sq.

der Philosophen einberufe, sogleich alle Handwerker und das ganze Volk gegen uns aufstachelst, 42. indem du mit den Frauen, all den Stallknechten und den Tribunen, mit deren Hilfe Alypius, dein Kollege im Bischofsamt, kürzlich achtzig oder mehr von ganz Afrika gemästete Pferde beigebracht hat, uns entgegen schreist, 43. dass du in keiner Weise den Ansichten der Gelehrten zustimmst. Außerdem würdest du dann noch hinzufügen, dass der Apostel gesagt habe – was mit deiner eigenen geistigen Konstitution vereinbar ist –, dass *Gott die Weisheit der Welt einfältig gemacht habe* (1 Cor 1,20), unsere Gewährsmänner aber ohne Furcht von dir verachtet werden könnten, weil du von der Autorität solcher Leute ja nicht bedrängt würdest. 44. Was also weiter? Ich will dir gänzlich Recht geben und dir an dieser Stelle alles opfern, was ich als Hilfsmittel verwenden könnte. Ich bin mit der Definition zufrieden, die zum Beweis der guten Natur nach dem Bruch mit den Manichäern deinem ehrbaren Mund entfloh. In dem Buch nämlich, das den Titel *Über die zwei Seelen* oder *Gegen die zwei Seelen* trägt, sprichst du so:

„Warte ab, lass uns zuerst definieren, was die Sünde ist."[22] „Eine Sünde ist der Wille dazu, etwas zu begehen oder an etwas festzuhalten, was die Gerechtigkeit verbietet und von dem es freisteht, sich seiner zu enthalten. Gewiss, was nicht frei ist, kann auch nicht Wille genannt werden; aber ich wollte die Sünde lieber gröber als zu eng definieren."[23]

45. O glänzendes Gold im Dreck! Was hätte wahrer, was treffender sogar von jemandem gesagt werden können, der rechtgläubig ist? Du sagst: „Sünde ist der Wille dazu, etwas zu begehen oder an etwas festzuhalten, was die Gerechtigkeit verbietet und von dem es freisteht, sich seiner zu enthalten."[24] Das hat der Ecclesiasticus gezeigt, als er sagte: *Gott hat den Menschen gemacht und entschickte ihn aus den Händen seines Ratschlages* (Ecli 15,14); er stellte ihm Leben und Tod, Wasser und Feuer zur Wahl (cf. Ecli 14,17 sq.); *was ihm gefällt, wird ihm gegeben* (Ecli 14,18). Gott hat auch durch Jesaja gesagt: *Wenn ihr wollt und auf mich hört, werdet ihr die guten Früchte der Erde essen; wenn ihr aber nicht wollt und nicht auf mich hört, wird das Schwert euch durchdringen* (Is 1,19 sq.). Auch der Apostel hat gesagt: *Werdet wieder gerecht und hört auf zu sündigen* (1 Cor 15,34); und ebenso: *Lasst ab davon, dem Irrtum nachzufolgen, man spottet nicht über Gott; so wie der Mensch sät, so erntet er* (Gal 6,7 sq.). 46. Der Wille ist also eine Bewegung der Seele eines Menschen, der es in seiner Verfügung hat, ob er als eine zum Verkehrten gerichtete Bewegung zum Schlechten hinabläuft

---

22 A. *duab. an.* 15 (p. 70, l. 13).
23 A. *duab. an.* 15 (p. 70, l. 15–18).
24 A. *duab. an.* 15 (p. 70, l. 15–17).

contendat; **47.** motus autem animi eius, iam qui per | aetatem iudicio rationis uti potest, cui, cum poena monstratur | et gloria aut contra commodum uel uoluptas, adiutorium et | uelut occasio offertur, non necessitas imponitur partis alteru- [5] trae. haec igitur uoluntas, quae alternatur, originem possi- | bilitatis in libero accepit arbitrio; ipsius uero operis existen- | tiam a se suscipit. nec est prorsus uoluntas antequam uelit, | nec potest uelle antequam potuerit et nolle, nec utrumque | habet in parte peccati, id est uelle et nolle, antequam usum [10] rationis adipiscitur. quibus collectis apparet te uerissime | definisse: „peccatum est uoluntas retinendi uel ammittendi | quod iustitia uetat et unde liberum est abstinere." hoc ergo | peccatum, quod claruit nihil esse praeter uoluntatem, constat | genus id est ipsam originem ab appetitu proprio suscepisse; [15] huius species iam in unoquoque qui dicuntur atomi reperi- | tur; differentia uero et in uarietate culparum et in rationibus | temporum. modus est ipsa immoderatio; nam si modus | est seruire cui debeas, qui hoc praetermittit ueri modi trans- | gressione delinquit. hic tamen dici subtiliter potest modum [20] esse peccati, quia nemo plus quam potest delinquit; nam si | supra uires, inefficaci uoluntate peccatur; hoc ipsum fieri uel | sola potuit uoluntate. qualitas autem ascribatur uitio, per | quam ostenditur, quid amaritudinis uel dedecore conuehat uel | dolore. est ergo peccatum, quia si non esset, nec tu sequereris [25] errores. nihil est autem aliud praeter uoluntatem excedentem | ab eo calle cui debet insistere et unde liberum est non deflec- | tere. fit autem de appetitu inconcessorum et

---

47,11 peccatum – 12 abstinere: A. *duab. an.* 15 (p. 70, l. 15–17).

oder zum Rechten gerichtet, sich zum Guten streckt; 47. und zwar die Bewegung der Seele eines solchen Menschen, der durch sein Alter schon das Urteil der Vernunft nutzen kann, dem aber keine Notwendigkeit auferlegt wird, die eine oder die andere Seite zu wählen, wenn ihm entweder Strafe und Ruhm in Aussicht gestellt werden oder umgekehrt etwas Angenehmes, Lustvolles. Mit diesen Angeboten wird ihm eher eine Hilfestellung und gleichsam eine Gelegenheit dargebracht. Der Wille also, der sich ändern kann, erhält aus dem freien Entscheidungsvermögen den Ursprung dafür, dass er überhaupt möglich ist; er erhält die Existenz seines eigenen Wirkens aber aus sich selbst. Daher kann es weder einen Willen geben, bevor man will, noch kann man wollen, bevor man die Fähigkeit hat, nicht zu wollen. Genauso wenig hat er hinsichtlich der Sünde die Wahl, d. h., sie zu wollen oder sie nicht zu wollen, bevor er das Alter erreicht hat, in dem er von der Vernunft Gebrauch machen kann. Nachdem ich dies dargelegt habe, ist offensichtlich, dass du richtig definiert hast: „Sünde ist der Wille dazu, etwas zu begehen oder an etwas festzuhalten, was die Gerechtigkeit verbietet und von dem es freisteht, sich seiner zu enthalten."[25] Diese Sünde, die offensichtlich nichts anderes ist als ein Wille, bezieht augenscheinlich ihre Herkunft, also ihren Ursprung selbst, von dem ihr eigentümlichen Streben. Die Form ihres Auftretens wird dann in jedem einzelnen sündigen Akt gefunden, was man als unteilbare Einheiten bezeichnet. Die Unterschiede zwischen diesen Ausformungen ihres Auftretens aber bestehen in der Verschiedenheit des Verschuldens und in den Gepflogenheiten der Zeitalter. Die Art und Weise, wie sich die Sünde verhält, ist die der Maßlosigkeit; denn wenn es dem Maßvollen entspricht, dem zu dienen, dem du es schuldig bist, dann vergeht sich derjenige, der diese Vorschrift übergeht, durch die Überschreitung des wahren Maßes. Hier könnte allerdings mit einigem Scharfsinn gesagt werden, dass die Art und Weise, auf die sich die Sünde verhält, darin besteht, dass niemand mehr sündigt, als er vermag. Denn wenn es die Kräfte übersteigt, wird mit einem unwirksamen Willen gesündigt; doch selbst das konnte nur durch den Willen geschehen. Ihre Beschaffenheit hängt aber vom jeweiligen Fehltritt ab. In ihr [d. h. der Beschaffenheit] wird offensichtlich, was für ein Gefühl von Kummer dieser sowohl durch Demütigung als auch durch Betrübnis auslöst. Es gibt also die Sünde, denn wenn es sie nicht gäbe, würdest auch du keine Fehler machen; nichts anderes aber ist sie als ein Wille, der den Weg verlässt, auf dem man bleiben sollte und von dem es freisteht, nicht von ihm abzuweichen. Sie geschieht jedoch aus der Begierde nach Verbotenem und es gibt sie nur in einem Men-

---

25   A. *duab. an.* 15 (p. 70, l. 15–17).

nusquam est | nisi in eo homine qui et habuit uoluntatem malam et potuit | non habere; 48. meretur autem ab honestis exsecrationem | et ab illa iustitia cuius hic tota causa uertitur legitimam | condemnationem.

Omnibus itaque aulaeis reductis profer | aliquando luce palam, per quod doceas naturale esse peccatum. [5] certe nihil superius falso uel de diuinae laude iustitiae uel | de culpae definitione collectum est. ostende ergo haec duo | in paruulis posse constare: si nullum est sine uoluntate | peccatum, si nulla uoluntas, ubi non est explicata libertas, | si non est libertas, ubi non est facultas per rationem electionis, [10] quo monstro peccatum in infantibus inuenitur, qui rationis | usum non habent, igitur nec eligendi facultatem ac per hoc | nec uoluntatem atque his irrefutabiliter concessis nec aliquod | omnino peccatum? his igitur molibus pressus uideamus | quo eruperis: „nullo", inquis, „peccato paruuli premuntur suo, [15] sed premuntur alieno." necdum claruit, quid mali sentias; | suspicemur enim te ad inuidiam cuiuspiam hominis, cuius | iniquitatem ut Poenus orator exprimeres, haec in medium | protulisse. apud quem igitur impollutam innocentiam scelus | grauauit externum? quis ille fuit qui hos adiudicaret reos, [20] tam excors, tam trux, tam oblitus dei et aequitati barbarus | perduellis? laudamus prorsus ingenium tuum, apparet | eruditio: non potuisti aliter dignam odio generis humani | iudicis nescio cuius immo tyranni allegare personam, quam | iurando non solum eum non pepercisse his qui nihil pecca- [25] uissent, uerum etiam his qui nec peccare potuissent. solet | quippe apud suspiciosum animum bona conscientia laborare | pro defensione sui, ne forte deliquerit, quia delinquere uel | potuit; absolute autem uindicatur a crimine qui ipsa rei |

48,20 aequitati *P*, aequitatis *C G T K L M Zelzer Cipriani/Volpi, Sant'Agostino 1, 44.*

48,14 nullo – 15 alieno: Cf. A. *nupt. et conc.* 1,22 (p. 236, l. 2–7).

schen, der sowohl einen schlechten Willen hatte als auch keinen schlechten Willen hätte haben können. 48. Was ihr verdientermaßen zukommt, ist die Ablehnung durch ehrenhafte Menschen und ebenso die rechtmäßige Verurteilung durch die Gerechtigkeit, um die es hier in der ganzen Debatte geht.

Nachdem nun alle Vorhänge zurückgezogen sind, sag doch endlich vor dem Licht der Öffentlichkeit, mit welcher Begründung du behauptest, dass es eine Sünde von Natur aus gebe. Sicherlich ist keine meiner Schlussfolgerungen falsch, die ich oben über das Lob der göttlichen Gerechtigkeit und über die Definition des schuldhaften Verhaltens gezogen habe. Zeige also, dass diese beiden bei kleinen Kindern vorkommen können: Wenn es keine Sünde ohne das Vorhandensein des Willens gibt, wenn es keinen Willen gibt, wo Freiheit nicht entwickelt ist, wenn es keine Freiheit gibt, wo noch nicht die Möglichkeit besteht, mithilfe der Vernunft eine Wahl zu treffen, durch welche Unbegreiflichkeit findet man dann Sünde bei kleinen Kindern, die ihre Vernunft noch nicht verwenden können, also auch nicht die Möglichkeit besitzen auszuwählen und daher auch keinen Willen haben und unter diesen unumstößlichen Prämissen auch keinesfalls irgendeine Sünde? Wir wollen sehen, wohin du unter dem Druck dieser Lasten Zuflucht genommen hast: Du sagst, dass kleine Kinder von keiner eigenen Sünde belastet sind, sondern von einer fremden Sünde bedrängt werden.[26] Es ist noch nicht deutlich geworden, wie schlimm das ist, was du denkst; nehmen wir einmal an, du hättest diese Äußerungen vorgebracht, um Unwillen gegen jemanden zu wecken, dessen Ungerechtigkeit du wie ein punischer Redner geschildert hättest. Bei wem also hätte ein Verbrechen von außerhalb die reine Unschuld belastet? Wer wäre so herzlos, so trotzig, wer wäre so gottvergessen und so ein primitiver Verräter der Unparteilichkeit, dass er Kleinkinder als Angeklagte ansähe? Wir loben deinen Einfallsreichtum, deine Bildung kommt nun zum Vorschein: Auf keine andere Art und Weise hättest du irgendeinen Richter oder ja besser Tyrannen anführen und charakterisieren können, der den Hass des Menschengeschlechts so verdient hätte, als durch den Schwur, dass dieser nicht nur mit denjenigen schonungslos umgegangen sei, die nicht gesündigt hätten, sondern auch mit denen, die gar nicht sündigen hätten können. Gewöhnlich bemüht sich das gute Gewissen in einem Menschen, der von anderen verdächtigt wird, darum, sich zu verteidigen und zu begründen, dass er nicht etwa etwas Unrechtes getan hat, weil er es ja hätte tun können; ganz

---

26 Cf. A. *nupt. et conc.* 1,22 (p. 236, l. 2–7).

impossibilitate defenditur. pande igitur: quis est iste inno- [30] centium addictor? respondes: „deus"; percussisti quidem ani- | mum, sed quoniam uix tantum sacrilegium fidem meretur, | quid dixeris ambigamus. scimus enim omonyme usurpari | nomen hoc posse: *sunt quippe dii multi et domini multi, nobis | tamen unus est deus pater ex quo omnia, et unus dominus Iesus* [35] *Christus per quem omnia*. quem igitur deum in crimen | uocas? hic tu, sacerdos religiosissime rhetorque doctissime, | exhalas tristius et horridius aliquid quam uel Amsancti uallis | uel puteus Auerni, immo scelestius quam ipsa in his locis | idolorum cultura commiserat. „deus", ais, „ipse", qui *commen-* [40] *dat suam caritatem in nobis*, qui dilexit nos et *filio suo non | pepercit, sed pro nobis illum tradidit*, ipse sic iudicat, ipse est | nascentium persecutor, ipse pro mala uoluntate aeternis | ignibus paruulos tradit, quos nec bonam nec malam uolun- | tatem scit habere potuisse. post hanc ego sententiam tam [45] immanem, tam sacrilegam, tam funestam, si sanis iudicibus | uteremur, nihil praeter exsecrationem tui referre deberem; | iusta enim et probabili grauitate indignum te disputatione | censerem, qui eo usque a religione, ab eruditione, a com- | munibus postremo sensibus aufugisses, ut, quod uix ulla [50] barbaries, deum tuum criminosum putares; **49.** pugnasse quidem cum principe tenebrarum | deum lucis Manicheus finxit et credidit addiditque eius | captiuam teneri in hoc orbe substantiam, sed tantam infelici- | tatem colore pietatis nititur excusare: affirmat eum quasi [5] bonum pro patria dimicasse ciuem atque ideo obiecisse | membra, ne perderet regna. tu, qui haec didiceras, quantum | ea uel ad tempus deserendo profeceris intuere: dicis deum | necessitatem non pertulisse belli, sed iniquitatem ammi-

---

48,30 respondes *P G T ac. K M Primmer, Rhythmus 2, 207 Teske, Answer 153 n. 53*, respondens *C T pc. L Zelzer Cipriani/Volpi, Sant'Agostino 1, 46*.

48,33 sunt – 35 omnia: 1 *Cor* 8,5 sq.   **48,37** Amsancti uallis: Cf. Verg. *Aen*. 7,563–565.   **48,38** puteus Auerni: Cf. Verg. *Aen*. 6,201.   **48,39** commendat – 40 nobis: *Rm* 5,8.   **48,40** filio – **41** pepercit: *Rm* 8,32.

und gar frei von dem Vorwurf eines Vergehens ist aber derjenige, der dadurch verteidigt wird, dass ihm das Vergehen selbst unmöglich gewesen wäre. Erkläre also: Wer ist das, der die Unschuldigen verurteilt? Du antwortest: „Gott"; damit hast du uns zwar erschüttert, aber weil einer solchen Gotteslästerung kaum Glauben geschenkt werden kann, sind wir im Zweifel, was du damit gemeint hast. Wir wissen nämlich, dass diese Bezeichnung homonym gebraucht werden kann: *Es gibt natürlich viele Götter und viele Herren, wir aber haben nur einen Gott, den Vater, der alles geschaffen hat, und einen Herrn, nämlich Jesus Christus, durch den alles ist* (1 Cor 8,5 sq.). Welchen Gott also klagst du an? Hier hauchst du etwas aus, du gottesfürchtiger Priester und hochgelehrter Redner, das abstoßender und widerlicher ist als der Gestank des Amsanctustales[27] und des Avernerbrunnens,[28] ja das sogar abscheulicher ist als das, was die Verehrung der Götzenbilder in diesen Gegenden sich hat zuschulden kommen lassen. „Gott selbst", sagst du, der *uns seine Liebe zukommen lässt* (Rm 5,8), der uns geliebt hat und *seinen Sohn nicht geschont hat, sondern ihn für uns hingegeben hat* (Rm 8,32), er selbst ist es, der so urteilt, er selbst verfolgt die Neugeborenen, er selbst übergibt die Kleinkinder dem ewigen Feuer wegen ihres schlechten Willens, obwohl er weiß, dass sie weder einen schlechten noch einen guten Willen haben konnten. Nach dieser so entsetzlichen, so gotteslästerlichen und tödlichen Aussage müsste ich dir, wenn vernünftige Richter über uns urteilen würden, eigentlich nichts anderes als den Kirchenbann entgegensetzen. Mit berechtigter und glaubhafter Strenge würde ich nämlich urteilen, dass du keiner Diskussion wert bist, weil du dich so weit von der Ehrfurcht vor Gott, von der Bildung, schließlich von allen allgemein anerkannten Ansichten entfernt hast, dass du deinen Gott für verbrecherisch hältst, was noch nicht einmal unzivilisierte Menschen tun. 49. Mani hat es sich natürlich ausgedacht und glaubte es auch, dass der Gott des Lichtes mit einem Herrscher der Finsternis gekämpft habe, und er fügte noch hinzu, dass dessen Substanz in dieser Welt gefangen gehalten werde. Er bemühte sich aber zumindest, diese unheilvolle Lage durch den Anstrich von Gottes Hingabe wieder aufzuwiegen: Er sagt, dass der Gott des Lichts gewissermaßen wie ein guter Bürger für die Heimat gekämpft und seine Glieder geopfert habe, um seine Herrschaft nicht zu verlieren. Du, der du das so gelernt hast, schau, welche Fortschritte du gemacht hast dadurch, dass du dich von den Ansichten der Manichäer zumindest für einige Zeit losgemacht hast: Du sagst nicht, dass Gott zu einem Krieg gezwungen worden sei,

---

27 Cf. Verg. *Aen.* 7,563–565.
28 Verg. *Aen.* 6,201.

sisse | iudicii nec tenebrosis hostibus, sed perspicuis subiacere [10] criminibus, non impertisse postremo substantiam suam, sed | aeternam uiolasse iustitiam. quo quis uestrum peior sit, | aliis aestimandum relinquo; illud tamen liquet ad unum uos | opinionis nefas redire. nam et Manicheus subscribit iniquita- | tem deo suo, cum eum allegat damnaturum in ultimo die [15] membra quae tradidit; et tu per hoc illum asseris infelicem | per quod corrumpit gloriam, qua cluebat, et persequendo | innocentiam, quam creauit, perdidit iustitiam, qua sacerri- | mus fuit. tantum igitur huic quem tu inducis deo ille quem | magister tuus commentus fuerat antecellit, quantum ex- [20] cusabilius est proelio superatum esse quam uitio.

50. Amolire te itaque cum tali deo tuo de | ecclesiarum medio: non est ipse cui patriarchae, cui pro- | phetae, cui apostoli crediderunt, in quo sperauit et sperat | ecclesia primitiuorum, quae conscripta est in caelis; non est [5] ipse quem credit iudicem rationabilis creatura, quem spiritus | sanctus iuste iudicaturum esse denuntiat; nemo prudentium | pro tali domino suum umquam sanguinem fudisset; nec enim | merebatur dilectionis affectum, ut suscipiendae pro se onus | imponeret passionis. postremo iste, quem inducis, si esset [10] uspiam, reus conuinceretur esse non deus, iudicandus a uero | deo meo, non iudicaturus pro deo. ut igitur prima fidei | fundamenta cognoscas: noster deus, ecclesiae catholicae deus, | substantia nobis ignotus est et ab aspectu similiter remotus, | *quem uidit nemo hominum nec uidere potest*, ut aeternus sine [15] principio, ita sanctus iustusque sine uitio omnipotentissimus, | aequissimus, misericordissimus, innotescens solo splendore | uirtutum, factor omnium quae non erant, dispensator eorum | quae sunt, examinator cunctorum qui et sunt et futuri sunt | et fuerunt, in ultimo die terram caelum et cuncta simul [20] elementa moturus, excitator cinerum et corporum restitutor; | sed prop-

---

50,4 ecclesia – caelis: Cf. *Hbr* 12,23.   50,5 quem – 6 esse: Cf. *Act* 17,31.   50,14 quem – potest: 1 *Tm* 6,16.

sondern dass er es zugelassen habe, dass seine Urteile ungerecht seien. Du sagst nicht, dass er finsteren Feinden unterliege, sondern offensichtlichen Verbrechen, und schließlich sagst du auch nicht, dass er seine Substanz hingegeben habe, sondern dass er die ewige Gerechtigkeit verletzt habe. Ich überlasse es anderen zu urteilen, wer von euch beiden schlimmer ist; das eine ist aber klar, dass ihr beide auf dieselbe entsetzliche Ansicht zurückfällt. Denn auch Mani schreibt seinem Gott Ungerechtigkeit zu, wenn er sagt, dass er am letzten Tag seine eigenen Glieder verurteilen werde, die er dem Bösen überlassen hat; und auch du bringst deinen Gott in eine unglückliche Lage, weil er den Ruhm zerstört, für den er gepriesen wurde, und dadurch, dass er die von ihm geschaffene Unschuld verfolgt, die Gerechtigkeit zugrunde richtet, die ihn zum Allerheiligsten gemacht hatte. Der Gott, den sich dein Lehrer ausgedacht hat, ist insoweit besser als dein Gott, insofern es verzeihlicher ist, in einem Kampf besiegt worden zu sein als durch moralische Fehlerhaftigkeit.

50. Deshalb sieh zu, dass du mit deinem Gott aus der Kirche fortkommst: Es ist nicht der, an den die Patriarchen, an den die Propheten und an den die Apostel geglaubt haben, auf den die Kirche der ersten Gläubigen, deren Namen im Himmel eingetragen sind,[29] ihre Hoffnung gesetzt hat und noch hofft; es ist nicht der, von dem das vernunftbegabte Geschöpf glaubt, dass er sein Richter sei, von dem der Heilige Geist verkündet, dass er gerecht urteilen wird.[30] Kein kluger Mensch hätte jemals für solch einen Gott sein Blut vergossen; er hätte nämlich eine solche Liebe nicht verdient, die rechtfertigen würde, dass er jemanden die Last auferlegen könnte, für ihn ein Martyrium auf sich zu nehmen. Schließlich, wenn es den da, den du als Gott einführst, irgendwo gäbe, würde er sich eher als Angeklagter herausstellen denn als Gott; er würde eher vom wahren Gott, nämlich von meinem, verurteilt werden müssen, statt in der Rolle eines Gottes zu urteilen. Damit du deshalb die grundlegende Basis des Glaubens erkennst: Unser Gott, der Gott der katholischen Kirche, ist uns von seiner Substanz her unbekannt, und ebenso ist er von unserem Blick entfernt, er, *den kein Mensch sieht und auch nicht sehen kann* (1 Tm 6,16); ebenso wie er ewig ohne Anfang ist, so ist er heilig und gerecht ohne Makel; er ist der allmächtigste, gerechteste, gütigste, allein durch den Glanz seiner Tugenden zu erkennen, Schöpfer aller Dinge, die nicht waren, Verwalter aller Dinge, die sind, Prüfer aller, die sind, die sein werden und die waren; am letzten Tag wird er Erde, Himmel und alle Elemente gleichzeitig wandeln, er, der die Aschen erweckt und die toten Körper belebt. Aber all das, was wir gesagt haben, wird

---

29 Cf. *Hbr* 12,23.
30 Cf. *Act* 17,31.

ter solam iustitiam haec quae diximus cuncta fac- | turus. 51. pro hoc igitur deo meo, quem mihi qualem | credo omnis creatura et sancta scriptura denuntiat, rectius, | ⟨ut⟩ dixi, facerem, si nec librorum te concertatione dignum puta- | rem; uerum quoniam mihi potissimum hoc a sanctis uiris, [5] nostri temporis confessoribus, munus impositum est, ut | dicta tua quid habeant ponderis rationisque discutiam, | opportunum fuit ostendere prius non a te credi ei deo qui in | catholicorum semper ecclesia praedicatus est et usque ad | finem, ubi illa fuerit, praedicabitur.

52. Nunc uero consequenter inspiciam quibus | hoc quod expugnat fides piorum testimoniis affirmare | coneris; sed quoniam institui libro tuo secundo, quem Alypius | detulit, obuiare, ne confundatur rescripti series, paucis [5] adhuc, usque dum ad testimonium apostoli quo plurimum | tibi uideris muniri sermo perueniat, respondendum est. illis | ergo quae supra posui uerbis tuis haec quae sequuntur | adiungis:

„In his itaque quae praetermisit hoc timuit, | quia cuncta ecclesiae catholicae pectora conuenit fidemque [10] ipsam antiquitus traditam atque fundatam clara quodam | modo uoce compellat et aduersus eos uehementissime per- | mouet, quod diximus, quia 'nihil peccati esse in paruulis | dicunt, quod lauacro regenerationis abluatur.' omnes enim | ad ecclesiam non propter aliud cum paruulis currunt, nisi ut [15] in eis originale peccatum generatione primae natiuitatis | attractum regeneratione secundae natiuitatis expietur. deinde | ad nostra superiora uerba reuertitur, quae nescio cur repetat: 'eos autem qui | de tali commixtione nascuntur dicimus | trahere originale peccatum' 'eosque de parentibus qualibuscum- [20] que nascantur non negamus adhuc esse sub diabolo, nisi | renascantur in Christo.' haec uerba nostra et paulo ante | dixerat. deinde subiunxit, quod de Christo diximus: 'qui de | eadem sexus utriusque commixtione nasci noluit'. sed etiam | hic praeter-

---

51,3 ut *coni.* Primmer, *Textvorschläge* 237 Teske, *Answer* 153 n. 73.   52,4 confundatur *P Kal.* Primmer, *Rhythmus* 1, 207 Teske, *Answer* 153 n. 74, confunderetur *C G T L M K* Zelzer Cipriani/Volpi, *Sant'Agostino* 1, 54.

52,8 in – 52,33 maluit: A. *nupt. et conc.* 2,4 sq. (p. 256, l. 9–p. 257, l. 9).   52,12 nihil – 13 abluatur: A. *nupt. et conc.* 1,1 (p. 212, l. 2 sq.).   52,17 eos – 19 peccatum: A. *nupt. et conc.* 1,1 (p. 211, l. 9 sq.).   52,19 eosque – 21 Christo: A. *nupt. et conc.* 1,1 (p. 211, l. 14 sq.).   52,22 qui – 23 noluit: A. *nupt. et conc.* 1,1 (p. 211, l. 17 sq.).

er nur aufgrund seiner Gerechtigkeit tun. 51. Deshalb würde ich also, wie ich schon sagte, im Kampf für meinen Gott, den mir, so wie ich an ihn glaube, die ganze Schöpfung und die Heilige Schrift verkündet, richtiger handeln, wenn ich mich gar nicht erst auf einen Streit mittels Büchern mit dir einließe. Aber weil mir von heiligen Männern, den Bekennern unserer Zeit, als eigentümliche Aufgabe auferlegt worden ist, dass ich darstelle, welches Gewicht und welche Logik deine Worte haben, war es angebracht, zuerst zu zeigen, dass du nicht an den Gott glaubst, den die Kirche der Katholiken immer verkündigt hat und bis zu ihrem Ende verkündigen wird.

52. Ich könnte jetzt gemäß der Sache genauer betrachten, mit welchen Zeugnissen du das zu beweisen versuchst, was der Glaube der Gottesfürchtigen bekämpft. Weil ich aber begonnen habe, deinem zweiten Buch, das Alypius überbracht hat, zu entgegnen, muss ich, damit die Reihenfolge der Widerlegung nicht aufgehoben wird, noch auf einige wenige Punkte antworten, bis unser Gespräch zu der Belegstelle des Apostels gelangt, von der du glaubst, sie würde dich am meisten absichern. Zu den Worten, die ich oben zitiert habe, fügst du Folgendes hinzu:

„Bei den Worten die er ausgelassen hat, hat er sich vor meiner folgenden Aussage gefürchtet: ‚Sie sagen, kleine Kinder besäßen keine Sünde, die ihnen im Taufbecken abgewaschen werde‘,[31] denn diese Aussage ergreift die Herzen aller Mitglieder der katholischen Kirche und fordert den Glauben selbst, wie er von alters her tradiert und begründet wurde, mit lauter Stimme auf und treibt ihn auf heftigste Weise gegen diese Menschen [sc. die Anhänger Julians]. Alle nämlich gehen mit ihren Kindern wegen nichts anderem zur Kirche als zu dem Zweck, dass die Erbsünde, die sie durch den Vorgang der ersten Geburt auf sich geladen haben, durch die Erneuerung in der zweiten Geburt wieder von ihnen genommen wird. Dann kehrt er zu meinen vorigen Worten zurück, von denen ich aber nicht weiß, warum er sie wiederholt: ‚Wir sagen, dass diejenigen, die aus einer solchen Zeugung entstehen, sich die Erbsünde zuziehen‘,[32] ‚und wir streiten nicht ab, dass diejenigen, die von welchen Eltern auch immer gezeugt werden, solange unter der Macht des Teufels stehen, bis sie in Christus wiedergeboren werden.‘[33] Dieses Zitat hatte er kurz zuvor auch schon angeführt. Dann zitiert er, was wir über Christus gesagt haben: ‚[...], der aus der Vermischung beider Geschlechter nicht gebo-

---

31   A. *nupt. et conc.* 1,1 (p. 212, l. 2 sq.).
32   A. *nupt. et conc.* 1,1 (p. 211, l. 9 sq.).
33   A. *nupt. et conc.* 1,1 (p. 211, l. 14 sq.).

misit quod ego posui: 'et per eius gratiam eruti [25] de potestate tenebrarum in regnum illius, qui de eadem sexus | utriusque commixtione nasci noluit, transferantur.' uide, | obsecro te, quae nostra uerba uitauit tamquam inimicus | omnino gratiae dei, quae uenit per Iesum Christum dominum | nostrum. scit enim ab illa apostoli sententia, qua dixit de [30] deo patre: *qui nos eruit de potestate tenebrarum et transtulit* | *in regnum filii caritatis suae*, improbissime et impiissime par- | uulos separari; ideo procul dubio uerba ista praetermittere | quam ponere maluit."

Egone sum inimicus gratiae dei, homo | omnium impudentissime, qui in primo libro meo, unde tu ista [35] a contextu suo auulsa rapuisti, ut aliquid sine ratione garrires, | professione pura et plena os tuum mysteriis Manicheorum | madens tuorumque damnaui? 53. ibi namque hic est a me collatus ordo | uerborum: cum dixissem auctorem deum caeli et terrae | omniumque, quae in eis sunt, ac per hoc et hominum, propter | quos cuncta facta sunt,

„non autem me fugit", inquio, „cum [5] haec dicimus, illud de nobis disseminandum esse, quia | gratiam Christi necessariam paruulis non putemus. quod | christianos populos laudabiliter et uehementer offendit, si | tamen dicti per se nefarii non nos arbitrarentur auctores. eo | enim modo nec de fratribus suis falsa credendo crimen in- [10] currerent et studiosos se circa amorem fidei comprobarent. | munienda igitur nobis ista pars est contra impetum uanitatis | et confessione breui os obloquentium consuendum. nos | igitur in tantum gratiam baptismatis omnibus utilem aetati- | bus confitemur, ut cunctos qui illam non necessariam etiam [15] paruulis putant aeterno feriamus anathemate. sed hanc | gratiam locupletem spiritalibus donis credimus, quae multis | opima muneribus ac reuerenda uirtutibus pro infirmitatum | generibus et humano-

---

52,24 et *P nupt*. Primmer, *Rhythmus* 2, *208 sq*., ut *C G T K L M Zelzer Cipriani/Volpi, Sant'Agostino 1, 56*.

52,24 et – 26 transferantur: A. *nupt. et conc.* 1,1 (p. 211, l. 16–18).   52,30 qui – 31 suae: *Col* 1,13.
53,4 non – 33 meliores: Iulian. *Turb.* 1, frg. 16.   53,4 non – 38 meretur: Cf. *Bruckner, Bücher 28 sq*.; Kommentar zu 53,4–54,3.

ren werden wollte'.³⁴ Aber auch hierbei hat er Folgendes von mir Geschriebene ausgelassen: ‚und durch seine [d. h. Christi] Gnade der Macht der Finsternis entrissen in das Reich dessen geführt werden, der aus der Vermischung beider Geschlechter nicht entstehen wollte'.³⁵ Ich bitte dich inständig, schau, welchen Worten er wie ein Erzfeind der Gnade Gottes, die durch Jesus Christus, unsern Herrn, zu uns gekommen ist, ausgewichen ist. Er versteht sich nämlich darauf, von der Aussage des Apostels, in der er über Gott Vater sagt: *Er, der uns aus der Macht der Finsternis gerissen und uns in sein Reich geführt hat, das für seine geliebten Söhne bestimmt ist* (Col 1,13), auf unverschämte und gottlose Weise die kleinen Kinder auszunehmen. Das war sicher der Grund, aus dem er diese Worte lieber auslassen als zitieren wollte."³⁶

Ich soll ein Feind der Gnade Gottes sein, du schamlosester aller Menschen? Ich, der ich in meinem ersten Buch, aus dem du diese Worte aus dem Kontext gerissen und dann zusammengerafft hast, um irgendetwas ohne Sinn von dir geben zu können, mit klarem und deutlichem Bekenntnis deinen und deiner Anhänger von den Geheimlehren der Manichäer triefenden Mund schuldig gesprochen habe? 53. Dort nämlich habe ich meine Worte in folgender Reihenfolge positioniert: Nach meiner Erklärung, dass Gott der Schöpfer des Himmels und der Erde und aller Dinge sei, die auf ihr sind, und deshalb auch der Schöpfer der Menschen, um derentwillen alles geschaffen wurde, fahre ich fort:

„Es entgeht mir aber nicht, dass über uns, wenn wir dies sagen, das Gerücht verbreitet werden muss, wir glaubten nicht, dass Kinder die Gnade Christi nötig hätten. Das erregt bei den christlichen Gemeinden zu Recht heftigen Anstoß – wenn sie nur nicht glaubten, dass wir die Urheber dieser an sich schon verbrecherischen Aussagen seien. Auf diese Weise würden sie sich nämlich nicht des Vorwurfs schuldig machen, dass sie Falsches über ihre Brüder glaubten, und sie würden sich als Menschen erweisen, die sich um die Liebe zum Glauben bemühen. Dieses Thema muss also von uns gegen den Ansturm der Lügen gesichert werden und mit einem kurzen Bekenntnis muss denen, die gegen uns reden, der Mund gestopft werden. Wir bekennen also so sehr, dass die Taufgnade allen Altersklassen nützlich ist, dass wir alle, die meinen, sie sei für Kinder unnötig, mit dem ewigen Kirchenbann belegen. Aber wir halten diese Gnade für reich an geistigen Gaben. Sie ist mit vielen Geschenken reich ausgestattet und muss wegen ihrer Tugenden

---

34   A. *nupt. et conc.* 1,1 (p. 211, l. 17 sq.).
35   A. *nupt. et conc.* 1,1 (p. 211, l. 16–18).
36   A. *nupt. et conc.* 2,4 sq. (p. 256, l. 9–p. 257, l. 9).

rum statuum diuersitatibus una, tam | remediorum collatrice quam munerum, uirtute medicatur. [20] quae cum ammouetur, non est mutanda pro causis; iam enim | ipsa dona sua pro accedentium capacitate dispensat. sicut | enim artes omnes non pro diuersitate materiarum, quas | arripiunt excolendas, ipsae quoque aut detrimenta aut aug- | menta patiuntur, sed idem semper atque uno modo se haben- [25] tes multiplici decorantur effectu, ita et secundum apostolum | *una fides, unum baptisma* et multiplicantur et dilatantur | in donis, nec tamen in mysteriorum mutantur ordinibus. sed | haec gratia non aduersatur iustitiae, quae maculas eluit ini- | quitatis, nec facit peccata, sed purgat, quae absoluit reos, non [30] calumniatur innocuos. Christus enim, qui est sui operis | redemptor, auget circa imaginem suam continua largitate | beneficia et quos fecerat condendo bonos, facit innouando | adoptandoque meliores. hanc igitur gratiam, per quam reis | uenia, illuminatio spiritalis, adoptio filiorum dei, municipatus [35] Hierusalem caelestis, sanctificatio atque in Christi membra | translatio et possessio regni caelorum mortalibus datur, qui | aliquibus negandam putat, omnium bonorum exsecrationem | meretur."

54. Quae quoniam, ut locus interim hic patie- | batur, muniui, reuertamur illo, unde digressi sumus, de hoc | ipso, ubicumque opportunum fuerit, plenius locuturi. ecce | quanta confessionis luce et eos, qui baptisma paruulis dene- [5] garent, et uos, qui eius praeiudicio iustitiam dei audetis | maculare, reprobaui protestans aliud me non tenere, quam | instituta mysteria isdem quae tradita sunt uerbis in omni | prorsus aetate esse tractanda nec pro causarum uarietate | debere mutari, uerum fieri peccatorem ex malo perfecte [10] bonum, innocen-

---

53,26 una – baptisma: *Eph* 4,5.

hochgeschätzt werden. Sie spendet dadurch der Vielzahl von menschlichen Schwächen und von unterschiedlichen menschlichen Lebensumständen Heilung, indem sie durch eine einzige Kraft wirkt, die sowohl Gegenmittel als auch Gaben bringt. Wenn sie gespendet wird, muss sie nicht je nach Fall geändert werden. Sie wägt nämlich das, was sie gibt, nach der Aufnahmefähigkeit dessen ab, der kommt, um sie zu empfangen. Wie nämlich alle Künste nicht je nach den unterschiedlichen Materialien, die sie bearbeiten wollen, auch an sich selbst Schaden oder Verbesserung erhalten, sondern immer in derselben Weise sich verhalten und sich durch ihre vielgestaltige Wirkung auszeichnen, so werden auch der *eine Glaube und die eine Taufe* (*Eph* 4,5), wie sie der Apostel nennt, vermehrt und ausgeweitet durch ihre Gaben, aber dennoch nicht in der Art der Durchführung der Sakramente verändert. Diese Gnade aber steht der Gerechtigkeit nicht feindlich gegenüber, welche ja die Fehler der Ungerechtigkeit auslöscht und keine Sünden hervorbringt, sondern von ihnen reinigt, da sie schuldige Menschen freispricht, nicht unschuldige attackiert. Christus nämlich, der sein eigenes Werk erlöst, vermehrt in beständiger Freigebigkeit die Wohltaten seinem Abbild gegenüber und macht diejenigen, die er bei der Schöpfung gut gemacht hat, durch die Erneuerung und die Aufnahme bei Gott besser.[37] Wer also meint, dass diese Gnade, durch die den Angeklagten Nachsicht und allen Sterblichen geistige Erleuchtung, Annahme als Söhne Gottes, Bürgerschaft im himmlischen Jerusalem, Heiligung und der Übergang in Christi Glieder sowie der Besitz des himmlischen Reiches gegeben wird, irgendjemandem verwehrt werden dürfe, der verdient die Verurteilung durch alle guten Menschen."[38]

54. Nachdem ich das, weil es sich gerade angeboten hat, nun also bekräftigt habe, will ich zu dem Punkt zurückkehren, von dem wir abgeschweift sind; über das Gnadenverständnis selbst werden wir dort, wo sich eine günstige Gelegenheit dafür findet, noch weitere Worte verlieren. Schau also, mit welchem glasklaren Bekenntnis ich sowohl solche Menschen zurückgewiesen habe, die den Kindern die Taufe verweigern, als auch euch, die ihr es wagt, die Gerechtigkeit Gottes zu beschmutzen, indem ihr behauptet, durch die Taufe würde im Vorhinein ein Urteil über die Menschen gefällt werden. Das habe ich getan, indem ich bekannt habe, dass ich keiner anderen Ansicht sei, als dass die Sakramente mit denselben Worten, die uns überliefert worden sind, zu jeder Lebenszeit durchgeführt werden müssen und nicht nach den Umständen geändert werden dürfen. Ich habe aber auch bekannt, dass ein Sünder von einem schlechten Menschen zu einem vollkommen guten Menschen wird, ein

---

37 Iulian. *Turb.* 1, frg. 16.
38 Cf. Bruckner, Bücher 28 sq. und Kommentar zu 53,4–54,3.

tem autem, qui nullum habet malum propriae | uoluntatis, ex bono fieri meliorem id est optimum, ut ambo | quidem in Christi membra transeant consecrati, sed unus | deprehensus in mala uita, alter in bona natura. ille enim | innocentiam, quam exortus acceperat, praua actione corrupit, [15] hic uero sine laude, sine crimine uoluntatis hoc solum habet, | quod a deo conditore suscepit, qui infucata primaeuitate | felicior bonum simplicitatis suae uitiare non potuit nullum | habens de actibus meritum, sed hoc solum retinens quod | tanti opificis dignatione possedit. 55. aetas igitur illa sicut misericordiam Christi | praedicat innouata, id est innouantis mysterii uirtute pro- | uecta, ita iniquitatem iudicis, infamiam iustitiae aut accusata | aut aggrauata conuincit. 56. non ergo unitate sacramenti rea monstratur | infantia, sed ueritate iudicii nihil aliud quam innocens | approbatur.

57. Quamquam mihi, ut de statu explicando | immorer paruulorum, consequentia rationis indicit, quae res | sua lege coniunctas diuidi non sinit. ceterum facilior esset | iactura nascentium, si non eis compericlitaretur ipsa maiestas. [5] excusa igitur deum et accusa paruulum: iustum doceatur | ille quod facit, qui sine iustitia deus esse non potest, et quae- | uis suscipiat persona supplicium. ceterum nunc extra sacri- | legium res quas putas esse consertas mutuo sibi uehementer | repugnant: dicis enim, quoniam unis mysteriis idolatrae [10] et parricidae imbuuntur et paruuli, omnes scelestos posse | conuinci et addis rem multo absurdiorem, a sacramenti | huius quo de agimus auctore aliena peccata innocentibus | imputari. hoc est quod pugnare dixi, quia non capit rerum | natura, ut uno tempore et adeo sit misericors deus, ut propria [15] unicuique confitenti peccata condonet, et adeo crudelis, ut | innocenti impingat aliena. horum prorsus cum alterum | dederis, alterum sustulisti: si donat ueniam reis,

Unschuldiger aber, der sich nicht aufgrund seines eigenen Willens für etwas Böses entschieden hat, von einem guten Menschen zu einem besseren wird, d. h. zu einem vollkommen rechtschaffenen Menschen, sodass beide durch die Taufe zu Gliedern Christi werden, aber einer in einer schlechten Lebensweise, der andere in einer guten Natur aufgefunden worden ist. Der eine hat nämlich durch seine schlechten Taten die Unschuld, die er von seiner Geburt an hatte, verspielt; der andere aber besitzt, ohne dass man seinen Willen loben oder ihm etwas vorwerfen könnte, nur das, was er von Gott dem Schöpfer erhalten hat. Er, in einer glücklicheren Lage aufgrund seiner fehlerlosen Jugendlichkeit, hat das Gut seiner Einfachheit nicht verderben können, wenngleich er keine Verdienste aufgrund von Taten hat, sondern nur das besitzt, was durch die Gunst eines so großen Schöpfers in seinen Besitz gekommen ist. 55. Wie also die Kinder das Erbarmen Christi demonstrieren, wenn sie erneuert sind, d. h., durch die Kraft des erneuernden Sakraments gefördert werden, so beweisen sie auch die Ungerechtigkeit des Richters und die Fehlerhaftigkeit seiner Gerechtigkeit, wenn sie entweder angeklagt oder mit Sünde belastet werden. 56. Die Einheit des Sakramentes zeigt also nicht, dass die Kinder schuldig sind, sondern die Wahrheit von Gottes Urteilsspruch zeigt, dass sie nur unschuldig sein können.

57. Die logische Konsequenz, die es nicht zulässt, dass durch ihre Eigengesetzlichkeit verbundene Dinge getrennt werden, legt mir indessen nahe, dass ich bei dem Thema verweile, welches sich mit dem Zustand der Kinder beschäftigt. Denn es wäre einfacher, die Kinder zu opfern, wenn dadurch nicht die Größe Gottes selbst gefährdet würde. Entschuldige also Gott und klage die Kinder an: Das, was er tut, soll als gerecht erwiesen werden, denn ohne Gerechtigkeit kann er nicht Gott sein, und diejenigen sollen Strafe auf sich nehmen, von denen du es auch immer möchtest. Nun aber, auch wenn wir von der Gotteslästerung einmal absehen, stehen sich die Ansichten, von denen du meinst, dass sie miteinander verbunden seien, unvereinbar gegenüber. Weil ein und dieselben Riten des Sakraments Götzendienern und Mördern, aber auch Kindern zuteilwerden, sagst du nämlich, dass aufgrund dieser Einheitlichkeit alle als Verbrecher überführt werden könnten; und du fügst auch noch etwas viel Absurderes hinzu, nämlich, dass den Unschuldigen vom Urheber dieses Sakraments, um das es hier geht, Sünden anderer Menschen auferlegt würden. Das meinte ich, als ich sagte, dass die Ansichten unvereinbar seien. Die Natur der Dinge lässt es nämlich nicht zu, dass Gott zu ein und derselben Zeit so gütig ist, dass er demjenigen seine Sünden verzeiht, der sich zu ihnen bekennt, und so grausam, dass er einem Unschuldigen fremde Sünden anlastet. Indem du also die eine von diesen beiden Aussagen angenommen hast, hast du die andere aufgehoben: Wenn Gott Schuldigen Nachsicht erweist, kann er Unschuldige

non calum- | niatur innoxiis; si calumniatur innocuis, numquam parcit | obnoxiis. 58. nihil itaque in uerbis tuis coactus, ut dicis, | timore praeterii! quid enim in tam elegantis ingenii possem | pauere monumentis nisi forte hoc solum, quod horrorem de | obscaenitatis tuae impugnatione perpetior? 59. audi igitur contra ea quae dixisti breuiter: | non sunt ecclesiae catholicae pectora quae sermo tuus con- | uenit, si a pietate et ratione discordant; quod utrumque | committunt, cum nec de dei aequitate bene aestimant nec [5] mysteriorum quae criminantur sapientiam et diuitias intelle- | gunt; non est haec fides antiquitus tradita atque fundata nisi | in conciliis malignantium inspirata a diabolo, prolata a | Manicheo, celebrata a Marcione Fausto Adimanto omnibus- | que eorum satellitibus et nunc a te in Italiam, quod grauiter [10] gemimus, eructata! 60. nihil est peccati in homine, si nihil est pro- | priae uoluntatis uel assensionis; hoc mihi hominum genus, | quod uel leuiter sapit, sine dubitatione consentit. tu autem | concedis nihil fuisse in paruulis propriae uoluntatis; non ego, [5] sed ratio concludit nihil igitur in eis esse peccati. nequa- | quam ergo propter hoc ad ecclesiam deferuntur, ut infamen- | tur, immo ut infament deum, sed deferuntur, ut laudent | deum, quem et bonorum naturalium et donorum spiritalium | protestantur auctorem! 61. originale autem peccatum, si generatione pri- | mae natiuitatis attrahitur, nuptias quidem a deo institutas | damnare potest, ceterum auferri a paruulis non potest, | quoniam, quod innascitur, usque ad finem eius, cui a princi- [5] piorum causis inhaeserit, perseuerat.

62. Nullam itaque tibi calumniam commouemus, | quasi damnes nuptias, et quasi hominem, qui ex illis nascitur, | opus diaboli esse dicas, nec infideliter hoc obicimus nec | imperite colligimus, sed qui sit consequentium sententiarum [5] effectus sollicite et simpliciter intuemur. numquam sunt | enim sine commixtione nuptiae corporales; tu dicis, quicum- | que ex illa commixtione

---

58,1 nihil – 2 praeterii: Cf. A. *nupt. et conc.* 2,4 (p. 256, l. 9–14); 52,8–13.   59,2 non – conuenit: Cf. A. *nupt. et conc.* 2,4 (p. 256, l. 9–14); 52,8–13.   59,6 non – fundata: Cf. A. *nupt. et conc.* 2,4 (p. 256, l. 10–12); 52,9–11.

nicht anklagen; wenn er Unschuldige anklagt, kann er niemals Schuldige verschonen. 58. Nichts also habe ich von deinen Worten aus Furcht übergangen, wie du behauptest![39] Wovor nämlich hätte ich mich angesichts der Worte eines so gebildeten Kopfes fürchten sollen, außer vielleicht vor dieser einen Sache, nämlich, dass mich wegen der Unanständigkeit deiner Attacken das Grauen erfasst? 59. Höre also kurz folgende Worte gegen das, was du gesagt hast: Wenn die Herzen der Menschen, die deine Rede ergreift, von Gottesfurcht und Vernunft abweichen, dann sind es nicht die Herzen von Mitgliedern der katholischen Kirche.[40] Dies tun sie aber, wenn sie nicht gut über die Gerechtigkeit Gottes denken und die weise Einrichtung und den Reichtum der Sakramente, welche sie beschuldigen, nicht erkennen. Dieser dein Glaube ist nicht von alters her tradiert und begründet worden,[41] außer in Versammlungen böswilliger Menschen vom Teufel eingeflößt, von Mani ausgesprochen, von Markion, Faustus und Adimantus verbreitet, von all ihren Dienern und auch von dir nun nach Italien ausgespien, was wir heftig beklagen. 60. Es kann keine Sünde in einem Menschen geben, wenn er keine Spur von einem eigenen Willen oder einer eigenen Fähigkeit zur Zustimmung besitzt. Diesbezüglich werden mir alle Menschen, wenn sie auch nur einigermaßen vernünftig sind, zweifellos zustimmen. Du aber machst das Zugeständnis, dass in den Kindern noch kein eigener Wille gewesen sei. Nicht ich, sondern die Vernunft zieht daraus folgenden Schluss: Sie können keine Sünde haben. Auf keinen Fall bringt man also die kleinen Kinder zur Kirche, um ihnen einen Vorwurf zu machen, oder gar um sie zu einem Vorwurf für Gott zu machen. Nein, sie werden gebracht, damit sie Gott loben, von dem sie öffentlich bezeugen, dass er der Schöpfer der Güter ihrer natürlichen Ausstattung und der geistigen Geschenke ist. 61. Die Erbsünde aber kann zwar, wenn sie durch die Geburt weitergegeben wird, die von Gott eingerichtete Ehe als schlecht verurteilen, sie kann aber nicht von den Kindern genommen werden, weil das, was angeboren ist, bis zum Ende dessen, dem es durch die Ursachen seiner Entstehung anhaftet, Bestand hat.

62. Wir machen dir demnach keine böswillige Unterstellung, wenn wir sagen, dass du die Ehe verurteilst, und den Menschen, der aus ihr entsteht, als Werk des Teufels bezeichnest, wir werfen es dir nicht auf häretische Weise vor, noch ziehen wir unsere Schlussfolgerungen, ohne Ahnung zu haben, sondern wir betrachten sorgfältig und aufrichtig, was die logische Konsequenz aus deinen eigenen Aussagen ist. Niemals gibt es nämlich eine Ehe ohne Beischlaf. Du

---

39 Cf. A. *nupt. et conc.* 2,4 (p. 256, l. 9–14); 52,8–13.
40 Cf. A. *nupt. et conc.* 2,4 (p. 256, l. 9–14); 52,8–13.
41 Cf. A. *nupt. et conc.* 2,4 (p. 256, l. 10–12); 52,9–11.

nascuntur, ad diabolum pertinere; | dubio procul pronuntias nuptias ad ius daemonis pertinere. **63.** dicis trahi naturae condicione peccatum, qui | uis hoc malum a uoluntate primi hominis accidisse. differo | hic responsionem, qua conuincendus es, quod sine uerecundia | mentiaris. sed quod ad praesentem locum spectat, colligo et [5] sapientiae ratiocinanti credo, quod naturam uidelicet diaboli- | cam sine ambiguitate definias. nam si in ea uel per eam est, | propter quod homo a diabolo possidetur, irrefutabiliter diaboli | est, per quod dei imaginem sibi potuit uindicare; immo nec | imago dei est quae per exortum suum in regno diaboli est. **64.** si igitur legas opus meum, desinas mirari, | cur ad uerba tua, quae supra posueram, reuerterim. promi- | seram quippe me de scriptis tuis probaturum, quoniam tu | inter impietatem, quam biberas, et eius inuidiam, quam time- [5] bas, pariter utrumque dixisses et quod a catholicis et quod | a Manicheis asseri solet. est itaque ibi talis ordo uerborum | ammotus tuo capiti, quod nunc fronte sycophantae inter- | polatum fuisse mentitus es:

„Scio me magna pollicitum, id est | ut de aduersarii sermonibus approbarem et eos qui homines [10] opus dei negant iure damnari et istum ipsum qui hoc con- | fitetur nihil aliud agere, quam ut peculium diaboli confirmet | esse, quicquid de nuptiarum fecunditate procedit. hoc enim | genere patrocinii sui quoque legibus Manicheorum opinio | destruetur; uerum id tota libri eius exordia publicarunt; [15] ait enim opus esse diuinum homines qui ex nuptiis id | est ex maribus nascuntur et feminis, qua sententia omne, | quod erat acturus, euertit nobisque assentitur dicentibus esse | impios, qui haec audeant denegare.

64,8 scio – 20 astruere: Iulian. *Turb.* 1, frg. 15b, l. 109–124.   64,15 ait – 16 feminis: Cf. A. *nupt. et conc.* 1,1 (p. 211, l. 7–9).

sagst, dass die Kinder, die aus diesem Beischlaf entstehen, dem Teufel angehören. Ohne Zweifel sagst du dann auch, dass die Ehe unter das Recht des Teufels fällt. 63. Du sagst, dass die Sünde aufgrund der natürlichen Einrichtung übertragen wird, und willst zugleich, dass dieses Übel durch den Willen des ersten Menschen zustande gekommen ist. Ich verschiebe hier die Antwort, mit der ich dich der schamlosen Lügerei überführen werde. Aber was den jetzigen Punkt der Diskussion anbelangt, schließe ich und glaube dem logischen Schluss der Vernunft, dass du wohl offensichtlich und unzweifelhaft die Natur als teuflisch definierst. Denn wenn es an ihr liegt oder es durch sie zustande kommt, dass der Mensch im Besitz des Teufels ist, dann gehört ohne Zweifel dem Teufel auch das Mittel, wodurch er das Abbild Gottes überhaupt für sich beanspruchen konnte. Besser gesagt ist dann das, was durch Geburt dem Reich des Teufels angehört, gar nicht mehr das Abbild Gottes. 64. Wenn du also mein Werk [Ad Turbantium] lesen solltest, dürftest du dich nicht länger darüber wundern, dass ich zu deinen Worten zurückgekehrt bin, die ich dort weiter oben schon einmal zitiert hatte. Ich hatte nämlich versprochen, dass ich unter Heranziehung deiner Schriften belegen würde, dass du, im Dilemma zwischen der Gottlosigkeit, die du in dich aufgesogen hattest, und der Angst vor dem Vorwurf, den du wegen dieser Gottlosigkeit auf dich ziehen könntest, beides zugleich gesagt hättest, sowohl das, was die Katholiken, als auch das, was die Manichäer für gewöhnlich behaupten. Deshalb findet sich dort die folgende Anordnung der Worte aus deinem Kapitel, von dem du mit der Frechheit eines gewinnsüchtigen Anklägers fälschlicherweise behauptest, es sei zurechtgeschnitten worden:

„Ich weiß, dass ich viel versprochen habe. Ich sagte nämlich, dass ich aus den Aussagen des Gegners beweisen würde, dass sowohl diejenigen, die abstreiten, dass die Menschen ein Werk Gottes seien, zu Recht verurteilt würden, als auch, dass er selbst, der sich dazu bekennt, nichts anderes behaupte, als dass alles, was aus der Fruchtbarkeit der Ehe entsteht, Eigentum des Teufels sei. Auf diese Weise wird nämlich die Ansicht der Manichäer durch die Grundsätze ihres eigenen Verteidigers zerstört. Aber das hat schon der ganze Anfang seines Buches gezeigt. Er sagt nämlich, dass die Menschen ein Werk Gottes seien, die aus der Ehe erwachsen, d.h. gezeugt durch Mann und Frau.[42] Mit dieser Ansicht zerstört er alles, was er beweisen wollte, und stimmt uns zu, die wir ja alle als gottlos verurteilen, die diese Tatsache zu bestreiten

---

42   Cf. A. *nupt. et conc.* 1,1 (p. 211, l. 7–9).

absoluta igitur iam una | pars est. superest, ut ostendam id eum, quod nuper impugna- [20] rat, astruere."

Quibus dictis partem tui capitis retractaui, in | qua dixeras, „eos qui de tali commixtione nascuntur dicimus | trahere originale peccatum" „eosque de parentibus qualibus- | cumque nascantur non negamus adhuc esse sub diabolo, nisi | renascantur in Christo et per eius gratiam de potestate eruti [25] tenebrarum in regnum illius, qui ex eadem sexus utrius- que | commixtione nasci noluit, transferantur."

Cur ergo putes | hinc te excusari posse ab errore Manicheorum, quia ausus es | sententiam, cum qua omnibus ingenii tui uiribus luctabaris, | inserere, cum hoc non patrocinium erroris tui, sed testimo- [30] nium sit stultitiae singularis, qui putas Calliphontis more | uirtutem et uitia, iustitiam et iniquitatem oratione tua posse | in foedera con- uenire? quod autem ait apostolus: *qui eruit | nos de potestate tenebrarum et transtulit in regnum filii dilec- | tionis suae*, lege quartum operis mei librum et tunc tibi, quid [35] magister gentium senserit, innotescet! 65. argui ergo, et iure argui deiectam et debilem | uarietatem, qua fuerat effectum, ut et nuptias te non damnare | praemitteres et diceres ob uiri et feminae commixtionem, | quam de nuptiarum condicione et natura uenire perspicuum [5] est, immo in qua sola, quantum ad conflictum nostrum | respicit, nuptiarum ueritas est, homines in diaboli iura | transcribi. 66. quam commixtionem ita exsecrabilem persua- | dere conatus es, ut uelis intellegi Christum non propter signi | splendo- rem, sed propter damnandam sexuum coniunctionem | nasci de uirgine matre uoluisse. quid ergo umquam a quo- [5] quam dici improbius aut impudentius potuit quam hoc quo | duo uelut reges de humanitatis possessione certantes

---

66,5 sq. quo duo *C G Kal.*, quot duo *P pc.*, quod duos *T pc. L M Migne Cipriani/Volpi, Sant'Agostino 1, 78*, quod duo *Zelzer*.

64,21 eos – **22** peccatum: A. *nupt. et conc.* 1,1 (p. 211, l. 9 sq.). Cf. id. *nupt. et conc.* 2,5 (p. 256, l. 18– p. 257, l. 9); **52,16–33**.   **64,22** eosque – **25** transferantur: A. *nupt. et conc.* 1,1 (p. 211, l. 14–18). Cf. id. *nupt. et conc.* 2,5 (p. 256, l. 18–p. 257, l. 9); **52,16–33**.   **64,32** qui – **34** suae: *Col* 1,13.

wagen. Ein Teil ist also bereits erledigt. Es bleibt mir nun noch zu beweisen, dass er das, was er kürzlich noch angegriffen hatte, nun selbst behauptet."[43]

Nachdem ich das gesagt hatte, habe ich den Teil des Abschnittes von Neuem behandelt, wo du gesagt hast: „Wir sagen, dass sich diejenigen, die aus einer solchen Zeugung entstehen, die Erbsünde zuziehen",[44] „und wir leugnen nicht, dass diejenigen, die von welchen Eltern auch immer gezeugt werden, solange unter der Macht des Teufels stehen, bis sie in Christus wiedergeboren werden, und durch seine Gnade diejenigen, die der Macht der Finsternis entrissen sind, in das Reich dessen geführt werden, der aus der Vermischung beider Geschlechter nicht entstehen wollte."[45]

Warum also meinst du, dass du deshalb vom Irrtum der Manichäer freigesprochen werden könntest, weil du gewagt hast, eine Aussage einzuflechten, die du mit allen Kräften deines Verstandes bekämpftest, obwohl du damit nicht einmal deinen Irrtum verteidigen, sondern nur deine einzigartige Dummheit unter Beweis stellen kannst? Denn du meinst ja wie Calliphon, dass Tugend und Sünde, Gerechtigkeit und Ungerechtigkeit in deiner Rede ein Bündnis eingehen könnten. Aber bezüglich des Apostelzitats: *Er, der uns aus der Macht der Finsternis gerissen und uns in sein Reich geführt hat, das für seine geliebten Söhne bestimmt ist* (Col 1,13), lies das vierte Buch aus meinem Werk [*Ad Turbantium*] und dann wird dir deutlich werden, was der Lehrer der Völker gemeint hat. 65. Ich habe also, ja, ich habe zu Recht die Vielfalt deiner absonderlichen und nicht sehr überzeugenden Aussagen bekämpft. Durch diese Aussagen war es zustande gekommen, dass du einerseits versprochen hast, die Ehe nicht zu verurteilen, und andererseits gesagt hast, dass die Menschen dem Gesetz des Teufels unterliegen wegen des Beischlafs zwischen Mann und Frau. Der Beischlaf kommt aber offensichtlich aufgrund der Beschaffenheit und Natur der Ehe zustande, ja, in ihm liegt, was unsere Diskussion anbelangt, sogar der wahre Grund für die Ehe. 66. Diese Vereinigung hast du versucht, so abstoßend darzustellen, dass du deine Leser glauben machen wolltest, Christus hätte nicht wegen des wunderhaften Zeichens von einer Jungfrau geboren werden wollen, sondern weil der Geschlechtsverkehr zu verurteilen sei. Was hätte jemals von irgendjemandem auf gottlosere oder schamlosere Weise gesagt werden können als das, wodurch du gewissermaßen zwei Könige geschaffen hast, die sich unter diesem Banner um den

---

43   Iulian. *Turb.* 1, frg. 15b, l. 109–124.
44   A. *nupt. et conc.* 1,1 (p. 211, l. 9 sq.). Cf. id. *nupt. et conc.* 2,5 (p. 256, l. 18–p. 257, l. 9); **52,16–33**.
45   A. *nupt. et conc.* 1,1 (p. 211, l. 14–18). Cf. id. *nupt. et conc.* 2,5 (p. 256, l. 18–p. 257, l. 9); **52,16–33**.

his | signis et duo eorum regna separasti, ut diceres diaboli esse, quicquid nuptiae protulissent, dei uero solum quod uirgo | peperisset? quid est aliud uirginis fecundatorem et egentissi- [10] mum ostendere inopia portionis suae et eundem negare eorum | qui prodeunt de nuptiis hominum conditorem? teneat igitur | uerbi tui lector diligens cirographum sciatque te fidelem | discipulum Manicheorum et Traducianae nationis primatem | nihil aliud quam commixtionem legitimi damnasse coniugii.

67. Sed iam pergamus ad cetera. de me | itaque scribens post illa quae supra texui uerba tua haec | quae sequuntur adiungis:

„Post haec illud nostrum posuit, ubi | diximus: 'haec enim quae ab impudentibus impudenter [5] laudatur pudenda concupiscentia nulla esset, nisi homo ante | peccasset; fieret | quippe sine isto morbo seminatio filiorum.' huc usque ille | uerba mea posuit; timuit enim quod adiunxi: 'in | corpore uitae illius, sine quo nunc fieri non potest in corpore [10] mortis huius.' et hic ut meam sententiam non finiret, sed | eam quodam modo detruncaret, illud apostoli testimonium | formidauit, ubi ait: *miser ego homo, quis me liberabit de | corpore mortis huius? gratia dei per Iesum Christum dominum | nostrum.* non enim erat corpus mortis huius in paradiso [15] ante peccatum, propter quod diximus in corpore uitae illius, | quae ibi erat, sine isto morbo seminationem fieri potuisse | filiorum, sine quo in corpore mortis huius fieri non potest." |

Tenes tu quidem consuetudinem tuam equidem in hoc | potissimum opere consequenter, ut, qui contra ueritatem agis, [20] nihil uerum loquaris, sed numerosis eruditionis tuae peccatis | correptionum multitudo uix sufficit. ideo hic iam breuiter | annotabo te fallere, me autem uel post hoc opus intelleges | insolentem esse mendacii. tibi ergo huius uitii uindica totam | possessionem, ut ab euangelio nec sane iniuria audire possis, [25] quia ab initio mendax es sicut

---

inter 67,6 peccasset *et* fieret *nupt.*: nuptiae uero essent, etiamsi nemo peccasset *Zelzer Cipriani/ Volpi, Sant'Agostino 1, 80 ins. Teske, Answer 154 n. 117 del.*   67,8 sq. in corpore *P nupt. Migne Kal. Primmer, Rhythmus 1, 207 sq. Teske, Answer 154 n. 118,* potest in corpore *C G T L M Zelzer Cipriani/Volpi, Sant'Agostino 1, 80.*

67,3 post – 17 potest: A. *nupt. et conc.* 2,6 (p. 257, l. 10–24).   67,4 haec – 7 filiorum: A. *nupt. et conc.* 1,1 (p. 212, l. 15–18).   67,8 in – 10 huius: A. *nupt. et conc.* 1,1 (p. 212, l. 18 sq.).   67,12 miser – 14 nostrum: *Rm* 7,24 sq.   67,25 mendax – tuus: Cf. *Io* 8,44.

Besitz der Menschheit streiten, und die Welt in ihre zwei Königreiche aufgeteilt hast, indem du gesagt hast, dass alles, was die Ehe hervorgebracht habe, unter der Macht des Teufels sei, und Gott nur das gehöre, was eine Jungfrau geboren habe? Was ist das anderes, als zum einen zu zeigen, dass derjenige, der die Jungfrau geschwängert hat, bettelarm aufgrund der geringen Menge seines Besitzanteiles ist, und zum anderen zu leugnen, dass derselbe der Schöpfer derer ist, die aus der Ehe der Menschen hervorgehen? Der Leser deines Wortes soll also deine Schuldschrift sorgfältig festhalten und erkennen, dass du, als treuer Schüler der Manichäer und als der Anführer der Traduzianerschar, nichts anderes getan hast, als den Geschlechtsverkehr von rechtmäßigen Eheleuten zu verurteilen.

67. Aber fahren wir mit dem Übrigen fort. Nach dem, was ich oben von deinen Worten zitiert habe, führst du über mich das Folgende an:

„Nach diesen Worten hat er folgende Stelle von mir zitiert: ‚Diese beschämende Begierde nämlich, die von diesen schamlosen Menschen auf schamlose Weise gelobt wird, gäbe es nicht, wenn der Mensch nicht zuvor gesündigt hätte, denn dann würde die Fortpflanzung ohne diese Krankheit stattfinden.'[46] Bis dorthin hat er meine Worte zitiert. Aber er fürchtete sich vor den Worten, die ich hinzugefügt habe: ‚im Körper jenes Lebens, ohne die es im Körper dieses Todes keine geben kann.'[47] Auch hier hat er das Apostelzitat *Ich armer Mensch, wer wird mich vom Körper dieses Todes befreien? Die Gnade Gottes durch unseren Herrn Jesus Christus* (*Rm* 7,24 sq.) so gefürchtet, dass er meinen Satz nicht zu Ende gebracht, sondern verstümmelt hat. Den Körper dieses Todes gab es nämlich im Paradies vor der Sünde noch nicht, deshalb haben wir gesagt, dass es im Körper jenes Lebens, das es dort gab, ohne diese Krankheit eine Fortpflanzung hätte geben können, ohne die es sie jetzt im Körper dieses Todes nicht geben kann."[48]

Du hältst natürlich – besonders in diesem Werk – beständig an deiner Gewohnheit fest, dass du, weil du gegen die Wahrheit kämpfst, nichts Wahres sagst. Die unzähligen Fehler deiner Gelehrsamkeit kann man jedoch nicht genug zurechtweisen. Deshalb werde ich hier schon kurz anmerken, dass du versuchst zu täuschen; dass ich aber frei von Täuschung bin, wirst du spätestens nach diesem Werk einsehen. Nimm dieses Übel also für dich allein in vollen Anspruch, damit du vom Evangelium wirklich nicht zu Unrecht hören kannst,

---

46 A. *nupt. et conc.* 1,1 (p. 212, l. 15–18).
47 A. *nupt. et conc.* 1,1 (p. 212, l. 18 sq.).
48 A. *nupt. et conc.* 2,6 (p. 257, l. 10–24).

et pater tuus, uel ille ad cuius | te dicis domin⟨i⟩um pertinuisse nascentem uel alter secundarius | qui te elegantibus, quae tamen inter honestos nominari non | queant, imbuit sacramentis. totum ergo hoc protuli in | opere meo priore, quod tu praetermissum esse confingis. [30] quod quanta sit disputationis ueritate ac luce conuictum, si | prope ultimas primi uoluminis mei partes legas, etiam ipse | poteris confiteri. non ergo tua detruncata sententia, sed | integra ualenti est responsione destructa. nunc autem audi | breuiter: apostolus hoc quod ait: *miser ego homo! quis me* [35] *liberabit de corpore mortis huius? gratia dei per Iesum Chri-* | *stum dominum nostrum* non ad mortalitatem nostri corporis | rettulit, quam caro animalium de naturae institutione susce-* | pit, sed ad consuetudinem delinquendi, a quo reatu post | incarnationem Christi per testamentum nouum, quisque ad [40] uirtutis studia migrauerit, liberatur. ibi ergo sub persona | loquens Iudaeorum illecebrarum cupiditate etiam post inter- | dictum sacrae legis errantium ostendit unicum esse in illa | tempestate subsidium, si crederent Christo, qui sic indicebat | cautiones de futuris, ut ueniam condonaret peractis, nec [45] insistebat reis intentatione supplicii, sed concurrentes | liberalissimo gremio confouebat non exanimans terrore de- | pressos, sed reparans benignitate correctos. quam benigni- | tatem ipse iam senserat qui dicebat: *humanus sermo, quoniam* | *Christus Iesus uenit in hunc mundum peccatores saluos facere,* [50] *quorum primus sum ego. sed ideo misericordiam consecutus sum,* | *ut in me ostenderet Christus Iesus omnem patientiam ad exem-* | *plum eorum, qui credituri sunt illi in uitam aeternam.* quod | ut intellegeres ad uitam malam, non ad naturam hominum | pertinere, ne per aduentus Christi causam putares ab eo etiam [55] paruulos peccatores pronuntiatos, ait: *in me ostendit omnem* | *patientiam.* patientia autem dei illa est de qua ad Romanos | loquitur: *an ignoras, quoniam bonitas dei ad paenitentiam*

67,26 dominium *coni. Primmer, Textvorschläge 237 Cipriani/Volpi, Sant'Agostino 1, 80 Teske, Answer 155 n. 122,* dominum *P C G T L M Zelzer.*   67,45 reis intentatione supplicii *Alexanderson, Idées 287,* regis intentatione *P T,* intentationem *G,* rei sint temtatione *C ac.,* rei sint intemtatione *C pc.,* reis in temptatione *Zelzer* reis in tentatione *Cipriani/Volpi, Sant'Agostino 1, 82.*

67,34 miser – 36 nostrum: *Rm* 7,24 sq.   67,48 humanus – 52 aeternam: 1 *Tm* 1,15 sq.   67,55 in – 56 patientiam: 1 *Tm* 1,16.   67,57 an – 59 irae: *Rm* 2,4 sq.

dass du von Anfang an ein Lügner warst, genauso wie dein Vater,[49] sei es der, unter dessen Herrschaft du, wie du sagst, durch deine Geburt stehst [d. h. der Teufel], oder sei es der zweite, der dich in geschmackvolle Geheimlehren, die allerdings unter ehrenhaften Menschen nicht genannt werden sollten, eingeweiht hat. All das, von dem du behauptest, es sei übergangen worden, habe ich in meinem früheren Werk [*Ad Turbantium*] vorgebracht. Dass dies durch die Ehrlichkeit und die Klarheit meiner Erörterung unwiderlegbar bewiesen ist, wirst du wohl auch selbst zugeben, wenn du die letzten Teile meines ersten Buches [*Ad Turbantium*] lesen solltest. Durch meine Antwort wurde also nicht ein verkürzter, sondern ein vollständiger Satz von dir auf schlüssige Weise zerstört. Jetzt höre aber kurz zu: Der Apostel hat die Aussage *Ich armer Mensch, wer wird mich vom Körper dieses Todes befreien? Die Gnade Gottes durch unseren Herrn Jesus Christus* (*Rm* 7,24 sq.) nicht auf die Sterblichkeit unseres Körpers bezogen, die der Körper jedes Lebewesens von der Einrichtung der Natur her auf sich genommen hat, sondern auf die Gewohnheit zu sündigen. Von der Schuld dieser Gewohnheit wird nach der Menschwerdung Christi durch das Neue Testament jeder, der dazu übergegangen ist, sich um die Tugend zu bemühen, befreit. Der Apostel hat dort also in der Rolle der Juden gesprochen, die auch nach dem Verbot durch das Heilige Gesetz noch aus Begierde nach Verbotenem einen Irrweg beschritten, und gezeigt, dass die einzige Hilfe, die sie in dieser Zeit hätten, der Glaube an Christus sei. Denn Christus gab das Versprechen für die Zukunft, dass er die begangenen Sünden verzeihe, und er verfolgte die Schuldigen nicht mit der Androhung von Strafe, sondern pflegte diejenigen, die zu ihm kamen, in seinem freigebigen Schoß und ließ die Verzweifelten nicht vor Schrecken erbleichen, sondern erneuerte mit Wohlwollen diejenigen, die sich hatten bessern lassen. Dieses Wohlwollen hatte auch derjenige zu spüren bekommen, der sagte: *Menschenfreundlich ist die Aussage, dass Jesus Christus in die Welt kommt, um die Sünder in dieser Welt zu heilen, von denen ich der erste bin; aber deshalb habe ich seine Güte erlangt, damit Jesus Christus an mir seine ganze Geduld zeigt als Beispiel für diejenigen, die bis zum ewigen Leben an ihn glauben werden* (1 *Tm* 1,15 sq.). Und damit du einsiehst, dass seine Aussage auf die schlechte Lebensweise, nicht auf die Natur der Menschen bezogen ist, und damit du nicht meinst, dass er bei der Angabe des Zwecks der Ankunft Christi nicht auch die Kinder als Sünder bezeichnet hat, sagt er noch: *Er zeigt an mir seine ganze Geduld* (1 *Tm* 1,16). Jene Geduld Gottes ist es aber, von der er zu den Römern sagt: *Erkennst du etwa nicht, dass dich die Güte Gottes zur Reue bringt?*

---

49 Cf. *Io* 8,44.

te | *adducit? secundum autem duritiam tuam et cor impaenitens* | *thesaurizas tibi iram in die irae.* exercetur ergo patientia dei, [60] cum non exiguo tempore exspectatur humana conuersio. in | paruulis autem non potest apparere patientia; si enim essent | peccata naturae quae eis saluator adscriberet, patiens quidem | falso, saeuus uero certissime diceretur. non potest autem deus | nisi iustus et pius esse, quod est deus meus Iesus Christus, [65] cuius patientiam uel Paulus diu persecutor uel alii, sub quo- | rum persona loquitur, experti sunt, quia diu exspectati sunt | licet sero liberati. ac per hoc ab apostolo uita hominum, | non natura damnatur. commendans ergo hanc gratiam | Iudaeis, quia lex punit scelestos nec habet illam efficientiam [70] misericordiae quam baptisma, in quo confessione breui | actuum delicta purgantur, ostendit debere illos currere ad | Christum, implorare opem huius indulgentiae et aduertere, | quod lex morum uulneribus comminetur, gratia uero effica- | citer celeriterque medeatur. „corpus" itaque „mortis" peccata [75] dixit esse, non carnem. nam si de membrorum miseria pro- | nuntiasset, quam peccato aestimas contigisse, rectius „mortem | corporis" quam „corpus mortis" uocasset. uerum ut scias secun- | dum consuetudinem scripturarum peccata membra dici, lege | ad Colossenses, ubi ipse apostolus ait: *mortificate membra* [80] *uestra, quae sunt super terram, fornicationem, immunditiam et* | *auaritiam, quae est simulacrorum seruitus, propter quae uenit ira* | *dei in filios incredulitatis, in quibus et uos aliquando ambula-* | *stis, cum uiueretis in illis.* ecce quomodo membra appellat, | quae peccata pronuntiat; „corpus" autem „peccati" hoc ipsum ad [85] Romanos *uetus homo noster*, inquit, *simul confixus est cruci,* | *ut destruatur corpus peccati, ut ultra non seruiamus peccato.* | hoc itaque more et hic exclamauit sub persona, ut diximus, | Iudaeorum: *miser ego homo! quis me liberabit de corpore mortis* | *huius?* id est: quis me liberabit a reatu peccatorum meorum, [90] quae commisi, cum uitare potuissem, quae legis seueritas non | donat, sed ulciscitur? quis me ab his membris id est a | uitiis, quae improborum imitatione collegi, ut peccati plenum | corpus extruerem, poterit uindicare? quis, inquam? et | respondit quasi rerum ipsarum uoce commonitus: *gratia dei* [95] *per Iesum*

67,84 hoc *P sl.*, hic *C G T L M Zelzer Cipriani/Volpi, Sant'Agostino 1, 82.*

67,79 mortificate – 83 illis: *Col* 3,5–7.   67,85 uetus – 86 peccato: *Rm* 6,6.   67,88 miser – 89 huius: *Rm* 7,24.   67,94 gratia – 95 nostrum: *Rm* 7,25.

Durch deinen Starrsinn aber und durch dein Herz, das nicht bereuen will, häufst du dir Zorn für den Tag des Zornes an (Rm 2,4 sq.). Die Geduld Gottes wird also in Anspruch genommen, wenn er nicht nur kurze Zeit auf die Bekehrung eines Menschen wartet. Kleinkindern gegenüber kann sich aber keine Geduld einstellen. Wenn es nämlich Sünden von Natur aus gäbe, die ihnen der Erlöser zuschriebe, würde man ihn zu Unrecht als geduldig, zu Recht aber als grausam bezeichnen. Gott kann aber nur gerecht und aufrichtig sein; und das ist mein Gott Jesus Christus, dessen Geduld sowohl Paulus in seiner langen Zeit als Christenverfolger als auch andere, in deren Rolle er spricht, auf die Probe gestellt haben, weil sie lange erwartet, auch wenn sie spät erst befreit worden sind. Deshalb ist vom Apostel die Lebensweise der Menschen, nicht ihre Natur verurteilt worden. Indem er also den Juden diese Gnade anempfiehlt, weil das Gesetz die Verbrecher bestraft und nicht dieselbe Wirkkraft des Erbarmens hat wie die Taufe, bei der durch das kurze Bekenntnis die Schuld für alle sündigen Taten ausgelöscht wird, zeigt er, dass sie zu Christus laufen, die Hilfe seiner Nachsicht anflehen und erkennen sollten, dass das Gesetz den moralischen Verfehlungen mit Strafe drohe, die Gnade hingegen wirksam und schnell heile. Kurz: Er hat mit dem „Körper des Todes" die Sünden bezeichnet, nicht den menschlichen Körper. Wenn er nämlich mit den Worten von einem unglücklichen Zustand der Glieder des Körpers gesprochen hätte, von dem du meinst, dass er durch die Sünde in die Welt gekommen sei, hätte er besser vom „Tod des Körpers" als vom „Körper des Todes" gesprochen. Aber damit du erkennst, dass gemäß dem Sprachgebrauch der Bibel das Wort „Glieder" die Sünden bezeichnet, lies den Brief an die Kolosser, wo der Apostel selbst sagt: *Tötet eure Glieder, die auf der Erde sind, Unzucht, Unredlichkeit und Habgier, durch die man sich zu einem Sklaven von falschen Göttern macht; wegen ihnen kommt der Zorn Gottes auf die ungläubigen Söhne, unter denen auch ihr irgendwann gewandelt seid, als ihr inmitten dieser Vergehen gelebt habt* (Col 3,5–7). Schau, wie er die Sünden, von denen er spricht, als „Glieder" bezeichnet. Über den „Körper der Sünde" aber sagt er dasselbe zu den Römern: *Unser alter Mensch ist gleichsam ans Kreuz genagelt worden, damit der Körper der Sünde zerstört wird, damit wir nicht weiterhin der Sünde dienen* (Rm 6,6). Also hat er auf diese Weise auch hier in der Rolle der Juden, wie wir gesagt haben, gerufen: *Ich armer Mensch, wer wird mich vom Körper dieses Todes befreien* (Rm 7,24)? Das heißt: Wer wird mich von der Schuld meiner Sünden befreien, die ich begangen habe, obwohl ich sie hätte vermeiden können, und die die Strenge des Gesetzes mir nicht nachlässt, sondern bestraft? Wer kann mich aus diesen Gliedern befreien, d. h. aus diesen Fehlern, die ich durch die Nachahmung schlechter Menschen angesammelt habe, sodass ich mir davon einen ganzen Körper erbaut habe, der voll von Sünde ist? Wer, frage ich. Und er antwortet, wie wenn er von der Äußerung

Christum dominum nostrum. gratia dei, quae | acceptam fert iustitiam fidelium sine operibus, secundum | quod Dauid dicit: *beati, quorum remissae sunt iniquitates et | quorum tecta sunt peccata. beatus uir, cui non imputauit dominus | peccatum.* qui ergo facit hominem beatum, etiam ipse beatus [100] est iustitia sempiterna, per quam non donat peccatum, nisi | quod iure potuit imputare; non autem iure potuit imputare, | si non illud cui imputatur potuit et cauere; nemo autem potest | cauere naturalia; igitur nullus prorsus habere potest de | naturae necessitate peccatum. haec breuiter dixisse sufficiat, 68. in primo enim opere latius disputata sunt. | quamuis nec tu dilucide loquaris, quam mortem intellegi uelis, | cuius corpus dicis in paradiso non fuisse ante peccatum, quia | in libris quos ad Marcellini nomen edidisti mortalem Adam [5] factum fuisse professus es. quod uero adiungis morbum esse | negotium nuptiarum, leniter audiri potest, si hoc solum de | tuis parentibus dicas. conscius enim forte esse potes matris | tuae morbi alicuius occulti, quam in libris confessionis, ut | ipso uerbo utar, meribibulam uocatam esse signasti. ceterum [10] in sanctorum conubio et in omnium honestorum nullus omnino | morbus est, quia nec apostolus morbum pro remedio concessit, | cum per reuerentiam nuptiarum a morbo fornicationis eccle- | siae homines muniebat. qui sensus quomodo et frontem tuam | et dogma penitus eraserit, primi uoluminis mei prope ultima [15] parte monstratur; quod et in toto ipsius responsionis corpore, | prout locorum opportunitas attulit, explicatum est.

69. ⟨***⟩ „ut autem ad istam commemorationem | humanae miseriae et diuinae gratiae ueniret, apostolus supra | dixerat: *uideo aliam legem in membris meis repugnantem legi | mentis meae et captiuantem me in lege peccati.* post

---

inter 68,16 *est et* 69,1 ut: *lacunam statui.*

67,95 gratia – 96 operibus: Cf. *Rm* 4,6.   67,97 beati – 99 peccatum: *Ps* 31,1 sq.   68,2 quamuis – 5 es: Cf. A. *pecc. et mer.* 1,21 (p. 20, l. 25–p. 21, l. 18).   68,7 conscius – 9 signasti: Cf. A. *conf.* 9,18.   69,1 ut – 6 nostrum: A. *nupt. et conc.* 2,6 (p. 257, l. 24–p. 258, l. 5); 69,5 quis – 6 nostrum: *Rm* 7,24 sq.   69,3 uideo – 4 peccati: *Rm* 7,23.

dieser Angelegenheiten selbst daran erinnert würde: *Die Gnade Gottes durch unseren Herrn Jesus Christus (Rm 7,25)* – die Gnade Gottes, die Gerechtigkeit zukommen lässt, ohne dass die Gläubigen sich durch gute Taten auszeichnen,[50] so wie David sagt: *Glücklich sind die, deren ungerechtes Handeln vergeben ist und deren Sünden bedeckt sind. Glücklich ist der Mann, dem der Herr seine Sünde nicht anlastet (Ps 31,1 sq.).* Derjenige also, der den Menschen glücklich macht, ist selbst glücklich durch die ewige Gerechtigkeit, mit welcher er nur die Sünden vergibt, die er auch zu Recht zur Last legen könnte. Er könnte sie aber nicht zu Recht anlasten, wenn derjenige, dem sie angelastet werden, sie nicht auch hätte vermeiden können. Niemand aber kann vermeiden, was ihm von Natur aus zukommt. Daher kann also keiner aufgrund von Naturnotwendigkeit eine Sünde besitzen. Das soll vorerst reichen, **68.** in meinem ersten Werk [*Ad Turbantium*] sind diese Dinge nämlich ausführlicher erläutert worden. Dennoch, du sprichst auch nicht deutlich aus, auf welche Weise du möchtest, dass man den Tod verstehen soll, dessen Körper, wie du sagst, vor der Sünde im Paradies nicht existiert habe. Denn in den Büchern, die du Marcellinus gewidmet hast, hast du bekannt, dass Adam sterblich geschaffen worden sei.[51] Wenn du aber hinzufügst, dass der Vollzug der Ehe eine Krankheit sei, kann man sich das gelassen anhören, falls du das nur von deinen Eltern sagen solltest. Du bist dir nämlich möglicherweise darüber bewusst, dass deine Mutter irgendeine verborgene Krankheit hatte, denn von ihr hast du ja in den *Bekenntnissen* schon bekannt gegeben, dass sie – um deine Worte zu verwenden – eine Weinsäuferin genannt wurde.[52] In der Ehe der Heiligen und aller anderen ehrenhaften Menschen aber findet sich sicher keine Krankheit, weil auch der Apostel nicht eine Krankheit als Heilmittel empfiehlt, wenn er die Angehörigen der Kirche mithilfe der Ehrfurcht vor der Ehe gegen die Krankheit des Ehebruchs rüstet. Gegen Ende meines ersten Buches [aus dem Werk *Ad Turbantium*] wird gezeigt, wie diese Schriftauslegung deine Frechheit und deine Lehre gänzlich ausradiert hat. Es ist auch sonst in dieser Entgegnung überall dort, wo sich die Gelegenheit dazu geboten hat, erklärt.

69. ⟨***⟩ „Um aber auf die unglückliche Lage der Menschen und die göttliche Gnade zu sprechen zu kommen, hat der Apostel zuvor gesagt: *Ich sehe, dass ein anderes Gesetz in meinen Gliedern sich dem Gesetz meines Geistes widersetzt und mich im Gesetz der Sünde gefangen nimmt (Rm 7,23).* Darauf rief er aus:

---

50 Cf. *Rm* 4,6.
51 Cf. A. *pecc. mer.* 1,21 (p. 20, l. 25–p. 21, l. 18).
52 Cf. A. *conf.* 9,18.

haec uerba [5] exclamauit: *quis me liberabit de corpore mortis huius? gratia | dei per Iesum Christum dominum nostrum."*

Constat quidem | praemissis illis quae posuisti subdidisse apostolum: *miser ego | homo! quis me liberabit de corpore mortis huius? gratia dei per | Iesum Christum dominum nostrum.* sed non quaerimus im- [10] praesentiarum, utrum hoc apostolus dixerit, uerum qua fide | quo sensu qua ratione dixerit, quaerimus. ille enim in | membris legem per flagitiorum usum sanctis consiliis inter | principia tamen emendationis rebellem consuetudinem malam | uocabat, quae ab eruditis etiam saeculi dici solet secunda [15] natura. ante pauca enim eos ad quos loquitur cum expro- | bratione conueniens dixerat: *humanum est, quod dico propter | infirmitatem carnis uestrae; sicut enim exhibuistis membra | uestra seruire immunditiae et iniquitati ad iniquitatem, ita nunc | exhibete membra uestra seruire iustitiae in sanctificationem.* [20] utque ostenderet, quia carnem non hoc corpus quod causas | in seminibus habet, sed uitia abusiue uocaret, post duo capita | fortasse subiungit: *cum essemus in carne, passiones peccato- | rum, quae per legem ostenduntur, operabantur in membris | nostris, ut fructificarent morti.* sic dixit: *cum essemus in* [25] *carne*, quasi eo tempore, cum disputaret, in carne non esset. | sed qui scripturas nouit, genus hoc elocutionis agnoscit. | et ideo, ubi uerborum communitas ingerit quaestionem, | adhibeatur regula rationis, ad cuius aequalitatem, quae | putabantur deflexisse, tendantur. ceterum Faustus, Mani- [30] cheorum episcopus, praeceptor tuus, hoc uel maxime apostoli | testimonio contra nos nititur dicens ab eo nihil aliud his | sermonibus legis uidelicet, quae repugnans consilio in membris | habitet, quam naturam malam significatam fuisse. unde nihil | minus a te fieri debuit quam hic locus sic intellegi, quomodo [35] ab illis exponitur, ne, cum per easdem lineas, quas Faustus | torsit, ingrederis, non disputasse, sed praeterita reddidisse | uidearis.

70. Vt igitur quod egimus colligatur: nec ego dictis | tuis fraudem intuli nec tu attulisti aliquid, quod uel dilutiore | pietatis colore perfunderes, nedum scriptu-

---

69,7 miser – 9 nostrum: *Rm* 7,24 sq.   69,16 humanum – 19 sanctificationem: *Rm* 6,19.   69,22 cum – 24 morti: *Rm* 7,5.   69,24 cum – 25 carne: *Rm* 7,5.

Wer wird mich vom Körper dieses Todes befreien? Die Gnade Gottes durch unseren Herrn Jesus Christus (Rm 7,24 sq.)."[53]

Es ist bekannt, dass der Apostel nach den Worten, die du zitiert hast, sagt: *Ich armer Mensch, wer wird mich vom Körper dieses Todes befreien? Die Gnade Gottes durch unseren Herrn Jesus Christus (Rm 7,24 sq.).* Aber wir fragen vorerst nicht, ob es der Apostel ist, der das gesagt hat, sondern in welchem Glauben, in welcher Bedeutung, gemäß welchem Grundsatz er es gesagt hat. Der Apostel bezeichnet nämlich die schlechte Gewohnheit, die sich durch häufige Sünden bei den ersten Schritten der Besserung dennoch gegen die heiligen Gebote auflehnt, als Gesetz, das im Körper herrscht. Diese wird gewöhnlich auch von den weltlich Gebildeten zweite Natur genannt. Ein paar Worte vorher hat er nämlich zu denjenigen, mit denen er gesprochen hat, mit Tadel gesagt: *Es ist menschlich, was ich euch über die Schwäche eures Fleisches sage; so wie ihr nämlich gestattet habt, dass eure Glieder der Unredlichkeit und der Ungerechtigkeit zur Ungerechtigkeit dienen, so gestattet nun, dass eure Glieder der Gerechtigkeit zur Heiligmachung dienen (Rm 6,19).* Und um zu zeigen, dass er mit „Fleisch" nicht den Körper bezeichnet hat, der seinen Ursprung im Samen hat, sondern mit „Fleisch" im uneigentlichen Sinne die Fehler gemeint hat, fügt er vielleicht nach zwei Abschnitten hinzu: *Als wir im Fleisch waren, bewirkten die Leidenschaften zu sündigen, die uns durch das Gesetz gezeigt wurden, in unseren Gliedern, dass wir dem Tod Gewinn brachten (Rm 7,5).* So sagte er: *Als wir im Fleisch waren (Rm 7,5),* als ob er zu der Zeit, als er sprach, nicht im Fleisch wäre. Aber wer die Schrift kennt, erkennt diese Art der Formulierung. Und deshalb muss da, wo die Mehrdeutigkeit eines Wortes eine Frage aufwirft, die Richtschnur der Vernunft angelegt werden, zu deren ausgleichender Wirkung sich das hinneigt, von dem man zuerst meinte, es strebe auseinander. Übrigens wendet sich dein Lehrer Faustus, der Bischof der Manichäer, insbesondere mit dieser Bibelstelle des Apostels gegen uns, indem er sagt, dass offensichtlich nichts anderes in diesen Worten über das Gesetz, das gegen unseren Willen kämpft und in unseren Gliedern wohnt, bezeichnet sei als die schlechte Natur. Deshalb hättest du es unbedingt vermeiden müssen, diese Stelle so zu verstehen, wie sie von jenen ausgelegt wird. So aber wirkt es, als hättest du die Bibelstelle nicht selbst ausgelegt, sondern nur Altbekanntes wiederholt, indem du auf den gleichen Pfaden einherschreitest, auf denen Faustus ging.

70. Um also zusammenzufassen, was wir abgehandelt haben: Weder habe ich deine Worte entstellt, noch hast du irgendetwas vorgebracht, was du mit

---

53   A. *nupt. et conc.* 2,6 (p. 257, l. 24–p. 258, l. 5).

ris testibus appro- |bares; nec hoc, quod tu putas, intellexit apostolus nec alia [5] prorsus in paradiso fuit condicio commixtionis quam qualis | nunc in coniugiis agitur, quae a se instituta deus tam ipsorum | conditione sexuum et qualitate membrorum quam frequentata | benedictione perdocuit. quibus absolutis claret cunctos, qui | a te decipiuntur, ira esse quam misericordia digniores, quo- [10] niam in excusationem criminum suorum, quae mala uoluntate | committunt, te auctore infamant natiuitatem, ne corrigant | actionem.

71. Sed de hoc satis sit; nunc quae sequuntur, | arripiam:

„In corpore igitur mortis huius, quale in paradiso | ante peccatum profecto non erat, alia lex in membris nostris | repugnat legi mentis, quia et quando nolumus et quando non [5] consentimus nec ei membra nostra, ut impleat quod appetit, | exhibemus, habitat tamen in eis et mentem resistentem | repugnantemque sollicitat, ut ipse conflictus, etiamsi non sit | damnabilis, quia non perficit iniquitatem, sit tamen misera- | bilis, quia non habet pacem."

Naturalem esse omnium [10] sensuum uoluptatem testimonio uniuersitatis docemus. hanc | autem uoluptatem concupiscentiam ante peccatum in para- | diso fuisse res illa declarat, quia ad delictum uia per con- | cupiscentiam fuit, quae cum pomi decore oculos incitasset, | spem etiam iucundi irritauit saporis. non ergo potuit haec [15] concupiscentia, quae cum modum non tenet, peccat, cum uero | intra limitem concessorum tenetur, affectio naturalis et | innocens est, non, inquam, potuit fructus esse peccati, quae | docetur non suo quidem uitio, sed uoluntatis occasio fuisse | peccati. lege et de hoc secundum librum meum: inuenies [20] hoc quod dicimus etiam tuo posse animo persuaderi. quod | uero quasi acutule

---

71,2 in corpore – 9 pacem: A. *nupt. et conc.* 2,6 (p. 258, l. 5–13).

einer durchsichtigen Glaubenstünche hättest überstreichen können, geschweige denn, dass du es mit Bibelstellen hättest belegen können. Auch hat der Apostel nicht das, was du meinst, verstanden, und es gab keine andere Art von Beischlaf im Paradies als den, der nun in der Ehe vorhanden ist. Dass dieser Geschlechtsverkehr von ihm selbst so eingerichtet wurde, lehrt Gott sowohl durch das Vorhandensein von zwei Geschlechtern als auch durch die Beschaffenheit der Glieder und nicht weniger durch das häufige Lob desselben. Nachdem dies abgeschlossen ist, dürfte es deutlich sein, dass alle, die sich von dir täuschen lassen, eher Zorn als Mitleid verdienen, weil sie zur Entschuldigung ihrer Vergehen, die sie aus schlechtem Willen begehen, ihre natürliche Herkunft beschuldigen, um nicht ihr Verhalten verbessern zu müssen, und sich dafür auf dich berufen.

71. Aber nun genug darüber. Jetzt werde ich in Angriff nehmen, was folgt:

„Im Körper dieses Todes also, welchen es so vor dem Sündenfall im Paradies sicher nicht gab, kämpft ein anderes Gesetz in unseren Gliedern gegen das Gesetz des Geistes. Denn auch wenn wir es nicht wollen und nicht zustimmen und unsere Glieder dem Gesetz nicht dafür preisgeben, dass es erreichen kann, was es erstrebt, so wohnt es dennoch in ihnen und versetzt den Geist, auch wenn er sich widersetzt und widerstrebt, in Unruhe. So ist der Widerstreit selbst, auch wenn er nicht verurteilt werden muss, weil er das Unrecht nicht begeht, dennoch beklagenswert, weil er keinen Frieden kennt."[54]

Wir lehren, dass die Lust aller Sinne etwas Natürliches ist, wie die Allgemeinheit bezeugt. Dass es diese Lust und Begierde aber vor dem Sündenfall im Paradies gab, macht die Tatsache deutlich, dass der Weg zum Vergehen durch die Begierde geebnet wurde, die, als sie mit der Schönheit des Apfels die Augen gereizt hatte, auch die Hoffnung auf einen angenehmen Geschmack ausgelöst hat. Nicht also konnte diese Begierde, die, wenn sie das Maß nicht hält, sündigt, wenn sie sich aber innerhalb der Grenze des Erlaubten befindet, ein natürliches und unschuldiges Empfinden ist, nicht also, sage ich, konnte sie die Frucht der Sünde sein, von der sich zeigen lässt, dass sie nicht durch ihre eigene Fehlerhaftigkeit, sondern durch die des Willens die Gelegenheit zur Sünde gewesen ist. Lies auch darüber in meinem zweiten Buch [aus dem Werk *Ad Turbantium*] nach: Du wirst herausfinden, dass auch dein Verstand von meinen Argumenten überzeugt werden kann. Wenn du aber, als wäre es etwas ganz

---

54 A. *nupt. et conc.* 2,6 (p. 258, l. 5–13).

posuisti legem quidem peccati esse in | membris nostris, sed tunc habere peccatum, quando ei con- | sentimus, tunc uero solum proelium suscitare, quando non | consentimus, et indicere miseriam pace turbata, quis non [25] prudens pugnare perspiciat? nam si lex peccati id est | peccatum et necessitas peccati membris est inserta naturaliter, | quid prodest non ei praebere consensum, cum propter hoc | ipsum quod est necesse sit subire supplicium? aut si est lex | quidem peccati, sed quando ei non consentio, non peccat, [30] inaestimabilis potentia uoluntatis humanae, quae, si dici | permittat absurditas, cogit ipsum non peccare peccatum. | sed reuertitur eo, ut quod dicis asystaton sit: nam si non | peccat, nec lex peccati est; si lex peccati est, peccat; si uero | peccat solum quia est, quomodo ei obsisti potest, ut non [35] peccetur, quae repelli non potest, ut a peccati opere desinatur? 72. uel quid prodest eius rei modestia, cuius | accusat se ipsa praesentia?

Vide ergo, quo tua acumina | prouehantur: primo quia peccat natura sine uoluntate, quod | non potest, secundo, quia est peccatum et non peccat, id est [5] una res est et non est; deinde quando turbat pacem, misera- | bilis est nec pro tanto crimine plectitur dissipatae quietis, | quando autem perficit iniquitatem, damnabilis est. sed lex | peccati sicut meretur ipsa tormentum, ita excusat hominis | uoluntatem, quia lex et cogens et naturalis et numquam [10] recedens superari utique a uoluntate non potest et nemo | propter hoc reus est, quod uitare non potuit. sed nec ipsa lex | peccat, quia aliud facere non potuit. deus autem ineuita- | bilia reatui ascribit nec, ut hoc tantum mali faciat, ab ullo | cogitur; omnibus igitur absolutis hic solus in crimine reperi- [15] tur qui mira fronte imputat aliis necessitatem, cum ipse sine | necessitate delinquat. macte uirtute prudentiae, nobilissime | disputator, qui gradibus Punicae dialexeos, ut commendares | dona, euertisti iudicia; ut simulares gratiam, iustitiam | subruisti; ut infamares naturam, criminatus es

Schlaues, behauptest, dass in unseren Gliedern zwar ein Gesetz der Sünde sei, es aber nur dann Sünde an sich habe, wenn wir ihm zustimmten, dass es jedoch nur einen Kampf verursache, wenn wir ihm nicht zustimmten, und dass dies dann aufgrund des unruhigen Zustands unsere unglückliche Lage verdeutliche – welcher kluge Mensch dürfte da nicht erkennen, dass sich diese Aussagen widersprechen? Denn wenn das Gesetz der Sünde, d. h. die Sünde und der Zwang zur Sünde, von Natur aus in unseren Gliedern herrscht, was nützt es dann, ihm die Zustimmung zu verweigern, da man ja ohnehin schon für die Existenz desselben notwendigerweise eine Strafe erhält? Oder aber die Kraft des menschlichen Willens ist unermesslich, wenn es zwar ein Gesetz der Sünde gibt, dieses aber nicht sündigt, wenn ich ihm nicht zustimme. Denn dann, sofern es die Absurdität gestattet, dies zu sagen, zwingt der Wille die Sünde selbst dazu, nicht zu sündigen. Aber man kehrt dazu zurück, dass deine Aussagen miteinander im Widerspruch stehen: Denn wenn das Gesetz der Sünde nicht zur Sünde führt, ist es kein Gesetz der Sünde; wenn es ein Gesetz der Sünde ist, führt es zur Sünde; wenn es aber Sünde bereitet, nur weil es existiert, wie kann man sich ihm dann widersetzen, sodass nicht gesündigt wird, weil es ja doch nicht so zurückgewiesen werden kann, dass man vom Werk der Sünde ablässt? 72. Was aber nützt die Mäßigung in einer solchen Sache, wenn sie sich selbst durch ihre bloße Anwesenheit unter Anklage stellt?

Schau also, wohin dich deine scharfsinnigen Bemerkungen bringen: Erstens zu der Ansicht, dass die Natur, ohne zu wollen, sündigt, was nicht möglich ist; zweitens zu der Ansicht, dass etwas eine Sünde ist und doch nicht sündigt, d. h., dass eine und dieselbe Sache der Fall ist und nicht der Fall ist. Drittens erregt es [sc. das Gesetz der Sünde] Verdruss, wenn es den Frieden stört, und es wird für solches Verbrechen der Ruhestörung auch nicht bestraft; wenn es aber ein Unrecht vollbringt, ist es verdammenswert. Aber das Gesetz der Sünde entschuldigt den Willen des Menschen ebenso, wie es selbst die Strafe verdient. Denn ein Gesetz, das zwingt, natürlich ist und niemals verschwindet, kann vom Willen überhaupt nicht überwunden werden, und niemand ist aufgrund einer Sache schuldig, die er nicht vermeiden kann. Sogar das Gesetz selbst sündigt nicht, weil es ja keine andere Wahl hat. Gott aber rechnet dieses unumgehbare Übel als Schuld an und wird von niemanden dazu gezwungen, etwas so Schlimmes zu tun. Alle werden also von der Schuld freigesprochen, und nur er wird für schuldig befunden, der mit erstaunlicher Dreistigkeit anderen einen Zwang auferlegt, während er selbst ohne Zwang Verbrechen begeht. Ein Hoch auf deine Klugheit, berühmter Denker, der du mit den Schlussfolgerungen der punischen Dialektik die Gerechtigkeit der [göttlichen] Urteile verkehrt hast, um Gnadengeschenke zu empfehlen. Um Gnade vorzutäuschen, hast du die Gerechtigkeit

hominum [20] conditorem et ita criminatus, ut non solum aliquo peccatore, | sed ipsa lege peccati deus tuus nocentior appareret. et post | haec profanissime catholicis sacerdotibus conuicium facis, ut | dicas eos negare gratiam Christi, cuius aequitatem tuentur, | cum nos laudemus quidem clementiam remediorum, sed legum [25] manente iustitia.

73. Verum iam pergamus et ad uerba mea | quae de praefatione sublata sibi impugnanda proposuit: |

„Satis igitur ammonuerim sic istum uerba mea quasi refel- | lenda sibi proponere uoluisse, ut alibi mediis detractis sen- [5] tentias interrumperet, alibi extremis non additis decurtaret; | et cur hoc fecerit, sufficienter ostenderim. nunc ad ea quae | sicut uoluit nostra proposuit, quae sua posuerit uideamus. | sequuntur enim iam uerba eius, sicut iste insinuauit qui tibi | cartulam misit. prius aliquid de praefatione conscripsit, procul [10] dubio librorum [m]eorum de quibus pauca decerpsit. id | autem ita sese habet:

'Doctores', inquit, 'nostri temporis, frater | beatissime, et nefariae quae adhuc feruet seditionis auctores | ad hominum quorum sanctis studiis uruntur contumelias et | exitium decreuerunt per ruinam totius ecclesiae peruenire non [15] intellegentes, quantum his contulerint honoris quorum | ostenderunt gloriam nisi cum catholica religione non potuisse | conuelli. nam si quis aut liberum in hominibus arbitrium aut | deum esse nascentium conditorem dixerit, Caelestianus et | Pelagianus uocatur. ne igitur uocentur haeretici, fiunt Mani- [20] chei et, dum falsam uerentur infamiam, uerum crimen | incurrunt instar ferarum quae circumdantur pinnis, ut cogan- | tur in retia, quibus quoniam deest ratio, in uerum exitium | uana formidine contruduntur.'"

73,10 eorum *Migne Cipriani/Volpi, Sant'Agostino 1, 106 Alexanderson, Idées 287 sq.*, meorum *P C G T L M Zelzer*, illorum *nupt.*

73,3 satis – 23 contruduntur: A. *nupt. et conc.* 2,6 sq. (p. 258, l. 13–p. 259, l. 8).   73,11 doctores – 23 contruduntur: Cf. *Turb.* 1 frg. 1; zur Rekonstruktion der Einleitung von *Turb.* cf. Kommentar zu 73,23–42.

zerstört. Um die Natur anklagen zu können, hast du den Schöpfer der Menschen beschuldigt, und zwar so, dass dein Gott nicht nur mehr Unheil anzurichten scheint als irgendein Sünder, sondern sogar mehr als das Gesetz der Sünde selbst. Und nach all dem beschimpfst du auf gottloseste Weise katholische Priester, indem du behauptest, sie bestritten die Existenz der Gnade Christi, dessen Unparteilichkeit sie schützen. Wir aber loben natürlich die Mildtätigkeit der Heilmittel, aber unter der Voraussetzung, dass die Gerechtigkeit der [göttlichen] Gesetze Bestand behält.

73. Aber fahren wir fort mit meinen Worten, die er aus der Einleitung zitiert hat, um sie anzufechten:

„Aber ich dürfte nun genug darauf hingewiesen haben, dass er meine Worte, als müsste man sie widerlegen, so zitieren wollte, dass er an manchen Stellen Sätze durch Streichungen in der Mitte auseinandergerissen hat, anderswo das Ende nicht hinzugefügt und die Sätze damit verkürzt hat. Und warum er das getan hat, habe ich wohl auch ausreichend gezeigt. Sehen wir uns nun an, was er auf unsere Worte geantwortet hat, die er, so wie er wollte, zusammengestellt hat. Denn jetzt folgen seine eigenen Worte, so wie es sich derjenige, der dir diese Auszüge geschickt hat, gedacht hat. Zuerst hat er einen Teil der Einleitung exzerpiert. Ohne Zweifel stammt er aus den Büchern [*Ad Turbantium*], aus denen er einige Worte zusammengetragen hat. Das lautet folgendermaßen:

‚Die Gelehrten', sagt er, ‚unserer Zeit, mein bester Bruder, und die Urheber dieses verwerflichen Aufstandes, der nun brodelt, haben sich dafür entschieden, die ganze Kirche zugrunde gehen zu lassen, nur, um diejenigen Menschen, deren heiliges Streben sie quält, in entwürdigendes Verderben zu stürzen. Dabei erkennen sie nicht, welche Ehre sie ihnen damit erweisen, indem sie gezeigt haben, dass ihr Ruhm nur zusammen mit den katholischen Glaubenssätzen ausgelöscht werden konnte. Denn wenn einer sagen sollte, dass der Wille der Menschen frei ist oder dass Gott der Schöpfer der Kinder ist, wird er Caelestianer oder Pelagianer genannt. Um also nicht als Häretiker bezeichnet zu werden, werden die Leute zu Manichäern; aus Angst vor einem falschen Vorwurf begehen sie ein wirkliches Verbrechen wie wilde Tiere, die man mit Federn umzingelt, um sie in Netze zu treiben, und die sich, weil ihnen der Verstand fehlt, durch ein falsches Schreckgespenst in ein wirkliches Verderben stürzen lassen.'[55]"[56]

---

55 Cf. *Turb.* 1, frg. 1; zur Rekonstruktion der Einleitung von *Turb.* cf. Kommentar zu 73,23–42.
56 A. *nupt. et conc.* 2,6 sq. (p. 258, l. 13–p. 259, l. 8).

Cognosco dicta mea, sed | non a te cum integritate prolata; et licet non in his certaminis [25] summa consistat, quia de praefatione sunt, tamen, ut leuitas | tua liqueat, „frater beatissime" in eo loco positum non est, sed | in primo statim uersu libri. item cum dixissem „ad homi- | num quorum sanctis studiis uruntur contumelias et exitium", | addidi: „quoniam iter aliud non patebat, decreuerunt per [30] ruinam totius ecclesiae peruenire". postquam etiam dixi, | quia liberi confessor arbitrii et dei conditoris „Caelestianus et | Pelagianus uocatur", „quo simplices", inquio, „sermone perterriti, | ut ab inuidia nominis exuantur, etiam sanam fidem deserunt | credituri procul dubio nec liberum esse in hominibus arbi- [35] trium nec deum nascentium conditorem, quando illud quod | prius affirmauerant utrumque deseruerint." hoc autem totum | a te praetermissum est. post quod sunt illa quae posuisti, | quam sane uera et quam inexpugnabilia haud difficilis erit | opera comprobare. nec ego igitur quicquam de tuis dictis [40] minus nec tu uel primum caput ita, ut a me ordinatum fuerat, | rettulisti. quod ideo inculco, ut grauitas Poeni scriptoris | emineat.

74. Contra haec ergo uerba mea quae rescripseris, | audiamus:

„Non est ita, ut loqueris, quicumque ista dixisti, | non est ita; multum falleris uel fallere meditaris: non liberum | negamus arbitrium, sed *si uos filius liberauerit*, ait ueritas, [5] *tunc uere liberi eritis*. hunc uos inuidetis liberatorem, quibus | captiuis uanam tribuitis libertatem. *a quo enim quis deuictus | est*, sicut dicit scriptura, *huic et seruus addictus est*. nec quis- | quam nisi per gratiam liberatoris isto soluitur uinculo serui- | tutis, a quo est hominum nullus immunis. *per unum quippe* [10] *hominem peccatum intrauit in mundum et per peccatum mors | et ita in omnes homines pertransiit, in quo omnes peccauerunt."* |

73,30 postquam *Primmer, Rhythmus 1, 209*, post quod *T L M Zelzer Cipriani/Volpi, Sant'Agostino 1, 106*, post quam *P C G*.   73,32 inquio *P Migne Primmer, Rhythmus 1, 208 sq.*, inquio *C G L M Zelzer Cipriani/Volpi, Sant'Agostino 1, 106*, in quo *T ac. m 1*.

74,2 non – 11 peccauerunt: A. *nupt. et conc.* 2,8 (p. 259, l. 9–19). 74,4 si – 5 eritis: *Io* 8,36; 74,6 a – 7 addictus est: 2 *Pt* 2,19; 74,9 per – 11 peccauerunt: *Rm* 5,12.

Ich erkenne das, was ich gesagt habe, aber es ist von dir nicht sauber zitiert worden. Mag es auch sein, dass in diesen Worten, da sie ja aus der Einleitung sind, nicht die Hauptsache unserer Debatte liegt, so muss ich, um deine leichtfertige Zitierweise zu verdeutlichen, dennoch sagen, dass die Anrede „mein bester Bruder", nicht an diese Stelle gehört, sondern sogleich in die erste Zeile des Buches. Ebenso habe ich, nachdem ich gesagt hatte: „um diejenigen Menschen, deren heiliges Streben sie quält, in entwürdigendes Verderben zu stürzen" hinzugefügt: „haben sie sich dafür entschieden, die ganze Kirche zugrunde gehen zu lassen, weil ihnen kein anderer Weg offenstand". Nachdem ich gesagt hatte, dass derjenige, der den freien Willen und den Schöpfergott bekennt, Caelestianer und Pelagianer genannt wird, habe ich gesagt, „mit diesen Worten werden einfache Menschen erschreckt, sodass sie, um sich des Vorwurfs eines solchen Etiketts zu entledigen, auch den wahren Glauben aufgeben und ohne Zweifel glauben wollen, dass weder die Menschen einen freien Willen hätten, noch Gott der Schöpfer der Kinder sei. Diese beiden Ansichten haben sie nämlich hinter sich gelassen, an die sie vorher geglaubt hatten." Das alles aber hast du ausgelassen. Auf diese Worte folgt dann das, was du zitiert hast, und von dem leicht zu zeigen ist, dass es wahr und unanfechtbar ist. Ich habe also weder von deinen Worten weniger zitiert, noch hast du auch nur den Beginn meines Buches so zitiert, wie er von mir angeordnet war. Das habe ich hier dazwischengeschoben, damit die Verlässlichkeit des punischen Schriftstellers einmal deutlich wird.

74. Nun wollen wir uns anhören, was du gegen meine Worte, die du zitiert hast, vorzubringen hast:

„Es ist nicht so, wie du sagst, wer auch immer du seist. Nein, es ist nicht so. Du täuschst dich oder du hast vor, andere zu täuschen: Wir leugnen den freien Willen nicht, sondern die Wahrheit sagt: *Wenn euch der Sohn befreit hat, dann werdet ihr wahrhaft frei sein* (Io 8,36). Diesen Befreier enthaltet ihr den Gefangenen vor und gesteht ihnen stattdessen eine wertlose Freiheit zu. Wie die Schrift sagt: *Man ist Sklave desjenigen, von dem man überwältigt worden ist* (2 Pt 2,19). Von der Fessel dieser Sklaverei, gegen die kein Mensch gewappnet ist, wird niemand befreit, es sei denn durch die Gnade des Befreiers. *Durch einen Menschen kam* bekanntlich *die Sünde in die Welt und durch die Sünde der Tod und ging so auf alle Menschen über, in dem alle gesündigt haben* (Rm 5,12)."[57]

---

57 A. *nupt. et conc.* 2,8 (p. 259, l. 9–19).

Amplissimam esse nostri negotii dignitatem, ut ipsa rerum | consideratio et appensio indicat quas tuemur, ita etiam uester | pauor, qui contra nostrorum sanguinem pecuniarum effusione, [15] hereditatum largitate, equorum transmissione, populorum | seditione, potestatum corruptione pugnantes, et fidem uestram, | quae a nobis impugnatur, erubescitis profiteri et ad nostrae | sententiae, a qua deuiastis, uerba confugitis. 75. tam enim scelestum est quod suscepit | praeuaricatio pudenda Babylonis, ut, cum a nobis obicitur, a | uobis negetur, et tam sanctum est quod a nobis creditur, | ut sub umbra eius delitescere licet aduersaria mente cupiatis. [5] nam cum ego, quicquid disputationis uestrae sparsim mem- | bris tenebatur, exprimerem et summam quaestionis in breui- | tatem cogerem, ut ecclesiasticae dissensionis causa, quanta et | qualis esset, sine fumo et nebulis proderetur, dixi liberum | a uobis arbitrium negari et deum nascentium conditorem, [10] porro a nobis id utrumque defendi et ob hoc uos imperitis | auribus de nominibus catholicorum uirorum, qui propter | fidem apostolicam, quam tuemur, nobiscum laborant, ciere | inanem fragorem, ut qui timuissent Caelestiani a uobis dici, | amitterent caelestis fidei dignitatem, et qui expauissent, ne [15] a uobis Pelagiani dicerentur, in Manicheorum pelagus praeci- | pitarentur, putarentque se imperiti quique non posse christia- | nos appellari, si eos Traduciani Pelagianos uocassent, cum e | regione prudentes statuerent, quamuis nominum inuidiam sibi | et iniuriam sustinendam magis quam fidem catholicam relin- [20] quendam.

Sed ne uel hoc ipsum conuicii genus uestro | inuentum ingenio glorieris, recordamini ab omnibus quidem | haereticis diuersa nos uocabula solere suscipere, sed in synodo | Ariminensi uehementius claruisse, quid apud plumbeos animos | uel ambiguitas uerbi uel comminatio noui uocabuli possit [25] sceleris obtinere. nam cum sub Arriano principe, uir magnae | constantiae, fidei sanissimae, Athanasius Alexandrinus epi- | scopus dilapso a fide apostolorum omni paene mundo et | impietatis temporibus obstitisset atque ob hoc in exsilia | coactus esset, de sescentis et quin-

---

75,12 nobiscum *P K Primmer, Rhythmus 2, 209 Cipriani/Volpi, Sant'Agostino 1, 108 Teske, Answer 155 n. 153,* uobiscum *C G T L M Zelzer.*

75,22 sed in synodo – 76,6 denegando: Cf. Rufin. *hist.* 10,22; p. 988, l. 5–22.

Dass unser Unterfangen von außerordentlicher Wichtigkeit ist, zeigt die Überlegung und Abwägung der Dinge, die wir vertreten, genauso wie eure Angst. Während ihr nämlich Geld fließen lasst, freigebig in Erbschaften seid, Pferde verschenkt, das Volk aufjagt und die Mächtigen bestecht, um unseren Anhängern nach dem Leben zu trachten, traut ihr euch noch nicht einmal, euren Glauben zu bekennen, gegen den wir ankämpfen, und nehmt stattdessen Zuflucht zu unseren eigenen Worten, obwohl ihr euch von unserer Sache entfernt habt. 75. Es ist nämlich so verwerflich, was die beschämende Sünde Babylons unternommen hat, dass ihr es lieber leugnet, wenn es euch von uns vorgeworfen wird, und das, was wir glauben, ist so heilig, dass ihr euch trotz entgegengesetzter Ansichten gern unter seinem Schatten verstecken wollt. Als ich nämlich anführte, was in den Abschnitten eurer Abhandlung hier und dort verstreut war, und das Hauptthema der Untersuchung auf den Punkt brachte, habe ich, damit ohne Rauch und Nebel deutlich gesagt werde, wie schwerwiegend und von welcher Gestalt euer Abweichen von der Kirche sei, im Zuge dessen gesagt, dass ihr den freien Willen leugnet und Gott nicht als den Schöpfer der Kinder anerkennt, wohingegen wir beide Ansichten verteidigten. Ferner habe ich gesagt, dass ihr aufgrund dieser Tatsachen Menschen, die nicht in der Lage sind, sie zu bewerten, leere Gerüchte ins Ohr setzt über Namen von katholischen Männern, die wegen des apostolischen Glaubens, den wir schützen, gemeinsam mit uns leiden. Auf diese Weise verliere ein Teil von ihnen die Würde des himmlischen Glaubens, weil sie sich davor gefürchtet hätten, von euch als Caelestianer bezeichnet zu werden, und der andere Teil von ihnen stürze sich ins Meer der Manichäer, weil sie davor zurückgeschreckt seien, von euch als Pelagianer bezeichnet zu werden. Außerdem habe ich erwähnt, dass gerade diese unerfahrenen Menschen meinten, sie könnten nicht mehr Christen genannt werden, wenn die Traduzianer sie als Pelagianer bezeichnet hätten, während hingegen sich die Klugen entschieden hätten, eher die Stigmatisierung durch ein Etikett und Unrecht zu ertragen, als vom katholischen Glauben abzulassen.

Aber damit ihr euch nicht rühmt, diese Art der Beschimpfung mit eurem eigenen Verstand erfunden zu haben, denkt daran, dass uns für gewöhnlich von allen Häretikern unterschiedliche Namen gegeben werden, dass aber in der Synode von Rimini besonders deutlich zutage gekommen ist, was bei stumpfsinnigen Köpfen die Zweideutigkeit von Worten und die Bedrohung durch eine neue [bisher unbekannte] Bezeichnung anrichten kann. Denn als sich Athanasius, der Bischof von Alexandria, ein Mann von großer Beharrlichkeit und reinem Glauben, unter einem arianischen Kaiser der fast ganz vom Glauben der Apostel abgefallenen Welt und der gottlosen Epoche widersetzt hatte und deshalb gezwungen worden war, ins Exil zu gehen, waren, wie man

quaginta ut fertur episcopis [30] uix septem inuenti sunt quibus cariora essent dei praecepta | quam regis, uidelicet ut nec in Athanasii damnationem con- | uenirent nec trinitatis confessionem negarent. illa uero omnis | deiectorum pectorum multitudo extra iniuriarum metum hac | est potissimum uel nominis comminatione, ne Athanasiana [35] uocaretur, uel interrogationis calliditate decepta. 76. nam cum proponerent Arriani, qui rerum ea | tempestate potiebantur: „homousion sequi uultis aut Christum?" | responderunt continuo quasi in nomen religiosi, Christum | se sequi, homousion repudiare; atque ita exeunt gestientes [5] uelut qui Christo crederent, quem iam negauerant homousion, | id est unius cum patre substantiae denegando. ita ergo et | nunc uos fabricatores doli imperitas terretis aures, ut, si | nolunt laborantium pro fide uirorum appellatione respergi, et | liberum arbitrium negent et deum hominum conditorem. [10] hoc igitur a me in illo loco constat obiectum; et quam non | falso, praesens disputatio palam faciet.

Respondisti ergo hoc | modo: „non negamus liberum arbitrium", et nihil aliud | subiunxisti de tuo. consequens enim fuerat, ut impleres sine | tergiuersatione sententiam, cumque praemisisses non te negare [15] arbitrii libertatem, adderes: „sed confitemur datam a deo | libertatem arbitrii in hominum permanere natura." 77. impleueras enim hoc sermone aliquid, contra | quod si fuisses locutus ulterius, nimium impudens, sin autem | omnia concinenter, uel tarde posses apparere correctior. nunc | uero me dicis fallere, qui quod obieci per te probo, et tu [5] statim in eo, quod te putas consequenter instruxisse, mentiris. | ais quippe: „non liberum negamus arbitrium"

76,4 repudiare *P Primmer, Rhythmus 1, 209 Teske, Answer 156 n. 159*, repudiauere *C G T L M Zelzer Cipriani/Volpi, Sant'Agostino 1, 110.*   77,3 concinenter *G T Migne Primmer, Rhythmus 2, 209 Teske, Answer 156 n. 161*, continenter *P C L M Zelzer Cipriani/Volpi, Sant'Agostino 1, 112.*

76,12 non – arbitrium: A. *nupt. et conc.* 2,8 (p. 259, l. 10 sq.).   77,3 nunc – 4 fallere: Cf. A. *nupt. et conc.* 2,8 (p. 259, l. 9 sq.).   77,6 non – arbitrium: A. *nupt. et conc.* 2,8 (p. 259, l. 10 sq.).

sagt, von 650 Bischöfen kaum sieben zu finden, denen die Vorschriften Gottes lieber waren als die des Kaisers. D.h. solche Männer, die weder mit der Verurteilung des Athanasius einverstanden waren, noch das Bekenntnis zur Dreieinigkeit verleugneten. Jene ganze Anzahl von verworfenen Menschen aber hat sich, wenn man einmal von ihrer Furcht vor Misshandlung absieht, am ehesten durch die Bedrohung, die das Etikett mit sich brachte, nämlich, dass sie nicht als „Athanasianer" bezeichnet würden, oder durch die Verschlagenheit der Befragung täuschen lassen. 76. Denn als die Arianer, die zu dieser Zeit an der Macht waren, fragten: „Wollt ihr dem ‚homoousios' oder Christus folgen?", haben sie sogleich sozusagen aus Ehrfurcht vor dem Namen geantwortet, dass sie Christus folgten und das „homoousios" ablehnten. So entkamen sie den Arianern voll Erleichterung, weil sie ja an Christus glaubten, den sie schon mit dem „homoousios" abgestritten hatten, d.h., indem sie verneint hatten, dass er und der Vater ein und dieselbe Substanz haben.[58] So also erschreckt auch ihr als Werkmeister der List nun die Ohren der Unkundigen, damit sie, wenn sie nicht mit dem Namen von Männern verunreinigt werden wollen, die für den Glauben leiden, leugnen, dass der Wille frei und dass Gott der Schöpfer der Menschen sei. Das also habe ich dir, wie offenkundig ist, an jener Stelle vorgeworfen; und wie recht ich damit hatte, wird die gegenwärtige Diskussion deutlich zeigen.

Du hast also auf diese Art geantwortet: „Wir leugnen den freien Willen nicht",[59] und hast nichts anderes von deiner Seite hinzugefügt. Es wäre nämlich schlüssig gewesen, wenn du die Aussage ohne Ausflüchte vervollständigt hättest, und nachdem du vorweggeschickt hattest, die Freiheit des Willens nicht zu leugnen, hinzugefügt hättest: „sondern wir bekennen, dass die Freiheit des Willens von Gott gegeben wird und in der Natur der Menschen verbleibt." 77. Mit dieser Aussage hättest du nämlich etwas Wichtiges hervorgehoben und könntest, wenn du weiterhin dagegen angeredet hättest, jetzt allzu unverschämt erscheinen, wenn du aber alles schlüssig erläutert hättest, würde es scheinen, als wärest du – wenn auch spät – von deinem Irrtum abgekommen. Jetzt aber sagst du, dass ich die Absicht hätte zu täuschen,[60] obwohl ich doch mit deinen eigenen Worten beweise, was ich dir vorgeworfen habe; und du triffst selbst gleich eine Falschaussage, wenn du annimmst, dass du dein Argument logisch aufgebaut hättest. Du sagst nämlich: „Wir leugnen den freien

---

58 75,20–76,4: Cf. Rufin. *hist.* 10,22; p. 988, l. 5–22.
59 Cf. A. *nupt. et conc.* 2,8 (p. 259, l. 10 sq.).
60 Cf. A. *nupt. et conc.* 2,8 (p. 259, l. 9 sq.).

et subiungis | testimonium euangelii: „sed *si uos filius liberauerit*, ait ueritas, | *tunc uere liberi eritis*", cum hoc in illo loco a domino nostro | Iesu constet in liberum arbitrium non fuisse prolatum. cuius [10] expositionem sententiae paululum differentes definitionibus | et diuisionibus, quid nostrum alteruter sentiat, explicemus. |

Debet quippe secundum omnium doctorum disciplinam in- | choatio disputationis a definitione sumi. 78. „omnis quippe", ut ait ille, „quae ratione suscipi- | tur de aliqua re disputatio, debet a definitione proficisci, ut | intellegatur, quid sit id, de quo disputatur." ita ergo et nos, | sicut supra de iustitiae et peccati definitione disseruimus, nunc [5] quoque uideamus, quae libertati arbitrii definitio competat, | ut planum sit, quis ei nostrum consentiat, quis repugnet. | libertas arbitrii, qua a deo emancipatus homo est, in am- | mittendi peccati et abstinendi a peccato possibilitate con- | sistit; 79. factum est enim animal rationale, mortale, | capax uirtutis et uitii, quod posset ex concessa sibi possibili- | tate uel seruare dei mandata uel transgredi uel magisterio | naturali conseruare ius humanae societatis, liberumque [5] haberet alterutram uelle partem, in quo peccati et iustitiae | summa est. nam cum aliquid secundum uirtutem indigenti- | bus aut de misericordiae fontibus aut de iustitiae immulget | uberibus, hoc operatur foris iam ipsa iustitia, quam intus | uoluntas sancta concepit et peperit; 80. sic et cum e diuerso statuens praue agere in | aliorum iniuriam uel iniquus quis fuerit uel crudelis operatio, | qua nocet aliis, a nequitia foras proficiscitur, quam intus | mala uoluntas seminauit et genuit. cum uero deest facultas, [5] per quam in proximos uis secretae uoluntatis erumpat, in | ipsa tamen sola uoluntate, quae aliquid uel boni uel mali non | impetu breui,

---

77,7 sed – 8 eritis: *Io* 8,36; A. *nupt. et conc.* 2,8 (p. 259, l. 11 sq.).   78,1 omnis – 3 disputatur: Cic. *off.* 1,7.

Willen nicht"[61] und fügt eine Stelle aus dem Evangelium hinzu: „Sondern die Wahrheit sagt: *Wenn euch der Sohn befreit hat, dann werdet ihr wahrhaft frei sein (Io 8,36)*",[62] obwohl klar ist, dass diese Aussage von unserem Herrn Jesus Christus nicht über den freien Willen getroffen worden ist. Wir verschieben die Erklärung für dieses Schriftwort ein wenig nach hinten und wollen jetzt mit Definitionen und Einteilungen erläutern, was ein jeder von uns beiden denkt.

Gemäß der Unterweisung aller Gelehrten muss jede Untersuchung nämlich mit einer Definition begonnen werden, 78. denn, so heißt es an bekannter Stelle: „Jede Untersuchung irgendeines Diskussionsgegenstandes, die auf Argumenten beruhen soll, muss mit einer Definition beginnen, damit man versteht, was der Untersuchungsgegenstand ist."[63] Wie wir schon weiter oben die Definition der Gerechtigkeit und der Sünde erörtert haben, so lasst uns also auch jetzt sehen, welche Definition auf den freien Willen zutrifft, damit klar ist, wer von uns mit der Definition übereinstimmt und wer nicht. Die Freiheit des Willens, durch die der Mensch von Gott die Selbstständigkeit erhalten hat, besteht in der Befähigung, Sünden zu begehen oder nicht zu begehen. 79. Er ist nämlich geschaffen als ein vernunftbegabtes, sterbliches Wesen, fähig zur Tugend ebenso wie zur Sünde, sodass er aufgrund der ihm zugestandenen Befähigung die Gebote Gottes sowohl bewahren als auch überschreiten kann oder das Recht der menschlichen Gemeinschaft unter der Führung der Natur beachten kann und auch die Freiheit hat, sich für eines von beiden zu entscheiden, entweder für das, was die Sünde ausmacht, oder für das, worin die Gerechtigkeit liegt. Denn wenn der Mensch den Bedürftigen irgendetwas Tugendgemäßes von den Quellen des Mitleids oder von den Eutern der Gerechtigkeit einflößt, dann wird dies in der äußeren Handlung durch die Gerechtigkeit selbst umgesetzt, die im Innern der gesegnete Wille empfangen und geboren hat. 80. So ist es auch, wenn im Gegensatz dazu ein ungerechter oder grausamer Mensch beschließt, irgendetwas Schlechtes zum Schaden anderer zu tun; dann schreitet die Handlung, mit der er anderen schadet, nach draußen voran, ausgehend von der Lasterhaftigkeit, die im Innern der schlechte Wille gesät und hervorgebracht hat. Wenn aber die Handlungsmöglichkeit fehlt, bei der die verborgene Gewalt des Willens gegen die Nächsten hervorbrechen könnte, dann ist schon im Willen allein, der irgendetwas Gutes oder Schlechtes nicht durch einen kurzen Impuls, sondern durch Nachdenken und mit Streben beschlossen hat, das

---

61 A. *nupt. et conc.* 2,8 (p. 259, l. 10 sq.).
62 A. *nupt. et conc.* 2,8 (p. 259, l. 11 sq.).
63 Cic. *off.* 1,7.

sed cogitatione appetituque patrauerit, uel | benignitatis est ratio impleta uel malignitatis. 81. et boni igitur possibilitas et mali bona est, | quoniam posse bonum facere aula uirtutis est, posse malum | facere testimonium libertatis est. 82. per hoc igitur suppetit homini habere pro- | prium bonum per quod ei subest posse facere malum. tota | ergo diuini plenitudo iudicii tam iunctum habet negotium | cum hac libertate hominum, ut harum qui unam agnouerit [5] ambas nouerit, unde fit, ut harum unam qui uiolauerit ambas | uiolet. sic igitur et libertas humani custodiatur arbitrii, | quemadmodum diuina aequitas custoditur. hic intellectus | liberi arbitrii est, qui et fatorum opinionem et Chaldaeorum | supputationem et Manicheorum phantasias ueritati ecclesia- [10] sticae subiugauit. hic intellectus est, qui cum illis, quos | enumerauimus, uos etiam a Christo monstrat alienos. libertas | igitur arbitrii possibilitas est uel ammittendi uel uitandi | peccati expers cogentis necessitatis, quae in suo utpote iure | habet, utram suggerentium partem sequatur, id est uel ardua [15] asperaque uirtutum uel demersa et palustria uoluptatum. 83. quod ut breuiter absoluatur, possibilitas est | ad hoc solum excubans, ne homo uel in peccatum a quoquam | impellatur uel a peccato abstrahatur uoluntate captiua, quam | non posse capi, si dedi ipsa noluerit, testatur fortitudo, cuius [5] lacerti in contemptu dolorum et per gentiles et per christianos | assidue claruerunt. 84. si ergo est, ut ratio prodidit, arbitrii libertas | propulsatrix necessitatum, ut nemo sit uel bonus uel malus | cui non sit liberum esse contrarium, quemadmodum tu aut | confessus es liberum arbitrium usurus tali testimonio quod [5] captiuis conuenit, aut tale testimonium subdidisti, postquam | liberum fueras confessus arbitrium? ais enim: „non negamus | arbitrium liberum, sed *si uos filius liberauerit*, ait ueritas, | *tunc uere liberi eritis.*" manifestum est Christum in illo loco | ad captiuam conscientiam uerba fecisse, quam liberam non [10] esse prodebat,

---

84,6 non – 8 eritis: A. *nupt. et conc.* 2,8 (p. 259, l. 10–12). 84,7 si – 8 eritis: *Io* 8,36.

Prinzip des Wohlwollens oder der Böswilligkeit verwirklicht. 81. Die Befähigung zum Guten wie zum Schlechten ist also gut, weil die Befähigung, das Gute zu tun, die Vorhalle der Tugend ist, die Befähigung, das Schlechte zu tun, aber ein Beweis für die Freiheit ist. 82. Den Menschen steht es also zur Verfügung, ein eigenes Gut zu besitzen, gerade dadurch, dass sie auch die Möglichkeit haben, das Schlechte zu tun. Die ganze Fülle der göttlichen Urteilssprüche also ist so sehr mit dieser Freiheit der Menschen verbunden, dass wer eines von beiden anerkennt, unweigerlich beide anerkennen wird. Daher kommt es, dass derjenige, der eines von beiden verletzt, beide verletzen wird. Die Freiheit des menschlichen Willens soll also ebenso geschützt werden, wie auch die göttliche Gerechtigkeit geschützt wird. Dieses Verständnis vom freien Willen ist es, das den Schicksalsglauben, die Sternenberechnung der Chaldäer und die Hirngespinste der Manichäer der Wahrheit der Kirche unterworfen hat. Dieses Verständnis ist es, das zeigt, dass zusammen mit denen, die wir gerade aufgezählt haben, auch ihr Christus fernsteht. Die Freiheit des Willens ist demnach die Befähigung, Sünde zu begehen oder zu vermeiden, ohne dass der Zwang der Notwendigkeit im Spiel ist. Es liegt ja in ihrer Verfügungsgewalt, für welche der beiden Richtungen, die ihr in den Sinn kommen, sie sich entscheidet, für den schweren und steilen Weg der Tugend oder den morastigen und sumpfigen Weg der Lust. 83. Um dies kurz abzuschließen: Die Möglichkeit, zu sündigen oder nicht zu sündigen, ist allein dafür zuständig, dass der Mensch nicht von irgendetwas zur Sünde getrieben oder durch einen gefangenen Willen von der Sünde ferngehalten wird. Dass der Wille nicht in Gefangenschaft geraten kann, sofern es nicht so gewesen sein sollte, dass er sich ihr selbst überlassen wollte, bezeugt die Tapferkeit, deren Kraft bei der Verachtung der Schmerzen sowohl bei Heiden als auch bei Christen wiederholt deutlich geworden ist. 84. Wenn also die Freiheit des Willens – wie es die vernünftige Überlegung kundgetan hat – die Notwendigkeit vertreibt, sodass niemand gut oder schlecht ist, dem das jeweilige Gegenteil nicht freisteht, wie konntest du dann den freien Willen bekennen, obwohl du vorhattest, eine Bibelstelle heranzuziehen, die an Gefangene gerichtet ist? Oder wie konntest du ein solches Zeugnis hinzufügen, nachdem du dich zum freien Willen bekannt hattest? Du sagst nämlich: „Wir leugnen den freien Willen nicht, sondern die Wahrheit sagt: *Wenn euch der Sohn befreit hat, dann werdet ihr wahrhaft frei sein* (Io 8,36)."[64] Es liegt auf der Hand, dass Christus an dieser Stelle die Worte zum gefangenen [d. h. schlechten] Gewissen gesprochen hat, von dem er sagte, dass es nicht frei sei, sondern

---

64   A. *nupt. et conc.* 2,8 (p. 259, l. 10–12).

sed obnoxiam ei ultioni quae condemnat | peccata libera uoluntate commissa; quam sententiam tu male | intellegens, id est non intellegens, aut forte intellegens et huc | natura sua repugnante trahens in eo posuisti loco, ubi a tuis | sermonibus tota sui proprietate discordat. ut enim ipsa uerba [15] iungamus: quod liberatur captiuum est; quod captiuum est | liberum non est; quod liberum est captiuum non est. 85. tu utrumuis hic simpliciter confitere et cauil- | lari desine! aut dic nobiscum liberum esse arbitrium et | remoue testimonium, quod suo tempore congrue prolatum | est, aut sicut in his libris quos nunc per Alypium ad Boni- [5] fatium misisti, dic captiuum esse arbitrium, quod nos liberum | dicimus, et desine te negare Manicheum. 86. ceterum duo ista quae iungis, liberum et non | liberum, id est liberum et captiuum, illi quidem rei de qua | agitur conuenire non possunt, tibi uero stultitiam singularem, | impudentiam nouam, impietatem ueterem inesse testantur.

87. Sed iam tempus est, ut de euangelii sen- | tentia disseratur. *dicebat*, inquit euangelista Iohannes, *Iesus | ad Iudaeos eos, qui crediderunt ei: 'si uos manseritis in sermone | meo uere discipuli mei eritis et cognoscetis ueritatem et ueritas* [5] *liberabit uos'*, id est dominus noster Iesus loquebatur ad | credentes sibi, ut de nulla saeculi nobilitate gaudentes nec de | Abrahae sibi semine gloriam uindicantes niterentur et stude- | re[nt] uirtutibus et nullis post agnitionem Christi seruire | peccatis, ut ueram libertatem conscientia gaudente retinerent [10] et spe certorum, id est aeternorum, uindicarentur a cupiditate | aliorum omnium, quae propter fragilitatem sui uana frequen- | ter et falsa dicuntur. tunc *responderunt ei* Iudaei non | intellegentes de qua Iesus libertate dixisset: *semen Abrahae | sumus et nemini seruiuimus umquam. quomodo tu dicis 'liberi* [15] *eritis'?* multis enim modis libertas appellari solet, ut in hoc | loco sanctitas, ut resurrectio in apostolo, ubi dicit creaturam | liberari *a seruitute corruptionis in libertatem gloriae filiorum dei*, | ut libertas quae notior est ad distinctionem dicitur seruitutis; | eo autem nomine et libertas nuncupatur arbitrii. diuidantur

---

87,7 sq. studere[nt] *Primmer, Textvorschläge 237 sq. Teske, Answer 156 n. 171*, studerent *P C G T L M Zelzer Cipriani/Volpi, Sant'Agostino 1, 120*.

87,2 dicebat – 5 uos: *Io* 8,31 sq.   87,12 responderunt – 15 eritis: *Io* 8,33.   87,17 a – dei: *Rm* 8,21.

zu der Strafe verurteilt, die für die Sünden verhängt wird, die aus freiem Willen begangen worden sind; und du hast diese Aussage, weil du sie falsch, d. h. gar nicht, verstehst oder weil du sie vielleicht verstehst und hierher zerrst, obwohl sie von ihrem Wesen her dem widerspricht, an diese Stelle gesetzt, wo sie mit deinen Behauptungen aufgrund ihrer ganzen Eigentümlichkeit unvereinbar ist. Um nämlich einen Zusammenhang zwischen den Worten selbst herzustellen: Das, was befreit wird, ist gefangen. Was aber gefangen ist, ist nicht frei. Was aber frei ist, ist nicht gefangen. 85. Bekenne dich einfach zu einem von beiden und hör mit deinen Spitzfindigkeiten auf: Sag entweder mit uns, dass der Wille frei ist, und nimm die Bibelstelle zurück, die zu ihrer Zeit dem Anlass angemessen gesagt wurde; oder sag, wie in den Büchern [*Contra duas epistulas Pelagianorum*], die du nun durch Alypius dem Bonifatius hast zukommen lassen, dass der Wille gefangen ist, von dem wir sagen, dass er frei ist, und hör auf zu leugnen, dass du ein Manichäer bist! 86. Doch diese beiden Worte, zwischen denen du einen Zusammenhang herstellst, frei und nicht frei, d. h. frei und gefangen, können mit dieser Sache, über die wir hier verhandeln, nicht in Einklang gebracht werden. Sie bezeugen aber, dass dir eine einzigartige Dummheit, eine neuartige Schamlosigkeit und die alte Gottlosigkeit innewohnen.

87. Aber es ist nun an der Zeit, dass wir Erörterungen über die Stelle aus dem Evangelium anstellen. Der Evangelist Johannes sagt: *Jesus sagte zu den Juden, die an ihn glaubten: ‚Wenn ihr bei dem bleiben werdet, was ich euch sage, werdet ihr wahrhaft meine Schüler sein und die Wahrheit erkennen, und die Wahrheit wird euch befreien'* (Io 8,31sq.). Das heißt, unser Herr Jesus Christus sprach zu denen, die an ihn glaubten, sie sollten sich an keinem Adel im diesseitigen Leben mehr erfreuen und nicht den Ruhm ihrer Abstammung von Abraham für sich beanspruchen, sondern danach streben, sich um ein tugendhaftes Leben zu bemühen und nach der Erkenntnis Christi keiner Sünde mehr zu dienen. Dadurch sollten sie mit frohem Gewissen sich ihre wahre Freiheit erhalten und durch die Hoffnung auf sichere, d. h. auf ewige, Güter von der Begierde nach allen anderen Dingen befreit werden, die wegen ihrer Vergänglichkeit häufig als nichtig und falsch bezeichnet werden. Dann antworteten Jesus die Juden, weil sie nicht verstanden, von welcher Freiheit er gesprochen hatte: *Wir stammen von Abraham ab und wir haben niemals jemandem gedient; wie kannst du da sagen: ‚Ihr werdet frei sein'* (Io 8,33)? „Freiheit" wird nämlich gewöhnlich mit vielen Bedeutungen belegt. Mit Freiheit ist z. B. an dieser Stelle die Heiligkeit gemeint, beim Apostel die Wiederauferstehung, dort, wo er sagt, dass das Geschöpf *von der Knechtschaft der Vergänglichkeit in die Freiheit des Ruhms der Kinder Gottes* (Rm 8,21) geführt werde. In einer gebräuchlicheren Weise verwendet man den Begriff „Freiheit" zur Unterscheidung von der Sklaverei, und dieser Begriff wird auch zur Bezeichnung der Freiheit des Willens heran-

[20] ergo causae, ne res multum distantes confundantur nominis | communione. hic ergo non arbitrii libertatem dominus | dicit esse liberandam, sed illa integra permanente conuenit | Iudaeos, ut accipientes indulgentiam liberentur a reatibus et | eam quae apud deum maxima est libertatem occupent, ut [25] incipiant nihil debere criminibus. denique sequitur euangeli- | sta: *respondit eis Iesus: 'amen, amen dico uobis, quoniam | omnis qui facit peccatum seruus est peccati. seruus autem non | manet in domo in aeternum, filius autem manet in aeternum. | si ergo filius uos liberauerit, tunc uere liberi eritis!'* 88. aperuit de qua hic seruitute loqueretur: | *omnis*, inquit, *qui facit peccatum seruus est peccati.* hoc autem | ipsum quam uehemens est contra errorem uestrum, quia | dicit seruum non esse peccati nisi eum qui fecerit ipse [5] peccatum, nec posse cuiquam adhaerere peccatum quod non | is de quo agitur per se aut actione aut uel sola commiserit | uoluntate! quam etiam ostendit uniuersitatem humani | generis non posse a diabolo possideri, cum distinctionem facit | inter seruum et filium id est iustum et iniustum! hic enim, [10] ut se Christus, ita etiam unumquemque sanctorum a seruorum | condicione separabat, sicut fuerunt et ante uetus et in ueteri | testamento, quos in domo patris sui manere et in mensa eius | denuntiat iucundari. totum hoc autem exhortationis genus | inepte prolatum esset, si non liberi arbitrii homines conueniret. 89. denique, ut intellegas non eum naturae eorum | exprobrare sed uitae, sequitur: *scio, quia filii Abrahae estis.* | ecce de qua illi se liberos dixerant originis dignitate! nunc | cui seruitutis nomen imputet intuere: *sed quaeritis me* [5] *interficere,*

89,4 cui seruitutis nomen imputet intuere sed *P Kal.* Primmer, *Rhythmus* 1, *204 sq.*, cui seruituti obnoxii sunt ostendit dominus *M*, cui seruituti obnoxii sint demonstrat dicens *C G T L* Zelzer Cipriani/Volpi, *Sant'Agostino* 1, *124.*

87,26 respondit – 29 eritis: *Io* 8,34–36.   88,2 omnis – peccati: *Io* 8,34.   88,9 hic – 11 separabat: Cf. *Io* 8,23.   88,11 sicut – 13 iucundari: Cf. *Lc* 13,28 sq.   89,3 scio – estis: *Io* 8,37.   89,4 sed – 7 facitis: *Io* 8,37 sq.

gezogen. Die Fälle sollten also unterschieden werden, damit die Inhalte nicht wegen der Gemeinsamkeit des Begriffs „Freiheit" vermischt werden. Hier also sagt der Herr nicht, dass die Freiheit des Willens befreit werden müsse, sondern ermahnt die Juden, ohne dabei die Willensfreiheit anzutasten, dank dem Empfang der Gnade von den Sünden frei zu werden, d.h., die Freiheit zu erlangen, die bei Gott am größten ist: den Sünden nichts mehr schuldig zu sein. Schließlich folgen die Worte des Evangelisten: *Jesus antwortet ihnen: ‚Amen, ich sage euch, dass jeder, der Sünde begeht, Sklave der Sünde ist. Sklaven aber bleiben nicht auf ewig im Haus Gottes. Der Sohn aber bleibt in Ewigkeit. Wenn also der Sohn euch befreit hat, dann werdet ihr wahrhaft frei sein'* (Io 8,34–36). 88. Da hat er offengelegt, von welcher Sklaverei er sprach. Er sagt: *Jeder, der Sünde begeht, ist ein Sklave der Sünde* (Io 8,34). Wie sehr spricht das aber gegen euren Irrtum, dass er sagt, dass nur derjenige ein Sklave der Sünde sei, der selbst Sünde begangen hat, d.h., dass aber niemandem eine Sünde anhaften könne, die derjenige, um den es geht, nicht selbst durch eigene Handlung oder allein durch den Willen getan hat! Wie klar zeigt er auch, dass das ganze Menschengeschlecht nicht im Besitz des Teufels sein kann, wenn er eine Unterscheidung zwischen Sklave und Sohn, d.h. zwischen gerecht und ungerecht, macht! Hier nämlich nahm Christus sich selbst und ebenso auch jeden der Heiligen vom Zustand der Sklaverei aus,[65] so wie es vor dem Alten Testament und im Alten Testament schon Menschen gab, die, so heißt es, im Haus ihres Vaters blieben und an seinem Tisch sich erfreuten.[66] Dieser ganze Stil der Aufforderung wäre aber unangemessen gewesen, wenn er nicht Menschen mit freiem Willen ermahnte. 89. Damit du schließlich verstehst, dass er nicht die Natur der Menschen, sondern ihre Lebensweise anklagt, folgt: *Ich weiß, dass ihr Söhne Abrahams seid* (Io 8,37). Schau, aufgrund welcher Würde ihres Ursprungs sie behauptet haben, dass sie frei seien. Betrachte, welcher Sache er den Titel „Sklaverei" auferlegt: *Ihr wollt mich töten, weil meine Worte bei euch keine Wirkung zeigen. Ich sage, was ich bei meinem Vater gehört habe, und ihr tut, was ihr bei eurem Vater gesehen habt* (Io 8,37 sq.). 90. Siehe, wie sehr sich das Wesen der Natur und das des Willens unterscheiden. Jesus hat nicht abgestritten, dass ihr Fleisch vom Samen Abrahams stammt, aber er schärft ihnen ein, dass sie durch die Schlechtigkeit ihres Willens zum Teufel als Vater übergetreten sind, der darum als ihr Erzeuger bezeichnet wird, weil er als der Lehrer ihrer Vergehen entlarvt wird. Es steht da: *Die Juden antworteten und sagten zu ihm: ‚Unser Vater ist Abraham.' Jesus sagte zu ihnen: ‚Wenn ihr die Söhne Abrahams wäret,*

---

65   Cf. *Io* 8,23.
66   Cf. *Lc* 13,28 sq.

quia sermo meus non capit in uobis. ego quod audiui | apud patrem meum loquor et uos quae uidistis apud patrem | uestrum facitis. 90. uide quam diuersa sit naturae ratio et uolun- | tatis! non negauit Iesus carnem eorum pertinere ad semen | Abrahae, sed inculcat eis, quod ad diabolum patrem uolun- | tatis iniquitate migrauerint, qui ideo genitor eorum dicitur, [5] quod criminum arguitur eruditor. *responderunt*, inquit, *et | dixerunt ei* Iudaei: *'pater noster Abraham est'. dicit eis Iesus: | 'si filii Abrahae essetis, opera Abrahae faceretis. nunc autem | quaeritis me interficere, hominem qui ueritatem locutus sum | uobis, quam audiui a deo. hoc Abraham non fecit, uos autem* [10] *facitis opera patris uestri.'* aspicisne, quas faciat diuisiones | uerborum suorum sapientia? negat eos Abrahae esse filios quos supra | dixerat esse filios Abrahae, sed quoniam diuersus est de | natura ac uoluntate tractatus, ostendit alterum esse prosa- | torem carnis innocuae, alterum seductorem miserae uolun- [15] tatis. 91. hic ergo ubi dixit dominus: *si uos filius libera- | uerit, uere liberi eritis*, promisit indulgentiam reis, qui peccan- | tes non arbitrii libertatem, sed conscientiam iustitiae perdi- | derunt. liberum autem arbitrium et post peccata tam plenum [5] est, quam fuit ante peccata, siquidem ipsius opera fiat, ut | abdicent plerique occulta dedecoris et flagitiorum abiectis | sordibus uirtutum comantur insignibus. 92. desine itaque impiare te, si tamen ullum tibi | fas aut nefas restat, Christi uerba sic exponendo, ut ille | arbitrium negasse liberum uideatur, sine cuius integritate | aequitas ei proprii non potest constare iudicii!

93. Audi sane, ubi uim humanae libertatis | ostendit: *ego ueni in nomine patris mei et non suscepistis me. | si alius uenerit in nomine suo, illum accipietis*, et item: *aut | facite arborem bonam et fructum eius bonum aut facite arborem* [5] *malam et fructum eius malum*, et item: *si mihi non uultis | credere, operibus credite*, atque omnibus uehementius, quod | dicit intentionem suam humana uoluntate impeditam fuisse: | *Hierusalem*, inquit, *Hierusalem! quotiens uolui congregare | filios tuos sicut gallina pullos suos sub alas suas et noluisti!* [10] post quod non sequitur: „sed te nolente collegi!", uerum: | *relinquetur uobis domus uestra deserta*, ut illos ostendat pro | malo quidem opere iure puniri, sed ab intentione propria | non debuisse ulla necessitate reuocari. sic enim et per pro- | phetam locutus erat: *si uolueritis et audieritis me, quae bona* [15] *sunt terrae*

90,11 suorum *P Kal. Primmer, Rhythmus 1, 203 Teske, Answer 156 n. 177*, om. *C G T L M Zelzer Cipriani/Volpi, Sant'Agostino 1, 124.* 91,6 abiectis *P Primmer, Rhythmus 1, 210 Cipriani/Volpi, Sant'Agostino 1, 126 Teske, Answer 156 n. 179*, obiectis *C G T L M Zelzer*.

90,5 responderunt – 10 uestri: *Io* 8,39–41. 91,1 si – 2 eritis: *Io* 8,36. 91,6 abdicent – dedecoris: Cf. 2 *Cor* 4,2. 93,2 ego – 3 accipietis: *Io* 5,43. 93,3 aut – 5 malum: *Mt* 12,33. 93,5 si – 6 credite: *Io* 10,38. 93,8 Hierusalem – 9 noluisti: *Mt* 23,37. 93,11 relinquetur – deserta: *Mt* 23,38. 93,14 si – 17 comedet: *Is* 1,19 sq.

würdet ihr die Werke Abrahams tun. Nun aber wollt ihr mich töten, den Mann, der euch die Wahrheit sagt, die er von Gott gehört hat. Abraham hat das nicht getan, ihr aber tut die Werke eures Vaters' (Io 8,39–41). Siehst du nicht, wie die Weisheit der Schrift ihre Worte unterscheidet? Er streitet ab, dass diejenigen Söhne Abrahams seien, von denen er zuvor gesagt hatte, sie seien Söhne Abrahams. Aber weil sich die Erörterung über die Natur von der über den Willen unterscheidet, zeigt er, dass der eine Vater das unschuldige Fleisch gezeugt hat, der andere den unseligen Willen verführt hat. 91. An der Stelle also, an der der Herr gesagt hat: *Wenn euch der Sohn befreit hat, dann werdet ihr wahrhaft frei sein* (Io 8,36), hat er den Sündern Vergebung versprochen, die durch ihre Sünde nicht die Willensfreiheit, sondern das Bewusstsein ihrer Gerechtigkeit verloren haben. Der freie Wille ist aber nach der Sünde genauso vollständig vorhanden, wie er es vorher war, da es doch dank seiner Mühe geschieht, dass die meisten sich von den heimlichen Vergehen abwenden[67] und, nachdem sie sich der schmutzigen Verbrechen entledigt haben, mit den Auszeichnungen der Tugenden geschmückt werden. 92. Wenn du also doch noch irgendeinen Sinn für Recht oder Unrecht hast, hör auf, dich zu versündigen, indem du die Worte Christi so auslegst, dass es scheint, als habe er den freien Willen geleugnet, ohne dessen Intaktheit die Unparteilichkeit seines eigenen Urteils gar nicht bestehen kann!

93. Höre das Wort, mit dem er die Kraft der menschlichen Freiheit zeigt: *Ich bin im Namen meines Vaters gekommen und ihr habt mich nicht aufgenommen. Wenn ein anderer in seinem Namen kommt, werdet ihr ihn aufnehmen* (Io 5,43); und ebenso: *Entweder zieht euch einen guten Baum und macht damit seine Frucht gut, oder zieht euch einen schlechten Baum und macht damit auch seine Frucht schlecht* (Mt 12,33); und ebenso: *Wenn ihr mir nicht glauben wollt, dann glaubt den Taten* (Io 10,38); und am allerenergischsten da, wo er sagt, dass sein Vorhaben durch den menschlichen Willen behindert worden sei: *Jerusalem, Jerusalem, wie oft wollte ich deine Kinder versammeln, wie die Henne ihre Küken unter ihren Flügeln, und du hast es nicht gewollt* (Mt 23,37)! Und er fügt danach nicht hinzu: „Aber ich habe dich gegen deinen Willen versammelt!", sondern: *Ich werde euch euer Haus leer zurücklassen* (Mt 23,38), um zu zeigen, dass sie für ihre schlechte Tat zu Recht bestraft werden, er sie aber von ihrem eigenen Vorhaben nicht durch irgendeinen Zwang hätte abhalten dürfen. So nämlich hat er auch durch den Propheten gesprochen: *Wenn ihr wollt und auf mich hört,*

---

67 Cf. 2 Cor 4,2.

edetis. si nolueritis et non audieritis, gladius uos | comedet. quomodo ergo tu arbitrium liberum non negas, quod | non quidem sermone tuo, sed euangelii testimonio sensu | autem tuo non liberum pronuntiasti?

94. Nam in illo opere quod te supra dixi nuper | Romam misisse audacius quid sentires aperuisti. in primo | enim libro, cum tibi similiter proposuisses, quod nos obicimus | arbitrium uos liberum denegare, ita disseris constantissimus [5] et subtilissimus disputator:

„Quis autem nostrum dicat, quod | primi hominis peccato perierit liberum arbitrium de genere | humano? libertas quidem periit per peccatum, sed illa quae | in paradiso fuit habendi plenam cum immortalitate iustitiam. | propter quod natura humana diuina indiget gratia dicente [10] domino in euangelio suo: *si uos filius liberauerit, tunc uere liberi | eritis,* utique liberi ad bene iusteque uiuendum. nam liberum | arbitrium usque adeo in peccatore non periit, ut per ipsum | peccent maxime omnes qui cum delectatione peccant et | amore peccati et eis placet quod eos libet. unde et apo- [15] stolus: *cum essetis,* inquit, *serui peccati, liberi fuistis iustitiae.* | ecce ostenduntur etiam peccato minime potuisse nisi alia | libertate seruire. liberi ergo a iustitia non sunt nisi arbitrio | libertatis; liberi autem a peccato non fiunt nisi gratia salua- | toris. propter quod admirabilis doctor etiam uerba ipsa [20] discreuit: *cum enim serui essetis,* inquit, *peccati, liberi fuistis | iustitiae. quem ergo tunc fructum habuistis in his in quibus | nunc erubescitis? nam finis illorum mors est. nunc autem | liberati a peccato, serui autem facti deo, habetis fructum uestrum | in sanctificationem, finem uero uitam aeternam. liberos* [25] dixit *iustitiae,* non „liberatos"; *a peccato* autem non „liberos", ne | sibi hoc tribuerent, sed uigilantissime maluit dicere *liberatos* | referens hoc ad illam domini sententiam: *si uos filius libera- | uerit, tunc uere liberi eritis.* cum itaque non uiuant bene filii | hominum nisi effecti filii dei, quid est quod iste libero arbitrio [30] uult bene uiuendi tribuere potestatem, cum enim haec | potestas non detur nisi

---

94,5 quis – 33 fieri: A. *c. ep. Pel.* 1,5 (p. 425, l. 24–p. 426, l. 28).   94,10 si – 11 eritis: *Io* 8,36.   94,15 cum – iustitiae: *Rm* 6,20.   94,20 cum – 24 aeternam: *Rm* 6,20–22.   94,27 si – 28 eritis: *Io* 8,36.

dann werdet ihr das essen, was es Gutes auf der Erde gibt; wenn ihr nicht wollt und nicht auf mich hört, wird euch das Schwert vernichten (Is 1,19 sq.). Wie also leugnest du den freien Willen nicht, da du ihn doch, zwar nicht mit deinen Worten, sondern mit Worten aus dem Evangelium, aber gemäß deiner eigenen Interpretation als unfrei bezeichnet hast?

94. Denn in jenem Werk, von dem ich oben gesagt habe, dass du es neulich nach Rom geschickt hast, hast du noch verwegener dargestellt, was du dachtest. Im ersten Buch [*Contra duas epistulas Pelagianorum*] nämlich erörterst du auf die folgende Weise, du standhafter und scharfsinniger Denker, nachdem du dir in ähnlicher Weise unseren Vorwurf, ihr würdet den freien Willen völlig leugnen, vorgenommen hattest:

„Wer von uns aber wird wohl sagen, dass durch die Sünde des ersten Menschen dem Menschengeschlecht der freie Wille verloren gegangen ist? Die Freiheit ist natürlich durch die Sünde zugrunde gegangen, aber jene, die im Paradies war, d. h. die Freiheit, die volle Gerechtigkeit mit der Unsterblichkeit zu besitzen. Deshalb benötigt die menschliche Natur die göttliche Gnade, so wie es der Herr im Evangelium sagt: *Wenn der Sohn euch befreit hat, dann werdet ihr wahrhaft frei sein (Io 8,36),* gänzlich frei zum guten und gerechten Leben. Denn der freie Wille ging im Sünder eben insofern nicht zugrunde, als durch ihn alle sündigen und insbesondere alle, die mit Freude und aus Liebe zur Sünde sündigen und denen Gefallen bereitet, was ihnen beliebt. Deshalb sagt auch der Apostel: *Als ihr Sklaven der Sünde wart, wart ihr frei von Gerechtigkeit (Rm 6,20).* Schau, es wird gezeigt, dass sie in keiner Weise nicht einmal Sklaven der Sünde sein konnten außer mit einer anderen Freiheit. Frei von Gerechtigkeit sind sie nur durch die Freiheit ihrer Entscheidung; frei von Sünde werden sie aber nur durch die Gnade des Heilands. Deshalb hat der wunderbare Lehrer auch selbst unterschiedliche Worte verwendet: *Als ihr Sklaven der Sünde wart, wart ihr frei von Gerechtigkeit. Welchen Nutzen hattet ihr also damals in diesen Sünden, über die ihr nun errötet? Denn ihr Ziel ist der Tod. Nun aber, befreit von Sünde, zu Sklaven Gottes gemacht, habt ihr euren Nutzen in der Heiligmachung, euer Ziel aber im ewigen Leben (Rm 6,20-22).* Er hat gesagt *frei von Gerechtigkeit,* nicht „befreit" von Gerechtigkeit, *von der Sünde* aber nannte er sie nicht „frei", damit sie das nicht ihrer eigenen Fähigkeit zuschrieben, sondern er wollte sie lieber äußerst wachsam als *befreit* bezeichnen und bezog dies auf den folgenden Satz des Herrn: *Wenn euch der Sohn befreit hat, dann werdet ihr wahrhaft frei sein (Io 8,36).* Wenn also die Menschensöhne, sofern sie keine Gottessöhne geworden sind, kein gutes Leben führen, warum will dieser Mensch dann die Fähigkeit zum guten Leben dem freien Willen zuweisen,

gratia dei per Iesum Christum dominum | nostrum dicente euangelio: *quotquot autem receperunt eum | dedit eis potestatem filios dei fieri?"*

Et idem post modicum | „datur ergo", inquis, „potestas, ut filii dei fiant qui credunt [35] in eum." „quae potestas nisi detur a deo, nulla esse potest ex | libero arbitrio, quia nec liberum in bono erit, quod liberator | non liberauerit, sed in malo liberum habet arbitrium, cui | delectationem malitiae uel occultus uel manifestus deceptor | inseuit uel sibi ipse persuasit. non itaque, sicut dicunt [40] nos quidam dicere et iste audet insuper scribere, 'omnes in | peccatum' uelut inuiti 'carnis suae necessitate coguntur', sed | si iam in ea aetate sunt, ut propriae mentis utantur arbitrio, | et in peccato sua uoluntate retinentur et a peccato in pecca- | tum sua uoluntate praecipitantur." „sed haec uoluntas, quae [45] libera est in malis, quia delectatur malis, ideo libera in bonis | non est, quia liberata non est. nec potest homo boni aliquid | uelle, nisi adiuuetur ab eo qui malum non potest uelle." |

In his omnibus uerbis tuis quae posui ita uideo gratiae nomen | cum liberi arbitrii negatione consertum, ut non tam mala [50] sensus tui appellationum bonis uindicari queant, quam digni- | tas nominum dogmatum tuorum adhaesione uilescat. non | ergo te his sermonibus honestasti, sed ornamenta ipsa tur- | pasti. nos tamen ea quae a te iuncta sunt separamus, ut | gratiae diuinitas ab scaeuis colligationibus enodata nec [55] responsione quatiatur et grauitate catholicorum, non Mani- | cheorum adulatione laudetur. gratiam ergo Christi multi- |

94,31 gratia – 32 nostrum: *Rm* 7,25.   94,32 quotquot – 33 fieri: *Io* 1,12.   94,34 datur – 35 eum: A. *c. ep. Pel.* 1,6 (p. 428, l. 11).   94,35 quae – 44 praecipitantur: A. *c. ep. Pel.* 1,6 sq. (p. 428, l. 12–21).   94,40 omnes – 41 coguntur: cf. Iulian. A. *c. ep. Pel.* 1,4 (p. 425, l. 11–15) = Iulian. *ep. Rom.* frg. 1, l. 6 sq.   94,44 sed – 47 potest uelle: A. *c. ep. Pel.* 1,7 (p. 428, l. 24–p. 429, l. 3).

obwohl diese Fähigkeit nur *durch die Gnade Gottes durch unseren Herrn Jesus Christus (Rm 7,25) gegeben wird*, wie auch das Evangelium sagt: *Denjenigen aber, die ihn aufgenommen haben, hat er die Macht gegeben, Söhne Gottes zu werden (Io 1,12)*?"[68]

Und ebenfalls ein wenig später: „Es wird also die Fähigkeit gegeben, dass diejenigen Söhne Gottes werden, die an ihn glauben."[69] „Es kann keine solche Fähigkeit aus dem freien Willen geben, es sei denn sie wird von Gott gegeben, denn was der Befreier nicht befreit hat, ist nicht frei zum Guten. Sondern nur hinsichtlich des Bösen hat derjenige einen freien Willen, dem entweder ein verborgener oder offensichtlicher Täuscher die Freude an Böswilligkeit eingesät oder der sich selbst davon überzeugt hat. Nicht also, wie gewisse Personen behaupten, dass wir es sagten, und wie dieser da es darüber hinaus zu schreiben wagt, nicht also ist es so, dass wir sagen, dass ‚alle in die Sünde gezwungen werden, durch die Notwendigkeit ihres Fleisches',[70] als wollten sie es nicht. Sondern, sobald sie in dem Alter sind, dass sie ihren eigenen Willen verwenden können, werden sie sowohl durch ihren eigenen Willen in der Sünde festgehalten als auch durch ihren eigenen Willen von einer Sünde in die andere gestürzt."[71] „Aber dieser Wille, der frei ist zum Bösen, weil er sich an Bösem erfreut, ist deshalb nicht frei zum Guten, weil er nicht befreit worden ist. Und der Mensch kann nichts Gutes wollen, es sei denn, ihm wird von demjenigen geholfen, der das Böse nicht wollen kann."[72]

In allen deinen Worten, die ich zitiert habe, sehe ich, dass der Begriff „Gnade" in einer solchen Weise mit der Leugnung der Willensfreiheit verwoben ist, dass die Güte der ausgewählten Begriffe deinen üblen Ansichten keinen Schutz bieten kann, sondern im Gegenteil die Autorität der Begriffe durch die Verbindung mit deiner Lehre geschwächt wird. Mit diesen Aussagen hast du also dein Ansehen nicht gerettet, sondern die Begriffe, mit denen du deine Gedanken schmückst, selbst entstellt. Wir trennen aber dennoch die Worte, die du verbunden hast, damit die Göttlichkeit der Gnade, wenn sie aus den verkehrten Verwicklungen herausgelöst ist, nicht durch meine Argumentation erschüttert wird und durch die Autorität der Katholiken, nicht durch die Kriecherei der Manichäer Lob erfährt. Wir bekennen also die vielfältige Gnade Christi: Ihr erstes Geschenk

---

68 A. c. ep. Pel. 1,5 (p. 425, l. 24–p. 426, l. 28).
69 A. c. ep. Pel. 1,6 (p. 428, l. 11).
70 Iulian. A. c. ep. Pel. 1,4 (p. 425, l. 11–15) = Iulian. ep. Rom. frg. 1, l. 6 sq.
71 A. c. ep. Pel. 1,6 sq. (p. 428, l. 12–21).
72 A. c. ep. Pel. 1,7 (p. 428, l. 24–p. 429, l. 3).

plicem confitemur: primum munus eius est, quod facti ex | nihilo sumus. secundum, quod ut uiuentibus sensu, ita sen- | tientibus ratione praestamus, quae impressa est animo, ut [60] conditoris imago doceretur, ad cuius aeque respicit dignitatem | arbitrii concessa libertas. ipsi etiam gratiae beneficiorum, | quae nobis praestare non desinit, augmenta reputamus; ipsa | gratia *legem in adiutorium misit*; ad eius spectabat officium, | ut rationis lumen, quod prauitatis exempla hebetabant et [65] consuetudo uitiorum, multimodis eruditionibus excitaret | atque imitatos suos foueret; ad istius ergo gratiae id est diuinae | beneuolentiae, quae rebus causam dedit, plenitudinem specta- | uit, ut uerbum caro fieret et habitaret in nobis. reposcens | enim deus ab imagine sua amoris uicem palam fecit, quam [70] totum in nos inaestimabili egisset affectu, ut uel sero reda- | maremus eum, qui commendans caritatem suam nobis *filio* | *suo non pepercit, sed pro nobis illum tradidit* pollicens, quia, | si uoluissemus deinceps uoluntati eius oboedire, unigeniti sui | praestaret nos esse coheredes. 95. haec ergo gratia, quae in baptismate non | solum peccata condonat, sed cum hoc indulgentiae beneficio | et prouehit et adoptat et consecrat, haec, inquam, gratia | meritum mutat reorum, non liberum condit arbitrium, quod [5] eo accipimus tempore quo creamur, utimur autem, quo ualen- | tiam inter bonum et malum discretionis adipiscimur. bonae | itaque uoluntati innumeras adiutorii diuini adesse species non | negamus, sed ita, ut non per adiutorii genera aut fabricetur | quae fuerit arbitrii destructa libertas, aut aliquando ea [10] exclusa uel boni uel mali cuiquam necessitas credatur in- | cumbere, uerum arbitrio libero omne adiutorium cooperetur.

96. Hoc ergo arbitrium liberum, propter quod | solum nos *manifestari ante tribunal Christi* magister gentium | scribit, *ut reportet unusquisque propria corporis, prout gessit* | *siue bonum siue malum*, sicut catholici quidem confitentur,

---

95,3 adoptat *P Migne Primmer, Rhythmus 1, 210 Cipriani/Volpi, Sant'Agostino 1, 134 Teske, Answer 157 n. 196*, aptat *C G T M*, appetat *L*, optat *coni. Zelzer*.   95,11 cooperetur *T ac. Primmer, Rhythmus 1, 209*, quod operetur *P*, cooperatur *C G T pc. L M Zelzer Cipriani/Volpi, Sant'Agostino 1, 134*.

94,63 legem – misit: *Is* 8,20.   94,68 uerbum – nobis: Cf. *Io* 1,14.   94,71 commendans – suam: Cf. *Rm* 5,8.   94,71 filio – 72 tradidit: *Rm* 8,32.   94,73 unigeniti – 74 coheredes: Cf. *Rm* 8,17. 96,2 manifestari – Christi: 2 *Cor* 5,10.   96,3 ut – 4 malum: 2 *Cor* 5,10.

ist es, dass wir aus dem Nichts geschaffen sind. Ihr zweites, dass wir dem, was nur lebt, durch unsere Sinne und dem, was auch Sinne hat, durch unsere Vernunft überlegen sind. Die Vernunft wurde in unsere Seele eingeprägt, damit sie als Ebenbild des Schöpfers gelten kann. Auf dessen Würde verweist gleichermaßen die uns zugestandene Willensfreiheit. Zur selben Gnade müssen wir auch die zusätzlichen Wohltaten zählen, die er uns beständig zukommen lässt. Die Gnade selbst *schickte das Gesetz als Hilfe* (*Is* 8,20). Ihre Leistung war es, mit vielfältigen Erziehungsmaßnahmen das Licht der Vernunft, das die Beispiele von Verdorbenheit und die Gewohnheit zu sündigen schwächten, aufzurichten und diejenigen zu unterstützen, die die Seinigen nachahmten. Zur Fülle seiner Gnade, d. h. des göttlichen Wohlwollens, das den Dingen ihren Grund gegeben hat, gehörte es schließlich, dass das Wort Fleisch geworden ist und unter uns gewohnt hat.[73] Denn weil Gott von seinem Abbild die Erwiderung der Liebe forderte, hat er deutlich gemacht, wie er alles durch seine eigene unermessliche Liebe uns gegenüber getan hatte, damit wir ihn, wenn auch spät, lieben würden, der uns seine Liebe empfahl,[74] indem er *seinen Sohn nicht schonte, sondern ihn für uns opferte* (*Rm* 8,32), und dabei versprach, dass er es uns gewähren würde, die Erben seines Sohnes zu werden, wenn wir von nun an seinem Willen gehorchen wollten.[75] 95. Diese Gnade also, die in der Taufe nicht nur Sünden erlässt, sondern zusammen mit dieser Wohltat der Nachsicht [den Menschen] auch fördert, annimmt und weiht, diese Gnade, sage ich, verändert die Verdienste der Schuldigen, sie erschafft aber nicht den freien Willen, den wir ja bereits zum Zeitpunkt unserer Schöpfung erhalten, den wir aber erst verwenden, wenn wir das Vermögen zur Unterscheidung von Gut und Böse erlangen. Wir streiten deshalb nicht ab, dass unzählige Arten der göttlichen Hilfe den Willen unterstützen, aber nicht so, dass durch die Arten der Hilfe entweder die Freiheit des Willens, die zerstört worden war, wiederhergestellt würde oder dass man glauben müsste, dass irgendwann unter Ausschluss der Willensfreiheit irgendjemandem die Notwendigkeit zum Guten oder Schlechten auferlegt würde, sondern eben so, dass jede Hilfe mit dem freien Willen zusammenwirkt.

96. Diesen freien Willen also bekennen die Katholiken natürlich, ihn, dessentwegen allein wir, wie der Lehrer der Völker schreibt, *vor den Richterstuhl Christi treten, damit ein jeder Rechenschaft darüber ablegt, wie er sich verhalten hat, sei es gut oder schlecht gewesen* (2 *Cor* 5,10); ihr hingegen leugnet zwar auf

---

73 Cf. *Io* 1,14.
74 Cf. *Rm* 5,8.
75 Cf. *Rm* 8,17.

[5] ita uos, non solum cum Manicheo, sed etiam cum Iouiniano, | quem nobis audes impingere, diuerso quidem genere, sed | impietate simili denegatis. quod ut planius fiat, diuisionum | adhibeatur examen: nos dicimus peccato hominis non naturae | statum mutari, sed meriti qualitatem, id est et in peccante [10] hanc esse liberi arbitrii naturam, per quam potest a peccato | desinere, quae fuit in eo, ut posset a iustitia deuiare. 97. Manicheus dicit uoluntatem malam ab ea | inspirari natura quae bonum uelle non potest, uoluntatem | uero bonam ab ea infundi natura quae malum uelle non | potest; ita utique naturis singularum rerum imponit necessi- [5] tatem, ut propriae uoluntates non possint uelle contraria. | inter nos et illum certe grande chaos est. uideamus nunc, | quantum ab eo tu recesseris. dicis esse liberam uoluntatem, | sed ut malum tantummodo faciat, non autem esse in hoc | liberam, ut malum desistat operari, nisi ei fuerit imposita [10] necessitas uolendi bonum ab ea natura, quae, ut tuis utar | sermonibus, „malum non potest uelle". definis ergo genus | hominum per liberum arbitrium nihil aliud quam peccare nec | aliud posse facere; per quod absolute pronuntias humanam | naturam unum semper cupere quod malum est et uelle non [15] posse contrarium, naturam autem dei malum non posse uelle | et ideo, nisi necessitatis suae participem fecerit malam homi- | num naturam, bonum in ea actionis esse non posse. post haec | itaque, utrum non multum ames Manicheum in cordis tui | secreto deus uiderit; quantum tamen ex dogmatum germani- [20] tate monstratur, nihil aliud prorsus egisti, quam ut ordine | commutato idem, quod ille affirmarat, astrueres. 98. Iouiniano autem in una parte coniungeris; | nam dicit in secundo operis sui libro baptizatum hominem | non posse peccare, ante baptisma autem et peccare et non | peccare posse. tecum ergo putat a tempore baptismatis im- [5] poni hominibus necessitatem boni; quod aeque falsum est, | quam quod tu putas ante baptisma inesse hominibus necessi- | tatem faciendi mali. nam cum dicis tu: „non potest homo | boni aliquid uelle, nisi adiuuetur ab eo qui malum non potest | uelle",

---

96,11 in eo *P Migne Kal. Primmer, Rhythmus 1, 210 Cipriani/Volpi, Sant'Agostino 1, 134 Teske, Answer 157 n. 200*, ideo *C G T L M K Zelzer*.

97,6 inter – est: Cf. *Lc* 16,26.   97,11 malum – uelle: A. *c. ep. Pel.* 1,7 (p. 429, l. 2 sq.); **94,47**.   98,7 non – 9 uelle: A. *c. ep. Pel.* 1,7 (p. 429, l. 1–3); **94,46 sq.**

eine andere Art, aber in ähnlicher Gottlosigkeit diesen freien Willen nicht nur mit Mani, sondern auch mit Jovinian, den du uns aufzudrängen wagst.

Damit das deutlicher wird, wollen wir die einzelnen Ansichten prüfen. Wir sagen, dass durch die Sünde nicht der natürliche Zustand des Menschen verändert wird, sondern die Qualität seines Verdienstes, d.h., dass auch in einem Sünder die Natur des freien Willens, durch die er fähig ist, von der Sünde abzulassen, dieselbe ist wie die, die in ihm war, sodass er vom Weg der Gerechtigkeit abkommen konnte. 97. Mani sagt, dass der schlechte Wille von einer Natur eingegeben werde, die nichts Gutes wollen könne, während der gute Wille von einer Natur eingeflößt werde, die das Schlechte nicht wollen könne. So belegt er die Naturen der Einzeldinge mit einem Zwang, sodass die ihnen eigenen Willen das jeweils Gegenteilige nicht wollen können. Zwischen uns und ihm ist sicherlich ein unendlicher Abstand.[76] Jetzt lasst uns sehen, wie weit du dich von ihm entfernt hast. Du sagst, dass der Wille frei sei, aber so, dass er nur das Schlechte tue, nicht aber so, dass er dazu frei sei aufzuhören, das Schlechte zu tun, es sei denn, ihm sei zuvor der Zwang, das Gute zu wollen, von der Natur auferlegt worden, die, um deine eigenen Worte zu verwenden, „das Böse nicht wollen kann."[77] Du definierst also, dass das Menschengeschlecht durch den freien Willen nur sündigen und nichts anderes tun kann. Dadurch stellst du eindeutig fest, dass die menschliche Natur immer nur das Schlechte begehren und das Gegenteil nicht wollen kann, dass die Natur Gottes aber das Schlechte nicht wollen und in den Handlungen der Menschen infolgedessen nichts Gutes sein kann, es sei denn, Gott lässt die schlechte Natur der Menschen an seinem Zwang teilhaben. Nach diesen Worten mag Gott im Verborgenen deines Herzens sehen, ob du Mani nicht [doch] sehr zugetan bist. Wie es sich aber an der Verwandtschaft der Lehren zeigen lässt, hast du nichts anderes getan, als mit veränderter Reihenfolge [sc. der Worte] dasselbe zu vertreten, was er behauptet hatte. 98. Jovinian aber schließt du dich in einer Hinsicht an: Er sagt nämlich im zweiten Buch seines Werkes, dass der Mensch, wenn er getauft sei, nicht sündigen könne, vor der Taufe aber sowohl sündigen als auch nicht sündigen könne. Mit dir zusammen glaubt er also, dass vom Zeitpunkt der Taufe an den Menschen der Zwang zum guten Handeln auferlegt werde. Das ist ebenso falsch wie das, was du glaubst, nämlich, dass vor der Taufe im Menschen der Zwang, das Schlechte zu tun, bestehe. Denn wenn du sagst: „Der Mensch kann nichts Gutes wollen, es sei denn, ihm wird von demjenigen geholfen, der das Böse nicht

---

76   Cf. *Lc* 16,26.
77   A. *c. ep. Pel.* 1,7 (p. 429, l. 2 sq.); **94,47**.

participatione utique gratiae et naturae bonae uis [10] hominem possibilitatem consequi faciendi boni; quod dicis | tamen a tempore baptismatis posse contingere. inter impieta- | tem igitur medius et timorem ad Iouiniani con- | sortium con- | fugisti, sed Manichei lupanar necdum reliquisti. uerum | tamen tanto te innocentior Iouinianus quanto Iouiniano pro- [15] fanior Manicheus. ut enim adhuc breuius quod egimus colli- | gatur, Manicheus dicit: „in omnibus hominibus inspiratrix | malae uoluntatis tenebrarum natura delinquit et aliud facere | non potest." tu dicis: „in cunctis hominibus primi peccati | tenebris infecta et per hoc malae uoluntatis auctor natura [20] delinquit et bonum uelle non potest." Iouinianus dicit: | „uoluntas quidem hominum, sed usque ad baptisma delinquit | postea autem nisi bonum uelle non potest." catholici id est nos | dicimus, quod ab initio usque ad finem sine aliquo naturalium | coactu uoluntas et ante baptisma in unoquoque delinquit, [25] quae illo ipso tempore quo peccat potestatem habet recedere | a malo et facere bonum, ut constet ratio libertatis. uestrum | itaque nulli quidem ueritas dogmatum constat; tamen, cum | ab uno principio erroris fueritis egressi, uel minus inhonestum | erat, si quae consequuntur ammitteres et, quia cum Manicheo [30] dicis natura mala id est manca libertate delinqui, diceres | cum eodem nullo illam pacto posse mundari, quod quidem | alibi affirmas, sed quod necessario consequebatur adiungeres, | ideo ei opus non esse baptismatis sacramentis, aut, si cum | Iouiniano a tempore susceptae fidei imprimi asseris bonas [35] cupiditates, diceres cum eodem bonam et ante baptisma fuisse | naturam, quae licet haberet possibilitatem mali, non tamen | habuerit necessitatem ac per hoc ad indissimulabile bonum | consecrata peruenerit. hoc enim modo etsi rationi nequa- | quam, tamen eorum quos sequeris dogmatibus conuenires. **99.** nunc autem omnibus perfidus dicis factam in | natura carnis peccati necessitatem, **100.** ut possessione aeternitatis amissa, quam qui- | dem numquam eam per exortum sui constat habuisse, uolun- | tas appetendae iugiter prauitatis incumberet, et adiungis | „uoluntas, quae libera est in malis, libera in bonis non

---

100,4 uoluntas – est: Cf. A. *c. ep. Pel.* 1,7 (p. 428, l. 25–p. 429, l. 1); **94,44–46**.

wollen kann",[78] willst du, dass der Mensch durch die Teilhaftigkeit an Gnade und guter Natur die Fähigkeit zum guten Handeln erlangt; was zumindest vom Zeitpunkt der Taufe an gelingen könne. Zerrissen zwischen Gottlosigkeit und Angst, hast du dich also in die Kameradschaft mit Jovinian geflüchtet, aber du hast das Bordell Manis doch noch nicht verlassen. Dennoch ist Jovinian in demselben Maße unschuldiger als du, wie Mani gottloser ist als Jovinian. Um nämlich noch kürzer zusammenzufassen, was wir bisher abgehandelt haben: Mani sagt: „In allen Menschen sündigt die Natur der Finsternis, indem sie den schlechten Willen eingibt, und sie kann nichts anderes tun." Du sagst: „In allen Menschen sündigt die Natur, die durch die Finsternis der ersten Sünde verdorben worden ist und die deshalb Urheber des schlechten Willens ist und das Gute nicht wollen kann." Jovinian sagt: „Es ist zwar der Wille der Menschen, der sündigt, aber nur bis zur Taufe, danach kann er nur das Gute wollen." Die Katholiken, d.h. wir, sagen, dass von Beginn bis zum Ende ohne irgendeinen natürlichen Zwang auch vor der Taufe in jedem der Wille sündigt, der zu dem Zeitpunkt, zu dem er sündigt, die Möglichkeit hat, vom Bösen abzulassen und das Gute zu tun, sodass das Prinzip der Freiheit bestehen bleibt. Die wahre Lehre findet sich zwar bei keinem von euch, da ihr aber von einem gemeinsamen Ursprung des Irrtums ausgegangen seid, wäre es zumindest weniger unehrenhaft, wenn du die Schlussfolgerungen [aus deinen Ansichten] ziehen würdest, und, da du mit Mani schon darin übereinstimmst, dass man aufgrund einer schlechten Natur, d.h. aus unvollständiger Freiheit, sündige, dann mit ihm auch sagtest, dass die Natur in keinem Fall gereinigt werden kann (das behauptest du nämlich an anderer Stelle), und dann noch hinzufügtest, was notwendigerweise folgt, nämlich, dass man deshalb das Sakrament der Taufe nicht benötige; oder wenn du, sofern du mit Jovinian darin übereinstimmst, dass vom Glaubensbeginn an die guten Begierden eingepflanzt werden, mit ihm auch sagen würdest, dass die Natur schon vor der Taufe gut gewesen sei, die, auch wenn sie die Möglichkeit zum Schlechten hatte, dennoch nicht dazu gezwungen war und dadurch nach ihrer Segnung zum unwiderstehlich Guten gelangt ist. Auf diese Art nämlich stimmtest du zwar in keiner Weise mit der Vernunft, aber doch zumindest mit den Lehren derer überein, denen du folgst.

99. Jetzt aber, ihnen allen untreu, sagst du, dass in der fleischlichen Natur ein Zwang zur Sünde geschaffen worden sei, 100. sodass nach dem Verlust des ewigen Lebens – das die Natur aber von ihrer Entstehung an bekanntlich niemals besaß – über sie der Wille kam, immer nur das Schlechte zu erstreben; und

---

78 A. c. ep. Pel. 1,7 (p. 429, l. 1–3); **94,46 sq.**

est"; [5] non minori plane stultitiae professione quam profanitatis | liberum uocas quod dicis nisi unum uelle non posse, 101. sed licet nulla ex parte constet, tamen quid | attuleris, prudens lector attendat. consentiamus uoluntatem | liberam dici posse quae bonum uelle non potest; hanc autem | uoluntatem in baptismate asseris liberari. interrogo: „ad quem [5] modum liberatur? ut bonum semper uelle cogatur et malum | uelle non possit, an utrumque possit appetere?" hic tu, si | responderis: „ut bonum semper uelle cogatur", quam sis Ioui- | nianista etiam ipse cognoscis. si autem dixeris: „et quomodo | potest esse uoluntas libera, si bonum semper uelle cogatur?", [10] respondeo: „et quomodo dicebatur ante uoluntas libera, si | malum uelle tantummodo cogebatur?" si ergo responderis, sic | fieri post baptisma liberam uoluntatem, ut et peccare et non | peccare possit, hoc ipso pronuntiabis liberum arbitrium non | fuisse, cum utrumque non poterat. clauderis undique dispu- [15] tationis tuae laqueis: arbitrium ante baptisma liberum fuit; | facultatem habuit faciendi boni, sicut facultatem habuit | faciendi mali; et omnis dogmatis tui, quo malum naturale | persuades, scena collabitur. 102. sin autem liberum ante ad bonum non fuit | et factum est post baptisma ita liberum, ut malum facere | non possit, numquam quidem ei affuit arbitrii libertas et | probatur sine reatu ante[a] peccasse et postea sine cura [5] sanctitatis gloriam possidere. 103. quo collecto conuinceris infitiari prorsus | dogmati tuo, ut promittas te liberum arbitrium non negare, | quod ante mali, postea boni necessitate subuertis. 104. uerum tamen ad destructionem totum dog- | matis tui proficit: ut enim recordemur definitionum superio- | rum, si „peccatum" non „est" nisi „uoluntas retinendi et ammit- | tendi quod iustitia uetat et unde liberum est abstinere", nullum [5] peccatum in rebus penitus inuenitur. 105. nam si non imputat iustitia nisi

---

102,4 ante[a] *Primmer, Rhythmus 1, 210,* antea *P C G T L M Zelzer Cipriani/Volpi, Sant'Agostino 1, 146.*

104,3 peccatum – 4 abstinere: Cf. A. *duab. an.* 15 (p. 70, l. 15–17); **44**,7–11; **45**,1–4; **47**,11 sq.

du fügst hinzu: „Der Wille, der frei für das Schlechte ist, ist nicht frei für das Gute."[79] Mit einem Bekenntnis, das nicht weniger dumm als gottlos ist, bezeichnest du das als frei, von dem du sagst, es könne nur eine einzige Sache wollen. 101. Aber auch wenn das, was du sagst, in keiner Weise zusammenpasst, so soll der Leser doch darauf achten, was du vorgebracht hast. Lasst uns nun einmal darin mit dir übereinstimmen, dass ein Wille als frei bezeichnet werden kann, der das Gute nicht wollen kann. Von diesem Willen sagst du aber, er werde in der Taufe befreit. Ich frage dich: In welcher Hinsicht wird er befreit? In dem Sinne, dass er gezwungen ist, immer das Gute zu wollen und das Schlechte nicht wollen kann, oder in dem Sinne, dass er beides anstreben kann? Wenn du hier antworten solltest: „In dem Sinne, dass er gezwungen ist, immer das Gute zu wollen", erkennst sogar du selbst, was für ein Anhänger des Jovinian du bist. Wenn du aber fragen solltest: „Und wie kann der Wille frei sein, wenn er gezwungen ist, immer das Gute zu wollen?", antworte ich: „Und wie wurde der Wille vorher als frei bezeichnet, wenn er zu diesem Zeitpunkt gezwungen war, nur das Schlechte zu tun?" Wenn du also antworten solltest, dass der Wille nach der Taufe auf solche Weise frei werde, dass er sowohl sündigen als auch nicht sündigen könne, wirst du dich damit selbst dafür aussprechen, dass der Wille nicht frei war, als er nicht beides konnte. Von allen Seiten wirst du von den Stricken deiner Argumentation umschlungen: Der Wille war vor der Taufe frei; er hatte die Handlungsmöglichkeit, das Gute zu tun, so wie er die Handlungsmöglichkeit hatte, das Schlechte zu tun. Und damit fällt die ganze Maskerade deiner Lehre, mit der du für das naturgegebene Übel wirbst, in sich zusammen. 102. Wenn der Wille aber vor der Taufe nicht frei zum Guten war und nach der Taufe so befreit worden ist, dass er das Böse nicht tun kann, dann hatte der Mensch niemals die Freiheit des Willens, und es ist gezeigt, dass er vorher ohne Schuld gesündigt hat und danach ohne Verdienst den Ruhm der Heiligkeit besitzt. 103. Durch diesen Schluss wirst du nun gänzlich überführt, deine eigenen Ansichten zu verleugnen, indem du versprichst, dass du den freien Willen nicht leugnest, den du vor der Taufe einem Zwang zum Schlechten und nach der Taufe einem Zwang zum Guten unterwirfst. 104. Aber es nützt doch zur Vernichtung der Gesamtheit deiner Lehre. Um nämlich an die oben angeführten Definitionen zu erinnern: Wenn die Sünde nichts anderes ist als „der Wille dazu, an etwas festzuhalten und etwas zu begehen, was die Gerechtigkeit verbietet und von dem es freisteht, sich seiner zu enthalten",[80] dann wird in der Welt überhaupt keine Sünde gefunden. 105. Denn wenn die Gerechtigkeit nur das als Feh-

---

79 Cf. A. c. ep. Pel. 1,7 (p. 428, l. 25–p. 429, l. 1); **94,44–46**.
80 Cf. A. duab. an. 15 (p. 70, l. 15–17); **44,7–11; 45,1–4; 47,11 sq.**

unde liberum | est abstinere, et ante baptisma necessitas mali est, quoniam | uoluntas, sicut dixisti, ad faciendum bonum non est libera | perque hoc aliud agere non potest nisi malum, ab infamia [5] mali ipsa, quam patitur, necessitate defenditur, quoniam apud | eam iustitiam grauari operibus suis non potest, quae non | imputat malum nisi a quo liberum est abstinere. post bap- | tisma autem, si necessitas boni est, nullum utique potest esse | peccatum. uide igitur, quam illud quod esse peccatum ratio [10] demonstrat inueniri nequeat in seminibus, quando secundum | definitiones tuas iam nec in moribus inuenitur. 106. uerum consignata hac disputationis summa | prudentis animo lectoris excutiamus, quid baptisma tuum, | quod propter solam genitalium commotionem dicis fuisse | prouisum, crediti sibi muneris exsequatur. profitetur se a [5] peccatis homines expiare; sed cum apud iustitiam causa | agitur uoluntatis, non pronuntiatur rea quae aliud uelle non | potuit. euanescente autem inuidia reatus etiam pompa in- | dulgentis euanuit, quia non potest ignoscere quod iure non | potest imputare. ac per hoc promissionis suae frustratur [10] effectibus, quoniam nec inuenit crimina quorum remissione | laudetur, nec habet huius beneficii debitores quo peccatorum | uincula soluuntur, quia in necessitatis asylo collocatos non | potest malae conuincere uoluntatis; per quae omnia super- | uacuum deprehenditur. uerum quia gratia, quae a Christo [15] prouisa est, superuacua non est, rationabilis eius munificentia | teneatur, per quod rea uoluntas conuincitur peccatoris, quae | potuit utique tam bonum uelle quam malum uoluit. totum | ergo figmentum necessitatis euanuit; ac per hoc nullum est de | naturae condicione peccatum, sed liberum arbitrium in natura [20] hominum perseuerat; quod ut tu cum Manicheis negas, ita | nos cum apostolis et omnibus catholicis confitemur.

107. Expositio sane, quam Pauli apostoli | sermonibus ammouisti, cum risu esset praetereunda, nisi | scripturarum terreret ignaros. *cum essetis*, inquit apostolus, | *serui peccati, liberi fuistis iustitiae*, dicere utique non poterat [5] „liberatos", quoniam hic sermo liberationis tunc decenter in- | fertur et proprie, cum homo a noxiis liberatur, „liberi" autem | a uirtutibus dici possunt qui decernunt nihil debere uirtu- | tibus. liber ergo et a bono et a malo dici potest qui

---

107,3 cum – 4 iustitiae: *Rm* 6,20.

ler anrechnet, von dem es freisteht, sich seiner zu enthalten, und vor der Taufe ein Zwang zum Bösen herrscht, weil der Wille, wie du gesagt hast, nicht frei ist, das Gute zu tun, und dadurch nur das Böse tun kann, dann wird er eben durch den Zwang, den er erleidet, gegen den Vorwurf des Bösen verteidigt. Denn bei der [göttlichen] Gerechtigkeit kann er dann nicht auf Basis seiner Taten angeklagt werden, da sie nur das Böse als Fehler anrechnet, von dem es freisteht, sich seiner zu enthalten. Wenn es aber nach der Taufe einen Zwang zum Guten gibt, kann es überhaupt keine Sünde mehr geben. Sieh also, wie wenig sich das, von dem die Vernunft sagt, dass es Sünde ist, in den [menschlichen] Samen finden lässt, wenn es sich nach deinen Definitionen schon nicht in den Verhaltensweisen finden lässt! 106. Aber da nun dieser Hauptpunkt der Erörterung im Sinn des kundigen Lesers versiegelt ist, lasst uns untersuchen, was bei dir die Taufe, von der du sagst, sie sei nur wegen der Regung der Geschlechtsteile vorgesehen worden, von der ihr anvertrauten Aufgabe erfüllt. Sie verspricht, dass sie die Menschen von den Sünden reinigt. Aber wenn vor der Gerechtigkeit über den Willen verhandelt wird, wird ein Wille, der nichts anderes wollen konnte, nicht schuldig gesprochen. Mit dem Schwinden des Schuldvorwurfs ist aber auch der Glanz des Begnadigenden entschwunden, weil er nichts vergeben kann, was er nicht zu Recht als Schuld anrechnen kann. Und deshalb wird die Taufe um die Wirkungen, die sie verspricht, gebracht. Denn sie findet keine Schuld, wegen deren Vergebung sie gelobt werden könnte. Ebenso wenig ist ihr irgendjemand wegen dieser Wohltat etwas schuldig, mit der die Fesseln der Sünde gelöst werden, weil sie niemanden, der im Asyl des Zwanges untergebracht ist, des bösen Willens überführen kann; aufgrund all dessen ist aufgedeckt, dass sie überflüssig ist. Aber weil die Gnade, die von Christus vorgesehen ist, nicht überflüssig ist, sollte ihre Freigebigkeit für vernünftig gehalten werden; dadurch wird nur der Wille eines Sünders schuldig gesprochen, der das Gute ebenso hätte wollen können, wie er das Böse wollte. Die ganze Erdichtung des Zwanges hat sich also in Luft aufgelöst. Daher gibt es keine Sünde, die auf die Beschaffenheit der Natur zurückgeht, sondern der freie Wille verbleibt beständig in der Natur der Menschen. Das leugnest du mit den Manichäern, ebenso wie wir es mit den Aposteln und allen Katholiken bekennen.

107. Was die Interpretation betrifft, die du an die Reden des Apostels Paulus heranträgst, müsste sie mit Lachen übergangen werden, wenn sie nicht Personen, die die Schrift nicht kennen, in Schrecken versetzen würde. Der Apostel sagt: *Als ihr Sklaven der Sünde wart, seid ihr frei von der Gerechtigkeit gewesen* (*Rm* 6,20). Er konnte natürlich nicht sagen: „ihr seid befreit worden", weil der Ausdruck „Befreiung" nur dann im passenden und eigentlichen Sinne verwendet wird, wenn der Mensch von Schuld befreit wird; frei von Tugenden kann aber genannt werden, wer sich entscheidet, den Tugenden nicht verpflichtet zu

alteri | seruiens studet alteri nihil debere. „liberatus" autem nisi a [10] malo dici non potest, quia uerbum hoc liberationis in se habet | indicium illius qui propulsatur angoris. quae igitur hic quaestio | apostolo de uerbis suis fieri potuit, cum ille more generis | humani a bono liberos a malo dixerit liberatos? *cum | ergo*, inquit, *serui essetis peccati, liberi fuistis iustitiae. quem* [15] *fructum habuistis tunc in his, in quibus nunc erubescitis?* sed | ne tu aestimares seruos nos peccato fieri per naturam, audi | ipsum apostolum in isdem locis loquentem: *an nescitis, | quoniam cui exhibetis* uosmetipsos *seruos ad oboediendum serui | estis eius cui oboeditis, siue peccati siue obauditionis iustitiae?* [20] uosmet ipsos, inquit, exhibuistis peccato seruos, ut intellegeres | eum uoluntati, non natiuitati imputare peccatum; ob hoc | ergo solum eos dixit liberos fuisse iustitiae, quia detrectassent | eius praecepta seruare; 108. denique statim addit ita eos seruos esse | iustitiae, sicut fuerant serui ante peccati; per quod potes | eos iam tu, si placet, liberos dicere peccato, cum seruiunt | iustitiae, sicut ab illo dicti sunt a iustitia liberi, cum ser- [5] uirent delicto. ineptissime itaque simplicitati apostolicae | uoluisti calumniam commouere. neque enim ille, ut putas, | „uigilantissime" hoc quod aestimas intimauit, sed tu somniculo- | sissime quod ille protulit intueris. argumentaris quippe ideo | illum liberatos dicere maluisse quam liberos, ut intellegeremus [10] arbitrii libertate male quidem posse, bene autem fieri non | posse. uerum ipse tibi uerborum eius ordo renititur. nam | si hoc quod tu putasset, quia libertate solum peccaretur, | debuit dicere: liberi fuistis peccato, non: *liberi fuistis | iustitiae*, ut illi diceretur esse liber cui operabatur ipsa liber- [15] tas. si enim placet etiam casuum pensare momenta, huic | illos iustitiae dixit esse liberos, non ab hac iustitia liberos. | consequentius ergo hac elocutione nos adiuuaremur, si etiam | tam leues res premere uellemus.

108,4 sq. seruirent *P T pc. sr. L M Migne cunctanter propos. Primmer, Rhythmus 2, 210 Cipriani/Volpi, Sant'Agostino 1, 156*, seruierint *C G Zelzer*.   108,14 illi *T pc. L M Primmer, Rhythmus 2, 210 Teske, Answer 157 n. 224*, ille *P C G Zelzer Cipriani/Volpi, Sant'Agostino 1, 156*.

107,13 cum – 15 erubescitis: *Rm* 6,20 sq.   107,17 an – 21 iustitiae: *Rm* 6,16.   108,7 uigilantissime: Cf. A. *c. ep. Pel.* 1,5; p. 426, l. 20; 94,26.   108,9 illum – liberos: Cf. A. *c. ep. Pel.* 1,5; p. 426, l. 19 sq.; 94,25 sq.   108,13 liberi – 14 iustitiae: *Rm* 6,20.

sein. Als „frei" von etwas Gutem bzw. Bösen kann also jemand bezeichnet werden, der sich im Dienst des einen darum bemüht, dem anderen nicht verpflichtet zu sein. „Befreit" kann man aber nur in der Formulierung „befreit von etwas Bösem" sagen, da der Begriff „Befreiung" die Konnotation der Beklemmung, die vertrieben wird, in sich trägt. Welcher Vorwurf hätte dem Apostel hier wegen seiner Wortwahl gemacht werden können, da er doch nach der bei den Menschen üblichen Art „frei vom Guten", aber „vom Bösen befreit" sagte? Es steht da also: *Als ihr Sklaven der Sünde wart, wart ihr frei von der Gerechtigkeit. Welchen Nutzen hattet ihr aber damals in diesen Sünden, für die ihr euch nun schämt? (Rm 6,20 sq.)* Aber damit du nicht denken solltest, dass wir von Natur aus Sklaven der Sünde werden, hat der Apostel selbst an derselben Stelle Folgendes gesagt – hör zu: *Wisst ihr denn nicht, dass ihr, wenn ihr selbst euch einem zum Gehorchen als Sklave darbietet, dann auch Sklave dessen seid, dem ihr gehorcht, sei es der Sünde, sei es der Gerechtigkeit (Rm 6,16)?* Er hat gesagt: „Ihr habt euch selbst als Sklaven der Sünde dargeboten", damit du verstehen solltest, dass er die Sünde dem Willen und nicht der Geburt zuschreibt. Deshalb also nur hat er gesagt, sie seien frei von der Gerechtigkeit gewesen, weil sie es zurückgewiesen hatten, die Vorschriften der Gerechtigkeit zu erfüllen. 108. Schließlich fügt er sofort hinzu, dass sie auf dieselbe Weise Sklaven der Gerechtigkeit seien, wie sie vorher Sklaven der Sünde gewesen seien. Weshalb auch du sie, wenn es dir gefällt, als frei von Sünde bezeichnen kannst, wenn sie der Gerechtigkeit dienen, so wie sie von ihm als frei von der Gerechtigkeit bezeichnet worden sind, als sie dem Verbrechen dienten. Auf äußerst ungeschickte Weise wolltest du also die einfache Bedeutung des Apostelwortes in Verruf bringen. Der Apostel hat nämlich nicht, wie du glaubst, „äußerst wachsam"[81] das mitgeteilt, was du meinst, sondern du betrachtest in schlaftrunkenem Zustand das, was er vorgebracht hat. Du argumentierst ja, dass er sie lieber als „befreit" statt als „frei" bezeichnen habe wollen,[82] damit wir verständen, dass man durch die Freiheit des Willens zwar böse, aber nicht gut handeln könne. Aber schon die Anordnung seiner Worte widerspricht dir. Denn wenn er dasselbe gedacht hätte wie du, hätte er, weil dann ja mit Freiheit nur gesündigt werden könnte, sagen müssen: „Ihr wart frei für die Sünde" und nicht: *Ihr wart frei von der Gerechtigkeit (Rm 6,20)*, sodass einer als frei für dasjenige bezeichnet würde im Hinblick, worauf seine Freiheit selbst tätig ist. Wenn man außerdem noch die Unterschiede in den Kasus erwägen wollte, so hat er gesagt, dass sie frei **für** die Gerechtigkeit seien, nicht frei **von** der Gerechtigkeit. Folgerichtig würden die Worte des Apostels also eher

---

81 Cf. A. *c. ep. Pel.* 1,5; p. 426, l. 20; **94,26**.
82 Cf. A. *c. ep. Pel.* 1,5; p. 426, l. 19 sq.; **94,25 sq.**

sed absit hoc. sensum in- | tellegimus apostoli et elocutionum simpliciter pro- | latarum [20] officio contenti sumus. nihil aliud dixit magister gentium | nisi: *liberi fuistis*, non seruistis *iustitiae*; liberati estis pecca- | torum, ueniam suscepistis manente arbitrii libertate, per quam | potuerunt et ante peccato et postea oboedire iustitiae. 109. denique quid exhortatio ipsius teneret, | ostendit praemittens: *humanum est quod dico propter in- | firmitatem carnis uestrae; sicut enim exhibuistis membra uestra | seruire immunditiae et iniquitati ad iniquitatem, ita nunc* [5] *exhibete membra uestra seruire iustitiae in sanctificationem; cum | enim serui essetis peccati, liberi fuistis iustitiae.* ordinatissime | prorsus ipsos dicit liberos fuisse iustitiae quos conuenerat, ut | membra sua in omni sanctificatione retinerent.

Verum | quia non parum hic immorati sumus, ut ostenderemus [10] certissimum esse quod dixeram, quia negarent liberum arbi- | trium homines qui uestro fuissent sermone deterriti et in | uerum exitium uana formidine truderentur, teque esse | praecipuum arbitrii liberi negatorem, reuertamur ad illum | librum qui est ad Valerium destinatus, ut probemus primo [15] te negasse conditorem deum, nunc autem alibi quidem negare, | alibi scelestius multo quam negaueras confiteri. et quidem, | quam in illo libro tuo priore absolute deum negaueris condi- | torem hominum, satis, cum discuteretur, apparuit. dixisti | quippe, quod genus humanum diabolus quasi plantati a se [20] fruticis fructum iure decerperet, multaque alia quae loco | a te argumentorum posita huic cooperantur errori. in hoc | uero secundo libro, etsi uniuersitate dogmatis tui idem agas, | tamen perniciosius niteris emendare sententiam, quam antea | protulisti. 110. uerum suppleamus breuiter responsionem | quae capiti tuo quod supra posuimus debetur. constanter | itaque fideliterque

---

109,23 antea *P Primmer, Rhythmus 1, 202,* ante *C G T L M Zelzer Cipriani/Volpi, Sant'Agostino 1, 158.*

108,21 liberi – iustitiae: *Rm* 6,20.   109,2 humanum – 6 iustitiae: *Rm* 6,19 sq.   109,10 quia – 13 truderentur: Cf. 73,17–23.   109,19 genus – 109,20 decerperet: Cf. A. *nupt. et conc.* 1,26 (p. 238, l. 14–18).   110,1 uerum – 2 debetur: Cf. A. *nupt. et conc.* 2,8 (p. 259, l. 9–19); 74,2–11.

uns helfen, wenn wir so pedantisch auf geringfügigen Argumenten beharren wollten. Aber das sei uns ferne. Wir verstehen die Ansicht des Apostels und sind mit der Intention seiner schlichten Aussagen zufrieden. Der Lehrer der Völker hat nichts anderes gesagt als: *Ihr wart frei*, ihr habt der *Gerechtigkeit nicht gedient*;[83] ihr seid befreit, ihr habt Nachsicht für eure Sünden erhalten bei fortbestehender Freiheit des Willens, durch die es ihnen möglich war, sowohl vorher der Sünde als auch nachher der Gerechtigkeit zu gehorchen. 109. Was schließlich seine Aufforderung beinhaltete, hat er gezeigt, indem er die Worte vorausschickte: *Es ist menschlich, was ich euch über die Schwäche eures Fleisches sage; so wie ihr nämlich gestattet habt, dass eure Glieder der Unredlichkeit und der Ungerechtigkeit für die Ungerechtigkeit dienen, so gestattet nun, dass eure Glieder der Gerechtigkeit zur Heiligmachung dienen. Als ihr nämlich Sklaven der Sünde wart, wart ihr frei von der Gerechtigkeit* (*Rm* 6,19 sq.). Ganz wohlgeordnet sagt er, dass selbst diejenigen frei gegenüber der Gerechtigkeit waren, die er aufgefordert hatte, ihre Glieder in jeglicher Heiligung zu erhalten.

Aber wir sind hier nicht [gerade] kurz verweilt, um zu zeigen, dass ich zu Recht gesagt hatte, dass die Menschen, die von eurer Ausführung erschreckt worden seien, den freien Willen abstritten und durch ein falsches Schreckgespenst in ein wahres Verderben gestürzt würden,[84] und dass du in ganz herausragender Weise ein Leugner des freien Willens bist. Lasst uns daher nun zu dem an Valerius gerichteten Buch [*De nuptiis et concupiscentia* 2] zurückkehren, um zu beweisen, dass du zuerst Gott als Schöpfer geleugnet hast, ihn jetzt aber teils [weiterhin] leugnest, teils aber auf eine viel schrecklichere Weise bekennst, als du ihn einst geleugnet hattest. Und natürlich ist durch obige Diskussion ganz offensichtlich geworden, wie du in deinem ersten Buch [*De nuptiis et concupiscentia* 1] gänzlich geleugnet hast, Gott sei der Schöpfer der Menschen. Du hast ja gesagt, der Teufel pflücke das Menschengeschlecht zu Recht ab wie die Früchte einer Pflanze, die er gesät habe.[85] Viele andere Dinge, die du anstelle von Argumenten geschrieben hast, unterstreichen diesen Irrtum. In deinem zweiten Buch [aus dem Werk *De nuptiis et concupiscentia*] aber betreibst du zwar mit der Gesamtheit deiner Lehre dasselbe, versuchst aber auf noch schädlichere Art und Weise, deine zuvor vorgetragene Meinung zu korrigieren. 110. Aber lasst uns kurz die Antwort vervollständigen, die wir deinem oben zitierten Kapitel

---

83   Cf. *Rm* 6,20.
84   Cf. 73,17–23.
85   Cf. A. *nupt. et conc.* 1,26 (p. 238, l. 14–18).

respondeo, quia non inuideamus libera- | torem hominibus dominum Iesum Christum, quos conueni- [5] mus, ne uobis credentes emendationis desperatione frangantur | et recedant ab eruditione Christi quasi ea praecipientis quae | capere mortalium natura non possit, quippe malo aggrauata | congenito, **111.** sed currant ad eum qui clamat: *iugum meum | suaue est et onus meum leue est*, qui et malae uoluntati ueniam | pro inaestimabili liberalitate largitur et innocentiam, quam | creat bonam, facit innouando adoptandoque meliorem. **112.** demiror itaque ausum te fuisse ponere testi- | monium quo dicitur: *a quo enim quis deuictus est, huic et seruus | addictus est*, quod manifestissime pro nobis facit asserentibus | non posse quemquam obnoxium esse diabolo, nisi qui fuerit [5] post certamen uoluntatis degeneri deditione superatus. a te | autem usurpari non debuit, cui uehementer repugnat persua- | denti in regno diaboli esse nascentes, qui sine uoluntate | propria nec uinci utique nec peccare potuerunt. **113.** quod quidem uidens contra te ualere pluri- | mum, quasi ipso testimonio interrogatus: „per quid ergo par- | uuli in regno sunt aduersariae potestatis, si scripturae creditur | unumquemque, cum uincitur, tunc seruum esse uictoris, et [5] constat infantiam sine usu rationis et uoluntatis nec confligere | potuisse nec cedere?", addis:

„*Per unum* quippe *hominem pecca- | tum intrauit in mundum et per peccatum mors et ita in omnes | homines pertransiit, in quo omnes peccauerunt.* sic est autem | deus nascentium conditor, ut omnes ex uno eant in condem- [10] nationem, quorum non fuerit renascentium liberator. ipse | quippe dictus est *figulus ex eadem massa* faciens *uas aliud in | honorem* secundum misericordiam, *aliud in contumeliam* secun- | dum iudicium, cui cantat ecclesia: *misericordiam et iudicium.*" |

111,1 iugum – 2 est: *Mt* 11,30.   112,2 a quo – 112,3 est: 2 *Pt* 2, 19; 112,1 demiror – 112,3 est: Cf. A. *nupt. et conc.* 2,8 (p. 259, l. 13–15); **74,6 sq.**   113,6 per – 8 peccauerunt: *Rm* 5,12.   113,6 per – 13 iudicium: A. *nupt. et conc.* 2,8 (p. 259, l. 16–25).   113,11 figulus – 12 contumeliam: Cf. *Rm* 9,21. 113,13 misericordiam – iudicium: *Ps* 100,1.

schulden.⁸⁶ Standhaft und zuverlässig antworte ich daher, dass wir den Menschen den Herrn Jesus Christus als Befreier nicht vorenthalten. Wir wenden uns an sie, damit sie sich nicht, indem sie euch Glauben schenken, von der Hoffnungslosigkeit auf Verbesserung entmutigen lassen und sich von der Lehre Christi lossagen, weil er angeblich Dinge vorschreibt, die die Natur der Menschen übersteigt, da sie ja vom angeborenen Bösen belastet ist, 111. sondern damit sie zu ihm laufen, der ruft: *Mein Joch ist angenehm und meine Last ist leicht* (Mt 11,30). Er schenkt dem schlechten Willen wegen seiner unermesslichen Freigebigkeit Nachsicht und macht die Unschuld, die er gut geschaffen hat, durch Erneuerung und Annahme noch besser. 112. Deshalb bin ich erstaunt, dass du es gewagt hast, das Zeugnis zu zitieren, in dem es heißt: *Man ist Sklave desjenigen, von dem man überwältigt worden ist* (2 Pt 2,19).⁸⁷ Dies spricht doch offensichtlich für uns, da wir versichern, dass niemand dem Teufel Untertan sein könne, wenn er nicht von ihm nach einem Willenskampf in einer entwürdigenden Niederlage besiegt worden ist. Von dir aber durfte es nicht verwendet werden, weil es dir heftig widerspricht, wenn du davon überzeugen möchtest, dass die Neugeborenen unter der Herrschaft des Teufels seien, die doch ohne eigenen Willen weder besiegt werden, noch sündigen konnten. 113. Du hast natürlich gesehen, dass die Bibelstelle deutlich gegen dich spricht. Das Testimonium selbst hat dich gewissermaßen gefragt: „Wodurch also sind die Kinder unter der Herrschaft der feindlichen Macht, wenn man der Schrift glaubt, dass einer erst dann, wenn er besiegt worden ist, der Sklave des Siegers ist, und wenn feststeht, dass die Kinder ohne den Gebrauch von Vernunft und Willen nicht kämpfen und nicht unterliegen konnten?", und daher fügst du hinzu:

„*Durch einen Menschen kam ja die Sünde in die Welt und durch die Sünde der Tod und ging so auf alle Menschen über, in dem alle gesündigt haben* (Rm 5,12). Gott ist aber auf solche Weise der Schöpfer der Kinder, dass alle wegen eines Menschen in die Verdammnis übergehen, wenn sie nicht den Erlöser haben, durch den sie wiedergeboren werden. Von ihm selbst heißt es ja: *Er ist ein Töpfer, der aus ein und demselben Ton ein Gefäß der Ehre* gemäß seiner Gnade *macht, und eines der Schmach* gemäß seinem gerechten Urteil (Rm 9,21), dem die Kirche singt: *Gnade und gerechtes Urteil* (Ps 100,1)."⁸⁸

---

86   Cf. A. *nupt. et conc.* 2,8 (p. 259, l. 9–19); **74,2–11**.
87   Cf. A. *nupt. et conc.* 2,8 (p. 259, l. 13–15); **74,6 sq.**
88   A. *nupt. et conc.* 2,8 (p. 259, l. 16–25).

Hoc quod dicis per unum hominem intrasse peccatum, quo [15] testimonio apostoli plurimorum ineruditorum tamen pectora | commouistis, licet in quarto libro breuiter, quomodo intelle- | gendum esset, ostenderim, tamen adiuuante Christo in hoc | opere plenius exponemus, ita ut in secundo libro praetermissis | aliis locus ipse apostolicus contextu suo plenissime disseratur. 114. hic autem breuiter ammonuerim, quoniam | suffragari tibi non potest ad eius sententiae confirmationem, | quam omnis eruditio, omnis ratio et lex dei conuincit iniquissi- | mam. diligens ergo lector intendat, quod pronuntiasti deum [5] esse factorem malorum et tales eum condere qui sine aliquo | propriae merito uoluntatis eant in condemnationem prorsus | omnes. 115. ac ne nesciremus, de quo tempore loquereris, | ab Adam, quem ais unum omnes fuisse, usque ad finem qui | baptizati non sunt damnationi et diabolo obnoxios pro- | nuntias inueniri. in qua sententia multo te perniciosius curare [5] niteris, quam antea uulnerasti. nam ut remoueres inuidiam | quae in te ruebat, quod diceres diabolum conditorem homi- | num, correctus confiteris deum conditorem, sed talium, | quales ascribit Manicheus principi tenebrarum; 116. enimuero credens malos esse homines con- | dicione nascendi illum eis deputauit auctorem, per quem mali | operis a deo bono crimen separaretur; et quoniam errauerat | in definitione peccati, ut putaret naturale esse quod nisi [5] uoluntarium esse non potest, consequenter deinceps malae | originis malum est commentus artificem. hic religiosior in | deum, contumacior in naturam; tu uero dicis malos quidem | nasci, sed deum esse auctorem malorum; contumacior tu in | deum, honorificentior in naturam; haec quippe auctoris [10] maiestate defenditur, auctor autem foeditate operis accusatur. 117. non timuisti scelestissime hoc applicare deo, | quod ne ei ammoueret Manicheus commentus est alium con- | ditorem; ambo quidem estis ueritatis inimici, sed putabatur | ante te non posse ille impietate superari. 118. tu uero iustificasti, ut propheta ait, sororem | tuam Sodomam;

117,4 ille *add. P Migne Primmer, Rhythmus 2, 196 Cipriani/Volpi, Sant'Agostino 1, 166, om. C G T L M Zelzer.*

118,1 tu – 118,2 Sodomam: Cf. *Ez* 16,48–55.

Auch wenn ich bereits in meinem vierten Buch [aus dem Werk *Ad Turbantium*] kurz gezeigt habe, wie die von dir zitierten Worte, dass durch *einen* Menschen die Sünde in die Welt gekommen sei, zu verstehen sind – ein Apostelzitat, mit dem ihr immerhin die meisten ungelehrten Menschen in Aufruhr versetzt habt –, werden wir sie dennoch in diesem Werk mit der Hilfe Christi ausführlicher auslegen, sodass in meinem zweiten Buch [aus dem Werk *Ad Florum*] diese Stelle des Apostels ohne Beschäftigung mit anderen Themen voll und ganz in ihrem Kontext erörtert werden wird. 114. Hier dagegen möchte ich nur kurz ins Gedächtnis rufen, dass dieses Bibelzitat dir nicht zur Bekräftigung einer Ansicht dienen kann, die jede Gelehrsamkeit, jede Vernunft und das Gesetz Gottes für absolut ungerecht befindet. Der sorgfältige Leser möge also darauf achten, dass du gesagt hast, Gott sei der Schöpfer des Bösen und erschaffe die Menschen so, dass sie ohne irgendein Verdienst ihres eigenen Willens allesamt in die Verdammnis geraten. 115. Und damit es uns nicht entgeht, von welcher Zeitspanne du sprichst, fügst du hinzu, dass von Adam an, von dem du sagst, dass er allein wir alle gewesen sei, bis zum Ende alle, die nicht getauft worden sind, sich als der Verdammnis und dem Teufel unterworfen erweisen würden. Mit dieser Aussage versuchst du dich, auf eine viel schädlichere Weise zu heilen, als du dich vorher verletzt hast. Denn um den Abscheu von dir zu entfernen, der dir entgegenschlug, weil du sagtest, der Teufel sei der Schöpfer der Menschen, bekennst du nun, eines Besseren belehrt, Gott als den Schöpfer, aber als den Schöpfer von solchen Menschen, wie sie Mani dem Fürsten der Finsternis zuweist. 116. Da Mani nämlich glaubte, dass die Menschen von ihrer Geburt an böse seien, wies er ihnen denjenigen als Schöpfer zu, durch den der gute Gott von dem Vorwurf entlastet werden konnte, er habe die Welt böse geschaffen; und weil er sich in der Definition der Sünde insofern geirrt hatte, als er meinte, dass das, was nur willentlich sein kann, natürlich sei, hat er sich daraufhin folgerichtig einen bösen Schöpfer für den bösen Ursprung ausgedacht. Er ist ehrfürchtiger gegenüber Gott, aber aufsässiger gegenüber der Natur. Du aber sagst, dass die Menschen zwar böse geboren werden, aber dass Gott der Urheber des Bösen sei. Du bist aufsässiger gegenüber Gott, aber ehrerbietiger gegenüber der Natur. Sie wird durch die Erhabenheit ihres Urhebers verteidigt, ihr Urheber aber wird durch die Abscheulichkeit seines Werkes angeklagt. 117. Du Verbrecher hast dich nicht gescheut, dasjenige Gott zuzuschreiben, für das sich Mani einen anderen Schöpfer ausgedacht hat, um es nicht Gott zuweisen zu müssen. Beide seid ihr Feinde der Wahrheit, aber bevor du kamst, dachte man, dass Mani nicht an Gottlosigkeit übertroffen werden könne. 118. Du aber hast, wie der Prophet sagt, deine Schwester Sodom gerechtfertigt.[89] Im Ver-

---

89 Cf. *Ez* 16,48–55.

absolui putabitur Manicheus, si tuis blasphe- | miis comparetur. gloriatus in primo operis mei libro fueram, | quod eo ore lacerarer quo et apostoli iniuriam pertulissent, [5] nunc uero expauesco magnitudinem felicitatis meae: ab eo | uituperor, qui criminatur deum! 119. unde mihi accidit tantae contumeliae digni- | tas? nihil in me tale laudando conferre potuisses! sensa mea | dicis esse reprobanda, sed dei opera damnanda; me male | disputare, sed deum nequiter creare pronuntias; me errare [5] clamas, illum saeuire; me asseris nescire legem, deum uero | nescire iustitiam; me uociferaris catholicum non esse, qui | dicam Christum prouocare quos saluet, deum uero iuras | creare quos damnet nec ob aliud condere, nisi ut eant omnes | in condemnationem. 120. inter te igitur et Manicheum prosatorem | sensuum tuorum uideo per profectum eruditionis tuae | magnam factam esse distantiam. ille enim licet duos induxisset | auctores, tamen spem salutis ex ea reliquit parte qua dixit [5] bonum deum esse alienissimum ab iniquitate et a crudelitate; | tu uero unum bonum quidem deum, sed eundem malorum | conditorem loquens ut reuerentiam diuinitatis, ita spem | salutis funditus sustulisti. 121. non est enim qui subueniat reis, quando ipse, | qui est unus, desiderio creandarum miseriarum etiam eos | punit in quibus nihil aliud quam hoc quod ipse fecit agno- | scit. 122. perspecta igitur abysso impietatis tuae licet | numquam quicquam possit profanius inueniri, tamen quam | hoc nihil habeat uirium et quid de illis quae annexueras, | colligatur, breui disputatione monstrabitur: deus, qui hoc [5] appellari nomine uoluit, ut omnipotentissimus, ita etiam | iustissimus creditur; quorum si unum defuerit, neutrum | aderit; ut conditor benignissimus hominum, ita meritorum | expunctor aequissimus; omne quod facit bonum ualde est; | ac per hoc nemo naturaliter malus est, sed quicumque reus [10] est, moribus, non exor-

---

122,8 omne – est: Cf. *Gn* 1,31.

gleich mit deinen Blasphemien wird man glauben, dass Mani freigesprochen werden müsse. Ich hatte mich im ersten Buch meines Werkes [*Ad Turbantium*] dafür gerühmt, dass ich von demselben Maul zerfleischt wurde, von dem auch die Apostel Misshandlung erlitten hätten. Jetzt aber erblasse ich vor meinem gewaltigen Glück: Ich werde von einem Menschen kritisiert, der auch Gott kritisiert! 119. Wie kommt mir die Ehre einer so großen Beleidigung zu? Eine so große Ehre hättest du mir durch Lob niemals erweisen können! Du sagst, dass meine Interpretationen zurückgewiesen, aber die Werke Gottes verdammt werden müssten. Du sagst, ich würde schlecht argumentieren, Gott aber sei ein schlechter Schöpfer. Du verkündest laut, ich sei im Irrtum, Gott aber sei ein Tyrann. Du sagst, dass ich das Gesetz nicht kenne, dass Gott aber die Gerechtigkeit nicht kenne. Du schreist, dass ich nicht katholisch sei, weil ich sage, dass Christus diejenigen, die er heilen möchte, zu sich ruft, aber du schwörst, dass Gott Menschen erschaffe, um sie zu verdammen, und dass er sie zu keinem anderen Zweck erschaffe, als dass sie alle in die Verdammnis geraten. 120. Ich sehe, dass zwischen dir und Mani, der dir deine Ideen eingepflanzt hat, durch den Fortschritt deiner Ausbildung eine große Distanz entstanden ist. Mag er auch zwei Schöpfer eingeführt haben, er hat doch die Hoffnung auf Rettung insoweit bestehen lassen, als er gesagt hat, der gute Gott sei fern von Ungerechtigkeit und Grausamkeit. Du dagegen sagst zwar, es gebe einen einzigen guten Gott, aber indem du sagst, derselbe sei der Schöpfer des Bösen, hast du die Ehrfurcht vor der Göttlichkeit und die Hoffnung auf Rettung gleichermaßen völlig zerstört. 121. Es gibt nämlich keinen [mehr], der den Schuldigen helfen kann, wenn der eine Gott selbst aufgrund seines Wunsches, Leid zu schaffen, sogar die bestraft, in denen er nichts anderes findet, als was er selbst geschaffen hat. 122. Nachdem der tiefe Abgrund deiner Gottlosigkeit aufgedeckt ist, mag man zwar niemanden Gottloseren finden als dich; dennoch wird sich durch eine kurze Erörterung zeigen, wie kraftlos das alles ist und welche Schlüsse sich aus den Gedanken ziehen lassen, die du angefügt hast. Man glaubt daran, dass Gott, der mit diesem Namen bezeichnet werden will, sich ebenso durch Allmacht wie auch durch größte Gerechtigkeit auszeichnet. Wenn eines von beiden fehlt, wird auch das andere nicht mehr vorhanden sein. Wie er der äußerst wohlwollende Schöpfer der Menschen ist, so ist er auch in größtem Maße unvoreingenommen, wenn es darum geht, die Verdienste zu bewerten. Alles, was er erschafft, ist sehr gut.[90] Und deshalb kann niemand von Natur aus

---

90 Cf. *Gn* 1,31.

diis accusatur. 123. nec malum itaque naturale est nec deus | creare reos potest nec in regno diaboli collocare; quibus | collectis et tu Manicheus, immo Manicheo peior ostenderis et | sine peccato in hunc mundum humanitatis ingressus et sub [5] iure dei, non diaboli, fructus fecunditatis et naturalis inno- | centia claruerunt. 124. hoc igitur consignato, quid processum tuum | consequatur, attende. prophetas et patriarchas omnesque | sanctos ueteris testamenti constat baptismatis expertes | fuisse, sed a deo conditos propriis deinceps fulsisse uirtutibus; [5] sub diaboli ergo regno contra testimonium legis esse credentur | aeternis suppliciis mancipandi, quia ex Adam omnes pro- | nuntiantur a te in condemnationem creati. 125. quod si dixeris, quam sis aperte Manicheus, | etiam patroni tui poterunt confiteri. si uero intellexeris | tantum ueri regis exercitum contra tuam dimicare sententiam | nec illis te afferre posse praeiudicium, acquiesce destructum [5] esse quod extruxeras et per hoc non ire omnes ex uno in con- | demnationem, sed hos tantum, qui rebelles uoluntati dei sine | paenitentia, sine correctione ultimo fuerint fine deprehensi.

126. Quod autem deus dictus est *figulus ex eadem* | *massa* faciens *aliud uas in honorem aliud in contumeliam*, a te | commemorari omnino non debuit, quia ut a nobis consequen- | ter exponitur, ita tibi totum repugnat; nam cum alii in hono- [5] rem, alii in contumeliam fieri dicuntur, iuuatur sensus | catholicorum, quo secundum diuersitatem uoluntatis huma- | nae diuersus etiam uasorum exitus praedicatur. 127. tu autem qui supra dixeras omnes ire in | condemnationem, qua testimonium fronte posuisti quo pro- | nuntiatur ire alius in honorem, alius in contumeliam? 128. nihil enim ita pugnat quam dicere „omnes et | non omnes"! tu dicis a figulo deo omnes fieri in condemnatio- | nem, apostolus dicit non omnes in condemnationem nec | omnes in honorem. quid in

---

126,1 quod – 3 debuit: Cf. A. *nupt. et conc.* 2,8 (p. 259, l. 21–24); 113,10–13.   126,1 figulus – 2 contumeliam: *Rm* 9,21.

böse sein, sondern jeder Schuldige wird aufgrund seines Verhaltens, nicht aufgrund seiner Entstehung angeklagt. 123. Deshalb gibt es das Böse nicht als etwas Natürliches, und Gott kann keine Schuldigen erschaffen und sie auch nicht unter die Herrschaft des Teufels stellen. Aus diesen Schlussfolgerungen erweist sich, dass du ein Manichäer, ja sogar schlimmer als Mani selbst bist, und es hat sich glasklar herausgestellt, dass der Eintritt der Menschheit in diese Welt ohne Sünde ist und dass die Früchte der Fruchtbarkeit und die natürliche Unschuld [der Kinder] unter der Verfügungsgewalt Gottes und nicht des Teufels stehen. 124. Nachdem wir das also deutlich gemacht haben, pass auf, was aus deinem Vorgehen folgt. Bekanntlich waren die Propheten und alle Patriarchen und Heiligen des Alten Testamentes nicht getauft, sondern zeichneten sich von Gott geschaffen durch ihre eigenen Tugenden aus. Entgegen dem Zeugnis des Alten Testaments wird man also annehmen müssen, dass sie unter der Herrschaft des Teufels standen und ewigen Strafen anheimfallen werden, denn du urteilst ja, dass alle, die von Adam abstammen, für die Verdammung geschaffen worden sind. 125. Wenn du das behauptest, dann werden selbst deine Verteidiger zugeben können, dass du offensichtlich ein Manichäer bist. Wenn du aber einsiehst, dass das ganze Heer des wahren Königs gegen deine Ansicht kämpft und dass du nichts gegen diese Kämpfer im Vorhinein vorbringen kannst, dann gib dich damit einverstanden, dass dein Gedankengebäude zerstört ist und dass deshalb nicht alle wegen eines Menschen in die Verdammnis gehen, sondern nur die, die am Ende dieser Welt in Auflehnung gegen den Willen Gottes ohne Reue und ohne, sich gebessert zu haben, aufgefunden werden.

126. Dass aber von Gott gesagt worden ist, dass er *als Töpfer aus demselben Lehm ein Gefäß der Ehre und ein anderes der Schande (Rm 9,21)* mache, hätte von dir nicht wiederholt werden dürfen,[91] weil es von uns folgerichtig ausgelegt wird, dir aber vollkommen widerspricht. Denn wenn es heißt, dass die einen für die Ehre gemacht würden und die anderen für die Schande, unterstützt das die Interpretation der Katholiken, gemäß der entsprechend der verschiedenen Ausrichtung des menschlichen Willens auch das Schicksal der Gefäße als unterschiedlich dargestellt wird. 127. Mit welcher Frechheit hast dagegen du, der du zuvor gesagt hattest, dass alle in die Verdammung gehen, die Bibelstelle zitiert, durch die festgestellt wird, dass der eine Ehren, der andere Schande erfährt? 128. Nichts nämlich ist in sich so widersprüchlich wie die Aussage „alle und doch nicht alle"! Du sagst, dass von Gott als Töpfer alle für die Verdammung gemacht würden. Der Apostel sagt, dass nicht alle für die Verdammung

---

91 A. *nupt. et conc.* 2, 8 (p. 259, l. 21–24); 113,10–13.

loco suo habeat dignitatis, ab- [5] soluam. in ipsa tamen pronuntiatione sententiae constat inter | uos magnam esse discordiam nec eundem esse figulum in | condemnationem cuncta fingentem quem Paulus dicat in | honorem alios fabricantem nec te illi credere qui a magistro | admirabili praedicatur, quoniam tuus figulus omnes in con- [10] demnationem fingit, apostoli figulus plurimos fingit in glo- | riam. **129.** et haec quidem dixerim, ut statim appareret | te esse aut imperitiae aut impudentiae singularis, qui tuorum | uice contrariis utereris. ceterum pietas explanauit et ratio | deum meum neminem in contumeliam formare, **130.** sed imaginem suam id est omnes homines | bonos condere, qui etiam demolitos studiorum prauitate | reformare remediorum desiderat largitate. ipsi quidem „cantat | ecclesia *misericordiam et iudicium*", quia et illis est benignus [5] qui nihil deliquerunt et iusto punit iudicio eos qui boni a deo | conditi suapte uoluntate peccarunt ac misericordiae subsidia | respuerunt. hanc igitur misericordiam et hoc iudicium cantat | ecclesia catholicorum; ceterum in uestra nihil potest tale | resonare quae dicit sine iustitia, sine iudicio, sine miseri- [10] cordia deum conditorem malorum formare quos puniat, | atque ob hoc punire, quod eos ex Adam ipse formauerit.

131. Sed iam apostolicae sententiae dignitas | asseratur, ne putetur uel de aliquibus hoc sensisse quod tu | de omnibus aestimasti. apostolus itaque Paulus disputans | cum quaestionibus Iudaeorum, qui generis sui dignitate [5] turgentes dedignabantur coaequari sibi ex gentibus fideles, et | iustitiam dei commendat et gratiam disputans ad earum | munificentiam pertinere, quod et primo Iudaeos nobilitauerat | legis agnitio et quod deinceps etiam gentes adsciuerat Christi | praedicatio. unus enim utriusque populi conditor iudicaturus [10] et illos per legem et istos sine lege, quia non erat Iudaeorum | deus tantum, sed etiam gentium reddens suum unicuique sine | fraude, sine gratia,

---

130,3 cantat – 4 iudicium: A. *nupt. et conc.* 2,8 (p. 259, l. 24 sq.); 113,13; 130,4 misericordiam – iudicium: *Ps* 100, 1.   131,9 unus – 10 lege: Cf. *Rm* 2,12; 3,29–31.   131,10 non – 11 gentium: Cf. *Rm* 3,29.

und nicht alle für Ehre bestimmt seien. Welches Gewicht diese Stelle in ihrem Kontext hat, werde ich gleich zeigen. Schon in der Formulierung des Satzes selbst besteht aber zweifellos ein großer Unterschied zwischen dir und dem Apostel: Der Töpfer, der alles für die Verdammung erschafft, ist nicht derselbe wie der, von dem Paulus sagt, dass er manche Gefäße für die Ehre erschaffe, und du glaubst nicht an den, den der bewundernswerte Lehrer verkündet, weil dein Töpfer alle für die Verdammung erschafft, der Töpfer des Apostels aber die meisten für die Ehre erschafft. 129. Diese Bemerkungen habe ich mir erlaubt, damit sogleich offensichtlich ist, dass entweder deine Unwissenheit oder deine Schamlosigkeit einzigartig ist, weil du statt eigener Aussagen dir widersprechende Worte [sc. aus der Bibel] heranziehst. Außerdem haben die Gottesfurcht und die Vernunft deutlich gemacht, dass mein Gott niemanden für die Schande erschafft, 130. sondern sein Abbild, d. h. alle Menschen, gut erschafft, die er sogar dann, wenn sie sich durch schlechtes Verhalten zugrunde gerichtet haben, durch den freigebigen Einsatz seiner Heilmittel zu erneuern trachtet. Er ist es, dem die Kirche singt: *Gnade und gerechtes Urteil* (Ps 100,1),[92] denn er ist denen gegenüber wohlwollend, die nichts Böses getan haben, und bestraft zugleich mit seinem gerechten Urteil diejenigen, die von Gott gut geschaffen worden sind, aber aus eigenem Willen gesündigt und die Unterstützung seiner Gnade zurückgewiesen haben. Diese Gnade und dieses gerechte Urteil also besingt die Kirche der Katholiken. In eurer Kirche aber kann so etwas nicht erklingen, da sie sagt, dass Gott, der Schöpfer des Bösen, ohne Gerechtigkeit, ohne Urteilsvermögen, ohne Gnade die Menschen nur erschaffe, um sie zu bestrafen, und sie deshalb bestrafe, weil er sie selbst aus Adam geschaffen habe.

131. Aber jetzt soll die Bedeutung der Aussage des Apostels sichergestellt werden, damit niemand meint, dass der Apostel auch nur über einige Menschen das gedacht habe, was du von allen Menschen gedacht hast. Der Apostel Paulus beschäftigt sich mit Streitfragen der Juden, die aus Hochmut wegen ihrer bedeutenden Abstammung nicht wollten, dass die Heidenchristen ihnen gleichgesetzt würden. Er möchte ihnen sowohl die Gerechtigkeit als auch die Gnade Gottes näherbringen und legt hierzu dar, dass zu deren Gaben beides gehört: Sowohl dass die Annahme des Gesetzes zuerst den Juden zu Ansehen verholfen hat als auch dass später die Predigt Christi auch Menschen mit heidnischer Abstammung aufgenommen hat. Ein einziger ist nämlich der Schöpfer beider Gruppen, der die einen durch das Gesetz, die anderen ohne das Gesetz beurteilen wird.[93] Denn er war nicht nur der Gott der Juden, sondern auch der

---

92   Cf. A. *nupt. et conc.* 2,8 (p. 259, l. 24 sq.).
93   Cf. Rm 2,12; 3,29–31.

id est sine cuiusquam acceptione per- | sonae, quod exprimit nomen gratiae in definitione iustitiae. | ita de semine uenientes Abraham, cum nequiter uiuunt, iure [15] condemnat ac de sua hereditate proturbat sicut etiam gentiles | in simili operatione deprehensos et e regione utriusque | populi bonas uoluntates et ueram fidem probitatemque | actionum donat gaudiis sempiternis. comprimit igitur gen- | tium magister Iudaeorum tumorem et ostendit non in semini- [20] bus humani generis, sed in moribus esse distantiam, ut se illi | agnoscerent, nisi fideles esse curassent, nulla praerogatiua | circumcisi generis uindicandos, siquidem Iacob et Esau una | seminis exceptione concepti et una ui parientis effusi diuersos | nimium exitus pro meritorum diuersitate pertulerint. 132. Esau enim profanus et fornicator propter | unam escam uendens primitiua sua quaesiuit benedictionem | quam spreuerat, nec adeptus est, quamquam eam cum | lacrimis poposcisset; Iacob autem quietus et mitis oboediens [5] parentum praeceptis et sanctificationum appetentissimus ad | hoc usque prouectus est, ut sicut Abrahae et Isaac, ita etiam | et Iacob deus in sancto populo diceretur. cum igitur omnibus | constaret exemplis deum iusto iudicio bonis mentibus in | quacumque gente suam misericordiam non negare, malas uero [10] mentes nulla sinere stirpis nobilitate defendi, intellegerent | Iudaei gentium fidem a se despici non debere, quia, sicut | non patrocinatur Israhelitarum stemma criminibus, ita etiam | nullo impedimento est gentium origo uirtutibus. hoc ergo | totum agens conflictu illo apostolus in quibusdam tamen [15] locis ad incuruandam circumcisorum arrogantiam sub nomine | gratiae de sola dei praeiudicat potestate, 133. ut illis in cerimoniarum et hostiarum | obseruatione gloriantibus perque hoc aestimantibus alias | nationes nullis legis ritibus consecratas ad consortium sui nec | posse ammitti subito nec debere diceret,

---

132,1 Esau – 132,4 poposcisset: Cf. *Hbr.* 12,16 sq.; *Gn* 25,25–34; 27,38–40.   132,6 Abrahae – diceretur: Cf. *Ex* 3,6; *Mt* 22,32; *Rm* 9,6–13.

der Heiden,[94] der jedem das Seine zuteilt, ohne jemanden zu benachteiligen oder zu begünstigen (d. h. ohne Ansehen der Person, was der Begriff „Begünstigung" in der Definition der Gerechtigkeit zum Ausdruck bringt). So verurteilt er zu Recht diejenigen, die vom Stamm Abrahams kommen, wenn sie schlecht leben, und vertreibt sie aus ihrem Erbe; und ebenso die Heiden, wenn er sie bei einem ähnlichen Verhalten ertappt. Den guten Willen, den wahren Glauben und die Rechtschaffenheit in den Taten beschenkt er hingegen bei beiden Gruppen mit ewiger Freude. Der Lehrer der Völker bändigt also den Hochmut der Juden und zeigt, dass der Unterschied nicht in den Samen des Menschengeschlechts liege, sondern in den Verhaltensweisen. Auf diese Weise sollten sie erkennen, dass sie, wenn sie sich nicht darum gekümmert hätten, gläubig zu werden, kein Vorrecht aufgrund der Beschneidung ihres Volkes retten würde, da ja auch Jakob und Esau, obwohl sie durch die Aufnahme eines einzigen Samens empfangen und in einer einzigen Geburt von ihrer Mutter hervorgebracht worden waren, ein äußerst unterschiedliches Schicksal entsprechend der Verschiedenheit ihrer Verdienste erfahren haben. 132. Esau nämlich, der gottlos und sexuellen Ausschweifungen verfallen war, hat sein Erstgeburtsrecht für eine Mahlzeit verkauft; er hat den Segen verlangt, den er gering geschätzt hatte, und ihn nicht erhalten, obwohl er ihn unter Tränen eingefordert hatte.[95] Jakob dagegen, der ruhig und sanft war, hat den Vorschriften seiner Eltern gehorcht und ist im Streben nach Heiligung so weit gekommen, dass Gott beim heiligen Volk nicht nur der Gott Abrahams und Isaaks, sondern auch Jakobs genannt wird.[96] Da also aufgrund sämtlicher Beispielfälle feststehe, dass Gott mit seinem gerechten Urteil den Menschen guter Gesinnung aus jedem beliebigen Volk seine Gnade nicht verweigert, Menschen schlechter Gesinnung aber keinerlei Verteidigung aufgrund ihrer vornehmen Herkunft gestattet, sollten die Juden erkennen, dass sie auf den Glauben der Heidenchristen nicht herabsehen dürften. Denn so wie die Ahnenreihe der Israeliten nicht vor Vergehen schützt, so ist auch heidnische Abstammung kein Hindernis für Tugenden. Das ist also das Gesamtanliegen des Apostels in dieser Auseinandersetzung; aber um die Arroganz der Beschnittenen zu zügeln, trifft er an einigen Stellen unter dem Begriff der Gnade lediglich eine Feststellung über Gottes Macht, 133. indem er ihnen, die sich wegen der Einhaltung der Feierlichkeiten und Opfer rühmten und deshalb dachten, dass andere, nicht durch die Riten des Gesetzes geweihte Gruppen nicht auf einmal zu ihrer Gemeinschaft zugelassen

---

94   Cf. *Rm* 3,29.
95   Cf. *Hbr* 12,16 sq.; *Gn* 25,25–34; 27,38–40.
96   Cf. *Ex* 3,6; *Mt* 22,32; *Rm* 9,6–13.

quia, etsi in illis [5] obseruationibus fuisset summa iustitiae, haberet tamen in | potestate sua deus, quandam facere populorum commutatio- | nem, ut reiceret quos uellet, et quos uellet assumeret. cui | sensui respondet persona Iudaeorum nihil debere iam exigi | ab hominis uoluntate, quandoquidem deus *cuius uult miseretur* [10] *et quem uult obdurat*, ad quod refert apostolus: *o homo, tu | quis es qui respondeas deo?* et infert testimonium prophe- | tae Esaiae: *numquid dicit*, inquit, *figmentum ei, qui se finxit:* | *'utquid me fecisti sic'?* additque de suo: *aut non habet pote- | statem figulus ex eadem massa facere aliud uas in honorem* [15] *aliud in contumeliam?* et est sensus eiusmodi: „quia ego com- | mendaui uoluntatem dei auctoritatemque gratiae eius ex- | posui dicens, quod misericordiam praestaret, cuiuscumque | misertus fuisset, tu mihi, o Iudaee, calumniam concitasti, | quasi commendatio prolata a me uoluntatis et potestatis [20] diuinae ad excidium iustitiae illius pertineret; et quia | dixi: ‚facit quod uult', argumentatus es nihil iam reposci ab | hominis uoluntate debere, si deus totum pro sua faceret | uoluntate, cum personae dignitas locum excluserit quaestio- | nis. nam si dixissem: ‚facit deus quod debet secundum iusti- [25] tiae suae leges, quae de meritis iudicat singulorum', nihil, | quale nunc obicis, utique rettulisses; nunc uero, quia dixi: | ‚facit deus quod uult', putasti aliquid me furatum esse de iusti- | tiae dignitate. utrumque igitur idem est. nam cum de deo | dico: ‚facit quod uult', nihil aliud dico quam: ‚facit quod debet', [30] quia scio eum nihil aliud uelle quam debet. ubi ergo insepara- | biliter uoluntas cohaeret aequitati, quamcumque de illis nomi- | nauero, utramque signaui." **134.** ergo superbia illa, quae uolebat otiari et | desidiam suam ob id colore necessitatis obnubere, ut in | susceptione gentium reclamaret euangelio, audit, quoniam, | „etsi sic esset, quomodo tu commentaris, tamen supplicare [5] deo, non seditionem excitare deberes." quibus uerbis nequi- | tiam retundit hominis, qui diuersitatem meri-

---

133,9 cuius – 10 obdurat: *Rm* 9,18.   133,10 o – 11 deo: *Rm* 9,20.   133,12 numquid – 13 sic: *Rm* 9,20; cf. *Is* 45,9.   133,13 aut – 15 contumeliam: *Rm* 9,21.   133,17 misericordiam – 18 fuisset: Cf. *Rm* 9,15.

werden könnten und dürften, klarmacht, dass – selbst wenn in der Einhaltung des Gesetzes das Wesentliche der Gerechtigkeit gelegen hätte – es dennoch in Gottes Macht gestanden hätte, die Menschengruppen gleichsam auszutauschen und zu verwerfen, wen er wollte, und anzunehmen, wen er wollte. Dieser Ansicht antwortet die Stimme, die die Rolle der Juden übernimmt, dass dann vom Willen der Menschen nichts mehr gefordert werden dürfe, weil Gott *sich ja derer erbarmt, derer er sich erbarmen will, und den verhärtet, den er verhärten will (Rm 9,18)*. Darauf antwortet der Apostel: *O Mensch, wer bist du, dass du Gott antwortest (Rm 9,20)?* Und er fügt ein Zitat des Propheten Jesaja hinzu, in dem es heißt: *Sagt etwa ein geformter Ton zu seinem Töpfer: Warum hast du mich so gemacht (Rm 9,20; Is 45,9)?* Und er fügt in eigener Person hinzu: *Hat denn nicht der Töpfer die Macht aus derselben Masse Lehm einmal ein Gefäß, das für Ehre, und einmal eines, das für Schande bestimmt ist, zu formen (Rm 9,21)?* Das bedeutet Folgendes: „Weil ich den Willen Gottes empfohlen und die Entscheidungsmacht seiner Gnade dargelegt habe, indem ich sagte, dass er Gnade leiste, wessen auch immer er sich erbarmt habe,[97] hast du mir, o Jude, böswillige Vorwürfe gemacht, so als zöge die von mir vorgebrachte Empfehlung des göttlichen Willens und der göttlichen Macht die Aufhebung seiner Gerechtigkeit nach sich; und weil ich gesagt habe: ‚Er tut, was er will', hast du argumentiert, dass dann vom Willen des Menschen nichts mehr gefordert werden dürfte, wenn Gott alles nach seinem Willen tue, obwohl die Bedeutung seiner Person die Möglichkeit derartiger Rückfragen ausgeschlossen hat. Denn wenn ich gesagt hätte: ‚Gott tut das, was er wegen der Gesetze seiner Gerechtigkeit tun muss, die über die Verdienste der Einzelnen urteilt', hättest du mir nichts von dem, was du mir jetzt vorwirfst, entgegengehalten. Jetzt aber, weil ich gesagt habe: ‚Gott tut, was er will', hast du geglaubt, dass ich der Gerechtigkeit etwas von ihrem Wert gestohlen hätte. Es ist aber beides dasselbe. Denn wenn ich über Gott sage: ‚Er tut, was er will', sage ich nichts anderes als: ‚Er tut, was er muss'. Denn ich weiß, dass er nichts anderes will, als was er muss. Dort also, wo der Wille mit der Gerechtigkeit untrennbar zusammenhängt, habe ich, wenn ich eines von beiden nenne, immer beides zugleich bezeichnet." 134. Diese stolze Haltung also, die weiterhin untätig sein und ihre Trägheit deshalb durch den Anstrich der Notwendigkeit verschleiern wollte, um sich dem Evangelium hinsichtlich der Aufnahme der Heiden widersetzen zu können, bekommt nun zu hören: „Auch wenn es so wäre, wie du es dir zusammenreimst, müsstest du dennoch Gott anflehen und dürftest keinen Aufstand anzetteln." Mit diesen Worten weist

---

97 Cf. *Rm* 9,15.

torum ex uolun- | tatis qualitate uenientem aucupans elocutionis ambiguum | ideo necessitati diuinae conabatur ascribere, ut assereret | necesse esse alterum de duobus, id est aut gentes ad promis- [10] sionis non uenire consortium aut, si hoc liceret, deo extingui | officia liberae uoluntatis. uerum quia id non sufficiebat | negotio – neque enim a tali magistro sicut commendabatur | auctoritas dei, ita erat indefensa relinquenda iustitia – subdit | consequentissime uasa quae in contumelia et quae in honore [15] fiunt habere hoc de propriae stipendio uoluntatis: *si | enim uolens deus ostendere iram et notam facere potentiam suam | in multa patientia in uasis irae consummatis in perditionem et | ut notas faciat*, inquit, *diuitias gloriae suae in uasis miseri- | cordiae, quae praeparauit in gloriam, quos et uocauit nos non* [20] *solum ex Iudaeis, sed etiam ex gentibus*. certe hic absoluit, | quod superior conflictus operuerat, non inferri a deo iram, | nisi his uasis quae ad perditionem consummata fuerint, | gloriam autem dari his quae ad hoc fuerint praeparata. | a quo autem uasa eiusmodi in susceptionem horum quae [25] diximus praeparentur, ipsius apostoli sermo patefecit: *in | magna*, inquit, *domo non sunt tantummodo uasa aurea et argen- | tea, sed et lignea et fictilia. alia quidem in honorem, alia in | contumeliam. si ergo mundauerit quis semet ipsum ab his, erit | uas in honorem sanctificatum, utile domino ad omne opus* [30] *bonum paratum*. **135.** ecce officium liberae uoluntatis: *si*, inquit, | *mundauerit quis semet ipsum* a societate uasorum uilium | – quo nomine uitia denotantur, – *erit uas in honorem | sanctificatum utile domino ad omne opus bonum paratum*. [5] haec igitur uasa studiis propriis aut ad iram aut ad gloriam | praeparantur, deus autem notam facit potentiam suam in | utroque uel seueritatem in impios exserendo uel benedic- | tionem fidelibus largiendo. apparuit itaque hanc sententiam | egregii praeceptoris nec Manicheis opem sensibus attulisse et [10] e diuerso nos consequenter armasse. **136.**

134,15 si – 20 gentibus: *Rm* 9,22–24.   134,25 in – 30 paratum: 2 *Tm* 2,20 sq.   135,1 si – 2 ipsum: 2 *Tm* 2,21.   135,3 erit – 4 paratum: 2 *Tm* 2,21.

der Apostel die Frechheit des Menschen zurück, der, indem er sich die Mehrdeutigkeit der Formulierung zunutze machte, versuchte, die unterschiedlichen Verdienste der Menschen einem göttlichen Zwang zuzuschreiben, obwohl sie aus der Beschaffenheit des Willens kommen – nur um behaupten zu können, dass eines von beiden notwendig sei, d.h., dass entweder die Heiden nicht teilhaben dürften an der Gemeinschaft der Verheißung oder, wenn Gott dies erlaubt sei, die Aufgaben des freien Willens ausgelöscht würden. Aber weil diese Zurechtweisung für die Aufgabe des Apostels nicht hinreichend war – ein solcher Lehrer konnte nämlich nicht nur die Entscheidungsmacht Gottes empfehlen, seine Gerechtigkeit aber ohne Verteidigung lassen –, fügt er ganz folgerichtig hinzu, dass den Gefäßen, die für die Schande oder für die Ehre geschaffen werden, dies aufgrund des Verdienstes ihres eigenen Willens zukommt: *Wenn nämlich Gott, da er seinen Zorn zeigen und seine Macht bekannt machen wollte, in großer Geduld gegenüber den Gefäßen des Zorns [verfuhr], die zur Vernichtung bestimmt sind, auch um den Reichtum seiner Herrlichkeit an den Gefäßen des Erbarmens zu zeigen, die er zur Herrlichkeit bereitet hat – sie hat er auch berufen, [nämlich] uns, nicht nur aus den Juden, sondern auch aus den Heiden (Rm 9,22–24).*[98] Offenkundig handelt er hier ab, was der obige Konflikt verdeckt hatte, nämlich, dass Gott nur gegenüber den Gefäßen zornig ist, die für die Vernichtung bestimmt sind, dass er aber denen Ruhm schenkt, die für den Ruhm bereit gemacht sind. Von wem aber die Gefäße für die Aufnahme der genannten Dinge bereit gemacht werden, hat die Rede des Apostels selbst deutlich gemacht: *In einem großen Haus*, heißt es, *sind nicht nur goldene und silberne Gefäße, sondern auch hölzerne und tönerne, die einen für die Ehre, die anderen für die Schande. Wenn sich einer von diesen rein erhält, wird er ein für die Ehre geheiligtes Gefäß, dem Herrn nützlich, zu jedem guten Werk bereitet* (2 Tm 2,20 sq.). 135. Schau, das ist Aufgabe des freien Willens, denn dort steht: *Wenn einer sich selbst rein erhält* (2 Tm 2,21) von der Gemeinschaft mit den wertlosen Gefäßen – womit die Sünden gemeint sind –, *wird er ein für die Ehre geheiligtes Gefäß, dem Herrn nützlich, zu jedem guten Werk bereitet* (2 Tm 2,21). Diese Gefäße also werden durch ihr eigenes Verhalten entweder für den Zorn oder für die Ehre bereit gemacht. Gott aber zeigt in beidem seine Macht, sei es in der Strenge, die er über die Gottlosen walten lässt, als auch durch das Geschenk seines Segens an die Gläubigen. Es ist deshalb offensichtlich, dass diese Aussage des hervorragenden Lehrers den manichäischen Ansichten nicht geholfen, sondern im Gegenteil uns mit Waffen ausgestattet hat. 136. Und

---

98 Die Übersetzung des Bibelzitats orientiert sich an derjenigen von Schäfer in Flasch/Schäfer, Logik 143, cf. auch Kommentar zu 134,15–135,10.

ac per hoc et tibi uehementer obnixa est | dicens non omnes fingi in condemnationem, in quam tu omnes | ire pronuntias. absurdissime autem argumentari soles, ut | dicas: „sed hi non finguntur in condemnationem, qui postea [5] liberantur", cum nec sic possit sermonis apostolici tibi uel | superficies conuenire. nam cum dicis tu omnes in condem- | nationem creantur lege nascendi, sed aliqui inde, licet perexi- | gui, mysteriis liberantur, non hoc asseris quod ille, qui non | solum de condemnatis liberari praedicat, uerum non omnes [10] in condemnationem fingi, sed alios in contumeliam, alios in | honorem. 137. quod ut claruit apostolum dixisse de mori- | bus, ita apparet, quanta testimoniorum legis inopia labores, | qui ab his sententiis contra fulmina rationis opem petis, quae | tibi dedignantur, immo natura sui subuenire non possunt.

138. Et haec quidem, quantum spectat ad | testimonium apostoli, disputata sunt; ceterum in Esaia, unde | ipsam sententiam Paulus assumpsit, in tantum non deterret | deus rationabilem creaturam a sui consideratione iudicii, ut [5] sicut per eundem prophetam dixerat: *quiescite agere peruerse,* | *discite bene facere, subuenite oppresso et uenite, arguite me,* | *dicit dominus*, ita etiam hic, ne quid potestate sola, non | iustitia uideretur fecisse, dispensationum suarum dignatur | aperire rationem. afflicto enim in captiuitate populo Iudae- [10] orum redemptionis appropiare tempus, quo ad terram suam | reuerterentur, annuntiat et causam uel praecedentium ango- | rum reserat uel instantium gaudiorum: *epuletur*, inquit, | *caelum desuper et nubes spargant iustitiam; oriatur ex terra* | *misericordia et iustitia oriatur simul. ego sum dominus deus,* [15] *qui creaui te faciens meliorem, praeparaui te sicut lutum figuli.* | *numquid qui arat arabit terram per omnem diem? numquid* | *dicit lutum figulo: 'quid facis, quia non operaris, quia non* | *habes manus?' numquid dicit figmentum ei qui se finxit:* | *'sapienter me finxisti'? uel qui dicit patri: 'quid generabis?'* [20] *et matri: 'quid parturies?' quia sic dicit dominus deus Israhel* | *sanctus, qui fecit futura: 'interrogate me pro filiis meis et* | *filiabus et pro operibus manuum mearum mandate mihi! ego* | *feci terram et hominem super eam, ego manu mea firmaui* | *caelum, ego omnibus sideribus mandaui, ego leuaui cum iustitia* [25] *regem, et omnes uiae eius rectae; hic*

138,5 quiescite – 7 dominus: *Is* 1,16–18.   138,12 epuletur – 27 Sabaoth: *Is* 45,8–13.

darum widerspricht sie auch dir heftig, weil der Apostel sagt, dass nicht alle für die Verdammnis geschaffen werden, in die nach deiner Aussage aber alle gehen müssen. Ganz abwegig ist es aber, wenn du, wie üblich, argumentierst: „Aber diejenigen werden nicht für die Verdammnis geschaffen, die nachher befreit werden", da auch auf diese Weise die Worte des Apostels nicht einmal oberflächlich mit dir übereinstimmen könnten. Denn du sagst: Alle werden wegen des Gesetzes ihrer Geburt zur Verdammnis geschaffen, aber hierauf werden einige, wenn auch ganz wenige, durch die Glaubensmysterien befreit; und damit sagst du nicht dasselbe wie der Apostel, der nicht bloß predigt, dass von den Verdammten [manche] befreit werden, sondern dass nicht alle für die Verdammnis geschaffen sind, sondern einige für die Schande und einige für die Ehre. 137. Also: Ebenso wie es deutlich geworden ist, dass der Apostel von den Verhaltensweisen [der Menschen] gesprochen hat, so ist klar, an was für einer Not von Belegstellen der Heiligen Schrift du leidest. Denn du suchst gegen die Blitzschläge der Vernunft Unterstützung bei solchen Aussagen, die sich dir verweigern, ja die dir aufgrund ihrer Natur gar nicht zur Hilfe kommen können.

138. Damit ist meine Diskussion, was das Zeugnis des Apostels betrifft, abgeschlossen. Bei Jesaja indes, von dem Paulus die Aussage wörtlich übernommen hat, ist Gott so weit davon entfernt, den Menschen vom Nachdenken über das göttliche Urteil abzuschrecken, dass er – so wie er durch denselben Propheten schon gesagt hat: *Hört auf, falsch zu handeln, lernt, gut zu handeln, helft den Unterdrückten und kommt und streitet mit mir, sagt der Herr* (Is 1,16–18) – sich auch hier herablässt, seinen Plan für die Welt offenzulegen, damit es nicht scheint, er hätte irgendetwas nur aufgrund seiner Macht, nicht aber aufgrund seiner Gerechtigkeit getan. Er kündigt ja dem durch die Gefangenschaft verzweifelten Volk der Juden an, dass der Zeitpunkt der Befreiung näher rücke, zu dem sie in ihre Heimat zurückkehren würden, und er eröffnet ihnen den Grund für ihre vorherigen schlimmen Erlebnisse und für die bevorstehende Freude: *Der Himmel freue sich und die Wolken sollen Gerechtigkeit herabregnen. Gnade wachse aus der Erde hervor und Gerechtigkeit zugleich. Ich bin Gott der Herr, der dich geschaffen hat und dich besser macht, ich habe dich bereitet wie den Ton eines Töpfers. Wird etwa einer, der die Erde pflügt, den ganzen Tag pflügen? Sagt etwa der Ton zum Töpfer: ‚Was machst du da, du arbeitest nicht, hast du keine Hände?' Sagt etwa der geformte Ton zu dem, der ihn gefertigt hat: ‚Du hast mich mit Verstand gefertigt'? Oder fragt einer den Vater: ‚Wozu zeugst du ein Kind?' Oder die Mutter: ‚Wozu gebierst du?' Denn so sagt Gott der Herr, der heilige Gott Israels, der das Künftige gemacht hat: ‚Stellt mich bezüglich meiner Söhne und Töchter nur zur Rede und gebt mir hinsichtlich des Werks meiner Hände Anweisungen! Ich habe die Erde und die Menschen auf ihr geschaffen, ich habe mit meiner Hand den Himmel befestigt, ich habe allen Sternen befohlen, ich habe*

aedificabit ciuitatem meam | et captiuitatem populi mei reducet non cum praemio nec cum | muneribus", dixit dominus Sabaoth. **139.** in hoc igitur loco hic sensus, quantum spec- | tat ad historiam, continetur, ut deus loquatur ad populum, | quia „nec odio uos in captiuitatem tradidi nec nunc obliuione | iudicii de uinculis Babyloniae captiuitatis exemi; sed ego [5] quantum in me est, paratus iugi uos beneuolentia confouere | iustitiae meae tamen debui, ut et delinquentes hostibus | traderem et recrearem liberaremque uexatos. sicut enim | rusticandi gnarus non semper uno imminet operi, ut solis | findat arua dentalibus, sed diuerso genere uotiuae fertilitati [10] rura componit, ita etiam ego dispensationum uices uario, ut | tum pressuris tum consolationibus uoluntatem uestram frugi- | bus possim aptare iustitiae. denique ut intellegatis, quanta | aequitate agam uobiscum, possem mussitationes uestras pro | potestate despicere, ut sicut figulo figmentum suum dicere [15] non potest: ,quid fecisti?', ita etiam uobis silentii pondus | imponerem. tamen contra haec exempla prouoco uos, ut pro | filiis meis et filiabus id est pro uobis et operibus manuum | mearum me interrogetis et discatis totum me iuste nec quic- | quam umquam fecisse crudeliter." **140.** et a propheta ergo et ab apostolo in | exemplo adductus est figulus, nihil aliud praebiturus, quam | comparationis officium non tamen, ut tam uiles apud deum | esse homines indicentur, quam argilla est in fornace et orbe [5] figulorum.

Absoluta hac expositione quam praemisimus, | ammonemus secundum interpretationem recentem in eodem | loco aliud relucere: *rorate,* inquit, *caeli desuper et nubes | pluant iustum, aperiatur terra et germinet saluatorem et iustitia | oriatur simul; ego dominus creaui eum. uae, qui contradicit* [10] *factori suo, testa de Samiis terrae! numquid dicit lutum figulo | suo: 'quid facis?' et 'opus tuum absque manibus est'?* quibus | uerbis etsi secundum historiam Cyrus rex, secundum pro- | phetiam tamen incarnatio saluatoris exprimitur; qui quo-

---

139,10 dispensationum *L Migne Primmer, Textvorschläge 239 sq. Cipriani/Volpi, Sant'Agostino 1, 190 Teske, Answer 159 n. 276,* disputationum *P C G T M Zelzer.*

139,16 ut – 18 interrogetis: Cf. *Is* 45,11.   **140**,7 rorate – 11 est: *Is* 45,8 sq.

mit Gerechtigkeit den König erhoben, und alle seine Wege sind eben. Er wird meine Bürgerschaft erbauen und wird mein Volk aus der Gefangenschaft führen nicht gegen Lohn oder Bezahlung', sprach der Herr Gott Sabaoth (*Is* 45,8–13). **139.** Die Bedeutung an dieser Stelle ist, insofern sie den historischen Sinn betrifft, dass Gott zum Volk spricht: „Ich habe euch nicht aus Hass der Gefangenschaft übergeben und ich habe euch jetzt auch nicht in Vergessenheit meines Urteils aus den Fesseln der babylonischen Gefangenschaft befreit. Aber obwohl ich, soweit es an mir liegt, bereit war, euch mit beständigem Wohlwollen zu umsorgen, war ich es dennoch meiner Gerechtigkeit schuldig, sowohl die Sünder den Feinden zu übergeben, als auch die Unterdrückten zu stärken und zu befreien. Wie nämlich ein erfahrener Bauer nicht immer nur einer Arbeit nachgeht, sodass er nur mit den Zinken die Erde zerfurcht, sondern auf unterschiedliche Weise die Felder für den gewünschten Ertrag bestellt, so wechsle auch ich die Taten ab, durch die ich auf die Welt Einfluss ausübe, sodass ich euren Willen bald mit Druckmitteln, bald mit Ermutigungen für die Früchte der Gerechtigkeit geeignet mache. Damit ihr schließlich versteht, mit welcher Unvoreingenommenheit ich gegenüber euch handle: Ich könnte euer Murren aufgrund meiner Macht gering achten und euch, so wie der geformte Ton seinem Töpfer nicht sagen kann: ‚Was hast du gemacht?', die Last des Schweigens auferlegen. Stattdessen fordere ich euch entgegen diesen Beispielen dazu auf, dass ihr mich bezüglich meiner Söhne und Töchter,[99] d. h. wegen euch selbst und der Werke meiner Hände, zur Rede stellt und lernt, dass ich alles auf gerechte Weise und niemals irgendetwas grausam getan habe." **140.** Sowohl vom Propheten als auch vom Apostel ist der Töpfer also nur als Beispiel herangezogen worden; er soll keine andere Aufgabe als die eines Vergleichs erfüllen und nicht etwa andeuten, dass die Menschen für Gott so wertlos sind wie der Ton im Brennofen oder auf der Töpferscheibe.

Nachdem ich diese vorausgeschickte Darlegung abgeschlossen habe, will ich darauf aufmerksam machen, dass nach der jüngsten Übersetzung auch noch etwas anderes an dieser Stelle durchscheint. Da heißt es: *Tauet Himmel den Gerechten, Wolken regnet ihn herab, die Erde möge sich öffnen, der Erlöser möge hervorsprießen und mit ihm die Gerechtigkeit. Ich, der Herr, habe ihn geschaffen. Wehe der Schale aus Samischer Erde, die ihrem Schöpfer widerspricht; sagt denn der Ton zu seinem Töpfer: ‚Was machst du da?' und: ‚Du fertigst Dinge ohne Geschick'* (*Is* 45,8 sq.)? Auch wenn mit diesen Worten nach dem historischen Sinn König Kyros gemeint ist, wird doch nach dem

---

99   Cf. *Is* 45,11.

niam | erat de uirgine nasciturus, Iudaeorum et omnium infidelium [15] obstinatio conuenitur, ne sint signis fidelibus perduelles. cum | enim praemisisset: *aperiatur terra et germinet saluatorem et | iustitia oriatur simul, ego dominus*, inquit, *creaui eum*. **141.** ante terra aperitur in germen, quam | opera colentis semen accipiat; quod in puerperio uirginis | approbatur, quae munere matris officium praeuenit et exclu- | sit uxoris; quod ergo in usu non erat, id facturum se deus [5] omnipotens pollicetur, et addit praeuidens infidelium multi- | tudinem: *uae, qui contradicit factori suo, testa de Samiis terrae!*, | id est: „uae his qui deo promittente fetam fieri uirginem non | potuisse contendunt, cumque ipsi totidem licet de seminibus | a deo institutis, tamen interueniente dei potentia in uisceribus [10] fingantur maternis, obstipo studio affirmant nequiuisse car- | nem sine ministerio uiri ex carne uirginis fabricari. tale | est igitur, quod uos, o peruicaces, non putatis me id facere | potuisse ac mihi de rei difficultate praescribitis, cum uos | ipsos manibus meis constet effectos, quale si lutum figulo suo, [15] cum ab eo tractatur, diceret: ‚non habes manus', quibus tunc | in uas aliquod formabatur. ita ergo et uos, qui inquiritis, quis | filium uirgini dederit sine uiri semine, cognoscite eundem | esse, qui uos fecit ex semine!" sed iam, quoniam scripturis | sanctis expositio uaria licet, utraque tamen pia et religiosa [20] concinuit, primus terminetur liber suo tamen fine commonens, | ut opifex nascentium deus credatur, innocentium tutor, | catholicorum remunerator, Manicheorumque damnator.

141,6 factori *C K L M Gryson, Esaias 1078 sq.*, fictori *P G T Zelzer Cipriani/Volpi, Sant'Agostino 1, 194*.

140,16 aperiatur – 17 eum: *Is* 45,8.   141,6 uae – terrae: *Is* 45,9.

prophetischen Sinn die Fleischwerdung des Erlösers ausgedrückt: Weil er von einer Jungfrau geboren werden sollte, werden die Juden und alle Ungläubigen in ihrem Starrsinn dazu ermahnt, Glaubenswunder nicht zu bekriegen. Denn nachdem er vorausgeschickt hat: *Die Erde möge sich öffnen, der Erlöser möge hervorsprießen und mit ihm die Gerechtigkeit*, fügt er hinzu: *Ich, der Herr, habe ihn geschaffen* (Is 45,8). **141.** Die Erde öffnet sich für den Spross, bevor sie durch die Arbeit des Bauern die Saat empfängt. Das bestätigt sich in der Geburt der Jungfrau, die durch das Gnadengeschenk ihre Mutterschaft vorwegnahm und die Aufgabe als Ehefrau ausschloss. Der allmächtige Gott verspricht also, etwas zu tun, was für gewöhnlich nicht geschieht, und er fügt, weil er die Menschenmenge von Ungläubigen voraussieht, hinzu: *Wehe der Schale aus Samischer Erde, die ihrem Schöpfer widerspricht* (Is 45,9), d.h., „wehe denen, die, obwohl Gott es verspricht, behaupten, dass eine Jungfrau nicht schwanger hätte werden können, und obwohl sie selbst allesamt zwar aus von Gott geschaffenen Samen, aber doch durch das Eingreifen der göttlichen Macht im Mutterleib geformt werden, behaupten sie mit hartnäckigem Widerstand, dass ohne das Zutun des Mannes aus dem Fleisch einer Jungfrau kein Fleisch entstehen könne. Wenn ihr nicht glaubt, dass ich so etwas hätte tun können, ihr Unbelehrbaren, und mir wegen der Schwierigkeit der Sache Vorschriften macht, obwohl ihr selbst doch durch meine Hände geschaffen worden seid, dann sprecht ihr so, wie wenn der Ton seinem Töpfer, wenn er von ihm bearbeitet wird, sagte: ‚Du hast kein Geschick', obwohl er mit diesem Geschick gerade jetzt zu einem Gefäß geformt wird. Erkennt auch ihr also, die ihr fragt, wer der Jungfrau ohne einen männlichen Samen den Sohn gegeben hat, dass es derselbe war, der auch euch aus dem Samen gemacht hat." Aber weil meine Auslegung zwar verschiedenartig, aber in beiden Teilen gottesfürchtig und fromm ist und mit den heiligen Schriften im Einklang steht, soll das erste Buch hier enden, aber mit seinem Schluss dazu mahnen, dass wir an den Gott glauben, der die Neugeborenen erschafft, die Unschuldigen beschützt, die Katholiken entlohnt und die Manichäer verdammt.

Gliederung von *Ad Florum* 1 – Inhaltsverzeichnis zum Kommentar

1 *Prooemium* (1,2–21,11) 218
   1.1 *Widmung an Florus* (1,2–8,5) 218
   1.2 *Erläuterung der Sachlage* (9,1–21,11) 230
      1.2.1 Der Auftakt der direkten Auseinandersetzung mit Augustinus (9,1–16,11) 230
      1.2.2 Augustins Argumentationen sind unhaltbar – *Ad Florum* als Widerlegungsschrift von *De nuptiis et concupiscentia* 2 (17,1–21,11) 239
         1.2.2.1 *Die* Chartulae, *ein Exzerpt aus* Ad Turbantium 1 – nupt. et conc. 2,2 (17,4–20) 240
         1.2.2.2 *Augustinus kämpft mit verbundenen Augen – Entgegnung von* nupt. et conc. 2,2 *und Konzeption von* Ad Florum 1 (17,21–21,11) 242
2 *Argumentatio* (22,1–141,18) 248
   2.1 *Göttliche Gerechtigkeit und menschliche Sündhaftigkeit – Widerlegung von* nupt. et conc. 2,3 sq. (22,1–51,9) 248
      2.1.1 „Julians Zitierpraxis ist manipulativ" – Augustins *nupt. et conc.* 2,3 sq. (22,2–37) 249
      2.1.2 Hinführung zur Erörterung über die Definitionen von *iustitia* und *peccatum* (22,37–33,8) 250
         2.1.2.1 *Augustinus verunstaltet die Heilige Schrift mit seinen Ansichten* (22,37–23,19) 250
         2.1.2.2 Praemunitio *der Argumentation* (24,1–33,8) 254
      2.1.3 *Iustitia* und *peccatum* (34,1–48,3) 264
         2.1.3.1 *Dialektische Grundlagen der Erörterung* (34,1–35,3) 265
         2.1.3.2 *Definition der* iustitia (35,3–40,4) 279
         2.1.3.3 *Definition des* peccatum (41,1–48,3) 287
      2.1.4 Augustinus im Verhör – Schlussfolgerungen aus den Definitionen (48,3–49,20) 304
      2.1.5 Augustins Gott ist selbst ein Verbrecher – Binnenperoratio (50,1–51,9) 317
   2.2 *Taufgnade und Sündlosigkeit der* paruuli *– Widerlegung von* nupt. et conc. 2,4 sq. (52,1–66,14) 322
      2.2.1 „Julian verkennt den Sinn der Taufgnade" – *nupt. et conc.* 2,4 sq. (52,8–33) 323

2.2.2 Die Bedeutung der Taufgnade (52,33–56,3) 325
2.2.3 Die Verteidigung der Sündlosigkeit der Kleinkinder (57,1–61,5) 337
2.2.4 Augustinus verurteilt mit dem *peccatum originale* die Ehe, die menschliche Natur und Gott als Schöpfer der Menschen (62,1–66,14) 342

2.3 *Es gibt keine Sünde von Natur aus – Widerlegung von* nupt. et conc. *2,6* (67,1–72,25) 353

2.3.1 Was ist das corpus mortis? – Auslegung von *Rm* 7,23–25 (67,1–70,12) 353

2.3.1.1 *„Julian bestreitet die* concupiscentia *als Folge der Sünde Adams"* – nupt. et conc. 2,6 (67,3–17) 354

2.3.1.2 *Das* corpus mortis *ist nicht die* concupiscentia, *sondern die* consuetudo delinquendi – *Auslegung von* Rm *7,24 sq.* (67,18–68,16) 356

2.3.1.3 *Die Gnade Gottes befreit den Menschen von der* lex peccati *und aus dem* corpus mortis – nupt. et conc. 2,6 (69,1–6) 385

2.3.1.4 *Die* lex in membris *ist die* consuetudo mala – *Auslegung von* Rm *7,23* (69,6–37) 386

2.3.1.5 *Augustinus verurteilt die menschliche Natur – Resümee* (70,1–12) 396

2.3.2 Lust in Maßen ist natürlich (*71,1–72,25*) 397

2.3.2.1 *„Die* lex peccati *beeinträchtigt als* concupiscentia *das Leben der Menschen dauerhaft"* – nupt. et conc. 2,6 (71,2–9) 398

2.3.2.2 *Man muss der* lex peccati *nicht zustimmen, Augustins Ansichten sind widersprüchlich* (71,9–72,2) 399

2.3.2.3 *Augustins Gott schafft eine* necessitas peccati – *Resümee* (72,2–25) 406

2.4 *Augustinus leugnet die Freiheit des Willens – Widerlegung von* nupt. et conc. *2,6–8* (73,1–109,8) 409

2.4.1 Die Einleitung von *Ad Turbantium* in den *Chartulae* – nupt. et conc. 2,6 sq. (73,3–23) 410

2.4.2 Die Abschrift der *Chartulae* ist unsorgfältig – Formale Korrektur der exzerpierten Einleitung von *Ad Turbantium* 1 (73,23–42) 416

2.4.3 Die Erörterung über das *liberum arbitrium* – Widerlegung von *nupt. et conc. 2,8* (74,1–109,8) 419

2.4.3.1 *„Wahre Freiheit gibt es nur durch Gottes Gnade"* – nupt. et conc. 2,8 (74,2–11) 420

2.4.3.2 *Inhaltliche Erläuterung der Einleitung von* Ad Turbantium (74,12–76,11)   420

    2.4.3.2.1 Exkurs zur Synode von Rimini (359 n. Chr.) (75,20–76,11)   425

2.4.3.3 *Enttarnung von Augustins* non liberum negamus arbitrium (76,11–109,8)   436

    2.4.3.3.1 Augustinus verschleiert mit einem Bibelzitat seine Ansicht – Überleitung zur Argumentation (76,11–77,11)   436

    2.4.3.3.2 Das Zitat *Io* 8,36 widerspricht Augustins Ansichten zum freien Willen (77,9–93,18)   439

        2.4.3.3.2.1 *Praemunitio der Exegese von Io 8,36, Definition des freien Willens* (77,9–86,4)   439

        2.4.3.3.2.2 *Exegese von* Io *8,31–41* (87,1–92,4)   462

        2.4.3.3.2.3 *Bibelstellen, die für den freien Willen sprechen* (93,1–18)   472

    2.4.3.3.3 Beweisstücke für Augustins wahre Auffassung vom Willen – Heranziehung von *c. ep. Pel.* 1,5–7 (94,1–109,8)   473

        2.4.3.3.3.1 *„Frei von der Sünde ist man nur durch die Gnade Gottes" –* c. ep. Pel. *1,5–7* (94,1–47)   474

        2.4.3.3.3.2 *Einfluss der Gnade auf den menschlichen Willen* (94,48–95,11)   478

        2.4.3.3.3.3 *Vergleich der Ansichten Augustins mit denen Jovinians und der Manichäer* (96,1–106,21)   487

        2.4.3.3.3.4 *Exegese von* Rm *6,20* (107,1–109,8)   511

2.5 *Augustinus erfindet einen guten Gott, der das Böse erschafft – Rückkehr zu* nupt. et conc. *2,8* (109,8–141,22)   520

    2.5.1 Kontextualisierung des nächsten Zitats aus *nupt. et conc.* 2,8 (109,8–113,6)   520

    2.5.2 „Gott als Schöpfer der Menschen" – *nupt. et conc.* 2,8 (113,6–13)   525

    2.5.3 Augustins Gott ist schlimmer als der der Manichäer – gegen Augustins Verwendung von *Rm* 5,12 in *nupt. et conc.* 2,8 (113,14–125,7)   526

2.5.4 Exegese aus dem Kontext – Auslegung von *Rm* 9,21 und *Is* 45,9 (**126,1–141,22**) 537
    2.5.4.1 Praemunitio *der Exegese* (**126,1–130,11**) 538
    2.5.4.2 *Gottes Wahl – Exegese von* Rm *9,21 im Kontext von* Rm *9,18–24* (**131,1–137,4**) 541
    2.5.4.3 *Gottes Wirken in der Welt – Exegese von* Is *45,9* secundum historiam (**138,1–140,5**) 561
    2.5.4.4 *Die Menschen sollen Gott vertrauen – Exegese von* Is *45,9* secundum prophetiam (**140,5–141,22**) 564

Kommentar

1 Prooemium (1,2–21,11)

Das Proömium von *Flor.* 1 enthält die für die Antike gängigen Topoi von Proömien. Es findet sich dort die Widmung an Florus[1] und eine *captatio beneuolentiae*. Letztere besteht aus der Anführung der widrigen Umstände (1,2–6; 1,12 sq.; 2,10–17) und der damit verbundenen Entschuldigung für die Verzögerung des versprochenen Werkes sowie dem Grund für das Schreiben (1,6–12) und der indirekten Entschuldigung dafür, dass das Werk länger geworden ist als anfänglich geplant (2,1–7; 6,1–8,5).[2] Das Proömium zerfällt in zwei Teile: Der erste beschäftigt sich mit der Widmung und dem ursprünglichen Vorhaben für *Flor.* (1,2–8,5), der zweite setzt sich mit den Entstehungshintergründen von *Flor.* auseinander (9,1–21,11). Hierbei geht Julian auf Vorwürfe Augustins in *nupt. et conc.* 2,1 sq. ein und erläutert damit die Beweggründe der Auseinandersetzung in *Flor.* näher (9,1–19,26); schließlich nennt er in einer *propositio* das Vorgehen und die übergeordneten Argumentationsziele für *Flor.* (20,1–21,11). Die Ausführungen im Proömium zielen darauf ab, den Leser für das eigene Vorhaben zu gewinnen und Augustins Ansehen zu schmälern.[3] Mit der hermeneutischen Regel der Unantastbarkeit der göttlichen Gerechtigkeit (3,7–5,2), dem Manichäismusvorwurf und dem Vorwurf der Voreingenommenheit derjenigen, die über die Orthodoxie der Ansichten der beiden Kontrahenten geurteilt haben (2,10–17; 9,1–7), sowie dem Vorwurf der Täuschung und Bestechung (16,9–11; 19,14–26) werden bereits wesentliche Motive für *Flor.* in Julians einleitenden Worten genannt.[4]

1.1 Widmung an Florus (1,2–8,5)

Julian erläutert in den ersten Paragraphen von *Flor.* den eigentlichen Plan, den er für die Abhandlung gefasst hatte, und die Umstände, wie es nun zu einer Widerlegung von *nupt. et conc.* 2 gekommen ist. Während er selbst nur die wesentlichen Bibelstellen auslegen wollte, die er in *Turb.* ausgelassen hatte und

---

1 Zweiteilige Zahlenangaben in Fettdruck beziehen sich auf Paragraph und Zeilenzahl in der Ausgabe von Zelzer, der die in der vorliegenden Studie abgedruckte Version von *Ad Florum* 1 folgt. Nicht hervorgehobene zwei- oder dreiteilige Stellenangaben beziehen sich auf Buch, Paragraphen und Zeilenzahl in derselben Ausgabe.
2 Cf. Cipriani, Aspetti 135.
3 Cf. Cipriani, Aspetti 135.
4 Cf. Cipriani, Aspetti 135 sq.

über die zwischen ihm und Augustinus keine Übereinstimmung herrsche (1,2–3,7), hat Florus ihn aufgefordert, umfangreicher gegen Augustinus vorzugehen und *nupt. et conc.* 2 zu widerlegen. In 3,7–5,8 schildert er die Unantastbarkeit der göttlichen Gerechtigkeit, die der wichtigste Maßstab bei der Exegese sei, und deutet damit bereits an, was er in 27,1–33,8 genauer ausführen wird. Schließlich stellt er das für *Flor.* neu gefasste Unterfangen dar, das Werk als eine Widerlegung von *nupt. et conc.* 2 zu konzipieren (7,1–8,5). Die in 1,2–8,5 bereits angesprochenen Gedanken zu den Entstehungsumständen von *Flor.* werden im darauffolgenden Abschnitt 9,1–19,26 konkretisiert.

1,2 magnis licet impeditus angoribus – 13 necessitate suspensus.
Der Beginn von *Ad Florum* 1 erinnert motivisch an ciceronische Proömien. Wie Cicero in *De orat.* 1,3 geht Julian auf die schwierigen Zeitumstände ein und erinnert wie Cicero in *Tusc.* 1,1 daran, dass er ein Versprechen einlösen wollte, von dem er bisher abgehalten worden ist. Julian schreibt, er setze sich über die inneren und äußeren Widerstände hinweg und schreibe die acht Bücher *Ad Florum* als Einsatz gegen die Erbsündenlehre, die im Grunde nichts anderes als das *malum naturale* der Manichäer sei (1,6–12; Hinführung. 3.2.1). Er stilisiert sich also als Kämpfer für die katholische Kirche und die Wahrheit (cf. z. B. 2,13 sq. [...] *catholicae fidei ueritas, pro qua et cum qua labentis mundi odia promeremur* [...]; 3,1–10; 5,1–8; 12,8–14) sowie gegen den „Manichäismus" Augustins, der ein Feind der Wahrheit ist (cf. 19,21). Ganz im Sinne des rhetorischen Ethos vermittelt er dem Leser das Bild von Selbstlosigkeit und stilisiert sich ähnlich wie Cicero in der Rolle als Retter in einer wichtigen Angelegenheit. Wie Cicero, der aufgrund des Umstandes, dass er in der politischen Praxis nicht mehr tätig sein konnte, versucht, zumindest durch sein Schriftstellertum etwas zu bewirken, schreibt Julian die Bücher gegen die Erbsündenlehre, da ihm kein anderer Handlungsspielraum gegeben ist (cf. Kommentar zu 2,16 sq.).

In den vier Büchern *Ad Turbantium*, die eine Reaktion Julians auf das Buch *nupt. et conc.* 1 darstellen, und auf die Augustinus in *nupt. et conc.* 2 reagiert, hatte Julian wohl ein Versprechen gegeben, ein weiteres Buch zur Lehre Augustins zu schreiben (cf. auch 13 sq.). Ziel des Vorhabens war es, die Erbsündenlehre zu widerlegen. Julian fasst die Lehre von der Erbsünde (*tradux peccati*) so auf, dass er die *tradux peccati* mit der substantiellen Verdorbenheit der menschlichen Natur gleichsetzt und sie damit als charakteristisch für die manichäistische Denkweise stigmatisieren kann.[5] Der Vorwurf des Manichäis-

---

5 Cf. Lamberigts, Alternative 107 sq.

mus zieht sich durch die erhaltenen Schriften Julians gegen Augustinus hindurch und wird auch im Brief an die Christen von Rom angewandt;[6] dieser Vorwurf hatte auch politisch eine Bedeutung, da der Manichäismus gesetzmäßig verboten war.[7] Die Unterstellung, Augustinus sei immer noch ein Manichäer, wurde bereits von den Donatisten geäußert.[8] Dass Augustinus vor seiner Bekehrung Anhänger des Manichäismus war, ist ein Punkt in seiner Biographie, der sich rhetorisch gut ausnutzen ließ (cf. Hinführung. 3.2.1).

1,3 *intuenti mihi hac tempestate ecclesiarum statum*: Mit dieser Formulierung deutet Julian mehrere Dinge an: Für ihn ist die Verurteilung von Pelagius und Caelestius sowie seine eigene Exkommunizierung nicht mit rechten Dingen zugegangen. Seiner Ansicht nach ist die Entscheidung durch Bestechungen, Täuschung und Ausübung von Macht herbeigeführt worden (cf. *ep. Ruf.* frg. 2 (= Iulian. A. *c. ep. Pel.* 2,5.8); ib. frg. 28 (= Iulian. A. *c. ep. Pel.* 4,20.34); z. B. **2,10–17; 10,1–6; 41,3–43,5; 75,5–76,10** mit Kommentar; cf. Hinführung. 1.3). Des Weiteren ist für ihn die Tatsache, dass Augustins Position Unterstützung gefunden hat, ein Affront gegen das christliche Gottesbild und hat das Potential, die katholische Kirche ins Verderben zu stürzen (cf. **12,8–14**; cf. die Einleitung von *Turb.* in Kommentar zu **73,23–42**).

Die Verwendung des Partizip Präsens Aktiv als Participium coniunctum im Dativ erinnert an dieser Stelle auch stilistisch an die Proömien der philosophischen Werke Ciceros (Cic. *de orat.* 1,1: *cogitanti mihi* [...]; ib. 3,1: *instituenti mihi* [...]; id., *diu.* 2,1: *quaerenti mihi multumque et diu cogitanti* [...]; id., *Tusc.* 4,2: *hoc autem loco consideranti mihi* [...]). Cf. auch das Binnenproömium bei Sallust: *sed mihi multa legenti, multa audienti* [...] (Sall. *Catil.* 53,2); *ac mihi multa agitanti* [...] (ib. 53,4).[9]

---

[6] In *ep. Rom.* frg. 15 (= Iulian. A. *c. ep. Pel.* 1,42) schreibt Julian vermutlich zusammen mit seinen Anhängern: [...] *nemo ergo uos seducat nec se negent impii ista sentire, sed, si uerum dicunt, aut audientia detur aut certe isti ipsi episcopi, qui nunc dissident, damnent quae supra dixi cum Manicheis ista tenere, sicut nos ista damnamus quae de nobis iactant, et fit plena concordia. quod si nolunt, scitote eos esse Manicheos et ab eorum uos abstinete consortiis.* Übers.: „[...] Niemand also soll euch verführen, noch sollen diese ruchlosen Menschen behaupten, sie würde solche Ansichten nicht vertreten; doch wenn sie die Wahrheit sprechen, soll man ihnen entweder Gehör schenken oder die Bischöfe, die sich jetzt widersetzen, sollen diejenigen Ansichten verurteilen, von denen ich oben gesagt habe, dass sie sie mit den Manichäern gemeinsam vertreten. Ebenso verurteilen auch wir die Ansichten, die sie uns vorwerfen, damit eine Einigung zustande kommt. Wenn sie das nicht wollen, dann wisst, dass sie Manichäer sind, und haltet euch von ihnen fern."

[7] Cf. Marcos, Anti-Pelagian 328.

[8] Cf. A. *c. litt. Pet.* 3,11.19 sq.; Frend, Manichaeism 861 sq.; Lamberigts, Assessment 113 sq.

[9] Cf. Cipriani, Aspetti 157.

KOMMENTAR   221

1,7 *fratrem*: Wie Mohrmann bemerkt, ist das Wort „ἀδελφός" zunächst bei hellenistischen Juden in der Bedeutung „Volksgenosse, Mitjude"[10] verwendet worden und erhielt dann später im christlichen Sprachgebrauch die Bedeutung „Mitchrist".[11] Später entwickelte sich die Polysemie dieses Wortes weiter und es wird auch als Bezeichnung für Mönche angewandt.[12]

1,12 sq. *a quo sum hactenus – necessitate suspensus*: Wenn Julian hier hervorhebt, dass er von seinem Unterfangen, sich gegen Augustins Lehre zu wenden, durch eine *indissimulabilis necessitas* abgehalten wurde, ist dies möglicherweise eine Anspielung auf seine Flucht nach Kilikien, was auch der folgende Satz *uerum ut primum respirare licuit* (2,1) unterstreichen könnte. Cf. Hinführung. 1.3.

1,13 *indissimulabili*: Dieses Wort findet sich sonst nur bei Gellius (Gell. 10,22, 24) und an einer weiteren Stelle in *Flor.* (98,37).[13]

2,1 uerum ut primum – 7 extenderem.
Julian entschuldigt sich dafür, dass sein Werk ausführlicher geworden ist als geplant. Als Grund gibt er die Bitte des Florus an, dass er nicht nur einige Bibelstellen auslegen, sondern sich zusätzlich auch gegen *nupt. et conc.* 2 wenden solle (cf. 1,6–12; 3,1–8,5).

2,3 sq. *ingredi prouinciam*: Julian verwendet hier mit *prouincia* ein Wort, in dem auch die Nuance von Kriegsführung mitschwingt,[14] im übertragenen Sinne für sein Unterfangen. Zum übertragenen Gebrauch des Wortes *prouincia* im Sinne von *munus* cf. auch Longin. A. *ep.* 234,1: *sed graue mihi onus et difficillimam respondendi prouinciam, domine uenerande, satis inponis* [...].[15]

2,5 *reuerentia*: Bouwman merkt zu diesem Wort an, es sei typisch für den Stil Julians, dass er Verbalsubstantive mit der Endung *-entia* häufig gerundivisch auffasst.[16] An der vorliegenden Passage ist das sehr schön zu erkennen: Julian schreibt hier von der Vorbildhaftigkeit des Florus, die dieser durch sein Streben nach dem Guten (*sanctitas*) ausstrahlt; es geht ihm also um die Achtung, die man Florus als Autorität gegenüberbringen muss. An anderen Stellen

---

10   Mohrmann, Études 2, 23.
11   Mohrmann, Études 2, 23.
12   Cf. Mohrmann, Études 2, 29 sq.
13   Cf. TLL 7,1, p. 1205, l. 65–70.
14   Cf. TLL 10,2, p. 2334, l. 2–9. Für die Wendung *prouinciam ingredi* cf. z. B. Tac. *ann.* 11,18; id., *Agr.* 18,5.
15   Cf. TLL 10,2, p. 2339, l. 47–68.
16   Cf. Bouwman, Kommentar 55.

ist *reuerentia* hingegen mit „Scheu" bzw. „Ehrfurcht" zu übersetzen (z. B. 8,4; 22,40 sq.; 38,4 sq.). Zur *sanctitas* als Ideal cf. Hinführung. 2.2.1.3 sowie Kommentar zu 87,15–25.

2,10 fuit igitur concepta – 17 iudicibus uteremur.
Cf. Kommentar zu 1,2–13. Unter *disputatio* subsumiert hier Julian das, was er durch sachliche Erörterung in *Turb.* dargelegt hat. Seine Ausführungen werden durch die *testimonia* gestützt, die in der Art auszulegen sind, dass sie der Vernunft und der Gerechtigkeit Gottes nicht widersprechen (cf. 3,7–5,8; 24,8–10; 27,2–30,6). Das Vorgehen, das er für *Turb.* beschreibt, verfolgt er auch in *Flor.*, denn auch dort werden dialektische Argumentation und Exegese kombiniert.[17] Seine Widerlegung Augustins beruht demnach auf *ratio* und *auctoritas* (cf. 3,1–7; cf. Hinführung. 2.1), zwei Prinzipien, die auch an Augustins Konzept von Wissensvermittlung erinnern, wenngleich sich das Begriffspaar auch bei Cicero finden lässt.[18] In den *Confessiones* beschreibt Augustinus beispielsweise seinen Erkenntnisgewinn, als er in den *Libri Platonicorum* auf rationale Argumente für das christliche Gottesbild stößt (cf. *conf.* 7,13).[19]

2,16 sq. *nec quicquam paene reliquum erat, si aequis iudicibus uteremur*: Eines der Hauptanliegen Julians in *Flor.* ist es, herauszustreichen, dass mit ihm und seinen Mitstreitern auf ungerechte Weise verfahren wurde, insofern es nie zu einer objektiven Beurteilung der beiden Seiten durch eine Synode kam (cf. Hin-

---

[17] Cf. *Turb.* 4, frg. 313 (= Iulian. A. c. Iul. 1,29): (... *posteaquam uerba eius interposuisti, ... sequeris et dicis,) cum igitur liquido clareat hanc sanam et ueram esse sententiam, quam primo loco ratio, deinde scripturarum muniuit auctoritas, et quam sanctorum uirorum semper celebrauit eruditio, qui tamen ueritati auctoritatem non suo tribuere consensu, sed testimonium et gloriam de eius suscepere consortio, nullum prudentum conturbet conspiratio perditorum.* Übers.: „... nachdem du also seine Worte zitiert hast, ... fährst du fort und sagst: ‚Es ist also deutlich geworden, dass diese Ansicht wahr und richtig ist, die zuerst die logische Argumentation und daraufhin die Autorität der heiligen Schriften abgesichert hat, und die gelehrte, heilige Männer immer vertreten haben. Dennoch haben sie der Wahrheit keine Autorität durch ihre Übereinstimmung mit ihr hinzugefügt, sondern ein Zeugnis ihres Ruhms dadurch erhalten, dass sie mit ihr in Einklang waren. Deshalb soll keine geheime Vereinigung von ruchlosen Menschen einen gebildeten Menschen mehr in Unruhe versetzen.'"
Julian verweist auf die Argumentation und die *auctoritas* der Heiligen Schrift, aber auch auf Johannes Chrysostomus, auf den er sich hinsichtlich der Taufgnade in *Turb.* 4, frg. 312 (= Iulian. A. c. Iul. 1,21) berufen hatte. Cf. Hinführung. 2.2.1.4.

[18] Cf. Fuhrer, Contra Academicos 472 sq. verweist z. B. auf Cic. *nat. deor.* 1,10 und *Tusc.* 1,49. Zum augustinischen Verständnis der *auctoritas* der Bibel cf. Lütcke, Auctoritas 128–136.

[19] Cf. dazu Erler, Plato 755; id., Platonicorum 762 sq.

führung. 1.3 und 3.1; 10,1–6; 48,44–46; 2,1,1–4). Dies wird durch die Stellung des Satzteiles *nec quicquam paene reliquum erat, si aequis iudicibus uteremur* ans Satzende betont. Julian weist damit die Schuld dafür, dass *Ad Florum* so ein umfangreiches Werk geworden ist, indirekt Augustinus zu, der sich dafür eingesetzt hat, dass ein Verfahren innerhalb einer Zusammenkunft unter Bischöfen nicht stattfand.[20] Zugleich macht er den Leser damit geneigt für sein Anliegen. Ob die Möglichkeit einer objektiven Bewertung überhaupt vorhanden gewesen wäre, ist schwer zu entscheiden. Duval schreibt allerdings, dass Zosimus 419 in eine Streitigkeit in Afrika eingriff, als ein Bischof sich vor Laien rechtfertigen musste.[21]

3,1 testimonia tamen scripturarum – 7 insuperabili ratione firmatur.
Julian hebt hier hervor, dass er bereits vorhatte, die in *Turb.* noch nicht ausgelegten Bibelstellen in einem eigenen Werk zu erläutern und dem Leser zu zeigen, dass die Exegese Augustins nicht haltbar sei. Zusätzlich zu diesem Unterfangen habe er sich jedoch auf den Wunsch des Florus hin entschlossen, die Schrift *nupt. et conc.* 2 zu widerlegen (cf. 6–7). Julian macht in 3,1–8,5 die Intention von *Ad Florum* deutlich und rechtfertigt sich. Er konkretisiert, was er in 2,1–7 bereits angedeutet hat (cf. auch Kommentar zu 20,1–21,11). Die Verbindung von exegetischen Partien und Widerlegung Augustins zeigt sich auch in den anderen Büchern von *Flor.* (cf. Hinführung. 2.1). Zu den exegetischen Partien in *Flor.* 1 cf. Hinführung. 2.3 und 3.3.3, cf. auch Kommentar zu 2,1–7.10–17; **12,1–5; 14,1–3.**

3,3 explanatum ire: Das erste Supin in Kombination mit *ire* ist im klassischen Latein eher selten. Sein Gebrauch schwindet in der Nachklassik weitestgehend.[22]

---

20   Cf. z. B. 2,103,33–36, auch schon in *Turb.*, indirekt zitiert durch Augustinus *Turb.* 1, frg. 6 (= Iulian. A. c. *Iul.* 2,36): (*dicis*) *in causa iudicandi, amoto strepitu turbarum, de omni ordine conuersationis hominum, siue sacerdotum, siue administrantium, siue praefectorum, ad discussionem talium rerum non sola nomina, sed eligendam esse prudentiam, et honorandam esse paucitatem, quam ratio, eruditio, libertasque sublimat.* Übers.: „Du sagst, dass in der Beurteilung einer Angelegenheit unter Ausschluss der lärmenden Masse nicht nur Personen von Ansehen aus jedem Stand, seien es Priester, Beamte oder Präfekten, zu einer solchen Diskussion ausgewählt werden müssten, sondern kluge Menschen; und dass man der kleinen Menge, die sich durch Vernunft, Bildung und Freiheit auszeichnet, Respekt entgegenbringen müsse." Cf. *Turb.* 1, frg. 2a (= Iulian. A. c. *Iul.* 3,2); 2b (= Iulian. A. c. *Iul.* 2,34); 3a–b (= Iulian. A. c. *Iul.* 2,34 sq.); 9 (= Iulian. A. c. *Iul.* 2,37).
21   Cf. Duval, Julien 259 unter Heranziehung von Zos. *ep.* 16; PL 20, 682–686. Zur Rolle des Zosimus im pelagianischen Streit cf. auch Lamberigts, Zosimus und Hinführung. 1.3.
22   Cf. Hofmann/Szantyr, Syntax 381 und Lössl, Julian 95.

3,7 siquidem hoc ipso – 5,8 uelut notha aut degenerantia separentur.
Die Mehrdeutigkeit der Bibelstellen darf, so Julian, nicht dazu führen, dass man sie der Gerechtigkeit widersprechend auslegt, welche aufgrund der Tatsache, dass sie ein christliches Glaubensfundament ist, durch die Worte der Heiligen Schrift nicht angegriffen werden kann.[23] Daher muss die Unantastbarkeit der Gerechtigkeit Gottes bei der Exegese immer im Blick behalten werden (cf. Hinführung. 2.3). Auch Augustinus stimmt mit dieser Aussage überein.[24] Die unterschiedliche Auslegung Julians und Augustins manifestiert sich darin, dass sie verschiedene Konzepte von göttlicher Gerechtigkeit zugrunde legen (cf. Hinführung. 2.2.1.3 und 2.2.2.2).

Es klingt hier zudem ein Hauptanklagepunkt gegenüber Augustinus an: In Julians Augen verschleiert er den Sinn einzelner schwer zu verstehender Bibelstellen, um seine falsche Lehre zu stützen und katholische Gläubige zu täuschen (cf. 24,11–27,3; 70,1–12; 76,6–77,9; 84,8–14; 92,1–4; 107,1–3; 113,14–19; 126,1–130,11 und Hinführung. 3.2.2). Die Gerechtigkeit Gottes nennt Julian in 48,2 als den Hauptpunkt der Debatte zwischen ihm und Augustinus,[25] dessen Gott er Ungerechtigkeit nachweisen möchte. Vom julianischen Konzept der *iustitia* aus lassen sich alle strittigen Punkte zwischen Julian und Augustinus entwickeln (cf. Hinführung. 3.3.1). Mit ihr hängt der freie Wille des Menschen zusammen, der die Basis für das göttliche *iudicium* bildet. Zudem ist es wesentlich für den Bestand der göttlichen Gerechtigkeit, dass von ihr nichts als Sünde angerechnet wird, dem man sich nicht auch enthalten kann. Demgemäß greift Augustinus in Julians Augen mit seiner Erbsündenlehre die göttliche Gerechtigkeit an. Zur engen Verbindung von *iustitia* und *deus* cf. Kommentar zu 37,5–38,10; zur Argumentation cf. 35,3–40,4.

4,5 *testimoniis*: Der Begriff kann hier mit „Vorschriften" übersetzt werden.[26]

5,3 *sed nos ad docendum – 8 uelut notha aut degenerantia separentur*: Die Textstellen aus der Heiligen Schrift gibt Julian hier offensichtlich mit *loca* wieder. Julian sieht die Heilige Schrift als Einheit, in der alle Aussagen ihre Berechtigung besitzen. Ihre Bedeutung muss dahingehend erforscht werden, dass sie

---

23   Cf. auch Lössl, Exegesis 94 sq.
24   Wie bei Julian ist die *iustitia* Gottes bei Augustinus im antimanichäischen Kontext ein wesentliches Thema. Er zieht sie als Grund für die Einheit von Altem und Neuem Testament heran. Die Manichäer hielten das Alte Testament für nicht authentisch, weil sie der Ansicht waren, dass sich dort ein ungerechter Gott zu erkennen gebe (cf. Dodaro, Iustus 883; cf. z. B. *c. Adim.* 7). Um dem zu entgegnen, verweist Augustinus insbesondere auf die Tatsache, dass dort, wo Gott vermeintlich ungerecht wirkt, die Gerechtigkeit Gottes für den Menschen nicht offensichtlich ist (cf. Dodaro, Iustitia 870).
25   Cf. Cipriani, Aspetti 138 sq. Cf. zur *summa quaestionis/certaminis* auch 3,152,1–10.
26   Cf. Forcellini, Tom. 4, 713.

KOMMENTAR   225

Gottes Gerechtigkeit nicht widersprechen.[27] Er wendet sich gegen das Verfahren, Aussagen aus der Heiligen Schrift für unecht zu halten und zu tilgen, das z. B. die Manichäer anwenden, die zum einen das Alte Testament nicht anerkannt, zum anderen Bibelstellen aus dem Text gestrichen oder umgeschrieben haben.[28] Cf. Hinführung. 3.2.1.2 und Kommentar zu 25,1–26,3.

In den Kontext der Exegese fällt auch das Schlagwort *elocutio*, das für Formulierungen unbestimmten Wortumfangs steht,[29] deren Sinn zu ermitteln ist. Julian stellt *elocutio* daher an dieser Stelle der *sententia* gegenüber. Bei ihm taucht der Begriff meist dann auf, wenn er auf eine uneindeutige Textstelle in der Heiligen Schrift aufmerksam machen möchte (cf. z. B. hier die *perplexitas*), von der sich nach der Auslegung zeigt, dass sie gerade gegen das Verständnis Augustins spricht, cf. Kommentar zu 25,1–26,3; 67,77–93; 69,15–29; 108,15–23; 134,5–11. Cf. Hinführung. 2.3 und 3.3.3.

6,1 hoc ergo – 6,4 iusta monstrando

Ein Ziel von *Ad Florum* ist es nach Julian also zu zeigen, dass Augustins Exegese nicht mit dem eigentlichen Schriftsinn übereinstimmen kann. Dies ist im Einklang mit Julians Wunsch, sich für die katholische Wahrheit einzusetzen (cf. Hinführung. 3.2.2; cf. 2,10–17; 5,1–8; 12,9–14; 14,1–15,4; 2,11,1–7; 4,104,49 sq.; er beschimpft Augustinus auch als *inimicus ueritatis* (cf. 117,3)). Dazu will er die Bibelstellen auslegen, welche ihm von Augustinus selbst entgegengehalten werden.

6,2 *Traducianorum*: Es handelt sich wohl um eine Wortneuschöpfung Julians, wie sich aus der Reaktion Augustins ergibt (*sed non est mirum, quod noui haeretici catholicis, a quibus exeunt, nouum nomen imponunt* (A. c. Iul. imp. 6,7 sq.)).[30] Er versteht darunter, dass Augustinus ebenso wie Tertullian denkt, die Seele sei als *animalis semen* im männlichen Samen bei der Fortpflanzung enthalten.[31] Julian unterstellt Augustinus, er glaube, dass mit dem männlichen Samen auch die Sünde weitergegeben wird.[32] Dies präsentiert er als die einzige logische Erklärung, wie es zu einer *tradux peccati* kommen kann, da nur in diesem Falle eine substantielle Veränderung der menschlichen Natur

---

27 Cf. Lössl, Exegesis 95 sq.
28 Cf. Drecoll, Manichaei 1136; Drecoll/Kudella, Augustin 44–52.
29 Cf. Tornau, Locutio 1036; anders als Augustinus, der hierfür den Begriff *locutio* verwendet (cf. Tornau, Locutio 1037), benutzt Julian den Begriff *elocutio* auch synonym zu *locutio*.
30 Cf. Stein, Manichaica I, 44.
31 Cf. Kitzler, Ursprung 369–374. Gemäß Tertullian entstammt dieser Samen der Seele aus der ersten Menschenseele Adams (cf. Kitzler, Ursprung 373).
32 Cf. Flasch, Kampfplätze 32.

nach dem Sündenfall, die sich in unbeherrschbarer *concupiscentia* bemerkbar macht, und damit eine Weitergabe der Sünde verständlich ist.

In Julians Konzept wird die Seele eines jeden Menschen von Gott jeweils neu geschaffen,[33] wohingegen sich Augustinus bezüglich der Erschaffung der menschlichen Seelen auf keine Theorie festlegt. In *lib. arb.* 3,56–59 geht er, wie O'Daly zeigt, auf vier verschiedene Möglichkeiten ein (die folgenden Bezeichnungen für diese Möglichkeiten sind modern): 1) Den Traduzianismus (zu Menschheitsbeginn gibt es eine einzige Seele, aus der alle Neugeborenen ihre Seele ziehen), 2) den Kreatianismus (jedes Neugeborene erhält eine eigene neue Seele) und 3) den Präexistenzialismus (die Seelen existieren an einem unbekannten Ort und werden 3a) entweder von Gott geschickt oder 3b) gelangen durch ihre eigene Bewegung in den Körper des jeweiligen Menschen).[34] Doch keine dieser vier Möglichkeiten bietet für ihn eine zufriedenstellende Antwort. Am plausibelsten wäre in seinem Fall die Entscheidung für den Traduzianismus, da sich hier am einfachsten erklären ließe, dass das *peccatum originale* an die ganze Menschheit durch die Fortpflanzung weitergegeben wird.[35] Bei der Entscheidung zwischen Kreatianismus und Traduzianismus ist es die Tradition der Kindertaufe, die Augustinus mehr zum Traduzianismus tendieren lässt,[36] er bleibt jedoch untentschlossen gegenüber der Antwort auf die Frage.[37] Die Seele kann sich verändern, aber genaugenommen verändert sich nur die Eigenschaft, die an ihr existiert (Augustinus verwendet die Unterscheidung zwischen Substanz und Qualität für diese Erklärung).[38] Augustinus setzt seine Unentschiedenheit bezüglich dieses Themas auch gegen Julian ein, der sich auf den Kreatianismus festlegt (cf. *Turb.* 2, frg. 171; indirektes Zitat durch Augustinus).[39] Für Augustins Ansichten zur menschlichen Seele cf. auch Hin-

---

33 Cf. Stein, Manichaica 1, 44 sq. unter Heranziehung von 2,25,4–6.
34 Cf. O'Daly, Anima 319 sq. und Lamberigts, Origin 250.
35 Cf. Lamberigts, Peccatum originale 608 sq.
36 Cf. Teske, Genesi 122.
37 Cf. *ep.* 166;190 und O'Daly, Anima 321 sq.
38 Cf. O'Daly, Anima 329 unter Heranziehung von *imm. an.* 8.
39 *C. Iul.* 5,17: *quid fugis ad obscurissimam de anima quaestionem? in paradiso ab animo quidem coepit elatio, et ad praeceptum transgrediendum inde consensio, propter quod dictum est a serpente, „eritis sicut dii* [*Gn* 3,5]*": sed peccatum illud homo totus impleuit. tunc est caro facta peccati, cuius uitia sanantur sola similitudine carnis peccati. ut ergo et anima et caro pariter utrumque puniatur, nisi quod nascitur, renascendo emundetur; profecto aut utrumque uitiatum ex homine trahitur, aut alterum in altero tanquam in uitiato uase corrumpitur, ubi occulta iustitia diuinae legis includitur. quid autem horum sit uerum, libentius disco quam dico, ne audeam docere quod nescio.* Übers.: „Was flüchtest du zu der Frage nach der Seele, die doch so im Dunkeln liegt? Im Paradies ist der Stolz des Menschen und damit auch die Zustimmung dazu, die Vorschrift zu übertreten, natürlich von der Seele

führung. 2.2.2.1. Zum Manichäismusvorwurf cf. Hinführung. 3.2.1; zur Kombination von Manichäismus- und Traduzianismusvorwurf cf. z. B. 1,6–12; 27,11–13; 66,11–14; 75,5–20; 2,142,5–8; 3,35,3; 83,3.

7,1 uerum quia id impendio poposcisti – 8,5 exterminata mandentur.
Julian greift hier den Gedanken von 2,1–7 nochmals auf und erklärt, weshalb seine Antwort länger geworden ist als eigentlich geplant. Er schließt damit den ersten Teil seines Proömiums ab und zieht im folgenden zweiten Teil bereits Material aus *nupt. et conc.* 2 heran.

7,2 libro tractatoris Poeni: Gemeint ist das Buch *nupt. et conc.* 2, mit dem sich Augustinus gegen Julians *Ad Turbantium* wendet. Zur Bezeichnung Augustins als *Poenus tractator* cf. Hinführung. 3.2.2 (cf. auch 48,14–18; 72,14–19; 73,41 sq.). Das Substantiv *tractator* wird im späten Latein von den Kirchenschriftstellern im Sinne von „Ausleger, Erklärer" verwendet (cf. z. B. A. *doctr. chr.* 4,6; *f. et symb.* 19; *nupt. et conc.* 2,51; Hier. *epist.* 112,20),[40] umfasst aber auch die Bedeutung „einer, der gelehrt über schwierige Themen schreibt/spricht".[41]

Dadurch, dass Augustinus hier als Punier bezeichnet wird und Julian selbst in 59,1–10 darauf aufmerksam macht, dass es sich um einen manichäischen Angriff gegen Italien handle, wird der Streit zwischen ihm und Augustinus auf die kirchenpolitische Ebene gehoben, indem Julian beim Leser das Bild einer Erneuerung des Streits zwischen den Römern und den Puniern evoziert. Es handelt sich also um einen Streit, der alle Christen betrifft. Durch die Berufung Julians auf orientalische Autoritäten wird das Bild erzeugt, es gehe um einen Kampf, den die Westkirche unter dem Einfluss der vom Manichäismus verdorbenen Kirche Afrikas gegen die rechtgläubige östliche Kirche führt (cf. 59,6–10; *Turb.* 1, frg. 51, l. 450–455 (= Iulian. A. *c. Iul.* 3,31):[42] [...] *orandus est hic deus,*

---

    ausgegangen, weshalb von der Schlange gesagt worden ist: ‚Ihr werdet wie Götter sein [*Gn* 3,5]'. Aber jene Sünde führte der Mensch als Ganzes aus. Dann ist das Fleisch zum Fleisch der Sünde geworden, dessen Fehlerhaftigkeit nur durch die Ähnlichkeit [sc. Christi] zum Fleisch der Sünde geheilt werden kann. Deshalb werden also sowohl Seele als auch Körper gleichermaßen beide bestraft, es sei denn das, was geboren wird, wird durch die Wiedergeburt in der Taufe gereinigt. Daher werden entweder beide in verdorbenem Zustand aus dem Menschen ererbt, oder das eine tritt in das andere gleichsam wie in ein verdorbenes Gefäß ein, wo es die verborgene Gerechtigkeit des göttlichen Gesetzes einschließt, und wird dadurch verunreinigt. Welche der beiden Varianten aber wahr ist, lerne ich lieber, als dass ich es selbst sage, damit ich nicht so dreist bin, etwas zu lehren, was ich nicht weiß."

40   Cf. du Cange, Glossarium 8, 142 sq.
41   Im Sinne einer Übersetzung des Wortes ὁμιλητικός cf. du Cange, Glossarium 8, 142.
42   Cf. Cipriani, Polemica 148 sq. Wie Cipriani zeigt, hat Julian die Berufung auf orientalische Theologen mit Pelagius gemeinsam (cf. Cipriani, Polemica 148 sq. unter Heranziehung von Pelag. A. *nat. et gr.* 76). Julian erwähnt z. B. Johannes Chrysostomus, Basilius und Theodor

frater beatissime Turbanti, consacerdos dilectissime, ut paribus etiam hac tempestate uirtutibus ecclesiam catholicam, filii sui sponsam, maturam, fecundam, castam, decoram, a Manichaeorum constupratione, in Africa uel ex Africa latrocinantium, eruere non moretur).[43] Dieser Vorwurf, die katholische Kirche Afrikas stehe unter dem Einfluss des Manichäismus, ist dabei nicht ganz abwegig. Dass es innerhalb der Amtsträger der katholischen Kirche Afrikas auch verdeckte Manichäer gab, belegt A. *ep.* 236.[44]

Julian spielt mit der „punisch-manichäistischen Offensive"[45] wahrscheinlich auch auf das Vorgehen der afrikanischen Bischöfe bei Papst Innozenz I. und deren mögliche Einflussnahme bei Zosimus an, die schließlich zur Verurteilung des Pelagius geführt hatte (cf. Hinführung. 1.3).[46] Augustinus geht bereits in *c. Iul.* auf die Assoziationen ein, indem er auf Verg. *Aen.* 12,948 sq. (*Pallas te hoc uulnere, Pallas immolat et poenam scelerato ex sanguine sumit*) anspielt: *Poenus, inquam, disputator, non ego, sed Cyprianus Poenus, te hoc uulnere, Poenus immolat, et poenam scelerato ex dogmate sumit* (*c. Iul.* 3,32).[47]

Eine Parallele für diese Art von Vergleich des Gegners mit einem Punier findet sich in Ciceros *Philippischen Reden*, deren Ziel es u. a. ist, Antonius als Feind der römischen Republik zu stigmatisieren.[48] Dementsprechend vergleicht Cicero Antonius mit Hannibal und stellt heraus, dass dieser im Vergleich zu Letzterem um vieles feindlicher sei (cf. Cic. *Phil.* 5,25–27).[49]

7,3 *uernula peccatorum eius Alypius*: Augustinus schreibt in *nupt. et conc.* 2,1 (p. 253, l. 2–p. 254, l. 5), dass Alypius ihm die Exzerpte von *Ad Turbantium*, die Valerius zugetragen worden sind, überbracht hat. Julian geht hier davon aus, dass Valerius auch *nupt. et conc.* 2 durch Alypius überbracht worden ist. Auch in *c. ep. Pel.* 1,1 (p. 423, l. 2–10) wird Alypius erwähnt und von dessen freundlicher Begegnung mit dem Träger der Widmung (Bonifatius, Bischof von

---

      von Mopsuestia in 3,111 (cf. Cipriani, Polemica 149). Zu inhaltlichen Parallelen cf. Hinführung. 2.2.1.4.

43   Übers.: „[…] Wir müssen hier unseren Gott anflehen, mein bester Bruder Turbantius, geliebter Kamerad im Priesterstand, dass er mit der gleichen Macht auch in dieser stürmischen Zeit es nicht zulässt, dass die katholische Kirche, die seinem Sohn verlobt, reif, fruchtbar, rein und ehrbar ist, von den Manichäern vergewaltigt wird, die in Afrika oder aus Afrika auf sie Raub machen."

44   Cf. Frend, Manichaeism 865 mit n. 2.

45   In Anlehnung an Lamberigts, der von einem „Manicheistic attack" (id., Zosimus 324) spricht und ib. ebenfalls *Turb.* 1, frg. 51 (= Iulian. A. *c. Iul.* 3,31) heranzieht.

46   Cf. Cipriani, Polemica 148; Lamberigts, Zosimus 324.

47   Cf. Müller, Formen 399 sq.; Weber, Punic 81 sq.

48   Cf. Manuwald, Philippics I, 92.

49   Dieser Vergleich dient wie der Manichäervergleich bei Julian der *amplificatio* der Schlechtigkeit des Gegners.

KOMMENTAR

Rom) berichtet (cf. 85,4 sq.). Mit der Bezeichnung *uernula peccatorum*, eines im selben Haus geborenen, d. h. auf die gleiche Weise aufgewachsenen Sündensklaven,[50] stellt Julian dar, dass der gleichaltrige Freund Alypius dieselbe, für Julian verwerfliche, religiöse Ansicht vertritt wie Augustinus. Alypius spielt in Augustins *Confessiones* eine tragende Rolle: Er ist bei Augustins Konversionserlebnis anwesend und der erste, mit dem Augustinus darüber spricht (*conf.* 8,29 sq.). Für den literarischen Augustinus ist Alypius eine Gestalt, die mit dessen Gefühlswelt eng verbunden ist. In *conf.* 6,11–14 widmet Augustinus eine Episode der Faszination des Alypius für die Zirkusspiele und zeigt an dieser Episode die Dynamik der Begierde, von der sich Alypius eigentlich losmachen wollte. Augustinus bezeichnet sich zudem in *conf.* 4,30 selbst als einen *nequissimus malarum cupiditatum seruus*. Es klingt an dieser Stelle demnach Vokabular aus den *Confessiones* an. Wenn Julian Alypius beleidigend anführt, trifft er damit dementsprechend auch Augustinus. Später behauptet Julian zudem, dass Alypius an der Bestechung der Entscheidungsträger über die Debatte beteiligt gewesen sei (41,3–43,5). Cf. auch Hinführung. 3.2.2.

8,1 *dedit enim ingenii sui* – **5** *obliuioni exterminata mandentur*: Cf. Hinführung. 3.2.

---

50   Cf. Forcellini, Tom. 4, 952 sq. zu den Wörtern *uerna* und *uernula*.

1.2   *Erläuterung der Sachlage* (9,1–21,11)

Julian geht nun über zur Konkretisierung der Hintergründe und des Vorhabens seiner eigenen Schrift. Er erläutert zunächst, welches Vorgehen er für *Turb.* gewählt hatte (9,1–15,4) und leitet in 16,1–11 zum Kontext der Widerlegung von *nupt. et conc.* 2 über. Diesen beschreibt er in 17,1–19,26, wobei er *nupt. et conc.* 2,1 (p. 253, l. 1–p. 254, l. 5) in 17,1–4 knapp paraphrasiert und *nupt. et conc.* 2,2 (p. 254, l. 7–22) in 17,5–14.15–20 zitiert. Schließlich stellt er in 20,1–22,11 seine Vorgehensweise und Argumentationsziele in *Flor.* dar.

1.2.1   Der Auftakt der direkten Auseinandersetzung mit Augustinus (9,1–16,11)

Julian erläutert in 9,1–16,11 den Hintergrund der Abfassung von *Turb.*, indem er zunächst auf *nupt. et conc.* 1 (9,1–11,7) eingeht und dabei auch die historischen Beweggründe seiner Auseinandersetzung mit Augustinus andeutet (10,1–6). Daraufhin folgt unter Heranziehung von Zitaten aus *Turb.* eine Erläuterung der Herangehensweise in *Turb.* (12,1–15,4), wodurch Julian sich gegen Augustins Zitationsvorwurf absichert. In der Überleitung zum nächsten Abschnitt (16,1–11) stellt er die Leichtfertigkeit Augustins bei seiner Widerlegung von *Turb.* dar.

9,1 primus igitur eius liber – 7 sacramenta contaminet

Julian spricht hier von *nupt. et conc.* 1, wo Augustinus ganz zu Beginn Julian und seine Anhänger als *noui haeretici* bezeichnet. Den Ausdruck *noua haeresis* verwendet Augustinus bereits in *gest. Pel.* 65 in Bezug auf die Ansichten des Pelagius und des Caelestius. Er nennt in *nupt. et conc.* 1,1 die folgenden Überzeugungen als Diskussionspunkte der Auseinandersetzung mit den sogenannten Pelagianern:

– Die *haeretici noui* verweigern den Neugeborenen den Erlöser Christus, indem sie behaupten, dass jeder ohne Sünde geboren werde. Die Konsequenz daraus ist, dass sie mit dieser Meinung die Taufnotwendigkeit von Neugeborenen bestreiten (*nupt. et conc.* 1,1; p. 211, l. 5–7; p. 211, l. 18–p. 212, l. 6).
– Sie werfen Augustinus vor, dass er mit seiner Erbsündenlehre das Sakrament der Ehe verurteile (*nupt. et conc.* 1,1; p. 211, l. 3–18).

Augustinus hingegen ist der Ansicht, dass die Erbsünde zwar ein Werk des Teufels ist, dass die Kinder, die in der Ehe entstehen, aber dennoch ein Werk Gottes sind, insofern sie Menschen sind. Sein Vorhaben in *nupt. et conc.* 1 ist es deshalb, darzulegen, dass das Gut der Ehe vom Übel der *concupiscentia carnis*, die Folge der Erbsünde ist, zu trennen ist (*nupt. et conc.* 1,1; p. 212, l. 11–15). Der Vorwurf, die Pelagianer leugneten die Notwendigkeit der Hilfe Christi, findet sich z. B.

auch in *c. ep. Pel* 1,11.42; 2,11 und ist einer der Hauptanklagepunkte, die Augustinus gegen Julian anführt.[51]

9,3 *opinioni, quae dealbati instar sepulcri – 7 sacramenta contaminet*: Julian spielt hier auf *Mt* 23,27 an, wo die Scheinheiligen mit einem Grabmal verglichen werden, das von außen zwar schön zu sein scheint, innen aber wegen der Gebeine und des Ungeziefers den Menschen erschaudern lässt. Julian suggeriert hier, dass der wahre Grund für Augustins vordergründige, vehemente Verteidigung der Sakramente ein verkappter Manichäismus sei. Julian wollte auch in *Ad Turbantium* zeigen, dass Augustins Erbsündenlehre nichts anderes ist als eine neue Form des Manichäismus. Cf. Hinführung. 3.2.1.

Der Ausdruck *naturale peccatum*, mit dem Julian hier Augustins Konzept der Erbsünde bezeichnet, findet sich bei Augustinus tatsächlich, allerdings nur zwei Mal[52] in seinen früheren Schriften. Er geht dann zum Begriff *peccatum originale* über;[53] allerdings erscheint *peccatum* häufiger in Verknüpfung mit *natura* oder *naturalis/naturaliter*.[54] Julian verwendet den Begriff *naturale peccatum* im antiaugustinischen Kontext, um gezielt die Nähe Augustins zu den Manichäern herauszuheben, die eine Lehre von einem *malum naturale* vertraten.[55] Beide Begriffe suggerieren, dass der Mensch unter der Macht des Teufels steht.[56] In *nupt. et conc.* 1,1 schreibt Augustinus, dass Kleinkinder die Taufe benötigen, um von der Erbsünde reingewaschen zu werden und nicht mehr *sub diabolo* zu sein. Julian spielt mit der Aussage *sub laude baptismatis – naturale*

---

51 Cf. auch Drecoll, Pelagius 658 sq.
52 Cf. *adn. Iob* 16 in Auslegung von *Iob* 16,16.18 und *Gn. litt. inp.* 1,4; cf. Lamberigts, Assessment 120 n. 44 und Sage, Péché 80 sq.
53 Cf. Lamberigts, Assessment 120; Julian war sich der Verwendung des Vokabulars bei Augustinus bewusst, cf. Lamberigts, Assessment 120 unter Heranziehung von 5,9,9–11, wo Julian aus *Turb.* 1, frg. 42 zitiert: *confitearis necesse est naturale, quod Manicheus finxerat, sed tu nomine commutato originale uocas, interisse peccatum* Übers.: „Du musst notgedrungen zugeben, dass die Ansicht, es gäbe eine Sünde von Natur aus, die sich Mani ausgedacht hatte, aber die du mit anderem Namen als Erbsünde bezeichnest, zunichtegemacht ist."
54 Cf. z. B. *exp. Gal.* 48, wo Augustinus von einer *consuetudo naturalis* spricht, die im Körper herrscht, und cf. insbesondere bezüglich der Auslegung von *Rm* 7,15–23 *diu. qu.* 66,5: *huc usque sunt uerba hominis sub lege constituti nondum sub gratia, qui etiam si nolit peccare, uincitur a peccato. inualuit enim consuetudo carnalis et naturale uinculum mortalitatis, quo de Adam propagati sumus.* Übers.: „Bis zu dieser Stelle spricht der Mensch, der unter dem Gesetz ist, aber noch nicht unter der Gnade, der auch wenn er nicht sündigen will, trotzdem von der Sünde überwältigt wird. Die Gewohnheit des Fleisches und die natürliche Fessel der Sterblichkeit, die wir durch die Fortpflanzung aus Adam mit uns tragen, hat nämlich die Oberhand gewonnen." Cf. auch *c. Adim.* 21.
55 Cf. Lamberigts, Assessment 121 sq.
56 Cf. Lamberigts, Assessment 120.

peccatum also auf Augustins Argument an, dass die Kindertaufe insbesondere den Zweck der Sündenvergebung habe – ein Argument, auf das er u. a. in **52,1–61,5** eingeht.

Augustinus behandelt in *mor.* 2,2 das Problem des *unde malum* bei der Widerlegung der Manichäer und spricht dort davon, dass diese sagten, die Natur sei ein Übel. Die Bezeichnung *malum naturale* findet sich auch sonst gelegentlich in seinen antimanichäischen Schriften (cf. *c. Faust.* 22,22,12–14; *c. ep. Man.* 34,37; *c. Sec.* 14), von denen Julian möglicherweise einige kannte.[57] Serapion widerlegt ebenfalls den Gedanken, der menschliche Körper sei von Natur aus böse und dem Bösen könne eine Substanz zugeschrieben werden (cf. Serap. *adu. Man.* 4 sq.).[58] Es handelt sich dabei um eine Standardargumentation im antimanichäischen Kontext;[59] sie wurde auch von Augustinus (z. B. *mor.* 2,2) und Pelagius (Pelag. A. *nat. et gr.* 21) geführt.[60] Cf. Hinführung. 1.5.

9,6 *eructat*: Cf. *conf.* 3,18. Das Verb *eructare* wird von den Manichäern verwendet, um die Befreiung von Lichtteilchen auszudrücken.[61] Die Manichäer dachten, dass die *electi* ihrer Sekte (auch *sancti, perfecti* oder *iusti*)[62] in der Lage seien, die Lichtteilchen, die in der Nahrung gefangen seien, durch Seufzen und Aufstoßen „auszuläutern".[63] Die polemische Formulierung passt gut zum Vorwurf des Serapion von Thmuis, die Behauptungen der Manichäer seien nur πτύσματα (Serap. *adu. Man.* 28,10).[64] Das Wort *eructare* findet sich jedoch auch

---

57 Lamberigts, Assessment 114: „[...] Julian was also in a position to turn to Augustine himself for information on Manichaeism, given the fact that the latter's anti-Manichaean works had been sent to, among others, Paulinus of Nola, a man who belonged to Julian's circle of friends." Cf. Hinführung. 1.5.
58 Cf. auch Cipriani, Autore 443–445.
59 Cf. Drecoll, Manichaei 1152.
60 Cf. Löhr, Natura 184.
61 Decret, Aspects 308: „La substance divine prisonnière de la Matière est déliée de ses liens et peut rejoindre les demeures célestes. L'évêque d'Hippone ne manque pas à ce sujet de donner libre cours à sa verve caustique : il ironise sur ce salut «par les dents et le ventre» des Élus, «l'officine de la panse», le four, la marmite bouillonnante des saintes entrailles. Il se plaît à insister sur les éructations qui marquent le terme de cette raffinerie gastrique, ces rots libérateurs qui exhalent vers le ciel la Lumière divine parvenue au terme de son terrestre pèlerinage." Cf. hierzu die von Decret ib. n. 5 herangezogenen Stellen, in denen Augustinus selbst das Verb *ructare* für diesen Vorgang verwendet: *c. Faust.* 2,5; 5,10; 6,6; 20,13; *conf.* 3,18. In Verbindung damit steht möglicherweise auch die Verwendung des Verbs *exhalari* in **48,37**.
62 Cf. Drecoll/Kudella, Augustin 13.
63 Cf. Drecoll/Kudella, Augustin 37–39.
64 Cf. Fitschen, Serapion 23.

in der Vetus Latina, im Sinne von „durch Rede hervorbringen".[65] Cf. Kommentar zu 49,1–6; cf. 59,10.

10,1 laudat etiam potentem hominem – 13 caeca impotentia dimicetur.
Dem Leser soll hier offensichtlich ein Vergleich zwischen der Qualität von Augustins Lob der Taufe und seinem Lob des Valerius ermöglicht werden. Augustinus lobt die Taufe in Julians Augen nur vordergründig, eigentlich will er damit nur „seine" manichäische Sichtweise des *peccatum naturale* stützen. Ebenso fragwürdig stellt Julian das Lob des Valerius dar: Die Bezeichnung *potens homo* weist auf *nupt. et conc.* 1,2 (p. 213, l. 1–3) zurück, wo es heißt: *altera* [sc. *causa*], *quia profanis istis nouitatibus, quibus hic disputando resistimus, tu potestate curando et instando efficaciter restitisti.* Augustinus nennt die Tatsache, dass Valerius sich im Kampf gegen den Pelagianismus engagiert hat, als einen der Hauptgründe, die er für die Schrift *nupt. et conc.* 1 anführt. Er selbst hatte Valerius wohl zu diesem Thema schon mehrere Briefe geschrieben und zeigt sich erleichtert, dass er ihm nun schreibt und ihn um seine Expertise bezüglich der Vorwürfe gegenüber der Ehe bittet.[66] Es war wohl anfänglich nicht klar, welcher Position Valerius Fürsprache leisten würde. Denn auch Julian hatte sich, wie er hier in 10,1–3 schreibt, ganz offensichtlich an den Comes Valerius gewandt und um seinen Einsatz gebeten (cf. *nupt. et conc.* 2,1 (p. 253, l. 2–6) in Kommentar zu 17,1–4; cf. Hinführung. 1.3).[67] Julian hatte sich von ihm erhofft, dass die Debatte durch objektive Richter beurteilt sowie den *subreptiones* nicht nachgegeben werde (10,3), und ihn wohl auch in Ad Turbantium lobend erwähnt (10,8 sq.). Dies ist im Zusammenhang mit dem Vorgehen des Zosimus gegen Pelagius und Caelestius zu sehen.[68] Die Forderung nach einem Prozess kann als programmatisch für das gesamte Werk *Ad Florum* gesehen werden; sie findet sich auch schon in Ad Turbantium (cf. *Turb.* 1, frg. 2b (= Iulian. A. c. Iul. 2,34): (*certe ipse dixisti,*) *quod omnes iudices ab odio, amicitia, inimicitia, ira uacuos esse deceat*)[69] und ist ein Kritikpunkt im Brief an den Klerus

---

65   Stotz, Handbuch 2, 25. Stotz nennt ib. als Textstellen *Ps* 44,2 und 118,171.
66   Cf. A. *ep.* 200,1 (cf. Duval, Julien 251 und cf. Lössl, Julian 280 n. 176).
67   Cf. Lössl, Julian 280 sq.
68   Cf. Lamberigts, Iulianus Aeclanensis 838 und Cipriani, Aspetti 126: „Per Giuliano, cioè, si tratta di un processo, di un ideale processo di appello contro la sentenza di condanna, emessa da papa Zosimo nei confonti dei pelagiani, e in sostituzione di un altro processo (*examen, concilium*) sempre invocato e mai ottenuto."
69   Es handelt sich hier um eine Anspielung auf Sallust (*Catil.* 51,1). Cf. dazu Lössl, Sallust 182–190.

von Rom (cf. Iulian. *ep. Ruf.* frg. 28 = Iulian. A. *c. ep. Pel.* 4,34). Julian erstellt sich nun sozusagen seine Gerichtsverhandlung selbst, bei der der Leser als Schiedsrichter agiert (cf. Hinführung. 1.3; 1.4 und 3.1; **2,14 sq.; 48,44–46;** 2,1,1–4).

Julian spielt hier des Weiteren mit dem Bedeutungsunterschied von *potentia* und *potestas*. Für Augustinus hat Valerius sich rechtmäßig mit seiner Amtsgewalt gegen den Pelagianismus gestellt (*nupt. et conc.* 1,2 (p. 213, l. 2): [...] *potestate curando et instando* [...]). Wenn Julian ihn hier nun als *potens homo* bezeichnet, unterstellt er Valerius, er habe nicht aufgrund von Amtsgewalt, sondern aufgrund seiner persönlichen Macht gehandelt und damit seine amtlichen Befugnisse überschritten. Cf. auch 2,14,4, wo Julian Valerius als einen *uir militaris* bezeichnet und betont, dass dieser aufgrund anderer Beschäftigung nicht in der Lage gewesen sei, über theologische Streitigkeiten zu entscheiden.[70] Für Julian ist Augustins Kontaktaufnahme zu Valerius ein Zeichen von Augustins eigener *impotentia*.

Julian möchte damit zeigen, dass Augustinus sehr stümperhaft vorgeht, wenn er jemanden dafür lobt, eine Gerichtsverhandlung verhindert zu haben, die dazu dienen hätte sollen, eine gerechte Beurteilung zu finden (10,10). Seine *laudatio* ist ihm somit misslungen – das ist nicht nur ein Seitenhieb auf Augustins *auctoritas* und *dignitas*, sondern auch auf seine Fähigkeiten als Autor. Cf. Hinführung. 3.2.2.

10,5 sq. *nec disceptationi tempus aut locum permiserit impetrare*: Ich entscheide mich hier, statt *disceptationem* (C, G, T, L und Zelzer) mit Cipriani/Volpi den Dativ *disceptationi* (P pc. mp. und Migne) zu setzen.[71] Die Akkusativendung könnte durch einen Augensprung zu *tempus* entstanden sein. Wählt man den Dativ *disceptationi*, kann man diesen als Dativus finalis zu *tempus aut locum* begreifen. Valerius hat demnach keine Gelegenheit für eine Debatte oder öffentliche Diskussion gewährt.

11,1 quibus gestis – 7 foeda conscientia publicauit.
Mit *quibus gestis inter uoluminis primas partes* meint Julian *nupt. et conc.* 1,1 sq. (p. 211, l. 5–p. 213, l. 20) und macht deutlich, dass Augustinus in *nupt. et conc.* 1 sodann zur Erläuterung von *concupiscentia* und *nuptiae* geschritten ist (cf. Kommentar zu 9,1–7). Auch in seinem Proömium zu *nupt. et conc.* 1 kündigt Augustinus als Ziel seiner Schrift an, den Unterschied zwischen dem Übel der

---

70 Cf. Salamito, Virtuoses 209; es handelt sich in 2,14,1–8 um eine Anspielung auf Augustins Worte in *nupt. et conc.* 1,2 (p. 213, l. 13–18); cf. auch *nupt. et conc.* 2,1 (p. 253, l. 2 sq.).
71 Cf. Cipriani/Volpi, Sant'Agostino 1, 12.

KOMMENTAR 235

carnalis concupiscentia und dem Gut der *nuptiae* zu erklären und die beiden voneinander zu separieren (*nupt. et conc.* 1,1; p. 212, l. 11–15).

11,4 sq. *inter negationem enim confessorum et negatorum confessionem*: Die vorliegende Figur beinhaltet einen Chiasmus und ein Polyptoton, zudem ist *negatio confessorum* ersetzbar durch die *negatorum confessio*, beide Ausdrücke sagen dasselbe aus. *Confessio* ist das Gegenteil von *negatio* und ebenso *confessum* das Gegenteil zu *negatum*. Die *negatio confessorum* erklärt sich dadurch, dass Augustinus mit seiner Erbsündenlehre in Julians Augen von der katholischen Wahrheit abweicht. Das Wort *confessio* bedeutet seit der Zeit der Christenverfolgungen das Bekenntnis zum Christentum.[72] Das Wortspiel erinnert an die Wortverbindungen, die Tertullian in *adu. Marc.* 4,28,5[73] anbringt (z.B. *si enim confessorem confitebitur, ipse est qui et negatorem negabit*).[74] Möglicherweise meint Julian mit den *confessa* Augustins auch dessen Äußerungen über seine Zeit als Manichäer, die er in den *Confessiones* macht. Die *confessio negatorum* ergibt sich dadurch, dass Augustinus sich gemäß Julian mit der Erbsündenlehre implizit zu einer Art von Manichäismus bekennt, die er jedoch explizit von sich weist. Julian suggeriert, dass Augustinus in seinen Schriften einerseits manichäisches Gedankengut wiedergibt, andererseits dieses mit dem vordergründigen Bekenntnis zum Christentum zu kaschieren versucht. Gleichzeitig schwingt im Wortspiel eine Anspielung auf Augustins *Confessiones* mit, so wie auch in der ganzen Passage (11,3–7) ein Wortfeld bedient wird, das an die Formulierungen Augustins in den *Confessiones* erinnert (*aerumna* cf. A. *conf.* 2,3; 3,4; *conscientia* cf. ib. 1,29; 5,11; 8,18; 10,2.4; *foedus, -a, -um* cf. ib. 3,1–4; *documentum* cf. ib. 9,32). Julian suggeriert damit, dass Augustins Lehre in *nupt. et conc.* das Ergebnis seiner negativen Lebenserfahrungen ist, die er wie in den *Confessiones* nun kundtut.

Mit den sarkastischen Worten in **11,3 sq.** verdeutlicht Julian dem Leser zugleich, dass er Augustins Zitate als Beweisstücke für dessen Lehre heranzieht, und stellt Augustins intellektuelle Fähigkeiten in Frage. Cf. Hinführung. 3.1 und 3.2.2.

---

72   Mayer, Confessio 1122: „[…] in der Zeit der Christenverfolgungen [bahnte sich] für c. [i. e. *confessio*] und ‹confiteri› zunächst der Sinn ‹sein Christsein bekennen›, gegebenenfalls ‹das Martyrium auf sich nehmen› an, wie dies bereits Tertullian ausweist." Cf. u. a. Tert. *nat.* 1,2,1 (cf. Mayer, Confessio 1123 n. 6).

73   Die Zählung und der Text zu *Aduersus Marcionem* stammen aus der Edition von Braun (SC 365; 368 und 399) bzw. Moreschini (SC 456; 483).

74   Cf. auch Tert. *coron.* 11: *Iesus negaturus omnem negatorem et confessurus omnem confessorem et saluam facturus animam pro nomine eius amissam, perditurus autem de contrario aduersus nomen eius lucri habitam*; id., *scorp.* 9,10; *adu. Prax.* 26,9.

12,1 priori ergo operi quattuor libellis – 5 imbecilla quaeque et inania persecutus.
Gemeint sind *nupt. et conc.* 1 und Julians Antwort *Ad Turbantium*. Teile der Paragraphen 12 und 13 werden von De Coninck als Fragmente von *Turb.* aufgeführt (cf. *Turb.* 1, frg. 13). Julian hatte offensichtlich in seinem Vorwort zu *Ad Turbantium* geschrieben, dass er sich bei seiner Widerlegung Augustins nur auf die wesentlichen Argumente beziehen wolle. Hierzu passt seine Aussage in 1,9–12, er habe in *Turb.* versprochen, er würde in einem zweiten Werk nochmals auf die Argumente gegen ein *malum naturale* eingehen und insbesondere strittige Bibelstellen auslegen (cf. Kommentar zu 2,10–17; 3,1–7; cf. 6,1–7,4; 14,1–3). Julian sichert sich mit der Hervorhebung, er habe sich nur die wichtigsten Punkte aus Augustins Lehre herausgegriffen (12,1–15,4), bereits gegen Augustins wiederholten Vorwurf ab, er habe bei der Argumentation die zu widerlegenden Zitate aus *nupt. et conc.* 1 absichtlich verkürzt (*nupt. et conc.* 2,3 sq. (p. 254, l. 23–p. 256, l. 9) in 22,2–37; *nupt. et conc.* 2,4 sq. (p. 256, l. 9–p. 257, l. 9) in 52,8–33; *nupt. et conc.* 2,6 (p. 257, l. 10–24) in 67,3–17; *nupt. et conc.* 2,8 (p. 259, l. 13–16) in 73,3–6).

12,2 *praeteriturum – 5 inania persecutus*: = *Turb.* 1, frg. 13, l. 78–81.

12,5 quamquam, si hanc – 14 uenena conficimus.
Julian nimmt zunächst an, er müsse sich unter Idealbedingungen eigentlich nicht mit Augustins Worten auseinandersetzen, und gibt dann eine Begründung dafür an, weshalb er sich doch dafür entschieden hat, auf Augustins Ansichten zu antworten. Cf. z. B. auch 48,44–50 mit 51,1–9. Die Charakterisierung des gegnerischen Irrtums als Gift ist typisch für antihäretische Polemik.[75] Zu weiteren Topoi cf. Hinführung. 3.2.

13,1 testatus utique – 11 dolique conuincat.
Zum Vorwurf, Julian habe *nupt. et conc.* 1 nicht richtig zitiert cf. Kommentar zu 12,1–5.

Mit seiner Anmerkung in 13,7–11 appelliert Julian an den Leser, bei der Lektüre von *nupt. et conc.* 1 und *Turb.* zu urteilen, ob Augustinus mit seinen Vorwürfen recht hat. Auch in *Flor.* ermahnt er den Leser immer wieder zur Aufmerksamkeit und weist ihm damit die Rolle des Schiedsrichters zu (cf. 66,11–14;

---

[75] Cf. z. B. Tert. *adu. Marc.* 3,8,1: *desinat nunc haereticus a Iudaeo, aspis quod aiunt a uipera, mutuari uenenum, euomat iam hinc proprii ingenii uirus, phantasma uindicans Christum.* Id., *praescr.* 30,2; Hier. *c. Vigil.* 1; cf. Opelt, Polemik 46 unter Verweis auf Opelt, Schimpfwörter 219.252 sq.

KOMMENTAR 237

101,1 sq.; 106,1–4; 114,4–7; 2,22,1–8; 2,62,1 sq.; 2,80; 2,96,1 sq.; 3,85,26 sq.; 3,87,7–9; 4,38,3; 4,47,1; 5,4,1–5; 5,21,42 sq.; 6,41,18–22). Cf. Hinführung. 3.1.

13,1 nec contra – 5 collocasset: = *Turb*. 1 frg. 13, l. 81–85.

14,1 scripturarum sane testimonia quaedam latius – 3 facturum spopondi.
= *Turb*. 1, frg. 13, l. 86 sq. Cf. Kommentar zu 2,1–7.10–17; 3,1–7; 12,1–5.

16,1 cum haec – 11 se non legisse quid dixerim?
In Julians Augen war es fahrlässig von Augustinus, seine Widerlegung in *nupt. et conc.* 2 auf die *Chartulae* zu stützen, deren Zustand ihm zumindest verdächtig hätte erscheinen müssen (cf. Hinführung. 1.3 und 2.1; Kommentar zu 19,1–14). Wenn Augustinus dann noch behauptet, in *Turb*. seien bewusst von Julian Textzeilen aus *nupt. et conc.* 1 ausgelassen worden, weil Julian sie nicht hätte widerlegen können, grenzt das für Julian an Unverschämtheit (cf. Kommentar zu 12,1–5). In 17,4–14.15–20 belegt Julian durch die Heranziehung von *nupt. et conc.* 2,2 (p. 254, l. 7–16.17–22), dass sich Augustinus über die Leichtfertigkeit des Unterfangens bewusst war. Der Hinweis auf die *impudentia* Augustins ist ein polemischer Topos (cf. Hinführung. 3.2.2; 22,39; 86,3 sq.; 129,1–3; 2,148,8–10; 2,150; 3,91; 2,202,1–3). Augustinus macht in *nupt. et conc.* 2 den Leser immer wieder darauf aufmerksam, wie Julian sich in *Turb*. davor scheut, den Begriff *concupiscentia carnis* zu verwenden und sieht das Sich-Schämen als einen Beleg dafür, dass die *concupiscentia carnis* eine Folge des *peccatum originale* sei (*nupt. et conc.* 2,14; 2,17; 2,23). Der Vorwurf der *impudentia* vonseiten Julians könnte eine implizite Reaktion auf die Bemerkungen Augustins sein. Julian suggeriert damit, selbst wenn er sich schämte, sei dies nicht so schlimm wie die Schamlosigkeit Augustins (cf. z. B. Julians Reaktion auf *nupt. et conc.* 2,14 in 4,6,23–26).

Als Reaktion auf Augustins Vorgehen hält Julian im Verlauf von *Flor*. Augustinus immer wieder vor Augen, er solle bestimmte Textstellen in *Turb*. lesen, wenn er sich zu in *nupt. et conc.* 2 wieder auftretenden Themen äußert. Cf. 23,1–13; 64,1 sq.; 67,28–32; cf. 67,104–68,1; 70,1–4; 71,19 sq.

16,5 sq. consuetudo peccandi – extinguit pudorem: Bei Augustinus wird die *consuetudo mala* als ein Hemmnis des Lebens für Gott gesehen, weshalb sie überwunden werden muss. In *conf*. 8,12 spricht Augustinus davon, wie schwer er sich selbst wider besseres Wissen von der *cupiditas* loslösen kann. Er vergleicht sich dort mit einem Schlafenden, der nicht geweckt werden will. Als Grund dafür nennt er die *consuetudo*, die in seinem Sündenkonzept eine tragende Rolle spielt: *frustra condelectabar „legi" tuae „secundum interiorem hominem [Rm 7,22]", cum alia lex „in membris meis" repugnaret „legi mentis meae et captiuum me duceret in lege peccati, quae in membris meis [Rm 7,23]" erat. lex enim peccati est uiolentia consuetudinis, qua trahitur et tenetur etiam inuitus ani-*

mus eo merito, quo in eam uolens inlabitur (ib.).[76] Zu Augustins Menschenbild cf. Hinführung. 2.2.2.2 und 2.2.2.3.

Während hier bei Julian die *consuetudo* zu einem *amor delicti* führt, ergibt sich bei Augustinus die von ihm in *conf.* 8,10 dargestellte Folge, die er als Kette (*catena*) bezeichnet: *uoluntas peruersa – libido – consuetudo – necessitas*. Der *amor delicti* bei Julian bringt zum Ausdruck, dass es dem Menschen noch freisteht, sich wieder von der Sünde frei zu machen (cf. **94,61–66** und die Auslegung von *Rm* 7,23–25 in **67,1–70,12**),[77] während Augustinus von *necessitas* spricht, die aus eigenen Kräften nicht zu durchbrechen ist. Des Weiteren spielt bei Augustins *consuetudo*-Konzept das *peccatum originale* eine wesentliche Rolle, weshalb sich der Mensch aus ihr nur durch Christi Gnade befreien kann (*Simpl.* 1,1,10).[78] Er kommt jedoch auch darauf zu sprechen, wie wichtig es ist, sich gegen diese Gewohnheit zu stellen und sich gute Gewohnheiten anzueignen (cf. z. B. *c. Fort.* 22).[79] Die Bezeichnung *consuetudo peccandi* ist auch für Julians Vorgänger von wesentlicher Bedeutung. Cf. Kommentar zu **67,40–60** und Hinführung. 2.2.1.

16,6 *quod licet* – **8** *poterat autumare*: Julian möchte zum Ausdruck bringen, dass Augustins Schamlosigkeit in *nupt. et conc.* 2 durch nichts zu übertreffen ist. Es ist nicht ganz eindeutig, was Julian in **16,7 sq.** mit *pericula* meint. Wahrscheinlich spielt Julian damit auf seine verhängnisvolle Lage und seine Exilierung an. Als Übersetzung für *pericula* bietet sich „unheilvolle Ereignisse"[80] oder „gegenwärtige gefährliche Lage" an.

16,9 *quando enim crederem* – **11** *se non legisse quid dixerim*: Die Bezeichnung Augustins als *Numida* geht auf dessen Herkunftsort Hippo zurück, der in der Provinz Numidien lag.[81] Sie steht in Einklang mit dem Vorwurf, Augus-

---

76 Übers.: „Vergeblich erfreute ich mich an deinem ‚Gesetz dem inneren Menschen entsprechend [*Rm* 7,22]', denn ein anderes Gesetz kämpfte ‚in meinen Gliedern gegen das Gesetz meines Geistes und hielt mich gefangen im Gesetz der Sünde, das in meinen Gliedern [*Rm* 7,23]' war. Das Gesetz der Sünde ist nämlich das ungestüme Wesen der Gewohnheit, durch das auch der Mensch, der es nicht will, hin- und hergezogen und festgehalten wird, deshalb, weil er sich willentlich in es hineinbegibt."

77 Zur Freude, die die Gewohnheit zu sündigen auslöst, auch *in Iob* 20; p. 56, l. 54–57: *usu longo peccandi ad id perductus est, ut non horror ei de uitiis, sed delectatio nasceretur et studium accederet, ne quid ei de mala consuetudine deperiret*. Übers.: „Das häufige Sündigen hat dazu geführt, dass in ihm nicht die Abscheu vor Sünden, sondern die Freude an ihnen entstand und ein Streben nach Sünde hinzukam, damit ihm von der schlechten Gewohnheit nichts verloren ginge."

78 Cf. Zumkeller, Consuetudo 1256.

79 Cf. Zumkeller, Consuetudo 1255.

80 Cf. Cipriani/Volpi, Sant'Agostino 1, 17; Teske, Answer 61.

81 Cf. Weber, Punic 79.

tinus sei wie ein falscher Punier. Hier wird die mit der Bezeichnung Augustins als *Numida* beim Leser gewünschte Assoziation von Julian selbst konkretisiert. Oberstes Ziel ist es zu zeigen, dass Augustins Aussagen widersprüchlich und deshalb nichtig sind – eben so, wie man es von einem *Numida* oder einem Punier erwarten würde.[82] Dadurch soll die Glaubwürdigkeit Augustins infrage gestellt werden, was sich in das Stereotyp vom eidbrüchigen und falschen Punier einfügt (cf. Kommentar zu 7,2). Zugleich gibt er mit der Verbindung *et me falsa dixisse et se non legisse quid dixerim* Augustinus der Lächerlichkeit preis, wobei er betonen muss, dass er ein so leichtfertiges Vorgehen von ihm nicht erwartet hätte. Er steigert dadurch den Eindruck, der beim Leser erweckt werden soll. Selbst er, ein Gegner Augustins, hat nicht glauben können, mit welcher Unverschämtheit er an die Widerlegung von *Turb.* herangegangen ist. Cf. Hinführung. 3.2.2 und Kommentar zu 17,15–20.

Zur Interpunktion: Zelzer hat in ihrer Edition den Satz 16,9 *quando* – 11 *dixerim* als Nebensatz an 16,6–9 *quod licet* – *autumare* angeschlossen. Es ist hier meines Erachtens dem Vorschlag Primmers zu folgen: „*Quando enim crederem ...* muß erstens (wegen *enim*) Hauptsatz sein, und erfordert zweitens (als Fragesatz) in Zeile 11 die Interpunktion ... *quid dixerim?*"[83]

1.2.2 Augustins Argumentationen sind unhaltbar – *Ad Florum* als Widerlegungsschrift von *De nuptiis et concupiscentia* 2 (17,1–21,11)

Julian führt nun Zitate aus *nupt. et conc.* 2,2 (p. 254, l. 7–16.17–22; 17,4–14.15–20) an und greift aus dem Zitat einzelne Punkte heraus, um Augustins Unglaubwürdigkeit und *leuitas* sowie die *imbecillitas* (19,20 sq.) von Augustins Schrift zu zeigen (17,21–19,26). Der Umgang mit den Zitaten an dieser Stelle erinnert an das Heranziehen von Beweismaterial bei einer Gerichtsrede. Dem Leser soll eingeschärft werden, dass keinem Zitat in Augustins Werk zu trauen ist. Der Verfasser der *Chartulae* hat in Julians Augen die Passagen selbst absichtlich verkürzt (19,16–18). Sie beinhalten lediglich Passagen aus *Turb.* 1.[84] Umso verwerflicher muss Augustins Vorgehen erscheinen, wenn er sich auf unvollständige und noch dazu vermeintlich absichtlich falsch geschriebene Exzerpte verlässt, und wenn er Julian infolgedessen Vorwürfe der falschen Zitation macht.[85] Julian greift damit die in 16 aufgestellten Behauptungen bezüglich *nupt. et conc.* 2 auf, wo er bereits beschrieben hatte, dass Augustinus ihn beschuldige, er habe in *Turb.* falsch zitiert, obwohl dieser wisse, dass er nur fragmentarische Aus-

---

82 Cf. auch Sall. *Iug.* 53: *nam dolus Numidarum nihil languidi neque remissi patiebatur*.
83 Primmer, Rhythmus 1, 196.
84 Cf. Weber, Aspects 299 sq.
85 Cf. Cipriani, Aspetti 136.

schnitte aus *Turb.* vor sich hätte. Durch die Verteidigung der Disposition von *Turb.* in 9,1–15,4 dürften die im Folgenden von Julian zitierten Worte Augustins in *nupt. et conc.* 2 (p. 254, l. 7–16.17–22; 17,4–14.15–20), in denen er davon schreibt, er wolle bei seiner Widerlegung von *Turb.* die Exzerpte heranziehen, umso unbesonnener erscheinen. In 20 sq. schließlich legt Julian die übergeordneten Ziele seiner Argumentation in *Flor.* dar.

17,1 nam scribens ad eum – 4 superscriptae essent
Hier fasst Julian den Beginn von *nupt. et conc.* 2,1 (p. 253, l. 2–10) zusammen, der die Widmung an Valerius darstellt: *inter militiae tuae curas et inlustris personae quam pro meritis gestas actusque reipublicae necessarios, fili dilectissime et honorande Valeri, tanto studio te aduersus haereticos in eloquia diuina flagrare satis dici non potest quanta mentis iucunditate delecter. itaque posteaquam legi litteras sublimitatis tuae, quibus de libro quem ad te scripsi gratias agis sed admones, ut per fratrem et coepiscopum meum Alypium audiam quid de quibusdam locis eiusdem libri haeretici disputationis adsumant, ad hoc scribendum excitatus sum.*[86] Zu Valerius cf. Kommentar zu 10,1–13 und Hinführung. 1.3.

1.2.2.1   *Die* Chartulae, *ein Exzerpt aus* Ad Turbantium *1 –* nupt. et conc. 2,2 (17,4–20)

17,4 sq. „'capitula de libro Augustini – pauca decerpsi.'
Dieser Satz ist offenbar lückenhaft, da sich die relative Bestimmung *quem scripsit* auf Augustinus bezieht und deshalb überflüssig wirkt. Weber merkt an, dass sich aus diesem Titel nicht erkennen lasse, um welche Werke Augustins bzw. Julians es sich eigentlich handle.[87] Offenbar wurde im Titel der Name der Person, der die Schriften gewidmet waren (im Falle von *nupt. et conc.* 1 Valerius und im Falle von *Turb.* Turbantius), getilgt. Weber zieht zur Erläuterung dieses Umstandes die in den *Chartulae* zitierte Einleitung aus *Turb.* 1 heran (cf. Kommentar zu 73,23–42), wo anscheinend ebenfalls der Name der Person, der sich die Schrift wid-

---

[86] Übers.: „Ich kann dir nicht sagen, wie sehr ich mich darüber freue, dass du, geliebter und ehrbarer Sohn Valerius, dich trotz deiner militärischen Pflichten, der Dienste, die sich aus der erhabenen Stellung ergeben, die du ausführst, und der für den Staat notwendigen Aufgaben mit einem solchen Eifer gegen die Häretiker für die göttlichen Worte interessierst. Deshalb sah ich mich dazu aufgefordert zu schreiben, nachdem ich die Briefe deiner Erhabenheit gelesen hatte, mit denen du dich für das Buch [*De nuptiis et concupiscentia* 1], das ich dir geschickt habe, bedankst, aber auch ermahnst, dass ich durch meinen Bruder und Mitbischof Alypius höre, welche Gedanken die Häretiker zu manchen Stellen meines Buches [*De nuptiis et concupiscentia* 1] äußern."

[87] Cf. Weber, Aspects 301 sq.

met, aus dem Text entfernt wurde.[88] Weber vermutet auch, dass derjenige, der die *Chartulae* zusammengestellt hat, selbst Anhänger der Pelagianer war, da er polemische Passagen offenbar nicht zitiert, um dem Werk Julians die Schärfe zu nehmen.[89] Dass hier *capitula* aus *nupt. et conc.* 1 erwähnt werden, lässt mit Weber vermuten, dass den *Chartulae* offenbar eine Übersicht der von Julian widerlegten Zitate aus *nupt. et conc.* 1 vorangestellt war, die dem Leser als Orientierung dienen sollte.[90] Dies wird auch aus der Disposition von *nupt. et conc.* 2 ersichtlich, da Augustinus in den ersten sechs Paragraphen nicht auf die Argumentation Julians eingeht, sondern lediglich die in den *Chartulae* enthaltenen Zitate aus *nupt. et conc.* 1 korrigiert und Julian unterstellt, er habe sie absichtlich verkürzt. Erst in *nupt. et conc.* 2,7 beginnt Augustinus, sich der Argumentation Julians zu widmen, zitiert die Einleitung von *Turb.* 1 aus den *Chartulae* und schreibt, diese folge auf das von ihm bisher in *nupt. et conc.* 2,3–6 Zitierte (cf. Kommentar zu 73,3–5).

Weber schließt aus diesem Befund, dass die *Chartulae* wohl so konzipiert waren, dass Valerius die Hauptargumentationspunkte der beiden Parteien abgleichen konnte.[91] Zudem macht sie plausibel, dass die *Chartulae* sich an einem literarischen Rahmen orientierten, der beginnend mit der Einleitung von *Turb.* 1 auch mit einem treffenden letzten Zitat aus *Turb.* endete.[92] Sie geht zudem davon aus, dass die Exzerpte wohl absichtlich anonymisiert worden sind, möglicherweise, um zu verschleiern, dass sie aus einer Hand stammten, die Julian freundlich gesinnt war, und damit bei Valerius eine Beurteilung der Angelegenheit ohne Voreingenommenheit zu bewirken (cf. Kommentar zu 19,14–18). Zudem schlägt sie vor, dass man den Satz *capitula de libro Augustini quem scripsit, contra quae de libris pauca decerpsi* ergänzen könne, beispielsweise zu *capitula de libro Augustini quem scripsit* ⟨*ad Valerium*⟩ oder ⟨*de nuptiis et concupiscentia*⟩ oder ⟨*contra Iulianum*⟩, *contra quae de libris pauca decerpsi* ⟨*Iuliani*⟩ oder ⟨*Iuliani ad Turbantium*⟩.[93]

17,9 qui autem sint – 14 'quattuor libellis respondi.'"
Augustinus schließt aus Julians Erwähnungen in *ep. Rom.* frg. 2 (= 17,12–14), einem Brief, der an den Klerus von Rom verfasst ist und den er in *c.*

---

88 Cf. Weber, Aspects 295–297.
89 Cf. Weber, Aspects 298 sq.301.
90 Cf. Weber, Aspects 299.
91 Cf. Weber, Aspects 299 sq.
92 Cf. Weber, Aspects 298 sq.
93 Cf. Weber, Aspects 301 sq.

ep. Pel. 1 widerlegt, dass die Zusammenfassungen aus den *Chartulae*, die sich gegen ihn richten, aus *Turb.* stammen müssen. Cf. auch Hinführung. 1.2 und 1.3.

17,15 „credo – 20 distulisti."

Augustinus gibt hier zu, dass es besser wäre, das ganze Buch *Turb.* zu widerlegen, aber nennt die Aufforderung des Valerius als Grund, weshalb er lieber gleich auf die *Chartulae* antworten möchte. Die eilige Antwort könnte jedoch auch darauf hindeuten, dass Augustinus durchaus nicht für ausgeschlossen hielt, dass Julian in der Angelegenheit doch noch einen Einfluss auf Valerius ausüben könnte.[94]

Julian spielt auf die vorliegende Aussage Augustins in **16,10 sq.** an und reagiert auf dieses Vorgehen mit der wiederholten Hervorhebung, Augustinus hätte bestimmte Textstellen in *Turb.* lesen sollen. Cf. Kommentar zu **19,1–14**; cf. **21,1–3**; **23,1–13**; **52,33–37**; **64,32–35**; **71,19 sq.**; **113,14–19**. Cf. auch **4,123,5–8**.

1.2.2.2   *Augustinus kämpft mit verbundenen Augen – Entgegnung von* nupt. et conc. *2,2 und Konzeption von* Ad Florum *1 (17,21–21,11)*

18,1 facit quoque epistulae mentionem – 3 quo de scripto loqueretur, agnoscere.

Augustinus schreibt in *nupt. et conc.* 2,2 (p. 254, l. 7–11; **17,4–8**) über die ihm geschickten *Chartulae*, dass er weder erkennen könne, wer der Autor des Werkes sei, noch das Werk kenne. Erst ein Abgleich mit dem Brief *Ad Romanos* (= *ep. Rom.* frg. 2; cf. *epistula* [...] *quam a me ait Romam fuisse directam* (**18,1 sq.**)), den er in *c. ep. Pel.* 1 behandelt, bringt ihn auf die Idee, dass es die Bücher *Ad Turbantium* von Julian von Aeclanum sein müssten. Denn an einer Stelle in diesem Brief stünde, dass der Autor des Briefes soeben vier Bücher gegen Augustins *nupt. et conc.* 1 geschrieben habe. Wenn Julian hier also behauptet, er kenne die besagte *epistula* nicht, die Augustinus zur Identifikation der Exzerpte verwendet, ahmt er Augustinus literarisch nach. So wie Augustinus, der schreibt, er könne aus den *Chartulae* nicht erkennen, welches Werk in ihnen zusammengefasst ist, behauptet Julian, er könne aus dem Briefzitat nicht erkennen, aus welchem Brief es stammen soll. Er drückt zudem sein generelles Misstrauen gegenüber den Angaben aus, die Augustinus bezüglich der zitierten Quellen

---

94   Cf. Lössl, Julian 281. Aus *nupt. et conc.* 2,1 sq. geht allerdings entgegen der Annahme Lössls (cf. id., Julian 281) nicht hervor, dass Valerius die Abfassung der *Chartulae* beauftragt hat.

macht, und möchte dem Leser suggerieren, dass das, was Augustinus anderen Autoren in den Mund legt, mit Vorsicht genossen werden muss. Im Kontext des Vorwurfs, sich auf unvollständiges Material der *Chartulae* gestützt zu haben, hat der Angriff Julians noch ein anderes Ziel: Die Tatsache, dass Augustinus sich offenbar auf Informationen aus einem Brief stützen muss, um herauszufinden, welche Bücher in den *Chartulae* exzerpiert sind, beweist, wie unvollständig diese sind, und zeigt ein weiteres Mal, wie leichtfertig es von Augustinus ist, diese zu verwenden.

Aufgrund von Julians Behauptung, er kenne den Brief nicht, stellt Bruckner in Frage, ob Julian überhaupt der Autor des in *c. ep. Pel.* 1 behandelten Briefes *Ad Romanos* sein könne.[95] Julian allerdings streitet in erster Linie ab, dass der in *nupt. et conc.* 2,2 erwähnte Brief einer der beiden Briefe an Zosimus sei.[96] Möglicherweise hat Julian die Worte *in epistula quam Romam misit* (*nupt. et conc.* 2,2; p. 254, l. 12 sq.; 17,10 sq.) (absichtlich?) falsch verstanden und „nach Rom" mit „an Zosimus" gleichgesetzt. Bruckner hat in einer späteren Publikation zudem die Vermutung geäußert, Julian habe schlichtweg aus dem kurzen Zitat nicht erkennen können, um welchen Brief es sich handeln könnte.[97] Meines Erachtens ist die Aussage Julians in erster Linie dem polemischen Hintergrund der Schrift verpflichtet[98] und eine *retorsio* auf Augustins Worte in *nupt. et conc.* 2,2 (p. 254, l. 7–16.17; 17,4–14.15 sq.).

18,3 nam ad Zosimum – 6 exorsus non eram.
Marius Mercator zitiert aus einem dieser beiden Briefe, die Julian an Zosimus, den Bischof von Rom, geschickt hat (*ep. Zos.*; De Coninck, CCL 88, p. 335 sq.), der andere ist nicht erhalten.[99] Julian wandte sich in dem fragmentarisch erhaltenen Brief gegen die Anklagepunkte in der *Epistula tractoria* des Zosimus, die wahrscheinlich auch die gegen Pelagius in Diospolis und Karthago vorgebrachten Vorwürfe enthielt.[100] Dass der fragmentarisch erhaltene Brief eine Reaktion auf die *Epistula tractoria* war, lässt sich aus den Worten bei Marius Mercator schließen:[101] [...] *in epistula uidelicet tua, quam ad sedem apostolicam illo tempore ausus es mittere, quando conuentus detrectasti cum uniuersa Ecclesia per*

---

95 Cf. Bruckner, Julian 36 n. 2.
96 Cf. Lössl, Julian 7 n. 42.
97 Cf. Bruckner, Bücher 104–106.
98 So auch Cipriani/Volpi, Sant'Agostino 1, 19 n. 9.
99 Cf. Wermelinger, Rom 229.
100 Cf. Wermelinger, Rom 229–231 und zum Inhalt der *Epistula tractoria* ib. 211–214, insbesondere ib. 213 sq. sowie Anhang v ib. 307 sq.
101 Cf. auch Wermelinger, Rom 212 und Lössl, Julian 272.

totum orbem Pelagium Caelestiumque damnare (Mar. Merc. *Conc.* ᔆ1 5 p. 12, l. 1–3; cf. Einleitung von *ep. Zos.* frg. 1).[102] Cf. auch Hinführung. 1.3.

18,5 sq. *uerum eo tempore, quo adhuc libros exorsus non eram*: „[...] aber das zwar zu einer Zeit, zu der ich mit den Büchern [sc. an Turbantius] noch nicht angefangen hatte." Mit *libri* scheinen hier speziell Bücher zur Auseinandersetzung mit Augustinus gemeint zu sein. Dass *Ad Turbantium* Julians erstes Werk war, lässt sich aus dieser Aussage nicht zweifelsfrei folgern.[103]

19,1 porro utatur indicio epistulae – 14 impugnare quod nescias.
Julian entgegnet mit der Bezeichnung *noui Manichaei* auf Augustins Schlagwort *noui haeretici*, das zur Benennung der Anhänger Julians dient (*nupt. et conc.* 1,1; p. 211, l. 5; 1,22; p. 235, l. 16; 1,40; p. 251, l. 7 etc.; cf. Kommentar zu 9,1–7).[104] Er empört sich wie in **16,1–11** über die Vorgehensweise seines Gegners, wodurch beim Leser eine Generalisierung der Skepsis gegenüber dessen Argumentation bewirkt werden soll. Julian bringt Augustins Glaubwürdigkeit dadurch ins Wanken, dass er dessen Aussage in *nupt. et conc.* 2,2 (p. 254, l. 17–22; **17,15–20**), er habe nicht mit der Widerlegung von *Turb.* warten wollen, als eine schlechte Ausrede und einen dilettantischen Umgang mit dem Gegner entlarvt. Julian diskreditiert Augustinus noch weiter, indem er ihm vorwirft, er habe die Verantwortung für die unsaubere Widerlegung von *Ad Turbantium* gewissermaßen auf Valerius abgeschoben (**19,7–14**). Als wahren Grund für die eilige Widerlegung unterstellt Julian Augustinus fehlende Ernsthaftigkeit beim Schreiben und die Tatsache, dass er schlichtweg keine Geduld gehabt habe, länger über den Text nachzudenken. Cf. Hinführung. 3.2.2. Der AcI in **19,2 sq.** *me responsionem – explicasse* ist abhängig von *indicium* und übernimmt hier offenbar die Funktion eines Explikativsatzes.

19,5 *cur non studuit* – **7** *Andabatarum more processit*: Hieronymus bringt denselben Vergleich in seinen Dialogen *Aduersus Heluidium de Mariae uirginitate perpetua* und *Aduersus Iouinianum* an (*adu. Iouin.* 1,36: *melius tamen est clausis, quod dicitur, oculis andabaturum more, pugnare.* Id., *uirg. Mar.* 5: *more andabatarum gladium in tenebris uentilans*).[105] Da Augustinus das Werk *Ad Turbantium* nicht vollständig kennt und trotzdem dagegen vorgeht, vergleicht

---

102   Übers. Konoppa, Werke 138 (modifiziert): „[...] nämlich in deinem Brief, den du in jener Zeit zum apostolischen Stuhl zu schicken gewagt hast, als du [...] [dich gegen die Übereinkünfte ausgesprochen hast], mit der ganzen Kirche auf der ganzen Welt Pelagius und Caelestius zu verdammen."
103   Anders Lössl, Julian 250.
104   Cf. Lössl, Julian 130 n. 268.
105   Cf. TLL 2, p. 33, l. 6–14; Lössl, Julian 94; Cipriani, Aspetti 130 sq.

KOMMENTAR

Julian ihn mit einem Gladiator, der seinem Gegner mit verbundenen Augen entgegentritt. Julian bezeichnet zudem wie Hieronymus, der Jovinian einen *Epicurus Christianorum* nennt (Hier. *adu. Iouin.* 1,1), Augustinus als einen *Epicurus nostri temporis* (5,36).[106] Zum Vorwurf, Augustinus habe seine Ansichten sogar verschlimmert, cf. Kommentar zu 109,8–24 und 113,14–125,7.

19,8 *allegatione defendit*: Der Begriff *allegatio* entstammt der juridischen Terminologie;[107] gemeint ist damit die Anführung eines Grundes oder Zeugnisses zur Rechtfertigung oder zur Bekräftigung der eigenen Darstellungsweise vor dem Richter.[108]

19,10 *quasi non honestissime potuerit* – 14 *impugnare quod nescias*: Der AcI *flagitium esse inter eruditos – impugnare, quod nescias* dürfte von *potuerit intimare* abhängen und stellt damit neben der Bitte um mehr Zeit (19,10 sq.) eine weitere Äußerung dar, die Augustinus dem Comes Valerius in Julians Augen hätte schreiben sollen.

19,14 huc accedit – 18 uidentur esse composita.
Julian spielt hier auf die Vorwürfe Augustins in *nupt. et conc.* 2,3–6 an, Julian hätte in *Ad Turbantium* den augustinischen Text manipuliert, und sichert sich somit bereits, bevor er diese Textstellen zitiert, gegen sie ab (cf. Hinführung. 2.1). Da die Exzerpte aus *Turb.* nicht vollständig sind, ist ein solcher Vorwurf umso haltloser (19,22–26). Aus seinen Worten wird außerdem deutlich, dass er es offenbar nicht für ausgeschlossen hält, dass die Exzerpte auch von einem seiner Mitstreiter hätten angefertigt worden sein können.[109] Cf. Kommentar zu 17,4 sq. Das lateinische Wort *inuidia* darf hier nicht mit „Neid" oder „Empörung" wiedergegeben werden, sondern erhält bei Julian, wie aus dem vorliegenden Kontext deutlich wird, die Bedeutung „Vorwurf, Anschuldigung" (cf. ebenso 106,7).[110]

19,18 uerum id quouis – 26 nostrae processibus apparebit.
Julian greift Augustins Bezeichnung *inimicus gratiae* (*nupt. et conc.* 2,5) auf und wendet sie abgeändert auf Augustinus an. Er unterstellt Augustinus damit, dass er sich gegen die christliche Wahrheit wende und diese absichtlich verschleiere. Julian stellt sich im Gegenzug als den Verfechter der Wahrheit

---

106 Cf. Cipriani, Aspetti 130 sq.
107 Cf. Vaccari, Commento 27.
108 Cf. TLL I, p. 1662, l. 49–p. 1663, l. 76.
109 Cf. Weber, Aspects 302.
110 Cf. Bouwman, Kommentar 53 sq.

dar und zieht eine deutliche Grenze zwischen seinen eigenen Ansichten und denen der „neuen Manichäer" (cf. Kommentar zu 19,1–14). Cf. Hinführung. 3.2.1 und 3.2.2.

Die Kombination von *inimicus* mit einem Genitiv-Attribut ist eine gängige Formulierung in der christlichen Polemik.[111] Cf. auch 117,3; 5,3; vergleichbare Junkturen bei Julian sind *inimicus iustitiae* (cf. 6,15.37) und *opinio iustitiae inimica* (cf. 3,211).

19,24 ut uulgi in nos – 26 processibus apparebit: Julian unterstellt Augustinus, er sei allein schon durch die bruchstückhaften Sätze der Argumentation aus *Turb.* so in Bedrängnis geraten, dass er das Volk habe gegen ihn aufhetzen müssen. Dieser Vorwurf, dass Augustinus das Volk ausnutze und manipuliere, um Unterstützung für seine Position zu finden, findet sich an vielen Stellen in *Flor.* und kommt bereits in *Turb.* zum Tragen (cf. 41,4–42,3; cf. Kommentar zu 73,23–42; 75,20–25; cf. Hinführung. 3.2.2). Der Erlass des Honorius, mit welchem Pelagius, Caelestius und ihre Anhänger verurteilt werden, lässt auf Unruhen in Rom schließen,[112] wobei jedoch nicht eindeutig ist, von wem diese ausgegangen sind.[113]

20,1 ammoneo tamen – 21,11 laborauerat explicare.
Die hier gemachten Äußerungen können als *propositio* von Julians Vorhaben in *Flor.* verstanden werden. Julian orientiert sich innerhalb seiner Widerlegung von *Flor.* 1 an den Zitaten aus *nupt. et conc.* 2,3–8 (cf. Hinführung. 2.1). Der hier genannte Plan für *Flor.* 1 gliedert sich auf in vier Punkte, die Julian mit seiner Schrift zeigen möchte, nämlich, dass

1a) Augustinus unrecht hat, wenn er ihm vorwirft, er habe in *Turb.* absichtlich Sätze aus *nupt. et conc.* 1 verstümmelt,

1b) Augustinus selbst in *nupt. et conc.* 2 absichtlich falsch aus *Turb.* zitiert (21,5–7),

2a) die Antworten Augustins auf Julians Worte in den *Chartulae* keine Beweiskraft besitzen,

2b) die Antworten in *nupt. et conc.* 2 eher noch deutlicher zeigen, wie falsch Augustinus mit seinen Ansichten liegt (21,7–11).

---

111 Cf. z. B. *inimici ueritatis* (Tert. *praescr.* 14,6; cf. Lact. *inst.* 2,1,13; cf. auch Opelt, Polemik 32.74); *inimici ecclesiae* (Cypr. *epist.* 59,6; cf. Opelt, Polemik 118); Lucifer von Calaris bezeichnet Constantius II. als *inimicus crucis Christi* (cf. Opelt, Polemik 88 und cf. ib. auch zu zahlreichen anderen Stellen; cf. auch A. *c. litt. Pet.* 2,203).

112 Cf. Marcos, Anti-Pelagian 323–327.

113 Cf. Lössl, Julian 279 sq.

KOMMENTAR   247

Dieses Schema wird in *Flor.* nicht Punkt für Punkt abgehandelt, sondern findet sich in unterschiedlicher Durchführung nach der Zitation des jeweiligen *nupt. et conc.* 2-Zitats in der *argumentatio* wieder. In Kombination mit Julians Worten aus 3,1–5,8 wird somit nochmals offensichtlich, dass Julian in *Flor.* sein eigentliches Vorhaben, strittige Bibelstellen auszulegen, mit der Widerlegung von *nupt. et conc.* 2 einhergehen lässt. Zum Vorhaben, nicht alles zu widerlegen, cf. Kommentar zu 3,1–7; zur Tatsache, dass Julian bereits in *Turb.* vergleichbar vorgegangen ist, cf. Kommentar zu 12,1–15,4. Zur Disposition von *Flor.* cf. Hinführung. 2.1 und 3.1.

Auf die Tatsache, welche „Fortschritte" Augustinus von *nupt. et conc.* 1 zu *nupt. et conc.* 2 gemacht hat (2b), weist Julian in 49,6–12; 109,16–24; 115,4–8; 120,1–8 und 124,1 sq. hin. Cf. auch Kommentar zu 24,6–10.

21,11 *quam nostra oratio laborauerat explicare*: Ich entscheide mich hier mit Cipriani/Volpi für die Variante *oratio* (P, Migne, Kal.),[114] da Julian auch in 34,1 und 2,51,1 sein Unterfangen als *oratio* bezeichnet, wohingegen *operatio* sonst nirgends in *Flor.* in dieser Bedeutung verwendet wird.

---

114 Cf. Cipriani/Volpi, Sant'Agostino 1, 20 sq. Die Herausgeber des Buches haben offenbar vergessen, den lateinischen Text zu ändern. Übersetzt wird jedenfalls *oratio* („eloquenza" (Cipriani/Volpi, Sant'Agostino 1, 21)) und nicht *operatio*.

2 Argumentatio (22,1–141,18)

Julian beginnt nun mit der Widerlegung von *nupt. et conc.* 2, indem er jeweils Augustins Worte zitiert und sich gegen sie wendet. Ein Einschnitt zum Proömium wird insbesondere auch dadurch deutlich, dass er Augustinus in der Antwort auf dessen Zitate jeweils direkt anspricht und somit ein Gespräch mit ihm suggeriert. Zur Disposition cf. Hinführung. 2.1 sowie die Gliederungsübersicht.

2.1 Göttliche Gerechtigkeit und menschliche Sündhaftigkeit – Widerlegung von nupt. et conc. 2,3 sq. (22,1–51,9)

Julian bringt nun zunächst das Zitat *nupt. et conc.* 2,3 sq. (p. 254, l. 23–p. 256, l. 9; 22,2–37) an, greift seinen Gegner im Stile der ersten *Catilinarischen Rede* an und streitet die Anklagepunkte ab (22,37–23,19). Daraufhin beschuldigt er Augustinus des Manichäismus (24,1–27,2; cf. auch 31,1–33,8) und will Maßstäbe für ein richtiges Verständnis der Heiligen Schrift setzen. Dies geschieht zum einen durch die Erörterung in 27,2–30,6, dass eine Auslegung nicht der göttlichen Gerechtigkeit widersprechen dürfe, zum anderen durch den argumentativen Teil in 34,1–48,3, wo er klärt, was unter *iustitia* und *peccatum* zu verstehen sei. In seinen Schlussfolgerungen kann er ausgehend von diesen Definitionen den Manichäismusverdacht gegenüber Augustinus erhärten (48,3–51,9). Julians Vorgehen erinnert dabei an eine Rede vor Gericht, wenn er Augustinus im Stile der *Catilinarischen Rede* attackiert und den Sinnabschnitt mit einer *peroratio* beendet. Eine vollständige Übertragung der Redeteile auf 22,1–51,9 ist meines Erachtens jedoch zu schematisch.[115] Julians Worte in 22,37–23,19 können als Binnenproömium für den Abschnitt von 22,1–51,9 betrachtet werden. In 24,1–33,8 findet sich eine *praemunitio* der Argumentation, in der Julian die Unterschiede zwischen katholischem (d.h. „julianischem") und manichäischem/häretischem (d.h. „augustinischem") Umgang mit biblischen Texten erläutert. Während für Augustinus gilt, dass er einen ungerechten Gott vertritt und diesen aus der Bibel belegen will (24 sq.), gilt für Julian, dass eine Exegese, die der göttlichen Gerechtigkeit widerspricht, unzulässig ist (27,2–30,6). In 31–33 wird das Ergebnis der Schlussfolgerungen (49,11–20) aus den Definitionen der *iustitia* und des *peccatum* bereits vorweggenommen. Die Argumentation selbst erfolgt in 34,1–49,20, wobei sie in die *confirmatio* (34,1–48,3), welche im *genus humile* abgehalten ist, und eine Enttarnung von

---

115 Cf. Cipriani, Aspetti 154 sq. Es entfällt meines Erachtens die *narratio*.

KOMMENTAR 249

Augustins Gottesbild im *genus grande* (48,3–49,20) zerfällt. Den Abschnitt schließt Julian mit einer pathetischen Binnenperoratio ab (50,1–51,9).

2.1.1 „Julians Zitierpraxis ist manipulativ" – Augustins *nupt. et conc.* 2,3 sq. (22,2–37)

Augustinus schreibt, Julian habe aus *nupt. et conc.* 1,1 inkorrekt zitiert. Er zitiert in *nupt. et conc.* 2,3 sq. wörtlich die verstümmelten Passagen aus den *Chartulae* und ergänzt dann, was Julian angeblich ausgelassen hat.

> 22,2 „uerba", inquit, „de libro meo – 20 deprauare moliuntur.

= *nupt. et conc.* 2,3 (p. 254, l. 23–p. 255, l. 18). Augustinus führt nun die Zitate *nupt. et conc.* 1,1 (p. 211, l. 7–10; 22,4–7) und *nupt. et conc.* 1,1 (p. 211, l. 14 sq.; 22,7–9) an, die innerhalb der *Chartulae* zitiert wurden: Augustinus schreibt in diesen Zitaten, seine Gegner behaupteten, er verurteile die Ehe dadurch, dass er sage, Neugeborene seien mit der Erbsünde belastet. Kleine Kinder seien solange unter der Macht des Teufels, bis sie in Christus wiedergeboren würden. Wie aus den *Chartulae* hervorgeht, fehlen in der zitierten Passage die Worte *nupt. et conc.* 1,1 (p. 211, l. 10–14; 22,12–15), die die Bibelstelle *Rm* 5,12 beinhalten. Augustinus ist der Ansicht, Julian habe diese Bibelstelle absichtlich ausgelassen, da sie die Erbsündenlehre bestätige (22,9–20; cf. Hinführung. 2.2.2.2).

> 22,21 deinde alia mea uerba subtexuit – 37 scriptum est."

= *nupt. et conc.* 2,4 (p. 255, l. 19–p. 256, l. 9). Unter den Zitaten *nupt. et conc.* 1,1 (p. 211, l. 7–10; 22,4–7) und *nupt. et conc.* 1,1 (p. 211, l. 14 sq.; 22,7–9) ist laut Augustinus in den *Chartulae* als weiteres Zitat *nupt. et conc.* 1,1 (p. 212, l. 6–11; 22,21–27) hinzugefügt worden. Dort schreibt Augustinus, dass die Ehe durch das Übel der Erbsünde nicht angegriffen werden könne, ebenso wenig wie ein Ehebruch durch das Gut der Kinder, die aus ihm entstehen können, nicht entschuldigt werden könne. Die Erbsünde, die auf den Kindern lastet, sei zwar ein Werk des Teufels, als Menschen aber seien sie Geschöpfe Gottes, unabhängig davon, ob ihre Eltern verheiratet seien oder nicht.

Bevor es in *nupt. et conc.* 1,1 zu den genannten Worten in *nupt. et conc.* 1,1 (p. 212, l. 6–11; 22,21–27) gekommen ist, standen dort noch andere Worte Augustins, nämlich *nupt. et conc.* 1,1 (p. 211, l. 18–p. 212, l. 6; 22,29–35), wo Augustinus es als eine Taktik der Anhänger Julians bezeichnet, dass diese behaupteten, Augustinus vertrete die Ansicht, die Institution der Ehe sei abzulehnen, und die Menschen seien ein Werk des Teufels. Diese Vorwürfe machten sie in Augustins Augen deshalb, weil sie wüssten, dass das *peccatum originale* aufgrund des Taufritus ein christliches Fundament sei. Diese Worte aus *nupt. et conc.* 1,1 (p. 211, l. 18–p. 212, l. 6) hat Julian in Augustins Augen deshalb ausgelassen, da er sich davor gefürchtet habe, dass diese Ansicht von allen katholischen Christen bestätigt würde, und eine Zitation von *nupt. et conc.* 1,1 (p. 211, l. 18–p. 212, l. 6) daher für seine Argumentation gegen Augustinus ungünstig gewesen wäre.

2.1.2   Hinführung zur Erörterung über die Definitionen von *iustitia* und *peccatum* (22,37–33,8)

Bevor Julian die Definitionen der *iustitia* und des *peccatum* erörtert, um sich gegen Augustins Erbsündenlehre zu stellen, weist er zunächst die Beschuldigungen Augustins zurück (22,37–23,19). Schließlich sichert er seine Argumentation zum einen dadurch ab, dass er Augustinus beschuldigt, er sei ein Manichäer, da er mit ihnen dieselben Ansichten zur Sünde teile (24,1–27,2), und zum anderen dadurch, dass er den Bestand der göttlichen Gerechtigkeit als Regel für den christlichen Glauben und die Auslegung verteidigt (24,1–33,8).

2.1.2.1   *Augustinus verunstaltet die Heilige Schrift mit seinen Ansichten (22,37–23,19)*

Julian wendet sich gegen die zitierten Worte aus *nupt. et conc.* 2,3 sq. (p. 254, l. 23–p. 256, l. 9; 22,2–37) und fährt Augustinus im Stile der *Catilinarischen Rede* an (22,37–44). Er streitet dabei das von Augustinus Behauptete ab und wertet ihn moralisch ab. Er erklärt, dass er alles korrekt zitiert hat und entgegen Augustins Vorwurf in *nupt. et conc.* 2,3 (p. 254, l. 23–p. 255, l. 18) auf das Pauluszitat (*Rm* 5,12 cf. *nupt. et conc.* 1,1; p. 211, l. 10–14; 22,12–15) in seinem vierten Buch von *Ad Turbantium* genauer eingegangen ist (23,1–11); mit polemischen Ausrufen unterstreicht er die Abwegigkeit von Augustins Behauptungen, wobei er Augustinus vorwirft, er sei weiterhin Manichäer, und ihm unterstellt, er wolle die Gläubigen hinters Licht führen (23,12–19).

22,37 quousque simplicitati – 44 ignorare arbitraris?
In Anlehnung an die erste *Catilinarische Rede* bringt Julian seine Empörung über die Anklagen Augustins zum Ausdruck.[116] Im Folgenden sind die Anspielungen im Text Julians sowie ihr Ursprung bei Cicero gegenübergestellt und markiert:

---

116   Zur folgenden Gegenüberstellung cf. Lössl, Julian 106.

KOMMENTAR   251

Cicero, *Catil.* 1,1,1   Julian, 22,37–44
quo usque tandem abutere, Catilina, pati-   *quousque simplicitati, qui haec loqueris,*
entia nostra? quam diu etiam furor iste   *religiosorum pectorum et imperitis auri-*
tuus nos eludet? ***quem ad finem sese effre-*** *bus perstabis illudere?* ***quem ad finem sese***
nata iactabit *audacia? nihilne te noc-*   ***impudentia effrenata iactabit?*** *nihil te,*
turnum praesidium Palati, **nihil** *urbis uigi-* *cum haec scriberes, censura doctorum ui-*
liae, **nihil** *timor populi,* **nihil** *concursus* *rorum,* **nihil** *reuerentia futuri iudicii,* **nihil**
bonorum omnium, **nihil** *hic munitissimus* *ipsa litterarum monumenta* ***mouerunt?***
habendi senatus locus, **nihil** *horum ora uol-*
tusque ***mouerunt?*** *patere tua consilia non* *patere iam fallaciam tuam et deprehen-*
sentis, constrictam *iam horum omnium*   *sam teneri non uides? quid in primo,*
scientia teneri *coniurationem tuam* non   *quid in secundo opere conscripseris,* ***quem***
uides? quid proxima, *quid* superiore nocte   ***nostrum ignorare arbitraris?***
egeris, ubi fueris, quos conuocaueris, quid
consilii ceperis, ***quem nostrum ignorare***
arbitraris?

Es wird beim Leser ein Bild evoziert, in dem „Augustinus" trotz offensichtlicher Beweislage durch seine Schriften immer noch versucht, die „Richter" zu täuschen und sein „Verbrechen" (Verführung der Christen durch neue manichäische Theorien; Gottesfrevel) zu leugnen. Cf. Hinführung. 3.1; 3.2.2. und Kommentar zu 33,1–8; 73,19–23; 75,5–20.

Die Anrede im Stile der *Catilinarischen Rede* wurde gerne rezipiert. Sallust spielt in der *Coniuratio Catilinae* auf Ciceros Rede an, indem er Catilina selbst folgende Worte in den Mund legt (Sall. *Catil.* 20,9): *quae quo usque tandem patiemini, o fortissumi uiri?* Auch bei Apuleius findet sich ein humorvoller Verweis auf *Cat.* 1,1 kurz nach der Verwandlung des Lucius in einen Esel. Als Lucius gerade einen Kranz aus Rosen bei einem Bild der Göttin Epona erblickt und diesen fressen will, eilt sein Pferdeknecht heran und tadelt ihn (Apul. met. 3,27): *[...] indignatus exurgit et: „quo usque tandem," inquit, „cantherium patiemur istum paulo ante cibariis iumentorum, nunc etiam simulacris deorum infestum? [...]".*[117] Ebenso verwendet Livius die Anlehnung an *Cat.* 1,1 (Liu. 6,18,5) und Seneca d. Ältere führt sie als Sentenz von Ciceros Sohn an (Sen. *suas.* 7,14).[118] Auch Lucifer von Calaris, der als Vertreter des Nizänums und Verteidiger des Athanasius ins Exil gehen musste und deshalb Invektiven gegen Kaiser

---

117   Übers.: „[...] er stand auf und sprach empört: ‚Wie lange sollen wir bitte diesen Gaul noch ertragen, der zuerst auf das Futter der anderen Lasttiere losgegangen ist und jetzt sogar die Götterbilder angreift? [...]'".
118   Zu den vorangegangenen Belegen cf. Dyck, Catilinarians 63.

Constantius II. geschrieben hat,[119] spielt auf die *Catilinarische Rede* an (Lucif. *moriend.* 12 l. 38): *quousque tandem abuteris dei patientia, Constanti?*

22,39 *impudentia*: Cf. Kommentar zu 16,1–11; 86,1–4; 129,1–3; Hinführung. 3.2.2.

22,40 sq. *reuerentia*: Cf. Kommentar zu 2,5.

23,1 apostoli me testimonium – 5 explanatum est.
Wie in 21,5–7 angekündigt, wendet sich Julian gegen die Zitations-Vorwürfe, die Augustinus gegen die Zitate in den *Chartulae* anbringt. Er betont hier, dass er auf *Rm* 5,12 sowohl im ersten als auch im vierten Buch von *Ad Turbantium* bereits kurz eingegangen sei. Er wendet sich hiermit gegen Augustins Worte in *nupt. et conc.* 2,3 (p. 254, l. 23–p. 256, l. 18; 22,2–20). In *Ad Florum* wird er sich ein weiteres Mal dieser Römerbriefstelle widmen, die Augustinus oft als Beleg für seine Erbsündenlehre heranzieht. In 113,14–19 schreibt Julian, dass er *Rm* 5,12 im zweiten Buch von *Ad Florum* ausführlich unter Berücksichtigung des Kontextes des Römerbriefs auslegen wird (cf. auch 2,20 und Hinführung. 2.1). Dass Julian in *Turb. Rm* 5,12 tatsächlich erläutert hat, wird aus *Turb.* 4, frg. 324–327 (= Iulian. A. *c. Iul.* 6,75–77.80.82 sq.) ersichtlich.

23,6 commemorationem quoque – 13 pronuntia uera dicere!
Julian spielt auf die Behauptung Augustins in *nupt. et conc.* 2,4 (p. 255, l. 24 sq.; 22,27 sq.) an: *etiam hic ea praetermisit, in quibus aures catholicas timuit*, mit der Augustinus wiederum ein in den *Chartulae* ausgelassenes Zitat einleitet (*nupt. et conc.* 1,1; p. 211, l. 18–p. 212, l. 6; 22,29–35), beginnend mit den Worten: *hoc ergo quia dicimus quod antiquissima atque firmissima catholicae fidei regula continetur* [...]. Augustinus hatte in *nupt. et conc.* 1,1 (p. 211, l. 18–p. 212, l. 6; 22,29–35) Julian unterstellt, er bestreite, dass die Taufe von Kleinkindern notwendig sei, durch die die Schuld für das *peccatum originale* abgewaschen würde. In den *Chartulae* war diese Textstelle nicht enthalten; Julian wehrt sich gegen den Vorwurf, er habe sie ausgelassen. Er sieht in der augustinischen Verwendung des Wortes *catholicus* ein Täuschungsmanöver und unterstellt Augustinus in 23,6–9, er wolle unter dem Deckmantel des katholischen Glaubens die Gläubigen zu Manichäern machen (cf. Kommentar zu 33,1–8). Dies erinnert an die Polemik Serapions gegenüber den Manichäern: Jener wirft den Manichäern vor, sie seien Wölfe in Schafspelzen und nutzten den Namen Christi aus, um die Menschen von Christus zu entfernen (Serap. *adu. Man.* 3,9–19):

---

119 Cf. Opelt, Formen 201.216 sq.

KOMMENTAR 253

> ἰδοὺ γὰρ πολλοὶ μέν εἰσιν οἱ προελθόντες καὶ ὧδε κἀκεῖ πλάζονται, ἀντὶ κωδίων τὸ ὄνομα τοῦ Χριστοῦ περιβεβλημένοι καὶ λεγόμενοι μὲν ὃ μὴ εἰσίν, ὄντες δὲ ὃ λέγεσθαι οὐκ ἀνέχονται, ἀλλὰ τὴν οἰκείαν πονηρίαν καλύπτοντες τῷ σχήματι τοῦ ὀνόματος καὶ κοινωνοῦντες μὲν τῷ ὀνόματι, ἄρδην δὲ διαφθεῖραι τὸ ὄνομα τοῦ Χριστοῦ ἐσπουδακότες κατὰ μὲν τοῦ Ἰησοῦ στρατευόμενοι, Ἰησοῦν δὲ ἐπικεκλημένοι. αὕτη γάρ ἐστιν ἡ χαλεπωτάτη πονηρία, ὅτι λέγονται τὸ ὄνομα τοῦ Χριστοῦ, Χριστὸν πολεμοῦντες· ἐπεὶ γὰρ ἠτόνησεν ἡ πονηρία πολεμεῖν πρὸς τὸν θεόν, κέχρηται τῷ ὀνόματι, ἵνα τῇ χρήσει τοῦ ὀνόματος οἴησιν ἐμποιήσασα τοῖς ἄφροσιν, ὡς οἰκεία τοῦ Χριστοῦ, ὧδε κἀκεῖ, ὡς βούλεται, λυμήνηται τοὺς τῷ σωτῆρι πεπιστευκότας.[120]

Die Tatsache, dass die Manichäer das *nomen Christi* in ihre Lehre miteinbeziehen, nennt Augustinus in den *Confessiones* zudem als Grund für seine Anhängerschaft (A. *conf.* 3,8.10). Die Entgegnung Julians spielt zudem auf die Einleitung von *Ad Turbantium* (cf. Kommentar zu 73,23–42) an, wo er beschreibt, dass Augustinus den Begriff *Pelagiani/Caelestiani* benutzt, um die Menschen vom wahren Glauben abzubringen. Cf. Hinführung. 1.5 und 3.2. Zu Julians wiederholtem Hinweis, Augustinus solle *Turb.* lesen, der als Reaktion auf die Zitationsvorwürfe in *nupt. et conc.* 2,1–6 gesehen werden kann, cf. 23,1–13; 64,1 sq.; 67,28–32; cf. 67,104–68,1; 70,1–4; 71,19 sq.; cf. auch Kommentar zu 16,1–11.

23,13 tu uero – 19 praetermissa causeris!
Cf. Kommentar zu 16,5 sq. Ebenso wie in Paragraph 16 deutet Julian mit der Erwähnung der *consuetudo* Augustins auch in 23,13 sq. und in 67,18–33 an, dass dieser ihm fälschlicherweise vorwirft, er habe Textstücke aus *nupt. et conc.* 1 nicht vollständig wiedergegeben, weil sie gegen Julians Sichtweise hätten sprechen können. Diese Schamlosigkeit Augustins identifiziert Julian als Augustins schlechte Gewohnheit: Cf. Hinführung. 3.2.2.

---

120 Übers. Fitschen, Serapion 165: „Denn siehe, es gibt viele, die auftreten, und sie treiben sich hier und dort herum, wobei sie sich statt weicher Felle den Namen Christi angezogen haben und sich zwar nach etwas nennen, was sie nicht sind, aber sind, was sie nicht ertragen genannt zu werden. Vielmehr verbergen sie die eigene Schlechtigkeit hinter dem Aushängeschild des Namens und haben zwar Teil an dem Namen, bemühen sich aber, den Namen Christi gänzlich zu vernichten; und sie streiten zwar gegen Jesus, rufen Jesus aber an. Denn das ist die abgrundtiefste Schlechtigkeit, daß sie sich mit dem Namen Christi nennen, Christus aber bekämpfen. Weil nämlich die Schlechtigkeit zu erschöpft war, gegen Gott zu kämpfen, benutzte sie den Namen, damit sie unter Ausnutzung des Namens den Dummen eine Meinung einflöße und, als ob sie Christus eigen sei, hier und dort, wie sie will, die zum Glauben an den Heiland Gekommenen verderbe."

Wie in 23,6–9 unterstellt er Augustinus nochmals, dass er durch das Einfügen des Wortes *catholicus* und der Bibelstelle *Rm* 5,12 die Menschen täuschen wolle. Die von Julian in 23,18 sq. erwähnte *inuidia* ist hier zu verstehen als die Entrüstung Augustins.[121] Julian spielt damit auf die Äußerungen in *nupt. et conc.* 2,3 an (cf. Kommentar zu 22,2–37). Er bezieht sich wahrscheinlich nicht nur auf den peniblen Hinweis auf alle Lücken innerhalb der *nupt. et conc.* 1-Zitate in den *Chartulae*, den er als haltlose *inuidia* kritisiert, sondern auch auf den Stil, den Augustinus bei seinen Äußerungen an den Tag legt. Der Grund für die Auslassung von *Rm* 5,12 ist es in Augustins Augen gewesen, dass Julian eigentlich gewusst habe, dass in der Tradition *Rm* 5,12 als Beleg für die Erbsünde herangezogen wird (*nupt. et conc.* 2,3; p. 255, l. 14–16: *nouit enim, quemadmodum soleant haec uerba apostolica [...] accipere catholicorum corda fidelium*; zitiert in 22,16–20). Wortgewaltig und mit deutlicher Entrüstung, wie Julian feststellt, schreibt er deshalb auch: *quae uerba tam recta et tanta luce fulgentia tenebrosis et tortuosis interpretationibus noui haeretici obscurare et deprauare moliuntur* (*nupt. et conc.* 2,3; p. 255, l. 16–18; 22,18–20). Die Bedeutung der Formulierung *cum inuidia* wird zudem im Hinblick auf die Wendung *inuidiam inflammare* (= „Unmut erregen"; cf. Cic. *Verr.* 1,1,2) klarer. Julian dürfte damit also auch auf den polemischen Stil Augustins an dieser Stelle abheben.

Er stellt nun die Frage in den Raum, was das Apostelwort und die Erwähnung der katholischen Kirche wohl mit der „manichäischen" Sichtweise Augustins zu tun hätten, die er in 24 sq. näher erläutert. Cf. Hinführung. 3.2.1.

2.1.2.2 Praemunitio *der Argumentation* (24,1–33,8)

Julian bereitet nun den Leser auf seine Argumentation gegen Augustinus vor (24,1–33,8). Er geht in den Paragraphen 24,1–27,2 insbesondere gegen die Behauptung Augustins an, seine Ansichten seien im Gegensatz zu denen Julians katholisch. Dies tut er, indem er Augustinus vorwirft, er vertrete ein *malum naturale* und versuche mithilfe von Bibelzitaten diese Lehre plausibel erscheinen zu lassen. Um den Verdacht zu erhärten, Augustinus wolle Christen vom Glauben abbringen, führt er zunächst den Unterschied zwischen Manichäern und Katholiken an und hebt auf die unterschiedliche Antwort auf die Frage nach dem Ursprung der Sünde ab (24,1–10). Die Manichäer schreiben der Natur die Sünde zu, die Katholiken führen sie auf den schlechten Willen zurück. Augustinus schließt sich in Julians Augen der Ansicht der Manichäer an (cf. 24,11–16). Des Weiteren sei es typisch für Häretiker, für ihre Behauptungen Stellen aus der Heiligen Schrift heranzuziehen, die diese zu unterstützen scheinen

---

121 Cf. Bouwman, Kommentar 54.

KOMMENTAR   255

(25,1–9). Dieser Verdacht besteht demnach auch für Augustinus. Um ein Kriterium für die Richtigkeit der Exegese zu schaffen (cf. 26,1–27,2), argumentiert Julian in 27,2–30,6 in einem ruhigeren Ton dafür, dass die Gewährleistung, dass Gott gerecht ist, als Richtschnur gelten muss. Dies entwickelt er ausgehend von Bibelstellen (cf. 27,6–11) und christlichen Glaubensgrundsätzen (cf. 29,1–3). Die Gerechtigkeit wird in der Bibel gepriesen und man kann gemäß Julian durch logische Schlussfolgerung zeigen, dass sie an Gott nicht wegzudenken ist (27,7–30,6). Die Prinzipien von *ratio* und *pietas* stützen diese Annahme zusätzlich (30,3–31,5). Julian schließt in 31,1–33,8 die Vorbemerkungen zu seinen Erörterungen zu *iustitia* und *peccatum* mit einem Appell an Augustinus ab, der die Schlussfolgerungen aus 48,3–49,20 bereits vorwegnimmt. Augustinus soll erkennen, dass er bei Weitem schlechter ist als die Manichäer, weil sein Gott ungerecht ist (32). Er soll von allen Versuchen der Bestechung und des Betruges ablassen und ganz objektiv beweisen, dass das, was er sagt, der Gerechtigkeit entspricht (33). Er setzt den Leser somit durch seine Ausführungen in 24,1–33,8 über den Sinn der folgenden Darlegungen in 34,1–48,3 in Kenntnis.

24,1 hoc semper fuit – 6 uero malae conscribunt naturae.
Julian erklärt in diesem Paragraphen den Unterschied zwischen manichäischer und katholischer Sichtweise, um Augustinus in die Ecke des Manichäismus zu drängen und zu zeigen, dass seine Sichtweise die wirklich katholische ist. Die Identifikation läuft dabei über das Schlagwort der *mala natura*, die einem Zwang zum Sündigen gleichkommt. Im Unterschied zu Augustinus sieht Julian die menschliche Natur jedoch als etwas **unveränderlich** Gutes[122] an und schließt unter Annahme dieser Prämisse, dass Augustinus aufgrund der Lehre vom *peccatum originale*, das der menschlichen Natur seit dem Sündenfall anhaftet, ebenso wie die Manichäer von einer *mala natura* ausgehen muss (cf. Kommentar zu 24,11–16; 25,1–26,3). Zum Weltbild Augustins und Julians cf. Hinführung. 2.2; zum Weltbild der Manichäer cf. Hinführung. 3.2.1.1.

24,3 *immo magna* – 5 *disiungens*: Zelzer entscheidet sich hier für *immo magna moles* [mole *G T K L M*] *sententias nostras quasi caeli a terra profunditat⟨em⟩* [profunditate *codd*. Migne Kal.] *disiungens*; Primmer konjiziert *terra⟨e⟩* und schlägt *terra⟨e⟩ profunditate* vor.[123] Meines Erachtens dürfte die Konjektur von Primmer erhellend sein: *magna moles* kann mit Primmer als Steigerung von *discrimen* und *limes* verstanden werden; gemeint ist dabei

---
122   Cf. Lamberigts, Alternative 107.
123   Cf. Primmer, Rhythmus 1, 201 sq.

jeweils die Größe des Abstandes zwischen der Meinung der Manichäer und der der Rechtgläubigen.[124] Zudem ergibt Primmers Variante einen guten Klauselschluss (*-rae profunditate disiungens* = Ditrochäus + Dispondeus). Der Satzteil hieße dann „[...] ja vielmehr eine riesige Konstruktion, die unsere Ansichten [sc. von denen der Manichäer] in der Art trennt wie das Gewölbe des Himmels von der Tiefe der Erde [...]". Mit *moles caeli* dürfte das Gefüge der Himmelssphären gemeint sein (cf. z.B. Mart. Cap. 2,201: [...] *totam caeli molem machinamque* [...]; Manil. 2,117: [...] *hanc conuexi* [sc. *caeli*] *molem* [...]).[125]

24,6 qui cum diuersos sequuntur – 10 peruehuntur.
Die Tatsache, dass die Manichäer an das Böse in der menschlichen Natur glauben, führt sie in Julians Augen zu absurden Behauptungen, die sie von der katholischen Wahrheit noch weiter entfernen, während auf der Basis der Willensfreiheit die Anhänger Julians zur größten Einsicht in die *religio* gelangen können. Diese Tatsache sieht er auch in späteren Argumentationen immer wieder in Augustins Weltbild verwirklicht und zieht Schlüsse, die die Absurdität von Augustins Aussagen deutlich machen sollen (cf. 49,6–11; 109,16–21 und 124,1–125,7; dies zu zeigen, ist auch eine Intention von *Flor.*, cf. Kommentar zu 20,1–21,11). Die Basis all dieser abwegigen Ansichten ist in seinen Augen die Annahme, dass die menschliche Natur böse sei oder dass es das Böse von Natur aus gäbe.

Julian nennt hier *ratio* und *pietas/fides* als Säulen der *summa religionis* und beansprucht diese Begriffe für seine Seite (30,3–31,5), während sich die Manichäer, wie auch alle anderen Häretiker, von der *pietas* und *fides* entfernt haben (25,6–9; 59,1–3; 129,3–130,11). Die drei Begriffe sind damit das Kriterium für die richtige Auslegung und daher eine Grundlage bei der Exegese (141,18–22; 2,16,9–13; 2,144,15; Hinführung. 2.3). Julian kommt während seiner Ausführungen immer wieder auf sie zurück, wobei er in den Textstellen entweder darauf verweist, dass seine Exegese mit ihnen im Einklang steht oder Augustinus/die Manichäer mit ihren Aussagen den genannten Schlagworten widersprechen (cf. 31,1–5; 2,13; 2,21,1; 2,117,5 sq.; 3,17,1; 3,53,6; 3,67,2–5). Ziel dieser Vorgehensweise ist es, den eigenen Standpunkt als rechtgläubig zu verteidigen und den Augustins zu schwächen. Zu dieser Taktik cf. Hinführung. 3.3.2.

24,11 tu igitur malum naturale – 16 suffragari.
In Julians Polemik ist Augustins Lehre vom *peccatum originale* nichts anderes als die manichäische Lehre von einem *malum naturale*. Julian missversteht

---

124 Cf. Primmer, Rhythmus 1, 202.
125 Cf. TLL 8, p. 1343, l. 81–p. 1344, l. 3.

Augustinus bzw. er *will* ihn missverstehen, wenn er im Verständnis Augustins von der menschlichen Natur deren Substanz und damit auch deren Schöpfer angegriffen sieht.[126] Augustinus versteht die *mala natura* als eine akzidentelle Veränderung, die der Mensch durch den Sündenfall hervorgerufen hat, die aber durch Christus heilbar ist.[127] Cf. Hinführung. 2.2.2.

Julian sieht es als Widerspruch an, dass Augustinus die Lehre vom *peccatum originale*, also in Julians Interpretation manichäisches Gedankengut (23,14–19), verkündet und als Beleg dafür *Rm* 5,12 heranzieht, obwohl er den Apostel als *catholicus* bezeichnet (cf. *nupt. et conc.* 2,3; p. 255, l. 14–16; 22,16–18: [...] *nouit enim, quemadmodum soleant haec uerba apostolica quae praetermisit accipere catholicorum corda fidelium* [...]). Er beschuldigt Augustinus damit, er hänge zwar der manichäischen Lehre an, wolle jedoch nicht so konsequent sein, sie auch als solche zu bezeichnen. Er wehrt sich hier mit einem Gegenangriff gegen den Vorwurf Augustins in *nupt. et conc.* 2, er habe sich in *Turb.* davor gescheut, *Rm* 5,12 zu zitieren (cf. *nupt. et conc.* 2,3 sq.; p. 254, l. 23–p. 255, l. 18; 22,2–20; cf. 23,1–5), indem er Augustinus einen verkappten Manichäismus unterstellt. Cf. Hinführung. 3.2. Zum Vorwurf, Augustinus sei ein schlechter Häretiker: 99,1–100,6.

24,13 *perscriptione*: Das Verb *perscribere* wird u. a. dafür verwendet, deutlich zu machen, dass etwas sorgfältig aufgeschrieben wird.[128] Möglicherweise handelt es sich bei der Wortwahl Julians um einen Hinweis auf die Klarheit der Heiligen Schrift, die Augustinus im Gegensatz zu ihm nicht erkannt hat. Cf. Hinführung. 3.3.3; Kommentar zu 67,40–60; 67,74–77; 90,5–15; 93,6–13; 107,1–13; 108,5 sq.11–15.15–23; 109,1–8; 136,1–137,4.

25,1 numquid non idem Adimantus et Faustus – 26,3 dignitas expiabit?
In *conf.* 5,10–13 berichtet Augustinus von seinem Treffen mit dem Manichäerbischof Faustus. Er ist zunächst von dessen Redegabe beeindruckt, im persönlichen Gespräch mit ihm später allerdings enttäuscht, da Faustus keine Antwort auf seine brennenden Fragen geben kann. Julian macht sich in 25 indirekt Augustins Selbstkritik zunutze. Augustinus gibt zu, dass er zwar nicht mehr fest im Manichäismus verankert gewesen sei, aber auch nach der ernüchternden Begegnung mit Faustus noch nicht von dieser Religionsgemeinschaft losgekommen sei (*conf.* 5,13). Julian unterstellt hier, dass es Augustinus immer noch nicht gelungen ist, sich von den Manichäern loszulösen. Auch an anderer

---

126   Cf. Lamberigts, Alternative 107 sq.
127   Cf. *nupt. et conc.* 2,36; Lamberigts, Alternative 107; Söder, Natura 174 sq.
128   Cf. Forcellini, Tom. 3, 672 sq.

Stelle bezeichnet Julian Faustus als den Lehrer Augustins (69,29–37; 2,147) und als dessen Vorgänger (59,6–10).

Adimantus, auch Addas genannt, war ein Manichäer, den Faustus selbst in den *Capitula*, die Augustinus in *c. Faust.* zitiert (Faust. A. *c. Faust.* 1,2), lobend erwähnt.[129] Adimantus hat Erörterungen zum Alten Testament geschrieben, in denen er Widersprüche zum Neuen Testament aufdecken wollte (A. *retr.* 1,21,1).[130] Augustinus widerlegt Adimantus in seinem Werk *c. Adim.* und bezeichnet ihn dort als einen manichäischen Lehrer (*c. Adim.* 12: [...] *Adimantus, unus ex discipulis Manichaei, quem magnum doctorem illius sectae fuisse commemorant*).[131]

Das beharrliche Bestehen auf das Römerbriefzitat in *nupt. et conc.* 2,3 und die Tatsache, dass es aus seinem Kontext herausgenommen ist, macht Augustinus nun in Julians Augen der Häresie verdächtig. Der Vorwurf der Häresie ist dabei die Verallgemeinerung des Manichäismusvorwurfes (cf. auch Kommentar zu 75,5–20.20–25). Julian legt hier dem Leser nahe, Augustinus füge sich mit seinem Verhalten in die Reihe der Schüler Manis ein.

Tertullian verwendet in *praescr.* 38 den Vorwurf, dass alle Häretiker für ihre Lehren die Autorität der Heiligen Schrift ausnutzten und sich dabei auch nicht scheuten, die biblischen Texte abzuändern.[132] Bei Augustinus ist er ebenfalls im antimanichäischen Kontext zu finden unter der Angabe, dass die Manichäer die Heilige Schrift verkürzten und kompilierten[133] (cf. *conf.* 5,21; *c. Faust.* 32,8; *c. Adim.* 3; p. 119, l. 23–27; ib. 15; p. 155, l. 6–9). Die Tatsache, dass Julian hier Adimantus in Zusammenhang mit der Verkürzung der Heiligen Schrift bringt, könnte darauf hindeuten, dass er Augustins *Contra Adimantum* gelesen hat, doch ist der Vorwurf der Verkürzung der Heiligen Schrift auch bei anderen Autoren antimanichäischer und antignostischer Werke geläufig. Er findet sich in Tertullians Schrift gegen Markion (Tert. *adu. Marc.* 1,1,5; 4,2,4)[134] und auch bei Serapion (Serap. *adu. Man.* 36,13–16): ἔδει γὰρ αὐτούς, εἴγε τὰ εὐαγγέλια ἐτίμων, μὴ περιτέμνειν τὰ εὐαγγέλια, μὴ μέρη τῶν εὐαγγελίων ἐξυφελεῖν, μὴ ἕτερα προσθεῖναι, μήτε λόγῳ μήτε ἰδίᾳ γνώμῃ τὰ εὐαγγέλια προσγράφειν.[135] Ziel dieses Vorgehens ist es nach Serapion, Menschen unter dem Deckmantel des Namens Christi von

---

129 Cf. Drecoll/Kudella, Augustin 96 und A. *c. adu. leg.* 2,42.
130 Cf. Drecoll/Kudella, Augustin 48.
131 Zur Frage, ob Adimantus mit einem von den von Mani entsandten Aposteln identifiziert werden kann, cf. Decret, Adimantus 94 sq.
132 Cf. Tert. *praescr.* 38,7: *alius manu scripturas, alius sensus expositione interuertit*.
133 Cf. dazu Schirner, Inspice 185–194.
134 Cf. Lukas, Tertullian 1, 54 sq. n. 11.
135 Übers. Fitschen, Serapion 184: „Sie dürften aber, wenn sie die Evangelien wirklich ehren würden, die Evangelien nicht beschneiden, nicht Teile der Evangelien herausnehmen,

Christus wegzuführen (ib.). Im Prinzip tut Julian hier etwas ganz Ähnliches, wenn er Augustinus unterstellt, er nutze wie alle Häretiker die Autorität der Bibel für seine *dogmata* aus. Cf. auch 4,113,10–14. Cf. Hinführung. 1.5 und 3.2; Kommentar zu 3,7–5,8; 23,6–13; 24,6–10; 59,6–10. Zu *elocutio* als Schlagwort der Exegese cf. Kommentare zu 5,3–8; 67,77–93; 69,15–29; 108,15–23; 134,5–11.

25,4 sq. *de apostolorum epistulis sententias rapientes et corrodentes*: Cf. Tert. *adu. Marc.* 1,1,5: *quis tam comesor mus Ponticus quam qui euangelia corrosit?*

27,1 extinguatur itaque – 27,6 etiam ineliquata pellantur.
Wenn sich jede Häresie auf die Heilige Schrift beruft (cf. 25,1–26,3), stellt sich die Frage, mit welchen Axiomen man an die Heilige Schrift herangehen muss, um sie richtig auszulegen. Die Beantwortung dieser Frage impliziert damit auch, woran sich eine häretische Auslegung erkennen lässt. Julian versucht im Folgenden, Konzepte aufzubauen, die sowohl sein Menschen- und Gottesbild illustrieren als auch bei der Auslegung immer berücksichtigt werden müssen. Ein Leitfaden dafür ist die *iustitia* Gottes, die sich zum einen aus der Heiligen Schrift selbst ergibt, zum anderen den Menschen *edocente natura* eingeprägt ist (27,7–11; 28 sq.). Worten, die von den vom Heiligen Geist inspirierten Autoren verfasst sind, ist Glauben zu schenken; sie müssen in Einklang mit der göttlichen Gerechtigkeit stehen (27,3–6). Im Falle nicht inspirierter Autoren muss man sie unbeachtet lassen.[136]

Dass Gottes Gerechtigkeit unbestreitbar ist, zweifelt Augustinus ebenso wenig an wie Julian, sein Begriff der Gerechtigkeit unterscheidet sich jedoch von dem Julians. Letzterer geht von der philosophischen Formel des *suum cuique tribuere* aus und rechtfertigt so, dass der Mensch sich bemühen muss, um Gottes Gerechtigkeit zu erfahren. Er überträgt dabei das menschliche Gerechtigkeitsverständnis auf Gott, was letztlich aus der Vernunft, die dem Menschen als *imago dei* gegeben ist (94,57–61), hervorgeht, und sich so begründen ließe. Julian setzt Gott mehr oder weniger mit der Gerechtigkeit gleich (37,7 sq.: *ut ergo genus eius, quo nomine nihil aliud quam originem intellegi uolo, deus est* [...]) und sieht den Grund für irdische Gerechtigkeit in der Tatsache, dass der Mensch als *imago dei* sozusagen an der göttlichen Gerechtigkeit Anteil hat (37,1–4). Augustinus hingegen sieht die göttliche Gerechtigkeit als unergründlich an und denkt sie unabhängig von den Verdiensten der Menschen.[137] Cf. Hinführung. 2.2.1; 2.2.2.2.

---

      nicht anderes hinzufügen, nicht den Evangelien etwas nach eigener Lehre und Meinung hinzuschreiben."
136 Zu Kriterien für den *Canon scripturarum* bei Augustinus cf. Ohlig, Canon 721 sq.
137 Cf. Dodaro, Iustitia 877 sq.

27,6 igitur nunc de dei iudicio – 29,3 ratione iustissimus.
Julian bekräftigt zunächst durch drei Bibelstellen, dass in der Heiligen Schrift Gottes Gerechtigkeit gepriesen wird (*Dt* 32,4; *Ps* 10,8; *Ps* 118,172) und beruft sich zudem auf die natürliche Kenntnis der göttlichen Gerechtigkeit (28,1–3). Gemäß Julians Polemik übertreffen die Manichäer und Traduzianer, denen „Augustinus" anhängt, sogar Heiden und andere Häretiker, da sie als einzige die Gerechtigkeit Gottes bezweifeln. Die der *amplificatio* dienende Aussage, dass die Manichäer die Heiden an Gottlosigkeit übertreffen, findet sich auch bei Serapion (*adu. Man.* 36,23–29). Er führt den Vergleich jedoch im Kontext des Umgangs mit der Heiligen Schrift an, die von den Heiden zwar abgelehnt wird, aber zumindest unangetastet bleibt, während sie von den Manichäern umgeschrieben und für ihre Zwecke missbraucht wird.

27,13 *Traducianosque*: Cf. Kommentar zu 6,2.

28,1 *ita enim* – 4 *nisi iustus non potest*: Mit dem Ausdruck *edocente natura* beruft sich Julian hier auf das Allgemeinverständnis der Menschen und will dadurch aufzeigen, wie groß die Verblendung Augustins ist. Julian steht der natürlichen Fähigkeit der Menschen zu erkennen, dass Göttlichkeit mit Gerechtigkeit einhergeht, offenbar positiv gegenüber. Dies unterscheidet ihn von Augustinus, cf. Kommentar zu 48,44–50; 83,1–6; 124,2–125,7; Hinführung. 2.2.1.1. Zur Gerechtigkeit Gottes cf. Kommentar zu 35,3–40,4.

29,1 *qui cum est hic* – 3 *ratione iustissimus*: An einigen Stellen von *Flor.* werden Formulierungen verwendet, die an das Glaubensbekenntnis denken lassen; hier ist dies die Bezeichnung Gottes als *unus uerus* und die Aussage über die Verehrung Gottes in der Trinität. Julian kann so zum einen die Rechtmäßigkeit seiner Gedanken begründen und zum anderen Augustinus unterstellen, er weiche von den im Bekenntnis formulierten Grundsätzen des katholischen Glaubens ab. Zu einer ähnlichen Vorgehensweise cf. Kommentar zu 50,1–11.11–22; 53,4–38; 94,48–95,11; 129,3–130,11; Hinführung. 3.3.2. Zu *in trinitate ueneramur*: Cf. 2,16,18–20; 5,63,23 sq.; 6,22,25–28.

30,1 de huius itaque legibus ita probari et uindicari – 6 priuari.
Wären die von Gott erlassenen Gebote in der Heiligen Schrift ungerecht, müsste er selbst ungerecht sein. Julian sieht die Gesetze und das Wirken Gottes in der Welt als die Ausformung der göttlichen Gerechtigkeit an (cf. Kommentar zu 37,5–38,10). Wenn Julian hier durch logische Schlüsse festhält, dass göttliche Ungerechtigkeit mit der Aufhebung der Göttlichkeit einherginge, suggeriert er dem Leser Objektivität, die eine Zustimmung zum Gesagten erleichtert (*edocente natura* weiß der Mensch, dass Gott gerecht ist; wenn man sich einen Gott vorstellt, der ungerecht ist, kann er also kein Gott sein). Ziel seines Vorgehens ist es schließlich, in der Erörterung über *iustitia* und *peccatum*

KOMMENTAR 261

(35,1–48,3) zu zeigen, dass Augustins Gott ungerecht und damit auch nicht der katholische Gott ist (48,3–49,20).

Julian evoziert hier das Bild eines Gerichtsverfahrens, indem er der Heiligen Schrift die Autorität von Gesetzestexten zuweist und dreimal auf das Wort *probare* bzw. *approbare* zurückgreift. Die göttliche Gerechtigkeit, *pietas* und *ratio* nehmen gewissermaßen die Stellung des *aequum* ein, auf das sich Julian bei der Auslegung der Texte beruft (cf. 31). Cf. Hinführung. 3.1 und 3.3.

31,1 quod quoniam – 32,5 Manicheus dei sui est commentus inimicum!
Julian stellt hier die Behauptung auf, die er in seiner Argumentation (34,1–49,20) belegen will. Augustinus untermauert mit den Worten der Heiligen Schrift in seinen Augen ein Dogma, das unter Annahme der Existenz eines *peccatum naturale* die Ungerechtigkeit Gottes verkündet. Die Aussage, Augustins Gott müsse in diesem Fall schlimmer als der Gott der Manichäer sein, ist für den Leser unverständlich, wenn er die folgenden Schlussfolgerungen Julians nicht kennt (48,3–49,20; cf. 115,4–8). Julian erweckt mit dieser Vorwegnahme die Aufmerksamkeit und Neugier des Lesers, um ihn mit der folgenden Argumentation besser überzeugen zu können. Gleichzeitig präsentiert er sich durch den belehrenden Ton als den Überlegenen. Julian stellt die implizite Frage nach der Existenz des *peccatum originale* (vergleichbar mit der Frage *an sit*, die einer philosophischen Erörterung vorangehen kann) und die Frage danach, ob ein *peccatum originale* gerecht sei (vergleichbar mit der Frage nach der Definition des Gerechten oder der Qualität des *peccatum originale*).[138] Seine Schlussfolgerungen in 48,3–49,20 sollen zeigen, dass es kein *peccatum originale* gibt; würde man die Existenz des *peccatum originale* annehmen, wäre es eine zu Unrecht zugeschriebene Sünde und daher ungerecht.

31,1 *quod quoniam nec ratio* **– 5** *quod iniquum cogeris confiteri*: Cf. Kommentar zu 24,1–10. Julian stellt Augustinus vor das Dilemma, die Existenz und die Gerechtigkeit eines *peccatum naturale* nachzuweisen oder zuzugeben, dass seine Auslegung falsch ist. Er kreiert dieses Dilemma durch Reduktion von Augustins Ansichten, denn dieser vertritt zum einen kein *malum naturale* (cf. Kommentar zu 9,3–7), zum anderen hat er ein anderes Verständnis von göttlicher Gerechtigkeit als Julian. Cf. Hinführung. 2.2.1.3; 2.2.2.2 und 3.3.1.

32,2 sq. *cuius institutis – aestimas*: Julian meint hier offenbar die Begründung Augustins für die Notwendigkeit der Kindertaufe, die für diesen in der Vergebung der Schuld besteht, die die Kinder durch das *peccatum originale* auf

---

138 Zu den Fragen, die sich für eine Erörterung theoretischer Themen eignen, cf. Reinhardt, Topica 349 sq. und Kommentar zu 34,3 sq.

sich geladen haben. Cf. *nupt. et conc.* 1,1 (p. 211, l. 7–10; **22,4–7**) und *nupt. et conc.* 1,1 (p. 211, l. 14 sq.; **22,7–9**); cf. *nupt. et conc.* 2,3 (p. 254, l. 23–p. 255, l. 6; **22,2–9**). Cf. auch Kommentar zu **57,1–61,5**.

33,1 quas mihi ergo tu hic ambages – 8 affirmare conaris!
Im ersten Satz sind die Satzteile *quas* [...] *ambages* und *quae* [...] *ammouebis* als Fragen aufzufassen, der Satz muss also mit einem Fragezeichen abgeschlossen werden.[139]

Julian spielt hier auf *Ez* 13,17 sq. an. Es werden an dieser Stelle die Frauen ermahnt, die den Menschen durch falsche Prophetien falsche Hoffnungen machen und sie so in ihrem schlechten Verhalten bestärken, anstatt sie durch Unheilsankündigungen von ihren Sünden abzubringen.[140] Julian unterstellt Augustinus, dass er sich ebenso wie die falschen Propheten auf die *nomina mysteriorum*, die christlichen Glaubenswahrheiten, berufe und dabei falsche Lehren verbreite. Er unterstellt ihm demnach Täuschungsabsicht (cf. **23,6–9**; Hinführung. 3.2.2; Kommentar zu **73,19–23**). Dies zeigt sich auch durch seine folgende Bemerkung in **33,5–8**, bei der er auf den Vorwurf zurückgreift, Augustinus würde das Volk gegen ihn in Aufruhr versetzen (**19,18–26; 41,4–7; 73,19–23; 5,4,9–12**). Julian möchte beim Leser das Bild erzeugen, dass Augustins Ansichten so absurd sind, dass sie – außer beim ungelehrten Volk, das sich von ihm täuschen lässt und diese Ansichten in seinen Augen auch gar nicht beurteilen kann – keinen Anklang fänden. Eine Gefahr in den Lehren sieht er insbesondere, wenn sie sich an diejenigen wenden, die zur Predigt erscheinen (**2,6–8**). Mit dem abwertenden Begriff *plebicula* sind christliche Laien gemeint,[141] die von Augustinus für die Unterstützung seiner Sache ausgenutzt werden. Der Vorwurf der Täuschung von christlichen Laien findet sich als Topos gelegentlich in der christlichen Literatur, sogar bei Augustinus selbst: A. *un. bapt.* 28: [...] *donec deceptae plebiculae quasi proprios episcopos ordinarent?*[142] Auch Hieronymus schreibt in einem Brief davon, wie leicht es sei, das einfache Volk durch Eloquenz hinters Licht zu führen (Hier. *epist.* 52,8: *nihil tam facile, quam uilem plebiculam et indoctam contionem linguae uolubilitate decipere, quae, quidquid non intellegit, plus miratur*).[143] In einem weiteren Brief, der interessan-

---
139 Cf. Primmer, Rhythmus 1, 197.
140 Cf. Greenberg, Ezechiel 30 sq. und ib. 275.
141 Cf. Salamito, Virtuoses 222 sq.
142 Cf. TLL 10,1, p. 2374, l. 63–75.
143 Cf. auch Hier. *epist.* 140,1: [...] *non conposita oratione uerborum plausuque populari, qui solet inperitorum aures decipere atque palpare, sed oratione simplici et ecclesiastici eloquii ueritate* [...].

KOMMENTAR   263

terweise an Augustinus gerichtet ist, findet sich die Aufforderung, Augustinus
möge die ungebildete Menge nicht gegen ihn aufstacheln:

> nec me putes magistrum esse mendacii, qui sequor Christum dicentem:
> „ego sum uia et uita et ueritas [*Io* 14,6]", nec potest fieri, ut ueritatis cultor
> mendacio colla submittam, neque mihi inperitorum plebeculam conci-
> tes, qui te uenerantur ut episcopum et in ecclesia declamantem sacerdo-
> tii honore suscipiunt, me autem aetatis ultimae et paene decrepitum ac
> monasterii et ruris secreta sectantem parui pendunt, et quaeras tibi, quos
> doceas siue reprehendas (Hier. *epist.* 112,18 = Hier. A. *ep.* 75,18).[144]

Dieser Brief ist von Fürst auf die zweite Häfte des Jahres 404 datiert worden[145] und fällt in die erste Phase der Auseinandersetzung zwischen Hieronymus und Augustinus. Wie Fürst hervorhebt, ist davon auszugehen, dass er bereits für eine breitere Leserschaft angedacht war.[146] Es ist also möglich, dass Julian diesen Brief gelesen haben könnte und mit seinen Vorwürfen auch auf Augustins Predigttätigkeit als Bischof anspielt.

Sowohl in *Turb.* als auch in *Flor.* charakterisiert Julian Personen auf der Seite Augustins mit abwertenden Worten aus den Stereotypen der Unterschicht.[147] Salamito sieht in Julians abwertenden Worten für das Volk ein Spiegelbild seiner Herkunft aus der Bildungselite.[148] Er führt an, dass die abschätzige Haltung gegenüber dem gemeinen Volk, insbesondere die Erwähnung der sitzenden Handwerker (cf. **41**; *Turb.* 4, frg. 255 (= Iulian. A. *c. Iul.* 6,23); *Turb.* 4, frg. 271b (= Iulian. A. *c. Iul.* 2,37): [...] *de plebeia faece sellulariorum* [...]), die aufgrund ihres Erwerbs keine Zeit für intensivere Bildung haben, bereits bei Xenophon zu finden ist (cf. X. *Oec.* 4,2 sq.).[149] Auch in Ciceros Reden finden sich einige

---

144   Übers. Fürst, Epistulae 1, 215.217 (modifiziert): „Halte mich nicht für einen Lehrer der Lüge! Ich folge ja Christus, der sagt: ‚Ich bin der Weg, das Leben und die Wahrheit' (Joh 14,6). Als Verehrer der Wahrheit kann ich meinen Nacken unmöglich unter das Joch der Lüge beugen. Und hetze nicht ungebildetes Gesindel gegen mich auf! Solche Leute verehren Dich, weil Du Bischof bist, und wenn Du in der Kirche [...] [deklamierst], erweisen sie Dir die dem Bischofsamt gebührende Ehre. Mich aber, einen betagten und fast siechen Man, der die ländliche Abgeschiedenheit eines Klosters sucht, schätzen sie gering. Such Dir andere, um sie zu belehren oder zu kritisieren!"
145   Cf. Fürst, Briefwechsel 103.
146   Cf. Fürst, Epistulae 1, 87.
147   Cf. **41**; 2,1–4.14; *Turb.* 4, frg. 255 (= Iulian. A. *c. Iul.* 6,23): [...] *sellulariorum opificum* [...]; *Turb.* 1, frg. 6 (*c. Iul.* 2,36): [...] *amoto strepitu turbarum* [...]; *Turb.* 4, frg. 271a–b (= Iulian. A. *c. Iul.* 4,34; 2,37).
148   Cf. Salamito, Virtuoses 207–242.
149   Cf. Salamito, Virtuoses 218.221 sq.

Passagen, in denen er negativ über das einfache Volk spricht, das sich leicht ausnutzen lässt, und die Julian in *Turb.* für seine Anspielungen gedient haben könnten:[150] Cic. *Flacc.* 18: *opifices et tabernarios atque illam omnem faecem ciuitatem* [...] *concitare* [...]; id., *Pis.* 9: [...] *collegia* [...] *ex omni faece urbis* [...] *concitata*; id., *Verr.* 2,1,99: [...] *ex ea faece legationis* [...] (cf. auch id., *ad Q. fr.* 2,5,3: [...] *apud perditissimam illam atque infimam faecem populi* [...]; id., *Att.* 1,16,11: [...] *illa contionalis hirudo aerarii, misera ac ieiuna plebecula* [...]).[151] In seiner Rede *dom.* spricht Cicero z. B. von Sergius, einem Handlanger Catilinas, als einem *concitator tabernariorum* (ib. 13). Auch die oben genannten Stellen von Augustinus und Hieronymus unterstreichen, dass es also v. a. darum geht, dass Menschen sich die Leichtgläubigkeit des Volkes zunutze machen und es zu ihren Gunsten in Aufruhr versetzen. Komplementär zu diesem Vorwurf gegenüber Augustinus plädiert Julian immer wieder für eine Bewertung der Streitigkeit zwischen ihm und Augustinus durch unvoreingenommene Gelehrte.[152] Cf. Kommentar zu 73,19–23 und Hinführung. 3.2.2.

33,4 *nomina mysteriorum*: Auf Augustinus übertragen, ist damit die Taufe gemeint (cf. Kommentar zu 32,2 sq.).

2.1.3   *Iustitia* und *peccatum* (34,1–48,3)

Julian legt in 34,1–6 zunächst Kategorien fest, anhand derer er im Folgenden die für die Diskussion relevanten Begriffe untersuchen möchte, und erörtert, dass das Verständnis von göttlicher *iustitia* und dem *peccatum* der Menschen für die Debatte mit Augustinus von Bedeutung ist (35,1–3). Dementsprechend analysiert er diese beiden Begriffe auf Basis der zuvor genannten Kategorien in 35,3–40,4 (*iustitia*) und 41,1–48,3 (*peccatum*) und setzt diese Definitionen in der nachfolgenden Argumentation in *Flor.* immer wieder ein. In 77,9–83,6 fügt er noch die Definition des *liberum arbitrium* hinzu (cf. Hinführung. 3.3.1). Mittels der drei Definitionen sollen Mängel in Augustins Gottes- und Menschenbild aufgezeigt und so bewiesen werden, dass Augustins Gottesbild nicht mit dem der katholischen Kirche übereinstimmt (51,7–9). Des Weiteren greift

---

150   Cf. Doignon, der Julians Worte in *Turb.* 4, frg. 271b (= Iulian. A. *c. Iul.* 2,37), die von Hagendahl (id., Augustine 168 sq. Nr. 366) als ein *fragmentum incertae sedis* aufgenommen ist, auf eine Anspielung auf *Flacc.* 18 zurückführt (cf. Doignon, Clichés 88–90). Weber zieht in Erwägung, dass es sich bei Augustinus Kommentar zu diesem Fragment *sicut Tulliane iocaris* in *c. Iul.* 2,37 um eine Verschreibung handeln und stattdessen *sicut tu Iuliane* gestanden haben könnte (cf. Weber, Spezifika 197–199). Dies ist natürlich unabhängig davon, dass es sich tatsächlich um eine ciceronianische Anspielung in *Turb.* gehandelt haben dürfte.
151   Cf. Hatscher, Charisma 97 sq.
152   Z. B. *Turb.* 1, frg. 2a (= Iulian. A. *c. Iul.* 3,2); *Turb.* 3, frg. 156 (= Iulian. A. *c. Iul.* 5,2); *Flor.* 41; 2,1; cf. dazu Salamito, Virtuoses 207–242 sowie Duval, Julien 258 sq.

Julian mit seinen Begriffserklärungen das Dilemma von 31,1–5 auf und zeigt, dass ein *peccatum naturale* nicht gerecht sein kann, woraus deutlich wird, dass Augustins Auslegung der Schrift nicht richtig sein kann. Neben der dialektischen Funktion haben die Begriffe von *iustitia*, *peccatum* und *liberum arbitrium* auch Bedeutung für die Exegese: In einigen für die Diskussion relevanten Bibelstellen treten die Begriffe *iustitia* und *peccatum* auf, z. B. *Rm* 6,20: *cum serui essetis peccati, liberi fuistis iustitiae* (cf. Kommentar zu 107,1–109,8) sowie *Rm* 7,23: *uideo aliam legem in membris meis repugnantem legi mentis meae et captiuantem me in lege peccati* (cf. Kommentar zu 67,1–72,25). Die Analysen von *iustitia* und *peccatum* dienen zudem der Bestärkung von Grundansichten des christlichen Menschenbildes, die als unerschütterliche Prämissen für die Exegese gelten müssen.

2.1.3.1 Dialektische Grundlagen der Erörterung (34,1–35,3)

Zur exakten Erörterung von *iustitia* und *peccatum* will Julian zunächst Unterteilungen vornehmen, mit deren Hilfe er sich den beiden Begriffen annähern will. Für dieses Vorgehen listet er in 34 Kategorien auf, auf die er die beiden Begriffe untersuchen möchte. In 41,1 sq. spricht Julian diesbezüglich explizit von *diuisiones*, die er vorgenommen hat. Diese Bezeichnung lässt darauf schließen, dass die von ihm angeführten Einteilungen sowohl als philosophisch-dialektisches als auch als rhetorisches Hilfsmittel zu verstehen sind. Von ihnen ausgehend kann Julian in 48,3–49,20 Schlussfolgerungen ziehen.

34,1 ne ergo – 3 qualitasque cernatur

Die hier aufgezählten Kategorien werden nur im Hinblick auf die Begriffe von *iustitia* und *peccatum* vollständig und in der von Julian hier aufgezeigten Variante angewandt. Über die Herkunft der Kategorienreihe ist in der Forschungsliteratur bereits diskutiert worden.[153] Während Bruckner postulierte, die Reihe sei eine Vermischung aus aristotelischen und stoischen Kategorien,[154] geht die

---

[153] Cf. Bruckner, Julian 92–94; Refoulé, Julien 237 sq.; Lössl, Julian 111–114; id., Aristotle; Moreschini, Natura 57–64.

[154] Cf. Bruckner, Julian 92–94. Bruckner geht nicht darauf ein, welches Verständnis er den stoischen Kategorien ὑποκείμενον, ποιόν, πῶς ἔχον, πρός τί πως ἔχον zugrunde legt. Der Kontext der Verwendung der vier Kategorien bei den Stoikern ist hingegen alles andere als eindeutig und hat zu verschiedenen Annahmen geführt, die dabei meist von der Sicht auf die aristotelischen Kategorien geprägt waren (cf. Hülser, Fragmente 3, 1009). Zu den verschiedenen Interpretationen cf. z. B. de Lacy, Stoic; Reesor, Categories; Rist, Categories; Lloyd, Grammar; Menn, Theory. Die erhaltenen Fragmente sind aufgeführt in Hülser, Fragmente 3, 1008–1085.

neuere Forschung[155] dazu über, die Aufzählung Julians stärker im Kontext der Argumentation gegen Augustinus zu sehen. Die Reihe lässt sich weder mit den aristotelischen Kategorien noch mit denen der Stoiker in vollem Maße identifizieren und ist in dieser Form bei keinem anderen Autor zu finden.[156]

Lössl hat in seinem Aufsatz von 2011 meines Erachtens wesentlich zur Klärung der Frage nach der Herkunft der Kategorienreihe beigetragen: Die drei ersten Begriffe *genus, species* und *differentia* entsprechen seiner Meinung nach der lateinischen Übertragung der ersten drei Prädikabilien der *Isagoge* des Porphyrius (cf. insbesondere den Kommentar zu 34,2 *genus* und *differentia*);[157] es ist nicht unwahrscheinlich, dass Julian dieses Werk kannte oder durch den Schulunterricht damit vertraut war.[158] Auch an anderer Stelle kann eine frappierende Ähnlichkeit zu dieser Schrift festgemacht werden: In 5,24 beschreibt Julian, dass die Ehe nicht als gut bezeichnet werden kann, wenn die ganze menschliche Natur als schlecht bezeichnet wird (5,24,32–36: *si ergo uituperetur natura et obnoxia diabolo reaque credatur, coniugium quoque quod sub illa est et fecunditas et substantia tota damnabitur. non potest ergo laudari conubium, quod fit secundum naturam, si natura ipsa reprehenditur*).[159] Dazu erläutert er vorher, dass etwas, was von einem *genus* ausgesagt wird, auch von den darunterliegenden *species* ausgesagt wird. Hierbei gleicht die Passage 5,24,9–15 stark den Ausführungen bei Porphyrius (id., *intr.* 2b, p. 7,2–4.12–15; cf. Boeth. *Porph. isag.* p. 13,2–5.13–17).[160]

In der *Isagoge* wird die Reihe *genus, species, differentia* mit den Begriffen *proprium* und *accidens* fortgeführt, unter die nach Lössl alle zweitrangigen Kategorien fallen können (darunter auch *qualitas* und *modus*).[161] Es scheint, als habe Julian sich mit *modus* und *qualitas* die beiden Kategorien ausgewählt, die für seine Erörterungen wesentlich sind, und sie auf die Erörterungen in *Flor.*

---

155   Cf. Lössl, Julian 111–114; id. Aristotle; Moreschini, Natura 57–64.
156   Cf. Lössl, Julian 81 n. 28 unter Heranziehung von Refoulé, Julien 238 und ib. 82–84.
157   Cf. Lössl, Aristotle 117. Lössl zieht die Übersetzung der *Isagoge* durch Marius Victorinus heran (cf. Lössl, Aristotle 116–118).
158   Cf. Lössl, Aristotle 118. Auch Augustinus greift in seinen Schriften auf die lateinische Übersetzung der *Isagoge* zurück, cf. Kany, Trinitätsdenken 65; cf. Tornau, Ratio.
159   Übers.: „Wenn also die Natur für schlecht erachtet, dem Teufel zugehörig und als schuldig angesehen würde, wird auch die Ehe, die ihr untergeordnet ist, die Fruchtbarkeit und die ganze Substanz an sich verurteilt werden. Eine Ehe, die der Natur entsprechend zustande kommt, kann also nicht für gut gehalten werden, wenn die Natur selbst für schlecht gehalten wird."
160   Cf. Lössl, Aristotle 118 sq., der hierbei sowohl die Übersetzung der *Isagoge* durch Marius Victorinus als auch durch Boethius heranzieht.
161   Cf. Lössl, Aristotle 117.

abgestimmt (cf. Kommentar zu den einzelnen Oberbegriffen 34,2 sq.).[162] Doch zeigt sich meines Erachtens bei aller sprachlichen Übereinstimmung mit Porphyrius/Marius Victorinus/Boethius bei der Kategorisierung von *iustitia* und *peccatum* im Folgenden, dass Julian auch die Interpretation dieser Begriffsreihe anscheinend den Umständen seiner eigenen Argumentation angepasst hat. Es ist zudem auffällig, dass sich Julian bei seiner Auflistung auf keinen Gewährsmann beruft, was er hingegen bei der Abhandlung über die Kardinaltugenden (cf. 36,1–9 unter Berufung auf Zenon) und ebenso bei der Definition des *peccatum* (cf. 44,1–45,4) tut, wenn er die Definition Augustins übernimmt. Er betont hingegen den nützlichen Aspekt der Kategorisierung (34,1), was die Vermutung von der Eigenständigkeit seiner Kategorienauswahl unterstützt. In verkürzter Variante findet sich eine ähnliche Aufreihung von Kategorien auch in *Turb.*, wobei hier nur deren Anwendung auf die *concupiscentia carnalis* überliefert ist. Betrachtet man die Verwendung der Begriffe jedoch genauer, fällt hier auf, dass die Verwendung der Kategorie des *modus* von der an der hier besprochenen Stelle abweicht (cf. Kommentar zu 34,2 sq. *modus*).

Dass Kategorienreihen in der Rhetorik als Hilfsmittel zur Klärung des Status einer Debatte oder als *loci argumentorum*[163] verwendet wurden, zeigt ein Blick in Quintilians *Institutio oratoria*. Er nennt die aristotelischen Kategorien[164] und modifizierte Versionen der Kategorien, die von anderen Rhetoren vorgenommen wurden.[165] Die von ihm aufgeführten Listen sind aber seiner Ansicht nach

---

162   Cf. Lössl, Julian 81 sq. n. 28 und id., Aristotle 117 sq.

163   Daher stammt auch die Bezeichnung der Kategorien als *elementa*, die für die *loci argumentorum* steht (cf. Adamietz, Quintiliani 123).

164   Quint. *inst.* 3,6,23 sq.: *ac primum Aristoteles elementa decem constituit, circa quae uersari uideatur omnis quaestio:* οὐσίαν, *quam Plautus essentiam uocat (neque sane aliud est eius nomen Latinum), sed ea quaeritur 'an sit':* **qualitatem,** *cuius apertus intellectus est:* **quantitatem,** *quae dupliciter a posterioribus diuisa est, quam magnum et quam multum sit:* **ad aliquid,** *unde ductae translatio et comparatio: post haec* **ubi et quando:** *deinde* **facere, pati, habere,** *quod est quasi armatum esse, uestitum esse: nouissime* κεῖσθαι, *quod est compositum esse quodam modo, ut calere, stare, irasci. sed ex his omnibus prima quattuor ad status pertinere, cetera ad quosdam locos argumentorum uidentur.* Cf. dazu Adamietz, Quintiliani 123.

165   Quint. *inst.* 3,6,25–28: *alii nouem elementa posuerunt:* **personam,** *[...]* **tempus,** *quod* χρόνον *uocant, [...]* **locum,** *[...]* **tempus** *iterum, quod* καιρόν *appellant, [...]* **actum,** *id est* πρᾶξιν, *[...]* **numerum,** *[...]* **causam,** *[...]* τρόπον, *[...]* **occasionem factorum** *[...]. hi quoque nullam quaestionem extra haec putant. quidam detrahunt duas partis, numerum et occasionem, et pro illo, quem dixi actum, subiciunt res, id est* πράγματα. *quae ne praeterisse uiderer, satis habui attingere.* **ceterum his nec status satis ostendi nec omnis contineri locos credo, quod apparebit diligentius legentibus quae de utraque re dicam; erunt enim plura multo, quam quae his elementis comprehenduntur.** Cousin stellt fest, dass diese zweite Kategorienreihe bei Quintilian der Angabe aus der Augustinus zugeschriebenen Rhetorik ähnelt, die

nicht ausreichend, um die zentrale Frage eines jeden Falles zu klären, sie seien weder für die Charakterisierung des *status* noch für ein angemessenes System der Topik geeignet (cf. Quint. *inst.* 3,6,28). Die zweite von Quintilian angeführte Kategorienreihe ist stark auf einen Fall vor Gericht bzw. eine Tat ausgerichtet und eignet sich meines Erachtens weniger, um sie mit den hier von Julian angeführten Kategorien zu vergleichen. Dass es jedoch offenbar auch in der Rhetorik eine Praxis gab, Kategorienreihen zu verwenden und an den jeweiligen Fall anzupassen, dürfte aus der Tatsache hervorgehen, dass Quintilian, auch wenn er selbst deren Gebrauch ablehnt, verschiedene Versionen der Kategorienreihen nennt und einen konkreten Bezug zur Stasis-Lehre angibt.

Ein weiteres Indiz für die Verwendung der aristotelischen Kategorien in der Rhetorik findet sich bei Aristoteles selbst:[166] In *Rh.* 2,7 1385b 5–10 schreibt er innerhalb der Abhandlung über die Emotion der Dankbarkeit, auf welche Weise man überprüfen muss, ob jemand mit seiner Handlung tatsächlich einen Gefallen erwiesen hat. Von einem Gefallen kann man dann sprechen, wenn die jeweilige Handlung nicht zum Vorteil desjenigen ist, der sie ausführt, oder wenn sie nicht als Gegenleistung für etwas anderes verstanden werden kann (Arist. *Rh.* 2,7 1385a 16–19). Um dies herauszufinden, muss man laut Aristoteles den vermeintlichen Gefallen auch im Hinblick auf seine eigene Kategorisierung betrachten. Blickt man auf die aristotelische Kategorie der Quantität, kann man beispielsweise sagen, dass es wahrscheinlich ist, dass eine Person keinen Gefallen geleistet hat, wenn sie in der Vergangenheit auch kleinere Gefälligkeiten nicht erwiesen hat.[167] Die Überprüfung einer Tat mittels Betrachtung der Kategorien kann also bei Aristoteles als Mittel zur Auffindung von Argumenten gesehen werden.

---

dieser wohl von Hermagoras übernommen hat: *quis, quid, quando, ubi, cur, quem ad modum, quibus adminiculis* (cf. A. *rhet.* 7; cf. Cousin, Études 1, 181 sq.; cf. ebenso Mar. Victorin. *in Cic. inu.* 1,29 pp. 74,22–75,4). Cf. Kommentar, Fußnote 191 und Kommentar zu **34,3 sq.**

166 Dies ist die einzige Stelle in der *Rhetorik*, an der Aristoteles die Kategorienschrift heranzieht (cf. Rapp, Rhetorik 2, 647).

167 Arist. *Rh.* 2,7 1385b 5–10: καὶ περὶ ἁπάσας τὰς κατηγορίας σκεπτέον· ἡ γὰρ χάρις ἐστὶν ἢ ὅτι τοδὶ ἢ τοσόνδε ἢ τοιόνδε ἢ πότε ἢ ποῦ. σημεῖον δὲ εἰ ἔλαττον μὴ ὑπηρέτησαν, καὶ εἰ τοῖς ἐχθροῖς ἢ ταὐτὰ ἢ ἴσα ἢ μείζω· δῆλον γὰρ ὅτι οὐδὲ ταῦτα ἡμῶν ἕνεκα. ἢ εἰ φαῦλα εἰδώς· οὐδεὶς γὰρ ὁμολογεῖ δεῖσθαι φαύλων. Übers. Rapp, Rhetorik 1, 90: „Auch muss man es hinsichtlich jeder Kategorie prüfen; denn der Gefallen ist entweder ein Dieses oder das Wie-groß oder das Wie-beschaffen oder das Wann oder das Wo. Ein Zeichen (dafür, dass kein Gefallen vorliegt,) aber ist, wenn einer nicht einmal kleinere Gefälligkeiten erweisen würde und wenn er den Feinden entweder dasselbe oder Gleiches oder Größeres erweisen würde; dann nämlich geschieht dies offensichtlich nicht unsertwillen. Oder wenn einer einen nichtigen Gefallen erwiesen hat und es weiß; keiner nämlich gesteht ein, nichtiger Dinge zu bedürfen."

KOMMENTAR

Ein zu der Anmerkung Quintilians passender Hinweis, dass die aristotelischen Kategorien als *loci argumentorum* verwendet wurden, findet sich im Kommentar zu Ciceros *De inuentione* des Marius Victorinus. Wie Quintilian, der neben der Anwendung in der Stasis-Lehre auf die Topik verweist, nennt Marius Victorinus sie explizit als Hilfsmittel der Argumentbildung (Mar. Victorin. *in Cic. inu.* 1,44 pp. 109,24–110,5):

> [...] secundum Aristotelem decem categoriae sunt, id est decem res, in quibus omnia, quae in mundo sunt, continentur. harum rerum una substantia est, reliquae nouem qualitates [...]. tunc autem ex ea [i.e. re] facere possumus argumentum, si eius qualitatem inspiciamus. itaque omnia uerba uel nomina habent res suas, habent et qualitates. quae qualitates cum sibi conueniunt, faciunt argumentum, cum non conueniunt, non faciunt argumentum, ut puta, ponamus „occidit": „occidit" res est; huius rei quae sit qualitas attendamus, id est, quaedam asperitas, quaedam inmanitas. deinde ponamus „inimicum"; rursus „inimicus" res est, eius rei porro qualitas similiter aspera atque crudelis. itaque quoniam utraque sibi haec qualitas conuenit, factum est argumentum.[168]

Dabei sollten die *qualitates* (worunter Marius Victorinus hier die neun Akzidenzien versteht) von verschiedenen Begriffen bzw. Sachverhalten erörtert werden und bei Übereinstimmung könne man ein Argument bilden.[169] Diese Tatsache zeigt, dass die aristotelischen Kategorien durchaus Anwendung im Rhetorikunterricht und in der rhetorischen Praxis fanden.[170] Darauf könnte auch hindeuten, dass Augustinus in *conf.* 4,28 davon spricht, dass er durch einen Rhetoriklehrer auf die aristotelische Kategorienschrift aufmerksam gemacht wurde.

---

168 Übers.: „[...] Gemäß Aristoteles gibt es zehn Kategorien, d. h. zehn Begriffe, unter die alles fällt, was es auf der Welt gibt. Von ihnen ist einer die Substanz, die übrigen neun sind Qualitäten [...]. Wir können aber aus ihr [i.e. einer Sache] ein Argument machen, wenn wir ihre Qualität betrachten. Deshalb haben alle Worte und Bezeichnungen ihre Bezugsgegenstände und ebenso haben diese auch Qualitäten. Wenn diese Qualitäten übereinstimmen, ergeben sie ein Argument, wenn sie nicht übereinstimmen, ergeben sie kein Argument. Sagen wir zum Beispiel: ‚Er hat getötet.' ‚Er hat getötet' ist ein Sachverhalt; lasst uns betrachten welche Eigenschaft er hat. Diese ist nämlich sozusagen Wildheit und Wahnsinn. Dann sagen wir ‚Feind'. Wiederum ist ‚Feind' ein Sachverhalt; und dessen Qualität ist ähnlich wild und grausam. Deshalb, weil beide in der Qualität übereinstimmen, lässt sich ein Argument bilden."
169 Cf. Hadot, Marius 92–94.
170 Eine weitere Stelle bei Marius Victorinus, an der er die Kategorien heranzieht ist *in Cic inu.* 1,12 pp. 42,1–43,2; cf. auch Riesenweber, Commenta 1, 18.

Auch wenn Julian an dieser Stelle nicht auf die aristotelischen Kategorien zurückgreift, war er dennoch mit ihnen vertraut und verwendet den Begriff *praedicamentum* an anderer Stelle.[171] Es ist damit umso auffälliger, dass er hier an dieser Stelle nirgends von *praedicamenta* spricht, sondern stattdessen von *diuisiones*, was möglicherweise auf die rhetorische Funktion und damit auch auf die Interpretation der von ihm angeführten Kategorien hinweist (cf. Kommentar zu **41,1 sq.**). Nach der Ausführung der Analyse mittels der Kategorienreihe schließt Julian die Abhandlung mithilfe der Fragenreihe (cf. Kommentar zu **34,3 sq.**) jeweils mit einem *igitur* (**38,10**) bzw. *ergo* (**47,24**) an und beantwortet sogleich die Frage *utrum sit*. Damit dürfte das Durchgehen der Kategorienreihe gleichsam die Vorarbeit für einen Existenzbeweis (**38,10–12.47,24 sq.**) sein. Für diesen liefern jedoch in beiden Fällen unterschiedliche Kategorien die ausschlaggebenden Aussagen (im Falle der *iustitia* ist es das *genus*, im Falle des *peccatum* kommen sowohl *qualitas* als auch *modus* infrage, cf. Kommentar zu **38,10–14; 47,24–48,3**).

34,2 *hic harum de quibus*: In den Handschriften C, G, T, K und L ist eine Dopplung des Wortes *hic* vorhanden, die Zelzer in ihrer Edition übernimmt.[172] Die emphatische Wiederholung würde sich zwar gut an die pathetischen Worte in **33** anschließen, aber Julian geht bereits in **34** zu einem sachlichen Stil über, dadurch, dass er nicht mehr Augustinus anredet, sondern sich der Analyse von Begriffen zuwendet. Er betont zwar in **27,1 sq.**, dass er sich von den *indisciplinatae expositiones* seines Gegners abheben möchte und deshalb die Begriffserörterungen einführt (**34,4–6**), wodurch sich auch hier die Emphase durch ein doppeltes *hic* erklären ließe, allerdings erschiene die Wiederholung von *hic* im Kontext des vorangehenden und nachfolgenden Textes übertrieben.[173] Ich entscheide mich daher an dieser Stelle mit P und M dafür, nur ein *hic* in den Text aufzunehmen.

34,2 *genus*: Das *genus* entspricht bei Aristoteles der zweiten Substanz einer Sache und umfasst das Allgemeine im Vergleich zum Individuellen auf die Frage nach dem Wesen einer Sache (Arist. *Cat.* 5 2b 29–34: εἰκότως δὲ μετὰ τὰς πρώτας οὐσίας μόνα τῶν ἄλλων τὰ εἴδη καὶ τὰ γένη δεύτεραι οὐσίαι λέγονται·

---

171 Cf. *Turb.* 4, frg. 294 (= Iulian. A. *c. Iul.* 6,54); ib. frg. 302 (Iulian. A. *c. Iul.* 6,64) (cf. auch die Besprechung dieser Stellen bei Lössl, Julian 114–117); 5,24,9–13. Cf. dazu auch Hinführung. 2.2.1.2 und den Kommentar zu **34,2 sq.** *modus* und *qualitas*.
172 Cf. auch Cipriani/Volpi, Sant'Agostino 1, 30.
173 Anders z. B. passend zum *genus grande* in Cic. *Catil.* 1,9: *o di immortales! ubinam gentium sumus? quam rem publicam habemus? in qua urbe uiuimus? hic, hic sunt nostro in numero, patres conscripti, in hoc orbis terrae sanctissimo grauissimoque consilio, qui de nostro omnium interitu, qui de huius urbis atque adeo de orbis terrarum exitio cogitent.* Cf. auch Lact. *inst.* 3,30,4; 6,11,12; A. *Io. eu. tr.* 11,12.

KOMMENTAR 271

μόνα γὰρ δηλοῖ τὴν πρώτην οὐσίαν τῶν κατηγορουμένων· τὸν γὰρ τινὰ ἄνθρωπον ἐὰν ἀποδιδῷ τις τί ἐστιν, τὸ μὲν εἶδος ἢ τὸ γένος ἀποδιδοὺς οἰκείως ἀποδώσει, – καὶ γνωριμώτερον ποιήσει ἄνθρωπον ἢ ζῷον ἀποδιδούς·).[174] Betrachtet man die beiden Ausführungen zur *iustitia* und zum *peccatum*, wird deutlich, dass Julian hier unter *genus* etwas anderes versteht. Es scheint bei ihm eher den Ursprung/Ort der Herkunft einer Sache zu bezeichnen, denn er schreibt bei der Behandlung der *iustitia* (37,7 sq.): *ut ergo genus eius, quo nomine nihil aliud quam originem intellegi uolo, deus est* [...] und parallel dazu bei der Abhandlung über das *peccatum* (47,13 sq.): [...] *peccatum, quod claruit nihil esse praeter uoluntatem, constat genus id est ipsam originem ab appetitu proprio suscepisse*. Durch diese zweimalige Erläuterung, dass es sich beim Begriff des *genus* um die *origo* handle, wird deutlich, dass sich Julian offenbar bewusst ist, dass der Begriff *genus* den Leser hier in die Irre führen könnte. Das *genus* ist bei Julian damit nicht die Antwort auf die Frage *quid*, sondern auf die Frage *unde*. Das passt gut zu dem, was Porphyrius in seiner *Isagoge* über die als zweite Verwendungsart des Wortes γένος sagt (Porph. intr. 1a p. 2,10–13): ἄλλως δὲ πάλιν γένος λέγεται, ᾧ ὑποτάσσεται τὸ εἶδος, καθ' ὁμοιότητα ἴσως τούτων εἰρημένον· καὶ γὰρ ἀρχή τίς ἐστι τὸ τοιοῦτο γένος τῶν ὑφ' ἑαυτὸ καὶ δοκεῖ καὶ τὸ πλῆθος περιέχειν πᾶν τὸ ὑφ' ἑαυτό.[175]

Sowohl in den erhaltenen Fragmenten der Übersetzung der *Isagoge* durch Marius Victorinus als auch in der Übersetzung des Boethius (wobei Julian letztere aufgrund der Datierung nicht kennen konnte) wird ἀρχή mit *principium* übersetzt, was ein Hinweis auf die Verwendung des Wortes *origo* bei Julian sein dürfte.[176] Gerade die Tatsache, dass Julian zweimal explizit sagt, was für

---

174 Übers. Oehler, Kategorien 12: „Es hat seinen Grund, daß, nach den ersten Substanzen, die Arten und Gattungen die einzigen anderen Dinge sind, die zweite Substanzen genannt werden. Denn von dem, was prädiziert wird, sind nur sie es, die die erste Substanz erkennbar machen. Denn wenn man von dem individuellen Menschen angeben soll, was er ist, so wird man passenderweise die Art oder die Gattung angeben (und zwar wird man es erhellender tun, wenn man Mensch angibt, als wenn man Lebewesen angibt); [...].″
  Cf. auch Arist. *Top.* 1 102a 31 sq.: γένος δ' ἐστὶ τὸ κατὰ πλειόνων καὶ διαφερόντων τῷ εἴδει ἐν τῷ τί ἐστι κατηγορούμενον. Übers. Rolfes, Aristoteles 7: „Gattung ist, was von mehreren und der Art nach verschiedenen Dingen bei der Angabe ihres Was oder Wesens prädiziert wird.″
175 Übers.: „Anders spricht man auch von Gattung, wenn ihr die Arten untergeordnet sind. Dies tut man aufgrund der Ähnlichkeit zu den vorher genannten Bedeutungen. Denn solch eine Gattung scheint ein Ursprung der Dinge zu sein, die unter ihr sind, und die Fülle dessen zu beinhalten, was unter ihr ist.″
176 Cf. Lössl, Aristotle 118. Cf. Boeth. *Porph. isag.* p. 6,21–25: *aliter autem rursus genus dicitur cui supponitur species, ad horum fortasse similitudinem dictum; et enim principium quoddam est huiusmodi genus earum quae sub se sunt specierum; uidetur etiam multitudinem continere omnem quae sub eo est.* Übers.: „Anders aber wird als Gattung das bezeichnet,

ihn *genus* heißt, scheint darauf hinzudeuten, dass er hier von der typischen Interpretation, wie sie Porphyrius als dritte angibt, nämlich der Bedeutung von *genus* als übergeordnete Gattung über verschiedene *species* abweicht. Stattdessen beruft er sich auf den Allgemeinbegriff von *genus*, nämlich Ursprung/Herkunft, der bei Porphyrius/Marius Victorinus als möglicher Grund für die Polysemie des Begriffs angegeben wird. Dennoch kennt Julian die in der philosophisch-dialektischen Diskussion gebräuchliche Verwendung von *genus* und *species* (Gattung – Art), was sich im fünften Buch von *Flor.* zeigt (cf. 5,20.24). Er operiert demnach offenbar mit beiden Bedeutungen; dazu passt auch, dass Julian mit dem *genus* der Sünde in 5,30,6 sq.[177] die Frage *quid sit* bzw. die Frage nach der Definition identifiziert, während die Frage *unde* in 5,27 mit dem Begriff *origo* verknüpft ist (cf. 5,27). In 37,5–8; 38,14 sq. und 47,12–14.27–29 führt die Frage nach dem *genus/origo* und die Beantwortung der Frage nach dem *unde* auch zur Beantwortung der Frage nach dem *utrum sit* (cf. Kommentar zu 38,10–14; 47,24–48,3).

Auffällig ist zudem, dass auch Augustinus in *an. quant.* 2 seinen Schüler bei der Frage *unde* auffordert, ihm mitzuteilen, was er damit geklärt haben möchte, da auf die Frage *unde* verschiedene Antworten erwartet werden könnten:

> A. cum quaeris, unde sit anima, duo quaedam intellegere cogor. aliter enim dicimus, unde sit homo, quae sit eius patria scire cupientes; aliter unde sit, cum quaerimus, unde constet, id est ex quibus elementis rebusque compositus. quid horum scire uis, cum interrogas, unde sit anima? utrumnam quasi regionem eius et patriam, unde huc uenerit, nosse desideras an uero, quae sit eius substantia, requiris?[178]

---

unter dem man Arten einordnet, vielleicht, weil man es in Bezug auf die Ähnlichkeit zu diesen ersten beiden Bedeutungen so nennt; die Gattung ist nämlich gewissermaßen auch der Ursprung der Arten, die unter ihm subsumiert werden. Und sie scheint die Menge an Arten, die sich unter ihr befindet, zu beinhalten."

dicitur rursus genus uniuscuiusque natiuitatis principium aut a generante aut ab eo in quo quis genitus est ⟨...⟩ *aliter dicitur genus cui supponuntur species, iuxta similitudinem forte superiorum appellatum; et enim principium quoddam est genus his quae sub ipso sunt* [...] (Mar. Victorin. *Porph. isag.* p. 63,26–36). Übers.: „Als Gattung wird auch der Ursprung einer jeden Herkunft entweder hinsichtlich dessen, der hervorbringt, oder hinsichtlich dessen, von dem jemand hervorgebracht worden ist, bezeichnet. ⟨...⟩ Etwas anderes meint man nämlich mit der Gattung, der Arten untergeordnet werden, die vielleicht aufgrund der Ähnlichkeit zu den oberen Bedeutungen [sc. von Gattung] so genannt wird. Die Gattung ist auch so etwas wie der Ursprung der Dinge, die unter ihr sind [...]".

177 Ib.: *uideamus quid dicant etiam de genere peccati, id est quod putent esse peccatum* [...].
178 Übers.: „Wenn du nach dem Ursprung der Seele fragst, denke ich zwangsläufig an zwei Dinge. Wenn wir nämlich fragen, woher ein Mensch sei, und damit seine Heimat wissen

KOMMENTAR 273

Wenn *unde* gefragt wird, kann also sowohl die Allgemeinbedeutung *unde huc uenit* gemeint sein als auch die Frage nach der Substanz einer Sache: *quae est eius substantia*. Julian fragt im Falle von *iustitia* und *peccatum* nicht nach der Substanz, sondern der Herkunft.

34,2 *species*: Wie sich aus der Anwendung auf die Begriffe *iustitia* und *peccatum* zeigt, verwendet Julian den Begriff *species* hier im Sinne der in der Realität auftretenden Ausformungen der beiden Begriffe oder auch deren Konkretisierung im Sinne eines Übergangs vom Allgemeinen (*genus*) zum Speziellen (*species*). Cf. Kommentar zu 41,1 sq.; 47,12–24; 79,1–6; cf. 3,31,22–24.114,5.

34,2 sq. *differentia*: Aus der Verwendung dieser Kategorie wird deutlich, dass Julian sie in Zusammenhang mit dem *tempus* versteht. Er versteht darunter die unterschiedliche Ausformung des zu definierenden Begriffs in Bezug auf die jeweiligen Zeitumstände (cf. bzgl. der *iustitia* 38,1–3 *differentiam* [...] *eius* [...] *intellegere possumus uariam pro opportunitate temporum dispensationem*; bzgl. des *peccatum* 47,16 sq.: [...] *differentia uero et in uarietate culparum et in rationibus temporum*). Auch dieses Verständnis passt gut zum Begriff der *differentia* im allgemeinen Sinn bei Porphyrius (Porph. *intr.* 3a p. 8,8–12):

διαφορὰ δὲ κοινῶς τε καὶ ἰδίως καὶ ἰδιαίτατα λεγέσθω. κοινῶς μὲν γὰρ διαφέρειν ἕτερον ἑτέρου λέγεται τὸ ἑτερότητι διαλλάττον ὁπωσοῦν ἢ πρὸς αὐτὸ ἢ πρὸς ἄλλο· διαφέρει γὰρ Σωκράτης Πλάτωνος τῇ ἑτερότητι καὶ αὐτός γε ἑαυτοῦ παιδός τε ὄντος καὶ ἀνδρωθέντος καὶ ἐνεργοῦντός τι ἢ παυσαμένου καὶ ἀεί γε ἐν ταῖς τοῦ πῶς ἔχειν ἑτερότησιν.[179]

---

wollen, verstehen wir unter Ursprung etwas anderes, als wenn wir fragen, woher er seine Existenz nimmt, d.h., aus welchen Elementen und Dingen er besteht. Was davon möchtest du wissen, wenn du nach dem Ursprung der Seele fragst? Möchtest du wissen, von welchem Ort und aus welcher Gegend sie hierher gekommen ist, oder aber fragst du nach ihrer Substanz?"

[179] Übers.: „‚Differenz‘ soll aber im allgemeinen, eigentümlichen und speziellen Sinne gebraucht werden. Allgemein nämlich sagt man, dass sich eine Sache von einer anderen unterscheide, wobei sie sich aufgrund von einer Andersheit in welcher Hinsicht auch immer von sich selbst oder von etwas anderem unterscheidet. Denn Sokrates unterscheidet sich von Platon dadurch, dass er anders ist als dieser, und er unterscheidet sich auch von sich selbst als Kind, wenn er Mann ist, und von sich selbst als einem, der etwas tut, wenn er untätig ist, und immer in der Unterschiedlichkeit seiner Verhaltensweisen."
In der Übersetzung des Boethius (id., *Porph. isag.* p. 14,15–22): *differentia uero communiter et proprie et magis proprie dicatur. communiter quidem differre alterum altero dicitur quod alteritate quadam differt quocumque modo uel a se ipso uel ab alio; differt enim Socrates Platone alteritate et ipse a se uel puero uel iam uiro uel faciente aliquid uel quiescente, et semper in aliquo modo habendi alteritatibus.* Übers.: „Der Begriff ‚Differenz‘ wird aber allgemein, eigentümlich und speziell gebraucht. Allgemein sagt man, dass eine Sache sich von

Er versteht darunter u.a. den Unterschied zwischen dem Zustand einer Sache im Vergleich zum Zustand derselben Sache zu einem anderen Zeitpunkt.

34,3 *modus qualitasque*: Unter *modus* dürfte Julian die Art und Weise verstehen, auf die sich die Gerechtigkeit bzw. die Sünde verhält (cf. **38,6–8**: *modus* [...] *eius* [sc. *iustitiae*] *est uel status, quod nec cuiquam amplius quam uires patiuntur, indicit uel quod misericordiam non retundit*; **47,17**: *modus est ipsa immoderatio*).[180] Der *modus* wird, wie aus den beiden Beispielen ersichtlich, als relativer Begriff verwendet. Der Umfang der *iustitia* wird am Vermögen dessen, an dem sie ausgeübt wird, gemessen und auch der *modus* des *peccatum* kann nur in Bezug auf die Gebote eines Anderen bestimmt werden (**47,17–19**: *modus est ipsa immoderatio; nam si modus est seruire cui debeas, qui hoc praetermittit ueri modi transgressione delinquit*. Zur unterschiedlichen Bedeutung des Wortes *modus* in diesem Satz cf. Kommentar zu **47,17–22**).

Die Funktion der Verwendung von *modus* als Kategorie lässt sich aus der Argumentation Julians verdeutlichen. Die Betonung, dass die Gerechtigkeit von den Menschen nicht mehr abverlangt, als sie können,[181] spielt eine wichtige Rolle, wenn man die Erbsündentheorie Augustins betrachtet. Julian empfindet es als falsch, dass dem Menschen etwas als Sünde angerechnet wird, das ihm angeboren ist und das er aus seiner eigenen Kraft nicht überwinden kann. Wenn er, wie Augustinus behauptet, nur das Schlechte tun kann, dann kann ihm das auch nicht als Sünde angerechnet werden (cf. **72.99–105**).

Die Verwendung der Kategorie des *modus* weicht von derjenigen in *Turb.* 1, frg. 44 und 45 (= Iulian. A. c. Iul. 3,26 sq.)[182] ab: (*diuidis, definis, disseris quasi*

---

        einer anderen unterscheide, welche sich durch eine gewisse Andersheit in einer bestimmten Hinsicht entweder von sich selbst oder von etwas anderem unterscheidet. Sokrates unterscheidet sich von Platon nämlich durch seine Andersheit und von sich selbst als Junge, als Mann oder als einem, der etwas tut oder ruht, und immer durch Unterschiede im Verhalten in einer bestimmten Hinsicht."

180 Cf. Lössl, Aristotle 117 sq. In der Übersetzung des Marius Victorinus (id., *Porph. isag.* p. 17,10): [...] *accidens in eo* [sc. *praedicatur*] *quod quale sit aut quomodo se habeat*. Übers.: „[...] Ein Akzidenz wird dann zum Ausdruck gebracht, wenn es um die Frage geht, wie etwas beschaffen ist oder wie sich etwas verhält."

181 Dementsprechend ist auch in der Bibel die Milde ein Teil der göttlichen Gerechtigkeit (cf. z.B. *Ps* 22,6; cf. Dihle, Gerechtigkeit 293), was auch bei Julian zum Ausdruck kommt (cf. 39,3–7).

182 In dieser Kategorisierung ist wohl ein Spezialfall der *concupiscentia*, nämlich die *concupiscentia carnalis*, gemeint, wie aus *Turb.* 1, frg. 45 hervorgeht: [...] *merito igitur* (inquis) *concupiscentiae origo definitur in igne uitali, quo collecto necesse est ut ei reputetur concupiscentia carnalis, per quem constitit uita carnalis.* [...] *huius itaque appetitus non in genere suo, non in specie, non in modo culpa est, sed in excessu: quia genus eius et species ad conditoris operam pertinent, modus eius ad arbitrium honestatis, excessus ad uitium uoluntatis.*

KOMMENTAR

*medicinaliter de genere, et specie, et modo, et excessu concupiscentiae,) huius **genus** esse (asserens) in igne uitali, **speciem** in motu genitali, **modum** in opere coniugali, **excessum** in intemperantia fornicandi (Turb.* 1, frg. 44).[183] Julian hebt hier auf den Unterschied zwischen maßvollem und übertriebenem Umgang mit der *concupiscentia carnis* ab, nicht auf den (Seins-)Zustand derselben.[184] Er verwendet den Begriff *modus* demnach hier nicht im selben Verständnis wie in 34,1–48,3, sondern meint damit den „maßvollen Gebrauch",[185] der Gedanke der Sündhaftigkeit des *excessus* der *concupiscentia* geht aus *Turb.* 1 frg. 44 sq. aber dennoch hervor. Die in *Turb.* verwendete Analysereihe taucht auch in *Flor.* 4,25 wieder auf: [...] *clarebit, quod in primo opere egimus, concupiscentiae naturalis non genus, non speciem, non modum, sed excessum tantum in culpam uenire*[186] (cf. auch 5,16).

Die Kategorie der Qualität verwendet Julian in seinen beiden Ausführungen zur *iustitia* und zum *peccatum* im Sinne einer affektiven Qualität[187] (cf. Arist. *Cat.* 8 9a 29–10a 10), durch die bei demjenigen, dem sie zukommt, eine Affek-

---

Übers.: „[...] zu Recht also, sagst du, wird der Ursprung der Begierde in das Lebensfeuer gelegt, wodurch notwendigerweise folgt, dass ihm auch die sexuelle Begierde zugeordnet wird, weil das fleischliche Leben durch dieses Feuer bestehen bleibt. [...] Ihr Streben [sc. das der sexuellen Begierde] ist deshalb nicht im Hinblick auf ihren Ursprung, ihr Vorkommen oder ihren maßvollen Gebrauch, sondern im Hinblick auf ihren exzessiven Gebrauch eine Sünde. Ihr Ursprung und ihr Vorkommen ist nämlich auf den Schöpfer zurückzuführen, ihr maßvoller Gebrauch ist Folge einer ehrbaren Entscheidung, ihr Exzess lässt sich auf einen fehlerhaften Willen zurückführen." Cf. auch Lössl, Julian 114.

183 Übers.: „Du gliederst, definierst, erörterst wie ein Arzt über die Gattung, die Ausformung, das Maß und den Exzess der Begierde, indem du schreibst, ihre Gattung liege im Lebensfeuer, ihre Ausformung in der Bewegung der Geschlechtsteile, ihr maßvoller Gebrauch im Beischlaf der Ehe, ihr Exzess in ungezügelten sexuellen Ausschweifungen."

184 Cf. Moreschini, Natura 59.

185 Lössl, Julian 114.

186 Übers.: „[...] es wird deutlich werden, was wir auch schon in unserem ersten Werk festgestellt haben, nämlich, dass nicht die Herkunft, nicht die Ausformungen, nicht der maßvolle Gebrauch der natürlichen Begierde, sondern einzig und allein ihr übertriebener Gebrauch schuldig macht."

187 Zu dieser Stelle cf. *Turb.* 4, frg. 294 (= Iulian. A. c. Iul. 6,54): [...] *tertia species qualitatis est (inquis) affectio et affectionalis qualitas. affectio autem in qualitate ob hoc ponitur (ais), quia principium qualitatum est; cui etiam reputantur ad momentum accedentes recedentesque aut animi aut corporis passiones. affectionalis uero qualitas (inquis) omnibus quibus euenerit, ex maioribus orta causis ita inhaerescit, ut aut magnis molitionibus, aut nullis omnino separetur.* Übers.: „[...] Die dritte Art der Qualität, sagst du, ist die Affektion und die affektionale Qualität. Die Affektion aber wird deshalb zu den Qualitäten gezählt, sagst du, weil Qualitäten von ihr den Anfang nehmen; zu ihr zählen auch die Affekte des Geistes und des Körpers, die für einen Moment hinzukommen und dann wieder verschwinden. Die affektionale Qualität aber, sagst du, ist aus gewichtigeren Ursachen entstanden und haf-

tion entsteht.[188] Dies wird ersichtlich aus **38,9 sq.**, wo die Qualität der *iustitia* als etwas beschrieben wird, das bei gottesfürchtigen Menschen ein gutes Empfinden auslöst: [...] *per quam piis mentibus sapit dulciter*. Im Falle des *peccatum* erläutert Julian dessen Eigenschaft als *qualitas* [...], *per quam ostenditur, quid amaritudinis uel dedecore conuehat uel dolore* (**47,22–24**). Auffällig ist in beiden Fällen die Verwendung der Begriffe *dulcis* und *amaritudo*, denn bei Aristoteles werden Süße und Bitterkeit gleich als erste Beispiele für affektive Qualitäten genannt (cf. Arist. *Cat.* 8 9a 28–31). Es wirkt demnach so, als ob Julian gerade diese Beispiele im Sinn hatte.

34,3 sq. immo sollicitius, utrum sint, unde sint, ubi sint, quid etiam mereantur et a quo.
Die Tatsache, dass Julian hier schreibt, dass die nun von ihm angeführte Fragenreihe dazu dient, den jeweiligen Begriff noch sorgfältiger (*sollicitius*)[189] zu betrachten, zeigt, dass er sich von ihr erhofft, neue Facetten des Begriffs ausfindig zu machen. Fragenreihen, die in Erörterungen als Hilfsmittel eingesetzt werden können, finden sich in der Statuslehre (cf. Quint. *inst.* 3,6,36–81; cf. Cic. *inu.* 1,10–16) und in der Doxographie.[190] Cicero führt in verschiedenen Werken Fragenreihen zur Erfassung des Sachverhaltes im forensischen Kontext an. Er unterscheidet, vermutlich mit Hermagoras, Themen, die sich mit bestimmten Personen beschäftigen (ὑποθέσεις)[191] und Themen allgemeiner Form (θέσεις), die sich seiner Angabe nach eher auf allgemeinere Themen beziehen.[192] In

---

tet daher den Dingen, denen sie zukommt, auf solche Art und Weise an, dass sie entweder nur mit großer Mühe, oder gar nicht entfernt werden kann."

Es handelt sich hierbei um eine Paraphrase und Zusammenfassung von Arist. *Cat.* 8 9a 28–10a 10, auf welche De Coninck im kritischen Apparat hinweist (cf. De Coninck, CCL 88, p. 390). Bei Lössl findet sich ein Vergleich der Textstellen (cf. id., Julian 114 sq.). Cf. zu Aristoteles auch Blasche, Qualität 1749 sq. Die Übersetzung bei Julian stimmt dabei nicht mit der *Paraphrasis Themistiana* überein.

188 Cf. Oehler, Kategorien 316 zu Arist. *Cat.* 8 9a 28–31.
189 Ab dem 4. Jh. weitet sich die Bedeutung von *sollicitus* „beunruhigt" hin zu „sorgfältig" aus, cf. Stotz, Handbuch 2, 113.
190 Cf. Mansfeld, Doxography 3193 sq.
191 In der Augustinus zugeschriebenen Rhetorik findet sich hierzu eine Fragenreihe als Merkvers, die auf konkrete juristische Fälle zugeschnitten ist und wohl von Hermagoras stammt: *quis, quid, quando, ubi, cur, quem ad modum, quibus adminiculis* (A. *rhet.* 7), sie dient der Auffindung von Argumenten, die sich mit einer Person beschäftigen, die für den vorliegenden Fall von Relevanz ist (cf. Mansfeld, Doxography 3194 sq. mit n. 650).
192 Cicero verwendet für den Begriff der ὑπόθεσις den lateinischen Begriff *causa* (*inu.* 1,8; *top.* 79 sq.; *part.* 4), Quintilian nennt die ὑπόθεσις *quaestio finita* (*inst.* 3,5,5). Die θέσις wird von Cicero z. B. wiedergegeben mit *quaestio* (*inu.* 1,8) und *propositum* (*top.* 79 sq.; cf. Reinhardt, Topica 351 sq.); in *inu.* 1,8 argumentiert Cicero gegen die Einteilung der rednerischen

top. 81 sq. nennt Cicero zudem eine Einteilung der allgemeineren Fragen in praktische und theoretische Themen.[193] Letztere untergliedert er in *coniectura*, *definitio* und *iuris et iniuriae distinctio* (= *aut sitne aut quid sit aut quale sit quaeritur*), welche jeweils mit dem *status coniecturalis*, dem *status finitionis* und dem *status qualitatis* übereinstimmen.[194] Unterhalb dieser Einteilung finden sich weitere Fragen, an denen man sich bei der Abhandlung eines Themas orientieren kann. So kann etwa die Frage nach dem *sitne* auf verschiedene Weise erörtert werden (Cic. *top.* 82): *coniecturae ratio in quattuor partes distributa est, quarum una est cum quaeritur sitne aliquid, altera unde ortum sit, tertia quae id causa effecerit, quarta in qua de commutatione rei quaeritur.*[195] Gemäß Adamietz sieht Quintilian den Unterschied von θέσεις zu ὑποθέσεις insbesondere darin, dass Umstände (περιστάσεις) wie Person, Zeit und Ort in den θέσεις nicht bestimmt sind.[196] Wie Mansfeld hervorhebt, kann also auch die θέσις im Hinblick auf die περιστάσεις erörtert werden, gesetzt den Fall, es handelt sich um eine generelle Frage und nicht um bestimmte Personen/Situationen/Orte.[197]

Nahe an der vorliegenden Thematik dürften damit die Fragenreihen sein, die sich in Ciceros *nat. deor.* und in Augustins *quant. an.* finden lassen, da es sich dort jeweils explizit um deren Anwendung in philosophischen Schriften handelt. In *nat. deor.* 1,65 führt Cicero folgende Fragenreihe an: *concedo esse deos; doce me igitur unde sint ubi sint quales sint corpore animo uita; haec enim scire desidero.* Sie dient zur *diuisio* der Abhandlung über die Götter.[198] Hierbei handelt es sich um eine θέσις, die sich mit der Frage beschäftigt, was Götter sind und wie sie beschaffen sind.[199] Wie bereits gesagt, kann man sich auch den *quaestiones infinitae* mit den Fragen, die für die *quaestiones finitae* bestimmt sind,

---

materia durch Hermagoras und führt an, die *quaestio* eigne sich eher für philosophische Fragestellungen. Die von ihm dort als Beispiele angeführten Themen stimmen, wie Mansfeld hervorhebt, mit Kapitelüberschriften der *Placita* bei Aëtius überein und er vermutet, dass Hermagoras diese als Beispiele für θέσεις zitiert hat (cf. Mansfeld, Doxography 3195 sq. mit n. 654). Die Bemerkung Ciceros, dass θέσεις sich eher für die Fragestellungen von Philosophen eignen, findet sich in Werken griechischer Rhetoren, die nach Ciceros Werken zu datieren sind, sowie als mögliche Definition der θέσις bei Quintilian (id., *inst.* 3,5,5) wieder (Mansfeld, Doxography 3195 sq.).

193 Cf. Reinhardt, Topica 346 und 349 sq.
194 Cf. Reinhardt, Topica 352 sq. In *orat.* 45 sq. nennt Cicero diese Fragenreihe ebenfalls und spricht von der Nützlichkeit der Betrachtung eines konkreten Falles auf allgemeiner Ebene, d.h. auf der Ebene einer θέσις.
195 Cf. Reinhardt, Topica 349 sq.
196 Cf. Adamietz, Quintiliani 102 sq.
197 Cf. Mansfeld, Doxography 3194 sq.
198 Cf. Dyck, Natura 135–139.145.
199 Cf. Mansfeld, Doxography 3207 sq. Mansfeld hebt ib. hervor, dass *unde* hier die Frage

nähern.[200] Dieser Einsatz der Fragen zeigt sich beispielsweise auch bei Augustinus (*an. quant.* 1): E. [...] *quaero igitur, unde sit anima, qualis sit, quanta sit, cur corpori fuerit data, cum ad corpus uenerit qualis efficiatur, qualis cum abscesserit?*

Mansfeld merkt zudem an, dass ein Teil der aristotelischen Kategorien mit den Fragen bzw. περιστάσεις überlappt, und führt Stellen aus Aristoteles' Werken an, in denen dieser ebenfalls empfiehlt, sich durch bestimmte Fragestellungen Problemen zu nähern (cf. insbesondere Arist. *APo.* 2,1 89b 23–35).[201]

Auch wenn Julians Fragenreihe nicht mit der bei Cicero oder Augustinus übereinstimmt, handelt es sich hier natürlich dennoch um Fragen, die wie bei den anderen beiden Autoren dazu dienen, Begriffe bzw. philosophische Fragen zu erörtern. Julian verwendet sie auch in abgewandelter, kürzerer Form in 5,27 sq. (cf. Kommentar zu 47,24–48,3). Betrachtet man zudem die Anwendung der Kategorien zur Analyse der *iustitia* und des *peccatum*, fällt auf, dass für Julian anscheinend die Beantwortung der Frage *unde sit* der Beantwortung von *quid sit* gleichkommt, denn bei der Beantwortung von *unde sit* gibt er jeweils die Definition von *iustitia* bzw. *peccatum* wieder, die er formelhaft mit den Worten *non/nihil est autem aliud quam/praeter* einleitet (38,12–14; 47,25–27; cf. auch Kommentar zu den jeweiligen Passagen).

34,4 *quid etiam mereantur et a quo*: Die Frage *quid merentur* beschäftigt sich damit, was dem jeweiligen Begriff von Außen (*a quo*) verdientermaßen zukommt. Dabei dürfte es sich nicht, wie Lössl vermutet, um die aristotelische Kategorie des πάσχειν handeln,[202] denn es geht Julian hier nicht darum, was die Gerechtigkeit oder die Sünde „erleiden". Hingegen werden bezüglich beider Begriffe Sprechakte beschrieben. Im Falle der *iustitia* heißt es, dass alle Menschen bestätigen, dass sie die Guten fördert und die Schlechten verurteilt. Im Falle des *peccatum* heißt es, dass alle ehrenhaften Menschen die Sünde tadeln. Cf. Kommentar zu 38,14–40,4 und 48,1–3.

---

danach, was die Götter sind, bezeichnet und dass die Frage nach dem *ubi* im philosophischen Sinne eigentlich mit der Frage nach der Existenz verknüpft sei (unter Heranziehung von Platon; Pl. *Ti.* 52b).

200 Cf. Cic. *top.* 79–86; cf. Reinhardt, Topica 351; Hadot, Marius 80 sq. Dies gilt auch in umgekehrter Hinsicht. Demgemäß stellt Quintilian fest, dass die Beantwortung einer *quaestio infinita* für einen Rechtsfall hilfreich sein könne, da man hier von der Beantwortung der allgemeineren Frage gegebenenfalls auf die Beantwortung der spezielleren Frage schließen könne (Quint. *inst.* 3,5,9 sq.). Die *quaestiones finitae* sind gewissermaßen als Spezialfälle der *quaestiones infinitae* zu verstehen (cf. Reinhardt, Topica 351).

201 Cf. Mansfeld, Doxography 3197–3205.

202 Cf. Lössl, Julian 81 n. 28.

KOMMENTAR

35,1 creatoris – 3 uideatur
Julian macht hier deutlich, dass das Verhältnis zwischen Gott und Mensch zur Diskussion steht. Julians Aufforderung gegenüber Augustinus in 31,1–32,5, er solle erklären, dass das *naturale peccatum* gerecht sei, hatte bereits darauf hingewiesen, welche Begriffe im Folgenden erörtert werden müssen. Die Kategorien sollen auf *iustitia* und *peccatum* angewandt werden, da beide Begriffe voneinander abhängig sind. Julian versteht die Gerechtigkeit Gottes als Verbindungsglied zwischen Gott und dem Menschen, da das gute oder schlechte Verhalten des Menschen durch Gott bewertet wird. Cf. Hinführung. 2.2.1 und 3.3.1.

2.1.3.2 Definition der iustitia (35,3–40,4)
Julian nennt die traditionelle Definition der Gerechtigkeit als das *suum cuique tribuere* in 35,3–7. Er hebt dann ihren Stellenwert hervor, indem er sich auf die Stoiker und die Heilige Schrift beruft (36,1–37,5), und erläutert ihre *natura* durch Anwendung der in 34,1–4 aufgelisteten Kategorien und Fragen (37,7–40,4). Dabei steht die göttliche Gerechtigkeit im Vordergrund und die tugendethische Komponente der Gerechtigkeit tritt in den Hintergrund. Dieser thematische Schwerpunkt ist der Widerlegung Augustins geschuldet, da es eines der Ziele von *Flor*. ist, Augustins Gottesbild zu diskreditieren, indem die Ungerechtigkeit von Augustins Gott nachgewiesen wird (cf. 48,3–49,20).

35,3 iustitia est – 7 sine fraude sine gratia.
Cf. 38,12–15. Das *suum cuique* ist die gängige Definition der Gerechtigkeit, der Zusatz des *sine fraude sine gratia* bezeichnet die Beachtung der Unvoreingenommenheit bei der Bewertung der Menschen, also der juridischen Formulierung *sine acceptione personae* in 131,11–13, die auch auf den Bibeltext zurückgeht.[203] Die Definition der Gerechtigkeit als *suum cuique reddere* war Standardwissen und dürfte damit auf große Übereinstimmung bei Julians Lesern gestoßen sein.[204] Auch Augustinus streitet die Gültigkeit dieser Formel nicht

---

203 Cf. Braun, Deus 211 sq. und Kommentar zu 131,11–13. Cf. auch Lössl, Julian 291 n. 234 und Teske, Answer 152 n. 36. Drecoll nennt als Bedeutung von *gratia* im römischen Recht die „unberechtigte ‹Bevorzugung› einer Person durch den Richter" (Drecoll, Gratia 183; er zieht ib. 184 n. 9 Ulp. *Dig*. 4,8,3,1; 5,1,15,1 und 27,8,1,2 heran). Dies entspricht dem Begriff *gratia* in Julians Definition der Gerechtigkeit.

204 Cf. Dodaro, Iustitia 865 sq.; wie Dodaro betont, taucht die Definition bereits bei Platon auf (Pl. *R*. 1,331e), er verweist ib. 866 n. 7 zudem u. a. auf Cic. *inu*. 2,160; *leg*. 1,19; *off*. 1,15 und *fin*. 5,65. Bei Aristoteles findet sich ebenfalls die vergleichbare Formulierung Arist. *Rh*. 1,9 1366b 9–11: ἔστι δὲ δικαιοσύνη μὲν ἀρετὴ δι' ἣν τὰ αὑτῶν ἕκαστοι ἔχουσι, καὶ ὡς ὁ νόμος· ἀδικία δὲ δι' ἣν τὰ ἀλλότρια, οὐχ ὡς ὁ νόμος. Cf. Hauser, Gerechtigkeit 330 sq. mit n. 7. Das *suum*

ab, er weitet die Gerechtigkeit im juristischen Sinne auf das gerechte Handeln gegenüber den Mitmenschen auch auf das Handeln gegenüber Gott aus und führt die vier Kardinaltugenden auf den *amor dei* zurück, den er als Grundlage aller Tugenden ansieht.[205] Durch Gottes Gnade wird dem Menschen diese Liebe geschenkt, wodurch auch die menschliche Gerechtigkeit zum Mysterium wird und nicht mehr in den Kategorien der antiken Philosophie gedacht werden kann.[206] Der Unterschied zwischen den beiden Autoren besteht demnach nicht in der formalen Definition der Gerechtigkeit, sondern in der Frage, wie die Zuwendung des Menschen zu Gott zustande kommt (cf. Hinführung. 2.2). In *Flor.* verweist Julian des Öfteren auf die Definition (cf. 104,1–105,11; 131,9–13) bzw. legt diese bei seinen Auslegungen zugrunde. Cf. Hinführung. 3.3.1 und 3.3.3.

35,5 sq. *si per Stoicos liceat – omnium maxima*: Der Gerechtigkeit wird traditionell eine wichtige Rolle unter den Tugenden zugeschrieben.[207] Julian stellt hier den Rigorismus der Stoiker hintan und zieht die *iustitia* den übrigen Tugenden vor. Er führt die Stoiker dennoch als Autorität an, indem er hervorhebt, dass selbst Zenon die Unabdingbarkeit der Gerechtigkeit betont hat (36). Die Gerechtigkeit als Anführerin der anderen Tugenden findet sich bei Aristoteles (Arist. *EN* 5,3 1129b 25–1130a 1),[208] jedoch auch schon bei Platon, insofern sie bei ihm die Grundlage für das richtige Verhältnis der anderen drei Tugenden ist (Pl. *R.* 4,423c–d).[209]

---

      cuique tribuere ist außerdem in die Digesten Ulpians eingegangen (*Dig.* 1,1,10): *iustitia est constans et perpetua uoluntas ius suum cuique tribuendi* (cf. Dyck, Commentary 111 sq.).

205 A. *mor.* 1,25: *quare definire etiam sic licet, ut temperantiam dicamus esse amorem deo sese integrum incorruptumque seruantem, fortitudinem amorem omnia propter deum facile perferentem, iustitiam amorem deo tantum seruientem et ob hoc bene imperantem ceteris quae homini subiecta sunt, prudentiam amorem bene discernentem ea quibus adiuuetur in deum ab his quibus impediri potest.* Übers.: „Deshalb können wir sie auch so definieren: Mäßigung ist Liebe, die sich voll und ganz für Gott bewahrt, Tapferkeit ist die Liebe, für Gott alles leicht zu ertragen, Gerechtigkeit ist die Liebe, nur Gott zu dienen und deshalb alles gut dirigieren zu können, was die menschlichen Angelegenheiten anbelangt, Klugheit ist die Liebe, gut unterscheiden zu können, welche Dinge uns zu Gott verhelfen, und welche uns von ihm abhalten." Cf. Thonnard, Justice 388 sq.

206 Cf. Thonnard, Justice 390 sq.

207 Becker führt als Stellen für die herausragende Rolle der *iustitia* in der Antike u.a. Arist. *EN* 5,3 1129b 25–27; *Pol.* 3,13 1283a 38–40; Cic. *off.* 3,28; *nat. deor.* 1,4 (die *iustitia* steht dort in Verbindung mit der *pietas* und *fides* gegenüber den Göttern) und Cic. *rep.* 3,8 an (cf. Becker, Kardinaltugenden 53 mit n. 56 und 58).

208 Cf. Hauser, Gerechtigkeit 330. Cf. auch Lössl, Julian 81 n. 28, der auf Refoulé, Julien 235 sq. verweist.

209 Cf. Dodaro, Iustitia 865. Zu Platon: Cf. Erler, Platon 483 sq.

KOMMENTAR   281

36,1 quod si eam – 9 *multa bona perdet.*
Der Gedanke, dass die Tugenden nicht voneinander getrennt werden können, findet sich schon bei Aristoteles *EN* 6,13 1144b 32–1145a 2.[210] In die stoische Lehre wurde die Antakoluthie der Tugenden seit Zenon, dem Begründer dieser Philosophenschule, fest eingegliedert.[211] Stelzenberger stellt fest, dass sich das Tugendquartett mit stoischen Begriffen auch im Buch der Weisheit findet (*Sap* 8,7), und merkt an, dass die vier Kardinaltugenden bereits zur Zeit, als das Buch der Weisheit abgefasst wurde, in der Bildungsschicht allgemein gebräuchlich waren.[212]

Julian beruft sich hier auf Zenon von Kition und belegt dessen Ansicht der Antakoluthie der Tugenden mit einer Bibelstelle (*Ecl* 9,18). Er suggeriert damit dem Leser, dass diese Ansicht sowohl von philosophischer als auch von theologischer Seite abgesichert ist und damit zu den Grundansichten der Menschheit gehört. Cicero nennt in den *Academica posteriora* die Untrennbarkeit der Tugenden in Zusammenhang mit Zenon.[213] Über die Untrennbarkeit der Tugenden und über die vier Kardinaltugenden schreibt Cicero auch sonst des Öfteren,[214] jedoch nicht unter Berufung auf Zenon. Zu vermerken ist hier zudem, dass sich auch Pelagius auf den Gemeinplatz beruft, die Gerechtigkeit

---

210   Cf. Stemmer, Tugend 1539 mit n. 83.
211   Graeser, Zenon 138 n. 2: „Daß Zenons Lehrstücke [sc. über die Einheit der Tugenden] stoische *opinio communis* wurde[n], muß aus dem diesbezüglichen Bericht bei Stobaeus, *Ecl.* II 64. 18–23 geschlossen werden." Zu den Versuchen in der Stoa, die Einheit des ἡγεμονικόν mit den verschiedenen Ausformungen der Tugenden zu vereinbaren, cf. Graeser, Zenon 138–144.
212   Cf. Stelzenberger, Beziehungen 361; auch Ambrosius greift den Gedanken von der Antakoluthie der Tugenden auf (cf. Becker, Kardinaltugenden 118 sq. unter Heranziehung von Cic. *off.* 1,62–65 und Ambr. *off.* 176 sq.).
213   Cicero lässt Varro in *ac.* 1,38 davon sprechen, dass sich die Ansicht Zenons von der Theophrasts (cf. *ac.* 1,35) unterscheidet und schreibt: *cumque illi ea genera uirtutum quae supra dixi seiungi posse arbitrarentur, hic nec id ullo modo fieri posse disserebat, nec uirtutis usum modo ut superiores sed ipsum habitum per se esse praeclarum, nec tamen uirtutem cuiquam adesse quin ea semper uteretur.* Übers.: „Und während jene anderen meinten, die Gattungen von Tugenden, von denen ich weiter oben gesprochen habe, könnten voneinander getrennt werden, legte er [sc. Zenon] dar, dass dies in keiner Weise geschehen könne, und dass nicht allein die Ausübung der Tugend, wie es die früheren Philosophen dachten, vortrefflich sei, sondern der tugendhafte Zustand an sich, und dass auch nur dann jemand tugendhaft sei, wenn er die Tugend dauerhaft ausübe."
       Der Begriff *habitus* entspricht hier gemäß Reid dem griechischen Begriff der διάθεσις und nicht dem der ἕξις, da die Stoiker keine graduelle Abstufung der Tugendhaftigkeit zugelassen haben (cf. Reid, Academica 147 sq. n. 11).
214   Cf. z. B. Cic. *inu.* 2,159; *Tusc.* 3,17; *off.* 1,15; *fin.* 5,67.

umfasse alle anderen Tugenden: Cf. Pelag. *epist. ad Demetr.* 5: *omnes enim uirtutum species uno iustitiae nomine continentur*. Cf. Hinführung. 1.5 und 2.2.1.4.

37,1 haec igitur augusta uirtus – 5 aeternum orbe resplendet.
Aufgrund der Tatsache, dass der Mensch *imago dei* ist, hat er an der *iustitia* Gottes teil. Sie ist bei ihm jedoch wegen seiner Geschöpflichkeit (*pro creaturae ipsius modo et uiribus*) nicht im vollkommenen Maße vorhanden. Cf. Hinführung. 2.2.1.1 und 2.2.1.2.

Die Verbindung der Worte *splendor/resplendere* mit der *iustitia* ist bei Cicero und Ambrosius, der sich an Cicero anlehnt, zu beobachten.[215] Die Bezeichnung der *iustitia* als *expunctrix uniuscuiusque meritorum* spiegelt sich auch in der Bezeichnung Gottes wider. In seinen Prophetenkommentaren charakterisiert Julian Gott dementsprechend: *ille, inquit, qui est uniuersorum creator, merita quoque pergit expungere* [...] (*in Am.* 5,9; p. 288, l. 137 sq.); *id est: o tu Israhel, quis sit meritorum tuorum expunctor, inspicito: ille nimirum per quem facta sunt omnia, et sine quo factum est nihil* [cf. *Io* 1,3] (*in Am.* 4,12–13; p. 284, l. 243–246); *diuersitas, inquit, studiorum diuersitatem quoque expunctionis exegit, ut „iudicium" domini pro Iudae salute consisteret* (*in Os.* 12,2; p. 209, l. 50 sq.).

37,5 origo eius – 38,10 dulciter.
Julian analysiert nun die *iustitia* im Hinblick auf die von ihm in 34,2 sq. angeführten Oberpunkte. Wie oben erläutert (cf. Kommentar zu 34,2 *genus*), entspricht *genus/origo* hier nicht der Frage *quid sit*, sondern der Frage *unde sit*. Vergleicht man Julians Worte mit dem folgenden Fragment aus *Turb.* (*Turb.* 2, frg. 108, l. 72–76 = Iulian. A. c. Iul. 4,19): [...] *cunctarum (inquis) origo uirtutum in rationabili animo sita est, et affectus omnes per quos aut fructuose aut steriliter boni sumus, in subiecto sunt mentis nostrae, prudentia, iustitia, temperantia, fortitudo*[216] zeigt sich, dass der Ursprung der Tugenden dort direkt in den *animus* verlagert wird, wohingegen in 37,7 der Ursprung der Gerechtig-

---

215 Zu Cicero cf. Moreschini, Natura 71 sq.; Cic. *off.* 1,20: *iustitia, in qua uirtutis splendor est maximus* [...]. Zu Ambrosius cf. Ambr. *off.* 1,28,136: *magnus itaque iustitiae splendor, quae aliis potius nata quam sibi, communitatem et societatem nostram adiuuat*. Cf. Becker, Kardinaltugenden 53.

216 Übers.: „[...] du sagst: ‚Der Ursprung aller Tugenden liegt in der Seele, die vernunftbegabt ist, und unsere Seelenbewegungen hin zu diesen Tugenden, durch die wir entweder mit oder ohne Erfolg gut sind, sitzen in unserem Geist, der ihr Träger ist. Diese Tugenden sind: Klugheit, Gerechtigkeit, Mäßigung und Tapferkeit.'"
Die Bezeichnung *in subiecto* entspricht hier dem aristotelischen Begriff des ἐν ὑποκειμένῳ, so wie sie Augustinus in *imm. an.* verwendet (cf. O'Daly, Anima 329).

keit Gott ist. Dies erklärt sich dadurch, dass der *animus rationabilis* (= *mens*)[217] des Menschen als *imago dei* auf Gott zurückgeht. Grund für die unterschiedliche Angabe der *origo* ist der Argumentationszusammenhang: Während es in *Turb.* 2, frg. 108 um die Ausrichtung der menschlichen Tugenden geht, ist die Argumentation in *Flor.* darauf ausgelegt, am Ende der Ausführungen des vorliegenden Abschnitts (48,3–49,20) Augustins Gott als einen ungerechten Gott darzustellen. Es geht an dieser Stelle also um die göttliche Gerechtigkeit, die im Gegensatz zur menschlichen Gerechtigkeit, die sich gemäß dem Vermögen der Menschen in ihren Taten widerspiegelt (37,1–5), ewig und unermesslich ist (37,5–7). Julian unterscheidet also zwischen göttlicher Tugend und deren Ausformung in der menschlichen Seele; er macht die Gerechtigkeit zu einer Eigenschaft Gottes, mit der dieser so gut wie identisch ist: *ut deo, qui totus aequitas est, qui sine iustitia deus esse non potest, perspicuae iniquitatis crimen ascriberes?* (2,124,2 sq.).[218] Cf. auch Kommentar zu 133,7–134,5 und Hinführung. 2.2.1.2.

37,9 sq. *species eius in legum promulgatione iudiciorumque apparet effectibus*: Unter den *species* sind die Erscheinungsformen der göttlichen Gerechtigkeit in der Welt aufgezeigt. Diese sind zum einen das Bekanntgeben von Gesetzen (z. B. die Zehn Gebote), zum anderen die Auswirkungen der Rechtssprüche.

38,1 *differentiam uero* – 38,6 *oblatio seruiebat*: Für Julian bedeutet *dispensatio* das Walten Gottes in der Welt, d. h. sein Heilsplan (cf. 138,7–9; 139,10; 4,82.127 sq.). Bei dem Begriff handelt es sich laut Müller um eine lateinische Übertragung des griechischen Wortes οἰκονομία für den Begriff „Verwaltung", „Haushaltung",[219] die auch im Großteil der Handschriften der Vetus Latina Verwendung findet[220] und bereits vor dem Christentum für die Tätigkeit eines Gottes in Bezug auf die Welt gebraucht wird.[221] Julians Gebrauch des Begrif-

---

217 Diese Gleichsetzung findet sich auch bei Augustinus (cf. Brachtendorf, Mens 1272).
218 Cf. Bruckner, Julian 132 sq. Diese Gleichsetzung mutet stoisch an: Cf. Plut. *Stoic. rep.* 9, 1035c 33 (SVF 3, frg. 326), eine Aussage des Chrysipp: ἄκουε δὲ ἃ λέγει περὶ τούτων ἐν τῷ τρίτῳ περὶ Θεῶν „οὐ γάρ ἐστιν εὑρεῖν τῆς δικαιοσύνης ἄλλην ἀρχήν, οὐδ' ἄλλην γένεσιν, ἢ τὴν ἐκ τοῦ Διὸς καὶ τὴν ἐκ τῆς κοινῆς φύσεως· ἐντεῦθεν γὰρ δεῖ πᾶν τὸ τοιοῦτον τὴν ἀρχὴν ἔχειν, εἰ μέλλομεν ὀρθῶς τι ἐρεῖν περὶ ἀγαθῶν καὶ κακῶν." Übers.: „Höre, was er in seiner dritten Abhandlung über die Götter schreibt: ‚Denn man kann nämlich keinen anderen Ursprung der Gerechtigkeit und keinen anderen Entstehungsgrund finden als in Zeus und in der gemeinsamen Natur. Daher muss auch alles einen Ursprung von dieser Art haben, wenn wir mit Vernunft nach dem Guten und dem Bösen fragen wollen.'"
219 Cf. Müller, Dispenso 495 und ib. 509.
220 Cf. Müller, Dispenso 499 mit n. 19 z. B. unter Heranziehung der Übertragung von *Eph* 1,10 und *Eph* 3,9.
221 Müller verweist hier auf den Begriff der οἰκονομία bei den Stoikern (cf. Müller, Dispenso 509 n. 58 unter Heranziehung von Horn, Voraussetzungen).

fes kommt nahe an Augustins Verständnis der *dispensatio* heran, der darunter insbesondere das göttliche Eingreifen und die göttliche Offenbarung versteht, wodurch die Menschheitsgeschichte in Epochen eingeteilt wird.[222] Alle Befehle Gottes sind bei Julian *species* von dessen Gerechtigkeit; sie unterscheiden sich dadurch, dass sie den von Gott bewirkten Zeitumständen und Gepflogenheiten auf der Erde angepasst sind. Julian erläutert dies an einem Vergleich zwischen den Befehlen Gottes im Alten und denen im Neuen Testament (38,3–6). So verändert sich die Opfertradition durch den Eintritt Christi in die Welt.[223] Dementsprechend wird auch die *differentia* des *peccatum* bestimmt (cf. 47,16 sq.). Während zur Zeit des Alten Testaments noch materielle Opfer üblich waren, sind diese nun nicht mehr zeitgemäß (cf. 3,16,12–21: [sc. *lex*] *a religiosis ergo et prudentibus tota suscipitur, tota laudatur. nec sane quemquam moueat, quod ritum sacrificiorum ueterum noui testamenti uideat aetate cessasse. non est una ratio uirtutum et hostiarum: alia est praeceptorum perennitas, alia sacrificiorum temporalitas. ueniente tamen Christo, qui hostiis figurabatur antiquis, impleta sunt, non condemnata, quae fuerant instituta; neque enim suis temporibus praue dicuntur* [*dicuntur* Primmer, *praedicuntur* Zelzer C G T M K] *exercita, sed succedente perfectione, quae promissa officiis eorum fuerat* [*fuerat* Primmer, *fuerant* Zelzer C G T M K], *quieuerunt*).[224] Zum Zusammenhang von Gottes Gerechtigkeit und seinem Willen cf. Kommentar zu 133,24–32; zur *differentia* cf. Kommentar zu 34,2 sq.; zu den Bedeutungsnuancen von *reuerentia* cf. Kommentar zu 2,5.

---

222 Cf. Müller/Schwarte, Dispensatio 490: „D. [sc. *dispensatio*] ist […] ein Begriff der Heilsgeschichte, verstanden als planmäßige Offenbarung Gottes in seiner Schöpfung mittels wechselnder (verbaler oder nonverbaler) Heilsakte." Cf. die von Müller herangezogene Stelle aus ciu. 5,26, wo Augustinus für Gott festhält: […] *pro temporum gubernatione dispensat*. Diese Formulierung erinnert an Julians *uaria pro opportunitate temporum dispensatio* (cf. Müller, Dispenso 498). Zur gliedernden Funktion der *dispensatio* cf. Müller, Dispenso 511 sq. An der *dispensatio* sind insbesondere auch die Propheten durch ihr Lehren und Handeln beteiligt (cf. ib. 501; cf. Kommentar zu 138,2–9; 139,1–19). Zur weiter gefassten Bedeutung bei Augustinus cf. Müller, Dispenso und Müller/Schwarte, Dispensatio.

223 Cf. Daly/Nesselrath, Opfer 175.

224 Zur Textgestalt cf. Primmer, Textvorschläge 245 sq. Übers.: „Von gläubigen und klugen Menschen wird also das Gesetz im Ganzen angenommen und gelobt. Es sollte niemanden in Unruhe versetzen, dass der Opferritus des Alten Testaments in der Zeit des Neuen Testaments scheinbar aufgehört hat. Mit Tugenden und Opfern wird nicht auf ein und dieselbe Weise verfahren: Es besteht ein Unterschied zwischen der Dauerhaftigkeit der Vorschriften und der Zeitabhängigkeit der Opfergaben. Dadurch, dass Christus in die Welt kam, der durch die früheren Opfer vorausgedeutet wurde, sind die Opfer, die vorher eingerichtet worden waren, erfüllt worden, nicht verurteilt. Das heißt nicht, dass die Opfer zu ihrer Zeit falsch ausgeführt worden sind, sondern nur, dass sie durch die nachfolgende Vervollkommnung, die ihnen bei der Ausführung der Opfer versprochen worden war, aufhörten."

KOMMENTAR 285

38,6 *modus uero* – 8 *misericordiam non retundit*: An dieser Stelle beschreibt Julian das Verhältnis zwischen den menschlichen Fähigkeiten und dem, was Gott vom Menschen fordert. Wenn Gott den Menschen mehr auferlegen würde, als in ihrer Macht steht, würden die göttlichen Gebote nicht mit der Gerechtigkeit in Einklang stehen (cf. 3,4,1 sq.: *nec ea hominibus praeciperet, quae per naturam eorum sciret non posse seruari* [...]). Für Pelagius ist diese Eigenschaft der göttlichen Gerechtigkeit ein Beleg dafür, dass der Mensch die Fähigkeit besitzen muss, auch nicht zu sündigen (cf. Pelag. *epist. ad Demetr.* 16):

> nemo magis nouit mensuram uirium nostrarum, quam qui ipsas nobis uires dedit. nec quisquam melius, quantum possimus, intellegit, quam qui ipsum nobis posse donauit. nec impossibile aliquid potuit imperare, qui iustus est, nec damnaturus est hominem pro eo, quod non potuit uitare, qui pius est.[225]

Auch Julian deutet in seiner Kategorisierung an, dass die Existenz des *peccatum naturale*, das nicht aus eigenen Kräften überwunden werden kann, ungerecht wäre, und der Mensch daher auch in der Lage sein muss, nicht zu sündigen (cf. Hinführung. 2.2.1.3). Die Bestimmung des *modus* der Gerechtigkeit korrespondiert zu der des *modus* der Sünde cf. Kommentar zu 47,17–22.

38,9 sq. *qualitas autem – dulciter*: Cf. Kommentar zu *qualitas* 34,3.

38,10 est igitur procul dubio iustitia – 14 sine gratia.
Es handelt sich hier um einen stoisch hypothetischen Syllogismus:[226] Wenn ¬I, dann ¬G; nun aber G; also I (Modus tollens; es handelt sich um den zweiten elementaren Syllogismus bei Chrysipp, wobei Verneinung der Prämissen vorliegt; I: *iustitia* existiert; G: Gott existiert).[227] Hier wird, nachdem die *iustitia* mithilfe der in 34,2 sq. aufgelisteten Oberbegriffe analysiert wurde, die Frage *utrum sit iustitia* beantwortet, indem Julian die Antwort auf die Frage nach dem *genus/unde* der Gerechtigkeit zur Hilfe nimmt (37,5–8) und Gott als Existenzgrund für die *iustitia* heranzieht. Die Wiederholung der bereits in 35,3–7 genannten Definition der *iustitia* in 38,13 sq. erhellt die Funktion der

---

[225] Cf. Annecchino, Nozione 84. Dies ist nicht gleichzusetzen mit der Ansicht, der Christ könne in einem bestimmten Stadium gar nicht mehr sündigen, die Pelagius von Hieronymus vorgeworfen wurde (cf. Lamberigts, Research 181).

[226] Cf. Uhle, Dialektik 7; Bruckner hält die Regeln, nach denen Julian Syllogismen anwendet, alle für peripatetisch (cf. id., Julian 95–98). Dagegen: Lössl, Julian 121–123. Cf. auch Moreschini, Natura 62–64.

[227] Cf. dazu Steinmetz, Stoa 602.

von Julian angewandten Kategorienreihen. Sie dienen u.a. dazu, die Definition zu untermauern und damit plausibler zu machen (cf. für das *peccatum* 41,1 sq.). Des Weiteren schließt Julian die Beantwortung der Frage *utrum sit* jeweils mit einem *igitur/ergo* an. Die Erörterung mithilfe der Kategorienreihe dient demnach auch zur Folgerung der Existenz des jeweiligen Begriffs.

Offensichtlich beantwortet Julian unter Rückgriff auf das *genus* der Gerechtigkeit (*deus* 37,7 sq.) die Frage nach dem *unde* und aufbauend hierauf die Frage nach dem *utrum sit*. Als Abschluss des Existenzbeweises wiederholt er die von ihm bereits in 35,3–7 genannte Definition der *iustitia* und beantwortet damit gewissermaßen die Frage *quid sit iustitia?*, auch wenn sie in der von ihm angeführten Fragenreihe nicht auftaucht. Cf. Kommentar zu 34,1–3 und Kommentar zur Fragenreihe 34,3 sq. Dieselbe Gliederung wie hier findet sich auch für den Begriff des *peccatum* (cf. Kommentar zu 47,12–48,3).

38,14 consistit – 40,4 miserationis ornatur.
Julian beantwortet hier zunächst in 38,14 sq. im Hinblick auf die Gerechtigkeit die Frage *ubi* und dann in 39,1–3 die Frage *quid mereantur et a quo* (cf. 34,4). Auch hier kann er wie bei der Frage nach dem *utrum* in 38,10–12 auf die bereits von ihm durchgeführte Kategorisierung zurückgreifen, da er den Ursprung der *iustitia* in Gott lokalisiert (cf. Kommentar zu 37,5–38,10).

39,1 *testimonium uero* – 40,4 *miserationis ornatur*: Julians Worte in 39,1–3 sind schwer zu verstehen, da für die Kategorie des *quid mereatur* nur der Vergleich mit der Abhandlung zum *peccatum* zur Verfügung steht (cf. 48,1–3). Der *quod*-Satz dürfte hier den Inhalt des Zeugnisses wiedergeben; sowohl die guten als auch die schlechten Menschen bestätigen, dass die Gerechtigkeit ihnen das Ihrige zuteilt.[228] Cf. Kommentar zu 34,4.

Nachdem Julian erklärt hat, dass es ein Kennzeichen der Gerechtigkeit ist, dass die Guten zu Recht belohnt und die Schlechten zu Recht bestraft werden, erläutert er den Zustand derjenigen, die weder Gutes noch Schlechtes getan haben. Er stellt also die Situation der *paruuli* dar, die in der Diskussion mit Augustinus so relevant ist (cf. Kommentar zu 52,33–61,5). Sein Gottesbild kommt an dieser Stelle zum Vorschein: Es tut Gottes Gerechtigkeit kei-

---

228 TLL 8, p. 804, l. 41–43 nennt Stellen, an denen *mereri* in Verbindung mit *testimonium* auftaucht, wobei dort *testimonium mereri* ebenfalls als „ein Zeugnis/einen Beweis für etwas erhalten" zu verstehen ist (z.B. Plin. *epist.* 10,87,3: […] *cum praefectus cohortis plenissimum testimonium meruerit Iuli Ferocis et Fusci Salinatoris, clarissimorum uirorum*; Apul. *met.* 6,13: *nec tamen apud dominam saltem secundi laboris periculum secundum testimonium meruit* […]. Min. Fel. 13,1 sq.: *merito ergo de oraculo testimonium meruit prudentiae singularis*).

nen Abbruch, wenn er den Unschuldigen gegenüber gnädig ist. Diese Milde ist in Julians Augen sogar ein wesentlicher Teil der göttlichen Gerechtigkeit, wie sich in der weiteren Ausführung und in Kombination mit den Erörterungen zum *peccatum* zeigen wird (cf. 48,3–44). Zudem scheint in 40,1–4 Julians Sicht von der Gnade Gottes durch.[229] Die Verbesserung des Menschen, der bereits aufgrund seiner Geschöpflichkeit gut ist, findet sich auch in Julians Konzept der Taufgnade (cf. Kommentar zu 53,30–38). Wenn Julian hier betont, die Gerechtigkeit Gottes belohne bzw. bestrafe die Menschen entsprechend ihrer Verdienste, ist dies auch im Kontrast zum augustinischen Gnaden- und Willensverständnis zu sehen. Julian grenzt sich indirekt gegenüber Augustinus ab, in dessen Weltbild das gute menschliche Verhalten nur infolge der göttlichen Gnade zustande kommt (cf. z. B. Kommentar zu 69,6–15; 95,6–11 und 125,6 sq.). Cf. Hinführung. 2.2.1.3 und 2.2.2.2.

2.1.3.3   *Definition des* peccatum *(41,1–48,3)*
In 41,1–48,3 folgen nun die die Erörterungen des *peccatum*, die ähnlich aufgebaut sind wie die der *iustitia*. Während Julian in 35,3–7 auf eine traditionell anerkannte Definition der Gerechtigkeit zurückgegriffen hatte, verwendet er hier Augustins eigene Definition des *peccatum* aus duab. an. 15 (44,7–11). Er belegt die Definition mit Bibelstellen (45,5–12) und erörtert ausgehend von der Definition zunächst den Begriff der *uoluntas* (46,1–47,10), um dann die Kategorien und Fragen aus 34,1–4 auf das *peccatum* anzuwenden (47,14–48,3). Auffallend ist hier, dass der Übergang zum Thema *peccatum* durch eine polemische Rechtfertigung der methodischen Vorgehensweise gestaltet ist (41,3–45,4), wobei Julian vom sachlichen Stil seiner Erörterung der *iustitia* ablässt und Augustinus wieder direkt anspricht.

41,1 sq. his igitur iustitiae – quae sit definitio peccati.
Cicero verwendet in *top*. 28 den Begriff der *diuisio* als Übersetzung des griechischen Begriffs διαίρεσις und sieht in dieser Technik einen Weg, um zu einer Definition zu gelangen.[230] Die *diuisio* wird als dialektisches Mittel insbesondere in der Philosophie seit Platon verwendet.[231] Die Verbindung von *diuisio* und Definition ist insofern möglich, als eine *species* dadurch definiert werden kann, dass man ihr *genus* nennt und die artbildenden Unterschiede (*differentiae*) anführt.[232] Quintilian beruft sich in der *Institutio oratoria* auf Cicero und

---

229   Cf. Lamberigts, Alternative 100.
230   Cf. Reinhardt, Topica 256 sq. und ib. 259 sq. mit n. 7.
231   Cf. Reinhardt, Topica 260.
232   Cf. Reinhardt, Topica 260.

unterscheidet die *diuisio* von der *partitio* (cf. Quint. *inst.* 5,10,62 sq.).[233] Während es bei letzterer um die Offenlegung der Disposition einzelner Punkte eines Problems gehe (cf. Quint. *inst.* 4,5,1), diene laut Peters erstere dazu, ein Problem logisch zu strukturieren.[234] Julians Methode in *Flor.* 1 unterscheidet sich von der *diuisio* bei Cicero und Quintilian dadurch, dass er die verwendeten Begriffe *genus, species, differentia, (proprium)* nicht in der für das Finden einer Definition üblichen Weise anführt (cf. Kommentar zu 34,2 sq.). Zudem wird die *diuisio* bei Quintilian nach Lausberg innerhalb einer Widerlegung so angewandt, dass man von einer abstrakten Definition ausgehend alle *species* eines *genus* anführt und diese dem gewünschten Ergebnis entsprechend eliminiert, d. h. auf eine Weise, dass am Ende die gewünschte *species* übrig bleibt (Quint. *inst.* 5,10,53–70).[235] Die hier bei Julian durchgeführte *diuisio* ist zwar in der philosophischen Erörterung von Begriffen zu verorten, dient jedoch dem argumentativen Ziel der Widerlegung des Gottesbildes Augustins (48,3–51,9). Sie wird herangezogen, um mehr über den analysierten Begriff herauszufinden und eine Grundlage zu schaffen,[236] auf deren Basis im Folgenden besser argumentiert und mithilfe derer der Existenzbeweis von *iustitia/peccatum* durchgeführt werden kann (cf. Kommentar zu 34,2–4). Zudem unterscheidet sich Julians Vorgehen auch schon im Verständnis der Begriffe *genus/species/differentia* vom üblichen Gebrauch derselben (cf. Kommentar zu 34,2 sq.).

Eine weitere Stelle, an der Julian *diuisiones* gebraucht, findet sich z. B. in 5,45,1–53,7. Dort nimmt er eine Einteilung aller existierenden Dinge vor (5,45,4 sq. *omnia quae fiunt, aut a necessario aut a possibili dicuntur exsistere*) und analysiert, was unter den *necessaria* und was unter den *possibilia* zu subsumieren ist. Nach diesem Abschnitt hebt er in 5,54,1 sq. hervor: *hanc ergo subtilitatem diuisionum non introspiciens Manicheus Traducianorum nobis produxit examina.*[237] Daraufhin folgt in 5,54,3–16 eine Darstellung, welche Schlüsse die Manichäer bzw. Augustinus aus einer *diuisio* ziehen, die sich mittels Fragestel-

---

233 Cf. Peters, Dihaerese 749 und ib. 752 n. 23.

234 Cf. Peters, Dihaerese 749 u. a. unter Verweis auf Quint. *inst.* 7,1,1 (cf. Peters, Dihaerese 752 n. 25).

235 Cf. Lausberg, Handbuch 215 sq.

236 Zur *diuisio* in der stoischen Doxographie schreibt Hahm: „The role of division in the Stoic doxography thus begins to become clear: it provides the fundamental structure for the presentation of Stoic ethics, a structure that is implicitly tripartite, proceeding from things to actions to man." (Hahm, Diaeretic 17).

237 Die *examina* in 5,54,3 sind hier meines Erachtens als die Ansichten der *Traduciani* (= Augustins und seiner Anhänger) zu sehen, die als Ergebnisse von Manis Unverständnis der Dialektik zu verstehen sind. Teske übersetzt *Traducianorum examina* mit „armies of the traducianists", fasst *examen* also im eigentlichen Wortsinne auf (cf. Teske, Answer 577).

KOMMENTAR 289

lungen gliedert.²³⁸ Auch dort setzt er also gezielt die Methode der *diuisio* ein, um Augustinus in die Nähe der Manichäer rücken zu können. Cf. auch Kommentar zu 77,3–11; 79,1–6; 96,7 sq.; cf. Kommentar zu 94,56–61.

41,3 equidem affatim – 43,5 nulla auctoritate talium premaris.
Julian stellt sich hier als den Überlegenen dar: Er für seinen Teil würde sich bezüglich der Frage nach der Sündendefinition auf die Werke seiner philosophischen oder christlichen Vorgänger berufen, Augustinus hingegen ist nur in der Lage, das niedere Volk aufzuhetzen. Er antizipiert den Vorwurf, der ihm von Augustinus gemacht würde, falls er eine philosophische Definition der Schlechtigkeit heranzöge. Aus diesem Grund, wie er schreibt, verwendet er zur Argumentation nicht eine Definition von Philosophen oder anderen christlichen Schriftstellern, sondern Augustins eigene aus *duab. an.* 15 (cf. 44,5–11). Neben der Begründung, die Julian hier angibt, ergibt sich ein weiterer Effekt, der aus der Argumentation mithilfe von *duab. an.* 15 erwächst: Augustinus formuliert in *duab. an.* eine Sündendefinition,²³⁹ von der er später sagt, dass sie nur einen Teil der Sünden abdeckt, nämlich die, die anders als die *tradux peccati* nicht als Strafe für den Menschen gedacht sind (cf. *lib. arb.* 3,26; *retr.* 1,15,3 sq.); die Sündendefinition bezieht sich für ihn damit nur auf den

---

238   5,54,3–14: *argumentatur enim hoc modo: unde malum? nimirum de uoluntate. unde uoluntas mala? respondet: de homine. unde homo? per deum. concluditque: si malum ex homine, homo per deum, malum igitur per deum. et post hoc, quasi religiosus ne criminosum faciat deum, dat tenebrarum naturam cui malum debeamus ascribere. hinc et Augustinus: unde malum? de uoluntate. unde, inquit, ipsa uoluntas? de homine, qui est opus dei. et colligit: si malum ex uoluntate, uoluntas ex homine, homo opus dei, malum igitur per deum. quod quasi conatus absoluere, ne deum criminosum dicere uideretur – quod tradux eius affirmat –, uiolentum aeque pro deo nobis nihil obtulit, id est tenebras quibus malum hoc ascribere deberemus.* Übers.: „Er argumentiert nämlich folgendermaßen: Woher kommt das Böse? Ohne Zweifel vom Willen. Woher kommt der böse Wille? Er antwortet: vom Menschen. Woher kommt der Mensch? Von Gott. Und dann schließt er: Wenn das Böse aus dem Menschen und der Mensch aus Gott kommt, dann kommt das Böse also durch Gott zustande. Und wie ein gottesfürchtiger Mensch nimmt er danach eine Natur der Finsternis hinzu, der wir das Böse zuschreiben sollen, damit er Gott nicht zum Verbrecher macht. Daher sagt auch Augustinus: Woher kommt das Böse? Vom Willen. Woher, fragt er, kommt der Wille selbst? Vom Menschen, der das Werk Gottes ist. Und er schließt: Wenn das Böse vom Willen, der Wille vom Menschen kommt, der Mensch Werk Gottes ist, dann kommt das Böse also von Gott. Weil er sozusagen versucht, sich freizusprechen, damit es nicht scheint, er nenne Gott einen Verbrecher – was seine Erbsündenlehre natürlich bestätigt –, hat er uns das Nichts entgegengehalten, das verderbend ist und vergleichbar mit einem Gott, d.h. eine Finsternis, der wir das Böse zuschreiben sollen."

239   Von der Theorie von einer Schuld als Strafe für die Ursünde ist in *duab. an.* noch nicht die Rede (cf. Lamberigts, Peccatum originale 600 sq.).

Menschen im Paradies.[240] Julian geht über diese zweite Bedeutung von *peccatum* bei Augustinus hinweg und kann so Inkonsistenzen in dessen Lehre festmachen. Julian zieht die Definition des *peccatum* auch im weiteren Verlauf von *Flor.* heran: z. B. in 104,1–105,11, wo er die Definition von *peccatum* mit der göttlichen Gerechtigkeit in Zusammenhang bringt (weitere Stellen: 2,80–82;5,26.28.43.47.51; 6,17.21).

Der Vorwurf, der Gegner versetze Handwerker und das gemeine Volk in Aufruhr, ist ein polemischer Topos, der sich auch bei Cicero findet (Cic. *Flacc.* 18): *opifices et tabernarios atque illam omnem faecem ciuitatum quid est negoti concitare, in eum praesertim qui nuper summo cum imperio fuerit, summo autem in amore esse propter ipsum imperi nomen non potuerit?*[241] Insgesamt ist die abwertende Äußerung über bestimmte Berufsgruppen sowohl in der griechischen als auch in der römischen Literatur verbreitet.[242] Die Erwähnung von *sellularii, opifices* und dem *uulgus*, die angestachelt werden, kommt zudem einer Äußerung bei Livius recht nahe (Liu. 8,20,4): *quin opificum quoque uolgus et sellularii, minime militiae idoneum genus, exciti dicuntur.*[243]

In Julians Polemik klingen zwei verschiedene Komponenten an: Zum einen besteht das Stereotyp, dass sitzende Handwerker aufgrund von Verweichlichung nicht gut zu Soldaten ausgebildet werden könnten,[244] zum anderen kommt in der vorliegenden Stelle gerade durch den Kontrast zum *senatus philosophorum* die Nuance der Ungebildetheit hinzu.[245] Julian wirft hier Augustinus also vor, er stütze sich auf die ungebildete Masse, und spottet indirekt zusätz-

---

240 Cf. Flasch, Kampfplätze 27 sq.; cf. Tornau, Motus 104 n. 44. Augustinus führt in *lib. arb.* 3 *ignorantia* und *difficultas* als Strafe für die Ursünde ein und betont, dass diese nicht zur menschlichen Natur gehörten (cf. *lib. arb.* 3,51 sq.; cf. Cipriani, Libero 967).

241 Ebenso *Pis.* 9: *ergo his fundamentis positis consulatus tui triduo post inspectante et tacente te a fatali portento prodigioque rei publicae lex Aelia et Fufia euersa est, propugnacula murique tranquillitatis atque oti; conlegia non ea solum quae senatus sustulerat restituta, sed innumerabilia quaedam noua ex omni faece urbis ac seruitio concitata*. Oakley führt zudem noch *off.* 1,150; *fin.* 5,52 an (cf. Oakley, Commentary 2, 614).

242 Cf. Dyck, Commentary 334–336.

243 Zu weiteren Autoren, die diesen Topos verwenden: Neben den Stellen bei Cicero nennt Oakley, Commentary 2, 614 sq. u. a. Sen. *benef.* 6,17,1; Cato *agr. praef.* 3 sq. und Dio Chrys. 7,49; cf. auch Weber, Spezifika 198 sq. mit n. 18 und 19.

244 Cf. Oakley, Commentary 2, 614.

245 Gellius erläutert in seinen *Noctes Atticae*, wie es zu verstehen sei, wenn Sallust davon spricht, dass der Geiz den Körper des Menschen verweichliche. Er kommt dabei ebenfalls auf die sitzenden Handwerker zu sprechen, die nichts anderes im Sinn haben, als Geld zu erwerben und aufgrund ihrer Arbeit ihren Körper verkommen lassen (Gell. 3,1,10): *negotiis enim se plerumque umbraticis et sellulariis quaestibus intentos habent, in quibus omnis eorum uigor animi corporisque elanguescit et, quod Sallustius ait, 'effeminatur.'*; cf. Oakley, Commentary 2, 614. Cf. auch 5,4,9–12: *nec illud ergo desperare uel possumus uel debemus,*

lich darüber, dass diese sich auch durch ihre körperliche Unfähigkeit disqualifiziert. Augustinus schart demnach ein Heer von ungebildeten, unfähigen und schwachen Menschen um sich.

Eine ähnliche Abgrenzung der eigenen von der gegnerischen Gruppe durch die Behauptung, Letztere bestünde nur aus Menschen mit geringer Bildung, kommt bei Dio Chrysostomus und Lukian in der Distanzierung von den Kynikern zur Anwendung.[246] Diese innerphilosophische Unterscheidung geht als Topos auch auf die Unterscheidung zwischen heidnischen Philosophen und Christen über.[247] Genannt wird hierbei wieder v. a. die Berufsgruppe der Handwerker.[248]

Ob in der Polemik Julians Wahrheitsgehalt steckt, kann nur vermutet werden. Die Beschuldigung, Augustinus hätte mit unlauteren Mitteln seine Seite verteidigt, ist verwoben mit der Anschuldigung, er hätte damit eine öffentliche Debatte verhindert (cf. **19,18–26; 33,5–8; 74,12–18**; cf. auch Julians Aussagen im Proömium 1,2–6; 2,10–17 und 2,103,33–36; 3,35,5–15; Hinführung. 3.2.2). Dass Augustinus bzw. die afrikanische Kirche bei Innozenz I. und Zosimus interveniert sowie den Comes Valerius beeinflusst hat, ist bekannt (cf. Hinführung. 1.3 und Kommentar zu 7,1–8,5). Dass er auch auf die Gläubigen eingewirkt hat, ist wahrscheinlich. Es sind zumindest Predigten erhalten, in denen er sich gegen den „Pelagianismus" wendet.[249]

Julian wirft Augustinus neben der Anstachelung der Menge vor, er habe mittels einer Pferdelieferung bei Tribunen Einfluss genommen.[250] Wermelinger, Lössl und Lamberigts halten eine solche Lieferung in Anbetracht des Gotenangriffs auf Rom nicht für unplausibel.[251] Lamberigts merkt an, dass eine Pferdelieferung auch nur zufällig zur gleichen Zeit stattgefunden haben könnte und dass Pferdelieferungen aus Afrika, nachdem Rom Spanien verloren hatte, keine Seltenheit waren.[252] Ob Julian also mit seinen Anschuldigungen hier

---

quoniam processu temporum tempestas excitata considat et auctoritate sapientum uulgus ignauum quod nunc perstrepit, corrigatur.

246 Cf. Schöllgen, Ultima 169 sq.
247 Cf. Schöllgen, Ultima 170 sq.
248 Cf. Schöllgen, Ultima 169.
249 Cf. dazu Salamito, Virtuoses 236–239. Der Begriff *Pelagiani* taucht nur in s. 181,2.7 und s. *Morin* 10,3 auf. Antipelagianisch ausgerichtet sind laut Drecoll zudem s. 26; 131; 163; auch die Thematik der *Sermones* s. 151–156 weist auf eine antipelagianische Stoßrichtung hin (cf. Drecoll, Pelagius 659–661).
250 Cf. Lamberigts, Zosimus 325.
251 Cf. Lössl, Julian 282–284; Lamberigts, Zosimus 325 sq.; Wermelinger, Rom 199.
252 Cf. Lamberigts, Zosimus 326. Cf. auch Duval, Julien 250.

den oben ausgeführten Topos ausschmückt oder sie ernst meint, lässt sich nicht abschließend klären (zu weiteren Anspielungen auf Pferdelieferungen cf. 74,12–18; 3,35,8–10).

41,5 sq. *si philosophorum ego senatum aduocauero*: Möglicherweise spielt Julian hier auf Cicero *nat. deor.* 1,94 an: *tu ipse paulo ante cum tamquam senatum philosophorum recitares, summos uiros desipere delirare dementis esse dicebas*. Cotta wendet sich mit diesen Worten gegen Velleius, der in *nat. deor.* 1,18–56 vom epikureischen Standpunkt aus gegen die Ansichten anderer Philosophenschulen argumentiert hatte.[253] Er kritisiert in *nat. deor.* 1,94 die epikureische Praxis, in scharfer Polemik gegen andere Philosophenschulen vorzugehen. Cotta wirft Velleius vor, er bringe philosophischen Autoritäten zu wenig Respekt entgegen.[254] Mit den Worten *senatum* […] *recitares* spielt er auf das Verlesen der Senatsliste durch den Zensor an.[255]

In *Turb.* 2, frg. 148 (= Iulian. A. c. Iul. 4,75–77) führt Julian beispielsweise eine Liste von Philosophen an, die gegen Augustins Ansichten sprechen, worauf er hier jedoch verzichtet. In *Flor.* 1 häufen sich allerdings insbesondere im Umfeld der Definitionen von *iustitia* und *liberum arbitrium* allgemein anerkannte Ansichten sowie Cicero-Reminiszenzen, so lässt 36,1–5 an Cic. *ac.* 1,38 denken und in 78,1–3 befindet sich ein Zitat aus Cic. *off.* 1,7. Julian kommentiert in 41,3–43,5 anscheinend also seine eigene Praxis, seine Ansichten mit Zitaten und Anspielungen zu unterfüttern, und begründet die Verwendung von Augustins eigener Definition aus *duab. an.* 15 mit dessen vorhersehbarem Widerspruch, wenn er sich auf philosophische Autoritäten berufen hätte.

42,3 *collega tuus nuper adduxit Alypius*: Zur abschätzigen Erwähnung des Alypius cf. 7,3.

43,1 *nequaquam te acquiescere* – **5** *nulla auctoritate talium premaris*: Zur Textgestalt schreibt hier Primmer: „Julian traut Aug. zu, (erstens) daß er gegen die Vernunftlehren der Philosophen die unvernünftige Menge der einfachen Gläubigen mobilisiert, und (zweitens) daß er diese Haltung noch durch eine Berufung auf Paulus zu stützen versucht. Eine Äußerung, die nach einem ersten verbum dicendi (hier: *uociferans*) als zweite nachfolgt, pflegt Iul. allerdings mit *et addit* o. dgl. anfügen, nicht mit einem explikativen *ut*-Satz: man vergleiche etwa 1, 57, 11; 141, 5; 2, 27, 10; 44, 9. Darum ist auch hier mit P *et*, nicht *ut* zu schreiben, auch wenn das folgende *addas* zu *ad* verstümmelt ist, und obwohl

---

253   Cf. Dyck, Natura 74.
254   Cf. Dyck, Natura 178.
255   Cf. Mayor, Natura 1, 203.

KOMMENTAR 293

P *ut* und *et* sonst oft willkürlich zu vertauschen scheint [...]."[256] Die Syntax ist hierbei jedoch nicht ganz exakt aufgefasst worden. Meines Erachtens müsste der Satz folgendermaßen aufgeschlüsselt werden:

> uereor
> > ne refrageris
> > et [...] accendas
> > > uociferans [...]
> > > > nequaquam te acquiescere
> > et addas [...]
> > > dixisse apostolum [...]

Julian antizipiert Augustins Einwurf, den er geben würde, wenn er sich auf eine philosophische Definition des *peccatum* beziehen würde. Um einer solchen Reaktion zu entgehen, so Julian, greift er auf Augustins eigene Sündendefinition zurück (cf. 44,7–9). Er erkennt damit die Praxis Augustins, sich auf die Autorität der Bibel zu berufen und im selben Zuge damit die Ansichten von weltlichen Philosophen abzuwerten, wie sie sich z. B. in den *Confessiones* niederschlägt (z. B. *conf.* 7,26). Interessanterweise antwortet Augustinus in *c. Iul.* 4,17.72, der Widerlegung von *Turb.*, die Julian nicht kannte (cf. Hinführung. 1.2 und 1.3), in genau der von Julian hier vermuteten Weise auf dessen Berufung auf pagane Philosophen und römische Helden wie Regulus oder Fabius.[257] Augustinus unterscheidet dort zwischen *iustitia* als Tugend, die auch Heiden haben können, und *uera iustitia* als Tugend, die nur Christen besitzen können (cf. Kommentar zu 124,2–125,7).

Es ist ein bemerkenswerter Fakt, dass Julian hier dem Leser eine der Strategien Augustins explizit macht und suggeriert, dass er das „Täuschungsmanöver" Augustins durchschaut hat. Möglicherweise hat sich Julian an dieser Stelle an den Brief Augustins an seinen Vater Memor erinnert. Memor hatte Augustinus darum gebeten, ihm für Julian die Schrift *De musica* zuzusenden (cf. *ep.* 101,3).[258] Im Jahr 408 oder 409 antwortet Augustinus in *ep.* 101 auf diese Bitte Memors.[259] Darin fällt auch ein Angebot vonseiten Augustins, er wolle Julian in Hippo bei sich aufnehmen (*ep.* 101,4).[260] Ihm empfiehlt er als Lektüre von *De*

---

256   Primmer, Rhythmus 1, 207. Zu den anderen Editionen cf. den kritischen Apparat an dieser Stelle.
257   Zu Julians Berufung auf die römischen Helden cf. Lamberigts, Iulianus IV 502.
258   Cf. zu diesem Briefwechsel Lössl, Julian 84–90.
259   Cf. Lössl, Julian 84 sq.
260   Cf. Lössl, Julian 89; cf. Lamberigts, Iulianus Aeclanensis 836.

musica jedoch nur das sechste Buch. Augustinus misst den *artes liberales* im vorliegenden Brief eine mindere Rolle bei (cf. *ep.* 101,2),[261] da nur das, was Gottes Wahrheit entspräche, als wahrhaft frei bezeichnet werden könne. Da sich *De musica* 6, anders als die ersten fünf Bücher eher an Themen orientiert, die der Theologie nahestehen,[262] kann mit Lössl darin der Grund für die Übersendung dieses Buches gesehen werden.[263] Julian wird in diesem Brief als *condiaconus* bezeichnet, dem die ersten fünf Bücher nach Augustins Angaben kaum angemessen sein könnten.[264] Augustinus betrachtet die sieben freien Künste jedoch nicht ausschließlich negativ, sondern der Nutzen und die Bewertung derselben hängt für ihn von deren Gebrauch ab.[265]

44,1 quid ergo? – 6 ita loqueris
Augustins *De duabus animabus* gehört zu seinen antimanichäischen Werken und beschäftigt sich mit der Seelenlehre und dem kosmologischen Dualismus, der sich nach dem manichäischen Weltbild auch im menschlichen Wesen wiederfindet.[266] Augustinus schreibt in der Einleitung seines Werkes, er sei vor Kurzem den Manichäern entkommen (*duab. an.* 1: *opitulante dei misericordia disruptis et derelictis Manichaeorum laqueis tandem catholicae gremio restitutum libet considerare nunc saltem ac deplorare illam miseriam meam*). Kurz vor der Definition des *peccatum* nennt er die Frage eines fiktiven Interlokutors: *dicet aliquis: et hoc te aduersum Manichaeos quid adiuuaret?* (A. *duab. an.* 15) und führt im nächsten Paragraphen nach der Definition die Argumentation gegen die Manichäer fort (cf. *duab. an.* 16: *age nunc, uideamus quid nos haec adiuuarent*).

Julian nennt hier zwei Möglichkeiten für den Titel von Augustins Schrift. Sowohl in der Textüberlieferung als auch von Augustinus (*retr.* 1,15) wird die Schrift mit dem Titel *De duabus animabus* bezeichnet.[267] Möglicherweise kursierten jedoch zur Zeit Julians Abschriften, die den Titel *Contra duas animas* trugen. Augustinus verwendet die Definition des *peccatum*, um zu klären, dass der Mensch für sein schlechtes Handeln selbst verantwortlich ist und man dafür nicht, wie die Manichäer, ein Prinzip des Bösen,[268] das sich in

---

261 Cf. Lössl, Julian 86.
262 Cf. Lössl, Julian 90.
263 Cf. Lössl, Julian 90.
264 *Ep.* 101,4: *nam superiores quinque uix filio nostro et condiacono Iuliano, quoniam et ipse iam nobiscum commilitat, digni lectione uel cognitione uidebuntur.* Cf. Lössl, Julian 85–89.
265 Cf. Fussl/Pingree, Disciplinae 476; Lütcke, Ars 463.
266 Cf. Decret, Duabus 668.
267 Cf. Decret, Duabus 667.
268 In *conf.* 8,23 spricht Augustinus explizit von zwei sich gegenüberstehenden Naturen.

KOMMENTAR 295

einer schlechten Seele manifestiere, annehmen dürfe.[269] Wenn Julian also hier davon spricht, dass es Augustins Ziel ist zu zeigen, dass die menschliche Natur gut sei (*ad indicium bonae naturae*), trifft er die Intention Augustins in *duab. an.* Zur manichäischen Sichtweise auf die Welt cf. Kommentar zu 97,1–6 und Hinführung. 3.2.1.1.

44,7 „expecta – 9 unde liberum est abstinere."
Das angeführte Zitat aus *duab. an.* 15 enthält eine Lücke (*duab. an.* 15; p. 70, l. 14 sq.: *sine prius etiam peccatum definiamus,* **quod sine uoluntate esse non posse omnis mens apud se diuinitus conscriptum legit**). Des Weiteren weicht Julian von Augustins exakter Wortwahl geringfügig ab.[270] Dass Julian hier Augustins eigene Schrift zitiert, hat zweierlei Funktion. Einerseits passt die Definition in seine eigene Vorstellung von Sünde und Willensfreiheit, andererseits kann sie als ein Beweisstück bzw. als der Startpunkt verstanden werden, von welchem ausgehend gezeigt werden soll, dass sich Augustinus in Widersprüche verstrickt (cf. 48,3–49,20). Ausschlaggebend für die Freiheit der Willensentscheidung ist die Fähigkeit, sowohl das Gute wie auch das Böse wollen zu können. In *duab. an.* 15 besteht daher die Möglichkeit des Wollens und des Nicht-Wollens gleichermaßen.[271] Cf. Hinführung. 2.2.2.2 und 3.3.1.

45,1 sq. o lucens aurum – uel orthodoxo potuisset?
Mit den Worten *o lucens aurum in stercore* verwendet Julian in Folliets Augen ein Sprichwort, das in der Vergil-Vita Donats Vergil selbst in den Mund gelegt wird: *cum Ennium in manu haberet, rogareturque quidnam faceret, respondit se aurum colligere de stercore Ennii. habet enim poeta ille egregias sententias sub uerbis non multum ornatis* (Don. *uita Verg.* 71 p. 113).[272] Es handelt sich dabei um die zweite Vergil-Vita Donats, welche eine erweiterte Version der ersten Vergil-Vita ist, die im Kern auf Sueton zurückgeht.[273] Folliet nennt Textstellen von Hieronymus, Johannes Chrysostomus (in der Übersetzung des Anianus von Celada) und Ambrosius, bei denen das Sprichwort des Suchens von Gold im Schmutz unabhängig vom Bezug auf Vergil verwendet wird.[274] Erst bei Cas-

---

269 Cf. Decret, Duabus 669.
270 Cf. A. *duab. an.* 15; p. 70, l. 15–18: *ergo peccatum est uoluntas retinendi uel consequendi quod iusitia uetat et unde liberum est abstinere. quamquam si liberum non sit, non est uoluntas. sed malui grossius quam scrupulosius definire.*
271 Cf. Müller, Willensschwäche 308. Cf. auch Decret, Duabus 669.
272 Cf. Folliet, Fortune 32 n. 2.
273 Cf. Folliet, Fortune 32 sq.
274 Cf. Folliet, Fortune 33–36.

siodor findet sich das Sprichwort wie bei Donat mit konkreter Referenz auf Vergil.[275] Folliet hält es für möglich, dass es bereits unabhängig von Donat in mündlicher Tradition bekannt war.[276] Blickt man auf den Ausspruch Julians, geht es dort ebenso wie in der Vergil-Vita darum, dass in einer literarischen Quelle nach verwertbaren Worten gesucht wird. Bei Julian sind dies natürlich die Texte Augustins, bei Vergil diejenigen des Ennius.[277] Es wäre also möglich, dass Julian mit seinem Ausruf entweder dasjenige Sprichwort im Sinn hat, das bei Donat überliefert ist, oder sich an eine mündliche Tradition des Sprichwortes unabhängig vom Kontext bei Donat anlehnt.[278]

Es lässt sich hier die Frage stellen, ob nicht einige der Textstellen, die Folliet anführt, auf die Technik der Reinigung von Gold im Feuer zurückgehen (cf. z. B. Hier. *adu. Iouin.* 1,12;[279] id., *in Zach.* 2,9 pp. 826,100–827,106), solche finden sich auch zahlreich bei Augustinus.[280] Er spielt dabei auf *Ecli* 27,6 (Vulg.: *uasa figuli probat fornax et homines iustos temptatio tribulationis*) an;[281] cf. z. B.: *numquidnam lucet aurum in fornace aurificis? in monili lucebit, in ornamento lucebit; patiatur tamen fornacem, ut purgatum a sordibus ueniat ad lucem. fornax ista: ibi palea, ibi aurum, ibi ignis, ad hanc aurifex. in fornace ardet palea et purgatur aurum: illa in cinerem uertitur, a sordibus illud exuitur. fornax mundus, palea iniqui, aurum iusti, ignis tribulatio, aurifex deus* (en. Ps. 61,11);[282] oder *non enim oportet uacare fornacem, in qua spiritale aurum de stercoris commixtione purgatur et a miserandis nexibus diuina membra soluuntur* (c. Faust. 6,4; dies ist die einzige Stelle bei Augustinus, an der die Anspielung in Verbindung mit

---

275 Cf. Folliet, Fortune 39 sq. Über Vergil schreibt Cassiodor im 6. Jh.: *Vergilius, dum Ennium legeret, a quodam quid faceret inquisitus, respondit – 'aurum in stercore quaero'.* (Cassiod. inst. 1,1,8).
276 Cf. Folliet, Fortune 51–53.
277 Cf. Folliet, Fortune 32 sq. 36–38.
278 Cf. Folliet, Fortune 38.
279 Cf. Folliet, Fortune 35.
280 Gegen Folliet, Fortune 38: „Mais ce qui est étonnant, c'est qu'il [sc. le mot de Virgile] ne figure nulle part sous la plume d'Augustin, malgré sa diffusion certaine fin IVe s. et début du Ve s."
281 Es findet sich neben *Ecli* 27,6 auch bei Petrus eine Stelle, in der davon die Rede ist, dass man Gold durch Feuer auf Echtheit prüft (1 *Pt* 1,6 sq.).
282 Übers.: „Glänzt etwa Gold im Schmelzofen des Goldschmieds? Am Halsband wird es glänzen, an der Verzierung wird es glänzen; dennoch muss es den Brennvorgang über sich ergehen lassen, damit sein Glanz vom Schmutz gereinigt zum Vorschein kommt. Da ist der Schmelzofen: Dort ist Stroh, dort ist das Gold und dort ist das Feuer, bei ihm der Goldschmied. Im Ofen glüht das Stroh und das Gold wird gereinigt: Das Stroh wird zur Asche, das Gold wird vom Schmutz befreit. Der Ofen ist die Welt, das Stroh die ungerechten Menschen, das Gold die gerechten Menschen, das Feuer die Drangsal, der Goldschmied Gott."

stercus zu finden ist, andere Belege beinhalten meist die Worte *lutum* oder *sordes*, cf. *en. Ps.* 21,2,5; 30,2,3,12; 128,6; *s. Denis* 24,11). Möglicherweise handelt es sich also um ein typisches Bild aus der Tradition der Goldverarbeitung. Es ist deshalb nicht klar, ob Julian, wenn er dieses Bild verwendet, auf den vermeintlichen Ausspruch Vergils anspielt[283] oder lediglich auf den Prozess des Suchens nach der Reinigung des Goldes – ein Bild, das Donat ebenfalls inspiriert haben könnte.

Julian drückt mit dieser sarkastischen Äußerung aus, was er von den Ideen Augustins, von der Sündendefinition aus *duab. an.* abgesehen, hält, und unterstellt mit der Aussage *quid plenius dici a quoquam uel orthodoxo potuisset*, dass Augustinus gerade kein *orthodoxus* ist.

Wie sich in 45,4–12 zeigt, ist für ihn insbesondere wichtig, dass in der Definition zutage tritt, dass man auch nicht sündigen kann, was er auch in den biblischen Textstellen, die er anführt (*Ecli* 15,14.17 sq.; *Is* 1,19 sq.; 1 *Cor* 15,34 und *Gal* 6,7), ausgedrückt sieht.

45,2 *plenius dici a quoquam uel orthodoxo*: Eine Definition, die umfassend ist, wird von Quintilian als *definitio plena* bezeichnet (id., *inst.* 7,3,23).[284] Julian greift hier offenbar Augustins Worte *sed malui grossius quam scrupulosius definire* (A. *duab. an.* 15) auf. Er bringt zum Ausdruck, dass man die Definition des *peccatum* nicht hätte genauer fassen können, als es Augustinus bereits getan hat.

Ich entscheide mich hier mit Primmer für *uel* (P, Kal.) anstelle des *uelut* (C, G, K, L und M) bei Zelzer; Julian hält Augustins Definition für annehmbar, sodass sie sogar von einem rechtgläubigen Christen so hätte gefasst werden können.[285]

45,6 sq. *posuit ante eum uitam et mortem, aquam et ignem; quod placuerit ei, dabitur illi*: In der von Julian verwendeten Bibelübersetzung sind hier entweder verschiedene Abschnitte aus *Ecli* 15,17 sq. zusammengesetzt oder Julian zitiert den Text freier. So steht in den rekonstruierten Texten der Vetus Latina *aquam et ignem* in *Ecli* 15,17 und in *Ecli* 15,18 *uita et mors* sowie *quod placuerit ei, dabitur illi*.[286]

46,1 uoluntas itaque motus est animi – 3 ad celsa contendat

Für Julian ist der Wille eine zunächst neutrale Seelenbewegung, die die Voraussetzung für Handlungen bzw. für den Charakter des Menschen ist (cf. 47,1–10;

---

283 Cf. Folliet, Fortune 38. Zur weiteren Fortwirkung des Sprichworts cf. Folliet, Fortune 38–53.
284 Cf. Lausberg, Handbuch 77.
285 Cf. Primmer, Rhythmus 2, 207, cf. ebenso Cipriani/Volpi, Sant'Agostino 1, 40 und Teske, Answer 152 n. 47.
286 Cf. Thiele, Sirach 462–465.

79,6–80,8).[287] Wesentlich dafür, dass man von einem Willen sprechen kann, ist für Julian hier jedoch die Fähigkeit, unterscheiden zu können, was gut und schlecht ist. Demnach kann von einem guten bzw. schlechten Willen für ihn erst dann die Rede sein, wenn der Mensch ein Vernunfturteil fällen kann und wenn er ein solches Urteil gefällt hat (**47,1–5**). Julian geht davon aus, dass man erst ab einem gewissen Alter von einem Willen sprechen kann, während alles, was davor angestrebt wird, durch *instituta naturae* bewirkt wird.[288] Die *mens* bzw. der *animus* hat im angemessenen Alter, ähnlich wie in der stoischen Philosophie, die Oberhand über die Seelenbewegungen und ist vergleichbar mit dem ἡγεμονικόν (cf. Hinführung. 2.2.1.2).[289] In 60,2 beispielsweise verwendet Julian explizit das Wort *assensio*, das der Übertragung von συγκατάθεσις entsprechen dürfte.[290] Zu Augustins Position cf. Hinführung. 2.2.2.

Im Vergleich zu der hier genannten Definition von *uoluntas* fasst Julian diese im fünften Buch weiter (5,40,10 sq.: *uoluntas* [...] *est* [...] *motus animi cogente nullo*). Beide Definitionen erinnern an Augustins Willensdefinition in *duab. an.* 14:[291] *uoluntas est animi motus cogente nullo ad aliquid uel non amittendum uel adipiscendum*, wobei der Wortlaut in 5,40,10 sq. näher an dem Augustins ist. Der Ausdruck *cogente nullo* in 5,40,10 sq. entspricht dem julianischen *in iure suo habentis* in **46,1 sq.** (cf. auch 5,45,7 sq. *necessarium ergo uocamus, non quod in iure sit uoluntatis* [...]).

---

287 Cipriani, Echi 387: „Come giustamente osserva Refoulé, mentre per Aristotele il principio immediato dell'azione è la deliberazione ossia il giudizio dell'intelletto pratico, per Giuliano la facoltà della decisione é senz'altro la volontà." Mit dieser Aussage hat Cipriani zwar recht, bringt jedoch nicht zur Sprache, dass der Wille bei Julian vom Urteil der Vernunft abhängig gemacht wird.

288 Cf. 5,59,19–25, wo Julian hervorhebt, dass der Schöpfer der Menschen beschuldigt werden müsste, wenn Kleinkinder eine Sünde haben sollten: *sicut ergo in eo homine, in quo est iam explicata libertas, cum peccat, malum ascribimus uoluntati, naturam autem deo conditionis auctori, ita si paruulus, qui uoluntatis usum non habet nec quicquam ostendit praeter instituta naturae, scelere plenus esse dicatur atque habere malum a necessario, quod alter a possibili capit, sine dubio is auctor criminis, qui naturae auctor, arguitur.* Übers.: „Wir schreiben in dem Menschen, in dem die Freiheit der Entscheidung bereits entwickelt ist, wenn er sündigt, das Böse dem Willen zu, die Natur aber Gott, dem Urheber der Schöpfung. Dementsprechend muss ohne Zweifel derjenige als der Urheber des Bösen beschuldigt werden, der der Schöpfer der Natur ist, wenn von einem Kleinkind, das seinen Willen noch nicht in Gebrauch hat und auch nur das von Natur aus eingerichtete Verhalten zeigt, gesagt wird, dass es voll von Schuld sei und das Böse notwendigerweise an sich hätte, das der Erwachsene nur als Möglichkeit hatte."

289 Cf. Lössl, Julian 136.

290 Dementsprechend verwendet den Begriff auch Cicero als Übertragung (cf. Kobusch, Zustimmung 1457).

291 Cf. Lössl, Julian 125 sq. mit n. 242.

Julian schränkt die Definition hier in **46 sq.** im Vergleich zu derjenigen in **5,40,10 sq.** stärker ein, indem er schreibt, dass von einer echten Willensbewegung erst ab einem gewissen Alter die Rede sein könne. Er tut dies, da er in seinen Schlussfolgerungen zum vorliegenden Abschnitt darstellen möchte, dass kleine Kinder keine Sünden aufweisen (cf. **48,3–49,20**). In **5,40,1–41,20** hingegen geht es eher darum zu zeigen, dass die Menschen nicht unter einer *necessitas* stehen, bzw. nachzuweisen, dass Augustinus das Gegenteil behauptet. Eine Differenzierung zwischen Kindern und Erwachsenen ist in diesem Fall also nicht notwendig.

Zur Interpunktion: Cf. Primmer.[292]

47,1 motus autem – 10 rationis adipiscitur.
Hier spiegelt sich die Aussage Julians in **79,6–80,8** wider, wo er davon schreibt, dass man nur dann von einem guten oder schlechten Willen sprechen könne, wenn er von *cogitatio* und *appetitus* begleitet werde. Während die *appetitus* bei kleinen Kindern bereits vorhanden sein können, ist dies für die *cogitatio* erst der Fall, wenn die Vernunft ausreichend ausgeprägt ist (cf. **48,7–13**; cf. Hinführung. 2.2.1.2). Nur in letzterem Falle kann man gemäß Julians Ansichten von vorsätzlichem Handeln sprechen. Allein dann kann das Handeln der Menschen einem Urteil der Gerechtigkeit (und damit dem Urteil Gottes) unterzogen werden (cf. **48,3–49,20; 106,5–9**). Diese Argumentation stimmt mit der in Augustins *duab. an.* überein, wo als Argument für die Willentlichkeit der Sünde die Ungerechtigkeit angeführt wird, die jemandem zukäme, wenn er für eine Tat bestraft würde, die er unwillentlich getan hätte (A. *duab. an.* 17: [...] *dicere autem peccare sine uoluntate, magnum deliramentum est, et peccati reum tenere quemquam, quia non fecit, quod facere non potuit, summae iniquitatis est et insaniae.*) Zu Augustinus cf. auch Hinführung. 2.2.2.2.

Julian spricht von einer *electio mali*, die für die Sünde relevant ist. Es handelt sich also um eine überlegte Entscheidung für das Schlechte (2,101). Diese kann durch Habitualisierung zur Gewohnheit werden (Hinführung. 2.2.1). Für eine Auswahl ist jedoch auch ein bestimmtes Wissen notwendig, wie Julian bei der Erläuterung von *Eph* 2,3 beschreibt (2,228,9–13): *„cui"*, inquit, *„exhibetis uos seruos ad oboediendum, eius serui estis, siue peccati siue iustitiae [Eph 2,3]." ubi hic ergo indicatur ab apostolo peccatum illud, quod ante uoluntatis tempora, ante oboedientium studium, ante scientiae et conscientiae aetatem ipsis fingitur superuolasse seminibus?*[293] Offenbar kann sich in Julians Augen der Mensch also bewusst für das Schlechte entscheiden. Dies wird auch aus *in Os.* 3,12,7–8

---

292 Cf. Primmer, Rhythmus 1, 198 n. 37.
293 Übers.: „,Ihr seid Sklaven dessen, dem ihr euch als Sklaven preisgebt, sei es der Sünde, sei

(p. 211, l. 132–136) deutlich: *ubi enim talis animi uersatur affectus, ut non impetu aut neglegentia, sed cum deliberatione, quasi suspensis ab utraque parte ponderibus, nefanda committat, dicitur peccasse sub trutina*;[294] zur möglichen Herkunft dieser Ansichten cf. Kommentar zu 79,6–80,8.

Die hier angeführten Prinzipien von Strafe und Belohnung (47,1–5), die auf den Willen der Menschen einwirken, können auch durch die göttliche Gnade zustande kommen. Diese Hilfsmittel der Gnade konkretisiert Julian in 94,61– 95,11; cf. auch 139,1–12.

Zur Satzstruktur: Das Wort *contra* ist an dieser Stelle als Adverb verwendet.

47,5 *haec igitur uoluntas* – **10** *rationis adipiscitur*: Das *liberum arbitrium* ist die Voraussetzung für den Willen, was nach Julians Ansicht bedeutet, dass der Mensch das Gute oder das Böse wollen kann (cf. Hinführung. 2.2.1 und Kommentar zu 79,6–80,8). Wenn Julian hier beschreibt, das Wirken des Willens ließe sich nur auf sich selbst zurückführen, erinnert dies an Ciceros Worte in *De fato* 25: *similiter ad animorum motus uoluntarios non est requirenda externa causa; motus enim uoluntarius eam naturam in se ipse continet, ut sit in nostra potestate nobisque pareat, nec id sine causa; eius rei enim causa ipsa natura est*.[295] Auch in 5,41,2–12 begegnet er Augustins Überlegungen, woher die *uoluntas mala* stamme, damit, dass diese einzig auf einen *motus animi cogente nullo* zurückgehe und von keiner anderen Instanz abhinge. Cf. auch 5,60,20–24; Hinführung. 2.2.1.2; 2.2.2.1 und 2.2.2.2.

47,11 sq. „*peccatum est uoluntas – liberum est abstinere.*"
Für Julian wird die Sünde hier in *duab. an.* von Augustinus als eine *uoluntas* charakterisiert, wobei der Wille jedoch nicht unter einem Zwang steht, das Schlechte zu wählen. Cf. 2,17,2–4: [...] *quod peccatum apparuit nihil esse aliud quam malam uoluntatem, cui esset liberum ab eo, quod praue appetiuerat, abstinere.* Cf. Kommentar zu 44,7–9.

---

es der Gerechtigkeit [*Eph* 2,3].' Wo also meint der Apostel hier eine Sünde wie die, von der ihr euch ausdenkt, dass sie vor der Altersstufe, die einen Willen hat, vor der Fähigkeit, jemandem zu gehorchen, vor dem Alter, in dem man Wissen und Gewissen besitzt, sich über die Samen gelegt habe?"

294 Übers.: „Dort, wo nämlich der Zustand des Geistes so ist, dass er nicht aufgrund eines Impulses oder aufgrund von Nachlässigkeit, sondern mit Überlegung, sozusagen unter Abwägung beider Seiten, Verbrechen begeht, sagt man, er habe ‚unter der Waage' gesündigt."

295 Übers.: „Ebenso darf man auch für die willentlichen Bewegungen der Seele keine externe Ursache suchen: Eine willentliche Bewegung beinhaltet nämlich diese natürliche Gegebenheit selbst in sich, dass sie in unserer Macht steht und uns gehorcht, aber dies nicht ohne Ursache. Die Ursache jener Sache ist nämlich ihre Natur selbst."

KOMMENTAR   301

47,12 hoc ergo – 24 dolore.
Die Anwendung der Kategorienreihe auf das *peccatum* verläuft parallel zu den Ausführungen, die bereits zur *iustitia* gemacht wurden (cf. Kommentar zu 37,5–38,10).

47,13 sq. *constat – suscepisse*: Gezielt betont Julian, dass das *genus* des *peccatum* nur im eigenen Willen liegen kann und auf einen *appetitus proprius* hin angeregt wird. Das *peccatum* ist also eine Seelenbewegung, die sich durch das ihr eigentümliche Streben auszeichnet, welches darin besteht, dass es die Grenzen, die durch die *iustitia* gesetzt sind, verletzt. Voraussetzung für dieses Streben ist jedoch, dass mittels des *animus* eine Entscheidung getroffen wurde, in welche Richtung es geleitet werden soll. Die Sünde wird demnach in die Tat umgesetzt, wenn dieses Streben zu einer Handlung führt. Jedoch ist bereits die *mala uoluntas* eine Sünde (cf. Kommentar zu 79,6–80,8). Julian vertritt die Ansicht, dass das Entstehen der Sünde ganz in der Hand der *uoluntas* liegt, die ihren Ursprung in einem *animus* hat, der frei entscheiden kann, also letztlich auf nichts als auf einen Menschen mit einem *liberum arbitrium* zurückgeführt werden kann (cf. Kommentar zu 47,5–10).

47,15 *huius species* – 17 *temporum*: Es stellt sich hier die Frage, ob Julian unter dieser Aussage die verschiedenen Ausformungen von Akten verstehen möchte, die als *atomi*, d.h. als nicht mehr weiter zerlegbare Einzelakte, verstanden werden können.[296] Es wäre jedoch auch möglich, die Aussage so zu verstehen, dass die *species* der Sünde **bei** Individuen, also in Einzelpersonen, gefunden wird. Ich entscheide mich hier für die erste Variante, die meines Erachtens auch eher im Einklang steht mit der Erläuterung der *differentia* und mit dem Übergang von *genus* zu *species* als einem Übergang vom Allgemeinen zum Speziellen (cf. Kommentar zu 34,2 *species*).

Die einzelnen *species* der Sünde unterscheiden sich gemäß der *differentia* in der Ausprägung der jeweiligen Schuld, die sie mit sich bringen. Interessant ist hier auch die Erwähnung der *rationes temporum*, die ebenfalls zur Unterscheidung der Sünden dienen. Sie werden auch schon bei der Abhandlung zur *iustitia* erwähnt, um Unterschiede zwischen sündhaftem Verhalten bzw. den entsprechenden Strafen in Altem und Neuem Testament erklären zu können (cf. Kommentar zu 34,2 sq. *differentia* und zu 38,1–6). Den verschiedenen *species* der Sünde steht außerdem die Einheit der Taufgnade gegenüber, von der Julian betont, dass sie allumfassend alle geschehenen Sünden vergibt.[297]

---

296 Cf. auch 5,24 und Lössl, Julian 113; id. Aristotle, 118 sq.
297 Cf. 2,108,1–8: *gratia uero domini Iesu Christi non est ita data, ut per singula peccata, quasi per singula uulnera, singula quoque indulgentiae remedia prouideret diuersisque baptismatibus peccatis uariis ueniam praeberet, sed pro efficacissimae potestate medicinae, quae*

47,17 *modus est ipsa immoderatio – 22 sola potuit uoluntate*: Julian beschreibt den Zustand der Sünde generell als Übertreten des Maßvollen. Nachdem Julian diese Bestimmung des *modus* genannt hat, die für ihn also in der *immoderatio* besteht, macht er auf eine zweite mögliche Bestimmung aufmerksam, nämlich auf die Tatsache, dass niemand über seine Möglichkeiten hinaus sündigt. Mit dem Begriff *subtilis* meint Julian dann ein Verständnis des *modus peccati*, das sich der Mehrdeutigkeit des Wortes *modus* bedient und daher gewissermaßen *modus* als Grenze des *peccatum* auffasst. Diese zweite Möglichkeit kann komplementär zur Bestimmung des *modus* der Gerechtigkeit gesehen werden: Die *iustitia* verlangt von ihrem Gegenüber nicht mehr, als in seiner Macht steht (38,6–8). Gottes Gerechtigkeit ist daher an die menschlichen Fähigkeiten zur Handlung angepasst. Das *peccatum* hingegen ist ebenfalls begrenzt durch die Möglichkeit, es umzusetzen. Der *modus* des *peccatum* ist demnach die Tatsache, dass die *uoluntas mala* einem gewissen Handlungsspielraum oder einer Handlungseinschränkung gegenübersteht. Gleichwohl ist auch eine *uoluntas mala*, die nicht in die Tat umgesetzt wird, eine Sünde (cf. Kommentar zu 79,6–80,8). Cf. auch Hinführung. 2.2.

Eine andere Verwendung der Kategorie des *modus* zeigt sich in der Charakterisierung der *concupiscentia* (*Turb.* 1, frg. 44 = Iulian. A. *c. Iul.* 3,26): [...] *huius* [sc. *concupiscentiae*] *genus esse* (*asserens*) *in igne uitali, speciem in motu genitali, modum in opere coniugali, excessum in intemperantia fornicandi*. Dort ist *modus* allgemeinsprachlich verwendet und bezeichnet schlichtweg den „maßvollen Gebrauch"[298] der *concupiscentia*. Mithilfe von 47,17–20 zeigt sich gut, wie durch die Kategorisierung ganz im Sinne der Angaben bei Marius Victorinus Argumente aufgefunden werden können (cf. Kommentar zu 34,2 sq.): *modus* des *peccatum* ist die *immoderatio*. Eine *concupiscentia*, die demnach maßvoll (also nicht *immoderate*) gebraucht wird, kann keine Sünde sein, da keine Übereinstimmung der Akzidenzien vorherrscht. Demnach kann Julian auf Basis seiner Sündendefinition später gut gegen Augustins negative Sicht

---

criminibus id est malae uoluntatis operibus ammouetur, ita communiter subuenit, ut diuersas species reatuum unius ui consecrationis abstergat. Übers.: „Die Gnade Jesu Christi aber ist nicht so gegeben worden, dass sie für einzelne Sünden gewissermaßen wie für einzelne Wunden auch jeweils einzelne Heilmittel der Vergebung vorgesehen hätte, oder so, dass sie mit unterschiedlichen Taufen verschiedene Sünden verzieh. Stattdessen wirkt sie im Sinne des Vermögens der wirksamsten Medizin, die gegen die Vergehen, d. h. gegen die Werke des schlechten Willens, angewandt wird, und zwar so allumfassend, dass sie unterschiedliche Erscheinungsformen der Schuld mit der Wirkmächtigkeit einer einzigen Segnung abwäscht."

298 Lössl, Julian 114.

KOMMENTAR   303

der *concupiscentia carnis* argumentieren, die für ihn per se nicht zu verurteilen ist, sofern sie nicht zum *excessus* wird (cf. 4,24,6–9 und 5,16,1–15).

47,22 *qualitas autem* – 24 *dolore*: Cf. Kommentar zu 34,3 *modus qualitasque*.

47,24 est ergo peccatum – 48,3 condemnationem

Wie in 38,10–40,4 bei der Erörterung der *iustitia* schließt Julian nun die Analyse mittels der Fragenreihe aus 34,3 sq. an. Auf die Fragen *utrum sit* und *unde sit* gibt Julian die Antwort, die Existenz der Sünde sei durch die Verfehlungen der Menschen zu erkennen und entstünde durch das Streben nach dem, was dem Menschen verboten ist (im Einklang mit 47,12–14). Auch hier schaltet er, wie er es in 38,12–14 bei der Abhandlung über die *iustitia* getan hatte, die Antwort auf die Frage nach dem *quid sit* dazwischen (cf. 47,25–27). Er wiederholt dabei jedoch nicht Augustins Definition aus *duab. an.* 15 (cf. 44,1–11; 47,11 sq.), sondern paraphrasiert diese in eigenen Worten, wobei sein Verständnis des *modus* der Sünde in die Definition einfließt (*uoluntas excedens*).

Auch in 5,27 sq. stellt sich Julian die drei Fragen (*utrum sit, unde sit, quid sit*), um das Wesen des *malum* herauszuarbeiten. Die Antworten auf diese drei Fragen passen zu denen, die er auch hier schon bei der Besprechung des *peccatum* im ersten Buch gibt. Für den Beweis, dass das *peccatum* existiert, nennt Julian dort die *frequentata uitia*, ähnlich den *errores*, die er im ersten Buch anführt (5,27,6–28,1: *ambigatur ergo utrum sit malum. at id esse testantur frequentata uitia et seuera iudicia*). Er verweist dort auch selbst auf das erste Buch, jedoch mit dem Zusatz: *feci hoc quidem in primo praesentis operis libello, sed ibi ex aliqua parte securus* (5,27,4–6). Die Abhandlung im fünften Buch unterscheidet sich insofern von der hier vorliegenden, als Julian sich bemüht zu überprüfen, ob die Definition der Sünde bzw. des Übels vollständig ist (5,28,8–22). Nachdem er zu einem positiven Urteil gekommen ist, soll noch bewertet werden, was andere als Antwort auf die drei begriffsbestimmenden Fragen gegeben haben. Julian lässt dort die Manichäer und Augustinus zu Wort kommen, um herauszustellen, dass Augustinus nicht anders denkt als die Manichäer. Die hier kommentierte Stelle im ersten Buch hat dasselbe Ziel, nämlich die Analyse von Augustins Gottesbild und eine Einordnung desselben mittels eines Vergleichs mit dem der Manichäer und dem Julians (48,3–51,9). Cf. auch Kommentar zu 44,1–9, zu 79,6–80,8 und Hinführung. 2.2.

48,1 *meretur autem* – 3 *condemnationem*: Cf. Kommentar zu 39,1–40,4 und 34,4 *quid etiam mereantur et a quo*. Die Bestimmung dessen, was dem *peccatum* zukommt, ist ebenfalls komplementär zu dem, was Julian über das der *iustitia* Zukommende schreibt (cf. Kommentar zu 39,1–40,4). Die Gerechtigkeit zeichnet sich dadurch aus, dass Gott die Guten fördert und die Schlechten verurteilt.

Dem *peccatum* kommt dementsprechend zu, dass die Guten es als abstoßend empfinden, und die *iustitia* es verurteilt.

48,2 *iustitia cuius hic tota causa uertitur*: Julian konstatiert, dass in der Debatte mit Augustinus die Gerechtigkeit Gottes der Hauptstreitpunkt ist. Seine Formulierung erinnert dabei, wie Cipriani hervorhebt, an Quintilian: [...] *significamus summa illa, in qua causa uertitur* (Quint. *inst.* 3,11,2).[299] Während Julian an seinem Konzept der göttlichen Gerechtigkeit festhält, unterstellt er Augustinus, er leugne dieses. Von der *iustitia* ausgehend lassen sich die strittigen Punkte zwischen Julian und Augustinus deduzieren (cf. Kommentar zu 3,7–5,8; Kommentar zu 24,1–33,8 und Hinführung. 3.3.1). Für Cipriani führt die *iustitia* Gottes gewissermaßen zum Status der Debatte.[300] Im Falle von *Flor.* 1 könnte dies dem *status coniecturalis* mit der Frage „Ob Gott gerecht sei" entsprechen (cf. 3,2,1–3: *cum in primo uolumine perspicuis definitionibus constitisset deum ita iustum esse, ut, si probari posset iustus non esse, conuinceretur deus non esse* [...]).[301] Jedoch ist hier festzuhalten, dass diese Vermutung etwas künstlich ist, da von Augustinus die Gerechtigkeit Gottes nicht bestritten wird, sondern Julian ihm nachweisen möchte, er vertrete das Bild von einem ungerechten Gott.

2.1.4 Augustinus im Verhör – Schlussfolgerungen aus den Definitionen (48,3–49,20)

Julian geht nun dazu über, seine Vorarbeiten auszuwerten. Er zeigt, dass „Augustins" Gott nicht der Gott der katholischen Kirche ist und sich dieser von anerkannten christlichen Konzepten entfernt hat, indem er zunächst die Widersprüchlichkeit einer Sündhaftigkeit von Kleinkindern aufzeigt (48,3–13). Im Folgenden unterstreicht er seine Beweisführung dadurch, dass er „Augustinus" gewissermaßen zur Rede stellt (48,13–44). Die einzelnen Schritte von Julians Verhör sind die folgenden:

1.) Augustinus sagt, die Kinder sind nicht aufgrund ihrer eigenen Sünde, sondern aufgrund der eines anderen schuldig (48,14 sq.).

2.) Wenn dies so ist, welcher Richter würde sie da schuldig sprechen? Es müsste ein sehr grausamer und ungerechter Richter sein (48,15–30).

---

[299] Cf. Cipriani, Aspetti 139 und n. 64.
[300] Cf. Cipriani, Aspetti 139. Zum Status cf. Quint. *inst.* 3,11,2; Cic. *inu.* 1,10.
[301] Cf. dazu die interessante Aussage Augustins in *c. Iul.* 1,32: *iam tu responde,* **utrum deus iustus** *nulli obnoxiam peccato imaginem suam priuare uita possit aeterna.* Dodaro geht davon aus, dass Augustinus im Hinblick auf die Sündhaftigkeit der *paruuli* in *c. Iul.* auf die Frage *utrum deus iustus* vonseiten Julians in *Turb.* reagiert hat (cf. Dodaro, Iustus 883).

KOMMENTAR   305

3.) Wenn Augustinus nun antwortet, es sei Gott, der den unschuldigen Kin-
     dern Sünde zuschreibt, welchen Gott meint er damit (48,30–36)?
Auf diese Frage hin löst Julian seinen Gedankengang auf und stellt klar, dass
es sich um keinen anderen als den christlichen Schöpfergott handelt, den
Augustinus meinen muss (48,36–44). Im Anschluss vergleicht er Augustins
Gottesbild in einer Synkrisis mit dem der Manichäer (48,44–49,20). Ziel dieser
Ausführungen ist es, dem Leser im Sinne einer *amplificatio* aufzuzeigen, dass
Augustins Gottesbild schlimmer ist als das der Manichäer.

Auffällig ist, dass in 48,3 ein Wechsel der angesprochenen Person stattfindet, wodurch auch ein Wechsel der Stilebene eingeleitet wird. Julian baut in
pathetischem Stil das Gottesbild Augustins auf (48 sq.) und löst die Spannung
dann in 50,1–51,9 auf. Ziel dieses Abschnittes ist es v. a., Affekt beim Leser zu
erzeugen, was durch den ironischen Ton (48,21 sq.: *laudamus prorsus ingenium
tuum, apparet eruditio*; 48,36: [...] *sacerdos religiosissime rhetorque doctissime*
[...]), die häufigen Wortwiederholungen bzw. das Spiel mit Gleichklängen, die
sich in Stilmitteln der Anapher (48,20: [...] *tam excors, tam trux, tam oblitus
dei* [...]; die vierfache Wiederholung von *ipse* in 48,39–44; 48,44 sq.: [...] *tam
immanem, tam sacrilegam, tam funestam* [...]), der Paronomasie (48,24 sq.: [...]
pepercisse [...] *pecauissent* [...] *peccare* [...] *potuissent*), des Polyptotons (48,27:
[...] *deliquerit* [...] *delinquere* [...]) und des Trikolons (48,20.44 sq.48 sq.) wider-
spiegeln, erreicht wird. Fragen und Imperative (48,6: *ostende ergo* [...]; 48,18:
apud quem [...]; 48,19: *quis ille fuit* [...]; 48,29: *quis est iste* [...]; 48,35: *quem igitur deum* [...]; 48,29: *pande igitur* [...]) sowie die Einführung von „Augustinus"
als Sprecher (48,14 sq.30.39; 49,6 (indirekt)) machen die Passage lebendig und
erzeugen beim Leser den Eindruck, er befände sich mitten in einem Gerichts-
saal und könnte einer Vernehmung zuhören. Julian unterstreicht dieses Bild
durch seinen Hinweis in 48,44–50, es sei offensichtlich, dass nach einer solchen
Aussage vonseiten Augustins (*post hanc* [...] *sententiam tam immanem* [...])
das Urteil der Richter positiv für ihn selbst ausfallen müsste. Auch weist er in
49,11 sq. die Beurteilung, ob Augustinus oder die Manichäer schlimmer seien,
anderen zu. Die Passage wird abgerundet, indem Julian die Antwort „Augustins" in 48,39–44 gleichsam aufgreift und betont, dass dieses Bild von Gott in
scharfem Widerspruch zu den biblischen Worten steht.

Zu weiteren Gegenüberstellungen zwischen Augustins Ansichten mit denen
der Manichäer/Jovinians und der katholischen Sichtweise cf. 96,1–102,5 und
113,14–125,7.

48,3 omnibus itaque aulaeis reductis profer – 13 omnino peccatum?
Zu einem weiteren Bild aus dem Theater: Cf. 101,17 sq. Julian holt nach seinen
eher sachlichen Ausführungen (ausgenommen 41,3–45,12) Augustinus nun

gewissermaßen zurück auf die Bühne und spricht ihn wieder direkt an. Er macht hier deutlich, dass seine Ausführungen in 34,1–48,3 als Vorarbeiten einer Widerlegung des *peccatum originale* zu interpretieren und seine erörterten Definitionen als Basis seiner Prämissen in *Flor.* zu verstehen sind.

Julian fordert Augustinus hier nun dazu auf zu zeigen, wie in kleinen Kindern Sünde gefunden werden könne, wenn sie keinen Willen hätten. Mit den *haec duo*, die Julian in 48,6 nennt, sind dabei *uoluntas* und *peccatum* gemeint. Julian zieht hier einen Kettenschluss aus den in 46,1–47,10 aufgestellten Annahmen und der Definition des *peccatum*.[302] Es gilt:

A: Wenn kein Wille vorhanden ist, dann kann keine Sünde vorhanden sein.
(¬*uoluntas* → ¬*peccatum*)

B: Wenn keine Entscheidungsfreiheit vorhanden ist, dann kann kein Wille vorhanden sein.
(¬*libertas* → ¬*uoluntas*)

C: Wenn die *ratio electionis* noch nicht genutzt werden kann, dann kann keine Entscheidungsfreiheit vohanden sein.
(¬*ratio* → ¬*libertas*)

Für kleine Kinder gilt aber ¬*ratio*, also folgt ¬*libertas* → ¬*uoluntas* → ¬*peccatum*.

Aus 46,1–47,12 ist deutlich geworden, dass Sünde durch eine Willensregung definiert ist, daher kann sie ohne den Willen nicht zustande kommen. Voraussetzung für den Willen ist für Julian ebenso wie für Augustinus in *duab. an.* 15 die Freiheit der Entscheidung (44,1–11; 47,5 sq.), die für Julian jedoch erst zum Tragen kommt, wenn man in einem Alter ist, in dem man das Urteil der Vernunft gebrauchen kann (cf. Kommentar zu 46,1–47,10). Julian verteidigt hier die Kinder gegen die Anklage „Augustins", sie hätten Sünden begangen, indem er darlegt, dass sie dazu aufgrund des nicht vorhandenen Entscheidungsvermögens noch nicht in der Lage sind. „Augustinus" soll ihm Rede und Antwort stehen. Wie sich im Folgenden zeigt, ist es Ziel seines Unterfangens, Augustins Gott als Schöpfer des Bösen anzuklagen. Zu einer Steigerung dieses Motivs cf. 113,14–123,6.

48,12 *irrefutabiliter*: Dieses Wort ist bisher nur bei Julian geläufig.[303]

---

302 Cf. dazu Bruckner, Julian 97 und Lössl, Julian 123.
303 Cf. Baxter, Notes 40.

KOMMENTAR

48,13 sq. his igitur molibus pressus uideamus quo eruperis
Mit dieser Aussage kündigt Julian an, dass er mithilfe der eben gezogenen Schlussfolgerung, dass kleine Kinder keine Sünde haben können, nun Augustins Äußerungen auf die Probe stellen will. Er greift mit der Aussage Augustins eigenen Wortlaut aus *nupt. et conc.* 2,3 (p. 255, l. 6–8) auf, den er in 22,9–11 zitiert hatte (*in his uerbis meis testimonium apostoli quod interposui praetermisit, cuius se premi magna mole sentiebat.*). Augustinus hatte ihm an dieser Stelle vorgeworfen, er habe in *Turb.* absichtlich in einem Zitat aus *nupt. et conc.* 1,1 die Bibelstelle *Rm* 5,12 ausgelassen, die für Augustinus der Beleg für seine Lehre vom *peccatum originale* ist (cf. Kommentar zu 22,2–37). Julian argumentiert in 48,6–13 also zunächst dagegen, dass Kinder mit Sünde geboren werden, und zieht im Folgenden weitere Schlüsse, die sich dann auf die Interpretation von Augustins Gottesbild auswirken (48,13–49,20).

Eine ähnliche Formulierung zur Überleitung verwendet Julian in 97,6 sq. (*uideamus nunc, quantum ab eo tu recesseris*), wo er die Differenzen von Augustins Begriff des freien Willens mit dem, den er kurz zuvor selbst erörtert hat, aufzeigen möchte. Genau wie hier ist dort eine dialektische Erörterung des Begriffs vorangestellt, die den Aussagen Augustins entgegengestellt wird. Hierbei ist jedoch zu beachten, dass in beiden Fällen nicht innerhalb von Augustins eigenem System von Prämissen argumentiert wird. Augustinus versteht unter dem freien Willen schlichtweg etwas anderes als Julian und für ihn ist die Tatsache, dass kleine Kinder mit der Erbsünde geboren werden, kein Widerspruch zu Gottes Gerechtigkeit (cf. Hinführung. 2.2.2.2). Dadurch, dass Julian hier jedoch sowohl auf eine traditionell anerkannte Definition der Gerechtigkeit (die des *suum cuique tribuere* cf. 35,3–7) als auch auf Augustins frühe Definition des *peccatum* zurückgreift (zitiert aus *duab. an.* 15, cf. Kommentar zu 44,1–9), stellt er die Aussagen Augustins als in sich nicht stimmig dar. Er geht davon aus, dass die Leser beiden Definitionen zustimmen dürften (48,5 sq.) und kann dadurch seinen Argumenten Plausibilität verleihen. Cf. Hinführung. 3.3.1 und 3.3.2.

48,14 „nullo", inquis – 18 protulisse.
Aus Augustins Äußerungen in *nupt. et conc.* 2,3 sq. (p. 254, l. 23–p. 256, l. 9; 22,2–37) konstatiert Julian zunächst, dass in Augustins Weltbild kleine Kinder durch eine Sünde belastet werden, auch wenn es sich dabei nicht um eine von ihnen selbst begangene handelt. Er stellt die Überlegung an, dass Augustinus irgendeinen anderen Menschen gemeint haben könnte, der die Kinder dieser Sünde bezichtigt. Dies tut er, um im Folgenden eine *amplificatio* des Gesagten erreichen zu können: Es geht nicht um einen Menschen, der kleine Kinder verurteilt, sondern um Gott selbst (48,18–50).

48,16 *inuidiam*: Cf. Kommentar zu 23,13–19.

48,17 *Poenus orator*: Cf. Hinführung. 3.2.2 und Kommentar zu 7,2. Interessant ist an dieser Stelle, dass Augustinus nicht z. B. als *tractator*, wie in 7,2, sondern als *orator* bezeichnet wird (cf. auch **48,36**). Dies unterstreicht die Szenerie, die durch ihren Stil bereits an eine Gerichtsrede denken lässt (cf. die einleitenden Worte zu Kommentar zu 22,1–51,9; 48,3–49,20).

48,19 quis ille fuit – 29 impossibilitate defenditur.

An dieser Stelle wird deutlich, dass Julian sich am Vorbild von Ciceros Reden orientiert. Dies zeigt sich aus den steigernden Trikola und der Wortwahl: z. B. *Phil.* 13,21: *quis tam barbarus umquam, tam immanis, tam ferus?* (cf. z. B. *Verr.* 2,1,1; 2,2,77; *Catil.* 1,5; 3,21). Durch die Häufung der negativen Beschreibungen desjenigen, der die kleinen Kinder anklagt, kann Julian in **48,35–50** seine Fassungslosigkeit über Augustins vermeintliches Gottesbild zum Ausdruck bringen. Die Verknüpfung von Häresie und Barbarentum ist ein antihäretischer Topos, der sich z. B. bei Tertullian findet. Dieser beschreibt in seinem Werk gegen Markion zunächst die raue Umgebung von Markions Herkunftsgegend am Schwarzen Meer (*Pontus Euxinus*) und betont dann, dass die Tatsache, dass Markion dort geboren ist, die Gegend noch unfreundlicher macht (cf. Tert. *adu. Marc.* 1,1,4 sq.: *sed nihil tam barbarum ac triste apud Pontum quam quod illic Marcion natus est* [...]. *iam et bestiis illius barbariei importunior Marcion.* Cf. auch ib. 1,10, wo Tertullian Markion als *barbarus haereticus* anspricht). Cf. **48,44–50** und Hinführung. 3.2.1.2.

48,20 sq. *aequitati barbarus perduellis*: Zelzer schreibt in ihrer Edition: *tam oblitus dei et aequitatis, barbarus perduellis?*[304] Primmer schlägt an dieser Stelle vor, kein Komma nach *aequitatis* zu setzen, da sonst <*tam*> *barbarus* wahrscheinlicher wäre.[305] Bezieht man Julians Verwendung des Wortes *perduellis* mit dem Dativ in **140,15** (*ne sint signis fidelibus perduelles*) mit in die Überlegung ein, dürfte zudem der Variante *aequitati* (P) der Vorzug zu geben sein.

48,21 *laudamus prorsus ingenium tuum – 29 impossibilitate defenditur*: Julian lobt in ironischem Unterton Augustins Einfallsreichtum und erläutert die Absurdität von dessen Ansicht dadurch, dass sein Richter so ungerecht ist, dass er Menschen eine Sünde zuschreibt, die gar nicht sündigen können (cf. die einleitenden Worte zum Kommentar zu 48,3–49,20). Julian beschreibt hier, wie Menschen aufgrund ihres guten Gewissens ihre Handlungen verteidigen, wenn sie ungerechtfertigterweise beschuldigt werden. Grund dafür, dass ihnen über-

---

304 Cf. ebenso Cipriani/Volpi, Sant'Agostino 1, 44.
305 Cf. Primmer, Rhythmus 1, 196 sq.

KOMMENTAR

haupt eine Anschuldigung gemacht werden kann, ist die Fähigkeit, sündigen und nicht sündigen zu können. Bei kleinen Kindern hingegen würde ein solcher Vorwurf aufgrund der *impossibilitas* zu sündigen gar nicht erst erhoben. Cf. Kommentar zu 46,1–47,10 und Hinführung. 2.2.1.2.

Zur Satzstruktur von 48,22 sq.: Abhängig von *personam* sind sowohl der Ausdruck *dignam odio generis humani* als auch die Genitivattribute *iudicis nescio cuius* und *immo tyranni*.

48,29 pande igitur – 36 uocas?

Dieser Abschnitt verdeutlicht den szenischen Charakter der Passage. Julian tut so, als traue er seinen Ohren nicht, wenn er hört, dass „Augustins" Gott es selbst ist, der unschuldige Kinder verurteilt. Deshalb muss er sich nochmals versichern, ob „Augustinus" tatsächlich das meint, was er gesagt hat (cf. Kommentar zu 48,39–44), und lässt es offen, ob „Augustinus" möglicherweise einen zweiten Gott für diese Ungerechtigkeit annimmt. Gerade durch die wiederholten Rückfragen gegenüber dem fiktiven Augustinus wird die Unhaltbarkeit des augustinischen Gottes- und Weltbildes zementiert (48,18–21.29 sq. 35 sq.). Im Verlauf des Werkes *Ad Florum* stilisiert Julian den Streit mit Augustinus gewissermaßen als einen Streit zwischen *ratio* und *furor* (explizit in 3,31,8–12; sonst wird v. a. Augustins *furor* hervorgehoben: 2,33; 4,10,9–13,5; 4,62;[306] 4,116,29–31; 5,7,14 sq.; 6,23,16–23). Da „Augustinus" hartnäckig an seiner Position festhält (wie die Zitate aus *nupt. et conc.* für Julian zeigen), lässt sich Julian mit seiner vernünftigen Auslegung der Schrift gut mit einem vernunftgeleiteten Gelehrten assoziieren, während „Augustinus" auf den Leser wie ein Häretiker wirkt, der, von Fehlurteilen geleitet, auf seiner Meinung beharrt (cf. 48,44–50). Cf. Hinführung. 3.1 und 3.2.

48,30 *addictor*: Es handelt sich hier möglicherweise um eine Wortneuschöpfung Julians.[307]

48,30 *respondes: „deus"*: Zelzer setzt in ihrer Edition:[308] *respondens* (C, T pc. und L): *deus, ...*, es dürfte jedoch mit Primmer *respondes* (P, G, T ac., K und M) zu setzen sein.[309] Ebenso sollte mit *percussisti* ein neuer Satz angefangen

---

[306] Hier dürften die Satzzeichen zu ändern sein (4,62,2–4): *qui in alium tantus furor est, ut si scripturas non intellegis, uel tua dicta non ponderes? sed ita argumentaris iugiter, ut quicquid ieceris, recurrat in te impetu grandiore.* Statt des Fragezeichens sollte ein Komma gesetzt werden, statt des Punkts ein Fragezeichen. Also: *qui in alium tantus furor est, ut si scripturas non intellegis, uel tua dicta non ponderes, sed ita argumentaris iugiter, ut quicquid ieceris, recurrat in te impetu grandiore?*

[307] Cf. TLL 1, p. 578, l. 18 sq.

[308] Cf. ebenso Cipriani/Volpi, Sant'Agostino 1, 46.

[309] Cf. Primmer, Rhythmus 2, 207, Cf. ebenso Teske, Answer 153 n. 53.

werden, um die Szenerie der Befragung Augustins aufrecht zu erhalten.[310] Die Interpunktion folgt hier ebenfalls den Vorschlägen Primmers.[311]

48,32 *scimus enim omonyme*: Aristoteles sieht die Kategorisierung von Begriffen u. a. als Hilfsmittel, homonyme und synonyme Begriffe zu unterscheiden (cf. Arist. *Cat.* 1 1a).[312] Dass die Untersuchung von homonymen Begriffen eine Methode in der Exegese ist, zeigt sich bei Origenes, der z. B. auf unterschiedliche Bedeutungen von „Gesetz" bei Paulus hinweist.[313] Für die Erläuterung von *Sap* 2,25 in 2,51,1–5 benutzt Julian diese Methode, um seine Vorstellung von der *imitatio Christi* zu erklären: Die *imitatio* kann im Guten wie im Schlechten stattfinden und sie ist eine Aktivität, deren Ursprung im *animus* liegt. An der hier vorliegenden Stelle hingegen wendet er die Technik im polemischen Kontext zur Erklärung von Augustins Gottesbegriff an. Er stilisiert sich als gelehrten und an sich wohlwollenden Redner, wenn er ausdrückt, dass er es für unmöglich hält, einen so großen Religionsfrevel zu begehen, dass man behaupte, Gott selbst verurteile unschuldige Kleinkinder. Deshalb stellt er es in seinem fiktiven Verhör so dar, als gehe er zunächst davon aus, „Augustinus" könne mit der Antwort *deus* auch einen anderen Gott als den christlichen Schöpfergott meinen (48,30–36). Die Mehrdeutigkeit des Begriffs *deus* belegt Julian mit einem Zitat aus dem ersten Korintherbrief (1 *Cor* 8,5 sq.; 48,33–35). Gleichzeitig unterstellt er „Augustinus" damit verschlagene Rhetorik bzw. ein *uitium orationis*, denn in der Rhetorik wird die Homonymie als ein Grund für *ambiguitas* betrachtet, wodurch die Rede unverständlich wird.[314] Cf. Hinführung. 3.2.2.

48,36 hic tu, sacerdos – 39 idolorum cultura commiserat.
Julian verwirft die Annahme, „Augustinus" könnte einen weiteren Gott gemeint haben, der für die Verurteilung der kleinen Kinder zuständig ist (48,29–36). Julians polemische Erfragung von Augustins Weltbild führt ihn zu der Erkenntnis, dass dieser an einen einzigen Gott glaubt. Jedoch ist dieser Gott so ungerecht, dass er kleine Kinder für einen schlechten Willen verurteilt, den sie in ihrem Alter noch gar nicht entwickelt haben können (48,41–44).

---

310   Cf. Primmer, Rhythmus 2, 207.
311   Cf. Primmer, Rhythmus 2, 207.
312   Cf. Lössl, Julian 118 mit n. 201. Arist. *Cat.* 1 1a 1–6: ὁμώνυμα λέγεται ὧν ὄνομα μόνον κοινόν, ὁ δὲ κατὰ τοὔνομα λόγος τῆς οὐσίας ἕτερος, οἷον ζῷον ὅ τε ἄνθρωπος καὶ τὸ γεγραμμένον· τούτων γὰρ ὄνομα μόνον κοινόν, ὁ δὲ κατὰ τοὔνομα λόγος τῆς οὐσίας ἕτερος· ἐὰν γὰρ ἀποδιδῷ τις τί ἐστιν αὐτῶν ἑκατέρῳ τὸ ζῴῳ εἶναι, ἴδιον ἑκατέρου λόγον ἀποδώσει.
313   Cf. Heither, Commentarii 1, 26 mit n. 46.
314   Cf. Sluiter, Grammar 125 zieht Quint. *inst.* 8,2,13 als Beleg heran und erwähnt ib. zudem, dass die Beachtung von Homonymen auch bei der *inuentio* von Relevanz ist.

Die Frage danach, ob die *actio* oder die *natura* des Menschen ausschlaggebend für seine Beurteilung bei Gott wird, stellt Julian auch in *Turb.* (*Turb.* 1, frg. 19 = Iulian. A. c. Iul. 3,13; der erste Teil ist indirekt durch Augustinus zitiert). Er versucht, Augustinus ad absurdum zu führen, indem er diese Frage auf die *paruuli* anwendet: (*sed uidelicet ut egregius dialecticus*) *non me patieris elabi, sed presse interrogabis et breuiter, in paruulis actionem ream, an naturam putem.* (*et ad utrumque respondens*) *si actionem* (*inquis*), *ostende quid fecerint; si naturam, ostende quis eam fecerit.*[315] In *Turb.* läuft das Dilemma darauf hinaus zu zeigen, dass der Gott Augustins anzuklagen wäre, wenn die Natur für die Fehler der Menschen verantwortlich gemacht werden müsste.

48,36 *sacerdos religiosissime rhetorque doctissime*: Eine ähnliche Wendung mit demselben ironischen Unterton findet sich auch bei Hieronymus: *quoniam te uideo esse doctissimum, dic mihi quae de ueteri testamento obseruare debeam, et quae relinquere* (Hier. *adu. Pelag.* 2,1).[316] Julian kann hier wieder auf Augustins Vergangenheit als Rhetoriklehrer zurückgreifen, cf. Hinführung. 3.2.2.

48,37 *exhalas* – **39** *idolorum cultura commiserat*: Mit den Worten *Amsancti uallis uel puteus Auerni* spielt Julian auf zwei Passagen bei Vergil an:[317] *est locus Italiae medio sub montibus altis, nobilis et fama multis memoratus in oris, Ampsancti ualles* (Verg. *Aen.* 7,563–565) und [...] *ad fauces graue olentis Auerni* [...] (Verg. *Aen.* 6,201).[318] Zelzer vermutet, dass Julian die zahlreichen Anspielungen auf klassische Werke deshalb in *Ad Florum* einbaut, weil er weiß, dass Augustinus sich kritisch gegenüber der klassischen Bildung äußert.[319] Möglicherweise steht dies auch im Zusammenhang mit dem Brief Augustins an seinen Vater Memor (cf. Kommentar zu 43,1–5).

Mit der *idolorum cultura* ist die Idololatrie gemeint, die häufig in der Heidenpolemik vorkommt.[320] Die vergilischen Orte werden von Julian als Kultstätten der Verehrung der römischen Götter angeführt.[321] Auch Serapion wirft den

---

315 Übers.: „Aber als herausragender Dialektiker wirst du mich natürlich nicht entwischen lassen, sondern wirst penetrant und knapp fragen, ob ich meine, dass ich die Handlung oder die Natur bei Kleinkindern für schuldig halte. Und indem du auf beides antwortest, sagst du: ‚Wenn du dich für die Handlung entscheidest, dann zeig mir, was sie getan haben; wenn für die Natur, dann zeig mir, wer sie geschaffen hat.'"
316 Opelt führt diese Stelle an, beachtet jedoch nicht, dass mit *doctissimus* der Pelagianer Critobulus gemeint ist (cf. Opelt, Polemik 157).
317 Cf. Lössl, Julian 76 sq. n. 18.
318 Cf. Zelzer, Giuliano 230.
319 Cf. Zelzer, Giuliano 232.
320 Cf. Opelt, Polemik 257; cf. ib. 89.
321 Die christliche Kritik an den heidnischen Religionen ist u. a. gegen die heidnischen mythologischen Erzählungen gerichtet (cf. Fredouille, Götzendienst 870).

Manichäern vor, sie seien πρόξενοι εἰδώλων (Serap. adu. Man. 41,19) – „Schutz-
herren der Götzenbilder"[322] –, da sie sich gegen das Gesetz wendeten, das u. a.
gegen den Aberglauben gerichtet ist, und sie somit dem Götzenkult wieder Ein-
kehr verschafften. Im Vergleich zum Glauben der Heiden wäre es, wie Julian
hier deutlich macht, weniger schlimm, wenn Augustinus ein Gottesbild vertreten würde, das aus mehreren Göttern bestünde, als dass er den Monotheismus
eines ungerechten Gottes vertritt (cf. 27,10–28,4).

48,39 „deus", ais – 44 habere potuisse.
Fünfmal wird das Pronomen *ipse* wiederholt, um den Widerspruch in „Augustins" Lehre deutlich zu machen. Die ersten beiden Halbsätze umfassen Bibelstellen, in denen die Liebe Gottes zu den Menschen deutlich wird (*Rm* 5,8;
48,39 sq. und *Rm* 8,32; **48,40 sq.**). Als das größte Liebeszeugnis Gottes gegenüber den Menschen wird die Opferung seines eignen Sohnes (*Rm* 8,32) angesehen (**48,40 sq.**). Wenn Julian „Augustinus" sagen lässt, es sei ein und derselbe Gott, der Kleinkinder verurteile und der in der Bibel als liebevoller Gott
bezeichnet werde, wird die Absurdität von „Augustins" Gottesbild für den Leser
noch offensichtlicher. Die fiktive Antwort „Augustins" ist hier ebenso wie in
48,30 aufgrund von Primmers Vorschlag in Anführungszeichen gesetzt.[323]

48,42 nascentium persecutor: Bei den christlichen Schriftstellern wird der
Begriff *persecutor* für Menschen verwendet, die andere wegen ihres Glaubens
verfolgen.[324] Julian benutzt ihn hier ohne diese Konnotation für Gott als
jemanden, der die Kleinkinder bekämpft.[325]

48,44 post hanc ego sententiam – 50 criminosum putares;
Julian spielt hier auf die von ihm empfundene Ungerechtigkeit in der Auseinandersetzung mit Augustinus an. Die Forderung nach einer möglichst objektiven Beurteilung der Sachlage findet sich bereits in *Turb.* und in *ep. Rom.* (cf. Hinführung. 1.2; 1.3 und 3.1; Kommentar zu **2,16 sq.**; **10,1–13**; cf. auch **2,1,1–4**). Es wird
hier außerdem darauf aufmerksam gemacht, dass Augustinus von den *commu-
nes sensus* weit entfernt sei. Diese Aussage Julians erhellt seine Vorgehensweise
in *Flor.* 1, anerkannte und unbestrittene Konzepte des christlichen Gottesbildes, wie Gottes Güte und seine Gerechtigkeit, zu betonen. Dadurch, dass Julian
diese Attribute Gottes so demonstrativ wiederholt, kann er sie zum einen als
Diskussionsgrundlage zur weiterführenden Argumentation verwenden, zum

---

322 Fitschen, Serapion 190.
323 Cf. Primmer, Rhythmus 2, 207.
324 Cf. TLL 10,1, p. 1683, l. 20–p. 1684, l. 41.
325 Cf. TLL 10,1, p. 1684, l. 56–63.

anderen kann er auch Augustinus dem Leser gegenüber verdächtig machen. Niemand würde die Gerechtigkeit Gottes bestreiten, „Augustins" Ansichten jedoch zeigen, dass er, obwohl er von einem gerechten Gott spricht, offensichtlich kein entsprechendes Gottesbild vertritt. „Augustins" Äußerungen sollen damit unter Generalverdacht gestellt werden und es soll ihnen Täuschungsabsicht unterstellt werden. Julian deckt hier seine eigene Strategie auf, wenn er schreibt, Augustinus sei von anerkannten christlichen Konzepten abgewichen (48,48 sq.: [...] *a communibus* [...] *sensibus aufugisses* [...]). Cf. Kommentar zu 50,11 sq.; 73,19–23; Hinführung. 3.3.2; zum Schema der Zurückweisung, es sei eigentlich keine Argumentation mehr notwendig und der darauffolgenden Begründung, warum Julian sich mit Augustins Aussagen überhaupt beschäftigen muss, cf. Kommentar zu 12,5–14; 51,1–9.

48,50 *barbaries*: Cf. Kommentar zu 48,19–29.

49,1 pugnasse – 6 regna.

Julian vergleicht hier Augustins Ansichten mit denen der Manichäer: Bei den Manichäern spürt der Vater des Lichts die Bedrohung durch das Reich der Finsternis und beginnt deshalb den Kampf (cf. *ep. fund.* fr. 3 (Stein, Manichaica 2, 28 sq.)). Er opfert Lichtteile, die sich mit der Finsternis vermischen und wieder befreit werden sollen, gibt also einen Teil seiner *substantia* hin. Ein Teil der Lichtpartikel kann durch Ausläuterung befreit werden, doch ein anderer Teil verbleibt in der Finsternis[326] (cf. Hinführung. 3.2.1.1; 49,13–15). Dabei wird in den manichäischen Quellen der Verlust dieser Partikel nicht als ein Fehler des Vaters des Lichtes betrachtet, sondern als die einzige Reaktion, die das Böse überwinden kann.[327]

Ziel des Vergleichs ist die Aufwertung der manichäischen Seite, um Augustins Gott in dunkleren Farben zeichnen zu können. Die Information über den Kampf zwischen dem Gott des Lichts und dem Herrscher der Finsternis fällt bei Julian sehr knapp aus.[328] Die Art und Weise, wie die Vermischung zwi-

---

326 Cf. Drecoll/Kudella, Augustin 27.29 sq.37–40.
327 Gardner/Lieu, Manichaean 12 sq.: „It is vital to remember that the history of conflict and loss, of which the universe is a product, is not the result of some error in the divine. It is driven by the knowledge and foresight of the Father, who knows that this is the only way that evil can be overcome."
328 Ähnlich die Zusammenfassung Augustins in *haer.* 46,4: *proinde mundum a natura boni, hoc est, a natura dei, factum confitentur quidem, sed de commixtione boni et mali quae facta est quando inter se utraque natura pugnauit.* Cf. auch A. *haer.* 46,2.
  In *nat. b.* ist Augustinus ausführlicher und schreibt dort explizit: *dicunt enim etiam nonnullas animas, quas uolunt esse de substantia dei et eiusdem omnino naturae, quae non sponte peccauerint, sed a gente tenebrarum, quam mali naturam dicunt, ad quam debel-*

schen Gut und Böse stattfindet, ist in anderen Textbelegen der Lehre Manis wesentlich komplizierter und ausführlicher.[329] Argumentativ ist diese Reduktion sinnvoll, da Julian versucht, die Aussagen der Manichäer und die Augustins möglichst vergleichbar zu machen, und eine Ausführung der einzelnen Abläufe in der manichäischen Welterklärung die Distanz zwischen Augustinus und dem Manichäismus verdeutlichen würde.

Zum Ausdruck **49,5 sq.** *obiecisse membra*: Die Bezeichnung *membra* für die Lichtpartikel des manichäischen Gottes findet sich auch in antimanichäischen Texten Augustins: ‚*membra, inquiunt, illa dei quae capta sunt in illo praelio, mixta sunt uniuerso mundo, et sunt in arboribus, in herbis, in pomis, in fructibus. dei membra uexat qui terram sulco discindit; dei membra uexat qui herbam de terra uellit, pomum carpit de arbore*' (en. Ps. 140,12).[330] Cf. auch nat. b. 44; mor. 2,36.

49,3 sq. *sed tantam infelicitatem colore pietatis nititur excusare*: Die Bezeichnung des Zustands des manichäischen Gottes als *infelicitas* findet sich auch bei Evodius, der als paraphrasierende Zusammenfassung des *Thesaurus* oder der *ep. fund.* Manis schreibt (Euod. *fid.* 36 = *Thes.* fr. 5; *ep. fund.* fr. 5 (Stein, Manichaica 2, 30)): [...] *infelicitatem substantiae dei, quam commixtam dicit principibus tenebrarum, et in diuinis uirtutibus tristitiam propter illam magnam sollicitudinem, ut liberetur, affirmat*. Stein vermutet, dass auch in den Schriften Manis an unterschiedlicher Stelle vom Unglück der göttlichen Substanz die Rede gewesen sein dürfte.[331] Evodius greift die *infelicitas* des manichäischen Gottes zuvor im Zusammenhang mit der Opferung der Lichtteile des manichäischen Gottes und der Anheftung eines Teils der göttlichen Substanz am *globus horribilis* auf.[332] Das Werk des Evodius wurde auf 426 n. Chr. datiert, Julians

---

landam non ultro, sed patris imperio descenderunt, superatae et oppressae sint, affigi in aeternum globo horribili tenebrarum (nat. b. 42). Übers.: „Sie sagen nämlich auch, dass von den Seelen, von denen sie ja möchten, dass sie aus der Substanz Gottes und gänzlich aus dessen Natur bestünden, einige, die nicht aus freiem Willen gesündigt hätten, sondern vom Reich der Finsternis, das sie als Natur des Bösen bezeichnen, und zu dessen Bekämpfung die Seelen nicht freiwillig, sondern auf Befehl des Vaters herabgestiegen seien, überwältigt und unterdrückt worden seien, auf ewig am grauenvollen Klumpen der Finsternis anhaften."

329 Cf. z. B. die *Acta Archelai* in der Übersetzung des Hegemonius (*Act. Arch.* 7–13; cf. Drecoll/Kudella, Augustin 92–94).

330 Übers.: „Sie sagen: ‚Die Glieder Gottes, die in jenem Kampf gefangen worden sind, sind in der ganzen Welt eingemischt und in Bäumen, Pflanzen, Obst und Feldfrüchten. Wer die Erde pflügt, misshandelt die Glieder Gottes; wer Pflanzen aus der Erde reißt, wer eine Frucht vom Baum pflückt, misshandelt die Glieder Gottes.'"

331 Cf. Stein, Manichaica 2, 89 sq.

332 Cf. Euod. *fid.* 19: *qui potuit cogitationes principum tenebrarum uidere ac neminem timere,*

KOMMENTAR 315

Flor. ist wahrscheinlich kurz davor abgefasst worden, weshalb Evodius nicht als Quelle für Julian gedient haben kann (cf. Hinführung. 1.3). Auch Augustinus spricht in *c. Fel.* 2,7 davon, dass der manichäische Gott *infeliciter* die Teile seiner Substanz preisgegeben habe (*ita fit, ut deus uester, non uerus, sed fictus, non alicubi constitutus, sed in corde uestro imaginatus, partem suam misceat infeliciter, purget turpiter, damnet crudeliter*). Da Julian wohl Zugang zu den antimanichäischen Werken Augustins hatte, wäre es möglich, dass er *c. Fel.* kannte. Julians Verwendung des Wortes *infelicitas* könnte also Augustins Werk oder die *Epistula fundamenti* selbst als Quelle gedient haben; letztere erwähnt er in 3,186 und 4,109 als *epistula ad Patticium*[333] (cf. Hinführung. 1.5).

49,6 tu, qui haec didiceras – 11 aeternam uiolasse iustitiam.
Julian macht hier einen Seitenhieb auf die Ablösung Augustins von den Manichäern (cf. A. *conf.* 6,1; Hinführung. 3.2.1), indem er ihm unterstellt, er habe sich nur vorläufig von ihnen abgewandt. Er betrachtet die „Fortschritte", die Augustinus seitdem gemacht hat, wobei er „Augustins" Gottesbild ins Polemische verkehrt und es durch den Vergleich mit dem Manichäergott noch inakzeptabler macht (zu dieser Strategie cf. auch Kommentar zu 124,1 sq.).[334] Julian stellt „Augustins" Gottesbild hier dem der Manichäer antithetisch gegenüber. Im Vergleich zu Manis Gott, der für sein Reich gekämpft hat (49,4–6), ist „Augustins" Gott feige, denn er kämpft nicht, sondern lässt die Ungerechtigkeit einfach zu. Im Gegensatz zu den Feinden der Finsternis (*tenebrosi hostes*; cf. 49,9), denen der manichäische Gott gegenübersteht, unterliegt „Augustins" Gott seinen eigenen offensichtlichen Vergehen (*perspicua crimina*; cf. 49,9 sq.). Julian ist der Meinung, dass die menschliche Natur durch den Sündenfall keinen Schaden erlitten hat, während für Augustinus der Sündenfall das ausschlaggebende Ereignis ist, ab dem der Mensch unter der *concupiscentia* leiden muss (cf. 115 sq.). Nach Julian zeugt es demnach von der Macht-

---

quare non uidit luctum sibi inminentem de partis suae infelicitate, quam hodie patitur? quam partem suam numquam recipiet integram, quia remanet inde aliquid, sicut ipse dicit, quod purgari non poterit, et in globo tenebrarum in aeternum damnabitur. Übers.: „Wie konnte er den Plan des Prinzips der Finsternis sehen und doch niemanden fürchten? Warum sah er nicht das Leid, das ihm im Hinblick auf das Unglück eines Teils seines Reiches drohte, unter dem er heute leidet? Diesen Teil wird er niemals vollständig zurückerhalten, denn es verbleibt etwas, wie derselbe sagt, das nicht gereinigt werden kann und am Klumpen der Finsternis haftend auf ewig verurteilt sein wird."
  Cf. ebenso ib. 20: [...] *prius non praeuidit infelicitatem, quae memoratam partem eius cotidie premit.*

[333] Cf. Stein, Manichaica 2, 106 sq. und *ep. fund.* fr. **11 (Stein, Manichaica 2, 42).
[334] Cf. auch Lamberigts, Assessment 133 sq.

losigkeit des „augustinischen" Gottes, wenn er zulässt, dass die von ihm gut geschaffene menschliche Natur durch das Böse verändert werden kann, sodass ihr ein Zwang zum Sündigen auferlegt wird. Dass der Mensch und v. a. die Kleinkinder für diesen Zwang noch bestraft werden, bezeichnet Julian als *perspicuum crimen* und als Verletzung der Gerechtigkeit. Mit Blick auf die von Julian im Vorhinein gesetzte Identifikation der Göttlichkeit mit der Gerechtigkeit (**37,7 sq.**) dürfte „Augustins" Gott auf den Leser noch absurder wirken, da er seine ihm eigentümliche Eigenschaft selbst verletzt. Er geht später noch weiter und behauptet, Augustinus verteidige einen Gott, der das Böse selbst erschaffen hat (cf. **116,7 sq.**: *tu uero dicis malos quidem nasci, sed deum esse auctorem malorum*). Cf. Hinführung. 3.3.2.

49,10 *non impertisse postremo substantiam suam*: Die Lichtteilchen, die der manichäische Gott verteilt hat, finden sich u. a. in der menschlichen Seele wieder.[335] Cf. Kommentar zu **49,1–6** und Hinführung. 3.2.1.1.

49,11 quo quis uestrum peior sit – 20 proelio superatum esse quam uitio.
Dass Julian hier darauf hinweist, dass andere über die beiden Gottesbilder urteilen mögen, fügt sich in das Szenario vor einem urteilenden Gericht ein (cf. die einleitenden Worte zum Kommentar zu **48,3–49,20**). Er überlässt das Urteil zwar dem Zuhörer als Richter, stellt im Folgenden jedoch eindeutig dar, dass Augustinus Mani hinsichtlich der Absurdität seines Gottesbildes überragt.

Die Gemeinsamkeit zwischen Augustins und Manis Gottesbild ist für Julian die Ungerechtigkeit, mit der Gott identifiziert wird.[336] Diese besteht beim Gott Manis darin, dass er durch das Abweisen einzelner Lichtpartikel einen Teil seiner Substanz für immer von sich weist (cf. Kommentar zu **49,1–6**). Da er diese jedoch im Kampf hingeben musste, ist er für Julian weniger verwerflich, als „Augustins" Gott, welchem er vorwirft, seine eigene Gerechtigkeit aufs Spiel zu setzen, indem er seine Schöpfung (nämlich die unschuldigen Kleinkinder) grundlos verurteilt. Der Unterschied zwischen den beiden Göttern ist nur, dass Manis Gott zumindest nachvollziehbar (deshalb der Zusatz *quasi bonus ciuis* in **49,4 sq.**) gehandelt hat, „Augustins" Gott hingegen scheint reine Willkür walten zu lassen. Zu Augustins und Julians unterschiedlichen Vorstellungen zum Zusammenwirken von menschlichem und göttlichem Handeln cf. Hinführung. 2.2.1.3; 2.2.2.2 und 2.2.2.3.

---

335   BeDuhn, Dilemma 2, 109: „In the Manichaean conception of the individual, the soul emerges as a "collection" of previously fragmented divine parcels, each of which has blood on its hands, so to speak, from its former coerced servitude to the forces of evil."
336   Cf. Lamberigts, Assessment 133.

KOMMENTAR 317

49,13 *nam et Manicheus* – **15** *membra quae tradidit*: Zum Anheften eines Teiles der Lichtpartikel am *globus horribilis* cf. Kommentar zu **49,1–6** und Hinführung. 3.2.1.1.

49,15 sq. *et tu per hoc illum asseris infelicem per quod corrumpit gloriam, qua cluebat*: Zur Beschreibung von Augustins Gott als *infelix* cf. Kommentar zu **49,1–6**, wo Julian die Situation des manichäischen Gottes schon als *infelicitas* bezeichnet hat. In **48,39–41** hatte Julian zudem zwei Bibelzitate (*Rm* 5,8 und *Rm* 8,32) angebracht, in der die Liebe Gottes für die Menschen betont wird. Wenn er also hier darauf verweist, dass Gott gepriesen wird, könnte er auf diese beiden Zitate anspielen. Das von Julian hierbei verwendete Wort *cluere* bedeutet „genannt werden, gerufen werden" (cf. griech. ἔκλυον, κλέω),[337] es wird häufig durch Hinzutreten eines Begriffes aus dem Wortfeld „Ruhm; Ehre" spezifiziert.[338]

2.1.5 Augustins Gott ist selbst ein Verbrecher – Binnenperoratio (50,1–51,9)

Durch die Schlussfolgerungen und den Vergleich mit den Manichäern in **48,3–49,20** ist „Augustins" Gottesbild nun enttarnt. Die Ausführungen münden zunächst in die Empörung über diesen Gott (**50,1–11**) und dann in ein hymnenartiges, zugleich kämpferisch wirkendes Bekenntnis des Gottesbildes Julians (**50,11–22**). Im Vergleich zu den Äußerungen in **48,3–49,20** ist der Ton der Binnenperoratio in seiner Schärfe gesteigert. Sie wirkt wie der Text eines Redners, der seinem Ärger Luft macht. Julians Worte erinnern hierbei an Ciceros Anklagereden (z.B. gegen Verres, Catilina oder Antonius).[339] Die Reihe von Stilmitteln aus **48,3–49,20** setzt sich fort in Trikola (**50,2 sq.15 sq.17 sq.**), dem Imperativ (**50,1**: *amolire te* [...]), dem Polyptoton (**50,3**: [...] *sperauit* [...] *sperat* [...]), der Wiederholung (**50,2–5**: *non est ipse* [...] *non est ipse* [...]) und dem Wortspiel (**50,10 sq.**: [...] *reus* [...] *deus, iudicandus* [...] *iudicaturus* [...]).

50,1 amolire – 11 non iudicaturus pro deo.
An dieser Stelle werden Autoritäten angeführt, die den christlichen Gott bekennen. Augustins Gottesbild soll als von diesem Bekenntnis abweichend dargestellt werden, weshalb Julian in **50,11–51,9** ein dem christlichen Verständnis entsprechendes Bekenntnis abgibt. Die Aufzählung derer, die an den christlichen

---

337 Cf. TLL 3, p. 1360, l. 77–p. 1361, l. 5. In *c. Iul. imp.* 2,12 setzt Augustinus den Begriff mit dem Verb *pollere* gleich, der sich auch als Synonym in Glossen findet (cf. TLL 3, p. 1360, l. 84–p. 1361, l. 4).
338 Cf. TLL 3, p. 1360, l. 83 sq.
339 Zum Stil cf. auch Cipriani, Aspetti 163 sq.

Gott glauben/geglaubt haben, erfolgt nach der Reihenfolge Altes Testament (*patriarchae/prophetae*), Neues Testament (*apostoli*), erste Gläubige (*ecclesia primitiuorum*), die gläubigen Menschen allgemein und schließlich die Märtyrer im Besonderen. Als Begründung dafür, dass die Märtyrer einen Gott wie den Augustins nicht akzeptiert hätten, wird genannt, dass sie dann ihr Blut umsonst vergossen hätten, da sie sich aufgrund seiner Willkür nicht hätten sicher sein können, dass sie seine Gegenliebe hätten erwarten können.

50,1 sq. *amolire te itaque cum tali deo tuo de ecclesiarum medio*: Die reflexive Verwendung von *amoliri* kommt insbesondere in Komödien zum Einsatz.[340] Im Verb *amoliri* schwingt dabei mit, dass es eine große Last ist, die fortbewegt wird.[341]

50,4 *ecclesia primitiuorum, quae conscripta est in caelis*: Es handelt sich hierbei um ein indirektes Zitat von *Hbr* 12,23. Als *primitiui* werden hier in Anlehnung an *Hbr* 12,23 die ersten Gläubigen bezeichnet.[342]

50,7 *nec enim* – 9 *imponeret passionis*: Der Indikativ Imperfekt des Verbs *mereri* drückt an dieser Stelle einen Irrealis der Gegenwart aus.[343]

50,9 *postremo iste* – 11 *non iudicaturus pro deo*: Cf. 49,6–11 mit Kommentar.

50,11 ut igitur – 22 facturus.

In seinem Bekenntnis verwendet Julian verschiedene stilistische Mittel, um den Kontrast zu Augustins Gottesbild deutlich zu machen. Anzuführen hierbei sind die gleichklingenden Enden bzw. Anfänge der Gliedsätze (50,14 sq.: [...] *sine principio* [...] *sine uitio* [...] bzw. 50,17–20: [...] *factor* [...], *dispensator* [...], *examinator* [...], *excitator* [...] *restitutor* [...]). Auch durch die Hervorhebung des Urteils Gottes auf alle denkbaren Zeiten, die durch die Tempora in den Relativsätzen, die von den Bezeichnungen Gottes als *dispensator* und *examinator* abhängig sind, deutlich werden (50,17: [...] *quae non erant* [...]; 50,18: [...] *quae sunt* [...]; 50,18 sq.: [...] *qui et sunt et futuri sunt et fuerunt* [...]), soll die Allmacht Gottes unterstrichen werden. Julians Ausführungen enden in der Aussage, dass die Bewertung und das Handeln Gottes allein auf dessen Gerechtigkeit basiere (50,21). Wenn an der *iustitia* gerüttelt wird, kann demnach nicht von einem christlichen Gott gesprochen werden (cf. Kommentar zu 37,5–38,10). Ziel der Ausführung ist demnach auch hier wieder, dem Leser

---

[340] Cf. TLL 1, p. 1966, l. 29–34. Cf. z. B. Ter. *Andr.* 707: *proinde hinc uos amolimini; nam mi inpedimento estis.*
[341] Cf. Forcellini, Tom. 1, 221.
[342] Cf. TLL 10,2, p. 1258, l. 74–p. 1259, l. 4.
[343] Cf. Menge, Lehrbuch 155 sq.

deutlich zu machen, dass Augustins Gott diesem Verständnis nicht entspricht. Sie verweist zurück an den Anfang des Abschnittes in 27,2–33,8. Cf. Hinführung. 3.3.2.

50,11 sq. *prima fidei fundamenta*: Julian macht hier wieder seiner eigene im gesamten Verlauf des ersten Buches von *Flor.* implizit angewandte rhetorische Strategie deutlich (cf. Kommentar zu 48,44–50). Indem er sich auf den freien Willen und die Gerechtigkeit Gottes als Glaubensfundamente beruft und diese Konzepte später auch als Ergebnisse seiner Exegese präsentiert, suggeriert er dem Leser, dass Augustinus diese Aspekte des christlichen Menschenbildes nicht anerkenne. Gleichzeitig ist dieses Vorgehen in gewisser Weise zirkulär, da die genannten Konzepte von ihm auch als Grundlagen der Exegese betrachtet werden (cf. Hinführung. 3.3.2 und 3.3.3). Zudem ist das Bekenntnis, das Julian hier anbringt, geschickt positioniert, da im folgenden Augustinuszitat aus *nupt. et conc.* 2,4 sq. (p. 256, l. 9–p. 257, l. 9; 52,8–33) davon die Rede ist, dass Julian es in *Turb.* gemieden habe, ein Zitat aus *nupt. et conc.* 1,1 anzubringen, da darin die Sünde als Grund für die Kindertaufe genannt worden sei, und dies auf die Wurzeln des christlichen Glaubens zurückginge (*nupt. et conc.* 2,4; p. 256, l. 9–14; 52,8–13). Julian kann mit seiner Erwähnung der *prima fidei fundamenta* Augustins Worte vorwegnehmen und Augustins Worte bereits im Vorhinein argumentativ schwächen, indem er erklärt, dass Augustins Gottesbild eben nicht mit den christlichen Glaubensfundamenten übereinstimmt. Cf. Hinführung. 3.3.2. Zu einer ähnlichen Vorgehensweise cf. Kommentar zu 27,1–30,6; 53,4–38; 94,48–95,11; 129,3–130,11.

50,17–20 *factor* [...], *dispensator* [...], *examinator* [...], *excitator* [...] *restitutor*: Die häufige Verwendung von deverbativen Nomina agentis ist typisch für den Stil Julians in *Flor.*[344] (z. B. 1,6; 7,2; 48,30; 66,9; 90,13 sq.), Mohrmann sieht die verstärkte Verwendung deverbativer Nomina agentis als typisch für das christliche Latein insgesamt, jedoch auch im Speziellen für den Stil Tertullians an.[345] Vielleicht ahmt Julian ihn hier also nach. Gerade hinsichtlich polemischer Vorwürfe hat die Wortbildung aus Verben im spätantiken Latein eine starke Wirkung gezeigt.[346] Die Aufzählung lässt zudem an kultische Formeln denken,[347] ebenso wie der dreifache Superlativ in 50,15 sq.: *omnipoten-*

---

[344] Cf. Bouwman, Kommentar 18 n. 3.
[345] Cf. Mohrmann, Études 2, 239; cf. auch Hoppe, Syntax 94 sq.
[346] Cf. Opelt, Polemik 247–249.
[347] Cf. z. B. Büchner, De re publica 317; Cic. *rep.* 3,33 [...] *unusque erit communis quasi magister et **imperator** omnium deus: ille legis huius **inuentor**, **disceptator**, **lator**; cui qui non parebit, ipse se fugiet, ac naturam hominis aspernatus hoc ipso luet maximas poenas, etiamsi cetera supplicia quae putantur effugerit.* Kurz zuvor wurde die *ratio* als das Gesetz gepriesen,

tissimus, aequissimus, misericordissimus [...]. Die Bezeichnung *factor* für den Schöpfergott ist bei den christlichen Schriftstellern seit Tertullian belegt. In lateinischen Übersetzungen griechischer Kirchenväter steht sie für das Wort ποιητής.[348] Das Wort *excitator* ist vor Julian bzw. zur Zeit Julians noch bei Prudentius und in femininer Form in einer Origenes-Übersetzung belegt: *Ales diei nuntius lucem propinquam praecinit, nos **excitator** mentium iam Christus ad uitam uocat* (Prud. *cath.* 1,3); *excitatrix* in Orig. *in Matth. Comm. ser.* 44 p. 89, l. 5. *Restitutor* wurde als Attribut für Herrscher verwendet, so z. B. bei den Soldatenkaisern.[349] *Examinator* ist im Allgemeinen derjenige, der prüft und urteilt.[350] Mit Bezug auf Gott findet sich der Begriff bei Julian sonst noch in seinem Hiob-Kommentar (*in Iob.* 7,17–18; p. 23, l. 82–84: *cum nos infirmae condideris ac uilis naturae, quare in actus nostros per singulos dies diligens examinator exsistis?*).

Tertullian verwendet *dispensator* in Bezug auf Gott in *adu. Marc.* 1,24,3 (Gott als *dispensator bonitatis*) und in *adu. Marc.* 5,8,7 ([...] *Christus autem spiritalium dispensator* [...]), ebenso wie Rufin in seiner Übersetzung von Eusebius von Caesarea (aus der Inhaltsangabe zum ersten Teil des ersten Buches; Rufin. *hist.* 1,1: *quod deus et dominus et creator omnium ac dispensator uniuersorum ipse sit secundum ea quae in lege et prophetis scripta sunt*) und von Origenes (Rufin. *Orig. in Rom.* 7,14 l. 84–87: *sciens autem et praenoscens tamquam bonus dispensator et iustus uniuscuiusque motibus et proposito utitur ad ea opera efficienda quae uniuscuiusque animus ac uoluntas elegit*. Cf. auch Rufin. *Orig. in Num. hom.* 27,11 und *in Gen. hom.* 3,2).

51,1 pro hoc igitur deo meo – 9 finem, ubi illa fuerit, praedicabitur.
Bereits in **48,44–50** wurde von Julian darauf hingewiesen, dass Augustins Ansichten einer Betrachtung nicht würdig seien. An dieser Stelle entschuldigt sich Julian gewissermaßen für seine Antwort auf Augustins Werk mit dem Verweis auf die Verpflichtung den Menschen gegenüber, die ihn dazu aufgefordert haben, *Flor.* zu schreiben (cf. **2,1–7**; zur rhetorischen Figur cf. Kommentar zu **12,5–14**). Als *confessores* werden diejenigen Menschen bezeichnet, die sich zum christlichen Gott bekennen (cf. auch **11,4–7** und insbesondere Kommentar zu

---

    das die ganze Welt durchzieht. Im Anschluss nennt Cicero Gott als den Schöpfer dieses Gesetzes. Das Trikolon und die Substantive auf -tor verleihen der Stelle einen feierlichen Charakter.
348 Cf. TLL 6,1, p. 140, l. 80–p. 141, l. 72.
349 Cf. Brent, Cyprian 169, *restitutor* wurde mit dem Genitivattribut *libertatis* verwendet. Dem Wort *restitutor* entspricht die Bezeichnung σωτήρ, die üblicherweise Schutzgottheiten von Städten beigelegt wurde (ib. 156). Augustus wird im östlichen Kaiserkult ebenfalls mit dem Begriff σωτήρ belegt, der die Ankunft des *nouum saeculum* signalisierte (ib. 156 sq.).
350 Cf. TLL 5,2, p. 1167, l. 22–62.

11,4 sq.). Julian meint hiermit offensichtlich seine Mitstreiter, darunter Florus, der ihn dazu ermuntert hatte, *nupt. et conc.* 2 zu widerlegen (cf. 2,1–7; 7,1–4).

51,2 sq. *rectius, ⟨ut⟩ dixi, facerem*: Mit Primmer entscheide ich mich hier dafür, das *ut* in den lateinischen Text aufzunehmen. Wie Primmer hervorhebt, entfällt *ut* in der Überlieferung auch andernorts und Julian verweist für gewöhnlich mit *ut dixi* auf Vorangegangenes zurück.[351]

---

351 Cf. Primmer, Textvorschläge 237, cf. ebenso Teske, Answer 153 n. 73.

2.2　*Taufgnade und Sündlosigkeit der* paruuli – *Widerlegung von* nupt. et conc. *2,4 sq.* (52,1–66,14)

Julian setzt nun das Zitat aus *nupt. et conc.* 2,3 sq. (p. 254, l. 23–p. 256, l. 9) fort (52,3–6), das er in 22,2–37 begonnen hatte. Er räumt ein, dass er an dieser Stelle eigentlich schon mit der Auslegung von Bibelstellen, die Augustinus für seine Sichtweise heranzieht, beginnen könnte. Jedoch schreitet er stattdessen fort, *nupt. et conc.* 2 zu widerlegen, um den Werkaufbau seines ersten Buches, der sich an den *nupt. et conc.* 2-Zitaten orientiert, nicht zu zerstören (cf. Hinführung. 2.1). Er zitiert nun *nupt. et conc.* 2,4 sq. (p. 256, l. 9–p. 257, l. 9; 52,8–33) und verteidigt sich in den darauffolgenden Paragraphen gegen Augustins Vorwurf, er sei ein *inimicus gratiae* (52,33–56,3), den er als indirekte Beschuldigung interpretiert, er halte die Taufe für unnötig. Dazu zieht er in 53,4–38 ein umfangreiches Zitat aus *Turb.* heran. In 57,1–61,5 wehrt er sich gegen Augustins Argument, die Taufe von Kleinkindern sei ein Beleg für die Existenz der Erbsünde, und verteidigt deren Sündlosigkeit. Schließlich geht er unter Heranziehung eines weiteren Zitats aus *Turb.* (64,8–20) in 62,1–66,14 auf Augustins Ansichten über Ehe und sexuelle Begierde ein. Die Antworten auf das Augustinuszitat in 52,8–33 wenden sich dabei auch gegen Augustins Angriffe, Julian habe Stellen aus *nupt. et conc.* 1 aus Furcht nicht zitiert. Wie in der vorhergehenden Ausführung bindet er also die Widerlegung des Zitationsvorwurfs in seine Argumentation ein (cf. die einleitenden Worte zum Kommentar zu 22,1–51,9). Die Ausführungen Julians orientieren sich dabei nicht exakt chronologisch an den in *nupt. et conc.* 2,4 sq. (p. 256, l. 9–p. 257, l. 9; 52,8–33) angeführten Argumenten. Stattdessen greift sich Julian die Hauptvorwürfe heraus; in 52,33–63,9 richtet er sich, grob gesagt, eher gegen *nupt. et conc.* 2,4 und in 64,1–66,14 eher gegen *nupt. et conc.* 2,5. Wie im vorhergehenden Widerlegungsabschnitt (cf. Kommentar zu 22,1–51,9) kommt auch hier wieder der Manichäismusvorwurf gegenüber Augustinus zum Tragen, der sich diesmal jedoch nicht wie in 49,1–51,9 im Gottesbild manifestiert. Stattdessen rücken Augustins Aussagen über die Zugehörigkeit der Kleinkinder zum Reich des Bösen und Augustins negative Sicht auf die sexuelle Begierde (63,4–9; 64,26–66,14) in den Fokus. Aus dem Vergleich folgt dennoch ebenso wie in 49,1–51,9, dass Augustins Gott ein schwacher Gott sein muss.

52,1 **nunc uero consequenter – 6 respondendum est.**

Wenn Julian hier betont, dass er den Textzusammenhang von *nupt. et conc.* 2 nicht durcheinanderbringen wolle, belegt dies, dass er seine Gliederung von *Flor.* 1 am augustinischen Text und dessen Inhalt orientiert hat. Er möchte noch einigen Worten Augustins aus *nupt. et conc.* 2 in *Flor.* 1 entgegnen, bevor er zur Auslegung von *Rm* 5,12 (52,5 sq.: […] *testimonium apostoli quo plurimum tibi uideris muniri* [...]) im zweiten Buch kommen will. Diese Reaktion kann auch als eine polemische Äußerung gesehen werden, mit der er sich gegen weitere Vorwürfe einer ungenauen Zitation oder ungenauen Widerlegung vonseiten Augustins absichern möchte. Cf. Hinführung. 2.1; zum eigentlichen Vorhaben in *Flor.* cf. Julians Worte in 2,1–7,4 und cf. Kommentar zu 3,1–7.

52,3 sq. *quem Alypius detulit*: Cf. Kommentar zu 7,3 und 17,1–4.

52,4 *ne confundatur rescripti series*: Mit Primmer entscheide ich mich für die Variante *confundatur* der Handschrift P.[352] Julian will an der Zitation und Widerlegung von *nupt. et conc.* 2 festhalten. Zelzer hat sich in ihrer Edition für *confunderetur* (C, G, T, L, M und K) entschieden und damit den *ne*-Satz in Abhängigkeit von *institui* anstatt von *respondendum est* verstanden.[353]

2.2.1 „Julian verkennt den Sinn der Taufgnade" – *nupt. et conc.* 2,4 sq. (52,8–33)

Julian zitiert nun *nupt. et conc.* 2,4 sq. (p. 256, l. 9–p. 257, l. 9; 52,8–33). Wie in *nupt. et conc.* 2,3 sq. (p. 254, l. 23–p. 256, l. 9; 22,2–37) bezichtigt Augustinus Julian weiterhin der falschen Zitation von *nupt. et conc.* 1. Das Zitat setzt an der Stelle in *nupt. et conc.* 2,4 ein, an der das Zitat *nupt. et conc.* 2,3 sq. (p. 254, l. 23–p. 256, l. 9) von 22,2–37 aufgehört hatte. Die Anklagen Augustins zielen alle darauf ab anzudeuten, Julian wolle den Kleinkindern die Taufe vorenthalten.

52,8 „in his itaque – 13 quod lauacro regenerationis abluatur.'
= *nupt. et conc.* 2,4 (p. 256, l. 9–14). Julian hat gemäß Augustinus den Ausschnitt aus *nupt. et conc.* 1,1 (p. 211, l. 18–p. 212, l. 6; cf. *nupt. et conc.* 2,4; p. 256, l. 1–7; 22,29–35) deshalb nicht zitiert, weil Augustinus darin ausgedrückt habe, dass die Erbsündenlehre zu den Fundamenten des christlichen Glaubens gehöre: Augustinus schreibt in diesem Abschnitt, die Pelagianer behaupten, die Kinder hätten keine Sünde, die in der Taufe abgewaschen werden müsse (*nupt. et conc.* 1, 1; p. 212, l. 2 sq.; 52,12 sq.). Cf. Kommentar zu 54,3–13 und 58,1–4; zu Augustins Position zur Taufe von Kleinkindern cf. Hinführung. 2.2.2.2 und 2.2.2.3.

Zu 52,9 *cuncta ecclesiae catholicae pectora conuenit*: Das Verb *conuenire* wird hier in der Bedeutung „bewegen, in Erregung versetzen" gebraucht.[354] Cf. auch 59,1–3; 87,21–25; 110,4 sq.

---

352   Cf. Primmer, Rhythmus 1, 207, cf. ebenso Teske, Answer 153 n. 74.
353   Cf. ebenso Cipriani/Volpi, Sant'Agostino 1, 54.
354   Cf. TLL 4, p. 828, l. 58–p. 829, l. 62.

52,13 omnes enim – 16 expietur.

= *nupt. et conc.* 2,4 (p. 256, l. 14–17). Augustinus argumentiert mit der Tradition der Kindertaufe und hebt hervor, dass durch diese die Sünde, die sich die Kinder durch die *prima natiuitas* zugezogen hätten, abgewaschen würde. Cf. die Antwort Julians in 56,1–57,19. Zum Aufgreifen des Begriffs *natiuitas* durch Julian cf. 61,1–5; 70,8–12; 107,13–23; zur Aussage, die Kindertaufe diene von Alters her der Entfernung der Schuld durch die Erbsünde, cf. 59,2–10; cf. auch *nupt. et conc.* 2,25.

52,16 deinde – 33 quam ponere maluit."

= *nupt. et conc.* 2,5 (p. 256, l. 18–p. 257, l. 9). Augustinus wirft Julian vor, er wiederhole aus nicht nachvollziehbaren Gründen das Zitat *nupt. et conc.* 1,1 (p. 211, l. 9 sq.14 sq.), das er schon zuvor angebracht hatte (cf. *nupt. et conc.* 2,3; p. 255, l. 1–6; 22,4–9). Darin steht, dass Kinder, bevor sie nicht getauft sind, wegen der Erbsünde unter der Macht des Teufels stünden. Julian antwortet hierauf in 64,1–66,14. Er wird nun beschuldigt, dass in der Kompilation der Zitate *nupt. et conc.* 1,1 (p. 211, l. 9 sq.) und *nupt. et conc.* 1,1 (p. 211, l. 14 sq.), in der bereits *Rm* 5,12 ausgelassen worden war (cf. *nupt. et conc.* 2,3; p. 254, l. 23–p. 255, l. 18; 22,2–20), auch *nupt. et conc.* 1,1 (p. 211, l. 16 sq.) nicht zitiert worden sei (52,23–26). In *nupt. et conc.* 1,1 (p. 211, l. 16 sq.) steht, dass die Kinder von Christus dem Reich des *diabolus* entrissen werden und dadurch in sein Reich kommen. Die Auslassung ist für Augustinus ein Indiz dafür, dass Julian ein *inimicus gratiae* ist, denn er will den kleinen Kindern die Taufe und das Himmelreich vorenthalten (52,26–33). Cf. *nupt. et conc.* 2,33.

In der ausgelassenen Passage *nupt. et conc.* 1,1 (p. 211, l. 16 sq.): *et per eius gratiam eruti – transferantur* (52,24–26) ist zudem eine Anspielung auf ein Bibelzitat (*Col* 1,13) eingeflochten, über dessen Bedeutung für die Ansichten Augustins sich Julian in Augustins Augen bewusst gewesen sein muss, als er es nicht zitiert hat.

52,24 *et per eius gratiam*: Ich schließe mich hier der Ansicht Primmers an und entscheide mich entgegen der Edition Zelzers für die Variante *et* (P) anstelle von *ut* (C, G, T, K, L und M).[355]

52,26 *uide – 33 quam ponere maluit*: Cf. 64,32–35.

---

[355] Cf. Primmer, Rhythmus 2, 208 sq. Cipriani/Volpi, Sant'Agostino 1, 56 schreibt ebenfalls *ut*.

KOMMENTAR

2.2.2 Die Bedeutung der Taufgnade (52,33–56,3)

Julian führt nun in 53,4–38 aus seinem Buch *Turb.* ein Zitat an (= *Turb.* 1, frg. 16), mit dem er sich gegen den Vorwurf, er sei ein *inimicus gratiae* (*nupt. et conc.* 2,5; p. 257, l. 2–4; 52,26–29), wehrt (52,33–37). Er legt darin seine eigene Sicht der Taufgnade dar und erläutert danach das Zitat (54,1–56,3). Den „Pelagianern" wurde in zweierlei Hinsicht vorgeworfen, sie leugneten die Gnade. Einerseits wurde ihnen unterstellt, sie hielten die Kindertaufe nicht für notwendig, andererseits bezieht sich der Vorwurf auf die Vorstellung, die Gnade unterstütze den menschlichen Willen nicht permanent.[356] Julian sichert sich hier gegen erstere Anklage ab, die Augustinus auch in *nupt. et conc.* 2,4 sq. (p. 256, l. 9–p. 257, l. 9; 52,8–33) indirekt erhebt, wenn er zeigt, dass gerade die Abschnitte in den *Chartulae* ausgelassen worden sind, die auf die Erbsünde hinweisen, die in der Taufe aufgehoben würde. Zur Verteidigung gegen den zweiten Vorwurf cf. 94,48–95,11.

52,33 egone sum inimicus gratiae – 37 madens tuorumque damnaui?
Julian streitet zunächst den Vorwurf, er sei ein *inimicus gratiae*, ab und ruft dem Leser in Erinnerung, dass Augustins Vorgehen unangemessen war, indem er hervorhebt, dass die Worte, auf die sich Augustinus in *nupt. et conc.* 2 verlasse, aus dem Kontext gerissen seien (cf. Kommentar zu 16,1–11). Die Tatsache, dass Julian in 53,4–38 ein Zitat aus *Turb.* anbringt (= *Turb.* 1, frg. 16), in dem er auf die Taufgnade eingeht, soll dem Leser die Stümperhaftigkeit von Augustins Widerlegung umso drastischer erscheinen lassen. Das Zitat dient Julian zudem der Verteidigung seiner Rechtgläubigkeit. Zu einer ähnlichen Vorgehensweise cf. Kommentar zu 27,1–30,6; 50,1–11.11–22; 53,4–38; 94,56–95,11 und 129,3–130,11. Zum Manichäismusvorwurf cf. Hinführung. 3.2.1.

53,1 ibi namque hic – 4 cuncta facta sunt
Entgegen der Interpunktion bei Zelzer: *ibi namque hic est a me collatus ordo uerborum, cum dixissem auctorem deum caeli et terrae omniumque quae in eis sunt ac per hoc et hominum, propter quos cuncta facta sunt. „non autem me fugit", inquio,* [...] folge ich hier derjenigen Primmers.[357] Julian zitiert hier zunächst seinen Text aus *Turb.* indirekt und setzt ihn dann mit einem direkten Zitat fort. Der Kontext des Zitates stand nach Julians Angaben hinter seinem Bekenntnis

---

356 Cf. Wermelinger, Rom 170–176 und ib. 184–187. Wermelinger äußert sich ib. 165–196 zum afrikanischen Konzil (418), das gegen Pelagius und Caelestius einberufen wird und wo u. a. diese Ansichten verhandelt werden. Cf. auch ib. 307 (Rekonstruktion der *Epistula tractoria* des Zosimus) und Drecoll, Gratia 204; cf. ib. 209 sq.
357 Cf. Primmer, Rhythmus 1, 197.

zu Gott als dem Schöpfer der Menschen. Aufgrund der Tatsache, dass Augustinus ihn in *nupt. et conc.* 2,4 angeklagt hatte, er hätte an dieser Textstelle Worte aus *nupt. et conc.* 1,1 ausgelassen, dürfte das Bekenntnis zu Gott als Schöpfer als eine Antwort auf Augustins Aussage in *nupt. et conc.* 1,1 (p. 211, l. 14–18) zu sehen sein: [...] *eosque de parentibus qualibuscumque nascantur non negamus adhuc esse sub diabolo, nisi renascantur in Christo et per eius gratiam de potestate eruti tenebrarum in regnum illius qui ex eadem sexus utriusque commixtione nasci noluit transferantur.* Julians Argumentation dürfte dort das Ziel verfolgt haben zu zeigen, dass in „Augustins" Gottesbild Gott nicht der Schöpfer der Menschen ist (cf. dazu 109,16–18). Zu diesem Vorwurf cf. Kommentar zu 73,23–42.

53,4 „non autem – 38 meretur."
Der Kontext dieses Fragments aus *Turb.* (= *Turb.* 1, frg. 16) ist im Zusammenhang mit Augustins Vorwurf zu sehen, die sogenannten neuen Häretiker würden den kleinen Kindern Christus vorenthalten (cf. *nupt. et conc.* 1,1; p. 211, l. 5–7). Julian nutzt dieses Zitat hier zugleich, um Augustins Anschuldigungen aus *nupt. et conc.* 2,4 sq. (p. 256, l. 9–p. 257, l. 9; 52,8–33) zu entgegnen, wo ihm vorgehalten wurde, er habe in *Turb.* absichtlich Passagen aus *nupt. et conc.* 1,1 ausgelassen, in denen es um die Abwaschung der Schuld ginge, die Kleinkinder in der Taufe erhielten (cf. Kommentar zu 52,8–33). Julian beweist hier also, dass er in *Turb.* durchaus darauf eingegangen ist, dass die Taufe für kleine Kinder notwendig ist, auch wenn er sie für sündlos erachtet (cf. 53,12–15; 54,3–13).

Zelzer hat sich in ihrer Ausgabe entschieden, das Zitat aus *Turb.* in Zeile 33 enden zu lassen und rechnet anders als Bruckner den Satz *hanc igitur gratiam – exsecrationem meretur* (53,33–38) nicht mehr zum Zitat.[358] Es stellt sich hier die Frage, ob nicht möglicherweise das Zitat sogar bis 54,3 anzusetzen ist, denn Julian betont vor Beginn des Zitates selbst, dass es an einer Stelle steht, die eigentlich der Darlegung des Gottesbegriffes gedient hatte (53,2–4: [...] *cum dixissem auctorem deum caeli et terrae omniumque, quae in eis sunt, ac per hoc et hominum, propter quos cuncta facta sunt* [...]) und wo nun sein Bekenntnis zur Kindertaufe dazwischengeschoben wird (53,4–6: [...] *cum haec dicimus, illud de nobis disseminandum esse, quia gratiam Christi necessariam paruulis non putemus*). Nähme man also 54,1 *quae quoniam* – 54,3 *plenius locuturi* zum Zitat hinzu, könnte man diese Zeilen als Rückkehr zum anfänglichen

---

358 Cf. Bruckner, Bücher 28 sq.

Thema – nämlich das des Gottesbegriffes – deuten. Wie an anderer Stelle (67,83; 89,3; 135,1; 2,113,21) diente *ecce* (54,3) dann als Markierung für das Zitatende.

Ich entscheide mich hier mit Bruckner dazu, das Zitatende in 53,38 zu setzen. Den Zeilen 54,1–3 kommt in diesem Fall eine andere Bedeutung zu: Julian spricht dort davon, dass er sich „dem Thema" dann wieder zuwenden wird, wenn er an einen anderen Punkt seines Werkes gekommen ist. Mit *de hoc ipso*, […], *plenius locuturi* in 54,2 sq. dürfte dann der weitere Inhalt des Zitates aus *Turb.* neben dem Aspekt der Kindertaufe gemeint sein, also die göttliche Gnade und ihr Einfluss auf den Menschen, denn Julian bleibt im Verlauf von 54,3–61,5 noch beim Zustand der Kleinkinder. Das Thema Gnade greift Julian ein weiteres Mal innerhalb seiner Argumentation gegen Augustins Aussage *non liberum negamus arbitrium* (*nupt. et conc.* 2,8; p. 259, l. 10 sq.) in 94,48–95,11 auf, worauf er meines Erachtens mit seinen Worten in 54,1–3 verweist.

Die Tatsache, dass Julian die Frage nach der Notwendigkeit der Kindertaufe behandeln musste, geht zurück auf die Anklagepunkte gegenüber Caelestius und Pelagius, denen unterstellt wurde, sie hielten eine Taufe von Kleinkindern nicht für notwendig, was darin deutlich werde, dass sie bestritten, kleine Kinder seien von Sünde behaftet.[359] Die Gegenwehr gegen diese Anklagepunkte wird auch aus den Schreiben ersichtlich, die an den Klerus von Rom und an Rufus von Thessaloniki gerichtet sind (cf. *ep. Rom.* frg. 13 = Iulian. A. c. *ep. Pel.* 1,40 und *ep. Ruf.* frg. 14 = Iulian. A. c. *ep. Pel.* 2,10).

53,7 sq. *si tamen – auctores*: Die Verbindung *si tamen* ist nachklassisch häufig und entspricht in 53,7 sq. der Junktur *si modo*.[360]

53,10 *studiosos se circa amorem fidei comprobarent*: Die Präposition *circa* wird hier in der Bedeutung „in Bezug auf" verwendet (cf. z. B. Tac. *dial.* 22,3: *otiosus circa excessus*).[361] Klassisch findet sich das Adjektiv *studiosus* mit der Ergänzung im Akkusativ oder Dativ, gelegentlich aber auch mit *ad/in* und Akkusativ oder *in* mit Ablativ.[362]

53,12 *os obloquentium consuendum*: Es handelt sich hier um eine Redewendung, cf. Sen. *epist.* 47,4 sq. (zitiert in Macr. *sat.* 1,11,15):[363] *at illi quibus*

---

[359] Cf. Lössl, Julian 258 n. 52. Dieser Vorwurf entstammt den Anklagepunkten, die die Afrikaner im Fall von Caelestius und Pelagius bei Papst Innozenz I. geltend machen.
[360] Cf. Kühner/Stegmann, II,2, 428 sq.
[361] Cf. Kühner/Stegmann, II,1, 543.
[362] Cf. Kühner/Stegmann, II,1, 436 sq.
[363] Cf. TLL 4, p. 619, l. 44 sq. Bei Otto (id., Sprichwörter) und Häussler (id., Nachträge) ist das Sprichwort jedoch nicht aufgeführt.

non tantum coram dominis, sed cum ipsis erat sermo, quorum os non consuebatur, parati erant pro domino porrigere ceruicem, periculum inminens in caput suum auertere: in conuiuiis loquebantur, sed in tormentis tacebant. Wie Erler hervorhebt, verwendet Platon das Bild im *Euthydem*, wobei dort als Ziel eines Streitgespräches genannt wird, den Gegner mundtot zu machen (Pl. *Euthd.* 303e 1sq.: [...] συρράπτετε τὰ στόματα τῶν ἀνθρώπων).[364]

53,12 *nos* – 15 *anathemate*: Cf. 3,149,9–14: [...] *respondeamus* [...] *nos gratiam Christi, id est baptisma, ex quo ritum eius Christus instituit, ita necessariam omnibus in commune aetatibus confiteri, ut, quicumque eam utilem etiam paruulis negat, aeterno feriamus anathemate.*[365]

53,15 *sed hanc* – 19 *uirtute medicatur*: Mit dem Verb *medicari* greift Julian möglicherweise die Metapher der *medicina Christi* auf, welche Augustinus in *nupt. et conc.* 1,1 (p. 211, l. 5–7) verwendet hatte. Cf. Kommentar zu 47,1–10; 94,61–95,11; 139,1–12 und Hinführung. 2.2.1.3.

53,21 *sicut* – 27 *mysteriorum mutantur ordinibus*: Julian unterstreicht die einheitliche Wirksamkeit der Taufgaben, die nicht voraussetzt, dass kleine Kinder eine Sünde haben müssen, nur weil auch im Ritus der Kindertaufe von der Sündenvergebung gesprochen wird.[366] Genausowenig folgt jedoch aus der Ablehnung der Existenz der Erbsünde die Ablehnung der Taufe. Er vergleicht die Taufgnade in ihrer Reinform bei Gott mit der Kunstfertigkeit. Wie die Kunstfertigkeit ein Vermögen des Künstlers ist, das durch die unterschiedlichen Stoffe, die er bearbeitet, nicht an Qualität verliert, verliert auch die Taufgnade nicht ihre Wirkung, wenn sie von unterschiedlichen Personen empfangen wird. Sie ist somit im Erwachsenenalter ebenso wirksam wie im Kindesalter und teilt ihre Gaben gemäß dem Zustand des Täuflings zu.[367]

Einen ähnlichen Vergleich bringt Julian in 139,7–12 an, wo er bei der Auslegung von *Is* 45,8–13 Gott mit einem klugen Landwirt vergleicht, der auf unterschiedliche Weise seine Worte an den Zustand der Menschen anpasst, um auf ihren Willen einzuwirken. Dies erinnert in gewisser Weise an die Einheit der Taufgnade, die jedoch, abhängig vom jewei-

---

364 Cf. Erler, Streitgesang 86.
365 Übers.: „[...] wir wollen antworten [...], dass wir bekennen, dass die Gnade Christi, d. h. die Taufe, von dem Zeitpunkt an, als Christus sie als Ritus eingeführt hat, so notwendig für die Menschen aller Altersklassen im Allgemeinen ist, dass wir jeden mit dem ewigen Anathema belegen, der abstreitet, sie sei für kleine Kinder nützlich."
366 Cf. Lamberigts, Alternative 102 sq.
367 Cf. Lamberigts, Alternative 102; id., Grace 345.

KOMMENTAR

ligen Menschen, anders wirkt. Auch hier sind Julians Worte wieder in Zusammenhang mit den Anklagepunkten gegenüber Pelagius und Caelestius zu sehen. Schon Pelagius und Caelestius betonen in ihren *Libelli fidei* an Innozenz I. die Einheitlichkeit des Taufritus.[368] Die vorliegende Passage (53,12–38) wirkt daher wie ein Ausschnitt aus einem Glaubensbekenntnis (cf. 53,12: *confessione*; 53,14: *confitemur*). Cf. Hinführung. 3.3.2.

Zur Interpunktion: Zelzer setzt in ihrer Edition hinter dem Zitat aus *Eph* 4,5 (53,26) einen Punkt. Die Worte *et multiplicantur et dilatantur* beziehen sich aber auf *una fides, unum baptisma*; Taufe und Glaube erhalten eine umfassende Wirkung durch die Vielzahl der Gaben, die sie mit sich bringen.[369]

53,27 *sed* – 30 *calumniatur innocuos*: Cf. Kommentar zu 57,1–19.

53,30 *Christus enim* – 38 *meretur*: Hier ist die Ansicht Julians über die Taufgnade auf den Punkt gebracht (cf. auch 111,1–4; 2,116,4–117,4). Auch in 3,146–148[370] stellt er die Wirksamkeit dieser Gnade dar. Kinder sind schwach und hilflos, können sich noch nicht selbst ernähren, und auch Erwachsene sind oft von Schmerzen und Leid geplagt.[371] Während im irdischen Leben diverse Gnadengaben und die Hoffnung auf Erlösung abhelfen (cf. Kommentar zu 87,1–12), ist doch die *resurrectio* erst die vollkommene Erlösung von allen Leiden (3,147,3–148,3).

Die Vorstellung einer *adoptio* lässt sich bei Paulus an verschiedenen Stellen finden (z. B. *Gal* 4,4–6 Vulg.: *at ubi uenit plenitudo temporis misit Deus Filium suum factum ex muliere factum sub lege* (5) *ut eos qui sub lege erant redimeret ut adoptionem filiorum reciperemus* (6) *quoniam autem estis filii misit Deus Spiritum Filii sui in corda nostra clamantem Abba Pater*). Auch im Römerbrief fällt das Schlagwort der *adoptio* an drei Stellen (*Rm* 8,15 Vulg.: *non enim accepistis spiritum seruitutis iterum in timore sed accepistis Spiritum adoptionis filiorum in quo clamamus Abba Pater* [...]; cf. *Rm* 8,23; 9,4; cf. außerdem *Eph* 1,5).[372] Durch den Zusammenhang der *adoptio filiorum* mit Jesus Christus sieht Julian die Taufe als den Zeitpunkt der Annahme der Menschen durch Gott. Der Begriff des *innouare* bedarf in Bezug auf kleine Kinder einer Erläuterung, sind sie doch nach

---

368 Pelag. *lib. fid.* 17 (van Egmond, Fides 381): *baptisma unum tenemus, quod isdem sacramenti uerbis in infantibus quibus etiam in maioribus ⟨dicimus⟩ esse celebrandum*. Cf. Caelest. *lib. fid.* 17–19 (PL 48, 502 sq.). Cf. Wermelinger, Rom 138–140.
369 Cf. Primmer, Rhythmus 1, 197.
370 Cf. Cipriani, Polemica 159 sq.; id., Presenza 366–369.
371 Cf. Lamberigts, Alternative 103 sq.
372 Cf. Greer, Exegete 70.

Julian bereits gut geschaffen. Da sie jedoch schwach sind, benötigen sie die göttliche Gnade und werden durch sie besser gemacht.[373] Julian schließt sich mit dieser Sicht an den *Sermo ad neophytos* des Johannes Chrysostomus sowie an die dritte Homilie Theodors von Mopsuestia über die Taufe an.[374] Johannes Chrysostomus betont in seiner Predigt, dass die Taufe außer der Sündenvergebung noch andere Gaben mit sich bringe. Er nennt dies als Grund, weshalb kleine Kinder getauft würden, hätten sie doch keine Sünden, die ihnen vergeben werden könnten.[375] Eine Erbsündenlehre im Sinne derjenigen Augustins hat Johannes nicht vertreten, wie Brändle herausarbeitet.[376] Brändle äußert sich auch zu Augustins Einwurf

---

[373] Cf. Lamberigts, Alternative 103 sq.

[374] Cf. Lamberigts, Alternative 104 und Cipriani, Fonti 165–167. Die deutsche Übersetzung der Homilie Theodors, die auf Syrisch erhalten ist (cf. Bruns, Homilien 1, 22), findet sich in Bruns, Homilien 2, 357–386. Das von Cipriani (id., Fonti 166) angeführte Zitat entspricht einer Stelle aus *Kat. Hom.* 14,14 (= Bruns, Homilien 2, 373). Cf. ferner Cipriani, Presenza 368 sq. in Bezug auf Julians Aussagen in 3,146–148.

[375] Chrysost. *catech.* 4,6, Kaczynski, Catecheses 258, l. 13–260, l. 2 (= *ad neoph. vers. W* 6): *sed multis quidem uidetur caelestem gratiam in peccatorum tantum remissione consistere, nos autem honores computauimus decem. hac de causa etiam infantulos baptizamus, ut non sint coinquinati peccato, ut eis addatur sanctitas, iustitia, adoptio, hereditas, fraternitas Christi, ut eius membra sint omnes, ut spiritus habitatio fiant.* Übers.: „Vielen scheint es so, als bestehe die göttliche Gnade einzig in der Vergebung der Sünden, wir aber kommen auf zehn Gaben. Deshalb taufen wir auch kleine Kinder, obwohl sie nicht mit der Sünde befleckt sind, damit ihnen Heiligkeit, Gerechtigkeit, Aufnahme, Erbschaft und Bruderschaft mit Christus gegeben wird, damit sie alle seine Glieder sind, damit der heilige Geist in ihnen wohnt." Die Worte *ut non sint coinquinati peccato* sind hier als verneinter Konzessivsatz aufzufassen; im griechischen Text steht (*catech.* 4,6, Kaczynski, Catecheses 258, l. 17): καίπερ ἁμαρτίας οὐκ ἔχοντα (cf. auch Wenger, Catéchèses 170 n. 2). Chrysostomus greift auf Formulierungen aus dem Neuen Testament zurück: *Rm* 1,7 (*sanctitas*); 2,13 (*iustitia*); 8,17 (*hereditas*); 1 *Cor* 6,15 (*membra Christi*) (cf. Riley, Initiation 218 sq., der den griechischen Text heranzieht). Julian zitiert u. a. diese Stelle aus dem *Sermo ad neophytos* in einer anderen lateinischen Version in *Turb.* 4, frg. 312 (= Iulian. A. *c. Iul.* 1,21). Cf. auch Beatrice, Transmission 87.165 sq.

[376] Cf. Brändle, Gaben 1245 sq. mit n. 86 u. a. unter indirektem Verweis auf Chrys. *hom.* 21,4 *in Ac.* (PG 60, 168): εἰπὲ δή μοι, τί τοῦ παιδίου καταγνῶναι ἔχοις ἂν τοῦ μικροῦ; τίνος ἕνεκεν πενθεῖς αὐτό; τί τοῦ νεοφωτίστου; καὶ γὰρ καὶ ἐκεῖνος εἰς τὸ αὐτὸ περιέστη. τίνος οὖν ἕνεκεν πενθεῖς αὐτόν; οὐκ οἶδας, ὅτι καθάπερ ἥλιος καθαρὸς ἄνεισιν· οὕτω καὶ ψυχὴ σῶμα ἀπολείπουσα μετὰ καθαροῦ συνειδότος, λάμπει φαιδρόν; Übers.: „Sag mir, was du im Kleinkind anklagen könntest? Warum solltest du es bedauern? Warum das frisch getaufte Kind? Denn es ist in derselben Verfassung. Warum also bedauerst du ihn? Weißt du denn nicht, dass es auferstehen wird rein wie die Sonne? Wie auch die Seele, wenn sie den Körper mit reinem Gewissen verlassen hat, strahlend glänzt?"

Cf. auch Papageorgiou, Chrysostom 368. Dieser nennt ib. die Sterblichkeit als Erbe des Sündenfalls in den Texten des Johannes Chrysostomus.

KOMMENTAR   331

in *c. Iul.* 1,21: Der Satz aus einer Übersetzung der Predigt *ad neoph.*: *hac de causa etiam infantes baptizamus, cum non sint coinquinati peccato* (cf. Chrysost. *ad neoph. vers. W* 6 = Chrysost. *catech.* 4,6, Kaczynski, Catecheses 258, l. 13–260, l. 2), den Julian als Beleg dafür heranziehe, dass Johannes keine Erbsünde vertrete, tue nichts zur Sache, da im griechischen Text ἁμαρτήματα – also der Plural – stehe und Johannes damit nicht die Erbsünde, sondern persönliche Sünden meine.[377] Brändle weist darauf hin, dass im *Libellus fidei* einiger Bischöfe wohl aus der Provinz Aquileia[378] der Hinweis auf eben dieselbe Stelle aus der Predigt *ad neoph.* auftauche und dort die von Augustinus favorisierte Variante zitiert werde (*hac de causa etiam infantulos baptizamus, cum non sint coinquinati peccatis*). Diese Bischöfe berufen sich trotz des Plurals *peccatis* auf Johannes Chrysostomus als Autorität gegen die Erbsünde.[379]

Cipriani hat darauf hingewiesen, dass Julians Sichtweise auf das menschliche Dasein der Lehre von den zwei Katastasen bei Theodor von Mopsuestia nahesteht.[380] Bei Theodor ist es ein Ziel des Menschen, sich nach der Taufe für ein ethisch gutes Leben zu entscheiden, um sich in guten Verhaltensweisen für das μέλλων αἰών zu üben.[381] Eine Parallele für solch eine Ansicht findet sich in 2,225,1–226,5, wobei man meines Erachtens berücksichtigen muss, dass die Forderung, sein Leben nach der Taufe zu bessern, prinzipiell allen christlichen Schriftstellern gemeinsam sein dürfte.[382] Cipriani vergleicht als Beleg dafür u. a. die Aussagen aus Theo-

---

377 Cf. Brändle, Gaben 1246–1248.
378 Cf. Wermelinger Rom 220–226. Der *Libellus fidei* wurde Julian zugeschrieben und findet sich in der Patrologia Latina, Bd. 45, 1732–1736 und Bd. 48, 509–526; Lössl streitet Julians Autorschaft ab (cf. id., Julian 12 sq.), Bruckner ebenso (cf. id., Julian 31–33). Cipriani und Lamberigts hingegen plädieren für ein vorsichtiges Festhalten an der Autorschaft Julians, da es keine schlagenden Gegenargumente gäbe (cf. Cipriani, Fonti 158 sq.; Lamberigts, Research 187 sq.). Aufgrund der inhaltlichen Parallelen erscheint zumindest ein Einfluss Julians (ob nun durch eigenes Eingreifen oder durch seine Schriften) plausibel. Sprachlich ist ebenfalls eine Nähe zu Julian zu beobachten, cf. die *indisciplinatae quaestiones* (*lib. fid.* 3,22; PL 48, 523 und *ep. Zos.* frg. 4 (De Coninck, CCL 88, p. 335); cf. 27,1 sq.: […] *indisciplinatarum expositionum libido*, jedoch hier in anderem Kontext). Zu weiteren sprachlichen Parallelen cf. Bouwman, Kommentar 4 sq.
379 Cf. Brändle, Gaben 1246–1248. Zu den weiteren Textstellen von Johannes Chrysostomus, die Augustinus in *c. Iul.* 1,21 als Belege heranzieht, cf. Papageorgiou, Chrysostom 369–376.
380 Cf. Cipriani, Fonti 165–169.
381 Cf. Wickert, Studien 135–139; Lössl, Julian 164.
382 Greer hebt auch hervor, dass es in gewisser Weise irreführend sei, die Lehre von zwei Weltaltern als Lehre Theodors zu bezeichnen, da sie sowohl im Alten als auch im Neuen Testament zu finden sei (cf. Greer, Exegete 72). Theodor sieht Christus als den Beginn des

dors Schrift gegen die Vertreter der Erbsündenlehre[383] mit Julians Aussage in 6,36 innerhalb der Interpretation von 1 *Cor* 15,21sq., um einen Einfluss Theodors nachzuweisen.[384] Dieser Vergleich trägt jedoch nicht, da von Malavasi in jüngerer Zeit nachgewiesen wurde, dass es plausibel ist, nicht von einem Einfluss dieser Schrift auf Julian, sondern umgekehrt, von einem Einfluss Julians auf die Schrift Theodors gegen die Erbsünde auszugehen.[385]

Eine Nähe von Julians Ansichten zu denen des frühen Augustinus kann an dieser Stelle ebenso gut beobachtet werden: Augustinus identifiziert in *exp. prop. Rm.* 52 den *spiritus adoptionis* aus *Rm* 8,15 mit dem Heiligen Geist und seiner „Vier-Stadien-Lehre" (cf. Hinführung. 2.2.2.2). Im Gegensatz zu den Menschen *sub lege* können die Menschen *sub gratia* durch die *gratia liberatoris* den Sünden widerstehen, ein Zustand der von Augustinus als *adoptio filiorum* bezeichnet wird.[386] Der Mensch muss sich dabei jedoch selbst dem *auxilium liberatoris* zuwenden.[387] Auch bei Julian muss der Mensch sich selbst zum christlichen Leben entscheiden, er wird dabei jedoch durch Gott unterstützt (cf. **53**,15–19).[388] Die Gnade ist daher für ihn niemals der Zwang zu etwas.[389]

Julian spricht sich des Weiteren ausdrücklich gegen Augustins Ansicht aus, dass die Bedeutung der Taufe in der Befreiung des Menschen aus dem *ius diaboli* bestehe (cf. A. *nupt. et conc.* 1,1; p. 211, l. 14–18 und *nupt. et conc.* 2,5; p. 256, l. 20–p. 257, l. 2; **52**,18–26; cf. Julians Aussagen in 5,9,1–14). Die Kindertaufe bringt verschiedene Gaben mit sich, hat aber nicht

---

zweiten Weltalters, durch den es den Menschen bereits in ihrem irdischen Leben ermöglicht wird, durch Hoffnung und Glaube teilzuhaben (cf. ib. 73).

383 Cf. Cipriani, Fonti 167 sq. Die Schrift Theodors findet sich in PG 66, 1005–1012; Swete 2, 332–337 und ACO 1,5/1, 173–176 (cf. Malavasi, Involvement 229 n. 5).

384 Cf. Cipriani, Fonti 167 sq.; cf. auch Cipriani, Presenza 373 sq. Cf. Theodors Worte aus seinem Werk über die Erbsünde in Swete 2, pp. 335,25–336,3.

385 Cf. Malavasi, Involvement 258–260.

386 Cf. Drecoll, Entstehung 162 sq.

387 Cf. Drecoll, Entstehung 151 sq. Seine Ansicht revidiert Augustinus in *Ad Simplicianum*, wo er den Erwählungsgedanken mit dem Gnadengeschehen verknüpft. Der Wille des Menschen, den Gott sich in seiner *electio* bestimmt hat, wird durch sein Eingreifen zum Glauben bewegt. Erst im Glauben kann der Mensch gute Taten vollbringen, vorher ist sein Handeln durch den Streit zwischen *caro* und *spiritus* eingeschränkt (cf. Drecoll, Entstehung 240–242).

388 Cf. Lamberigts, Alternative 105.

389 Cf. Lamberigts, Alternative 105 unter Bezugnahme auf *ep. Ruf.* frg. 4 = Iulian. A. c. ep. Pel. 2,10,13–16 und cf. Lössl, Julian 124.

KOMMENTAR   333

den Zweck der Sündenvergebung wie bei den Erwachsenen.[390] Zu Julians Ansichten über Gnade und Willen cf. Kommentar zu 94,48–95,11 und Hinführung. 2.2.1.3.

Julians Worte, die Menschen würden durch die Gnade Gottes besser gemacht, erinnern zudem an Pelagius, wenngleich Letzterer dies in Bezug auf Erwachsene sagt. Als Grund für die Besserung nennt er die Sündenvergebung und das Beispiel Christi, an dem sich die Menschen nach der Taufe orientieren sollen.[391] Wahrscheinlich schließt sich Julian außerdem der Sichtweise des Pelagius an, dass ungetauft verstorbene Kinder nicht verdammt werden; jedoch ist Pelagius unschlüssig, was mit ihnen nach ihrem Tod geschieht.[392] Zumindest setzt Julian die Taufe für die *possessio regni caelorum* voraus und spricht sich in *Turb.* für einen neutralen Standpunkt der Kleinkinder aus, was ihre Sünden anbelangt: (*ubi est quod superius asserendum putasti*) *nec iustos nasci paruulos, nec iniustos, quod futuri sunt actibus suis; sed tantummodo infantiam innocentiae dote locupletem* (*Turb.* 1, frg. 17b, l. 179–181 = Iulian. A. c. Iul. 3,36). In seinem Brief an Zosimus wendet sich Julian gegen die Behauptung, die man den Pelagianern vorwirft, dass kleine Kinder im selben Zustand seien wie Adam vor dem Sündenfall[393] (*ep. Zos.* frg. 4): (*item*) *quod infantes* (*inquis*) *in statu sint in quo fuit Adam ante praeuaricationem, inter indisciplinatas* (*ais*) *reputo quaestiones; non enim per omnia in eo statu sunt qui nascuntur hodie, in quo Adam fuit ante peccatum, quamuis et istos opus dei esse, sicut et ille, negari non possit.*[394] Er hält die Formulierung der Frage nach dem

---

390   Julian setzt sich damit z. B. von Tertullian ab, der in *bapt.* 18,4 sq. verdeutlicht, dass eine Kindertaufe nicht vernünftig sei, da sich die Kleinkinder noch nicht für Christus entscheiden könnten (cf. Burns, Efficacy 1283 sq.).
391   Cf. Pelag. *epist. ad Demetr.* 8: *nam si etiam ante legem, ut diximus, ac multo ante domini nostri et saluatoris aduentum iuste quidam et sancte uixisse referuntur, quanto magis post illustrationem aduentus eius nos id posse credendum est, qui instaurati per Christi gratiam et in meliorem hominem renati sumus, qui sanguine eius expiati atque mundati ipsiusque exemplo ad perfectiorem incitati iustitiam meliores illis esse debemus, qui ante legem fuerunt, meliores etiam, quam fuerunt sub lege* [...] und Cipriani, Morale 318.
392   Cf. Thier, Kirche 270 unter Heranziehung von Pelag. A. *gr. et pecc. or.* 2,23: *sine baptismo paruuli morientes, quo non eunt, scio; quo eant nescio.*
393   Der Vorwurf wurde bereits in Diospolis erhoben und findet sich auch in der *Epistula tractoria* wieder; cf. Wermelinger, Rom 297 (D14) und ib. 307 (D3).
394   Übers.: „Ebenso sagst du: ‚Die Frage, ob Kleinkinder in dem Zustand sind, in dem Adam vor seiner Sünde war, zähle ich zu den unangebrachten Überlegungen. Es sind nämlich nicht in jeder Hinsicht alle, die heute geboren werden, in diesem Zustand, in dem Adam

Zustand der Kleinkinder für unangemessen. Seine Aussagen in 2,116 sq. lassen darauf schließen, dass Kleinkinder aufgrund ihrer Unschuld, wenn sie getauft worden sind, sicherlich bei Gott aufgenommen werden. Er äußert sich jedoch nicht dazu, was mit ungetauft gestorbenen Kindern geschieht.

53,31 sq. *auget – beneficia*: Cf. *Turb.* 4, frg. 269 (= Iulian. A. *c. Iul.* 6,32): (*iterum dicis, quod iam quidem dixisti, ... quod*) *cum deus paruulis nihil de proprio tam boni quam mali merentibus gloriam regenerationis attribuit, hoc ipso eos ad suam curam, ad suum ius, ad suum dominium pertinere docet, quod eorum uoluntatem ineffabilis praeuenit beneficii largitate.*[395]

53,34 *illuminatio spiritalis*: Cf. Kommentar zu **94,61–66** und Hinführung. 2.2.1.4.

54,1 quae quoniam, ut locus interim hic patiebatur – 3 plenius locuturi.
Julian macht hier deutlich, dass er das Zitat angeführt hat, um Augustinus zu zeigen, dass er in *Turb.* auf den Vorwurf eingegangen ist, die „Pelagianer" hielten Kindertaufe für unnötig, der in den Worten Augustins in *nupt. et conc.* 2,4 sq. (p. 256, l. 9–p. 257, l. 9; **52,8–33**) angedeutet wird (cf. Kommentar zu **52,8–33** und **53,4–38**). Dennoch ist auffallend, dass in Julians Stelle aus *Turb.* den Vorwürfen der falschen Zitation, die Augustinus ihm in *nupt. et conc.* 2,4 sq. (p. 256, l. 9– p. 257, l. 9; **52,8–33**) gemacht hat, nicht der Wind aus den Segeln genommen wird. Er widerlegt mit diesem Zitat nicht, dass er in *Turb.* so bruchstückhaft zitiert hat, wie Augustinus es ihm in *nupt. et conc.* 2,4 sq. (p. 256, l. 9–p. 257, l. 9; **52,8–33**) vorhält. Er führt allerdings eine Stelle an, die zumindest zeigt, dass er schon in *Turb.* dem Vorwurf, er hielte die Kindertaufe für unnötig (cf. *nupt. et conc.* 1,1; p. 211, l. 5–7), entgegengetreten ist.

Mit seinen Worten in **54,1–3** verweist Julian wahrscheinlich auf **94,48–95,11**, wo sich seine Argumentation ein weiteres Mal um Gnade und Taufe drehen wird, wobei dort der Schwerpunkt der Diskussion auf dem Zusammenwirken von Gnade und Willen liegt, während es hier insbesondere um die Frage nach dem Zustand der *paruuli* geht. Cf. Kommentar zu **53,4–38**.

---

vor der Sünde war, obwohl man nicht bestreiten kann, dass sie ebenso das Werk Gottes sind, wie jener.'"
395 Übers.: „Du sagst noch einmal, was du schon längst gesagt hast, ... nämlich, dass Gott, wenn er den kleinen Kindern, die kein eigenes gutes oder schlechtes Verdienst besitzen, die Ehre der Wiedergeburt zuteilwerden lässt, zeigt, dass sie unter seiner Fürsorge, seinem Recht und seiner Herrschaft stehen, indem er ihrem Willensentschluss mit seiner unermesslichen Freigebigkeit an Wohltaten zuvorkommt."

KOMMENTAR   335

54,3 ecce – 13 alter in bona natura.
Julian erläutert im Folgenden, wie die einzelnen Stellen in seinem Selbstzitat aus *Turb.* (53,4–38) Augustins Anschuldigungen in *nupt. et conc.* 2,4 (p. 256, l. 9–17; 52,8–16) entkräften. Hier in 54,3–13 spielt er auf 53,12–15.20 sq. an und betont, dass diese Passage in *Turb.* gegen die Menschen spricht, die behaupten, eine Taufe sei nicht nötig, und auch gegen diejenigen, die von einem *peccatum originale* ausgingen. Julian wendet sich also hier gegen Augustins Behauptung, er hätte sich vor der Aussage *quia nihil peccati esse in paruulis dicunt, quod lauacro regenerationis abluatur* (*nupt. et conc.* 1,1; p. 212, l. 2 sq.) gefürchtet und sie deshalb nicht zitiert (cf. 58,1 sq.), weil dort geschrieben steht, dass die Menschen ihre Kinder zur Vergebung der Schuld, die sie durch das *peccatum originale* auf sich geladen hätten, taufen ließen (52,13–16). Mit seinem Verständnis der Taufgnade präsentiert er einen anderen Grund für die Kindertaufe als die Reinigung vom *peccatum originale*. Er erklärt die unterschiedliche Wirkung die Taufe bei einem Sünder im Vergleich zu einem Menschen, der keine Schuld auf sich geladen hat. Während dem einen durch die Taufe die Sünden vergeben werden, besitzt der andere nur das, was ihm von Gott gegeben wurde: seine gute Natur. Er wird durch die Taufe verbessert und wie der getaufte Sünder wird er durch sie zum *membrum Christi*. Trotz der Unterschiede muss die Einheit des Taufsakraments betont werden. Die Wirkung der Kindertaufe ist dementsprechend vergleichbar mit dem Fall, dass ein Mensch getauft wird, der sich nichts zuschulden hat kommen lassen. Zum Zustand der *paruuli* und zur Aussage *ex bono fieri meliorem id est optimum* cf. Kommentar zu 53,30–38 sowie Hinführung. 2.2.1.

54,5 sq. *eius praeiudicio iustitiam dei audetis maculare*: Julian versteht es als einen Angriff auf die göttliche Gerechtigkeit, wenn man die Verurteilung von Kleinkindern davon abhängig macht, ob sie getauft sind oder nicht. Er spricht hier deshalb von einem *praeiudicium*, das durch die Taufe stattfindet, da es in seinem Verständnis der menschlichen Natur noch keine *merita* gibt, aufgrund derer Kleinkinder verurteilt werden könnten (cf. 54,13–19). Cf. Hinführung. 2.2.1.3.

54,9 sq. *uerum fieri peccatorem ex malo perfecte bonum*: Cf. *Turb.* 4, frg. 279 (= Iulian. A. c. Iul. 6,40): ⟨*dixisse me affirmas*⟩, *quod gratia non perfecte hominem nouum faciat*. Julian hat in *Turb.* Augustinus anscheinend vorgeworfen, die Gnade wirke nicht allumfassend, da der Mensch nach der Taufe noch durch das Wirken der *concupiscentia* beeinflusst sei. Cf. dazu Kommentar zu 106,1–21 und Hinführung. 2.2.2.2 und 2.2.2.3.

54,13 ille enim – 54,19 tanti opificis dignatione possedit.
Julians Aussagen sind hier in Antithese zu denen Augustins zu sehen. Die Unschuld der kleinen Kinder, durch die sie sich bei ihrer Geburt auszeichnen

(die *innocentia, quam exortus acceperat* (**54,14**) und die *infucata primaeuitas* (**54,16**)), steht im Kontrast zu Augustins Aussage in *nupt. et conc.* 2,4 (p. 256, l. 14–17; **52,13–16**): *omnes enim ad ecclesiam non propter aliud cum paruulis currunt, nisi ut in eis originale peccatum generatione primae natiuitatis attractum regeneratione secundae natiuitatis expietur.*

In 2,113,1–117,4 legt Julian *Rm* 5,16 aus und schreibt innerhalb dieser Exegese in ähnlichem Wortlaut wie hier 2,116,4–2,117,1: *grauiter quippe nos in fidem commisisse iactabas, qui dicimus gratiam quidem Christi uniformiter esse tradendam* […], *sed eos quidem, qui propria uoluntate peccauerint, sine cuius opere nullum potest esse peccatum, liberare de reatu et de malis facere bonos,* **innocentes autem infucata primaeuitate felices** *pro nullo opere malae uoluntatis arguere, cuius apud eos nouit experientiam non fuisse, sed de bono facere meliores.*[396]

54,17 sq. *nullum habens de actibus meritum*: Cf. Kommentar zu **54,5 sq.** und Hinführung. 2.2.1.1 und 2.2.1.3.

55,1 aetas igitur – 56,3 approbatur.
Die Ansichten über das Kleinkindalter bzw. die Kindertaufe dienen Julian als Basis für Rückschlüsse: Zum einen wird für ihn die Güte Christi belegt, wenn kleinen Kindern durch die Taufe Besserung zuteilwird, zum anderen lässt sich zeigen, dass das Gottesbild nicht das eines gerechten Gottes sein kann, wenn er unschuldige Kinder anklagt. Der Status der unschuldigen Kinder stellt damit das Gottesbild auf die Probe. Voraussetzung dafür, dass diese Probe vollzogen werden kann, ist jedoch die Annahme, dass die menschliche Natur trotz des Sündenfalls unveränderlich gut ist (cf. Hinführung. 2.2.1.1). In Augustins Weltbild ist es dagegen gerade das *peccatum originale*, aufgrund dessen die Verurteilung von ungetauften Kleinkindern die Gerechtigkeit Gottes nicht in Verruf bringt (cf. Hinführung. 2.2.2.2 und 2.2.2.3). Diese Passage zeigt schön, dass Julian mit den Ausführungen in **34,1–48,3** Grundlagen für seine weitere Argumentation geschaffen hat. Seine Schlussfolgerungen entsprechen denen in **48,3–51,9**. Cf. Hinführung. 2.2.1.

---

396   Übers.: „Zu Unrecht also rühmst du dich, wir hätten uns gegen den Glauben versündigt, weil wir sagen, dass die Gnade Christi zwar einheitlich gespendet werden müsse […], aber dass sie diejenigen, die aus eigenem Willen gesündigt haben, ohne dessen Betätigung es gar keine Sünde geben kann, von der Schuld befreie und sie von schlechten zu guten Menschen mache, dass sie aber diejenigen, die unschuldig und aufgrund ihres jungen ungetrübten Alters in einer glücklicheren Lage sind, für keinerlei Werk ihres schlechten Willens beschuldige, da Gott weiß, dass sie diesen noch nicht besitzen, und dass sie sie stattdessen von guten zu besseren Menschen mache." Zu dieser Thematik cf. Lamberigts, Alternative 102–104.

KOMMENTAR 337

Die Worte in 56,1–3 dienen als Überleitung zum nächsten Abschnitt, in dem Julian sich gegen *nupt. et conc.* 2,4 (p. 256, l. 14–17; 52,13–16) wendet, wo Augustinus die Institution der Taufe als ein Argument für das *peccatum originale* heranzieht. Auch in *Turb.* hatte Julian schon betont, dass die Einheit des Taufsakraments bestehen bleiben müsse, auch wenn man nicht am *peccatum originale* festhalte. Cf. Kommentar zu 53,21–27.

55,1 *aetas*: Das Nomen *aetas* steht hier für das Kindesalter, da zuvor von Kleinkindern die Rede war. Es steht hier als *abstractum pro concreto* und kann demgemäß mit „die Kinder" übersetzt werden. Dasselbe gilt für das Wort *infantia* in 56,2.

2.2.3   Die Verteidigung der Sündlosigkeit der Kleinkinder (57,1–61,5)
Julian argumentiert hier in verschiedenen Schritten für die Sündlosigkeit der Kleinkinder. In 57,1–19 schließt er, wie bereits in 48,3–51,9, von der Sündhaftigkeit der Kleinkinder auf die Ungerechtigkeit Gottes, die er durch seine Ausführungen in 22,1–48,3 bereits ausgeschlossen hatte. Er wehrt sich dabei gegen Augustins Ansicht, die Sündenvergebung im Taufritus sei der Grund, weshalb man kleine Kinder taufen ließe (cf. *nupt. et conc.* 2,4; p. 256, l. 9–17; 52,8–16).[397] In 58,1–4 weist er Augustins Anschuldigung zurück, er habe aus Angst die Worte *nihil peccati esse in paruulis dicunt* [sc. *noui haeretici*], *quod lauacro regenerationis abluatur* (*nupt. et conc.* 1,1; p. 212, l. 2 sq.) nicht zitiert (*nupt. et conc.* 2,4; p. 256, l. 9–17; 52,8–16), und greift in 59,1–10 Augustinus an, indem er ihm ein weiteres Mal die Anhängerschaft zum Manichäismus unterstellt. In 60,1–61,5 nähert sich Julian schließlich der Sündlosigkeit der Kleinkinder mithilfe seines Sündenbegriffs aus 41,1–48,3 und seines Naturbegriffs.

57,1 quamquam mihi – 19 obnoxiis.
Eigentlich wäre der Aussage in 56,1–3 in Julians Augen nichts weiter hinzuzufügen, dennoch muss er aufgrund der Tatsache, dass der Zustand der kleinen Kinder Aufschluss über Augustins Gottesbild gibt (*quamquam* ist hier als Konjunktionaladverb zu verstehen, das an Julians Aussage in 56 anschließt), noch einmal näher auf das Thema eingehen. Julian macht hier ein Gedankenexperiment, indem er es gelten lässt, dass Gott als gerecht bezeichnet werden darf, obwohl er den schuldhaften Zustand der Menschen zulässt (57,5–7), und von dort aus weiter argumentiert. Ziel dieses Gedankenexperimentes ist es, trotz des Zugeständnisses an Augustinus, demonstrieren zu können, dass Augustins Ansicht, die Sündenvergebung im Taufritus (cf. *nupt. et conc.* 2,4; p. 256, l. 9–

---

397   Cf. Lamberigts, Alternative 102 sq.

17; 52,8–16) begründe die Existenz der Erbsünde, nicht haltbar ist. Es ist hier anzumerken, dass Julian Augustins Aussagen weiter interpretiert, als Augustinus sich in *nupt. et conc.* 2,4 (p. 256, l. 9–17; 52,8–16) äußert. Dort spricht er davon, Kleinkinder würden zur Taufe gebracht, damit von ihnen die Erbsünde abgewaschen werde. Jedoch nicht davon, dass der einheitliche Ritus belege, es gäbe eine Erbsünde. Julian dürfte dies aus Augustins Aussagen geschlossen haben, zumal Augustinus in *nupt. et conc.* 1,22 (p. 235, l. 4–p. 236, l. 7) schreibt, dass Menschen jeden Alters durch die Taufe der Macht des Teufels (d.h. der Schuld der Erbsünde) entrissen würden.

Julian greift hier außerdem auf den Satz vom Widerspruch zurück, den Augustinus bei seinem Gottesbild nicht beherzige (cf. Hinführung. 3.3.1). Der Widerspruch in Augustins Aussage ist nach Julian, dass Augustins Gott zugleich gnädig (im Falle der Sünden von Verbrechern) und grausam ist (im Falle der Unschuldigen, die er verwirft). Zudem schließt er in 57,17–19 einmal *a maiore ad minus* (Gott ist so gütig, dass er den Schuldigen verzeiht, dann muss er aber auch den Unschuldigen verzeihen) und einmal *a minori ad maius* (Gott ist so grausam, dass er die Unschuldigen verurteilt, dann muss er aber erst recht die Schuldigen verurteilen). Zu einer ähnlichen argumentativen Taktik cf. 101,2–105,11, wo Julian Augustinus zugesteht, dass sein Willensbegriff der Willensfreiheit entspräche, um ihn ad absurdum zu führen.

57,6 *qui sine iustitia deus esse non potest*: Cf. 27,6–30,3; 38,10–12; Hinführung. 3.3.2.

Zum Gebrauch von *ceterum* in 57,3 und 57,7: Julian verwendet die Partikel hier zuerst in der Bedeutung „denn" und dann in der Bedeutung „aber" – ein Gebrauch, der erst im späteren Latein neben der üblichen Übersetzung „im Übrigen" auftritt.[398] Cf. 61,3; 68,9; 129,3 und 130,8.

57,16 *horum prorsus* – 19 *obnoxiis*: Julian wendet hier den vierten unbeweisbaren Syllogismus aus der stoischen Tradition an.[399] Es gilt: entweder *donat ueniam* oder *calumniatur innocuis*; sobald eine der beiden Prämissen angenommen wird, ist die andere ausgeschlossen.

58,1 nihil itaque in uerbis – 4 impugnatione perpetior?

Julian wehrt sich hier gegen Augustins Worte in *nupt. et conc.* 2,4 (p. 256, l. 9–14; 52,8–13). Augustinus hatte ihm unterstellt, er habe sich vor Augustins Verweis auf die Sündenvergebung bei der Taufe von Kleinkindern gefürchtet und des-

---

398 Cf. Hofmann/Szantyr, Syntax 492.
399 Cf. Uhle, Dialektik 7.

KOMMENTAR 339

halb *nupt. et conc.* 1,1 (p. 212, l. 2 sq.) in *Turb.* nicht zitiert. Julian weist diese Unterstellung mit einem ironischen Hinweis auf Augustins *elegans ingenium* zurück, mit dem er auf Augustins verschlagene Rhetorik anspielt. Cf. Hinführung. 3.2.2.

59,1 audi igitur – 3 si a pietate et ratione discordant;
Mit der Aussage *non sunt ecclesiae catholicae pectora quae sermo tuus conuenit* spielt Julian auf *nupt. et conc.* 2,4 (p. 256, l. 10; 52,9: [...] *cuncta ecclesiae catholicae pectora conuenit* [...]) an. Augustinus verstößt in Julians Augen mit der Ansicht, kleine Kinder seien schuldig, gegen *pietas* und *ratio*, zwei Leitlinien, die Julian zu Beginn seiner Erörterungen als Maßstäbe für die Exegese und das Gottesbild festgelegt hatte. Cf. Kommentar zu 3,7–5,8; 24,6–10 und Hinführung. 3.3.3. Cf. auch 25,6–9; 59,1–3; 129,3–130,11. Zur Bedeutung von *conuenire* cf. Kommentar zu 52,9; cf. auch 87,21–25; 110,2–8.

59,6 non est haec fides – 10 eructata!
Julian stellt die Interventionen Augustins hier als einen manichäischen Einfall nach Italien dar, wodurch in Kombination mit der Beschimpfung als *orator Poenus* das Bild einer Erneuerung des Kampfes zwischen Puniern und Römern evoziert wird (cf. Hinführung. 3.2.2). Die Polemik inmitten der Argumentation weist hier auf den Übergang zu einem nächsten argumentativen Schritt hin.

Dass Julian hier Markion, Faustus und Adimantus in einer Reihe nennt, hat verschiedene Gründe. Die Manichäer bewerteten das Alte Testament negativ, so hält es Faustus z. B. für unstimmig, dass Gott im Schöpfungsbericht nicht schon im Vorhinein von der Verfehlung Adams wusste.[400] Drecoll geht im Falle des Faustus davon aus, dass dieser sowohl die Ansichten des Adimantus als auch die des Markion für seine *Capitula* verwendete.[401] Auch Serapion von Thmuis stellt auf der Basis der Abwertung des Alten Testament eine Verbin-

---

[400] Faust. A. c. Faust. 22,4: *et sane fieri potuit, ut quemadmodum de deo inpudenter idem tanta finxerunt, nunc eum in tenebris ex aeterno uersatum dicentes et postea miratum cum uidisset lucem, nunc ignarum futuri, ut praeceptum illud, quod non esset seruaturus Adam, ei mandaret, nunc et inprouidum, ut eum latentem in angulo paradisi post nuditatem cognitam uidere non posset* [...]: *fieri, inquam, potuit, ut et de dei hominibus mentirentur, qui de deo ipso tanta proteruitate mentiti sunt.*

[401] Drecoll/Kudella, Augustin 48: „Als eine besondere Stütze benutzte Faustus dabei wohl auch die Antithesen des Adimantus, in denen dieser das bereits von Markion genutzte Verfahren, die Widersprüche zwischen Altem und Neuem Testament aufzuführen, angewandt hatte."

dung zwischen Markion und den Manichäern her (Serap. *adu. Man.* 39 sq.).[402] Dieselbe Verachtung für das Alte Testament gilt auch für Adimantus (cf. Kommentar zu 25,1–26,3). Ein weiterer Grund für die Aneinanderreihung von Markion und den Manichäern dürfte in deren Gottesbild liegen. Julian sieht möglicherweise zwischen den Manichäern und Markion die Gemeinsamkeit, sie glaubten an zwei Götter bzw. zwei Prinzipien. Nach Markion gibt es einen Gott, der Urheber des Bösen und Schöpfer der Welt ist, und einen zweiten, der der Vater Jesu Christi und absolut gut ist.[403] Die Manichäer glaubten zwar an zwei Prinzipien, vermieden es jedoch, das Prinzip des Bösen als Gott zu bezeichnen (cf. Kommentar zu 49,1–20; Hinführung. 3.2.1.1). Zum Verweis auf Faustus und Adimantus cf. 25,1–26,3; 69,26–33.

59,6 *non est haec fides antiquitus tradita atque fundata*: Julian greift hier Augustins Worte in *nupt. et conc.* 2,4 (p. 256, l. 10–12; 52,9–11) auf: […] *fidemque ipsam antiquitus traditam atque fundatam clara quodam modo uoce compellat* […].

59,9 *satellitibus*: Dieser Begriff ist abschätzig und wird z. B. in Cic. *Verr.* 2,3,21; Sall. *hist.* 1,53,21[404] (= *or. Lep.* 21) und Hier. *adu. Rufin.* 3,7[405] verwendet.

59,10 *eructata*: Cf. Kommentar zu 9,6 und 49,1–6.

60,1 nihil est peccati – 9 protestantur auctorem!

Julians Berufung auf das *genus hominum* ist ein typischer Kunstgriff, Argumente zu bilden. Es ist ein Merkmal einer umfassenden Definition im Bereich der Rede, dass sie „dem üblichen […] oder doch vor dem gesunden Menschenverstand vertretbaren […] Sprachgebrauch entsprechen [muss]".[406] Ausgehend von der in 41,1–48,3 erarbeiteten und jetzt anerkannten Meinung, dass keine Sünde ohne Willen bzw. ohne Zustimmungsvermögen (*assensio* 60,2) stattfinden kann, und Augustins Zugeständnis, dass kleine Kinder keinen Willen hätten, schließt Julian unter Berufung auf die Logik (*non ego, sed ratio concludit*), dass kleine Kinder keine Sünde haben können. Er greift hier auf die Abhandlung über das *peccatum* in 41,1–48,3 zurück, wo er bereits gezeigt hatte, dass man von einem Willen und damit von einer Sünde erst ab einem gewissen

---

[402] Ebenso Hieronymus in *epist.* 112,14, einem Brief, den Julian möglicherweise auch kannte (cf. Kommentar zu 33,1–8).
[403] Cf. Lukas, Rhetorik 25 sq.
[404] Cf. Opelt, Schimpfwörter 147.
[405] Cf. Opelt, Streitschriften 108.
[406] Lausberg, Handbuch 77. Lausberg nimmt ib. u. a. auf Cic. *inu.* 2,53 Bezug, der dort eine Definition nennt, die im Einklang mit der Ansicht der Allgemeinheit steht.

Alter sprechen könne. Zum Begriff *assensio* cf. Hinführung. 2.2.1.2; Kommentar zu 46,1–47,10 und 79,6–80,8. Zur vorliegenden Schlussfolgerung cf. Kommentar zu 48,3–13.

60,3 sq. *tu autem concedis nihil fuisse in paruulis propriae uoluntatis*: Julian verwendet gelegentlich das Perfekt zum Ausdruck des Präsens. Dieser Umgang mit den beiden Tempora findet sich auch bei Tertullian.[407]

Möglicherweise handelt es sich hier um eine Anspielung auf *nupt. et conc.* 2,45 (p. 298, l. 19 sq.): *ad omnia ista huic respondet apostolus, qui neque uoluntatem arguit paruuli, quae propria in illo nondum est ad peccandum* [...] oder *nupt. et conc.* 1,22 (p. 236, l. 2 sq.): *nullum autem peccatum paruuli in sua uita proprium commiserunt*.

60,5 *nequaquam* – 8 *deum*: Julian spielt hier auf *nupt. et conc.* 2,4 (p. 256, l. 14–17; 52,13–16) an. Zu der polemischen Schlussfolgerung, die kleinen Kinder brächten Gott in Verruf, wenn sie aufgrund der Erbsünde getauft würden, cf. Kommentar zu 48,3–44 und 55,1–56,3. Wie in 50,11–22 stellt Julian hier sein Kontrastbild zur Taufe dem „Augustins" gegenüber (cf. Kommentar zu 53,30–38). Zu den *dona spiritalia* cf. Kommentar zu 94,48–95,11.

61,1 originale autem peccatum – 5 perseuerat.
Der Textabschnitt dient als Überleitung zum nächsten Argumentationspunkt, in dem Julian seine Argumentation aus *Turb.*, Augustinus verurteile die Ehe, verteidigt. Julian verknüpft die Erbsünde eng mit dem Körper des Menschen, da Augustinus als Hinweis auf ihre Existenz insbesondere die Unkontrollierbarkeit der *concupiscentia carnis* anführt (cf. Hinführung. 2.2.2.3). Da der Körper mit seinen Funktionen unveränderlich von Gott geschaffen ist, muss die Erbsünde – als Teil seiner Substanz – von ihm nicht mehr wegzunehmen sein (cf. Hinführung. 2.2.1.1). Augustinus ist der Ansicht, dass die menschliche Natur seit dem Sündenfall beschädigt ist (z. B. *nupt. et conc.* 1,26; *ciu.* 12,3; 13,3), denkt diese Beschädigung jedoch als akzidentelle Veränderung der Natur zur *natura uitiata* (*nupt. et conc.* 2,57; cf. *nat. et gr.* 29; cf. Hinführung. 2.2.2.2 und 2.2.2.3).[408] Die Konsequenz, die Julian, indem er sein Konzept der menschlichen Natur zugrunde legt, unter Annahme der Existenz des *peccatum originale* zieht, ist, dass das *peccatum originale* notwendigerweise die sexuelle Begierde und damit auch die Ehe, die für die Zeugung von Kindern eingerichtet ist, als Übel verurteilen muss.[409]

---

407   Cf. Löfstedt, Sprache 23–25.
408   Cf. Lukken, Original 308–312; Lamberigts, Alternative 107 sq.; Söder, Natura 174 sq.
409   Cf. Lamberigts, Iulianus Aeclanensis 844 unter Heranziehung von *Turb.* 3, frg. 202 (= Iulian. A. c. Iul. 5,43) und *Turb.* 1, frg. 81 (= Iulian. A. nupt. et conc. 2,57).

61,1 *originale autem* – **3** *damnare potest*: Augustinus nennt in *nupt. et conc.* 1,1 (p. 211, l. 18–p. 212, l. 6) die Anschuldigung seiner Gegner, er verurteile mit seiner Lehre vom *peccatum originale*, d. h. aufgrund seiner negativen Sicht auf die *concupiscentia carnis*, das Gut der Ehe.

In *nupt. et conc.* 2,4 (p. 255, l. 24–p. 256, l. 9; **22,27–35** und p. 256, l. 9–17; **52,8–16**) schreibt Augustinus, diese Worte seien in den *Chartulae* nicht zitiert worden, weil sich in ihnen die Anschuldigung befunden hätte, Julian und seine Anhänger behaupteten, es gäbe keine Sünde, die in der Taufe von den Kleinkindern entfernt werde (*nupt. et conc.* 1,1; p. 212, l. 2 sq.). Julian geht hier also sowohl auf den Vorwurf in *nupt. et conc.* 2,4 (p. 255, l. 24–p. 256, l. 7) ein, den er bereits in **22,27–35** zitiert hatte, als auch auf dessen Fortsetzung in **52,8–16** (*nupt. et conc.* 2,4; p. 256, l. 9–17). Er entkräftet einerseits, dass er sich vor *nupt. et conc.* 1,1 (p. 212, l. 2 sq.) gefürchtet habe, und bestreitet andererseits, dass diese Passage hätte untermauern können, dass Augustinus kein *damnator nuptiarum* ist (cf. **61,2 sq.**: *nuptias* [...] *damnare potest*).

61,1 sq. *generatione primae natiuitatis*: Cf. *nupt. et conc.* 2,4 (p. 256, l. 14–17; **52,13–16**).

61,4 sq. *cui a principiorum causis inhaeserit*: Hiermit ist die Ursache der Erbsünde, nämlich die Geburt/*prima natiuitas*, gemeint. Cf. Hinführung. 2.2.1.2 und 2.2.1.4.

Zum Gebrauch von *ceterum* in **61,3**: Die Partikel *ceterum* korrespondiert hier zu *quidem* und bedeutet „aber". Cf. Kommentar zu **57,3.7**; **68,9**; **129,3** und **130,8**.

2.2.4 Augustinus verurteilt mit dem *peccatum originale* die Ehe, die menschliche Natur und Gott als Schöpfer der Menschen (**62,1–66,14**)

Julian zieht in **62,1–63,9** den Schluss, Augustinus verurteile die Ehe und verteidige eine *natura diabolica* der Menschen. In **64,1–35** erläutert er, weshalb er zu den von ihm zusammengestellten Zitaten aus *nupt. et conc.* 1,1,9 sq.14 sq. in *Turb.* zurückgekehrt ist, wie Augustinus in *nupt. et conc.* 2,5 (p. 256, l. 18–23; **52,16–22**) angemerkt hatte. Er zitiert dazu aus *Turb.* in **64,8–20**. In **65,1–66,11** bestätigt er seine Argumentation aus *Turb.* und schließt den Abschnitt mit dem Manichäismus- bzw. Traduzianismusvorwurf ab (**66,11–14**).

62,1 *nullam itaque tibi calumniam* – **5** *intuemur*.
Julian richtet sich hier weiterhin gegen Augustins Anschuldigung in *nupt. et conc.* 1,1 (p. 211, l. 18–p. 212, l. 6), auf die Augustinus in *nupt. et conc.* 2,4 (p. 255, l. 24–p. 256, l. 9; **22,27–37**) verweist (cf. Kommentar zu **61,1–5**). Er greift dessen Wortlaut aus *nupt. et conc.* 1,1 (p. 212, l. 1–6) auf ([...] *isti nouelli et peruersi dogmatis adsertores, qui nihil peccati esse in paruulis dicunt, quod lauacro rege-*

nerationis abluatur, tamquam damnemus nuptias et tamquam opus dei hoc est hominem qui ex illis nascitur, opus diaboli esse dicamus, infideliter uel imperite calumniantur [...] (cf. *nupt. et conc.* 2,4; p. 256, l. 3–7; 22,30–35)) und streicht heraus, dass es sich bei seinen Worten nicht um gehaltlose Schmähungen handle. Er beruft sich hier, wie bereits in 60,1–5, auf die Logik seiner Schlussfolgerungen, wie er sie in 62,5–63,9 vorführen wird. Um Augustins Ansichten desavouieren zu können, muss er jedoch seinen eigenen Begriff der menschlichen Natur voraussetzen. Cf. auch Hinführung. 3.3.1; cf. Kommentar zu 48,3–44; 55,1–56,3; 106,1–21. Zu *sollicitus* in der Bedeutung von „sorgfältig" cf. Kommentar zu 34,3 sq.

62,5 numquam sunt – 7 ad ius daemonis pertinere
Julian bildet hier einen Kettenschluss nach dem Schema ¬A1→¬A2; A1→A3; es gilt aber A2, also folgt A3: Keine Ehe (A2) ohne *commixtio* (A1); was aus *commixtio* entsteht (A1), steht unter der Macht des *diabolus* (A3). → Die Ehe steht unter der Macht des Teufels.[410]

Es liegt hier das Verständnis zugrunde, dass die Ehe zur Fortpflanzung eingerichtet worden ist, die wiederum den Geschlechtsverkehr notwendig macht. Wenn das aber gilt und man gleichzeitig die Prämisse annimmt, alles, was aus der Zeugung hervorgehe, sei unter dem *ius diaboli*, muss auch die Ehe als Institution zum *ius diaboli* gehören. Hierbei missachtet Julian Augustins Unterscheidung der Fortpflanzung im Rahmen der Ehe einerseits und der sexuellen Begierde andererseits. Während erstere für Augustinus ein Gut ist, ist es letztere, die seit dem Sündenfall zum Problem geworden ist (cf. A. *nupt. et conc.* 1,5; 2,54).[411]

Es war ein argumentatives Ziel in *Turb.* nachzuweisen, dass Augustins Ansichten über die sexuelle Begierde, die er in *nupt. et conc.* 1 geäußert hatte, die Institution der Ehe verurteilen.[412] Cf. Kommentar zu 61,1–5 und z. B. *Turb.* 2, frg. 135 (= Iulian. A. *c. Iul.* 4,56): *si non sunt* (inquis) *nuptiae sine libidine, et generaliter a uobis libido damnatur, damnatis et nuptias*. Cf. Hinführung. 2.2.1.2; 2.2.2.2 und 2.2.2.3.

62,6 sq. tu dicis – ad diabolum pertinere: Cf. Augustins Aussage in *nupt. et conc.* 1,1 (p. 211, l. 9–15), die in den *Chartulae* verkürzt zitiert ist und in dieser verkürzten Version wiederum in *nupt. et conc.* 2,3 (p. 255, l. 1–6; 22,4–9) und ib.

---

410 Es handelt sich hierbei um eine zweimalige Ausführung des ersten unbeweisbaren Syllogismus der Stoiker, wobei bei der ersten Ausführung (¬A1→¬A2) die Prämissen negiert sind (cf. Uhle, Dialektik 7).
411 Cf. van Geest, Nuptiae 255 sq.; Lössl, Nuptiis 264–266.
412 Cf. Lamberigts, Iulianus Aeclanensis 844, cf. auch id., Plea 20 sq.

2,5 (p. 256, l. 19–22; 52,18–21) zitiert wird. Augustinus wirft Julian in *nupt. et conc.* 2,5 vor, er sei zu dem Zitat aus *nupt. et conc.* 1,1 zurückgekehrt, ohne dass ihm deutlich geworden wäre, weshalb (cf. Kommentar zu 52,16–33). Er unterstellt Julian damit, dass er die Zitate aus *nupt. et conc.* 1,1 aus dem Kontext gerissen und für seine Argumentation passend angeordnet habe.

63,1 dicis trahi naturae condicione peccatum – 9 in regno diaboli est.
Julian dürfte hier auf Augustins Interpretation von *Rm* 5,12 anspielen, wenn er davon spricht, dass sich das Böse durch den Willen des ersten Menschen im *peccatum originale* manifestiert habe (cf. *nupt. et conc.* 2,3; p. 255, l. 6–16; 22,9–18). Da in *nupt. et conc.* 2,3 jedoch noch nicht von der *uoluntas* Adams die Rede ist, spielt er möglicherweise auch auf *nupt. et conc.* 2,15 (p. 266, l. 21–p. 267, l. 2) an: *sic enim „per unum hominem peccatum intrauit in mundum et per peccatum mors, et ita in omnes homines pertransiit, in quo omnes peccauerunt [Rm 5,12]." per unius illius uoluntatem malam omnes in eo peccauerunt, quando omnes ille unus fuerunt, de quo propterea singuli peccatum originale traxerunt.*[413] Auf den Sündenfall und die Konsequenzen, die Augustinus daraus zieht, kommt Julian u. a. ausführlicher im sechsten Buch (cf. z. B. 6,21) zu sprechen, und auch das zweite Buch beschäftigt sich mit der Sünde Adams, da es der Auslegung von *Rm* 5,12 gewidmet ist. Auffällig ist hier, dass Julian die Formulierung *regnum diaboli* verwendet, die er in Anlehnung an Augustins Aussage in *nupt. et conc.* 1,1 (p. 211, l. 14–18): […] *eosque de parentibus qualibuscumque nascantur non negamus adhuc esse sub diabolo, nisi renascantur in Christo et per eius gratiam de potestate eruti tenebrarum in regnum illius qui ex eadem sexus utriusque commixtione nasci noluit transferantur*[414] gebildet haben dürfte (cf. Kommentar zu 52,16–33).[415] Zum Verweis, später weitere Schlussfolgerungen zu ziehen oder Erläuterungen zu geben, cf. auch 113,14–114,7.

63,3 sq. *quod sine uerecundia mentiaris*: Cf. Hinführung. 3.2 und Kommentar zu 67,18–33.

63,4 *sed quod ad praesentem locum spectat – 6 sine ambiguitate definias*: Wie in 60,4 sq. und 62,1–5 macht Julian hier auf die Logik seiner Schlussfolgerun-

---

413 Übers.: „So nämlich ‚trat durch einen Menschen die Sünde in die Welt ein und durch die Sünde der Tod und ging so auf alle Menschen über, in dem alle gesündigt haben [*Rm* 5,12].' Durch den Willen dieses einen Menschen haben alle in ihm gesündigt, weil alle jener eine waren, von dem daher auch jeder einzelne Schuld für die Ursünde erhält." Cf. auch *nupt. et conc.* 2,50 (p. 305, l. 21–23): *malum autem non esset in paruulis, nisi uoluntate primi hominis peccaretur et origine uitiata peccatum originale traheretur.*
414 Das Zitat enhält eine Anspielung auf *Col.* 1,13: *qui eruit nos de potestate tenebrarum et transtulit in regnum filii caritatis suae* (cf. *nupt. et conc.* 2,5; p. 257, l. 6 sq.).
415 Cf. Drecoll, Manichaei 1151.

gen aufmerksam. Auch hier ist es seine Sicht auf die menschliche Natur, die ihm die Schlussfolgerung überhaupt ermöglicht (cf. dazu Kommentar zu 61,1–62,5). Während er in 62,1–8 gefolgert hatte, dass die Behauptung, alles, was aus der *commixtio* entstehe, gehöre zum *ius diaboli*, die Institution der Ehe verurteile, schließt er aus derselben Behauptung nun, dass Augustinus von einer *natura diabolica* ausgehe. Wenn alle Kinder aufgrund des *peccatum originale* im *ius diaboli* sind, und dieses *peccatum* unwiederbringlich an ihnen haftet, dann muss ihre Natur selbst teuflisch sein. Dieses Argument findet sich bereits in *Turb.*, wo Julian darauf schließt, der Teufel müsse in Augustins Weltbild der Schöpfer der Menschen sein (cf. z. B. *Turb.* 1, frg. 23a = Iulian. A. *c. Iul.* 3,16 sq.; ib. frg. 30 = Iulian. A. *c. Iul. imp.* 4,7,1–10). Cf. 109,16–18.

Julian verschärft Augustins Aussagen über die Zugehörigkeit der kleinen Kinder zum *regnum diaboli* dadurch, dass er sie paraphrasiert. Während Augustinus mit seinen Formulierungen *sub diabolo esse* (cf. *nupt. et conc.* 1,1; p. 211, l. 15; cf. *nupt. et conc.* 2,5; p. 256, l. 21; 52,20) oder *eruti de potestate tenebrarum* (cf. *nupt. et conc.* 1,1; p. 211, l. 16; cf. *nupt. et conc.* 2,5; p. 257, l. 1; 52,24 sq.) nicht direkt von Besitz spricht, gibt Julian diese Aussagen wieder mit *ad diabolum pertinere* (62,7) oder *homo a diabolo possidetur* (63,7). Der Schluss, den er hier zieht, ist, dass die menschliche Natur vom Bösen abstammen muss, wenn man Augustins Aussagen weiterdenkt. Dass Julian diese Feststellung macht, nützt ihm auch für die weitere Argumentation im Hinblick auf die Auslegung von *Rm* 7,23–25 (67,1–70,12), die er gegen Augustins Sichtweise auf die menschliche Natur ausrichtet (cf. z. B. 67,52–55.59–63.67 sq.).

64,1 si igitur legas – 6 asseri solet.
Julian greift hier Augustins Worte aus *nupt. et conc.* 2,5 (p. 256, l. 18–23; 52,16–22) auf, wo dieser sich darüber gewundert hatte, weshalb in den *Chartulae* nochmals das Zitat aus *nupt. et conc.* 1,1 (p. 211, l. 9 sq.14 sq.) angebracht worden sei, das auch schon zuvor genannt worden war (cf. *nupt. et conc.* 2,3; p. 255, l. 1–6; 22,4–9). Er bringt in 64,8–20 ein Zitat aus *Turb.* an, um zu erklären, weshalb er auf *nupt. et conc.* 1,1 (p. 211, l. 9 sq.14 sq.) zurückgekommen ist. In 64,1–6 erläutert er den Kontext dieses folgenden *Turb.*-Zitats. Cf. Kommentar zu 52,16–33; zum Verweis darauf, Augustinus solle *Turb.* lesen, cf. Kommentar zu 16,1–11 und cf. 23,1–13; 67,28–32; cf. 67,104–68,1; 70,1–4; 71,19 sq.

Die Zeilen **64,2–6** sind von De Coninck als Fragment aufgenommen worden: *Turb.* 1, frg. 14b. Cf. dazu auch Julians Aussage in *Turb.* 1, frg. 66b (= Iulian. A. *nupt. et conc.* 2,38; p. 291, l. 24–26).

64,5 sq. *et quod a catholicis et quod a Manicheis asseri solet*: Julian hatte Augustinus in seiner Einleitung von *Turb.* unterstellt, er wolle die Menschen durch die Etikettierung von traditionellen christlichen Standpunkten (wie z. B.

dem, dass Gott der Schöpfer ist) als „pelagianisch/caelestianisch" dazu bringen, dass sie sich für Augustins Seite entschieden (cf. Kommentar zu 73,23–42). Wenn er hier erwähnt, er hätte in *Turb.* festgestellt, dass Augustinus sowohl katholische als auch manichäische Ansichten vertrete, dürfte dies auch im Zusammenhang mit dem genannten Vorwurf einer Täuschungsabsicht Augustins zu sehen sein. Gerade die Tatsache, dass sich sowohl katholische als auch manichäische Äußerungen bei Augustinus finden lassen, könnte Julian als Taktik Augustins interpretiert haben, Christen vom Manichäismus zu überzeugen. Des Weiteren scheint sein Zitat aus *Turb.* (64,8–20) zu zeigen, dass Julian durch die Anführung von katholischem und manichäischem Gedankengut in Augustins Schriften dessen Widersprüchlichkeit vorführen wollte (cf. Kommentar zu 64,8–26). Cf. Hinführung. 3.2.

64,6 est itaque – 8 mentitus es
Julian leitet hier ein Selbstzitat aus *Turb.* ein (64,8–20), das zu Augustins Worten in *nupt. et conc.* 1,1 (p. 211, l. 9 sq.14–18) hinführt. Bruckner rechnet auch die Zeilen 64,20–35 noch zum Zitat aus *Turb.*, was jedoch aufgrund der Tatsache, dass Julian hier direkt auf Augustins Zitationsvorwürfe eingeht, nicht plausibel erscheint.[416] Cf. Kommentar zu 52,16–33. Cf. auch Kommentar zu 64,20–26.

Mit der Bezeichnung als *sycophanta*, der sich in der Komödie (z. B. Ter. *Haut.* prol. 38;[417] Plaut. *Amph.* 506; *Poen.* 376; *Curcul.* 463) findet und in die Polemik gegenüber Häretikern übergegangen ist,[418] unterstellt Julian Augustinus, es ginge ihm darum, mit allen Mitteln die Debatte mit ihm zu gewinnen. In diesem Wort schwingt zum einen die Bedeutung des Lügners, zum andern aber auch der Kontext des Streitgesprächs mit, denn es ist ein typisches Merkmal im eristischen Streitgespräch, als Sieger aus dem Wettstreit gehen bzw. den Gegner mundtot machen zu wollen (cf. Hinführung. 1.4).[419]

64,8 „scio me magna pollicitum – 20 astruere."
Primmer stellt fest, dass in der Edition von Zelzer hier das Zitat aus *Turb.*

---

416 Cf. Bruckner, Bücher 27.
417 Cf. Lössl, Julian 94.
418 Opelt, Polemik 243: „*Sycophanta* schleudert Prudentius gegen einen Häretiker, während es in der Komödie meist dem Sklaven als ,Aufschneider', ,Lügengeschichtenerzähler', nur vereinzelt dem Sykophanten im attischen Sinne gilt." Das Wort findet sich z. B. auch bei Hieronymus (id. *epist.* 129,5; cf. Opelt, Polemik 194 unter Verweis auf ead., Schimpfwörter 282; cf. auch ead., Schimpfwörter 101 sq.). Cf. auch Opelt, Polemik 172.229.
419 Cf. Erler, Streitgesang 85 sq. und id., Gesprächsstrategie 286.

nicht angegeben worden ist (= *Turb.* 1, frg. 15b).[420] Julian wollte Augustinus offenbar widersprüchliche Behauptungen nachweisen, nämlich, dass er in *nupt. et conc.* 1 einerseits schreibe, die Kinder seien das Werk Gottes, und andererseits aber, dass alles, was aus der Fortpflanzung in der Ehe hervorgehe, im Besitz des Teufels sei.

64,8 sq. *scio me magna pollicitum, id est ut de aduersarii sermonibus approbarem*: Im klassischen Latein folgt auf das Verb *polliceri* eher selten eine Konstruktion mit Finalsatz, sondern für gewöhnlich der AcI.[421]

64,9 sq. *qui homines opus dei negant*: Cf. Julians Worte in seiner Einleitung zu *Turb.* (cf. Kommentar zu **73,23–42**; zitiert von Augustinus cf. *nupt. et conc.* 2,7, p. 259, l. 2–4; **73,17–19**): *nam si quis aut liberum in hominibus arbitrium aut deum esse nascentium conditorem dixerit, Caelestianus et Pelagianus uocatur.*

64,11 *peculium diaboli*: Der Begriff *peculium* bezeichnet im Allgemeinen das Privateigentum, im engeren Sinne das Eigentum, das der *paterfamilias* den Mitgliedern der Familie zur freien Verfügung stellt;[422] im weiteren Sinne ist damit dann der Besitz irgendeiner Person gemeint, hier der des Teufels.[423]

64,14 *uerum id tota libri eius – 20 astruere*: Julian spielt mit der Aussage *ait enim opus esse diuinum homines – nascuntur et feminis* auf den ersten Satz aus *nupt. et conc.* 1,1 (p. 211, l. 5–9) an: *haeretici noui, dilectissime fili Valeri, qui medicinam Christi, qua peccata sanantur, carnaliter natis paruulis necessariam non esse contendunt, damnatores nos esse nuptiarum operisque diuini, quo ex maribus et feminis deus homines creat, inuidiosissime clamitant* [...], wo Augustinus die Anschuldigung, er bestreite, dass Gott der Schöpfer der Menschen sei, abtut. Dieser Abschnitt befand sich auch in den *Chartulae* (cf. **22,2–20**). Julian hat damit in *Turb.* gewissermaßen die „katholische" Sichtweise Augustins abgehandelt, von der er in **64,5 sq.** gesagt hatte, man fände sie ebenso wie die „manichäische" Sichtweise in *nupt. et conc.* 1. Um dazu einen Widerspruch aufzuzeigen, soll nun auch eine „manichäische" Ansicht aus dem Text Augustins angeführt werden (**64,18–20**). Dazu verwendet Julian offenbar *nupt. et conc.* 1,1 (p. 211, l. 9 sq.14–18). Cf. dazu Kommentar zu **64,6–8** und **64,20–26**. Cf. *Turb.* 1, frg. 15a (= Iulian. A. c. Iul. 3,7).

---

420 Cf. Primmer, Rhythmus 1, 197.
421 Cf. Kühner/Stegmann, II,2, 222.
422 Cf. TLL 10,1, p. 929, l. 21–29.
423 Cf. TLL 10,1, p. 933, l. 7–11.

64,20 quibus dictis – 26 transferantur."
Julian kommentiert hier das soeben von ihm zitierte Fragment aus *Turb.* (64,8–20) und hebt hervor, dass er dort im Anschluss Augustins Worte in *nupt. et conc.* 1,1 (p. 211, l. 9 sq.14–18) besprochen habe. Er erklärt damit, weshalb er in *Turb.* zu dem Abschnitt zurückgekommen ist (cf. **64,1–6**; cf. *nupt. et conc.* 2,5; p. 256, l. 18–23; 52,16–22). Zur Gestalt der *Chartulae* cf. Kommentar zu **17,4 sq.**

64,26 cur ergo putes – 32 in foedera conuenire?
Julian klagt Augustinus an, er habe mit der Aussage (*sententia* cf. **64,16.28**) in *nupt. et conc.* 1,1 (p. 211, l. 7–9) [...] *damnatores nos esse nuptiarum operisque diuini, quo ex maribus et feminis deus homines creat, inuidiosissime clamitant* [...] vergeblich versucht, seinen Manichäismus zu kaschieren (cf. Kommentar zu **64,14–20**). In **64,12–14** nennt es Julian als ein Ziel von *Turb.*, mit der Widerlegung Augustins, des vermeintlichen Verteidigers der Manichäer, auch die Ansichten der Manichäer zu widerlegen. In **64,29 sq.** spricht er nun davon, dass man in Anbetracht der offensichtlichen Widersprüche von Augustins Aussagen nicht einmal mehr davon sprechen könne, er verteidige den Manichäismus, sondern er damit vielmehr seine Dummheit beweise (cf. auch **86,1–4**; **129,1–3**; **136,1–11**). „Augustinus" glaubt an einen Gott, der zwar der Schöpfer der Menschen ist, diese jedoch aufgrund einer Sünde, für die sie selbst nicht verantwortlich sind, verurteilt. Cf. Kommentar zu **109,8–141,22**.

Calliphon sah laut Ciceros Angaben die *honestas* in Verbindung mit der *uoluptas* (z. B. Cic. *off.* 3,119; *Tusc.* 5,85; *fin.* 2,19.35; Lact. *inst.* 3,7,7)[424] als das größte Gut an. Für Julian bedeutet diese Verbindung anscheinend eine von *uirtus* und *uitium*, die sich gegenseitig ausschließen. Auch hier rekurriert er also auf den Satz vom Widerspruch (cf. Kommentar zu **57,1–19**). Cf. Hinführung. 3.2 und 3.3.1.

64,32 quod autem ait – 35 innotescet!
Augustinus wirft Julian in *nupt. et conc.* 2,5 (p. 256, l. 18–p. 257, l. 9) vor, er habe, nachdem er *nupt. et conc.* 1,1 (p. 211, l. 9 sq.14 sq.) zitiert hatte, absichtlich das Satzende in *nupt. et conc.* 1,1 (p. 211, l. 16–18) ausgelassen, da dort in einer Anspielung auf *Col* 1,13 gestanden habe, dass Kleinkinder durch die Taufgnade dem *regnum tenebrarum* entrissen würden. Julian schreibt, er habe im vierten Buch von *Ad Turbantium* diese Bibelstelle ausgelegt. Dies lässt sich aus Augustins sechstem Buch *Contra Iulianum*, das gegen das vierte Buch von *Ad Turbantium* gerichtet ist, an mehreren Stellen erschließen. In *c. Iul.* 6,22 weist Augustinus

---

[424] Cf. Lössl, Julian 80 n. 25.

darauf hin, dass Julian *Col* 1,13 in Zusammenhang mit der Polemik, Augustinus hetze das Volk auf (cf. *Turb.* 4, frg. 251 = Iulian. A. *c. Iul.* 6,22), erwähnt. In *c. Iul.* 6,3 schreibt er zudem, dass Julian bereits in *Turb.* versucht habe, ihm unter Heranziehung einer Paraphrase von *nupt. et conc.* 1,1 (p. 211, l. 9 sq.14–18) nachzuweisen, dass er behaupte, die Welt stehe unter der Macht des Teufels. Des Weiteren erklärt Augustinus Julian in *c. Iul.* 6,33, dass in *Col* 1,13 auch die Kleinkinder angesprochen seien. Dies deutet darauf hin, dass Julian *Col* 1,13 in Bezug auf sündige Erwachsene verstanden haben könnte.

65,1 argui – 7 transcribi.
Zur Folgerung, Augustinus verurteile die Ehe, cf. Kommentar zu 62,5–7; zur Folgerung, der Geschlechtsverkehr ließe darauf schließen, die Menschen stünden unter der Macht des Teufels, cf. Kommentar zu 63,4–6. Cf. 109,16–18.

66,1 quam commixtionem – 4 de uirgine matre uoluisse.
Julian bezieht sich auf die Aussage in *nupt. et conc.* 1,1 (p. 211, l. 14–18), wo Augustinus schreibt, Christus habe nicht aus der geschlechtlichen Vereinigung entstehen wollen (cf. *nupt. et conc.* 2,5; p. 256, l. 23 sq.; cf. 52,22 sq.). Diese Aussage war in den *Chartulae* unter Auslassung der Anspielung auf *Col* 1,13 (cf. *nupt. et conc.* 1,1; p. 211, l. 16 sq.) auf das Zitat *nupt. et conc.* 1,1 (p. 211, l. 9 sq.14 sq.) gefolgt (cf. Kommentar zu 52,16–33; 64,32–35). Im vierten Buch von *Ad Florum* (4,51–61) erläutert Julian seine Interpretation der Geburt Christi durch die Jungfrau Maria. Für Julian hat die Tatsache, dass Christus von einer Jungfrau geboren wurde, allein den Charakter eines Wunders (4,53). In Jesus herrschte demnach aufgrund seiner menschlichen Natur die *concupiscentia* genauso wie in jedem anderen Menschen, aber er war in der Lage, ihr zu widerstehen (4,57).[425] Augustinus hingegen sieht die Jungfräulichkeit Mariens als Indiz dafür, dass Christus frei vom *peccatum originale* war, da er nicht durch geschlechtliche Vereinigung in *concupiscentia* empfangen worden sei (*pecc. mer.* 1,5).[426] Cf. Hinführung. 2.2.2.3.

66,4 quid ergo umquam a quoquam – 11 hominum conditorem?
Julian hatte auch innerhalb der vorangehenden Argumentationen ab 52 immer wieder auf die Nähe zu den Manichäern hingewiesen (52,33–37; 59,6–10; im Kontext seines Zitates aus *Turb.*: 64,2–6.8–14.26–32). Er behauptet nun, Augustinus konstruiere ebenso wie die Manichäer einen Dualismus, wenn er als Sün-

---

[425] Cf. Lamberigts, Christologies 168 und ib. 173.
[426] Cf. Dodaro, Maria 1176 sq.

denlosigkeit der Menschen die Jungfrauengeburt voraussetze. Für ihn handelt es sich dann ebenfalls um zwei Mächte: Die eine ist der Erzeuger Christi, die andere derjenige, in dessen Gewalt die Kinder aus der menschlichen Zeugung sind. Die Manichäer jedoch vertraten nicht die Meinung, dass sich die beiden Mächte um die Menschheit gestritten hätten. Die Menschheit ist gerade das Ergebnis des Kampfes zwischen Licht und Dunkel. Der Vergleich funktioniert auf der äußersten Ebene, nämlich im Hinblick auf das Vorhandensein zweier „Mächte" im Weltbild Augustins, jedoch ist auch hier zu betonen, dass dieser das Böse nicht substantiell verstand, sondern als eine *priuatio boni*. An dieser Stelle wird demnach deutlich, dass Julian die Ansichten Augustins und der Manichäer reduzieren muss, um einen Vergleich aufstellen zu können. Cf. Hinführung. 3.2.1; 3.3.1 und 2.2.2.3.

Wie in **49,1–20** zielt Julian hier darauf ab zu zeigen, dass Augustins Gott sehr schwach sein muss (**66,9–11**). Hinsichtlich des Vergleichs mit dem manichäischen Gottesbild in **49**, wo sich erwiesen hatte, dass „Augustins" Gottesbild noch schlimmer als das der Manichäer ist, schließt Julian hier jedoch lediglich darauf, dass Augustinus abstreite, Gott sei der Schöpfer der Menschen. Dies dürfte im Kontext der Argumentation aus *Turb.* zu verstehen sein, dem Julian sich hier widmet (**64,1–65,7**). In *Turb.* wollte er u. a. Augustinus nachweisen, er behaupte, der Teufel sei der Schöpfer der Menschen (cf. Kommentar zu **63,4–6**; cf. **109,16–18**).

66,4 *quid ergo umquam* – **6** *duo*: Zelzer entscheidet sich in ihrer Ausgabe hier mit den Handschriften T pc., L, M und Migne für *quod* anstelle von *quo*.[427] Der Inhalt von Augustins vermeintlicher Aussage ist jedoch nicht, dass er sich zwei Herrscher ausgedacht habe, sondern dass er gemäß Julians polemischer Verkürzung gesagt habe, dass angeblich dem Teufel gehöre, was aus der Ehe entstünde, Christus aber als einziger ein Geschöpf Gottes sei. Mit *ut diceres – peperisset* (**66,7–9**) erläutert er also den Inhalt des *hoc* in **66,5**. Im Relativsatz **66,5** *quo* – **7** *separasti* wird somit erklärt, was die nachgestellte (*diceres* greift das *dici* in **66,5** wieder auf), polemisch überspitzte Aussage Augustins als Weltbild wirklich nach sich zieht. Dementsprechend entscheide ich mich hier mit den Handschriften C und G für *quo* (ebenso *Kal.*).

66,7 *ut diceres diaboli esse* – **9** *peperisset*: Cf. *nupt. et conc.* 1,1 (p. 211, l. 14–18) und *nupt. et conc.* 2,5 (p. 256, l. 18–p. 257, l. 9; **52,16–33**).

66,9 *fecundatorem*: Dieses Wort findet sich außer bei Julian noch bei Augustinus, s. Dolbeau 22,19 und bei Fulgentius Mythographus (*Fulg. aet. mund.* p. 151,17), der jedoch erst im 5./6. Jahrhundert seine Werke geschrieben hat.[428]

---

[427] Zu den anderen Editionen cf. den kritischen Apparat zu dieser Stelle.
[428] Cf. TLL 6,1, p. 414, l. 31–34; Schneider, Fulgentius 240 sq.

KOMMENTAR   351

66,9 *quid est aliud* – **11** *hominum conditorem*: In Julians polemischer Interpretation hat Augustinus gezeigt, dass Gott aufgrund der Tatsache, dass nur ein einziger Mensch, nämlich Christus, von einer Jungfrau geboren worden ist, außer ihm keinen Menschen sein Eigen nennen kann. Zugleich hat er gezeigt, dass derselbe Schöpfer nicht der Schöpfer der restlichen Menschheit sein kann. Die Argumentationslinie läuft dabei folgendermaßen: Wenn Beischlaf verwerflich ist, ist die Ehe schlecht, und das, was aus ihr erwächst, gehört dem Teufel. Es gelte, dass Beischlaf verwerflich ist: Wer aus der Ehe hervorgeht, ist Besitz des Teufels (cf. Kommentar zu **62,5–7**); wer hingegen von einer Jungfrau geboren ist, ist Besitz Gottes. Christus ist als einziger von einer Jungfrau geboren, daraus folgt, dass Gott alleine der Schöpfer Christi ist. Alle anderen Menschen sind aus einer Ehe (= verwerflichem Beischlaf) hervorgegangen; daraus folgt, dass sie dem Teufel gehören.

66,11 teneat igitur – 14 commixtionem legitimi damnasse coniugii.
Für die Manichäer ist die *concupiscentia* die Triebkraft des Bösen; in *ep. Men.* fr. 2,4 (Stein, *Manichaica* 1, 16) wird sie in Anlehnung an 1 *Tm* 6,10 als *radix omnium malorum* bezeichnet. Auch bei Serapion von Thmuis findet sich dieser Ausdruck und er taucht auch sonst in manichäischer und antimanichäischer Literatur auf.[429] Bei Theodoret im *Haereticarum fabularum compendium* wird die Lehre von den zwei Grundwurzeln mit dem Bild des guten und des schlechten Baumes gleichgesetzt, dessen sich u.a. der Manichäer Felix in Fel. A. c. Fel. 2,2 bedient.[430] In 4,38 beschreibt Julian, dass die Manichäer die *concupiscentia* nicht für ein Werk Gottes halten. Die Manichäer lehnen die Ehe deshalb ab, da sie wegen der Fortpflanzung geschlossen wird.[431] Sie sind der Ansicht,

---

[429] Serapion nennt in einem manichäischen Zitat, zwei Grundwurzeln, eine des Guten und eine des Schlechten, Serap. *adu. Man.* 26,8–13: ἀγαθὸς μὲν ἦν ὁ θεός, φησί, πονηρὸς δὲ ὁ Σατανᾶς. καὶ ἦν πονηρὸς καὶ οὔτε ποτὲ οὐκ ἦν· ἀεὶ γὰρ ἦν καὶ οὐκ ἀπό τινος ἦν. ἦν γὰρ καὶ ῥίζα ἦν, φησί. καὶ ἦν κύριος καὶ αὐτὸς ⟨καλὸς⟩ ἦν καὶ ῥίζα ἦν καὶ ῥίζα καλὴ καὶ ῥίζα καλῶν καὶ πᾶν καλὸν ἀπὸ τούτου ἐξῆλθε. δύο γὰρ ἦσαν ῥίζαι καὶ δύο προῆλθον πρόοδοι, αἱ πρόοδοι κατάλληλαι ταῖς ῥίζαις. Übers. Fitschen, *Serapion* 174: „'Gut war Gott', heißt es, 'schlecht aber der Satan. Er war schlecht und war nicht einstmals nicht. Er war immer und war nicht von jemandem. Er war nämlich und war eine Grundwurzel' heißt es. 'Und da war der Herr und der war gut, und er war eine Grundwurzel, und zwar eine gute Grundwurzel, eine Grundwurzel der guten Dinge, und jedes Gute ging von ihm aus. Es waren also zwei Grundwurzeln, und die zwei Auswüchse gingen hervor, Auswüchse entsprechend den Grundwurzeln.'" Fitschen nennt neben Serapion u.a. die *Acta Archelai* (*Act. Arch.* 19,3) als Quellen, die ebenfalls von den zwei Wurzeln im manichäischen Kontext sprechen (cf. Fitschen, *Serapion* 38).
[430] Cf. Fitschen, *Serapion* 38.
[431] Evans, *Pelagian* 238 sq.: „In marriage and procreation bodies are inescapably involved, and to take the view that marriage is an evil, or that it was impossible that Christ should have

dass man enthaltsam leben müsse, da durch die Fortpflanzung göttliche Substanz, die der Mensch durch Nahrung aufnimmt, an Fleisch gebunden werde (cf. A. *haer.* 46,13). Julian rückt Augustinus daher mit seinen Vorwürfen näher an den Manichäismus heran.[432] Cf. Hinführung. 3.2.1.2. Zum Begriff *Traduciani* cf. Kommentar zu 6,2. Zum Einbezug des Lesers: Cf. Kommentar zu 13,1–11; cf. 101,1 sq.; 106,1–4; 114,4–7 und Hinführung. 1.4 und 3.1.

    66,12 *cirographum*: Julian versteht hier unter *cirographum* die Ansichten, die sich aus Augustins Worten in *nupt. et conc.*, die er in *Turb.* und *Flor.* dargestellt hat, herausfiltern lassen.[433]

---

    had a real physical body, was entirely in keeping with the Manichean view that matter is evil. The doctrine of original sin seemed to Julian to involve the acceptance of the idea that human nature is intrinsically sinful, and the concomittant view that that sinfulness lies in the material nature of man, that the body is evil because it is a material thing."
432   Cf. Lamberigts, Assessment 125–127.
433   Cf. TLL 3, p. 1009, l. 63–p. 1010, l. 28. Im christlichen Kontext findet sich der Begriff *cirographum* häufig in Anspielung auf *Col* 2,14 (cf. TLL 3, p. 1010, l. 29–64).

2.3 Es gibt keine Sünde von Natur aus – Widerlegung von nupt. et conc. 2,6 (67,1–72,25)

Julian zitiert nun lückenlos weiter (cf. Kommentar zu 22,2–37) aus *nupt. et conc.* 2, wo Augustinus die Bibelstelle *Rm* 7,24 bespricht. Er teilt *nupt. et conc.* 2,6 in drei Abschnitte, auf die er jeweils antwortet: *nupt. et conc.* 2,6 (p. 257, l. 10–24; 67,3–17), *nupt. et conc.* 2,6 (p. 257, l. 24–p. 258, l. 5; 69,1–6) sowie *nupt. et conc.* 2,6 (p. 258, l. 5–13; 71,2–9). In der Widerlegung des ersten Teiles geht er v. a. auf *Rm* 7,24 sq. ein (67,18–68,16), in der Widerlegung des zweiten und dritten Teiles eher auf *Rm* 7,23 (69,6–70,12; 71,9–72,25). Die Besprechung der ersten beiden Abschnitte von *nupt. et conc.* 2,6 beschäftigt sich mit der Exegese von *Rm* 7,23–25, wohingegen Julian im dritten Abschnitt v. a. auf Augustins Ausführungen zur *lex peccati*, von der in *Rm* 7,23 die Rede ist, und auf die Natürlichkeit der *concupiscentia* eingeht. Seine Widerlegung basiert demnach auf der Korrektur von Augustins Exegese und auf dessen argumentativer Entlarvung. Diese Reihenfolge ist günstig, da Julian somit zuerst zeigen kann, dass die Bibelstellen etwas anderes ausdrücken, als Augustinus meint, und dann mit der Widerlegung von Augustins Konzept der *lex peccati* zeigen kann, dass es ohnehin keinen Grund gäbe, einer so widersprüchlichen Ansicht Glauben zu schenken. In den Übergängen greift Julian auf Polemik zurück und führt Augustins Gedanken weiter, um sie zu desavouieren. Das Resümee in 72,1–25 zielt wie in 48,3–49,20 und 66,4–14 darauf ab, Augustins Gottesbild zu diskreditieren.

2.3.1 Was ist das *corpus mortis*? – Auslegung von *Rm* 7,23–25 (67,1–70,12)

Julian geht unter Beschuldigungen Augustins gegen die Anschuldigung an, er hätte in *Turb.* die Bibelstelle *Rm* 7,24 sq. absichtlich ausgelassen, auf die er, laut eigenen Angaben, am Ende des ersten Buches eingegangen ist (67,18–33). In 67,34–70,12 legt er *Rm* 7,23–25 ein weiteres Mal aus und wendet sich damit gegen *nupt. et conc.* 2,6 (p. 257, l. 10–24; 67,3–17) und *nupt. et conc.* 2,6 (p. 257, l. 24–p. 258, l. 5; 69,1–6). Dafür zieht er auch weitere Bibelstellen heran. Der Kern seiner Exegese ist es, dass mit dem *corpus mortis* die Gewohnheit zu sündigen gemeint ist und keine Erbsünde oder Sünde von Natur aus (67,36–40). Paulus schlüpft seiner Ansicht nach in die Rolle eines Juden, der sich von seinen Sünden nicht befreien kann. Er will zeigen, dass Christus der Weg aus den Sünden ist, von denen man sich trotz des Gesetzes nicht loslösen kann (67,40–47). Julian zieht *Tm* 1,15 sq. heran und zeigt damit, dass sich die Aussagen des Paulus nicht auf die Natur des Menschen, sondern auf ihren Charakter beziehen (67,47–56). Seine Folgerung aus *Rm* 2,4 sq. (67,57–59) ist, dass Gott auf die Bekehrung der Menschen wartet und diese von den Menschen selbst vollzogen werden muss. Was nicht in der eigenen Macht liegt, kann auch nicht als Sünde angerechnet werden; die Sündenvergebung in der Taufe ist ein notwendiger Bestandteil zu einem guten Leben (67,56–75). Julian geht auf die Eigentümlichkeit der biblischen Formulierungen ein (Gebrauch des Begriffes *membra* bei Paulus; 67,75–68,1), um zu zeigen, dass Augustins Auslegung, mit dem „Gesetz in den Gliedern" sei die *concupiscentia* gemeint, nicht richtig ist. Er schließt den Abschnitt mit einem polemischen Angriff auf Augustinus und dessen Eltern (68,5–13) und führt zum nächsten Zitat aus *nupt. et conc.* 2,6 (p. 257, l. 24–p. 258, l. 5; 69,1–6) hin. Bei der Beantwortung von letzterem Zitat geht er auf *Rm* 7,23 ein (69,6–29) und wirft Augustinus ein manichäisches Bibelverständnis vor (cf. 69,29–37). Den Abschnitt schließt er in 70,1–12 mit einer Zusammenfassung der gegen Augustinus angeführten Punkte ab.

Seine Auslegung vollzieht er im vorliegenden Abschnitt nicht vollständig in der dritten Person, so wie in 131,3–135,10 und 138,1–141,18. Stattdessen wechseln sich hier Passagen in dritter Person mit Apostrophen an Augustinus ab: In 67,34–52 erläutert er zunächst in der dritten Person (ebenso 67,56–74; ebenfalls 69,6–29), spricht jedoch in 67,52–56 wieder Augustinus direkt an (ebenso 67,75–84). Die Widerlegung umfasst eine Mischung aus Polemik, Exegese und Julians philosophischen Ansichten. Julians Auslegung von *Rm* 7,23–25 weist dabei Ähnlichkeiten zur Römerbriefauslegung von Pelagius, Origenes/Rufinus und Johannes Chrysostomus auf. Mit Pelagius und Origenes/Rufinus hat Julian insbesondere gemeinsam, dass er die Macht der Gewohnheit beim Sündigen hervorhebt, und wie Johannes Chrysostomus verteidigt Julian die Willensfreiheit.

2.3.1.1 „*Julian bestreitet die* concupiscentia *als Folge der Sünde Adams*" – nupt. et conc. 2,6 (67,3–17)

Wie im vorhergehenden Zitat *nupt. et conc.* 2,4 sq. (cf. Kommentar zu 52,8–33) fährt Augustinus nun mit der Korrektur der in den *Chartulae* zitierten Stellen aus *nupt. et conc.* 1 fort.

> 67,3–17 „post haec illud – fieri non potest."
> = *nupt. et conc.* 2,6 (p. 257, l. 10–24). In den *Chartulae* folgt auf die Zusammenstellung von *nupt. et conc.* 1,1 (p. 211, l. 9 sq. 14 sq. 17 sq.; cf. *nupt. et conc.* 2,5; p. 256, l. 18–p. 257, l. 2; 52,16–26) nach Augustins Angaben *nupt. et conc.* 1,1 (p. 212, l. 15–18). Dort schreibt er: Die *concupiscentia carnis* wäre nicht anrüchig, wenn Adam nicht gesündigt hätte. Die Ehe gäbe es aber auch dann, wenn Adam nicht gesündigt hätte. Nur geschähe dann die Zeugung der Nachkommen ohne die Unruhe stiftende *concupiscentia* (*nupt. et conc.* 1,1; p. 212, l. 15–18).

In Augustins Augen hat Julian dabei absichtlich die Worte: *in corpore uitae illius, sine quo nunc fieri non potest in corpore mortis huius* (*nupt. et conc.* 1,1; p. 212, l. 18 sq.) ausgelassen, da mit der Formulierung *in corpore mortis huius* auf *Rm* 7,24 sq. angespielt worden war: *miser ego homo, quis me liberabit de corpore mortis huius? gratia dei per Iesum Christum dominum nostrum.* Im Paradies gab es laut Augustinus noch keine *concupiscentia*, sodass es auch kein *corpus mortis* geben konnte. Er unterstellt Julian, er habe erkannt, dass *Rm* 7,24 sq. für Augustins Verständnis der *concupiscentia* spreche, und er dies nicht widerlegen könne. Cf. Hinführung. 2.2.2.3. Cf. Julians Antwort in 67,28–33; 67,104–68,1; 70,1–4.

Die Worte *nuptiae uero essent, etiamsi nemo peccasset* fügt Zelzer zwischen 67,6 *peccasset* und 67,6 *fieret* ein.[434] Sie finden sich jedoch in keiner der Handschriften von *c. Iul. imp.* und wurden von Zelzer aufgrund der Überlieferung in *nupt. et conc.* 2 dazugesetzt, wobei sie dort in den Handschriften T, S und W enthalten sind. Die gleichlautenden Satzenden in *peccasset* 67,6 und in der ausgelassenen Textzeile *nuptiae uero essent, etiamsi nemo peccasset* machen einen Augensprung wahrscheinlich. Ob dieser bereits bei der Verfassung von *Flor.* 1 entstanden ist oder erst bei der Abschrift von *c. Iul. imp.*, lässt sich nicht klären. In Julians Replik auf *nupt. et conc.* 2,6 (p. 257, l. 10–24; 67,3–17) in 67,18–68,16 lässt sich jedenfalls keine Anspielung auf diese Worte Augustins finden. Möglicherweise befand sich die Lücke auch bereits in der Abschrift von *nupt. et conc.* 2, die Julian verwendete. Aufgrund der Tatsache, dass die von Zelzer eingefügten Worte in keiner der für *Flor.* überlieferten Handschriften vorhanden sind, entscheide ich mich daher dafür, die Konjektur abzulehnen.

In 67,8–10 ist außerdem mit Primmer das erste *potest* zu streichen,[435] das ebenfalls durch einen Zeilensprung zustande gekommen sein könnte und weder in den Handschriften zu *nupt. et conc.* 1,1 (p. 212, l. 18 sq.) noch in den Handschriften zu *nupt. et conc.* 2,6 (p. 257, l. 15) überliefert ist.

---

434 Cf. auch Teske, Answer 92 und 154 n. 117.
435 Cf. Primmer, Rhythmus 1, 207 sq., cf. ebenso Teske, Answer 154 n. 118.

2.3.1.2 *Das* corpus mortis *ist nicht die* concupiscentia, *sondern die* consuetudo delinquendi – *Auslegung von* Rm 7,24 sq. (67,18–68,16)
67,18 tenes tu quidem consuetudinem tuam – 33 integra ualenti est responsione destructa.
Julian wirft Augustinus vor, er habe in *nupt. et conc.* 2,6 (p. 257, l. 10–20; 67,3–14) zu Unrecht behauptet, dass die Worte aus *Rm* 7,24 sq. von ihm aus Furcht nicht besprochen worden seien. Er betont, dass das Römerbriefzitat von ihm bereits in *Turb.* ausgelegt wurde. Julian meint mit *consuetudo* an dieser Stelle den von Augustinus in den von ihm aus *nupt. et conc.* 2 zitierten wiederholten Vorwurf, er habe Teile aus *nupt. et conc.* 1,1 nicht exakt zitiert und v. a. Stellen, die wichtige Bibelzitate enthalten, ausgelassen (cf. Kommentar zu 22,2–37; 52,8–33).[436] In Julians Augen ist dieser Vorwurf nicht gerechtfertigt, da die Zusammenfassung, auf die Augustinus seine Widerlegung *nupt. et conc.* 2 verfasst, nicht vollständig war. Weil Augustinus sich dessen aber bewusst gewesen ist, muss er ein Lügner sein, wenn er behauptet, Julian habe die Zitate aus *nupt. et conc.* 1 selbst verkürzt (cf. Kommentar zu 16,1–11; 20,1–21,11; 23,1–19). Julian bedient sich an dieser Stelle zweier polemischer Topoi aus *Flor.*, nämlich der Tatsache, dass Augustinus ein schlechter Gelehrter sei und er sich Lügen ausdenke (cf. Hinführung. 3.2).

67,23 *tibi ergo huius uitii uindica* – **28** *imbuit sacramentis*: Pointiert fordert Julian Augustinus dazu auf, die Tatsache, dass er ein Lügner ist, voll und ganz für sich allein in Anspruch zu nehmen und vom Vorwurf der Lüge ihm gegenüber abzulassen. Augustinus spricht in den *Confessiones* häufig von sich als einem Lügner oder jemandem, der andere Menschen täuscht (cf. z. B. *conf.* 1,30: *nam in illis iam quid me foedius fuit, ubi etiam talibus displicebam fallendo innumerabilibus mendaciis et paedagogum et magistros et parentes amore ludendi, studio spectandi nugatoria et imitandi ludicra inquietudine?*; über seine Tätigkeit als Rhetor am Kaiserhof in Mailand (ib. 6,10): [...] *ego mentiendo quaerebam typhum*; cf. ib. 9,9; 10,66 in Verbindung mit *possidere*: *at ego per auaritiam meam non amittere te uolui, sed uolui tecum possidere mendacium, sicut nemo uult ita falsum dicere, ut nesciat ipse, quid uerum sit. itaque amisi te, quia*

---

[436] Bemerkenswert sind an dieser Stelle auch Augustins Worte am Anfang von *c. Iul. imp.* 1,67, wo er schreibt, derjenige, der die *Chartulae* verfasst hat, hätte absichtlich die Textstellen zu *Rm* 7,24 sq. aus *Turb.* nicht exzerpiert, da er gesehen hätte, dass sie es nicht wert seien. Er schiebt zum einen denjenigen, der die *Chartulae* exzerpierte, als Grund vor, warum er Julian den Vorwurf der Textentstellung gemacht hat, verteidigt ihn jedoch im gleichen Atemzug wieder, indem er – nach der Lektüre des ganzen Werkes *Turb.* – bestätigen kann, dass dieser Julians Abschnitte zu Recht ausgelassen habe. Er zeigt damit implizit, dass er recht hatte, seine Widerlegung aus *nupt. et conc.* 2 auf Grundlage der *Chartulae* zu schreiben.

KOMMENTAR

non dignaris cum mendacio possideri).[437] Wahrscheinlich spielt Julian auf diese Aussagen an, wenn er Augustinus der Lüge und des Betrugs bezichtigt. Gleichermaßen dürften auch die *peccata eruditionis* eine Anspielung sowohl auf Augustins Zeit als Manichäer als auch auf seinen früheren Beruf als Rhetor sein. Der Vorwurf des *medacium/fallere* dient Julian dazu, die Glaubwürdigkeit Augustins zu verringern; cf. 22,42; 33,1–5; 72,16–21; 76,6–9; zu einer expliziten Anspielung auf die *Confessiones* cf. 68,7–9. Cf. auch Hinführung. 3.2.

67,25 sq. *mendax es – nascentem*: Mit Primmer und Teske ist hier meines Erachtens *dominium* statt *dominum* zu lesen.[438] Es handelt sich um eine Anspielung auf *Io* 8,44 (Vulg.):[439] *uos ex patre diabolo estis et desideria patris uestri uultis facere ille homicida erat ab initio et in ueritate non stetit quia non est ueritas in eo cum loquitur mendacium ex propriis loquitur quia mendax est et pater eius* […]. Cf. auch *Turb.* 4, frg. 269 (= Iulian. A. *c. Iul.* 6,32) und 4,108,1–4: *paruulos uero, quos a deo fieri dicit, dominio addicit inimici* […].

67,26 *alter secundarius qui te elegantibus – 28 imbuit sacramentis*: Mit *pater secundarius* meint Julian wohl Mani, denn in 3,127,3 spricht Julian von den *Manicheorum sacramenta*, in 52,36 von den *mysteria Manichaeorum*, ebenso in 3,53,3; 4,64,5; 4,75,12 sq.; 6,23,17. Auch schreibt er in 3,171,1 sq. wo er das Zitat der *Epistula ad Menoch* ankündigt: *audi igitur nunc atque cognosce, quid parens tuus ad quandam filiam suam, uestram scribat sororem*.[440] Offensichtlich macht Julian hiermit eine obszöne Anspielung auf die vermeintlichen Riten der Manichäer (cf. 59,6–10, wo bereits anklingt, dass „Augustins" Interpretation der christlichen *mysteria* als manichäisch zu verstehen sei).[441] Cf. auch Kommentar zu 98,11–13.

67,28 *totum ergo hoc – 33 responsione destructa*: = *Turb.* 1, frg. 82. Cf. Kommentar zu 67,104–68,1. Julian scheint am Ende seines ersten Buches *Turb.* das Römerbriefzitat *Rm* 7,24 sq. ausgelegt zu haben, was auch aus Augustins Aussagen in *c. Iul.* hervorgeht (cf. ib., 2,30; 3,61; 6,70).[442] Als Beweis, dass er sich nicht

---

437 Übers.: „Doch ich wollte dich in meiner Habgier nicht verlieren, sondern wollte dich und die Lüge zusammen besitzen, so wie niemand in einem solchen Maße lügen will, dass er selbst nicht mehr weiß, was wahr ist. Deshalb habe ich dich verloren, denn du lässt es nicht zu, mit der Lüge zusammen in Besitz zu sein."
438 Cf. Primmer, Textvorschläge 237, cf. ebenso Cipriani/Volpi, Sant'Agostino 1, 80 und Teske, Answer 92.155 n. 122.
439 Cf. Teske, Answer 155 n. 121 und 122; Zelzer, CSEL 85,1, p. 66.
440 Cf. Weber, Punic 78; cf. Hinführung. 1.5.
441 Augustinus suggeriert solche obszönen kultischen Handlungen in *mor.* 2,66 und *nat. b.* 47 und spricht in *haer.* 46,9 sq. von einem Ritus, bei dem u. a. Ejakulat eine Rolle spielt (cf. van Oort, Semen 197–206).
442 Cf. dazu De Coninck, CCL 88, p. 361.

davor scheut, *Rm* 7,24 sq. zu erklären, gibt er im Folgenden eine Exegese der besagten Bibelstelle bei (**67,34–104**). Wenn Julian hier schreibt *etiam ipse poteris confiteri*, könnte dies wiederum eine Anspielung auf Augustins *Confessiones* sein (cf. Kommentar zu **11,4 sq.**). Cf. Hinführung. 3.2.

67,32 sq. *non ergo – responsione destructa*: Cf. *nupt. et conc.* 2,6 (p. 257, l. 16–18; **67,10–12**).

67,33 nunc autem audi – 40 uirtutis studia migrauerit, liberatur.
Julian geht nun dazu über, die Bibelstelle aus dem Römerbrief, von der Augustinus gesagt hatte, sie sei von ihm in *Turb.* absichtlich übergangen worden, auszulegen. Julian interpretiert Augustins Erläuterung (*nupt. et conc.* 2,6; p. 256, l. 16–24; **67,10–17**), das *corpus mortis* in *Rm* 7,24 sq. stehe für den in die Erbsünde verstrickten Menschen nach dem Sündenfall, so, dass er darunter die *mortalitas* als Folge der Erbsünde versteht. Diese Tatsache schreibt Augustinus jedoch in *nupt. et conc.* 2,6 nicht explizit (cf. Julians Äußerungen in **68,2 sq.**). Dass neben der *concupiscentia* auch die Sterblichkeit als Folge des Sündenfalls gesehen werden kann, hebt Augustinus bereits in *Simpl.* 1,1,13 bei der Besprechung von *Rm* 7,23 hervor.[443] Die Sterblichkeit des Menschen als Folge des Sündenfalls findet sich außerdem z. B. in *pecc. mer.* 1,2 (p. 4, l. 18–20); ib. 1,5 (p. 6, l. 12–20) – ein Werk, auf das Julian in **68,2–5** hinweist. Cf. Hinführung. 2.2.2.2.

Das *corpus mortis huius* aus *Rm* 7,24 bedeutet in Julians Augen hingegen ein Gefangensein in der Sünde (*consuetudo delinquendi* **67,38**; cf. **69,11–15**),[444] bzw. die Sünden an sich (cf. **67,74 sq.**: *„corpus" itaque „mortis" peccata dixit esse, non carnem*). Gemäß Julians Ansicht kann sich der Mensch durch das Bemühen um Tugend mit Hilfe Christi von seiner Schuld und aus der *consuetudo mala* befreien (cf. dazu den folgenden Kommentar zu **67,40–60**). Julian positioniert sich mit seiner Exegese also gegen Augustins Lehre von der *tradux mortis* und geht möglicherweise deshalb auch nicht auf die sonst in den Interpretationen von *Rm* 7,23–25 anderer antiker Theologen übliche Thematisierung des Todes ein, der mit dem sündigen Verhalten des Menschen in Zusammenhang gebracht wird (cf. Kommentar zu **67,77–93**). Er nennt hier bereits zu Beginn der Interpretation von *Rm* 7,24 sq. das Ergebnis seiner Auslegung (cf. **67,89–93**). Die *consuetudo mala* identifiziert Julian in **69,11–15** mit der *lex in membris*

---

[443]   Cf. *Simpl.* 1,1,13: *„uideo autem"*, inquit, *„aliam legem in membris meis repugnantem legi mentis meae et captiuantem me sub lege peccati, quae est in membris meis* [*Rm* 7,23]*." legem appellat in membris suis onus ipsum mortalitatis, in quo ingemescimus grauati.* Cf. auch ib. 1,1,10 sq., wo Augustinus von der *tradux mortalitatis* spricht.

[444]   Auch in *Turb.* weist Julian auf die *uis consuetudinis* innerhalb seiner Auslegung von *Rm* 7,18–24 hin (cf. *Turb.* 4, frg. 316–321 = Iulian. A. *c. Iul.* 6,70–73).

aus *Rm* 7,23. Dass er hier nicht, wie es der Text im Römerbrief vorgibt, zuerst *Rm* 7,23 und dann *Rm* 7,24 sq. behandelt, dürfte der Ausrichtung seines Werkes an den Augustinuszitaten aus *nupt. et conc.* 2 geschuldet sein. Augustinus selbst erhebt in *nupt. et conc.* 2,6 zuerst den Zitationsvorwurf gegenüber Julian, wobei er auf *Rm* 7,24 sq. verweist (*nupt. et conc.* 2,6; p. 257, l. 16–26; **67,10–17**), und geht danach erst auf *Rm* 7,23 ein (*nupt. et conc.* 2,6; p. 257, l. 24–p. 258, l. 5; **69,1–6**). Julian zitiert und erwidert also zuerst den Abschnitt aus *nupt. et conc.* 2,6, in dem Augustinus auf *Rm* 7,24 sq. hinweist.

Bezüglich Julians Verständnisses von *Rm* 7,23–25 kann eine Parallele zu Pelagius gesehen werden.[445] Auch dieser hebt in seinem Römerbriefkommentar die Macht der *consuetudo* hervor (Pelag. *in Rom.* 7,23 sq. p. 60,2–9):

„uideo autem aliam legem in membris meis repugnantem." desideria consueta, uel persuasionem inimici. „legi mentis meae." conscientiae scilicet naturali, uel legi diuinae quae in mente consistit. „et captiuum me ducentem in lege peccati quod est in membris meis." in consuetudine delictorum. „infelix ego homo! quis me liberabit de corpore mortis huius?" ego qui sic detineor, quis me liberabit de consuetudine mortifera corporali?[446]

Dass Pelagius hier verschiedene Interpretationsmöglichkeiten anführt, ist charakteristisch für seinen gesamten Pauluskommentar.[447] Er vergleicht die Macht der Gewohnheit mit der Macht, die ein Betrunkener durch seinen freien Willen dem Alkohol überlässt und die seinen Willen behindert.[448]

---

445 Cf. Lössl, Julian 225.
446 Übers.: „‚Ich sehe aber ein anderes Gesetz, das in meinen Gliedern widerstreitet', nämlich die Begierden, an die man sich gewöhnt hat, oder die Macht des Bösen, die den Menschen überredet. ‚Gegen das Gesetz meines Geistes', nämlich gegen das natürliche Gewissen, oder das göttliche Prinzip, das im Geist vorhanden ist. ‚Und das mich gefangen nimmt im Gesetz der Sünde, das in meinen Gliedern herrscht', nämlich in die Gewohnheit zu sündigen. ‚Ich armer Mann! Wer wird mich vom Körper dieses Todes befreien?' Wer wird mich, der ich so festgehalten werde, von der todbringenden Gewohnheit meines Körpers befreien?"
447 Cf. de Bruyn, Commentary 35; Pollmann, Untersuchungen 22 sq. Wie de Bruyn (id., Commentary 5) hervorhebt, entsprechen einige dieser von Pelagius im Römerbriefkommentar angebrachten Alternativen den Ansichten des Origenes/Rufinus.
448 Cf. de Bruyn, Commentary 43 sq. Cf. Pelag. *in Rom.* 7,15 p. 58,13–18: „*uenundatus sub peccato.*" „*quod enim operor non intellego: non enim quod uolo, [hoc] ago, sed quod odi, illud facio.*" [*uenundatus quasi*] *propositus peccato, ut, si consilium eius accepero, ipsius seruus efficiar, sponte memet ipse subiciens; et iam quasi inebriatus consuetudine peccatorum, ignoro quid facio.* Übers.: „‚Verkauft unter die Sünde'. ‚Was ich nämlich tue, verstehe ich

Auch Origenes/Rufinus deutet *Rm* 7,14–25 so, dass es die Gewohnheit zu sündigen ist, die den Menschen daran hindert, das Gute zu tun, dessen Willen noch zu schwach ist, das Gute umzusetzen.[449] Der Mensch, von dem Paulus spricht, steht am Anfang seiner Bekehrung. Auch Origenes/Rufinus setzt das *corpus mortis* mit der Sünde gleich.[450] Origenes/Rufinus sieht diese Willensschwäche als ein Charakteristikum der menschlichen Natur an; sie kann im Ganzen nie bezwungen werden, weshalb der Mensch stets an sich arbeiten muss, um nicht wieder in alte Gewohnheiten zurückzufallen.[451] Die Äußerungen des Origenes/Rufinus zu diesem Konzept sind natürlich wesentlich ausge-

nicht: nicht nämlich tue ich das, was ich will, sondern was ich hasse, das tue ich.' Gewissermaßen verkauft und der Sünde ausgesetzt bin ich, sodass ich, wenn ich ihrem Rat folge, ihr Sklave werde, indem ich mich ihr selbst unterwerfe; und sozusagen schon betrunken von der Gewohnheit der Sünden, verstehe ich nicht, was ich tue." Cf. ib. 7,20 sq. p. 59,10–16. Zur Textgestalt von Pelag. *in Rom.* 7,15 p. 58,13–18 cf. Matteoli, Origini 121 sq. Handschrift A weicht hier von BHV ab, wobei letztere Handschriften *uenundatus quasi* ausgelassen haben. Es könnte sich bei der Variante von A um einen Zeilensprung handeln, und de Bruyn hebt hervor (id., Commentary 31), dass es ein starkes Indiz für die Richtigkeit der Variante von A ist, wenn A mit V in Einklang steht, was hier nicht der Fall ist. Dennoch halte ich die Variante *uenundatus quasi* nicht für unplausibel, da Pelagius hiermit das von ihm angebrachte Pauluszitat aufgreift. Drecoll plädiert bei Abweichungen zwischen A und B für die Befürwortung der Varianten aus A (cf. id., Pelagius 626 sq. n. 13).

449 Rufin. *Orig. in Rom.* 6,9 l. 95–102: *est enim talis quaedam infirmitas in his qui initia conuersionis accipiunt ut cum uelit quis statim facere omne quod bonum est non statim uoluntatem sequatur effectus. nam et meditatur apud semet ipsum et decernit uerbi causa ut non irascatur et hoc in uoluntate definit; sed quoniam longo usu et consuetudine diutina uitium in eo iracundiae dominatum est obsistit etiam uoluntati et proposito, ac solito sibi usa itinere uis furoris erumpit.* Übers.: „Es gibt nämlich eine gewisse Schwäche in den Menschen, die am Beginn ihrer Bekehrung stehen, sodass, auch wenn jemand sogleich alles Gute tun will, dennoch auf den Willen noch nicht die gewünschte Tat folgt. Denn ein Mensch überlegt und entscheidet sich dem Wort nach, nicht zu zürnen, und setzt dies auch willentlich fest; aber weil durch langen Gebrauch und dauerhafte Gewöhnung in ihm der Fehler des Jähzorns herrscht, wendet sich dieser Jähzorn gegen den Willen und den Vorsatz, und es bahnt sich wie gewohnt die Kraft des Zorns ihren Weg."

450 Cf. Rufin. *Orig. in Rom.* 6,9 l. 175–181: *merito namque corpus mortis appellatur in quo habitat peccatum quod mortis est causa. fit ergo exclamatio haec ex ilius persona quem initia quidem conuersionis accepisse describit apostolus in eo quod uoluntas ei adiacet boni sed nondum in effectum uenerit boni. non enim inuenit perficere bonum quia nondum in eo usus inoleuerat exercitiumque uirtutum.* Übers.: „Zurecht wird der Körper als Körper des Todes bezeichnet, in dem die Sünde wohnt, die der Grund für den Tod ist. Dieser Ausruf wird also von einem Sprecher gemacht, den der Apostel so charakterisiert, dass er zwar bereits am Anfang seiner Bekehrung steht, insofern er bereits einen guten Willen besitzt, aber dessen Wille noch keine gute Tat bewirkt. Er konnte das Gute nämlich nicht vollbringen, weil es für ihn noch nicht durch Einübung der Tugenden zur Gewohnheit geworden war." Cf. auch Lössl, Julian 225.

451 Cf. Müller, Willensschwäche 283.

feilter als die hier von Julian angeführten.⁴⁵² Julian belässt es bei der Identifikation der *consuetudo delinquendi* mit der *secunda natura* (diese Bezeichnung findet sich auch bei Origenes/Rufinus und Pelagius; cf. Kommentar zu 69,6–15). Jedoch deutet 67,56–60 darauf hin, dass die Loslösung von der *mala consuetudo* in Julians Augen auch nicht von jetzt auf heute geschieht. Im Gegensatz zu Julian bringen seine Vorgänger die Neigung zu sündigen allerdings stärker mit dem physischen Tod in Verbindung. Cf. Hinführung. 2.2.1 und Kommentar zu 67,77–93.

67,40 ibi ergo sub persona – 60 humana conuersio.
Ähnlich wie in 131,3–133,7 gibt Julian in diesen Zeilen zunächst eine knappe Kontextualisierung der Textstelle aus dem Römerbrief, um den Kernpunkt, den er innerhalb seiner Auslegung machen möchte, vorzubereiten. Die wesentliche Erkenntnis aus *Rm* 7,24 sq. hat er in 67,34–40 bereits genannt. Er ordnet nun die Textstelle in den größeren Zusammenhang eines Gottesbildes ein, in dem Gott mit *patientia* und *benignitas* auf die Menschen zukommt, und greift dabei auch auf die Auslegung *ex persona* zurück, die sich bereits in Homer-Scholia finden lässt (ἐκ/ἀπὸ προσώπου)⁴⁵³ und für die Auslegung dieser Römerbriefstelle geläufig ist, wie sich im Folgenden zeigen wird. Der Römerbrief lässt dem Leser offen, ob Paulus in seiner eigenen Person spricht oder ob er ein typisches Ich oder ein fiktives Ich sprechen lässt.⁴⁵⁴ Julian entscheidet sich bei seiner Auslegung dafür, von einer Prosopopoiie auszugehen, und nimmt daher an, dass Paulus einen Juden als Sprecher einführt (cf. 67,87 sq.; auch bei der Auslegung von *Rm* 9,20–24: 133,7–10). Auch Pelagius interpretiert *Rm* 7 (und damit auch *Rm* 7,24 sq.), wie Drecoll hervorhebt, „als *ex alterius persona* gesprochen ([Pelag.] *in Rom.* 7,25 p. 60,12 sq.), als Prosopopoiie des noch sündigen, unerlösten Menschen; cf. ib. 7,7 p. 56,12–14",⁴⁵⁵ ähnlich wie Julian, der anmerkt, dass die Menschen trotz des Erlasses einer *lex* immer noch irren (cf. auch Kommentar zu 67,68–74). Für den späten Augustinus handelt es sich um einen *homo*

---

452 Cf. Müller, Mensch.
453 Cf. Mansfeld, Prolegomena, 12 sq. n. 7. Mansfeld verweist ib. auf Andresen (id., Entstehung 16 sq.), der wiederum darauf hinweist, dass Origenes mit der Exegese durch Annahme einer Prosopopoiie auf die Homerphilologie zurückgreift. Cf. auch Markschies, Kommentierung 84 sq.
454 Cf. Müller Willensschwäche 211–215. Der Wechsel von Rede und Gegenrede ist eines der Merkmale, die auf einen Einfluss der kynisch-stoischen Diatribe im Stil des Paulus hindeuten könnten (cf. Bultmann, Stil 66 sq.107). Unabhängig davon, ob dieser Einfluss tatsächlich besteht, zielt Paulus mit der Einführung eines fiktiven Interlokutors darauf ab, seine Ansichten lebhafter darzustellen, und sichert sich gegen Einwände ab.
455 Drecoll, Pelagius 628 n. 27.

sub gratia, einen Menschen, der bereits zu Christus gefunden hat, jedoch trotzdem die Auswirkungen der *concupiscentia* in sich verspürt.[456] Augustins Sicht auf diese Stelle war jedoch nicht immer dieselbe: Augustinus fasste das Ich in *Rm* 7,23–25 zunächst als einen *homo sub lege* auf (cf. *exp. prop. Rm.* 45–46) und dachte damit im Prinzip dasselbe wie Julian an dieser Stelle.[457] Im Zuge des pelagianischen Streits ändert er diese Interpretation und sieht das Ich im Römerbrief nun als einen Menschen *sub gratia* an.[458] Cf. Hinführung. 2.2.2.2.

Auch Origenes/Rufinus weist darauf hin, dass Paulus an unterschiedlichen Stellen seiner Briefe verschiedene Personen sprechen lässt. Er zieht Parallelstellen heran, die, wenn man annimmt, der Apostel spräche selbst, zu Widersprüchen führen würden (Rufin. *Orig. in Rom.* 6,9 l. 1–55; cf. Kommentar zu 67,77–93).[459] Der von Paulus eingeführte Sprecher in *Rm* 7 ist für ihn ein Sünder, der am Anfang seiner Bekehrung steht.[460]

Neben der Sprecherthematik klingt in Julians Bemerkungen zu *Rm* 7,24 sq. jedoch auch die Interpretation der protreptischen Intention des Paulus an. Seiner Ansicht nach soll den Menschen hier ein wohlwollender Gott in Aussicht gestellt werden, der sie von schlechten Verhaltensweisen und Schuld befreit. Diese Deutung findet sich auch bei Origenes/Rufinus und bei Pelagius. Origenes/Rufinus hebt zu *Rm* 7,24 hervor, dass Paulus den Menschen zeigen will, dass Gott ihnen mit Wohlwollen auf dem Weg der Besserung gegenübertritt: […] *ut exemplo apostoli nec corporis naturae pudeat quemquam nec pro emendatione desperet nec malorum suorum multitudines ignoret ex quibus per Christi gratiam liberatus est* (Rufin. *Orig. in Rom.* 6,9 l. 216–223). Paulus wendet sich seiner Ansicht nach an Menschen, die sich noch nicht völlig zum christlichen

---

456 Cf. Müller, Willensschwäche 212 sq. 340 sq.
457 Cf. dazu Augustins Aussage in *c. ep. Pel.* 1,14 über die Römerbriefexegese der Pelagianer: *hinc autem iam incipit, propter quod ista consideranda suscepimus, introducere personam suam et tamquam de se ipso loqui. ubi nolunt Pelagiani ipsum apostolum intellegi, sed quod in se alium transfigurauerit, id est hominem sub lege adhuc positum, nondum per gratiam liberatum.* Übers.: „Ab dieser Stelle aber beginnt er in der Rolle seiner eigenen Person und gleichsam über sich selbst zu sprechen. Und dies ist auch der Grund, weshalb wir hier die Worte des Apostels untersuchen wollten. Die Pelagianer wollen nämlich nicht, dass man an dieser Stelle den Text so auffassen soll, dass der Apostel spricht. Stattdessen meinen sie, dass er in die Rolle einer anderen Person geschlüpft ist, d. h. in die eines Menschen, der noch unter dem Gesetz steht, aber noch nicht durch die Gnade befreit worden ist."
458 Cf. Ring, Expositio 1213 u. a. unter Heranziehung von *nupt. et conc.* 1,30–36 und *c. ep. Pel.* 1,13–24.
459 Cf. Markschies, Kommentierung 84 sq. Origenes/Rufinus vergleicht z. B. die Aussage in *Rm* 7,24, es herrsche ein Gesetz der Sünde in seinen Gliedern, mit der Aussage in *Gal* 2,20, dass Christus im Apostel lebe (cf. Rufin. *Orig. in Rom.* 6,9 l. 20–29).
460 Cf. Müller, Mensch 236.

Leben bekehrt haben und von Sünden nicht ablassen können, aber auf einem guten Weg sind.[461] Er selbst spricht in *Rm* 7,14–25 von sich als einem solchen schwachen Menschen[462] und will die Adressaten so zur Besserung motivieren, indem er ihnen deutlich macht, sie müssten sich angesichts ihrer Schwäche nicht schämen.[463]

Auch Pelagius merkt zu 1 *Tm* 1,15 sq., der Bibelstelle, die Julian in 67,47–52 als Beleg für die *benignitas* Gottes heranzieht, die motivierende Absicht von Paulus' Worten an (Pelag. *in* 1 *Tim.* 1,16 p. 478,3–11):

> „sed ideo misericordiam consecutus sum." ut Dauid [ait]: 'docebo iniquos uias tuas, et impii ad te conuertentur.' si mihi uiderint indulta peccata, tunc docebo neminem desperare debere. „ut in me [primo] ostenderet Christus Iesus omnem patientiam." qua[e] etiam persecutoribus conuersis non solum indulget, sed etiam confert apostolatus honorem. „ad deformationem eorum qui credituri sunt filii in uitam aeternam." ad exemplum, ut nemo desperet.[464]

Wie Pelagius deutet auch Julian den Apostel als ein motivierendes Beispiel für eine vollständige Bekehrung zu einem guten christlichen Leben (cf. 67,47–67). Trotz des Gesetzes haben sich die Menschen der *consuetudo mala* nicht entledigen können, durch den Glauben an Christus können sie dies jedoch erreichen (cf. 2,158, wo Julian erklärt, dass nur der Glaube den Menschen zum Erben Gottes macht). Anders als Pelagius, der verdeutlicht, wie der Mensch die *consuetudo mala* überwinden kann, bleibt Julian an dieser Stelle zurückhaltend, dennoch schließt er sich dessen Ansichten an. Pelagius schreibt in *Pro libero arbitrio* davon, dass die Taufe der erste Schritt ist, von der *consuetudo mala* frei zu werden, der zweite Schritt ist es, durch die *imitatio Christi* und durch Einübung einer *consuetudo bona* zu einem guten Leben zu kommen.[465] Auch Julian sieht

---

461 Seine Rhetorik hat damit „seelsorgerisch-pädagogische[] Motive[]" (Müller, Willensschwäche 253).
462 Cf. Müller, Willensschwäche 253–255.
463 Cf. Müller, Willensschwäche 253.
464 Übers.: „‚Aber deshalb habe ich Erbarmen empfangen'. Wie David sagt: ‚Ich werde den Ungerechten deine Wege lehren und die Ungläubigen werden sich zu dir bekehren [*Ps* 50,15].' Wenn es scheint, dass mir die Sünden wohl vergeben worden sind, dann werde ich lehren, dass niemand verzweifeln muss. ‚Damit in mir als dem Ersten Jesus Christus seine Geduld zeigen konnte.' Mit dieser Geduld vergibt er Verfolgern, die sich bekehrt haben, nicht nur, sondern zeichnet sie sogar mit der Ehre des Apostolats aus. ‚Damit ich ein Vorbild bin für diejenigen, die als Söhne glauben werden, um das ewige Leben zu erhalten.' Also als Beispiel, damit niemand verzweifle."
465 Cf. Cipriani, Morale 314 sq. unter Bezug auf *epist. ad Demetr.* 13, wo Pelagius hervorhebt,

die Taufe als notwendig dafür an, dass die Menschen Gott nachfolgen (cf. 5,9,1–9; 6,38,13–18). Er geht davon aus, dass die *imitatio* von schlechten Menschen bzw. die Nachahmung des Urbilds Adam zum Erwerb der *consuetudo mala* führt (cf. 67,91–93, cf. auch 2,48–56). Paradigmatisch für die Sünde ist hierbei für Julian und Pelagius das schlechte Vorbild Adams, mit dem das Sündigen seinen Anfang nimmt.[466] Thier spricht davon, dass Pelagius davon ausgehe, dass die *mala consuetudo* sich durch die *imitatio* immer weiter verbreite und zunehmend stärkere Präsenz zeige.[467] Zur *mala consuetudo* werden die Menschen in Pelagius' Augen gewissermaßen erzogen (bzw. sie erziehen sich selbst), sodass es ihnen trotz einer neuen Willenshaltung schwer fällt, sich dem *usus uetus* zu widersetzen (cf. Pelag. *epist. ad Demetr.* 8).[468] Auch Julian sieht in der *imitatio* eine Erklärung für die Verbreitung der Sünde (2,54–62).[469] In 2,54–62 legt er *Rm* 5,12: *per unum hominem peccatum intrauit in mundum et per peccatum mors et ita in omnes homines pertransiit* gegen Augustinus aus und hebt hervor, dass ein

dass es wichtig ist, so früh wie möglich mit der Einübung der *consuetudo boni* zu beginnen, damit diese sich festigt; cf. zusätzlich Pelagius bei Augustinus: Pelag. A. *gr. et pecc. or.* 1,43: [...] *respondit atque ait: 'hoc enim, quod tu de apostolo intellegere cupis, omnes ecclesiastici uiri in peccatoris et sub lege adhuc positi asserunt eum dixisse persona, qui nimia uitiorum consuetudine uelut quadam teneretur necessitate peccandi et quamuis bonum appeteret uoluntate, usu tamen praecipitaretur in malum. in persona autem hominis unius', inquit, 'designat populum sub uetere adhuc lege peccantem, quem ab hoc consuetudinis malo dicit liberandum esse per Christum, qui credentibus sibi primo omnia per baptismum peccata dimittit, deinde imitatione sui ad perfectam incitat sanctitatem et uitiorum consuetudinem uirtutum uincit exemplo'.* Übers.: „[...] er antwortet und sagt: ‚Alle Männer, die sich mit der Kirche beschäftigen, stimmen nämlich zu, dass die Worte, von denen du möchtest, der Apostel habe sie selbst gesagt, von einem Sprecher gesagt worden sind, der als Sünder noch unter dem Gesetz steht. Sie stimmen darin überein, dass dieser Sprecher durch die allzu lange Gewöhnung an Sünden gewissermaßen in einem Zwang zum Sündigen festgehalten werde und, obwohl er bereits willentlich das Gute anstrebe, durch die Gewohnheit dennoch zum Bösen getrieben werde. Unter dieser einen sprechenden Person aber', so sagt er, ‚versteht er die Menschenmenge, die noch unter dem alten Gesetz sündigt. Diese Menschenmenge, sagt er, muss durch Christus befreit werden, der den Gläubigen zunächst in der Taufe alle Sünden vergibt, der sie dann ansport durch Nachahmung seiner selbst zur vollkommenen Heiligkeit zu gelangen und der mit dem Beispiel seiner Tugenden die Gewohnheit der Sünden besiegt.'" Von der Einübung der Tugend spricht auch Origenes/Rufinus (cf. Rufin. *Orig. in Rom.* 6,9 l. 180 sq.).

466 Cf. Pelag. *in. Rom.* 5,12; p. 45,10–15: „*propter ea sicut per unum hominem in hunc mundum peccatum introiit et per peccatum mors." exemplo uel forma. quo modo, cum non esset peccatum, per Adam aduenit, ita etiam, cum paene aput nullum iustitia remansisset, per Christum est reuocata; et quo modo per illius peccatum mors intrauit, ita et per huius iustitiam uita est reparata.* Cf. dazu auch Julians Worte in 2,109,1–3.
467 Cf. Thier, Kirche 78 sq. Cf. auch Evans, Pelagius 100 sq. und Beatrice, Transmission 104 sq.
468 Zur Sünde bzw. Gewohnheit als zweite Natur des Menschen cf. Kommentar zu 69,6–15.
469 Cf. Lössl, Julian 214.

einziger Mensch als Beispiel für die Nachahmung sündhaften Verhaltens ausreiche, wohingegen zur „Fortpflanzung" der Sünde im Sinne einer leiblichen Fortpflanzung zwei Menschen benötigt würden. Er argumentiert gegen Augustins Auslegung, indem er schreibt, dass Paulus absichtlich *per unum* geschrieben habe, um nicht missverstanden zu werden und um gewissermaßen einem „augustinischem" Verständnis vorzubeugen (2,56,28–38).

Die Ansicht Pelagius' und Julians, dass die Verbreitung der Sünde durch das Nachahmen von schlechtem Verhalten begründet ist, erinnert an die Zivilisationskritik der Stoa, wie sie z. B. bei Cicero in den *Tusculanae disputationes* zu finden ist (cf. Cic. *Tusc.* 3,1–5). Auch Seneca weist seine Leser immer wieder darauf hin, dass es gefährlich ist, sich ungefestigt unter die Menschen zu begeben, da man dort leicht zu einem Rückfall in Charakterfehler animiert wird (cf. z. B. *epist.* 7; *dial.* 7 (= *uit. beat.*), 1,1–2,4). Auch er macht darauf aufmerksam, dass hierfür lediglich ein schlechtes Beispiel ausreicht: *unum exemplum luxuriae aut auaritiae multum mali facit* (*epist.* 7,7).

Wenn Julian hier auf eine Ausweitung seiner Ausführungen zur *consuetudo mala/bona* verzichtet, so dürfte das der Anlage von *Flor.* 1 geschuldet sein. Die Absicht seiner Auslegung zielt hier auf Augustins Worte in *nupt. et conc.* 2,6 (p. 257, l. 10–24; **67,3–17**) ab. Er will sich deutlich dagegen aussprechen, dass in der Natur des Menschen die Sünde angelegt sei. Ob Julian analog zu der *consuetudo peccandi* auch davon ausgeht, dass man Tugend einüben kann, lässt sich in *Flor.* nicht explizit finden, es erscheint jedoch plausibel. In *Turb.* spricht er z. B. von der *uirtus exercita*, die dem Menschen Freude bereite (*Turb.* 4, frg. 282 = Iulian. A. *c. Iul.* 3,10). Auch die Tatsache, dass Julian *uirtus* in Verbindung mit *studium* setzt, zeigt, dass das Erwerben von gutem Verhalten mit einem Prozess verbunden ist (cf. **67,36–40; 2,215,12–15**: *nihil hic de exortu humanitatis agitur, mores in diuersis studiis publicantur; inoboedientia et oboedientia studiorum operam, non generationis ostendit*; 2,233,10 sq.: *nunc itaque hac moderatione conuenio, ut tale studium uirtutibus adhibeatis, quale adhibuistis ante criminibus*). In **82,14 sq.** bezeichnet er den Weg zur Tugend als steil und schwierig. Zudem äußert er sich bei der Auslegung von *Rm* 5,19–6,7 in 2,221,1–2,226,5 in einer Art und Weise, die nahelegt, dass er die Ansicht vertritt, man könne eine gute Haltung einüben.[470] Eine Nähe zu Pelagius ist hinsichtlich der von ihm

---

470 Cf. 2,222,1–7: *aperit se apostolus clarius in processu et docet in perditione salutis humanae deum copia suae miserationis ammonitum desperatis rebus efficaciorem solito medicinam tulisse, ut quos praeceptis non correxerat, beneficiis obligaret et ita deuotionem exigeṛet in futurum, ut non imputaret peracta, studerentque deinceps custodire iustitiam homines, quam compendio credulitatis fuerant assecuti.* Übers.: „Der Apostel wird hier immer deutlicher und zeigt, dass Gott in Anbetracht des schlechten Zustands der Menschen entspre-

verfassten Gedanken zu *imitatio* und *consuetudo* deutlich zu erkennen. Cf. Hinführung. 2.2.1.4.

67,45 *intentatione supplicii*: Mit Alexanderson entscheide ich mich hier für die Lesart der Handschrift P *intentatione*, statt mit Zelzer *in temptatione supplicii* zu lesen.[471] Es geht Julian hier um die Tatsache, dass Paulus mit seiner Aussage über die Gnade Christi den Menschen Hoffnung machen will. Im Gegensatz zur *sacra lex*, die Verbote ausspricht, bietet Christus die Möglichkeit zur Vergebung der Sünden. Parallelstellen zum Wort *intentatio* finden sich bei Julian in 6,14,34.38.[472]

67,47 *quam benignitatem* – **60** *humana conuersio*: Ziel der Auslegung des Römerbriefzitats (*Rm* 7,24 sq.) ist es, zu zeigen, dass Paulus von den Sünden der Menschen spricht und nicht von einer verdorbenen menschlichen Natur. Julian richtet seine Auslegung an der Widerlegung von Augustins eigenem Verständnis von *Rm* 7,24 sq. aus, welches er unter dem Schlagwort der *natura mala* subsumiert (cf. Kommentar zu **67,33–40**). Belehrend spricht er in **67,52–55** wieder Augustinus direkt an und argumentiert mit den Worten des Apostels gegen Augustins Bibelverständnis (cf. Kommentar zu **67,74–77**). Es werden auch andere Bibelstellen herangezogen, um die Auslegung plausibel zu machen. Julian möchte durch sie zeigen, dass die in *Rm* 7,25 erwähnte befreiende *gratia* nicht im Zusammenhang mit der Erlösung von einer *natura mala* zu verstehen ist. Durch die Erläuterung des Kontextes von *Rm* 7,24 sq. (**67,40–47**) kommt er auf das Stichwort der *benignitas* zu sprechen: Den Juden will Paulus zeigen, dass sie im Gegensatz zu den Auswirkungen, die die *lex* mit sich bringt, aufgrund von Christi *benignitas* nicht bestraft werden, sofern sie ihr zukünftiges Leben an ihm ausrichten. Als Zeichen dieser *benignitas* sieht Julian 1 *Tm* 1,15 sq. (cf. **67,48–52**), wo Paulus von der *patientia Christi* spricht, die in den Augen Julians keinen Sinn ergäbe, wenn die Fehler des Menschen aufgrund seiner Natur geschähen. In diesem Kontext zitiert er nun noch *Rm*

---

chend seines Erbarmens der verzweifelten Lage ein wirksames Heilmittel beigebracht hätte, indem er diejenigen, die er durch Vorschriften nicht verbessert hatte, durch Wohltaten an sich band und so seine zukünftige Verehrung forderte, indem er das Vergangene nicht als Sünde anrechnete, und die Menschen sich daraufhin bemühten, die Gerechtigkeit zu wahren, die sie mit Hilfe des Glaubens erreicht hatten."

2,226,3–5: *luce clarius est, quod sola a magistro gentium conueniatur uoluntas, ut abdicet occulta dedecoris et in meliorem uitam actuum correctione proficiat*. Übers.: „Überdeutlich ist, dass vom Lehrer der Völker allein der Wille der Menschen angetrieben wird, damit sie die Verbrechen aufgeben und durch Korrektur ihres Verhaltens Fortschritte machen zu einem besseren Leben."

471 Cf. Alexanderson, Idées 287.
472 Cf. Alexanderson, Idées 287.

KOMMENTAR

2,4 sq. (67,57–59: *an ignoras, quoniam bonitas dei ad paenitentiam te adducit? secundum autem duritiam tuam et cor impaenitens thesaurizas tibi iram in die irae*). Paulus hat die *patientia* Christi schon erfahren dürfen, weshalb er sie seinen Adressaten durch den Ausruf *gratia dei per Iesum Christum dominum nostrum* in *Rm* 7,25 empfiehlt (67,93–95).[473] Für diese *gratia* wirbt Paulus in *Rm* 7,24 sq., wobei es jedoch am Menschen liegt, ob er sich zu Christus bekehrt oder nicht. Mit dem *corpus mortis huius* ist demnach für Julian die *uita mala* gemeint, die bereut werden muss und die durch die Taufe vergeben wird. Die Hervorhebung der göttlichen Güte dient somit auch zur Fundierung dieser Interpretation (cf. 67,93–104).

Ähnlich kämpferisch für die Abhängigkeit der Schlechtigkeit allein vom Willen schreibt Johannes Chrysostomus (Chrys. *hom.* 13,2 *in Rom.* zu *Rm* 7,20 (PG 60, 510)):

εἶδες πῶς καὶ τὴν οὐσίαν τῆς ψυχῆς, καὶ τὴν οὐσίαν τῆς σαρκὸς ἀπαλλάξας ἐγκλήματος, τὸ πᾶν ἐπὶ τὴν πονηρὰν πρᾶξιν μετέστησεν; εἰ γὰρ οὐ θέλει τὸ κακὸν, ἀπήλλακται ἡ ψυχή, καὶ εἰ αὐτὸς αὐτὸ μὴ κατεργάζεται, ἠλευθέρωται καὶ τὸ σῶμα, καὶ μόνης τῆς πονηρᾶς προαιρέσεώς ἐστι τὸ πᾶν. οὐ γὰρ ταυτὸν ψυχῆς οὐσία καὶ σώματος καὶ προαιρέσεως, ἀλλὰ τὰ μέν ἐστιν ἔργα Θεοῦ, τὸ δὲ ἐξ ἡμῶν αὐτῶν γινομένη κίνησις, πρὸς ὅπερ ἂν αὐτὴν βουληθῶμεν ἀγαγεῖν. ἡ μὲν γὰρ βούλησις, ἔμφυτον καὶ παρὰ Θεοῦ· ἡ δὲ τοιάδε βούλησις, ἡμέτερον καὶ τῆς γνώμης ἡμῶν.[474]

Auch an anderen Stellen verteidigt Johannes Chrysostomus die gute Beschaffenheit der Natur, um dem Weltbild der Manichäer entgegenzutreten.[475] Er geht auf die *patientia* Gottes außerdem bei der Auslegung von *Rm* 9,20–24 ein (cf. Chrys. *hom.* 16,8 sq. *in Rom.*; PG 60, 560 sq.), wo er davon schreibt, dass der Pharao sich trotz der göttlichen Geduld nicht gebessert hat und somit zu einem Gefäß des Zornes geworden ist. Er erläutert diesbezüglich, dass die Geduld

---

473 Zur Frage, wen Julian in *Rm* 7,25 als Sprecher annimmt, cf. Kommentar zu 67,93–104.
474 Übers.: „Siehst du, wie er sowohl die Natur der Seele als auch die Natur des Fleisches von der Anklage freispricht, und alles der schlechten Tat zuschreibt? Wenn sie nämlich das Schlechte nicht will, ist die Seele frei davon, und wenn der Körper es nicht tut, dann ist er auch frei davon. Alles ist allein von der schlechten Entscheidung abhängig. Das Wesen der Seele, des Körpers und der Entscheidungsfähigkeit ist nämlich nicht ein und dasselbe, sondern das eine ist ein Werk Gottes, das andere eine aus uns selbst hervorgehende Bewegung dorthin, wohin auch immer wir sie führen möchten. Denn das Wollen ist angeboren und von Gott gegeben, jeder einzelne Willensentschluss aber liegt bei uns und ist Ergebnis unserer Entscheidung."
475 Cf. Kopp, Stellung 9–15, insbesondere 10 sq.

Gottes bis zur Bekehrung des Menschen unermesslich ist, und dass göttliches Lenken und menschliches Wollen zusammenwirken müssen.[476]

67,54 sq. *ne per aduentus – pronuntiatos*: Julian lässt hier das Zitat aus dem ersten Brief an Timotheus aus 67,48–52 für sich sprechen. Er weist ironisch darauf hin, dass der Bibeltext gewissermaßen absichtlich und unmissverständlich so geschrieben sei, dass Augustins Interpretation auszuschließen ist. Er argumentiert daher mit der Klarheit der Heiligen Schrift (cf. Kommentar zu 24,13; 67,74–77; 90,5–15; 93,6–13; 107,1–13; 108,5 sq.11–15.15–23; 109,1–8; 136,1–137,4). Cf. auch Kommentar zu 133,7–134,5; cf. auch z. B. 2,63,17–28; cf. Hinführung. 3.3.3.

67,56 *patientia autem – 60 humana conuersio*: Eine ähnliche Stoßrichtung wie in den Ausführungen Julians zeigt sich in der Auslegung des Johannes Chrysostomus (Chrys. *hom.* 5,2 *in Rom.* bezüglich *Rm* 2,5 (PG 60, 425)):

„θησαυρίζεις" γάρ, φησί, „σεαυτῷ ὀργήν", τὸ πάντως ἀποκείμενον δηλῶν, καὶ δεικνὺς, οὐ τὸν δικάζοντα, ἀλλὰ τὸν κρινόμενον αἴτιον τούτου. „σεαυτῷ" γάρ, φησί, „θησαυρίζεις", οὐχ ὁ Θεός σοι. ἐκεῖνος γὰρ πάντα ἐποίησεν ὅσα ἐχρῆν, καὶ διαγνωστικόν σε τῶν καλῶν καὶ τῶν οὐ τοιούτων κατεσκεύασε, καὶ μακροθυ-

---

476 Cf. Chrys. *hom.* 16,9 *in Rom.* (PG 60, 561): ὅταν γὰρ εἴπῃ, „οὐ τοῦ θέλοντος οὐδὲ τοῦ τρέχοντος", οὐ τὴν ἐξουσίαν ἀναιρεῖ, ἀλλὰ δείκνυσιν, ὅτι οὐ τὸ πᾶν αὐτοῦ ἐστιν, ἀλλὰ δεῖται τῆς ἄνωθεν χάριτος. Übers.: „Immer wenn er nämlich sagt: ‚Es liegt nicht am Wollen oder am Laufen', hebt er nicht die Verantwortlichkeit [sc. des Menschen] auf, sondern zeigt, dass nicht alles am jeweiligen Akteur selbst liegt, sondern dass er der Gnade von Oben bedarf."
Chrys. *hom.* 16,9 *in Rom.* (PG 60, 561): καίτοι γε ἱκανῶς καὶ ὑπὲρ τοῦ Θεοῦ ἀπολογεῖται, ὅτι καὶ σφόδρα αὐτὸν εἰδὼς ἀπαρτίζοντα ἑαυτὸν σκεῦος ἀπωλείας, ὅμως τὰ παρ' ἑαυτοῦ εἰσήνεγκε, τὴν ἀνοχὴν, τὴν μακροθυμίαν, καὶ οὐχ ἁπλῶς μακροθυμίαν, ἀλλὰ πολλὴν μακροθυμίαν· ἀλλ' ὅμως οὐκ ἠθέλησεν ἐπὶ τῶν Ἰουδαίων αὐτὸ γυμνάσαι. πόθεν οὖν οἱ μὲν σκεύη ὀργῆς, οἱ δὲ ἐλέους; ἀπὸ προαιρέσεως οἰκείας. ὁ δὲ Θεὸς σφόδρα ἀγαθὸς ὤν, ἐπ' ἀμφοτέρων τὴν αὐτὴν ἐπιδείκνυται χρηστότητα. καὶ γὰρ οὐχὶ τοὺς σωζομένους ἠλέησε μόνον, ἀλλὰ καὶ τὸν Φαραώ, τό γε αὐτοῦ μέρος· τῆς γὰρ αὐτῆς μακροθυμίας κἀκεῖνοι καὶ οὗτος ἀπήλαυσαν. εἰ δὲ μὴ ἐσώθη, παρὰ τὴν αὐτοῦ γνώμην τὸ πᾶν· ὡς τό γε εἰς τὸν Θεὸν ἧκον, οὐδὲν ἔλαττον τῶν διασωθέντων ἔσχεν.
Übers.: „Die Seite Gottes verteidigt er zu Genüge: Denn Gott habe sehr wohl gewusst, dass dieser sich zu einem Gefäß des Verderbens mache und habe ihm trotzdem etwas von seinen Gaben [sc. zu seiner Rettung] dazugegeben: Zeit, Geduld, und nicht nur einfach Geduld, sondern viel Geduld. Trotzdem wollte Paulus das nicht im Hinblick auf die Juden besprechen. Woher also kommt es nun, dass die einen Gefäße des Zorns, die anderen Gefäße des Erbarmens werden? Durch ihre eigene Entscheidung. Gott, der sehr gut ist, zeigt beiden gegenüber dieselbe Güte. Er erbarmte sich nicht nur deren, die gerettet wurden, sondern auch des Pharaos, zumindest für seinen Teil. Denn jene und der Pharao haben dieselbe Geduld erfahren. Wenn er trotzdem nicht gerettet wurde, dann lag das alles an seiner Entscheidung. Was die Geduld Gottes anbelangt, hat der Pharao sie nicht weniger erfahren als diejenigen, die gerettet wurden."

KOMMENTAR 369

μίαν ἐπεδείξατο, καὶ εἰς μετάνοιαν ἐκάλεσε, καὶ ἡμέραν ἠπείλησε φοβεράν, διὰ πάντων σε ἐπὶ τὴν μετάνοιαν ἕλκων· εἰ δὲ μένεις ἀνένδοτος, „σεαυτῷ θησαυρίζεις ὀργὴν ἐν ἡμέρᾳ ὀργῆς [...]."⁴⁷⁷

Origenes/Rufinus sieht *Rm* 2,4 sq. als Aufforderung, nicht in den eigenen Fehlern zu verharren: *sed non nos dissoluat hoc et tardos ad conuersionem faciat quia rursus patientiae eius et sustentationis certa mensura est* (Rufin. *Orig. in Rom.* 2,3 l. 24–26).⁴⁷⁸ Die Aussage, dass der Mensch sich Zorn anhäufe (cf. *Rm* 2,5 sq.), erläutert Origines/Rufin unter Heranziehung von Bibelstellen zum Jüngsten Gericht (Rufin. *Orig. in Rom.* 2,4). Er wendet sich dabei auch gegen die Gnosis und schreibt: *et primo quidem excludantur haeretici qui dicunt bonas uel malas animarum naturas et audiant quia non pro natura unicuique deus sed pro operibus suis reddit* (Orig. *in Rom.* 2,4 l. 138–140).⁴⁷⁹ Seine Auslegung besitzt an dieser Stelle demnach dieselbe antideterministische Ausrichtung wie die Julians.

Ebenso schreibt auch Pelagius, die Aussage des Paulus sei eine Warnung davor, in seinen Fehlern zu verharren, da man auf schlechte Taten keine sofortige Bestrafung verspüre. Er weist auf die unterschiedliche Sichtweise der Menschen und Gottes auf die Zeit hin, die für die Menschen langsam vergeht, für Gott, der ewig ist, jedoch nur einen kleinen Abschnitt beträgt.⁴⁸⁰

---

477 Übers.: „‚Du häufst dir Zorn an', sagt er, und macht damit mehr als deutlich, dass nicht der Richter, sondern der, über den gerichtet wird, schuldig daran ist. Denn er sagt: ‚Dir selbst häufst du ihn an', und nicht Gott häuft ihn dir an. Denn er hat alles getan, was nötig war, er hat dir die Fähigkeit gegeben, das Gute und Schlechte zu unterscheiden, er hat Geduld gezeigt und dich zur Reue gerufen. Er hat den Tag des Schreckens angekündigt. Und durch all das wollte er dich zur Reue zu bewegen. Wenn du trotzdem hartnäckig bleibst, ‚häufst du dir Zorn an für den Tag des Zornes [...].'"
478 Übers.: „Das soll uns jedoch nicht weich werden lassen und uns unsere Bekehrung nicht träge in die Länge ziehen lassen, denn seine Geduld und der Aufschub, den er gewährt, sind auch wieder begrenzt."
479 Übers. Heither, Commentarii 1, 187 (modifiziert): „Zuerst soll die [...] [Ansicht von] Häretiker[n] [...] [ausgeschlossen] werden, [die behaupten], die Seele[n] sei[en] ihrer Natur nach entweder gut oder schlecht. Sie sollen hören, daß Gott einem jeden nicht gemäß seiner Natur, sondern gemäß seinen Werken vergilt."
480 Pelag. *in Rom.* 2,4 p. 20,8–19: *multum se homines per patientiam dei seducunt, [et] quia non uult statim punire peccantes: putatur [enim] res humanas aut minime curare aut culpas donare, quia differt. plerique etiam contra se calumniantur, cur in praesenti non reddit, non intellegentes quod, si ita fieret, nullus paene hominum remansisset, nec umquam de iniustis fierent iusti. ideo autem hominibus uidetur deus diu expectare peccantes, quia nos, cum parui temporis simus, annos centum aeternitatem putamus. ille autem, 'aput quem mille anni pro una sunt die,' centum annos unius horae spatio non coaequat: quapropter hoc parum est apud [d]eum, cum etiam homines soleant multo tempore correctionem sperare peccantium.*

Julian deutet Paulus' Aussagen hier weniger als Warnung. Paulus' Worte sind für ihn zum einen ein Beleg für den freien Willen, zum anderen ein Zeichen für die Güte Gottes (cf. 67,63–67).[481] Er stellt sich mit dieser Betonung gegen das Weltbild eines „Augustinus", bei dem etwas als Sünde angerechnet wird, gegen das man sich nicht wehren kann. Die Auslegung ist aufgrund des Nachdrucks, den Julian auf die *patientia* Gottes legt, zudem eine gute Basis für die spätere Auslegung von *Rm* 9,20–24 (131,1–141,18).

67,60 in – 68 non natura damnatur.
Im vorliegenden Abschnitt wird deutlich, weshalb Julian an dieser Stelle seiner Exegese die *patientia* Gottes in seiner Auslegung so stark gemacht hat. Gott wartet in *patientia* auf die Bekehrung des Menschen zu ihm, d. h. auf das Ablassen von der *mala uita* (67,52–55). Wesentlich ist, dass die *mala uita* etwas ist, das in der Hand des Menschen liegt, und dass der Mensch in der Lage ist, sich jederzeit für ein gutes Leben zu entscheiden. Da jedoch Kleinkinder wegen der fehlenden Fähigkeit zur Entscheidung keine Sünde auf sich geladen haben (cf. Kommentar zu 46,1–47,10; 48,3–13), können sie keine *mala uita* führen, und deshalb gibt es auch keinen Grund, dass Gott ihnen gegenüber *patientia* zeigen müsste. Die Rede von der *patientia* widerspricht damit der Tatsache, dass kleine Kinder verdammt werden könnten. Des Weiteren könnte Gott in Julians Augen nicht als *patiens* bezeichnet werden, wenn er unschuldigen Kindern eine Sünde von Natur aus auferlegen würde (cf. 48,3–51,9). Die Argumentation bedient sich somit des Gottes- und des Naturbegriffs: Gott kann den Kleinkindern gegenüber keine *patientia* zeigen. Wenn man die *peccata naturae* als Grund für die *patientia* anführen würde, ergäbe dies keinen Sinn, da aufgrund des Zwanges zum Bösen keine Möglichkeit der freiwilligen Umkehr und damit auch keine Bekehrung zu erwarten wäre, die der *patientia* bedürfte. Stattdes-

---

Übers.: „Viele Menschen kommen wegen der Geduld Gottes auf Abwege, auch weil er Sünder nicht sofort bestrafen will. Weil Gott seine Reaktion aufschiebt, glauben die Menschen nämlich, dass er sich um die menschlichen Angelegenheiten entweder gar nicht kümmert oder schuldhaftes Verhalten verzeiht. Viele beschweren sich sogar, dass er ihnen nicht sofort zuteilt, was ihnen gebührt, auch wenn es nicht zu ihrem Vorteil wäre. Sie verstehen dabei jedoch nicht, dass, wenn es so wäre, kaum ein Mensch mehr übrig wäre und aus ungerechten Menschen niemals gerechte Menschen würden. Es erscheint den Menschen aber deshalb so, als würde Gott lange auf Sünder warten, weil wir glauben, hundert Jahre seien eine Ewigkeit, da wir nur so eine kurze Zeit leben. Gott aber, ‚bei dem tausend Jahre einem einzigen Tag gleichkommen [cf. *Ps* 89,4]', gleicht hundert Jahre nicht einer einzigen Stunde an: Deshalb ist es eine kurze Dauer bei Gott, denn sogar Menschen hoffen für gewöhnlich eine lange Zeit auf die Besserung von Sündern."

481 Cf. Lössl, Julian 206.

KOMMENTAR 371

sen wäre Gott im Falle der Existenz von *peccata naturae* ungerecht, weil er den Menschen Fehler zuschreiben würde, die sie nicht selbst begangen hätten. Julian sichert hier seine Auslegung also mithilfe logischer Schlussfolgerung auf Basis seines Begriffsverständnisses von Natur und Gott ab. Cf. Hinführung. 2.2.1 und 3.3.1.

67,63 sq. *non potest autem deus nisi iustus et pius esse*: Cf. Kommentar zu 27,6–29,3.

67,65 sq. *cuius patientiam – persona loquitur*: Cf. Kommentar zu 67,40–60. Mit dieser Aussage bezieht sich Julian offensichtlich auf 1 *Tm* 1,15 sq. (cf. 67,48–52), wo er es bereits unentschieden gelassen hatte, um welchen Sprecher es sich innerhalb des Zitats handelt (cf. 67,47 sq.: *quam benignitatem ipse iam senserat qui dicebat* [...]).

67,68 commendans ergo hanc gratiam – 74 celeriterque medeatur.
In Julians Augen ist *Rm* 7,24 sq. offenbar eine Aufforderung an die Juden, sich zu Christus zu bekehren (cf. Kommentar zu 131,3–132,13). Die jüdische *lex* hat nur den Zweck, Verbrechen zu ahnden, Christi Gnade aber kann Sünden durch die Taufe auch vergeben (cf. 67,87–91; cf. insbesondere die Auslegung von *Rm* 5,20 sq. in 2,217–221).[482] Zu Julians Sicht auf die Taufe cf. Kommentar zu 53,30–38; 54,3–13.

67,74 „corpus" itaque – 77 „corpus mortis" uocasset.
Julian weist Augustinus hier darauf hin, dass Paulus sich hätte anders ausdrücken müssen, wenn man aus der Stelle hätte herauslesen sollen, dass die Sterblichkeit der Menschen die Folge des Sündenfalls sei (cf. Kommentar zu 67,33–40). Julian korrigiert hier also Augustins Verständnis des Bibeltextes, indem er ihn wie ein Lehrer auf seinen Denkfehler aufmerksam macht. Mit dem Hinweis auf die Klarheit des biblischen Textes wird in der antiken Kommentarliteratur einer möglichen Fehlinterpretation des Textes vorgebeugt, indem der Exeget den auszulegenden Text so umformuliert, wie er für die Fehlinterpretation lauten müsste.[483] Das in dieser Gattung häufig angewandte Argumentationsmuster, in dem sich der Exeget auf die Klarheit (ἀκρίβεια, ἀκριβολία) des auszulegenden Textes beruft,[484] wird hier von Julian angewandt, um die Auslegung Augustins zunichtezumachen. Julian gibt im Folgenden die Erklärung, weshalb

---

482 Cf. dazu Pelagius in Pelag. A. *gr. et pecc. or.* 2,30 und *epist. ad Demetr.* 8 (cf. Löhr, Streit 197).
483 Cf. Neuschäfer, Origenes 238 sq.: „Der Autor sagt nicht (οὐκ εἶπε) – es folgt eine vom Exegeten absichtlich unpräzis gestaltete Formulierung –, sondern er sagt eben exakt, was im Text steht."
484 Cf. Neuschäfer, Origenes 238 sq.

das *corpus mortis* mit einer Anhäufung von *peccata* identifiziert werden kann. Zu dieser Argumentationsform cf. z. B. auch 2,215,15–23; cf. 2,225,1–226,5; cf. Hinführung. 3.3.3 und Kommentar zu 24,13; 67,54 sq.; 90,5–15; 93,6–13; 107,1–13; 108,5 sq.11–15.15–23; 109,1–8; 136,1–137,4.

67,77 uerum ut scias – 93 quis, inquam?
Um zu erläutern, weshalb das *corpus mortis* aus *Rm* 7,24 mit der Summe aller persönlichen Sünden der Menschen gleichzusetzen ist, zieht Julian *Col* 3,5–7 (67,79–83) und *Rm* 6,6 (67,85 sq.) heran. Er erklärt unter Berufung auf *Col* 3,5–7 zuerst, dass *membra* in der biblischen Sprache mit *peccata* gleichgesetzt werden können (67,77–84), und stellt dann die Verknüpfung zu *Rm* 6,6 her, wo von einem *corpus peccati* die Rede ist, das er mit dem *corpus mortis* aus *Rm* 7,24 gleichsetzt.[485] Die *membra* sind also Sünden, aus denen man sich einen ganzen Körper zusammensetzen kann, der dann ein *corpus peccati* oder *corpus mortis* ist.

Julian beruft sich dabei auf die *consuetudo* der Heiligen Schrift und wendet damit ein grammatikalisches Prinzip an, um die Bibelstelle auslegen zu können. Das Schlagwort *consuetudo* dient z. B. Quintilian dazu, Analogieschlüsse in der Analyse von Wortformen ziehen zu können;[486] die *consuetudo dicendi* der Gelehrten stellt für ihn ein Kriterium der Sprachrichtigkeit dar.[487] Wenn Julian hier von der *consuetudo* der Heiligen Schrift spricht, dann soll der Leser darauf aufmerksam gemacht werden, dass diese *consuetudo* eine andere ist als die dem Leser geläufige. Julian zeigt damit, dass die sprachlichen Eigentümlichkeiten der Heiligen Schrift ihre eigentliche Aussage verschleiern können und man deshalb darauf angewiesen ist, eben diese Eigentümlichkeiten aufzudecken und zu berücksichtigen (cf. Kommentar zu 5,3–8). Diese Herangehensweise an die Sprache der Schrift ist durch den Grammatikunterricht geprägt und findet sich häufig als Hilfsmittel bei Worterklärungen in der Auslegung des

---

485 Zu *Rm* 6,6 schreibt Julian ebenfalls in 2,223,19 sq.: *corpus autem peccati consuetudine sua Paulus uitia, non substantiam carnis appellat.*
486 Cf. Tornau, Locutio 1037 n. 21 unter Heranziehung von Quint. *inst.* 1,6,43–45. Cf. auch Quint. *inst.* 1,6,3 sq.: *consuetudo uero certissima loquendi magistra, utendumque plane sermone, ut nummo, cui publica forma est. omnia tamen haec exigunt acre iudicium, analogia praecipue: quam proxime ex Graeco transferentes in Latinum proportionem uocauerunt. eius haec uis est, ut id quod dubium est ad aliquid simile de quo non quaeritur referat, et incerta certis probet. quod efficitur duplici uia: comparatione similium in extremis maxime syllabis, propter quod ea quae sunt e singulis negantur debere rationem, et deminutione.* Cf. Mar. Victorin. *in Cic. inu.* 2,52–56 p. 168,5–11 und ib. 2,115–121 p. 192,3–10.
487 Cf. Müller, Sprachbewußtsein 189.

KOMMENTAR 373

Origenes.[488] Augustinus zeigt die gleiche Herangehensweise an die biblische Sprache in seiner Exegese.[489]

Bei Augustinus findet sich das Schlagwort der *consuetudo* in Verbindung mit dem Begriff *locutio* innerhalb der Exegese. *Locutiones* sind bei ihm, gemäß Tornau, „sprachliche und stilistische Erscheinungen des Bibellateins, die das Verständnis der Hl. Schrift erschweren."[490] Um diese Unklarheiten aufzulösen, gibt Augustinus in *doctr. chr.* verschiedene Strategien an die Hand, wie z. B. das Einlesen in die Sprache der Bibel, aber auch das Heranziehen von Parallelstellen (cf. *doctr. chr.* 2,14).[491] Ähnlich wie Augustinus verwendet Julian den Begriff *elocutio* im exegetischen Zusammenhang (cf. Kommentar zu 5,3–8; 25,1–26,3; 69,15–29; 108,15–23; 134,5–11). *Elocutio* steht hier für eine Formulierung unbestimmten Wortumfangs wie bei Augustinus der Begriff *locutio*.[492] Es werden von Julian Parallelstellen aus der Bibel herangezogen, um einzelne *elocutiones* zu erklären. Im Kern erinnert dies an das Prinzip des *poeta ex poeta* (bzw. *Homerum ex Homero*) aus antiken Kommentaren, welches darauf abzielt, einen Autor bzw. einen Text aus sich selbst heraus auszulegen,[493] indem man dessen Sprachgebrauch durch Vergleich von Textpassagen auf die Spur kommt. Diese Strategie, die mit der Berücksichtigung der *consuetudo* einhergeht, dürfte Julian entweder durch die Lektüre anderer Bibelkommentare oder aus dem Grammatikunterricht[494] bekannt gewesen sein. Indem er verschiedene Stellen aus den Paulusbriefen vergleicht, in denen der Begriff *membra* verwendet wird, will er aufzeigen, dass hiermit nicht der Körper des Menschen gemeint ist, wobei er letzteres Verständnis Augustinus unterstellt. Die Aussage des Pau-

---

488 Cf. Neuschäfer, Origenes 143–145.
489 Cf. Müller, Sprachbewußtsein 202–204.
490 Tornau, Locutio 1041.
491 Cf. Tornau, Locutio 1042.
492 Cf. Tornau, Locutio 1036. Neuschäfer nennt hingegen *elocutio* als Bezeichnung für das Einzelwort: Quint. *inst.* 8,1,1: *igitur quam Graeci* φράσιν *uocant, Latine dicimus elocutionem*. Er hebt bezüglich Origenes hervor, dass dieser in der stoischen Tradition φράσις im Sinne des Einzelwortes im Gegensatz zum ganzen Satz = λόγος begreift. In der Übersetzung Rufins fällt dementsprechend auch der Begriff *elocutio* für das zu erklärende Einzelwort (cf. Neuschäfer, Origenes 464 n. 748). Anders ist das *genus elocutionis* zu verstehen, bei dem es sich um die Stilebene des Textes handelt.
493 Cf. Pollmann, Doctrina 565 sq. Schäublin betont in seinem Aufsatz, dass diese Strategie schon in der forensischen Statuslehre angelegt ist, wenn es darum ging, mehrdeutige Gesetze richtig auszudeuten (so z. B. in *Cic. inu.* 2,116 sq.; cf. Schäublin, Homerum 225 sq.). Cf. dazu Hinführung. 2.3 und 3.3.3.
494 Die Grammatiker verweisen u. a. auf den Sprachgebrauch, um auf die Richtigkeit von Flexionsformen schließen zu können bzw. um literarische Texte zu edieren (cf. Siebenborn, Lehre 96 sq.; 27–29).

lus in *Rm* 7,24 sq. wird, wie sich in 67,89–93 zeigt, als Metapher aufgefasst.[495] Julian zieht in 67,87–93 die Konsequenz aus den Parallelstellen, die er für seine *locutio*-Exegese herangezogen hatte: Das *corpus mortis* steht metaphorisch zum einen für den *reatus peccatorum* (67,89; cf. 67,34–40), zum anderen für die Sünden (*membra = uitia*; 67,91–93) an sich und bezeichnet damit den Zustand eines Menschen, der sich in Sünden verstrickt hat. Schließlich bezieht Julian noch die *lex in membris* aus *Rm* 7,23 mit in das Bild ein, die die Gewohnheit zu sündigen darstellt (cf. 67,34–40), und auf die er im nächsten Abschnitt ausführlicher eingeht (69,11–15; cf. auch 71,1–72,25 gegen Augustins Verständnis).

Mit seiner Auslegung von *Rm* 6,6 schließt sich Julian damit einer von Pelagius in seinem Römerbriefkommentar geäußerten Position an, auch wenn dieser sich nicht explizit auf den Sprachgebrauch der Bibel beruft (Pelag. *in Rom.* 6,6 p. 50,11–17):

> „ut destruatur corpus peccati, ut ultra non seruiamus peccato." hoc est, ut omnia uitia destruantur, quia unum uitium membrum est peccati, omnia corpus. Christus enim, non ex parte, sed integer est cruci fixus. siue: ut corpus nostrum destruatur a seruit[ut]e peccati, et fiat iustitiae mancipium quod solebat esse delicti: 'omnis' enim, 'qui facit peccatum, seruus est peccati.'[496]

Auch der Ambrosiaster identifiziert bei der Auslegung von *Rm* 7,24 das *corpus mortis huius* mit der Summe der Sünden einer Person (cf. Ambrosiast. *in. Rom.* 7,24 sq., 3 (rec. γ): *corpus autem mortis est cuncta peccata; multa enim unum corpus sunt, singula quasi membra uno auctore inuenta, ex quibus homo ereptus gratia dei per baptismum, supra dictam mortem euasit*).[497] Der Tod in *Rm* 7,25

---

495 Cf. auch Lössl, Julian 220.
496 Der Variante von A *seruitute* ist hier im Vergleich zu B *seruite* Vorzug zu geben.
     Übers.: „‚Damit der Körper der Sünde zerstört werde, damit wir von nun an nicht mehr der Sünde dienen [*Rm* 6,6]'. D.h., damit alle Sünden ausgemerzt werden, denn eine Sünde ist ein ‚Glied' der Sünde, alle jedoch ein ganzer Körper. Christus nämlich ist nicht in Teilen, sondern im Ganzen ans Kreuz geschlagen worden. Oder: Damit unser Körper befreit wird von der Sklaverei der Sünde, und damit das, was früher dem Bösen gehörte, der Gerechtigkeit gehören wird. ‚Jeder nämlich, der Sünde begeht, ist ein Sklave der Sünde [*Io* 8,34]'."
     Cf. auch Pelag. *in Col.* 3,5; p. 464,15–465,2.
497 Übers.: „Der ‚Körper des Todes' aber bedeutet: alle Sünden. Viele Sünden sind nämlich ein Körper, die einzelnen gewissermaßen die Glieder, die von ein und derselben Person angefertigt wurden; aus ihnen wird der Mensch durch die Gnade Gottes in der Taufe herausgerissen und entkommt dem oben genannten [sc. zweiten] Tod."

KOMMENTAR   375

entspricht für den Ambrosiaster einer *mors secunda*, die die Folge der angehäuften Sünden ist (cf. ib.; *in Rom.* 5,12,4 (rec. α.β.γ); ib. 6,23,1 (rec. α.β.γ)).[498]

Zu dem Ergebnis, dass der „Körper des Todes" allen Sünden eines Menschen entspricht, kommt auch Johannes Chrysostomus (Chrys. *hom.* 11,1 *in Rom.* bezüglich *Rm* 6,6 (PG 60, 485)):

„τοῦτο γινώσκοντες, ὅτι ὁ παλαιὸς ἡμῶν ἄνθρωπος συνεσταυρώθη, ἵνα καταργηθῇ τὸ σῶμα τῆς ἁμαρτίας"· […] διὸ καὶ ἀνωτέρω ἔλεγε, „σύμφυτοι τῷ ὁμοιώματι τοῦ θανάτου αὐτοῦ γεγόναμεν, ἵνα καταργηθῇ τὸ σῶμα τῆς ἁμαρτίας", οὐ τὸ σῶμα τοῦτο οὕτω καλῶν, ἀλλὰ τὴν πονηρίαν ἅπασαν. ὥσπερ γὰρ παλαιὸν ἄνθρωπον λέγει τὴν ὁλόκληρον κακίαν, οὕτω καὶ σῶμα τοῦ ἀνθρώπου ἐκείνου τὴν ἀπὸ τῶν διαφόρων μερῶν πονηρίας συγκειμένην πάλιν κακίαν.[499]

Er verteidigt die Möglichkeit des Menschen, auch nicht sündigen zu können,[500] wie sich auch im Zuge der Auslegung von *Col* 3,5–9 zeigt (Chrys. *hom.* 8,1 *in Col.*; PG 62, 352 sq.):

ἄξιον ἐνταῦθα ζητῆσαι, τί δήποτε μέλη καὶ ἄνθρωπον καὶ σῶμα καλεῖ τὸν διεφθαρμένον βίον, καὶ τὸν ἐνάρετον πάλιν τὸ αὐτό. καὶ εἰ ὁ ἄνθρωπός εἰσιν αἱ ἁμαρτίαι, πῶς φησι, "σὺν ταῖς πράξεσιν αὐτοῦ;" ἅπαξ γὰρ εἶπε παλαιὸν ἄνθρωπον, δείξας ὅτι οὐ τοῦτό ἐστιν ἄνθρωπος, ἀλλ' ἐκεῖνο, τῆς γὰρ οὐσίας ἡ προαίρεσις κυριωτέρα, καὶ τοῦτο μᾶλλον ἄνθρωπος, ἢ ἐκεῖνο. οὐ γὰρ ἡ οὐσία ἐμβάλλει εἰς γέενναν, οὐδὲ εἰς βασιλείαν εἰσάγει, ἀλλ' αὐτὴ ἡ προαίρεσις, καὶ οὐδένα οὔτε φιλοῦμεν, οὔτε μισοῦμεν ᾗ ἄνθρωπος, ἀλλ' ᾗ τοιόσδε ἄνθρωπος. εἰ τοίνυν ἡ μὲν οὐσία τὸ σῶμά ἐστιν, αὕτη δὲ ἀνυπεύθυνος ἐν ἑκατέροις, πῶς αὐτὸ κακὸν εἶναί φησι;[501]

---

498 Ambrosiaster sieht den physischen Tod als Folge der Sünde Adams an, der zweite Tod ist Konsequenz persönlicher Sünden. Dennoch geht auch der zweite Tod in gewisser Weise auf den Sündenfall zurück, da er als Auslöser dafür gesehen wird, dass der Mensch von Gott verlassen wurde. Cf. dazu Lukken, Original 106–108 unter Heranziehung von Ambrosiast. *in. Rom.* 5,14,3a (rec. β.γ). Cf. auch Beatrice, Transmission 137 sq.

499 Übers.: „‚Indem ihr erkennt, dass unser alter Mensch mitgekreuzigt wurde, damit der Leib der Sünde zerstört werde'. […] Deshalb hat er weiter oben gesagt: ‚Wir haben Gemeinschaft mit ihm durch die Ähnlichkeit seines Todes, damit der Körper der Sünde zerstört werde', wobei er damit nicht den Körper meint, sondern die Sünde im Ganzen. Wie er nämlich den ‚alten Menschen' als das Schlechte an sich bezeichnet, so meint er mit dem Körper jenes Menschen wiederum das Schlechte, das aus unterschiedlichen Gliedern der Sünde zusammengesetzt ist."

500 Cf. Gorday, Principles 117 mit Verweis auf *in Rom. hom.* 11,2.

501 Übers.: „Man muss hier aber fragen, warum er das verwerfliche und schlechte Leben als Glieder, Mensch und Körper bezeichnet und ebenso auch das gute Leben. Und wenn der

Ebenso wie Julian nennt Origenes/Rufinus in Zusammenhang mit *Rm* 6,6 die Stelle aus dem Kolosserbrief:

> obseruandum autem puto quod apostolus ubi dicit destruendum esse corpus ponit peccati; ubi autem non dicit destruendum non corpus peccati sed nos ipsos dicit esse qui non seruiamus peccato, ut ostendat quia si destructum fuerit corpus peccati iam nos non seruiemus peccato cui scilicet seruiuimus donec in nobis non erat destructum nec erant mortificata membra nostra quae sunt super terram (Rufin. *Orig. in Rom.* 5,9 l. 103–109).[502]

Er erwähnt an dieser Stelle auch *Rm* 7,24, wobei er jedoch anders als Julian betont, dass jeder Mensch von der Sünde belastet ist (Rufin. *Orig. in Rom.* 5,9 l. 34–44).[503] Er bleibt allerdings unentschieden, wie sich diese Sünde gestaltet. Eine Parallele findet sich zudem bei Origenes/Rufinus innerhalb seiner Auslegung von *Rm* 7,14–25a, wo er ebenso wie Julian vom *mos scripturae* spricht und damit auf den Sprachgebrauch in der Bibel aufmerksam macht (Rufin. *Orig. in Rom.* 6,9 l. 33–36: *sed colligamus ex his quomodo moris est scriptu-*

Mensch einfach nur ‚Sünden' bedeutet, warum sagt er dann ‚mit seinen Taten'? Einmal schreibt er nämlich ‚der alte Mensch' und zeigt damit, dass nicht dies [i. e. die Natur] der Mensch ist, sondern jenes [i. e. der Wille/die Taten]. Der freie Wille nämlich hat die Herrschaft in höherem Grade als die Natur und dieser ist in höherem Grade Mensch als jenes. Nicht die Natur bringt den Menschen in die Hölle und sie führt auch nicht ins Reich Gottes, sondern der freie Wille. Und wir lieben oder hassen niemanden, insofern er ein Mensch ist, sondern insofern er ein Mensch von dieser oder jener Art ist. Wenn also mit Körper die Natur bezeichnet ist, diese aber in keiner der beiden Hinsichten verantwortlich ist, wie kann man den Körper dann als schlecht bezeichnen?"

502 Übers. Heither, Commentarii 3, 161 (modifiziert; einfache Anführungszeichen stammen von der Autorin): „Ich meine, man muß aber darauf achten, daß der Apostel vom ‚[Körper] [...] der Sünde' spricht, wo er sagt, er müsse vernichtet werden. Wo er das aber nicht sagt, spricht er nicht vom ‚[Körper] [...] der Sünde', sondern sagt, wir selbst sollten nicht Sklaven der Sünde sein. Damit will er zeigen, daß wir nicht Sklaven der Sünde bleiben sollen, wenn der ‚[Körper] [...] der Sünde' vernichtet ist. Der Sünde haben wir ja gedient, solange er in uns nicht vernichtet und auch unsere ‚irdischen Glieder' nicht getötet waren."
Cf. auch Rufin. *Orig. in Rom.* 5,9 l. 123–129: *possunt autem membra ex quibus corpus istud peccati constat illa uideri quae superius enumerauit apostolus membra esse super terram, id est fornicationem immunditiam impudicitiam auaritiam contentionem iram dolos rixas dissensiones hereses inuidiam comisationes et his similia, ex quibus omnibus membris digne dicetur corpus constare peccati et hoc corpus ueteris hominis appellari.*

503 Cf. dazu Heither, die zeigt, dass laut Origenes/Rufin zum einen die Menschen in der Nachfolge Adams stehen, dadurch dass die Sünde durch ihre Ausübung von Generation zu Generation gewissermaßen erlernt wird, zum anderen einen Zusammenhang zwischen dem Tod und der Wirkmächtigkeit der Sünde sieht (cf. id., Commentarii 3, 14).

rae diuinae et personas latenter et res et causas de quibus dicere uidetur et nomina commutare, immo potius eisdem nominibus in aliis atque aliis rebus uti [...]).[504]

Auch im ins Lateinische übersetzten Kommentar zum Brief an die Kolosser Theodors von Mopsuestia findet sich eine Interpretation, die derjenigen Julians ähnlich ist (Theod. Mops. *in Col.* 3,5a = Greer, Commentaries 420–422 (Swete 1, 299 sq.)):

„mortificate ergo membra uestra quae sunt super terram." quia inmortales post resurrectionem effecti, peccare ultra non poterimus; mortales uero sequitur ut peccent. sicuti ergo ex diuersis membris peccatorum compositum mortalem hominem subponit, propter quod et mortales talia agere possint. nam quod dixit: „membra quae sunt super terram", ut dicat 'actus prauos, qui solent mortales sequi, et secundum praesentem hanc uitam, dum in terra conuersamur, adnasci.' quae sunt ergo haec membra? „fornicationem, immunditiam, passionem, concupiscentiam malam et auaritiam, et idolorum custodiam."[505]

---

504 Cf. ebenso Rufin. *Orig. in Rom.* 6,9 l. 44–52: *quod uero dicit: 'ego autem carnalis sum uenundatus sub peccato;' hic iam tamquam doctor ecclesiae personam in semet ipsum suscepit infirmorum; propter quod et alibi dixit: 'factus sum infirmis infirmus ut infirmos lucrarer.' et hic ergo infirmioribus quibusque, id est carnalibus et qui sub peccato uenundati sunt, efficitur Paulus carnalis et sub peccato uenundatus et loquitur ea quae illis loqui moris est uel excusationis uel incusationis obtentu.* Übers. Heither, Commentarii 3, 271.273 (modifiziert; einfache Anführungszeichen stammen von der Autorin): „[Wenn er aber sagt] [...]: ‚Ich aber bin fleischlich, verkauft unter die Sünde [*Rm* 7,15]', nimmt Paulus [hier] gleichsam als der Lehrer der Kirche selbst die Rolle der Schwachen an. Darum hat er auch an anderer Stelle gesagt: ‚[...] [Ich bin schwach geworden für die Schwachen, damit ich sie gewinne]' [1 *Cor* 9,22]. Auch hier [also] wird Paulus [gerade] für die Schwächeren, das heißt für die, die fleischlich und unter die Sünde verkauft sind, selbst fleischlich und unter die Sünde verkauft. Deshalb spricht er so, wie es bei ihnen üblich ist, wenn sie einander zu entschuldigen oder anzuklagen suchen." Origenes/Rufinus verweist hier also auf den Sprachgebrauch der sündigen Menschen.

505 Übers.: „‚Tötet also eure irdischen Glieder [*Col* 3,5].' Weil wir nach der Auferstehung unsterblich geworden sind, werden wir nicht mehr sündigen können. Daraus folgt aber, dass Sterbliche sündigen. Ebenso hat er also gesagt, dass der sterbliche Mensch aus verschiedenen Gliedern der Sünde bestehe, weshalb Sterbliche solches auch tun können. Denn er hat gesagt ‚die irdischen Glieder [*Col* 3,5]', um damit zum Ausdruck zu bringen: ‚die Sünden, die Sterbliche für gewöhnlich verfolgen, und die uns anwachsen in diesem irdischen Leben, solange wir auf der Erde sind.' Was sind das also für Glieder? ‚Hurerei, Unreinheit, Leidenschaft, schlechte Begierde, Habgier und Aberglaube [*Col* 3,5].'"

Es ist hier jedoch deutlich zu vermerken, dass bei Theodor, im Gegensatz zu Julian, der Bezug der Sünde zum körperlichen Tod genannt wird.[506] Theodor von Mopsuestia betont, dass die Sterblichkeit des Menschen bewirkt, dass man den vergänglichen Dingen anhängt (Thdr. Mops. *Rom.* 7,17–18 (Staab, Pauluskommentare 131): ἡ μὲν γὰρ θνητότης τῶν παρόντων ἐφίεσθαι μόνον ἡμᾶς παρασκευάζει, ἐκ δὲ τῆς περὶ ταῦτα σπουδῆς ἁμαρτήματα τίκτεται μᾶλλον, κατορθῶσαι δὲ ἀρετὴν εἰς ἄκρον οὐδαμῶς οἷόν τε μὴ τῶν παρόντων ὑπερορῶντα, κρείττονι λογισμῷ ἀθανάτων ἐφιέμενον πραγμάτων),[507] und sieht die Sterblichkeit als Katalysator für die Sünde an.[508] Infolge seiner Sterblichkeit neigt der Mensch leicht dazu, sich der πάθη hinzugeben.[509] Es finden sich bei Theodor Stellen, an denen er sich für die Natürlichkeit des körperlichen Todes ausspricht, jedoch auch solche, an denen er die Sterblichkeit als Folge der Sünde Adams ansieht.[510] Die Sterblichkeit ist jedoch gleichzeitig ein natürlicher Bestandteil des Zustandes der menschlichen Natur, in dem er sich im irdischen Leben befindet, und

---

506 Cf. Lössl, Pain 222 n. 57 und ib. 222–226.
507 Übers.: „Denn die Sterblichkeit bewirkt, dass wir uns nur auf die gegenwärtigen Dinge konzentrieren; aus dem Bemühen um gegenwärtige Dinge aber entstehen häufiger Sünden; niemand aber kann je zur vollkommenen Tugend gelangen, wenn er die gegenwärtigen Dinge nicht gering schätzt und mit einer stärkeren Entschlossenheit unsterbliche Taten verfolgt."
508 Cf. Wickert, Studien 68–70 und ib. 116. Cf. auch Wickert, Studien 111: „Gewiß ist Th.s [sc. Theodors] Meinung, daß alle, die von Adam geboren sind, einst sündigen werden: haben sie doch alle die gleiche sterbliche Natur empfangen, die sie zur Sünde disponiert. Aber die Sünde ist stets – auch wo sie »παρὰ γνώμην« geschieht – ein Akt des Willens, und außer der aktuellen Sünde gibt es die Sünde für Th. nicht."
509 Cf. Wickert, Studien 106.
510 Cf. Thdr. Mops. *Rom.* 5,18–19 (Staab, Pauluskommentare 120): καὶ ὥσπερ ἡ ἐκείνου, φησίν, ἁμαρτία τοὺς λοιποὺς ἀνθρώπους θνητούς τε ἐποίησε καὶ ἐπιρρεπεῖς διὰ τούτου περὶ τὴν ἁμαρτίαν εἶναι [...], οὕτως ὁ Χριστὸς τὴν ἀνάστασιν ἡμῖν ἐδωρήσατο, ὥστε ἐν ἀθανάτῳ τῇ φύσει καταστάντας, πάσης ἁμαρτίας διάγειν ἐλευθέρους ἐν ἀκριβεῖ τῇ διακαιοσύνῃ πολιτευομένους. Übers.: „Und es heißt: Wie die Sünde jenes Menschen [sc. Adams] alle Menschen sterblich gemacht hat und dadurch bewirkt hat, dass sie der Sünde zugeneigt sind [...], so hat Christus uns die Auferstehung geschenkt, damit wir, in eine unsterbliche Natur versetzt, unser Leben frei von allen Sünden und in vollkommener Gerechtigkeit verbringen können." Cf. auch Lössl, Julian 219.
Wickert, Studien 101–107 geht bezüglich der Pauluskommentare Theodors davon aus, dass Theodors Ansicht nach Adams Natur von ihrer Möglichkeit her sterblich geschaffen ist, jedoch diese Sterblichkeit erst durch Adams Sünde zur Wirklichkeit geworden ist. Ib. 105: „[...] [A]lle Stellen in den Plskommentaren [sc. Pauluskommentaren], an welchem [sic!] davon die Rede ist, Adam sei durch Gottes Urteilsspruch, infolge seiner Sünde, *sterblich* geworden, sind cum grano salis zu verstehen. Sie bedeuten, daß eine Möglichkeit, die der Mensch seit seiner Erschaffung besaß, infolge seiner Sünde, durch Gottes Urteil, für ihn zur Wirklichkeit wurde." Cf. auch McLeod, Roles 61 sq. Die Sterblichkeit wiederum disponiert zur Sünde, die wiederum zum Tod führt (cf. McLeod, Roles 63 sq.).

KOMMENTAR   379

gehört damit zum Dasein in der ersten Katastase dazu.[511] Dies bedeutet in Theodors Augen jedoch nicht, dass der Mensch nicht in der Lage wäre, ein gutes Leben zu führen.[512]

Julian geht in *Flor.* 1 zwar nicht auf das Verhältnis zwischen Tod und Sünde ein, äußert sich jedoch in 2,63,20–27 zum Stellenwert des Todes innerhalb seines Menschenbilds. Dort wird deutlich, dass er der Ansicht ist, durch die Sünde sei der Tod nach der *excitatio* als Strafe (2,63,26 sq.: [...] *praeuaricationis ultricem, non corporum semina, sed morum uitia persequentem* [...]) in die Welt gekommen (cf. v. a. 2,66). Insgesamt findet sich im ersten Buch kaum Bezug auf die Strafe der Menschen für ihre Sünden, was an der Abstimmung der Ausführungen auf die Augustinuszitate aus *nupt. et conc.* 2,1–8 liegen mag oder an der Konzeption von *Flor.* 1 als Argumentationsgrundlage der weiteren Bücher. Der Zusammenhang von Sterblichkeit und Adams Sünde wird stattdessen strikt abgelehnt,[513] um gegen Augustinus sprechen zu können (cf. 67,34–40). Cf. Hinführung. 2.2.1.4 und 3.3.3.

67,84 „*corpus*" autem „*peccati*" *hoc ipsum*: Ich entscheide mich hier für die Variante *hoc* (P), anstatt wie Zelzer mit den restlichen Handschriften (C, G, T, L und M) *hic* zu lesen. Julian identifiziert hier das Wort *membra* mit den *peccata* und möchte meines Erachtens ausdrücken, dass mit dem *corpus peccati* dasselbe gemeint ist, wie wenn dort *membra* stünde. Die Verbindung von *hoc* mit *ipsum* findet sich bei ihm sonst auch häufig (cf. z. B. **39,5**; **47,21**; **71,27 sq.**; **2,148,4 sq.**).

67,87 sq. *hoc itaque more – Iudaeorum*: Cf. Kommentar zu **67,40–60**.

67,89 *quis me liberabit* – **93** *quis, inquam*: Cf. **67,34–40.68–74.77–79**; **69,11–15**. Julian bringt nun das *corpus mortis* mit *Rm* 6,6 in Verbindung, wo Paulus vom *corpus peccati* spricht. Er schlüpft in die Rolle des fiktiven Interlokutors bei Paulus und erläutert *Rm* 7,24 aus dessen *persona* (zu diesem Vorgehen cf. **133,15–134,5**; Hinführung. 3.3.3).

67,92 *improborum imitatione*: Cf. Kommentar zu **67,40–60** und Hinführung. 2.2.1.

67,93 et – 104 naturae necessitate peccatum.
Abschließend kann Julian nun nach der Auslegung von *Rm* 7,24 erklären, was der Ausruf in *Rm* 7,25 zu bedeuten hat, wobei er *Ps* 31,1 sq. (**67,97–99**) heranzieht. Die Gnade, von der dort die Rede ist, entspricht der Gnade, durch die

---
511 Cf. Wickert, Studien 106.
512 Cf. Greer, Commentaries xxii sq.
513 Cf. Karfíková, Disput 91.

die Sünden vergeben werden (korrespondierend zur Aussage *quis me liberabit a reatu peccatorum meorum* in 67,89; cf. 67,34–40). Diese Sündenvergebung ergibt jedoch nur dann Sinn, wenn der Mensch aufgrund freiwilliger Sünde Schuld auf sich geladen hat. Eine Sünde von Natur aus, die dem Menschen zur Last gelegt wird, stünde im Widerspruch zur göttlichen Gerechtigkeit (cf. 48,3–49,20). Julian bezieht hier en passant wieder seine Definitionen von Sünde und göttlicher Gerechtigkeit aus 35,3–48,3 mit ein und suggeriert dem Leser, dass Augustins Auslegung von *Rm* 7,24 sq. nicht der biblischen Wahrheit entsprechen kann (cf. 27,2–33,8; Hinführung. 3.3.3).

Mit der Aussage *rerum ipsarum uoce commonitus* in 67,94 demonstriert Julian, wie der Sprecher in *Rm* 7,24 sq. zu der Lösung der Frage kommt, wie er sich aus seinen Sünden befreien kann. Diese Lösung verdeutlicht sich im Ausruf in *Rm* 7,25. Es ist hier nicht ganz deutlich, ob Julian einen Sprecherwechsel von *Rm* 7,24 zu *Rm* 7,25 annimmt. Vielleicht sind die Worte *rerum ipsarum uoce commonitus* so zu verstehen, dass Paulus sich an seine eigene Vergangenheit erinnert (cf. 67,67–74) und daher dem fiktiven Interlokutor antwortet: *gratia dei per Iesum Christum dominum nostrum!* Vielleicht versteht Julian jedoch die Worte in *Rm* 7,25 auch weiterhin als *sub persona Iudaeorum* gesprochen (cf. 67,40–47) und suggeriert hier, dass der fiktive Interlokutor selbst wie durch göttliche Eingebung zur Lösung seines Problems kommt. Diese Ansicht würde sich auch in Julians Menschenbild einfügen, insofern er den Menschen in seiner Eigenschaft als Geschöpf Gottes zum Guten befähigt sieht. Julian äußert sich jedoch nicht dazu, was den Menschen konkret zu seiner Bekehrung und Zuwendung zu Gott veranlasst. Möglicherweise könnte das Konzept der *imitatio* dabei eine Rolle spielen (cf. Kommentar zu 67,40–60 und Hinführung. 2.2.1). Wenngleich hier also bei Julian nicht ganz deutlich wird, ob Paulus in *Rm* 7,24 zu *Rm* 7,25 einen Sprecherwechsel vollzieht, zeigt Julian jedoch in 69,6–11, dass er sich dessen bewusst ist, dass die Frage danach, wer der Sprecher von *Rm* 7,25 ist, bei der Behandlung dieser Passage prinzipiell diskutiert wird.[514]

Interessant ist an dieser Stelle, dass auch Johannes Chrysostomus im Kontext seiner Auslegung von *Rm* 7,1–13 auf das Problem des Ursprungs des Bösen zu sprechen kommt (Chrys. hom 12,6 sq. *in Rom.*; PG 60, 503):

ἁμαρτίαν δὲ ὅταν ἀκούσῃς, μὴ δύναμίν τινα ἐνυπόστατον νομίσῃς, ἀλλὰ τὴν πρᾶξιν τὴν πονηράν, ἐπιγινομένην τε καὶ ἀπογινομένην ἀεί, καὶ οὔτε πρὸ τοῦ γενέσθαι οὖσαν, καὶ μετὰ τὸ γενέσθαι πάλιν ἀφανιζομένην. διὰ γὰρ τοῦτο καὶ

---

[514] So z. B. bei Origenes/Rufin, für den *Rm* 7,25 wieder *ex persona Pauli* gesprochen wird: *iam non ex illius persona sed ex apostolica auctoritate: 'gratia dei per Iesum Christum dominum nostrum'* (Rufin. *Orig. in Rom.* 6,9 l. 182–184).

νόμος ἐδόθη· νόμος δὲ οὐδέποτε ἐπ' ἀναιρέσει τῶν φυσικῶν δίδοται, ἀλλ' ἐπὶ διορθώσει τῆς κατὰ προαίρεσιν πονηρᾶς πράξεως. καὶ τοῦτο καὶ οἱ ἔξωθεν ἴσασι νομοθέται, καὶ πᾶσα ἡ τῶν ἀνθρώπων φύσις. τὰ γὰρ ἐκ ῥᾳθυμίας γινόμενα κακὰ ἀναστέλλουσι μόνον, οὐ τὰ τῇ φύσει συγκεκληρωμένα ἐπαγγέλλονται ἐκκόπτειν· οὐδὲ γὰρ δυνατόν. τὰ γὰρ τῆς φύσεως ἀκίνητα μένει, ὃ πολλάκις πρὸς ὑμᾶς καὶ ἐν ἑτέραις εἴρηκα διαλέξεσι. διόπερ τοὺς ἀγῶνας τούτους ἀφέντες, τὸν ἠθικὸν πάλιν γυμνάσωμεν λόγον· μᾶλλον δὲ καὶ τοῦτο τὸ μέρος τῶν ἀγώνων ἐκείνων ἐστίν. ἂν γὰρ κακίαν ἐκβάλ[λ]ωμεν, καὶ ἀρετὴν εἰσαγάγωμεν· καὶ διὰ τούτων σαφῶς διδάξομεν, ὅτι οὐ φύσει πονηρὸν ἡ κακία, καὶ τοὺς ζητοῦντας πόθεν τὰ κακά, οὐκ ἀπὸ λόγων μόνον, ἀλλὰ καὶ ἀπὸ τῶν πραγμάτων δυνησόμεθα ῥᾳδίως ἐπιστομίσαι, τῆς μὲν αὐτῆς κοινωνοῦντες αὐτοῖς φύσεως, ἀπηλλαγμένοι δὲ τῆς πονηρίας αὐτῶν.[515]

Auch er hebt im Kontext der Auslegung des Römerbriefes demnach hervor, dass die Natur des Menschen unveränderlich sei, und nennt als Grund dafür, dass die Sünde in der Natur des Menschen nicht zu finden sei, die Tatsache, dass der Mensch seinen Willen von gut zu böse und von böse zu gut ändern könne. Chrysostomus richtet sich mit dieser Argumentation gegen die Manichäer (cf. Hinführung. 2.2.1.4 und 2.3). Zur Unveränderlichkeit der menschlichen Natur bei Julian cf. Hinführung. 2.2.1.

67,95 *gratia* – **99** *peccatum*: Es handelt sich in **67,95 sq.** um eine Anspielung auf *Rm* 4,6 (Vulg.: *sicut et Dauid dicit beatitudinem hominis cui Deus accepto fert iustitiam sine operibus*), wo Paulus auf *Ps* 31,1 sq. verweist – die Bibelstelle, die Julian im Anschluss in **67,97–99** zitiert. Die Wendung *acceptum ferre* erin-

---

[515] Übers. Jatsch, Chrysostomus 1, 230: „Wenn du aber von Sünde hörst, so denke nicht an eine für sich bestehende Macht, sondern an eine schlimme Handlung, die immer entsteht und vergeht, die nicht war, bevor sie entstand, und wieder verschwindet, nachdem sie entstanden ist. Deswegen war denn auch ein Gesetz gegeben. Ein Gesetz wird ja niemals gegeben, um die Natur aufzuheben, sondern um die freiwillige schlechte Tat in die rechte Bahn zu lenken. Das wissen auch die weltlichen Gesetzgeber und überhaupt alle Menschen; sie suchen nur die aus böser Gesinnung entspringenden Übel einzuschränken, maßen sich aber nicht an, die der menschlichen Natur anhaftenden auszurotten; denn das ist nicht möglich. Was von der Natur herkommt, ist nicht zu ändern, wie ich euch dies schon mehrfach in andern Reden gesagt habe. – Doch lassen wir diese Streitfragen beiseite und sprechen wir wieder über praktische Dinge des sittlichen Lebens! Übrigens ist dieses nur die andere Seite jener Streitfragen; denn wenn wir das Böse ablegen und dafür die Tugend annehmen, so führen wir eben dadurch den klaren Beweis für die Lehre, daß das Böse nicht in der Natur (des Menschen) liegt. Denen, die sich mit der Frage abmühen, woher das Böse [kommt], können wir dann nicht bloß mit Worten, sondern mit Taten leicht Stillesein gebieten; wir selbst haben ja dieselbe menschliche Natur wie sie und sind doch frei von der Schlechtigkeit, die ihnen eigen ist."

nert an die Wendung der *acceptilatio* im römischen Privatrecht.[516] Dies ist ein Vorgang, bei dem ein Schuldner seinem Gläubiger seine Schulden zurückzahlt. Dem Schuldner wird dies mit den Worten [sc. *acceptum*] *habeo* quittiert.[517] Julian spricht hier also davon, dass die Gnade Gottes gewissermaßen die Gerechtigkeit zuteilt, die die Gläubigen erhalten, ohne dass sie etwas leisten mussten. Die Gerechtigkeit bezahlt die Schulden der Sünder. Gnade ohne Werke bedeutet also Vergebung (= Gerechtigkeit), die den sündigen Menschen zuteilwird, obwohl sie es eigentlich nicht verdient hätten.

67,101 sq. *non autem iure – potuit et cauere*: Julians Worte erinnern hier an A. *lib. arb.* 3,50: *quis enim peccat in eo quod nullo modo caueri potest? peccatur autem, caueri igitur potest*. Eine Textstelle, die nach Augustins Angaben auch schon Pelagius aufgegriffen hatte (cf. A. *retr*. 1,9,5).[518]

67,104 haec breuiter dixisse – 68,1 in primo enim opere latius disputata sunt.
Wie in 67,28–32 verweist Julian hier noch einmal darauf, dass eine Besprechung von *Rm* 7,24 sq. in *Turb.* stattgefunden hat, kommt damit auf Augustins Zitationsvorwurf in *nupt. et conc.* 2,6 (p. 257, l. 10–24; 67,3–17) zurück und schließt seine Auslegung ab (cf. auch 68,13–16). Er geht im Folgenden (68,2–16) polemisch auf Augustins Worte in *nupt. et conc.* 2,6 (p. 257, l. 21–24; 67,14–17) ein.

68,2 quamuis nec tu – 5 factum fuisse professus es.
Julian spielt hier auf Augustins Werk *pecc. mer.* an (ebenso in 2,178), wobei er dabei offenbar *pecc. mer.* 1,21 (p. 20, l. 25–p. 21, l. 2: *quando ergo peccauit Adam non oboediens deo, tunc eius corpus, quamuis esset animale ac mortale, gratiam perdidit, qua eius animae omni ex parte oboediebat*) im Sinne hat (cf. Kommentar zu 68,5–16). Er möchte damit zeigen, dass Augustinus nicht erklärt, was er genau unter dem *corpus mortis huius* verstehen will (cf. Kommentar zu 67,33–40). Augustinus identifiziert in *nupt. et conc.* 1,1 die Bestrafung des Sündenfalls mit dem Eintreten der *concupiscentia carnis* in den Menschen und versteht darunter auch den Zustand des Menschen im *corpus mortis huius* (cf. *Rm* 7,24 sq.). Des Weiteren versteht Augustinus jedoch auch den körperlichen Tod als Folge des Sündenfalls (cf. Kommentar zu 67,33–40). Wie sich aus *pecc. mer.* 1,5 (p. 6, l. 12–20) zeigt, hat Augustinus in *pecc. mer.* 1,21 (p. 20, l. 25–p. 21, l. 2) offenbar nur die Möglichkeit des Todes Adams mit *mortalis* gemeint. Erst durch den Sün-

---

516 Cf. Beck, Recht 141 sq.; Kaser, Privatrecht 1, 173 und ib. 641.
517 Cf. Kaser, Privatrecht 1, 173 und ib. 641.
518 Cf. dazu Löhr, Schrift 270 und ib. 291 sq.

denfall wurde der Tod für Adam zur Wirklichkeit (cf. Augustins Verteidigung in c. Iul. imp 1,68,17–28).[519]

Julian unterstellt Augustinus hier, er würde in *nupt. et conc.* 2,6 (p. 257, l. 10–24; **67,3**–17) nicht deutlich genug schreiben, wie er *Rm* 7,24 sq. verstehen möchte. Dies kann als Vorwurf der Verschleierung manichäischer Ansichten verstanden werden (cf. Kommentar zu **69,29**–37). Cf. Hinführung. 3.2.

68,5 quod uero adiungis morbum esse – 16 explicatum est.
In *pecc. mer.* 1,21 (p. 21, l. 4–6) nennt Augustinus einen *morbus quidam*, den Adam und Eva infolge des Sündenfalls erlitten hätten. Möglicherweise hat Julian diese Textstelle im Sinn, auf deren Kontext er bereits in **68,2**–5 angespielt hat. Julian spricht hier vom *morbus* im Sinne der *concupiscentia carnis*, wie Augustinus sie an anderen Stellen und insbesondere in *nupt. et conc.* 2,6 (p. 257, l. 10–24; **67,3**–17) bezeichnet.[520] In *nupt. et conc.* 2,6 (p. 257, l. 22–24) spielt Augustinus auf *nupt. et conc.* 1,1 (p. 212, l. 17–19) an, wo beide Male ebenfalls der Begriff *morbus* als Bezeichnung für die *concupiscentia carnis* genannt wird. Julian war offensichtlich auch in *Turb.* auf die Ansicht, die *concupiscentia* sei ein *morbus*, eingegangen, wie man aus den Aussagen Augustins in *c. Iul.* 3,29.42.58 schließen kann. Augustinus schreibt dort, dass man nur dann sinnvoll die Gnade Gottes als Heilmittel bezeichnen könne, wenn man auch von einer Krankheit im Menschen ausgehe.

An der vorliegenden Stelle überträgt Julian die Verbindung *concupiscentia* = *morbus* auf das *negotium nuptiarum*, also auf das Zeugen von Kindern, das als Ziel der Ehe angesehen wird (cf. Augustins Erwiderung in *c. Iul. imp.* 1,68,47). Er reduziert Augustins Begriff der *concupiscentia* also auf die *concupiscentia car-*

---

519 Cf. Delaroche, Peccatorum 577. Dieselbe Ansicht vertritt Augustinus in *Gn. litt.* 6,25,36: *illud quippe ante peccatum et mortale secundum aliam et inmortale secundum aliam causam dici poterat; id est mortale, quia poterat mori, inmortale, quia poterat non mori. aliud est enim non posse mori, sicut quasdam naturas inmortales creauit deus; aliud est autem posse non mori, secundum quem modum primus homo creatus est inmortalis, quod ei praestabatur de ligno uitae, non de constitutione naturae: a quo ligno separatus est, cum peccasset, ut posset mori, qui nisi peccasset posset non mori. mortalis ergo erat conditione corporis animalis, inmortalis autem beneficio conditoris.* Cf. auch Kotila, Mors 91 sq.; die Abfassung von *Gn. litt.* fällt in die Zeit zwischen 401/402 und 416/417 (cf. Teske, Genesi 114). Die Bearbeitung von *pecc. mer.* hat zwischen November 411 und März 412 stattgefunden (cf. Delaroche, Peccatorum 575).

520 Weitere Stellen, an denen Augustinus die *concupiscentia* als einen *morbus* bezeichnet: *nupt. et conc.* 1,9.35; 2,19, aber auch z. B. *ciu.* 21,26; *conf.* 8,17: *timebam enim, ne me cito exaudires et cito sanares a morbo concupiscentiae, quem malebam expleri quam extingui.* Diese Identifikation erinnert an die stoische Bezeichnung der Affekte als Krankheiten der Seele (cf. Cic. *Tusc.* 4,28 sq.). Cf. Bochet, Morbus 74 sq. 77 sq.

nis, um damit Augustins Sicht auf die Ehe angreifen zu können (cf. Kommentar zu **62,5–7**). Er unterstellt Augustinus, seine Ansichten kämen unter Umständen daher, dass er die Ehe seiner Eltern als krankhaft miterlebt habe. Hierbei spielt Julian, wie bereits öfter, auf die *Confessiones* an, wo Augustinus auch über die Ehe seiner Eltern berichtet (cf. Hinführung. 3.2). In *conf.* 9,19 spricht er beispielsweise davon, dass sein Vater ein Ehebrecher war und seine Mutter Monnica dies geduldig ertrug (*ita autem tolerauit cubilis iniurias, ut nullam de hac re cum marito haberet umquam simultatem*).

68,7 *conscius enim forte esse* – **9** *meribibulam uocatam esse signasti*: Julian spielt hier wiederum auf eine Passage aus den *Confessiones* an. Augustins Mutter Monnica wurde von ihren Eltern aufgefordert, Wein zu holen, und trank regelmäßig aus dem Weinfass. Die Magd, die sie dabei begleitete, bezeichnete sie im Streit einmal als *meribibula*, worauf Monnica von der Trunksucht abließ. In derselben Szene spricht Augustinus auch von einem *morbus latens*, gegen den nur Gottes Gnade helfe. Cf. *conf.* 9,18: *numquid ualebat aliquid aduersus latentem morbum, nisi tua medicina, domine, uigilaret super nos?*; ib.: *ancilla enim, cum qua solebat accedere ad cupam, litigans cum domina minore, ut fit, sola cum sola, obiecit hoc crimen amarissima insultatione uocans meribibulam*. Die bissige Anspielung Julians soll die Schamlosigkeit Augustins verdeutlichen, der sich nicht davor gescheut hat, die Trunksucht seiner Mutter anzuprangern, und mit dieser Erzählung in Julians Augen die Grenzen des Angemessenen überschritten haben dürfte. Nach Weber umfasst Julians Anspielung dabei zugleich die Konnotation von sexuellem Exzess, der in der antiken Polemik oft mit Alkoholismus in Verbindung gebracht wird.[521] Der *morbus occultus* ist dabei in Verknüpfung mit der *concupiscentia*, die von Augustinus als *morbus* bezeichnet wird, zu verstehen.[522] Weber hebt auch hervor, dass die Beschimpfung der Mutter in vielen Kulturen deutlich provokativer aufgefasst wird, als wenn man das Gegenüber unmittelbar beleidigt.[523]

68,9 *ceterum* – **16** *explicatum est*: = *Turb.* 1, frg. 84. Julian spielt möglicherweise nochmals auf *conf.* 9,18 *numquid ualebat aliquid aduersus latentem morbum, nisi tua medicina, domine, uigilaret super nos?* an. Julian setzt hier *concupiscentia* mit *nuptiae* gleich, da er die Fortpflanzung als Grund für die Institution der Ehe voraussetzt (cf. **61,1–5**; **62,5–7**). Wenn die *concupiscentia* ein *morbus* wäre, müsste nach Julians Schluss auch die Ehe ein *morbus* sein. Julian spielt nun auch auf eine Bibelstelle an, in der Paulus die Ehe als Mittel gegen sexuelle Ausschweifungen nennt. Eine solche Empfehlung würde dieser jedoch

---

[521] Cf. Weber, Punic 77.
[522] Cf. Weber, Punic 77.
[523] Cf. Weber, Punic 77.

Julians Ansicht nach nicht aussprechen, wenn es sich bei der *concupiscentia carnis*, die der Grund der Ehe ist, um einen *morbus* handeln würde. In diesem Falle würde er nämlich eine Krankheit als Heilmittel empfehlen. Julian könnte an dieser Stelle z. B. an 1 *Cor* 7,2 denken (Vulg.: *propter fornicationes autem unusquisque suam uxorem habeat et unaquaeque suum uirum habeat*),[524] wo Paulus die Ehe empfiehlt, um die Begierde einzuschränken. In *nupt. et conc.* 1,9 zieht Augustinus außerdem 1 *Th* 4,3–5 heran, wo Paulus von der *fornicatio* als *morbus desiderii* spricht und ebenfalls die Treue als Voraussetzung für ein gottgefälliges Leben anführt. Offenbar hatte Julian eine dieser Bibelstellen oder beide in seiner Argumentation am Ende von *Turb.* 1 bereits angeführt und gegen Augustins Gleichsetzung der *concupiscentia* mit einem *morbus* in Stellung gebracht (cf. Kommentar zu 68,2–5). Zu den Bedeutungsnuancen von *reuerentia* cf. Kommentar zu 2,5.

Zum Gebrauch von *ceterum* in 68,9: Cf. Kommentar zu 57,3.7; 61,3; 129,3 und 130,8.

2.3.1.3 Die Gnade Gottes befreit den Menschen von der lex peccati und aus dem corpus mortis – nupt. et conc. 2,6 (69,1–6)

Julian führt das Zitat aus *nupt. et conc.* 2,6 fort (cf. Kommentar zu 67,3–17); in der Edition von Zelzer ist dies nicht im Apparat vermerkt. Die Tatsache, dass das Zitat ohne einleitende Markierung, wie *haec quae sequuntur adiungis* (67,2 sq.; 52,7 sq.; cf. 22,1 sq.), angeführt wird, könnte dafür sprechen, dass vor diesem Zitat noch mehr Text stand. Auch wirkt der Übergang von 68 auf 69 recht abrupt. Es ist hier demnach meines Erachtens eine Lücke zwischen 68,16 *explicatum est* und 69,1 *ut autem* anzunehmen.

> 69,1 „ut autem ad istam – 6 *Iesum Christum dominum nostrum.*"
> = *nupt. et conc.* 2,6 (p. 257, l. 24–p. 258, l. 5). Augustinus stellt den Zusammenhang zwischen der *humana miseria* und der *lex peccati* her. Die *humana miseria* sieht er im *corpus mortis huius* aus *Rm* 7,24 ausgedrückt. Sie macht sich seiner Ansicht nach u. a. im *morbus* der *concupiscentia* bemerkbar (cf. *nupt. et conc.* 2,6; p. 257, l. 21–24; 67,14–17). Diese ist gleichzusetzen mit der *lex peccati*, die erst durch den Sündenfall als Schaden der Natur in die Welt gekommen ist. Cf. Hinführung. 2.2.2.2 und 2.2.2.3.

---

524   Cf. De Coninck, CCL 88, p. 362.

2.3.1.4   *Die* lex in membris *ist die* consuetudo mala *– Auslegung von* Rm *7,23* (**69,6–37**)

Augustinus zitiert *Rm* 7,23 (*nupt. et conc.* 2,6; p. 257, l. 26–p. 258, l. 5; **69,3–6**) erst nach seiner Interpretation von *Rm* 7,24 sq. (*nupt. et conc.* 2,6; p. 257, l. 10–24; **67,3–17**). Julian folgt bei seiner Auslegung von *Rm* 7,23–25 der Reihenfolge der Zitation Augustins und geht nun in **69,6–29** auf *Rm* 7,23 ein. In **69,29–37** wirft er Augustinus vor, er lege *Rm* 7,23 genauso aus wie die Manichäer, und weist in **70,1–12** alle Vorwürfe Augustins aus *nupt. et conc.* 2,6 (p. 257, l. 10–24; **67,3–17** und p. 257, l. 24–p. 258, l. 5; **69,1–6**) von sich.

69,6 constat quidem – 15 natura.
Julian spielt hier anscheinend auf Augustins Zuweisung der Sprecher in *Rm* 7,23–25 an. Augustinus geht davon aus, dass es der Apostel selbst ist, der spricht (cf. A. *c. ep. Pel.* 1,20–23). Auf dieses exegetische Problem möchte Julian hier jedoch nicht eingehen (cf. Kommentar zu **67,40–60**; **67,93–104**), sondern auf die Bedeutung der *lex in membris* aus *Rm* 7,23. Auffällig ist hier wieder der Wechsel von der Ansprache Augustins hin zu einem gemäßigteren Ton während der Erläuterung der Bibelstelle (**69,9–29**). Cf. Hinführung. 3.3.3.

Julian versteht unter dem Begriff *lex peccati* die schlechte Gewohnheit, die für ihn zur Persistenz in sündigem Verhalten führt und die sich auch in der Anfangszeit nach der Bekehrung immer wieder durchsetzt. Bereits in **67,33–40** hatte Julian darauf hingewiesen, dass er unter dem *corpus mortis* im verzweifelten Ausruf von *Rm* 7,24 (*miser ego homo, quis me liberabit de corpore mortis huius?*) die *consuetudo delinquendi* verstehen möchte. Er zieht hier ein weiteres Mal einen Schluss aus der *locutio*-Exegese von **67,77–93**, wo er aufgezeigt hatte, dass unter *membra* in der Heiligen Schrift oft die *peccata* zu verstehen sind (cf. Kommentar zu **67,77–93**; **69,15–29**). Die *membra* sind demnach die Einzelsünden, die zu einem ganzen Sündengebäude (*corpus peccati* bzw. *mortis*) führen. Die *lex peccati*, die den Menschen gewissermaßen „in den Gliedern steckt", ist das Prinzip der *consuetudo delinquendi*, die immer wieder zum Sündigen führt, sofern sich der Mensch nicht von ihr löst (cf. Kommentar zu **67,33–40**). Auch mit seiner Interpretation der *lex peccati* stellt sich Julian in die Reihe seiner Vorgänger. Augustinus versteht in seiner frühen Römerbriefauslegung die *lex peccati* als die *consuetudo carnalis*, die den Willen schwächt und sich an Weltlichem ausrichtet.[525] Diese wird von ihm jedoch gleichzeitig als Strafe für den Sündenfall angesehen (cf. Hinführung. 2.2.2).

---

525   Cf. Müller, Willensschwäche 317 unter Heranziehung von *exp. prop. Rm.* 38.

KOMMENTAR 387

Pelagius bringt das Römerbriefzitat *Rm* 7,20: *si autem quod nolo, hoc ago, non ego illut operor, sed quod habitat in me peccatum* (Pelag. *in Rom.* 7,20 p. 59,10–12) mit der *consuetudo peccati* in Verbindung, die zum selbstgewählten Zwang werden kann.[526] Ebenso bezeichnet er die *lex peccati* aus *Rm* 7,23 als *desideria consueta, uel persuasionem inimici* (Pelag. *in Rom.* 7,23 p. 60,3 sq.).

Für Johannes Chrysostomus ist die *lex peccati* schlichtweg die Sünde, weil sich die Menschen ihr unterwerfen (Chrys. *hom.* 13,3 *in Rom.*; PG 60, 511):

> νόμον ἐνταῦθα πάλιν ἀντιστρατευόμενον τὴν ἁμαρτίαν ἐκάλεσεν, οὐ διὰ τὴν ἀξίαν, ἀλλὰ διὰ τὴν σφοδρὰν ὑπακοὴν τῶν πειθομένων αὐτῇ. ὥσπερ οὖν κύριον τὸν μαμμωνᾶν καλεῖ, καὶ θεὸν τὴν κοιλίαν, οὐ διὰ τὴν οἰκείαν ἀξίαν, ἀλλὰ διὰ τὴν πολλὴν τῶν ὑποτεταγμένων δουλείαν· οὕτω καὶ ἐνταῦθα νόμον ἐκάλεσεν ἁμαρτίαν, διὰ τοὺς οὕτως αὐτῇ δουλεύοντας καὶ φοβουμένους ἀφεῖναι αὐτήν, ὥσπερ δεδοίκασιν οἱ νόμον λαβόντες ἀφεῖναι τὸν νόμον.[527]

Johannes schildert hier die Sünde, in die sich die Menschen vor dem Eintritt des Gesetzes und vor der Inkarnation Christi verstrickt haben.[528] Zur *consuetudo* bei Origenes/Rufinus cf. Kommentar zu 67,33–40 und Hinführung. 2.2.1.4.

69,9 sq. *impraesentiarum*: Das Wort steht für *in praesentia rerum* und bedeutet „vorläufig, für den Moment, bei der gegenwärtigen Lage der Dinge."[529]

69,12 sq. *inter principia tamen emendationis rebellem consuetudinem malam*: Hätte der Mensch nicht die Fähigkeit, sich zu bessern, müsste nach Julians Ansicht die Naturanlage des Menschen als schlecht beurteilt werden, da er sie als unveränderlich ansieht. Damit wäre der Mensch von Gott geschaffen, um Schlechtes zu tun, und somit müsste Gott selbst für die schlechten Taten der Menschen verurteilt werden. Stattdessen kommt Gott den Menschen mit einem *amor emendationis* entgegen, aufgrund dem er darauf hinwirkt, dass

---

526 Pelag. *in Rom.* 7,20 p. 59,12 sq.: *non ego, quia [uelut] inuitus, sed consuetudo peccati, quam tamen necessitatem ipse mihi par[a]ui.*
527 Übers. Jatsch, Chrysostomus 1, 245 (modifiziert): „[...] [Auch hier nennt er wieder die Sünde ein Gesetz, das sich widersetzt, nicht wegen des Ranges, den sie hat, sondern wegen des strengen Gehorsams derer, die sich ihr unterwerfen.] [Wie] [...] er [also] auch den Mammon einen Herrn und den Bauch einen Gott [nennt], nicht als wäre dies der ihnen zukommende Rang, sondern wegen der großen Unterwürfigkeit derer, die ihnen ergeben sind, [...] [so] spricht er auch von einem „Gesetz" der Sünde mit Rücksicht auf die, welche ihr so dienen und sie so ängstlich zu verlieren fürchten, wie die, welche das Gesetz empfangen haben, dieses zu verlieren ängstliche Sorge haben."
528 Cf. Gorday, Principles 118 sq.
529 Cf. TLL 7,1, p. 673, l. 72–82.

sich auch böse Menschen bekehren (cf. 5,64,17–21). Zur Geduld Gottes cf. auch Kommentar zu 67,40–60. Cf. auch 6,10,18–26.

69,14 sq. *secunda natura*: Die Umschreibung der Gewohnheit als zweite Natur ist ein Gemeinplatz zur Zeit Julians (cf. Macr. *Sat.* 7,9,7: […] *consuetudo, quam secundam naturam pronuntiauit usus* […]).[530] Cf. auch Cic. *fin.* 5,74:[531] *quin etiam ipsi uoluptarii deuerticula quaerunt et uirtutes habent in ore totos dies uoluptatemque primo dumtaxat expeti dicunt, deinde consuetudine quasi alteram quandam naturam effici, qua impulsi multa faciant nullam quaerentes uoluptatem*;[532] und wird auch von den frühchristlichen Theologen rezipiert. Origenes/Rufinus verwendet die Formulierung (Rufin. *Orig. princ.* 2,6,5): […] *quod in arbitrio erat positum, longi usus affectu iam uersum sit in naturam*, wobei er ebenso wie Julian davon ausgeht, dass man von einer *consuetudo mala* durch seinen eigenen Willen wieder ablassen kann.[533] Bei Basilius findet sie sich in der Übersetzung durch Rufinus (Rufin. *Basil. hom.* 1,6).[534] Auch Pelagius verwendet den Vergleich, der ebenso wie Julian von der Origenesübersetzung des Rufinus beeinflusst ist: *epist. ad Demetr.* 8: *neque uero alia causa nobis quoque difficultatem bene uiuendi facit, quam longa consuetudo uitiorum, quae nos, cum inficit a paruo, paulatimque per multos corrupit annos, ita postea obligatos sibi et addictos tenet, ut uim quandam uideatur habere naturae.*[535] Und auch Augustinus verwendet die Bezeichnung (*mus.* 6,19).

---

530 Cf. Rath, Natur 484–486 und Waszink, Vorstellungen, insbesondere 35 sq.
531 Cf. Greshake, Pelagius 85 n. 8.
532 Übers.: „Ja selbst diejenigen, die die Lust verteidigen, suchen nach Auswegen und sprechen Tag für Tag von den Tugenden; sie sagen, dass man zuerst die Lust suche, darauf aber durch die Gewohnheit sozusagen eine zweite Natur entstehe, durch die man angetrieben werde, vieles zu tun, wobei man jedoch keine Lusterfüllung mehr suche."
533 Cf. Müller, Willensschwäche 267.
534 Ib.: *inueteratum namque uitium animae et malum diuturna meditatione ac longiturnitate temporis confirmatum uix iam aboleri umquam poterit ac depelli uelut in naturam quodammodo longa consuetudine usuque conuersum.* Übers.: „Denn eine Sünde, die sich verhärtet hat, und ein Übel, das sich durch dauerhafte Einübung und über einen langen Zeitraum verfestigt hat, kann kaum mehr beseitigt und ausgetrieben werden, gleich wie wenn es durch lange Gewöhnung und Gebrauch gewissermaßen zur Natur geworden ist."
535 Übers.: „Es gibt aber keinen anderen Grund dafür, dass es uns so schwer fällt, gut zu leben, als die lange Gewohnheit zu sündigen. Sie hat uns, nachdem sie uns bereits in unserer Kindheit befallen und nach und nach über viele Jahre hinweg verdorben hat, dann so an sich gebunden und von ihr abhängig gemacht, dass es scheint, als hätte sie gewissermaßen die Kraft der Natur."

69,15 ante pauca enim eos – 29 tendantur.
Julian zieht *Rm* 6,19 hier als Parallele heran, um zu verdeutlichen, dass es sich bei der *lex in membris* um die Gewohnheit zu sündigen handelt und der Mensch die Fähigkeit besitzt, diese Gewohnheit auch zu ändern (cf. dazu die Auslegung von *Rm* 6,19 in 2,229,1–236,4). Im Folgenden erklärt er durch Heranziehung von *Rm* 7,5 knapp, dass mit der *infirmitas carnis* in *Rm* 6,19 nicht körperliche Schwäche gemeint ist, sondern die Schwäche, die man sich aufgrund der Gewohnheit zu sündigen, also aufgrund der Anhäufung von *uitia*, zugezogen hat (cf. **69,20–24**). Die Auslegung läuft hier also wieder darauf hinaus, gegen Augustinus festzuhalten, dass es bei Gott um die Beurteilung der *uitia* und nicht der *natura* gehe. Cf. Hinführung. 3.3.3.

Julian verwendet bei der Auslegung dieser Bibelstellen zwei Termini, die auf den Grammatik- bzw. Rhetorikunterricht zurückgehen. Zum einen spricht er davon, dass *caro* bei Paulus im nicht eigentümlichen Gebrauch (*abusiue*) für die *uitia* steht, zum anderen macht er auf das *genus elocutionis* von *Rm* 7,5 aufmerksam. Bezüglich des ersten Falles wendet Julian durch das Heranziehen der Parallelen die Methode der *locutio*-Exegese an, die von Augustinus und anderen Exegeten bekannt ist (cf. Kommentar zu **67,77–93**; **69,6–15**).[536] Er identifiziert *caro* mit *uitia* und erläutert durch die Parallele in *Rm* 7,5, dass es sich nicht um einen eigentümlichen Sprachgebrauch, sondern um eine Metapher handelt. Wie aus *Rm* 7,5 hervorgeht, meint Paulus mit *in carne esse* den Zustand des Sündigens. Deshalb bedeutet das Wort *caro* im übertragenen Sinne lediglich *uitia*. Die Unterscheidung *proprie – abusiue* verwendet Julian z. B. auch in 2,53,1–6 bei der Widerlegung von *nupt. et conc.* 2,45 (zitiert in 2,47,7–13), wo er von den unterschiedlichen und ungebräuchlichen Verwendungen der Worte *imitatio* und *generatio* spricht. Das Wortpaar *proprie – abusiue* findet sich zur Erläuterung von Wortverwendungen u. a. in Kommentarliteratur, z. B. im *Aeneis*-Kommentar des Servius,[537] und es wird auch zum Verständnis der Heiligen Schrift herangezogen (cf. Ambr. *hex.* 5,22,73; A. *quaest. hept.*4,3).

Durch den Hinweis auf das *genus elocutionis* hingegen macht Julian auf die Formulierung *cum essemus in carne* aufmerksam. Es wird aus dem Text nicht ganz deutlich, ob *elocutio* synonym zu *locutio* zu verstehen ist, oder ob Julian unter dem *genus elocutionis* die Stilebene des biblischen Textes meint.[538] In 3,39–41 verwendet Julian beispielsweise *genus elocutionis/loquendi* deutlich im Sinne des Redestils, da dort von der Steigerung der Worte Gottes durch Heran-

---

536 Cf. Tornau, Locutio 1037.
537 TLL 1, p. 239, l. 17–41 nennt z. B. Serv. *Aen.* 1, 43: '*rates' abusiue naues; nam proprie rates sunt conexae inuicem trabes.*
538 Zu dieser Unterscheidung cf. Tornau, Locutio 1037.

ziehung eines Eides im biblischen Text die Rede ist (cf. 3,40), was dem Ziel des *mouere* im *genus grande* entspricht.

Meines Erachtens bezieht sich Julian hier in **69,15–26** jedoch nicht auf die Stilebene des Textes, sondern auf die tropische Ausdrucksweise des Paulus, die er mit der Hervorhebung von *proprie* und *abusiue* bereits angesprochen hat.[539] Wird die übertragene Formulierung des Paulus verkannt, kann sie in seinen Augen auf die falsche Fährte führen. Nimmt man den Satz wörtlich, könnte man annehmen, dass Paulus zur Zeit des Sprechens keinen Körper gehabt habe, wie Julian anmerkt. Den Begriff *locutio* verwendet Julian in *Flor.* an keiner Stelle. Die Varianten in den Handschriften bieten zwar gelegentlich *locutio* als Lesart anstelle von *elocutio* an, jedoch ist an einigen Textpassagen *elocutio* die einzige Lesart, an anderen lässt sich sowohl ein Schreibfehler von *locutio* zu *elocutio* als auch von *elocutio* zu *locutio* rechtfertigen.[540]

Die Aussage in **69,26** suggeriert zudem, dass jegliche andere Auslegung von *Rm* 7,5 fehlerhaft ist, wenn in ihr nicht das *genus elocutionis* berücksichtigt wird. Die Äußerung in **69,26** ist somit ein Seitenhieb gegenüber Augustinus, der das *corpus mortis* in *Rm* 7,24 sq. als Produkt der Erbsünde versteht und neben der *tradux peccati* auch von einer *tradux mortis* ausgeht. Er lässt damit in Juli-

---

539 Augustinus bezeichnet die Tropen bzw. den Tropus als *locutionum modi*, *loquendi modus*, *locutionis genus* oder *locutionum genera* (cf. Tornau, Locutionum modi 1055).

    Die Synonymie von *elocutio* und *locutio* zeigt sich z. B. in 4,65 sq.; dort schreibt Julian, dass es gemäß der griechischen und lateinischen Sprachkultur Konvention ist, Geschlechtsteile nicht beim Namen zu nennen, und spricht dabei von den *elocutionum diuersitates* (Unterschieden in den idiomatischen Ausdrücken), die Augustinus selbst nicht berücksichtige. Julians Ansicht nach gäbe es hingegen in der hebräischen Sprache nur die natürlichen Bezeichnungen für die Geschlechtsteile. Augustinus entgegnet ihm daraufhin, dass er unrecht habe, wenn er denke, es gäbe in der hebräischen Sprache keine *locutio tropica*.

540 In **69,26**, **108,17** und **108,19** findet sich neben *elocutio* in den Handschriften auch die Variante *locutio*. In **69,26** hat P die Variante *loquucionis* nach vorangehendem *hoc*, in **108,17** hat Handschrift P *haec loquutio ne nos*, in **108,19** hingegen *et elocutionum*, die Handschrift C hat in **108,19** *et locutionum*. Es ist hier nicht leicht zu entscheiden, welche Varianten zu wählen sind. Zweifelhaft ist sowohl *locutio* als auch *elocutio* bei vorangehendem Demonstrativpronomen oder *et*. Sowohl *elocutio* könnte durch Verlesung des *c* in *haec* oder *hoc* durch Dittographie zustande kommen als auch *locutio* durch Haplographie und falsche Silbentrennung (bei vorangehendem *et*) oder falsche Silbentrennung und Haplographie bei Verwechslung des *e* mit *c* (bei vorangehendem *haec* bzw. *hoc*). Blickt man allerdings in **25,8**, wo im Text ebenfalls von *scripturarum elocutiones* die Rede ist, dürfte es wahrscheinlich sein, dass Julian tatsächlich *elocutio* synonym für *locutio* verwendet hat. In **25,8** findet sich einzig in Handschrift C die Variante *uel locutionibus*, die durch falsche Silbentrennung zustande gekommen sein dürfte. In **134,7** steht *aucupans elocutionis* zudem als einzige Variante in allen Handschriften. Ohne Variante sind ebenfalls 2,226,17 (*ambiguitatem* [...] *elocutionum*) und 4,66,1 ([...] *elocutionum diuersitates* [...]).

ans Augen unberücksichtigt, was Paulus in *Rm* 7,5 mit der Aussage *cum essemus in carne* gemeint haben könnte; Julian unterstellt Augustinus, er verstünde die Aussage wörtlich (cf. Hinführung. 3.3.3). Cf. auch Kommentar zu 5,3–8; 25,1–26,3; 67,77–93; 108,15–23; 134,5–11.

69,15 *ante pauca* – 21 *sed uitia abusiue uocaret*: Auch für Origenes/Rufinus ist *Rm* 6,19 eine Stelle, die für die Willensfreiheit des Menschen und gegen Determinismus spricht:[541] *sed et illud aspice quod ubique per haec arbitrii libertatem designat et ostendit unumquemque habere in sua potestate ut quae ante iniquitati ad iniquitatem seruitia dependebat haec conuerso in melius proposito iustitiae sanctificationique dependat; quod utique fieri non posset si aut natura ut quibusdam uidetur repugnaret aut astrorum cursus obsisteret* (Rufin. *Orig. in Rom.* 6,4 l. 36–42).[542]

Pelagius gibt in seinem Römerbriefkommentar zu dieser Stelle bei Paulus einen direkten Verweis auf die Manichäer: *nos* [*sane*] *exhibuimus membra nostra seruire peccato, non sicut Manichaei dicunt naturam corporis insertum habere peccatum.* (Pelag. *in Rom.* 6,19 p. 53,11–13).[543] De Bruyn hebt hervor, dass Pelagius mit seinen Gedanken im Kommentar zu den Paulusbriefen sich des Öfteren explizit gegen die Manichäer richtet und den Kommentar möglicherweise auch als antimanichäischen Gegenentwurf gestaltet hat.[544]

69,21 *post duo capita* – 29 *tendantur*: Die Formulierung *cum in carne essemus* bedeutet für Julian ein Leben voller *uitia*. Er schließt sich damit der Auslegung des Pelagius an, der hier jedoch den Sinnen unterschiedliche *passiones* zuordnet.[545] Auch die Auslegung des Johannes Chrysostomus geht in diese Richtung (*hom.* 12,3 *in Rom.*; PG 60, 498):

---

541 Cf. Heither, Commentarii 3, 214 n. 22.
542 Übers.: „Aber behalte auch im Blick, dass er dadurch überall die Freiheit des Willens herausstreicht und zeigt, dass es ein jeder in seiner Hand habe, dass er das, was er vorher für die Ungerechtigkeit durch die Sklaverei der Ungerechtigkeit gegenüber aufgewandt hat, nun auch nach seiner Bekehrung für ein besseres Leben, für Gerechtigkeit und Heiligkeit aufwendet; das könnte in keiner Weise zustande kommen, wenn, wie manche glauben, die Natur sich dagegen sträubte oder der Lauf der Sterne es verweigerte."
543 Übers.: „In der Tat haben wir unsere Glieder der Sünde zur Verfügung gestellt; es ist aber nicht so, wie die Manichäer sagen, dass in die Natur des Körpers die Sünde hineingemischt sei."
      Pelagius möchte hervorheben, dass es in der Hand des Menschen liegt, ob er sich der Sünde preisgibt oder nicht; daher halte ich die Variante von A *sane* (ausgelassen von B, H, G und V) für wählenswert.
544 Cf. de Bruyn, Commentary 16; cf. auch id., Interpretation 37 sq.
545 Pelag. *in Rom.* 7,5 p. 55,24–56,2: *cum essemus in carnali conuersatione* [*uerbi gratia*], *passio concupiscentiae operabatur in oculis, et* [*in*] *ceteris membris ceterae passiones, quae tamen*

„ὅτε ἦμεν ἐν τῇ σαρκὶ", τουτέστι, ταῖς πονηραῖς πράξεσι, τῷ σαρκικῷ βίῳ. οὐ γὰρ τοῦτό φησιν, ὅτι πρὸ τούτου μὲν ἐν σαρκὶ ἦσαν, νυνὶ δὲ ἀσώματοι γενόμενοι περιῄεσαν. [...] εἶτα, ἵνα μηδὲ τῆς σαρκὸς κατηγορήσῃ, οὐκ εἶπεν, ἃ ἐνήργει τὰ μέλη, ἀλλ' ἃ „ἐνηργεῖτο ἐν τοῖς μέλεσιν ἡμῶν"· δεικνὺς ἑτέρωθεν οὖσαν τῆς πονηρίας τὴν ἀρχήν, ἀπὸ τῶν ἐνεργούντων λογισμῶν, οὐκ ἀπὸ τῶν ἐνεργουμένων μελῶν. ἡ μὲν γὰρ ψυχὴ τεχνίτου τάξιν ἐπεῖχε, κιθάρας δὲ τῆς σαρκὸς ἡ φύσις, οὕτως ἠχοῦσα, ὡς ἠνάγκαζεν ὁ τεχνίτης. οὐκοῦν οὐ ταύτῃ τὸ ἀπηχὲς μέλος, ἀλλ' ἐκείνῃ πρὸ ταύτης λογιστέον ἡμῖν.[546]

Ebenso wie Johannes Chrysostomus macht auch der Ambrosiaster darauf aufmerksam, dass man die Wendung *cum essemus in carne* missverstehen könnte (Ambrosiast. *in Rom.* 7,5,1 sq. (rec. γ)):

„cum enim essemus in carne." cum in carne sit, negat se esse in carne, est enim in corpore, quia hic dicitur esse in carne, qui aliquid sequitur, quod lege prohibetur. igitur in carne esse multifarie intelligitur. [...] hoc tamen loco in carne esse sic intelligamus, quia ante fidem in carne eramus; sub carne enim uiuebamus, id est carnales sensus sequentes uitiis et peccatis subiacebamus.[547]

Auf die Widersprüchlichkeit von Paulus' Formulierung geht Julian mit der Aussage *quasi eo tempore, cum disputaret, in carne non esset* ein. Aufgrund der

---

       per legem ostendebantur esse peccata. Übers.: „Als wir uns in einem fleischlichen Lebenswandel befanden, wirkte der Affekt der Begierde in unseren Augen und in unseren übrigen Gliedern andere Affekte; dass diese Affekte Sünden sind, hat das Gesetz gezeigt."
546 Übers.: „‚Als wir im Fleisch waren', d.h. bei unseren schlechten Taten in unserem physischen Leben. Er sagt damit nicht, dass sie zuerst mit Körper gelebt haben und nun ohne Körper umhergehen. [...] Damit er schließlich das Fleisch nicht anklage, sagt er nicht: ‚[sc. die Sünden,] die unsere Glieder tun' sondern ‚die in unseren Gliedern wirkten'. So zeigt er, dass der Ursprung der Sünde sich an einem anderen Ort befindet, nämlich im planenden Verstand, der die Dinge bewirkt, nicht in den Gliedern, auf die eingewirkt wird. Die Seele nämlich ist wie ein Musiker und die Natur des Körpers wie eine Kithara. Sie klingt so, wie der Künstler sie anschlägt. So dürfen wir nicht die Natur des Körpers beschuldigen, wenn sie unharmonisch klingt, sondern die Seele, die sie lenkt."
547 Übers.: „‚Als wir im Fleisch waren'. Obwohl er im Fleisch ist, denn er ist ja in einem Körper, bestreitet er, er sei im Fleisch. Jemand, der ‚im Fleisch ist', ist hier nämlich einer, der etwas verfolgt, was das Gesetz verbietet. Daher kann ‚im Fleisch sein' vielfältig verstanden werden. [...] An dieser Stelle aber wollen wir ‚im Fleisch sein' so verstehen, dass wir, bevor wir zum Glauben gekommen sind, im Fleisch waren; wir lebten nämlich unter der Sünde, d.h., wir folgten unseren fleischlichen Sinnen und unterwarfen uns dabei Fehlern und Sünden."

KOMMENTAR 393

Mehrdeutigkeit des Ausdrucks muss daher die *regula rationis* beachtet werden. Julian unterstellt Augustinus, er verstünde unter *caro* hier die körperliche Natur des Menschen, der die Sünde anhaftet. Er suggeriert damit, dass Augustinus nicht in der Lage sei, exegetische Prinzipien richtig anzuwenden, oder dass er stattdessen seiner Exegese das manichäische Weltbild zugrunde lege. Cf. Hinführung. 2.3 und 3.3.3.

69,29 ceterum Faustus – 37 uidearis.
In 25,1–26,3 hatte Julian bereits darauf hingewiesen, dass die Manichäer sich auf die Heilige Schrift berufen, um ihre Ansichten zu stützen. Er macht den Verdacht, dass Augustinus dasselbe tut, nun plausibler, indem er auf Faustus und dessen Interpretation von *Rm* 7 aufmerksam macht. Dass Faustus *Rm* 7 als Beleg für eine *natura mala* herangezogen hat, kann aus den *Capitula* des Faustus, die bei Augustinus in *c. Faust.* überliefert sind, nicht gezeigt werden.[548] Es finden sich jedoch Anklänge auf *Rm* 7,22 in Faust. A. *c. Faust.* 24,1, wo Faustus auf die Frage eingeht, ob der Mensch von Gott geschaffen sei. Auch sonst führt Faustus – wie prinzipiell die Vertreter des Manichäismus[549] – häufig Pauluszitate zur Unterstützung seiner Argumente an. Möglicherweise liegt bei Julian auch eine Verwechslung vor: Im Disputationsprotokoll Augustins mit dem Manichäer Fortunatus findet sich ein direkter Verweis auf *Rm* 7,23–25 (*c. Fort.* 21), der dort von Fortunatus als Beleg für die manichäische Annahme von einer *contraria natura*, die die Seele zum Sündigen zwingt, zitiert wird.[550] Es ist zumindest auffällig, dass das hier von Julian ausgelegte Römerbriefzi-

---

548 Faustus beschäftigt sich nur in den Kapiteln 20, 21, 24 und 25 mit dem manichäischen Weltbild. Angesichts des Gesamtumfangs der *Capitula*, die in 33 Abschnitte eingeteilt sind, nimmt dieses Thema also einen relativ geringen Teil ein. Was jedoch von Faustus angesprochen wird, ist die Rede vom *uetus homo*, die Julian möglicherweise zumindest an *Rm* 6,6 (cf. 67,85 sq.) erinnert haben könnte (Faust. A. *c. Faust.* 24,1). In Faust. A. *c. Faust.* 19,2 unterscheidet Faustus zudem drei Arten von Gesetz und nennt darunter auch eine *lex peccati et mortis*; er versteht darunter jedoch nicht die *mala natura*, sondern geht davon aus, dass Paulus die *lex peccati et mortis* als Bezeichnung für das Gesetz der Juden wählt. Zum Kontext von Faust. A. *c. Faust.* 19,2 cf. van den Berg, Quotations 32 sq. und Drecoll/Kudella, Augustin 51 n. 96.
549 Cf. Mara, Agostino 121 sq.; ead., Influsso 155 sq.; Drecoll, Entstehung 191 sq. n. 117.
550 Zur Verwendung des Neuen Testaments bei den Manichäern: Cf. Decret, Utilisation. Der körperliche Teil des Menschen ist das Böse, wohingegen die Seele das Gute im Menschen darstellt. Im Zuge seiner Diskussion mit Augustinus zieht Fortunatus neben der genannten Passage (*Rm* 7,23–25) auch andere Stellen des Neuen Testaments heran, um diese Annahme zu belegen (cf. z. B. Decret, Utilisation 66–69).
    An der Stelle, wo *Rm* 7,23 sq. zitiert wird, erklärt Fortunatus jedoch auch, dass das Böse im Menschen nicht die Wurzel des Bösen an sich ist, sondern dass es nur ein Teil von der Gesamtheit des Bösen ist (Fort. A. *c. Fort.* 21: *haec nos dicimus, quod a contraria natura*

tat in einem manichäischen Kontext mit dem Bezug auf eine *contraria natura* erscheint, wenn auch nicht in *Contra Faustum*. Es ist nicht unwahrscheinlich, dass Julian *c. Fort.* kannte (cf. Hinführung. 1.5).[551] Es könnte außerdem der Fall sein, dass Julian mit Absicht Faustus als Gewährsmann genannt hat, da dieser – im Gegensatz zu Fortunatus – von Augustinus in den *Confessiones* als eine Person angeführt wird, die für ihn als Manichäer eine wichtige Rolle gespielt hat. Ein Verweis auf Faustus hätte deshalb im autoritativen Sinne eine stärkere Aussagekraft innerhalb der Widerlegung als ein Verweis auf Fortunatus, der lediglich ein Gegner in Augustins antimanichäischer Schrift *c. Fort.* ist (cf. Kommentar zu 25,1–26,3; 59,6–10). In Anbetracht der Tatsache, dass das Römerbriefzitat auch in *c. Fort.* nur an einer Stelle auftaucht, scheint Julians Formulierung, dass ganz besonders dieses Zitat (*hoc uel maxime apostoli testimonio*) gegen die Katholiken angeführt wird, eine rhetorische Übertreibung zu sein.

Die Verwechslung Julians könnte jedoch auch in eine andere Richtung gehen. Eventuell hat er sich bei den Bibelstellen geirrt. Thematisch passt *Rm* 7,23–25 gut zu *Gal* 5,17, und diese Stelle aus dem Galaterbrief ist im Kontext manichäischer Texte zu finden.[552] Schließlich ist anzumerken, dass auch

---

anima cogatur delinquere: cui non uis esse radicem nisi hoc tantum, quod in nobis malum uersatur, cum constet exceptis nostris corporibus mala in omni mundo uersari).

551   Cf. Lössl, Julian 125 sq.
552   Cf. z.B. A. *haer*. 46,19: *carnalem aiunt concupiscentiam, qua caro concupiscit aduersus spiritum, non ex uitiata in primo homine natura nobis inesse infirmitatem, sed substantiam uolunt esse contrariam sic nobis adhaerentem ut quando liberamur atque purgamur, separetur a nobis, et in sua natura etiam ipsa immortaliter uiuat; easque duas animas, uel duas mentes, unam bonam, alteram malam, in uno homine inter se habere conflictum, quando caro concupiscit aduersus spiritum, et spiritus aduersus carnem.*

Cf. *ep. Men.* fr. 2,4 (Stein, Manichaica 1, 16). Auch Johannes Chrysostomus nennt *Gal* 5,17 als Bibelstelle, die von Häresien herangezogen wird, die den Menschen als Produkt zweier widerstreitender Substanzen sehen: Chrys. *comm. in Gal*. 5,5 in Bezug auf *Gal* 5,17 (PG 61, 671): „ἡ γὰρ σὰρξ ἐπιθυμεῖ κατὰ τοῦ πνεύματος, τὸ δὲ πνεῦμα κατὰ τῆς σαρκός·ταῦτα δὲ ἀντίκειται ἀλλήλοις, ἵνα μὴ, ἃ ἂν θέλητε, ταῦτα ποιῆτε." ἐνταῦθα δὲ ἐπιτίθενταί τινες λέγοντες, ὅτι διεῖλεν εἰς δύο τὸν ἄνθρωπον ὁ Ἀπόστολος, ὥσπερ ἐξ ἐναντίας οὐσίας κατεσκευασμένον εἰσάγων, καὶ μάχην τῷ σώματι πρὸς τὴν ψυχὴν δεικνὺς οὖσαν. ἀλλ᾽ οὐκ ἔστι ταῦτα, οὐκ ἔστι· Übers.: „Das Fleisch begehrt gegen den Geist, der Geist gegen das Fleisch. Sie sind einander entgegengesetzt, sodass ihr nicht das tut, was ihr wollt [*Gal* 5,17].' Hier führen bestimmte Leute an, dass der Apostel den Menschen in zwei Hälften teile, als ob er die Idee einführen wolle, der Mensch bestehe aus zwei Substanzen, und zeigen wolle, es gäbe einen Kampf des Körpers gegen die Seele. Doch so ist es ganz und gar nicht."

Johannes betont hingegen, dass an dieser Stelle σαρκός als ein schlechtes Verhalten der Seele zu verstehen ist (ib.: ἡ γὰρ ἐπιθυμία οὐ σαρκός, ἀλλὰ ψυχῆς), das Fleisch stellt lediglich das Werkzeug zur Verfügung.

Augustins Auslegung von *Rm* 7,7–25 und von *Gal* 5,17 eine antimanichäische Stoßrichtung besitzt, da sie den Zustand des Menschen in seiner Freiheit bzw. in seiner Abhängigkeit von der Gnade anspricht,[553] was ebenfalls dafür spricht, dass sich die beiden Zitate in manichäischen Werken gefunden haben.

Eine weitere Parallele für die Verwendung von *Gal* 5,17 und *Rm* 7,19 im manichäischen Kontext findet sich zudem in der *Epistula ad Menoch*, die Julian in 3,172–187 zitiert.[554] Dort wird dargelegt, dass die Seele der Menschen göttlichen Ursprung hat, während der Körper vom Bösen stammt. Die *concupiscentia* wirkt durch die fünf Sinne und führt zu einem Streit zwischen Körper und Seele, wodurch der Mensch gegen seinen Willen das Böse tut.[555]

Einen ähnlichen Vergleich mit der Auslegung der Manichäer wie hier findet man in 4,19–24, wo Julian Augustinus vorwirft, er schlösse sich in der Auslegung von 1 *Io* 2,16 an diese an. Auch dort legt Julian als „Gegenmittel" gegen die „neomanichäische" Sicht die Bibelstelle in ihrem Zusammenhang aus. Zum allgemeinen Vorwurf, dass Häretiker Bibelstellen als Belege aus der Heiligen Schrift für ihre Weltanschauung heranziehen, cf. Kommentar zu 25,1–26,3.

Augustinus geht in seiner Antwort auf Julian in *c. Iul. imp.* 1,69 auf den Manichäismusvorwurf insofern ein, als er ein Zeugnis Gregors von Nazianz heranzieht, das in seinen Augen seine Erbsündenlehre stützt. Nach seiner Ansicht kann gerade der Manichäismus an dieser Stelle nur mithilfe der Erbsündenlehre bekämpft werden und die Auslegung Julians, dass die *lex peccati* in *Rm* 7,23–25 eine *consuetudo mala* sei, sei falsch (A. *c. Iul. imp.* 1,69,67–73). Augustinus bestreitet demnach nicht, dass Faustus das Römerbriefzitat verwendet haben könnte, und tut dies möglicherweise auch, damit er sich wegen seines Wissens über den Manichäismus nicht verdächtig macht.

Zum Verweis auf Faustus cf. auch 25,1–26,3; 59,6–10 und Hinführung. 3.2.

69,33 *unde nihil* – **37** *uidearis*: Julian wirft hier Augustinus vor, er hätte es vermeiden sollen, *Rm* 7,23 so auszulegen wie Faustus und die anderen Manichäer. Dann hätte er zumindest den Römerbrief selbst ausgelegt und sich

---

553   Cf. Mara, Agostino 128 sq. und Drecoll, Entstehung 187, der ib. die „umfassende[] Abwehr manichäischer Gedanken" als Ziel der Werke *exp. prop. Rm.*, *exp. Gal.* und *qu.* 66 betont.
554   Cf. Drecoll, Entstehung 189 sq.
555   Cf. Drecoll, Entstehung 187–192. Zum Begriff der *lex* aus *Rm* 7,12, der im Kontext der *Epistula ad Menoch* entgegen der sonstigen manichäischen Abwertung der *lex* anders verwendet wird, cf. Harrison/BeDuhn, Authenticity 166 sq.: „In the *Letter to Menoch*, the "order" and "law" has nothing to do with the Law of Moses, or the Edenic command to "be fruitful and multiply", but is the order God gave to the Primal Man and his "limbs" to go out to combat with evil. This order, of course, leads to catastrophic consequences for the individual souls trapped in bodies dominated by evil – a fall antecedent to the biblical story of Adam."

nicht den Vorwurf zugezogen, lediglich bereits Gesagtes (nämlich die Worte der Manichäer) wiedergegeben zu haben. Julians Vorwurf richtet sich gegen Augustins Vorgehen in *nupt. et conc.* 2,6 (p. 257, l. 10–24; **67,3**–**17** und p. 257, l. 24–p. 258, l. 5; **69,1**–**6**), wo dieser *Rm* 7,23–25 zwar anführt, seine Auslegung jedoch nach Julians Ansicht manichäische Züge trägt (cf. Kommentar zu **68,2**–**5**). Cf. Hinführung. 3.2.

Der verneinte Finalsatz *ne – uidearis* ist abhängig von *unde – debuit*, weshalb hier eigentlich der *consecutio temporum* entsprechend ein Konjunktiv Imperfekt im Nebensatz stehen müsste. Das Präsens in *uidearis* lässt sich durch den freieren Umgang mit der *consecutio temporum* im Spätlatein erklären.[556]

2.3.1.5 *Augustinus verurteilt die menschliche Natur – Resümee (70,1–12)*
Julian fasst nun zusammen, was er in den Paragraphen 67–70 zeigen wollte. Wie sich aus der Auslegung von *Rm* 7,23–25 gezeigt hat, geht es Paulus dort nicht darum, dass die *concupiscentia* im Paradies anders beschaffen war, so wie es Augustinus in *nupt. et conc.* 2,6 (p. 257, l. 10–24; **67,3**–**17**) behauptet hat. Augustinus hingegen versucht in seinen Augen mit seiner Auslegung zu zeigen, die *natura* der Menschen sei schlecht. Diejenigen, die sich dieser Auffassung anschließen, nutzen sie, wie Julian schreibt, um eine Ausrede für ihre Sünden zu haben, nämlich, dass sie von Natur aus nichts gegen ihre Sünden tun können.

70,1 ut igitur – 4 approbares
Augustinus hatte Julian in *nupt. et conc.* 2,6 (p. 257, l. 10–24; **67,3**–**17**) vorgeworfen, er habe aus Bedenken vor einer Anspielung auf *Rm* 7,24 sq. die Passage *nupt. et conc.* 1,1 (p. 212, l. 18 sq.) nicht zitiert. Julian streitet diesen Vorwurf in **67,28**–**33** und **67,104**–**68,1** ab. Cf. Kommentar zu **67,3**–**17**.

70,4 nec hoc, quod tu putas – 8 benedictione perdocuit.
Julian richtet sich hier gegen Augustins Aussage in *nupt. et conc.* 1,1 (p. 212, l. 15–18; cf. *nupt. et conc.* 2,6; p. 257, l. 10–14; **67,4**–**7** und ib. 2,6; p. 257, l. 21–24; **67,14**–**17**). Dort hat Augustinus geschrieben, die *pudenda concupiscentia* habe es so nicht im Paradies gegeben, sie sei ein *morbus*.[557] In **68,5**–**13** ist Julian bereits auf die Aussage eingegangen, die sexuelle Begierde sei ein *morbus*, dort jedoch auf eine recht knappe und polemische Art und Weise. Er hat dort die von Augustinus abgewertete *concupiscentia* mit dem *negotium nuptiarum* gleichgesetzt

---
556 Cf. Hoppe, Syntax 68, der dieses Phänomen für Tertullian feststellt.
557 Cf. auch Bochet, Morbus 77 sq.

und damit dem Leser suggeriert, Augustinus verurteile die Ehe. Hier kehrt er dieses Argument um, wenn er schreibt, die *conditio sexum* und die *qualitas membrorum* als die *natura* der Menschen ließen gerade darauf schließen, die Ehe sei von Gott eingerichtet.[558] Dadurch, dass Julian auch hier wieder explizit macht, Gott habe die *natura* und damit auch die Ehe eingerichtet, und diese Ansichten als Ergebnisse seiner Exegese präsentiert, wird dem Leser implizit gesagt, dass sie nicht Augustins Verständnis entsprechen. Cf. Hinführung. 3.3.2.

In den Ausführungen des nächsten Abschnittes folgt eine Argumentation für die Natürlichkeit der Lust (71,1–72,25), auf die Julians Äußerungen hier bereits vorausweisen.

70,8 quibus absolutis – 12 actionem.
Während Julian in Bezug auf die Menschen, die von Augustinus getäuscht werden, meist von Ungebildeten spricht, die Augustinus für seine Zwecke ausnutzt (cf. Hinführung. 3.2; cf. Kommentar zu 73,19–23; cf. auch 5,3), charakterisiert er diese hier noch in anderer Hinsicht: Es handelt sich auch um Menschen, die sich nicht ändern und in ihrem schlechten Verhalten verharren wollen. Julian macht hier auf eine Gefahr der augustinischen Gnadentheologie aufmerksam, die im Falle der Mönche von Hadrumetum tatsächlich zu einem Thema wird. Cf. dazu Hinführung. 2.2.2.2 sowie Kommentar zu 87,1–12 und 110,1–111,4.

2.3.2 Lust in Maßen ist natürlich (71,1–72,25)

Julian setzt das Zitat aus *nupt. et conc.* 2,6 nun fort und geht auf das Thema der *uoluptas* ein. Begierde gab es vor dem Sündenfall schon in derselben Form wie danach, sonst wäre es gar nicht zum Sündenfall gekommen. Lust ist daher etwas Natürliches und nicht verwerflich, solange sie in Maßen ist. Sie konnte also nicht die Konsequenz der Sünde Adams sein (71,9–20). Die „augustinische" Auffassung einer *lex peccati* bringt nur Widersprüche mit sich (71,20–72,2). Letzte Konsequenz aus Augustins Aussagen ist, dass er mit seiner Sicht auf die Natur Gott angreift, da dieser der menschlichen Natur offensichtlich die Sünde eingepflanzt hat, sodass sie ihr nicht entgehen können (72,2–25). Julian argumentiert gewissermaßen aus „peripatetischer" Position gegen Augustins „stoische" Ansicht, die *concupiscentia* sei seit dem Sündenfall ein störendes Element im irdischen Leben und sollte idealerweise ausgerottet werden (was jedoch erst im Zustand der Erlösung nach dem Tod in vollkommener Weise möglich ist).

---

558 Cf. z. B. 2,39; 3,142.167.212; *Turb.* 1, frg. 24 (= Iulian. A. *c. Iul.* 3,17–19; *nupt. et conc.* 2,16), wo Julian bereits hervorhebt, dass Gott der Schöpfer der *concupiscentia* ist. Cf. Lamberigts, Background 250 mit n. 41.

2.3.2.1 „*Die* lex peccati *beeinträchtigt als* concupiscentia *das Leben der Menschen dauerhaft*" – nupt. et conc. *2,6* (**71,2–9**)

Das folgende Zitat schließt direkt an die in **69,1–6** angebrachte Passage aus *nupt. et conc.* 2,6 (p. 257, l. 24–p. 258, l. 5) an (cf. Kommentar zu **69,1–6**).

71,2 „in corpore igitur – **9** quia non habet pacem."
= *nupt. et conc.* 2,6 (p. 258, l. 5–13). Augustinus erklärt, was er unter dem *corpus mortis huius* und der *lex in membris nostris* versteht. Seit dem Sündenfall ist die *lex* die *concupiscentia*, die sich auch dann bemerkbar macht, wenn man es nicht will. Der Konflikt zwischen *concupiscentia* und dem Willen ist, auch dann, wenn keine Sünde begangen wird, dennoch beklagenswert, da er dem Menschen die innere Ruhe nimmt. Zu Augustins Sichtweise auf den *consensus* und die *concupiscentia* cf. Hinführung. 2.2.2.

71,2 *in corpore igitur mortis huius* – **4** *legi mentis*: Der Satzbau des Zitats ist hier im Vergleich zu *nupt. et conc.* 2,6 (p. 258, l. 5–8) leicht modifiziert: *in corpore igitur mortis huius, quale in paradiso ante peccatum fuit, profecto non erat alia lex in membris nostris repugnans legi mentis nostrae* [...]. Was das Verständnis anbelangt, ergibt sich jedoch kein Unterschied. In beiden Fällen ist es die *alia lex*, die sich im *corpus mortis huius* befindet und die es im Paradies noch nicht gab.

71,7 *ipse conflictus* – **9** *non habet pacem*: Die innere *pax* ist für Augustinus das *summum bonum*, sie kann es jedoch nur bei Gott im Jenseits geben (cf. *ciu.* 19,20: *quam ob rem summum bonum ciuitatis dei cum sit pax aeterna atque perfecta, non per quam mortales transeant nascendo atque moriendo, sed in qua inmortales maneant nihil aduersi omnino patiendo*). Die Debatte zwischen Julian und Augustinus ähnelt hier derjenigen zwischen Stoa und Peripatos.[559] Während Augustinus das Glück ohne eine Ausrottung der *concupiscentia* für unmöglich hält, verteidigt Julian deren Natürlichkeit und wehrt sich gegen die Idee, man müsse das Glück von der Auslöschung der *concupiscentia* abhängig machen. Cf. Hinführung. 2.2.

---

559 Cf. Lössl, Julian 81 sq. n. 28. Cf. auch Refoulé, Julien 237.

2.3.2.2 Man muss der lex peccati nicht zustimmen, Augustins Ansichten sind widersprüchlich (71,9–72,2)

71,9 naturalem esse omnium – 20 animo persuaderi.

Der erste Satz an dieser Stelle ist ein Kommentar gegen Augustinus, der dem Leser sagen möchte, Augustinus halte jegliche Sinnesbegierde für unnatürlich. Julian wendet sich zunächst gegen Augustins Aussage in *nupt. et conc.* 2,6 (zitiert in 71,2 sq.), es habe kein *corpus mortis* im Paradies gegeben, das sich durch eine unbeherrschbare *concupiscentia* auszeichnet. Um gegen Augustinus zu argumentieren, geht Julian von der Prämisse aus, dass die Begierde zur menschlichen Natur gehört. Dass sie schon immer ein Teil der menschlichen Natur ist, begründet Julian damit, dass sie die notwendige Voraussetzung für die Sünde im Paradies ist. Er setzt hier die *concupiscentia* mit der *uoluptas sensuum* gleich und stellt die *concupiscentia/uoluptas sensuum* als ein Verlangen/Streben dar, das den Menschen als Reaktion auf einen Reiz der Sinnesorgane (hier *oculi* und *sapor*) gewissermaßen antreibt (der Wunsch, den Apfel zu sehen und zu schmecken).[560] Ohne dieses Verlangen würde die Handlung nicht folgen, ohne die *concupiscentia* wäre die Funktion der Sinnesorgane offenbar nichtig.[561]

---

[560] Cf. 4,26,2 sq.: *exercui hunc locum in secundo prioris operis libello atque ostendi prius in homine concupiscentiam carnis, quae spem irritaret saporis et occulorum, quam culpam.* Übers.: „Ich habe diese Stelle schon im zweiten Buch meines ersten Werkes [sc. in *Turb.*] besprochen und gezeigt, dass die Begierde des Körpers, die die Erwartung des Geschmackssinnes und der Augen ausgelöst hat, eher im Menschen vorhanden war als die Schuld."

Cf. auch 2,59,7–12: *non enim dictum est: erunt duo homines in uno homine, sed: „erunt duo in carne una [Gn 2,24]", quo unitionis nomine uoluptas illa coeuntium et libido, quae sensum afficiens membra consternat ac [...] unam carnem gestit efficere, a deo instituta et corporibus ante peccatum docetur inserta.* Übers.: „Es steht dort nämlich nicht: ‚Sie werden zwei Menschen in einem Menschen sein', sondern: ‚Sie werden zwei in einem Fleische sein [Gn 2,24].' Mit dem Begriff der Einheit wird hierbei gezeigt, dass diese Lust der Vereinigung und die sexuelle Begierde, die, indem sie die Sinne befällt, auch die Glieder des Körpers ausrichtet, und [...] danach strebt, eine Vereinigung, also ‚ein Fleisch', zu erwirken, von Gott eingerichtet ist und vor der Sünde in die Körper gepflanzt worden ist."

Zu *spes* (im Sinne von „Aussicht/Streben auf etwas Gutes") als natürlichen *affectus* cf. Hinführung, Fußnote 168.

[561] An anderer Stelle schreibt Julian: *sensus est igitur concupiscentia, et mala qualitas non est: ergo quando minuitur concupiscentia, sensus minuitur* (*Turb.* 4, frg. 295 (= Iulian. A. c. Iul. 6,56)). Mit *sensus* dürfte hier wohl nicht der Sinn an sich gemeint sein, sondern ein Streben, das die Sinne gewissermaßen ausrichtet. Wird das Verlangen schwächer, dann wird die Empfindung gleichermaßen schwächer. Dies dürfte auch der Gleichsetzung *uoluptas sensuum = concupiscentia* in 71,9–14 entsprechen. Cf. Hinführung. 2.2.1.2 und Lamberigts, Background 251 sq.

Zur Herkunft der *concupiscentia* in der menschlichen Natur äußert sich Julian in *Turb*. Dort schreibt er, die *concupiscentia* entspringe dem *ignis uitalis* (*Turb*. 1, frg. 45 = Iulian. A. c. Iul. 3,27; indirektes Zitat durch Augustinus; cf. 4,25,12–14):

> [...] merito igitur (inquis) concupiscentiae origo definitur in igne uitali, quo collecto necesse est ut ei reputetur concupiscentia carnalis, per quem constitit uita carnalis. [...] huius itaque appetitus non in genere suo, non in specie, non in modo culpa est, sed in excessu: quia genus eius et species ad conditoris operam pertinent, modus eius ad arbitrium honestatis, excessus ad uitium uoluntatis.[562]

Mit dieser Annahme eines *ignis uitalis* reiht sich Julian, wie Lamberigts erläutert, in die stoische Tradition ein, die von einem Seelenpneuma ausging.[563] Einige Stellen aus Ciceros *De natura deorum* weisen eine Ähnlichkeit zu Julians Ansichten auf, so z. B. ein Kleantheszitat in *nat. deor.* 2,41: „[...] *atqui hic noster ignis, quem usus uitae requirit, confector est et consumptor omnium idemque quocumque inuasit cuncta disturbat ac dissipat; contra ille corporeus uitalis et salutaris omnia conseruat alit auget sustinet sensuque adficit.*" Besonders auffällig ist hier die Tatsache, dass es auch in *nat. deor.* der *ignis uitalis* ist, der auf die Sinne einwirkt. Julian schließt sich dieser Ansicht offenbar an.

Auch in *Turb*. findet sich demnach bereits die Ansicht, dass die *concupiscentia* zur natürlichen Ausstattung des Menschen gehört.[564] Dasselbe gilt für die *concupiscentia carnalis*, die ein Spezialfall der *concupiscentia* ist. Julian stellt sich hier in die philosophische Tradition, gemäß der die Menschen mit den Tieren u. a. den Fortpflanzungstrieb gemeinsam haben.[565] Das Streben der *concupiscentia* kann durch die Steuerung der menschlichen Seele eingeschränkt

---

562 Übers.: „[...] zu Recht also, sagst du, wird der Ursprung der Begierde in das Lebensfeuer gelegt, wodurch notwendigerweise folgt, dass ihm auch die sexuelle Begierde zugeordnet wird, weil das fleischliche Leben durch dieses Feuer bestehen bleibt. [...] Ihr Streben [sc. das der sexuellen Begierde] ist deshalb nicht im Hinblick auf ihren Ursprung, ihr Vorkommen oder ihren maßvollen Gebrauch, sondern im Hinblick auf ihren exzessiven Gebrauch eine Sünde. Ihr Ursprung und ihr Vorkommen ist nämlich auf den Schöpfer zurückzuführen, ihr maßvoller Gebrauch ist Folge einer ehrbaren Entscheidung, ihr Exzess lässt sich auf einen fehlerhaften Willen zurückführen." Zur Bedeutung von *modus* an dieser Stelle cf. Kommentar zu **34,3** *modus qualitasque*.
563 Cf. Lamberigts, Background 254 sq.
564 Cf. Lamberigts, Plea 17–19; cf. *Turb*. 2, frg. 130 (= Iulian. A. c. Iul. 4,52); cf. auch *Turb*. 1, frg. 62 (= Iulian. *nupt. et conc.* 2,34); ib. frg. 63 (= Iulian. A. c. Iul. 3,42).
565 Cf. Cic. *off*. 1,11: *commune item animantium omnium est coniunctionis appetitus procreandi causa et cura quaedam eorum, quae procreata sint.* Dyck führt zu dieser Passage einige Pa-

werden oder auch nicht.[566] Sie scheint dabei, wie aus 71,10–14 hervorgeht, direkt auf die Sinne des Menschen einzuwirken und sie ausrichten zu können. Der *animus* hingegen kann die *concupiscentia* im Zaum halten: Er ist in der Lage, die Sinnesempfindungen in Schranken zu halten oder sie anzustacheln[567] (über Christus 4,57,5–8: [...] *et omnium sensuum domitrix animi magnitudo et superatrix dolorum cunctis fidelibus et humanitate imitabilis fieret et sublimitate mirabilis*;[568] Turb. 2, frg. 116 l. 127–129 (= Iulian. A. c. Iul. 4,35): [...] *et ideo id quod est melius, id est, animum, uirtute praeditum (dicis) et membris corporis bene et cupiditatibus imperare*).[569] Julian scheint damit ähnlich wie Augustinus von einer Zweiteilung der menschlichen Seele auszugehen,[570] wobei der vernünftige Teil den irrationalen Teil beherrschen kann. Cf. Hinführung. 2.2.1.2.

In 4,19–25 richtet sich Julian gegen *nupt. et conc.* 2,14 (zitiert in 4,18,1–4) und geht ebenfalls auf das Thema der Natürlichkeit der *concupiscentia* ein. Er bespricht hier ein Zitat aus dem Johannesbrief („*quoniam omne quod est in mundo, concupiscentia carnis et concupiscentia oculorum est et superbia uitae, quae non est ex patre, sed ex mundo est. et mundus transit et concupiscentia eius. qui autem facit uoluntatem dei, manet in aeternum* [1 Io 2,16 sq.]." (4,22,9–12)), das Augustinus in *nupt. et conc.* 2,14 zitiert. Julian selbst fasst die Aufzählung in 1 Io 2,16 als eine Verurteilung der übertriebenen Begierde auf. Getadelt wird also nicht die *concupiscentia* an sich, sondern deren maßloser Gebrauch (4,22 sq.).[571] Er folgt, dass Augustinus, wenn er das Zitat als Beleg für die Schlechtheit auch eines verantwortungsvollen und vernüftigen Umgangs mit der *concupiscentia carnis* heranzieht, eingestehen müsse, dass ebenfalls der *sensus oculorum* vom Teufel geschaffen sei (4,25,1–6).[572] Auch hier wird dem-

---

rallelen stoischer und peripatetischer Philosophie, aber auch eine Stelle aus Platon an (cf. Dyck, Commentary 87).

566 Im Gegensatz zu den Tieren kann dies dem Menschen aufgrund seiner Ausstattung mit der *ratio* gelingen (cf. Lamberigts, Background 257).

567 Cf. Lamberigts, Background 257: „Ethical qualifications are related to the attitude of the rational and willing mind, not to the senses in general or sexual concupiscence in particular."

568 Cf. dazu Lössl, Pain 226–229.

569 Lössl erläutert diese Aussage in Zusammenhang mit einem Zitat aus Sallust (id. Catil. 1,2), das sich ebenfalls in *Turb.* 2, frg. 116 befindet (cf. Lössl, Sallust 190–198).

570 Zu Augustinus cf. O'Daly, Anima 322 sq. (unter Verweis auf A. ciu. 5,11).

571 Cf. auch Lössl, Julian 140.

572 Ib.: *si dixeris nomine concupiscentiae etiam illum ipsum modum, quo licita rerum naturalium afficitur uoluptate, ut concupiscentia carnis in uniuersum reprobata uideatur, ergo et sensum oculorum et mundum ipsum et quicquid in mundo est a diabolo conditum profitere* [...]. Übers.: „Wenn du sagst, dass mit dem Begriff der *concupiscentia* auch jener maßhafte Gebrauch abgelehnt wird, durch den man mit einer zulässigen Lust nach natürlichen Din-

nach wieder deutlich, dass die *concupiscentia* als eine treibende Kraft der Natur verstanden wird, ohne die ein Gebrauch der Sinne gar nicht möglich wäre. Dies zeigt sich insbesondere im Falle der *concupiscentia carnis*, denn sie ist Bedingung für die Fortpflanzung (cf. 5,11).[573] Mit dieser Ansicht schließt sich Julian, wie Lamberigts gezeigt hat, auch den Theorien antiker Ärzte an.[574]

Die Folgerung, dass auch die Sinne zu verurteilen seien, wenn die *concupiscentia* verurteilt wird, bringt Julian schon in *Turb.* an (*Turb.* 2, frg. 145 = Iulian. A. c. Iul. 4,65):

> consequens enim esse (existimas) ut sensum uidendi, audiendi, gustandi, olfaciendi atque tangendi non a deo, sed a diabolo nobis fateamur esse collatum, si concesserimus (eam) concupiscentiam carnis (cui per continentiam repugnamus) non fuisse in paradiso ante peccatum, et ex illo accidisse peccato, quod primum primo homini diabolus persuasit.[575]

Wie er in 71,19 sq. betont, hatte er bereits im zweiten Buch von *Turb.* herausgearbeitet, dass die *concupiscentia* Voraussetzung und nicht Folge des Sündenfalls war.[576] Auch für Augustinus ist der Begriff *concupiscentia* nicht schlechthin auf die sexuelle Begierde bezogen. Die *concupiscentia* stellt ein Verlangen nach einer Sache dar und kann auch gut gebraucht werden (z. B. das Verlangen nach Weisheit *nupt. et conc.* 2,23).[577] Im Allgemeinen verwendet Augustinus den Begriff jedoch im negativen Sinne.[578] Cf. Hinführung. 2.2.1; 2.2.2.1 und 2.2.2.3.

---

gen erfüllt wird, sodass es scheint, dass die Begierde des Fleisches im Ganzen abgelehnt wird, dann gib auch zu, dass der Gesichtssinn, die Welt selbst und was in ihr ist, vom Teufel geschaffen ist [...]."

573 Julian unterscheidet an dieser Stelle offenbar zwischen einem inneren Prinzip, das für die Funktion des Körpers sorgt, und der Lustempfindung durch die Sinne (5,11,30–33): *quod autem cum uoluptate semina misceantur, uerum quod alia sit uoluptas quae sensibus supernat, alia uiscerum interior et effectui propior, apud medicorum auctores latissime disputatur.* Übers.: „Es wird aber bei den Autoren, die sich mit der Medizin beschäftigen, weit und breit diskutiert, dass die Samen mit Lust zusammengestellt werden, aber dass es eine Lust gibt, die die Sinne überwältigt, und eine andere, die im Innern der Organe wirkt und näher an dem, was sie bewirkt, ist."

574 Cf. Lamberigts, Background 255.

575 In 4,26–28,11 geht Julian auf diese Worte in *Turb.* ein und hebt hervor, dass der Begriff der *concupiscentia carnis* in 2 Io 2,16 nicht auf die sexuelle Begierde festgelegt ist, sondern damit jede körperliche Begierde gemeint sein kann, die die Sinne anregt.

576 Zur natürlichen Einrichtung der *concupiscentia* durch Gott cf. Lamberigts, Background 247–253.

577 Cf. Bonner, Concupiscentia 1113 sq.

578 Cf. Bonner, Concupiscentia 1115.

KOMMENTAR 403

71,14 *non ergo* – 17 *innocens est*: Cf. auch 4,41: Während es bei den Tieren eine ungezügelte *libido* gibt, die nicht durch die *ratio* kontrolliert werden kann, kann der Mensch durch seine Vernunft maßvoll mit ihr umgehen. Der *excessus* hingegen ist es, der von Gott verurteilt wird (cf. *Turb.* 1, frg. 44 sq. = Iulian. A. *c. Iul.* 3,26 sq. und frg. 62 = Iulian. A. *nupt. et conc.* 2,34; cf. 5,17; *c. Iul.* 3,42).[579] Julian zeigt an dieser Stelle, dass es nicht das *genus* der *libido/concupiscentia* an sich ist, die von Gott verurteilt wird, sondern der unrechtmäßige Gebrauch derselben (cf. Kommentar zu 47,17–22). Er hält also ein Abweichen von der goldenen Mitte für schlecht (cf. auch 4,50,14–18) und zeigt sich damit gewissermaßen als Anhänger der aristotelischen Metriopathielehre. Johannes Chrysostomus sagt dies von allen Leidenschaften[580] und sieht im Exzess eine Folge des Sündenfalls (Chrys. *hom.* 13,1 *in Rom.*; PG 60, 507 sq.):

„πεπραμένος ὑπὸ τὴν ἁμαρτίαν". μετὰ γὰρ τοῦ θανάτου, φησὶ, καὶ ὁ τῶν παθῶν ἐπεισῆλθεν ὄχλος. ὅτε γὰρ θνητὸν ἐγένετο τὸ σῶμα, ἐδέξατο καὶ ἐπιθυμίαν ἀναγκαίως λοιπόν, καὶ ὀργὴν καὶ λύπην καὶ τὰ ἄλλα πάντα, ἃ πολλῆς ἐδεῖτο φιλοσοφίας, ἵνα μὴ πλημμύραντα ἐν ἡμῖν καταποντίσῃ τὸν λογισμὸν εἰς τὸν τῆς ἁμαρτίας βυθόν. αὐτὰ μὲν γὰρ οὐκ ἦν ἁμαρτία· ἡ δὲ ἀμετρία αὐτῶν μὴ χαλινουμένη, τοῦτο εἰργάζετο. οἷον, ἵν' ὡς ἐπὶ ὑποδείγματος ἓν αὐτῶν μεταχειρίσας εἴπω, ἡ ἐπιθυμία ἁμαρτία μὲν οὐκ ἔστιν, ὅταν δὲ εἰς ἀμετρίαν ἐκπέσῃ, εἴσω τῶν τοῦ νόμου γάμων οὐκ ἐθέλουσα μένειν, ἀλλὰ καὶ ἀλλοτρίαις ἐπιπηδῶσα γυναιξί, τότε λοιπὸν μοιχεία τὸ πρᾶγμα γίνεται, ἀλλ' οὐ παρὰ τὴν ἐπιθυμίαν, ἀλλὰ παρὰ τὴν ταύτης πλεονεξίαν.[581]

Des Weiteren haben für Johannes Chrysostomus alle Affekte einen Wert, sofern sie dazu führen, dass man sich ethisch bessert. Er stellt sich ähnlich wie Julian (cf. 6,17) gegen die vollkommene Ausrottung der Affekte und betrachtet sie als

---

579 Cf. Lössl, Julian 126 sq. n. 249 und ib. 114.137.140.
580 Cf. auch Brändle/Jegher-Bucher, Johannes 457 und Beatrice, Transmission 159 sq.
581 Übers. Jatsch, Chrysostomus 1, 240 (modifiziert): „Verkauft unter die Sünde [Rm 7,14].' Im Gefolge des Todes, will der Apostel sagen, hat auch der Schwarm der Leidenschaften Einzug gehalten. Als nämlich der Leib sterblich geworden war, da überkam ihn notwendigerweise auch die Begierlichkeit, der Zorn, die Trauer und all das andere; diese Leidenschaften erfordern aber viel Selbstzucht, damit sie nicht, wenn sie in uns emporwirbeln, die Vernunft in den Strudel der Sünde mitreißen. An und für sich waren sie ja nicht Sünde; aber ihr ungezügeltes Überschäumen machte sie dazu. So ist der Geschlechtstrieb, um die Sache an [...] Hand eines Beispiels klarzumachen, nicht Sünde. Wenn er aber ins Übermaß verfällt und nicht mehr innerhalb der Schranken der Ehe bleiben will, sondern sich auf andere [...] [Frauen] richtet, so wird daraus Ehebruch, aber nicht [...] wegen der Begierde als solcher, sondern wegen ihrer Ungezügeltheit."

etwas Natürliches.[582] Die Begierde ist für ihn, ebenso wie für Julian, ein natürlicher Trieb, der zur Fortpflanzung notwendig ist.[583]

71,19 sq. *lege et de hoc – persuaderi*: Cf. Kommentar zu 16,1–11 und cf. 23,1–13; 64,1 sq.; 67,28–32; cf. 67,104–68,1; 70,1 sq.; 71,19 sq.

71,20 quod – 72,2 ipsa praesentia?

Cf. *nupt. et conc.* 2,6 (p. 258, l. 5–13; 71,2–9). Julian zeigt hier die Absurdität von Augustins Aussagen, indem er ihre Widersprüchlichkeit in vier Schritten vorführt.

1) 71,20–25: Seiner Ansicht nach widerspricht es sich, dass ein Gesetz der Sünde in den Menschen existiert, das jedoch nur dann sündhaft ist, wenn man ihm zustimmt. Zudem hält er es für widersinnig, dass dieses Gesetz nur dann einen Konflikt im Menschen auslöst, wenn er ihm seine Zustimmung nicht erteilt. Julian überspitzt hier also Augustins Formulierung in *nupt. et conc.* 2,6 (p. 258, l. 8–13; 71,4–9), denn dort steht nicht, dass die *lex peccati* **ausschließlich** dann unangenehm ist, wenn man ihr nicht zustimmt, sondern **auch** dann, wenn man ihr nicht zustimmt.

71,24 *et indicere miseriam pace turbata*: Cf. auch *ut autem ad istam commemorationem humanae miseriae et diuinae gratiae ueniret, apostolus supra dixerat: „uideo aliam legem in membris meis repugnantem legi mentis meae et captiuantem me in lege peccati [Rm 7,23]"* (cf. *nupt. et conc.* 2,6; p. 257, l. 24–p. 258, l. 2; 69,1–4).

2) 71,25–28: Aus dem Begriff *lex peccati*, wie „Augustinus" ihn darstellt, liest Julian das *peccatum* und eine *necessitas peccati* heraus. Eine *lex peccati* in „Augustins" Sinne führt in Julians Augen in jedem Falle zur Sünde. Ob eine Zustimmung gegeben oder nicht gegeben wird, ist damit unerheblich. Wenn die bloße Existenz einer *lex peccati* als Sünde angerechnet wird, ergibt es keinen Sinn, sich ihr zu widersetzen.

---

582   Cf. Kopp, Stellung 25 sq.
583   Chrys. *hom.* 12,5 *in Col.*; PG 62, 388: πῶς δὲ καὶ γίνονται εἰς σάρκα μίαν; καθάπερ χρυσοῦ τὸ καθαρώτατον ἄν ἀφέλῃς καὶ ἑτέρῳ ἀναμίξῃς χρυσῷ, οὕτω δὴ καὶ ἐνταῦθα, τὸ πιότατον τῆς ἡδονῆς χωνευούσης ἡ γυνὴ δεχομένη τρέφει καὶ θάλπει, καὶ τὰ παρ' ἑαυτῆς συνεισενεγκαμένη ἄνδρα ἀποδίδωσι. καὶ γέφυρά τίς ἐστι τὸ παιδίον. ὥστε οἱ τρεῖς σάρξ γίνονται μία, τοῦ παιδὸς ἑκατέρωθεν ἑκατέρους συνάπτοντος. Übers. Stoderl, Chrysostomus 413 sq. (modifiziert): „Wie werden sie aber auch zu *einem Fleische*? [...] [Wie] wenn man [...] [vom reinsten] Gold [...] [einen Teil] nimmt und mit anderem Golde zusammenschmilzt, geradeso verhält es sich auch hier: die Gattin [...] [nimmt den befruchtenden Überschuss aus der miteinander verschmelzenden Lust in sich auf und] hegt und nährt [...] [ihn], und indem sie von dem Ihrigen dazu beiträgt, gibt sie dem Manne das erhaltene Kleinod wieder zurück. Das

KOMMENTAR   405

Julian versucht Augustins Weltbild hier somit als deterministisch darzustellen.[584] Für Augustinus steht fest, dass die *lex peccati* auch nach dem Zuteilwerden der göttlichen Gnade noch im Menschen vorhanden ist. Dennoch kann mit Gottes Gnade den Regungen der *concupiscentia* auch nicht zugestimmt werden (*nupt. et conc.* 1,3.36) und eine Besserung des Menschen ist möglich. Cf. Hinführung. 2.2.2.2. Cf. auch Kommentar zu 46,1–47,10 und 70,8–12.

3) 71,28–31: Für den Fall, dass es sich um eine *lex peccati* im Sinne einer *necessitas* handelt und der Mensch sich tatsächlich gegen sie durchsetzen kann, muss der menschliche Wille unermesslich sein.

4) 71,32–72,2: Aus den Bemerkungen 1) – 3) kann Julian nun vorführen, dass Augustins Aussage in *nupt. et conc.* 2,6 (p. 258, l. 5–13; 71,2–9) keinen Sinn ergibt. Wesentlich dafür ist die Gleichsetzung der Existenz der *lex peccati* mit einem Zwang zum Sündigen. Dies bringt er auf den Punkt in 72,1 sq., womit er auch auf die Gefahren der augustinischen Ansichten hindeutet (cf. Kommentar zu 70,8–12).

71,32 *sed reuertitur eo, ut quod dicis asystaton sit*: Hieronymus verwendet das Wort *asystatus* ein Mal und zwar in seinem *Dialogus aduersus Pelagianos* (Hier. adu. Pelag. 1,25), den Julian kannte (cf. 4,88,1–8). Es findet sich zudem zweimal bei Laktanz (*diu. inst.* 3,6,10.13),[585] wobei die zweite Stelle an die Verwendung bei Julian erinnert:

> huic simile est illut quod in scholis proponi solet in asystati generis exemplum, somniasse quendam ne somniis crederet. si enim crediderit, tum sequetur ut non sit credendum, si autem non crediderit, tum sequetur ut credendum sit. ita si nihil sciri potest, necesse est id ipsum sciri, quod nihil sciatur, si autem scitur non posse sciri, falsum est ergo quod dicitur nihil sciri posse. sic inducitur dogma sibi ipsi repugnans seque dissoluens (Lact. *diu. inst.* 3,6,13).[586]

Kind läßt sich mit einer Brücke vergleichen. So daß die drei *ein* Fleisch werden, indem das Kind die beiden Eltern innig miteinander verbindet." Cf. Kopp, Stellung 18 sq.

584   Cf. Lössl, Julian 142 sq.
585   Cf. TLL 2, p. 992, l. 11–27. Es werden im TLL des Weiteren Stellen von Rhetoren aufgelistet, in denen *asystatus, -a, -um* als Bezeichnung für einen Gerichtsfall verwendet wird, bei dem sich kein *status* ausfindig machen lässt.
586   Übers.: „Das ist vergleichbar mit dem, was in den Schulen als Beispiel für etwas Widersprüchliches herangezogen wird, nämlich, dass einer geträumt habe, er solle nicht an Träume glauben. Wenn er nämlich glaubt, dann folgt, dass er nicht glauben darf, wenn er aber nicht glaubt, dann folgt, dass er glauben muss. So folgt notwendig, dass, wenn nichts gewusst werden kann, eben das selbst gewusst wird, dass nichts gewusst wird. Wenn aber gewusst wird, dass nichts gewusst werden kann, ist es also falsch, wenn gesagt wird, dass

Der Begriff *asystatos* bedeutet „unhaltbar, widersprüchlich" (cf. 5,60,12 sq.: [...] *referam te asystata et contraria loqui*).

2.3.2.3   *Augustins Gott schafft eine* necessitas peccati *– Resümee (72,2–25)*
Wie den vorhergehenden Abschnitt (cf. Kommentar zu 67,1–70,12) schließt Julian diesen (71,1–72,25) mit einem knappen Resümee ab. Markiert wird es durch die von ihm gemachte Andeutung, Augustinus möge sehen, wohin ihn seine Aussagen führen. Er zählt die Ergebnisse seiner Ausführungen auf und führt dem Leser die Widersprüchlichkeit Augustins noch einmal pointiert vor Augen. Schließlich wirft er Augustinus vor, er mache mit seinen Ansichten Gott zu einem Verbrecher. Die Anschuldigungen erinnern an die Schlussfolgerungen von 48,3–49,20, wo Julian bereits Rückschlüsse von „Augustins" Ansichten auf dessen Gottesbild gezogen hat. Er folgert:

1) Die Natur „sündigt", ohne es zu wollen. Das ist für Julian jedoch aufgrund der Sündendefinition nicht zulässig (72,3 sq.).
2) Wenn wir der *lex peccati* (*necessitas peccati*) nicht zustimmen, sündigen wir nicht. Dies ist ein Widerspruch zur Ansicht, dass die *lex peccati* tatsächlich einen Zwang zur Sünde erzeugt (72,4 sq.).
3) Wenn man der *lex peccati* nicht zustimmt, ist dieses Verhalten „nur" *miserabilis*, wenn man ihr jedoch zustimmt, dann ist es *damnabilis*. Dies ist ebenfalls widersprüchlich, da die *lex peccati* an sich schon eine Sünde ist und deshalb verdammenswert sein müsste (72,5–7).
4) Die *lex peccati* entschuldigt den Willen des Menschen, da er nichts gegen sie unternehmen kann (72,7–11).
5) Die *lex peccati* kann nicht Urheberin der Sünde sein, da es ihr nicht freisteht, anders zu sein, als sie ist (72,11 sq.).

Aus all dem folgt, dass in „Augustins" Gottesbild nur Gott für die *lex peccati* verantwortlich ist und damit auch für das Böse in der Welt.[587] Wie beim Übergang von 48,3–49,20 zu 50,1–51,9 entlädt sich nach dieser „logischen" Argumentation die Spannung in Beschuldigungen, in denen Augustinus direkt angesprochen wird (72,16–25).

72,2 uide ergo – 7 damnabilis est.
Cf. Kommentar zu 71,2–9, Hinführung. 2.2.2.2. und 2.2.2.3. Mit 72,2 sq.: *uide ergo, quo tua acumina prouehantur* leitet Julian wie in 48,13 sq. (*his igitur molibus pressus uideamus quo eruperis*), nachdem er auf Widersprüchlichkeiten

---

nichts gewusst werden könne. So wird eine Lehre erschaffen, die sich selbst widerspricht und aufhebt."

587   Cf. Lamberigts, Alternative 113.

KOMMENTAR

(71,20–72,2) hingewiesen hatte, zu den Konsequenzen von Augustins Lehre über.

72,11 sed nec ipsa lex – 16 necessitate delinquat.
Julian führt wie in seiner Anfangsdiskussion um die Gerechtigkeit Gottes und um die Sünde (cf. 48,3–49,20) die Schuld für das Böse in „Augustins" Modell auf dessen Gottesbild zurück: Die *lex peccati* kann an sich nicht schuld sein am Elend der Menschen, da sie nur ein Prinzip ist. Stattdessen ist die Schuld bei der Erstursache zu suchen und diese ist Gott selbst. Denn wenn die Menschen unter einer *lex peccati* von ihrer Natur aus handeln, dann ist im ganzen Kosmos er der einzige, der aus freiem Willen und ohne jeglichen Zwang handelt.

72,16 macte uirtute prudentiae – 25 manente iustitia.
Es wird nun aufgelistet, welche typisch christlichen Ansichten „Augustinus" für sein Gottesbild opfert. Julian macht hier wieder einen Graben zwischen „Augustins" und der wahrhaft katholischen Ansicht auf (cf. 48,3–51,9). Er führt dazu dem Leser die Grausamkeit des augustinischen Gottesbildes vor Augen, um in 72,21–25 verdeutlichen zu können, wie absurd der Vorwurf ist, er selbst sei ein *inimicus gratiae*.

    72,16 *macte uirtute* – 18 *euertisti iudicia*: Cf. 7,2; 48,17. Julian unterstellt Augustinus „punische" List, da er den Menschen Gottes Gnade empfiehlt, gleichzeitig aber Gottes Gerechtigkeit mit seiner Erbsündenlehre angreift. Die Formulierung *gradus Punicae dialexeos* bezeichnet offensichtlich die logischen Schlüsse, die aus Augustins Prämissen zu ziehen sind und zu denen Julian Augustinus ironisch gratuliert (cf. 2,27,10–12: [...] *et addidi necessariis disputationum gradibus per originale peccatum auctorem corporum diabolum definiri* [...]). Cf. auch Cic. *fin.* 4,50;[588] *nat. deor.* 1,89,[589] zwei Stellen, die sich auf logische Schlussfolgerung beziehen. Zur Formulierung *macte uirtute* cf. Verg. Aen. 9,641: *macte noua uirtute* [...].

    72,12 *deus autem ineuitabilia* – 16 *necessitate delinquat*: Da Gott die Erstursache der Schöpfung ist, muss er für die *lex peccati* und damit für den Zwang der Menschen, Sünde zu begehen, verantwortlich sein. Auch in 48,3–49,20 hatte Julian bereits den Schluss gezogen, Augustins Gott müsse ein Verbrecher sein, wenn er Kleinkinder verurteile. Diese Ansicht wird hier noch dadurch gesteigert, dass Gott selbst als der Urheber des Bösen angeführt wird.

---

[588] Cf. TLL 6,2, p. 2157, l. 80–82.
[589] Cf. TLL 6,2, p. 2157, l. 82 sq.

72,21 *et post* – 25 *manente iustitia*: Julian verteidigt sich und seine Anhänger gegen den Vorwurf, sie leugneten die Gnade Christi.[590] Bei dem Vorwurf geht es insbesondere um das Verhältnis von Gnade und freiem Willen, auf welches Julian im nächsten Abschnitt eingeht (cf. **94,48–95,11**), sowie um die Notwendigkeit der Kindertaufe.[591] Pelagius greift diese Anschuldigung auch in seiner *Epistula ad Innocentium 1* auf (cf. Pelag. A. *gr. et pecc. or.* 1,45: *legant etiam recens meum opusculum, quod pro libero nuper arbitrio edere compulsi sumus, et agnoscent quam inique nos negatione gratiae infamare gestierint* […]).[592] Anzumerken ist, dass es kein Streitpunkt zwischen Pelagius und Augustinus war, ob Kinder getauft werden sollten, sondern aus welchem Grund die Taufe vollzogen werden sollte.[593] Cf. auch die Beschuldigung, Julian sei ein *inimicus gratiae* (cf. Kommentar zu **52,16–33** und **52,33–37**), und *nupt. et conc.* 2,8 (p. 259, l. 12–16; 74,5–9).

---

[590] Augustinus äußert auch in seiner Widerlegung der Schrift *De natura* des Pelagius Skepsis gegenüber dessen Gnadenverständnis (cf. *nat. et gr.* 12; cf. Drecoll, Gratia 209–213).

[591] Cf. Kanon 2 und Kanon 5 des afrikanischen Konzils von 418 bei Wermelinger, Rom 170–176 und ib. 184–187.

[592] Zur Auflistung der erhaltenen Fragmente aus diesem Brief cf. Drecoll, Pelagius 645 sq.

[593] Cf. Bonner, Baptismus 596 sq.

2.4 Augustinus leugnet die Freiheit des Willens – Widerlegung von nupt. et conc. 2,6–8 (73,1–109,8)

Julian wendet sich nun der Widerlegung von *nupt. et conc.* 2,6–8 (p. 258, l. 13–p. 259, l. 8; 73,3–23 und p. 259, l. 9–19; 74,2–11) zu. Ziel seiner Widerlegung in 73,3–109,8 ist es zu zeigen, dass Augustinus den freien Willen leugnet (cf. 109,8–16). Er zitiert zunächst nur *nupt. et conc.* 2,6 sq. (p. 258, l. 13–p. 259, l. 8; 73,3–23), eine Passage, die einen Ausschnitt aus der Einleitung von *Turb.* beinhaltet (cf. *nupt. et conc.* 2,7; p. 258, l. 21–p. 259, l. 8). Das Zitat aus der Einleitung korrigiert Julian in 73,23–42. Dann zitiert er weiter *nupt. et conc.* 2,8 (p. 259, l. 9–19; 74,2–11), wo sich Augustinus gegen die Aussagen in der Einleitung von *Turb.* äußert, und erläutert letztere inhaltlich in 74,12–76,10. Daraufhin greift er Augustins Aussage *non liberum negamus arbitrium* in *nupt. et conc.* 2,8 (p. 259, l. 10 sq.) auf und will zeigen, dass sie der Unwahrheit entspricht (76,10–109,8). Dazu erklärt er zunächst, was er unter dem Begriff des *liberum arbitrium* verstehen möchte (77,9–83,6). Darauf aufbauend zeigt er, dass in *Io* 8,36 nicht die Freiheit des Willens behandelt wird, so wie Augustinus dies annimmt (84,1–92,4 mit Auslegung von *Io* 8,36 in 87,1–92,4). Stattdessen zieht Julian Stellen aus der Bibel heran, die für sein Verständnis der Freiheit des Willens sprechen (93,1–18). Um den Verdacht noch weiter zu erhärten, dass Augustinus den freien Willen abstreitet, zitiert Julian aus *c. ep. Pel.* 1,5–7 (p. 425, l. 24–p. 426, l. 28; p. 428, l. 11; p. 428, l. 12–21; p. 428, l. 24–p. 429, l. 3) in 94,5–47 und richtet daraufhin seine Argumentation gegen diese Zitate. Er eruiert zunächst das Verhältnis von *gratia* und *liberum arbitrium* (94,48–95,11) und stellt „Augustins" Ansicht über den freien Willen durch einen Vergleich mit Mani und Jovinian heraus (96,1–103,3). Er nutzt das Ergebnis, um zu zeigen, dass das gesamte augustinische Weltbild widersprüchlich und absurd ist (104,1–106,21). Schließlich legt Julian die Bibelstelle *Rm* 6,20–22 aus, die Augustinus in *c. ep. Pel.* 1,5 (p. 425, l. 24–p. 426, l. 28; 94,5–33) als Beleg für seinen Willensbegriff angeführt hatte (107,1–109,8).[594] Die Worte in 109,8–16 fungieren als Scharnierstück zum nächsten Gliederungsabschnitt in *Flor.* 1. Sie markieren den Abschluss vom Themenpunkt 73–109,8 und den Beginn von 109,8–125,7.

---

594 Diese Vorgehensweise, die Argumentation in Stufen zu zerlegen, geht auf die rhetorische Praxis in Gerichtsreden zurück (cf. Tornau, Rhetorik 374–381). Zu weiteren Parallelen zur Technik in Gerichtsreden cf. Hinführung. 3.

2.4.1　Die Einleitung von *Ad Turbantium* in den *Chartulae – nupt. et conc.* 2,6 sq. (73,3–23)

Julian schließt an dieser Stelle an das Zitat *nupt. et conc.* 2,6 (p. 258, l. 5–13) aus 71,2–9 an und setzt dieses lückenlos mit *nupt. et conc.* 2,6 sq. (p. 258, l. 13–p. 259, l. 8; 73,3–23) fort (cf. Kommentar zu 71,2–9).

73,1 sq. uerum iam pergamus et ad uerba mea – proposuit
Gemeint ist hier die Einleitung von *Turb.*, die im folgenden Zitat von *nupt. et conc.* (cf. *nupt. et conc.* 2,7; p. 258, l. 21–p. 259, l. 8; 73,11–23) aus den *Chartulae* zitiert wird. Während Julian vor dem Zitat in der dritten Person spricht, fährt er direkt danach (cf. 73,23–27) fort, sich an Augustinus in der zweiten Person zu wenden. Er wendet sich also quasi an den Leser/das Publikum und geht danach mit Personenwechsel wieder dazu über, Augustinus zu beschuldigen. Am Ende seiner formalen Korrektur der Einleitung aus *Turb.* 1 rechtfertigt er sich für seinen „Exkurs" beim Leser, was er wiederum durch einen Personenwechsel deutlich macht (cf. 73,39–42). Er gibt damit dem Leser die Interpretation seiner Einleitungskorrektur vor (cf. Kommentar zu 73,23–27 und 73,36–42).

73,3 „satis igitur ammonuerim – 5 alibi extremis non additis decurtaret
= *nupt. et conc.* 2,6 (p. 258, l. 13–16). Augustinus macht hiermit deutlich, dass die bisherigen Ausführungen in *nupt. et conc.* 2,3–6 dazu dienten, dem Leser vor Augen zu führen, dass, wie aus den *Chartulae* hervorgeht, in *Turb.* offenbar absichtlich Zitate aus *nupt. et conc.* 1 falsch wiedergegeben sind. Die Aussage *nunc ad ea, quae sicut uoluit nostra proposuit, quae sua opposuerit, uideamus* in *nupt. et conc.* 2,7 (cf. 73,6 sq.) gibt Aufschluss darüber, wie der Aufbau der *Chartulae* gewesen sein dürfte. Die Tatsache, dass sich Augustinus zuerst den verkürzten Zitaten aus *nupt. et conc.* 1 gewidmet hat und nun zu Julians Antwort übergeht, lässt vermuten, dass in den *Chartulae* die von Julian in *Turb.* 1 herangezogenen Zitate aus *nupt. et conc.* 1 (möglicherweise zusätzlich zum Text Julians) separat aufgeführt waren und die Exzerpte seiner Widerlegung darauf folgten.[595] Es geht aus der Aussage *quae sua posuerit* auch hervor, dass Augustinus vermutet oder suggeriert, die verkürzten Zitate in den *Chartulae* stimmten mit Julians Zitation in *Turb.* überein. Cf. Kommentar zu 17,1–20. Augustinus verwendet bei den Formen *ammonuerim* und *ostenderim* hier den Konjunktiv Perfekt als Potentialis im Sinne einer Annahme, die in der

---

595　Cf. dazu Weber, Aspects 295–299 und die ausführlicheren Bemerkungen im Kommentar zu 17,4 sq.

KOMMENTAR   411

Gegenwart des Sprechers bereits vollendet ist – eine Verwendung, die im
klassischen Latein eher unüblich ist.[596]

73,6 sq. nunc ad ea – uideamus.
= *nupt. et conc.* 2,7 (p. 258, l. 17 sq.). In der Edition von Zycha steht in
nupt. et conc. 2,7 nicht *quae sua posuerit*, sondern *quae sua opposuerit*.
Wie aus Zelzers Ausgabe von *c. Iul. imp.* deutlich wird, hat Migne offensichtlich das Zitat in 73,3–23 mit *nupt. et conc.* 2,7 abgeglichen, wo in allen
Handschriften *opposuerit* zu lesen ist, und in 73,7 *opposuerit* gesetzt. Da
die Überlieferung von *c. Iul. imp.* in der Variante *posuerit* übereinstimmt,
scheint es sich um einen Fehler zu handeln, der bereits bei der Abfassung
von *Flor.* entstanden ist.

73,9 sq. procul dubio librorum [m]eorum de quibus pauca decerpsit.
= *nupt. et conc.* 2,7 (p. 258, l. 20 sq.). Gemäß Alexanderson spricht Augustinus mit *tibi* in 73,8 Valerius an. Statt *librorum meorum* sollte deshalb
librorum eorum stehen; gemeint sind damit dann die Bücher *Ad Turbantium*.[597] Cf. dazu auch die Aussage des Exzerptors der *Chartulae*, zitiert in
nupt. et conc. 2,2 (p. 254, l. 7 sq.; 17,4 sq.): *capitula de libro Augustini quem
scripsit, contra quae de libris pauca decerpsi*.

73,11 'doctores' – 17 conuelli.
= *nupt. et conc.* 2,7 (p. 258, l. 21–p. 259, l. 2). Julian sieht in Augustinus
und seinen Anhängern, die er ironisch als *doctores nostri temporis*
bezeichnet,[598] die Urheber für den Untergang der katholischen Kirche. Die Zerschlagung der gegnerischen Seite (*contumelia* und *exitium*) sei Augustinus nur durch die Aufhebung der grundlegenden
Glaubensinhalte des Christentums (nämlich, dass Gott der Schöpfer der Menschen sei und dass der Wille frei sei) gelungen. Wie in
allen seinen Büchern gegen Augustinus sieht sich Julian hier also auf
der Seite der katholischen Kirche, wohingegen Augustinus mit seiner Erbsündenlehre die Grundfeste des Glaubens aufhebt (cf. Hinführung. 3.2 und 3.3.2). Mit den Menschen, die nach der Heiligkeit

---

596 Cf. Kühner/Stegmann, II,1, 176.
597 Cf. Alexanderson, Idées 287 und Cipriani/Volpi, Sant'Agostino 1, 106.
598 Weber vermutet, dass Julian damit auf Augustins Bezeichnung *haeretici noui* für Julian
     und seine Anhänger reagiert, die Augustinus in *nupt. et conc.* 1,1 (p. 211, l. 5) gleich an erster
     Stelle anbringt (cf. Weber, Aspects 293).

streben, dürfte Julian sowohl Pelagius und Caelestius als auch deren Anhänger und sich selbst meinen (cf. Kommentar zu 75,11 sq.; 76,8).

Augustinus knüpft in *c. Iul.* an Julians Formulierung *doctores nostri temporis* an[599] und versucht durch Verweis auf orientalische Autoritäten (z. B. Gregor von Nazianz, cf. Augustins Worte in *c. Iul.* 1,15, und Basilius in *c. Iul.* 1,18) deutlich zu machen, dass seine Erbsündenlehre dem katholischen Glauben entspricht und auch in der östlichen Tradition verankert ist, auf die sich Julian selbst im Kontext von *Turb.* beruft (cf. A. *c. Iul.* 1,30).[600] Ebenso schreibt Augustinus in *c. Iul.* 1,30, nach einer Auflistung von Johannes Chrysostomus, Basilius und Ambrosius: *ecce non ego unus,* **sed tot ac tanti sancti eruditique doctores,** *tibi pro me uel mecum, proque omnium nostrum et tua ipsius, si sapis, salute respondent* und greift damit Julians Worte aus der Einleitung von *Turb.* auf. Cf. auch Kommentar zu 73,19–23 und 73,23–27.

73,19 ne igitur uocentur – 23 uana formidine contruduntur.'"
= *nupt. et conc.* 2,7 (p. 259, l. 4–8). Dieser Satz findet sich unter Auslassung von *quibus quoniam deest ratio* auch in 3,124,1–5: *nos igitur uerum diximus, quoniam, qui a uobis decipiuntur,* **ne uocentur haeretici, fiunt Manichei et, dum falsam uerentur infamiam, uerum crimen incurrunt instar ferarum, quae circumdantur pinnis, ut cogantur in retia et in uerum exitium uana formidine contrudantur.** Julian beklagt sich darüber, dass traditionelle christliche Ansichten als häretisch bezeichnet werden. Diese Technik der Etikettierung führt in seinen Augen dazu, dass Gläubige in Unwissenheit ihr bisheriges Bekenntnis leugnen, aus Angst, selbst als Häretiker bezeichnet zu werden.[601]

Dazu, wie *homines simplices* hinters Licht geführt werden, äußert sich Julian sowohl in *Turb.* als auch in *Flor.* häufiger. Er scheint den Topos in zweierlei Hinsicht zu gebrauchen. Zum einen wirft

---

599 Cf. Weber, Aspects 293.
600 Cf. Duval, Julien 257 sq. Julian zitiert in *Turb.* 4, frg. 309 sq. (= Iulian. A. *c. Iul.* 1,16 sq.) Stellen, von denen er meint, sie stammten von Basilius, wobei es sich jedoch um Fragmente Serapions von Thmuis handelt (cf. Cipriani, Autore 439 sq.).
601 Lamberigts, Plea 9: „[...] [F]or Julian, the only aim of using these names [sc. Pelagians or Caelestians] was to make defenders of the orthodox faith suspect and to confuse simple people."

er Augustinus vor, er nutze die ungebildete Masse aus und mache auch vor Bestechungen und Aufhetzung nicht halt (cf. Kommentar zu 33,1–8 und 41,3–43,5).[602] Zum anderen kennt er anscheinend auch die positive Konnotation der *simplicitas* des Volkes,[603] wie aus *Turb.* 3, frg. 158 hervorgeht. Er verwendet dort Formulierungen, die der Einleitung in *Turb.* 1 ähneln:

> (... multitudinem praestruis idiotarum, quos appellas) simplices, qui aliis occupati negotiis, nihil de eruditione ceperunt, sola tamen fide ad ecclesiam Christi peruenire curarunt, ne facile obscuris quaestionibus terreantur, sed credentes deum uerum conditorem esse hominum, indubitanter quoque teneant quia pius est, quia uerax, quia iustus; atque hanc aestimationem de illa trinitate seruantes, quidquid audierint huic conuenire sententiae, amplexentur atque collaudent, nec hoc eis ulla uis argumentationis euellat, sed detestentur omnem auctoritatem atque omnem societatem contraria persuadere nitentem (indirektes Zitat durch Augustinus in *c. Iul.* 5,4; *Turb.* 3, frg. 158).[604]

---

602 Es wird hier nicht ganz deutlich, ob Julian zu den *simplices* auch die Bischöfe zählt, die die *Epistula tractoria* unterschreiben mussten (cf. Iulian. *ep. Ruf.* frg. 28 = Iulian. A. *c. ep. Pel.* 4,34): [...] *simplicibus episcopis sine congregatione synodi in locis suis sedentibus extorta subscriptio est.* Der Vergleich mit der Synode von Rimini in 75,20–76,11 macht dies allerdings wahrscheinlich (cf. auch Kommentar zu 75,20–25).

603 Cf. hingegen Salamito, Virtuoses 208: „Il est significatif que l'évêque d'Éclane et ses partisans reprochent à leurs collègues leur naïveté – alors que la *simplicitas*, prise en un sens positif, passe ordinairement pour une vertu chrétienne – et à la doctrine ainsi proclamée, sa sottise, là où eût suffi de parler d'impiété." Meines Erachtens ist hier zu differenzieren zwischen der Disqualifizierung Augustins, die Julian anstrebt, wenn er ihn bezichtigt, die Massen auszunutzen, und zwischen Julians Ansichten, der einfache Glaube der ungebildeten Menschen sei richtig. Sowohl in der Einleitung von *Turb.* 1 als auch in der Einleitung von *Turb.* 3 scheint Julian nicht auf die Dummheit der Masse abheben zu wollen (die *simplices* sind ja prinzipiell am richtigen Glauben orientiert), sondern auf Augustins vermeintliche Taktik, diese zu täuschen.

604 Übers.: „.... Du schützt die Menge der Laien vor, die du als ‚einfache' Menschen bezeichnest. Sie seien mit anderen Dingen beschäftigt und hätten keine Bildung genossen. Sie gingen allein auf Grund ihres Glaubens in die Kirche Christi, sodass sie nicht allzu leicht durch täuschende Fragen erschreckt würden. Stattdessen hielten sie im Glauben, dass der wahre Gott der Schöpfer der Menschen sei, auch unzweifelhaft daran fest, dass er gütig, wahrhaft und gerecht sei. Sie kämen auch in die Kirche, um, in Wertschätzung jener Trinität, zu erfassen und zu loben, was dieser Formel entspräche. Das alles könne ihnen

Er scheint allerdings im Gegensatz zur Einleitung von *Turb.* 1 deutlich machen zu wollen, dass die *simplices*, die einen festen Glauben hätten, prinzipiell von den traditionellen und richtigen Ansichten des Christentums (Gott ist der Schöpfer und gerecht, gütig und wahrhaft) überzeugt seien. Aus den *Turb.*-Fragmenten in *c. Iul.* 5,1–3 (*Turb.* 3, frg. 154; 156 sq.) geht hervor, dass Julian auch dort davon gesprochen hat, wie schwierig die Kenntnis der Heiligen Schrift sei, deren Verständnis nur wenigen gebildeten Menschen offenstehe. Möglicherweise wollte er mit seinen Worten über die *simplices* in *c. Iul.* 5,4 ausdrücken, dass Augustins Ansichten so offensichtlich falsch sind, dass auch die Menge der *simplices* sich davon nicht beeindrucken ließe, wenn ihr klargemacht würde, dass Augustins Gott ungerecht sei und er eine sündige Natur vertrete.[605]

Wie Julian verwendet auch Serapion von Thmuis den Vorwurf gegenüber den Manichäern, unter Vorschützung des katholischen Glaubens unbescholtene Gläubige hinters Licht zu führen (Serap. *adu. Man.* 3,9–19; cf. auch Kommentar zu 23,6–13; 33,1–8). Auffällig ist hier, dass Serapion so wie Julian seinen Vorwurf innerhalb des Proömiums anbringt. Die Tatsache, dass die Manichäer wirklich keine Anhänger der Lehre Christi sind, wird sich erst aus dem argumentativen Teil in Serapions Schrift ergeben. Diese Herangehensweise findet sich auch bei Julian, der dem Leser das polemische Ergebnis seiner Abhandlung bereits vorführt, nämlich, dass Augustinus den freien Willen und Gott als den Schöpfer der Menschen abstreitet. Gleichzeitig wird eine Kluft zwischen Wahrheit und Betrug (bei Serapion cf. *adu. Man.* 1) bzw. bei Julian auch eine Kluft zwischen den Opfern des Komplotts (Julian und seinen An-

---

nicht durch irgendeine logische Argumentation entrissen werden. Stattdessen hassten sie jegliche Autorität und jegliche Gemeinschaft, die sie vom Gegenteil zu überzeugen versuche."

605 Aus dem Fragment *Turb.* 3, frg. 157 (= Iulian. A. *c. Iul.* 5,3) zeigt sich zumindest, dass Julian in *Turb.* verfochten hat, dass „Augustins" Position ganz offensichtlich dem christlichen Glauben widerspricht: *sententia (inquis) uestra tam deformis et uana est, quae et deo iniquitatem et diabolo conditionem hominum et peccato substantiam et conscientiam sine scientia paruulis conatur ascribere.*

Augustinus antwortet auf das Fragment in *c. Iul.* 5,4 (*Turb.* 3, frg. 158) damit, dass Julian einsehen solle, dass auch die *simplices* nicht mit seiner Meinung übereinstimmten, da sie erkennten, dass sein Bild eines gerechten Gottes in Anbetracht des Leides kleiner Kinder nicht ohne die Annahme einer Schuld durch das *peccatum originale* vertretbar sei.

hängern) und den vermeintlichen Aufständischen (Augustinus als *auctor seditionis* und seinen Anhängern) aufgemacht, sodass dem Leser verdeutlicht wird, welcher Seite zu folgen besser sei (cf. die häufige Verwendung von *uos – nos* bzw. *uester – noster* innerhalb der Erläuterung zur Einleitung von *Turb.* 74,12–75,20). Cf. auch Hinführung. 3.2 sowie Kommentar zu 19,18–26; 33,1–8; 41,3–43,5 und 75,17–20.

Augustinus greift das Bild aus Julians Einleitung neben der im Kommentar zu 73,11–17 genannten noch in einer weiteren Hinsicht auf. In einer *retorsio*[606] wendet er die Anschuldigungen Julians gegen ihn selbst um. Er bezeichnet die *simplices* als *tardiores ingenii*. Sie werden durch Julian selbst hinters Licht geführt (*c. Iul.* 5,37: *abuteris autem ingeniis tardioribus*; cf. *Turb.* 3, frg. 196). Dieser Topos, dass Julian und seine Anhänger die einfacheren Menschen durch unnötige Argumentationen verwirren wollen, findet sich auch in *c. ep. Pel.* 3,24 (p. 516, l. 1–15). Augustinus vermutet in *ep. Ruf.* die Taktik, dass die Autoren durch Hervorhebung christlicher Glaubensfundamente den Lesern suggerieren möchten, Augustinus bestreite diese.[607] Dies erinnert an die von Julian in *Flor.* 1 praktizierte Strategie (cf. Hinführung. 3.3.2). Augustinus dürfte in *c. ep. Pel.* auf Julians Worte in *ep. Ruf.* frg. 28 (= Iulian. A. *c. ep. Pel.* 4,34)[608] reagieren. Die Einleitung von *Turb.* war ihm zu diesem Zeitpunkt noch nicht im vollen Umfang bekannt. Sie lag ihm erst bei seiner Widerlegung des vollständigen Werkes *Turb.* vor, was auch aus den Korrekturen Julians hervorgeht. In der aus den *Chartulae* zitierten Einleitung von *Turb.* findet sich noch keine Erwähnung der *simplices*. Zur Verwendung der Formulierung *tardiores ingenii* cf. auch Augustinus in *c. Iul. imp.* 1,71,40–42; 5,39,42 sq.

---

606 Cf. Weber, Aspects 292.
607 Cf. *c. ep. Pel.* 3,24 (p. 516, l. 11–13): *hae sunt nebulae „de laude creaturae, laude nuptiarum, laude legis, laude liberi arbitrii, laude sanctorum," quasi quisquam nostrum ista uituperet* […]. Das hier markierte Zitat findet sich nicht bei De Coninck, cf. aber *ep. Ruf.* frg. 12 und *c. ep. Pel.* 4,1. Cf. auch *c. ep. Pel.* 4,8 (p. 529, l. 26–28): *uerum haec dixisse sufficiat propter eorum illam uersutiam serpentinam, qua uolunt mentes corrumpere simplices et auertere a catholicae fidei castitate ueluti laude creaturae*. Zum Topos des Gifts der Schlange in der antihäretischen Polemik cf. Kommentar zu 12,5–14 und Opelt, Polemik 46.
608 Ib.: (… *dicunt:*) *simplicibus episcopis sine congregatione synodi in locis suis sedentibus extorta subscriptio est*.

73,20 *uerum crimen* – 23 *uana formidine contruduntur*: Dieser Vergleich wird auch von Hieronymus in der *Altercatio Luciferiani et Orthodoxi* angebracht: *omnes propositionum uestrarum calles ad unum competum confluunt, et, pauidorum more ceruorum, dum uanos pennarum euitatis uolatus, fortissimis retibus implicamini!* (Hier. c. Lucif. 6).[609] Das Bild findet sich jedoch auch bei anderen Autoren, z. B. Auson. epist. 13,28 sq. ([...] *ceruos circumdas maculis et multa indagine pinnae*),[610] Sen. dial. 4 (= de ira 2), 11,5 (*nec mirum est, cum maximos ferarum greges linea pinnis distincta contineat et in insidias agat, ab ipso adfectu dicta formido*)[611] und Verg. Aen. 12,750 ([...] *ceruum* [...] *puniceae saeptum formidine pinnae* [...]);[612] es wird hier auf eine Jagdtechnik angespielt, bei der Tiere durch das Einkreisen mit Seilen, an denen Federn befestigt sind, in Netze getrieben werden. Der Begriff *formido* („Scheuche") ist dabei gemäß Seneca ein Terminus technicus für dieses Instrumentarium, das dazu verwendet wird, die Tiere zu täuschen.[613]

2.4.2 Die Abschrift der *Chartulae* ist unsorgfältig – Formale Korrektur der exzerpierten Einleitung von *Ad Turbantium* 1 (73,23–42)

Die Einleitung aus *Turb.* 1, wie sie von Augustinus in *nupt. et conc.* 2,7 zitiert wurde, und die mit den Anmerkungen von Primmer und Weber rekonstruierte Einleitung aus *Turb.* 1,[614] wie sie Julian in 73,23–42 korrigiert, sollen nun gegenübergestellt werden. Die Hervorhebungen im Fettdruck weisen auf die Unterschiede hin. Eine ausführliche Erklärung zu den Änderungen findet sich im Kommentar, an der jeweiligen Stelle:

---

609   Cf. TLL 10,1, p. 1090, l. 35–37.
610   Cf. TLL 3, p. 1129, l. 14 sq.
611   Cf. TLL 6,1, p. 1100, l. 12 sq. zu weiteren Belegen cf. ib. p. 1100, l. 11–39.
612   Cf. TLL 6,1, p. 1100, l. 19.
613   Cf. Maguinness, Virgil 106.
614   Cf. Primmer, Rhythmus 1, 208 sq.; die rechte Seite der Gegenüberstellung entspricht derjenigen Webers cf. ead., Aspects 295 sq.

KOMMENTAR   417

Einleitung aus *Turb.* gemäß den *Chartulae* (*nupt. et conc.* 2,7; p. 258, l. 21–p. 259, l. 8)

doctores, inquit, nostri temporis, ***frater beatissime*** (cf. 73,23–27), *et nefariae quae adhuc feruet seditionis auctores ad hominum, quorum sanctis studiis uruntur, contumelias et exitium* [...] (cf. 73,27–30) *decreuerunt per ruinam totius ecclesiae peruenire non intellegentes, quantum his contulerint honoris quorum ostenderunt gloriam nisi cum catholica religione non potuisse conuelli. nam si quis aut liberum in hominibus arbitrium aut deum esse nascentium conditorem dixerit, Caelestianus et Pelagianus uocatur* [...] (cf. 73,30–37). *ne igitur uocentur haeretici, fiunt Manichei et, dum falsam uerentur infamiam, uerum crimen incurrunt instar ferarum, quae circumdantur pinnis, ut cogantur in retia, quibus quoniam deest ratio, in uerum exitium uana formidine contruduntur.*

Rekonstruktion der Einleitung aus *Turb.*

... ***frater beatissime ⟨Turbanti⟩****,... doctores nostri temporis et nefariae quae adhuc feruet seditionis auctores ad hominum quorum sanctis studiis uruntur contumelias et exitium,* **quoniam iter aliud non patebat**, *decreuerunt per ruinam totius ecclesiae peruenire non intellegentes, quantum his contulerint honoris quorum ostenderunt gloriam nisi cum catholica religione non potuisse conuelli. nam si quis aut liberum in hominibus arbitrium aut deum esse nascentium conditorem dixerit, Caelestianus et Pelagianus uocatur,* **quo simplices sermone perterriti, ut ab inuidia nominis exuantur, etiam sanam fidem deserunt credituri procul dubio nec liberum esse in hominis arbitrio nec deum nascentium conditorem, quando illud quod prius affirmauerant utrumque deseruerint**. *ne igitur uocentur haeretici, fiunt Manichei et dum falsam uerentur infamiam, uerum crimen incurrunt instar ferarum quae circumdantur pinnis, ut cogantur in retia, quibus quoniam deest ratio, in uerum exitium uana formidine contruduntur.*

73,23 cognosco – 27 in primo statim uersu libri.
Augustinus hatte in *nupt. et conc.* 2,6 (p. 258, l. 13–16; **73,3–6**) betont, er habe nun gezeigt, wie manipulativ die Zitate aus *nupt. et conc.* 1 in den *Chartulae* bzw. in *Turb.* eingesetzt worden seien. Julian greift diesen Vorwurf auf und zeigt als Widerlegung, dass es gerade Augustinus ist, der die Zitate aus *Turb.* nicht richtig wiedergibt (cf. **73,39–41**). Er korrigiert das Zitat aus der Einleitung von *Turb.* dabei auf dieselbe Art und Weise, wie Augustinus seine Zitate aus *nupt. et conc.* 1,1 in *nupt. et conc.* 2,3–6 korrigiert hat, indem er die fehlenden Satzfragmente zitiert und in den Kontext der vom Gegner zitierten Passagen einordnet. Julian gibt zu, dass es sich hierbei nicht um einen inhaltlichen Punkt der Widerlegung handelt. Letzten Endes dient die Vorführung der fehlerhaften Zitation

der Schwächung der Glaubwürdigkeit von Augustins Aussagen. Die Formulierung *cognosco dicta mea* klingt sarkastisch, wenn man die Äußerungen von 18,1–3 bedenkt. Dort hatte Julian Augustinus vorgehalten, er könne aus dem kurzen Zitat aus *ep. Rom. in nupt. et conc.* 2,1 nicht erkennen, welchen Brief er dort meine. Dadurch, dass er hier nun überhaupt schreibt, er erkenne seine Worte (*cognosco dicta mea*), macht er deutlich, dass man sich bei Augustinus nicht darauf verlassen kann, dass er Zitate, die er anbringt, dem richtigen Autor zuweist.

Frater beatissime ist in der Edition von Zelzer in Kommata gesetzt, sollte jedoch nicht als Anrede Augustins gesehen werden, sondern stellt eine Korrektur Julians in der von Augustinus in *nupt. et conc.* 2,7 (p. 258, l. 21–p. 259, l. 8) zitierten Einleitung aus *Turb.* dar. Demnach sind die Worte in Anführungszeichen zu setzen.[615] In der Einleitung von *Turb.* stand die Anrede *frater beatissime*, wie Julian hervorhebt, in der ersten Zeile. Offenbar ist damit der Widmungsträger der Schrift, Turbantius, gemeint. Ohne Ergänzung wie ⟨Turbanti⟩ ergäbe die Anrede, wie Weber hervorhebt, allerdings keinen Sinn, und es wäre ungewöhnlich, wenn der Name Turbantius im Proömium von *Turb.* nicht gefallen wäre.[616] Mit Weber ist stattdessen davon auszugehen, dass sich im Text der *Chartulae* wohl eine Lücke befindet, die die Exzerpte wahrscheinlich anonymisieren sollte.[617] Im Proömium von *Turb.* dürfte daher vor *frater beatissime* noch ein Stück Text gestanden haben. Cf. Kommentar zu 17,4 sq.

Wie Weber gezeigt hat, spielt Augustinus auf Julians Einleitung in *c. Iul.* 3,2 und 2,34 an und geht in diesem Kontext jeweils auf Julians Forderung nach einer Beurteilung der Debatte durch unparteiische Richter ein.[618] Es ist ihrer Ansicht nach demnach nicht unwahrscheinlich, dass in der Lücke zu Beginn der Einleitung von *Turb.* ebenfalls ein vergleichbarer Verweis auf die unparteiische richterliche Beurteilung gestanden hat.[619]

73,27 item cum dixissem – 30 ruinam totius ecclesiae peruenire".
Zwischen *et exitium* und *decreuerunt* fehlt laut Julians Angaben ein Teil des Satzes. Es ist einzufügen: *quoniam iter aliud non patebat*.

---

615 Cf. Primmer, Rhythmus 1, 208 sq.
616 Cf. Weber, Aspects 297.
617 Cf. Weber, Aspects 294–302.
618 Cf. Weber, Aspects 296 sq.
619 Cf. Weber, Aspects 296 sq.

KOMMENTAR 419

73,30 postquam etiam dixi – 36 deseruerint."
In Zelzers Edition steht *post quod* statt *postquam*. Mit Primmer sollte jedoch der Handschrift P gefolgt und *postquam* geschrieben werden. *Quia* dient dann als Ersatz für den AcI der *oratio obliqua* und es sollte statt *iniquo* mit Handschrift P *inquio* gelesen werden.[620] Damit ändert sich die Syntax des Satzes, wodurch *postquam etiam dixi,* [...] *uocatur* zum vorzeitigen Temporalsatz zu der von *inquio* abhängigen Weiterführung des Zitats wird. Die Aussage *quia liberi confessor arbitrii et dei conditoris Caelestianus et Pelagianus uocatur* bezieht sich dann auf *Turb. in nupt. et conc.* 2,7 (p. 259, l. 2–4; 73,17–19): *nam si quis aut liberum in hominibus arbitrium aut deum esse nascentium conditorem dixerit, Caelestianus et Pelagianus uocatur* ...

Auch hier fehlt zwischen *uocatur* und *ne igitur uocentur* ein Teil des Textes. Es ergibt sich für die Lücke: *quo simplices sermone perterriti, ut ab inuidia nominis exuantur, etiam sanam fidem deserunt credituri procul dubio nec liberum esse in hominibus arbitrium nec deum nascentium conditorem, quando illud quod prius affirmauerant utrumque deseruerint.* Cf. Kommentar zu 73,19–23.

73,36 hoc autem totum – 42 emineat.
Die formale Korrektur des Zitates greift Augustins Vorwurf auf, Julian habe die Sätze aus *nupt. et conc.* 1,1 verfälscht wiedergegeben (*nupt. et conc.* 2,6 sq.; p. 258, l. 13–18; 73,3–7). Augustinus hat in *nupt. et conc.* 2,6 den Teil von *nupt. et conc.* 2,1–8 abgeschlossen, mit dem er gezeigt hat, dass die Zitate aus *nupt. et conc.* 1,1 in den *Chartulae* verkürzt sind. Julian hat diese Vorwürfe bereits an einigen Stellen von *Flor.* 1 abgestritten[621] und hält dem Leser hier nun vor Augen, dass es Augustinus ist, der falsch zitiert. Die *grauitas* Augustins steht im Gegensatz zur *leuitas* in 73,23–27; der Satz ist ironisch zu verstehen. Die Leichtfertigkeit Augustins, sich bei seiner Widerlegung auf die *Chartulae* zu verlassen, ist ein Vorwurf, der das Proömium von *Flor.* 1 durchzieht. Zum *Poenus scriptor* cf. 7,2; 48,14–18; 72,14–19 und Hinführung. 3.2.2.

2.4.3   Die Erörterung über das *liberum arbitrium* – Widerlegung von
         nupt. et conc. 2,8 (74,1–109,8)

Julian führt nun das Zitat aus *nupt. et conc.* 2,6 sq. (p. 258, l. 13–p. 259, l. 8), das er in 73,3–23 angebracht hatte, fort. Auch wenn er hier aus *nupt. et conc.* 2,8 (p. 259, l. 9–19; 74,2–11) bis zu den Worten aus *Rm* 5,12 zitiert, widmet er die folgende Widerlegung (76,10–109,8) nur den Aussagen Augustins bis zu den Worten *non*

---

620 Cf. Primmer, Rhythmus I, 209.
621 Cf. 23,1–13; 64,1–26; 67,28–33; 68,1–16; 70,1–4.

liberum negamus arbitrium, sed, „si uos filius liberauerit," ait ueritas, „tunc uere liberi eritis [*Io* 8,36]." (cf. 109,8–13). In seinen Ausführungen soll gezeigt werden, dass Augustins Konzept des Willens nicht mit der Willensfreiheit übereinstimmend ist. In 109,13–112,8 widmet er sich dann den Worten Augustins aus *nupt. et conc.* 2,8 (p. 259, l. 12–16; 74,5–9) und leitet zur Besprechung von *nupt. et conc.* 2,8 (p. 259, l. 16–25; 113,6–13) über, wobei die Bibelstelle *Rm* 5,12, deren ausführliche Besprechung auf das zweite Buch *Flor.* verschoben wird, mit dem hier in 74,2–11 zitierten Text überlappt.

2.4.3.1 „Wahre Freiheit gibt es nur durch Gottes Gnade" – nupt. et conc. 2,8 (74,2–11)

Julian zitiert nun Augustins Antwort auf das Fragment aus der Einleitung von *Ad Turbantium*.

> 74,2 „non est ita – 11 *in quo omnes peccauerunt.*"

= *nupt. et conc.* 2,8 (p. 259, l. 9–19). Augustinus bestreitet, das *liberum arbitrium* nicht zu bekennen, und antwortet auf die Anschuldigung Julians in der Einleitung von *Turb.* (cf. Kommentar zu 73,11–17), er wolle die Menschen vom katholischen Glauben abbringen. Der Hinweis auf *Io* 8,36 ist für ihn ein Beleg dafür, dass die Freiheit des Willens seit dem Sündenfall eingeschränkt ist. In seinen Augen enthalten die Pelagianer den Menschen Christus vor und bieten ihnen nur eine minderwertige Freiheit. Sie erkennen nicht, dass die Menschen nur durch Christi Gnade aus den Fesseln der irdischen Gefangenschaft befreit werden können, in die sie durch die Erbsünde geraten seien (als Belege zieht er 2 *Ptr* 2,19 und *Rm* 5,12 heran). Die Entscheidungsfreiheit, die dem Menschen nach dem Sündenfall bleibt, betrifft eine Wahl zwischen schlechten Willenstendenzen.[622] Sobald eine Entscheidung zur *uoluntas recta* führt, muss dies als Gnade Gottes verstanden werden (cf. *pecc. mer.* 2,7; *c. ep. Pel.* 1,5). Cf. Hinführung. 2.2.2.2.

2.4.3.2 Inhaltliche Erläuterung der Einleitung von Ad Turbantium (74,12–76,11)

Julian wirft Augustinus zunächst ein weiteres Mal vor, unlautere Mittel eingesetzt zu haben (cf. 19,18–26; 33,5–8; 41,3–43,5), und beschuldigt ihn, er bekenne sich nur deshalb zum freien Willen, um zu verschleiern, welche Ansichten er tatsächlich vertrete (74,12–75,4). Im Folgenden erläutert Julian, was er mit den

---

622 Cf. Den Bok, Freedom 266.

Äußerungen in seiner Einleitung von *Turb.* eigentlich sagen wollte (75,5–20). Er vergleicht die Situation mit der Synode von Rimini und schildert, wie man dort die Christen durch eine Fangfrage hinters Licht geführt und die Verurteilung von Athanasius erwirkt hat (75,20–76,6). Er stellt sich dadurch mit Athanasius, die Anhänger Augustins jedoch mit den Arianern auf eine Stufe und unterstellt ihnen, dass sie sich mit derselben Verschlagenheit durchsetzen wollen wie die Arianer (76,6–11). Er suggeriert dem Leser, dass er und alle anderen Menschen, die Augustinus zustimmten, Opfer einer Verschwörung von Manichäern geworden seien, die die Unwissenheit der Menschen ausgenutzt hätten. Cf. Hinführung. 3.2.

74,12 amplissimam esse – 18 uerba confugitis.
Julian beschuldigt Augustinus, zu unlauteren Mitteln und Bestechungen gegriffen zu haben, um seine Ansichten durchzusetzen, und sieht darin einen Beweis dafür, dass Augustinus nicht in der Lage ist, argumentativ gegen seine Worte vorzugehen (cf. Kommentar zu 19,18–26; 33,1–8; 41,3–43,5). Fernerhin sieht er sich in dieser Meinung dadurch bestärkt, dass Augustinus in *nupt. et conc.* 2,8 die Anschuldigungen, die vonseiten Julians gemacht wurden, abstreitet: *multum falleris uel fallere meditaris: non liberum negamus arbitrium* [...] (*nupt. et conc.* 2,8 p. 259, l. 10 sq.). Er will im Folgenden zeigen, dass es sich mit diesem Bekenntnis Augustins um einen rhetorischen Kunstgriff handelt und er nur deshalb seine wahre Meinung, dass der Wille nicht frei sei, nicht kundtut, weil er sich dessen bewusst ist, dass eine solche Aussage häretisch wäre (cf. Kommentar zu 73,11–17; 75,1–4; 76,6–9; 77,3–5; Hinführung. 3.3.2). Er verteidigt damit die Worte seiner eigenen Einleitung in *Turb.* (cf. 73,11–17; 109,8–13).

75,2 praeuaricatio pudenda Babylonis
Die Charakterisierung einer Sünde oder eines Lasters durch das Hinzutreten eines Adjektivs wie *Babylonicus, -a, -um* oder wie hier als Genitivattribut *Babylonis* stellt das ungeheure Ausmaß einer Sünde dar. Ausgehend von der biblischen Geschichte der Stadt Babylon ist diese Beschreibung in sprichwörtlicher Form ins christliche Latein und Griechisch übergegangen.[623]

---

[623] Cf. Altaner, Babylon 1130 sq. Ähnliche Wendungen finden sich bereits in vorchristlicher Zeit cf. ib. 1130.

75,5 nam cum ego – 20 relinquendam.
Julian kommentiert an dieser Stelle seine Einleitung aus *Turb.* (cf. 73,11–23 mit Kommentar), um zu erklären, weshalb Augustinus auf die Einleitung mit dem Satz *non liberum negamus arbitrium* geantwortet hat (cf. 76,11–16, wo Julian beginnt, sich der Aussage Augustins wieder zuzuwenden). Er erläutert also zunächst, wie der Leser seine Einleitung verstehen soll, und geht dann auf die Antwort Augustins ein, obwohl er das Zitat (*nupt. et conc.* 2,8; p. 259, l. 10 sq.), um das es sich ab 76,11 dreht, bereits in 74,3 sq. anbringt. Der Leser kann somit bereits Augustins Antwort im Gedächtnis behalten, während Julian seine Einleitung erläutert, und das Verhältnis zwischen Julians Einleitung aus *Turb.* und Augustins Antwort in *nupt. et conc.* 2,8 (p. 259, l. 10 sq.) ermitteln (cf. Kommentar zu 76,1–6). Gleichzeitig kann Julian den Leser in der Ermittlung dieses Zusammenhangs lenken, indem er seine Erläuterungen entsprechend gestaltet. Ziel ist es, dem Leser vor Augen zu halten, dass Augustins Antwort *non liberum negamus arbitrium* eine Ausweichtaktik ist (cf. 74,12–75,4 und 76,11–16).

Julian stellt heraus, dass er im Proömium zu *Turb.* 1 deutlich machen wollte, was die Hauptthemen der Debatte mit Augustinus seien. Die *summa quaestionis* ist ein Teil des Inventars, das einem Redner zur Ausgestaltung von Proömien bereitsteht. Der Redner will mit ihrer Nennung die Aufmerksamkeit des Richters und der Zuhörer erzielen.[624] Die Formulierung *summa quaestionis* suggeriert damit in gewisser Weise Objektivität, da hier eigentlich der Kernpunkt der Diskussion angesprochen werden soll; sie ist jedoch entsprechend der Thematik der Widerlegung Augustins bereits passend gewählt. Die *summa quaestionis* ist das Ergebnis der Erörterung des Status der Diskussion und entspricht hier der Antwort auf die Frage danach, „ob Augustinus den freien Willen und den Schöpfergott leugnet" (cf. auch Kommentar zu 48,2; und 3,152; zur *summa quaestionis* in *Flor.* cf. auch Kommentar zu 3,7–5,8).[625] Bei Julian ist diese Zusammenfassung bereits polemisch gefärbt: Er nimmt die Hauptthemen seiner Abhandlung in *Turb.* vorweg, indem er sagt, er vertrete den freien Willen und das Schöpfertum Gottes (cf. 75,8–10), Augustinus jedoch versuche durch Etikettierungstaktiken die Gläubigen zum Manichäismus zu führen

---

[624] Cf. Quint. *inst.* 4,1,34: *docilem sine dubio et haec ipsa praestat attentio, sed et illud, si breuiter et dilucide summam rei, de qua cognoscere debeat, indicauerimus* [...]. Übers. Rahn, Ausbildung 419: „Aufnahmebereit macht zweifellos schon die so erzielte Aufmerksamkeit, des weiteren aber auch, wenn wir kurz und klar die Hauptsache, worüber der Richter entscheiden muß, angeben [...]."

[625] Cf. Cipriani, Aspetti 138 sq.

(cf. 75,10–20 und Kommentar zu 73,11–17). Er hat in der Einleitung von *Turb.* mit diesem Vorgehen den Leser bereits für die These, die er erhärten möchte, sensibilisiert. Durch die Charakterisierung der Qualität seiner Aussagen als ungeschminkt (*sine fumo et nebulis* (75,8)) unterstreicht er, was für ihn in der ganzen Diskussion auf dem Spiel steht: die Einheit der Kirche. Mit der Formulierung *sine fumo et nebulis* grenzt er sich von der Täuschungsstrategie ab, die in der polemischen Topik für Häretiker charakteristisch ist,[626] und zerstreut gewissermaßen Augustins verschleierte Aussagen.

Dass Julian seine Einleitung kommentiert, hat den Nebeneffekt, dass er einzelne Gedanken nochmals unterstreichen kann. Durch die Umschreibung der als *ecclesiasticae dissensionis causa* (75,7) bezeichneten „Umstände" der Diskussion zwischen ihm und Augustinus hebt er den Streit auf eine höhere Ebene und macht ihn für alle Christen zu einem essenziellen Problem (cf. auch 2,1–11; 2,37,1–3: *et hoc est propter quod maxime miserantes ecclesiarum ruinas ad uirorum prudentia illustrium prouocamus examen* [...]). Ein ähnliches Vorgehen ist auch in der Einleitung zum ersten Buch von *Ad Florum* zu beobachten, wo Julian von den Sorgen schreibt, die ihm der *status ecclesiarum* bereitet (cf. Kommentar zu 1,2–13 und 75,20–25).

75,11 sq. *qui propter fidem apostolicam, quam tuemur, nobiscum laborant*: Hier ist mit Primmer *nobiscum* statt *uobiscum* der Vorzug zugegeben, wobei die *nomina catholicorum uirorum* Pelagius und Caelestius sind (cf. 76,8).[627] Julian wirft Augustinus vor, er tue Pelagius und Caelestius unrecht, indem er mittels Etikettierung eine neue Häresie erschaffe.

75,13 *ut qui timuissent Caelestiani a uobis dici* – 17 *si eos Traduciani Pelagianos uocassent*: Anzumerken ist hier das schöne Wortspiel, dass manche Menschen aus Furcht vor dem *nomen Caelestianorum* die *fides caelestis* verlassen und andere sich aus Furcht vor dem *nomen Pelagianorum* in das *Manichaeorum pelagus* stürzen.[628] Dies lässt an den Topos denken, dass Menschen in Not aus Furcht vor dem Tod den Tod selbst erflehen (cf. z. B. Plin. *epist.* 6,20,15: *erant, qui metu mortis mortem precarentur*; Sen. *epist.* 70,8: *stultitia est timore mortis mori: uenit qui occidat, exspecta*).[629]

---

626 Cf. Opelt, Polemik 32; Häretiker lehren die *fallacia* im Gegensatz zur *ueritas* (cf. Opelt, Polemik 32 zu Tert. *scorp.* 12,1).
627 Cf. Primmer, Rhythmus 2, 209, cf. ebenso Cipriani/Volpi, Sant'Agostino 1, 108, Teske, Answer 155 n. 153.
628 Cf. Teske, Answer 155 n. 154.
629 Zu diesem Topos cf. Heraeus, Martialkritik 315 n. 1.

Sowohl Augustinus als auch Julian verwenden die Strategie der Etikettierung, um den Häresieverdacht auf der gegnerischen Seite zu erhärten. Julian bezeichnet Augustinus als einen „Neo-Manichäer" (19,1–14)[630] und kann dabei auf Augustins Äußerungen zu seiner eigenen Vergangenheit zurückgreifen. Taktisch günstig ist diese Methode für ihn deshalb, weil er zur Unterstützung seiner Behauptung Texte von den Manichäern und von Augustinus anführen kann und dies auch ausnutzt (cf. Hinführung. 3.2.1).

Augustinus verwendet die Taktik zudem in anderer Hinsicht unabhängig von der Debatte mit Julian: Er beklagt in *c.s. Arrian.* 34,[631] dass die Katholiken von den Arianern als Homousianer bezeichnet würden, und stellt dies als eine typische Vorgehensweise von Häretikern dar: *et cum se tanta ista uoragine impietatis immergant, nos tamquam opprobrio noui nominis Homousianos uocant. ita enim sese habet catholicae ueritatis antiquitas, ut ei omnes haeretici diuersa nomina imponant, cum ipsi sua singula, sicut ab omnibus appellantur, obtineant.*[632] Eine neue Häresie müsste man demnach daran erkennen können, dass sie den Katholiken einen neuen Namen aufprägt. Hingegen ist es kaum möglich, aus der Praxis, anderen Gruppierungen Bezeichnungen beizulegen, herauszulesen, ob diese rechtgläubig sind, da sich gleichermaßen alle Strömungen darauf berufen, die wahre christliche Lehre zu verbreiten.[633] Ebenso spricht Augustinus in *nupt. et conc.* 2,38 davon, dass verschiedene Häresien die Ansichten der katholischen Seite so reduzieren, dass sie ihr Namen von anderen Häresien aufprägen können.[634] Augustinus bringt hierbei natürlich eine Taktik Julians auf den Punkt, da dieser aufgrund der Polemik einerseits den manichäischen Mythos stark vereinfacht, um Parallelen bei Augustinus auftun zu können, und andererseits Augustins Perspektive auf den freien Willen (absichtlich) missversteht (cf. Kommentar zu 66,4–11; 98,27–39; Hinführung. 3.2.1). Augustinus unterstreicht schließlich den Häresieverdacht gegenüber Julian dadurch, dass er ihm vorwirft, er tue etwas, das alle Häretiker täten.

In *nupt. et conc.* 1 verwendet Augustinus die Worte *Pelagianus/Caelestianus* noch nicht und bezeichnet die Anhänger Julians stattdessen als *haeretici noui*

---

630 Cf. Lössl, Julian 130 mit n. 268.
631 Cf. Duval, Julien 267 n. 162.
632 Übers.: „Und während sie in diesen Strudel der Gottlosigkeit eintauchen, geben sie uns den Namen ‚Homousianer', als wäre eine neue Bezeichnung für uns ein Vorwurf. Der alte katholische und wahre Glaube zeichnet sich nämlich dadurch aus, dass, während ihm alle Häretiker verschiedene Namen aufprägen, sie selbst jeweils einen einzigen Namen für ihre Häresie besitzen, mit dem sie von allen anderen bezeichnet werden."
633 Cf. A. *util. cred.* 19 (cf. Wurst, Haeresis 294 sq.).
634 Julian zitiert *nupt. et conc.* 2,38 in 5,25 und geht auf Augustins Vorwurf ein.

KOMMENTAR   425

(cf. *nupt. et conc.* 1,1.22.40). Erst in den Schriften ab *c. ep. Pel.* benutzt Augustinus die Vokabel.[635] Zur Strategie der Etikettierung/des Labellings cf. auch Kommentar zu 73,19–23. Zum Begriff *Traduciani* cf. Kommentar zu 6,2.

75,17 *cum e – 20 relinquendam*: Julian macht hier eine Kluft zwischen kundigen und unkundigen Christen auf. Während die letzteren sich Augustinus anschließen und sich durch seine Taktik der Etikettierung täuschen lassen, lassen sich die ersteren nicht von ihren Ansichten abbringen und setzen sich uneingeschränkt für ihren Glauben ein. Julian unterstellt Augustinus damit, er mache sich die Leichtgläubigkeit der ungebildeten Christen zunutze; wer jedoch wirklich etwas von der Materie verstehe, bleibe bei der (richtigen) Ansicht (nämlich der Julians). Zu den *imperiti* cf. Kommentar zu 22,37–44; 33,1–8; 73,19–23.

2.4.3.2.1   Exkurs zur Synode von Rimini (359 n. Chr.) (75,20–76,11)
Julian lehnt die folgende Passage an eine Stelle der Fortsetzung der *Historia Ecclesiastica* des Eusebius durch Rufinus von Aquileia an (Rufin. *hist.* 10,22; p. 988, l. 5–22).[636] Es handelt sich nicht um ein direktes Rufinzitat, sondern um eine Paraphrase der genannten Stelle. Im Folgenden sollen beide Passagen gegenübergestellt werden, um die Unterschiede in der Gestaltung ersichtlicher zu machen.[637] Die Erläuterungen zum Julian-Text und den Stellen aus Rufin, auf die er Bezug nimmt, werden in den zugehörigen Lemmata des Kommentars gegeben.

Rufin. *hist.* 10,22; p. 988, l. 5–16   75,20–76,9

                                                          sed ne uel hoc ipsum conuicii genus uestro inuentum ingenio glorieris, recordamini
                                                          ab omnibus quidem haereticis diuersa nos
illis namque de medio sublatis continuo   *uocabula solere suscipere, sed in synodo*
synodus apud Ariminum congregatur. ibi   *Ariminensi uehementius claruisse,* **quid**
secundum ea, quae orientales apud Seleu-   **apud plumbeos animos uel ambiguitas**
ciam conposuerant, **callidi homines et uer-**   **uerbi uel comminatio noui uocabuli pos-**
suti simplices et inperitos occidentalium   **sit sceleris obtinere.** *nam cum sub Arriano*
sacerdotes facile circumueniunt,

---

635   Cf. Drecoll, Pelagius 657 sq.
636   Cf. Bruckner, Julian 84 mit n. 3 und Duval, Julien 265 sq.
637   Die Darstellung enstpricht großteils derjenigen von Duval, Julien 265 sq. Die Hervorhebungen stammen von der Autorin.

hoc modo proponendo eis, quem magis colere et adorare uellent, homousion an Christum? illisque uirtutem uerbi, quid homousion significaret, ignorantibus uelut in fastidium quoddam et execrationem sermo deductus est, Christo se credere, non homousio confirmantibus. sic **multorum** praeter paucos, qui scientes prolapsi sunt, **animi decepti**, contra ea, quae patres apud Nicaeam conscripserant, uenientes, homousion quasi ignotum et ab scripturis alienum sermonem auferri de fidei expositione decernunt communionemque suam haereticorum societate conmaculant.⁶³⁸

principe, uir magnae constantiae, fidei sanissimae, Athanasius Alexandrinus episcopus dilapso a fide apostolorum omni paene mundo et impietatis temporibus obstitisset atque ob hoc in exsilia coactus esset, de sescentis et quinquaginta ut fertur episcopis uix septem inuenti sunt quibus cariora essent dei praecepta quam regis, uidelicet ut nec in Athanasii damnationem conuenirent nec trinitatis confessionem negarent. illa uero omnis deiectorum pectorum **multitudo** *extra iniuriarum metum hac est potissimum uel nominis comminatione, ne Athanasiana uocaretur, uel interrogationis* **calliditate decepta.** *76. nam cum proponerent Arriani, qui rerum ea tempestate potiebantur: „homousion sequi uultis aut Christum?" responderunt continuo quasi in nomen religiosi, Christum se sequi, homousion repudiare; atque ita exeunt gestientes uelut qui Christo crederent, quem iam negauerant homousion, id est unius cum patre substantiae denegando. ita ergo et nunc uos fabricatores doli imperitas terretis aures, ut, si nolunt laborantium pro fide uirorum appellatione respergi, et liberum arbitrium negent et deum hominum conditorem.*

---

638 Übers.: „Nachdem man diese Menschen aus dem Weg geschafft hatte, wurde sogleich eine Synode bei Rimini einberufen. Dort lockten schlaue und verschlagene Menschen entsprechend dem, was die Geistlichen aus dem Osten in Seleukia abgesprochen hatten, die einfachen und unerfahrenen westlichen Geistlichen leicht in eine Falle, indem sie ihnen zur Wahl stellten, wen sie lieber verehren und anbeten wollten, den *homousios* oder Christus. Da jene jedoch die Bedeutung des Wortes, also was *homousios* bezeichnete, nicht kannten, schlug das Gespräch gewissermaßen in Verachtung und Verwünschung [sc. desselben] um, indem sie bekräftigten, sie glaubten an Christus und nicht an den *homousios*. So haben, von einigen wenigen, die wissentlich vom Glauben abgefallen sind, viele Menschen, weil sie getäuscht wurden, beschlossen, dass das Wort ‚*homousios*', weil es unbekannt sei und ein den Heiligen Schriften fremder Begriff, aus dem Glaubensbe-

KOMMENTAR 427

75,20 sed ne uel hoc ipsum – 25 sceleris obtinere.
Durch einen Exkurs möchte Julian im Folgenden darstellen, dass Augustins Strategie der Etikettierung (*genus conuicii*) keine neue Erfindung ist. Quintilian zählt in seiner *Institutio oratoria* das *conuicium* zu den Mitteln einer *egressio*, d.h. zu einer nicht zum eigentlichen Thema gehörenden Anmerkung (Quint. *inst.* 4,3,14 sq.). Das *conuicium* ist insbesondere das Stilmittel der Invektive.[639] Die Taktik der Etikettierung findet nach Julian bei allen Häresien statt (zu einer solchen Verallgemeinerung cf. 25,1–26,3). Cf. auch Kommentar zu 75,13–17. Auch Augustinus wirft Julian in seinen Repliken häufig vor, er greife lediglich auf das Mittel der Beschimpfung anstelle von Argumentation zurück (cf. z.B. *nupt. et conc.* 2,5.51; *c. Iul. imp.* 2,58; 4,67.109; *c. Iul.* 3,6).[640]

Julian bringt in 75,25–76,6 eine Episode aus der Kirchengeschichte an, um zu zeigen, dass es bereits vor der Auseinandersetzung zwischen ihm/Pelagius und Augustinus eine vergleichbare Situation gab, in der diese Taktik verwendet wurde. Julian nennt als Beispiel die Synode von Rimini und behauptet, dass u.a. die Bezeichnung „Athanasianus" für die anwesenden Kleriker ausschlaggebend gewesen sei, sich der Seite der Arianer anzuschließen (75,32–35). Er setzt damit einen anderen Schwerpunkt in seiner Variation der Episode als in der ursprünglichen Version aus der *Historia Ecclesiastica*.[641] Während bei Rufinus der ausschlaggebende Punkt die Verwendung des Wortes *homousios* ist, fügt Julian zusätzlich die Interpretation *ne Athanasiana uocaretur* hinzu, die für ihn dazu geführt hat, dass die orthodoxe Seite nicht verteidigt wurde.

Da er diesen Abschnitt im Laufe der Erklärung seiner Einleitung zu *Turb.* 1 anbringt, scheint es möglich, dass er bereits in *Turb.* eine Parallele zur Zeit des arianischen Streites evozieren wollte. Zumindest, was die Beschreibung der Ausmaße der Auseinandersetzung mit Augustinus anbelangt, verwendet Julian in *Turb.* ähnliche Bilder wie Rufinus. So schreibt er z.B. in seiner Einleitung *quoniam iter aliud non patebat, decreuerunt per ruinam totius ecclesiae peruenire, non intellegentes, quantum his contulerint honoris quorum ostenderunt gloriam nisi cum catholica religione non potuisse conuelli* (cf. Kommentar

---

kenntnis entfernt werden müsse, wobei sie sich gegen das stellten, was die Väter in Nizäa verfasst hatten. Auf diese Weise befleckten sie ihre kirchliche Gemeinschaft durch die Verbindung mit den Häretikern."

639 Der dort verwendete Namensspott ist jedoch eher mit dem Vergeben von Spitznamen vergleichbar und daher nicht mit der hier bei Julian dargestellten Intention des Labellings parallelisierbar. Er dient in der Invektive dazu, den Gegner lächerlich zu machen (cf. Koster, Invektive 77.117.134). Zum Einsatz von den Schimpfwörtern in den verschiedenen Bereichen der römischen Literatur cf. Opelt, Schimpfwörter 18–20.
640 Dasselbe gilt für Augustins Briefwechsel mit Pascentius, einem Arianer (cf. *ep.* 238–241).
641 Cf. Bruckner, Julian 84 mit n. 3 und Duval, Julien 266 sq.

zu 73,23–42), was in gewisser Weise der Sicht des Rufinus auf die Zeit, in der die Arianer sich durchsetzten, entspricht: *ea tempestate facies ecclesiae foeda et admodum turpis erat; non enim sicut prius ab externis, sed a propriis uastabatur. fugabat alius, alius fugabatur, et uterque de ecclesia erat. ara nusquam nec immolatio nec libamina, praeuaricatio tamen et lapsus erat ac ruina multorum* (*hist.* 10,22; p. 988, l. 16–20).[642] Auch im Proömium zu *Flor.* 1 spricht Julian den schwierigen Zustand der Kirche an, um die Wichtigkeit der Debatte zwischen ihm und Augustinus hervorzuheben (cf. Kommentar zu 1,2–13 und 75,5–20). Indirekt stellt Julian mit der Hervorhebung, es sei ein schwieriger kirchenpolitischer Zustand, in dem er handle, seinen eigenen Mut in den Vordergrund. Dementsprechend zielt der Exkurs über die Synode von Rimini nicht nur darauf ab, dass der Leser ihn als Parallele für die Verwendung einer Etikettierungstaktik vor der Auseinandersetzung mit Augustinus verstehen soll, sondern er lässt sich auch als indirekter Vergleich zwischen Julian/Pelagius und Athanasius bzw. den Arianern und Augustinus interpretieren.

75,23 *uehementius claruisse*: Julian verwendet hier den Komparativ des Adverbs *uehementer* im Sinne des Positivs – ein Gebrauch, der im Spätlatein weit verbreitet ist.[643]

75,23 *quid apud plumbeos animos* – 25 *sceleris obtinere*: Rufin leitet die Stelle damit ein, dass die Bischöfe *simplices et inperiti occidentalium sacerdotes* gewesen seien und entlastet sie damit in gewisser Weise. Er betont somit, dass die Arianer den Bischöfen durch einen Trick übel mitgespielt haben. Julian lässt diese Formulierung hier außen vor, wobei er aber von *plumbei animi* spricht und auch in seiner Einleitung von *Turb.* 1 erwähnt, dass das Vorgehen der Anhänger Augustins auf die Abschreckung von *simplices* abziele (cf. Kommentar zu 73,19–23). Wahrscheinlich sind es also diese *simplices*, die den unerfahrenen Geistlichen bei Rufin als Vergleichspunkt entsprechen. In 75,35 nennt er zumindest die *calliditas interrogationis* als einen möglichen Grund dafür, dass die Teilnehmer an der Synode getäuscht wurden. Die Nennung des *nouum uocabulum* erinnert an Augustins Bezeichnung der Anhänger Julians als *haeretici noui* (cf. *nupt. et conc.* 1,1; p. 211, l. 5; cf. Kommentar zu 75,13–17). Julian gibt dem Leser bereits vor dem Exkurs seine Interpretation der Episode vor:

---

642   Übers.: „Zu dieser Zeit war das Angesicht der Kirche hässlich und beinahe entstellt; es wurde nämlich nicht, so wie zuvor, von Außenstehenden, sondern von ihren eigenen Anhängern verwüstet. Der eine verfolgte, der andere wurde verfolgt, und beide waren Anhänger derselben Kirche. Nirgends war noch ein Altar, keine Opfer, keine Gaben für Gott, Sünde hingegen und Abfall von der Kirche gab es, und das Unheil Vieler."
643   Cf. Kühner/Stegmann, II,2, 476.

KOMMENTAR   429

Ein *nouum uocabulum* hat früher schon einmal zu einer kirchlichen Katastrophe geführt und genau diese provoziert Augustinus mit seinem Vorgehen. Zur Taktik, andere durch Fremdworte hinters Licht zu führen, äußert sich auch Hieronymus (id., *epist.* 75,3):

> et quia hereseos semel fecimus mentionem, qua Lucinus noster dignae tuba eloquentiae praedicari potest, qui spurcissima per Spanias Basilidis heresi saeuiente et instar pestis et morbi totas intra Pireneum et Oceanum uastante prouincias fidei ecclesiasticae tenuit puritatem nequaquam suscipiens Armazel, Barbelon, Abraxan, Balsamum et ridiculum Leusiboram ceteraque magis portenta quam nomina, quae ad inperitorum et muliercularum animos concitandos quasi de Hebraicis fontibus hauriunt barbaro simplices quosque terrentes sono, ut, quod non intellegunt, plus mirentur?[644]

Hieronymus spricht von vermeintlich hebräischen Fremdworten, die die sogenannten Priszillianisten verwenden, um die Menschen zu beeindrucken.[645] Die Wirkung, die diese Worte erzeugen, ist dieselbe, die Julian in seinem Vergleich mit der Synode von Rimini beschreibt. Wie bei Julian die Bezeichnung *plumbei animi* lassen die Formulierungen *inperiti* und *mulierculae* einen elitären und abschätzigen Unterton erkennen.

Auch bei Augustinus findet sich eine Passage, die sich auf die Synode von Rimini bezieht und in der er ebenfalls die Darstellung des Rufinus paraphrasiert. Möglicherweise hat Augustinus in *c. Max.* 2,14,3 Julians Wortwahl im Hinterkopf, was aufgrund der Datierung von *c. Max.* auf das Jahr 427 oder 428,[646] also beinahe zeitgleich zur Abfassung von *c. Iul. imp.*, plausibel wäre.[647]

---

644   Übers.: „Aber weil wir gerade auf die Häresien zu sprechen gekommen sind: Welches noch so ausgefeilte Lob wäre dem, was unser Lucinus vollbracht hat, angemessen? Er hielt an der Reinheit des kirchlichen Glaubens fest, als die scheußliche Häeresie des Basilides in Spanien wütete und wie eine Seuche und Krankheit alle Provinzen zwischen den Pyrenäen und dem Ozean verwüstete. Er lehnte Armazel, Barbelon, Abraxas, Balsamus, den lächerlichen Leusiboras und all die anderen Bezeichnungen, die eher Schreckgespenster sind als Namen, ab. Sie dienten dem Häretiker dazu, ungebildete und weibische Menschen anzustacheln, und sollten mit ihrem ausländischen Klang, ganz als stammten diese Worte aus dem Hebräischen, diese einfachen Menschen erschrecken, damit sie um so mehr in Staunen versetzt würden, weil sie sie nicht verstehen."
645   Zu diesem Brief cf. Rebenich, Hieronymus 296 sq.
646   Cf. Lienhard, Maximinum 1216.
647   Cf. Duval, Julien 268 sq. Mara zieht (ead., Arriani 451) *c. Iul. imp.* 1,75 sq. als Beleg für Augustins negative Bewertung der Geschehnisse beim Konzil von Rimini heran; es dürfte sich hierbei um eine Verwechslung mit dem in *c. Iul. imp.* zitierten Text aus *Flor.* handeln.

Es finden sich dort zwei Formulierungen, die an Julians, aber nicht an Rufinus' Darstellung erinnern.[648] Augustinus schreibt in *haer*. 83, dass ihm die Schrift des Rufinus bekannt war.[649] Anders als Rufin spricht Augustinus von der *nouitas uerbi* (wie Julian vom *uocabulum nouum*), mit der die Befragten getäuscht worden seien, und er verwendet die Formulierung *sub haeretico imperatore*, die an Julians *sub Arriano principe* denken lässt. Auch in der *Kirchengeschichte* von Sozomenos, der ebenso wie Sokrates Scholasticus mit seiner *Kirchengeschichte* auf Rufin zurückgreift,[650] ist von der Wortneuschöpfung die Rede. Hier führen die Homöer die Tatsache an, dass das Wort τὸ ὁμοούσιον nicht in der Heiligen Schrift verwendet werde und dessen Aufnahme ins Glaubensbekenntis daher nicht stichhaltig sei (Soz. *HE* 4,17,2–6).

Wie lässt sich der historische Kontext bestimmen, um den sich Julians Exkurs dreht? Durch das Konzil von Nizäa war ein Glaubensbekenntnis formuliert worden, das sich gegen die Ansichten des Arius wandte. Arius hielt Christus nicht für geboren, sondern dachte, er sei von Gott geschaffen und sei nicht eines Wesens mit Gott-Vater, sondern habe an seiner Göttlichkeit teil.[651] Infolge des Konzils von Nizäa, durch welches die Ansicht, dass Gott-Sohn mit Gott-Vater wesenseins (ὁμοούσιος) sei, verfochten wird und an dem Athanasius als Diakon teilnimmt, wird Arius exiliert.[652] Als Konstantin der Große Arius wieder rehabilitiert, weigert sich Athanasius, nun Bischof von Alexandrien, ihn wieder in seiner Gemeinde aufzunehmen.[653] Athanasius wird infolgedessen auf das Betreiben Arius freundlich gesinnter Bischöfe verbannt.[654]

      Augustinus geht auf Julians Schilderung der Ereignisse bei der Synode von Rimini in 75 sq. in seiner Antwort in *c. Iul. imp.* nicht direkt ein.

648   *C. Max.* 2,14,3: *quod postea in concilio Ariminensi, propter nouitatem uerbi minus quam oportuit intellectam, quam tamen fides antiqua pepererat, multis paucorum fraude deceptis, haeretica impietas sub haeretico imperatore Constantio labefactare temptauit.* Übers.: „Danach versuchten die gottlosen Häretiker, indem viele Menschen durch einige Wenige getäuscht wurden, unter dem häretischen Kaiser Constantius den Begriff [sc. das Wort *homoousios*] beim Konzil von Rimini ins Wanken zu bringen, als dort die Wortneuschöpfung nicht in dem Maße verstanden worden war, wie sie hätte verstanden werden sollen, auch wenn der traditionelle Glaube den Begriff hervorgebracht hatte."

649   Cf. Mommsen, Einleitung cclvi.

650   Cf. Mommsen, Einleitung cclvii.

651   Cf. Dassmann, Kirchengeschichte II,2, 34.

652   Cf. Anatolios, Athanasius 11.

653   Cf. Dassmann, Kirchengeschichte II,1, 72.

654   Cf. Dassmann, Kirchengeschichte II,1, 72 sq. Nach Konstantins Tod wird die Verbannung durch Konstantin II., der den nizänisch geprägten Westen des Reiches regierte, wieder aufgehoben. Daraufhin spitzt sich der Streit zwischen den einzelnen Parteien weiter zu (cf. Dassmann, Kirchengeschichte II,1, 71–77).

KOMMENTAR   431

Die Probleme weiten sich aus, als sich im Jahr 337 die Söhne Konstantins das Römische Reich teilen und die verschiedenen Gruppen berücksichtigen müssen.[655] Unter den antinizänischen Gruppen gibt es u. a. die Gruppe der Homöusianer und der Homöer.[656] Erstere lehnen die Ansichten des Arius zwar ab, verteidigen aber nicht die Wesensgleichheit, sondern geben der Wesensähnlichkeit Christi den Vorzug.[657] Die Homöer lehnen die Ansichten des Arius ebenfalls ab, vertreten aber die Meinung, der Sohn sei dem Vater ähnlich und bleiben in der Frage, worauf sich diese Ähnlichkeit beziehen sollte, unspezifisch.[658] Die unter der Anweisung des Kaisers Constantius II. bereits im Vorhinein der Synode von Rimini/Seleukia entworfene Formel für die Glaubenseinigung versucht, diesen beiden Gruppen gerecht zu werden;[659] sie wird in modifizierter Weise auf der Synode von Rimini/Seleukia verabschiedet (cf. dazu Kommentar zu 76,1–6). Die Tatsache, dass auch Athanasius mehrfach verbannt und dann wieder rehabilitiert wurde,[660] dürfte beim Leser den Vergleich mit dem Fall des Pelagius und Caelestius noch offensichtlicher machen. Auch Athanasius musste aufgrund seiner Glaubensansichten ins Exil gehen. Entgegen Julians Andeutungen fand jedoch in Rimini/Seleukia offenbar keine direkte Verurteilung oder Verbannung des Athanasius statt.[661] Er scheint hier die Verurteilung des Athanasius als Verfechter des Nizänums mit der Ablehnung der nizänischen Formel gleichzusetzen. Cf. auch Hinführung. 1.3.

75,25 nam cum sub Arriano principe – 32 confessionem negarent.
Julian verzichtet hier darauf, den *princeps Arrianus*, Constantius II., beim Namen zu nennen, und tut dies wohl, um die Person des Athanasius in den Mittelpunkt zu stellen, dessen *constantia* (75,25 sq.) mehr als nur ein Name ist. Die Tapferkeit des Athanasius wird durch die Charakterisierung der Umstände, denen er sich widersetzt (75,27 sq.: *dilapso a fide apostolorum omni paene mundo et impietatis temporibus*) hervorgehoben. Indirekt werden hier möglicherweise jedoch auch Constantius II. und Honorius miteinander ver-

---

655   Cf. Dassmann, Kirchengeschichte II,2, 44.
656   Cf. Dassmann, Kirchengeschichte II,2, 45.
657   Die Homöusianer nahmen damit gewissermaßen eine Zwischenposition zwischen dem Arianismus und dem Nizänismus ein (cf. Drobner, Lehrbuch 243). Cf. auch Dassmann, Kirchengeschichte II,2, 44 sq.
658   Cf. Drobner, Lehrbuch 244 und Dassmann, Kirchengeschichte II,2, 44 sq.
659   Cf. Dassmann, Kirchengeschichte II,2, 45 sq.
660   Cf. Gentz, Athanasius 860 sq.
661   Athanasius war 353/55 auf der Synode von Arles und Mailand verurteilt worden (cf. Gerber, Theodor 99) und befand sich zur Zeit der Synode von Rimini und Seleukia im Exil (cf. von Stockhausen, Athanasius 131).

glichen⁶⁶² – beide sind Herrscher, die sich auf die „falsche" Seite geschlagen haben – und zugleich wird Julians Wichtigkeit im Streit mit Augustinus betont. Constantius II. hat die Synoden von Rimini und Seleukia einberufen und wollte damit eine Einigung der Kirche erzielen. Er war maßgeblich an der Vorbereitung der Synode beteiligt. Im Vorab wurde am Kaiserhof in Sirmium von Bischöfen eine Formel erarbeitet, die als Grundlage für die beiden Synoden diente.⁶⁶³

75,29 *de sescentis et quinquaginta* – 31 *quam regis*: Ebenso wie im Falle der Verurteilung der „pelagianischen Thesen" durch die *Epistula tractoria*, die 18 Bischöfe nicht unterzeichnen wollten und daher teilweise ins Exil gingen, weigern sich bei Rufinus einzelne Bischöfe, darin mit dem Kaiser übereinzustimmen, dass Athanasius Häretiker sei.⁶⁶⁴ Die Zahlen, die Julian hier verwendet, 650 und 7, finden sich im Text des Rufinus nicht, Julian scheint daher mit ihrer Nennung schlichtweg eine gewaltige Menge an verängstigten Menschen oder Anhängern der Arianer gegenüber einer Hand voll Tapferen ausdrücken zu wollen.⁶⁶⁵ Die Anzahl der Bischöfe, die man für die Synode von Rimini nennt, scheint, wie Duval festgestellt hat, im Verlaufe des fünften Jahrhunderts unter den Autoren zu steigen: Auxentius von Mailand schreibt bei Hilarius (*c. Aux.* 13) von einer *sexcentorum episcoporum unitas*, Athanasius nennt 400 (Ath. *syn.* 8,1), Hieronymus spricht einfach von einer Masse (*epist.* 69,2) und bei Victor von Vita findet sich die Angabe von 1000 und mehr (*hist. pers.* 3,5).⁶⁶⁶

Möglicherweise kommt Julian jedoch durch den vorangehenden Paragraphen bei Rufinus zumindest auf die *uix septem*, die sich den Arianern widersetzen.⁶⁶⁷ Dieser beschreibt dort, dass vor der Synode von Rimini einige Bischöfe aufgrund einer Verurteilung bei der Synode von Mailand ins Exil gehen mussten⁶⁶⁸ (Rufin. *hist.* 10,21; p. 981, l. 22–p. 988, l. 3): *ob hoc apud Mediolanium episcoporum concilium conuocatur. plures decepti, Dionysius uero, Eusebius, Paulinus, Rhodanius et Lucifer dolum esse in negotio proclamantes asserentesque, quod subscriptio in Athanasium non aliam ob causam quam destruendae fidei moliretur, in exilium trusi sunt. his etiam Hilarius iungitur ceteris uel ignorantibus*

---

662 Duval zieht die Proömien der anderen Bücher von *Ad Florum* heran, wo auch auf die Rolle des Kaisers angespielt wird (id., Julien 261 sq.).
663 Cf. Brennecke, Homöer 13–23.
664 Cf. Duval, Julien 261 sq.
665 Cf. Hirzel, Rundzahlen 1–4.
666 Cf. Duval, Julien 264 n. 151 und Martin/Morales, Athanase 25 sq.
667 Cf. Duval, Julien 265.
668 Wobei diese Verurteilungen entgegen der Angaben von Rufinus teilweise nicht auf die Synode von Mailand zurückzuführen sind. Paulinus wurde an der Synode von Arles verdammt, Hilarius und Rhodanius wohl nach der Synode von Béziers (cf. Duval, Julien 263).

KOMMENTAR   433

*uel non credentibus fraudem.*⁶⁶⁹ Zählt man mit Duval Athanasius noch hinzu, so kommt man auf die sieben Männer, die sich den Arianern widersetzten.

Des Weiteren stellt die Sieben eine Zahl dar, die deutlich macht, dass eine runde Zahl nicht erreicht wurde,⁶⁷⁰ und ist außerdem eine häufig gebrauchte, symbolträchtige Zahl, der Bedeutung zugeschrieben wird.⁶⁷¹ Julian hebt mit der kleinen Zahl hervor, dass diese Männer viel Mut aufbringen mussten, sich gegen die große Anzahl der Arianer zu stellen. Im Gegensatz zu ihnen sind den übrigen Menschen, die eigentlich dem nizänischen Glaubensbekenntnis anhingen, die Vorschriften des Kaisers wichtiger als die Vorschriften Gottes (cf. 75,30 sq.). Julian nennt also einen weiteren Grund, warum sich die Menschen auf der Synode gegen den *homousios*-Begriff ausgesprochen haben. Er spricht auch von ihrer Feigheit, wenn er schreibt, dass sie lieber den trinitarischen Glauben ablehnten, als ins Exil zu gehen. Schließlich könnte es sich bei den beiden Zahlen schlichtweg um typische („gewohnheitsmäßig verwendete"⁶⁷²) Zahlen handeln, jedoch ist das Vergleichsmaterial für diese Art von Gebrauch bei Julian nicht vorhanden, um eine solche Vermutung zu überprüfen.

76,1 nam cum proponerent Arriani – 6 id est unius cum patre substantiae denegando.
Die bei Rufin in indirekter Rede wiedergegebene Frage *homousion sequi uultis aut Christum?* wandelt Julian in wörtliche Rede um und gestaltet das Szenario für den Leser somit lebendiger und dramatischer.⁶⁷³ Ebenso wie die Kleriker zur Zeit des Konzils von Rimini den trinitarischen Glauben ablegten – aus Angst, wie Athanasius und seine Anhänger verdammt zu werden –, sieht Julian die Kleriker zu seiner Zeit dazu gezwungen, Gott als Schöpfer abzulehnen und den freien Willen abzustreiten – aus Angst, wie Julian bzw. Pelagius und seine Anhänger verdammt zu werden (cf. Kommentar zu 73,11–17; 75,5–20).⁶⁷⁴ Aufgrund der Tatsache, dass sie sich dessen nicht bewusst sind, was

---

669 Übers.: „Deshalb wurde in Mailand ein Bischofskonzil einberufen. Viele wurden getäuscht, Dionysius aber, Eusebius, Paulinus, Rhodanius und Lucifer, die lautstark zum Ausdruck brachten, dass bei dem Verfahren eine List angewandt werde, und bekräftigten, dass die Unterschrift gegen Athanasius nur deshalb angestrebt wurde, um den Glauben zu ruinieren, wurden zum Exil gezwungen. Ihnen folgte Hilarius, während die übrigen den Betrug entweder nicht erkannten oder es für unglaubwürdig hielten, dass sie betrogen würden."
670 Cf. Duval, Julien 265 n. 153.
671 Cf. Hirzel, Rundzahlen 60 sq.
672 Fehling, Quellenangaben 155 n. 3.
673 Cf. Duval, Julien 266.
674 Duval, Julien 267: „[...] [P]ar une espèce de conspiration des autorités politiques – même si l'empereur n'est pas arien – et religieuses, des hommes sont condamnés, leur personne

die Bezeichnung *Pelagianus/Caelestianus* bedeutet, und sich gegen diese Richtungen aussprechen, streiten sie, ohne es zu wissen, die Grundpfeiler ihres Glaubens ab. Gleichzeitig suggeriert der Vergleich dem Leser, er möge sich generell vor Augustins Ausführungen hüten, da es wahrscheinlich sei, dass er ihn durch geschickte Wortwahl von der Orthodoxie abbringen wolle. Dieser Verdacht wird hier – taktisch günstig – erregt, da Julian im Folgenden zeigen möchte, dass Augustins Äußerung, er leugne den freien Willen nicht (cf. *nupt. et conc.* 2,8; p. 259, l. 10 sq.; 74,3 sq.), ein Täuschungsmanöver ist (cf. 76,11–16; 84,1–16). Cf. Hinführung. 3.2.

Bei der Synode von Rimini entschied sich zunächst die Mehrheit der Anwesenden gegen die auf Betreiben des Constantius II. im Vorhinein erarbeitete sogenannte vierte sirmische Formel.[675] Diese war unter dem Einfluss der Homöusianer, die sich selbst als antiarianisch verstanden,[676] konzipiert worden und wurde auch von Constantius II. als Formel gegen den Arianismus vorangetrieben.[677] Den Nizänern ging es dabei insbesondere um das Fehlen des Begriffs οὐσία.[678] Legaten, die mit dem Beschluss des Standpunktes der jeweiligen Seiten zum Kaiser geschickt worden waren, wurden von Valens von Mursa (der die vierte sirmische Formel als gültig erachtete) offenbar überzeugt, diese Formel in modifizierter Version doch noch als gültig zu erklären.[679] Diese Änderung der Meinung wurde bereits bei spätantiken Geschichtsschreibern auf einen Betrug zurückgeführt.[680] Infolge der Synode von Rimini wurden diejenigen, die sich von nun an gegen das Nizänum aussprachen, nur noch als Arianer angesehen.[681]

76,3 sq. *responderunt continuo – homousion repudiare*: Die Worte *quasi in nomen religiosi* sind hier zu übersetzen mit „sozusagen aus Ehrfurcht vor dem Namen", denn es geht in der Passage darum zu zeigen, dass die Inanspruchnahme typisch christlicher Ansichten bzw. Vokabeln die einfachen Gläubigen hinters Licht führt. Die Arianer stellen die Bischöfe vor die Wahl: entweder Christus oder der *homousios*; und da sie sich vor der Aussage „nicht Christus"

---

bafouée dans l'usage dégradant que l'on fait de leur nom – Pélagiens! Célestiens! – et, sous ce couvert, comme pour la Trinité consubstantielle au temps d'Athanase, sont rejetées des vérités aussi fondamentales que celles de l'existence du libre arbitre et l'origine divine de la création!"

675 Cf. Brennecke, Homöer 24 sq.
676 Cf. Brennecke, Augustin 178.
677 Cf. Brenneke, Homöer 22 sq.
678 Cf. Brennecke, Homöer 26 sq.
679 Cf. Brennecke, Homöer 32 sq.
680 Cf. Brennecke, Homöer 33 sq. 36–38. Cf. auch Martin/Morales, Athanase 25–28.
681 Cf. Brennecke, Augustin 179.

fürchten, die die Entscheidung „wir folgen dem *homousios*" nach sich ziehen würde, sind sie *in nomen religiosi*. Die Wendung *religiosus in aliquam rem/aliquem* findet sich bei Julian auch in 116,6 sq. (cf. auch Iulian. *in psalm.* 28,3[a]; Tert. *apol.* 34,3).

Ich entscheide mich hier für die Variante *repudiare* der Handschrift P, da *homousion repudiare* mit dem AcI *Christum se sequi* korrespondiert. Dies scheint auch in Anbetracht der Parallele zu Rufinus einleuchtend zu sein. Andernfalls wäre *homousion repudiauere* dem Wort *responderunt* gleichgeordnet und die Schilderung der Ereignisse würde mit *homousion repudiauere* wieder einsetzen, was die Logik des Textzusammenhangs stören würde, zumal in 76,5 mit *uelut qui Christo crederent, quem iam negauerant homousion* derselbe Sachverhalt gewissermaßen noch einmal wiederholt würde.[682]

76,6 ita ergo et – 11 praesens disputatio palam faciet.
Julian verweist zurück auf seine Einleitung, die Augustinus in *nupt. et conc.* 2,7 (p. 258, l. 21–p. 259, l. 8; 73,11–23; cf. Kommentar zu 73,23–42) aus den *Chartulae* zitiert hatte, und schließt die Erläuterungen dazu nun ab. Gleichzeitig macht er auf den Beginn eines neuen Abschnitts aufmerksam und verknüpft ihn mit der Erläuterung seiner Einleitung, wenn er prophezeit, dass seine Vermutungen, Augustinus wolle, ebenso wie es die Arianer taten, die Menschen mit seiner Etikettierungsstrategie hinters Licht führen und die christliche Lehre unterminieren, durchaus berechtigt gewesen seien. Diese Aussage gilt es für den nächsten Abschnitt (76,11–109,8) von Julians Argumentation im Auge zu behalten. Duval merkt hier an, dass Julian durch den Vergleich mit der Synode von Rimini vielleicht auch die Hoffnung zum Ausdruck bringen möchte, dass es Augustinus und seinen Anhängern über kurz oder lang ähnlich wie den Arianern ergehen könnte und sie doch noch verurteilt werden könnten.[683] Cf. auch Kommentar zu 73,11–17.19–23 und Hinführung. 3.2.

Zu den *imperitae aures* cf. Kommentar zu 33,1–8; 23,6–13; 73,19–23 und 75,5–20. Zu den *fabricatores doli* cf. Kommentar zu 7,2.

76,8 *laborantium pro fide uirorum*: Mit den *uiri laborantes* meint Julian wahrscheinlich seine Anhänger sowie Pelagius und Caelestius (cf. 73,13; 75,11 sq.).

Zur Konstruktion des Satzes 76,10 sq.: *Quam* wird hier als Einleitung des indirekten Fragesatzes verwendet, jedoch nicht wie üblich mit einem Adjektiv oder Adverb als Bezugswort, und erhält die Bedeutung „wie sehr". Cf. 94,68–70; 101,6–8; 122,1–4.

---

682 Cf. Primmer, Rhythmus 1, 209, cf. ebenso Teske, Answer 156 n. 159.
683 Cf. Duval, Julien 270.

2.4.3.3   *Enttarnung von Augustins* non liberum negamus arbitrium
           (76,11–109,8)

Aufbauend auf der generellen Skepsis gegenüber Augustins Aussagen, die Julian in 74,12–76,11 erzeugt hat, ist es nun das Ziel der folgenden Ausführungen Julians zu zeigen, dass Augustinus das *liberum arbitrium* leugnet und in *nupt. et conc.* 2,8 (p. 259, l. 10 sq.; 74,3 sq.) die Unwahrheit spricht. Julian argumentiert hier also gewissermaßen im *status coniecturalis* („Ob Augustinus den freien Willen leugnet").[684] Die Argumentation schwenkt zu Beginn in eine Erörterung im *status definitionis*, wobei Julian anerkennt, Augustinus vertrete den freien Willen. Während von beiden Parteien zugestanden wird, dass der freie Wille existiert, ist nicht geklärt, was die jeweilige Partei darunter verstehen möchte (77,9–83,6). Zum weiteren Verlauf der Argumentation cf. die einleitenden Worte zu Kommentar zu 73,1–109,8).

2.4.3.3.1   Augustinus verschleiert mit einem Bibelzitat seine Ansicht –
             Überleitung zur Argumentation (76,11–77,11)

Der Abschnitt 76,11–77,11 kann als eine Überleitung zur Erörterung über die Bedeutung des freien Willens bei Augustinus und bei Julian gesehen werden. Es wird dabei das wesentliche Ziel der folgenden Argumentation bereits angedeutet: Augustinus leugnet den freien Willen und spricht mit den Worten *non liberum negamus arbitrium* in *nupt. et conc.* 2,8 (p. 259, l. 10 sq.) die Unwahrheit (Vorverweis auf 84,1–86,4; 94,1–106,21). Dies zeigt sich gemäß Julian u. a. durch Augustins Gebrauch des Zitats aus *Io* 8,36, das dieser aus dem Kontext reißt und als Autoritätsbeleg instrumentalisiert (77,6–9; Vorverweis auf 87,1–92,4). Die Worte in 77,9–11 überlappen bei diesem Gliederungsabschnitt mit dem darauffolgenden Abschitt.

76,11 respondisti – 77,3 uel tarde posses apparere correctior.
Julian wendet sich nun gegen Augustins Aussage in *nupt. et conc.* 2,8 (p. 259, l. 9–12; 74,2–5): *non est ita ut loqueris, quicumque ista dixisti, non est ita; multum falleris uel fallere meditaris: non liberum negamus arbitrium, „sed si uos filius liberauerit, ait ueritas, tunc uere liberi eritis* [*Io* 8,36]." In seinen Augen lässt sich sein Verdacht von 74,12–75,4, dass Augustinus sich nur zur Willensfreiheit bekennt, um die Leser zu täuschen, erhärten. Hätte es Augustinus ernst gemeint, so hätte er erläutern müssen, was er unter der *libertas arbitrii* verstehen will. Für die Glaubwürdigkeit von Augustins Bekenntnis fehlt nach Julian

---

684   Für die Technik, ausgehend von einem *confessum* den *status quaestionis* zu erörtern, cf. Tornau, Rhetorik 359 sq. unter Heranziehung von Quint. *inst.* 7,1,6–8.

der Zusatz *sed confitemur datam a deo libertatem arbitrii in hominum permanere natura* (76,15 sq.). Stattdessen führt Augustinus die Bibelstelle *Io* 8,36 an, von der Julian später zeigen will, dass sie nichts mit dem freien Willen zu tun hat (cf. 77,6–9; 87,1–92,4). Nachvollziehbar wäre Augustins Bekenntnis in Julians Augen dann gewesen, wenn er gesagt hätte, der freie Wille sei dem Menschen von Gott gegeben und könne ihm auch nicht mehr genommen werden. Julian trifft hier den Kern der Debatte zwischen ihm und Augustinus. Beide Parteien gehen davon aus, dass der Mensch einen freien Willen besitzt, doch der Unterschied zwischen Julian und Augustinus liegt darin, dass Julian den Satz *in hominum permanere natura* anerkennt, während Augustinus dies mit der Annahme der *natura uitiata*, die sich der Mensch nach dem Sündenfall zuzieht, nicht tut (cf. Hinführung. 2.2.1.3; 2.2.2.2 und 2.2.2.3).

Die Tatsache, dass Augustinus den Satz nicht so fortgesetzt hat, zeigt in Julians Augen, dass er den Nachsatz auch nicht vertritt. Somit ist die Aussage *non liberum negamus arbitrium* für ihn eine Lüge. Julian legt hier wieder sein eigenes Konzept des freien Willens und der menschlichen Natur zugrunde (cf. Hinführung. 3.3.1). Hätte Augustinus den Satz *datam a deo libertatem arbitrii in hominum permanere natura* an seine Aussage angefügt, hätte es nach Julian zwei Möglichkeiten gegeben. Entweder hätte Augustinus im weiteren Verlauf dennoch seine Ansicht der *natura uitiata* vertreten und hätte sich somit in Widersprüche verstrickt, oder er wäre zur späten Einsicht gekommen und von seiner Theorie der *natura uitiata* abgerückt.

76,13 *consequens enim fuerat* und 77,1 *impleueras*: Es handelt sich hier um einen Realis, in dem statt dem Perfekt/Imperfekt das Plusquamperfekt gesetzt wurde. Das Plusquamperfekt wird im klassischen Latein dabei nur selten für den Realis verwendet:[685] Cf. Cic. *off*. 3,94: *quanto melius fuerat in hoc promissum patris non esse seruatum?*

77,2 sq. *nimium impudens – apparere correctior*: Neben den typischen Topoi in *Flor*. 1 klingt hier zudem ein Topos für Häretiker an, wenn Julian Augustinus hartnäckiges Festhalten an seinen falschen Ansichten vorwirft.[686] Cf. Hinführung. 3.2.2.

77,2 sq. *sin autem omnia concinenter*: Mit Primmer schlage ich hier vor, mit den Handschriften G und T sowie Migne *concinenter* statt wie Zelzer mit den Handschriften P, C, L und M *continenter* zu lesen.[687] Dieses Adverb findet sich auch in 3,9,3 sowie das dazugehörige Substantiv *concinentia* in 4,104,52 und

---

685   Cf. Kühner/Stegmann, II,1, 171–173.
686   Cf. Opelt, Polemik 120 sq.; ib. 239.
687   Cf. Primmer, Rhythmus 2, 209, cf. ebenso Teske, Answer 156 n. 161.

5,15,64.[688] Bouwman sieht *concinenter* als Synonym zu *consequenter* im Kontext des logischen Textzusammenhangs.[689] Stotz macht darauf aufmerksam, dass die Bedeutungen der Verben *concinere* („gemeinsam singen") und *concinnare* („zusammenfügen") ineinander übergehen.[690] Die Junkturen *contra quod si fuisses locutus* und *omnia concinenter* [sc. *si fuisses locutus*] sind als gegensätzlich aufzufassen.[691] Augustinus hätte die Wahl gehabt, sich gegen die Aussage *sed confitemur datam a deo libertatem arbitrii in hominum permanere natura* zu positionieren oder er hätte sie verteidigen können. Im letzteren Falle hätte er in Julians Augen seine Meinung hin zur richtigen Ansicht korrigiert.

77,3 nunc – 11 quid nostrum alteruter sentiat, explicemus.
Julian bezieht sich mit 77,3 sq. auf Augustins Antwort in *nupt. et conc.* 2,8 (p. 259, l. 9–12; 74,2–5): *non est ita ut loqueris, quicumque ista dixisti, non est ita; multum falleris uel fallere meditaris: non liberum negamus arbitrium, „sed si uos filius liberauerit," ait ueritas, „tunc uere liberi eritis [Io 8,36]."* Die Behauptung, dass Augustinus durch sein *non liberum negamus arbitrium* in *nupt. et conc.* 2,8 (p. 259, l. 10 sq.; 74,3 sq.) im gleichen Atemzug die Unwahrheit sagt, sieht Julian darin bestätigt, dass Augustinus als Beleg dafür das Zitat aus *Io* 8,36 heranzieht. Er interpretiert dabei Augustins intendierte Verwendung des Zitates um, der damit wohl die Einschränkung der Willensfreiheit seit dem Sündenfall und nicht deren Aufhebung zum Ausdruck bringen wollte (cf. Kommentar zu 74,2–11). Im Folgenden will er deshalb sowohl zeigen, was das *liberum arbitrium* ist, als auch das Bibelzitat *Io* 8,36 (87,1–91,7) auslegen, um begründen zu können, warum es nicht zu Augustins *non liberum negamus arbitrium* passt. Ziel der Erörterungen ist es zu zeigen, dass Augustins Begriff des freien Willens nicht mit dem in der Definition herausgearbeiteten Begriff übereinstimmt (cf. 77,12–78,3; 78,5 sq.) und seine Exegese nicht stimmig ist. Julian schaltet die Erörterungen zum freien Willen der Exegese vor, um seinen Begriff des *liberum arbitrium* zugrunde legen und damit den Leser besser von seiner Argumentation überzeugen zu können. Er greift damit auf das bereits zuvor angewandte Prinzip zurück, zuerst konstruktiv seine eigene Position zu erarbeiten und zu verteidigen, um sie dann in der Widerlegung gegen Augustinus einsetzen zu können. Mit dem Begriff *diuisio* dürfte Julian hier den Fachbegriff die Einordnung eines Begriffs in *genus, species* etc. verstehen, die hier in diesem Falle der Definition des freien Willens dient. Die Kombination von *definitiones* und

---

688 Cf. Baxter, Notes 22 sq.
689 Cf. Bouwman, Kommentar 81.
690 Cf. Stotz, Handbuch 2, 179.
691 Cf. dazu Primmer, Rhythmus 2, 209.

diuisiones ist grundlegend für die Dialektik und die Doxographie.[692] Cf. Kommentar zu **41,1 sq.**; **79,1–6**; **96,7 sq.** Cf. Hinführung. 3.3.1.

2.4.3.3.2   Das Zitat *Io* 8,36 widerspricht Augustins Ansichten zum freien Willen
(**77,9–93,18**)

Julian führt nun in **77,9–86,4** zur Exegese von *Io* 8,36 hin und bereitet den Leser bereits auf seine eigene Interpretation von *Io* 8,36 und auf die Unrichtigkeit des augustinischen Verständnisses aus *nupt. et conc.* 2,8 (p. 259, l. 10–13; **74,3–6**) vor (**84,1–86,4**). In **87,1–92,4** erfolgt die Exegese von *Io* 8,36 aus dem Kontext heraus, die ab **88,2** in direkter Ansprache Augustins gehalten ist. Seine Ansichten zur Freiheit des Willens sichert Julian unter Heranziehung anderer biblischer Belege in **93,1–18** ab.

2.4.3.3.2.1   *Praemunitio der Exegese von* Io *8,36, Definition des freien Willens*
(**77,9–86,4**)

Julian entwickelt in **77,9–83,6** die Definition des freien Willens, die er in **82,11–15** anführt, als Freiheit der Wahl.[693] Dieser Teil von *Flor.* 1 ist wie die Ausführungen zu *iustitia* und *peccatum* (cf. Julians eigener Verweis auf die Behandlung von *iustitia* und *peccatum* in **78,3–6**) systematischer Natur und dient Julian dazu, dem Leser seinen Standpunkt deutlich zu machen. Gleichzeitig soll er den Anschein von Objektivität und Glaubwürdigkeit beim Leser erzeugen und dient wie bei *iustitia* und *peccatum* (cf. Kommentar zu **34,1–48,3**) auch als Angelpunkt für Julians Argumentation. Die Ausführungen sind auf das Ziel hin ausgerichtet, Augustins Aussagen aus *nupt. et conc.* 2,8 zu widerlegen, insbesondere zu zeigen, dass Augustins Ansicht vom freien Willen nicht mit der (als objektiv suggerierten Ansicht) Julians übereinstimmt. Nachdem Julian in **77,3–9** die These aufgestellt hat, dass Augustinus mit seiner Aussage *non liberum negamus arbitrium* die Unwahrheit sage, fügt er nun Erörterungen zur Definition des freien Willens an, indem er zuerst zeigt, wie sie sich als Gabe Gottes im Menschen ausformt (**77,9–82,7**), und sie dann von der *necessitas* abgrenzt (**82,11–83,6**). Augustins Konzept vom Willen kommt für ihn einer *uoluntas captiua* gleich (**83,3**). In **84,1–86,4** nimmt Julian Ergebnisse seiner Exegese vorweg (**84,8–11**) und geht auf die Widersprüchlichkeit von Augustins Aussage *non liberum negamus arbitrium* (*nupt. et conc.* 2,8; p. 259, l. 10 sq.; **74,3 sq.**) in der Kombination mit *Io* 8,36 ein (**84,11–86,4**).

---

692   Cf. Hahm, Diaeretic 28 sq. Long/Sedley, Philosophers 1, 190–195 und Long/Sedley, Philosophers 2, 193–196.
693   Cf. Lamberigts, Alternative 112 sq.

77,12 debet quippe – 78,3 „de quo disputatur."
Es ist möglich, dass beim Übergang von 77 zu 78 eine Lücke im Text von *Flor.* einstanden ist. Julian zitiert mit 78,1–3 eine Aussage Ciceros fast wörtlich (id., *off.* 1,7: *placet igitur, quoniam omnis disputatio de officio futura est, ante definire, quid sit officium, quod a Panaetio praetermissum esse miror. omnis enim, quae a ratione suscipitur de aliqua re institutio, debet a definitione proficisci, ut intellegatur, quid sit id, de quo disputetur*). Die Tatsache, dass sich Julian mit den Worten *ut ait ille* zurückbezieht, ohne dass Cicero zuvor genannt wurde, könnte für die Vermutung sprechen, dass zwischen 77,13 und 78,1 noch mehr Text stand und dass dort Cicero selbst genannt wurde. Ein Zeilensprung wäre an dieser Stelle denkbar, da der letzte Satz von 77 *debet quippe secundum omnium doctorum disciplinam inchoatio disputationis a definitione sumi* dem ersten Satz von 78 sowohl inhaltlich ähnelt als auch an zweiter Position des Satzes dasselbe Wort (*quippe*) steht. Ein schwacher Hinweis könnte auch sein, dass Julian gelegentlich eine Andeutung gibt, woher er Zitate nimmt (z. B. 22,44–46; 5,11,33: *ille Mantuanus poeta*). Eine Lücke könnte dadurch entstanden sein, dass Augustinus sich den Text von *Flor.* hat vorlesen lassen und an den Stellen, an denen er seine eigenen Gedanken diktieren wollte, den Vorleser eine Pause hat machen lassen. Dadurch könnte es passiert sein, dass der Vorleser bei der Wiederaufnahme des *Ad Florum*-Textes durch den ähnlichen Inhalt und die ähnlich klingenden Satzanfänge an der falschen Stelle des Textes weitergelesen hat.

Dennoch gibt es auch einige Punkte zu nennen, die gegen das Vorhandensein einer *lacuna* sprechen. Julian geht in 77,6–78,6 sozusagen vom Allgemeinen zum Konkreten: In 77,9–11 kündigt er an, dass nun durch *definitiones* und *diuisiones* erörtert werden soll, welche Ansichten er und Augustinus vertreten; in 77,12 sq. wird dies damit begründet, dass alle Gelehrten darüber übereinkommen, dass vor einer Erörterung eine Definition gefunden werden muss; in 78,1–3 bringt er dann das Cicerozitat an und führt ihn damit als Gewährsmann an, wobei die Formulierung *ut ait ille* darauf hinweisen könnte, dass das Zitat den meisten Lesern wohlbekannt sein dürfte.[694] In 78,3–6 schließlich hebt Julian hervor, dass nun also auch er bei der Definition beginnen möchte. Mit abschließender Sicherheit kann hier daher keine Lücke angenommen werden; ich entscheide mich deshalb in der Textausgabe gegen die Markierung einer Auslassung.

---

694 Die Formulierung *ut ait ille* findet sich auch in A. *beata u.* 14 als Zitat-Markierung ohne Angabe des Autors: *nam nescio quo modo contortum hoc et aculeatum, quod posuisti,* **ut ait ille** *de melle Hymetio, acriter dulce est nihilque inflat uiscera.* Cf. Hagendahl, Augustine 87 Nr. 190; dieser weist die Anspielung als Fragment dem *Hortensius* Ciceros zu.

KOMMENTAR   441

Julian betont nun, dass er die *definitiones* und *diuisiones* (cf. Kommentar zu 41,1sq.) im Kontext seiner Ansichten und derjenigen Augustins anwenden will, und beruft sich, um seine Methodik zu rechtfertigen, auf Cicero. Ohne vorher klar abgesteckt zu haben, was für ihn der freie Wille ist, will er sich auf keine Widerlegung einlassen. Er suggeriert damit Objektivität und Fairness gegenüber Augustins Ansichten. Tatsächlich jedoch ist sein Vorgehen argumentativ recht geschickt, da er damit den Leser zunächst unvoreingenommen von seinem scheinbar objektiven Standpunkt überzeugen kann, sodass diesem die Äußerungen „Augustins", die Julian im Folgenden zusätzlich reduziert, widersinnig erscheinen müssen (cf. 96,1–106,21). Julian kann sich im Folgenden regelmäßig auf sein Freiheitsverständnis berufen, um Augustinus ad absurdum zu führen: Cf. 84,1–16; 96,1–106,21.

Wie die Erörterungen zu *iustitia* und *peccatum* dient auch die Erörterung zum *liberum arbitrium* als Basis der Exegese. Anders als bei den anderen beiden Definitionen finden jedoch die dialektische Erörterung des Begriffs und die Begutachtung von Augustins Aussagen (84,1–86,4) direkt vor der Exegese statt. Cf. auch Kommentar zu 2,10–17; 3,1–7.

78,4 *sicut supra de iustitiae et peccati definitione disseruimus*: Cf. Julians Ausführungen in 34,1–48,3. Julian definiert im Folgenden den freien Willen, verwendet jedoch nicht die Kategorien, die er bei seiner Abhandlung von *iustitia* und *peccatum* herangezogen hatte (cf. Kommentar zu 34,1–4). Dies könnte daran liegen, dass hier nur ein einzelner Begriff erörtert wird. In 34,1–48,3 dient die Kategorisierung unter anderem dazu, in der anschließenden Argumentation das Verhältnis von göttlicher Gerechtigkeit und Sünde nutzen zu können (cf. 48,3–49,20). Zur Argumentbildung mithilfe der Kategorien cf. Kommentar zu 34,1–3 und 47,17–22.

78,7 libertas arbitrii, qua a deo emancipatus homo est – 9 consistit.
Julian stellt nun seine Definition der Willensfreiheit voran und erörtert im Folgenden weiter, woher diese stammt, wie sie sich ausformt, welchen Stellenwert sie in der menschlichen Seele einnimmt und wie sie zur Bewertung des menschlichen Handelns beiträgt (79,1–82,7). Julian versteht unter der Willensfreiheit eine Gabe Gottes, die den Menschen die Wahl zwischen Gut und Böse mittels ihrer eigenen Urteilskraft, die sie als *imagines dei* besitzen, frei lässt (cf. 82,1sq.).[695] Unter dem Begriff der *emancipatio* wird der rechtliche Akt der Ent-

---

695   Cf. Lamberigts, Alternative 106. Cf. auch 5,47,44–46: *fecit deus hominem liberi arbitrii, naturae bonae, sed quae capax esset uirtutum, quas sibi ex emancipato animo comparasset; quod liberum arbitrium aliter constare non poterat quam ut haberet etiam peccandi possibilitatem.* Übers.: „Gott hat den Menschen mit der Fähigkeit zur freien Entscheidung, mit

lassung des Sohnes durch den *paterfamilias* in die Selbstständigkeit verstanden, durch die dieser „*sui iuris*, also in vollem Umfang rechts-, geschäfts-, und vermögensfähig [wurde]".[696] Sie ist außerdem im altrömischen, vorklassischen und klassischen Recht die Folge einer dreimaligen *mancipatio* des *paterfamilias* an einen Erwerber.[697] Bei der *mancipatio* wird das Hauskind an einen Vertrauensmann verkauft und nimmt im Hausverband desselben die Stellung eines Sklaven ein.[698] Die *emancipatio* ist demnach auch als Gegensatz zu diesem Status zu verstehen. Julians Verwendung des Begriffes ist hier nicht so zu interpretieren, dass Julian denke, Gott lasse die Menschen alleine oder der Mensch sei unabhängig von Gott.[699] Tertullian formuliert hier inhaltlich recht ähnlich (*adu. Marc.* 2,6,3): *oportebat igitur imaginem et similitudinem dei liberi arbitrii et suae potestatis institui, in qua hoc ipsum imago et similitudo dei deputaretur, arbitrii scilicet libertas et potestas; in quam rem ea substantia homini accommodata est, quae huius status esset, adflatus dei, utique liberi et suae potestatis.*[700] Er verwendet im weiteren Verlauf auch den Begriff der *emancipatio*, um das Verhältnis von Gott und den Menschen zu beschreiben.[701] Dabei ist es jedoch nicht der Mensch, der mit dem Adjektiv *emancipatus* beschrieben wird, sondern das Gute, das dem Menschen als ein *emancipatum* zugestanden wird. Doch auch Tertullian spricht in diesem Zuge davon, dass es Gott darum gegangen sei, dem Menschen zu ermöglichen, das Gute zu seiner *proprietas* zu machen. Der

---

einer guten Natur ausgestattet, aber mit einer solchen Natur, die Tugenden erlangen kann, die sie aus ihrem selbstständigen Geist hervorgebracht hat. Diese Fähigkeit zur freien Entscheidung konnte nur dadurch zustande kommen, dass der Mensch auch die Möglichkeit zum Sündigen hatte."

696 Schiemann, Emancipatio 1007. Cf. Schiemann, Emancipatio 1006 sq. Lamberigts und Ogliari machen auf diese Bedeutung des Wortes ebenfalls aufmerksam (cf. Lamberigts, Grace 349; Ogliari, Gratia 239 sq.)

697 Cf. Kaser, Privatrecht 1, 68 sq.; ib. 1, 349 sq. Auch in der nachklassischen Zeit bleibt die Institution der *emancipatio* bestehen (cf. Kaser, Privatrecht 2, 211 sq.).

698 Cf. Kaser, Privatrecht 1, 69 sq.

699 Ogliari merkt mit Lamberigts zudem zu dieser Stelle an: „In fact far from being an estrangement *from* God, man's emancipation ought to be regarded as something brought about *by* divine initiative itself." (Ogliari, Gratia 239 sq. mit Hinweis auf Lamberigts, Grace 349).

700 Übers. Lukas, Tertullian 2, 225 (modifiziert): „Das Bild und Gleichnis Gottes musste also mit [...] [der Fähigkeit zur freien Entscheidung und zur eigenen Selbstbestimmung ausgestattet] werden, damit [...] [sich in ihr gerade dies, die Freiheit und Fähigkeit zur Entscheidung, als Abbildhaftigkeit und Ähnlichkeit zu Gott zeige]. Zu diesem Zweck wurde dem Menschen diejenige Substanz beigegeben, die eine derartige Verfassung aufwies, nämlich der Anhauch [...] Gottes, welcher ja selbst [...] [die Fähigkeit zur freien Entscheidung und zur eigenen Selbstbestimmung] besitzt."

701 Keine Anmerkung zu dem Gebrauch des Wortes *emancipatus* findet sich bei Meijering, Tertullian 104 sq.

KOMMENTAR 443

Kernpunkt bei Tertullian ist allerdings, dass das Gute nicht mehr Gott allein, sondern auch dem Menschen zugeschrieben werden kann – ein Gedanke, der sich bei Julian nicht findet (*adu. Marc.* 2,6,5):[702]

> ut ergo bonum iam suum haberet homo, emancipatum sibi a deo, et fieret proprietas iam boni in homine et quodammodo natura, de institutione adscripta est illi quasi libripens emancipati a deo boni libertas et potestas arbitrii, quae efficeret bonum ut proprium iam sponte praestari ab homine, quoniam et hoc ratio bonitatis exigeret uoluntarie exercendae, ex libertate scilicet arbitrii, [non] fauente institutioni non seruiente, ut ita demum bonus consisteret homo, si secundum institutionem quidem, sed ex uoluntate iam bonus inueniretur, quasi de proprietate naturae; proinde ut et contra malum (nam et illud utique deus prouidebat) ut fortior homo praetenderet, liber scilicet et suae potestatis, quia si careret hoc iure, ut bonum quoque non uoluntate obiret sed necessitate, usurpabilis etiam malo futurus esset ex infirmitate seruitii, proinde et malo sicut bono famulus.[703]

Tertullian bezieht zudem das Bild des *libripens* mit ein, der bei der Übertragung eines Eigentumsrechts die Waage hält, um den Akt der Übergabe zu bezeugen.[704] Möglicherweise hat Julian diese Stelle gekannt und adaptiert (cf. zu

---

702 Cf. auch Lukas, Rhetorik 113.
703 Übers.: „Damit der Mensch also sein eigenes Gut, ihm von Gott überlassen, besitzen konnte und damit sich im Menschen ein Eigentum an diesem Gut und sozusagen eine Natur des Guten einstellte, ist ihm bei seiner Erschaffung, sozusagen als diejenigen, die dieses überlassene Gute zuwiegen, die Freiheit und die Fähigkeit der Entscheidung gegeben worden; sie sollten es hervorbringen, dass sich vom Menschen freiwillig das Gute zeige, das er dann für sich selbst beanspruchen könne. Denn auch das sollte das Prinzip des Guten, das freiwillig, d. h. aus freier Entscheidung und unter der günstigen Schöpfung, aber nicht als Zwang, ausgeübt werden sollte, verlangen, dass der Mensch dann erst als gut befunden werde, wenn er, der zwar gemäß seiner Schöpfung schon gut war, sich sogar aus freiem Willen gut verhielt, sozusagen aus seinem eigenen Wesen heraus. Daher ist ihm auch der freie Wille gegeben worden, damit der Mensch gegenüber dem Bösen umso überlegener sei (denn auch dieses hat Gott so vorgesehen), natürlich auch in dieser Hinsicht frei und nach seiner eigenen Bestimmung. Wenn er dieses Prinzips entbehrte, sodass er das Gute nicht aus dem Willen hervorbrächte, sondern aus Zwang, hätte er nämlich vom Bösen leichter unterworfen werden können aufgrund der Schwäche seines Dienstes für das Gute, und wäre daher sowohl ein Diener des Bösen wie des Guten gewesen."
704 · Cf. Braun, Tertullien 2, 216 sq. Hält man diese Bedeutung von *libripens* im Blick, dürfte die Konjektur in der Ausgabe von Lukas, der *libripendi* (sich auf *illi*, also den Menschen, beziehend; cf. Lukas, Tertullian 2, 226 mit n. 46) schreibt, abzulehnen sein. Die freie Entscheidungsfähigkeit des Menschen ist gewissermaßen das Zeugnis/der Zeuge für die Übergabe

einer weiteren Parallele den Kommentar zu 79,1–6; zum *proprium bonum* bei Julian cf. Kommentar zu 81,1–82,2).[705] Eine ähnliche Auffassung von der Autonomie des Menschen findet sich bei Johannes Chrysostomus.[706]

Zum Unterschied zwischen freiem Willen und Zwang cf. Kommentar zu 82,11–83,6, wo Julian zu Beginn die Definition des *liberum arbitrium* noch einmal wiederholt.

79,1 factum est enim animal rationale – 6 summa est.
Julian führt hier die Definition des Menschen mittels einer *diuisio* aus (cf. Kommentar zu 41,1 sq.; 77,12–78,3; 96,7 sq.). Er greift mit seiner Definition des Menschen als *animal rationale mortale* auf die Standarddefinition der antiken Philosophie zurück und kann daher mit einer hohen Zustimmung seiner Leser rechnen.[707] Die Definition findet sich z.B. bei Cicero als Beispiel für eine zusammengesetzte Aussage (*ac.* 2,21): *cetera series deinde sequitur maiora nectens, ut haec quae quasi expletam rerum conprehensionem amplectuntur: 'si homo est, animal est mortale rationis particeps'*. Sie wird bei Quintilian als Beispiel zur Erläuterung der Durchführung einer *diuisio* angebracht (Quint. *inst.* 7,3,2 sq.). Auch die Formulierung des Menschen als *animal rationale*, dem etwas zukommt – hier *capax uirtutis* zu sein –, ist anscheinend ein rhetorischer Gemeinplatz.[708] Marius Victorinus schreibt in *defin.* 8 (bezüglich Cic. *top.* 29) zur Definition, die von der Substanz des zu Definierenden ausgeht:

> ergo haec substantialis definitio a Tullio sic explicatur: oportere nos, posito genere eius rei de qua quaeritur, subiungere species, ut alia quae uicina esse possint discretis communionibus separemus et tamdiu interponamus differentias, quamdiu ad proprium eius de quo quaeritur signata eius expressione ueniamus. ipse in Topicis exempla subiecit; nos uero, ne fiat in exemplis lectori ex iure confusio, hoc proponamus exemplum: „homo est animal rationale mortale terrenum bipes risus capax".

---

des Guten von Gott an seinen neuen Eigentümer, den Menschen (cf. Braun, Tertullien 2, 217).

[705] Julians Ausführungen zum Nutzen des *timor* und des *dolor* in 6,17 erinnern zudem an *adu. Marc.* 2,13,2, wo Tertullian ebenfalls über den Nutzen der Furcht spricht, die durch die Drohungen Gottes zustande kommt. Auffällig ist hierbei die Vielzahl an rhetorischen Fragen, die auch Julian seinen Worten folgen lässt.

[706] Cf. Laird, Mindset 199–201.

[707] Die Definition verwendet demgemäß auch Augustinus, cf. Mayer, Homo 386 sq.

[708] Cf. neben den aus Tertullian genannten Stellen (cf. Kommentar, Fußnote 711) z.B. Pelag. *epist. ad Demetr.* 3; Vinc. Vict. A. *an. et or.* 4,2: [...] *hominem animal rationale, intellectus capacem, rationis compotem sensuque uiuacem* [...].

„animal" cum dictum est, substantia hominis declarata est: est enim, uti supra diximus, ad hominem genus „animal"; omne autem genus speciei suae substantialis est declaratio. sed hic „animal" quia late patebat, adiecta species est „terrenum": iam exclusum est quod aut aërium est aut humidum; „bipes" uero propter alia animalia positum est quae plurimis pedibus innituntur; item „rationale" propter illa quae ratione egent; „mortale" autem propter id quod deus est. quibus omnibus animalibus, quae conuenire poterant ad superiora in oratione posita, discretis atque disclusis adiectum est proprium in parte postrema: est enim solum hominis quod „ridet".[709]

Entsprechend der Beschreibung bei Marius Victorinus setzt Julian hier also gewissermaßen „schulmäßig" das *proprium* als Genitiv-Attribut zu *capax* ein, auf das es in der Debatte mit Augustinus ankommt, nämlich die Fähigkeit zum Guten, zur *uirtus*. Die Verwendung einer Standarddefinition findet sich ebenfalls bei der Definition der Gerechtigkeit als das *suum cuique tribuere* (cf. Kommentar zu 35,3–7; 48,13 sq.).

Wenngleich es sich um Gemeinplätze handelt, ist es zudem auffällig, dass im Umfeld der bereits im Kommentar zu 78,7–9 herangezogenen Stelle aus *adu. Marc.* bei Tertullian sich ebenfalls die Definition vom Menschen finden lässt. Wie Julian, der das Bild eines gütigen Gottes als Kontrastbild zu Augustins vermeintlichem Gottesbild zeichnet, will Tertullian in *adu. Marc.* 2,4,5 die Güte des alttestamentarischen Gottes gegen Markions Ansicht verteidigen:

---

[709] Übers.: „Diese also aus der Substanz generierte Definition erklärt Cicero folgendermaßen: Wir müssten, nachdem die Gattung der Sache, nach der gefragt ist, festgestellt sei, die Arten hinzufügen, sodass wir andere Begriffe, die verwandt sind, indem ihre Gemeinsamkeiten voneinander getrennt worden sind, ausschließen und so lange die Unterschiede dazwischen auflisten, bis wir zur eigentümlichen Eigenschaft des zu definierenden Begriffes gelangen. Er selbst fügt in den *Topica* Beispiele an. Damit der Leser wegen der Beispiele nicht zu Recht in Verwirrung kommt, geben wir aber das folgende Beispiel: ‚Der Mensch ist ein vernunftbegabtes Lebewesen, das auf der Erde lebt, zwei Beine besitzt, und fähig ist zu lachen.' Mit ‚Lebewesen' ist die Substanz des Menschen bezeichnet. Die Gattung des Menschen ist nämlich, wie wir oben gesagt haben, ‚Lebewesen'. Jede Gattung aber ist die substantielle Bezeichnung ihrer Art. Aber weil hier ‚Lebewesen' als Gattung offensichtlich ist, ist die Art hinzugefügt worden, durch die Spezifizierung ‚Lebewesen, das auf der Erde lebt'. Dadurch sind nämlich die Lebewesen ausgeschlossen, die entweder in der Luft oder im Wasser leben. Die Tatsache aber, dass es ‚zwei Beine besitzt', ist aufgrund der anderen Lebewesen gesetzt, die mehrere Beine verwenden. Ebenso steht da ‚vernunftbegabt' wegen jenen, die keine Vernunft besitzen. ‚Sterblich' aber steht dort wegen dem, was Gott ist. All diesen so unterschiedenen und unterteilten Lebewesen, die mit dem zuvor in der Formel genannten übereinstimmen, wird nun an letzter Stelle die eigentümliche Eigenschaft hinzugesetzt. Es ist nämlich allein Fähigkeit des Menschen, dass er lacht."

sed et quam arguis legem, quam in controuersias torques,[710] bonitas erogauit, consulens homini, quo deo adhaereret, ne non tam liber quam abiectus uideretur, aequandus famulis suis, ceteris animalibus, solutis a deo et ex fastidio liberis, sed ut solus homo gloriaretur, quod solus dignus fuisset, qui legem a deo sumeret, utque animal rationale, intellectus et scientiae capax, ipsa quoque libertate rationali contineretur, ei subiectus, qui subiecerat illi omnia.[711]

Auch wenn es sich nicht sicher entscheiden lässt, ob Julian diese Passage für seine Argumentation wirklich herangezogen hat, lässt sich zumindest festhalten, dass einzelne Motive der Argumentation Tertullians auch bei Julian anklingen. Cf. Kommentar zu 78,7–9.

In Anbetracht der Tatsache, dass Julian für seine Erörterungen zu *iustitia* und *peccatum* die in 34,1-4 angeführten Kategorien heranzieht, stellt sich hier die Frage, ob sich nicht einige von ihnen aus dem, was er zum *liberum arbitrium* schreibt, als Folie hinter dem Text vermuten lassen: Indirekt wird hier die Frage nach dem Ursprung (entsprechend dem *unde* bzw. dem *genus* in seiner Kategorienreihe; cf. 34,2 *genus*) der Willensfreiheit behandelt, die er in der Natur des Menschen als *animal rationale* begründet sieht. Diese jedoch hat der Mensch als Geschöpf Gottes durch seine Beschaffenheit als *imago dei* (cf. 94,58–61; 5,38,8–11: *ideo enim potuit oriri uoluntas mala, ut oriri posset et bona. haec libertas est, in qua se ratio exercet, propter quod ad imaginem dei homo factus asseritur, per quam creaturis ceteris antecellit*).[712] Die Möglichkeit der freien

---

710   Cf. Kommentar zu 69,33–37.
711   Übers. Lukas, Tertullian 2, 217 (modifiziert): „[…] [Aber] die Güte [, die sich um den Menschen sorgte, hat auch das Gesetz, das du anklagst und in Widersprüche verdrehst, erlassen, damit der Mensch sich Gott anschließe], damit es nicht den Anschein hatte, er sei nicht so sehr frei als vielmehr […] verworfen, […] [seinen Dienern, den] übrigen Lebewesen, [gleichzusetzen,] die losgelöst von Gott und aufgrund seiner Verachtung ihnen gegenüber ‚frei' sind; […] [stattdessen hat sie das Gesetz erlassen,] damit der Mensch allein sich rühmen konnte, dass er allein würdig gewesen war, das Gesetz von Gott zu erhalten, und damit er […] als ein vernunftbegabtes Lebewesen, fähig […] [zu Verstand und Wissen], […] [in seiner vernunftgemäßen Freiheit selbst in Schranken gehalten sei], dabei dem[jenigen] unterworfen, der […] [dem Menschen] alles unterworfen hatte." Tertullian argumentiert weiter, dass Gott so gütig war, den Menschen davor zu warnen, von den verbotenen Früchten im Paradies zu essen. Es lag demnach in der Hand des Menschen, sich gegen das Gebot Gottes zu entscheiden.
   Cf. zur Definition des Menschen außerdem Tert. *test. anim.* 1: *consiste in medio, anima*; […] *undeunde et quoquo modo hominem facis animal rationale, sensus et scientiae capacissimum.*
712   Übers.: „Der böse Wille konnte nämlich deshalb entstehen, damit auch der gute Wille ent-

Entscheidung geht damit auf Gott zurück. Die *species* der freien Entscheidung dürften sich in den einzelnen, guten wie schlechten Entscheidungen und Handlungen der Menschen bemerkbar machen, wobei Julian hier zwischen der ausgeführten Handlung und der im Inneren des Menschen stattgefundenen, willensbildenden Entscheidung unterscheidet (cf. 79,6–80,8; Hinführung. 2.2.1.2 und 2.2.1.3). Was die anderen Kategorien anbelangt, ist eine Zuordnung aufgrund der Tatsache, dass Julian sie nur zweimal und dort in korrespondierender Weise anwendet (cf. Kommentare zu den einzelnen Kategorien 34,1–4), zu spekulativ.

Mit der Erwähnung des *uel seruare dei mandata uel transgredi uel magisterio naturali conseruare ius humanae societatis* verweist Julian auf die göttliche und die menschliche Seite der *iustitia*. Mit den *mandata* bezieht er also die *species* der göttlichen *iustitia* mit ein (cf. 37,8–10). Die göttliche Gerechtigkeit tritt u. a. in seinen *mandata* zutage, die der Mensch mittels seines freien Willens erfüllen kann oder auch nicht.[713] Dass der Mensch die Fähigkeit besitzt, den Weisungen Gottes nachzukommen, bedeutet, dass er in der Lage dazu ist, auch nicht zu sündigen.[714] Zur Idee, dass Gott den Menschen nicht mehr auferlegt, als sie auch einhalten können, cf. Kommentar zu 38,6–8; 47,17–22.

Aus dem vorliegenden Abschnitt wird zudem deutlich, dass Julian *peccatum* und *iustitia* hier als Antonyme verwendet. Der Mensch ist von seiner Anlage her fähig, Gutes (*iustitia*) und Böses (*peccatum*) aus eigenem Willen zu tun (79,4–6: [...] *liberumque haberet alterutram uelle partem, in quo peccati et iustitiae summa est*). Das verbindende Element zwischen den beiden Begriffen ist das *liberum arbitrium*. Die drei Erörterungen von *iustitia* (35,3–40,4), *peccatum* (41,1–48,3) und *liberum arbitrium* stellen somit die Basis für die Prämissen von Julians Argumentation gegen Augustinus dar (cf. Hinführung. 3.3.1).

Das *ius humanae societatis* wiederum erinnert an Cic. *off.* 1,21 (*ex quo, quia suum cuiusque fit eorum, quae natura fuerant communia, quod cuique optigit,*

---

stehen konnte. In dieser Freiheit betätigt sich die Vernunft, weswegen man sagt, dass der Mensch als Abbild Gottes geschaffen sei, und durch sie hat er den anderen Geschöpfen gegenüber einen Vorteil aufzuweisen."

713 Cf. *lib. fid.* 2,1; PL 48, 514 sq.: *diuinae legis mandata ob dei iustitiam possibilia dicimus et fatemur uniuersa posse compleri per gratiam Christi, quae omnibus bonis actibus adiutrix semper et comes est, et per liberum arbitrium hominis, quod et ipsum donum dei est.* Übers.: „Die Gebote des göttlichen Gesetzes, die wegen der göttlichen Gerechtigkeit gegeben worden sind, bezeichnen wir als etwas, das den Menschen möglich ist, und bekennen, dass sie im Ganzen erfüllt werden können durch die Gnade Gottes, die ständige Helferin und Begleiterin bei allen guten Taten ist, und durch die freie Entscheidung des Menschen, die selbst ein Geschenk Gottes ist." Zum *Libellus fidei* cf. Kommentar, Fußnote 378.

714 Cf. Annecchino, Nozione 84.

id quisque teneat; †*e quo si quis*† ⟨*quaeuis*⟩ *sibi appetet, uiolabit ius humanae societatis*),[715] der dort zwischen *res communes* und *res priuatae* unterscheidet[716] und in der unzulässigen Inanspruchnahme von *res communes* eine Verletzung der Gerechtigkeit versteht.[717] Bei Julian handelt es sich hingegen um ein natürliches Recht, das den Menschen durch ihre Schöpfung gegeben worden ist. In 2,186 sq. erörtert er beispielsweise bei seiner Auslegung von *Rm* 5,13 sq., dass die Menschen vor dem Mosaischen Gesetz sich bereits der *transgressio* (der Übertretung von göttlichen Geboten, wenngleich jedoch nicht der *transgressio legis* = *praeuaricatio*) schuldig gemacht haben, weil sie gegen die *ratio* und die Gesetze der menschlichen Gemeinschaft verstoßen haben.[718] Damit dürfte er in Einklang mit den Ansichten des Pelagius stehen, der für das Zeitalter ab Adam bis zur Zeit des Moses festhält, dass die menschliche Natur für die Erfüllung der Gerechtigkeit genügte.[719]

---

[715] Übers.: „Daher, weil jedem das Seine zuteilwird aus den Dingen, die von Natur aus allen gehören, wird ein jeder das erhalten, was ihm obliegt. [Wenn er davon etwas] für sich [obwohl es ihm nicht zusteht] einfordert, wird er gegen das Recht der menschlichen Gemeinschaft verstoßen." Zur Korruptel cf. Dyck, Commentary 112.

[716] Cf. Dyck, Commentary 110 sq.

[717] Cf. Dyck, Commentary 112. Die Tatsache, dass Cicero die Verletzung der Gerechtigkeit an dieser Stelle in den Bereich des Eigentums legt, ist typisch für die Thematik von *De officiis* (cf. ib. 112).

[718] Cf. Lössl, Julian 214–217.

[719] Cf. auch Evans, Pelagius 98 sq.; Pelag. *epist. ad Demetr.* 8: *nec illud paruum est argumentum ad comprobandum naturae bonum, quod primi illi homines per tot annorum spatia absque ulla admonitione legis fuerunt. non utique quia deo aliquando creaturae suae cura non fuerat, sed quia se talem sciebat hominum fecisse naturam, ut eis ad exercendam iustitiam pro lege sufficeret. denique quamdiu adhuc recentioris usus naturae uiguit nec humanae rationi uelut quandam caliginem longus peccandi usus obduxit, sine lege dimissa natura est, ad quam dominus nimiis iam uitiis obrutam et quadam ignorantiae rubigine infectam limam legis admouit, cuius frequenti admonitione expoliretur et ad suum posset redire fulgorem.* Übers.: „Es ist außerdem kein schwaches Argument für den Beweis der Gutheit der Natur, dass die ersten Menschen für eine so lange Dauer ohne jegliche Ermahnung des Gesetzes lebten. Nicht weil Gott sich einige Zeit nicht um seine Schöpfung gekümmert hätte, sondern weil er wusste, dass er die Natur der Menschen so geschaffen hatte, dass sie ihnen für die Erfüllung der Gerechtigkeit anstelle eines Gesetzes ausreiche. Denn solange die menschliche Natur noch in frischem Gebrauch war und die menschliche Vernunft nicht durch eine andauernde Gewohnheit des Sündigens mit Schatten überzogen war, ist die Natur ohne Gesetz für sich gelassen worden. Als sie durch allzu viele Fehltritte verdunkelt und mit einem Rost von Unkenntnis befallen war, hat Gott sie mit der Feile des Gesetzes bearbeitet, damit sie durch dessen häufige Ermahnung geglättet würde und zu ihrem Glanz zurückkehren könnte."

Die Metapher des Rostes, der die Natur eines Dinges zerfrisst und zugrunde richtet, wohingegen die Seele von keinem Übel vernichtet werden kann, geht auf Platon (Pl. *R.* 609a) zurück (cf. Löhr, Schrift 247 sq. und Greshake, Pelagius 85 n. 7).

KOMMENTAR 449

79,6 nam cum aliquid – 80,8 impleta uel malignitatis.
Handlungen kommen dadurch zustande, dass sich der Mensch in seinem Inneren mittels der *ratio* für etwas entscheidet. Der Wille ist dabei eine Seelenbewegung, die von der *ratio* gesteuert wird und aus der Entscheidung hervorgeht (cf. Kommentar zu 46,1–47,10). Er kann in eine Handlung umgesetzt werden oder auch nicht. Dies zeigt sich in der Wortwahl *concipere/parere* sowie *seminare/gignere*. Die Entscheidung der *ratio* manifestiert sich demnach in der *uoluntas* und diese wird für die Mitmenschen durch die äußere Handlung ersichtlich. Hat der Mensch nicht die Fähigkeit dazu, eine Handlung durchzuführen, so ist trotzdem die Willenshaltung bewertbar; je nachdem ob es sich um guten oder schlechten Willen handelt, hat man es mit *benignitas* oder *malignitas* zu tun (80,4–8). Die Ausführungen in 79,6–80,8 lassen sich schwierig eindeutig einer bestimmten philosophischen Tradition zuordnen. Es soll im Folgenden dennoch vor dem Hintergrund der stoischen Handlungstheorie erwogen werden, welche Bedeutung Julian den einzelnen Begriffen zumessen könnte. Auf einen stoischen Einfluss deutet die starke Hervorhebung der Rolle der *ratio* im Handlungsprozess hin. Aus 46,1–47,5 und 79,6–80,8 geht anscheinend hervor, dass es gemäß Julian eine erste Seelenbewegung gibt, auf die die Vernunft (im Sinne einer συγκατάθεσις) reagiert, die also im weiteren Verlauf entweder akzeptiert oder abgelehnt wird und so zum weiteren Handeln führt. Julians *impetus breuis* in 80,7 ließe an die προπάθεια in der Handlungstheorie der Stoa denken, die noch vor der Zustimmung bereits eine Reaktion im Menschen auslöst.[720] Der Begriff des *impetus* wird von Seneca als Übersetzung von ὁρμή der stoischen Terminologie entsprechend verwendet. Die ὁρμή entsteht vor der Zustimmung aufgrund einer *species* oder wird als Konsequenz auf die Zustimmung ausgelöst.[721] Julians Betonung, es könne nur von einer willentlichen Handlung die Rede sein, wenn zuvor eine *cogitatio* und ein ihr entsprechender *appetitus* stattgefunden habe, könnte dafür sprechen, dass er unter *appetitus* eine gerichtete ὁρμή hin zu etwas versteht (ähnlich wie Seneca den Begriff der *appetitio* verwendet),[722] die im Gegensatz zum *impetus breuis* durch die *ratio* kontrolliert werden kann. Dies dürfte auch die Interpretation von 47,1–14 unterstützen, wo meines Erachtens der für die Sünde konstatierte *appetitus proprius* (cf. 47,12–14) dem Streben hin zu der Übertretung dessen, was die Gerechtigkeit vorschreibt, entspricht. Die *cogitatio* könnte im Sinne einer *species*/φαντασία[723] verstanden werden, auf die bei Zustimmung ein *appeti-*

---

[720] Cf. Müller, Willensschwäche 176 sq.
[721] Cf. Wildberger, Seneca 1, 213 sq.
[722] Cf. Wildberger, Seneca 2, 763 n. 1021.
[723] Zu dieser Bedeutung von *cogitatio* cf. Watson, Cogitatio 1047 sq.

tus folgt. Der Begriff *cogitatio* findet sich auch bei Origenes/Rufinus und Pelagius im Sinne von Gedanken, die mit ersten Regungen des *animus* identifiziert werden.[724] Pelagius unterscheidet in *epist. ad Demetr.* 27 zwischen drei Arten von schlechten *cogitationes*, solchen, denen man zustimmt, solchen, die die *mens* nur kurzweilig tangieren, und solchen, mit denen der Mensch widerwillig kämpfen muss. Sünde ist nur gegeben, wenn man schlechten Gedanken zustimmt.[725] Möglicherweise könnte hier also eine Parallele zu Julian gesehen werden, der im *impetus breuis* offenbar nur eine kurze Bewegung der Seele sieht, wohingegen die *cogitationes* Gedanken sind, die den Maßstäben des christlichen Lebens entsprechen oder mit ihm im Widerspruch stehen.[726] Zumindest ist auffällig, dass Pelagius in *epist. ad Demetr.* 27 ebenso wie Julian darauf abhebt, dass auch die *uoluntas perfecta*, die dem Gedanken zugestimmt hat, ihn jedoch nicht in die Tat umsetzt, genauso als Sünde gelten muss wie im Falle einer Durchführung der Tat. In 60,1–3 spricht Julian zudem von einer *assensio*, die für die Existenz von Sünde im Menschen gegeben sein müsse (cf. auch 2,141,1–5). Auch die in 60,1–3 von Julian verwendete Formulierung *nihil est peccati in homine, si nihil est propriae uoluntatis uel assensionis* (*uel* hier im Sinne von „oder besser gesagt") könnte also dafür sprechen, dass er in 79,6–80,8 zwischen einer Seelenbewegung (*impetus breuis*), die einer προπάθεια entspricht, und einer Seelenbewegung, entsprechend der *uoluntas* unterscheidet, die als eine Folge der Zustimmung (vergleichbar mit der συγκατάθεσις) angesehen werden kann. Dies zeigt sich auch z. B. in *Turb.* 2, frg. 108 l. 72–81 (= Iulian. A. *c. Iul.* 4,19; indirektes Zitat durch Augustinus):

> [...] cunctarum (inquis) origo uirtutum **in rationabili animo** sita est, et affectus omnes, per quos aut fructuose aut steriliter boni sumus, in subiecto sunt mentis nostrae: prudentia, iustitia, temperantia, fortitudo. horum igitur affectuum uis cum sit in omnibus naturaliter (inquis), non tamen ad unum finem in omnibus properat; **sed pro iudicio uoluntatis**, cuius nutui seruiunt, aut ad aeterna aut ad temporalia diriguntur.[727]

---

724 Cf. Sorabji, Emotion 346 sq.
725 Cf. Evans, Pelagius 56.
726 Cf. Pelag. *epist. ad Demetr.* 27; Löhr, Pelagius 11.
727 Übers.: „[...] du sagst: Der Ursprung aller Tugenden liegt in der Seele, die vernunftbegabt ist, und unsere Seelenbewegungen hin zu diesen Tugenden, durch die wir entweder mit oder ohne Erfolg gut sind, sitzen in unserem Geist, der ihr Träger ist. Diese Tugenden sind: Klugheit, Gerechtigkeit, Mäßigung und Tapferkeit. Auch wenn das Streben hin zu diesen Tugenden in allen von Natur aus gegeben ist, sagst du, streben sie dennoch nicht bei allen nur zu einem Ziel hin; sondern gemäß der Willensentscheidung werden sie entweder auf Ewiges oder auf Vergängliches hingelenkt."

KOMMENTAR

Hierbei könnte das *iudicium uoluntatis* darauf hindeuten, dass Julian *uoluntas* gelegentlich synonym zu *assensio* verwendet, indem er mit einer gewissen Unschärfe die Folge der *assensio* mit ihr gleichsetzt. Der Text in *Turb.* ist hier jedoch meines Erachtens nicht so zu verstehen, als ob der Wille eine Entscheidung träfe, sondern in dem Sinne, dass auf Basis einer bereits durch die *mens* getätigten Entscheidung sich eine bestimmte Willenshaltung einstelle. Julians Unterscheidung zwischen *impetus breuis* und *uoluntas* = *cogitatio* + *appetitus* erinnert dabei auch an Senecas Ausführungen zur Entstehung des Zorns in *dial.* 4 (= *de ira* 2), 4. Auch Seneca nennt dort eine unkontrollierbare Bewegung der Seele (*primus motus*), die an die προπάθεια erinnert.[728] Der darauffolgende *alter motus* beschreibt nach Vogt eine Phase, in der über die Reaktion auf die *species* (φαντασία) reflektiert wird, die jedoch noch nicht mit dem Affekt gleichzusetzen ist.[729] Diese Phase könnte mit dem Begriff der *cogitatio* bei Julian übereinstimmen. Denn auch bei Julian ist das Zusammenspiel von *cogitatio* und *appetitus* erst mit der entschiedenen *uoluntas* gleichzusetzen.

Ein Indiz für stoischen Einfluss könnte des Weiteren die Formulierung *quae in suo utpote iure habet, utram suggerentium partem sequatur* (82,13 sq.) sein, die mit *in suo utpote iure* sowohl das stoische ἐφ' ἡμῖν als auch in den *suggerentia* die φαντασίαι/*species* als Anklang vermuten lässt. Die von Julian hier in 79,6–80,8 zusätzlich unterschiedenen Arten von *uoluntates*, nämlich *sancta* bzw. *mala uoluntas*, entsprechen schließlich einem guten bzw. schlechten Streben der Seele. Julians Äußerungen zu den Seelenbewegungen lassen schließlich auch an Ciceros Worte in *off.* 1,132 denken:[730] *motus autem animorum dupli-*

Als *affectus* werden von Julian Bewegungen des *animus* bezeichnet, die sich als positive oder negative Gemütsregungen bewerten lassen, je nachdem, worauf sie sich beziehen. Cf. z. B. 2,52,2–5: *sed ut nunc nobis sermo de praesentibus sit, generatio proprie sexibus imputatur, imitatio autem semper animorum est. hic ergo affectus animi, quod possibiliter uoluerit, imitantis hominem pro diuersitate causarum aut accusat aut prouehit.* Übers.: „Aber damit wir gleich von den Dingen sprechen, um die sich die Diskussion dreht: Von Fortpflanzung im eigentümlichen Sinne spricht man, wenn es um körperliche Vereinigung zwischen den Geschlechtern geht, von Nachahmung jedoch immer in Bezug auf den Verstand. Diese Stimmung des Geistes also, mit der der Mensch nachahmt, was er seinem Vermögen entsprechend möchte, verschafft dem Menschen entweder Anklage oder Ruhm je nachdem, wie sich die Angelegenheit gestaltet." Cf. 6,10,22 sq.: *[…] ac ne forte recuperandae probitatis umquam sentiret affectum […]*; *in Os.* 13; p. 216, l. 24 sq.: *nullus, inquit, tamen in istis excitari potuit correctionis affectus.* Cf. dazu auch Hinführung. 2.2.1.2 und Hinführung, Fußnote 168.

728 Cf. Sorabji, Emotion 66–69; Müller, Willensschwäche 172.
729 Vogt, Anger 71: „While she [sc. the agent] thinks about this, the ideas of punishment and revenge figure in her thoughts."
730 Julian hat bereits in 78,1–3 aus *De officiis* zitiert und auch in 4,43 zitiert er aus diesem Werk (Cic. *off.* 1,128) mit explizitem Verweis auf Cicero und Titelangabe.

ces sunt, alteri cogitationis, alteri appetitus; cogitatio in uero exquirendo maxime uersatur, appetitus impellit ad agendum. curandum est igitur, ut cogitatione ad res quam optimas utamur, appetitum rationi oboedientem praebeamus.[731]

Eine (stoische) Charakterisierung des Affekts als Fehlurteil des *animus* findet sich bei Julian jedoch nicht, auch setzt er den *animus* in solch einem Fall nirgends mit dem Affekt gleich.[732] Er beschreibt hingegen, dass die Sünde aus ihrem *appetitus proprius* entstehe (47,12–14), und verurteilt die *concupiscentia* ähnlich wie in der Metriopathielehre auch nur, wenn sie ein Übermaß annimmt (cf. Kommentar zu 71,14–17). Es lässt sich wohl nicht abschließend klären, welcher Einfluss hier tatsächlich vorhanden ist.[733] Festzuhalten

---

[731] Dyck (id., Commentary 260 sq. zu Cic. *off*. 1,101) verweist diesbezüglich auf Inwood (id., Ethics), der in 224–242 eine Abhandlung zu den stoischen Seelenbewegungen gibt. Im Vergleich mit den Abhandlungen bei Inwood scheint Cicero hier mit dem *appetitus* den übergreifenden Begriff ὁρμή zu meinen; diese kann als eine ὄρεξις (in der stoischen Terminologie ein Streben, das sich auf ein (vermeintliches oder wahres) Gut bezieht) entweder vernunftgemäß (βούλησις; identisch mit dem aristotelischen Begriff, cf. Inwood, Ethics 237) oder nicht vernunftgemäß (ἐπιθυμία) sein (cf. Inwood, Ethics 227 sq.). Mit *cogitatio* bezeichnet Cicero hier offenbar die Betätigung der Vernunft, cf. Cic. *off*. 1,19: *omnis autem cogitatio motusque animi aut in consiliis capiendis de rebus honestis et pertinentibus ad bene beateque uiuendum aut in studiis scientiae cognitionisque uersabitur.* Übers.: „Jedes Denken und jede Bewegung des Geistes aber wird sich beschäftigen mit dem Fassen von Plänen über ehrenhafte Dinge und solche, die zum guten und glücklichen Leben gehören, oder mit dem Erreichen von Wissen und Erkenntnis."

Cf. auch Cic. *nat. deor*. 3,69: *[...] sic haud scio an melius fuerit humano generi motum istum celerem cogitationis acumen sollertiam, quam rationem uocamus [...] non dari omnino quam tam munifice et tam large dari.* Übers.: „[...] vielleicht wäre es besser gewesen, wenn dem Menschengeschlecht diese schnelle Bewegung des Denkens, der Scharfsinn und die Geschicklichkeit, die wir Vernunft nennen [...], gar nicht gegeben worden wäre, anstatt dass sie ihm so freigebig und in so großem Umfang gegeben worden ist."

Cf. ib. 3,71: *quae enim libido quae auaritia quod facinus aut suscipitur nisi consilio capto aut sine animi motu et cogitatione id est ratione perficitur; nam omnis opinio ratio est, et quidem bona ratio si uera, mala autem si falsa est opinio. sed a deo tantum rationem habemus, si modo habemus, bonam autem rationem aut non bonam a nobis.* Übers.: „Welche Begierde, welche Habgier, welches Verbrechen nimmt der Mensch denn in Angriff, wenn er es nicht entweder durch einen Plan, den er gefasst hat, oder durch Bewegung der Seele und Denken, d. h. durch Vernunftbetätigung, tut; denn jede Meinung ist eine Überlegung der Vernunft; und sie ist eine gute Vernunftüberlegung, wenn sie wahr ist, jedoch eine schlechte, wenn sie eine falsche Meinung ist. Aber von Gott haben wir nur die Vernunft, wenn wir sie denn von ihm haben, eine gute oder schlechte Vernunftbetätigung haben wir aber durch uns selbst."

[732] Cf. Lössl, Julian 136 sq.

[733] Dass sich Elemente stoischer und auch peripatetischer Philosophie in Julians Denken finden lassen, zeigt sich zum einen aus den Aufsätzen von Refoulé (id., Julien; insbesondere

ist jedoch, dass Julian die Rolle der Fähigkeit, sich für Gut oder Schlecht zu entscheiden, hervorhebt. Der Wille scheint dabei die Seelenbewegung zu sein, die den Menschen schließlich gemäß seiner Entscheidung handeln oder eine bestimmte charakterliche Position einnehmen lässt. Schließlich muss im Auge behalten werden, dass z. B. die stoische Lehre der προπάθειαι von den christlichen Schriftstellern eine breite Rezeption und auch Modifikation erfahren hat, da sie nicht zuletzt ein Erklärungsmuster bietet, ab wann Affekte als sündhaft zu klassifizieren sind.[734]

79,6 *nam cum aliquid* – 9 *concepit et peperit*: Das Verb *immulgere* ist selten, findet sich jedoch schon bei Vergil (*Aen.* 11,572) und wird auch von Augustinus in *s. Lambot* 21,4 sq. verwendet,[735] wo er die Gnade, von der die Heiligen Gottes erfüllt sind, mit der Milch gleichsetzt.

80,1 *sic et cum*: Der von Zelzer zwischen *sic* und *et* gesetzte Strichpunkt ist hier zu streichen, da Julian erklären möchte, dass, ebenso wie bei einer guten Handlung, bei einer schlechten zuerst der Wille im Innern des Menschen dazu vorhanden sein muss (cf. den parallelen Satzbau von 79,8 sq. mit 80,3 sq.). Cf. auch Tert. *resurr*. 16,13 sq.: *hoc et apostolus, sciens nihil carnem agere per semetipsam quod non animae deputetur, nihilominus peccatricem iudicat carnem, ne eo, quod ab anima uideatur inpelli, iudicio liberata credatur. sic et cum aliquas laudis operas carni indicit* [...]; ebenso z. B. Tert. ib. 42,11 sq.; Ambr. *off.* 2,6,22; Rufin. *Orig. in Rom.* 4,9 l. 166 sq.; ib. 7,14 l. 71.

80,4 *cum uero deest facultas* – 8 *impleta uel malignitatis*: Cf. Kommentar zu 46,1–47,24.

81,1 et boni igitur possibilitas – 82,2 posse facere malum.
Die Befähigung des Menschen, das Gute zu tun, ist für Julian nur dann vorhanden, wenn auch die Befähigung besteht, das Schlechte zu tun. Die *possibilitas mali et boni* an sich ist gut, da der Mensch sich durch sie ein *proprium bonum*, also ein *meritum bonum*, erwerben kann (82,1 sq.). Julian bestreitet jedoch nicht, dass der Mensch von Gott unterstützt wird, wenn er das Gute tut: *et malum ergo et bonum ex propria uoluntate facit, sed bonum suum deo etiam debet, qui parti huic non quidem praeiudicium, tamen adiutorium subministrat* (5,48).[736] Das *adiutorium* entspricht dabei seiner Vorstellung von Gnadenhilfe bei der Entscheidung des Menschen (cf. 3,114,3–10:

---

ib. 233–244) und Thonnard (id., Aristotélisme) sowie aus den Ausführungen von Lössl, Julian 80 sq. mit n. 26–28 sowie ib. 101–105.136–141.
734 Cf. Sorabji, Emotion 343–356.
735 Cf. TLL 7,1, p. 499, l. 34–44.
736 Übers.: „Der Mensch tut also das Schlechte und das Gute aus seinem eigenen Willen he-

adsunt tamen adiutoria gratiae dei, quae in parte uirtutis numquam destituunt uoluntatem, cuius licet innumerae species, tali tamen semper moderatione adhibentur, ut numquam liberum arbitrium loco pellant, sed praebeant amminicula, quamdiu eis uoluerit inniti, cum tamen non opprimant reluctantem animum. inde quippe est, quod ut alii ad uirtutes a uitiis ascendunt, ita etiam alii ad uitia a uirtutibus relabuntur).[737]

Der Mensch wird zwar unterstützt, kann sich aufgrund seiner Freiheit jedoch auch von Gott abwenden. Er unterliegt deshalb weder einem Zwang, das Gute zu tun, noch einem Zwang, das Schlechte zu tun.

Julian dürfte mit dieser Ansicht in der Tradition des Pelagius stehen, wenngleich ihm in der Literatur unterstellt wurde, er vertrete im Gegensatz zu Pelagius ein Freiheitsverständnis, in dem der Mensch von Gott unabhängig sei.[738] Pelagius ist der Ansicht, dass den Menschen das Vermögen geschenkt worden ist, das Gute zu tun, und dass Gott sie in diesem Vermögen auch unterstützt. Er greift damit jedoch nicht an sich in das Wollen und Handeln des Menschen ein, sondern in das Vermögen zu handeln:[739] *quod possumus uidere oculis, nostrum non est, quod uero bene aut male uidemus, hoc nostrum est; quod loqui possumus, dei est, quod uero bene aut male loquimur, nostrum est. et ut generaliter uniuersa complectar: quod possumus omne bonum facere, dicere, cogitare, illius est, qui hoc posse donauit, qui hoc posse adiuuat; quod uero bene uel agimus uel loquimur uel cogitamus, nostrum est, quia haec omnia uertere in malum etiam possumus* (Pelag. A. *gr. et pecc. or.* 1,5).[740] Wenn der Mensch das Schlechte tut,

---

    raus, aber sein gutes Handeln ist auch Gott zuzuschreiben, der diese Seite zwar nicht durch eine Vorentscheidung, aber doch durch seine Hilfe unterstützt."

737 Übers.: „Dennoch gibt es Hilfsmittel vonseiten der Gnade Gottes, die hinsichtlich der Tugend den Willen niemals im Stich lassen. Es gibt zwar viele Arten der göttlichen Hilfe, sie werden dennoch immer mit Maß angewandt, sodass sie niemals die Fähigkeit zur freien Entscheidung von ihrem Posten vertreiben, sondern nur Stützen darstellen, solange der Wille sich an sie lehnen will. Dennoch unterdrücken sie niemanden, der sie von sich weist. Daher kommt es, dass, so wie es den einen gelingt, sich von ihren Fehlern zu Tugenden aufzuschwingen, andere auch von Tugenden in ihre Fehler zurückfallen."

738 Cf. Greshake, Gnade 69.

739 Cf. Annecchino, Nozione 80–83. Die Fähigkeit des Menschen, sich willentlich dafür entscheiden zu können, Gott zu folgen, wird von Pelagius als *bonum* der menschlichen Natur bezeichnet; cf. Cipriani, Morale 311–313 unter Berufung auf *epist. ad Demetr.* 2–4. Zum Schema *posse – uelle – esse/facere* cf. auch Dupont/Malavasi, Question 542–548.

740 Übers.: „Dass wir mit unseren Augen sehen können, liegt nicht bei uns, aber dass wir etwas auf gute oder schlechte Weise betrachten, liegt bei uns; dass wir sprechen können, ist ein Werk Gottes, dass wir aber gut oder schlecht reden, liegt bei uns. Um es also allgemein zusammenzufassen: Dass wir alles auf gute Weise tun, sagen und denken können, ist ein

so nutzt er die ihm gegebene Freiheit, das Gute zu tun, in Pelagius' Augen aus.[741] Pelagius spricht davon, dass es ein *proprium* des Menschen ist, entscheiden zu können, ob er schlecht oder gut sein möchte.[742] Er weist ebenso darauf hin, dass der Wille des Menschen der Ausgangspunkt der *merita diuersa* der Menschen ist.[743]

Auch für Julian nimmt Gott für das Gut der Freiheit des Menschen sozusagen das Böse in Kauf: *opus enim diaboli hominisque mali peccatum est, quod in nullo potest sine liberae motu uoluntatis exsistere. quod opus et diabolo et homini a possibili uenit et uenit, opus autem dei est natura, in qua non a possibili, sed a necessario subsistit homo* (5,63,27–31).[744] Den bösen Willen musste es geben, damit man im Kontrast zu diesem überhaupt von einem guten Willen sprechen kann (5,38,8–11;[745] cf. Kommentar zu **79,1–6**). Nur in Abgrenzung zum Schlechten kann etwas überhaupt erst „gut" genannt werden; die notwendige Bedingung für die Freiheit des Willens ist für Julian damit in der Möglichkeit

---

Werk Gottes, der uns dieses Können geschenkt hat und es unterstützt; dass wir aber gut handeln, sprechen oder denken, liegt bei uns, da wir dies alles auch ins Schlechte verkehren können."

741 Cf. Greshake, Gnade 66, der auf den Gebrauch von *uti libertate* im guten Sinne und von *male uti libertate* im Falle von sündigem Handeln abhebt (unter Heranziehung von Pelag. A. gr. et pecc. or. 1,34). Cf. auch Thier, Kirche 68 unter Verweis auf Pelag. *epist. ad Demetr.* 3: *utrumque nos uoluit posse optimus conditor, sed unum facere, bonum scilicet, quod et imperauit. malique facultatem ad hoc tantum dedit, ut uoluntatem eius ex nostra uoluntate faceremus.* Übers.: „Der beste Schöpfer wollte, dass wir die Möglichkeit zu beidem [sc. zum Guten wie zum Schlechten] haben, aber nur eines tun, nämlich das Gute, das er auch befohlen hat. Die Handlungsmöglichkeit zum Schlechten hat er uns nur aus dem Grund gegeben, dass wir seinen Willen aus unserem eigenen Willen tun."

742 Cf. Pelag. *epist. ad Demetr.* 3: *uolens namque deus rationabilem creaturam uoluntarii boni munere et liberi arbitrii potestate donare, utriusque partis possibilitatem homini inserendo, proprium eius fecit: esse, quod uelit, ut boni ac mali capax naturaliter utrumque posset et ad alterutrum uoluntatem deflecteret. Neque enim aliter poterat spontaneum habere bonum, nisi aeque etiam malum habere potuisset.*

743 Cf. Cipriani, Morale 313 mit Bezug auf Pelag. *epist. ad Demetr.* 8.

744 Übers.: „Das Werk des Teufels und des schlechten Menschen ist nämlich die Sünde, die jedoch unmöglich ohne die Bewegung des freien Willens existieren kann. Dieses Werk kam und kommt dem Teufel und dem Menschen als etwas Mögliches zu; ein Werk Gottes ist aber die Natur, aus der der Mensch nicht im Sinne einer Möglichkeit, sondern im Sinne der Notwendigkeit existiert." Cf. auch Refoulé, Julien 75–77.

745 Ib.: *ideo enim potuit oriri uoluntas mala, ut oriri posset et bona. haec libertas est, in qua se ratio exercet, propter quod ad imaginem dei homo factus asseritur, per quam creaturis ceteris antecellit.* Übers.: „Der böse Wille konnte nämlich deshalb entstehen, damit auch der gute Wille entstehen konnte. In dieser Freiheit betätigt sich die Vernunft, weswegen man sagt, dass der Mensch als Abbild Gottes geschaffen sei, und durch sie hat er den anderen Geschöpfen gegenüber einen Vorteil aufzuweisen."

der Wahl des Guten wie des Schlechten begründet (cf. auch 5,47,44–48 und Kommentar zu 78,7–9 und 79,1–6). Zum *proprium bonum* cf. auch Tert. *adu. Marc.* 2,6,5 und Kommentar zu 78,7–9.

82,2 tota – 11 monstrat alienos.
Das Argument, dass die Gerechtigkeit Gottes hinfällig wäre, wenn man von einer Notwendigkeit zum Schlechten spräche, findet sich auch bei Augustinus: [...] *sed mala esse uoluntario peccato animae, cui dedit deus liberum arbitrium. quod liberum arbitrium si non dedisset deus, iudicium puniendi nullum iustum esse posset* [...] (A. c. *Fort.* 20; cf. auch *duab. an.* 17). Würde man die Willensfreiheit bestreiten, so wäre nach Julians Ansicht dem Menschen ein Handlungszwang auferlegt. Würde Gott dann die Menschen dennoch für ihr Handeln bestrafen, so wäre dies ein Zeichen von Ungerechtigkeit, da sie keine andere Wahl für ihr Handeln hätten. Die Möglichkeit, auch anders handeln zu können, bildet damit die Basis, auf der Gott sein Urteil fällen kann. Schließt man umgekehrt die Gerechtigkeit Gottes aus, wäre die Institution der Willensfreiheit unnötig, da Gottes „Urteile" ohnehin nur willkürlich gefällt würden. Julian hebt die Diskussion mit diesen Ausführungen auf einen logischen Standpunkt, auf dem bestimmte Axiome nach seinen eigenen Begriffsbestimmungen gelten, und versucht damit, möglichst objektiv und effektiv gegen „Augustins" Ansicht anzugehen. Zugleich macht er hier wieder deutlich, wie stark die Debatte zwischen ihm und Augustinus von der Sichtweise auf die göttliche Gerechtigkeit abhängig ist. Wie in seinen Ausführungen zu *iustitia* und *peccatum* hebt Julian in 82,7–11 hervor, dass seine Ansicht die orthodoxe ist, und drängt Augustinus, ohne dies näher zu erläutern, in eine Ecke mit Astrologen (Chaldäern), mit den Manichäern sowie mit Menschen, die an ein *fatum* glauben. Er beschuldigt Augustinus eines deterministischen Weltbildes, schon bevor er ausgeführt hat, weshalb das augustinische *non liberum negamus arbitrium* dem freien Willen widerspricht (cf. Kommentar zu 83,1–6 und 84,1–86,4). Zur *iustitia dei* als *summa quaestionis* cf. Kommentar zu 3,7–5,8; 47,24–48,3; 75,5–20. Zur *diuini plenitudo iudicii* cf. Julians Ausführungen zur *iustitia* Gottes in 35,3–40,4; cf. auch Hinführung. 3.3.1; 3.3.2 und 3.2.

82,9 Manichaeorum phantasias: Augustinus spricht in *conf.* 3,10 von den *phantasmata* der Manichäer hinsichtlich der Vorstellung, Gott habe eine körperliche Gestalt.[746]

---

746 Cf. Bermon, Phantasia 715; cf. außerdem Drecoll/Kudella, Augustin 152–154.

KOMMENTAR   457

82,11 libertas – 15 demersa et palustria uoluptatum.
Aus Julians Definition der freien Entscheidung als der Möglichkeit zu wählen ergibt sich *e contrario* die Ausgeschlossenheit eines Zwanges.[747] Die Tatsache, dass der Wille keinem Zwang unterliegt, ist für Julian zudem der Grund, dass es keinen Sinn ergibt, nach einem Ursprung des Aufkommens des menschlichen Willens zu fragen; man kann dem Wollen keine Ursache zuschreiben (cf. 5,41,1–14 und Kommentar zu 46,1–47,10; 47,12–24; 94,56–61).[748] Julian folgt damit insofern der Meinung des Pelagius, als dieser die Freiheit des Willens ebenfalls in der *possibilitas non peccandi* festsetzt (cf. Pelag. A. *nat. et gr.* 56).[749] Die Betonung der Tatsache, dass der Mensch in der Lage sei, auch nicht zu sündigen, findet sich ebenso bei Origenes/Rufinus und Theodor von Mopsuestia (cf. Hinführung. 2.2.1.4).[750] Cf. auch Kommentar zu 78,7–9.

Die Metapher der beiden Wege, die man einschlagen kann, dürfte ein weiteres Mal eine Anspielung auf die *Confessiones* sein, wo Augustinus dieses Bild häufig verwendet.[751] In *conf.* 2,2 vergleicht Augustinus zudem die Wirkung der *concupiscentia carnis* mit den Nebeln, die aus einem Sumpf aufsteigen: *sed non tenebatur modus ab animo usque ad animum, quatenus est luminosus limes amicitiae, sed exhalabantur nebulae de limosa concupiscentia carnis et scatebra pubertatis et obnubilabant atque obfuscabant cor meum, ut non discerneretur serenitas dilectionis a caligine libidinis.* Julian kann damit suggerieren, dass es auch für den Augustinus der *Confessiones* gilt, dass auch er selbst aus dem „Sumpf" seiner schlechten Eigenschaften hätte heraustreten können. Zu weiteren Anspielungen cf. Hinführung.3.2; 7,3; 11,1–7; 25,1–26,3; 49,6–11; 59,6–10; 67,23–28; 68,5–9; 69,29–37.

82,13 sq. *quae in suo utpote iure habet, utram suggerentium partem sequatur*: Die Formulierung legt nahe, dass es nicht vom Menschen abhängt, welche *suggerentia* ihm unterkommen. Das Verb *suggerere* könnte hier „etwas eingeben; etwas einflößen" bedeuten. In dieser Bedeutung findet es sich u. a. auch

---

747   Cf. 5,41, wo Julian im Einklang mit Augustins eigener Definition in *duab. an.* 14 die *uoluntas* definiert als *motus animi cogente nullo*; 5,41,10–12: *si ergo cogat aliquis, est quidem motus, sed non est uoluntas, cuius uim illa definitionis pars secunda compleuit id est cogente nullo.*
748   Nach Barclift lässt Julians Ansicht allerdings außer Acht, dass viele menschliche Entscheidungen tatsächlich durch äußere Umstände erzwungen werden (cf. Barclift, Controversy 18). Julian geht hier jedoch offenbar nicht auf die äußeren Bedingungen einer Entscheidung ein, sondern auf die rein im Innern des Menschen liegende Willensbewegung.
749   Cf. 6,9,19 sq.: *liberum arbitrium – quod non est aliud quam possibilitas peccandi et non peccandi.*
750   Zu Theodor von Mopsuestia cf. Wickert, Studien 70 sq.
751   Cf. Kotzé, Confessions 62 sq.

bei Tertullian, der auch das Substantiv *suggestus* gebraucht.[752] Bei Augustinus findet sich der Begriff *suggestio* in der Bedeutung der φαντασία ὁρμητική;[753] diese Übertragung würde sich meines Erachtens gut in die hier in 77,9–83,6 besprochene Thematik einfügen. Demnach stünde es dem Menschen frei, sich zwischen verschiedenen Vorstellungen zu entscheiden.

83,1 quod ut breuiter absoluatur – 6 assidue claruerunt.
Julian schließt hier seine Erörterungen zur Definition der Willensfreiheit ab, die er in 77,12 begonnen hatte, und wendet sich daraufhin wieder direkt Augustinus zu (cf. 84,1–6). Die Willensfreiheit dient für Julian dazu zu verhüten, dass der Mensch zum sündigen Handeln gezwungen wird. Die *possibilitas* wacht (*excubare*) gewissermaßen wie ein Soldat darüber, dass kein Mensch ohne seine Zustimmung zu etwas gezwungen wird. Wenn es diese *possibilitas* nicht gäbe, könnte es demnach keine Garantie für menschliches Handeln ohne Zwang und mit Verantwortung geben (zu einer weiteren militärischen Metapher cf. Kommentar zu 84,1–8). Diese Betonung, dass der Wille nur frei sein kann, wenn er zu keiner Entscheidung gezwungen wird, dient der Vorbereitung, gegen „Augustins" Auslegung von *Io* 8,36 und sein Willenskonzept vorzugehen (84,1–93,18 und 94,1–109,8). Für Julian kann eine *uoluntas captiua* in keiner Weise mit einem *liberum arbitrium* einhergehen. Julian greift mit dem Adjektiv *captiuus* auf Augustins Formulierung in *nupt. et conc.* 2,8 (p. 259, l. 12 sq.; 74,5 sq.: *hunc uos inuidetis liberatorem, quibus captiuis uanam tribuitis libertatem*) zurück. Augustinus versucht in Julians Augen, genau diesen Widerspruch von *uoluntas captiuua* und *liberum arbitrium* zu leugnen, wenn er in *nupt. et conc.* 2,8 das *liberum arbitrium* zwar bekennt, jedoch dann *Io* 8,36 zitiert (cf. Kommentar zu 84,1–8). Augustinus hebelt die *possibilitas* aus, wenn er den Willen als frei und unfrei zugleich erklärt.

Ganz im Gegensatz zu Augustinus, der die Willensschwäche hervorhebt, betont Julian hier also die Willensstärke der Menschen. Bemerkenswerterweise weitet er sie auf alle Menschen aus, auch solche, die keine Christen sind (cf. 83,5 sq.). Er gesteht aufgrund der guten Natur aller Menschen auch den Heiden zu, dass sie verantwortungsvoll handeln können.[754] Cf. Hinführung. 2.2.1.3 und Kommentar zu 124,2–125,7.

---

752   Cf. Hoppe, Syntax 124.
753   Cf. Byers, Perception 30–35.
754   Cf. Lamberigts, Virtues 128 sq. Lamberigts zieht u. a. *Turb.* 2, frg. 114 (Iulian. A. c. Iul. 4,30) heran, wo Julian Augustinus die Frage stellt, ob ein Heide, der jemandem, der in Gefahr ist, hilft, etwa eine Sünde begehe mit dieser Tat (id., Virtues 135). Er folgert (ib.): „In Julian's

KOMMENTAR   459

84,1 si ergo est – 8 *liberi eritis*."
Julian wendet sich gegen *nupt. et conc.* 2,8 (p. 259, l. 10–13; 74,3–6). Er wendet ein Argument *e contrario* an,[755] um Widersprüche in Augustins Verständnis von *libertas* aufzudecken. *Libertas* und *captiuitas* stehen sich gegensätzlich gegenüber; Julian stellt sich nun die Frage, wie dann ein Bibelzitat (*Io* 8,36), in dem es um *captiuitas* geht, für die *libertas* sprechen kann. Cf. zur Anwendung dieser Argumentationsform auch 127,1–129,3. Zur *libertas arbitrii* als *propulsatrix necessitatum*, als eine Eigenschaft, die den Zwang in die Flucht schlägt, cf. 83,1–6, wo sich ebenfalls eine militärische Metapher für die *possibilitas* findet. Cf. auch Kommentar zu 81,1–82,2 und 82,11–15.

84,8 manifestum est Christum – 11 peccata libera uoluntate commissa
Julian macht deutlich, dass im Bibelzitat *Io* 8,36 nicht von einer *uoluntas captiua* (cf. 83,3), sondern von der *conscientia captiua* die Rede ist, die die Folge von Sünden ist, die aus freiem Willen begangen wurden. Er nennt hier bereits vor seiner Auslegung den Skopos der Bibelstelle, den er im Verlauf als Argument gegen Augustins Verwendung des Bibelzitats einsetzen wird (cf. Kommentar zu 87,1–12 und 91,1–7). Der Begriff *conscientia* bedeutet hier nicht nur Gewissen, sondern umfasst auch die Kenntnis vom guten Leben (cf. 91,1–4).[756] Von Augustinus wird dieses Zitat nach Julian also 1. an der falschen Stelle gesetzt, da er es mit der *uoluntas* in Verbindung bringt, obwohl es sich mit der *conscientia* befasst (cf. 85,2–4), 2. würde sich Augustinus auch dann in Widersprüche ver-

---

   view, one must evaluate what people actually do. One gets the impression that, in Julian's argumentation, *what* we do is more important than *why* we do it. In any case, one cannot separate the *why* from the *what*." Augustinus geht in *c. Iul.* 4,16–33 auf diesen Aspekt von Julians Schrift *Turb.* ein und will zeigen, dass die Tugenden von Nichtchristen nicht der wahren Tugend entsprechen, da sie keine *fides* besitzen (cf. Zelzer, Iulianum 818). Cf. *Turb.* 2, frg. 105–114 (= Iulian. A. *c. Iul.* 4,16–19.23 sq.26–28.30).
755 Cf. Cic. *top.* 47–49: *deinceps locus est qui e contrario dicitur.* [...] *ex quibus contrariis argumenta talia existunt: Si stultitiam fugimus, sapientiam sequamur, et bonitatem si malitiam.* [...] *quid enim opus exemplo est? tantum intellegatur, in argumento quaerendo contrariis omnibus contraria conuenire.* Übers.: „Dann folgt der *locus e contrario*. [...] Aus solchen Gegensätzen gehen folgende Argumente hervor: Wenn wir Dummheit meiden, dann lasst uns die Weisheit erstreben; wenn wir Schlechtigkeit meiden, dann lasst uns das Gute verfolgen. [...] Aber wozu braucht es ein Beispiel? Bei der Suche nach einem Argument genügt es zu verstehen, dass alle Dinge Gegensätze haben, die mit ihnen zusammenpassen."
   Cf. auch Quint. *inst.* 5,10,73. Es handelt sich hierbei um eine Argumentationsform, die auch Tertullian gerne verwendet: Cf. Sider, Rhetoric 108.
756 Cf. Lamberigts, Grace 344.

stricken, wenn er das Zitat tatsächlich als Beleg für eine *captiua uoluntas* heranzöge, denn dann widerspräche es seiner Aussage, er leugne den freien Willen nicht (cf. Kommentar zu 84,11–16). Wie sich im Folgenden zeigt (84,11–16), sensibilisiert Julian hier den Leser dafür, dass „Augustinus" mit seiner Zitierweise eine Täuschungsabsicht verfolgt. Cf. Kommentar zu 74,12–75,20; 76,11–77,3; Hinführung. 3.2.

84,11 quam sententiam tu male – 16 captiuum non est.
Julian unterstellt Augustinus einen ungeschickten Täuschungsversuch, da seiner Ansicht nach das Zitat aus dem Johannesevangelium (*Io* 8,36) nicht als Beleg für die Existenz eines Willenskonzeptes verwendet werden kann, das Augustinus vertritt. Dies will er mit dem folgenden exegetischen Abschnitt (87–92) zeigen. Er verweist hier zunächst auf die Gegensätzlichkeit der Begriffe *captiuus* und *liberatus* sowie *liber* und *non liberatus*. Für ihn steht es im scharfen Kontrast, wenn Augustinus zuerst davon spricht, er streite den freien Willen nicht ab, und dann ein Zitat anbringt, das davon spricht, jemand müsse erst noch befreit werden (*nupt. et conc.* 2,8; p. 259, l. 10–13; 74,3–6). Zudem schreibt Augustinus an dieser Stelle, Julian verweigere Menschen, die *captiui* sind, den Befreier Christus und verspreche ihnen nur eine *uana libertas* (*nupt. et conc.* 2,8; p. 259, l. 10–13; 74,3–6). Julian nimmt diesem Vorwurf also das Fundament, indem er zeigt, dass das Zitat *Io* 8,36 in fälschlicher Weise von Augustinus herangezogen worden sei. Er unterstellt Augustinus nun, er spreche an dieser Stelle zwar von einem freien Willen, entlarve sich jedoch durch die Aussage, die Menschen seien *captiui*. Deshalb will er sein *non liberum negamus arbitrium* nicht als aufrichtig gelten lassen. Auch wenn Julian die polemische Vermutung anstellt, Augustinus könnte das Zitat schlichtweg falsch verstanden haben, mutmaßt er auch, Augustinus habe *Io* 8,36 absichtlich aus seinem eigentlichen Kontext gerissen (84,11–14), und suggeriert, er habe das Bibelzitat als Beleg für sein Willenskonzept herangezogen (85,2–6). Dass dieser Beleg jedoch in diesem Fall nicht geschickt gewählt war, unterstreicht Julian mit den Worten *et huc natura sua repugnante trahens in eo posuisti loco, ubi a tuis sermonibus tota sui proprietate discordat* (84,12–14). Cf. auch Kommentar zu 25,1–26,3; cf. Hinführung. 3.2.

85,1 tu utrumuis – 6 et desine te negare Manicheum.
Julian wendet den Satz vom ausgeschlossenen Dritten auf seine Bemerkungen aus 84,14–16 an und stellt Augustinus vor das Dilemma, entweder zu sagen, dass der Wille frei sei, und die Bibelstelle nicht als Beleg anzuführen, oder zu gestehen, dass der Wille nicht frei sei. Der Begriff *cauillari* steht hier für das Ausflüchtemachen bei einer Diskussion bzw. für verschlagene Argumentation

KOMMENTAR

(cf. auch *cauillus* in 3,50,2.149,3).[757] Dasselbe gilt für das Verb *tergiuersari* (cf. A. c. litt. Pet. 2,227; c. ep. Pel. 3,4; 4,8) und die Aufforderung, *simpliciter* zu seinen Ansichten zu stehen und sie nicht zu verleugnen.[758] Cf. Hinführung. 3.2.2.

85,4 sq. *aut sicut in his libris quos nunc per Alypium ad Bonifatium misisti*: Gemeint ist *c. ep. Pel.*, ein Werk, in dem Augustinus zwei Texte widerlegt, die er Julian und dessen Umfeld zuschreibt (cf. *c. ep. Pel.* 1,3). Bonifatius I., der Bischof von Rom, hatte Augustinus diese beiden Briefe durch Alypius übermittelt.[759] Julian führt aus *c. ep. Pel.* im weiteren Verlauf auch direkte Zitate an, um Augustins Ansichten zum *liberum arbitrium* aufzudecken (cf. Kommentar zu **94,1–47**). Er verweist bereits hier auf die Zitate, die er später noch anbringen wird, und gibt die wesentliche Erkenntnis wieder, nämlich, dass Augustinus dort den freien Willen offensichtlich leugne. Cf. auch Hinführung. 1.3.

85,6 *desine te negare Manicheum*: Augustinus spricht in *conf.* 5,18 davon, dass er in seiner Zeit als Manichäer seine Sünden nicht in seinem Willen begründet sah, sondern sie mit dem Verweis auf die manichäische Sichtweise als natürlich auffasste.[760] Da Julian Augustins Aussage in *nupt. et conc.* 2,8 (p. 259, l. 10 sq.; **74,3 sq.**) für unglaubwürdig hält (cf. **84,11–14**), unterstellt er ihm, er halte immer noch an der Ansicht fest, dass der Wille des Menschen unter der Gewalt eines bösen Prinzips stehe, wie es die Manichäer denken. Cf. Hinführung. 3.2.1.

Die Aufforderung *dic captiuum esse arbitrium, […], et desine te negare Manicheum* korrespondiert pointiert zu Augustins Aussage *non negamus arbitrium liberum […] hunc uos inuidetis liberatorem, quibus captiuis uanam tribuistis libertatem* in *nupt. et conc.* 2,8 (p. 259, l. 10–13; cf. **74,3–6**).

86,1 *ceterum duo ista quae iungis* – **4** *inesse testantur.*
Julian schließt seinen Argumentationsbogen zur Widersprüchlichkeit von *captiuus* und *liber* mit einer rhetorischen Ausschmückung (Trikolon mit Anaphern (*stultitia singularis; impietas – impudentia*) und Antithesen (*nouus – uetus*))

---

757   Cf. TLL 3, p. 649, l. 46–58; z. B. Liu. 3,20,4: *cauillari tum tribuni et populum exoluere religione uelle.*
758   Cf. Hier. adu. Pelag. 3,17: *noli igitur mihi oratorum et non tuis floribus ludere, per quos solent imperitorum atque puerorum aures decipi, sed simpliciter dic quid sentias.* Übers.: „Hör also auf zu versuchen, mich mit den Stilblüten von Rednern, und noch nicht einmal mit deinem eigenen rhetorischen Einfallsreichtum hinters Licht zu führen; durch sie werden für gewöhnlich unerfahrene und junge Zuhörer getäuscht. Sag stattdessen einfach, was du denkst." Cf. auch z. B. Hier. adu. Pelag. 1,4;2,2; id. adu. Iouin. 1,9; id. adu. Rufin. 1,2. Zum Topos der Täuschung von unerfahrenen Menschen cf. Kommentar zu **73,19–23**.
759   Cf. Ring, Epistulas 672 sq.
760   Cf. Drecoll, Manichaei 1147 sq.

wie in einer Rede ab (cf. Hinführung. 3.2). Er attestiert „Augustinus" eine *stultitia singularis*, da er seiner Ansicht nach die Regeln der Logik grob verletzt, wenn er versucht, Gegenteile zu vereinbaren. Die *impudentia noua* kommt ihm deshalb zu, weil er die Menschen durch seine Behauptungen und Scheinlogik hinters Licht führen will und Textstellen aus der Heiligen Schrift dazu missbraucht. Der Begriff wird in *Flor.* meist gebraucht, um Augustins verschlagene Behauptungen oder verschlagene Exegese hervorzuheben (cf. 16,1–11; 22,39; 129,1–3; 2,148,8–10; 2,150; 2,202,1–3; 3,91). Auch hier antwortet Julian mit der wiederholten Betonung der *impudentia* Augustinus wahrscheinlich auf dessen wiederholte Polemik in *nupt. et conc.* 2 (cf. Kommentar zu 16,1–11). Julian dürfte dabei auch auf Augustins eigene Polemik antworten, der ihn als *haereticus nouus* bezeichnet hat (*c. ep. Pel.* 1,2; *nupt. et conc.* 1,1). „Augustins" *impietas uetus* ist es schließlich, die sich darin zeigt, dass „Augustinus" eigentlich immer noch der manichäischen Sichtweise anhängt und denkt, dass der menschliche Wille von einem bösen Prinzip beeinflusst wird. Cf. Hinführung. 3.2.

2.4.3.3.2.2   *Exegese von Io 8,31–41 (87,1–92,4)*

Wie in 77,3–11 versprochen, legt Julian hier *Io* 8,36 im Kontext von *Io* 8,31–41 basierend auf den Erörterungen in 77,3–83,6 aus. Das Bibelzitat wurde von Augustinus verwendet, um seine Aussage *non liberum negamus arbitrium* in *nupt. et conc.* 2,8 (p. 259, l. 10 sq.; 74,3–5) zu unterstreichen. Julian zitiert jeweils ein Stück aus *Io* 8,31–41 und stellt dahinter seine Interpretation des Textes, sodass sich ein kommentarartiger Aufbau ergibt. Auffällig ist dabei, dass er bei der Auslegung der Bibelstelle bereits immer wieder Augustinus anspricht und dezidiert betont, dass die Worte in der Heiligen Schrift nicht zu dessen Willenskonzept passen (88,2–7; 89,1 sq.3; 90,1–5.10 sq.). Er macht damit deutlich, dass er sich Augustinus als Adressaten seiner Exegese denkt. Während sie zu Beginn in 87,1–88,2 noch recht objektiv wirkt, zeigt sich ab 88,2 durch die direkte Ansprache Augustins, dass das Gegenteil der Fall ist. Anders als die hier sehr deutliche Ausrichtung der Exegese als argumentatives Mittel wirkt die Exegese in 131,1–135,10 und 138,1–141,18 zurückhaltender, was den Grad der Explizitheit ihrer Ausrichtung gegen Augustinus anbelangt. Cf. Hinführung. 3.3.3.

87,1 sed iam tempus est – 12 et falsa dicuntur.
Julian leitet in 87,1–5 zunächst kurz das Bibelzitat ein und zitiert *Io* 8,31 sq., wo davon die Rede ist, dass Jesus zu denjenigen Juden spricht, die ihm nachfolgen wollten. Die Formulierung *manseritis in sermone meo* (*Io* 8,31) fasst Julian als indirekte Aufforderung Jesu auf, dass die Judenchristen sich ihrer Abstammung von Adam nicht brüsten und stattdessen immer danach streben sollten, ihr Verhalten zu bessern und sich von Sünden loszusagen (cf. auch 131,1–133,7).

KOMMENTAR   463

Die *uera libertas conscientia gaudente*, die sich, wie sich später zeigt, auch als der Skopos der Bibelstelle herausstellt (cf. **91,1–4**), erlöst die Menschen dabei gewissermaßen von ihrem schlechten Gewissen, das sie durch ihr sündhaftes Verhalten erworben haben.[761] Auf die *conscientia* und deren Erleichterung hatte Julian bereits vor seiner Auslegung in **84,8–11** hingewiesen.

Julian betont die Wirkung der Hoffnung auf das ewige Leben, die die Sicht auf das irdische Leben relativiert und gleichsam von der *cupiditas* befreit, die sich auf Vergängliches bezieht. Für Julian handelt es sich dabei um die Hoffnung auf etwas Sicheres (*spe certorum*), das sich von den irdischen *uana* abhebt, auf die sich sozusagen eine falsche Hoffnung bezieht (cf. **2,167,1–9**, wo Julian hervorhebt, dass Gott den Menschen seine Liebe durch den Heiligen Geist zukommen lässt, die in ihnen wiederum die Hoffnung anstiftet). Die Tatsache, dass Jesus im Johannesevangelium von *liberari* spricht, nehmen in Julians Auslegung die Judenchristen zum Anlass zu erfragen, wie diese Befreiung aufzufassen sei (cf. **87,13–19**). Ebenso nennt Augustinus die Wirkung der Hoffnung auf das Ewige und Göttliche als Kontrast zum Hoffen auf irdische Angelegenheiten (A. *ciu.* 19,20):[762] *quam* [sc. *uitam*] *tamen quicumque sic habet, ut eius usum referat ad illius finem, quam diligit ardentissime ac fidelissime sperat, non absurde dici etiam nunc beatus potest,* **spe illa potius quam re ista.** *res ista uero sine spe illa beatitudo falsa et magna miseria est.*[763] Augustinus betont jedoch zusätzlich die Gnade als ein Prinzip, das den Willen des Menschen leiten kann, deutlich stärker als Julian und ist in der Beschreibung der Wirkung der Gnade konkreter als er (cf. Hinführung. 2.2).

Auch in den Ausführungen des Pelagius ist die Hoffnung eine wesentliche Triebkraft für die ethische Besserung, wobei es ihm v. a. darum geht, dass der Mensch auf die Fähigkeiten seiner von Gott gegebenen Natur vertraut (Pelag. *epist. ad Demetr.* 2):[764] *quoties mihi de institutione morum et sanctae uitae conuersatione dicendum est, soleo prius humanae naturae uim qualitatemque monstrare et, quid efficere possit, ostendere ac iam inde audientis animum ad species incitare uirtutum, ne nihil prosit ad ea uocari, quae sibi forte impossibilia esse praesumpserit. nequaquam enim uirtutum uiam ualemus ingredi, nisi spe comite*

---

761   Cf. Lamberigts, Grace 344 sq.
762   Cf. Tornau, Happiness 278, der ib. n. 74 *conf.* 10,29 heranzieht. Cf. auch *ep. Io. tr.* 8,13.
763   Übers.: „Wer mit diesem Leben so umgeht, dass er seinen Umgang damit auf das Lebensziel ausrichtet, das er innigst liebt und aufrichtig erhofft, der kann auch jetzt schon nicht zu Unrecht als glücklich bezeichnet werden, doch eher in dieser Hoffnung als in diesem Leben verweilend. Dieses Leben aber ist ohne jene Hoffnung ein falsches Glück und ein jammervoller Zustand."
764   Cf. Cipriani, Morale 323 sq.

ducamur.⁷⁶⁵ Cf. Hinführung. 2.2.1.4. Zur Gnadenhilfe bei Julian cf. Kommentar zu 95,6–11.

Ähnlich wie Julian spricht auch Augustinus in *Io. eu. tr.* 41,2 davon, dass in der Antwort der Juden der Stolz auf ihre Abstammung zum Vorschein käme. Seiner Ansicht nach richtet sich Jesus allerdings an Juden, die sich noch nicht zum Christentum gewandt hätten.⁷⁶⁶ Cf. auch Kommentar zu 87,26–88,14 und 89,1–90,5.

87,7 sq. *studere[nt] uirtutibus*: Mit Primmer habe ich mich hier dafür entschieden, *studerent* (P, C, G, T, L, M und Zelzer) an den Infinitiv *seruire* anzugleichen.⁷⁶⁷

87,15 multis enim modis – 25 incipiant nihil debere criminibus.
Die Judenchristen fragen in der zitierten Bibelstelle (*Io* 8,33) Jesus, was er mit seiner Rede von einer Befreiung meine, da sie niemals jemandem gedient hätten. Julian nutzt diese Frage für seine Argumentation, da der Bibeltext dazu anregt, die Mehrdeutigkeit des Wortes *libertas* zu erörtern. Er führt hier vier Bedeutungen von „Freiheit" an: *sanctitas, resurrectio*, die *libertas ad distinctionem seruitutis* (Allgemeinbedeutung als Gegenteil von Sklaverei/Knechtschaft) und schließlich die Willensfreiheit. Wie Julian mit *ut in hoc loco* deutlich macht, dreht es sich in *Io* 8,31 sq. um die *libertas* im Sinne der *sanctitas* als eine Unabhängigkeit von irdischen *uana*, die dem Menschen durch die Zuwendung zu Gott möglich wird. In 2,222 sq. wird deutlich, dass er unter *sanctitas* u. a. ein gottesfürchtiges und tugendhaftes christliches Leben versteht (cf. auch 4,18–23, wo Julian auf das Verständnis von 1 *Io* 2,15–17 eingeht; cf. Hinführung. 2.2.1.3).

Unter der Freiheit als *resurrectio* versteht er die Erlösung des Menschen nach dem Tod. Die Freiheit im Kontrast zur *seruitus* hingegen sieht er im allgemeinsprachlichen Gebrauch verwendet. Er macht zudem darauf aufmerksam, dass unter dem Begriff „Freiheit" auch als vierte Bestimmung die Willensfreiheit gemeint ist. Dadurch, dass Julian in 87,15 sq. deutlich macht, dass es in *Io* 8,31–

---

765 Übers. Greshake, Pelagius 59 (modifiziert): „Sooft ich mich über rechtes sittliches Verhalten und heiligen Lebenswandel zu äußern habe, pflege ich zunächst auf die Fähigkeit der menschlichen Natur sowie ihre Beschaffenheit einzugehen und aufzuzeigen, was sie vermag, und [...] dann [danach] [...] [den] Adressaten zu den verschiedenen Tugenden anzuspornen. Denn es nützt ja nichts, zu etwas [...] [aufzufordern], was einem vielleicht schon im Voraus als unmöglich erscheint. Wir vermögen nie und nimmer den Weg der Tugend[en] einzuschlagen, wenn wir nicht von der Hoffnung begleitet und geführt werden."

766 Cf. *Io. eu. tr.* 41,2: *„et responderunt ei [Io 8,33]", non illi qui iam crediderant, sed illi qui in turba erant nondum credentes*.

767 Cf. Primmer, Textvorschläge 237 sq., cf. ebenso Teske, Answer 156 n. 171.

KOMMENTAR   465

41 um die Freiheit im Sinne der *sanctitas* gehe und nicht um eine Freiheit des Willens, geht bereits hervor, dass Augustinus sich zu Unrecht auf *Io* 8,36 beruft, wenn er das Bibelzitat in den Kontext seines Willenskonzeptes stellt (cf. 84,1–85,6). Stattdessen ist mit der *sanctitas* die Freiheit von Schuld gemeint. Sie geht aus dem Schritt in ein neues Leben ohne Sünden hervor, das den Juden der Glaube und die Taufe bieten können.[768] Das Argument erfüllt hier jedoch nur bedingt seinen Zweck, denn auch Julian geht in seinen Ausführungen davon aus, dass der Mensch befreit werden muss, um wirklich gut zu handeln (cf. auch Augustins Antwort in 83,30–34).

Für Augustinus ist *Io* 8,36 ein Beleg für die Einschränkung des menschlichen Willens durch die Folgen der Erbsünde, die der Mensch nur dann überwinden kann, wenn Gottes Gnade es ihm ermöglicht (cf. Hinführung. 2.2.2.2).[769] Wie an den anderen Stellen, an denen Julian die Grundlagen seiner Exegese explizit macht, hebt er hier auf den Kernpunkt der Argumentation gegen Augustinus ab, die in der Auslegung von *Io* 8,36 durch ein Missverständnis aufgrund der Polysemie des Wortes *libertas* zustande kommt. Er wendet hier ein Prinzip an, das sich auch in exegetischen Kommentaren seiner Vorgänger wiederfindet, so z. B. bei Origenes/Rufinus,[770] der auf die Homonymie des Wortes „Tod" aufmerksam macht: *sicut diuersas commemorari leges in hac epistula a Paulo sub uno uocabulo legis ostendimus et diuersas mortes sub una mortis appellatione nominari, ita et diuersos spiritus nunc uidemus sub uno nomine spiritus indicari* (Rufin. *Orig. in Rom.* 7,1 l. 1–4);[771] cf. Hinführung. 2.3 und 3.3.3 und Kommentar zu 48,32. Cf. auch Kommentar zu 84,8–16; 87,1–12; 91,1–7.

---

768 Lamberigts, Alternative 101: „Sünder müssen sich [...] an Christus wenden, sie müssen sein vergebendes Erbarmen erbitten, denn seine Gnade, im Gegensatz zum Gesetz, heilt schnell und wirkmächtig. Neu war daher, so Julian, der Umstand, daß Sünden nicht länger bestraft, sondern vergeben wurden."

769 Cf. *ciu.* 14,11: *arbitrium igitur uoluntatis tunc est uere liberum, cum uitiis peccatisque non seruit. tale datum est a deo; quod amissum proprio uitio, nisi a quo dari potuit, reddi non potest. unde ueritas dicit: „si uos filius liberauerit, tunc uere liberi eritis* [*Io* 8,36]." Übers.: „Die Entscheidung des Willens ist also dann wirklich frei, wenn sie keinen Vergehen und Sünden dient. Eine solche Entscheidungsfähigkeit [sc. gegen die Sünde] ist von Gott gegeben worden; der Mensch hat sie durch sein eigenes Vergehen verloren und sie konnte nur von demjenigen zurückgegeben werden, von dem die Entscheidungsfähigkeit überhaupt gegeben werden konnte. Deshalb sagt die Wahrheit: ‚wenn euch der Sohn befreien wird, dann werdet ihr wahrhaft frei sein [*Io* 8,36]'."

770 Cf. Markschies, Kommentierung 85 sq. zu Origenes' Auslegung von *Rm* 7,14–25a, der dort Homonymie im Bibeltext bei seiner Exegese berücksichtigt (cf. Rufin. *Orig. in Rom.* 6,9).

771 Übers.: „Ebenso wie wir gezeigt haben, dass es zwei Gesetze gibt, die von Paulus in diesem Brief mit einer einzigen Bezeichnung, nämlich ‚Gesetz', belegt werden, und ebenso wie verschiedene Tode mit dem Wort ‚Tod' bezeichnet werden, sehen wir auch jetzt, dass verschiedene Arten des Geistes mit der einen Bezeichnung ‚Geist' gemeint sind."

87,21 *hic ergo non arbitrii libertatem* – 25 *nihil debere criminibus*: Das Verb *conuenire* steht hier ein weiteres Mal in der Bedeutung „bewegen, in Erregung versetzen, ermahnen". Cf. auch Kommentar zu 52,9; 59,1–3; 110,4 sq.

87,26 *respondit eis Iesus* – 88,14 homines conueniret.
Wie sich zeigt, zitiert Julian nun *Io* 8,34–36, um deutlich machen zu können, dass die Textstelle eher seine eigene Position unterstützt als die Augustins. Er sieht darin ausgedrückt, dass nur derjenige, der selbst eine Sünde begangen hat (*qui fecerit ipse peccatum*), als *seruus peccati* bezeichnet werden kann, und trägt sein Konzept von *peccatum* (cf. 41,1–48,3) und *liberum arbitrium* (77,9–83,6) in die Interpretation des Textes hinein. Er setzt damit die Willensfreiheit bei der Auslegung der Stelle aus der Heiligen Schrift schon voraus, sieht sie aber gleichzeitig im biblischen Text bestätigt. In seinen Augen ist nach „augustinischer" Interpretation jeder Mensch von Natur aus *seruus peccati* durch die Erbsünde (cf. 88,7–9). In Julians polemischer Formulierung „besitzt" der Teufel deshalb das ganze Menschengeschlecht, womit er auf die vorangegangene Argumentation in 62,1–66,14 zurückgreift (cf. dazu Kommentar zu 63,1–9; 64,8–20; 66,9–11). Julian sieht dies jedoch im Widerspruch zu *Io* 8,34–36, da hier ein Unterschied zwischen *serui peccati* und *filii dei* gemacht wird, der für ihn nur durch das freiwillige Sündigen oder das freiwillige Tun des Guten zu begründen ist (88,7–14). Die Unterscheidung zwischen *iustus* und *iniustus* geht dabei auf die zuvor genannte *sanctitas* zurück, die Julian im Begriff der *libertas* an dieser Stelle ausgedrückt sieht (cf. Kommentar zu 87,15–25). Er hebt zudem hervor, dass der auffordernde und protreptische Ton der Rede keinen Sinn ergäbe, wenn die Menschen es nicht selbst in der Hand hätten, ihr Verhalten zu ändern (88,13 sq.). Auch hier setzt Julian ein Mittel der rhetorischen Textanalyse ein – nämlich die Analyse des Stils –, um sein Argument gegen Augustinus untermauern zu können.

Zum *genus exhortationis* cf. Kommentar zu 108,15–23; 109,1–8. Zum rhetorischen Hintergrund der christlichen Exegese cf. Hinführung. 2.3; cf. auch Hinführung. 3.3.3.

Augustinus nennt in seiner Auslegung von *Io* 8,34 in *Io. eu. tr.* 41,4 ebenfalls das schlechte Gewissen als ein Thema. Der sündige Mensch wünscht sich, durch Christus vom schlechten Gewissen befreit zu werden. Augustinus führt in *Io. eu. tr.* 41,5 die Sklaverei in der Sünde zwar auch auf die Erbsünde zurück, betont ib. 41,8–13 aber insbesondere die Wichtigkeit des ethischen Fortschrittes, der auch im irdischen Leben einen gewissen Grad an Freiheit garantiert. Julian steht hier demnach Augustins Auslegung durchaus nicht fern, von der Ansicht über die Erbsünde einmal abgesehen. Cf. auch Kommentar zu 87,1–12 und 89,1–90,5.

88,5 *nec posse cuiquam adhaerere peccatum* – 7 *uoluntate*: Zur Tatsache, dass Julian davon ausgeht, dass auch ein schlechter Wille schon sündhaft ist, cf. Kommentar zu 47,12–24 und 79,6–80,8.

Zur Interpunktion von 88,2–7 und 88,7–9: Die Fragezeichen in Zelzers Edition an den Satzenden ergeben keinen Sinn, da es sich hier um Exklamativsätze handelt.[772]

88,9 *hic enim* – 13 *iucundari*: Cf. *Io* 8,34–36, zitiert in 87,26–29. Wenn Julian hier davon spricht, dass Christus sich auch von den anderen Menschen selbst abhebt, dürfte er auf Jesu Diskussion in *Io* 8,12–30 anspielen (cf. *Io* 8,23 Vulg.: [...] *uos de deorsum estis ego de supernis sum uos de mundo hoc estis ego non sum de hoc mundo*).

89,1 denique, ut intellegas – 90,5 criminum arguitur eruditor.
Julian wendet sich hier in **89,3 sq.** gegen Augustins Aussage in *nupt. et conc.* 2,8 (p. 259, l. 15 sq.; 74,7–9): *nec quisquam nisi per gratiam liberatoris **isto soluitur uinculo seruitutis**, a quo est hominum nullus immunis*, womit sich Augustinus auf *Io* 8,36 in *nupt. et conc.* 2,8 (p. 259, l. 11 sq.; 74,4 sq.) bezieht. Julian erläutert, dass es im Kontext von *Io* 8,31–41 nicht um eine Verschuldung des Menschen durch die Erbsünde gehe, sondern um eine solche, die sich die Menschen durch ihren eigenen Willen zuzuschreiben hätten.

In *Io* 8,37 sq. (89,2.4–7) sehen die Juden Abraham als ihren Stammvater an und fühlen sich als freie Menschen; deshalb fragen sie bei Jesus nach, weshalb er meine, dass sie befreit werden müssten. In Julians Augen wird hier erklärt, dass es nicht um die Herkunft oder die *natura* der Menschen gehe, sondern um deren Verhalten bzw. ihre *uoluntas*. Die Zuwendung zum *pater diabolus* geschieht nur durch die *iniquitas uoluntatis*, die dem freien Willen entspringt. Jesus verwendet den Begriff *pater* hier damit metaphorisch, sodass der Ursprung der Sünden und nicht die Natur des Menschen gemeint ist. Diese Interpretation von *Io* 8,37 sq. führt Julian an, um seine vorherige Vermutung und Behauptung zu untermauern, dass das Bibelzitat Augustinus nicht helfe, sein Willenskonzept biblisch zu fundieren (cf. Kommentar zu 87,26–88,14). Julian betont den Unterschied zwischen Natur und Willen, da Augustinus seiner Ansicht nach mit der Erbsündentheorie die Natur des Menschen anklagt. Mit seiner Auslegung der Bibelstelle möchte er jedoch zeigen, dass die Menschen hinsichtlich ihrer geschaffenen Natur gleich sind und diese keine Grundlage für eine Bewertung der Menschen bietet. Die Basis für Gottes Urteil kann nur der in einem freien Willen gegründete Charakter des Menschen sein. Juli-

---

772   Cf. Primmer, Rhythmus 1, 197.

ans Auslegung läuft bei fast allen Bibelstellen, die er in *Flor.* 1 bespricht, auf diesen Punkt hinaus (cf. Hinführung. 2.3; 3.3.2 und 3.3.3).

89,1 sq. *non eum naturae eorum exprobrare sed uitae*: Zur schlagwortartigen Betonung der Tatsache, es gehe um die *mores* (hier *uita*) und nicht um die *semina* (hier *natura*), cf. 67,52–54; 90,1 sq.12–15; 105,9–11; 107,15–21; 122,9 sq.; 131,19 sq.; cf. 137,1–4.

89,4 *cui seruitutis nomen imputet intuere: ‚sed*: Mit Primmer gebe ich hier der Variante von Handschrift P den Vorzug. In der Edition von Zelzer steht: *cui seruituti obnoxii sint demonstrat dicens*;[773] stattdessen ist zu setzen: *cui seruitutis nomen imputet intuere: ‚sed* [...]. In den anderen Handschriften (C, G, T, L und M) musste wohl eine Lücke kompensiert werden, die zwischen *seruitutis* und *quaeritis* entstanden war.[774] Primmer hebt hervor, dass die Variante von P, die den Imperativ *intuere* enthält, sich zum einen stilistisch gut einfügt (89,3: *ecce* – 89,4 (P): *intuere* – 90,1: *uide*) und es zum anderen merkwürdig wäre, wenn in P beim Ausgleich derselben Lücke das *sed* im Bibeltext eingefügt worden wäre.[775] Zudem führt er eine ähnliche Formulierung aus 107,20 sq. an:[776] *uosmet ipsos, inquit, exhibuistis peccato seruos, ut* **intellegeres eum uoluntati, non natiuitati imputare peccatum**.

90,1 *uide quam diuersa sit* – 5 *criminum arguitur eruditor*: Dass Jesus darauf abhebt, der Vater der sündigen Juden sei der Teufel, geht aus *Io* 8,44 hervor. Julian unterstellt Augustinus, er verstehe *pater* in *Io* 8,44 wörtlich, d.h. als den leiblichen Vater, durch den der jeweilige Mensch die Erbsünde bezöge, was er bereits in 88,1–9 angedeutet hat. Zu dieser polemischen Überspitzung cf. auch Kommentar zu 63,1–9; 64,8–20; 66,4–11.

Im zweiten Buch bezieht Julian in seine Interpretation von *Io* 8,44 den Gedanken der *imitatio* ein (cf. 2,53,6–12): *dicitur ergo diabolus generare peccantes, secundum quod dominus in euangelio suo ait: „ex patre diabolo estis* [*Io* 8,44]". *quo sermone eum dixit criminosorum patrem, cuius malignitatem conuincebantur imitari; et tamen in absoluto est intellegentia, quia per hoc nomen uidelicet patris nec diabolo sexus nec hominibus illis aeria sit ascripta substantia*.[777]

---

773 Cf. ebenso Cipriani/Volpi, Sant'Agostino 1, 124.
774 Cf. Primmer, Rhythmus 1, 205.
775 Cf. Primmer, Rhythmus 1, 204 sq.
776 Cf. Primmer, Rhythmus 1, 205.
777 Übers.: „Man sagt also, der Teufel erzeuge Sünder, und zwar gemäß den Worten des Herrn in seinem Evangelium: ‚Euer Vater ist der Teufel [*Io* 8,44]'. Mit diesen Worten bezeichnet er denjenigen als Vater der Sünder, dessen Schlechtigkeit sie offensichtlich nachahmten. Dieses Textverständnis bedarf keiner weiteren Erklärung, weil mit dem Begriff Vater anscheinend weder dem Teufel ein Geschlecht noch den Menschen eine luftige Substanz zugeschrieben wird."

Dieser Gedanke bleibt an der vorliegenden Stelle außen vor. Cf. zur *imitatio* Hinführung. 2.2.1.3 sowie Kommentar zu 48,29–36; 67,40–60. Zum Gebrauch von *genitor* und *eruditor* cf. 50,17–20.

Auch an dieser Stelle ist Julians Verständnis nahe an Augustins Auslegung von *Io* 8,44, denn auch bei ihm werden die Juden durch Nachahmung zu Kindern des Teufels (*Io. eu. tr.* 42,9 sq.). Er nennt ebenfalls den vermeintlichen Widerspruch in Jesu Worten, die Juden seien einerseits Söhne Abrahams, andererseits aber auch nicht (cf. *Io. eu. tr.* 42,15). In seiner Auslegung flicht er die Geschichte des Sündenfalls ein und wendet sich damit gegen die Ansichten der Manichäer (*Io. eu. tr.* 42,9–11). Möglicherweise legt Augustinus also aufgrund der antimanichäischen Stoßrichtung seiner Auslegung auch den Fokus auf den ethischen Fortschritt und den *imitatio*-Gedanken bei der Erläuterung der Frage danach, warum die Juden Söhne des Teufels seien. Cf. auch Kommentar zu 87,1–12; 87,26–88,14.

90,5 *responderunt* – 15 uoluntatis.
Wie in 89,1–90,5 behält Julian die direkte Anrede Augustins bei. Der Grundgedanke in seiner Auslegung von *Io* 8,39–41 ist, dass die Judenchristen durch den Stolz auf ihre Herkunft von Abraham das Gute nicht tun und Jesus ihnen deshalb eine „Abstammung" von Abraham abspricht, da sie nicht gemäß seiner Geisteshaltung handelten (cf. 87,5–12). Julian macht hier wie in 90,2–5, wo er auf die übertragene Bedeutung des Wortes *pater* hingewiesen hat, auf die Ambiguität des Begriffes *filius* aufmerksam, da die Bedeutungen in den besprochenen Bibelstellen zwischen eigentlicher und übertragener changieren. Wie in 89,1–90,5 soll wiederum unterstrichen werden, dass es nicht die *natura* ist, die Gott bewertet, sondern die *uoluntas*. Dies wird insbesondere durch die Unstimmigkeit deutlich, dass Jesus in *Io* 8,37 hervorhebt, die Juden seien Söhne Abrahams, und es in *Io* 8,39 wieder abstreitet. Julian kann durch die unterschiedlichen Bedeutungen des Wortes *filius* diesen Widerspruch aufheben und die Wortwahl als weise *diuisio* der Heiligen Schrift auszeichnen, also letztlich sich auf die Klarheit des Bibeltextes berufen (cf. 90,10 sq.: *aspicisne, quas faciat diuisiones uerborum suorum sapientia?*, cf. Kommentar zu 67,40–60; 67,74–77; 93,6–13; 107,1–13; 108,1–6.11–15.15–23; 109,1–8; 136,1–137,4). Gleichzeitig führt er damit gerade die Tatsache, dass sich die Bibelstellen zu widersprechen scheinen, gegen Augustinus ins Feld. Er suggeriert hier, dass Augustinus diesen Widerspruch nicht gesehen hat oder nicht sehen wollte und deshalb den Begriff *pater* wörtlich aufgefasst hat (cf. Kommentar zu 90,1–5). Weil die übertragene Verwendung jedoch deutlich aus der Heiligen Schrift hervorgeht, soll es demnach dem Leser umso verdächtiger erscheinen, dass Augustinus sie nicht bemerkt. Cf. auch Hinführung. 3.3.3.

90,10 sq. *aspicisne, quas faciat diuisiones uerborum suorum sapientia*: Den Begriff *diuisio* verwendet Julian hier anscheinend synonym zu *distinctio*[778] und meint damit die unterschiedlichen Bedeutungen des wiederholten Wortes *filius*. Auf diese Bedeutung von *distinctio* als Gegenüberstellung homonymer Begriffe[779] könnte beispielsweise 2,51,1–5 hindeuten, wo Julian von der Gegenüberstellung homonymer Begriffe spricht und dabei den Begriff *diuisio* verwendet.[780] Bei der Einfügung von *suorum* folge ich dem Vorschlag Primmers.[781]

90,13 sq. *prosatorem* und 90,14 *seductorem*: Cf. Kommentar zu 50,17–20. Bei dem Begriff *prosator* handelt es sich offenbar um eine Wortneuschöpfung Julians.[782] Er verwendet sie ebenso in 120,1.

91,1 hic ergo ubi dixit dominus – 7 uirtutum comantur insignibus.
Den Skopos von *Io* 8,36, nämlich die Befreiung von der Schuld der Sünden, die zu einem guten Gewissen führt, hat Julian bereits in 84,8–11 und 87,1–12 genannt. Er kommt damit, einer Ringkomposition entsprechend, am Ende seiner Auslegung auf den Skopos zurück. Durch die Sündenvergebung durch Christus können die Menschen zu einem Leben mit erleichtertem und gutem Gewissen (*conscientia gaudente* (87,9)) finden, das sich durch den Blick auf die sicheren/göttlichen Dinge auszeichnet (cf. Kommentar zu 87,15–88,14; Hinführung. 2.2.1.3). Durch ihre Sünden hatten die Menschen die Kenntnis um diese Dinge verloren. Ganz gemäß dem Stil der Rede Jesu (*genus exhortationis* (cf. 88,13 sq.)) wird den Menschen die Nachsicht versprochen, damit diese zu einem glücklicheren Leben finden können. Julian richtet sich hier indirekt schon gegen die von ihm später zitierte Stelle aus *c. ep. Pel.*, wo Augustinus den Verlust der Freiheit durch das *peccatum originale* verdeutlicht:

---

778   In TLL 5,1, p. 1630, l. 28–36 finden sich einige Stellen, an denen dies der Fall zu sein scheint.
779   Cf. TLL 5,1, p. 1521, l. 17–20; dort wird z. B. Cic. *de orat.* 3,206 für diese Bedeutung genannt: *et eiusdem uerbi crebrius positi quaedam distinctio*.
780   2,51,1–52,3: *sed premendus adhuc locus est, ut diuisionibus quam possumus breuibus lectori et intellegentia rei et memoria suggeratur. in omnibus quidem paene rebus omonymorum, quae aequiuoca appellamus, condicio repperitur, sed ut nunc nobis sermo de praesentibus sit: generatio proprie sexibus imputatur, imitatio autem semper animorum est*. Übers.: „Aber wir müssen bei diesem Thema noch verweilen, damit durch möglichst konzise Zergliederungen sowohl das Verständnis als auch die Einprägsamkeit des Sachverhaltes beim Leser gefördert werde. Es findet sich zwar bei fast allen Angelegenheiten der Zustand der Homonymie, die wir als Äquivokation bezeichnen, aber damit wir über die vorliegende Angelegenheit sprechen: Von Fortpflanzung im eigentümlichen Sinne spricht man, wenn es um körperliche Vereinigung zwischen den Geschlechtern geht, von Nachahmung jedoch immer in Bezug auf den Verstand."
781   Cf. Primmer, Rhythmus 1, 203, cf. ebenso Teske, Answer 156 n. 177.
782   Cf. TLL 10,2, p. 2171, l. 10–18.

KOMMENTAR 471

>libertas quidem periit per peccatum, sed illa, quae in paradiso fuit, habendi plenam cum inmortalitate iustitiam. propter quod natura humana diuina indiget gratia dicente domino: „si uos filius liberauerit, tunc uere liberi eritis [Io 8,36]", utique liberi ad bene iusteque uiuendum. nam liberum arbitrium usque adeo in peccatore non periit, ut per ipsum peccent maxime omnes, qui cum delectatione peccant et amore peccati et hoc eis placet quod eos libet (c. ep. Pel. 1,5; p. 425, l. 25–p. 426, l. 6; 94,7–14).

Die Interpretation von *Io* 8,36 ist gewissermaßen der Angelpunkt zwischen den von Julian angeführten Augustinuszitaten, in denen Augustinus auf *Io* 8,36 eingeht (*nupt. et conc.* 2,8; p. 259, l. 10–13; 74,3–6 und *c. ep. Pel.* 1,5; p. 425, l. 25–p. 426, l. 6; 94,7–14). Julian sammelt Beweise dafür, dass Augustins Äußerungen in *nupt. et conc.* 2,8 nicht aufrichtig und manipulativ sind, so wie er es bereits in 76,11–77,9 und 84,1–14 angedeutet hatte (cf. auch 92,1–4; 93,16–18).

91,4 *liberum autem arbitrium* – **7** *uirtutum comantur insignibus*: Mit *siquidem ipsius opera fiat* betont Julian noch einmal, dass die Umkehr des Menschen zu einem Leben ohne schuldhafte Sünde durch den eigenen Willen geschehen kann. Ziel der Umkehr ist, wie in 91,1–4 angesprochen, ein besseres Leben.

Zelzer entscheidet sich in 91,6 für *obiectis* (C, G, T, L und M) statt *abiectis* (P), mit Primmer lese ich *abiectis*, was die Aussage Julians zu einer Klimax ergänzt (*abdicent* – man wendet sich von den Sünden ab; *abiectis sordibus* – man hat sich dem Schmutz der Sünde entledigt; *uirtutum comantur insignibus* – man wird mit den Auszeichnungen der Tugenden geschmückt).[783]

92,1 *desine itaque* – **4** *constare iudicii!*
Nach dem exegetischen Abschnitt wendet sich Julian nun weg von der Auslegung des Bibelzitats und geht gegen Augustins Verwendung desselben an. In 76,11–77,9 wirkt es bereits verdächtig auf Julian, dass Augustinus zwar schreibt *non liberum negamus arbitrium*, dieses Bekenntnis jedoch nicht weiter ausführt. In 84,11–14 hatte er noch vorsichtiger formuliert, dass Augustinus das Zitat *Io* 8,36 nicht richtig verstanden haben könnte, jedoch äußert er bereits die Vermutung, er habe es manipulativ für seine Argumentation verwendet. Hier suggeriert er, Augustinus lege das Bibelzitat absichtlich so aus, dass es dem freien Willen widerspricht. Dass eine solche Auslegung, die den freien Willen leugnet, nicht vollzogen werden darf, sieht Julian in der Tatsache begründet,

---

[783] Cf. Primmer, Rhythmus 1, 210, cf. ebenso Cipriani/Volpi, Sant'Agostino 1, 126 und Teske, Answer 156 n. 179.

dass dann die Grundlage für die gerechte Bewertung Gottes aufgehoben würde. An dieser Stelle zeigt sich ein weiteres Mal, dass Julian bei seiner Exegese von bestimmten Axiomen ausgeht, denen diese nicht widersprechen darf. Diese sind u.a. die Gerechtigkeit Gottes und der freie Wille. Auch Augustinus hält natürlich an diesen Axiomen fest, nur äußert sich bei ihm ein anderes Begriffsverständnis hinter diesen Konzepten (cf. Hinführung. 2.2.2.2). Cf. Kommentar zu 27,1–33,8 und Hinführung. 3.2; 3.3.1 und 3.3.3.

2.4.3.3.2.3   *Bibelstellen, die für den freien Willen sprechen* (93,1–18)
Julian führt nun weitere Zitate aus dem Johannes- und dem Matthäusevangelium sowie aus Jesaja an, um zu erklären, dass in der Bibel tatsächlich von freiem Willen die Rede ist. Alle Bibelstellen haben gemeinsam, dass die dort angesprochenen Personen eine Entscheidung treffen sollen oder bereits getroffen haben. Auffällig ist dabei, dass in *Io* 5,43 (93,2 sq.) und in *Mt* 23,37 sq. (93,8 sq.11) davon die Rede ist, dass bereits die Wahl auf das Schlechte gefallen ist. In *Mt* 12,33 (93,3–5) und *Is* 1,19 sq. (93,14–16) wird die Möglichkeit einer Wahl zwischen Gut und Böse angesprochen. Julian liest aus diesen Worten aus der Bibel heraus, dass diese Willensentscheidung beim Menschen liegt und er die freie Wahl hat. Ein wenig näher erläutert er nur *Mt* 23,37, wo davon die Rede ist, dass sich der menschliche Wille gegen Gottes Vorhaben stellt. Julian verweist in diesem Fall auf *Mt* 23,38 (93,11) als Beleg für die gerechte Strafe einer menschlichen Entscheidung für das Schlechte. Mit den Bibelzitaten zeigt Julian zum einen, dass seine Ansicht über den freien Willen (cf. Kommentar zu 77,9–93,18) aus der Heiligen Schrift belegbar ist, und stärkt zum anderen seine Interpretation von *Io* 8,31–41 und die Widerlegung von Augustins Interpretation in *nupt. et conc.* 2,8 (p. 259, l. 10–13; 74,3–6).

93,6 atque omnibus uehementius – 13 non debuisse ulla necessitate reuocari.
Julian streicht hier heraus, dass die Menschen Gottes gutes Vorhaben durchkreuzen können, wenn sie ihm nicht folgen wollen. Wenn sie dies tun, werden sie jedoch nicht von ihm dazu gezwungen, ihm trotzdem zu folgen, sondern für ihren Ungehorsam bestraft. Wegen der *emancipatio* (cf. Kommentar zu 78,7–9) des Menschen durch Gott übt dieser also keine *necessitas* auf die Menschen aus, wendet jedoch Mittel an, sie spüren zu lassen, wenn sie eine falsche Entscheidung getroffen haben (cf. Kommentar zu 139,3–12). Durch die Betonung jeglicher Abwesenheit von Zwang lässt Julian hier bereits ein Thema anklingen, das er später in seiner Argumentation wieder aufgreifen kann, wenn er Augustinus mit Jovinian vergleicht. Während man Jovinian polemisch zuschreibt, er denke, dass der Mensch nach der Taufe nur noch gut handeln könne, meint Augustinus – so Julian –, dass der Mensch nur das Schlechte tun könne (cf.

Kommentar zu 97,11–21). Gleichzeitig verweist Julian zurück auf seine Definition des freien Willens in 77,9–83,6, die die Bedingung *expers cogentis necessitatis* (82,13; cf. Kommentar zu 82,11–15) beinhaltet. Er argumentiert auch hier wieder mit der Klarheit der Heiligen Schrift, wenn er in Erwägung zieht, dass im Bibeltext auch hätte stehen können *sed te nolente collegi* (93,10), jedoch in diesem Falle die Willensfreiheit nicht mehr gewährleistet wäre, für die die Bibelstelle in seinen Augen spricht. Cf. dazu auch Kommentar zu 67,40–60; 67,74–77; 90,5–15; 107,1–13; 108,1–6.11–15.15–23; 109,1–8; 136,1–137,4.

93,16 quomodo ergo – 18 non liberum pronuntiasti?
Julian wirft Augustinus vor, er streite zwar ab, dass er den freien Willen nicht bekenne, zitiere aber dann gleichzeitig *Io* 8,36 so, dass er es als Beleg für einen unfreien Willen zu verstehen gibt. Er schließt aus dieser Kombination, dass Augustinus von einem unfreien Willen ausgehen muss. Julian liest aus Augustins Aussage in *nupt. et conc.* 2,8 (p. 259, l. 10–13; 74,3–6) heraus, dass in der Art und Weise, wie Augustinus *Io* 8,36 anbringt, und durch die Tatsache, dass Augustinus von Menschen als *captiui* spricht (cf. Kommentar zu 84,1–86,4), Augustinus offensichtlich nicht von einem freien Willen ausgeht. Dies verdeutlicht er in der prägnanten Gegenüberstellung von *euangelii testimonio* und *sensu tuo*. Diese in *Io* 8,36 hineingelesene Interpretation Augustins steht für ihn im Widerspruch mit Augustins Bekenntnis *non liberum negamus arbitrium* in *nupt. et conc.* 2,8 (p. 259, l. 10 sq.; 74,3 sq.). Bereits in 76,11–77,9 hatte er den Leser dafür sensibilisiert. Die Tatsache, dass Augustinus sein Bekenntnis zum freien Willen nicht weiter ausführt, macht ihn in Julians Augen der Häresie verdächtig. Diesen Verdacht sieht er in der vorgeschalteten Definition des freien Willens (77,12–83,16) und der darauffolgenden Auslegung von *Io* 8,36 (87,1–92,4) bestätigt. Durch Zitate aus *c. ep. Pel.* will er dem Leser im Folgenden vorführen, was Augustinus wirklich denkt (94,1–109,13). Cf. auch Kommentar zu 76,11–77,11; 84,1–16. Cf. Hinführung. 3.2.

2.4.3.3.3   Beweisstücke für Augustins wahre Auffassung vom Willen – Heranziehung von *c. ep. Pel.* 1,5–7 (94,1–109,8)

Julian zitiert nun Augustins Aussagen aus *c. ep. Pel.* 1,5–7 (p. 425, l. 24–p. 426, l. 28; p. 428, l. 11; p. 428, l. 12–21; p. 428, l. 24–p. 429, l. 3; 94,5–33.34 sq.35–44.44–47), um zu zeigen, dass dieser nicht an einer Freiheit des Willens nach den in 77,9–83,6 erörterten Maßstäben festhält. Julian möchte damit einen weiteren Beleg dafür anbringen, dass Augustinus in *nupt. et conc.* 2,8 (p. 259, l. 10 sq.; 74,3 sq.) mit *non liberum negamus arbitrium* die Unwahrheit gesprochen hat und seine Aussagen in der Einleitung von *Turb.*, dass Augustinus den freien Willen bestreite, berechtigt waren (cf. Kommentar zu 73,23–42 und 109,8–13).

Um die Worte aus *c. ep. Pel.* 1,5–7 für seine Argumentation brauchbar machen zu können, zeigt er zunächst, dass die göttliche *gratia* nicht mit der Leugnung des freien Willens einhergeht (94,48–95,11), und wendet sich daraufhin gegen Augustins Äußerungen zum *liberum arbitrium* in *c. ep. Pel.* 1,5–7. Daraufhin vergleicht er sie mit denen der Manichäer und Jovinians (96,1–102,5). Im Anschluss daran sammelt er die zuvor entwickelten Argumente, um Augustins Ansicht ad absurdum zu führen (103,1–106,21). Schließlich wendet er sich Augustins Auslegung von *Rm* 6,20 aus *c. ep. Pel.* 1,5 zu (107,1–109,8).

2.4.3.3.3.1 *„Frei von der Sünde ist man nur durch die Gnade Gottes"* – c. ep. Pel. 1,5–7 (94,1–47)

94,1 nam in illo opere – 5 subtilissimus disputator
Cf. Kommentar zu 85,4 sq. Julian bezeichnet Augustinus ironisch als *subtilissimus disputator* und bezieht sich damit wahrscheinlich auf dessen Stil.[784] Der Begriff *subtilis* wird von Cicero und Quintilian als Adjektiv zur Bezeichnung des *genus humile* verwendet (cf. Cic. *orat.* 69; Quint. *inst.* 12,10,58).[785] Julian dürfte hier wieder auf Augustins Tätigkeit als Rhetor anspielen. Während Augustinus in *nupt. et conc.* 2,8 durch seine Äußerungen seine eigene Ansicht verschleiern wollte, so kommt in Julians Augen in *c. ep. Pel.* 1,5–7 deutlicher hervor, was er eigentlich denkt. Cf. Hinführung. 3.2.2.

94,5 „quis autem – 11 bene iusteque uiuendum.
Augustinus wehrt sich in *c. ep. Pel.* 1,5 (p. 425, l. 24–p. 426, l. 28; **94,5–33**) dagegen, dass seine Gegner ihm vorwerfen, er behaupte, der Mensch hätte den freien Willen durch den Sündenfall vollständig verloren. In *c. ep. Pel.* 1,4 (p. 425, l. 11–15) hatte er ein Julianzitat aus *ep. Rom.* angeführt (= *ep. Rom.* frg. 1): [...] *dicunt (inquit) illi Manichei, quibus modo non communicamus, id est toti isti, cum quibus dissentimus, quia primi hominis peccato, id est Adae, liberum arbitrium perierit et nemo iam potestatem habeat bene uiuendi, sed omnes in peccatum carnis suae necessitate cogantur.*[786]

---

[784] Cf. Cic. *de orat.* 1,180: *cum Q. Scaeuola, aequalis et collega meus, homo omnium et disciplina iuris ciuilis eruditissimus et ingenio prudentiaque acutissimus et oratione maxime limatus atque subtilis atque* [...] *iuris peritorum eloquentissimus* [...]; ebenso Cic. *off.* 1,3: *Demetrius Phalereus* [...] *disputator subtilis, orator parum uehemens* [...].

[785] Cf. Forcellini, Tom. 4, 561.

[786] Übers.: „[...] er schreibt: ‚Diese Manichäer, denen wir nicht beipflichten, d.h. also alle diese Menschen, denen wir widersprechen, sagen, dass durch die Sünde des ersten Menschen, d.h. durch die Sünde Adams, die freie Entscheidungsfähigkeit verloren gegangen sei und niemand mehr die Fähigkeit habe, gut zu leben. Stattdessen würden alle durch einen Zwang ihres Fleisches zur Sünde gezwungen.'"

In seiner Entgegnung greift er einzelne Formulierungen aus diesem Zitat auf und wendet sich gegen sie (cf. *c. ep. Pel.* 1,5; p. 425, l. 24–p. 426, l. 1; **94,5–8**; ib. 1,5; p. 426, l. 22–26; **94,28–32**). Augustinus differenziert zwischen *liberum arbitrium* vor und nach dem Sündenfall. In seinen Augen ist durch den Sündenfall die vollkommene Freiheit des Menschen verloren gegangen, jedoch bleibt ihm eine gewisse Freiheit erhalten. Er wehrt sich zudem gegen die Formulierung, er vertrete ein Konzept der *necessitas* (cf. *ep. Rom.* frg. 1 = Iulian. A. *c. ep. Pel.* 1,4 und Augustins Aussagen in *c. ep. Pel.* 1,5; p. 426, l. 4–6; **94,11–14**). In *pecc. mer.* 2,37 wird deutlich, dass Adam und Eva eine *prima iustitia* besaßen und daher noch nicht durch Willensschwäche vom Gehorsam gegenüber Gott abgehalten wurden.[787] Diese Freiheit, das Gute zu wählen, ist den Menschen durch den Sündenfall abhandengekommen. Augustinus deutet das Zitat *Io* 8,36 (*c. ep. Pel.* 1,5; p. 426, l. 2 sq.21 sq.; **94,10 sq.27 sq.**) in der Art, dass er darin eine Befreiung des Menschen von der Schuld für die Erbsünde sieht. Freiheit in ihrer vollen Wirksamkeit erlangt der Mensch jedoch erst im Jenseits.[788] Der Mensch ist für ihn also nach dem Sündenfall insofern frei, als er sündigen und das Schlechte tun kann (**94,11–14**). Cf. Hinführung. 2.2.2.2 und 2.2.2.3. Zur *tradux mortis* als Folge des Sündenfalls cf. Kommentar zu 67,33–40 und 99,1–100,6.

94,14 unde et apostolus – 19 saluatoris.
Augustinus zieht *Rm* 6,20 heran, um zu unterstreichen, dass die Menschen trotz ihrer Sündhaftigkeit auch eine gewisse Freiheit bzw. einen anderen Grad von Freiheit besitzen.[789] Sie sind dann nämlich frei von der Gerechtigkeit und tun das Schlechte aus ihrer freien Entscheidung dafür. Er bringt damit zum Ausdruck, dass er den Genitiv in *liberi iustitiae* als einen Separativus auffasst. Julian wird auf dieses Verständnis in seiner Auslegung von *Rm* 6,20 (107,1–109,8) eingehen (cf. Kommentar zu 108,11–23).

---

787 Cf. Dodaro, Iustitia 872.
788 Cf. *ciu.* 22,30,63–65: *sed quia peccauit ista natura cum peccare potuit, largiore gratia liberatur, ut ad eam perducatur libertatem, in qua peccare non possit.*
789 Augustinus schreibt in *c. ep. Pel.* 1,5 (p. 426, l. 4 sq.): *nam liberum arbitrium* **usque adeo in peccatore non periit**, womit er auf eine Einschränkung der Freiheit und nicht auf eine andere Freiheit abhebt. Aus dem Kontext von *c. ep. Pel.* 1,5 (p. 426, l. 4–9) könnte daher die Variante *aliqua libertate* (C) in *c. ep. Pel.* 1,5 (p. 426, l. 9) erwogen werden.

94,24 *liberos – 28 tunc uere liberi eritis.*
Augustinus kombiniert seine Exegese von *Rm* 6,20–22 mit *Io* 8,36 und interpretiert die Formulierung *liberi iustitiae* so, dass damit die freiwillige Abwendung des Menschen von Gott gemeint ist. Im Gegensatz zu dieser freiwilligen Abwendung kann sich der Mensch jedoch nicht wieder freiwillig zu Gott hinwenden und benötigt dafür die Gnade Christi (**94,18 sq.**). Diesen Unterschied sieht Augustinus darin begründet, dass der Apostel, wenn er von der Abwendung von der Gerechtigkeit spricht, *liberi iustitiae* schreibt, wenn es aber um die Abwendung von der Sünde geht, den Ausdruck *liberati a peccato* verwendet. Im Adjektiv *liber* sieht er die freiwillige Bewegung des Menschen ausgedrückt, während das Partizip Perfekt Passiv *liberatus* impliziert, dass der Mensch durch jemanden oder etwas von der Sünde abgebracht worden sein muss (nämlich durch die Gnade Christi). Auch auf diese Interpretation geht Julian in seiner Auslegung von *Rm* 6,20 ein (cf. Kommentar zu 107,1–13).

94,29 sq. quid est quod iste libero arbitrio uult bene uiuendi tribuere potestatem
Augustinus behauptet, Julian bestreite, dass der Mensch durch die Gnade Gottes die Fähigkeit erhalte, gut zu leben. Zu den unterschiedlichen Positionen Julians und Augustins cf. Hinführung. 2.2.1.3 und 2.2.2.2. Zum Gnadenverständnis Julians cf. auch Kommentar zu 54,3–56,3 und 94,48–95,11.

Julian überspringt nun den größten Teil von *c. ep. Pel.* 1,6, nämlich *c. ep. Pel.* 1,6 (p. 427, l. 1–p. 428, l. 10) und setzt mit der Zitation von *c. ep. Pel.* 1,6 (p. 428, l. 11) wieder ein.[790]

94,34 „datur ergo", inquis – 39 *inseuit uel sibi ipse persuasit.*
Augustinus bezieht sich auf den Beleg *Io* 1,12, den er sowohl in *c. ep. Pel.* 1,5 (p. 426, l. 26–28) als auch in dem von Julian ausgelassenen Textstück in *c. ep. Pel.* 1,6 (p. 427, l. 3–11) angebracht und erklärt hatte. Gott selbst gibt den Menschen die *potestas*, Söhne Gottes zu werden. Dies kann jedoch nur durch Gottes Gnade geschehen, da der Mensch nur frei ist, das Schlechte zu tun. Wenn der Mensch das Schlechte tut, so tut er dies aus seinem Willen heraus und er ist selbst dafür verantwortlich. Wenn er jedoch das Gute tut, dann tut er dies zwar durch sein eigenes Wollen, aber das Wollen

---

[790] Zu *post modicum* (**94,33**) als Angabe eines (zeitlichen) Abstands cf. TLL 8, p. 1235, l. 13–15 (z. B. Hier. *c. Lucif.* 7).

selbst entsteht erst durch die Gnade Gottes. Mit Augustinus sind demnach alle schlechten Taten im Ganzen dem Menschen zuzuschreiben, alle guten Taten jedoch in erster Linie Gott (cf. Hinführung. 2.2.2.2).

94,34 sq. *datur ergo – qui credunt in eum*: Hier fehlt ein Teil des Textes, der sich an *qui credunt in eum* angeschlossen hätte, nämlich *cum hoc ipsum datur, ut credant in eum* (*c. ep. Pel.* 1,6; p. 428, l. 11 sq.). Es ist nicht unwahrscheinlich, dass es sich dabei um einen Augensprung handelt, der durch den Gleichklang der Satzenden zustande gekommen sein könnte. Aufgrund der Tatsache, dass sich in der folgenden Antwort Julians keine Anspielung auf diese Aussage findet, wäre es möglich, dass die Auslassung entweder von Julian selbst vorgenommen worden ist oder bereits in der ihm vorliegenden Abschrift von *c. ep. Pel.* vorhanden war.

94,39 non itaque – 44 sua uoluntate praecipitantur."
Augustinus differenziert zwischen Kleinkindern, die noch keinen Willen haben, und solchen, die ihn bereits besitzen. Er widerspricht schließlich dem ihm gemachten Vorwurf, er behaupte, dass alle Menschen durch Zwang sündigten (cf. Iulian. A. *c. ep. Pel.* 1,4 (p. 425, l. 11–15) = *ep. Rom. frg.* 1). Stattdessen betont er den Eigenanteil des Menschen an der Sünde.

94,44 „sed haec uoluntas – 47 non potest uelle."
Es fehlt hier der Satz aus *c. ep. Pel.* 1,7 (p. 428, l. 21–24), der zwischen den Sätzen 94,39–44 und 94,44–47 hätte zitiert werden müssen: *neque enim agit in eis etiam qui suadet et decipit, nisi ut peccatum uoluntate committant uel ignorantia ueritatis uel delectatione iniquitatis uel utroque malo et caecitatis et infirmitatis.*[791]

Auffällig ist hier zudem, dass Julian das Zitat in *c. ep. Pel.* 1,7 (p. 429, l. 3) abbricht und einen Teil der folgenden Aussage Augustins auslässt (Auslassung fett gedruckt): *nec potest homo boni aliquid uelle, nisi adiuuetur ab eo, qui malum non potest uelle,* **hoc est gratia dei per Iesum Christum dominum nostrum**; dies dürfte darauf zurückzuführen sein, dass Julian Augustinus dadurch leichter in die Nähe der Manichäer rücken kann (cf. 97,1–102,5).

Augustinus entwickelt seinen Begriff der Willensfreiheit als einer Freiheit zu etwas. Er widerspricht hier Julians Vorwurf, dass seine Sichtweise

---

[791] Übers.: „Denn auch wenn sie jemand überredet oder täuscht, bewirkt er in ihnen nichts anderes, als dass sie aus eigenem Willen Sünde begehen, sei es aufgrund von Unkenntnis der Wahrheit, sei es aufgrund von Freude an der Ungerechtigkeit oder wegen des zweifachen Übels der Blindheit und Schwäche."

ein verkappter Zwang zum Schlechten ist (cf. Kommentar zu **94,34–39** und Hinführung. 2.2). Julian geht auf Augustins Aussage aus *c. ep. Pel.* 1,7 (p. 428, l. 24–p. 429, l. 1): [...] *uoluntas, quae libera est in malis,* [...] *libera in bonis non est* [...] (**94,44–46**) nochmals in 3,115–121 ein.

2.4.3.3.3.2 *Einfluss der Gnade auf den menschlichen Willen* (**94,48–95,11**)

Julian trennt nun als Reaktion auf Augustins Zitate den Begriff der Gnade von dem des Willens. Er verwendet auch hier Schlagworte, die als Standardformulierungen aus dem christlichen Glauben gelten können (cf. Hinführung. 3.3.2). Mit seiner Sichtweise auf die Gnade als *adiutorium bonae uoluntatis* (cf. **95,6 sq.**) stellt er sich in die Tradition des Pelagius. Es ist auffallend, dass Julian hier im Gegensatz zu **52,33–56,3**, wo er die Taufgnade behandelt hat, v.a. auf den Aspekt des *adiutorium* eingeht, das von Menschen auch abgelehnt werden kann. Im folgenden Abschnitt (**96,1–102,5**) reduziert er Augustins Verständnis der *gratia* in *c. ep. Pel.* 1,5–7 (cf. Kommentar zu **94,1–47**) auf die Unterstützung nach der Taufe, um dessen Sichtweise auf die Gnade als *necessitas* zu entlarven.

94,48 in his omnibus uerbis tuis – 56 adulatione laudetur.

Julian schließt mit dieser pathetischen Überleitung Augustins Zitat ab (cf. z. B. **22,37–44**) und wirft ihm vor, er verwende absichtlich positiv belegte Begriffe, um seine negative Sicht auf den menschlichen Willen zu verschleiern (zu einem ähnlich komplexen Vergleichssatz cf. **98,13–15**). Gleichzeitig höhle er dabei die Begriffe aus. Die Verbindung von Gnade und der Freiheit zum Schlechten, die er in Augustins Ausführungen erkennt, will Julian im Folgenden durch die Erläuterung des Begriffs „Gnade" mittels Durchführung einer *diuisio* auflösen (cf. **94,56–95,11** und Kommentar zu **94,56–61**). Julian greift im Folgenden, wie in **54,1–3** versprochen, das Thema „Gnade" ein weiteres Mal auf. Bereits in **52,33–56,3** hat er betont, wie wichtig es sei, dass sich Gnade und Gerechtigkeit nicht gegenseitig aufheben. In seinen Augen ist dies in Augustins Lehre der Fall (cf. auch **48,3–49,20**).

Interessant hinsichtlich der folgenden Argumentführung ist, dass Julian die Zitate aus *c. ep. Pel.* angekündigt hatte mit Bezug darauf, dass sie belegen könnten, dass Augustinus in *nupt. et conc.* 2,8 (p. 259, l. 10 sq.; **74,3 sq.**) mit der Aussage *non liberum negamus arbitrium* die Unwahrheit spricht (cf. Kommentar zu **85,1–6**). Jetzt nähert er sich Augustins Willenskonzept über den Begriff der Gnade, der in *c. ep. Pel.* 1,5–7 (cf. Kommentar zu **94,1–47**) von Augustinus immer wieder als die den Willen befreiende Macht angeführt wird. Er bringt so Augustins Gnadenkonzept ins Wanken, um besser dafür argumentieren zu können, dass auch dessen Willenskonzept nicht haltbar ist. Er will entlarven,

KOMMENTAR   479

dass Augustinus den Willen und die Gnade deshalb so eng miteinander verknüpft, weil er damit die Leser täuschen könne. Cf. Hinführung. 3.2 und 3.3.2.

94,56 gratiam ergo Christi multiplicem – 61 arbitrii concessa libertas.
Julian führt hier eine *diuisio* durch (cf. zu diesem Prinzip 41,1sq.; 77,3–11; 96,7sq.), wobei er die göttliche Gnade in zwei Arten teilt: die Gnade der Schöpfung (94,57sq.) und die der Einrichtung des Menschen als *imago dei* (94,58–61). Dass Julian bei seinem Gnadenverständnis v.a. die Schöpfung und deren Eigenheiten betont, passt gut zu seiner Sicht von der menschlichen Natur (zu einer ähnlichen Vorgehensweise cf. Kommentar zu 27,1–30,6; 50,1–22; 53,4–38; 129,3–130,11). Durch die Gnade wurde dem Menschen bereits bei der Schöpfung der freie Wille geschenkt und diese Einrichtung der Natur war von Anfang an nicht dazu gedacht, dass sie verändert werden könne (cf. Hinführung. 2.2.1.1.1). Die Rede von der Gnade, die in vielfältiger Hinsicht bekannt wird (*gratia multiplex*), erinnert an 1 Pt 4,10, wo von der *multiformis gratia* die Rede ist. Zu Julians Entgegnung auf den Vorwurf, er sei ein *inimicus gratiae*, cf. Kommentar zu 52,33–56,3; 94,61–66 und 95,6–11.

Die *creatio ex nihilo* stammt aus der Tradition der Apologeten[792] und „[gilt] bereits zu Beginn des dritten Jahrhunderts als Fundamentalsatz der christlichen Theologie [...]."[793] Während Augustinus die Tatsache, dass der Mensch *ex nihilo* geschaffen ist, durch seine Privationslehre als Grund für die *uoluntas mala* ansieht, ist dies für Julian nicht der Fall (cf. Kommentar zu 46,1–3; 47,5–10). Die *uoluntas mala* entsteht bei Julian aus der Willensfreiheit, die dem Menschen geschenkt ist, und ist ein *possibile*, das sich aus der Freiheit des Menschen ergibt (cf. Kommentar zu 81,1–82,2).[794] Für Julian gibt es keine Antwort auf die Frage nach der Ursache des schlechten Willens (cf. Kommentar zu 82,11–15; cf. Hinführung. 2.2.2.2 und 2.2.1.1).

Das *nihil* bzw. die Leere (*inanitas*) endet für Julian mit dem Zeitpunkt der Schöpfung.[795] Er schreibt dem Nichts keine Existenz zu (5,32,11: *ipsum ergo*

---

792   Cf. Fuhrer, Nihil 206sq.
793   May, Schöpfung 183. Cf. auch Mayer, Creatio 78sq.
794   Cf. Lössl, Julian 138sq. und ib. 129–135 und ib. 143sq.
795   5,31; 5,32,7–16: *nihilum nempe, cum necdum quicquam esset creatum, aeternae erat inanitatis indicium, sed hoc ipsum nihilum id est inanitas orientibus est finita creaturis; desiuit enim nihil esse, cum coepit aliquid esse. ipsum ergo nihilum etiam cum erat, non erat, quoniam tunc intellegitur fuisse, cum necdum aliquid erat. postea uero quam factae res sunt, hoc inanitatis indicium id est nihilum, sicut substantiam numquam habuerat, ita etiam uocabulum suum perdidit factumque est, ut quod in re numquam extiterat, etiam ipsum nomen amitteret.* Übers.: „Der Begriff ‚Nichts' war selbstverständlich ein Hinweis auf die ewige Leere zu dem Zeitpunkt, als noch nichts geschaffen worden war, aber dieses Nichts, also

nihilum etiam cum erat, non erat [...]) und sagt, dass man nach der Schöpfung nicht mehr von einem Nichts sprechen kann, da nun alles geschaffen ist. Es folgt die für die Antike typische Rangordnung zwischen den Lebewesen, die Julian in Pflanzen, Wesen mit Sinneswahrnehmung und Menschen unterteilt.[796] Den Menschen zeichnet dabei die Vernunftbegabtheit und der freie Wille aus, durch die er als *imago dei* gilt (cf. Hinführung. 2.2.1.1). Ganz ähnlich sieht Pelagius den Grund für den freien Willen in der Güte Gottes verankert und versteht ihn als Befähigung, Gottes Gerechtigkeit zu verwirklichen; auch Pelagius hebt an dieser Stelle hervor, dass der Mensch die Tiere übertrifft (*epist. ad Demetr.* 2):[797] *[...] sed quem inermem extrinsecus fecerat, melius intus armauit, ratione scilicet atque prudentia, ut per intellectum uigoremque mentis, quo ceteris praestabat animalibus, factorem omnium solus agnosceret, et inde seruiret deo, unde aliis dominabatur. quem tamen iustitiae dominus uoluntarium esse uoluit, non coactum.*[798]

Für Augustinus ist festzuhalten, dass der Begriff der *creatio ex nihilo* ihm in der Debatte mit den Manichäern dazu dient, die Substanzhaftigkeit des Bösen zu widerlegen (z. B. *Gn. adu. Man.* 1,4.10 sq.; 2,43). In seinen *Confessiones* zeigt er, dass es für ihn ein wesentlicher Schritt hin zum Christentum war, das Böse nicht mehr als substantiell zu betrachten (*Conf.* 3,12; 4,24; 5,20).[799] Zur rhetorischen Technik, typisch christliche Glaubensgrundsätze hervorzuheben: Cf. Hinführung. 3.3.2.

    die Leere selbst, ist beendet worden durch die Entstehung dessen, was geschaffen wurde; der Zustand, in dem nichts vorhanden war, hörte nämlich auf, als der Zustand begann, in dem etwas existierte. Das Nichts selbst also war auch zu dem Zeitpunkt, als es das Nichts ‚gab', selbst nichts, denn es ‚gab' das Nichts, als noch nichts existierte. Nachdem aber Dinge geschaffen worden sind, hat dieser Hinweis auf die Leere, d.h. das Nichts, so wie es niemals eine Substanz hatte, auch seine Bedeutung verloren und so kam es, dass das, was niemals als Ding existiert hat, auch selbst seine Bedeutung verlor."

    Julian will in der weiterführenden Diskussion zeigen, dass Augustinus mit seiner Erklärung für die Herkunft der *uoluntas mala* als das *nihil* nichts anderes behauptet als die Manichäer (z. B. 5,44). Er vergleicht dazu das Böse als Abwesenheit des Guten mit dem Dunkel als Abwesenheit von Licht und sieht hierin die Parallele zwischen dem Konzept Augustins und dem der Manichäer, die davon ausgehen, dass das Böse aus dem „Reich der Dunkelheit" hervorgeht. Cf. Hinführung. 3.2.1.1.

796   Zu dieser Stufung, die Augustinus auch vertritt, wobei er jedoch weitere Stufen annimmt, cf. Baltes, Animal 357 sq.
797   Zu der in der antiken Philosophie verankterten Ansicht, der Mensch sei ein Mängelwesen, die zu Beginn mit dem Prometheus-Mythos verknüpft ist, und den unterschiedlichen Theorien, wie dieser Mangel kompensiert wird: Cf. Hügli, Mensch 1063–1069.
798   Zu *quo ceteris praestabat animalibus* cf. Sall. *Catil.* 1,1: *omnis homines, qui sese student praestare ceteris animalibus* [...].
799   Cf. Häring, Malum 1112; Fuhrer, Augustinus 89–94; cf. auch Drecoll/Kudella, Augustin 82 sq.

KOMMENTAR   481

94,59 *ratione praestamus, quae impressa est animo*: Auch Augustinus spricht davon, dass dem Menschen das Bild Gottes gleichermaßen „eingeprägt" ist cf. *en. Ps.* 32,2,2,16: *in animo tuo est imago dei, mens hominis capit eam; accepit eam et inclinando se ad peccatum decolorauit eam. ipse ad eam uenit reformator, qui erat eius antea formator, quia per uerbum facta sunt omnia, et per uerbum impressa est haec imago.*[800] Bei Platon (id., *Tht.* 191c) findet sich die Vorstellung, Sinneswahrnehmungen und Gedanken würden in die Seele wie der Abdruck eines Siegelringes in Wachs eingeprägt. Diese bleiben solange erhalten, wie ihr Abbild im Wachs erhalten bleibt.[801] Möglicherweise handelt es sich hier bei Julian und Augustinus um eine Identifikation der *imago* mit dem Abbild des Siegelringes im Wachs. Der wesentliche Unterschied ist jedoch, dass im Falle der *ratio* bei Julian das vollständige Vermögen gemeint ist und nicht wie bei Platon einzelne Sinneseindrücke oder Gedanken bezeichnet sind.

94,61 ipsi etiam gratiae beneficiorum – 66 atque imitatos suos foueret
Zur zweiten Ausformung der Gnade als Spenderin der Entscheidungsfreiheit und der Vernunft zählt auch ihre Unterstützungsfunktion. Während Julian sich in 52,1–56,3 gegen die Unterstellung gewehrt hatte, er halte die Kindertaufe für unnötig, betont er hier insbesondere, dass die göttliche Gnade auch nach der Schöpfung nicht aufhört. Die Unterstützung durch Gottes Gnade stellt er sich auf verschiedene Art und Weise vor: Die menschliche *ratio*, die unter schlechtem Einfluss von negativen Beispielen steht und durch die *consuetudo uitiorum* abgestumpft ist, wird durch göttliche Erziehungsmaßnahmen erhellt und angespornt (cf. *illuminatio spiritualis* in 53,34; cf. 95,6–11; 3,106,22–26).[802] Dies erinnert an die Gnadenansichten des Pelagius, der ebenso von der Illumination des Menschen durch die göttliche Gnade spricht (Pelag. A. *gr. et pecc. or.* 1,8; p. 131, l. 13–17):[803] *adiuuat enim nos deus [...] per doctrinam et reuelationem suam, dum cordis nostri oculos aperit; dum nobis, ne praesentibus occupemur, futura demonstrat; dum diaboli pandit insidias; dum nos multiformi et ineffa-*

---

800 Übers.: „In deiner Seele ist das Abbild Gottes, der Geist des Menschen erfasst es. Er nimmt es an und, wenn er sich der Sünde zuneigt, nimmt er dem Abbild die Farben. Derjenige, der das Bild zuvor geschaffen hat, kommt und stellt es selbst wieder her, weil durch das Wort alle Dinge geschaffen sind und durch das Wort dieses Abbild in uns eingeprägt worden ist." Cf. auch *en. Ps.* 66,4: *impressisti nobis uultum tuum, fecisti nos ad imaginem et similitudinem tuam, fecisti nos nummum tuum*; ebenfalls schreibt Augustinus dies von der Seele in *en. Ps.* 129,1.
801 Cf. Seeck, Theaitetos 118 sq.
802 Cf. Lamberigts, Grace 347; id., Alternative 104 sq.
803 Cf. Lamberigts, Grace 347 sq. mit n. 45.

bili dono gratiae caelestis illuminat.[804] Diese Illumination geschieht auch nach Pelagius' Ansichten auf der Ebene der *ratio*.[805] Eine andere Maßnahme ist die Unterstützung von denjenigen, die Gott bereits folgen, welche durch ihr gutes Verhalten eine positive Auswirkung auf die Mitmenschen haben können. Die Konzepte der *imitatio* und der *consuetudo* finden sich bei Julian als Erklärung für die Entstehung und Verbreitung des Bösen wie des Guten. Cf. Kommentar zu 48,32; 67,33–60; 67,77–93 und Hinführung. 2.2.1; zu Augustins Ansichten cf. Kommentar zu 16,5 sq. und Hinführung. 2.2.2.2. Zu Gottes Einfluss auf die Menschen cf. auch Kommentar zu 139,3–12.

94,62 *quae nobis praestare non desinit*: Das Verb *praestare* in der Bedeutung „etwas leisten, gestatten" wird nach Löfstedt im späten Latein gerne verwendet und erhält aus Junkturen wie *beneficium praestare* (cf. 94,61 sq.), *misericordiam praestare* (cf. 133,17) dann auch die Bedeutungen „nützen" und „helfen" ohne Akkusativobjekt.[806]

94,66 ad istius ergo gratiae – 94,74 praestaret nos esse coheredes.
Göttliche Gnade bedeutet für Julian, wie hier deutlich wird, die Zuwendung des wohlwollenden Gottes zum Menschen. Er zeichnet an dieser Stelle das christliche Bild des gütigen Gottes, der durch seine Liebe zu den Menschen auch solche, die sich erst spät zu ihm bekehren, noch zu seinen Söhnen zählen will. Zeichen der unermesslichen Liebe Gottes ist die Tatsache, dass er seinen Sohn geopfert hat.[807] Cf. Hinführung. 3.3.2.

---

[804] Übers.: „Gott nämlich hilft uns [...] durch seine Lehre und seine Offenbarung, wenn er die Augen unseres Herzens öffnet; wenn er uns, damit wir nicht von den gegenwärtigen Dingen eingenommen werden, das Zukünftige zeigt; wenn er die hinterlistigen Taten des Teufels offenlegt; wenn er uns mit dem Geschenk seiner vielfältigen und unbeschreiblichen himmlischen Gnade erleuchtet." Cf. Cipriani, Morale 318. Weitere Stellen zur *doctrina* und zum *exemplum Christi* finden sich bei Matteoli (z. B. Pelag. *in Rom.* 6,14–18 p. 52,1–21). Sie hebt die textkritischen Probleme durch ihre konzise Analyse auf (cf. Matteoli, Origini 159–161). Cf. auch Evans, Pelagius 109–113 und Dupont/Malavasi, Question 545.

[805] Cipriani, Morale 319: „Insomma, l'azione di Dio non tocca direttamente la volontà dell'uomo, ma solo attraverso la sua mente. Il pensiero infatti è la *fons boni et origo peccandi* e ogni influsso positivo (di Dio) o negativo (del diavolo) sulla volontà umana passa per il pensiero." Unter Bezugnahme auf Pelag. *epist. ad Demetr.* 26. Matteoli betont, dass der Gnadenbegriff bei Pelagius über das *exemplum Christi* hinausgeht (cf. ead., Origini 163–165 und ib. 166: „[...] l'espressione *adiutorium gratiae* assume un significato più profondo, alludendo ad un sostegno soprannaturale alle volontà umana, ad una illuminazione interiore che conferma l'uomo nel cammino verso i beni celesti.").

[806] Cf. Löfstedt, Sprache 104 sq.

[807] Cf. Lamberigts, Grace 343 sq.

94,68 *reposcens* – 70 *egisset affectu*: Zur Konstruktion cf. Kommentar zu 76,10 sq.; 101,6–8; 122,1–4.

94,73 sq. *unigeniti sui – coheredes*: Es handelt sich hier um eine Anspielung auf *Rm* 8,17 (Vulg.: *si autem filii et heredes heredes quidem Dei coheredes autem Christi si tamen conpatimur ut et conglorificemur*). Zum Gebrauch von *praestare* cf. Kommentar zu 94,62.

95,1 haec ergo gratia – 6 discretionis adipiscimur.

Julian fasst hier sein Gnadenkonzept von 54,3–56,3 zusammen. Die Sündenvergebung war zudem eines der Hauptthemen bei der Auslegung von *Io* 8,36 in 87,1–92,4, deren anspornende Wirkung bei der Führung eines christlichen Lebens hervorgehoben wurde. Julian kehrt in 95,3–6 zum Grund seiner Ausführungen über die *gratia* zurück, nämlich der Trennung von *gratia* und *liberum arbitrium* (cf. Kommentar zu 94,48–56).

95,3 *adoptat*: Meines Erachtens ist hier die Variante *adoptat* aus Handschrift P im Vergleich zu Zelzers Konjektur *optat* die bessere.[808] Möglicherweise handelt es sich bei der Variante *aptat* in den Handschriften C, G, T und M um eine Haplographie von *adoptat*. Das Verb *adoptare* findet sich als Terminus technicus regelmäßig an Stellen, an denen Julian seine Sicht der Taufgnade erläutert: 53,33–38; 111,1–4; 3,151; 5,9; 6,36.[809]

95,5 sq. *ualentiam*: Dieses Wort ist in der Bedeutung „Vermögen" sonst nicht geläufig.[810]

95,6 bonae – 11 adiutorium cooperetur.

Es handelt sich auch hier um eine erneute Verteidigung gegen den Angriff der *inimicitia gratiae* (cf. 52,1–56,3). Julian ist es besonders wichtig, dass die göttliche Gnade nichts an der Fähigkeit, sich frei zu entscheiden, verändert. Die Gnade ermöglicht es dem sündhaften Menschen, sein Leben noch einmal von vorne anzufangen, nachdem er die Taufe empfangen hat (95,4: *meritum mutat reorum*).[811] Julian versucht, wie in 94,48–56 angekündigt, die göttliche Gnade so zu beschreiben, dass sie die Willensfreiheit nicht aufhebt oder beeinträchtigt. Dazu zeigt er, dass er ebenso wie Augustinus der Ansicht ist, dass Gott dem menschlichen Willen eine Hilfe bieten kann. Er geht damit auf Augustins Aussage in *c. ep. Pel.* 1,7 (p. 429, l. 1–3; 94,46 sq.: *nec potest homo boni aliquid uelle,*

---

[808] Cf. ebenso Primmer, Rhythmus 1, 210, Cipriani/Volpi, Sant'Agostino 1, 134 und Teske, Answer 157 n. 196.
[809] Cf. Primmer, Rhythmus 1, 210.
[810] Cf. Baxter, Notes 53; Vaccari, Commento 62; Forcellini, Tom. 4, 906.
[811] Cf. Lamberigts, Grace 344 sq.

nisi adiuuetur ab eo qui malum non potest uelle) ein und streicht heraus, dass die göttliche Hilfe nie in solch einer Art und Weise vorstellbar sei, dass sie den freien Willen wiederherstellt oder gar eine Notwendigkeit zum Guten oder zum Schlechten auferlegt. Er bestreitet damit in erster Linie, dass die Natur des Menschen verdorben worden ist. Für ihn ist die Gnade eine Unterstützung, wie er auch in 3,114 schreibt (cf. Kommentar zu 81,1–82,2), und sie hat den Charakter eines Angebotes an den Menschen, das er auch ablehnen kann.[812] Die Hilfestellung kommt dadurch zustande, dass die Gnade der menschlichen *ratio* Anreize bietet (cf. Kommentar zu 94,61–66). Die Willensfreiheit – und damit also auch die Natur des Menschen – ist für ihn ein Gut, das unantastbar ist. Julian dürfte die Unterstützung der *bona uoluntas* in 95,6–8 also als eine indirekte Unterstützung der freien Entscheidung sehen.

Pelagius schreibt davon, dass Gott den Menschen die *possibilitas* gegeben hat, das Gute zu tun, und ihn in seiner *possibilitas* unterstützt, die Ausführung liegt jedoch beim Menschen (Pelag. A. *gr. et pecc. or.* 1,5).[813] Dies erinnert an Julians Formulierung, dass Gott das *liberum arbitrium* unterstütze (cf. 95,11), das er in 82,11–15 als *possibilitas [...] uel ammittendi uel uitandi peccati expers cogentis necessitatis, quae in suo utpote iure habet, utram suggerentium partem sequatur* definiert.

Zur Hilfestellung der Gnade gegenüber der *uoluntas bona* cf. auch Iulian. A. c. *ep. Pel.* 1,36 (= ep. Rom. frg. 11): *homines (inquit) dei opus esse defendimus nec ex illius potentia uel in malum uel in bonum inuitum aliquem cogi, sed propria uoluntate aut bonum facere aut malum, in bono uero opere a dei gratia semper adiuuari, in malum uero diaboli suggestionibus incitari*.[814] Die Tatsache lässt an Pelagius' Ansicht denken, man müsse sich darin üben, sich den *suggestiones* bzw. *persuasiones* zu widersetzen, um die richtigen und guten Entscheidungen zu treffen (cf. Pelag. *epist. ad Demtetr.* 26 sq.; id., *in Eph.* 6,16 p. 384,5–12).[815] Das-

---

812 Cf. Lamberigts, Alternative 104 sq.; cf. 3,114,3–9.
813 Cf. Annecchino, Nozione 80–83.
814 Übers.: „Er sagt: ‚Wir verteidigen die Ansicht, dass die Menschen das Werk Gottes sind und dass niemand zum Schlechten oder zum Guten ohne sein Wollen gezwungen wird, sondern das Gute oder Böse aus eigenem Willen tut. Jedoch glauben wir, dass die Menschen durch Gottes Gnade immer unterstützt werden, wenn sie das Gute tun; zum Schlechten werden sie aber durch die Einflüsterungen des Teufels angestachelt.'" Eine ähnlich deutliche Formulierung findet sich auch in *lib. fid.* 2,1 (PL 48, 514 sq.): *diuinae legis mandata ob dei iustitiam possibilia dicimus et fatemur uniuersa posse compleri per gratiam Christi,* **quae omnibus bonis actibus adiutrix semper et comes est, et per liberum arbitrium hominis,** *quod et ipsum donum dei est*. Zu diesem Julian zugeschriebenen *libellus fidei* cf. Kommentar, Fußnote 378.
815 Cf. Löhr, Pelagius 11. Der Ambrosiaster schreibt ebenfalls von den *suggestiones diaboli* und hebt die selbstverschuldete Schwäche des Menschen hervor, durch die er sich gegen diese

selbe gilt für die Aussage, die göttliche Gnade helfe den Menschen im Guten immer – eine Position, die an Pelagius' Worte in *Pro libero arbitrio* erinnert (Pelag. A. *gr. et pecc. or.* 1,5; p. 128, l. 6–9: *ergo in uoluntate et opere bono laus hominis est, immo et hominis et dei, quique ipsam possibilitatem gratiae suae adiuuat semper auxilio*).[816]

In *ep. Rom.* frg. 11 ist die Charakterisierung der göttlichen Gnade stärker formuliert als in der vorliegenden Stelle in *Flor.*: Dass Julian hier in 95,6–11 eine Formulierung wie *in bono uero opere a dei gratia semper adiuuari* nicht gebraucht, ist wahrscheinlich darin begründet, dass er Augustins Position somit leichter in die Ecke eines Determinismus drängen kann. In *c. ep. Pel.* 1,7 schreibt Augustinus selbst, dass ohne die Gnade keine guten Taten zustande kommen können. Würde Julian also hier eine solche Ansicht vertreten, könnte er schlechter gegen Augustinus argumentieren und würde sich selbst des Determinismus verdächtig machen. In *Flor.* 3,114 zeigt er jedoch recht deutlich, dass er von einer dauerhaften Unterstützung der menschlichen Entscheidungsfähigkeit ausgeht, wo er schreibt, dass die göttliche Gnade den guten Willen niemals im Stich lässt (3,114,3–5: *adsunt tamen adiutoria gratiae dei, quae in parte uirtutis numquam destituunt uoluntatem* [...]). Dass er sie wie Pelagius als eine Unterstützung der *possibilitas non peccandi* ansieht, zeigt sich darin, dass der Mensch die Zuneigung Gottes auch ablehnen kann.[817] Ob er das Gute tun will oder nicht, liegt in den Händen des Menschen, Gott bietet ihm die Möglichkeit dazu. Cf. 77,9–83,6.

Ebenso wie Julian betont auch Johannes Chrysostomus, dass die göttliche Gnade nicht den freien Willen aufhebt.[818] In der Beschreibung der Hilfe Gottes gegenüber dem Menschen lässt jedoch auch er die Zuhörer im Unklaren.[819]

Vorstellungen nicht wehren kann: *quod quidem neglegentiae humanae adscribendum est, quae sic uigorem naturae suae infirmauit cupiditate peccandi, ut suggestiones diaboli reprimere non posset* (Ambrosiast. *in Rom.* 7,13,2 (rec. β.γ)).

816 Cf. Drecoll, Pelagius 635 sq.
817 Cf. Lamberigts, Alternative 104 sq.; cf. 3,114,3–9. Zur Position des Pelagius cf. Dupont/Malavasi, Question 542–548.
818 Zur nicht ganz eindeutigen Position des Johannes Chrysostomus zu Gnade und Willensfreiheit cf. Brändle, Dogmen 127–132.
819 Chrys. *hom.* 2,3 *in Rom.*; PG 60, 404: χάριν δὲ ὅταν ἀκούσῃς, μὴ νομίσῃς ἐκβεβλῆσθαι τὸν ἀπὸ τῆς προαιρέσεως μισθόν· χάριν γὰρ εἶπεν, οὐχὶ τὸν ἐκ προαιρέσεως ἀτιμάζων πόνον, ἀλλὰ τὸν ἐξ ἀπονοίας ἀποτεμνόμενος τῦφον. μὴ τοίνυν ἐπειδὴ Παῦλος αὐτὸ χάρισμα ἐκάλεσεν, ἀναπέσῃς. οἶδε γὰρ δι' εὐγνωμοσύνην πολλὴν καὶ τὰ κατορθώματα χαρίσματα καλεῖν, διὰ τὸ καὶ ἐν τούτοις πολλῆς ἡμᾶς δεῖσθαι τῆς ἄνωθεν ῥοπῆς. Übers. Jatsch, Chrysostomus 1, 26 (modifiziert): „Wenn du jedoch von ‚Gnade' hörst, so meine nicht, daß damit der Lohn der freien Willensentschließung aufgegeben werde. Denn [...] [er sagt ‚Gnade' nicht, um die Anstrengungen der Willensentscheidungen abzuwerten, sondern um den Hochmut, der aus dem Verlust der

An anderer Stelle hebt er hervor, dass der menschliche Wille durch Christus ausgerichtet wird (Chrys. *hom.* 12,2 *in Rom.*; PG 60, 486):

„μὴ οὖν βασιλευέτω ἡ ἁμαρτία ἐν τῷ θνητῷ ὑμῶν σώματι, εἰς τὸ ὑπακούειν αὐτῇ ἐν ταῖς ἐπιθυμίαις αὐτοῦ". οὐκ εἶπε, μὴ οὖν ζήτω ἡ σάρξ, μηδὲ ἐνεργείτω, ἀλλ' „ἡ ἁμαρτία μὴ βασιλευέτω"· οὐ γὰρ τὴν φύσιν ἦλθεν ἀνελεῖν, ἀλλὰ τὴν προαίρεσιν διορθῶσαι. εἶτα δεικνύς, ὅτι οὐ βίᾳ καὶ ἀνάγκῃ κατεχόμεθα ὑπὸ τῆς πονηρίας, ἀλλ' ἑκόντες, οὐκ εἶπε, μὴ τυραννείτω, ὅπερ ἀνάγκης ἦν, ἀλλά, „μὴ βασιλευέτω".[820]

Beim Zusammenwirken von Gnade und Willen geht es für Johannes Chrysostomus demnach nicht um ein Entweder-oder, sondern um ein Sowohl-als-auch.[821] Ähnlich kann man für Theodor von Mopsuestia festhalten, dass Gottes Gnade und der menschliche Willen in einer συνέργεια zusammenwirken.[822] Dies dürfte bei Julian in der Formulierung 95,11: *arbitrio libero omne adiutorium cooperetur* ebenfalls zum Ausdruck kommen. Cf. Hinführung. 2.2.1.4; cf. auch Kommentar zu 131,3–132,13.

95,11 *uerum arbitrio libero omne adiutorium cooperetur*: Der Satzteil *uerum – cooperetur* ist abhängig vom *ut* in 95,8. Daher ist die Variante *cooperetur* von T ac. zu wählen, anstatt mit Zelzer und den Handschriften C, G, T pc., L sowie M *cooperatur* zu schreiben.[823]

---

richtigen Selbsteinschätzung entsteht, zu beenden.] [...] [Gib daher nicht auf, auch] wenn Paulus sie eine Gnadengabe nennt. [...] [Du sollst wissen, dass er aus gutem Grund] auch die guten Werke ‚Gnadengaben' [...] [nennt, weil wir dafür auch viel zusätzliche Hilfe] von oben [nötig haben.]"

820 Übers.: „Es soll also die Sünde nicht in eurem sterblichen Körper herrschen, sodass ihr der Sünde gehorcht, dadurch dass ihr den Begierden des Körpers folgt [Rm 6,12]'. Er sagte nicht: ‚Das Fleisch soll nicht leben' und auch nicht: ‚Es soll nicht wirken', sondern ‚Die Sünde soll nicht herrschen'. Er ist nicht gekommen, um die Natur des Menschen zu beseitigen, sondern um die Entscheidungen in die richtige Richtung zu lenken. Daher, weil er zeigen wollte, dass wir nicht durch Gewalt und Zwang von der Sünde beherrscht werden, sondern aus freier Entscheidung, hat er nicht gesagt: ‚Sie soll kein Tyrann sein', als ob sie aus Zwang geschehe, sondern: ‚Sie soll nicht herrschen'."

821 Cf. Dassmann, Paulusverständnis 36 sq.
822 Cf. Wickert, Studien 62.
823 Cf. Primmer, Rhythmus 2, 209 sq. Die Variante *cooperatur* wählt auch Cipriani/Volpi, Sant'Agostino 1, 134.

2.4.3.3.3.3   *Vergleich der Ansichten Augustins mit denen Jovinians und der*
               Manichäer (96,1–106,21)

In den folgenden Paragraphen von *Flor.* vergleicht Julian Augustins vermeintliche Lehrmeinung in einer Synkrisis mit der der Manichäer, der Jovinians sowie der katholischen Sichtweise (96,1–103,3). In dem Vergleich reduziert er Augustins Lehre so weit, dass er ihm unterstellt, er vertrete die Ansicht einer *necessitas mali* vor der Taufe und einer *necessitas boni* nach der Taufe. Aus diesen Ergebnissen zieht er weiterführende argumentative Folgerungen (104,1–106,21).

Der Übergang vom vorangehenden Gedankenpunkt über die göttliche Gnade zur Gegenüberstellung der Positionen Julians, der Manichäer, Augustins und Jovinians ist schleichend. Die Zeilen 96,1–7 fungieren als eine Überleitung, in der Julian bereits das Ergebnis seines Vergleichs vorwegnimmt. Als erstes wird Augustinus mit den Manichäern verglichen (97,1–6: Position der Manichäer; 97,6–21: Position Augustins). Für Julian besteht der Vergleichspunkt darin, dass Augustinus ebenso wie sie sage, dem Willen sei eine *necessitas* auferlegt, die die freie Entscheidungsfähigkeit aufhebe. Dann wendet sich Julian dem Vergleich zwischen Augustinus und Jovinian zu (98,1–4: Position Jovinians; 98,4–11: Position Augustins), wobei er hier das *tertium comparationis* im Wendepunkt sieht, den die Taufe bezüglich des freien Willens im Leben des Menschen einnimmt. Bei Jovinian führt sie nach seinen Angaben zur *necessitas boni* (cf. 98,1–5), bei Augustinus zur *possibilitas faciendi boni* (cf. 98,10).[824] Julians Vergleich wird umrahmt von seiner eigenen „katholischen" Position (96,8–11 und 98,22–26). Als Folge des Vergleichs führt er Augustins Weltbild polemisch ad absurdum und versucht Augustins Aussage *non liberum negamus arbitrium* aus *nupt. et conc.* 2,8 (p. 259, l. 10 sq.; 74,3 sq.) dadurch ein weiteres Mal ins Wanken zu bringen. Er führt Augustinus in 101 als fiktiven Gesprächspartner ein und stellt ihn wie in einem Streitgespräch vor verschiedene logische Konsequenzen, die aus seinen Ansichten folgen.

Als Anknüpfungspunkte für diesen Vergleich kommen verschiedene Passagen in Frage. Die Gegenüberstellung erinnert stark an eine Passage aus dem *Libellus fidei*, welchen Pelagius nach seiner Verurteilung durch Innozenz I. an denselben richtet.[825] Dort stellt Pelagius dar, dass sowohl die Manichäer als auch die Anhänger Jovinians den freien Willen leugneten und er selbst weder von einem Zwang zum Sündigen vor noch von einem Zwang zum Guten nach

---

824   Zu einer ähnlichen Vorgehensweise cf. 4,47–50, wo Augustins Meinung der der Apollinaristen und der Manichäer gegenübergestellt wird.
825   Cf. Drecoll, Pelagius 637.

der Taufe ausgehe.[826] Der Verweis auf Jovinian dürfte dort auf die Tatsache zurückgehen, dass sich Pelagius in seinen Schriften schon gegen dessen Ansichten wendet.[827]

Als Ausgangspunkt könnte Julian zudem der folgende Vorwurf vonseiten Augustins dienen, den er auf ihn selbst zurückwerfen möchte: In *c. ep. Pel.* 1,4 (p. 425, l. 15–20) betont Augustinus, Jovinian habe den Katholiken vorgeworfen, sie seien Manichäer, um sie als Ankläger der Ehe zu stigmatisieren.[828] Ebenso wie Julian ist Jovinian für Augustinus ein *nouus haereticus* (cf. z. B. *c. ep. Pel.* 1,2.9 (p. 424, l. 1; p. 430, l. 25); *nupt. et conc.* 1,1.22.40; 2,3.25). Neben der bereits genannten Parallele zum *Libellus fidei* könnte diese Stelle in *c. ep. Pel.* 1,4 (p. 425, l. 15–20) insofern gut den Anlass für Julians Vergleich darstellen, als er in 94,5–48 aus *c. ep. Pel.* 1,5–7 zitiert (cf. Kommentar zu 94,1–47). Und auch in *c. ep. Pel.* 2,2–4 vergleicht Augustinus in einer ähnlichen Synkrisis die Pelagianer mit den Manichäern und stellt diesen jeweils die „katholische" (also seine eigene) Position gegenüber. Er wendet sich damit gegen den Manichäismus-Vorwurf, der der „katholischen" Position entgegengebracht wird (*c. ep. Pel.* 2,1), und demonstriert, dass die „pelagianische" Sichtweise ebenso schlimm ist wie die manichäische, auch wenn sich die Pelagianer gegen diese stellen. Auch in *nupt. et conc.* 2,9 gibt es einen solchen Vergleich zwischen Pelagianern, Manichäern und katholischer Seite.

Ein Vergleich mit Jovinian findet sich zudem in *nupt. et conc.* 2,15, wo Augustinus Julian davor warnt, sich wie Jovinian gegen die Meinung des Ambrosius zu stellen.[829] Jovinian sei allerdings zumindest in der Hinsicht besser als

---

826 Pelag. *lib. fid.* 25 (van Egmond, Fides 381): *liberum sic confitemur arbitrium ut dicamus nos semper dei indigere auxilio, et tam illos errare qui cum Manichaeo dicunt hominem peccatum uitare non posse, quam illos qui cum Iouiniano adserunt hominem non posse peccare, uterque enim tollit arbitrii libertatem. nos uero dicimus hominem semper et peccare et non peccare posse, ut semper nos liberi confiteamur esse arbitrii.* Übers.: „Wir bekennen die freie Entscheidungsfähigkeit in der Form, dass wir sagen, dass wir immer Gottes Hilfe benötigen. Und wir sagen, dass sowohl diejenigen sich irren, die mit Mani behaupten, der Mensch könne die Sünde nicht vermeiden, als auch diejenigen, die mit Jovinian behaupten, der Mensch könne nicht sündigen; beides hebt nämlich die Freiheit der Entscheidung auf; wir aber sagen, dass der Mensch zu allen Zeiten sündigen und nicht sündigen kann, indem wir bekennen, dass die Entscheidung immer frei ist."

827 Cf. Löhr, Pelagius 14 sq.

828 *C. ep. Pel.* 1,4 (p. 425, l. 15–20): *Manicheos appellat catholicos more illius Iouiniani, qui paucos ante annos hereticus nouus uirginitatem sanctae Mariae destruebat et uirginitati sacrae nuptias fidelium coaequabat. nec ob aliud hoc obiciebat catholicis, nisi quia eos uideri uolebat accusatores uel damnatores esse nuptiarum.*

829 Zur Funktion von Augustins wiederholter Berufung auf Ambrosius: Cf. Dassmann, Helfer; Grossi, Ricorso; Zelzer, Iudicem; ead., Praeceptor.

Julian, dass er nicht abstreite, dass Christus als Erlöser notwendig sei.[830] In *nupt. et conc.* 2,38 vergleicht Augustinus Julian zudem, wie in *c. ep. Pel.* 1,4 (p. 425, l. 15–20), wegen des Manichäismus-Vorwurfes mit Jovinian: Jovinian hatte nach Augustins Angaben ebenso wie Julian die Katholiken als Manichäer bezeichnet, um seine eigene Häresie als orthodox darzustellen. Augustinus verwendet diesen Vergleich, um seinen Lesern deutlich zu machen, dass sie dem Manichäismus-Vorwurf Julians deshalb keine Beachtung schenken sollten. Wenngleich es also viele Parallelen in der Vorgehensweise bei Augustinus gibt, die Julian inspiriert haben könnten, dürfte aufgrund der Thematik dennoch der *Libellus fidei* des Pelagius das Vorbild für die folgende Passage darstellen. Zu weiter ausgeführten Vergleichen zwischen Augustinus, den Manichäern und der katholischen Sichtweise in *Flor.* 1 cf. 49,1–49,20 und 113,14–125,7.

Nach dem Vergleich zieht Julian weitere Schlussfolgerungen im Hinblick auf Augustins vermeintliche Ansichten (103,1–106,21). Er konstatiert, dass die Widersprüche, in die er „Augustinus" sich hat verstricken lassen, für die Zerschlagung des augustinischen Dogmas der *tradux peccati* nützlich sind (cf. 105,9–11). Er nimmt für gegeben an, Augustinus gehe von einer *necessitas mali* vor der Taufe und von einer *necessitas boni* nach der Taufe aus. Dabei greift auf seine Definitionen von Sünde und Gerechtigkeit (cf. 35,3–48,3) als Säulen seiner Argumentation zurück, um Augustins Erbsündenlehre (104,2–105,11) zunichtezumachen. Im Anschluss zeigt er, dass die Taufe in Augustins Weltbild überflüssig ist (106,1–21).

96,1 hoc ergo arbitrium liberum – 7 impietate simili denegatis.
Julian zitiert zunächst indirekt den Korintherbrief (cf. 2 *Cor* 5,10 Vulg.: *omnes enim nos manifestari oportet ante tribunal Christi ut referat unusquisque propria corporis prout gessit siue bonum siue malum*). Auf diese Bibelstelle berufen sich Julian und seine Anhänger auch schon im Brief an Rufus von Thessaloniki (Iulian. A. *c. ep. Pel.* 4,2 = *ep. Ruf.* frg. 26). Sie findet sich zudem in *Turb.* (cf. *Turb.* 4, frg. 265 = Iulian. A. *c. Iul.* 6,29). In *Flor.* 6,31 kommt Julian nochmals auf dieses Zitat zurück und macht dort deutlich, dass alle Menschen seit ihrer Schöpfung sterblich sind, nach ihrem Tod zunächst auferweckt und dann ihres Charakters entsprechend verurteilt oder erlöst werden (cf. Hinführung. 2.2.1.3). In 96,1–7 zieht Julian die Bibelstelle als Beleg dafür heran, dass der freie Wille von den Katholiken als unumstößliche Wahrheit anerkannt wird und für Gott die Basis ist, aufgrund der er die Menschen beurteilt. Dass es die freien Entscheidungen der Menschen sind, die bewertet werden, geht jedoch aus 2 *Cor* 5,10 nicht

---

830   Julians Reaktion auf den in *nupt. et conc.* 2,15 gemachten Vorwurf findet sich in 4,121sq.

hervor. Julian suggeriert diese Bewertungsbasis durch die Einleitung des Zitats mit den Worten *hoc ergo arbitrium liberum, propter quod* (**96,1**). Anders steht es in Julians Augen um die Manichäer und Jovinian, mit denen sich die Position Augustins auf unterschiedliche Weise vergleichen lässt. Julian stellt hier also eine These auf, die ihn zum Vergleich der einzelnen Positionen hinführt.

96,7 sq. quod ut planius fiat, diuisionum adhibeatur examen
Wie in **41,1 sq.** und **77,6–11** hebt Julian hier hervor, dass zum Erfassen des Sachverhaltes eine Zerlegung der einzelnen Gedanken/Argumente notwendig ist. Er stellt im Folgenden gegenüber, welches die Standpunkte der jeweiligen Partei sind, um leichter zu sehen, wo die Unterschiede festzumachen sind. Es stellt sich hier die Frage, wie Julian die Formulierung *diuisionum [...] examen* meint. Mit dem Begriff der *diuisio* könnte Julian die Bedeutung der *diuisio* im speziellen Sinne einer Zergliederung des Problems/Begriffs in *genus, species* etc. (cf. Kommentar zu **41,1 sq.**; **77,3–11**; **79,1–6**) im Sinn haben. Er stellt im Folgenden dar, welche Standpunkte die einzelnen Parteien zu den Begriffen *natura* und *uoluntas* aufstellen, um zu zeigen, welche Position sie jeweils zum *liberum arbitrium* einnehmen. Er geht dabei jedoch nicht explizit auf eine *diuisio* nach *genus, species* etc. ein. Da *diuisiones* in der Dialektik v. a. dazu verwendet werden, Definitionen von Begriffen ausfindig zu machen,[831] könnte ein Hinweis auf die Bedeutung von *diuisio* die Tatsache sein, dass Julian in **97,11–13** darauf aufmerksam macht, wie „Augustinus" das *genus humanum* (*genus* hier nicht im Sinne von „Gattung") definiert. Cf. auch **77,7–11**; **79,1–6**; cf. **94,56–61**.

Julian gebraucht hier *diuisio* offenbar als *abstractum pro concreto* – eine Verwendung, die typisch für das Spätlatein ist[832] und sich auch bei Tertullian häufig finden lässt.[833] Er versteht unter den *diuisiones* damit entweder die unterschiedlichen Ansichten der einzelnen Parteien als Ergebnis der *diuisiones*, die sie selbst angewandt haben könnten, oder bezeichnet damit die von ihm aufgeführten Ansichten als Ergebnis seiner eigenen *diuisio* im Sinne einer Gliederung, die er im Folgenden vornimmt. In **96,8–98,15** referiert er seine Ansichten, diejenigen Augustins, der Manichäer und Jovinians und stellt sie in **98,15–26** in gleichbleibender Anordnung noch einmal pointiert gegenüber.

Julian möchte mit seiner Begutachtung in **96,7 sq.** zeigen, dass Augustinus teilweise den Manichäern, teilweise Jovinian nahesteht. Ziel ist es, im Abgleich mit der Ansicht Manis und Jovinians die Widersprüchlichkeit von Augustins

---

831 Cf. O'Daly, Definitio 263.
832 Cf. Bouwman, Kommentar 52.
833 Cf. Hoppe, Syntax 91–94.

KOMMENTAR   491

Aussage zu zeigen und auch hier zu verdeutlichen, dass Augustins Zugeständnis des *liberum arbitrium* nur oberflächlich ist. Cf. Einleitung zu Kommentar zu 73,1–109,8 und insbesondere Kommentar zu 97,7–21. Cf. Hinführung. 3.3.1.

96,8 nos dicimus peccato hominis non naturae – 11 ut posset a iustitia deuiare.
Julian stellt hier seine Position sogleich in Abgrenzung zu der „Augustins" dar, wenn er betont, dass sich durch die Sünde – ebenso wie durch die göttliche Gnade (cf. 95,1–6) – nichts an der menschlichen Natur ändert, die gut geschaffen ist. Der Wille des Menschen kann nur etwas an der Qualität seines Verdienstes ändern (cf. 3,208; Hinführung. 2.2.1.3).[834] Zu den *merita* bzw. dem *proprium bonum* des Menschen cf. auch Kommentar zu 78,7–9; 81,1–82,2; 95,6–11; 122,4–10; 131,1–132,13.

Nach der kurzen Vorstellung seiner eigenen Position will Julian nun im Folgenden erörtern, was für „Augustinus" freier Wille bedeutet, und zeigen, dass dessen Begriff vom freien Willen zu Teilen im Manichäismus wurzelt (cf. 97,1–21).

96,11 *quae fuit in eo, ut posset a iustitia deuiare*: Mit Primmer halte ich statt der Variante *ideo* (C, G, T, L, M und K), für die sich Zelzer entscheidet, die Variante *in eo* (P) aufgrund des Parallelismus *in peccante* [...] *in eo* (96,9–11) für wählenswert (*quae fuit in eo, ut posset a iustitia deuiare*): „Der Gegensatz ‚der Sünder ist ebenso frei zum Guten, wie er es früher, bevor er gesündigt hatte, zum Schlechten war' spricht für sich selbst: analog zu *in peccante* schreibe man also *in eo* (*ideo ut* ist so geläufig, daß die Verschreibung fast entstehen mußte)."[835] Zudem schreibt Augustinus sogleich *scimus uos ideo dicere*, sodass auch durch das *ideo* in Augustins Text der Fehler naheliegend ist.

97,1 Manicheus dicit uoluntatem malam – 6 grande chaos est.
Der Mensch ist für die Manichäer eine Mischung aus Licht/Gut und Dunkel/Böse – alles, was gut bzw. schlecht ist am Menschen, lässt sich auf das Prinzip des Lichts bzw. der Finsternis zurückführen[836] (cf. Faust. A. *c. Faust.* 21,1: *sic et cum duo principia doceo, deum et hylen, non idcirco uideri iam debeo tibi duos ostendere deos. an quia uim omnem maleficam hyle adsignamus et beneficam deo, ut congruit, idcirco nihil interesse putas, an utrumque eorum uocemus*

---

[834] Cf. Lössl, Julian 144 sq. mit n. 354.
[835] Primmer, Rhythmus 1, 210. Cf. ebenso Cipriani/Volpi, Sant'Agostino 1, 134 und Teske, Answer 157 n. 200.
[836] Cf. Coyle, Idea 131 und ib. 133.

deum?).⁸³⁷ Julian versteht die Manichäer daher so, dass die *uoluntas mala* auf das Prinzip des Bösen (*natura mala*) und die *uoluntas bona* im Menschen auf das Prinzip des Guten (*natura bona*) zurückgeht, die jeweils das Gute bzw. Schlechte nicht wollen könnten (ähnlich auch Augustinus selbst (*conf.* 8,24): *iam ergo non dicant, cum duas uoluntates in homine uno aduersari sibi sentiunt, duas contrarias mentes de duabus contrariis substantiis et de duobus contrariis principiis contendere, unam bonam, alteram malam.* Cf. Fel. A. c. Fel. 2,2). Einen neutralen Willen, der das Gute, wie das Böse wollen kann, gibt es nach seiner Interpretation bei den Manichäern offenbar nicht.⁸³⁸ Dass Julian hier von zwei *uoluntates* spricht, könnte möglicherweise aus der Lektüre von Augustins *De duabus animabus* herrühren (was durch die Tatsache plausibel erscheint, dass Julian Augustins Sündendefinition aus *duab. an.* 15 in 44,7–11 zitiert). In *duab. an.* will Augustinus die Annahme von zwei Seelen im Menschen, einer guten und einer schlechten, widerlegen (cf. *duab. an.* 16). Die gute Seele stamme laut Augustinus aus dem Prinzip des Guten, die böse gehe hingegen auf das Körperliche und damit das Prinzip des Bösen zurück.⁸³⁹ Bei seiner Argumentation spielt auch der Wille eine wichtige Rolle: Er hebt in seinen Ausführungen u. a. hervor, dass die Vorstellung, dass das von den Manichäern gedachte Böse vor der Vermischung mit dem Guten etwas Gutes hätte wollen können, widersin-

---

837 Übers.: „Ebenso bedeutet die Tatsache, dass ich von zwei Prinzipien spreche, von Gott und der Materie, deshalb nicht, dass es dir so scheinen muss, ich wollte damit auf die Existenz zweier Götter hinweisen. Oder meinst du, dass deshalb, weil wir jede böse Kraft der Materie, jede gute Gott zuschreiben, so wie es sich gebührt, kein Unterschied zwischen ihnen sei oder wir beide von ihnen als Gott bezeichnen?"

838 Coyle merkt an, dass aus manichäischen Quellen nicht hervorgeht, wie eine einzelne Handlung des Menschen prinzipiell zustande kommt: „If every human being is composed of both Light/good and Dark/evil – often respectively identified with one's own soul and body [...] –, and if these are in themselves absolutes, who is the act-or [sic!]?" (Coyle, Idea 132). Coyle zieht manichäische Quellen heran, aus denen deutlich wird, dass sich die Manichäer dieses Problems bewusst sind, jedoch keine Antwort darauf geben (cf. ib.).

Merkelbach thematisiert ebenfalls die Frage, wie sich eine Seele, die ja eigentlich mit dem Guten identisch sei, dem Bösen zuwenden könne (cf. Merkelbach, Mani 35). Er nennt die Lehre von den zwei Seelen als eine Methode, einen Ausweg auf diese Frage zu finden. Er stellt jedoch fest, dass diese Lehre dem manichäischen System widerspricht, das das Böse in der Materie und das Gute mit der Seele identifiziere (ib.). Er erkennt demnach nicht, dass es sich bei der Zwei-Seelen-Lehre im Wortsinne anscheinend um eine Missinterpretation oder polemische Zuspitzung Augustins handelt. Cf. auch Coyle, Manichaeism 323, der anmerkt, dass Augustinus nicht immer richtig bei seiner Beschreibung der manichäischen Lehren liegt.

839 Cf. Drecoll, Manichaei 1147 unter Bezugnahme auf *retr.* 1,15,1. Augustinus erwähnt die Theorie, dass zwei Seelen in einem Menschen seien, auch in *uera rel.* 9,16 und anderen antimanichäischen Schriften (cf. Scibona, Doctrine 385 sq.).

KOMMENTAR 493

nig sei.⁸⁴⁰ Da das Böse danach strebte, das Gute in seine Gewalt zu bekommen, müsste es in Augustins Augen einen Willen gehabt haben, mit dem es nach dem Guten hätte streben können.

Bei der Annahme von zwei Seelen im Menschen handelt es sich sehr wahrscheinlich um eine polemische Zuspitzung vonseiten Augustins.⁸⁴¹ In den manichäischen Quellen ist zumindest nicht von zwei Seelen die Rede, die im Menschen vorherrschen.⁸⁴² Drecoll spricht sich im Anschluss an Decret dafür aus, die sogenannte schlechte Seele als „die Eigendynamik des körperlichen Bereiches [...], die die vom Lichtreich stammende Seele gefangenhält",⁸⁴³ aufzufassen.⁸⁴⁴ Der Mensch entspricht einem Mikrokosmos, in dem sich der Kampf zwischen Gott und dem Bösen weiterhin abspielt.⁸⁴⁵ Cf. Hinführung. 3.2.1.1.

97,6 *inter nos et illum certe grande chaos est*: Es handelt sich hier um eine Anspielung auf *Lc* 16,26 (Vulg.: *et in his omnibus inter nos et uos chasma magnum firmatum est* [...]). In einigen der Handschriften der Vulgata und Vetus Latina findet sich für *chasma* die Variante *chaos*. Cf. auch z. B. A. *ep.* 164,7; 187,6.⁸⁴⁶

---

840 A. *duab. an.* 16: *quodsi uoluntas inerat, profecto inerat cogente nullo motus animi ad aliquid uel non amittendum uel adipiscendum. hoc autem aliquid aut bonum erat aut bonum putabatur; non enim aliter adpeti posset. sed in summo malo ante commixtionem, quam praedicant, nullum umquam bonum fuit. unde igitur ibi uel scientia uel opinio boni esse potuit?* Übers.: „Wenn also ein Wille [sc. auf der Seite des Bösen] war, dann war dieser eine Bewegung des Geistes dazu, etwas nicht sein zu lassen oder etwas anzustreben, und zwar ohne Zwang. Es muss dann aber die Annahme gegeben haben, dass diese Sache [, die nicht aufgegeben oder angestrebt wurde,] etwas Gutes oder etwas Böses war; anders hätte sie nämlich nicht angestrebt werden können. Aber in dem reinen Prinzip des Bösen war vor der Vermischung, wie sie verkünden, nichts Gutes. Wie konnte in ihm dann das Wissen oder die Vorstellung von etwas Gutem sein?"
841 Cf. Scibona, Doctrine 388–418; Fitschen, Serapion 45; BeDuhn, Dilemma 2, 105.
842 Cf. BeDuhn, Dilemma 2, 105.
843 Drecoll, Entstehung 190 n. 115 unter Heranziehung von Decret, Afrique 1, 324 sq. und ib. 331. Cf. dazu auch Drecoll/Kudella, Augustin 148 sq.
844 Decret, Afrique 1, 331 „Il s'ensuit que, au niveau de l'homme – image de «toutes les puissances célestes et terrestres», donc exacte représentation des deux Racines adverses et de leurs Royaumes –, la Substance mauvaise agit par la chair, laquelle est elle-même orientée par une *mens* qui insuffle l'appétit de la Concupiscence. Fidèle à son Principe – qui est à l'origine de toutes les guerres –, cette *mens mala* préside donc au conflit intérieur pour s'assujettir la *mens bona*." Zum manichäischen Hintergrund, der hier die Basis der Polemik sein könnte, cf. auch Scibona, Doctrine 396–418.
845 Cf. Decret, Afrique 2, 261 n. 17 und id., Afrique 1, 331.
846 Cf. TLL 3, p. 992, l. 2–6. Cf. Sabatier 3, 339 zu *Lc* 16,26.

97,7 dicis esse liberam uoluntatem, – 11 sermonibus, „malum non potest uelle".

Julian stellt in 97,7–17 Augustins vermeintliche Ansicht dar und flicht dazu Aussagen aus der in 94,34–47 zitierten Stelle aus *c. ep. Pel.* 1,7 ein (cf. Kommentar zu 94,1–47). Er verändert dabei jedoch Augustins Zitat, indem er statt *nisi adiuuetur ab eo qui malum non potest uelle* (*c. ep. Pel.* 1,7 p. 429, l. 2 sq.; **94,47**) schreibt: [...] *nisi ei fuerit imposita necessitas uolendi bonum* **ab ea natura**, *quae, ut tuis utar sermonibus, malum non potest uelle.* Er interpretiert somit Augustins Aussage polemisch um, indem er nicht von der Hilfe Gottes spricht und das, was Augustinus als Hilfe Gottes formuliert, als *necessitas* auslegt. Durch die Verwendung des Begriffs *natura* bietet sich zudem bereits ein Anknüpfungspunkt zu den Manichäern (cf. 97,1–4).

Julian nennt an dieser Stelle den Streitpunkt zwischen ihm und Augustinus beim Namen, indem er erklärt, wie sich die Freiheit bei Augustinus gestaltet. Augustinus erkennt wie Julian das *liberum arbitrium* an (97,7: *dicis esse liberam uoluntatem* [...]; cf. *c. ep. Pel.* 1,5; p. 425, l. 24 sq.; **94,5–7**), versteht die Willensfreiheit nach dem Sündenfall jedoch als eine Freiheit zum Schlechten, die Julian wiederum mit *necessitas* gleichsetzt. Julian akzeptiert Augustins Auffassung von Willensfreiheit nicht und setzt seine eigene Definition aus 78,7–9 als allgemein anerkannte Definition voraus. Wahre Freiheit, die es erst im Eschaton gibt, heißt für Augustinus hingegen eine volle Freiheit zum Guten, ohne die Zweifel, die aus der falschen Bewertung von Gütern entstehen und die das irdische Leben prägen.[847] Für Julian ist es die Freiheit der Wahl zwischen Gutem und Schlechtem und die Befähigung des Menschen, sich entweder für das eine oder für das andere entscheiden zu können – und das gerade, weil er Geschöpf Gottes ist.[848] Cf. Hinführung. 2.2.

97,11 definis ergo genus – 21 commutato idem, quod ille affirmarat, astrueres.
Mit der Anmerkung, wie Augustinus das Menschengeschlecht definiere, verweist Julian zurück auf seine Aussage in 96,7 sq., wo er davon gesprochen hatte, er wolle im Folgenden die Ergebnisse von *diuisiones* (deren Ziel die Findung von Definitionen ist) begutachten. In 98,15–26 stellt er sie einander knapp gegenüber. Im Weltbild der Manichäer kann nach der Interpretation Julians ein Mensch nur dann entweder gut oder schlecht handeln, wenn er durch die gute oder schlechte Natur beeinflusst ist. Und er tut dann notwendig nur das Gute oder das Schlechte. Ähnlich verhält es sich auch im Weltbild, das Julian Augus-

---

847 Cf. Lamberigts, Alternative 112.
848 Cf. Lamberigts, Alternative 112 sq.

KOMMENTAR   495

tinus unterstellt: Der Mensch kann nur das Schlechte und nichts anderes wollen. Das Gute kann er nur wollen, wenn er von Gott die *necessitas* dazu auferlegt bekommt. Der Unterschied zwischen Augustinus und den Manichäern ist demnach, dass dem Menschen bei Augustinus eine Freiheit zum Schlechten zugestanden wird. In Julians Augen ist dieser Unterschied jedoch nur oberflächlich (97,19–21): Ebenso wie die Manichäer denkt Augustinus seiner Ansicht nach, dass der Mensch von zwei verschiedenen *necessitates* beherrscht ist und sich nicht frei entscheiden kann. Julian drängt Augustinus somit in den Dualismus des manichäischen Systems. Cf. Kommentar zu 96,7 sq.; 97,1–6 und Hinführung. 3.2; zu Augustins Ansicht cf. *c. ep. Pel.* 1,5; p. 426, l. 4–11; 94,11–18 und Hinführung. 2.2.2.2.

97,17 *post haec* – 19 *deus uiderit*: Julian dürfte hier wieder an Augustins eigene Worte anknüpfen, mit denen dieser in den *Confessiones* immer wieder Gott anruft, er möge in sein Herz hineinsehen, bzw. betont, sein Bekenntnis käme direkt aus seinem Herzen (cf. *conf.* 1,5; 2,5; 6,9; 10,1 sq.; 11,3: *et uides in corde meo, quia sic est*). In *conf.* 9,1 spricht Augustinus insbesondere davon, dass er nach Jahren des Irrtums plötzlich aus seinem verborgenen Inneren heraus den göttlich hervorgerufenen freiwilligen Entschluss trifft, sich zu Christus zu bekehren.[849] Er spricht dort auch von Gott als *suauitas* [...] *omni secreto interior* und greift damit die von ihm gebrauchte Wendung des *interior intimo meo* auf.[850] Cf. Hinführung. 3.2.

98,1 Iouiniano autem in una parte coniungeris – 4 peccare posse.
Die Abhandlungen Jovinians sind nur durch Hieronymus, Augustinus und aus Synodalbriefen von Siricius und Ambrosius bekannt.[851] Es ist wahrscheinlich, dass Julian mit den Thesen Jovinians aus der Widerlegung des Hieronymus vertraut war: In *adu. Iouin.* 2,1 schreibt Hieronymus zur zweiten These Jovinians:

> secunda propositio est, eos qui fuerint baptizati, a diabolo non posse tentari. et ne hoc stulte dicere uideretur, adiecit: „quicumque autem tentati fuerint, ostendi [Al. ostendit] eos aqua tantum, et non spiritu baptizatos, quod in Simone Mago legimus. unde et Ioannes dicit: 'omnis qui natus est ex deo, peccatum non fecit: quoniam semen ipsius in eo manet: et non potest peccare, quia ex deo natus est. et in hoc manifesti fiunt [Mss. sunt]

---

849 *Conf.* 9,1: *sed ubi erat tam annoso tempore et de quo imo altoque secreto euocatum est in momento liberum arbitrium meum, quod subderem ceruicem leni iugo tuo et umeros leui sarcinae tuae, Christe Iesu, „adiutor meus et redemptor meus* [Ps 18,15]"?
850 Cf. Mayer, Interior 666.
851 Cf. Duval, Iouinianus 739.

filii dei, et filii diaboli.' et in fine epistolae: 'omnis qui natus est ex deo non peccat; sed generatio dei conseruat eum; et malignus non tangit eum.'"[852]

Hunter merkt an, dass Hieronymus nicht eindeutig in der Formulierung der zweiten These Jovinians ist.[853] So heißt es zu Beginn von *adu. Iouin.: nititur approbare eos, qui plena fide in baptismate renati sunt, a diabolo non posse subuerti* (ib. 1,3); im weiteren Verlauf verwendet er jedoch die folgende These, die er widerlegen möchte: *secunda propositio est, eos qui fuerint baptizati, a diabolo non posse tentari* (ib. 2,1). Hunter schließt daraus, dass Hieronymus diese Variation verwendet, da sie für ihn einfacher zu widerlegen ist, und vermutet, dass es sich bei Jovinian eigentlich um die differenziertere Annahme handelt, der getaufte Mensch könne nicht mehr vollends vom Bösen überwunden werden.[854] Jovinian meinte mit dieser These also sehr wahrscheinlich nicht die Unmöglichkeit des Sündigens nach der Taufe – so wie es Hieronymus behauptet.

Da Julian hier schreibt, dass nach Jovinians Meinung die Menschen nach ihrer Taufe nicht mehr sündigen könnten, liegt es nahe, dass er sich hierbei von Hieronymus' Zuspitzung des jovinianischen Textes hat beeinflussen lassen (cf. auch Hier. *adu. Iouin.* 2,35: *transiuimus ad secundam partitionem, in qua negat eos, qui tota fide baptisma consecuti sunt, deinde posse peccare*). Bruckner plädiert dafür, dass Julian auch die Texte Jovinians selbst kannte, lässt seine Aussage allerdings unbegründet und verweist auf 4,121sq.[855] Auch dort vergleicht Julian Augustinus mit Jovinian, jedoch nicht nur bezüglich der Ansichten zur *necessitas*, sondern auch bezüglich der Wertung der Ehe und der Enthaltsamkeit. In 4,122 nennt Julian die Tatsache, dass Jovinian der Meinung gewesen sei,

---

852 Übers.: „Seine zweite These ist, dass diejenigen, die getauft worden sein, nicht mehr vom Teufel versucht werden könnten. Damit es nicht schien, er habe dies unüberlegt gesagt, hat er hinzugefügt: ‚Diejenigen, die aber trotzdem versucht worden sind, sind, wie ich gezeigt habe, nur mit Wasser, aber nicht mit dem Geist getauft worden, wie wir bei Simon Magus lesen. Deshalb sagt auch Johannes: ‹Wer aus Gott geboren ist, tut keine Sünde, weil Gottes Samen in ihm bleibt, und er kann nicht sündigen, weil er aus Gott geboren ist. Daraus werden die Söhne Gottes und die Söhne des Teufels erkannt [1 Io 3,9sq.]›; und am Ende des Briefes: ‹Und wer aus Gott geboren ist, sündigt nicht; seine göttliche Abstammung bewahrt ihn davor und kein Bösartiger kann ihm etwas anhaben [1 Io 5,18]›'."

853 Zum Folgenden cf. Hunter, Marriage 35–38.

854 Hunter, Marriage 36: „Jovinian's authentic teaching, it seems, was that a person who had been truly transformed (i.e. 'born again') by the grace of baptism, and who had thereby come to receive the gift of faith, could not ultimately lose the benefits of that gift (i.e. be 'overthrown by the devil'). Strictly speaking, Jovinian's second proposition asserted the final *indefectibility* of baptized Christians, rather than their personal *impeccability*."

855 Cf. Bruckner, Julian 83 n. 3 und die Kritik von Lössl, Julian 82 n. 29.

KOMMENTAR   497

die Jungfräulichkeit Mariens sei nach der Geburt Jesu aufgehoben gewesen. Diese Ansicht findet sich nicht in den von Hieronymus widerlegten Thesen, jedoch bei Ambrosius und bei Augustinus, der Ambrosius als Gewährsmann nennt (*nupt. et conc.* 2,15).[856] Julians Äußerungen in 4,120–122 sind, wie sich aus dem Textbefund zeigt, eine Reaktion auf Augustins Vorwürfe in *nupt. et conc.* 2,15.[857] Aus 4,121 sq. lässt sich demnach nicht schließen, Julian habe Jovinians Schriften gelesen.

98,4 tecum ergo putat – 11 posse contingere.
Julian stellt hier die *necessitas boni* bei Jovinian der augustinischen *possibilitas faciendi boni* nach der Taufe gegenüber und sieht darin eine Gemeinsamkeit zwischen den beiden. Julian schreibt, die *possibilitas faciendi boni* sei dem Menschen in Augustins Konzept nach der Taufe gegeben. Er dürfte sich dabei auf *c. ep. Pel.* 1,5.7 (p. 426, l. 22–28; **94,28–33** oder p. 428, l. 11.12–16; **94,34–39**) beziehen, wo es darum geht, dass die Menschen nur durch die *gratia* Söhne Gottes werden können und nur mit ihrer Hilfe das Gute wollen (cf. Kommentar zu **94,1–47**). Sowohl Jovinian als auch Augustinus vertreten in Julians Polemik die Ansicht, dass die Taufe gewissermaßen die Natur des menschlichen Willens verändert, sodass ihm entweder eine *necessitas* auferlegt (im Falle Jovinians) oder eine *possibilitas* eröffnet wird (im Falle Augustins). Julian interpretiert hier also die *gratia* bei Augustinus als bloße Taufgnade und reduziert somit dessen Position. Bei Augustinus ist die Taufe zwar der Startpunkt zu einem Leben, das zur Erlösung führen kann,[858] damit der Mensch jedoch vom Sün-

---

856   Cf. Hunter, Marriage 22 sq.
857   Cf. *nupt. et conc.* 2,15 (p. 267, l. 18–22): *numquid etiam istum* [sc. *Ambrosium*], *o Pelagiani et Caelestiani, audebitis dicere Manicheum? quod eum dicebat esse Iouinianus haereticus, contra cuius inpietatem uir ille sanctus etiam post partum permanentem uirginitatem sanctae Mariae defendebat.* Übers.: „Werdet ihr Pelagianer und Caelestianer etwa wagen, auch Ambrosius als Manichäer zu bezeichnen? So hat ihn der Häretiker Jovinian genannt, gegen dessen schamlose Ansicht jener unbescholtene Mann den auch nach Jesu Geburt andauernden Bestand der Jungfräulichkeit Marias verteidigt hat."
    Julian antwortet darauf in 4,120,20–121,4: *haud iniuria ergo Ambrosium a uestra cohorte distinguimus nec illum, sicut petis, Manicheum uocamus, quod dicis ei conuicium a Iouiniano factum, in quo mentiri te tamen arbitror; sed annuamus uel Iouiniani te criminatorem uerum esse posse Ambrosiumque ab illo Manicheum uocatum, at id constat insanum fuisse.* Übers.: „Nicht zu Unrecht trennen wir also Ambrosius von eurer Truppe und nennen ihn auch nicht einen Manichäer, wie du es gerne hättest – ein Vorwurf, der ihm, wie du sagst, von Jovinian gemacht worden sei (eine Aussage, die ich allerdings für eine Erfindung deinerseits halte). Doch auch wenn wir dir zugestehen, dass du Jovinian zu Recht beschuldigst und dass Ambrosius von ihm Manichäer genannt worden sei, so steht dennoch fest, dass dieser Vorwurf absurd gewesen ist."
858   Cf. *c. ep. Pel.* 3,5; cf. auch Lössl, Voluntarismus 320 sq. Das folgende Zitat bringt auf den

digen ablässt, benötigt er auch im Folgenden die Gnade Gottes. Dennoch wird er auch im Zustand nach der Taufe immer wieder von der *concupiscentia* befallen (cf. Hinführung. 2.2.2.3). Auffällig ist hier, dass Augustinus in *c. ep. Pel.* 1,6 erläutert, dass der Mensch zum Glauben an Gott auch nur durch Gottes Gnade findet, ihm also bereits vor der Taufe die göttliche Gnade zuteilwird.[859] Julian zitiert diesen Abschnitt in **94** allerdings nicht, wahrscheinlich, damit er Augustinus hier besser mit Jovinian vergleichen kann. Cf. auch Kommentar zu **94**,1–47 und zu **101**,6–8.

98,11 inter impietatem – 13 sed Manichei lupanar necdum reliquisti.
Cf. 3,144,26–30: *in primo quidem libro praesentis operis, quam nullo distaret fides uestra a Manicheorum profanitate, quippe ex qua eam natam esse manifestum est, iunctis amborum opinionibus indicaui, ubi apparuit Iouiniano te per timorem copulari, Manicheo autem omnino per amorem.*[860] Es wird hier der häufige Vorwurf Augustins aufgegriffen, Julian fürchte sich vor bestimmten Textstellen, die ihn als Häretiker entlarvten (cf. *nupt. et conc.* 2,3; p. 255, l. 24 sq. in **22,27 sq.**; *nupt. et conc.* 2,4; p. 256, l. 9–14 in **52,8–13**; *nupt. et conc.* 2,6; p. 257, l. 14 sq. in **67,8**). Die Tatsache, dass Julian hier von einem *lupanar* der Manichäer

---

Punkt, was Augustinus dem Willen zugesteht und was nicht (*pecc. mer.* 2,26): *ignorantia igitur et infirmitas uitia sunt, quae inpediunt uoluntatem, ne moueatur ad faciendum opus bonum uel ab opere malo abstinendum. ut autem innotescat quod latebat et suaue fiat quod non delectabat, gratiae dei est, qua hominum adiuuat uoluntates. qua ut non adiuuentur, in ipsis itidem causa est, non in deo, siue damnandi praedestinati sunt propter iniquitatem superbiae siue contra ipsam suam superbiam iudicandi et erudiendi, si filii sunt misericordiae.* Übers.: „Unkenntnis und Schwäche sind also Fehler, die den Willen beeinträchtigen, damit er sich nicht dazu bewegt, das Gute zu tun oder sich vom Schlechten fernzuhalten. Dass er aber erkennt, was verborgen war, und dass ihn dasjenige anzieht, was ihn bisher nicht erfreute, ist ein Werk der Gnade Gottes, mit der er den Willensregungen der Menschen hilft. Der Grund dafür, dass manchen Menschen durch die Gnade nicht geholfen wird, liegt ebenfalls bei diesen selbst, nicht bei Gott, sei es, dass sie dazu prädestiniert sind, wegen der Sünde des Hochmuts verurteilt zu werden, sei es, dass sie entgegen ihres eigenen Hochmuts beurteilt und erzogen werden sollen, wenn sie Söhne der Barmherzigkeit sind."

859　Cf. z. B. *c. ep. Pel.* 1,6; p. 428, l. 10–12: *ille quippe trahitur ad Christum, cui datur ut credat in Christum. datur ergo potestas, ut filii dei fiant qui credunt in eum, cum hoc ipsum datur, ut credant in eum.*

860　Übers.: „Im ersten Buch des vorliegenden Werkes habe ich gezeigt, wie offensichtlich es ist, dass der Unterschied zwischen eurem Glauben und der Gottlosigkeit der Manichäer gering ist und dass euer Glaube sogar aus der Gottlosigkeit der Manichäer hervorgegangen ist. Dies habe ich durch die Kombination beider Ansichten verdeutlicht, wodurch es offenbar wurde, dass du dich aus Angst Jovinian anschließt, aus Zuneigung aber gänzlich Mani."

spricht, könnte eine Anspielung auf obszöne Riten bei den Manichäern sein, wie bereits in 67,26–28 (cf. Kommentar zu 67,18–33).[861] Cf. Hinführung. 3.2.

98,13 uerum – 15 Manicheus.
Für Julian ist Augustinus im Vergleich zu Jovinian gottloser, Jovinian jedoch im Vergleich zu Mani weniger gottlos. Es gilt also: Augustinus ist schlimmer als Jovinian, aber mindestens genauso schlimm wie Mani. Mani ist schlimmer als Jovinian und mindestens genauso schlimm wie Augustinus. Jovinian ist der Harmloseste von allen dreien. Julian erklärt nun in 98,15–39, wie sich die hier geäußerte Wertung begründen lässt. Cf. auch 4,122,21–23: *cum itaque tanta disparatio sit inter te et Iouinianum quanta coniunctio inter te et Manicheum, tanto te tolerabilior Iouinianus probatur quanto Iouiniano horridior Manicheus.*[862] Cf. auch 94,48–51, wo ein ähnlich komplexer Vergleichssatz gebraucht wird.

98,15 ut enim adhuc – 26 ratio libertatis.
Julian zieht nun Schlüsse aus dem, was sich aus der Gegenüberstellung der einzelnen Positionen aus 96,8–98,11 ergibt, und erläutert, was er mit seiner Aussage in 98,13–15 meint (98,15–103,3). Bereits durch den parallelen Satzbau und die Wortwahl werden Ähnlichkeiten zwischen den Positionen Manis, Augustins und Jovinians deutlich. Während es bei Mani eine *natura tenebrarum* ist, die die Menschen beeinflusst, legt Julian Augustinus die *tenebrae primi peccati* in den Mund. Auch bei „Augustinus" ist es eine *natura*, die den Menschen zwingt, das Schlechte zu tun. Jovinian hingegen geht in Julians Wiedergabe davon aus, dass erst nach der Taufe eine *necessitas* eintritt, die den Menschen „zwingt", nur das Gute zu tun. Zuvor ist es der Wille des Menschen, der sündigt. Allen dreien gemeinsam ist demnach eine unterschiedlich geartete *necessitas*, die sie dem Menschen auferlegen wollen (Manichäer (98,17 sq.): […] *et aliud facere non potest*; Augustinus (98,20): […] *et bonum uelle non potest*; Jovinian (98,22): […] *postea autem nisi bonum uelle non potest*). Julians eigene Position hebt sich dadurch von ihnen ab, dass er die Willensfreiheit für jeglichen Zeitpunkt erfüllt sieht und der Mensch damit zu jeder Zeit die Möglichkeit besitzt, auch anders zu wollen. Cf. Kommentar zu 77,9–83,6.

Julian kann bei seiner Gestaltung der „augustinischen" Position auf Augustins eigene Formulierungen zurückgreifen, der in Anlehnung an *Col* 1,13 (*qui eruit nos de potestate tenebrarum et transtulit in regnum filii caritatis suae*) häu-

---
861   Cf. van Oort, Semen.
862   Übers.: „Denn deshalb ist zwischen dir und Jovinian ein Unterschied, der ebenso stark ist wie die Gemeinsamkeiten zwischen dir und Mani; Jovinian erweist sich in einem solchem Maße erträglicher als du, in welchem Mani grausamer ist als Jovinian."

fig davon spricht, dass sich die Menschen unter dieser *potestas tenebrarum* befinden (cf. z. B. *nupt. et conc.* 1,1.22; 2,5; *c. ep. Pel.* 1,11).[863] Diese Formulierung ermöglicht es ihm, Augustinus allein aufgrund seiner Wortwahl in die Nähe der Manichäer zu rücken (cf. Kommentar zu 123,1–6). Er schließt daraus, dass es die Natur ist, durch die der Mensch sündigt (98,19 sq.: *per hoc malae uoluntatis auctor natura delinquit*). Doch auch hierzu liefert ihm Augustinus Wortmaterial, wenn er von der *natura uitiata* spricht (*nupt. et conc.* 1,26), die aufgrund ihrer Verderbtheit verurteilungswürdig ist. Augustinus sieht jedoch trotz dieser *natura uitiata* den Menschen als Subjekt der Handlung an. Die Tatsache, dass Augustinus die *concupiscentia* mit einem *morbus* gleichsetzt (cf. Kommentar zu 68,5–16), könnte bei Julian zu der Formulierung *primi peccati tenebris infecta* [...] *natura* (cf. A. *pecc. mer.* 1,21 p. 21, l. 4–6) in 98,18 sq. geführt haben. Cf. Hinführung. 3.2; zu Augustins Konzept der *natura uitiata* cf. Hinführung. 2.2.2.2 und 2.2.2.3; cf. auch Kommentar zu 61,1–5.

98,27 tamen, cum – 39 dogmatibus conuenires.
Im Vergleich mit den Manichäern und Jovinian stellt sich heraus, dass „Augustinus" sich in einem logischen Dilemma befindet. Nach Julian wäre es konsequent gewesen, entweder zu sagen, dass der Mensch niemals von der Erbsünde befreit werden könne (ähnlich wie die Manichäer, die sagen, dass der Mensch niemals von der *mala natura* befreit werden könne) und deshalb eine Taufe auch nicht notwendig sei, oder dass, wie Jovinian sagt, die Natur des Menschen auch *vor* der Taufe hätte gut sein müssen. Grund für diese logische Folge ist Julians Position, dass die menschliche Natur unveränderlich ist. Wenn die Natur schlecht wäre, sollte sie auch durch nichts zum Guten verändert werden können. Wenn „Augustinus" behauptet, sie wäre nach der Taufe gut, dann müsste sie es dementsprechend auch schon vor der Taufe gewesen sein. Julians argumentatives Vorgehen erinnert hier an die antimanichäische Argumentation des Serapion von Thmuis, der gegen die Manichäer die substantielle Gutheit des Körpers verteidigt und sich gegen die Ansicht ausspricht, das Böse könne substanzhaft im Menschen vorhanden sein, wogegen die charakterlichen Veränderungen der Menschen sprechen.[864]

---

863 Julian geht in 64–66 auch auf Augustins Verwendung von *Col* 1,13 in *nupt. et conc.* 2,5 ein. Cf. Kommentar zu 52,16–33 und 64,32–35.
864 Serap. *adu. Man.* 8,13–18: εἰ δὲ ἐκ ῥᾳθυμίας ἐπὶ σωφροσύνην μετέστη καὶ ποτὲ μὲν ἦν ῥᾴθυμα, ποτὲ δὲ ἐσωφρόνησε, καὶ ἠδυνήθη ῥᾳθυμεῖν, καὶ ἠδυνήθη μετὰ τὸ ῥᾳθυμεῖν σωφρονεῖν – καὶ μαρτυροῦσιν αἱ μεταβολαί – λέλυται ἡ φύσις, ὤφθη ἡ προαίρεσις, καὶ οὐκέτι τὸ σῶμα οὐσιῶδες κακόν, μᾶλλον δὲ ὑπηρετοῦν τῇ προαιρέσει, καὶ δοῦλον προαιρέσεως οὐ φύσεως ὑπάρχον, καὶ τοῦτο ἐσόμενον ὅπερ ἡ προαίρεσις ἀποδίδωσιν. Übers. Fitschen, Serapion 167: „Wenn sie sich aber von

98,31 sq. *cum eodem nullo illam pacto posse mundari, quod quidem alibi affirmas*: Julian dürfte hier auf die Tatsache anspielen, dass Augustinus die *concupiscentia* auch nach der Taufe noch für wirkmächtig hält (cf. *nupt. et conc.* 1,26–28; Hinführung. 2.2.2.3). Er nutzt diese Ansicht Augustins, um schreiben zu können, die *natura* der Menschen sei in Augustins Weltbild auch nach der Taufe nicht geheilt. Folge aus diesem Umstand ist für Julian, dass die Taufe damit ihre Bedeutung verliert. Hier reduziert Julian Augustins Auffassung, da dieser die Taufe als notwendigen Schritt zur Besserung des Menschen ansieht und als Sakrament für die Vergebung der Schuld, die der Mensch durch das *peccatum originale* auf sich geladen hat. Zu Augustins Position cf. z.B. *c. ep. Pel.* 1,28.[865] Die Schuld für die Erbsünde wird den Menschen durch die Taufe genommen, was jedoch nicht notwendigerweise heißt, dass sie aufhören zu sündigen.[866] Cf. Hinführung. 2.2.2.2 und 2.2.2.3. Zu *minus inhonestum erat, si* als Realis mit folgendem Konditionalsatz: Cf. 76,11–77,3.

98,37 *indissimulabile bonum*: Cf. Kommentar zu 1,13.

98,38 sq. *etsi rationi nequaquam, tamen eorum quos sequeris dogmatibus conuenires*: Zelzer setzt in ihrer Edition das Komma vor *nequaquam*, was

---

der Nachlässigkeit zur Besonnenheit wandelten und einst zwar nachlässig waren, dann aber besonnen waren, und nachlässig sein konnten, dann aber nach der Nachlässigkeit besonnen sein konnten – die Veränderungen bezeugen es ja – dann ist die Naturgegebenheit aufgehoben und der freie Wille sichtbar geworden. Der Körper ist nicht mehr wesenhaft böse, sondern dem freien Willen zu Diensten, und so ist er ein Untergebener des freien Willens, nicht der Natur, und er wird das sein, was der freie Wille ermöglicht." Ähnlich argumentiert auch Augustinus, wenn er in *duab. an.* 22 beschreibt, dass die vermeintliche Annahme der Manichäer, es gäbe zwei Seelen im Menschen, eine gute und eine schlechte, im Hinblick auf die Frage der Reue oder der Konversion keinen Sinn ergibt. Es müsste sonst nämlich z.B. die schlechte Seele eine Ahnung vom Guten haben, was jedoch ihrer substantiellen Schlechtigkeit widerspricht (cf. *duab. an.* 18; cf. Decret, Duabus 670).

[865] Ib. p. 447, l. 9–15: *multi quippe baptizati fideles sunt sine crimine; sine peccato autem in hac uita neminem dixerim, quantalibet Pelagiani, quia haec dicimus, aduersus nos inflentur et disrumpantur insania, non quia peccati aliquid remanet, quod in baptismate non remittatur, sed quia nobis in huius uitae infirmitate manentibus cotidie fieri non quiescunt, quae fideliter orantibus et misericorditer operantibus cotidie remittantur.* Übers.: „Es gibt natürlich viele getaufte Gläubige ohne Schuld; ich werde aber niemanden in diesem irdischen Leben als einen bezeichnen, der ohne Sünde ist – mögen sich die Pelagianer auch mit einer noch so großen Vernunftlosigkeit gegen uns aufblasen und beinahe vor Raserei zerplatzen –, nicht deshalb, weil irgendetwas von der Sünde übrig bliebe, das in der Taufe nicht vergeben würde, sondern weil uns, die wir in dem Zustand der Schwäche, den dieses Leben auszeichnet, verbleiben, täglich diejenigen Dinge nicht in Ruhe lassen, die denjenigen, die gläubig beten und barmherzig handeln, täglich vergeben werden."

[866] Cf. Grossi, Baptismus 590 sq.

jedoch irreführend ist, wie Primmer feststellt.[867] Augustinus stimmt in Julians Augen gerade nicht mit der Vernunft überein, auch wenn er sich für die Sichtweise Manis oder Jovinians entscheiden würde. Die Interpunktion von Zelzer ergäbe nur Sinn, wenn man mit Migne und der Maurinerausgabe *contrauenires* schreiben würde (Zelzer übernimmt hier im Übrigen die Interpunktion der Maurinerausgabe).[868] Außer C haben jedoch alle Handschriften *conuenires*.

In Julians Augen wäre es besser gewesen, Augustinus hätte sich entweder für Jovinians oder für Manis Seite entschieden. Stattdessen vertritt Augustinus einen Freiheitsbegriff, der nur für das Schlechte frei ist, was nach Julians Begriff von Willensfreiheit ein Widerspruch in sich ist (100,5 sq.; cf. 77,12–83,6). Augustinus schneidet somit im Vergleich mit Jovinian und Mani gleichermaßen schlecht ab, da diese zumindest in ihrer Sichtweise auf die Natur als unveränderliche Größe (Jovinian hält sie für unveränderlich gut und nach der Taufe für absolut gut, Mani hält sie für dauerhaft schlecht) schlüssig bleiben (cf. 99,1–100,4). Jovinian ist insofern als *innocens* anzusehen (cf. 98,13–15), als er die Natur auch vor der Taufe, aufgrund des freien Willens, als gut geschaffen ansieht und es bei ihm zumindest keinen Zwang zum Schlechten gibt (98,35–38).

99,1 nunc autem – 100,6 uelle non posse
Die Bezeichnung Augustins als *perfidus* passt zu seiner polemischen Bezeichnung als *Poenus orator* (cf. Hinführung. 3.2.2; 7,2; 48,14–18; 72,14–19; 73,41 sq.), gleichzeitig kann ihm Julian damit unterstellen, er sei ein schlechter Häretiker, da er sich sozusagen für keine der beiden Häresien entscheiden kann. Durch den zuvor gemachten Vergleich mit den Manichäern und Jovinian kann er Augustins vermeintliche Lehre umso widersinniger erscheinen lassen. Die Widersprüche entstehen erst dadurch, dass Julian seinen Begriff der Unveränderlichkeit der Natur[869] und der Freiheit des Willens zum Guten und Schlechten der logischen Argumentation zugrunde legt.[870] Augustinus nimmt eine Verschlechterung der menschlichen Natur durch den Sündenfall an, die von Julian überspitzt als *necessitas* bezeichnet wird (99,1–100,3). Er vertritt neben der *tradux peccati* auch die *tradux mortis*, wohingegen Julian den Menschen für sterblich geschaffen hält (100,1 sq.; cf. Augustins Aussage in *c. ep. Pel.* 1,5 zitiert in 94,7 sq. und zur *tradux mortis* den Kommentar zu 67,33–40); Augus-

---

867 Cf. Primmer, Rhythmus 1, 197.
868 Cf. Mauriner 931.
869 Cf. Lamberigts, Alternative 107 und Hinführung. 2.2.1.1 und 2.2.1.3.
870 Cf. Kommentar zu 24,1–6; 55,1–56,3; 61,1–5; 69,12 sq.; 98,27–39; 105,7–11; 123,1–6; 124,2–125,7; Hinführung. 2.2.1.1.

tinus vertritt einen Freiheitsbegriff, in dem der Mensch von sich aus das Gute nicht wollen kann (100,5 sq.), für Julian bedeutet Freiheit, gleichermaßen das Gute und das Schlechte wollen zu können. Dadurch, dass Julian seinen Freiheitsbegriff in 77,12–83,6 definitorisch abgesichert hat, kann er nun Augustins Weltbild die *necessitas* unterstellen. Cf. Hinführung. 3.3.1 und 3.2.

100,4 *„uoluntas, quae libera est in malis, libera in bonis non est"* – 6 *uelle non posse*: Augustins Freiheitsbegriff ist in gewisser Weise genau so zu verstehen, wie er hier formuliert wird. Wirklich frei ist für ihn nur ein Wille, der dazu in der Lage ist, das Richtige zu wollen. Durch den Sündenfall ist diese Fähigkeit abhandengekommen und kommt seit diesem Vorfall nur durch Gottes Gnade zustande. Freiheit des Willens bedeutet für ihn jedoch auch, dass der Mensch im Moment der Entscheidung sich seines Wollens selbst bewusst ist (cf. *ciu.* 5,10,10–13: *multa enim facimus, quae si nollemus, non utique faceremus. quo primitus pertinet ipsum uelle; nam si uolumus, est, si nolumus, non est; non enim uellemus, si nollemus*).[871] Dies lässt Julian in seiner Argumentation außen vor; er reduziert somit Augustins Auffassung, um ihm vorwerfen zu können, dass es ihm um eine *necessitas* gehe (cf. Kommentar zu 97,7–11). Zu Julians Unterscheidung von *captiua* und *libera uoluntas* cf. 84,1–86,4. Cf. Hinführung. 2.2.2.

101,1 sed licet nulla ex parte constet – 102,5 sanctitatis gloriam possidere.
Julian zieht nun logische Schlüsse aus dem von „Augustinus" Gesagten und appelliert an den Leser zu urteilen (cf. dazu 13,6; 106,1–4; 114,4–6; Hinführung. 1.4 und 3.1). Julian lässt einen Teil der augustinischen Definition des Willens zu, sodass er zunächst annimmt, man könne einen Willen, der das Gute nicht wollen könne, als frei bezeichnen. Daraufhin führt er Augustinus als fiktiven Sprecher ein und führt mit ihm eine Disputation durch. Die Vorgehensweise Julians erinnert an eristische Rhetorik (cf. auch ähnlich 48,3–51,9).[872] Dies zeigt sich z. B. in der Form des Frage-Antwort-Gesprächs und in der dilemmatischen Frage in 101,4–6. Julian will nachweisen, dass Augustins Freiheitsbegriff logisch fehlerhaft ist, legt jedoch dazu bereits wieder seine Definition von Freiheit zugrunde (cf. 77,9–83,6). Er gibt innerhalb der Befragung des fiktiven Augustinus also seine Definitionen als Diskussionsgrundlage vor. Er stellt „Augustinus" vor die Frage, wie der Mensch nach der Taufe sei, durch die er befreit wird. Könnte er danach nur das Gute wollen, behaupte Augustinus nichts anderes als Jovinian (101,7 sq.). Wenn Augustinus allerdings sagt, er könne dann sowohl das Schlechte als auch das Gute wollen, müsste er wohl oder übel zugeben,

---

871 Cf. Tornau, Rhetorik 280–282.
872 Zu den Prinzipien cf. Erler, Streitgesang 85 sq. und id., Gesprächsstrategie 286.

dass das, was zunächst als „frei" bezeichnet wurde, nämlich der Zustand vor der Taufe, in dem der Mensch das Gute nicht wollen kann, nicht als „frei" gelten dürfte (101,11–14). Demnach ergibt sich, dass die Annahme, man könne einen Willen, der nur das Schlechte wollen kann, als frei bezeichnen, falsch war.

A: Der Wille erstrebt vor der Taufe nur das Schlechte
B: Der Wille ist vor der Taufe frei
C: Der Wille wird bei der Taufe befreit
→ C1: Der Wille kann nach der Taufe nur das Gute wollen (Jovinian)
oder
→ C2: Der Wille kann nach der Taufe das Gute oder das Schlechte wollen (Augustinus); ein Widerspruch zu A und B

„Augustinus" muss damit entweder sagen, dass B nicht zutrifft, oder er darf C2 nicht behaupten. Julian vermittelt in 101,2 sq. den Eindruck, er ließe sich auf den Freiheitsbegriff Augustins ein. Dass er aber stattdessen in seiner eigenen Begrifflichkeit von Freiheit weiterdenkt, wird bei der Folgerung aus C deutlich. Das, was er als problematisch empfindet, ist, dass Augustinus in *nupt. et conc.* 2,8 (p. 259, l. 10 sq.; 74,3 sq.) zwar schreibt *non liberum negamus arbitrium*, dann jedoch sagt, dass der Mensch erst durch Gottes Gnade das Gute wollen kann. Die göttliche Gnade in Augustins Aussagen liest er jedoch hier als Taufgnade und kann so Augustinus ad absurdum führen (cf. Kommentar zu 98,4–13).

101,6 *hic tu* – 8 *etiam ipse cognoscis*: Cf. Kommentar zu 98,1–11. Zur Konstruktion cf. Kommentar zu 76,10 sq.; cf. 94,68–70; 122,1–4.

101,11 *si ergo* – 14 *cum utrumque non poterat*: Julian lässt nun den fiktiven Augustinus die Folgerung C1 verwerfen, indem er das Argument anführt, dass in diesem Falle nicht von einem freien Willen die Rede sein könne, da diesem dann nur die Möglichkeit, das Gute zu wollen, bliebe. Die Widersprüchlichkeit in „Augustins" Aussagen entsteht hier erst durch die Begründung der Verwerfung von C1. Julian hat nun „Augustinus" entlarvt: Wenn „Augustinus" behauptet, dass C2 nach der Taufe gelte, gibt er indirekt zu, dass seine Zustimmung zum Gelten von A und B nicht richtig war. Denn dann kann ein Wille, der nur das Schlechte wollen kann, nicht als frei bezeichnet werden. Demnach können A und B nicht gleichzeitig gelten. Er hat demnach „selbst" zugegeben, dass seine Aussage *non liberum negamus arbitrium* (*nupt. et conc.* 2,8; p. 259, l. 10 sq.; 74,3 sq.) der Unwahrheit entspricht und er in Wahrheit einen unfreien Willen vor der Taufe annimmt.

101,14 sq. *clauderis undique disputationis tuae laqueis*: Der Begriff *laqueus* wird zur Bezeichnung von sophistischer bzw. unlogischer Argumentation verwendet (z. B. Cic. *de orat.* 1,43: *Stoici* [...] *disputationum suarum atque inter-*

KOMMENTAR 505

rogationum laqueis te inretitum tenerent; id., *fat.* 7: [...] *ad Chrysippi laqueos reuertamur*).[873] Der Begriff *disputatio* könnte an dieser Stelle auf das von Julian erschaffene Szenario der Befragung Augustins oder auf die dialektische Argumentation hinweisen. Cf. auch Kommentar zu 106,1–21. Cf. Hinführung. 3.2.

101,17 sq. *et omnis dogmatis tui, quo malum naturale persuades, scena collabitur*: Julian vergleicht Augustins Lehre, die das *peccatum originale* glaubwürdig erscheinen lässt, mit der Maskerade, die entlarvt wird, jetzt, wo seine Begrifflichkeit des „freien" Willens deutlich geworden ist. Für die übertragene Bedeutung von *scena* als Maskerade, Täuschung cf. Petron. 117,10: *et ne quid scaenae deesset, quotiescumque aliquem nostrum uocare temptasset, alium pro alio uocaret, ut facile appareret dominum etiam eorum meminisse qui praesentes non essent*; Tac. ann. 14,7: *ipse audito uenisse missu Agrippinae nuntium Agermum, scaenam ultro criminis parat* [...].[874] Die Formulierung *scena collabitur* kann jedoch auch im wörtlichen Sinne verstanden werden als das Zusammenstürzen einer Bühne.[875] Für ein weiteres Bild aus dem Umfeld des Theaters: Cf. 48,3 sq.; cf. auch Hinführung. 3.2.2.

102,1 *sin autem* – 5 *sanctitatis gloriam possidere*: Julian lässt C2 nun außer Acht, durchdenkt, was die Folge wäre, wenn A und C zuträfen, und folgert C1. Eine *necessitas peccati* vor und eine *necessitas boni* nach der Taufe führen in Julians Augen dann dazu, dass neben dem freien Willen auch die Verantwortung des Menschen für sein Handeln aufgehoben würde. Er unterstellt Augustinus hier, dass er eine *necessitas mali* und eine *necessitas boni* vertrete und zieht aus dieser Annahme weitere Schlüsse in 104,1–106,21.

102,4 *ante[a] peccasse*: Ich entscheide mich hier für *ante* anstelle von *antea* (T, L, M, Migne und Zelzer)[876] mit Primmer, der seinen Vorschlag zum einen damit begründet, dass Julian sowohl *antea* als auch *ante* als temporale Adverbien (cf. 103,3; 101,10; 109,23; 115,5) verwendet, zum anderen den Prosarhythmus in seine Überlegungen mit einbezieht.[877]

103,1 quo collecto – 3 necessitate subuertis.
Cf. *nupt. et conc.* 2,8 (p. 259, l. 10 sq.; 74,3 sq.); cf. auch Kommentar zu 76,11–77,9; 77,3–11; 84,1–14; 93,16–18. Julian verweist auf 98,15 und geht zum Ausgangspunkt der Argumentation zurück: Ziel der Argumentationsführung war es zu zeigen, dass Augustinus den freien Willen tatsächlich bestreitet. Herausgestellt

---

873 Cf. TLL 7,2, p. 963, l. 7–18.
874 Cf. Forcellini, Tom. 4, 239.
875 Cf. Tac. ann. 15,34: [...] *theatrum collapsum est*, cf. TLL 3, p. 1573, l. 44–p. 1574, l. 20.
876 Cf. ebenso Cipriani/Volpi, Sant'Agostino 1, 146.
877 Cf. Primmer, Rhythmus 1, 202.

hat sich in 98,15–102,5, dass er vor der Taufe eine *necessitas mali* und nach der Taufe eine *necessitas boni* über den Willen herrschen sieht.

Der *ut*-Satz kommt hier dem Gebrauch des *cum explicatiuum* in 3,124,11–14 nahe und dürfte damit als explikatives *ut* aufzufassen sein, wodurch erläutert wird, worin die Leugnung Augustins besteht:[878] „Aus diesem Schluss wirst du nun gänzlich überführt, deine eigenen Ansichten zu leugnen, indem du versprichst, dass du den freien Willen nicht leugnest, den du vor der Taufe durch einen Zwang zum Schlechten und nach der Taufe durch einen Zwang zum Guten aufhebst." Die Verwendung des *ut* ist zudem vergleichbar mit der in 116,3 sq., wo im *ut*-Satz ebenfalls eine im Vordersatz genannte Tätigkeit erläutert wird ([…] *et quoniam errauerat in definitione peccati, ut putaret naturale esse quod nisi uoluntarium esse non potest* […]). In Julians Augen wäre damit bereits genug zu Augustins Ansichten gesagt; wie sich im Folgenden mit dem Ausdruck *uerum tamen* zeigt (104,1), will er unter Heranziehung seiner Definitionen jedoch Augustins Ansichten weiter ad absurdum führen.

103,1 *infitiari*: Julian verwendet das Wort *infitiari* mit Dativobjekt anstelle eines Akkusativobjekts.[879] Cf. auch 3,124,11–14: *ais quippe credere te quidem conditorem deum, sed malorum hominum, ac per hoc infitiaris dogmati tuo, cum negas te asserere diabolum hominum conditorem.*[880] Ebenfalls mit Dativ z. B. in 6,31,17 sq.; 6,38,28.

104,1 uerum tamen – 105,11 iam nec in moribus inuenitur.
Die Argumentation erhält dadurch eine weitere Stoßrichtung, dass Julian die in der vorhergehenden Argumentation gesicherten Ansichten „Augustins" (103,1–3) mit dessen Sündendefinition kombiniert und folgert, dass es überhaupt

---

[878] Ein explikativer *ut*-Satz ohne Demonstrativum im Obersatz ist eher selten (cf. Hofmann/Szantyr, Syntax 645), jedoch steht der *ut*-Satz in dem hier genannten Falle meines Erachtens auch nicht zur Erläuterung des Wortes *dogma*, sondern zur Erläuterung der Tätigkeit des Widersprechens.

[879] Der TLL gibt nur eine Stelle an, wo *infitiari* mit folgendem Dativobjekt steht, wobei die Textstelle allerdings mit einem Fragezeichen versehen ist. Bezeichnenderweise handelt es sich um eine Passage aus Julians Übersetzung des Psalmenkommentars Theodors von Mopsuestia: Iulian. in psalm. 4,7ᵃ–8: *hoc* […] *exprobrat infitientibus ueritati dicens* […] (cf. TLL 7,1, p. 1451, l. 25 sq.). Zu *infitiari* mit Dativobjekt cf. auch Vaccari, Commento 54.

[880] Übers.: „Du sagst demnach, dass du natürlich daran glaubst, dass Gott die Menschen erschaffe, aber solche, die böse seien, und damit widersprichst du also deiner Behauptung, wenn du es bestreitest, dass deiner Lehre nach der Teufel der Schöpfer der Menschen sei."
   Wenn gesagt wird, Gott erschaffe böse Menschen ist das für Julian gleichbedeutend damit zu sagen, der Teufel erschaffe die Menschen. Wenn Augustinus also abstreitet, der Teufel erschaffe die Menschen, kann er nicht zugleich behaupten, Gott „erschaffe" böse Menschen.

keine Sünde in „Augustins" Weltbild geben kann (cf. 104,4 sq.; 105,9–11). Er geht dabei von seiner Definition der Sünde aus (104,2–4): *ut enim recordemur definitionum superiorum, si „peccatum" non „est" nisi „uoluntas retinendi et ammittendi, quod iustitia uetat et unde liberum est abstinere"* [...] und führt sein Argument in 105,1–9 aus. Die Sündendefinition erörtert er in 41,1–48,3 unter Heranziehung von Augustins eigener Definition aus *duab. an.* 15; zum Wortlaut derselben cf. 44,7–9; 45,1–4; 47,11 sq.

105,1 *nam si non imputat* – 7 *nisi a quo liberum est abstinere*: Julian betrachtet nun den Menschen im „augustinischen" Weltbild *ante baptisma* und greift auf die Aussage in *c. ep. Pel.* 1,7 (p. 428, l. 24–p. 429, l. 1; 94,44–46) zurück. Mit der Argumentation von 101,1–103,3 gilt für diesen Menschen nun vor der Taufe eine *necessitas mali*. Julian greift auf einen Teil seiner eigenen Sündendefinition zurück, in der die Freiwilligkeit die Bedingung für die Existenz von Sünde darstellt, und führt dem Leser vor, dass nach „Augustinus" also vor der Taufe keine Sünde herrschen kann, da der Mensch keine andere Wahl hat, als zu sündigen. Er zieht zudem seine Definition der Gerechtigkeit und die Kategorie des *modus* der Gerechtigkeit hinzu. Die Definition der göttlichen Gerechtigkeit besagt, dass diese auf das Handeln der Menschen blickt und sie dementsprechend bewertet (cf. 38,12–14). Der *modus* der Gerechtigkeit besteht darin, dass sie niemandem mehr abverlangt, als er kann (cf. 38,6–8: *modus uero eius est uel status, quod nec cuiquam amplius quam uires patiuntur, indicit uel, quod misericordiam non retundit*). Aufgrund der *necessitas mali* kann das Handeln des Menschen vor der Taufe demnach auch von Gott nicht als Sünde gewertet werden, da es dem *modus* der göttlichen Gerechtigkeit widerspricht zu verlangen, eine *necessitas* zu durchbrechen, die man nicht in der Hand hat.

105,7 *post baptisma* – 11 *iam nec in moribus inuenitur*: Hatte Julian in 105,1–7 eine *necessitas mali* vor der Taufe angenommen, nimmt er nun hier gemäß der Argumentation von 101–103 eine *necessitas boni* nach der Taufe für den Menschen im Weltbild „Augustins" an und schließt daraus, dass auch in diesem Falle nicht davon gesprochen werden kann, dass die Menschen in „Augustins" Weltbild sündigen können, da ein Zwang den Willen beherrscht, den seine Sündendefinition ausschließt (104,1–5). Er schließt dann *a minori ad maius*, dass auch in den *semina* keine Sünde gefunden werden könne und legt dabei seinen Begriff der Unveränderlichkeit der menschlichen Natur zugrunde: Wenn die Sünde schon wegen der *necessitas* nicht in den *mores* gefunden werden kann – dort wo der Mensch es selbst in der Hand hat, wie er sein möchte –, wie soll sie dann in der menschlichen *natura* gefunden werden, die dem Menschen unveränderlich gegeben ist?

Wenn Julian hier von *semina* spricht, spielt er auf Augustins Ansichten über die *concupiscentia carnis* an und generalisiert diese. Die Unbezähmbarkeit der *concupiscentia carnis* wird von Augustinus als Strafe für den Sündenfall angesehen, sündhaft ist sie jedoch erst, wenn ihr die Zustimmung erteilt wird. Julian überträgt hier also die Schlechtigkeit der Zustimmung zur *concupiscentia carnis* auf das, was aus der *concupiscentia carnis* hervorgeht, also auf die *semina*. Cf. auch Hinführung. 2.2.2.3. Zur schlagwortartigen Gegenüberstellung von *mores*, in denen Sünde gefunden werden kann, und *semina*, in denen sich Sünde nicht finden lässt, cf. 67,52–54; 89,1 sq.; 90,1 sq.12–15; 107,15–23; 122,9 sq.; 131,19 sq.; cf. auch 137,1–4 und Hinführung. 3.3.1.

106,1 uerum consignata hac disputationis summa – 21 et omnibus catholicis confitemur.
Ging es zuvor noch um den Zustand des menschlichen Willens vor bzw. nach der Taufe, wird nun das Augenmerk darauf gelegt, dass wenn es keine Sünden gibt (da man von Sünde nicht sprechen kann, wenn man nicht die Freiheit hat, Gutes wie Schlechtes zu tun), auch eine Vergebung der Sünden in der Taufe keinen Sinn ergibt (cf. 106,9–11). Julian zeigt nun, dass die Kindertaufe in „Augustins" Weltbild sinnentleert sein muss, da er von einer *necessitas mali* ausgeht. Augustinus führt als einen Grund für seine Annahme, es gäbe die Erbsünde, die Kindertaufe und speziell die Tatsache, dass im Ritus die Sündenvergebung festgehalten ist, an (cf. *nupt. et conc.* 2,4; p. 256, l. 14–17; 52,13–16). Julians Argumentation beruht auf folgenden Prämissen:

A: In der Taufe werden die Sünden vergeben (106,4 sq.)
B: Die göttliche Gerechtigkeit bewertet den freien Willen (106,5 sq.)
C: Die Sünde ist ein Akt der freien Willensentscheidung; der Wille hat die Möglichkeit der freien Wahl zwischen Gut und Böse (cf. 106,6 sq. in Anspielung auf *c. ep. Pel.* 1,7; p. 429, l. 1–3; 94,46 sq.).

Für Augustins Menschenbild gilt in Julians Rekonstruktion jedoch ¬C: Der Mensch ist mit der *necessitas mali* belegt, er kann deshalb nicht anders wollen (106,12 sq.). Der Wille ist bei „Augustinus" also nicht frei, er kann sich auch keiner Sache schuldig machen. Es folgt: Eine *indulgentia* ist nicht mehr nötig, weil es keinen Grund gibt, etwas zu verzeihen, dessen man sich nicht schuldig gemacht hat.[881] Wenn es also keine *crimina* gibt, deretwegen man sich die *remissio* der Taufe erhofft, dann muss die Taufe überflüssig sein, denn gerade die *remissio* der Sünden ist es, die den Kern der Taufe ausmacht.

---

881 Diese Argumentation erinnert an Augustins Worte in *c. Fort.* 17, wo er gegen den Manichäer Fortunatus ebenfalls anführt, dass die *indulgentia* für Sünde hinfällig ist, wenn der Mensch von einer *natura contraria* zum Sündigen gezwungen wird.

Es wird hier deutlich, dass Julian bei der Taufe von Kleinkindern den Erlass der Sünden als unwesentlich ansieht, da für ihn Kleinkinder ohne Sünde sind. Für seine Argumentation schränkt er an dieser Stelle die Gaben der Taufe auf die Sündenvergebung ein. Zur Taufe bei Julian cf. Kommentar zu 52,33–56,3.

106,1 *uerum consignata – 4 muneris exsequatur*: Es ist nicht ganz deutlich, welchen Gliederungsabschnitt Julian mit *disputatio* bezeichnet. Möglicherweise meint er konkret seine Ausführungen von 101–106,4, wo er Augustinus als fiktiven Sprecher vor Augen hat (cf. auch 101,14 sq.). Zumindest macht er an dieser Stelle mit der Aussage *consignata hac disputationis summa* einen Zwischenschritt und signalisiert dem Leser damit, dass sein Argument, dass in Augustins Weltbild keine Sünde existieren kann (cf. 105), nun festgehalten ist. Auf ähnliche Weise wie hier formuliert Julian in 124,1 sq., dass er weitere Schlüsse aus seinen bisherigen Erkenntnissen ziehen möchte (*hoc igitur consignato, quid processum tuum consequatur, attende*). Gekennzeichnet wird dieses Vorgehen auch durch die Aufforderung an den Leser, dem Gedankengang aufmerksam zu folgen (cf. 101,1 sq.; zum Einbezug des Lesers: Cf. 13,6; 66,11–14; 114,4–6). Julian will hier in polemischer Weise weiter überprüfen, was die augustinische Taufe an „Gaben" mit sich bringt. Wenn Julian hier davon spricht, dass Augustinus die Taufe nur aufgrund der Erregung der Geschlechtsteile für sinnvoll hält, so wendet er sich polemisch gegen Augustins Unterstellung, er sei ein *inimicus gratiae* und halte die Taufe für unnötig, weil er das *peccatum originale* verwerfe (cf. *nupt. et conc.* 2,5; p. 257, l. 2–4; 52,26–29). Dem Leser soll also deutlich gemacht werden, dass Augustinus der wahre Feind der Gnade ist. Augustinus hält die sexuelle Begierde für einen Beleg, dass der menschliche Wille aufgrund der Erbsünde schwach ist (cf. *nupt. et conc.* 2,18; p. 271, l. 1–9), da diese sich nicht durch den Willen steuern lässt. Für Julian gehört die sexuelle Begierde zur Einrichtung der Natur und ist deshalb gut. In seinem Weltbild ist es völlig abwegig davon zu sprechen, dass die *concupiscentia carnis* in der Taufe vergeben werden müsste, da sie keinen schuldhaften Charakter hat, solange sie nicht ins Übermaß umschlägt (cf. Kommentar zu 71,1–72,25; Hinführung. 2.2.1.2). Zu Augustins Position cf. auch *nupt. et conc.* 1,21 (p. 233, l. 20–23): *ex hac igitur concupiscentia carnis quod nascitur, utique mundo, non deo nascitur; deo autem nascitur, cum ex aqua et spiritu renascitur. huius concupiscentiae reatum regeneratio sola dimittit, quem generatio trahit.*[882]

---

882 Übers.: „Das, was aus dieser sexuellen Begierde entsteht, ist in jedem Falle für das Leben auf der Welt entstanden, [noch] nicht für das Leben für Gott. Für Gott wird es aber geboren, wenn es durch Wasser und den Heiligen Geist wiedergeboren wird. Die Wiedergeburt allein vergibt die Schuld, die aus dieser Begierde erwächst, die die Zeugung aufgebürdet hat."

Augustinus spricht in *nupt. et conc.* 2,59 davon, dass es die *inoboedientia* ist, die die *concupiscentia carnis* schlecht und für ihn fehlerhaft macht. Julian überspitzt deshalb mit der Aussage *baptisma [...], quod propter solam genitalium commotionem dicis fuisse prouisum* in 106,2–4 also Augustins Position und reduziert seine Ansicht auf die Fehlerhaftigkeit der *concupiscentia carnis* im Allgemeinen. Bereits in 57,1–61,5 wendet sich Julian gegen Augustins Ansicht, die Sündenvergebung in der Taufe sei ein Indiz dafür, dass Kleinkinder bereits Schuld auf sich geladen hätten. Seine Argumentation läuft dort darauf hinaus, dass er zeigt, dass Augustins Ansichten der Güte und Gerechtigkeit Gottes widersprechen müssen. Einerseits vergibt „Augustins" Gott Sündern, die sich aus freiem Willen für ihr Verhalten entschieden haben, ihre Sünden. Andererseits rechnet er Kleinkindern, die noch keine Sünde aus eigener Entscheidung begangen haben können, Adams Sünde als Schuld an. Hier hingegen (106,1–21) basiert Julians Argumentation auf der Annahme, dass eine *necessitas mali* in der menschlichen Natur nicht als schuldhaftes Sündigen anerkannt werden könne und demnach auch keine Vergebung in der Taufe notwendig sei. Während er sich also in 57,1–61,5 gegen Augustins Argument gewendet hatte, die Sündenvergebung in der Taufe als Beleg *für* die *tradux peccati* anzunehmen, verwendet er an dieser Stelle (106,1–21) selbst die Sündenvergebung in der Taufe als Argument *gegen* eine *tradux peccati*, die er als *necessitas mali* versteht.

106,7 *euanescente autem inuidia reatus*: Das Wort *inuidia* ist hier wieder mit „Vorwurf, Anschuldigung" zu übersetzen,[883] cf. Kommentar zu 19,14–18.

106,9 *ac per hoc promissionis suae frustratur* – 18 *figmentum necessitatis euanuit*: Da es keine Sünde in „Augustins" Weltbild gibt, findet die Gerechtigkeit im Menschen nichts, was sie vergeben könnte, und ihr Versprechen der Sündenvergebung ist hinfällig (106,7–9). Die *iustitia* und die *indulgentia* Gottes sind demnach nur noch leere Worte. Gott kann weder Sünden finden, die er vergeben könnte, noch sind ihm die Menschen eine Besserung schuldig, da sie einer *necessitas* unterliegen (106,9–14). Augustinus höhlt mit seinen Ansichten somit, gemäß Julians Rekonstruktion, das Sakrament der Taufe aus (106,13 sq. ist das Ergebnis der Aussage in 106,1–4). Julian folgert, dass die Taufe bei „Augustinus" keinerlei Konsequenz mit sich bringt. Es ist aber bekannt, dass die Gnade Christi nicht überflüssig ist, also muss diese Weltsicht falsch sein (106,14–18). Damit gibt es keine unwillentliche Sünde, wie sie von „Augustinus" proklamiert wird, und „Augustinus" stellt sich so als der wahre *inimicus gratiae* heraus. Julian zeigt hier ein weiteres Mal, wie er seine Definitionen von Sünde,

---

[883] Cf. Bouwman, Kommentar 53 sq.

Gerechtigkeit und freiem Willen anwendet, um sie in der logischen Argumentation gegen Augustins Ansichten einzusetzen (cf. 48,3–49,20; 72,3 sq.; 101,1–102,5; 104 sq.). Für die Stärkung seiner Ansichten ist es zudem günstig, dass er *Io* 8,31–41 bereits in 87,1–92,4 so ausgelegt hat, dass aus der Interpretation die Sündenvergebung als wesentliches Thema hervorgegangen ist, cf. 87,15–25 und 91,1–7.

106,18 *ac per hoc nullum est* – 21 *confitemur*: Mit diesen Worten schließt Julian den argumentativen Teil seiner Ausführungen zu *c. ep. Pel.* 1,5–7 (cf. Kommentar zu 94,1–47) ab. Ziel war es, den Verdacht weiter zu erhärten, dass Augustins Aussage *non liberum negamus arbitrium* in *nupt. et conc.* 2,8 (p. 259, l. 10 sq.; 74,3 sq.) der Unwahrheit entspricht (76,11–77,9; 84,1–14; 92,1–4; 93,16–18). Zugleich sollte damit verteidigt werden, dass Julian zu Recht in seiner Einleitung von *Turb.* geschrieben hatte, Augustinus leugne den freien Willen (cf. Kommentar zu 73,23–42). Julian hat zum einen entlarvt, dass „Augustinus" keinen freien Willen, sondern eine *necessitas mali* in Form eines *peccatum naturae* vor der Taufe behauptet, zum anderen widerlegt, dass dies der Wahrheit entspricht.

2.4.3.3.3.4   *Exegese von* Rm 6,20 (107,1–109,8)

Julian geht nun über zur Auslegung von *Rm* 6,20, eine Stelle, die Augustinus in *c. ep. Pel.* 1,5 (p. 426, l. 7 sq.; 94,14 sq.) als Beleg für sein Willenskonzept herangezogen hat; die Argumentation zielt ebenso, wie in den Paragraphen 97–106 darauf ab zu zeigen, dass Augustinus den freien Willen nicht bekennt, sondern leugnet (cf. 109,8–13). Julian kann nicht umhin, auf die Interpretation von *Rm* 6,20 einzugehen, da er in Augustins Auslegung dieser Bibelstelle eine Gefahr für die in der Bibel ungebildeten Leser Augustins sieht (107,1–3). Mit dieser Befürchtung knüpft er an seine Einleitung aus *Turb.* an, die Augustinus in *nupt. et conc.* 2,7 zitiert hatte und die Julian in 73 rekonstruiert und in 75 erklärt (cf. Kommentar zu 73,23–42).

Ziel der Auslegung von *Rm* 6,20 ist es zu zeigen, dass Augustinus unrecht hat, wenn er in *c. ep. Pel.* 1,5 (p. 426, l. 18–22; 94,24–28) behauptet, der Apostel schreibe absichtlich *liberatos a peccato* statt *liberos a peccato*. Augustinus sieht in dieser Wortwahl begründet, dass der Mensch sich nur durch Gottes Hilfe aus der Sünde befreien könne (107,11–13). Da Augustinus sein Verständnis von *Io* 8,36 (cf. *c. ep. Pel.* 1,5; p. 426, l. 2 sq. 21 sq.; 94,10 sq. 27 sq.) in *c. ep. Pel.* 1,5 durch die Heranziehung von *Rm* 6,20–22 (p. 426, l. 12–18) gestützt sieht, muss auch Julian diese Stelle behandeln, um sein eigenes Verständnis von *Io* 8,36 (87,1–92,4) nicht in Gefahr zu bringen. Anders als in den anderen exegetischen Passagen in *Flor.* 1 wird hier keine Kontextualisierung des Bibelzitates gegeben (67,34–70,12 (*Rm* 7,24 sq.); 87,1–91,7 (*Io* 8,36); 131,1–135,10 (*Rm* 9,21); 138,1–141,18

(*Is* 45,9)). Die Auslegung ist vielmehr sehr explizit gegen Augustins Verständnis ausgerichtet, was sich in der häufigen Anrede Augustins zeigt (107,15–17.20 sq.; 108,2–15). Cf. Hinführung. 3.3.3.

107,1 expositio sane – 13 a malo dixerit liberatos?
Bereits in *Turb.* betont Julian, dass die Auslegung der Bibel nur gelehrten Personen gelingen kann (cf. *Turb.* 3, frg. 156 = Iulian. A. *c. Iul.* 5,2). Dass Augustinus sich die ungebildete Masse zunutze macht, unterstellt Julian auch in seiner Einleitung von *Turb.* (cf. Kommentar zu 33,1–8; 73,19–23 und 73,23–42). Die Sorge, dass in der Bibel unbewanderte Menschen Augustinus aus Unwissenheit Glauben schenken könnten, äußert Julian auch in 113,14–19. Cf. Hinführung. 3.2.

107,4 *dicere utique – 13 a malo dixerit liberatos*: Julian geht nun zuerst auf den Unterschied zwischen *liber* und *liberatus* ein, einen Punkt, den Augustinus in *c. ep. Pel.* 1,5 (p. 426, l. 18–22; 94,24–27) im Anschluss an das Zitat von *Rm* 6,20–22 angesprochen hatte. Augustinus schreibt dort: *liberos dixit iustitiae, non liberatos, a peccato autem non liberos, ne sibi hoc tribuerent, sed uigilantissime maluit dicere liberatos referens hoc ad illam domini sententiam: „si uos filius liberauerit, tunc uere liberi eritis* [*Io* 8,36]." „Befreit" kann nach Julian der Mensch nur vom Bösen werden, während man „frei" von allen Dingen sein kann, von denen man nicht abhängig ist. Die Formulierung *liberati a bono* ergäbe deshalb keinen Sinn. Julian verteidigt hier Paulus' Wortgebrauch und sieht die Formulierung in *Rm* 6,20 *liberi iustitiae* (frei von der Gerechtigkeit) ebenso gerechtfertigt wie die Formulierung *liberati a peccato* (befreit von der Sünde) in *Rm* 6,22. Julian umgeht in gewisser Weise Augustins Interpretation, der darauf aufmerksam machen wollte, dass Paulus im Falle der Sünden absichtlich nicht *liberi*, sondern *liberati a peccato* geschrieben hatte, um zu signalisieren, dass es dem Menschen nicht aus eigener Kraft gelingen kann, sich von den Sünden frei zu machen. Julian argumentiert hier so, dass Augustins Unterscheidung hinfällig wird, da Paulus in *Rm* 6,22 genauso gut hätte *liberi a peccato* statt *liberati a peccato* schreiben können. Cf. Hinführung. 2.3 und 3.3.3. Zum vorliegenden Argumentationsmuster, das darauf beruht, dass sich Julian auf die Klarheit des Wortlauts der Heiligen Schrift beruft, cf. Kommentar zu 67,74–77; 90,5–15; 93,6–13; 108,1–6.11–15.15–23; 109,1–8; 136,1–137,4; cf. auch 2,146–149.204–208.

107,13 cum – 23 eius praecepta seruare
Julian geht nun darauf ein, dass die Menschen nicht durch die Natur (107,15 sq.), sondern aus eigenem Verschulden zu *serui peccati* werden. Er verwendet also die Auslegung von *Rm* 6,20, um zu zeigen, dass der freie Wille in dieser Bibelstelle bestätigt ist, und sie daher nicht als Beleg für Augustins Willenskonzept herangezogen werden kann. Des Weiteren nutzt er die Autorität

KOMMENTAR   513

des Paulus, indem er schreibt, dass in seinen Worten in *Rm* 6,16 deutlich zum Ausdruck käme, dass er keine an die Natur der Menschen gebundene Sünde vertrete (107,15–21; zum selben argumentativen Vorgehen cf. Kommentar zu 67,54 sq. und 133,7–134,5 und Hinführung. 3.3.3). Paulus muss in *Rm* 6,16 seiner Meinung nach gerade so verstanden werden, dass es nicht die *natiuitas* ist, in der die Sünde liegt, sondern der Wille (cf. auch 2,228,10–14).[884] Das Schlagwort der *natiuitas* geht auf Augustins Worte in *nupt. et conc.* 2,4 (p. 256, l. 14–17; 52,13–16) zurück und wird von Julian aufgegriffen. Cf. Kommentar zu 52,13–16; 70,8–12. Cf. auch die schlagwortartige Gegenüberstellung von *natura/semen* und *mores/uita* in 67,52–54; 89,1 sq.; 90,1 sq.12–15; 105,9–11; 122,9 sq.; 131,19 sq.; 136,1–3.

Eine ähnliche Stoßrichtung wie die Exegese Julians haben auch die Auslegungen einiger seiner Vorgänger an dieser Stelle. Pelagius hebt im Römerbriefkommentar zu *Rm* 6,19 u. a. hervor, dass die Manichäer die Sünde der menschlichen Natur zuschreiben (Pelag. *in Rom.* 6,19 p. 53,7–13):

> [„exhibuistis membra uestra" ideo dicit,][885] quia quitquit anima carnaliter [e][886]gerit, carni deputatur; si autem caro spiritale opus faciat, totus homo efficitur spiritalis: aut ita ut est illut: 'corpus quod corrumpitur adgrauat animam [*Sap* 9,15].' nos [sane][887] exhibuimus membra nostra seruire peccato, non, sicut Manichaei dicunt naturam corporis insertum habere peccatum.[888]

---

884   Cf. auch Lössl, Julian 221.
885   In der Handschrift B wurden hier offenbar Textstücke gestrichen, die als überflüssig erachtet wurden. In Anbetracht dieser Tatsache dürfte der in eckigen Klammern gesetzte Text im hier angeführten Zitat als authentisch anzusehen sein. Cf. auch Drecoll, Pelagius 626 sq. n. 13.
       Die hier in Klammer gesetzten Worte entfallen in der Handschrift B (sowie HV).
886   Entfällt in B (und GH).
887   Entfällt in B (und HGV).
888   Übers.: „Er sagt deshalb ‚ihr habt eure Glieder preisgegeben', weil alles, was die Seele im Hinblick auf das Fleisch getan hat, dem Fleisch zugeschrieben wird; wenn das Fleisch aber geistliche Werke tut, dann wird der ganze Körper geistlich. Oder auch so, wie es heißt ‚der sterbliche Körper belastet die Seele [*Sap* 9,15]'. Wir haben allerdings unsere Glieder dem Dienst der Sünde selbst preisgegeben; es ist nicht so, wie es die Manichäer sagen, dass in die körperliche Natur die Sünde hineingemischt ist."
       Die Begriffe *caro* und *carnaliter* versteht Pelagius als sinnliches Bestreben und als Bezeichnung für das Schlechte, wohingegen *spiritalis* und *spiritaliter* als Bezeichnung für das Gute und das auf Gott hingewandte Denken verstanden wird (cf. Thier, Kirche 71 sq. n. 72 und Pelag. *in Gal.* 5,19–21 p. 336,13–17). Ziel ist es, sich der Sünde zu enthalten und der *sanctitas* möglichst nahezukommen (cf. de Bruyn, Commentary 44 sq.).

Die Worte in *Rm* 6,20 sieht Pelagius als eine Aufforderung dazu, frei von der Sünde zu sein und ihr nicht mehr zu dienen (Pelag. *in Rom.* 6,20 p. 53,13–15: „*cum enim essetis serui peccati, liberi eratis iustitiae.*" *hoc est, in nullo ei penitus seruientes, ita et nunc liberi estote ab omni peccato*). Dies erhellt sich auch durch seine Worte im Kommentar zu *Rm* 6,13 (*in Rom.* 6,13 p. 51,18–20: *simul notandum quod homo membra [sua] cui uelit parti exhibeat per arbitrii libertatem*), wo er darauf aufmerksam macht, dass es dem Menschen von Gott gegeben ist, durch seinen freien Willen die Wahl zu treffen, ob er Gutes oder Böses tun will.[889] Cf. auch Kommentar zu 67,40–60.

Deutlicher als Pelagius deutet Origenes/Rufinus *Rm* 6,16–18 als Beleg dafür, dass es dem Menschen frei steht, ob er dem Guten oder dem Schlechten folgt (Rufin. *Orig. in Rom.* 6,3 l. 12–18):

> hoc est ergo quod in hoc loco apostolus docet: quia unusquisque in manu sua habet et in arbitrii potestate ut aut peccati seruus sit aut iustitiae. ad quamcumque enim partem inclinauerit oboedientiam et cuicumque parere uoluerit haec sibi eum uindicat seruum. in quo ut dixi absque ulla cunctatione in nobis esse ostendit arbitrii libertatem. in nobis namque est exhibere oboedientiam nostram uel iustitiae uel peccato.[890]

Johannes Chrysostomus greift den exhortativen Charakter von *Rm* 6,16 auf und versteht das Bibelzitat so, dass Paulus dort den Lohn für Gut und Böse im Jenseits anspreche.[891] Auch an dieser Stelle fügt sich Julian mit seiner Auslegung

---

[889] Cf. Matteoli, Origini 121, die darauf hinweist, dass Pelagius an dieser Stelle auch von Origenes/Rufinus beeinflusst ist.

[890] Übers.: „Der Apostel lehrt also an dieser Stelle, dass ein jeder es in seiner Hand und in der Macht seiner Entscheidung hat, entweder ein Sklave der Sünde oder ein Sklave der Gerechtigkeit zu sein. Diejenige Seite macht ihn zu ihrem Sklaven, der er sich in seinem Gehorsam zugeneigt hat und der er gehorchen wollte. Dadurch zeigt er, wie ich gesagt habe, ohne zu zögern, dass wir die Fähigkeit zur freien Entscheidung besitzen. Es liegt nämlich an uns, ob wir unseren Gehorsam der Sünde oder der Gerechtigkeit entgegenbringen."

[891] Chrys. *hom.* 11,4 *in Rom.*; PG 60, 488 sq.: ἐντρέψας τοίνυν ἀπὸ τοῦ πρέποντος, φοβεῖ καὶ ἀπὸ τῶν ἐπάθλων, καὶ τίθησιν ἀμφοτέρων τὰ ἐπίχειρα, δικαιοσύνην καὶ θάνατον· θάνατον δὲ οὐ τοιοῦτον, ἀλλὰ πολλῷ χαλεπώτερον. εἰ γὰρ οὐκέτι ἀποθανεῖται Χριστός, τίς λύσει τὸν θάνατον ἐκεῖνον; οὐδείς. οὐκοῦν ἀνάγκη διόλου κολάζεσθαι καὶ τιμωρεῖσθαι· οὐκέτι γὰρ θάνατος παραγίνεται αἰσθητός, καθάπερ ἐνταῦθα, ἀναπαύων τὸ σῶμα, καὶ τῆς ψυχῆς διαιρῶν· „ἔσχατος γὰρ ἐχθρὸς καταργεῖται ὁ θάνατος." ὅθεν ἀθάνατος ἔσται ἡ κόλασις, ἀλλ' οὐχὶ τοῖς ὑπακούουσι Θεῷ, ἀλλὰ δικαιοσύνῃ, καὶ τὰ ἐκ ταύτης βλαστάνοντα ἀγαθά, ἔσται τὰ ἔπαθλα [...]. Übers.: „Nachdem er seine Zuhörer nun bezüglich dem, was sich ziemt, beschämt hat, schreckt er sie ab im Hinblick auf das, was der Preis des jeweiligen Verhaltens ist, und stellt ihnen den Lohn

also in eine antideterministische Auslegungstradition ein, auch wenn er das Bibelzitat als Mittel seiner Argumentation einsetzt (cf. ebenso 67,40–60). Cf. Hinführung. 2.3 und 3.3.3.

108,1 denique statim – 6 uoluisti calumniam commouere.
Julian erklärt nun weiter, wie *Rm* 6,16 zu verstehen ist (cf. 107,15–19). Er vermerkt zunächst, dass Paulus im Kontext von *Rm* 6,20 sogleich davon spricht, dass die Menschen gleichermaßen *serui peccati* oder *serui iustitiae* sein könnten. Die Formulierungen *serui iustitiae/peccati* setzt er nun gegen Augustins Interpretation von *Rm* 6,20–22 in *c. ep. Pel.* 1,5 ein:[892] Augustinus hatte betont, dass Paulus im Falle der Freiheit von der Gerechtigkeit zwar *liber* schreibt, im Falle der Sünde jedoch *liberatus*, und sah darin begründet, dass die Menschen sich Sündenfreiheit nicht selbst zuschreiben sollten, sondern dass diese nur durch Hilfe der Gnade stattfinden könne (cf. *c. ep. Pel.* 1,5; p. 426, l. 12–28; **94,20–33**). In Analogie zu der Formulierung *serui iustitiae* und *serui peccati* hätte Paulus in Julians Augen auch von *liberi peccato* (Ablativus separativus) in *Rm* 6,20 schreiben können. Dies sieht er darin begründet, dass Paulus sündige Menschen als *a iustitia liberi* (ebenfalls Ablatvius separativus) bezeichnet hat. Julian fasst hier *iustitiae* in der Formulierung *liberi iustitiae* in *Rm* 6,20 (107,3 sq.) als Genitivus separativus auf und paraphrasiert in 108,4 sq. um zum Ablativus separativus *liberi a iustitia*. Auch Augustinus paraphrasiert *liberi iustitiae* um zu *liberi a iustitia*, um deutlich zu machen, dass er *iustitiae* im Ausdruck *liberi iustitiae* als Genitivus separativus versteht (cf. *c. ep. Pel.* 1,5; p. 426, l. 6–11; **94,14–18**). Bei Julian erleichtert es die Paraphrase, eine Parallele zu *liberi peccato* (bzw. *liberati a peccato* in *Rm* 6,21) ziehen zu können. Dem Paar *serui peccati/serui iustitiae* steht in Analogie das Paar *liberi iustitia/liberi peccato* gegenüber. Julian kann so erklären, dass es keinen Unterschied mache, dass Paulus in *Rm* 6,20 von *liberi iustitiae*, jedoch in *Rm* 6,21 von *liberati a peccato* schreibt, und er ebenso *liberi peccato* und *liberi iustitia* hätte schreiben können. *Liberi peccato* wären die Adressaten dann, wenn sie gerade *serui iustitiae* seien, *liberi a iustitia* wären sie, wenn sie gerade *serui peccati* seien. Er macht damit Augustins Anmerkung zu

---

    für beides in Aussicht, nämlich Gerechtigkeit und Tod. Mit dem Tod meint er aber nicht diesen körperlichen, sondern einen viel schwerwiegenderen Tod. Wenn nämlich Christus nicht stirbt, wer befreit dann von jenem Tod? Niemand. Demnach folgt notwendigerweise Strafe und Rache für alle Zeit. Dieser Tod ist nämlich nicht mehr sinnlich wahrnehmbar, wie der hier, der dem Körper ein Ende setzt, und ihn von der Seele trennt, denn ,als letzten Feind macht er den Tod zunichte [1 *Cor* 15,26]'. Deshalb ist die Strafe unvergänglich; jedoch nicht für die, die Gott gehorsam sind, sondern sie werden mit Gerechtigkeit belohnt und empfangen alles Gute, was aus ihr erwächst, [...]."
892 Eine ausführlichere Erklärung dieser Bibelstelle findet sich in 2,228 sq.

Rm 6,20, dass die Worte *liber* und *liberatus* aufgrund der Schwäche des menschlichen Willens, der befreit werden müsse, von Paulus bewusst so gewählt seien, hinfällig. Cf. Kommentar zu 107,1–13 und Hinführung. 3.3.3.

108,4 sq. *cum seruirent delicto*: Ich entscheide mich hier für die Variante *seruirent* (P, T pc. sr. L, M und Migne), da die beiden *cum*-Sätze in 108,2–4 parallel aufgebaut und temporal aufzufassen sind. Augustinus kann sagen, die Menschen seien frei von der Sünde, wenn sie der Gerechtigkeit dienen, so wie der Apostel sagen konnte, sie seien frei von der Gerechtigkeit, als sie der Sünde dienten.[893]

108,5 sq. *ineptissime itaque – calumniam commouere*: Wenn Julian hier von der *simplicitas apostolica* spricht, dann wendet er ein weiteres Mal das Argument von der Klarheit der Heiligen Schrift gegen Augustinus an. Er entlarvt Augustinus als einen schlechten oder verschlagenen Exegeten, da er suggeriert, dass die wahre Ansicht des Apostels offensichtlich aus dem Bibeltext hervorgeht. Er unterstellt somit Augustinus, dass er entweder die Worte des Apostels nicht verstanden hat oder sie verschleiern möchte. Cf. Kommentar zu 67,40–60; 67,74–77; 90,5–15; 93,6–13; 107,1–13; 108,11–15.15–23; 109,1–8; 136,1–137,4. Hinführung. 2.3; 3.2 und 3.3.3.

108,6 neque enim ille – 11 posse.
Cf. A. *c. ep. Pel.* 1,5 (p. 426, l. 18–21; 94,24–27): *liberos dixit iustitiae, non liberatos, a peccato autem non liberos, ne sibi hoc tribuerent, **sed uigilantissime maluit dicere liberatos referens hoc ad illam domini sententiam** [...]*. Julian greift Augustins Formulierung *uigilantissime* in Bezug auf Paulus' Aussage auf und wirft sie auf Augustinus zurück. Für ihn hat Paulus nicht äußerst wachsam (*uigilantissime*) das ausdrücken wollen, was Augustinus in seinen Worten liest, sondern Augustinus hat den Römerbrief im Halbschlaf (*somniculosissime*) betrachtet und somit falsch interpretiert.

108,11 uerum ipse tibi – 15 libertas.
Wäre Paulus so zu verstehen, wie Augustinus es sich denkt, so hätte er in *Rm* 6,20 in Julians Augen statt *liberi iustitiae* (Genitivus separativus) schreiben müssen *liberi fuistis peccato* (*peccato* als Dativus finalis), denn nach Augustinus ist der Mensch ohne Gottes Hilfe nur frei für die Sünde (*c. ep. Pel.* 1,6; p. 428, l. 12–16; 94,35–39). Hätte Paulus also geschrieben *cum enim serui essetis peccati liberi fuistis peccato*, so wäre Augustins Deutung plausibel gewesen, wenn

---

[893] Cf. Primmer, Rhythmus 2, 210, der diese Variante ebenfalls in Erwägung zieht. Cf. ebenso Cipriani/Volpi, Sant'Agostino 1, 156.

man *peccato* als Dativ auffasste. Der Mensch wäre dann nur frei für die Sünde. Julian wendet unter implizitem Verweis auf die Klarheit der Worte der Heiligen Schrift wieder die aus der Kommentartradition bekannte Argumentationsfigur zur Widerlegung Augustins an. Cf. auch Kommentar zu 67,40–60; 67,74–77; 90,5–15; 93,6–13; 107,1–13; 108,1–6.15–23; 109,1–8; 136,1–137,4; cf. auch 2,204–208; 223 und Hinführung. 3.3.3.

Julians Vorgehen kann als *retorsio* von Augustinus eigener Argumentation in *c. ep. Pel.* 1,5 (p. 426, l. 9–22; 94,17–28) verstanden werden, denn auch er hebt hervor, dass Paulus absichtlich geschrieben habe *liberati* statt *liberi*, um den Unterschied der Freiheit der Menchen deutlich zu machen (*c. ep. Pel.* 1,5; p. 426, l. 9–12; 94,18–20): *liberi autem a peccato non fiunt nisi gratia saluatoris. propter quod admirabilis doctor etiam uerba ipsa discreuit*). Auch er verweist also implizit auf die Klarheit des biblischen Textes.

108,14 *ut illi diceretur esse liber*: Die Lesart *illi* der Handschriften T pc., L und M fügt sich in den Kontext der zuvor angeführten Dative *peccato* und *iustitiae* und dem nachfolgenden Dativ *cui* ein. Es soll hier hervorgehoben werden, wofür jemand frei ist.[894]

108,15 si enim placet etiam casuum pensare momenta – 23 postea oboedire iustitiae.
Julian hebt nun hervor, dass man im Vers *Rm* 6,20: *cum serui essetis peccati, liberi fuistis iustitiae* den Kasus bei *iustitiae* auch als Dativ und nicht als separativen Genitiv auffassen könnte, so wie es Augustinus in *c. ep. Pel.* 1,5 (p. 426, l. 9 sq.; **94,17 sq.**) tut.[895] Er hieße damit: „Als ihr Sklaven der Sünde wart, wart ihr frei **für** die Gerechtigkeit." Diese Interpretation würde der Hauptaussage der augustinischen Auslegung widersprechen, da der Mensch trotz seiner Versklavung in der Sünde noch frei wäre, sich der Gerechtigkeit zuzuwenden, was in Augustins Augen jedoch nur durch Gottes Eingreifen geschehen kann (cf. Kommentar zu **94,1–47**). Julian merkt an, dass das Römerbriefzitat mit dieser Interpretation seine eigene Position stützen würde, da dem Menschen zugesprochen wird, dass er trotz des Daseins in Sünde frei ist, Gott zu dienen (cf. **108,17 sq.**). Er spricht sich dann jedoch für die Interpretation *liberi fuistis iustitiae* als *non seruistis iustitiae* aus, da ihm die vorangegangene Beobachtung zu geringfügig erscheint. Interessant ist hier, dass aus dem griechischen Text des Römerbriefes hervorgeht, dass Julian mit seiner Übersetzung von *iustitiae* mit dem Dativ tatsächlich recht hat: ὅτε γὰρ δοῦλοι ἦτε τῆς ἁμαρτίας, ἐλεύθεροι ἦτε

---

[894] Cf. Primmer, Rhythmus 2, 210 und ebenso Teske, Answer 157 n. 224.
[895] Cf. auch Lössl, Julian 222 sq.

τῇ δικαιοσύνῃ.[896] Wie an anderen Stellen von *Flor.* 1 nutzt Julian hier ein Werkzeug seiner Exegese, um gegen Augustinus ein Argument geltend zu machen. In diesem Falle ist es die Berücksichtigung grammatikalischer Besonderheiten des Bibeltextes, die ihm dazu verhilft.[897]

Julian verwendet in diesem Kontext Vokabular aus der grammatischen Kommentartradition sowie aus der Rhetorik, wenn er von *elocutiones* und von deren *officium* spricht. *Elocutio* in 108,17 und 108,19 dürfte hier synonym zu *locutio* aufzufassen sein[898] und meint die Formulierung *liberi fuistis iustitiae* in *Rm* 6,20.[899] Cf. auch Kommentar zu 5,3–8; 25,1–26,3; 67,77–93; 69,15–29; 134,5–11.

Das *officium* der Aussagen des Paulus dürfte die Bedeutung derselben darstellen, die Julian in 108,20–23 zusammenfasst. Julian bringt seine Interpretation von *Rm* 6,19 noch einmal auf den Punkt: Vor und nach der Befreiung durch Christus hätte der Mensch den Willen dazu haben können, der Sünde wie der Gerechtigkeit zu dienen.

Es wäre auch möglich, dass Julian mit dem *elocutionum simpliciter prolatarum officium* auf das Ziel abheben möchte, das Paulus durch den Einsatz eines bestimmten sprachlichen Stils verfolgt.[900] Ginge man allerdings davon aus, dass Julian mit *simpliciter* auf den einfachen Stil des Paulus hinweisen möchte, widerspräche dies der in 109,1 genannten *exhortatio*, die laut Julian in dessen Aussagen zu finden sei. Der einfache Stil wird verwendet, wenn man seine Zuhörer belehren möchte, der Stil einer *exhortatio* hingegen dürfte aufgrund des Ziels, die Leser emotional bewegen zu wollen, im *genus grande* zu verorten sein. Zum Verweis auf die Klarheit der Heiligen Schrift cf. Kommentar

---

896 Johannes Chrysostomus fasst den Dativ so auf wie Julian, interpretiert ihn jedoch anders. In seinen Augen bedeutet die Formulierung, dass der Mensch vollkommen unter der Sünde stand und deshalb der Gerechtigkeit gegenüber frei war, d.h., ihr in keiner Weise unterworfen war (cf. Chrys. *hom.* 12,1 *in Rom.*; PG 60, 495: „ὅτε γὰρ ἦτε δοῦλοι", φησί, „τῆς ἁμαρτίας, ἐλεύθεροι ἦτε τῇ δικαιοσύνῃ." ὃ δὲ λέγει, τοιοῦτόν ἐστιν· ὅτε ἐν πονηρίᾳ ἐζῆτε καὶ ἀσεβείᾳ καὶ ἐσχάτοις κακοῖς, μετὰ τοσαύτης ἐζῆτε τῆς ὑπακοῆς, ὡς μηδὲν καθόλου πράττειν καλόν. τοῦτο γάρ ἐστιν, „ἐλεύθεροι ἦτε τῇ δικαιοσύνῃ"·τουτέστιν, οὐκ ἦτε ὑποτεταγμένοι αὐτῇ, ἀλλ' ἠλλοτριωμένοι καθόλου. Übers.: „‚Denn als ihr Sklaven der Sünde wart, da wart ihr frei der Gerechtigkeit gegenüber [*Rm* 6,20]'. – Das was er sagt, ist das Folgende: Als ihr in Sünde, Gottlosigkeit und den schlimmsten Sünden lebtet, lebtet ihr in einem solchen Gehorsam, dass ihr niemals etwas Gutes tatet. Das sollen die Worte ‚ihr wart frei der Gerechtigkeit gegenüber [*Rm* 6,20]' bedeuten: ‚Ihr habt ihr nicht gehorcht, sondern wart ihr gänzlich entfremdet gegenüber'.").

897 Zum Stellenwert des Grammatikunterrichts als Hintergrund der christlichen Exegese am Beispiel des Origenes cf. Neuschäfer, Origenes 203–205.

898 Cf. TLL 5,2, p. 400, l. 77–p. 402, l. 37. Cf. Kommentar zu 69,15–29.

899 *Locutio* kann neben dem Sprechen an sich, insbesondere Formulierungen von unbestimmtem Wortumfang bezeichnen (cf. Tornau, Locutio 1036 mit n. 4).

900 Cf. Lausberg, Handbuch 519 unter Heranziehung von Quint. *inst.* 12,10,59.

zu 67,40–60; 67,74–77; 90,5–15; 93,6–13; 108,1–15; 109,1–8; 136,1–137,4; cf. auch 2,204–208; 2,223; Hinführung. 3.3.3.

108,17 sq. *si etiam tam leues res premere uellemus*: Julian hebt hier darauf ab, dass er eigentlich nicht so pedantisch sein möchte, sich auf die unterschiedliche Bedeutung der Kasus zu berufen. Er dürfte damit zudem Augustinus gegenüber deutlich machen, dass es dem lateinischen Sprachgebrauch gemäß eher abwegig ist zu vermuten, dass im Ausdruck *liberi iustitiae* ein Genitivus separativus anzunehmen ist (cf. *c. ep. Pel.* 1,5; p. 426, l. 6–10; 94,14–18).

109,1 denique quid exhortatio – 8 in omni sanctificatione retinerent.
Julian verdeutlicht hier wie Johannes Chrysostomus, dass es Paulus um die *exhortatio* seiner Zuhörer geht (cf. Kommentar zu 108,15–23).[901] In 2,232 sq. zeigt sich, dass Julian aus der Aussage *humanum est* herausliest, Paulus wolle den Menschen vor Augen führen, dass eine Umkehr durchführbar sei, und sie ermutigen. Ziel der Worte des Paulus ist es nach Julian auch hier, die Menschen zu einem besseren Leben, das sie an Gott ausrichten sollen, zu bewegen, um in ihrer Heiligung (*sanctificatio* (109,8)) Fortschritte zu machen. Julian macht mit dem Wort *ordinatissime* auch hier auf die Klarheit der Aussagen des Paulus aufmerksam. Cf. Kommentar zu 67,40–60; 67,74–77; 90,5–15; 93,6–13; 107,1–13; 108,1–23; 136,1–137,4; Hinführung. 2.3 und 3.3.3. Zur ausführlicheren Auslegung von *Rm* 6,19 sq. cf. 2,232–236.

---

901 Chrys. *hom.* 11,1 *in Rom.*; PG 60, 483: „εἰ γὰρ σύμφυτοι γεγόναμεν τῷ ὁμοιώματι τοῦ θανάτου αὐτοῦ, ἀλλὰ καὶ τῆς ἀναστάσεως ἐσόμεθα." ὅπερ καὶ ἔμπροσθεν ἔφθην εἰπών, τοῦτο καὶ νῦν ἐρῶ, ὅτι εἰς τὸν ἠθικὸν συνεχῶς ἐκβαίνει λόγον, οὐχ ὥσπερ ἐν ταῖς ἄλλαις Ἐπιστολαῖς, διαιρῶν αὐτὰς εἰς δύο, τὸ μὲν πρῶτον τοῖς δόγμασιν ἀφορίζει, τὸ δὲ ἕτερον τῇ τῶν ἠθῶν ἐπιμελείᾳ· ἀλλ' οὐκ ἐνταῦθα οὕτως, ἀλλὰ δι' ὅλης αὐτῆς ἀναμὶξ τοῦτο ποιεῖ, ὥστε εὐπαράδεκτον γενέσθαι τὸν λόγον. Übers.: „‚Denn wenn wir mit ihm Gemeinschaft haben in der Ähnlichkeit des Todes, werden wir sie auch in der Auferstehung haben [*Rm* 6,5]'." Wie ich schon zuvor erwähnt habe, sage ich auch hier, dass er ständig zur moralischen Aufforderung übergeht, wobei er diesen Brief aber nicht wie die anderen Briefe in zwei Teile zerteilt, wovon der erste sich den Lehrmeinungen widmet, der zweite sich mit dem moralischen Verhalten beschäftigt. Stattdessen macht er es hier anders und macht den ganzen Brief hindurch beides miteinander vermischt, damit seine Worte möglichst zugänglich sind."

2.5   *Augustinus erfindet einen guten Gott, der das Böse erschafft –*
      Rückkehr zu nupt. et conc. *2,8* (109,8–141,22)

Als nächsten thematischen Überpunkt nennt Julian das Gottesbild Augustins (109,13–18). Ziel der folgenden Ausführungen Julians ist es zu zeigen, dass sich Augustinus in Widersprüche verstrickt und den katholischen Gott nicht als den Schöpfer der Menschen bekennt. Die Ausführungen schließen einen Vergleich mit den Manichäern mit ein, bei dem sich herausstellt, dass „Augustins" Gottesbild verwerflicher ist als das der Manichäer (113,14–123,6). Bevor Julian sich jedoch Augustins Ausführungen in *nupt. et conc.* 2,8 (p. 259, l. 16–25) widmet, wendet er sich noch einmal dem Zitat *nupt. et conc.* 2,8 (p. 259, l. 9–19; 74,5–11) zu, um auf die von ihm in der vorangegangenen Abhandlung noch nicht besprochenen Punkte einzugehen. Dies tut er, ohne Augustins Aussagen ein weiteres Mal zu zitieren. Er macht den Leser lediglich durch die Aussage *reuertamur ad illum librum qui est ad Valerium destinatus* (109,13 sq.) darauf aufmerksam. Dabei ist auffällig, dass der Bogen, den Julian hier spannt, mehr als 34 Paragraphen umfasst, es dem Leser also schwerfallen dürfte, sich an die Aussagen Augustins im Zitat von *nupt. et conc.* 2,8 aus 74,2–11 zu erinnern. In 113,6–13 führt er die Zitation von *nupt. et conc.* 2,8 fort, wobei eine textliche Schnittmenge mit dem *nupt. et conc.*-Zitat in 74,2–11 besteht, die die Worte aus *Rm* 5,12 in *nupt. et conc.* 2,8 (p. 259, l. 16–18) umfasst. Die Paragraphen 109,13–114,4 dienen somit gewissermaßen der Kontextualisierung des Zitates *nupt. et conc.* 2,8 (p. 259, l. 16–25) in 113,6–13. In 110 sq. bespricht Julian dabei *nupt. et conc.* 2,8 (p. 259, l. 12 sq.; 74,5 sq.). In 112 geht er auf Augustins Verwendung von *2 Pt* 2,19 (cf. *nupt. et conc.* 2,8; p. 259, l. 13–16; 74,6–9) ein. In 113,1–125,7 behandelt er schließlich *nupt. et conc.* 2,8 (p. 259, l. 16–25; 113,6–13), wo Augustinus u. a. *Rm* 5,12 heranzieht. Bei dieser Argumentation geht Julian jedoch auch schon teilweise auf die an *Rm* 5,12 anschließenden Aussagen Augustins aus *nupt. et conc.* 2,8 ein, die er in 113,8–13 auch zitiert. Eine detaillierte Widerlegung von *nupt. et conc.* 2,8 (p. 259, l. 8–13) mit Auslegung von *Rm* 9,21 und *Is* 45,9 findet sich im darauffolgenden Abschnitt (126–141).

2.5.1   Kontextualisierung des nächsten Zitats aus *nupt. et conc.* 2,8
        (109,8–113,6)

109,8 uerum – 16 quam negaueras confiteri.
Julian verweist zurück auf seine Einleitung in *Turb.* (cf. Kommentar zu 73,23–42). Er hat nun die Behandlung der Aussage Augustins *non liberum negamus arbitrium* in *nupt. et conc.* 2,8 (p. 259, l. 10 sq.; **74,3 sq.**) abgeschlossen und wendet sich der weiteren Widerlegung von *nupt. et conc.* 2,8 (p. 259, l. 12–19; 74,5–11) zu. Ziel seiner Ausführungen ist nun zu zeigen, dass Augustins Gottesbild nicht nur einer Verneinung Gottes gleichkommt, sondern einem Bekenntnis

KOMMENTAR

zu einem Gott, der böse ist. Er greift damit eine Aussage aus seiner Einleitung von *Turb.* auf: [...] *etiam sanam fidem deserunt credituri procul dubio nec liberum esse in hominibus arbitrium nec deum nascentium conditorem* [...] (73,33–35; cf. Kommentar zu 73,19–23 und 73,23–42). Die Fragmente aus *Turb.* zeigen, dass es ein Ziel dieser Schrift war, Augustins Lehre vom *peccatum originale* zu widerlegen und ihm zu unterstellen, er denke, dass der Teufel den Menschen erschaffe (cf. z. B. *Turb.* 1, frg. 30 (= 4,7,1–10); 3, frg. 157 (= Iulian. A. c. *Iul.* 5,3); 4, frg. 297 (= Iulian. A. c. *Iul.* 6,58)). In 62,1–66,14 hat Julian diese Argumentation zusammengefasst. In *Flor.* soll dieser Vorwurf gegenüber Augustinus nun noch gesteigert werden, indem Julian zeigen möchte, dass Augustins Schöpfergott es ist, der die Menschen erschaffe, sie jedoch dann wieder verwerfe. Cf. Kommentar zu 113,14–125,7.

109,13 *negatorem*: Das Wort *negator* ist ein Neologismus, der entweder von Tertullian geprägt wurde oder bereits im allgemeinen Sprachgebrauch der Christen gängig war.[902]

109,10 *quia negarent* – 12 *uerum exitium uana formidine truderentur*: Cf. Kommentar zu 73,19–23.

109,16 et quidem – 21 cooperantur errori.
Julian führt als Beleg für Augustins Gottesbild dessen Aussage aus *nupt. et conc.* 1,26 (p. 238, l. 14–18) an: *hoc generi humano inflictum uulnus a diabolo quidquid per illud nascitur cogit esse sub diabolo, tamquam de suo frutice fructum iure decerpat, non quod ab illo sit natura humana, quae non est nisi ex deo, sed uitium, quod non est ex deo.* Diese Textstelle hatte Julian bereits in *Turb.* behandelt (*Turb.* 4, frg. 297 (= Iulian. A. c. *Iul.* 6,58); Kommentar bzw. Anspielung auf *Turb.* durch Augustinus).[903] In *Turb.* war das Zitat für Julian der Hinweis,

---

902 Cf. Mohrmann, Études 2, 239.
903 Ib.: „*hoc ergo generi humano inflictum uulnus a diabolo, quidquid per illud nascitur, cogit esse sub diabolo, tanquam de suo frutice fructum iure decerpat* [*nupt. et conc.* 1,26].'' (*haec uerba de libro meo tibi refellenda posuisti: quibus ita insidiaris, tanquam*) *naturae humanae auctorem dixerim diabolum, et ipsius qua homo constat substantiae conditorem;* (*quasi*) *uulnus in corpore* (*possis*) *appellare substantiam.* (*sed si*) *propterea me* (*putas*) *dixisse diabolum substantiae conditorem, quia in ea similitudine quae a me adhibita est, fruticem dixi* (...). Übers.: „Die Wunde, die dem Menschengeschlecht also vom Teufel zugefügt worden ist, sorgt dafür, dass das, was auch immer aus ihr entsteht, notwendigerweise unter der Macht des Teufels steht, so als ob er zu Recht die Frucht von seinem eigenen Baum abpflückte [*nupt. et conc.* 1,26].' Diese Worte aus meinem Buch [*nupt. et conc.* 1] hast du zitiert, um sie zu widerlegen. Mit ihnen gehst du auf hinterlistige Weise so um, dass sie den Eindruck erwecken, ich hätte gesagt, der Teufel sei der Schöpfer der menschlichen Natur und der Substanz, aus der der Mensch besteht, so als ob du die Wunde im menschlichen Leib mit dessen Substanz gleichsetzen könntest. Aber wenn du deshalb meinst,

dass Augustinus an den Teufel als den Schöpfer der Menschen und an das Böse als Substanz glaubt. Augustinus wehrt sich in *c. Iul.* 6,58 gegen diesen Angriff in *Turb.* und betont, dass es sich bei seiner Aussage um einen Vergleich handle und er nicht von einem substantiellen Bösen ausgehe.[904] Augustinus empört sich daraufhin des Weiteren, Julian ließe diesen Vergleich nicht zu und nehme ihn wörtlich. Die Aussage *cur usque adeo te uel ostendis uel fingis indoctum* (*c. Iul.* 6,58) trifft dabei die polemische Taktik Julians, Augustins Aussagen ad absurdum zu führen, indem er sie absichtlich missversteht. Dass Augustinus jedoch mit seinem Vokabular in *nupt. et conc.* 1,26 an die manichäische Lehre von der schlechten Wurzel, die schlechte Früchte hervorbringt, erinnert, deutet Julian möglicherweise in 5,25,26–29 an.[905] Die manichäische Ansicht, dass aus der schlechten Grundwurzel schlechte Früchte hervorgingen, führen auch Serapion von Thmuis und Theodoret an.[906] Zur *concupiscentia* als *radix omnium malorum* cf. Kommentar zu **66,11–14**.

109,20 sq. *multa alia – cooperantur errori*: Julian hat bereits an anderen Stellen darauf aufmerksam gemacht, dass Augustins Ansichten mit dialektischen Prinzipien im Widerspruch stehen und der Täuschung von unerfahrenen Christen dienen. In der vorliegenden Passage wirft er Augustinus vor, er verwende eine Scheinlogik (*loco* [...] *argumentorum*), was gut zu dem Bild passt, das Julian von Augustinus zeichnet. Cf. Hinführung. 3.2.2.

109,21 in hoc – 24 protulisti.
In Julians Augen verschlimmert Augustinus seine Aussagen über Gott durch seinen Versuch, sich in *nupt. et conc.* 2 gegen die Argumentation aus *Ad Turbantium* zu wehren (cf. schon 21,7–11; 109,16–21; 115,4–8; 124,1 sq.). Julian wirft Augustinus damit indirekt eine Verbohrtheit vor, die sich in das stereotype Bild des Häretikers einfügt.[907] Mit seinen Worten deutet er zudem auf das Ergebnis

---

dass ich gesagt hätte, der Teufel sei der Schöpfer der Substanz, nur weil ich im Bild des von mir herangezogenen Vergleichs von der ‚Frucht' gesprochen habe [...]."

[904] A. *c. Iul.* 6,58: *cur usque adeo te uel ostendis uel fingis indoctum, ut eis rebus quae substantiae non sunt, adhibendas de substantiis similitudines non existimes?*

[905] 5,25,26–29: *dicis tu commixtionem propter naturales motus esse diabolicam atque homines a diabolo quasi fruticis a se plantati fructus iure decerpi, dicit hoc etiam Manicheus, quippe a quo id credere et affirmare didicisti.* Übers.: „Du sagst, dass der Geschlechtsverkehr aufgrund der natürlichen Regungen als teuflisch zu erachten ist und dass die Menschen vom Teufel gewissermaßen zu Recht wie eine Frucht von dem von ihm gepflanzten Busch abgepflückt würden. Das sagt auch Mani, von dem du diesen Glauben und die Bekräftigung dieser Ansicht gelernt hast."

[906] Cf. Fitschen, Serapion 38. Cf. Serap. *adu. Man.* 26–30.

[907] Cf. Opelt, Polemik 74 und ib. 119–121.

KOMMENTAR 523

der Argumentation in 113,14–125,7 hin, wo er aus Augustins Aussage in *nupt. et conc.* 2,8 (p. 259, l. 19–21; cf. 113,8–10: *sic est ergo deus nascentium conditor, ut omnes ex uno eant in condemnationem, quorum non fuerit renascentium liberator*). Rückschlüsse auf dessen Gottesbild ziehen wird, indem er diese polemisch reduziert.

109,23 sq. *quam antea protulisti*: Mit Primmer entscheide ich mich hier für die Variante *antea* (P) anstelle von *ante* (C, G, T, L, M und Zelzer);[908] Primmer führt rhythmische Gründe für die Wahl an.[909] Cf. auch die parallele Aussage 115,4 sq.: *in qua sententia multo te perniciosius curare niteris, quam antea uulnerasti.*

110,1 uerum suppleamus – 111,4 adoptandoque meliorem.
Es handelt sich hier um einen expliziten Verweis darauf, dass nach den Erörterungen in 73,1–109,16, die sich insbesondere mit *nupt. et conc.* 2,8 (p. 259, l. 10–13; 74,3–6) beschäftigt haben, nun auch Augustins übrige Aussagen in *nupt. et conc.* 2,8 (p. 259, l. 12–19; 74,5–11) behandelt werden sollen. Julian macht an der vorliegenden Stelle also auf die Disposition von *Flor.* 1 aufmerksam, die sich einerseits an den Inhalten in *nupt. et conc.* 2,2–8, andererseits aber auch an von ihm selbst gesetzten thematischen Schwerpunkten orientiert. Cf. auch 1,2–9,7; Kommentar zu 20,1–21,11 und 52,1–6, sowie Hinführung. 2.1.

110,2 *constanter – 4 Iesum Christum*: Julian antwortet hier auf *nupt. et conc.* 2,8 (p. 259, l. 12 sq.; cf. 74,5 sq.): *hunc* [sc. *Christum*] *uos inuidetis liberatorem, quibus captiuis uanam tribuistis libertatem*. Julian wehrt sich also gegen Augustins Aussage, dass er den Menschen Jesus Christus vorenthalte und ihnen stattdessen eine Freiheit biete, die das, was die Gnade im augustinischen Sinne bewirkt, nicht leisten kann. Julian sieht seine Seite jedoch als die lebensfreundlichere an. Menschen, die sich an Augustins Position orientieren, erhalten in seinen Augen keine Perspektive: Für ihn führt Augustins Position über kurz oder lang in die Verzweiflung, wenn der Mensch sich dessen bewusst ist, dass er sich nicht aus eigener Kraft verbessern kann, da er vom *peccatum originale* daran gehindert wird (cf. Kommentar zu 120,1–121,4).[910] Er unterstellt Augustinus einen verkappten Manichäismus, in den die Menschen durch seine Lehren getrieben werden (cf. Hinführung. 3.2.1). Zur Motivation, die die Hoffnung mit sich bringt, cf. Kommentar zu 87,1–12 und Hinführung. 2.2.1.3.

---

908 Die Variante *ante* hat ebenso Cipriani/Volpi, Sant'Agostino 1, 158.
909 Cf. Primmer, Rhythmus 1, 202.
910 Julian stilisiert sich damit auch als jemanden, der die Menschen von irrationalen Ängsten befreien will (cf. dazu Weber, Literatur 506).

In *perseu.* 41 (= *praed. sanct.* 2,41) ist für Augustinus gerade die Tatsache, dass der Mensch vom Zuspruch Gottes abhängig ist, ein Ansporn, das Gute ehrlich zu wollen, da er sich nur dann Gottes Hilfe sicher sein kann.[911] Augustins Position kann demnach durchaus auch positiv aufgefasst werden: Ein gelingendes gutes Handeln kann für den Menschen zur Gnadenerfahrung werden. Cf. Hinführung. 2.2.2.2.

110,4 sq. *quos conuenimus, ne*: Cf. Kommentar zu 52,9; 59,1–3; 87,21–25.

110,7 *quippe* – 111,1 *sed currant*: In Zelzers Edition war 110,8 mit einem Punkt abgeschlossen, der Satz wird jedoch in 111,1 fortgesetzt, wo Julian erläutert, dass die Menschen statt Augustins Lehre zu folgen, lieber zu einem Glauben finden sollten, der mit Julians Ansichten übereinstimme.[912]

111,1 *sed currant ad eum* – 4 *adoptandoque meliorem*: Julian setzt hier der in 110,1–8 hervorgehobenen Abschreckung, die das augustinische Menschenbild bei den potentiellen Christen auslösen könnte, seine Vorstellung entgegen, dass die Hoffnung auf Besserung und das Aufzeigen der Sündenvergebung die Menschen zu einem wahrhaft christlichen Leben motivieren kann. Julian betont auch die Notwendigkeit der Taufe, die sowohl den Menschen mit bereits ausgebildeter Urteilsfähigkeit ihre Sünden verzeiht als auch Kinder in einen besseren Zustand versetzt, indem sie von Gott angenommen und erneuert werden.[913] In den Worten aus *Mt* 11,30, die Julian in 111,1 sq. zitiert, werden die Menschen von Christus dazu aufgefordert, ihm nachzufolgen. Cf. Kommentar zu 53,30–38.

112,1 demiror – 8 nec peccare potuerunt.
Das Zitat 2 *Pt* 2,19 hatte Augustinus in *nupt. et conc.* 2,8 (p. 259, l. 13–15; 74,6 sq.) angebracht, um zu verdeutlichen, dass der Mensch unter der Macht des Bösen steht, solange er nicht durch Gottes Gnade befreit wird. Für Julian spricht es jedoch gegen die Erbsündentheorie, denn das Wort *deuictus* bezeuge, dass man erst nach einem Willenskampf der Sünde anheimfallen könne. Damit spricht es gegen die Behauptung, dass kleine Kinder unter der Macht des Teufels stehen könnten. Wo kein Wille ist, der durch die Entscheidungsfähigkeit der *ratio* geleitet wird, da kann es für Julian auch keine Sünde geben. Demnach können kleine Kinder auch nicht sündigen oder sich in einem Willenskampf vom Bösen überwältigen lassen (cf. Kommentar zu 47,1–24; 48,3–49,20; 113,1–6). Cf. Hinführung. 2.2.1.2.

---

911 Cf. Wu, Initium 36.
912 Cf. Primmer, Rhythmus 1, 198 n. 37.
913 Cf. Lamberigts, Alternative 102–104.

112,3 *quod manifestissime pro nobis facit asserentibus*: Die Wendung *facere pro aliquo* bedeutet hier „für etwas/jemanden sprechen, die Ansicht von etwas/jemandem unterstützen". Cf. die Stellen, die im TLL angeführt werden,[914] z. B. Tert. *adu. Marc.* 5,2,2; A. *bapt.* 2,1: *quantum pro nobis hoc est pro pace catholica faciant ea quae tamquam ex auctoritate beati Cypriani aduersus nos a parte Donati proferuntur,* [...] *adiuuante domino demonstrare proposui.*

113,1 quod quidem uidens – 6 addis

Julian unterstellt Augustinus hier, er habe 2 *Pt* 2,19 in *nupt. et conc.* 2,8 (p. 259, l. 13–15; 74,6 sq.) aus dem Kontext genommen und sei sich dessen bewusst gewesen, dass es eigentlich gegen seine Ansichten spreche. Er erläutert den Übergang Augustins zum Bibelzitat *Rm* 5,12 in *nupt. et conc.* 2,8 damit, dass sich aus 2 *Pt* 2,19 bei Augustins Interpretation die Frage ergäbe, wer es ist, durch den die Menschen unter der Macht des Teufels stünden. Seiner Ansicht nach zieht Augustinus als Antwort darauf deshalb *Rm* 5,12 heran. Dieses Vorgehen versteht Julian als einen Beleg dafür, dass Augustinus Zitate aus der Bibel manipulativ einsetzt, um seine Weltsicht zu untermauern (cf. z. B. 76,11–77,11). Er nutzt also die Autorität der Bibelstellen aus, ohne deren Inhalt im Kontext zu erläutern (cf. 113,14–19).[915] Cf. Hinführung. 3.2 und 3.3.3.

113,3 *aduersariae potestatis*: Der Begriff *aduersarius* wird von den christlichen Schriftstellern als Bezeichnung für den Teufel bzw. das Teuflische verwendet.[916]

2.5.2 „Gott als Schöpfer der Menschen" – *nupt. et conc.* 2,8 (113,6–13)

In 113,6–13 wird das letzte direkte Augustinuszitat in *Flor.* 1 angeführt. Es knüpft an das Zitat von *nupt. et conc.* 2,8 (p. 259, l. 9–19) in 74,2–11 an und überschneidet sich in den Zeilen 16–19, die das Bibelzitat *Rm* 5,12 enthalten. In *Flor.* 3,101 setzt die Zitation von *nupt. et conc.* 2,8 an genau der Stelle, an der sie hier aufhört, wieder ein. Cf. Hinführung. 2.1.

113,6 „*per unum* – 13 *misericordiam et iudicium.*"

= *nupt. et conc.* 2,8; p. 259, l. 16–25. Augustinus bringt in dem hier von Julian zitierten Abschnitt aus *nupt. et conc.* 2,8 drei/vier Bibelzitate in Zusammenhang, nämlich *Rm* 5,12: *per unum quippe hominem peccatum intrauit in mundum et per peccatum mors et ita in omnes homines per-*

---

[914] Cf. TLL 6,1, p. 123, l. 25–32.
[915] Cf. Sommer, Ende 15 sq.
[916] Mohrmann, Études 3, 44: „*Adversarius* adoptait le sens de «diable», grâce à un tabou populaire."

transiit, in quo omnes peccauerunt; *Rm* 9,21: *figulus ex eadem massa faciens uas aliud in honorem secundum misericordiam, aliud in contumeliam secundum iudicium* und schließlich die Worte *misericordiam et iudicium* [*Ps* 100,1]. Das Bibelzitat *Rm* 9,21 ist im Zusammenhang mit *Rm* 9,20 zu sehen, wo Paulus auf *Is* 45,9 anspielt. Julian wird im Folgenden auf diese vier Bibelstellen eingehen. In 113,14–125,7 wendet er sich gegen Augustins Verwendung von *Rm* 5,12 in *nupt. et conc* 2,8 (p. 259, l. 16–21; 113,6–10). Die Paragraphen 126–137 widmet er *Rm* 9,21 im Kontext von *Rm* 9,18–24, in 138–141,18 wendet er sich *Is* 45,9 im Kontext von *Is* 45,8–13 zu und in 130,3–11 stellt er klar, wem die Kirche tatsächlich *misericordiam et iudicium* (*Ps* 100,1) zuruft. In jedem der Abschnitte behält er Augustins Aussage *sic est ergo deus nascentium conditor, ut omnes ex uno eant in condemnationem* aus *nupt. et conc.* 2,8 (p. 259, l. 19–21; cf. 113,8–10) als Hauptziel seiner Widerlegung im Auge.

2.5.3   Augustins Gott ist schlimmer als der der Manichäer – gegen Augustins Verwendung von *Rm* 5,12 in *nupt. et conc.* 2,8 (113,14–125,7)

113,14 hoc quod dicis – 114,7 omnes.
Julian hebt hier wieder auf die Sorge ab, dass durch Augustins Verwendung von Bibelzitaten zum Beleg seiner Erbsündenlehre Menschen, die sich mit der Exegese der Heiligen Schrift nicht auskennen, hinters Licht geführt werden (cf. Kommentar zu 107,1–13; 73,19–42; 74,12–76,11). Er hält Augustinus indirekt vor, dass er Satzstücke aus dem Kontext reiße, um seine Aussagen durch Autoritätsbelege zu untermauern. Eine ähnliche Technik nennt Julian auch in 76,10–77,11, wo er Augustinus vorwirft, er habe der Aussage *non liberum negamus arbitrium*, von der Bibelstelle *Io* 8,36 abgesehen, nichts hinzugefügt. Aus diesem Grund legt er das Bibelzitat in 84,1–92,4 in seinem Kontext aus. Cf. auch Kommentar zu 113,1–6.

Julian betont zudem, dass er sich bereits in *Turb.* um die Auslegung von *Rm* 5,12 bemüht habe, und verschiebt eine umfangreichere Auslegung von *Rm* 5,12 auf das zweite Buch von *Ad Florum* (cf. 2,20; cf. Hinführung. 2.1). Er geht jedoch an dieser Stelle schon knapp auf *Rm* 5,12 ein, da es ihm der Text Augustins in *nupt. et conc.* 2,8 (p. 259, l. 16–25; 113,6–13) vorgibt. Er stellt fest, dass Augustinus das Bibelzitat nicht als Beleg für seine Aussage *sic est ergo deus nascentium conditor, ut omnes ex uno eant in condemnationem, quorum non fuerit renascentium liberator* (*nupt. et conc.* 2,8; p. 259, l. 19–21; cf. 113,8–10) heranziehen kann (114,1–4). Julian will hier Augustinus so verstehen, dass sein Gott der Schöpfer des Bösen sei und dass er die Menschen auf eine Art und Weise erschaffe, dass sie der Verdammnis angehören. Dieser Behauptung widmet er sich in den letzten Paragraphen (113–140) von *Flor.* 1. Gleichzeitig spricht Julian in 114,4–7 den Leser an, um ihn für seine Interpretation Augustins zu gewinnen (cf. 13,1–7; 66,11–14; 101,1 sq.; 106,1–4; die Ermahnung des Lesers zur Aufmerksamkeit findet sich auch in den anderen Büchern von *Flor.*, z. B. 2,22,1–8; 2,62,1 sq.; 2,80; 2,96,1 sq.; 3,85,26 sq.; 3,87,7–9; 4,38,3; 4,47,1; 5,4,1–5; 5,21,42 sq.; 6,41,18–22).

114,1 *hic autem* – 4 *iniquissimam*: Julian nennt hier *eruditio* und *ratio* als unerlässliche Grundlage für die Exegese. Dies passt zu seinen Äußerungen, dass Auslegungen der Bibel von gebildeten Menschen ausgeführt werden sollten. Zur *lex dei* dürften die Fundamente des christlichen Glaubens gehören, gegen die Augustinus seiner Ansicht nach verstößt. Cf. Hinführung. 3.3.2 und 3.2; cf. Kommentar zu 24,6–10; 30,1–31,5; 33,1–8.

115,1 *ac ne nesciremus* – 8 *Manicheus principi tenebrarum*
Julian hatte in *Turb.* Augustinus vorgeworfen, er streite Gott als den Schöpfer der Menschen ab (cf. Kommentar zu 109,8–21; Julian bezieht sich auf *nupt. et conc.* 1,26, cf. auch 109,18–24). Augustinus verteidigt sich in *nupt. et conc.* 2,8 gegen diesen Angriff, wenn er explizit betont, Gott sei der Schöpfer der Menschen (*nupt. et conc.* 2,8; p. 259, l. 19–21; 113,8–10), und zieht *Rm* 5,12 als Beleg dafür hinzu, dass die Menschen seit dem Sündenfall unter dem Einfluss des *peccatum originale* stehen. Diesem Einfluss können die Menschen ohne Gottes Gnade nicht entrinnen. In Julians Augen führt Augustins Verteidigung jedoch dazu, dass dieser sich nur in noch schlimmere Aussagen verstrickt, so wie er es in 109,23 sq. angedeutet hatte. Augustinus vertritt in Julians Augen einen Gottesbegriff, der den der Manichäer an Ruchlosigkeit übertrifft, da sein Gott Menschen erschaffe, die (aufgrund des Einflusses des *peccatum originale*) von Natur aus schlecht seien und sich aus eigener Kraft nicht bessern könnten (114,4–7), diese aber dennoch verurteile. Im Gegensatz dazu spreche Mani zwar auch von einer schlechten Natur, schreibe sie jedoch zumindest einem zweiten und schlechten Urheber zu (cf. Hinführung. 3.2.1.1). Zu Augustins Position cf. Hinführung. 2.2.2.

115,4 sq. *in qua sententia – quam antea uulnerasti*: Cf. 109,23 sq.: *tamen perniciosius niteris emendare sententiam, quam antea protulisti.*

116,1 *enimuero* – 10 *operis accusatur.*
Zieht man den Vergleich zwischen dem „augustinischen" und dem manichäischen Gottesbild in 48,3–49,20 heran, so lässt sich meines Erachtens in den Vergleichen eine Steigerung erkennen. In 48,3–49,20 liegt der Schwerpunkt auf der *iustitia*, die Augustins Gott in Julians Rekonstruktion verletzt, indem er zulässt, dass das *peccatum originale* die menschliche Natur verändert, und kleine Kinder verurteilt, obwohl sie unschuldig sind. Hier übertrifft Augustins

Gott in Julians Augen den der Manichäer, da dieser zumindest einen langen Kampf geführt und Teile seiner göttlichen Substanz dabei geopfert habe. In 116,1–117,4 geht es nun nicht mehr darum, dass Augustins Gott eine Veränderung in der menschlichen Natur zulässt, sondern darum, dass er die Menschen bereits für die Verdammung erschafft und damit Urheber des Bösen ist. Denn wenn der Sündenfall dazu führte, dass der Mensch nicht mehr in der Lage ist, sich zu bessern, dann ist Gottes Schöpfung in Julians Augen bereits für das Böse geschaffen worden.[917] Eine zum Schlechten veränderliche Schöpfung kann in seinen Augen von vornherein nicht gut sein (6,10,32–34; 119,4 sq.; cf. Hinführung. 2.2.1). In 116,8 sq. stellt Julian in ironischer Weise fest, dass Augustinus insofern ehrfürchtiger gegenüber der menschlichen Natur ist, als er sagt, sie stamme von Gott und nicht von einem *princeps tenebrarum* (cf. 115,8; er vertritt also zumindest keinen Dualismus). Augustinus schafft sich damit in Julians Augen jedoch Probleme, da die Natur in seinem Menschenbild so schlecht geschaffen sei, dass man Gott selbst für einen schlechten Schöpfer halten müsse. Die Beschaffenheit der menschlichen Natur und die Größe Gottes prallen demnach in „Augustins" Gottesbild aufeinander: Die Natur der Menschen wird zwar durch die Größe ihres Urhebers hochgehalten, Gott selbst jedoch muss wegen der schlechten Beschaffenheit der Natur beschuldigt werden.

116,3 sq. *et quoniam errauerat in definitione peccati, ut putaret naturale esse*: Es handelt sich hier um ein explikatives *ut* (cf. auch 103,1–3).[918] Zum Begriff *peccatum naturale* cf. Kommentar zu 9,3–7.

117,1 non timuisti – 118,3 comparetur.
Julian erläutert hier, dass Augustinus seinen Lehrer an Schlechtigkeit übertrifft, und spielt auf *Ez* 16,48–55 an, wo von den Sünden Jerusalems die Rede ist, die die Sünden von Sodom und Samaria übertreffen und diese beiden Städte im Vergleich sogar unschuldig erscheinen lassen.

---

917   6,10,24–28: *prorsus si talis eius conditio fuit, ut quamdiu in hac uita erat, uno lapsu uirtutem emendationis amitteret, non est ob aliud quam ut caderet institutus; immo nec corruisse, sed iacuisse semper uerius dicitur qui non sinitur, quantum ad mores spectat, exsurgere.* Übers.: „Ferner, wenn seine [sc. Adams] natürliche Beschaffenheit so war, dass er, solange er in diesem Leben verweilte, aufgrund dieser einen Sünde die Fähigkeit zur Besserung verloren hat, dann ist er doch nur dazu geschaffen worden, um zu straucheln; ja man sollte besser sagen, dass er nicht gestürzt sei, sondern eher, dass er immer schon machtlos am Boden lag, wenn ihm im Hinblick auf sein moralisches Verhalten nicht gestattet ist, aufzustehen."

918   Cf. Primmer, Rhythmus I, 207 n. 51.

KOMMENTAR   529

Der ab 115,5 begonnene Vergleich zwischen Augustinus und den Manichäern mündet hier in einen indignierten Ausruf. Durch die Formulierung *non timuisti* unterstreicht Julian das Bild, das er von Augustinus in 115,4–8 gezeichnet hatte als jemanden, der sich unter dem Druck der Opposition befindet und einen Ausweg aus den gegnerischen Argumenten sucht.

117,3 sq. *sed putabatur – superari*: Mit Primmer entscheide ich mich hier dafür, das in P überlieferte *ille* mit in den Text aufzunehmen.[919]

118,3 gloriatus in primo operis mei – 6 criminatur deum!
Julian spielt in 118,3 sq. offenbar auf eine Stelle in *Turb. an*. Hatte er dort wohl ausgesprochen, es sei eine Ehre für ihn, von Augustins Worten ebenso zerfleischt zu werden wie Paulus, hebt er den Vergleich nun auf eine noch höhere Ebene und ist schockiert, ebenso wie Gott die Anschuldigungen Augustins über sich ergehen zu lassen. In 119 entlädt sich dieser Vergleich in einer polemischen Gegenüberstellung dessen, was Augustinus in Julians Augen einerseits ihm, andererseits Gott vorwirft.

De Coninck sieht in den Worten aus 118,3 sq. eine Anspielung auf *Turb*.1, frg. 86 (= Iulian. A. *c. Iul*. 3,65, indirektes Zitat durch Augustinus):[920]

(... in fine eiusdem libri tui dicis) quod non sit alia mei sensus intentio, quam ad inferendum uirtutibus bellum in uitiorum sacramenta iurare, et ad excidium ciuitatis dei omni astu, omni furore coniti, adipiscendae castitatis desperatione repugnantes turpitudini territare, mentiri me tantas obscenae libidinis uires, ut eam ratio regere ac frenare non possit, cui nec apostolorum legio repugnauerit.[921]

Die Äußerung Julians fügt sich gut in den Kontext von *Turb*. 1, frg. 85 (= Iulian. A. *c. Iul*. 3,64)[922] und dem eben genannten frg. 86 ein, da Julian Augustinus an bei-

---

919   Cf. Primmer, Rhythmus 2, 196 und ebenso Cipriani/Volpi, Sant'Agostino 1, 166.
920   Cf. den Apparat zu *Turb*. 1, frg. 86 in De Coninck, CCL 88, p. 362.
921   Übers.: „.... Am Ende desselben Buches sagst du, dass ich nichts anderes im Sinn hätte, als den Sünden einen Eid zu leisten, um den Tugenden den Krieg zu erklären; ebenso sagst du, dass ich mit jeglicher Form von List und Aufruhr danach strebte, den Fall der Bürgerschaft Gottes herbeizuführen, und durch das Verbreiten von Zweifeln im Hinblick auf die Fähigkeit zum Erreichen der Keuschheit diejenigen in Schrecken versetzte, die sich der Schlechtigkeit widersetzten. Du sagst außerdem, dass ich der sexuellen Begierde fälschlicherweise eine so große Stärke beimäße, dass die Vernunft sie nicht leiten und bändigen könne, denn sogar die Legion der Apostel habe sie nicht bekämpfen können."
922   Ib. l. 820–828: ([...] *et dicens*), *quod dubium non sit euersionem sanctitatis, contaminationem pudicitiae, morum labem, nostris conuenire immo inesse dogmatibus: neque id esse me*

den Stellen vorwirft, er unterstelle den Aposteln, dass auch sie sich nicht gegen den Einfluss des *peccatum originale* haben wehren können. Meines Erachtens dürfte Julians Aussage in 118,3 sq. jedoch auch eine Anspielung auf eine nicht erhaltene polemische Aussage aus dem Kontext von frg. 85 und 86 sein.

119,1 unde mihi accidit – 9 in condemnationem!
Julian fährt Augustinus hier in pathetischem Stil an, der an den Stil der Deklamationen erinnert.[923] Im Anschluss an die schockierte Feststellung Julians in 118,3–6, er werde vom selben Munde zerfleischt wie Gott, stellt er nun Augustinus die Frage, wie er eine solche Ehre verdient habe (pointiert ausgeschmückt mit dem Oxymoron *contumeliae dignitas* in 119,1 sq.). Die fünf Antithesen, die in parallel gebauter Struktur aufeinanderfolgen, nehmen innerhalb ihrer Abfolge im Wortumfang erst kontinuierlich ab, dann wieder kontinuierlich zu: *sensa mea dicis esse reprobanda, sed dei opera damnanda* (9 Worte); *me male disputare, sed deum nequiter creare pronuntias* (8 Worte); *me errare clamas, illum saeuire* (5 Worte); *me asseris nescire legem, deum uero nescire iustitiam* (8 Worte); *me uociferaris catholicum non esse, qui dicam Christum prouocare quos saluet, deum uero iuras creare quos damnet nec ob aliud condere, nisi ut eant omnes in condemnationem* (27 Worte). Die Vorwürfe Augustins gegenüber Julian sollen dem Leser daher lächerlich erscheinen im Vergleich zu denen, die Augustinus angeblich Gott macht. Im Kern möchte Julian Augustinus hier wohl darauf hinweisen, er solle, bevor er ihn anklage, erst überlegen, was er sich selbst für ein Gottesbild ausdenke. Dies wird v. a. durch die Anspielung *nisi ut eant omnes in condemnationem* in 119,8 sq. deutlich. Den Satz *ut omnes ex uno eant in condemnationem* hatte sich Julian zur Widerlegung vorgenommen (*nupt. et conc.* 2,8; p. 259, l. 20 sq.; 113,9; aufgegriffen in 114,4–7). Er fasst den konsekutiven *ut*-Satz hier als finalen *ut*-Satz auf, um Augustins Gott grau-

---

    negaturum, qui ideo (*sicut dicis*) *in naturae inuidiam malae conuersationis sordes refundo, ut peccantibus metum demam, quorum obscenitates apostolorum et sanctorum omnium consolor iniuriis, eo quod uas aureum apostolum Paulum saepe dixisse commemorem, „non enim quod uolo bonum, hoc ago; sed quod odi malum, illud facio* [*Rm* 7,15]" [...]. Übers.: „[...] und du sagst, dass mit unserer Lehre zweifellos die Beseitigung der Heiligkeit, die Befleckung der Enthaltsamkeit und der Niedergang des moralisch guten Verhaltens übereinstimme, ja sogar mit unseren Lehren gleichzusetzen sei. Du meinst auch, dass ich nicht die Absicht hätte, das zu leugnen, da ich, wie du sagst, die Scheußlichkeit eines schlechten Lebens in einen Vorwurf der Natur gegenüber umkehre, sodass ich den Sündern die Angst nähme; die Vergehen der Sünder, sagst du, beschwichtige ich mit dem Vergleich der Sünden aller Apostel und Heiligen, bis zu dem Punkt, dass ich häufig wiederholt habe, dass der Apostel Paulus, das goldene Gefäß, gesagt habe: ‚Ich tue nämlich nicht das Gute, das ich will, sondern das Schlechte, das ich hasse [*Rm* 7,15]' [...]."

923   Cf. Cipriani, Aspetti 166.

sam wirken zu lassen, und verkürzt zudem Augustins Aussage aus *nupt. et conc.* 2,8 (p. 259, l. 19–21; 113,8–10), sodass es erscheint, als erschaffe Augustins Gott die Menschen für die Verdammung. Dies geschieht dadurch, dass Julian den an das Augustinuszitat in *nupt. et conc.* 2,8 (p. 259, l. 20 sq.; 113,9) anschließenden Relativsatz, durch den deutlich wird, dass diejenigen erlöst werden, die durch Christus wiedergeboren werden (*nupt. et conc.* 2,8; p. 259, l. 21; 113,10), unerwähnt lässt (cf. auch Kommentar zu 128,2–129,3).

120,1 inter te igitur – 121,4 agnoscit.
Wie in 109,21–24, 114,4–7 und 115,5–8 angedeutet, ist es in diesem Manichäervergleich das Ziel zu zeigen, dass Augustinus die Manichäer mit seinem Gottesbild an Schlechtigkeit übertrumpft (cf. 48,3–49,20).[924] Julian führt hier folgende Aussagen über „Augustins" Gottes- und Weltbild zusammen: 1.) Die menschliche Natur ist schlecht. 2.) Gott erschafft die menschliche Natur. 3.) Gott bestraft die Menschen, weil sie schlecht sind. Daraus folgt: „Augustins" Gott bestraft den Menschen dafür, dass er ihn geschaffen hat. Julian sieht dabei in Augustins Ansichten das negative Potential, den Menschen das Leben zu erschweren, da sie den Mut sinken lassen, sich selbst verbessern zu können (cf. Kommentar zu 110,1–111,4). Die Hoffnung auf die Auferstehung nach dem Tod ist bei Julian für den Menschen ein wichtiger Ansporn, sich moralisch zu bessern, da die Aufnahme bei Gott vom richtigen christlichen Handeln im irdischen Leben abhängig ist (cf. Kommentar zu 87,1–12; Hinführung. 2.2.1.3).

In Augustins vermeintlicher Weltsicht ist jedoch jeder Mensch verloren, da er von Gott dafür bestraft wird, dass er eine schlechte Natur hat, die Gott allerdings selbst geschaffen hat. Dies führt zum Widerspruch mit Gottes Gerechtigkeit, da dieser die Menschen für das straft, was er selbst begangen hat (ähnlich die Verletzung der *iustitia* in 48,3–49,20; 121,1 sq.: *ipse, qui est unus* im Vergleich zu den zwei „Göttern" der Manichäer). „Augustins" Gottesbild ist deshalb in Julians Augen ein negatives, da dessen Gott offenbar das Verlangen besitzt, Leid zu erschaffen (121,1–4).

120,1 *prosatorem*: Cf. Kommentar zu 50,17–20 und 90,13 sq. Zur Polemik cf. Kommentar zu 67,18–33 und Hinführung. 3.2.1.

120,2 *per profectum eruditionis tuae*: Cf. Hinführung.3.2; Kommentar zu 124,1 sq.

120,7 *reuerentiam*: Cf. Kommentar zu 2,1–7.

---

924 Cf. Lamberigts, Assessment 133 sq.

122,1 perspecta igitur abysso – 4 breui disputatione monstrabitur

Bisher hatte Julian zunächst Augustins Aussagen hinsichtlich seines Gottesbildes interpretiert, dieses mit dem der Manichäer abgeglichen und die daraus folgenden Konsequenzen erläutert. Er weist nun zwar auf die offensichtliche Schamlosigkeit des von ihm polemisch verzerrten augustinischen Gottesbildes hin, will dessen Fehlerhaftigkeit aber trotzdem durch Schlussfolgerungen absichern (122,1–4; cf. 123,2–6). Dies tut er, indem er dem Leser vor Augen führt, dass das eigentlich christliche Gottesbild dem Gottesbild widerspricht, das „Augustinus" vertritt. Er bietet damit sein eigenes Gottesbild als positives Kontrastbild (122,4–125,7), indem er es als selbstverständlich und rechtgläubig darstellt. Cf. Hinführung. 3.3.1 und 3.3.2. Zur Konstruktion in 122,1–4 cf. Kommentar zu 76,6–11; cf. 94,68–70; 101,6–8.

122,4 deus, qui hoc – 10 moribus, non exordiis accusatur.

In Julians Gottesbild stellen die Attribute Allmacht, Gerechtigkeit, Schöpfertum und Gutheit die Säulen dar. Allmacht und Gerechtigkeit haben dabei nach seiner Aussage einen wechselseitigen Einfluss aufeinander. Dies gilt jedoch nur, wenn man bereits einen guten Gott annimmt. Wenn Gott allmächtig ist, dann kann er auch ungerecht sein, nur würden die Menschen unter einem solchen Gott leiden. Damit wäre er also kein Gott, der es mit den Menschen gut meint. Andererseits muss Gott, wenn er gerecht sein will, auch die Fähigkeit besitzen, diese Gerechtigkeit auszufüllen (nämlich jedem das Seine zuzuteilen im Sinne der Gerechtigkeit als *expunctrix uniuscuiusque meritorum* (cf. 37,1 sq.) und zwar gemäß den zeitlichen Umständen (cf. 38,1–3)), was ihm nicht gelingen kann, wenn er nicht die Allmacht dazu besitzt. Julian legt seiner Schlussfolgerung, dass Allmacht und Gerechtigkeit sich gegenseitig bedingen, also bereits die Prämisse zugrunde, dass Gott gut ist, was sich auch aus der Tatsache erhellt, dass er ihn im Folgenden als *conditor benignissimus* (122,7) bezeichnet und das Fehlen der Güte Gottes im augustinischen Gottesbild beklagt (120,1–121,4). Dieses Gottesbild zieht es für Julian nach sich, dass auch die Schöpfung unveränderlich gut sein muss (122,8 sq.) und dass es eine von Natur aus bestehende Schlechtigkeit des Menschen nicht geben kann (122,9 sq.).[925] Cf. Hinführung. 2.2.1.1.

Dadurch, dass Julian hier die Attribute Gottes, die im christlichen Gottesverständnis als natürliche Standardattribute immer vorhanden sind, auf eine solche Weise betont, kann der Kontrast zu Augustins Gottesbild entstehen.

---

925 Zur Güte Gottes in Julians Gottesbegriff cf. Lamberigts, Plea.

Indem er Gott diese Charakteristika zuschreibt, hebt er implizit hervor, dass Augustins Gott sie nicht erfüllt. Cf. Hinführung. 3.3.2.

Mit der Beschreibung Gottes als *expunctor meritorum* greift Julian seinen Gerechtigkeitsbegriff aus 35,3–40,4 wieder auf, wo er die Gerechtigkeit als *expunctrix uniuscuiusque meritorum* (37,1 sq.) bezeichnet hat. Zur Gegenüberstellung von *mores/uita* und *natura/semina* cf. 67,52–54; 89,1 sq.; 90,1 sq.12–15; 105,9–11; 107,15–23; 131,19 sq.; 137,1–4.

123,1 nec malum – 6 claruerunt.
Da Julian davon ausgeht, dass die menschliche Natur unveränderlich gut ist, und sich gegen die augustinische Argumentation, die menschliche Natur sei nicht substantiell, sondern nur akzidentell schlecht (cf. Kommentar zu 61,1–5), verwahrt,[926] suggeriert er dem Leser, dass Augustins Gott sozusagen schuldige Menschen erschaffe und sie dann dem *diabolus* überlasse. Mit der Formulierung *regnum diaboli* greift er an dieser Stelle wieder Augustins eigene Aussagen auf.[927] Die manichäischen Quellen sprechen in ihrem Entstehungsmythos von zwei Reichen: dem des Lichts und dem der Dunkelheit (cf. Hinführung. 3.2.1.1). Das hier von Augustinus in Anlehnung an *Col* 1,13 verwendete Bild übernimmt Julian, um Augustins Weltbild auf polemische Weise in die Nähe des Manichäismus zu rücken (cf. Augustins Aussage *c. Iul.* 6,3 bezüglich Julians Verwendung des *nupt. et conc.* 1,1-Zitates in *Turb.*, das er offensichtlich als Hinweis dafür heranzieht, dass die „augustinische" Welt vom *diabolus* regiert wird). Zu einem ähnlichen Vorgehen Julians cf. Kommentar zu 61,1–5; 98,15–26.

123,2 quibus – 6 claruerunt: Das Verb *clarescere* wird hier im Sinne von *apparere* gebraucht cf. 6,36,58–60: *ceterum utrumque institutum per deum est, sed in Adam mortis conditio, in persona uero Christi resurrectionis primitiae claruerunt.*[928] Cf. zu einem Gebrauch von *claresco/clareo* ohne Objekt 4,27,3–5; 4,38,44–46; 5,63,6–8.[929]

---

926   Cf. Lamberigts, Alternative 107 sq.; Söder, Natura 174 sq.
927   Cf. *nupt. et conc.* 1,1 (p. 211, l. 14–18). Auf diesen Abschnitt geht Augustinus in *nupt. et conc.* 2,5 (p. 256, l. 18–p. 257, l. 2) ein, cf. Kommentar zu 52,16–33.
928   Übers.: „Im Übrigen ist beides von Gott eingerichtet worden, aber es ist deutlich geworden, dass die natürliche Beschaffenheit des Todes in Adam geschaffen worden ist, die Anfänge der Auferstehung aber in Christus eingerichtet worden sind."
929   Cf. TLL 3, p. 1265, l. 10–67; z. B. Mart. Cap. 5,466: [...] *cum aliquod uerbum in lege uel testamento dubium est et definitione clarescit* [...]; Cypr. epist. 60,2,1: *claruit* [...] *fides, quam de uobis beatus apostolus praedicauit.*

124,1 sq. hoc igitur consignato – attende.
Julian hat nun festgehalten, dass Augustinus schlimmer sein muss als die Manichäer und dass eine angeborene Sünde aufgrund des Gottesbildes, das er in 122,4–123,2 dargestellt hat, unmöglich existieren kann. Ausgehend von diesen Bemerkungen (*hoc* [...] *consignato*) zeigt er Augustinus nun, welche Schlussfolgerungen sich aus seinen Gedanken ziehen lassen (cf. Kommentar zu 120,1–121,4). In *nupt. et conc.* 1 hatte Augustinus in Julians Augen „nur" abgestritten, dass er an Gott als den Schöpfer der Menschen glaubt (cf. Kommentar zu 62,1–66,14; 109,16–21). Jetzt jedoch glaubt er an einen Gott, der die Menschen für die Verurteilung geschaffen hat (cf. 109,21–24; 114,4–115,8). Die Abwegigkeit von „Augustins" Ansicht illustriert Julian in 124,2–125,7. Zu dem Vorgehen aus Teilergebnissen der Argumentation weitere Schlüsse zu ziehen, cf. Kommentar zu 104,1–106,21.

Der Begriff *processus, -us* kann mit Baxter hier als Bezeichnung der Entwicklung bzw. des Fortschreitens eines Argumentes verstanden werden.[930] Gleichzeitig klingt aber auch ironisch der „Fortschritt" Augustins in seinen theologischen Ansichten an (cf. 120,1–3). Zu dem Vergleich mit den Manichäern und der daraus resultierenden Verschlimmerung von Augustins Ansichten cf. auch 48,44–49,20.

124,2 prophetas et patriarchas – 125,7 ultimo fuerint fine deprehensi.
Augustinus unterscheidet zwischen den paganen tugendhaften Menschen und den Heiligen/Propheten des Alten Testaments. Pagane Menschen können prinzipiell keine *uera uirtus* besitzen, da sie ihr Verhalten nicht im Hinblick auf Gott hin ausrichten; das Handeln der Menschen kann nur dann gut sein, wenn es wegen Gott ausgeführt wird.[931] Augustinus gesteht Menschen, die nicht an Gott glauben, jedoch die *uirtus ipsa* zu, durch die sich ihr Verhalten rein äußerlich nicht von dem der Christen unterscheidet.[932]

Eine Befreiung von der *concupiscentia* gesteht er den Menschen *ante legem* und *sub lege* eigentlich nicht zu. Diese kann erst durch die Gnade Christi im Zustand *sub gratia* geschehen. Aufgrund der biblischen Zeugnisse (*Rm* 4,2) bilden die Heiligen des Alten Testaments jedoch eine Ausnahme und haben Christi Gnade auch vor seinem Kommen schon erhalten.[933] Julian unterstellt Augustinus jedoch, dass, wenn man seine Vorstellung von der menschlichen

---

[930] Cf. Baxter, Notes 44 sq.
[931] Cf. Lamberigts, Virtues 130 n. 18.
[932] Cf. Tornau, Virtue 272–275.
[933] Cf. Dodaro, Iustitia 873. Über Abraham schreibt Augustinus in *exp. prop. Rm.* 20: *non enim merito sui tamquam ex operibus, sed dei gratia fide iustificatus est.*

KOMMENTAR

Natur, die zu ihrer Heilung die Gnade Christi benötige, konsequent weiterdenken würde, sich die Propheten und Patriarchen des Alten Testamentes in der Verdammung ewiger Strafen befinden müssten. Denn für sie gab es noch keine Heilung durch Christus (cf. auch Kommentar zu 27,6–29,3; 50,1–11 und 83,1–6). Cf. Hinführung. 2.2.2.

Zu den Heiligen und Propheten, die auch vor der Inkarnation Christi bereits tugendhaft sind, cf. auch 2,188,1–9. Eine ähnliche Sichtweise findet sich bei Pelagius in *epist. ad Demetr.* Auch er betont die Vorbildfunktion der Heiligen des Alten Testaments (cf. Pelag. *epist. ad Demetr.* 5sq.).

Ebenso wie Julian wirft Augustinus in *c. Faust.* dem Manichäer Faustus vor, er erkenne die Propheten und die Patriarchen des Alten Testaments nicht an (*c. Faust.* 12,48; cf. auch Hinführung. 3.2.1.1). Wenn Julian an dieser Stelle also Augustins Gedanken weiterdenkt und ihm unterstellt, er spreche die Patriarchen und Propheten ebenso der Erbsünde schuldig und werte sie damit ab, dann handelt es sich hierbei um eine Anschuldigung, die auch den Manichäern gemacht wurde (cf. z.B. Serap. *adu. Man.* 36)[934] und die dementsprechend den Manichäismusverdacht gegenüber Augustinus verstärken soll. Er unterstellt ihm damit, er verwerfe das Alte Testament ebenso wie die Manichäer. Diesen Verdacht dürfte er in *Flor.* 3 noch deutlicher machen, wenn er gegen Augustinus Textstellen aus dem Alten Testament anführt, um zu zeigen, dass dort nirgends von der Weitergabe einer Schuld der Eltern an die Kinder die Rede ist (cf. Hinführung. 2.1).

Es wird deutlich, dass Julian mit der Formulierung *ex Adam omnes pronuntiantur a te in condemnationem creati* (124,6sq.) Augustins Ansicht polemisch missinterpretiert.[935] Er geht davon aus, dass die Natur des Menschen unveränderbar ist, Augustinus meint hingegen, dass sie sich verschlechtern konnte, dass dies jedoch nichts mit der Gutheit ihrer Schöpfung zu tun hat. Für Julian wird in der Aussage *sic est ergo deus nascentium conditor, ut omnes ex uno eant in condemnationem, quorum non fuerit renascentium liberator* aus nupt. et conc. 2,8 (p. 259, l. 19–21; cf. 113,8–10) der Inhalt der Aussage *ut omnes ex uno eant in condemnationem* zu einem Übel der Schöpfung und deshalb schreibt er, dass alle für die Verurteilung *geschaffen* sind. Er legt bei der Augustin-Interpretation bereits seine Ansicht von der Unveränderlichkeit der menschlichen Natur und die in *Turb.* und 63,1–9 aus Augustins Worten gefolgerte Ansicht, er vertrete eine *natura diabolica*, zugrunde. Zu einem ähnlichen Vorgehen cf. Kommentar zu 99,1–100,6; 105,7–11 und cf. auch Hinführung. 3.2.1.2; 3.3.2.

---

934 Cf. ferner Cipriani, Autore 446sq.
935 Cf. auch Kommentar zu 62,5–7; 63,1–9; 66,4–11; 68,5–16; 97,7–11; 98,4–11.27–39; 99,1–100,6; 128,2–129,3.

125,1 sq. *quod si dixeris – patroni tui poterunt confiteri*: Julian dürfte mit diesen Worten auf Augustins Verweise auf Ambrosius in *nupt. et conc.* 2,15 bzw. auf Ambrosius und Cyprian in *nupt. et conc.* 2,51 anspielen. An beiden Stellen schreibt Augustinus, dass Julian, wenn er ihn selbst als Manichäer bezeichnet, auch Ambrosius bzw. auch Cyprian als Manichäer bezeichnen müsste.[936] Wenn Julian hier also davon spricht, sogar Augustins Gewährsmänner könnten Augustinus nun als Manichäer bezeichnen, könnte dies eine *retorsio* von Augustins Worten sein.

125,6 sq. *sed hos tantum – ultimo fuerint fine deprehensi*: Der Mensch hat bei Julian die Wahl, sich gegen Gottes Willen zu stellen (cf. *rebelles uoluntati dei*), was jedoch nicht gleichbedeutend damit ist, dass Gott ihn in seinem guten Willen alleine lässt (cf. Kommentar zu 95,6–11 und Hinführung. 2.2.1). Notwendige Bedingung für das gute christliche Leben ist die *paenitentia*, die aus eigener menschlicher Kraft zustande kommt.[937] Julian sieht dabei auch die Affekte als Helfer des guten Willens an (cf. Kommentar zu 71,9–20; Hinführung. 2.2.1.2). Er erkennt auch in der Furcht und im Schmerz eine Triebkraft, die zur Besserung des Menschen führen kann (6,17,10–17):

> iam uero affectus timoris et sensus doloris, per quos in naufragia hominum cieri tempestatem putauit, non solum nullius mali coactores, sed cum repagulum bonae uoluntatis nacti sunt, adiutores et peruectores iustitiae perdocentur. quis enim formidaret iudicium nisi timoris admonitu?

---

[936] Cf. *nupt. et conc.* 2,15 (p. 267, l. 18–25): *numquid etiam istum, o Pelagiani et Caelestiani, audebitis dicere Manicheum?* […] *si ergo illum Manicheum dicere non audetis, nos, cum in eadem causa eadem sententia fidem catholicam defendamus, cur dicitis Manicheos?* Übers.: „Werdet ihr Pelagianer und Caelestianer etwa wagen, auch ihn als Manichäer zu bezeichnen? […] Wenn ihr also nicht wagt, ihn als Manichäer zu bezeichnen, warum nennt ihr dann uns Manichäer, obwohl wir in derselben Angelegenheit mit derselben Ansicht den katholischen Glauben verteidigen?" Cf. *nupt. et conc.* 2,51 (p. 308, l. 9–13): *hos iste audeat dicere Manicheos et antiquissimam ecclesiae traditionem isto nefario crimine aspergat, qua exorcizantur, ut dixi, et exsufflantur paruuli, ut in regnum Christi a potestate tenebrarum, hoc est diaboli et angelorum eius, eruti transferantur.* Zum Verweis auf Ambrosius cf. Zelzer, Iudicem und ead., Praeceptor; Perago, Valore.

[937] Cf. auch 3,48,1–5 (in Bezug auf *Ez* 18,19–21): *uerum non hoc solum explanasse contentus aliud quoque ad confirmationem iustitiae huius a misericordiae operibus ammouet argumentum et pronuntiat illis ipsis personis, quae sponte peccauerunt, si ad paenitentiam emendationemque confugerint, errores praeteritos non nocere.* Übers.: „Aber weil er sich nicht damit begnügen wollte, nur diese eine Angelegenheit zu erläutern, führt er auch ein anderes Argument zur Verteidigung der Gerechtigkeit aus den Werken seiner Gnade hinzu. Er verkündet jenen Menschen selbst, die aus freiem Willen gesündigt haben, dass ihre vergangenen Sünden ihnen nicht schaden würden, wenn sie sich der Reue und der Besserung zuwendeten." Cf. auch 3,1,5–8.

KOMMENTAR 537

quis paenitentiae gemitibus iuuaretur nisi doloris et internae aegritudinis expiatu? quid postremo seueritas iudicantis ualeret, nisi uoluntaria peccata illati cruciatus aerumna puniret?[938]

Auch Augustinus gesteht den Affekten eine positive Wirkung zu, sofern sie sich in jemandem finden, der sich durch den *amor bonus* auszeichnet, der sich auf Gott richtet (*ciu.* 14,7).[939] Er betont jedoch im Gegensatz zu Julian den Anteil der göttlichen Gnade an der Fähigkeit zur *paenitentia* (*pecc. mer.* 1,24) und an Affekten, die den Menschen bessern und deshalb den guten Willen befördern, deutlich stärker.[940] Cf. auch Hinführung. 2.2.

2.5.4 Exegese aus dem Kontext – Auslegung von *Rm* 9,21 und *Is* 45,9 (126,1–141,22)

Julian schreitet nun zur Exegese von *Rm* 9,21 und schickt wesentliche Ergebnisse seiner Auslegung bereits in 126,1–130,11 voraus. Während Augustinus hier und in 136,1–137,4 direkt angesprochen wird und die Argumente gegen ihn offen dargelegt werden, wirken die exegetischen Passagen in 131,1–134,30 und 138,1–141,18 sachlicher. Auch im Vergleich zu den anderen Abschnitten in *Flor.* 1, in denen Julian Bibelstellen auslegt, ist die Ausrichtung gegen Augustinus in 131,1–134,30 und 138,1–141,18 am wenigsten offensiv, was daran liegen mag, dass Julian einen größeren Aufwand zur Kontextualisierung betreiben muss, um die Bedeutung von *Rm* 9,21 zu erklären und plausibel zu machen (Cf. Hinführung. 3.3.3).

---

938 Übers.: „Aber auch der Affekt der Furcht und die Empfindung des Schmerzes, von denen er meinte, sie erregten einen Sturm, der die Menschen Schiffbruch erleiden lässt, sind nicht als nötigende Auslöser irgendetwas Bösen zu verstehen, sondern stellen sich als Helfer und Förderer der Gerechtigkeit heraus, wenn der gute Wille sie beschränkt. Wer nämlich würde sich vor einem Urteil fürchten, wenn es nicht die Ermahnung durch die Furcht gäbe? Wem würde das Leid unter der Reue helfen, wenn es nicht Sühne aufgrund von Schmerz und innerer Betrübnis gäbe? Was ferner wäre die Strenge eines Richters wert, wenn er freiwillige Sünden nicht durch Zufügen eines Leides strafen würde."
   Cf. auch *Turb.* 1 frg. 85 l. 815–818 (= Iulian. A. *c. Iul.* 3,64 (indirekt durch Augustinus)): *atque ob hoc dicatis non esse in carne mali necessitatem, ut erubescat unusquisque laudabiliter conditus deformiter uiuere, ac sic pudor turpi occurrat ignauiae de commendatione nobilitatis ingenitae* [...]. Übers.: „Und ihr sagt, es gäbe deshalb keinen Zwang zum Bösen im Fleisch, damit ein jeder, weil er auf so lobenswerte Weise geschaffen worden sei, sich dafür schäme, verworfen zu leben; und das Schamgefühl stelle sich gegen ihre verwerfliche Trägheit sobald die Menschen an ihre vortreffliche Herkunft erinnert würden [...]."
939 Zu der von den christlichen Schriftstellern vertretenen Ansicht, die Affekte seien auch nützlich cf. Vögtle, Affekt 168 sq. und Hinführung. 2.2.1.2 mit Fußnote 169.
940 Cf. O'Daly/Zumkeller, Affectus 173.

2.5.4.1 Praemunitio *der Exegese* (126,1–130,11)

Julian kombiniert nun Augustins verkürzte Aussage aus *nupt. et conc.* 2,8 (p. 259, l. 19 sq.; 113,8 sq.) und die von ihm 113,14–125,7 rekonstruierte Ansicht Augustins mit dem von Augustinus angeführten Bibelzitat *Rm* 9,21. Er stellt heraus, dass es widersprüchlich sei, wenn „Augustinus" einerseits behaupte, alle seien für die Verdammung geschaffen und diese Aussage mit einer Bibelstelle belege, in der gezeigt werde, dass einige für ein ehrenhaftes und andere für ein schlechtes Leben bestimmt seien. Er geht damit ähnlich vor wie in 87,1–92,4, wo er *Io* 8,36 auslegt und zuvor in 77,9–86,4 bereits mithilfe seiner eigenen Definition des *liberum arbitrium* Augustins vermeintliche Ansichten erschlossen hat.

126,1 quod autem deus – 128,2 non omnes!
An dieser Stelle wird der Gebrauch eines exegetischen Hilfsmittels, nämlich der Berücksichtigung der *consequentia*, zu einem Mittel der Argumentation. Mithilfe einer Auslegung, die *consequenter* vollzogen wird, dürfte gemeint sein, dass aus dem Textzusammenhang herausgearbeitet wird, was der biblische Text impliziert. Bei Julian geht die Anwendung des Prinzips einer *consequenter* durchgeführten Exegese über deren eigentliches Ziel hinaus, da mit ihrer Hilfe gezeigt werden soll, dass die Bibelstelle *Rm* 9,21 Augustins Ansichten widerspricht.[941] Cf. Hinführung. 2.3 und 3.3.3.

Julian bezieht sich auf die Stelle *nupt. et conc.* 2,8 (p. 259, l. 19–25; 113,6–13) und nimmt hier das Ergebnis seiner Auslegung von *Rm* 9,21 bereits vorweg (cf. **134,13–15; 135,1–10**). Wie in den anderen exegetischen Passagen in *Flor.* 1 ist es das Ziel Julians zu zeigen, dass die Textstellen aus der Bibel seine Weltsicht unterstützen, Augustins eigener jedoch widersprechen (cf. Hinführung. 3.2 und 3.3.3).

128,2 tu dicis – 129,3 uice contrariis utereris.
Die Worte in *Rm* 9,21, denen zufolge Gott ein Gefäß für den Zorn und eines für die Ehre bereitet, widersprechen in Julians Augen der Formulierung *omnes ex uno eunt in condemnationem*, mit der Augustinus *Rm* 5,12 in *nupt. et conc.* 2,8 (p. 259, l. 19–21) zusammenfasst. Julian unterschlägt hier in seiner Argumentation wieder Augustins relativierenden Zusatz: *sic est autem deus nascentium conditor, ut omnes ex uno eant in condemnationem, quorum non fuerit renascentium liberator* (cf. *nupt. et conc.* 2,8; p. 259, l. 19–21; 113,8–10). Er verkürzt somit Augustins Aussage in doppelter Weise, indem er sagt, es würden

---

941 Cf. Vaccari, Commento 97, der die Ambiguität des Begriffs *consequentia* (in exegetischer oder dialektischer Bedeutung) ebenfalls hervorhebt.

„alle zur Verdammung geschaffen". Er hebt damit zum einen die Einschränkung *quorum non fuerit renascentium liberator* auf, zum anderen interpretiert er das In-die-Verdammung-gehen als Für-die-Verdammung-geschaffenwerden (cf. Kommentar zu 119,1–9). Erst in 136,1–11 widmet er sich dem vollständigen augustinischen Satz und nimmt den Relativsatz (*quorum non fuerit renascentium liberator*) hinzu. Nur durch die Verkürzung kann Julian hier den Widerspruch zur Aussage in *Rm* 9,21 konstruieren (128,2–4): *tu dicis a figulo deo omnes fieri in condemnationem; apostolus dicit non omnes in condemnationem nec omnes in honorem*, denn auch bei Augustinus sind es nicht alle Menschen, die verdammt werden, wenn man den Zusatz *quorum non fuerit renascentium liberator* berücksichtigt. Dass in *Rm* 9,21 ohnehin nicht die Rede von der Erschaffung guter und schlechter Menschen ist, stellt Julian in seiner Auslegung in 131,1–134,30 dar (cf. 131,1 sq.). Für den Moment fasst er sowohl Augustins Aussage *ex uno omnes eunt in condemnationem* als auch *Rm* 9,21 so auf, als ginge es darum, dass Menschen für die Verdammung/Aufnahme bei Gott geschaffen würden. Er zeigt also zunächst, dass „Augustins" Gedankengang, alle Menschen seien für die Verdammung „geschaffen", in Kombination mit *Rm* 9,21 keinen Sinn ergibt, und dann, dass das Bibelzitat ohnehin nicht in einem solchen Kontext, wie ihn „Augustinus" unterstellt, verwendet werden darf. Dabei möchte er Augustinus beim Leser unglaubwürdig machen, indem er ihm vorführt, dass dessen Verwendung von *Rm* 9,20 (die im Widerspruch zu dem von ihm Ausgesagten *omnes* vs. *non omnes* steht) entweder ein Zeugnis von Unwissenheit oder von Unverschämtheit ist (129,1–3). Zum Argument *e contrario* cf. Kommentar zu 84,1–8.

Für Augustinus hingegen stellt es kein Problem dar, die beiden Zitate nebeneinanderzustellen. In seiner Prädestinationslehre gibt es Menschen, die verdammt werden, und Menschen, die erlöst werden. *Conditio sine qua non* für die Erlösung ist die Taufe, weshalb Augustinus explizit davon spricht, dass alle aufgrund der Erbsünde eine *massa peccati* darstellen und in jedem Falle diejenigen verdammt werden, die nicht durch die Taufe erneuert werden.[942] Verdammt werden die Ungetauften und auch getaufte Menschen, die sündigen, erfahren Bestrafung, wenn auch nicht unbedingt ewige Verurteilung.[943] Ob man ein Gefäß der Ehre ist, kann man als Christ jedoch nicht wissen.[944] Cf. dazu Hinführung. 2.2.2.2.

---

942 Cf. Drecoll, Entstehung 232–235 und ib. 351. Cf. auch A. *gr. et pecc. or.* 2,22; Bonner, Baptismus 600.
943 Cf. Fitzgerald, Damnatio 225.
944 Cf. Wu, Initium 35 sq. und Drecoll, Entstehung 242.

128,4 sq. *quid in loco suo habeat dignitatis, absoluam*: Die Auslegung von *Rm* 9,21 findet in 131,1–134,30 statt. Julian streicht hier ein weiteres Mal heraus, dass der Kontext für das Verständnis der Textstelle zu berücksichtigen ist. Mit dem Begriff *dignitas* ist hier die Angemessenheit und eigentümliche Bedeutung des Vergleiches, den Paulus heranzieht, gemeint (cf. Hinführung. 3.3.3.).[945] In den folgenden Zeilen (128,5–130,11) widmet er sich der Tatsache, dass schon die Formulierung des Bibelzitates an sich auch unabhängig von seinem Kontext gegen Augustins Ansichten spricht (cf. 128,5: *in ipsa tamen pronuntiatione* [...]).

129,1 *et haec quidem* – 3 *uice contrariis utereris*: Cf. Kommentar zu 64,26–32; 86,1–4. Auch dort wird Augustinus entweder eine *impudentia* oder eine *stultitia* attestiert, da er widersprüchliche Aussagen zu vereinbaren versucht. Zum Topos der *impudentia* Augustins cf. Kommentar zu 16,1–11 und Hinführung. 3.2.2. Cf. auch 22,39.

129,3 ceterum pietas explanauit – 130,11 ex Adam ipse formauerit.
Julian stellt dem Gottesbild „Augustins" sein eigenes „katholisches" gegenüber: Wesentlich ist für ihn die unveränderliche Gutheit der Schöpfung und die Güte Gottes, durch die der Mensch erneuert werden kann, wenn er Schlechtes getan hat (cf. 40,1–4; 53,30–38; 122,4–10). Verworfen von Gott wird nur, wer sich nicht bessert (cf. 125,4–7 und Kommentar). Zu einer ähnlichen Vorgehensweise cf. Kommentar zu 27,1–30,6; 50,1–22; 53,4–38; 94,56–95,11; 129,3–130,11.

129,4 *deum meum neminem in contumeliam formare*: Diese Aussage zeigt, dass es Julian neben der Auslegung der Bibelstelle weiterhin darum geht, das Gottesbild Augustins in Misskredit zu bringen (cf. Kommentar zu 113,14–125,7). Zugleich wird hier die Lagerteilung (cf. 130,3–11) deutlich, die Julian zwischen sich und Augustinus vornimmt. Er selbst ist der rechtgläubige, sein Gott der katholische und gütige. Augustinus hingegen weicht seiner Meinung nach vom Pfad der Rechtgläubigkeit ab und vertritt ein Gottesbild, das bei Weitem schlimmer ist als das der Manichäer (cf. 120–123). Interessant ist, dass Julian hier seine Strategie für den Leser offenkundig macht, wenn er darauf aufmerksam macht, dass es sein Gott sei, der dem christlichen entspreche (cf. Hinführung. 3.2 und 3.3.2; cf. Kommentar zu 48,3–51,9; 62,1–66,14; 72,2–25).

130,3 *ipsi quidem cantat* – 10 *formare quos puniat*: Julian geht auf Augustins Zitat des Psalmes 100,1 in *nupt. et conc.* 2,8 (p. 259, l. 24 sq.; 113,13) ein, wo ausgedrückt wird, die Kirche rufe Gott zu, er zeichne sich durch *iudicium* und *misericordia* aus. Julian greift dieses Zitat auf und betont, es sei keineswegs der Gott Augustins, dem dies zugerufen werden könne, da dessen Gott frei von Gerechtigkeit und Milde sei (gemäß dem Ergebnis von 113,14–125,7). Er zeigt

---

945 Cf. Gnilka, Dignitas 195–197.201.

damit jedoch auch, dass man diese Worte seiner Ansicht nach nur einem Gott zurufen könne, der seinem eigenen Konzept entspricht und pocht auch hier auf die Katholizität seines Gottesbildes. Cf. Hinführung. 3.2.

130,8 *ceterum*: Die Partikel dürfte hier wieder adversativ aufzufassen sein cf. Kommentar zu 57,3.7; 61,3; 68,9.

2.5.4.2 *Gottes Wahl – Exegese von Rm 9,21 im Kontext von Rm 9,18–24 (131,1–137,4)*

Wie in 128,5 sq. angekündigt, erschließt Julian das Römerbriefzitat nun für den Leser. Er erläutert dazu zunächst den kontextuellen Rahmen der Textstelle (131,3–132,13). Sie lässt sich aus der Situation des *conflictus* heraus verstehen (132,13 sq.), in der sich Paulus mit den Juden auseinandersetzt (131,3 sq.). Julian flicht bei der Erläuterung dieses *conflictus* jedoch auch Formulierungen ein, die er in der direkten Argumentation gegen Augustinus verwendet hat. So bringt er z. B. in 131,9–18 die Definition der *iustitia* aus 35,3–7 ein oder hebt in 131,19 sq. hervor, dass es eine Sache des Charakters ist, ob man bei Gott aufgenommen wird (cf. Hinführung. 3.3.3). Er passt damit seine Exegese der Argumentation gegen Augustinus an und lenkt die Aufmerksamkeit des Lesers auf die für eine Widerlegung Augustins kritischen Punkte. Des Weiteren kann auch die Auslegung, bei der explizit der Kontext berücksichtigt wird, an sich bereits als ein formales Mittel der Widerlegung angesehen werden. Julian suggeriert des Öfteren, dass Augustinus wie ein Häretiker die Autorität von Bibelstellen ausnutze, indem er sie aus dem Kontext reiße, und damit den Leser täusche.[946] In diesem Sinne kann Julian gerade mit der Erläuterung des Kontextes von *Rm 9,20–24* dem Leser verdeutlichen, dass er im Gegensatz zu Augustinus auf den wahren Inhalt der Bibelstellen achtet.

Julian bestimmt in 131,3–18 die Intention der Bibelstelle als Ermahnung gegenüber den Juden, nicht hochmütig zu sein, da die Wahl der Menschen durch Gott nicht auf Basis ihrer Abstammung (cf. *Rm* 9,6–9), sondern anhand ihres Verhaltens geschehe. Danach erläutert er entsprechend der Reihenfolge von *Rm* 9 zunächst die Geschichte von Esau und Jakob (131,18–133,7; cf. *Rm* 9,10–13), die Paulus in seinen Augen als Beispiel dafür anbringt, dass die Wahl Gottes nicht von der Abstammung abhängt. In 132,7–135,8 erklärt er schließlich die Passage *Rm 9,14–24*, wobei er diese als einen fiktiven Dialog zwischen Paulus und einem Juden versteht. Er zieht zur Auslegung in 134,20–135,4 zudem *Tm* 2,20 sq. heran, um zu erklären, dass die Gefäße, von denen in *Rm* 9,21–23 die Rede ist, ihr Schicksal selbst in der Hand hätten.

---

946 Cf. Hinführung. 3.2; 25,1–27,6; 70,1–12; 76,11–16; 77,6–9; 84,11–14; 85,1–6.

131,1 sed iam apostolicae – 3 de omnibus aestimasti.
Ziel der Auslegung ist es zu zeigen, dass Paulus mit seinen Worten in *Rm* 9,20–24 nicht zum Ausdruck bringen wollte, dass Gott irgendeinen Menschen für die Verdammung „erschafft". Stattdessen wird sich herausstellen, dass Julian die Bibelstelle, wie bei den anderen Auslegungen in *Flor.* 1, als einen Beleg für die Existenz des freien Willens ansieht, wie er bereits in 126,4–7 angedeutet hatte (134,13–15; 135,1–10). Auch dient die Textstelle dazu zu zeigen, dass es Gott bei seiner Wahl der Menschen nicht um die Abstammung, sondern um die *merita* der Menschen geht (cf. 131,18–24; 137,1–4). Wenngleich Julian nirgends davon schreibt, die Gnade Gottes würde auf die *merita* der Menschen folgen, scheint dieses Verständnis bei der Annahme oder Verwerfung der Menschen durch Gott jedoch mitzuschwingen.[947] Gnade, die unabhängig von vorangehenden Verdiensten der Menschen gespendet wird, ist hingegen das Sterben Christi für die Sünder (cf. 2,170 sq.). Cf. dazu auch 67,52–54; 89,1 sq.; 90,1 sq.12–15; 105,9–11; 107,15–23; 122,9 sq. Cf. auch Hinführung. 3.3.3.

131,1 *apostolicae sententiae dignitas*: Cf. Kommentar zu 128,2–129,3.

131,3 apostolus itaque – 132,13 gentium origo uirtutibus.
Julian umreißt den Kontext der Römerbriefstelle und erläutert, dass Paulus sich gegen den Hochmut der Juden richte, die aufgrund ihrer Abstammung von Abraham davon ausgingen, nur sie seien von Gott erwählt (131,4 sq.18–24). Paulus führe ihnen dabei vor Augen, dass es auf die guten Taten im Diesseits ankomme, die durch Gottes Gnade mit den Freuden im Jenseits belohnt würden. Die hier durchgeführte Erklärung des Kontextes erinnert formal an Prologe, die in der Kommentarliteratur am Anfang vor der Besprechung der Lemmata vorangestellt werden (cf. Hinführung. 2.3).[948]

131,11 *reddens suum unicuique* – 13 *definitione iustitiae*: Julian greift die Definition der Gerechtigkeit auf, wie er sie in 35,3–40,4 erörtert hatte. Die Wendung des *personam accipere* (bei Julian die *acceptio personae*) wird im klassischen Latein als das „Annehmen einer Rolle" im Theater bzw. im Leben verstanden,

---

947 Die Ansicht, die Gnade folge auf die *merita*, wird dem Caelestius zugeschrieben; in Diospolis weist Pelagius diese Ansicht von sich (cf. *gest. Pel.* 40; Drecoll, Meritum 4; Wermelinger, Rom 79 zu Anklagepunkt D 22 (cf. Wermelinger, Rom 297)).

948 Cf. z.B. Ambrosiaster, *in Rom.* prol. und Pelagius, *in Rom.* argum. Es werden dabei Fragen beantwortet, die für das Verständnis des biblischen Textes relevant sind und deshalb dem eigentlichen Kommentar vorangestellt werden (cf. Mansfeld, Prolegomena 10–12 und Markschies, Kommentierung 80 sq.). Wenngleich Julian hier natürlich nicht alle möglichen Fragen beantwortet, nennt er mit dem Skopos, dem Sprecher und den Adressaten dennoch einen Teil der für die Kontextualisierung der Bibelstelle wesentlichen Elemente. Cf. auch Hinführung. 2.3.

jedoch auch im grammatischen Kontext verwendet.[949] Wie Drobner feststellt, tritt die juridische Bedeutung dieses Ausdrucks hingegen erst im christlichen Latein auf.[950] Sie stammt aus der Vulgata und Vetus Latina als Übersetzung der Wendungen πρόσωπον ἐπιγιγνώσκειν, πρόσωπον θαυμάζειν, πρόσωπον λαμβάνειν, προσωποληµψία und ἀπροσωπολήμπτως[951] und bezeichnet dort das Ansehen des Menschen, der vor Gericht steht.[952] Gott steht diesem als unbestechlicher Richter gegenüber. Für Augustinus ist die Formulierung *sine ulla acceptione personarum* eine Eigenschaft der Gnade Gottes (cf. Augustins Antwort in *c. Iul. imp.* 1,39,13–20; *ep.* 194,4), der Mensch wird innerhalb der *massa damnata* aus Gottes Gnade heraus und nicht aufgrund eines Verdienstes erwählt.[953] Cf. Hinführung. 2.2.2.2.

Julian bezieht die Formulierung *acceptio personae* auf die Abstammung der Christen und betont, es sei vor Gott nicht relevant, ob man Heiden- oder Judenchrist sei.[954] Die Juden hätten somit keinen Grund dafür, sich wegen ihrer Abstammung von Abraham als auserwählt zu begreifen (cf. *Rm* 9,6–13). Alle Christen müssen somit, unabhängig von ihrer Abstammung, gut sein, um von Gott mit *gaudia sempiterna* (131,18) belohnt zu werden (131,14–24). Die Geschichte von Esau und Jakob im Paulusbrief (cf. *Rm* 9,10–13) bedeutet für

---

949 Cf. Drobner, Person-Exegese 89 und ib. 16–19.
950 Cf. Drobner, Person-Exegese 89 sq.; cf. auch Braun, Deus 211 sq.
951 Cf. Drobner, Person-Exegese 89 sq.; z. B. *Dt* 1,17; *Sir* 20,24; *Lc* 20,21; *Rm* 2,11; *Gal* 2,6 (für weitere Belege cf. Drobner, Person-Exegese 89 n. 54). Für die Vetus Latina cf. z. B. Sabatier 3, 355 zu *Lc* 20,21.
952 Cf. Drobner, Person-Exegese 88–91.
953 Cf. Drecoll, Gratia 220.
954 Zu dieser Argumentation findet sich eine Parallele im Ambrosiaster (*in Rom.* 9,11–13 (rec. α.γ)): *sciendo enim quid unusquisque illorum futurus esset dixit: hic erit dignus, qui erit minor, et qui erit maior, indignus. unum elegit praescientia et alterum spreuit. et in illo quem elegit, propositum dei manet, quia aliud non potest euenire quam scit et proposuit in illo, ut salute dignus sit; et in illo quem spernit, simili modo manet propositum, quod proposuit de illo, quia indignus erit. hoc quasi praescius, non personarum acceptor, nam neminem damnat, antequam peccet, et nullum coronat, antequam uincat. hoc pertinet ad causam Iudaeorum, qui sibi praerogatiuam defendunt, quod filii sint Abrahae.* Übers.: „Weil er nämlich wusste, wie ein jeder von ihnen in Zukunft sein würde, sagte er: Der jüngere wird würdig sein, der ältere wird unwürdig sein. Den einen wählte er auf Basis seines Vorauswissens aus, den anderen wies er zurück. In dem Auserwählten bleibt Gottes Vorsatz bestehen; denn es kann nichts anderes geschehen als das, was Gott vorherweiß, und Gott hatte es für ihn vorhergesagt, dass er des Heiles würdig sei. Auf ähnliche Weise bleibt auch in dem, den Gott zurückweist, der Vorsatz bestehen; denn er hatte für ihn vorhergesagt, dass er unwürdig sei. Indem er dies vorherweiß, ist Gott nicht parteiisch, denn er verurteilt niemanden, bevor dieser sündigt, und er zeichnet niemanden mit Ehren aus, bevor dieser siegt. Diese Worte beziehen sich auf die Streitfragen mit den Juden, die mit der Begründung, sie seien Abrahams Söhne, für sich ein Vorrecht geltend machen wollen."

Julian damit, dass, obwohl beide von gleicher Abstammung waren, der eine aufgrund seiner zukünftigen und von Gott vorhergewussten Schlechtigkeit verworfen, der andere aufgrund seiner zukünftigen Gutheit von Gott geliebt wurde (131,18–132,13). Da Julian Paulus so auslegt, dass dieser in *Rm* 9,21 in erster Linie die Juden in ihrer *superbia* zurechtweisen (131,18 sq.) und eine Aufforderung zur Bekehrung zum Christentum und zum guten Handeln zum Ausdruck bringen will, bleibt die Problematik der Vereinbarkeit von göttlicher Vorsehung und menschlichem Willen hier weitestgehend außen vor (cf. Kommentar zu 134,15–135,10). Während bei Augustinus die Geschichte von Esau und Jakob dazu führt, dass er die Zuteilung der Gnade Gottes von den *merita* der Menschen unabhängig denkt (cf. Hinführung. 2.2.2.2; A. *Simpl.* 1,2,6; cf. *c. ep. Pel.* 2,13), legt Julian die Geschichte so aus, dass sie gerade für die Bewertung der *merita* des Menschen bei Gott spricht. Ziel der augustinischen Exegese ist es, dem Menschen vor Augen zu halten, dass dessen guter Wille von der göttlichen *gratia* abhängig ist, damit er bei der Bewertung seines Handelns nicht hochmütig wird.[955] Während Augustinus den Menschen auf die Schranken seines guten Willens hinweist und ihn davor bewahren will, sich vorschnell seiner selbst sicher zu sein, ist bei Julian gerade die Tatsache, dass der gute Wille vor Gott bewertet wird, ein Ansporn, gut zu handeln (cf. Hinführung. 2.2.1.3 und 2.2.2.2).

Hervorzuheben ist an dieser Stelle, dass bei den Paulus-Kommentatoren bei der Besprechung der Erzählung von Esau und Jakob meist das Problem der Vereinbarkeit von göttlicher Erwählung und freiem menschlichen Handeln thematisiert wird. So betont z. B. Pelagius, es würden diejenigen auserwählt, von denen Gott wüsste, dass sie glauben werden. Cf. z. B. *in Rom.* 8,28 sq. p. 68,17–21: „*his qui secundum propositum uocati sunt* [*sancti*]. [*nam*] *quos praesciit.*" *secundum quod proposuit sola fide saluare quos praescierat credituros, et quos gratis uocauit ad salutem, multo magis glorificabit* [*ad salutem*] *operantes.*[956] Dabei schränkt jedoch das Vorwissen Gottes die Entscheidungsfreiheit der Menschen nicht ein.[957] Cf. Hinführung. 2.2.1.4 und Kommentar zu 95,6–11.

---

[955] Cf. Drecoll, Iacob 463 sq.
[956] Übers.: „Für diejenigen, die seinem Vorsatz entsprechend gerufen worden sind, von denen er es vorherwusste.' Seinem Vorsatz entsprechend, dass er aufgrund des Glaubens allein diejenigen retten würde, von denen er vorherwusste, dass sie glauben würden, und diejenigen, die er aus Gnade zur Rettung rief, wird er sie umso mehr mit Ehren auszeichnen, wenn sie sich um sie [sc. die Rettung] bemühen." Bei der Wahl der Übersetzung der Varianten orientiere ich mich an dieser Stelle am Vorschlag von Drecoll (cf. id., Pelagius 626 sq. n. 13); cf. auch Kommentar, Fußnote 448.
[957] Cf. Matteoli, Origini 136; cf. Evans, Pelagius 115–117.

Theodor von Mopsuestia geht bezüglich der Erzählung von Esau und Jakob von dem Vorherwissen Gottes aus, das die Grundlage seiner Erwählung darstellt. Auf Basis der vorhergewussten Verdienste Esaus bzw. Jakobs kann Gott sagen, dass er bereits vor der Geburt den einen gehasst, den anderen aber geliebt habe.[958] Vorherwissen und Vorherbestimmung greifen gewissermaßen ineinander, da Gott die Menschen beruft, weil er weiß, dass sie gut sein werden.[959] Im Unterschied dazu spricht Julian hier nicht vom Vorherwissen Gottes, möglicherweise aufgrund der Argumentationslinie, die sich an der Widerlegung Augustins ausrichtet. Zur Feststellung, dass Paulus darauf hinweisen möchte, dass Gott keinen Wert auf die „Person" legt, cf. auch Pelagius zu *Rm* 9,24 sq.: *quia et tunc aliquanti Aegyptiorum exierant cum filiis Istrahel (quod si deus personas acciperet, solus Istrahel debuit salutem habere), ita et nunc non solum Iudaeos, sed etiam gentes, uocauit ad fidem* (Pelag. *in Rom.* 9,24–26 p. 78,20–79,1).[960]

---

958 Thdr. Mops. *Rom.* 9,9–13 (Staab, Pauluskommentare 143 sq.): εὐκαιρότατα μὲν οὖν πρὸς τὰ παρόντα καὶ τὸ „μήπω γὰρ γεννηθέντων"· οὕτω γὰρ διαψεύσασθαι, φησίν, οὐχ οἷόν τε θεόν, ἕτερα μὲν ὑπισχνούμενον, ἕτερα δὲ ποιοῦντα, ὅτι καὶ πρὸ τῆς γεννήσεως τὸν ἑκάστου τρόπον εἰδὼς ἐκλέγεται οὓς ἂν ἀξίους εἶναι νομίσῃ. τίς ἂν οὖν γένοιτο ἐπὶ τοῦ τοιούτου διαμαρτία, ὥστε τοῦτο κατὰ τὸν τῶν ἰδεῶν νομίζειν λόγον; δεικνὺς δὲ ὅτι ἠκολούθησε τῇ κατὰ χάριν ἐκλογῇ καὶ τὰ πράγματα, ἐπάγει· „καθὼς γέγραπται· τὸν Ἰακὼβ ἠγάπησα, τὸν δὲ Ἠσαῦ ἐμίσησα". διὰ πάντων μέντοι σαφῶς ἀπέφηνεν ὅτι μὴ φύσεως ἀκολουθίᾳ δουλεύειν οἶδε θεός, χάριτι δὲ καὶ φιλοτιμίᾳ τούτους ἐκλέγεται οὓς ἂν ἀξίους εἶναι τῆς ἐκλογῆς νομίσῃ, οἵτινες τῆς παρ' αὐτοῦ πρότερον ἀξιωθέντες χάριτος, τότε τὰ παρ' ἑαυτῶν συνεισφέρειν δύνανται, ἀνάλογον τῇ χάριτι τὴν οἰκείαν ἐπιδεικνύντες προαίρεσιν. Übers.: „Mit dem Inhalt passt die Aussage ‚als sie noch nicht geboren waren [*Rm* 9,11]' hervorragend zusammen; so erklärt Paulus nämlich, dass Gott unmöglich lügen kann, also das eine versprechen, das andere aber tun, da er, bevor wir geboren werden, das [sc. zukünftige] Verhalten eines jeden kennt und danach diejenigen auswählt, die er für würdig erachtet. Welcher Irrtum dürfte nämlich so weit gehen, dass er glaubt, dies käme ohne eine Rechenschaftsablage [sc. der Menschen] für ihre Handlungen zustande? Um aber zu zeigen, dass die Taten seiner Gnadenwahl entsprechen, fügt er hinzu: ‚So wie es geschrieben ist: Jakob habe ich geliebt, Esau aber gehasst [*Rm* 9,13].' Durch all das aber hat er deutlich gezeigt, dass Gott [sc. bei seiner Wahl] nicht der natürlichen Abstammung der Menschen unterworfen ist, sondern entsprechend seiner Gnade und seiner Güte diejenigen auswählt, die er für die Wahl als würdig erachtet. Diejenigen aber, die zuvor von ihm mit Gnade beschenkt worden sind, werden dann das beitragen können, was von ihnen selbst kommt, indem sie ihren eigenen Willen als der Gnade entsprechend erweisen." Zu dieser Passage cf. Wickert, Studien 80 sq.
959 Cf. Wickert, Studien 80 sq.
960 Übers.: „Denn auch damals gingen einige Ägypter mit den Söhnen Israels aus dem Exil (denn wenn Gott auf den Stand der Person achten würde, hätte er nur Israel retten dürfen), und so hat er auch jetzt nicht nur Juden-, sondern auch Heidenchristen zum Glauben gerufen."

131,18 sq. *comprimit igitur gentium magister Iudaeorum tumorem*: Auf die Thematik des Niederhaltens des jüdischen Stolzes geht Julian auch in der Besprechung von *Rm* 5,12 ein: *hoc ergo proposito per totum librum disputans tum superbiam reprimit Iudaeorum, tum excusationem uanitatis gentibus demit, ut doceat aequaliter ambobus populis Christi profuisse medicinam* [...] (2,151,28–31). Auch in den Römerbriefauslegungen des Johannes Chrysostomus,[961] Pelagius und Augustinus wird der Skopos dieser Römerbriefstelle in dieser Weise charakterisiert.[962] Cf. auch 132,13–16; 134,1.

131,19 sq. *non in seminibus – esse distantiam*: Cf. 67,52–54; 89,1 sq.; 90,1 sq.12–15; 105,9–11; 107,15–23; 122,9 sq.; 131,18–24; 137,1–4. Cf. auch Kommentar zu 104,1–105,11. Zur Unterdrückung des jüdischen Stolzes cf. Kommentar zu 134,1–5.

131,22 sq. *una seminis exceptione concepti*: Der Begriff *exceptio* wird hier synonym zu *acceptio* verwendet.[963]

131,24 *pro meritorum diuersitate*: Cf. 133,24–26;134,6. Die *diuersitas meritorum* stellt für Julian die Grundlage dar, auf der Gott dem Menschen seine Gerechtigkeit zukommen lässt (cf. 37,1 sq.: *haec* [...] *augusta uirtus, expunctrix uniuscuiusque meritorum* [...] und Kommentar zu 122,4–10). Julian stellt sich mit dieser Sicht gegen die Augustins, für den die *merita* nicht die Voraussetzung der Annahme bei Gott sind, sondern durch die Erwählung (*praedestinatio*) erst möglich gemacht werden (cf. Hinführung. 2.2.2.2). Für Julian werden hingegen gerade diejenigen mit dem ewigen Leben beschenkt, die eine *bona uoluntas*, eine *uera fides* und *probitas* aufweisen können (131,14–18).[964] Es geht ihm also

---

961 Bei Johannes Chrysostomus fehlt der Hinweis darauf, dass Paulus im Folgenden Jesaja zitiert (Chrys. hom. 16,7 in Rom.; PG 60, 558): παράνομον τὸ τοιαῦτα ζητεῖν· δεῖ γὰρ πείθεσθαι τοῖς ὑπὸ τοῦ Θεοῦ λεγομένοις, οὐ περιεργάζεσθαι. κἂν τὸν λόγον αὐτῶν ἀγνοῶμεν· διό φησι· „σὺ τίς εἶ ὁ ἀνταποκρινόμενος τῷ Θεῷ;" εἶδες πῶς ἐξηυτέλισε, πῶς κατήνεγκε τὸ φύσημα; „σὺ τίς εἶ;" κοινωνὸς εἶ τῆς ἀρχῆς; ἀλλὰ δικαστὴς ἐκάθισας τῷ Θεῷ; Übers.: „Es sei unzulässig, solche Fragen zu stellen, denn man müsse Gottes Worten Folge leisten und dürfe nicht zu sehr über sie nachgrübeln, auch wenn wir ihren Sinn nicht verstehen. Deshalb steht da: ‚Wer meinst du, dass du bist, der du Einspruch erhebst gegen Gott [*Rm* 9,20]?' Siehst du, wie er diese Anmaßung zurückweist, wie er sie zunichtemacht? ‚Wer meinst du, dass du bist [*Rm* 9,20]?' Herrschst du etwa mit ihm zusammen? Oder hast du etwa das Recht, über Gott zu richten?"

962 Pelag. *in Rom*. prol. p. 6,1 sq.: *Romani ex Iudaeis genti*[*li*]*busque crediderunt. hi*[*i*] *superba contentione uolebant se alterutro superponere*. Auf diese Worte folgt eine fiktive Rede zwischen einem Juden und einem Heidenchristen, die die Streitpunkte der jeweiligen Seite darlegt. Augustinus schreibt in *exp. prop. Rom*. 64 davon, dass Paulus sich gegen die *superbia* der Juden wendet.

963 Cf. TLL 5,2, p. 1225, l. 22–29.

964 Cf. auch *in Am*. 5,9; p. 289, l. 142–144: *quidni? cum eius nutui uniuersa famulentur, et pro*

KOMMENTAR 547

um die charakterliche Gutheit des Menschen und den Glauben an Gott.[965] Auch Augustinus sieht die Gutheit des Menschen als wesentlich an, jedoch hat bei ihm die Gnade Gottes Vorrang vor den Verdiensten der Menschen.

An dieser Stelle ist eine Nähe von Julians Auslegung zu der Theodors von Mopsuestia nicht zu verkennen:[966] ἀποδίδωσι δὲ ἑκάστῳ τὸ κατ' ἀξίαν ἐπὶ τοῦ μέλλοντος αἰῶνος· (Thdr. Mops. *Rom.* 9,22–24; Staab, Pauluskommentare 147).[967]

132,1 *propter* – **4** *poposcisset*: Cf. *Hbr.* 12,16 sq.; *Gn* 25,25–29; 27,38–40. Im ersten Buch Mose wird beschrieben, wie Esau zuerst sein Erstgeburtsrecht für ein Linsengericht an seinen Bruder Jakob verkauft (*Gn* 25,29–34) und dann, als dieser den Erstgeburtssegen seines erblindeten Vaters durch eine List erhält, zu seinem Vater geht und ihn unter Tränen um den Segen, der ihm als Erstgeborenen zugestanden hätte, bittet (*Gn* 27,1–45). Isaak bleibt jedoch hart und Esau

---

  diuersitate meritorum dicto audientia tam aduersa quam prospera consequantur. Ib. 2,13–16 p. 172, l. 162–169: *ita ergo quia, ut apostolus docet, super religionis fundamentum pro diuersitate meritorum alii ut aurum et argentum lapidesque pretiosi, alii uero sicut fenum, ligna, stipulae congeruntur, merito deus noster maiorem se sarcinam pronuntiat experiri eorum peccata tolerando, in quibus nihil queat de pretiosi studiis reperire, sed qui omnes ad uile fenum, et quod facile ignibus consumatur, accesserunt.* Übers.: „So also sammeln sich auf dem Fundament der Religion, wie der Apostel lehrt, entsprechend ihrer Verdienste Menschen, die wie Gold, Silber und Edelsteine sind, aber auch andere Menschen, die wie Heu, Brennholz und Stroh sind; zu Recht sagt unser Gott, dass er eine größere Last an denen trägt, deren Sünden er dulden muss, in denen er kein wertvolles Bemühen findet, sondern die alle dem wertlosen Heu und anderem Material ähnlich waren, das im Feuer schnell verbrennt."

965 Auch bei Origenes findet sich eine Kombination von Glauben und guten Taten, die zur *iustificatio* der Menschen führt (cf. Scheck, Origen 49 sq. Für den ganzen Zusammenhang ib. 32–53).

966 Cf. Lössl, Julian 227 sq. und Hinführung. 2.2.1.4.

967 Übers.: „Im zukünftigen Zeitalter aber lässt Gott jedem das Seine gemäß seinen Verdiensten zukommen." Cf. ebenso Thdr. Mops. *Rom.* 9,22–24 (Staab, Pauluskommentare 148): „οὓς καὶ ἐκάλεσεν ἡμᾶς οὐ μόνον ἐξ Ἰουδαίων ἀλλὰ καὶ ἐξ ἐθνῶν," τοῦτο λέγων ὅτι τὴν οἰκείαν καὶ νῦν χρηστότητα συνήθως ἐπιδεικνύμενος ὁ θεὸς ἐξελέξατο ἡμᾶς χάριτι τοὺς μὲν ἀπὸ Ἰουδαίων τοὺς δὲ ἀπὸ ἐθνῶν, ἑκατέρωθεν οὓς ἀξίους ἡγήσατο τούτους ἐπὶ τὴν εὐσέβειαν καλέσας, οὐ πρὸς φύσιν ἀποβλέψας οὐδὲ ταύτῃ διακρίνας ἡμᾶς ἀπὸ τῶν ἑτέρων, δοκιμασίᾳ δὲ τρόπου τοὺς μὲν ἀποβάλλων, τοὺς δὲ εἰσδεξάμενος. Übers.: „Die er uns nicht nur aus den Juden, sondern auch aus den anderen Völkern gerufen hat [*Rm* 9,24]', womit er sagen möchte, dass Gott seine ihm eigene Güte auch jetzt wie gewohnt zeigt, indem er uns aus Gnade ausgewählt hat, und zwar die einen von den Juden, die anderen aus den anderen Völkern, aber so, dass er auf beiden Seiten diejenigen, die er für würdig hielt, zum Glauben rief, ohne dass er dabei auf die Natur [sc. Herkunft] blickte oder uns wegen ihr von den anderen unterschied, sondern indem er nach einer kritischen Begutachtung des Verhaltens, das sie an den Tag legten, die einen verwarf, und die anderen annahm."

erhält damit die Strafe dafür, dass er das Erstgeburtsrecht so gering geachtet hat (*Gn* 27,39 sq.).⁹⁶⁸

132,6 sq. *ut sicut Abrahae et Isaac – in sancto populo diceretur*: Cf. *Ex* 3,6; *Mt* 22,32 und *Rm* 9,6–13.

132,9 sq. *malas uero mentes nulla sinere stirpis nobilitate defendi*: Pelagius legt das, was Julian hier anspricht, einem Heidenchristen in seinem Prolog zum Römerbriefkommentar als fiktive Rede in den Mund (*in Rom.* prol. p. 7,16–19): '*sic autem uos de generis nobilitate iactatis, quasi non morum imitatio magis quam carnalis natiuitas filios nos faciat esse sanctorum: denique Esau et Ismahel, cum ex Abrahae stirpe sint, minime [tamen] in filiis reputantur.*'⁹⁶⁹

132,13 hoc ergo – 133,7 quos uellet assumeret.
Julian bezieht sich mit seiner Aussage über die Bedeutung der Gnade als Macht Gottes in 132,14–16 auf *Rm* 9,15 (Vulg.: *Mosi enim dicit miserebor cuius misereor et misericordiam praestabo cuius miserebor*; cf. die Paraphrase von *Rm* 9,15 in 133,17 sq.) und *Rm* 9,21: *aut non habet potestatem figulus ex eadem massa facere uas in honorem aliud in contumeliam* (zitiert in 133,13–15).⁹⁷⁰ Er sieht anscheinend in der in *Rm* 9,15 erwähnten *misericordia* einen Ausdruck der göttlichen *gratia* (cf. 133,15–17). Auch an anderer Stelle verwendet Julian *gratia* und *misericordia* zwar nicht synonym, jedoch zumindest in Verbindung: *uerum in hac diuini commendatione beneficii uidit apostolus obiectioni locum patere eorum, qui dicere poterant: si rite merita causarum de effectibus aestimamus, et peccatorum copia, ut misericordia dei afflueret, impetrauit; insistendum peccatis est, ut gratiae non desit ubertas*⁹⁷¹ (2,222,11–15, in Bezug auf *Rm* 6,1–4). Julian versteht Paulus demnach so, dass er auf die Allmacht Gottes verweist, um dem Hochmut der Juden, die sich auf ihre Stellung als auserwähltes Volk berufen, die Substanz zu nehmen.⁹⁷² Dementsprechend wählt Paulus seiner Ansicht nach eine Form

---

968   Zur Geschichte von Esau und Jacob cf. Westermann, Genesis 508–511 und ib. 525–542.
969   Übers.: „,Ihr lobt euch selbst aber wegen eurer berühmten Abstammung, als ob es nicht die Nachahmung im moralischen Verhalten, sondern die leibliche Geburt wäre, die uns zu Söhnen der Heiligen macht: Tatsächlich wurden Esau und Ismael aber, obwohl sie aus dem Stamm Abrahams sind, keineswegs zu den Söhnen gezählt.'"
970   Cf. Bruckner, Julian 172.
971   Übers.: „Aber als der Apostel das göttliche Wohlwollen den Menschen empfahl, sah er, dass seine Worte eine Möglichkeit für einen Einwand offenließen. Man hätte sagen können: Wenn wir mit Recht die Verdienste von Ursachen an deren Konsequenzen bemessen, dann hat auch die Menge an Sünden dazu geführt, dass die Gnade Gottes reichlich vorhanden war; man muss also in den Sünden verharren, damit die Fülle an Gnade nicht aufhört."
972   Cf. Bruckner, Julian 172.

der Übertreibung, wenn er sagt, Gott erbarme sich derjenigen Menschen, derer er sich erbarmen will, und der Mensch habe nicht das Recht, dieses Erbarmen für sich zu beanspruchen.

Im Gegensatz zu Augustinus, der die Römerbriefstelle als einen Beleg für seine Prädestinationslehre heranzieht (cf. *c. ep. Pel.* 2,13), versteht Julian sie als Hinweis auf die Allmacht Gottes, mit dem die Juden jedoch dazu aufgerufen werden sollen, ihren Hochmut zu zügeln und gut zu handeln (131,9–18). Dass trotz der Allmacht Gottes weder dessen Gerechtigkeit noch die Willensfreiheit der Menschen aufgehoben wird, sieht Julian in der Antwort des Paulus auf den Einwurf des fiktiven Interlokutors ausgedrückt (*Rm* 9,20–24; 133,15–32; 134,11–135,8).

132,14 *conflictu illo*: Cf. 134,21.

132,15 *ad incuruandam circumcisorum arrogantiam*: Cf. Kommentar zu 131,3–132,13; cf. auch 134,1.

133,4 *etsi in illis – 7 et quos uellet assumeret*: Cf. die Anspielung des Paulus in *Rm* 9,25 sq. auf *Os* 2,24 (Vulg.: *sicut in Osee dicit uocabo non plebem meam plebem meam et non misericordiam consecutam misericordiam consecutam*).

133,7 cui – 134,5 non seditionem excitare deberes.
Wie aus Julians Worten in 133,7–15 hervorgeht, fasst er *Rm* 9,19 (133,9 sq.) als Einwurf eines fiktiven jüdischen Sprechers auf. Die Worte in *Rm* 9,20–24 (133,10–15) sind dann die Antwort des Paulus auf diesen fiktiven Einwurf, wobei er in *Rm* 9,20 auf *Is* 45,9 anspielt. Auf diese Anspielung geht Julian in 138,2–141,18 ein. Julian schlüpft zur Erklärung von *Rm* 9,18–21 in 133,15–134,5 in die Rolle des Paulus und spricht aus dessen Ich-Perspektive. Diesen Rollenwechsel zeigt er durch die Formulierung *et est sensus eiusmodi* in 133,15 an. Er erklärt dabei nicht nur, wie er Paulus verstehen möchte, sondern bindet die Themen der Diskussion mit Augustinus zugleich in seine Aussagen ein. Er verwendet dadurch die Autorität des Paulus indirekt für seine Widerlegung Augustins.

Julian interpretiert die Rückfrage des fiktiven Juden bei Paulus als den Einwurf eines fiktiven Kritikers, der Paulus' Aussagen über die Macht Gottes (133,9 sq.: [...] *quandoquidem deus „cuius uult miseretur et quem uult obdurat [Rm 9,18]"*) als eine Aushöhlung der Gerechtigkeit Gottes interpretiert, da dieser willkürlich handle. Zudem liest Julian den Einwurf des fiktiven Interlokutors so, dass dieser die Aussagen des Paulus so versteht, dass der Mensch nichts aus eigenem Willen tun könne (133,20–24). Gleichzeitig entsprechen in Julians Interpretation die Vorwürfe des fiktiven Interlokutors den Vorwürfen, die Julian selbst Augustinus gegenüber macht. So wirft Julian Augustins Gott vor, er sei ein ungerechter Gott, und der fiktive Interlokutor wirft genau dasselbe dem Gott des Paulus vor (48,3–49,20; 133,15–20.26–28). Ebenso schließt Julian, der

Mensch des augustinischen Weltbildes könne mit seinem Willen nichts mehr erreichen (70,8–12; 87,1–12; 110,1–111,4). Dies unterstellt der fiktive Interlokutor ebenfalls dem Menschenbild des Paulus (133,20–24; 134,1 sq.). Julian gibt darauf aus der Rolle des Paulus heraus zum einen eine Antwort auf die Aussagen des fiktiven Interlokutors, aber auch indirekt eine Antwort auf „Augustins" Gottesbild, und sichert damit durch die Autorität des Paulus sein eigenes Gottesbild ab. In Julians Interpretation wirft der Interlokutor aus dem Römerbrief Paulus also quasi eine Gnadenlehre vor, die derjenigen „Augustins" nahesteht; diesem Vorwurf entgegnet Paulus mittels der Übereinstimmung von *uoluntas dei* und *iustitia dei*. Seiner Ansicht nach können Gottes Werke nur mit seiner Gerechtigkeit im Einklang stehen, da er der Ursprung der Gerechtigkeit selbst ist (cf. Kommentar zu 37,5–38,10). Dass Julian diese Erklärung des Bibeltextes *ex persona Pauli* als ein rhetorisches Mittel der Widerlegung Augustins verwendet, zeigt sich offensichtlicher z. B. auch in 67,52–55; 89,1 sq. und 107,15–21 oder 2,63,17–28, wo er auf *Rm* 5,12 eingeht und mittels eines Anachronismus schreibt, der Apostel habe den dortigen Satz gerade deshalb so formuliert, damit er das augustinische Dogma nicht stützen könne. Cf. Hinführung. 3.3.3.

Auf gleiche Weise geht Theodor von Mopsuestia vor; auch er schlüpft in die Rolle des Paulus und antwortet dem fiktiven Interlokutor, dass seine Position durchaus abwegig ist, da er zum einen sagt, man könne sich Gottes Willen nicht widersetzen, und zum anderen sich gegen Gott wendet, indem er behauptet, er könne mit seinem Willen nichts erreichen.[973] Dasselbe Vorgehen findet sich auch bei Origenes/Rufinus.[974]

---

973   Thdr. Mops. *Rom.* 9,14–21 (Staab, Pauluskommentare 145 sq.): „μενοῦνγε, ὦ ἄνθρωπε, σὺ τίς εἶ ὁ ἀνταποκρινάμενος τῷ θεῷ;" λέγεις, φησίν, ὡς οὐκ ἄξιος εἶ μέμψεως· οὐδὲ γὰρ ἐν σοὶ τὸ ποιεῖν ἃ βούλει. καὶ μὴν οὐχ ἑτέρωθεν τοῦ λεγομένου συνορῶ τὴν εὐήθειαν, ἀλλ' ἀπὸ τῆς σῆς ἀποκρίσεως· εἰπὲ γάρ μοι, ὦ ἄνθρωπε, ὅστις ποτ' ἂν εἴης ὁ τούτοις πρὸς θεὸν κεχρημένος τοῖς ῥήμασιν· τίνα εἶναι βούλει σαυτὸν καλοῦ τε καὶ κακοῦ διάγνωσιν, ὥς φής, οὐδεμίαν ἔχειν δυναμένων, οὐδὲ ἐκλέγειν τὸ καλὸν ἀπὸ τοῦ χείρονος εἰδότα, ἀνάγκη δὲ ποιοῦντα τὸ δοκοῦν τῷ θεῷ καὶ πρὸς τοῦτο ῥέποντα καὶ τούτῳ ἡδόμενον, εἴτε καλὸν εἶναι εἴτε κακὸν αὐτὸ συμβαίνοι· καὶ πῶς οὐ τοῦτο ἐπὶ τῶν σαυτοῦ δεικνύεις ῥημάτων; τοὐναντίον μὲν οὖν ἔοικας ἀφ' ὧν ἀντιφθέγγη τῷ θεῷ ἀκριβῶς εἰδέναι τοῦ καλοῦ καὶ τοῦ χείρονος τὴν διάκρισιν, ὅπουγε καὶ λόγους περὶ ἑκατέρου τούτων ποιῇ, καὶ τὴν αἰτίαν τῶν γιγνομένων ἐπὶ θεὸν ἀναφέρειν ἐσπούδακας, σαυτὸν ἀπολύων τῆς ἐπὶ τοῖς πεπραγμένοις αἰτιάσεως. ἢ οὐχὶ ταῦτα καὶ εἰδότος ἐστὶ τοῦ τε καλοῦ καὶ τοῦ χείρονος τὴν φύσιν, καὶ ἐκλέγειν ἑκάτερον αὐτῶν ἀπὸ τοῦ ἑτέρου δυναμένου σαφῶς; καιριώτατα μέντοι καὶ τὰς ῥήσεις ἀντέκρουσεν εἰς μείζονα ἔμφασιν τοῦ λεγομένου τῆς ἀτοπίας· εἰρηκὼς γὰρ ἐκ τοῦ τῶν ἐναντίων προσώπου· „τῷ γὰρ βουλήματι αὐτοῦ τίς ἀνθέστηκεν;" ἐπήγαγεν· „σὺ τίς εἶ ὁ ἀνταποκρινάμενος τῷ θεῷ;" σαφῶς ἐναντίον ὂν τῷ εἰρημένῳ· εἰ γὰρ ἀνταποκρίνεται, δῆλον ὅτι ἀνθέστηκεν, ὥστε τὸ μὴ ἀνθεστάναι ψεῦδος. Übers.: „,Wer bist du, Mensch, dass du mit Gott richtest [*Rm* 9,20]?' Du sagst, es steht da, dir würde zu Unrecht ein Vorwurf gemacht, da es nicht in deiner Hand läge zu tun, was du wolltest. Doch nicht von einer anderen Seite, sondern durch deine Antwort selbst wird deutlich, wie einfältig es ist, was du denkst. Sag mir nämlich,

133,8 *persona Iudaeorum*: Cf. Kommentar zu 67,40–60.

133,17 *misericordiam praestaret*: Cf. Kommentar zu 94,62.

133,24 *facit deus* – **32** *utramque signaui*: Julians Gott schafft sich seine eigenen Gesetze, anhand derer er urteilt, und diese stehen in Einklang mit seinem Willen und seiner Gerechtigkeit. Göttlicher Wille und göttliche Gerechtigkeit bilden demnach eine Einheit. Der Wille Gottes impliziert sozusagen seine Gerechtigkeit. Julian legt auch hier wieder sein Konzept der göttlichen Gerechtigkeit seiner Auslegung zugrunde (cf. Kommentar zu 35,3–40,4; 122,4–10).

133,25 *quae de meritis iudicat singulorum*: Cf. Kommentar zu 122,4–10; 131,24.

133,31 sq. *quamcumque de illis nominauero*: Das Futur II wird im Spätlatein häufig dort verwendet, wo auch Präsens oder Futur I stehen könnte.[975]

Mensch, wer du wohl bist, dass du solche Dinge zu Gott sagst. Wer willst du sein, der du, wie du sagst, die Fähigkeit zur Erkenntnis von Gut und Böse niemals haben kannst und das Gute vom Schlechten nicht zu unterscheiden weißt, aber aus Notwendigkeit alles tust, was Gott gefällt, und dazu neigst, und dich daran erfreust, ob es nun zufällig etwas Gutes oder etwas Schlechtes ist? Wie scheinst du dir da nicht selbst zu widersprechen? Denn du scheinst im Widerspruch zu dem, was du Gott gegenüber vorgebracht hast, die Unterscheidung von Gut und Böse sehr genau zu kennen, wo du über jedes von beidem Reden geführt hast, und [trotzdem] versuchtest du, die Ursache für das Geschehene auf Gott zurückzuführen und dich von aller Schuld an dem Getanen zu befreien. Ist das nicht ein Zeichen für einen Menschen, der das Wesen von Gut und Böse kennt und das eine vom anderen klar auszuwählen weiß? Aus gutem Grund wies Paulus also die Worte zurück, um die Absurdität, die sich in den Worten verbirgt, zu unterstreichen. Denn nachdem er den fiktiven Interlokutor hat sagen lassen ‚Wer nämlich widersetzt sich Gottes Willen [*Rm* 9,19]?', entgegnet er ‚Wer bist du, dass du mit Gott richtest [*Rm* 9,20]?', was dem Gesagten deutlich widerspricht. Denn wenn er widerspricht, ist es offensichtlich, dass er sich Gott widersetzt, sodass es falsch ist zu behaupten, dass wir uns ihm nicht widersetzen können."

[974] Rufin. *Orig. in Rom.* 7,14 l. 43–55: *nam et Faraoni inquit dicitur: 'quia ad hoc ipsum te suscitaui ut ostendam in te uirtutem meam et ut adnuntietur nomen meum in uniuersa terra;* (*Ex* 9,16) [cf. *Rm* 9,17] *'ut ex hoc uideatur ostendi quia si ad hoc electus est Farao ut per eum uirtus dei omnibus declaretur non fuit in sua potestate quod perit. et addit post omnia: 'ergo cui uult miseretur et quem uult obdurat* [*Rm* 9,18].' *hoc est inquit quod asseueras tu qui contradicis quia sine causa conqueritur et arguit homines deus. si enim ipse quem uult eligit et quem uult abicit uoluntati illius quis resistit per quem omnia? illud sine dubio contradictio ista molitur quod in homine non sit libertas arbitrii nec habeat unusquisque sui potestatem ut aut salueatur aut pereat.* Origenes beschreibt im Folgenden, dass Gott aufgrund des Vorauswissens der menschlichen Willensausrichtungen die Menschen zur Verwirklichung seiner Pläne unterschiedlich einsetzt (ib. 7,14 l. 84–87: *sciens autem et praenoscens tamquam bonus dispensator et iustus uniuscuiusque motibus et proposito utitur ad ea opera efficienda quae uniuscuiusque animus ac uoluntas elegit*). Er geht somit, wie auch an anderen Stellen, stilistisch in gleicher Weise vor, wie Julian (cf. **133,15–134,5**), indem er zur Erklärung der Aussagen des Paulus, selbst in die Rolle des Paulus schlüpft.

[975] Cf. Hoppe, Syntax 66.

134,1 *ergo superbia – 5 excitare deberes*: Julian schwenkt in 134,1–3 zurück in die Rede aus seiner eigenen Person und paraphrasiert nur die Aussage aus *Rm* 9,20 in 134,3–5 aus der Person des Paulus. Der Grund für die Einwürfe des fiktiven Interlokutors besteht in Julians Augen darin, dass die Judenchristen (also auch der fiktive Interlokutor) ihr schlechtes Verhalten nicht ändern wollten. Sie werden kritisiert, da sie die Heidenchristen nicht als gleichwertig ansehen wollen und, statt sich zu ändern, auf ihre Abstammung von Abraham pochen. Die Abstammung wird von ihnen deshalb vorgeschützt, um in den alten schlechten Verhaltensweisen verharren zu können. Gleichzeitig erinnert die Passage auch in gewisser Weise an Julians Vorwurf gegenüber den Auswirkungen, die in seinen Augen die augustinische Gnadenlehre bei bestimmten Menschen nach sich ziehen könnte (cf. 70,8–12; 87,1–12; 110,1–111,4); Julian meint, dass Augustins Weltbild eine *necessitas mali* zugrunde liege, die die Menschen dazu zwingt, das Schlechte zu tun. Dies führt zum einen dazu, dass „Augustins" Gott willkürlich agiert, da er dem Menschen keine Schuld anrechnen kann; zum anderen dazu, dass der Mensch daran verzweifelt, dass er sich nicht bessern kann, bzw. dass er die *necessitas mali* als Vorwand für seine schlechten Taten vorschützt (70,8–12). Die Menschen verbleiben deshalb in ihren schlechten Gewohnheiten und ändern sich nicht, wobei sie ihre Verhaltensweisen durch eine *necessitas mali* entschuldigen. Bei den Anhängern der augustinischen Gnadenlehre ist es jedoch nicht die gute Abstammung wie bei den Juden, sondern die Belastung ihrer menschlichen Natur mit der Erbsünde, die in ein solches Argumentationsmuster führen kann. Ähnlich wie Julian sich selbst empört, lässt er sich hier auch Paulus empören, indem er dessen Ausruf *o homo, tu quis es qui respondeas deo* in *Rm* 9,20 (cf. **133,10 sq.**) mit den Worten *etsi sic esset, quomodo tu commentaris, tamen supplicare deo, non seditionem excitare deberes* (**134,4 sq.**) wiedergibt. Pelagius nennt in seinem Römerbriefkommentar eine ganz ähnliche Erklärung für *Rm* 9,20 wie Julian: *quidam uero dicunt iam hinc apostolum respondere quod etiam si ita esset ut illi calumniantur, non debere eos suo respondere factori, eo quod tales simus ad conparationem dei, quale ad suum artificem est luti figmentum* (Pelag. *in Rom.* 9,20 p. 77,22–26).[976]

134,1 *superbia illa, quae uolebat otiari*: Cf. Kommentar zu **131,3–132,13**; cf. auch **132,13–16**. Das Verb *otiari* wird hier mit dem Abstractum *superbia* verwendet –

---

[976] Übers.: „Einige aber sagen, dass ab hier der Apostel spreche und sage, dass auch wenn es so sei, wie sie ihm vorwerfen, sie nicht ihrem Schöpfer antworten dürften, denn wir seien im Vergleich zu Gott so, wie das Tongefäß im Vergleich zu seinem Töpfer."

ein Gebrauch, der unüblich ist.[977] Mit *superbia* dürfte Julian also nicht den Stolz an sich meinen, der ruhen möchte, sondern konkret die stolzen Juden, die sich nicht um ein gutes Leben bemühen wollen und sich stattdessen auf ihre Abstammung berufen. Ein ähnliches Beispiel findet sich in 4,114,3–5: [...] *otiantem in omnibus liberam uoluntatem atque affectantem imputare necessitati quicquid sponte committit* [...].

134,5 quibus uerbis nequitiam – 11 officia liberae uoluntatis.
In Julians Augen stellt der fiktive Interlokutor Paulus vor die Wahl zweier Möglichkeiten: Entweder dürften nur die Judenchristen als erwähltes Volk gelten oder der freie Wille würde aufgehoben. Die Tatsache, dass Paulus davon spricht, Gott habe die Macht, diejenigen anzunehmen, die er wolle (*Rm* 9,15), wird gemäß Julian vom fiktiven Interlokutor zur Willkürherrschaft Gottes uminterpretiert. Dass es sich um kein Dilemma handelt, zeigt Paulus in Julians Auslegung dadurch, dass er in *Rm* 9,21–24 das Beispiel vom Töpfer und dem Ton heranzieht (134,11–135,8; cf. 140,1–5).

Wie Julian beschreibt, zeichnet sich die rhetorische Vorgehensweise bei Paulus folgendermaßen aus: Zunächst weist er die fiktive Zwischenfrage zurück (*Rm* 9,20: *o homo, tu quis es qui respondeas deo?*; cf. 134,5–11); dann zieht er das Beispiel vom Töpfer und Ton heran, und zwar, wie Julian anmerkt, weil die vorangegangene Zurückweisung als Argument nicht ausreicht (134,11–13). Die Argumentationsweise des Paulus hat den Vorteil, dass er, indem er den fiktiven Interlokutor zunächst maßregelt, von einem überlegeneren Standpunkt aus sprechen kann.

134,7 aucupans elocutionis ambiguum: In Julians Augen nutzt der fiktive Interlokutor die mehrdeutigen Aussagen des Paulus aus, um ihm zu unterstellen, er vertrete ein Gottesbild, das die Willensfreiheit aufhebe. Auch an dieser Stelle wird dem fiktiven Interlokutor dasselbe unterstellt wie Augustinus (cf. Kommentar zu 3,7–5,8; 133,7–134,5; cf. 2,36,1–3; Hinführung. 3.2). Zur *ambiguitas* der Heiligen Schrift als Startpunkt der Exegese cf. Hinführung. 2.3 und zur *elocutio* als Schlagwort cf. Kommentare zu 5,3–8; 25,1–26,3; 67,77–93; 69,15–29; 108,15–23.

134,11 uerum quia – 15 de propriae stipendio uoluntatis
In Julians Augen spielt Paulus in *Rm* 9,20 sq. auf *Is* 45,9 an (cf. 132,11–13 und 138,2 sq.), um den Hochmut der Juden einzuschränken. Julian umschreibt den

---

977 Cf. TLL 9,2, p. 1165, l. 12–19. Cf. auch ib. l. 49–51: Hil. *in psalm.* 91,7: *uitae hominum interirent, si sabbati lege uirtutum omnium constitutio otiaretur.*

Hochmut des jüdischen Interlokutors mit dessen Hartnäckigkeit, nicht zuzulassen, dass auch Nicht-Juden zur Erlösung kommen können (cf. Kommentar zu 131,3–132,13). Julian sieht in den Aussagen des Paulus in *Rm* 9,20–24 das Ziel, dem fiktiven Interlokutor deutlich zu machen, dass es auch in der Hand des Menschen liegt, ob Gott ihn annimmt oder nicht.[978] Während der fiktive Interlokutor Paulus unterstellen wollte, er behaupte, dass der Mensch nicht aus freiem Willen handelt, antwortet Paulus ihm in Julians Interpretation mit einem Vergleich, der gerade für die Willensfreiheit sprechen und Gottes Gerechtigkeit verteidigen soll. Er kommt damit zum Hauptgrund seiner Auslegung von *Rm* 9, nämlich der Bestärkung, dass *Rm* 9,20–24 für den freien Willen, also für seine Partei und nicht für die „Augustins" (cf. Kommentar zu 113,14–125,7), spricht.

Zur Satzstruktur: Die Worte *neque* [...] *relinquenda iustitia* (134,12 sq.) sind in Parenthese zu setzen.[979]

134,15 *si* **– 135,10 nos consequenter armasse.**
Aus den Worten in *Rm* 9,22–24 geht für Julian zunächst noch nicht sofort hervor, dass sie einen Beleg für die Willensfreiheit darstellen. Es verweist mit Bezug auf den Konflikt zwischen Juden- und Heidenchristen darauf, dass gleichermaßen aus beiden Gruppen Menschen von Gott auserwählt werden (cf. 132,7–133,7). Um den weiteren Sinn der Bibelstelle zu erläutern, zieht Julian in 134,25–30 zusätzlich 2 *Tm* 2,20 sq. heran, wo Paulus für ihn davon spricht, wie ein jeder zum *uas honoris* oder zum *uas irae* wird. Julian fasst dabei die Aussage *quae praeparauit* (134,19) so auf, dass es die Menschen selbst sind, die sich zum guten oder zum schlechten Gefäß machen.[980] Während sich in der Textstelle aus dem Römerbrief das Verb *praeparauit* auf Gott bezieht (*Rm* 9,23), gestaltet es Julian in seiner Paraphrase in 134,20–23 ins Passiv um und suggeriert dem Leser so, der Text ließe es offen, wer die *uasa* für den Zorn oder für das Erbarmen bereitet (134,23–25). Antwort auf diese Frage gibt seiner Ansicht nach das Bibelzitat 2 *Tm* 2,20 sq. (134,25–30), wo Paulus ebenfalls einen Vergleich der Menschen mit Gefäßen anführt. Der Konflikt, den Julian in 134,20 sq. anspricht, ist die Auseinandersetzung des Paulus mit dem fiktiven Interlokutor. Dessen Rückfragen hatten Paulus in die Ecke eines Determinismus gedrängt und seine eigentlichen Ansichten verdeckt (*operuerat* (134,21)). Er verweist damit zurück auf 132,13 sq.

---

[978] Cf. Lössl, Julian 228.
[979] Cf. Primmer, Rhythmus 1, 197.
[980] Cf. Lössl, Julian 228.

KOMMENTAR

Julian verwendet einen ähnlichen Bibeltext wie der Ambrosiaster, bei dem ebenfalls das Verbum finitum des Satzes aus *Rm* 9,22 fehlt: *quod si uolens deus ostendere iram et notam manifestare potentiam suam in multa patientia in uasis irae praeparatis in interitum* (Ambrosiast. *in Rom.* 9,22 (rec. α.β.γ)). In der vorliegenden Übersetzung von *Flor.* 1 ist der Anakoluth im Deutschen beibehalten, für das fehlende Verbum finitum in *Rm* 9,22 wurde im Deutschen „verfahren" ergänzt. Die Übersetzung von *Rm* 9,22–24 orientiert sich an derjenigen von Schäfer.[981]

Origenes sieht ebenso wie Julian die Aussagen in *Rm* 9,19–21 als Zeichen für die Willensfreiheit an (Rufin. *Orig. princ.* 2,9,6–8) und erläutert die Unterschiede der menschlichen Schicksale durch den Plan Gottes, der die guten und schlechten Intentionen der Menschen vorausweiß und das Leben der Menschen auf Basis dieses Vorwissens einrichtet.[982] Er parallelisiert ebenso wie Julian die Bibelstellen *Rm* 9,22–24 und *2 Tm* 2,20 sq.: In *Orig. princ.* 3,1,21 zitiert Origenes/Rufinus *Rm* 9,18–21 und stellt die Frage, ob diese Worte der sonst von Paulus vertretenen Ansicht von der Verantwortung des Menschen vor Gott widersprechen.[983] Um die Textstelle zu klären, zieht er *2 Tm* 2,20 sq. heran und erläutert, dass jeder sich selbst von der Sünde reinigen müsse, um ein *uas ad honorem* oder ein *uas ad contumeliam* zu werden. Jedoch geht Origenes/Rufinus im Gegensatz zu Julian nicht über die sprachliche Ungereimtheit (in *Rm* 9,22–24 ist es Gott, der die Gefäße anfertigt, in *2 Tm* 2,20 sq. sind es die Menschen selbst) hinweg, sondern hebt hervor, dass die Menschen Gott den Grund dafür geben, zu welchem Gefäß sie werden.[984] Sie bereiten sich durch ihr Han-

---

981 Cf. Flasch/Schäfer, Logik 143.
982 Cf. Frede, Will 115 sq.; Aleith, Paulusverständnis 102–104.
983 Rufin. *Orig. princ.* 3,1,21: *dicet fortassis aliquis: si, ut figulus ex eadem massa facit alia quidem ad honorem, alia autem ad contumeliam uasa, ita et deus alios ad salutem, alios ad perditionem facit, non est in nobis uel saluos fieri uel perire; per quod non uidemur nostri esse arbitrii.* Übers.: „Vielleicht könnte da einer sagen: Wenn es so ist, dass Gott wie der Töpfer, der aus ein und derselben Masse einen Teil der Gefäße zur Ehre, einen anderen Teil aber zur Schande macht, ebenfalls einen Teil für die Erlösung, einen Teil für das Verderben schafft, dann liegt es nicht an uns, erlöst zu werden oder zugrunde zu gehen; dadurch scheint es so, als hätten wir keine freie Entscheidungsfähigkeit."
984 Rufin. *Orig. princ.* 3,1,21: *nam facit quidem creator deus uasa ad honorem, et facit alia uasa ad contumeliam; sed illud uas, quod se purgauerit ab omni inmunditia, ipsum facit uas ad honorem; quod uero se uitiorum sordibus maculauerit, illud uas ad contumeliam facit. itaque concluditur ex hoc quia prius gestorum uniuscuiusque causa praecedit, et pro meritis suis unusquisque a deo uel honoris uas efficitur uel contumeliae. unumquodque igitur uas ut uel ad honorem a creatore formetur uel ad contumeliam, ex se ipso causas et occasiones praestitit conditori.* Übers.: „Denn Gott der Schöpfer macht Gefäße für die Ehre und macht andere Gefäße für die Schande; doch das Gefäß, das sich selbst von jeglichem Schmutz gereinigt

deln selbst zum Gefäß, aber Gott kennt ihre Taten und kann sie somit als ihr Schöpfer zum jeweiligen Gefäß erschaffen. Origenes/Rufinus bespricht in dieser Passage das Zusammenspiel von göttlicher Vorbestimmung und menschlichem Handeln, indem er die Verstockung des Pharaos durch Gott (*Ex* 4,21) behandelt. Das Eingreifen Gottes führt beim Pharao zu einem Verharren in der Schlechtigkeit, das Origenes/Rufinus im Kontext seiner Lehre vom Aufstieg der Seele zu Gott[985] als eine erzieherische Maßnahme Gottes zur Reinigung der Seele des Pharaos deutet.[986] Auch im Römerbriefkommentar von Origenes/Rufinus wird *2 Tm* 2,20 sq. zur Erläuterung von *Rm* 9,20 sq. herangezogen (Rufin. *Orig. in Rom.* 7,15 l. 63–66). Dort erklärt Origenes/Rufinus auch, dass die Heranziehung des Vergleiches mit dem Töpfer in *Rm* 9,21–24 darauf abzielt, der Kühnheit des fiktiven Interlokutors harsch zu entgegnen. In *2 Tm* 2,20 sq. antwortet Paulus hingegen einem gelehrigen Interlokutor und erklärt ihm deshalb auch, auf welche Weise man zu einem ehrenhaften oder einem unehrenhaften Gefäß wird (cf. Rufin. *Orig. in Rom.* 7,15 l. 48–70).[987] Origenes/Rufinus berücksichtigt an dieser Stelle also den Adressatenbezug bei Paulus innerhalb seiner Auslegung. Voraussetzung dafür, ob man ein Gefäß der Ehre oder der Schande ist, hängt für ihn von der Reinheit der Seele ab, die der Mensch ebenso wie bei Julian selbst bewirken kann (cf. Rufin. *Orig. in Rom.* 7,15).[988]

Johannes Chrysostomus versteht die Worte in *Rm* 9,21 als eine Aufforderung des Paulus, sich ganz in die Hand Gottes zu begeben. Er betont jedoch explizit, dass Paulus das Zitat nicht anbringt, um die Willensfreiheit aufzuheben (Chrys. *hom.* 16,7 sq. *in Rom.*; PG 60, 559):

καὶ ὅταν δὲ ἐπάγῃ καὶ λέγῃ, „ἢ οὐκ ἔχει ἐξουσίαν ὁ κεραμεὺς τοῦ πηλοῦ ἐκ τοῦ αὐτοῦ φυράματος ποιῆσαι, ὃ μὲν εἰς τιμὴν σκεῦος, ὃ δὲ εἰς ἀτιμίαν;" μὴ εἰς δημιουργίας λόγον νόμιζε ταῦτα εἰρῆσθαι τῷ Παύλῳ, μὴ εἰς γνώμης ἀνάγκην, ἀλλ'

hat, macht sich selbst zu einem Gefäß für die Ehre; aber wer sich mit dem Schmutz der Sünde befleckt hat, der macht sich zum Gefäß für die Schande. Daraus, dass zuerst der Grund für das Handeln eines jeden vorangeht, folgt deshalb, dass ein jeder auch entsprechend seiner Verdienste von Gott entweder zum Gefäß der Ehre oder zum Gefäß für die Schande gemacht wird. Jedes Gefäß gibt also dem Schöpfer von sich selbst aus Gründe und Anlässe dafür, dass es von Gott entweder zum Gefäß für die Ehre oder für die Schande gemacht wird."

985 Cf. Fürst, Origenes (RAC) 538–541. Id., Origenes 16–21.
986 Cf. Benjamins, Freiheit 159–162.
987 Cf. Matteoli, Origini 133 sq.; Lössl, Julian 228.
988 Rufin. *Orig. in Rom.* 7,15 l. 66–68: *restat igitur ut qui se non emundauerit nec per paenitentiam peccati maculas abluerit sit uas ad contumeliam.* Ib. l. 73–76: *ut enim Iacob esset uas ad honorem sanctificatum et utile domino ad omne opus bonum paratum anima eius emundauerat semet ipsam.* Cf. auch Lössl, Julian 228.

KOMMENTAR   557

εἰς οἰκονομιῶν ἐξουσίαν καὶ διαφοράν. εἰ γὰρ μὴ οὕτως ἐκλάβοιμεν, πολλὰ τὰ
ἄτοπα ἕψεται. καὶ γὰρ εἰ περὶ γνώμης ἐνταῦθα ὁ λόγος, καὶ τῶν ἀγαθῶν καὶ
τῶν οὐ τοιούτων ἔσται αὐτὸς δημιουργὸς τούτων, καὶ ὁ ἄνθρωπος πάσης αἰτίας
ἐκτός· φανεῖται δὲ καὶ ὁ Παῦλος οὕτως αὐτὸς ἑαυτῷ μαχόμενος ὁ πανταχοῦ τὴν
προαίρεσιν στεφανῶν. οὐδὲν τοίνυν ἕτερον ἐνταῦθα κατασκευάσαι βούλεται, ἢ
τὸ πεῖσαι τὸν ἀκροατὴν μεθ' ὑπερβολῆς ἁπάσης εἴκειν τῷ Θεῷ, καὶ μηδενὸς
μηδέποτε ἀπαιτεῖν εὐθύνας αὐτόν.[989]

Auch nach seiner Ansicht liegt es in der Hand des Menschen, ob er ein Gefäß des Zornes wird oder nicht. Jedoch geht es bei ihm um den rechten Gebrauch des Gefäßes, das er mit dem Willen identifiziert.[990] Johannes Chrysostomus fügt seinen Gedanken zusätzlich die Lehre der Vorbestimmung hinzu und geht davon aus, dass Gott diejenigen wählt, von denen er weiß, dass sie gut handeln werden.[991] Ebenso geht auch der Ambrosiaster bei der Kommentierung von *Rm* 9,24 auf das Thema der Vorsehung, welche er vom Vorauswissen abhängig macht, ein (Ambrosiast. *in Rom.* 9,23,2 (rec. γ)): *praeparare est autem unumquemque praescire qui dignus erit*.

Eine ähnliche Interpretation im Hinblick auf die Frage, wie man zu einem Gefäß der Ehre oder der Schande wird, bieten zudem Pelagius sowie Theodor von Mopsuestia:[992] Auch Pelagius versteht die Textstelle so, dass sich die Gefäße selbst zum Gefäß der Ehre oder der Schande bereiten (cf. Pelag. *in Rom.*

---

989   Übers. Jatsch, Chrysostomus 2, 42 (modifiziert): „Wenn aber der Apostel fortfährt und sagt: ‚Oder hat der Töpfer nicht Macht über den Ton, aus derselben Masse das eine Gefäß zu einer edlen, das andere zu einer unedlen Bestimmung zu formen?'[,] so [...] [verstehe unter diesen Worten über die Schöpfung] ja nicht, Paulus habe dies gesagt, um [...] zu behaupten, [...] [dass der Wille einem Zwang unterliege, sondern er hat es gesagt, um zu verdeutlichen, dass die Pläne Gottes frei und unterschiedlich seien] [...]. Denn wenn wir diese Worte nicht so auffassen, folgt daraus mancherlei Ungereimtes. Wäre hier vom menschlichen Willen die Rede, so wäre Gott selbst der Urheber des Guten und Bösen und der Mensch dafür ganz unverantwortlich. Damit würde sich aber Paulus in Widerspruch zu sich selbst setzen, da er ja sonst überall die menschliche Willensfreiheit so sehr hervorhebt. Er will also hier nichts anderes erreichen, als den Zuhörer zu überzeugen, daß er sich ganz und gar Gott überlassen müsse und nicht einmal nach [...] [einer Rechenschaftsablage] Gottes fragen dürfe."
990   Chrys. *hom.* 16,8 *in Rom.*; PG 60, 560: καίτοι γε οὐδὲ ἐπὶ τοῦ κεραμέως ἐκ τοῦ φυράματος τὸ ἄτιμον καὶ τὸ ἔντιμον, ἀλλ' ἀπὸ τῆς χρήσεως τῶν μεταχειριζομένων, ὅπερ οὖν καὶ ἐνταῦθα ἀπὸ τῆς προαιρέσεως. Übers. Jatsch, Chrysostomus 2, 43 (modifiziert): „Es liegt ja auch nicht am Töpfer, daß aus derselben Masse Edles und Unedles wird, sondern am Gebrauch, den die Besitzer der Gefäße [...] [von ihnen] machen; so hängt [...] [unser Ausgang auch jetzt] vom Gebrauch des freien Willens ab." Cf. auch Laird, Mindset 199 sq.
991   Cf. Hoffmann-Aleith, Johannes 184 sq.; Gorday, Principles 121–123.
992   Cf. Lössl, Julian 228. Cf. außerdem ib. 244 zu 2 *Tm* 2,21.

9,22 p. 78,10–12). Die Freiheit ermöglicht es dem Menschen, Gott zu erkennen und ihm zu dienen (cf. Pelag. *epist. ad Demetr.* 2 sq. und Pelag. *in Rom.* 9,22 p. 78,10–12; Kommentar zu **94,56–61**).[993] Die Auslegung bei Theodor geht noch in eine andere Richtung. Er hebt zwar die Eigenverantwortlichkeit ebenfalls hervor,[994] möchte jedoch auch betonen, dass die Aussage *uolens ostendere iram* [...] eine Aufforderung an die Menschen sein soll, sich angesichts der Strafen, die sie nach dem Leben im Diesseits treffen könnten, um ein gutes Leben zu bemühen (Thdr. Mops. *Rom.* 9,22–24; Staab, Pauluskommentare 147 sq.). Deutlicher ist Julians Nähe zu Theodor im Vergleich mit dessen Auslegung von 2 *Tm* 2,21, wo er ebenfalls die Eigenverantwortung des Menschen an seinem Schicksal erläutert.[995] Hinsichtlich der Hervorhebung der Willensfreiheit im Kontext der Römerbriefstelle fügt sich Julian damit in die Reihe der Pauluskommentatoren ein, aus der Augustinus ausbricht. Cf. auch Hinführung. 2.2.1.4.

Für den späten Augustinus ist *Rm* 9,22–24 eine einschlägige Stelle für die Wahl, die Gott trifft. Sie ist für den Menschen nicht durchschaubar: Die *uasa irae* sind für ihn Menschen, denen Gottes Gnade nicht zuteilwird, die jedoch aufgrund der ihnen anhaftenden Schuld durch das *peccatum originale* zu Recht von Gott verworfen werden (*nupt. et conc.* 2,31; p. 285, l. 7–17;[996] *ep.* 186,19; 190,9; 194,5).[997] Wen Gott aus der *massa peccati* auserwählt, kann der Mensch jedoch

---

993   Cf. Greshake, Gnade 58 sq.
994   Cf. Lössl, Julian 228.
995   Cf. Wickert, Studien 62 sq. Cf. auch Lössl, Julian 244.
996   Ib.: *bonitate sua deus fecit homines, et primos sine peccato et ceteros sub peccato, in usus profundarum cogitationum suarum. sicut enim de ipsius diaboli malitia nouit ille quid agat et quod agit iustum est et bonum, quamuis sit de quo agit iniustus et malus, nec eum propterea creare noluit, quia malum futurum esse praesciuit: ita de uniuerso genere humano, quamuis nullus hominum sine peccati sorde nascatur, bonum ille qui summe bonus est operatur, alios faciens tamquam uasa misericordiae, quos gratia discernat ab eis, qui uasa sunt irae, alios tamquam uasa irae, „ut notas faciat diuitias gloriae suae in uasa misericordiae [Rm 9,23].*"
      Übers.: „In seiner Güte hat Gott die Menschen geschaffen, sowohl die ersten ohne Sünde als auch die folgenden unter der Sünde, wie es seinen verborgenen Plänen entspricht. Was die Schlechtigkeit des Teufels selbst anbelangt, weiß er, was dieser tut, und das, was er selbst tut, ist gut und gerecht. Auch wenn derjenige, durch den er handelt, ungerecht und böse ist, wollte er ihn dennoch erschaffen, auch wenn er wusste, dass er böse sein würde. Ebenso macht Gott, der vollkommen gut ist, auch im Hinblick auf das gesamte Menschengeschlecht Gutes, auch wenn kein Mensch ohne den Schmutz der Sünde geboren wird; er schafft manche Gefäße für das Erbarmen, die er durch seine Gnade von denen abtrennt, die die Gefäße des Zornes sind. Die anderen erschafft er als Gefäße des Zornes, ‚damit er den Reichtum seines Ruhmes an den Gefäßen des Erbarmens verdeutlicht [*Rm* 9,23]'."
997   Cf. Hammond Bammel, Translation 132.

nicht wissen. In Augustins Augen schafft Gott auch Menschen, von denen er weiß, dass sie schlecht werden, aus bestimmten Gründen, die für den Menschen nicht ersichtlich sind (cf. auch *Simpl.* 1,2,18). Wesentlich ist jedoch, dass die Wahl der Menschen eine Bedingung für deren gutes Handeln darstellt. Die Menschen werden nicht aufgrund ihrer Gutheit erwählt, sondern sind gut, weil sie erwählt worden sind (cf. Hinführung. 2.2.2.2).

Wie bereits hervorgehoben, ist es auffällig, dass Julian bei der Besprechung von *Rm* 9,18–24 im Gegensatz zu den anderen Exegeten nicht auf die Vereinbarkeit von menschlichem Handeln und göttlicher Vorsehung zu sprechen kommt (cf. Kommentar zu 131,3–132,13).[998] Er passt seine Exegese hier der Argumentation gegen Augustinus an. Wichtig ist für den Moment nur, dass *Rm* 9,22–24 nicht gegen den freien Willen spricht, was Julian in 135,1–10 zeigt. Er hatte in Orientierung an *nupt. et conc.* 2,8 (p. 259, l. 10–12) zunächst gezeigt, dass „Augustinus" zwar behaupte, er verteidige den freien Willen, in Wirklichkeit aber genau das Gegenteil tue (76,11–109,13). Nun interpretiert er Augustinus so, dass dieser in *nupt. et conc.* 2,8 (p. 259, l. 19–25; 113,8–13) auf *Rm* 9,22–24 anspielt, weil er ein Konzept eines unfreien menschlichen Willens und einer Willkürherrschaft Gottes (cf. 113,14–125,7) belegen wolle. Julian möchte daher zeigen, dass die Bibelstelle gerade für die Freiheit des menschlichen Willens spricht.

134,25 *in* – 135,10 *e diuerso nos consequenter armasse*: Erst im Abgleich mit 2 *Tm* 2,20 sq. kann Julian sein Verständnis von *Rm* 9,22–24 (134,15–20) deutlich machen. Er fasst die *uasa uilia* als die Fehler der Menschen auf und sieht in deren Beseitigung gemäß den Worten in 2 *Tm* 2,20 sq. die Möglichkeit, von Gott angenommen zu werden. Der Vergleich der beiden Bibelstellen ist jedoch in gewisser Weise schief, da in 2 *Tm* 2,20 sq. die *uasa* mit den Handlungen der Menschen gleichgesetzt werden, wohingegen sich die *uasa* in *Rm* 9,22–24 auf den ganzen Menschen beziehen. Während in *Rm* 9,22–24 das Subjekt der Handlung Gott ist, ist es in 2 *Tm* 2,20 sq. der Mensch selbst.

Julian schließt nun seine Auslegung der Bibelstelle aus dem Römerbrief ab und betont, dass Augustinus sie zu Unrecht für seine Seite herangezogen habe. Im Gegenteil, in seinen Augen spricht sie gerade für die Gerechtigkeit Gottes und für den freien Willen der Menschen. Mit dieser Interpretation kann Julian somit das Bibelzitat für seine eigene Glaubwürdigkeit beanspruchen. Julian greift damit den Grund auf, den er für die Auslegung zu Beginn von 126,1–7 und 131,1–3 genannt hatte, nämlich, dass die Bibelstelle Augustins Lehre widerspre-

---

998 Nur am Rande kommt Julian auf Gottes Wirken in der Welt zu sprechen, wenn er in 138,1–9 erläutert, dass Gott den Menschen den Plan seines Vorgehens offenlegt.

che (cf. Hinführung. 3.2 und 3.3.3). Er geht im Folgenden wieder zum Angriff auf Augustinus über (135,8–137,4).

136,1 ac per hoc et tibi – 137,4 subuenire non possunt.
Julian bezieht sich auf Augustins Aussage in *nupt. et conc.* 2,8 (p. 259, l. 19–21; cf. 113,8–10): *sic est ergo deus nascentium conditor, ut omnes ex uno eant in condemnationem, quorum non fuerit renascentium liberator*, wobei er wie in 113,14–125,7 die Worte *quorum non fuerit renascentium liberator* zunächst unberücksichtigt lässt, dann jedoch hinzunimmt und zeigt, dass auch diese Einschränkung Augustins nicht mit den Worten des Paulus vereinbar ist. In Julians Augen widersprechen Augustins Aussagen der Intention des Paulus in *Rm* 9,20–24. Während „Augustins" Gott alle Menschen durch eine *lex nascendi* für die Verurteilung „erschafft" und einige von ihnen durch *mysteria* erlöst werden (cf. 136,7 sq.), spricht Paulus davon, dass einige zur Schande, andere zur Ehre gestaltet werden, bezieht diese Aussage jedoch auf das Verhalten der Menschen und nicht auf die Schöpfung. Julian sieht „Augustins" Auslegung von *Rm* 9,20–22 deshalb nicht in Einklang mit der Intention des Paulus. Denn Paulus spreche nicht nur davon, dass einige Verurteilte befreit würden, sondern dass einige zur Ehre, andere zur Schande gestaltet würden. Julian stellt die augustinische Aussage *ut ex uno omnes eant in condemnationem* dem Wortlaut bei Paulus *alios in contumeliam, alios in honorem* gegenüber und hebt einerseits hervor, es ginge bei Paulus nicht um *omnes*; andererseits zeigt er, dass Paulus von *contumelia* und nicht von *condemnatio* spricht. Er versteht damit Augustins Aussage in *nupt. et conc.* 2,8 (p. 259, l. 19–21; 113,8–10) als Erklärung von *Rm* 9,20–24.

136,1 *ac per hoc et tibi uehementer obnixa est*: Das Subjekt des Satzes ist die *sententia* des Paulus (135,8), die den Manichäern und damit auch „Augustins" Ansichten widerspricht.

136,6 *superficies*: Julian meint hier mit *superficies* den offensichtlichen Sinn der Textstelle, den er soeben herausgearbeitet hat.[999] Er argumentiert wieder mit der Klarheit der Heiligen Schrift, die Augustinus entgeht bzw. die er verschleiert. Cf. 67,74–77; 93,6–13; 107,1–13; 108,11–15; 109,6–8. Cf. Hinführung. 2.3.; 3.2 und 3.3.3.

137,1 *quod ut claruit – 4 subuenire non possunt*: Auch hier stellt Julian das *semen* bzw. die *natura* den *mores* gegenüber (cf. 105,9–11; 122,9 sq.; 131,19 sq.). Dass in den Worten des Paulus die *mores* und nicht die *natura* der Menschen als Bewertungsbasis Gottes angeführt werden, war ein Ziel von Julians Ausle-

---

999 Cf. Baxter, Notes 51.

gung (131–135). Für Julian ist der Umstand, dass Augustinus seine Aussagen mit einzelnen Bibelzitaten spickt, ein verzweifelter Versuch, sich für seine Lehren Autorität zu verschaffen. Julian durchschaut hier die Technik Augustins, der in *nupt. et conc.* 2,8 eine biblische Anspielung an die andere reiht. Er stellt Augustinus wie einen dilettantischen Redner hin, der aus Not an schlagkräftigen Belegen für seine Ansichten sogar auf solche zurückgreift, die ihnen offensichtlich widersprechen. Cf. Kommentar zu 25,1–26,3; 84,11–16; 86,1–4; 128,2–129,3. Cf. auch Hinführung. 3.2.

2.5.4.3   *Gottes Wirken in der Welt – Exegese von Is 45,9 secundum historiam* (138,1–140,5)

Julian sieht nun seine Auslegung in Bezug auf *Rm* 9,18–24 als abgeschlossen an, will jedoch aufgrund des Jesajazitates in *Rm* 9,20 auch auf *Is* 45,9 eingehen (cf. 133,11–13). Er kann mit dem Ergebnis seiner Auslegung *secundum historiam* (138,2–140,5) darauf hinweisen, dass Gott es gut mit den Menschen meint und sich damit wiederum gegen das negative Gottesbild „Augustins" wenden und ihm sein positives Gottesbild entgegenhalten.

138,2 ceterum in Esaia – 9 aperire rationem.
Julian hebt hier hervor, dass die Bedeutung der Worte bei Jesaja, auf die Paulus anspielt, in ihrem Kontext nicht der Abschreckung dienen, sondern zum Ausdruck bringen, dass Gott seine Pläne den Menschen gegenüber offenbart. Julian versteht *Is* 1,16–18 (138,5–7) offensichtlich auch unter dem Aspekt, dass Gott durch seine Allmacht die Menschen nicht direkt zwingt, sondern dass sein Handeln im Einklang mit dem freien Willen der Menschen und seiner Gerechtigkeit steht (138,7 sq.), weil er ihnen seinen Willen offenbart. Sein Gott verhält sich demnach respektvoll den Menschen gegenüber, wenn er unter Berücksichtigung der Art und Weise, wie er sie selbst geschaffen hat (als *rationabilis creatura* (138,4)), auf sie zugeht.

138,8 sq. *dispensationum suarum dignatur aperire rationem*: Die Verkündigung von Gottes Wort durch Propheten gehört zum Wirken Gottes in der Welt entsprechend seiner *dispensatio*.[1000] Interessant an dieser Stelle ist, dass auch Origenes/Rufinus bei der Auslegung von *Rm* 9,20 sq. davon spricht, dass Paulus dort um die *dispensatio* Gottes weiß und dass er sie zum Vorschein bringt.[1001] Cf. auch Kommentar zu 37,5–38,10 und 134,15–135,10.

1000   Cf. Müller, Dispenso 499–501.
1001   Cf. Rufin. *Orig. in Rom.* 7,15 l. 49–51: *qui uero opera sapientiae dei in dispensationibus eius desiderat contueri audiat in alio loco de his ipsis Paulum diuinorum secretorum con-*

138,12 *epuletur*, inquit, – 27 *dixit dominus Sabaoth*.
Gryson merkt zu Julians Version von *Is* 45,8–13 an, dass er hier in 138 offenbar eine ältere lateinische Übersetzung verwendet als in 140, wo er die neuere Version des Hieronymus verwendet (cf. Hier. *in Is.* 13,45,9–13).[1002]

139,1 in hoc igitur loco – 19 fecisse crudeliter.
Julian legt zunächst das Jesajazitat (*Is* 45,8–13; 138,12–27) im Kontext des Alten Testaments aus und erläutert den zeitgeschichtlichen Hintergrund (*quantum spectat ad historiam*) sowie die Zielrichtung der Stelle, durch die zum Ausdruck kommt, dass Gott sich an das jüdische Volk wendet. Seiner Ansicht nach erklärt der Prophet hier, wie Gott trotz der verschiedenen Weisen, auf die er ins irdische Leben eingreift und die den Menschen ungerecht erscheinen können, dennoch seine Gerechtigkeit bewahrt (139,4–7; 139,15–19). Der Exegese *secundum historiam* steht auch bei Augustinus die Exegese *secundum prophetiam* gegenüber: *hic ergo totus sermo primo secundum historiam discutiendus est, deinde secundum prophetiam. secundum historiam facta narrantur, secundum prophetiam futura praenuntiantur* (A. *Gn. adu. Man.* 2,3). Cf. Hinführung. 2.3.

139,3 *quia nec odio uos in captiuitatem tradidi* – 12 *possim aptare iustitiae*:
Julian schreibt in 139,3–19 aus der Perspektive Gottes; er schlüpft damit in die Rolle derjenigen Person, die seiner Ansicht nach in der Bibelstelle spricht, so wie er es bereits bei der Auslegung von *Rm* 9,21 aus der Perspektive des Paulus (133,15–134,5) getan hatte. Gottes Eingreifen in das Menschengeschehen, das in Julians Bibeltext in *Is* 45,9 durch die Frage *numquid qui arat arabit per omnem diem?* (138,16) thematisiert wurde, erklärt er mit der Arbeit eines guten Bauern, der auf verschiedene Weise sein Land bestellt, um es zum gewünschten Ertrag zu führen.[1003] Ebenso variiert Gott auch den Ton seiner Offenbarungen (139,3–12). Das babylonische Exil wird somit von Julian als Maßnahme Gottes verstanden, durch die die Menschen wieder zu Gott zurückgeführt werden sollen (cf. 139,9 sq.).[1004] All diese Maßnahmen sind Zeichen von Gottes Wirken

---

scium disputantem. Übers.: „Wer aber wünscht, die Werke der Weisheit Gottes in seinen Plänen mit der Welt zu betrachten, der soll Paulus zuhören, was er an anderer Stelle eingeweiht in die göttlichen Geheimnisse über diese Pläne darlegt." Es folgt die Bibelstelle 2 *Tm* 2,20 sq.

1002 Cf. Gryson, Esaias 1078, cf. Cipriani/Volpi, Sant'Agostino 1, 193 n. 41.

1003 Bei Origenes findet sich ebenfalls ein Vergleich Gottes mit einem klugen Bauern im Kontext der Erörterung über die Verstockung des Pharao (cf. Benjamins, Freiheit 162). Cf. Rufin. *Orig. princ.* 3,1,14.

1004 Ähnlich auch bei Tertullian, der die Güte Gottes durch die verschiedenen Arten seiner Offenbarungen verteidigt (*adu. Marc.* 2,4,6): *agnosce igitur bonitatem dei nostri interim*

am menschlichen Willen (139,11 sq.). Julians Ausführungen erinnern entsprechend der Verwendung des Begriffs *dispensatio* auch an seine Äußerungen zu den *species* der göttlichen Gerechtigkeit, die auf unterschiedliche Weise in der Welt zutage treten (cf. Kommentar zu 37,5–38,10). Julian erläutert en passant, wie er sich das Zusammenwirken von Gott und Mensch vorstellt. Entsprechend seinen Ausführungen zur göttlichen Gnade in 94,48–95,11 verwendet Gott verschiedene Hilfsmittel, um den Menschen zu einem guten Willen zu führen, ohne eine *necessitas* auszuüben (cf. Kommentar zu 95,6–11). Mit dem Vergleich des Töpfers und der von ihm geschaffenen Gefäße soll in Julians Augen in *Is* 45,9 ausgedrückt werden, dass Gott genauso die Macht hätte, über die Menschen zu herrschen, ohne sie anzusprechen (139,13–16: [...] *possem mussitationes uestras pro potestate despicere, ut sicut figulo figmentum suum dicere non potest: quid fecisti?, ita etiam uobis silentii pondus imponerem*). Gott tue jedoch das Gegenteil und offenbare sich in seiner Güte den Menschen, um sie zu sich zu führen. Julian sieht es deshalb als unerlässlich an, dass der Mensch für Gottes *iustitia* vorbereitet wird und dass Gott auf den Willen der Menschen einwirkt. Damit steht er Augustinus eigentlich nicht fern, mit dem Unterschied, dass Augustinus die Gnade als *condicio sine qua non* für den guten Willen ansieht.[1005] Die knappe Antwort, die Augustinus in 139 auf Julians Worte folgen lässt, ist möglicherweise darauf zurückzuführen, dass Julian hier eine attraktive Alternative beschreibt, wie man eine Vorstellung vom Wirken Gottes am Willen des Menschen gewinnen kann. Augustinus schreibt (*c. Iul. imp.* 1,139,20 sq.): *quod uis dicis, non quod dixit Esaias: ille gratiam loquitur, contra quam tu loqueris*. Damit drängt er Julian zwar einerseits in die Ecke der *inimicitia gratiae*, wobei er sein eigenes Gnadenverständnis zugrunde legt; andererseits geht er aber nicht auf die Auslegung Julians ein. Cf. auch Hinführung. 2.2 und Kommentar zu 94,61–66.

139,10 *dispensationum uices uario*: Zelzer entscheidet sich in ihrer Edition für *disputationum* (P, C, G, T und M) *uices uario*, was in Anbetracht von *pressura* und *consolationes* in 139,11 als mögliche Konkretisierung der Arten von *disputationes* nicht unplausibel erscheint. Da Julian jedoch bereits in 138,7–9 davon gesprochen hat, dass *Is* 45,8–13 so zu verstehen sei, dass Gott dort seinen Heilsplan offenlege, gebe ich dem Vorschlag von Primmer (mit Handschrift L und Migne) den Vorzug.[1006] Cf. auch Kommentar zu 37,5–38,10.

---

    uel hucusque ex operibus bonis, ex benedictionibus bonis, ex indulgentiis, ex prouidentiis, ex legibus et praemonitionibus bonis et benignis.
1005   Cf. Flasch, Kampfplätze 36.
1006   Cf. Primmer, Textvorschläge 239 sq., cf. ebenso Cipriani/Volpi, Sant'Agostino 1, 190 und Teske, Answer 159 n. 276.

140,1 et a propheta ergo – 5 figulorum.
Julian schreibt nun wieder aus seiner eigenen Perspektive. Das Töpfergleichnis in *Is* 45,9 ist für ihn sowohl im eigentlichen Kontext bei Jesaja als auch im Kontext von *Rm* 9,20 ein Kennzeichen dafür, dass Gott den Menschen gegenüber nicht so gleichgültig ist wie der Töpfer seinem Ton gegenüber. Er tritt hier indirekt der Auslegung Augustins entgegen, den er so interpretiert hatte, dass er *Rm* 9,21 als einen Beleg für die Ansicht *ex uno omnes eant in condemnationem*, also für eine Willkürherrschaft Gottes heranzieht (cf. **126,1–130,11**; cf. auch **113,14–125,7**).

2.5.4.4 *Die Menschen sollen Gott vertrauen – Exegese von* Is *45,9 secundum prophetiam* (140,5–141,22)

Die Exegese *secundum prophetiam* von *Is* 45,9 in **140,5–141,18** knüpft an die Auslegung *secundum historiam* an. War die vorangegangene Bedeutungsebene von *Is* 45,9 bereits ein Beleg für Gottes Güte, kann Julian nun gleichzeitig auf die Inkarnation Christi aufmerksam machen, die als Beweis für Gottes Liebe zu den Menschen schlechthin gilt.

140,5 absoluta hac expositione – 15 ne sint signis fidelibus perduelles.
Julian möchte nun noch auf den weiteren Sinn von *Is* 45,8–13 eingehen: Gemäß einer Exegese *secundum prophetiam*, also einer typologischen Auslegung, erklärt er, dass der Prophetentext auf die Geburt Jesu Christi aus der Jungfrau Maria hindeutet.[1007] Der Text zielt in seinen Augen darauf ab, dass die Menschen den Zeichen Gottes vertrauen sollten (**140,5–141,18**). Auch bei der Auslegung *secundum prophetiam* dient das Prophetenwort dazu, den Willen der Menschen zu beeinflussen (**140,15** cf. Kommentar zu **139,1–19**). Julian sieht dabei die beiden Interpretationen (*secundum historiam* und *secundum prophetiam*) nicht als konkurrierend an, sondern lässt den Sinn *secundum prophetiam* aus dem literalen Sinn hervorgehen.[1008] Sowohl *secundum historiam* als auch *secundum prophetiam* wird im Text die Ankunft eines Erlösers angekündigt.[1009] Im ersten Falle ist dies König Kyros, im zweiten Falle Christus. Die Auslegung *secundum prophetiam* leugnet dabei nicht, dass die Textstelle in der Auslegung *secundum historiam* auch einen Sinn ergibt. Julian vermittelt hier meines Erachtens auch den Eindruck, dass die Auslegung *secundum historiam* uner-

---

[1007] Zu Augustins Verständnis der göttlichen Offenbarung in Prophetien cf. *c. Faust.* 19,8 (cf. Tornau, Locutio 1044).
[1008] Cf. Pennacchio, Sermo 181 sq. und ib. 188.
[1009] Cf. Pennacchio, Sermo 182.

KOMMENTAR 565

lässlich für ein weiterführendes Textverständnis ist.[1010] Cf. ebenso z. B. *in Ioel* 2,28–31 (p. 248, l. 417–427):

> quia ergo non explanandi prophetae, sed praedicandi euangelii curam beatus Petrus susceperat, tantum ex dictis eius quantum sibi conducebat arripuit; nec per hoc utique illam explanationem, quam facit contextus prophetici operis, abrogauit. quod ideo breuiter admonemus, ut illorum repudietur audacia, qui temere imperiteque contendunt, hoc solum tempus a propheta indicatum fuisse, de quo Petrus apostolus disputauit; cum operis, inquam, tota contextio primo populi Iudaeorum, deinceps uero nostra tempora quasi **per cumulum** doceatur amplecti.[1011]

Julian geht hier auf *Ioel* 2,28–31 ein und zieht eine Stelle aus *Act* 2,17–21 heran, wo Petrus auf dieses Stück des Prophententextes verweist. In Julians Augen hat Petrus mit dem Verweis auf diese Stelle nicht geleugnet, dass sich die Prophetie auch auf das jüdische Volk bezogen hat. Für ihn erstreckt sie sich sowohl auf das jüdische Volk als auch auf die Zeit der Apostel. Cf. auch Kommentar zu 139,1–19; cf. auch Hinführung. 2.3 und 3.3.3.

140,6 *secundum interpretationem recentem*: Anders als in 138,12–27 zitiert Julian in 140,7–11 die Übersetzung des Hieronymus.[1012] Durch Verwendung der neuen Übersetzung (*interpretatio recens*) ergibt sich für ihn ausgehend vom Satzteil [...] *aperiatur terra et germinet saluatorem* [...] (140,16 sq.), der in der anderen Übersetzung, die er herangezogen hatte, nicht enthalten war, ein tieferer typologischer Sinn in der Bibelstelle. Cf. Kommentar zu 138,12–27. Cf. Hinführung. 2.3.

140,12 *etsi secundum historiam Cyrus rex*: Im Jesaja-Text wird auf König Kyros z. B. in *Is* 44,28 und 45,1 verwiesen, woraus deutlich wird, dass Julian hier

---

1010 Cf. auch Pennacchio, Sermo 182 und ib. 188.
1011 Übers.: „Weil der heilige Petrus nicht die Erklärung der Prophetenworte, sondern die Verkündigung des Evangeliums auf sich genommen hatte, zog er nur das heran, was ihm vom Prophetentext nutzte. Auf diese Weise sprach er dem prophetischen Werk jedoch nicht die Bedeutung ab, die sich aus dessen Kontext ergibt. Das merken wir hier deshalb kurz an, damit die Kühnheit derer zurückgewiesen wird, die leichtfertig und unwissend behaupten, es sei einzig und allein die Zeit gewesen, von der der Apostel gesprochen hat, auf die sich der Prophet habe beziehen wollen. Stattdessen wird meiner Ansicht nach vom ganzen Text des Werkes gezeigt, dass er zunächst die Zeitumstände des jüdischen Volkes, hierauf jedoch auch, sozusagen im Sinne der Vollendung, unsere Zeit umfasst."
          Zum Ausdruck *per cumulum* cf. Lössl, Julian 176 und Bouwman, Kommentar 105 sq.
1012 Cf. Gryson, Esaias 1078; cf. Cipriani/Volpi, Sant'Agostino 1, 193 n. 41.

offenbar das Umfeld der Bibelstelle heranzieht, um die Worte aus *Is* 45,8–13 *secundum historiam*, also im zeitgenössischen Kontext, erklären zu können.

140,15 *ne sint signis fidelibus perduelles*: Zur Verwendung von *perduellis* mit Dativ cf. Kommentar zu 48,20 sq.

140,15 cum – 141,18 qui uos fecit ex semine!
Julian interpretiert die Erde, aus der der *saluator* hervorgeht, typologisch als die Jungfrau Maria, die Jesus gebiert. Er versteht den anschließenden Satz aus *Is* 45,9 als eine Drohung Gottes gegenüber Menschen, die daran zweifeln (*multitudo infidelium* (cf. 141,5); *peruicaces* (141,12)), dass ein Wunder wie eine Geburt durch eine Jungfrau geschehen könnte.

Julian schlüpft zur Erklärung dieser Textstelle in 141,7–18 wieder in die Rolle Gottes (cf. Kommentar zu 139,1–19). Er lässt damit am Ende seines ersten Buches sozusagen Gott selbst sprechen. Der Hauptpunkt, den Julian aus seiner Interpretation von *Is* 45,8 sq. herauszieht, ist, dass Gott die Menschen daran erinnern will, dass er selbst ihr gütiger und allmächtiger Schöpfer ist. Der Mensch habe deshalb kein Recht, an Gottes Handeln zu zweifeln. Er zieht damit eine Parallele zur Paulusexegese in 131,1–134,30, wo der Töpfervergleich zum einen auf den freien Willen, zum anderen aber auch auf die *potentia* Gottes abzielte, mit der Gott guten wie schlechten Menschen konsequent gegenüber ist (135,1–10). Er spricht jedoch implizit auch Augustinus an, der in seinen Augen Gott nicht als gütigen Schöpfer der Menschen anerkennt.

141,6 *qui contradicit factori*: Da Julian in 140,9 sq. bereits das vorliegende Bibelzitat (*Is* 45,9) anbringt und in den Handschriften dort einheitlich *factori* steht, entscheide ich mich mit Gryson hier ebenfalls für die Variante *factori* (C, K, L und M).[1013]

141,18 sed iam – 22 Manicheorumque damnator.
Wie zu Beginn seiner *argumentatio* in *Flor.* 1 weist Julian hier auf Grundsäulen seiner Auslegung hin (cf. Hinführung. 2.3; Kommentar zu 24,6–10; 30,1–6). Wenn er schreibt, dass seine Exegese *pia* und *religiosa* ist, dann heißt das nichts anderes, als dass sie seinen Konzepten der göttlichen Güte, Gerechtigkeit sowie des freien Willens entspricht. Ein letztes Mal in *Flor.* 1 erinnert er den Leser daran, dass „Augustins" Position nicht die der Katholiken, sondern die eines Manichäers ist. In einem kurzen Glaubensbekenntnis schreibt er Gott Attribute zu, die auf seine Interpretation Augustins im Verlauf von *Flor.*

1013 Cf. Gryson, Esaias 1078 sq. Zelzer und Cipriani/Volpi wählen *fictori* (cf. Cipriani/Volpi, Sant'Agostino 1, 194).

KOMMENTAR 567

1 anspielen: Sein Gott ist im Gegensatz zu dem Augustins der Schöpfer der Menschen, die er nicht alleine lässt (141,21: [...] *opifex nascentium* [...], *innocentium tutor* [...]). Julian wendet sich damit nochmals gegen Augustins vermeintliche Ansicht, Gott schöpfe die Menschen für die Verdammung, die er in 113,14–125,7 rekonstruiert und mit der Auslegung von *Rm* 9,21 und *Is* 45,9 widerlegt hat (126,1–141,18). Julians Gott überlässt unschuldige Kinder im Gegensatz zum Gott Augustins nicht dem Bösen, sondern beschützt sie (cf. 48,3–52,9). Mit den letzten beiden Gliedern des Asyndetons (141,22) betont er auf sarkastische und pointierte Weise, was seinen Gott auszeichnet: Er belohnt die Rechtgläubigen (Julian und seine Anhänger) und verurteilt die Manichäer (Augustinus und sein Gefolge).[1014]

1014   Die Worte *Manicheorumque damnator* bilden zudem eine Klausel bestehend aus Kretikus und Spondeus.

Bibliographie

1 Editionen, Übersetzungen und Kommentare

Julian von Aeclanum

1.) *Ad Florum (Flor.)*, enthalten in:

ZELZER, CSEL 85,1: Sancti Aureli Augustini opera. Sect. VIII pars IV, Contra Iulianum (opus imperfectum). Tomus prior, libri I–III, rec. post E. Kalinka M. Zelzer (CSEL 85,1), Wien 1974.

Sancti Aureli Augustini opera. Contra Iulianum (opus imperfectum). Tomus posterior, libri IV–VI, rec. M. Zelzer (CSEL 85,2), Wien 2004.

MAURINER: S. Aurelii Augustini Hipponensis episcopi, Contra secundam Juliani responsionem imperfectum opus sex libros complectens, in: Sancti Aurelii Augustini Hipponensis episcopi operum tomus decimus. Pars secunda, post Lovaniensium theologorum recensionem castigatus denuo ad ms. cod. Gallicanos, Vaticanos, Anglicanos, Belgicos etc. nec non ad editiones antiquiores & castigatiores, opera et studio monachorum Ordinis S. Benedicti è Congregatione S. Mauri, Paris 1696, 874–1386.

S. Aurelii Augustini Hipponensis episcopi Contra secundam Juliani responsionem imperfectum opus, sex libros complectens, in: S. Aurelii Augustini Hipponensis episcopi opera omnia. Tomus decimus, pars altera, accurante J.-P. Migne (PL 45), Paris 1865, 1049–1608.

Augustinus, Contra Iuliani responsionem opus imperfectum Buch 1. Das unvollendete Werk gegen Iulian (sechs Bücher), Übersetzung von S. Kopp in der Überarbeitung von T.G. Ring (Typoskript von 2009).

TESKE, ANSWER: Augustine, Answer to the Pelagians III. Unfinished Work in Answer to Julian, introduction, translation, and notes by R.J. Teske, ed. J.E. Rotelle, New York 1999.

Contre la seconde réponse de Julien. Ouvrage inachevé, in: Œuvres complètes de saint Augustin, Tome 16. Œuvres polémiques: Pélagiens, ed. M. Raulx, Bar-le-Duc 1871, 386–750 (Bücher 1–4; trad. Abbé Bardot).

Contre la seconde réponse de Julien. Ouvrage inachevé, in: Œuvres complètes de saint Augustin, Tome 17. Œuvres polémiques: Pélagiens, ed. M. Raulx, Bar-le-Duc 1873, 1–146 (Bücher 5–6: trad. MM Morisot et Aubert).

Œuvres complètes de saint Augustin, évêque d'Hippone, traduits en français et annotées, par MM Péronne, Vincent, Écalle, Charpentier, Barreau, Tome 32, Paris 1873.

CIPRIANI/VOLPI, SANT'AGOSTINO 1: Sant'Agostino, Polemica con Giuliano 2,1: Opera incompiuta (libri I–III), Introduzione e note di N. Cipriani, traduzione di I. Volpi, ed. I. Volpi, Roma 1993.

Cipriani/Volpi, Sant'Agostino 2: Sant'Agostino, Polemica con Giuliano 2,2: Opera incompiuta (libri IV–VI), Traduzione di I. Volpi, note di N. Cipriani, indici di F. Monteverde, ed. I. Volpi, Roma 1994.

San Agustín, Escritos antipelagianos (4.°). Réplica a Juliano (obra inacabada), Libros I–III, Traducción, introducción y notas de L. Arias, Madrid 1985.

San Agustín, Escritos antipelagianos (5.°). Réplica a Juliano (obra inacabada), Libros IV–VI, Traducción y notas de L. Arias, Madrid 1985.

2.) *Fragmente*, gesammelt von De Coninck (Kurztitel: *De Coninck, CCL 88*) und Bruckner (Kurztitel: *Bruckner, Bücher*):

Commentarius in Canticum canticorum:

Iuliani Aeclanensis Expositio libri Iob, Tractatus prophetarum Osee, Iohel et Amos. Accedunt operum deperditorum fragmenta post A. Bruckner denuo collecta aucta ordinata, auxiliante M.J. D'Hont ed. L. De Coninck (CCL 88), Turnhout 1977, 398–401.

De bono constantiae:

Iuliani Aeclanensis Expositio libri Iob, Tractatus prophetarum Osee, Iohel et Amos. Accedunt operum deperditorum fragmenta post A. Bruckner denuo collecta aucta ordinata, auxiliante M.J. D'Hont ed. L. De Coninck (CCL 88), Turnhout 1977, 401–402.

Epistula Iuliani ad Valerium comitem (ep. Val.)

Iuliani Aeclanensis Expositio libri Iob, Tractatus prophetarum Osee, Iohel et Amos. Accedunt operum deperditorum fragmenta post A. Bruckner denuo collecta aucta ordinata, auxiliante M.J. D' Hont ed. L. De Coninck (CCL 88), Turnhout 1977, 335.

Epistula Iuliani ad Zosimum (ep. Zos.):

Iuliani Aeclanensis Expositio libri Iob, Tractatus prophetarum Osee, Iohel et Amos. Accedunt operum deperditorum fragmenta post A. Bruckner denuo collecta aucta ordinata, auxiliante M.J. D'Hont ed. L. De Coninck (CCL 88), Turnhout 1977, 335–336.

Bruckner, A., Die vier Bücher Julians von Aeclanum an Turbantius. Ein Beitrag zur Charakteristik Julians und Augustins, Berlin 1910, 108–109.

Epistula Iuliano communis cum pluribus pelagianis episcopis ad Rufum Thessalonicensem (ep. Ruf.):

Iuliani Aeclanensis Expositio libri Iob, Tractatus prophetarum Osee, Iohel et Amos. Accedunt operum deperditorum fragmenta post A. Bruckner denuo collecta aucta ordinata, auxiliante M.J. D'Hont ed. L. De Coninck (CCL 88), Turnhout 1977, 336–340.

Bruckner, A., Die vier Bücher Julians von Aeclanum an Turbantius. Ein Beitrag zur Charakteristik Julians und Augustins, Berlin 1910, 111–113.

Epistula quam ad Romanos misisse dicebatur Iulianus (ep. Rom.):
Iuliani Aeclanensis Expositio libri Iob, Tractatus prophetarum Osee, Iohel et Amos. Accedunt operum deperditorum fragmenta post A. Bruckner denuo collecta aucta ordinata, auxiliante M.J. D'Hont ed. L. De Coninck (CCL 88), Turnhout 1977, 369–398.

Bruckner, A., Die vier Bücher Julians von Aeclanum an Turbantius. Ein Beitrag zur Charakteristik Julians und Augustins, Berlin 1910, 109–111.

Expositio libri Iob:
Iuliani Aeclanensis Expositio libri Iob, Tractatus prophetarum Osee, Iohel et Amos. Accedunt operum deperditorum fragmenta post A. Bruckner denuo collecta aucta ordinata, auxiliante M.J. D'Hont ed. L. De Coninck (CCL 88), Turnhout 1977, 1–109.

Libri IV ad Turbantium (Turb.):
Iuliani Aeclanensis Expositio libri Iob, Tractatus prophetarum Osee, Iohel et Amos. Accedunt operum deperditorum fragmenta post A. Bruckner denuo collecta aucta ordinata, auxiliante M.J. D'Hont ed. L. De Coninck (CCL 88), Turnhout 1977, 340–396.

Bruckner, A., Die vier Bücher Julians von Aeclanum an Turbantius. Ein Beitrag zur Charakteristik Julians und Augustins, Berlin 1910, 24–77.

Tractatus prophetarum Osee, Iohel et Amos:
Iuliani Aeclanensis Expositio libri Iob, Tractatus prophetarum Osee, Iohel et Amos. Accedunt operum deperditorum fragmenta post A. Bruckner denuo collecta aucta ordinata, auxiliante M.J. D'Hont ed. L. De Coninck (CCL 88), Turnhout 1977, 111–329.

3.) *Libellus fidei* (Julian zugeschrieben, Authentizität nicht gesichert; *lib. fid.*):
Libellus fidei, in: Marii Mercatoris s. Augustino aequalis opera omnia, sive monumenta ad Pelagianam Nestorianamque haeresim pertinentia, accurante et denue recognoscente J.-P. Migne (PL 48), Paris 1862, 509–526 (ebenfalls in PL 45, 1732–1736).

4.) *Übersetzung des Psalmenkommentars Theodors von Mopsuestia*:
Theodori Mopsuesteni Expositionis in Psalmos Iuliani Aeclanensi interprete in latinum versae quae supersunt, auxiliante M.J. D'Hont ed. L. De Coninck (CCL 88A), Turnhout 1977.

Andere Autoren
Ambrosiaster
Ambrosiastri qui dicitur Commentarius in epistulas Paulinas. Pars prima, In epistulam ad Romanos, rec. H.I. Vogels (CSEL 81), Wien 1966.

Ambrosius
Sancti Ambrosii Mediolanensis De officiis, cura et studio M. Testard (CCL 15), Turnhout 2000.

Apuleius
Apulei Platonici Madaurensis opera quae supersunt. Vol. 1, Metamorphoseon libri XI, ed. R. Helm, Leipzig 1955 (Nachdruck von ³1931).

Aristoteles
Aristotelis Ars rhetorica, ed. W.D. Ross, Oxford 1959.
RAPP, RHETORIK 1: Aristoteles, Rhetorik, übersetzt und erläutert von C. Rapp, 1. Halbband, Berlin 2002.
RAPP, RHETORIK 2: Aristoteles, Rhetorik, übersetzt und erläutert von C. Rapp, 2. Halbband, Berlin 2002.
Aristotelis Categoriae, in: Aristotelis Categoriae et liber de interpretatione, ed. L. Minio-Paluello, Oxford 1966 (Nachdruck von ¹1949), 1–45.
OEHLER, KATEGORIEN: Aristoteles, Kategorien, übersetzt und erläutert von K. Oehler, Berlin 2006.
Aristotelis Topica, in: Aristotelis Topica et Sophistici elenchi, ed. W.D. Ross, Oxford 1970 (Nachdruck von ¹1958), 1–189.
ROLFES, ARISTOTELES: Aristoteles, Topik, neu übersetzt und mit einer Einleitung und erklärenden Anmerkungen versehen von E. Rolfes, Leipzig 1919.

Aristoteles Latinus, Paraphrasis Themistiana
Paraphrasis Themistiana, in: Aristoteles Latinus, Categoriae vel Praedicamenta, Translatio Boethii – editio composita, Translatio Guillelmi de Moerbeka, lemmata e Simplicii commentario decerpta, Pseudo-Augustini Paraphrasis Themistiana, ed. L. Minio-Paluello (Aristoteles Latinus I, 1–5), Leiden 1961, 133–175.

Athanasius
VON STOCKHAUSEN, ATHANASIUS: von Stockhausen, A., Athanasius von Alexandrien, Epistula ad Afros. Einleitung, Kommentar und Übersetzung, Berlin [u.a.] 2002.
MARTIN/MORALES, ATHANASE: Athanase d'Alexandrie, Lettre sur les synodes. Texte critique H.G. Opitz (Athanasius Werke II, 1). Synodale d'Ancyre. Basile d'Ancyre, Traité sur la foi, introduction, texte, traduction, notes et index A. Martin et X. Morales (SC 563), Paris 2013.

Auctor ad Herennium
Rhétorique à Herennius, texte établi et traduit par G. Achard, Paris 1989.

CALBOLI, RHETORICA: Calboli, G., Cornifici Rhetorica ad C. Herennium. Introduzione, testo critico, commento, Bologna 1969.

Augustinus

Herangezogene Editionen und Übersetzungen für in Ad Florum 1 zitierte Werke Augustins:

Sancti Aureli Augustini De duabus animabus, in: Sancti Aureli Augustini De utilitate credendi, De duabus animabus, Contra Fortunatum, Contra Adimantum, Contra epistulam fundamenti, Contra Faustum, rec. I. Zycha (CSEL 25,1), Wien [u.a.] 1891, 51–80.

Augustine, The Two Souls (*De duabus animabus*), in: Augustine, The Manichean Debate, introductions and notes by R.J. Teske, ed. B. Ramsey, New York 2006.

Sancti Aureli Augustini De nuptiis et concupiscentia ad Valerium comitem libri duo, in: Sancti Aureli Augustini De perfectione iustitiae hominis, De gestis Pelagii, De gratia Christi et de peccato originali libri duo, De nuptiis et concupiscentia ad Valerium comitem libri duo, rec. C.F. Vrba et I. Zycha (CSEL 42), Wien [u.a.] 1902, 211–319.

Aurelius Augustinus, Schriften gegen die Pelagianer, Band III. Ehe und Begierlichkeit übertragen von A. Fingerle. Natur und Ursprung der Seele übertragen von A. Maxsein und D. Morick. Gegen zwei pelagianische Briefe übertragen von D. Morick. Einführung und Erläuterungen von A. Zumkeller, Würzburg 1977.

Augustine, Answer to the Pelagians, II: Marriage and Desire, Answer to the Two Letters of the Pelagians, Answer to Julian, introduction, translation, and notes by R.J. Teske, ed. J.E. Rotelle, New York 1998.

Sancti Aureli Augustini De peccatorum meritis et remissione et de baptismo paruulorum ad Marcellinum libri tres, De spiritu et littera liber unus, De natura et gratia liber unus, De natura et origine animae libri quattuor, Contra duas epistulas Pelagianorum libri quattuor, rec. C.F. Vrba et I. Zycha (CSEL 60), Wien [u.a.] 1913, 3–151.

Die folgenden Editionen von Augustins Werken entsprechen nicht denjenigen aus dem CAG-online, Corpus Augustinianum Gissense a Cornelio Mayer editum, Basel 2013 (http://www.cag3.net [Stand: 25.08.21]), wurden jedoch für lateinische Zitate aus den betreffenden Werken herangezogen.

Sancti Augustini opera. Enarrationes in Psalmos 1–50, Pars 1B: Enarrationes in Psalmos 18–32 (Sermones), ed. C. Weidmann (CSEL 93/1B), Wien 2011.

Augustinus, Enarrationes in Psalmos 61–70, ed. H. Müller (CSEL 94/2), Berlin [u.a.] 2020.

Sancti Augustini opera. Enarrationes in Psalmos 101–150, Pars 4: Enarrationes in Psalmos 134–140, ed. F. Gori adiuuante F. Recanatini (CSEL 95/4), Wien 2002.

Augustinus, De gratia et libero arbitrio, in: Augustinus, Späte Schriften zur Gnadenlehre, De gratia et libero arbitrio, De praedestinatione sanctorum libri duo (olim: De praedestinatione sanctorum, De dono perseuerantiae), ed. V.H. Drecoll/C. Scheerer unter Mitarbeit von B. Gleede (CSEL 105), Berlin [u. a.] 2019, 131–166.

Augustinus, De praedestinatione sanctorum libri duo (olim: De praedestinatione sanctorum, De dono perseuerantiae), in: Augustinus, Späte Schriften zur Gnadenlehre, De gratia et libero arbitrio, De praedestinatione sanctorum libri duo (olim: De praedestinatione sanctorum, De dono perseuerantiae), ed. V.H. Drecoll/C. Scheerer unter Mitarbeit von B. Gleede (CSEL 105), Berlin [u. a.] 2019, 179–271.

Die folgenden Editionen von Augustins Werken entsprechen dem CAG-online, Corpus Augustinianum Gissense a Cornelio Mayer editum, Basel 2013 (http://www.cag3.net [Stand: 25.08.21]).

Sancti Aureli Augustini De baptismo libri septem, in: Sancti Aureli Augustini Scripta contra Donatistas, Pars I, Psalmus contra partem Donati, Contra epistulam Parmeniani libri tres, De baptismo libri septem, rec. M. Petschening (CSEL 51), Wien [u. a.] 1908, 145–375.

Sancti Aurelii Augustini, De beata uita, in: Sancti Aurelii Augustini Contra Academicos, De beata uita, De ordine, De magistro, De libero arbitrio, cura et studio W.M. Green (CCL 29), Turnhout 1970, 65–85.

Sancti Aurelii Augustini De ciuitate dei, libri I–X, ed. B. Dombart/A. Kalb (CCL 47), Turnhout 1955.

Sancti Aurelii Augustini De ciuitate dei, libri XI–XXII, ed. B. Dombart/A. Kalb (CCL 48), Turnhout 1955.

Sancti Augustini Confessionum libri XIII, ed. L. Verheijen (CCL 27), Turnhout 1981.

Sancti Aureli Augustini Contra Adimantum, in: Sancti Aureli Augustini De utilitate credendi, De duabus animabus, Contra Fortunatum, Contra Adimantum, Contra epistulam fundamenti, Contra Faustum, rec. I. Zycha (CSEL 25,1), Wien [u. a.] 1891, 115–190.

Sancti Aureli Augustini Contra Faustum, in: Sancti Aureli Augustini De utilitate credendi, De duabus animabus, Contra Fortunatum, Contra Adimantum, Contra epistulam fundamenti, Contra Faustum, rec. I. Zycha (CSEL 25,1), Wien [u. a.] 1891, 251–797.

Sancti Aureli Augustini Contra Felicem, in: Sancti Aureli Augustini Contra Felicem, De natura boni, Epistula Secundini, Contra Secundinum, accedunt Evodii De fide contra Manichaeos et Commonitorium Augustini quod fertur praefatione utriusque partis praemissa, rec. I. Zycha (CSEL 25,2), Wien [u. a.] 1892, 801–852.

Sancti Aureli Augustini Contra Fortunatum, in: Sancti Aureli Augustini De utilitate credendi, De duabus animabus, Contra Fortunatum, Contra Adimantum, Contra epistulam fundamenti, Contra Faustum, rec. I. Zycha (CSEL 25,1), Wien [u. a.] 1891, 83–112.

Sancti Aureli Augustini Contra litteras Petiliani libri tres, in: Sancti Aureli Augustini

Scripta contra Donatistas, Pars II, Contra litteras Petiliani libri tres, Epistula ad catholicos de secta Donatistarum, Contra Cresconium libri quattuor, rec. M. Petschenig (CSEL 52), Wien [u.a.] 1909, 3–227.

Sancti Aurelii Augustini Contra Maximinum libri duo, in: Sancti Aurelii Augustini Contra Arrianos opera, Sermo Arrianorum anonymus, Contra sermonem Arrianorum, Conlatio cum Maximino, Contra Maximinum libri duo, cura et studio P.-M. Hombert (CCL 87A), Turnhout 2009, 491–692.

Sancti Aureli Augustini Contra Secundinum, in: Sancti Aureli Augustini Contra Felicem, De natura boni, Epistula Secundini, Contra Secundinum, accedunt Evodii De fide contra Manichaeos et Commonitorium Augustini quod fertur praefatione utriusque partis praemissa, rec. I. Zycha (CSEL 25,2), Wien [u.a.] 1892, 905–947.

Sancti Aurelii Augustini Contra sermonem Arrianorum, in: Sancti Aurelii Augustini Contra Arrianos opera, Sermo Arrianorum anonymus, Contra sermonem Arrianorum, Conlatio cum Maximino, Contra Maximinum libri duo, cura et studio P.-M. Hombert (CCL 87A), Turnhout 2009, 183–256.

Sancti Aureli Augustini De correptione et gratia, in: Sancti Aureli Augustini opera. Contra sermonem Arrianorum, praecedit sermo Arrianorum ed. M.J. Suda, De correptione et gratia, ed. G. Folliet (CSEL 92), Wien 2000, 219–280.

Sancti Aurelii Augustini De diuersis quaestionibus octoginta tribus, in: Sancti Aurelii Augustini De diuersis quaestionibus octoginta tribus, De octo Dulcitii quaestionibus, ed. A. Mutzenbecher (CCL 44A), Turnhout 1975, 11–249.

Sancti Aureli Augustini De Genesi ad litteram libri duodecim, in: Sancti Aureli Augustini De Genesi ad litteram libri duodecim, eiusdem libri capitula, De Genesi ad litteram inperfectus liber, Locutionum in Heptateuchum libri septem, rec. I. Zycha (CSEL 28,1), Wien [u.a.] 1894, 3–435.

Sancti Aureli Augustini opera. De Genesi contra Manichaeos, ed. D. Weber (CSEL 91), Wien 1998.

Sancti Aureli Augustini De gratia Christi et de peccato originale libri duo, in: Sancti Aureli Augustini De perfectione iustitiae hominis, De gestis Pelagii, De gratia Christi et de peccato originali libri duo, De nuptiis et concupiscentia ad Valerium comitem libri duo, rec. C.F. Vrba et I. Zycha (CSEL 42), Wien [u.a.] 1902, 125–206.

Sancti Aurelii Augustini De haeresibus, in: Sancti Aurelii Augustini De fide rerum inuisibilium, Enchiridion ad Laurentium de fide et spe et caritate, De catechizandis rudibus, Sermo ad catechumenos de symbolo, Sermo de disciplina christiana, Sermo de utilitate ieiunii, Sermo de excidio urbis Romae, De haeresibus, cura et studio R. Vander Plaetse/C. Beukers (CCL 46), Turnhout 1969, 286–345.

Sancti Aureli Augustini opera. Sect. VI pars III, De libero arbitrio libri tres, rec. W.M. Green (CSEL 74), Wien 1956.

Sancti Aureli Augustini opera. Sect. VI pars VII, De moribus ecclesiae catholicae et de moribus Manichaeorum libri duo, rec. J.B. Bauer (CSEL 90), Wien 1992.

Sancti Aureli Augustini De natura boni, in: Sancti Aureli Augustini Contra Felicem, De natura boni, Epistula Secundini, Contra Secundinum, accedunt Evodii De fide contra Manichaeos et Commonitorium Augustini quod fertur praefatione utriusque partis praemissa, rec. I. Zycha (CSEL 25,2), Wien [u.a.] 1892, 855–889.

Santi Aureli Augustini De quantitate animae liber unus, in: Santi Aureli Augustini opera. Sect. I pars IV, Soliloquiorum libri duo, De inmortalitate animae, De quantitate animae, rec. W. Hörmann (CSEL 89), Wien 1986, 131–231.

Sancti Aurelii Augustini De trinitate libri xv (libri I–XII), cura et studio W.J. Mountain auxiliante F. Glorie (CCL 50), Turnhout 1968.

S. Aureli Augustini Hipponiensis episcopi Epistulae, Pars II, ep. 31–123, rec. et commentario critico instr. A. Goldbacher (CSEL 34,2), Wien [u.a.] 1898.

S. Aureli Augustini Hipponiensis episcopi Epistulae, Pars IV, ep. 185–270, rec. et commentario critico instr. A. Goldbacher (CSEL 57), Wien [u.a.] 1911.

Sancti Aureli Augustini Expositio quarundam propositionum ex Epistola ad Romanos, in: Sancti Aureli Augustini opera. Sect. IV pars I, Expositio quarundam propositionum ex Epistola ad Romanos, Epistolae ad Galatas expositionis liber unus, Epistolae ad Romanos inchoata expositio, rec. I. Divjak (CSEL 84), Wien 1971, 3–52.

Sancti Aurelii Augustini In Iohannis evangelium tractatus CXXIV, ed. R. Willems (CCL 36), Turnhout 1954.

Sancti Aureli Augustini Liber de unico baptismo, in: Sancti Aureli Augustini Scripta contra Donatistas, Pars III, Liber de unico baptismo, Breuiculus collationis cum Donatistis, Contra partem Donati post gesta, Sermo ad Caesariensis ecclesiae plebem, Gesta cum emerito Donatistarum episcopo, Contra Gaudentium Donatistarum episcopum libri II, Appendix, Indices, rec. M. Petschening (CSEL 53), Wien [u.a.] 1910, 1–34.

Sancti Aurelii Augustini Retractationum libri II, ed. A. Mutzenbecher (CCL 57), Turnhout 1984.

S. Aurelii Augustini Hipponensis episcopi opera omnia. Tomus quintus, pars prior, Sermonum classes quatuor, accurante J.-P. Migne (PL 38), Paris 1841.

Übersetzungen und Kommentare sonstiger herangezogener Werke Augustins:

Augustine, Answer to Faustus, a Manichean (*Contra Faustum Manichaeum*), introduction, translation and notes by R.J. Teske, ed. B. Ramsey, New York 2007.

FLASCH/MOJSISCH, CONFESSIONES: Aurelius Augustinus, Confessiones / Bekenntnisse, lateinisch/deutsch, übersetzt, herausgegeben und kommentiert von K. Flasch und B. Mojsisch, mit einer Einleitung von K. Flasch, Stuttgart 2009.

FUHRER, CONTRA ACADEMICOS: Fuhrer, T., Augustin. Contra Academicos (uel de Academicis), Bücher 2 und 3. Einleitung und Kommentar, Berlin [u.a.] 1997.

ZUMKELLER, ERLÄUTERUNGEN: Zumkeller, A., Erläuterungen zu „Ehe und Begierlichkeit", in: Aurelius Augustinus, Schriften gegen die Pelagianer, Band III. Ehe und Begierlichkeit übertragen von A. Fingerle. Natur und Ursprung der Seele übertragen von A. Maxsein und D. Morick. Gegen zwei pelagianische Briefe übertragen von D. Morick. Einführung und Erläuterungen von A. Zumkeller, Würzburg 1977, 407–473.

FLASCH/SCHÄFER, LOGIK: Flasch, K./Schäfer, W., Logik des Schreckens. Augustinus von Hippo, De diversis quaestionibus ad Simplicianum I 2, deutsche Erstübersetzung von W. Schäfer, herausgegeben und erklärt von K. Flasch, zweite verbesserte Auflage mit Nachwort, Mainz ²1995 (¹1990).

Augustine, Revisions (*Retractationes*), including an appendix with the *Indiculus* of Possidius, translation, notes and introduction by B. Ramsey, ed. R.J. Teske, New York 2010.

Aurelius Augustinus, Schriften gegen die Pelagianer Band IV,1, lateinisch – deutsch. Gegen Julian, VI Bücher, Text und Übersetzung, übertragen von R. Habitzky, bearbeitet und hg. von T.G. Ring, Würzburg 2005.

Aurelius Augustinus, Schriften gegen die Semipelagianer, lateinisch – deutsch. Gnade und freier Wille, Zurechtweisung und Gnade übertragen und erläutert von S. Kopp. Die Vorherbestimmung der Heiligen, Die Gabe der Beharrlichkeit, übertragen und erläutert von A. Zumkeller, Würzburg ²1987 (¹1955).

Ausonius

Decimi Magni Ausonii opera, recog. brevique annotatione critica instr. R.P.H. Green, Oxford 1999.

Basilius von Caesarea/Rufinus von Aquileia

Rufini Aquileiensis homiliarum Basilii Magni interpretatio latina, cura et studio C. Lo Cicero, (CCL 20A), Turnhout 2008.

Beda Venerabilis

Bedae Venerabilis In Cantica Canticorum libri VI, in: Bedae Venerabilis opera. Pars II. Opera exegetica 2B, In Tobiam, In Proverbia, In Cantica Canticorum, cura et studio D. Hurst, In Habacuc, cura et studio J.E. Hudson (CCL 119B), Turnhout 1983, 165–375.

Boethius

Porphyrii Isagoge, Translatio Boethii, in: Aristoteles Latinus, Categoriarum supplementa, Porphyrii Isagoge, Translatio Boethii et Anonymi fragmentum vulgo vocatum «Liber sex principiorum», accedunt Isagoges fragmenta M. Victorino interprete et specimina translationum recentiorum Categoriarum, ed. L. Minio-Paluello (Aristoteles Latinus I, 6–7), Brügge [u.a.] 1966, 5–31.

Caelestius

Libellus fidei, in: Marii Mercatoris s. Augustino aequalis opera omnia, sive monumenta ad Pelagianam Nestorianamque haeresim pertinentia, accurante et denue recognoscente J.-P. Migne (PL 48), Paris 1862, 497–505. (Caelest. *lib. fid.*)

Cassiodor
Cassiodori Senatoris Institutiones, ed. R.A.B. Mynors, Oxford 1961 (Nachdruck von ¹1937).

Cicero
1.) *Briefe*:
M. Tulli Ciceronis Epistulae ad Atticum. Vol. I, Libri I–VIII, ed. D.R. Shackleton Bailey, Stuttgart 1987.
M. Tulli Ciceronis Epistulae ad Quintum fratrem, Epistulae ad M. Brutum, Commentariolum petitionis, fragmenta epistularum, ed. D.R. Shackleton Bailey, Stuttgart 1988.

2.) *Bücher*:
M. Tulli Ciceronis Academicorum reliquiae cum Lucullo, recog. O. Plasberg, Stuttgart 1980 (Nachdruck von ¹1922).
REID, ACADEMICA: M. Tulli Ciceronis Academica, the text revised and explained by J.S. Reid, Hildesheim [u. a.] 1984 (Nachdruck von ¹1885).
M. Tullius Cicero, De divinatione, De fato, Timaeus, ed. R. Giomini, Leipzig 1975.
SCHALLENBERG, FREIHEIT: Schallenberg, M., Freiheit und Determinismus: Ein philosophischer Kommentar zu Ciceros Schrift *De fato*, Berlin [u. a.] 2008.
M. Tullius Cicero, De finibus bonorum et malorum, rec. C. Moreschini, München [u. a.] 2005.
M. Tullius Cicero, De natura deorum, post O. Plasberg ed. W. Ax, Stuttgart 1980 (Nachdruck von ²1933).
MAYOR, NATURA 1: M. Tulli Ciceronis De natura deorum libri tres, with introduction and commentary by J.B. Mayor, together with a new collation of several of the English mss. by J.H. Swainson. Vol. 1, Cambridge 1880.
DYCK, NATURA: Cicero, De natura deorum. Liber I, ed. by A.R. Dyck, Cambridge 2003.
M. Tullius Cicero, De officiis, recog. C. Atzert. De virtutibus, post O. Plasberg recog. W. Ax, Leipzig ³1949 (¹ 1923).
DYCK, COMMENTARY: Dyck, A.R., A Commentary on Cicero, *De Officiis*, Ann Arbor (MI) 1996.
M. Tullius Cicero, De oratore, ed. K.F. Kumaniecki, Leipzig 1969.
M. Tullius Cicero, De re publica, recog. K. Ziegler, Leipzig ⁷1992 (Nachdruck von ⁷1969 (¹1915)).
BÜCHNER, DE RE PUBLICA: Büchner, K., M. Tullius Cicero, De re publica. Kommentar, Heidelberg 1984.
M. Tullius Cicero, Rhetorici libri duo qui vocantur De inventione, recog. E. Stroebel, Leipzig 1915.

Reinhardt, Topica: Marcus Tullius Cicero. Topica, edited with a translation, introduction, and commentary by T. Reinhardt, Oxford 2003.

M. Tullius Cicero, Tusculanae disputationes, recog. M. Pohlenz, Stuttgart 1976 (Nachdruck von [1]1918).

3.) *Reden*:

Dyck, Catilinarians: Cicero, Catilinarians, ed. by A.R. Dyck, Cambridge 2008.

M. Tulli Ciceronis In C. Verrem, in: M. Tulli Ciceronis Orationes. Divinatio in Q. Caecilium, In C. Verrem, recog. brevique adnotatione critica instr. G. Peterson, Oxford 1954 (Nachdruck von [2]1917).

M. Tullius Cicero, In M. Antonium orationes Philippicae xiv, ed. P. Fedeli, Leipzig [2]1986 ([1]1982).

Manuwald, Philippics 1: Manuwald, G., Cicero, *Philippics* 3–9, ed. with Introduction, Translation and Commentary. Volume 1: Introduction, Text and Translation, References and Indexes, Berlin [u. a.] 2007.

M. Tulli Ciceronis In L. Calpurnium Pisonem oratio, in: M. Tulli Ciceronis Orationes. Pro P. Quinctio, Pro Q. Roscio Comoedo, Pro A. Caecina, De lege agraria contra Rullum, Pro C. Rabirio perduellionis reo, Pro L. Flacco, In L. Pisonem, Pro C. Rabirio Postumo, recog. brevique adnotatione critica instr. A.C. Clark, Oxford 1985 (Nachdruck von [1]1909), 249–301.

M. Tulli Ciceronis Pro A. Cluentio oratio, in: M. Tulli Ciceronis Orationes. Pro Sex. Roscio, De imperio Cn. Pompei, Pro Cluentio, In Catilinam, Pro Murena, Pro Caelio, recog. brevique adnotatione critica instr. A.C. Clark, Oxford 1984, 91–183 (Nachdruck von [1]1905).

M. Tulli Ciceronis Pro L. Flacco oratio, in: M. Tulli Ciceronis Orationes. Pro P. Quinctio, Pro Q. Roscio Comoedo, Pro A. Caecina, De lege agraria contra Rullum, Pro C. Rabirio perduellionis reo, Pro L. Flacco, In L. Pisonem, Pro C. Rabirio Postumo, recog. brevique adnotatione critica instr. A.C. Clark, Oxford [1]1985, 197–248 (Nachdruck von [1]1909).

M. Tulli Ciceronis Pro M. Fonteio oratio, in: M. Tulli Ciceronis Orationes. Pro Tullio, Pro Fonteio, Pro Sulla, Pro Archia, Pro Plancio, Pro Scauro, recog. brevique adnotatione critica instr. A.C. Clark, Oxford [1909].

M. Tulli Ciceronis Pro Sex. Roscio Amerino oratio, in: M. Tulli Ciceronis Orationes. Pro Sex. Roscio, De imperio Cn. Pompei, Pro Cluentio, In Catilinam, Pro Murena, Pro Caelio, recog. brevique adnotatione critica instr. A.C. Clark, Oxford 1984, 1–57 (Nachdruck von [1]1905).

Cyprian

Sancti Cypriani Episcopi epistularium. Cyprianus, Epistulae 58–81 et appendix epistulas v complectens quarum ii dubiae sunt iii suppositiciae, ed. G.F. Diercks (CCL 3C), Turnhout 1996.

Donat
Vita quae Donati aucti dicitur, in: Vitae Vergilianae antiquae, G. Brugnoli et F. Stok rec., Rom 1997, 72–135.

Evodius
Evodii Uzalensis episcopi De fide contra Manichaeos, in: Sancti Aureli Augustini Contra Felicem, De natura boni, Epistula Secundini, Contra Secundinum, accedunt Evodii De fide contra Manichaeos et Commonitorium Augustini quod fertur praefatione utriusque partis praemissa, rec. I. Zycha (CSEL 25,2), Wien 1892, 951–975.

Fragmente der Stoiker
von Arnim, H., Stoicorum veterum fragmenta. Volumen III, Chrysippi fragmenta moralia, fragmenta successorum Chrysippi, Stuttgart 1964 (Nachdruck von ¹1903).

HÜLSER, FRAGMENTE 3: Hülser, K., Die Fragmente zur Dialektik der Stoiker. Neue Sammlung der Texte mit deutscher Übersetzung und Kommentaren. Band 3: Die Fragmente Nr. 773–1074, Stuttgart-Bad Cannstatt 1987.

Gellius
Aulu-Gelle, Les nuits attiques. Livres I–IV, texte établi et traduit par R. Marache, Paris 1967.

Gennadius
Gennadius, Liber de viris inlustribus, in: Hieronymus, Liber de viris inlustribus, Gennadius, Liber de viris inlustribus, hg. von E. Cushing Richardson, Der sogenannte Sophronius, hg. von O. von Gebhardt, Leipzig 1896, 57–96.

Hegemonius
Hegemonius, Acta Archelai, hg. von C.H. Beeson, Leipzig 1906.

The Hellenistic philosophers
LONG/SEDLEY, PHILOSOPHERS 1: Long, A.A./ Sedley, D.N., The Hellenistic Philosophers. Volume 1: Translations of the Principal Sources with Philosophical Commentary, Cambridge [u. a.] 1987.

LONG/SEDLEY PHILOSOPHERS 2: Long, A.A./ Sedley, D.N., The Hellenistic Philosophers. Volume 2: Greek and Latin Texts with Notes and Bibliography, Cambridge [u. a.] 1987.

Hieronymus
Sancti Eusebii Hieronymi Epistulae. Pars I: Epistulae I–LXX, rec. I. Hilberg (CSEL 54), Leipzig 1910.

Sancti Eusebii Hieronymi Epistulae. Pars II: Epistulae LXXI–CXX, rec. I. Hilberg (CSEL 55), Leipzig 1912.

Sancti Eusebii Hieronymi Epistulae. Pars III: Epistulae CXXI–CLIV, rec. I. Hilberg (CSEL 56), Leipzig 1917.

FÜRST, EPISTULAE 1: Augustinus – Hieronymus, Epistulae mutuae / Briefwechsel. 1. Teilband, übersetzt und eingeleitet von A. Fürst (FC 41,1), Turnhout 2002.

S. Eusebii Hieronymi Stridonensis presbyteri Aduersus Iovinianum libri duo, in: Sancti Eusebii Hieronymi Stridonensis presbyteri opera omnia. Tomus secundus, accurante et denuo recognoscente J.-P. Migne (PL 23), Paris 1883, 221–352.

S. Hieronymi presbyteri opera. Pars III. Opera polemica 4, Altercatio Luciferiani et Orthodoxi, ed. A. Canellis (CCL 79B), Turnhout 2000.

S. Hieronymi presbyteri Commentarii in Zachariam prophetam, in: S. Hieronymi presbyteri opera. Pars I. Opera exegetica 6, Commentarii in Prophetas minores, post D. Vallarsi ed. M. Adriaen (CCL 76A), Turnhout 1970, 747–900.

S. Eusebii Hieronymi Stridonensis presbyteri De perpetua virginitate b. Mariae adversus Helvidium liber unus, in: Sancti Eusebii Hieronymi Stridonensis presbyteri opera omnia. Tomus secundus, accurante et denuo recognoscente J.-P. Migne (PL 23), Paris 1883, 193–216.

S. Hieronymi presbyteri opera. Pars III. Opera polemica 2, Dialogus adversus Pelagianos, ed. C. Moreschini (CCL 80), Turnhout 1990.

Hilarius

Sancti Hilarii Contra Arianos vel Auxentium Mediolanensem liber unus, in: Sancti Hilarii Pictaviensis episcopi opera omnia. Tomus II et ultimus, accurante J.-P. Migne (PL 10), Paris 1845, 609–618.

S. Hilarii Episcopi Pictaviensis Tractatus super Psalmos, rec. et commentario critico instr. A. Zingerle (CSEL 22), Wien [u. a.] 1891.

Johannes Chrysostomus

KACZYNSKI, CATECHESES: Johannes Chrysostomus, Catecheses baptismales / Taufkatechesen. Erster Teilband, übersetzt und eingeleitet von R. Kaczynski (FC 6,1), Freiburg i. Br. [u. a.] 1992. (Chrysost. *catech.*)

WENGER, CATÉCHÈSES: Jean Chrysostome, Huit catéchèses baptismales inédites, introduction, texte critique, traduction et notes de A. Wenger (SC 50bis), Paris ²1970 (¹1957).

Joannis Chrysostomi Commentarius in Acta Apostolorum, in: S.P.N. Joannis Chrysostomi archiepiscopi Constantinopolitani opera omnia quae exstant vel quae eius nomine circumferuntur. Tomus nonus, accurante et denuo recognoscente J.-P. Migne (PG 60), Paris 1862, 13–384.

Joannis Chrysostomi Commentarius in Epistulam ad Romanos, in: S.P.N. Joannis

Chrysostomi archiepiscopi Constantinopolitani opera omnia quae exstant vel quae eius nomine circumferuntur. Tomus nonus, accurante et denuo recognoscente J.-P. Migne (PG 60), Paris 1862, 391–682.

JATSCH, CHRYSOSTOMUS 1: Des heiligen Kirchenlehrers Johannes Chrysostomus Erzbischofs von Konstantinopel Kommentar zum Briefe des Hl. Paulus an die Römer. I. Teil, aus dem Griechischen übersetzt von J. Jatsch (BKV 39), München [u.a.] 1922.

JATSCH, CHRYSOSTOMUS 2: Des heiligen Kirchenlehrers Johannes Chrysostomus Erzbischofs von Konstantinopel Kommentar zum Briefe des Hl. Paulus an die Römer. II. Teil, aus dem Griechischen übersetzt von J. Jatsch (BKV 42), München [u.a.] 1923.

Joannis Chrysostomi In epistolam ad Colossenses commentarius, in: S.P.N. Joannis Chrysostomi archiepiscopi Constantinopolitani opera omnia quae exstant vel quae eius nomine circumferuntur. Tomus undecimus, accurante et denuo recognoscente J.-P. Migne (PG 62), Paris 1862, 299–392.

STODERL, CHRYSOSTOMUS: Des heiligen Kirchenlehrers Johannes Chrysostomus Erzbischofs von Konstantinopel Kommentar zu den Briefen des Hl. Paulus an die Philipper und Kolosser, aus dem Griechischen übersetzt von W. Stoderl (BKV 45), München [u.a.] 1924.

Joannis Chrysostomi In epistolam ad Galatas commentarius, in: S.P.N. Joannis Chrysostomi archiepiscopi Constantinopolitani opera omnia quae exstant vel quae eius nomine circumferuntur. Tomus decimus, accurante et denuo recognoscente J.-P. Migne (PG 61), Paris 1862, 611–682.

Laktanz

FREUND, LAKTANZ: Freund, S., Divinae institutiones, Buch 7: De vita beata. Einleitung, Text, Übersetzung und Kommentar, Berlin [u.a.] 2009.

Livius

Titi Livi Ab urbe condita. Tomus I, libri I–V, recog. et adnotatione critica instr. R.M. Ogilvie, Oxford 1974.

Titi Livi Ab urbe condita. Tomus II, libri VI–X, recog. et adnotatione critica instr. C.F. Walters et R.S. Conway, Oxford 1951 (Nachdruck von ^{1}1919).

Titi Livi Ab urbe condita. Tomus III, libri XXI–XXV, recog. et adnotatione critica instr. C.F. Walters et R.S. Conway, Oxford 1950 (Nachdruck von ^{1}1929).

Titi Livi Ab urbe condita libri XXVI–XXVII, recog. P.G. Walsh, Leipzig 1982.

OAKLEY, COMMENTARY 2: Oakley, S.P., A Commentary on Livy, Books VI–X. Volume II, Books VII–VIII, Oxford 1998.

Lucifer von Calaris

Luciferi Calaritani Moriundum esse pro dei filio, in: Luciferi Calaritani opera quae supersunt, ed. G.F. Diercks (CCL 8), Turnhout 1978, 265–300.

Macrobius

Ambrosii Theodosii Macrobii Saturnalia, apparatu critico instr., In somnium Scipionis commentarios selecta varietate lectionis ornavit I. Willis, Leipzig ²1970 (¹1963).

Manichaica Latina

STEIN, MANICHAICA 1: Stein, M., Manichaica Latina. Band 1, Epistula ad Menoch. Text, Übersetzung, Erläuterungen, Opladen [u. a.] 1998.

STEIN, MANICHAICA 2: Stein, M., Manichaica Latina. Band 2, Manichaei epistula fundamenti. Text, Übersetzung, Erläuterungen, Paderborn [u. a.] 2002.

Marcus Manilius

M. Manilii Astronomica, ed. G.P. Goold, Leipzig 1985.

Marius Mercator

Marius Mercator, Commonitorium lectori adversum haeresim Pelagii et Caelestii vel etiam scripta Iuliani, in: Schwartz, E. (ed.), Acta Conciliorum Oecumenicorum. Tomus primus, volumen quintum, Berlin [u. a.] 1924–1926, 5–23.

Marius Mercator, Commonitorium super nomine Caelestii, in: Schwartz, E. (ed.), Acta Conciliorum Oecumenicorum. Tomus primus, volumen quintum, Berlin [u. a.] 1924–1926, 65–70.

KONOPPA, WERKE: Konoppa, C., Die Werke des Marius Mercator. Übersetzung und Kommentierung seiner Schriften, Frankfurt a. Main [u. a.] 2005.

Marius Victorinus

C. Marius Victorinus, Commenta in Ciceronis Rhetorica. Accedit incerti auctoris Tractatus de attributis personae et negotio, rec. T. Riesenweber, Berlin [u. a.] 2013.

RIESENWEBER, COMMENTA 1: Riesenweber, T., C. Marius Victorinus, *Commenta in Ciceronis Rhetorica*. Band 1: Prolegomena, Berlin [u. a.] 2015.

Isagoges Porphyrii a Mario Victorino translatae, in: Aristoteles Latinus, Categoriarum supplementa, Porphyrii Isagoge, Translatio Boethii et Anonymi fragmentum vulgo vocatum «Liber sex principiorum», accedunt Isagoges fragmenta M. Victorino interprete et specimina translationum recentiorum Categoriarum (Aristoteles Latinus I, 6–7), ed. L. Minio-Paluello, Brügge [u. a.] 1966, 63–68.

C. Marii Victorini Liber de definitionibus, ed. T. Stangel, in: Hadot, P., Marius Victorinus. Recherches sur sa vie et ses œuvres, Paris 1971, 329–365.

Martianus Capella

Martianus Capella, ed. A. Dick, addenda adiecit J. Préaux, Stuttgart 1969 (¹1925).

Minucius Felix

M. Minuci Felicis Octavius, ed. B. Kytzler, Leipzig 1982.

Origenes und Origenes/Rufinus von Aquileia

Origenes Werke. Fünfter Band, De Principiis, Περὶ ἀρχῶν (GCS 22), hg. von P. Koetschau, Leipzig 1913.

Der Römerbriefkommentar des Origenes. Kritische Ausgabe der Übersetzung Rufins, Buch 1–3, ed. C.P. Hammond Bammel (VL.AGLB 16), Freiburg i. Br. 1990.

Der Römerbriefkommentar des Origenes. Kritische Ausgabe der Übersetzung Rufins, Buch 4–6, ed. C.P. Hammond Bammel, zum Druck vorbereitet und gesetzt von H.J. Frede und H. Stanjek (VL.AGLB 33), Freiburg i. Br. 1997.

Der Römerbriefkommentar des Origenes. Kritische Ausgabe der Übersetzung Rufins, Buch 7–10, ed. C.P. Hammond Bammel, zum Druck vorbereitet und gesetzt von H.J. Frede und H. Stanjek (VL.AGLB 34), Freiburg i. Br. 1998.

HEITHER, COMMENTARII 1: Origenes, Commentarii in epistulam ad Romanos. Liber primus, liber secundus / Römerbriefkommentar. Erstes und zweites Buch, übersetzt und eingeleitet von T. Heither (FC 2,1), Freiburg i. Br. [u.a.] 1990.

HEITHER, COMMENTARII 3: Origenes, Commentarii in epistulam ad Romanos. Liber quintus, liber sextus / Römerbriefkommentar. Fünftes und sechstes Buch, übersetzt und eingeleitet von T. Heither (FC 2,3), Freiburg i. Br. [u.a.] 1993.

HEITHER, COMMENTARII 4: Origenes, Commentarii in epistulam ad Romanos. Liber septimus, liber octavus / Römerbriefkommentar. Siebtes und achtes Buch, übersetzt und eingeleitet von T. Heither (FC 2,4), Freiburg i. Br. [u.a.] 1994.

Origenes Werke XI. Origenes Matthäuserklärung II, Die Lateinische Übersetzung der Commentariorum series, hg. von E. Klostermann unter Mitwirkung von E. Benz, zweite bearbeitete Auflage von U. Treu (GCS 38), Berlin ²1976 (¹1933).

Pelagius

SOUTER, EXPOSITIONS 1: Souter, A., Pelagius's Expositions of Thirteen Epistles of St. Paul. I. Introduction, Cambridge 1922.

SOUTER, EXPOSITIONS 2: Souter, A., Pelagius's Expositions of Thirteen Epistles of St. Paul. II. Text and Apparatus Criticus, Cambridge 1926.

DE BRUYN, COMMENTARY: Pelagius's Commentary on St Paul's Epistle to the Romans. Translated with Introduction and Notes by T. de Bruyn, Oxford 1993.

GRESHAKE, PELAGIUS: Pelagius, Epistula ad Demetriadem / Brief an Demetrias. Einleitung, Edition und Übersetzung von G. Greshake (FC 65), Freiburg i. Br. [u.a.] 2015.

VAN EGMOND, FIDES: Libellus fidei, in: van Egmond, P.J., Haec fides est: Observations on the Textual Tradition of Pelagius's "Libellus fidei", in: Aug(L) 57 (2007), 345–385. (Pelag. *Lib. Fid.*)

Petron
Petronii Arbitri Satyricon reliquiae, ed. K. Müller, Stuttgart [u. a.] ^{4}1995 (^{1}1961).

Platon
SEECK, THEAITETOS: Seeck, G.A., Platons *Theaitetos*. Ein kritischer Kommentar, München 2010.

Plinius
C. Plini Caecili Secundi Epistularum libri novem, Epistularum ad Traianum liber, Panegyricus, rec. M. Schuster/ R. Hanslik, Stuttgart [u. a.] 1992 (Nachdruck von ^{3}1958).

Porphyrius
Porphyrii Isagoge et In Aristotelis Categorias commentarium (CAGr 4,1), ed. A. Busse, Berlin 1887.

Prosper von Aquitanien
Prosperi Tironis epitoma chronicon, in: Chronica minora, saec. IV, V, VI, VII, ed. T. Mommsen, Berlin 1892, MGH IX, I, 341–499.

Prudenz
Aurelii Prudentii Clementis Liber apotheosis, in: Aurelii Prudentii Clementis carmina, cura et studio M.P. Cunningham (CCL 126), Turnhout 1966, 73–115.
Aurelii Prudentii Clementis Liber cathemerinon, in: Aurelii Prudentii Clementis carmina, cura et studio M.P. Cunningham (CCL 126), Turnhout 1966, 3–72.

Quintilian
M.F. Quintiliani Institutionis oratoriae libri XII. Pars prior libros I–VI continens, ed. L. Radermacher, addenda et corrigenda collegit et adiecit V. Buchheit, Leipzig 1965.
ADAMIETZ, QUINTILIANI: M.F. Quintiliani Institutiones oratoriae liber III, mit einem Kommentar von J. Adamietz, München 1966.
RAHN, AUSBILDUNG: Marcus Fabius Quintilianus, Ausbildung des Redners. Zwölf Bücher, Lateinisch und Deutsch, hg. und übersetzt von H. Rahn, Darmstadt ^{5}2011 (Nachdruck von ^{3}1995).

Rufinus von Aquileia
Eusebius Werke. Zweiter Band, Die Kirchengeschichte, hg. von E. Schwartz. Die lateinische Übersetzung des Rufinus, bearbeitet von T. Mommsen. Erster Teil, Die Bücher I bis V (GCS 9,1), Leipzig 1903.
Eusebius Werke. Zweiter Band, Die Kirchengeschichte, hg. von E. Schwartz. Die latei-

nische Übersetzung des Rufinus, bearbeitet von T. Mommsen. Zweiter Teil, Die Bücher VI bis X über die Märtyrer in Palästina (GCS 9,2), Leipzig 1908.

MOMMSEN, EINLEITUNG: Mommsen, T., Einleitung zu Rufin, in: Eusebius. Zweiter Band, Die Kirchengeschichte, hg. von E. Schwartz. Die lateinische Übersetzung des Rufinus, bearbeitet von T. Mommsen. Dritter Teil, Einleitungen, Übersichten und Register (GCS 9,3), Leipzig 1909, ccli–cclxxii.

Sallust

C. Sallusti Crispi Catilina, Iugurtha, fragmenta ampliora, post A.W. Ahlberg ed. A. Kurfess, Leipzig ⁹1981 (Nachdruck von ³1957).

C. Sallusti Crispi Historiae. I: Fragmenta 1.1–146, a cura di A. La Penna, R. Funari con la collaborazione redazionale di G. Duursma, Berlin [u.a.] 2015.

Seneca

L. Annaei Senecae Ad Lucilium epistulae morales. Tomus I, libri I–XIII, recog. et adnotatione critica instr. L.D. Reynolds, Oxford 1991 (Nachdruck von ¹1965).

L. Annaei Senecae Dialogorum libri duodecim, recog. et adnotatione critica instr. L.D. Reynolds, Oxford 1977.

Serapion von Thmuis

Serapion of Thmuis, Against the Manichees, ed. R.P. Casey, New York 1969 (Nachdruck von ¹1931).

FITSCHEN, SERAPION: Serapion Bischof von Thmuis gegen die Manichäer, in: Fitschen, K., Serapion von Thmuis. Echte und unechte Schriften sowie die Zeugnisse des Athanasius und anderer, Berlin [u.a.] 1992, 164–204.

Servius

Servii Grammatici qui feruntur In Vergilii carmina commentarii, rec. G. Thilo et H. Hagen. Vol. 1, Aeneidos librorum I–V commentarii, rec. G. Thilo, Hildesheim 1961 (Nachdruck von ¹1881).

Sozomenos

Sozomenos, Historia Ecclesiastica / Kirchengeschichte. Zweiter Teilband, übersetzt und eingeleitet von G.C. Hansen (FC 73,2), Turnhout 2004.

Tacitus

Cornelii Taciti libri qui supersunt. Tom. I, Ab excessu divi Augusti, ed. E. Koestermann, Leipzig 1965.

Cornelii Taciti Dialogus de oratoribus, in: Cornelii Taciti libri qui supersunt. Tom. II, Fasc. 2, Germania, Agricola, Dialogus de Oratoribus, ed. E. Koestermann, Leipzig 1962.

Terenz

P. Terenti Afri Andria, in: P. Terenti Afri Comoediae, recog. brevique adnotatione critica instr. R. Kauer, W.M. Lindsay, supplementa apparatus curavit O. Skutsch, Oxford 1979 (Nachdruck von ²1958 (¹1926)), 1–54.

Tertullian

Tertullien, Contre Marcion. Tome I (livre I), introduction, texte critique, traduction et notes par R. Braun (SC 365), Paris 1990.

LUKAS, TERTULLIAN 1: Tertullian, Adversus Marcionem / Gegen Markion. Erster Teilband, eingeleitet und übersetzt von V. Lukas (FC 63,1), Freiburg i. Br. 2015.

BRAUN, TERTULLIEN 2: Tertullien, Contre Marcion. Tome II (livre II), texte critique, traduction et notes par R. Braun (SC 368), Paris 1991.

LUKAS, TERTULLIAN 2: Tertullian, Adversus Marcionem / Gegen Markion. Zweiter Teilband, eingeleitet und übersetzt von V. Lukas (FC 63,2), Freiburg i. Br. 2016.

Tertullien, Contre Marcion. Tome III (livre III), introduction, texte critique, traduction, notes et index des livres I–III par R. Braun (SC 399), Paris 1994.

Tertullien, Contre Marcion. Tome IV (livre IV), texte critique par C. Moreschini, introduction, traduction et commentaire par R. Braun (SC 456), Paris 2001.

Tertullien, Contre Marcion. Tome V (livre V), texte critique par C. Moreschini, introduction, traduction et commentaire par R. Braun (SC 483), Paris 2004.

BECKER, TERTULLIAN: Tertullian, Apologeticum / Verteidigung des Christentums, lateinisch und deutsch, hg., übersetzt und erläutert von C. Becker, München, ²1961.

Quinti Septimi Florentis Tertulliani De corona, ed. A. Kroymann, in: Quinti Septimi Florentis Tertulliani opera. Pars II, Opera Montanistica (CCL 2), Turnhout 1954, 1037–1065.

Quinti Septimi Florentis Tertulliani De oratione, ed. G.F. Diercks, in: Quinti Septimi Florentis Tertulliani opera. Pars I, Opera catholica, Adversus Marcionem (CCL 1), Turnhout 1954, 255–274.

Quinti Septimi Florentis Tertulliani De praescriptione haereticorum, ed. R.F. Refoulé, in: Quinti Septimi Florentis Tertulliani opera. Pars I, Opera catholica, Adversus Marcionem (CCL 1), Turnhout 1954, 185–224.

Quinti Septimi Florentis Tertulliani De resurrectione mortuorum, ed. J.G.P. Borleffs, in: Quinti Septimi Florentis Tertulliani opera. Pars II, Opera Montanistica (CCL 2), Turnhout 1954, 919–1012.

Quinti Septimi Florentis Tertulliani De testimonio animae, ed. R. Willems, in: Quinti Septimi Florentis Tertulliani opera. Pars I, Opera catholica, Adversus Marcionem (CCL 1), Turnhout 1954, 173–183.

Theodor von Mopsuestia

SWETE 1: Theodorus Mopsuestenus, In epistolam b. Pauli ad Colossenses, in: Theodori episcopi Mopsuesteni In epistolas b. Pauli commentarii. The Latin Version with the Greek Fragments with an Introduction, Notes and Indices by H.B. Swete, Vol. 1, Introduction. Galatians – Colossians, Cambridge 1880, 253–312.

Swete 2: Theodorus Mopsuestenus, On Original Sin and Mortality, in: Theodori episcopi Mopsuesteni In epistolas b. Pauli commentarii. The Latin Version with the Greek Fragments with an Introduction, Notes and Indices by H.B. Swete, Vol. 2, 1. Thessalonians – Philemon. Appendices. Indices, Cambridge 1882, 332–337.

Greer, Commentaries: Theodore of Mopsuestia. *The Commentaries on the Minor Epistles of Paul*, Translated with an Introduction by R.A. Greer, Atlanta (GA) 2010.

Bruns, Homilien 1: Theodor von Mopsuestia, Katechetische Homilien. Erster Teilband, übersetzt und eingeleitet von P. Bruns (FC 17,1), Freiburg i. Br. [u.a.], 1994. (Theod. Mops. *Kat. Hom.*)

Bruns, Homilien 2: Theodor von Mopsuestia, Katechetische Homilien. Zweiter Teilband, übersetzt und eingeleitet von P. Bruns (FC 17,2), Freiburg i. Br. [u.a.], 1995. (Theod. Mops. *Kat. Hom.*)

Le Commentaire de Théodore de Mopsueste sur les Psaumes (I–LXXX), éd. par R. Devresse, Città del Vaticano 1939.

Staab, Pauluskommentare: Theodor von Mopsuestia, in: Pauluskommentare aus der alten Kirche, aus Katenenhandschriften gesammelt und hg. von K. Staab, Münster 1933, 113–212.

Valerius Maximus
Valerii Maximi Factorum et dictorum memorabilium libri novem, iterum rec. C. Kempf, Stuttgart ²1966 (¹1882).

Vergil
P. Vergilius Maro, Aeneis, rec. atque apparatu critico instr. G.B. Conte, Berlin [u.a.] 2009.
Maguinness, Virgil: Virgil: Aeneid Book XII, ed. by W.S. Maguinness, London 1953.

Vetus Latina/Vulgata/Novum Testamentum Graece et Latine
Thiele, Sirach: Sirach (Ecclesiasticus), ed. W. Thiele (VL 11,2), Freiburg 1987–2005.
Gryson, Esaias: Esaias. Introductio: Codices manu scripti, capita 40–66, conclusio: Historia textus, additamenta, registrum, ed. R. Gryson (VL 12,2), Freiburg 1993–1997.
Sabatier 3: Bibliorum sacrorum Latinae versiones antiquae seu Vetus Italica. Tomus tertius, opera et studio P. Sabatier, Paris 1751.
Gryson, R./ Weber, R., Biblia Sacra Vulgata. Editio quinta, Deutsche Bibelgesellschaft, Stuttgart, 2007 (http://www.bibelwissenschaft.de/de/online-bibeln/biblia-sacra-vulgata/lesen-im-bibeltext/ [Stand: 25.08.21]).
Novum Testamentum Graece et Latine, textum Graecum post E. Nestle et E. Nestle communiter edd. K. Aland et al., Textus Latinus novae Vulgatae Bibliorum Sacrorum

editioni debetur, utriusque textus apparatum criticum rec. et editionem novis curis elaboraverunt K. Aland et B. Aland, Stuttgart 1984 (Nachdruck von [26]1979 ([1]1898)).

2 Herangezogene Lexika, Handbücher und Grammatiken sowie für die Recherche verwendete bzw. zitierte Datenbanken

Lexika und Handbücher

Montanari, F./ Goh, M./ Schroeder, C., The Brill Dictionary of Ancient Greek, Leiden [u. a.] 2015.

DU CANGE, GLOSSARIUM 1–10: du Fresne du Cange, C., Glossarium mediae et infimae latinitatis. Unveränderter Nachdruck der Ausgabe von 1883–1887, 10 Bände, Graz 1954.

FORCELLINI, TOM. 1–4: Forcellini, A., Lexicon totius Latinitatis ab A. Forcellini seminarii Patavini alumno lucubratum, deinde a I. Furlanetto eiusdem seminarii alumno emendatum et auctum, nunc vero curantibus F. Corradini et I. Perin alumnis seminarii Patavini item alumnis emendatius et auctius melioremque in formam redactum, 4 Bände, Padua [6]1965 (Nachdruck von [4]1864–1926).

Georges, K.E., Ausführliches lateinisch-deutsches Handwörterbuch, 2 Bände, Darmstadt 1998 (Nachdruck von [8]1913/1918).

Lampe, G.W.H., A Patristic Greek Lexicon, Oxford 1961.

LAUSBERG, HANDBUCH: Lausberg, H., Handbuch der literarischen Rhetorik. Eine Grundlegung der Literaturwissenschaft, 2 Bände, München [2]1973 ([1]1960).

Liddell, H.G./ Scott, R., A Greek-English Lexicon Revised and Augmented throughout by H.S. Jones with the Assistance of R. McKenzie, Oxford 1940.

Souter, A., A Glossary of Later Latin to 600 A.D., Oxford 1964.

STOTZ, HANDBUCH 2: Stotz, P., Handbuch zur lateinischen Sprache des Mittelalters, zweiter Band, München 2000.

Grammatiken

HOFMANN/SZANTYR, SYNTAX: Hofmann, J.B./ Szantyr, A., Lateinische Syntax und Stilistik, mit dem allgemeinen Teil der lateinischen Grammatik, München 1965.

Kühner, R./ Stegmann, C., Ausführliche Grammatik der lateinischen Sprache. Erster Teil: Elementar-, Formen- und Wortlehre, Hannover [2]1978 ([1]1912).

KÜHNER/STEGMANN, II,1: Kühner, R./ Stegmann, C., Ausführliche Grammatik der lateinischen Sprache. Zweiter Teil: Satzlehre. Erster Band, Hannover [2]1982 ([1]1912, ergänzt und berichtigt 1955, 1962, 1976).

KÜHNER/STEGMANN, II,2: Kühner, R./ Stegmann, C., Ausführliche Grammatik der lateinischen Sprache. Zweiter Teil: Satzlehre. Zweiter Band, Hannover [2]1982 ([1]1912, ergänzt und berichtigt 1955, 1962, 1976).

MENGE, LEHRBUCH: Menge, H., Lehrbuch der lateinischen Syntax und Semantik, völlig neu bearbeitet von T. Burkhard und M. Schauer, Darmstadt ²2005 (¹2000).

Datenbanken

LLT-A: Library of Latin texts – Series A, Turnhout 2017 (http://www.brepolis.net/ [Stand: 25.08.21]).

TLG: Thesaurus linguae Graecae. A Digital Library of Greek Literature, University of California, Irvine 2014 (https://stephanus.tlg.uci.edu [Stand: 25.08.21]).

TLL: Thesaurus linguae Latinae online, Berlin [u. a.] 2009 (https://www.degruyter.com/view/db/tll [Stand: 25.08.21]).

Gryson, R./ Weber, R., Biblia Sacra Vulgata. Editio quinta, Deutsche Bibelgesellschaft, Stuttgart, 2007 (http://www.bibelwissenschaft.de/de/online-bibeln/biblia-sacra-vulgata/lesen-im-bibeltext/ [Stand: 25.08.21]).

3 Sekundärliteratur

Aalders, G.J.D., L'épître à Menoch, attribuée à Mani, in: VigChr 14 (1960), 245–249.

ALEITH, PAULUSVERSTÄNDNIS: Aleith, E., Paulusverständnis in der alten Kirche, Berlin 1937.

ALEXANDERSON, IDÉES: Alexanderson, B., Quelques idées sur le texte et l'interprétation du *Contra Iulianum opus imperfectum* d'Augustin, in: WSt 121 (2008), 285–298.

Altaner, B., Altlateinische Übersetzungen von Chrysostomusschriften, in: id., Kleine patristische Schriften, hg. von G. Glockmann, Berlin 1967, 416–436.

ALTANER, BABYLON: Altaner, B., Babylon. D. Christlich, in: RAC 1 (1950), 1130–1134.

ANATOLIOS, ATHANASIUS: Anatolios, K., Athanasius, New York 2004.

ANDRESEN, ENTSTEHUNG: Andresen, C., Zur Entstehung und Geschichte des trinitarischen Personbegriffes, in: ZNW 52 (1961), 1–39.

ANNECCHINO, NOZIONE: Annecchino, M., La nozione di *impeccantia* negli scritti pelagiani, in: Nazzaro, A. (ed.), Giuliano d'Eclano e l'*Hirpinia Christiana*. Atti del Convegno 4–6 giugno 2003, Napoli 2004, 73–86.

BALTES, ANIMAL: Baltes, M., Animal I. Allgemein, in: AL 1 (1986–1994), 356–361.

BARCLIFT, CONTROVERSY: Barclift, P.L., In Controversy with Saint Augustine. Julian of Eclanum on the Nature of Sin, in: RechThAM 58 (1991), 5–20.

Baur, C., L'entrée littéraire de saint Chrysostome dans le monde latin, in: RHE 8 (1907), 249–265.

BAXTER, NOTES: Baxter, J.H., Notes on the Latin of Julian of Aeclanum, in: ALMA 21 (1949/1950), 5–54.

Beatrice, P.F., Tradux peccati. Alle fonti della dottrina agostiniana del peccato originale, Milano 1978.

BEATRICE, TRANSMISSION: Beatrice, P.F., The Transmission of Sin: Augustine and the Pre-Augustinian Sources, translated by A. Kamesar, Oxford [u. a.] 2013.

BECK, RECHT: Beck, A., Römisches Recht bei Tertullian und Cyprian. Eine Studie zur frühen Kirchenrechtsgeschichte, Aalen 1967 (Nachdruck von ¹1930).

BECKER, KARDINALTUGENDEN: Becker, M., Die Kardinaltugenden bei Cicero und Ambrosius: De Officiis, Basel 1994.

BEDUHN, DILEMMA 2: BeDuhn, J.D., Augustine's Manichaean Dilemma, 2. Making a "Catholic" Self, 388–401 C.E., Philadelphia (PA) 2013.

BENJAMINS, FREIHEIT: Benjamins, H.S., Eingeordnete Freiheit. Freiheit und Vorsehung bei Origenes, Leiden [u. a.] 1994.

VAN DEN BERG, QUOTATIONS: van den Berg, J.A., Biblical Quotations in Faustus' *Capitula*, in: van Oort, J. (ed.), Augustine and Manichaean Christianity. Selected Papers from the First South African Conference on Augustine of Hippo, University of Pretoria, 24–26 April 2012, Leiden [u. a.] 2013, 19–36.

BERMON, PHANTASIA: Bermon, E., Phantasia, phantasma, in: AL 4, Fasc. 5/6 (2016), 712–716.

BLASCHE, QUALITÄT: Blasche, S., Qualität I. Antike, in: HWPh 7 (1989), 1748–1752.

BOBZIEN, DETERMINISM: Bobzien, S., Determinism and Freedom in Stoic Philosophy, Oxford [u. a.] 1998.

BOCHET, IMAGO: Bochet, I., Imago, in: AL 3 (2004–2010), 507–519.

BOCHET, MORBUS: Bochet, I., Morbus, in: AL 4 Fasc. 1/4 (2012 sqq.), 74–79.

BONNER, BAPTISMUS: Bonner, G., Baptismus paruulorum, in: AL 1 (1986–1994), 592–602.

BONNER, CAELESTIUS: Bonner, G., Caelestius, in: AL 1 (1986–1994), 693–698.

BONNER, CONCUPISCENTIA: Bonner, G., Concupiscentia, in: AL 1 (1986–1994), 1113–1122.

Bonner, G., Iulianum opus imperfectum, Contra, in: Fitzgerald, A.D. (ed.), Augustine through the Ages. An Encyclopedia, Grand Rapids (MI) 1999, 480–481.

Bonner, G., Contre Julien, livre inachevé (Contra Iulianum opus imperfectum), in: Fitzgerald, A.D./ Vannier, M.-A. (edd.), Saint Augustin. La Méditerranée et l'Europe, IVe–XXIe siècle, Paris 2005, 354–355.

BOUWMAN, WORTSCHATZ: Bouwman, G., Zum Wortschatz des Julian von Aeclanum, in: ALMA 27 (1957), 141–164.

BOUWMAN, KOMMENTAR: Bouwman, G., Des Julian von Aeclanum Kommentar zu den Propheten Osee, Joel und Amos. Ein Beitrag zur Geschichte der Exegese, Roma 1958.

Boyer, C., La controverse sur l'opinion de saint Augustin touchant la conception de la Vierge, in: Virgo Immaculata. Acta Congressus Mariologici-Mariani Romae anno MCMLIV celebrati, Vol. IV: De immaculata conceptione apud ss. patres et scriptores orientales, Romae 1955, 48–60.

BRACHTENDORF, STRUKTUR: Brachtendorf, J., Die Struktur des menschlichen Geistes nach Augustinus. Selbstreflexion und Erkenntnis Gottes in »De Trinitate«, Hamburg 2000.

BRACHTENDORF, MENS: Brachtendorf, J., Mens, in: AL 3 (2004–2010), 1270–1280.

BRÄNDLE, DOGMEN: Brändle, R., «Gott wird nicht allein durch richtige Dogmen, sondern auch durch einen guten Lebenswandel verherrlicht.» Zur Verhältnisbestimmung von Glaube und Werken bei Johannes Chrysostomus, in: ThZ 55 (1999), 121–136.

BRÄNDLE, GABEN: Brändle, R., Johannes Chrysostomus: Die zehn Gaben (τιμαί oder δωρεαί) der Taufe, in: Hellholm, D./ Vegge, T./ Norderval, Ø./ Hellholm, C. (edd.), Ablution, Initiation, and Baptism. Waschungen, Initiation und Taufe. Late Antiquity, Early Judaism, and Early Christianity. Spätantike, frühes Judentum und frühes Christentum. Volume/Teilband II, Berlin [u.a.] 2011, 1233–1252.

BRÄNDLE/JEGHER-BUCHER, JOHANNES: Brändle, R./ Jegher-Bucher, V., Johannes Chrysostomus I, in: RAC 18 (1998), 426–503.

BRAUN, DEUS: Braun, R., Deus Christianorum. Recherches sur le vocabulaire doctrinal de Tertullien, Paris ²1977 (¹1962).

Bravo Lozano, M., Un aspecto de la latinización de la terminología filosófica en Roma, κατηγορία/Praedicamentum, in: Emerita 33 (1965), 351–380.

BRENNECKE, HOMÖER: Brennecke, H.C., Studien zur Geschichte der Homöer. Der Osten bis zum Ende der homöischen Reichskirche, Tübingen 1988.

BRENNECKE, AUGUSTIN: Brennecke, H.C., Augustin und der ‚Arianismus', in: Fuhrer, T. (ed.), Die christlich-philosophischen Diskurse der Spätantike. Texte, Personen, Institutionen, Stuttgart 2008, 175–187.

BRENT, CYPRIAN: Brent, A., Cyprian and Roman Carthage, Cambridge [u.a.] 2010.

Brown, P., Sexuality and society in the fifth century A.D.: Augustine and Julian of Eclanum, in: Gabba, E. (ed.), Tria corda. Scritti in onore di A. Momigliano, Como 1983, 49–70.

BRUCKNER, JULIAN: Bruckner, A., Julian von Eclanum. Sein Leben und seine Lehre. Ein Beitrag zur Geschichte des Pelagianismus, Leipzig 1897.

BRUCKNER, BÜCHER: Bruckner, A., Die vier Bücher Julians von Aeclanum an Turbantius. Ein Beitrag zur Charakteristik Julians und Augustins, Berlin 1910.

BRUNDAGE, LAW: Brundage, J.A., Law, Sex, and Christian Society in Medieval Europe, Chicago [u.a.] 1987.

DE BRUYN, INTERPRETATION: De Bruyn, T.S., Pelagius's Interpretation of Rom. 5:12–21: Exegesis within the Limits of Polemic, in: TJT 4 (1988), 30–43.

BULTMANN, STIL: Bultmann, R., Der Stil der paulinischen Predigt und die kynisch-stoische Diatribe, Göttingen 1910.

BURNS, EFFICACY: Burns, J.P., The Efficacy of Baptism in Augustine's Theology, in: Hellholm, D./ Vegge, T./ Norderval, Ø./ Hellholm, C. (edd.), Ablution, Initiation, and

Baptism. Waschungen, Initiation und Taufe. Late Antiquity, Early Judaism, and Early Christianity. Spätantike, frühes Judentum und frühes Christentum. Volume/Teilband II, Berlin [u. a.] 2011, 1283–1303.

BYERS, PERCEPTION: Byers, S.C., Perception, Sensibility, and Moral Motivation in Augustine. A Stoic-Platonic Synthesis, Cambridge [u. a.] 2013.

Capponi, F., Nota ad Aug. Op. imperf. IV 122 = PL XLV 1418, in: Koinonia 7 (1983), 67–74.

Carpin, A., Agostino e il problema dei bambini morti senza il battesimo, Bologna 2005.

CIPRIANI, ASPETTI: Cipriani, N., Aspetti letterari dell'*Ad Florum* di Giuliano d'Eclano, in: Aug 15 (1975), 125–167.

CIPRIANI, ECHI: Cipriani, N., Echi antiapollinaristici e aristotelismo nella polemica di Giuliano d'Eclano, in: Aug 21 (1981), 373–389.

CIPRIANI, AUTORE: Cipriani, N., L'autore dei testi pseudobasiliani riportati nel *C. Iulianum* (I, 16–17) e la polemica agostiniana di Giuliano d'Eclano, in: Congresso Internazionale su S. Agostino nel XVI centenario della conversione, Roma, 15–20 settembre 1986. Atti I. Cronaca del congresso, Sessioni generali, Sezione di Studio I, Roma 1987, 439–449.

Cipriani, N., A proposito dell'accusa di manicheismo fatta a s. Agostino da Giuliano d'Eclano, in: VoxPatr 8 (1988), 333–350.

CIPRIANI, MORALE: Cipriani, N., La morale pelagiana e la retorica, in: Aug 31 (1991), 309–327.

Cipriani, N., La controversia tra Giuliano d'Eclano e s. Agostino nell'*Opus imperfectum*. Due teologie a confronto, tesi, Rom 1992.

CIPRIANI, PRESENZA: Cipriani, N., La presenza di Teodoro di Mopsuestia nella teologia di Giuliano d'Eclano, in: Cristianesimo latino e cultura greca sino al sec. IV. XXI Incontro di studiosi dell'antichità cristiana (Roma, 7–9 maggio 1992), Roma 1993, 365–378.

CIPRIANI, POLEMICA: Cipriani, N., La polemica antiafricana di Giuliano d'Eclano: artificio letterario o scontro di tradizioni teologiche?, in: Cristianesimo e specificità regionali nel Mediterraneo latino (sec. IV–VI). XXII Incontro di studiosi dell'antichità cristiana, Roma, 6–8 maggio 1993, Roma 1994, 147–160.

CIPRIANI, LIBERO: Cipriani, N., Libero arbitrio (De -), in: AL 3 (2004–2010), 961–971.

CIPRIANI, FONTI: Cipriani, N., Sulle fonti orientali della teologia di Giuliano d'Eclano, in: Nazzaro, A. (ed.), Giuliano d'Eclano e l'*Hirpinia Christiana*. Atti del Convegno 4–6 giugno 2003, Napoli 2004, 157–170.

Clark, E.A., Vitiated Seeds and Holy Vessels. Augustine's Manichaean Past, in: ead. (ed.), Ascetic Piety and Women's Faith. Essays on Late Ancient Christianity, Lewiston (NY) 1986, 291–349.

CLASSEN, SPEECHES: Classen, C.J., The Speeches in the Courts of Law: A Three-cornered Dialogue, in: Rhetorica 9 (1991), 195–207.

Clodius, F., El libre albedrío según el *"Opus imperfectum"* de s. Agustín, in: AFTC 13/14 (1961/1962), 5–51. 99–133.

COUSIN, ÉTUDES 1: Cousin, J., Études sur Quintilien. Tome I. Contribution à la recherche des sources de l'institution oratoire, Paris 1936.

COUNTRYMAN, TERTULLIAN: Countryman, L.W., Tertullian and the *Regula fidei*, in: The second century 2 (1982), 208–227.

COYLE, IDEA: Coyle, J.K., The Idea of the 'Good' in Manichaeism, in: Emmerik, R.E./ Sundermann, W./ Zieme, P. (edd.), Studia Manichaica. IV. Internationaler Kongreß zum Manichäismus, Berlin, 14.–18. Juli 1997, Berlin 2000, 124–137.

COYLE, MANICHAEISM: Coyle, J.K., Manichaeism and Its Legacy, Leiden [u. a.] 2009.

Cress, D.A., Creation de nihilo and Augustine's Account of Evil in Contra secundam Juliani responsionem imperfectum opus, Book V, in: Schnaubelt, J.C./ Van Fleteren, F. (edd.), Collectanea Augustiniana. Augustine, Second Founder of the Faith, New York 1990, 451–466.

CROUZEL/MÜHLENKAMP, NACHAHMUNG: Crouzel, H./ Mühlenkamp, C., Nachahmung (Gottes), in: RAC 25 (2013), 525–565.

Culhane, R., St. Augustine on the Immaculate Conception, in: IThQ 22 (1955), 350–354.

DALY/NESSELRATH, OPFER: Daly, R.J./ Nesselrath, T., Opfer, in: RAC 26 (2015), 143–206.

DASSMANN, PAULUSVERSTÄNDNIS: Dassmann, E., Zum Paulusverständnis der östlichen Kirche, in: JbAC 29 (1986), 27–39.

DASSMANN, HELFER: Dassmann, E., «Tam Ambrosius quam Cyprianus» (*c. Iul. imp.* 4, 112). Augustins Helfer im pelagianischen Streit, in: E. Dassmann, Ausgewählte kleine Schriften zur Patrologie, Kirchengeschichte und christlichen Archäologie, hg. von G. Schöllgen, Münster 2011, 75–82.

DASSMANN, KIRCHENGESCHICHTE II,1: Dassmann, E., Kirchengeschichte II,1. Konstantinische Wende und spätantike Reichskirche, Stuttgart [u. a.] 1996.

DASSMANN, KIRCHENGESCHICHTE II,2: Dassmann, E., Kirchengeschichte II,2. Theologie und innerkirchliches Leben bis zum Ausgang der Spätantike, Stuttgart [u. a.] 1999.

DECRET, ASPECTS: Decret, F., Aspects du Manichéisme dans l'Afrique romaine. Les controverses de Fornatus, Faustus et Felix avec saint Augustin, Paris 1970.

DECRET, AFRIQUE 1: Decret, F., L'Afrique manichéenne (IVe–Ve siècles). Étude historique et doctrinale. Tome I, Texte, Paris 1978.

DECRET, AFRIQUE 2: Decret, F., L'Afrique manichéenne (IVe–Ve siècles). Étude historique et doctrinale. Tome II, Notes, Paris 1978.

DECRET, ADIMANTUS: Decret, F., Adimantus, in: AL 1 (1986–1994), 94–95.

DECRET, UTILISATION: Decret, F., L'utilisation des épîtres de Paul chez les Manichéens d'Afrique, in: Ries, J./ Decret, F./ Frend, W.H.C./ Mara, M.G. (edd.), Le epistole paoline nei Manichei, i Donatisti e il primo Agostino, seconda edizione, Roma 2000, 29–83.

DECRET, DUABUS: Decret, F., Duabus animabus (De -), in: AL 2 (1996–2002), 667–672.
DECRET, FAUSTUM: Decret, F., Faustum Manicheum (Contra -), in: AL 2 (1996–2002), 1244–1252.
DELAROCHE, PECCATORUM: Delaroche, B., Peccatorum meritis et remissione et de baptismo paruulorum (De -), in: AL 4, Fasc. 3/4 (2014), 574–581.
DEN BOK, FREEDOM: Den Bok, N.W., Freedom of the Will. A Systematic and Biographical Sounding of Augustine's Thoughts on Human Willing, in: Aug(L) 44 (1994), 237–270.
DENZINGER, ENCHIRIDION: Denzinger, H., Enchiridion symbolorum definitionum et declarationum de rebus fidei et morum, emendavit et edidit P. Hünermann, Freiburg i. Br. [u. a.] ⁴⁴2014.
De Simone, S., Il problema del peccato originale e Giuliano d'Eclano, Napoli 1950.
Dessau, H., Ein übersehenes Bruchstück des Cornelius Nepos, in: Hermes 25 (1890), 471 sq.
DIHLE, GERECHTIGKEIT: Dihle, A., Gerechtigkeit, in: RAC 10 (1978), 233–360.
Djuth, M., Augustine on Necessity, in: AugStud 31 (2000), 195–210.
Djuth, M., Augustine versus Julian of Eclanum on the Love of Wisdom, in: Aug(L) 58 (2008), 141–150.
DODARO, IUSTITIA: Dodaro, R., Iustitia, in: AL 3 (2004–2010), 865–882.
DODARO, IUSTUS: Dodaro, R., Iustus (iusti), in: AL 3 (2004–2010), 883–888.
DODARO, MARIA: Dodaro, R., Maria uirgo et mater, in: AL 3 (2004–2010), 1171–1179.
DOIGNON, CLICHÉS: Doignon, J., Clichés cicéroniens dans la polémique de Julien d'Éclane avec Augustin, in: RhM N.F. 125 (1982), 88–95.
DRECOLL, ENTSTEHUNG: Drecoll, V.H., Die Entstehung der Gnadenlehre Augustins, Tübingen 1999.
DRECOLL, GRATIA: Drecoll, V.H., Gratia, in: AL 3 (2004–2010), 182–242.
DRECOLL, IACOB: Drecoll, V.H. Iacob et Esau, in: AL 3 (2004–2010), 463–465.
DRECOLL, MANICHAEI: Drecoll, V.H., Manichaei, in: AL 3 (2004–2010), 1132–1159.
DRECOLL, MERITUM: Drecoll, V.H., Meritum, in: AL 4, Fasc. 1/2, (2012 sqq.), 1–5.
Drecoll, V.H., Der Stand der Augustinforschung, in: ThLZ 134 (2009), 876–900.
DRECOLL, PELAGIUS: Drecoll, V.H., Pelagius, Pelagiani, in: AL 4, Fasc. 3/4–5/6 (2014–2016), 624–666.
DRECOLL/KUDELLA, AUGUSTIN: Drecoll, V.H./ Kudella, M., Augustin und der Manichäismus, Tübingen 2011.
DROBNER, PERSON-EXEGESE: Drobner, H.R., Person-Exegese und Christologie bei Augustinus. Zur Herkunft der Formel *una persona*, Leiden 1986.
DROBNER, LEHRBUCH: Drobner, H.R., Lehrbuch der Patrologie, Frankfurt a. Main [u. a.] ³2011 (¹2004).
Dubarle, A.-M., La pluralité des péchés héréditaires dans la tradition augustinienne, in: REAug 3 (1957), 113–136.

Dupont, Christusfigur: Dupont, A., Die Christusfigur des Pelagius. Rekonstruktion der Christologie im Kommentar von Pelagius zum Römerbrief des Paulus, in: Aug(L) 56 (2006), 321–372.

Dupont, Gratia: Dupont, A., *Gratia* in Augustine's *Sermones ad Populum* during the Pelagian Controversy. Do Different Contexts Furnish Different Insights?, Leiden [u. a.] 2013.

Dupont/Malavasi, Question: Dupont, A./Malavasi, G., The Question of the Impact of Divine Grace in the Pelagian Controversy. Human *posse, uelle et esse* according to Pelagius, Jerome, and Augustine, in: RHE 112 (2017), 539–568.

Duval, Julien: Duval, Y.-M., Julien d'Éclane et Rufin d'Aquilée. Du Concile de Rimini à la répression pélagienne. L'intervention impériale en matière religieuse, in: REAug 24 (1978), 243–271.

Duval, Iouinianus: Duval, Y.-M., Iouinianus, in: AL 3 (2004–2010), 738–741.

Dwyer, G.P., St. Augustine and the Possibility of a State of Pure Nature. A Study of the *Opus imperfectum contra Iulianum*, Diss. Roma 1937.

Erler, Streitgesang: Erler, M., Streitgesang und Streitgespräch bei Theokrit und Platon, in: WüJb N.F. 12 (1986), 73–92.

Erler, Gesprächsstrategie: Erler, M., Augustinus' Gesprächsstrategie in seinen antimanichäischen Disputationen, in: Vogt-Spira, G. (ed.), Strukturen der Mündlichkeit in der römischen Literatur, Tübingen 1990, 285–310.

Erler, Platon: Erler, M., Platon, in: Grundriss der Geschichte der Philosophie. Die Philosophie der Antike Band 2/2, Basel 2007.

Erler, Plato: Erler, M., Plato, Platonici, in: AL 4, Fasc. 5/6 (2016), 755–762.

Erler, Platonicorum: Erler, M., Platonicorum libri, in: AL 4, Fasc. 5/6 (2016), 762–764.

Evans, Pelagian: Evans, G.R., Neither a Pelagian nor a Manichee, in: VigChr 35 (1981), 232–244.

Evans, Pelagius: Evans, R.F., Pelagius. Inquiries and Reappraisals, London 1968.

Fehling, Quellenangaben: Fehling, D., Die Quellenangaben bei Herodot. Studien zur Erzählkunst Herodots, Berlin [u. a.] 1971.

Fitschen, Serapion: Fitschen, K., Serapion von Thmuis. Echte und unechte Schriften sowie die Zeugnisse des Athanasius und anderer, Berlin [u. a.] 1992.

Fitzgerald, Damnatio: Fitzgerald, A., Damnatio, in: AL 2 (1996–2002), 224–228.

Fladerer, Kommentar: Fladerer, L., Kommentar, E. Christlich, in: RAC 21 (2006), 309–329.

Flasch, Kampfplätze: Flasch, K., Kampfplätze der Philosophie. Große Kontroversen von Augustin bis Voltaire, Frankfurt a. Main 2008.

Folliet, Fortune: Folliet, G., La fortune du dit de Virgile «*Aurum colligere de stercore*» dans la littérature chrétienne, in: Sacris erudiri 41 (2002), 31–53.

Frede, Will: Frede, M., A Free Will. Origins of the Notion in Ancient Thought (ed. by A.A. Long), Berkeley [u. a.] 2011.

FREDOUILLE, GÖTZENDIENST: Fredouille, J.-C., Götzendienst, in: RAC 11 (1981), 828–895.

FREND, MANICHAEISM: Frend, W.H.C., Manichaeism in the Struggle between Saint Augustine and Petilian of Constantine, in: Augustinus Magister. Congrès International Augustinien, Paris, 21–24 septembre 1954, Communications 2, Paris 1954, 859–866.

FÜRST, BRIEFWECHSEL: Fürst, A., Augustins Briefwechsel mit Hieronymus, Münster 1999.

FÜRST, ORIGENES: Fürst, A., Von Origenes und Hieronymus zu Augustinus. Studien zur antiken Theologiegeschichte, Berlin [u. a.] 2011.

FÜRST, ORIGENES (RAC): Fürst, A., Origenes, in: RAC 26 (2015), 460–567.

FUHRER, AUGUSTINUS: Fuhrer, T., Augustinus, Darmstadt 2004.

FUHRER, NIHIL: Fuhrer, T., Nihil, in: AL 4, Fasc. 1/2 (2012 sqq.), 203–209.

FUSSL/PINGREE, DISCIPLINAE: Fussl, M./ Pingree, D., Disciplinae liberales, in: AL 2 (1996–2002), 472–485.

GARDNER/LIEU, MANICHAEAN: Gardner, I./ Lieu, S.N.C., Manichaean texts from the Roman Empire, Cambridge 2004.

VAN GEEST, NUPTIAE: van Geest, P., Nuptiae, in: AL 4, Fasc. 1/2 (2012 sqq.), 243–261.

GENTZ, ATHANASIUS: Gentz, G., Athanasius, in: RAC 1 (1950), 860–866.

GERBER, THEODOR: Gerber, S., Theodor von Mopsuestia und das Nicänum. Studien zu den katechetischen Homilien, Leiden [u. a.] 2000.

GNILKA, DIGNITAS: Gnilka, C., Dignitas, in: Hermes 137 (2009), 190–201.

GORDAY, PRINCIPLES: Gorday, P., Principles of Patristic Exegesis. Romans 9–11 in Origen, John Chrysostom, and Augustine, New York [u. a.] 1983.

GRAESER, ZENON: Graeser, A., Zenon von Kition. Positionen und Probleme, Berlin [u. a.] 1975.

GREENBERG, EZECHIEL: Ezechiel 1–20. Ausgelegt von M. Greenberg. Mit einem Vorwort von E. Zenger, Freiburg i. Br. [u. a.] 2001.

GREER, EXEGETE: Greer, R.A., Theodore of Mopsuestia. Exegete and Theologian, Westminster 1961.

GRESHAKE, GNADE: Greshake, G., Gnade als konkrete Freiheit. Eine Untersuchung zur Gnadenlehre des Pelagius, Mainz 1972.

González, E.R., Fe implícita y controversias escolásticas en torno a la Inmaculada. Síntesis histórica, in: Miscelánea Comillas 23 (1955), 157–262.

GROSSI, BAPTISMUS: Grossi, V., Baptismus, in: AL 1 (1986–1994), 583–591.

Grossi, V., La presenza in filigrana di Origene nell'ultimo Agostino (426–430), Aug 30 (1990), 423–440.

Grossi, V., La presenza di Origene nell'ultimo Agostino (426–430), in: Daly, R.J. (ed.), Origeniana quinta, Historica – Text and Method – Biblica – Philosophica – Theologica – Origenism and Later Developments, Papers of the 5th International Origen Congress, Boston College, 14–18 August 1989, Leuven 1992, 558–564.

GROSSI, RICORSO: Grossi, V., Il ricorso ad Ambrogio nell'*opus imperfectum contra Iulianum* di Agostino d'Ippona, in: Nazzaro, A. (ed.), Giuliano d' Eclano e l'*Hirpinia Christiana*. Atti del Convegno 4–6 giugno 2003, Napoli 2004, 115–156.

HADOT, MARIUS: Hadot, P., Marius Victorinus. Recherches sur sa vie et ses œuvres, Paris 1971.

HÄRING, MALUM: Häring, H., Malum, in: AL 3 (2004–2010), 1111–1121.

HÄUSSLER, NACHTRÄGE: Häussler, R., Nachträge zu A. Otto, Sprichwörter und sprichwörtliche Redensarten der Römer, Darmstadt 1968.

HAGENDAHL, AUGUSTINE: Hagendahl, H., Augustine and the latin classics, Vol. I. Testimonia, with a contribution on Varro by B. Cardauns, Göteborg 1967.

HAHM, DIAERETIC: Hahm, D.E., The Diaeretic Method and the Purpose of Arius' Doxography, in: Fortenbaugh, W.W. (ed.), On Stoic and Peripatetic Ethics. The Work of Arius Didymus, New Brunswick [u.a.] 1983, 15–37.

HAMMOND BAMMEL, TRANSLATION: Hammond Bammel, C., Rufinus' Translation of Origen's Commentary on Romans and the Pelagian Controversy, in: Storia ed esegesi in Rufino di Concordia, Udine 1992, 131–142.

HARRISON, RETHINKING: Harrison, C., Rethinking Augustine's Early Theology. An Argument for Continuity, Oxford [u.a.] 2006.

HARRISON/BEDUHN, AUTHENTICITY: Harrison, G./ BeDuhn, J.D., The Authenticity and Doctrine of (Ps.?) Mani's *Letter to Menoch*, in: Mirecki, P./ BeDuhn, J.D. (edd.), The Light and the Darkness. Studies in Manichaeism and its World, Leiden [u.a.] 2001, 128–172.

HATSCHER, CHARISMA: Hatscher, C.R., Charisma und Res Publica. Max Webers Herrschaftssoziologie und die Römische Republik, Stuttgart 2000.

HAUSER, GERECHTIGKEIT: Hauser, R., Gerechtigkeit I, in: HWPh 3 (1974), 329–334.

HENNINGS, BRIEFWECHSEL: Hennings, R., Der Briefwechsel zwischen Augustinus und Hieronymus und ihr Streit um den Kanon des Alten Testaments und die Auslegung von Gal. 2,11–14, Leiden [u.a.] 1994.

HERAEUS, MARTIALKRITIK: Heraeus, W., Zur neueren Martialkritik, in: RhM 74 (1925), 314–336.

HIRZEL, RUNDZAHLEN: Hirzel, R., Über Rundzahlen, in: BSGL 37 (1885), 1–74.

HOFFMANN, SECUNDINUS: Hoffmann, A., Secundinus in der Diskussion mit Augustinus über das *malum*: Beobachtungen zu den augustinischen Quellen der *Epistula Secundini*, in: van den Berg, J.A./ Kotzé, A./ Nicklas, T./ Scopello, M. (edd.), 'In Search of Truth': Augustine, Manichaeism and Other Gnosticism. Studies for Johannes van Oort at Sixty, Leiden [u.a.] 2011, 481–517.

HOFFMANN-ALEITH, JOHANNES: Hoffmann-Aleith, E., Das Paulusverständnis des Johannes Chrysostomus, in: ZNW 38 (1939), 181–188.

HOPPE, SYNTAX: Hoppe, H., Syntax und Stil des Tertullian, Leipzig 1903.

HORN, ENTSTEHUNG: Horn, C., Augustinus und die Entstehung des philosophischen Willensbegriffs, in: ZPhF 50 (1996), 113–132.

HORN, WILLENSSCHWÄCHE: Horn, C., Willensschwäche und zerrissener Wille. Augustinus' Handlungstheorie in Confessiones VIII, in: Fiedrowicz, M. (ed.), Unruhig ist unser Herz. Interpretationen zu Augustins Confessiones, Trier 2004, 105–122.

HORN, VORAUSSETZUNGEN: Horn, H.-J., Κατ'οἰκονομίαν τοῦ κυρίου. Stoische Voraussetzungen der Vorstellung vom Heilsplan Gottes, in: Dassmann, E. (ed.), Vivarium. Festschrift Theodor Klauser zum 90. Geburtstag, Münster 1984, 188–193.

HÜGLI, MENSCH: Hügli, A., Mensch. II. Antike und Bibel. 1. Klassische indische und griechisch-römische Philosophie, in: HWPh 5 (1980) 1061–1069.

Huftier, M., Morale chrétienne et régulation des naissances, in: L'Ami du Clergé 77 (1967), 193–208.209–212.

Huglo, M., Les anciennes versions latines des homélies de saint Basile, in: RB 64 (1954), 129–132.

HUNTER, MARRIAGE: Hunter, D.G., Marriage, Celibacy, and Heresy in Ancient Christianity. The Jovinianist Controversy, Oxford [u.a.] 2007.

HUTTER, MANICHÄISMUS: Hutter, M., Manichäismus, in: RAC 24 (2012), 6–48.

ILGNER, CONSENSIO: Ilgner, R.M., ‹Consensio›, ‹consensus›, ‹consentire›. Prolegomena zu einem Nachtragsartikel im *Augustinus-Lexikon*, in: Förster, G./ Grote, A.E.J./ Müller, C. (edd.), Spiritus et littera. Beiträge zur Augustinusforschung. Festschrift zum 80. Geburtstag von C.P. Mayer OSA, Würzburg 2009, 245–269.

INWOOD, ETHICS: Inwood, B., Ethics and Human Action in Early Stoicism, Oxford 1985.

Jiménez, J.D., "*Opus Imperfectum*". Pensamiento agustiniano y mundo actual, in: id. (ed.), San Agustín un hombre para hoy, Tomo II. Congreso Agustiniano de Teología, 1650 aniversario del nacimiento de san Agustín, Buenos Aires, 26–28 de agosto de 2004, Buenos Aires 2006, 19–37.

Jouassard, G., The Fathers of the Church and the Immaculate Conception, in: O'Connor, E.D. (ed.), The Dogma of the Immaculate Conception. History and Significance, Southbend (IN) 1958, 51–85.

KANY, TRINITÄTSDENKEN: Kany, R., Augustins Trinitätsdenken. Bilanz, Kritik und Weiterführung der modernen Forschung zu „De trinitate", Tübingen 2007.

KARFÍKOVÁ, GRACE: Karfíková, L., Grace and the Will according to Augustine, Leiden [u.a.] 2012.

KARFÍKOVÁ, DISPUT: Karfíková, L., Natur, Freiheit und Gnade im Disput zwischen Augustinus und Julian von Aeclanum, in: Fischer, N. (ed.), Die Gnadenlehre als ›salto mortale‹ der Vernunft? Natur, Freiheit und Gnade im Spannungsfeld von Augustinus und Kant, Freiburg [u.a.] 2012, 90–107.

KASER, PRIVATRECHT 1: Kaser, M., Das römische Privatrecht. Erster Abschnitt. Das altrömische, das vorklassische und das klassische Recht, München 1971.

KASER, PRIVATRECHT 2: Kaser, M., Das römische Privatrecht. Zweiter Abschnitt. Die nachklassischen Entwicklungen, München 1975.

KITZLER, URSPRUNG: Kitzler, P., *Ex uno homine tota haec animarum redundantia*. Ursprung, Entstehung und Weitergabe der individuellen Seele nach Tertullian, in: VigChr 64 (2010), 353–381.

KOBUSCH, ZUSTIMMUNG: Kobusch, T., Zustimmung. I. Antike; Mittelalter, in: HWPh 12 (2004), 1457–1465.

KOPP, STELLUNG: Kopp, G., Die Stellung des hl. Johannes Chrysostomus zum weltlichen Leben, Diss. Münster 1905.

KOSTER, INVEKTIVE: Koster, S., Die Invektive in der griechischen und römischen Literatur, Meisenheim am Glan 1980.

KOTILA, MORS: Kotila, H., Mors, mortalitas in: AL 4, Fasc. 1/2 (2012 sqq.), 89–97.

KOTZÉ, CONFESSIONS: Kotzé, A., Augustine's *Confessions*: Communicative Purpose and Audience, Leiden [u. a.] 2004.

DE LACY, STOIC: De Lacy, P., The Stoic Categories as Methodological Principles, in: TAPhA 76 (1945), 246–263.

LAIRD, MINDSET: Laird, R.J., Mindset (γνώμη) in John Chrysostom, in: Allen, P./ Neil, B. (edd.), The Oxford Handbook of Maximus the Confessor, Oxford 2015, 194–211.

De Lama, M., S. Augustini doctrina de gratia et praedestinatione (Ex Opere imperfecto contra Julianum excerpta), Augustae Taurinorum 1934.

LAMBERIGTS, ÉVÊQUES: Lamberigts, M., Les évêques pélagiens déposés, Nestorius et Ephèse, in: Aug(L) 35 (1985), 264–280.

LAMBERIGTS, PLEA: Lamberigts, M., Julian of Aeclanum: a Plea for a Good Creator, in: Aug(L) 38 (1988), 5–24.

Lamberigts, M., De polemiek tussen Julian van Aeclanum en Augustinus van Hippo. Een bijdrage tot de theologiegeschiedenis van de tweede pelagiaanse controverse (418–430), 4 Bände, Diss. Leuven 1988.

Lamberigts, M., Augustine, Julian of Aeclanum and E. Pagels' *Adam, Eve and the Serpent*, in: Aug(L) 39 (1989), 393–435.

LAMBERIGTS, CONCEPTIONS: Lamberigts, M., Julien d'Éclane et Augustin d'Hippone. Deux conceptions d'Adam, in: Aug(L) 40 (1990), 373–410.

LAMBERIGTS, ZOSIMUS: Lamberigts, M., Augustine and Julian of Aeclanum on Zosimus, in: Aug(L) 42 (1992), 311–330.

LAMBERIGTS, GRACE: Lamberigts, M., Julian of Aeclanum on Grace: Some Considerations, in: StPatr 27 (1993), 342–349.

LAMBERIGTS, ORIGIN: Lamberigts, M., Julian and Augustine on the Origin of the Soul, in: Aug(L) 46 (1996), 243–260.

Lamberigts, M., Julian of Eclanum, in: Fitzgerald, A.D. (ed.), Augustine through the Ages. An Encyclopedia, Grand Rapids (MI) 1999, 478–479.

Lamberigts, M., A Critical Evaluation of Critiques of Augustine's View of Sexuality, in:

Dodaro, R./ Lawless, G. (edd.), Augustine and His Critics. Essays in Honour of G. Bonner, London [u.a.] 2000, 176–197.

LAMBERIGTS, IULIANUS IV: Lamberigts, M., Iulianus IV (Iulianus von Aeclanum), in: RAC 19 (2001), 483–505.

LAMBERIGTS, ASSESSMENT: Lamberigts, M., Was Augustine a Manichaean? The Assessment of Julian of Aeclanum, in: van Oort, J./ Wermelinger, O./ Wurst, G. (edd), Augustine and Manichaeism in the Latin West. Proceedings of the Fribourg-Utrecht Symposium of the International Association of Manichaean Studies (IAMS), Leiden [u.a.] 2001, 113–136.

LAMBERIGTS, RESEARCH: Lamberigts, M., Recent research into Pelagianism with particular emphasis on the role of Julian of Aeclanum, in: Aug(L) 52 (2002), 175–198.

LAMBERIGTS, ITALIAN: Lamberigts, M., The Italian Julian of Aeclanum about the African Augustine of Hippo, in: Fux, P.-Y./ Roessli, J.-M./ Wermelinger, O. (edd.), Augustinus Afer. Saint Augustin: africanité et universalité. Actes du colloque international Alger-Annaba, 1–7 avril 2001, Fribourg 2003, 83–93.

LAMBERIGTS, IULIANUS AECLANENSIS: Lamberigts, M., Iulianus Aeclanensis, in: AL 3 (2004–2010), 836–847.

LAMBERIGTS, CHRISTOLOGIES: Lamberigts, M., Competing Christologies: Julian and Augustine on Jesus Christ, in: AugStud 36 (2005), 159–194.

Lamberigts, M., 'Niemand gelooft tegen zijn zin', de late Augustinus over genade en vrije wil, in: van Geest, P./ van Oort, J. (edd.), Augustiniana Neerlandica. Aspecten van Augustinus' spiritualiteit en haar doorwerking, Leuven [u.a.] 2005, 381–394.

LAMBERIGTS, 1 CORINTHIANS: Lamberigts, M., Julian of Aeclanum and Augustine of Hippo on 1 Cor 15, in: StPatr 43 (2006), 155–172.

Lamberigts, M., The Presence of 1 Cor. 4,7 in the Anti-Pelagian Works of Augustine, in: Aug(L) 56 (2006), 373–399.

LAMBERIGTS, ALTERNATIVE: Lamberigts, M., Julian von Aeclanum und seine Sicht der Gnade: Eine Alternative?, in: Mayer, C./ Grote, A.E.J./ Müller, C. (edd.), Gnade – Freiheit – Rechtfertigung. Augustinische Topoi und ihre Wirkungsgeschichte. Internationales Kolloquium zum 1650. Geburtstag Augustins vom 25. bis 27. November 2004 im Erbacher Hof zu Mainz, Mainz [u.a.] 2007, 95–122.

LAMBERIGTS, BACKGROUND: Lamberigts, M., The Philosophical and Theological Background of Julian of Aeclanum's Concept of Concupiscence, in: Fuhrer, T. (ed.), Die christlich-philosophischen Diskurse der Spätantike. Texte, Personen, Institutionen, Stuttgart 2008, 245–260.

LAMBERIGTS, VIRTUES: Lamberigts, M., Julian of Aeclanum on Natural Virtues and Rom. 2:14, in: Aug(L) 58 (2008), 127–140.

LAMBERIGTS, USO: Lamberigts, M., Uso agustiniano de la tradición, en la controversia con Juliano de Eclana, in: Augustinus 54 (2009), 409–452.

LAMBERIGTS, PECCATUM ORIGINALE: Lamberigts, M., Peccatum originale, in: AL 4, Fasc. 3/4 (2014), 599–615.

LAUDIZI, SILIO: Laudizi, G., Silio Italico, Il passato tra mito e restaurazione etica, Galatina 1989.

LIENHARD, MAXIMINUM: Lienhard, J.T., Maximinum Arrianum (Contra -), in: AL 3 (2004–2010), 1215–1220.

LÖFSTEDT, SPRACHE: Löfstedt, E., Zur Sprache Tertullians, Lund [u. a.] 1920/1921.

LÖHR, SCHRIFT: Löhr, W., Pelagius' Schrift *De natura*: Rekonstruktion und Analyse, in: RechAug 31 (1999), 235–294.

LÖHR, STREIT: Löhr, W., Der Streit um die Rechtgläubigkeit des Pelagius 414–418, in: Drecoll, V.H. (ed.), Augustin-Handbuch, Tübingen 2007, 183–197.

LÖHR, NATURA: Löhr, W., Natura et gratia (De -), in: AL 4, Fasc. 1/2 (2012 sqq.), 183–190.

LÖHR, PELAGIUS: Löhr, W., Pelagius (Pelagianer), in: RAC 27 (2016), 1–26.

Lössl, J., Intellectus Gratiae. Die erkenntnistheoretische und hermeneutische Dimension der Gnadenlehre Augustins von Hippo, Leiden [u. a.] 1997.

Lössl, J., «Te Apulia genuit» (*c. Iul. imp.* 6.18). Some Notes on the Birthplace of Julian of Aeclanum, in: REAug 44 (1998), 223–239.

LÖSSL, JULIAN: Lössl, J., Julian von Aeclanum. Studien zu seinem Leben, seinem Werk, seiner Lehre und ihrer Überlieferung, Leiden [u. a.] 2001.

LÖSSL, PAIN: Lössl, J., Julian of Aeclanum on Pain, in: JECS 10 (2002), 203–243.

LÖSSL, EXEGESIS: Lössl, J., Julian of Aeclanum's "Rationalist" Exegesis. Albert Bruckner Revisited, in: Aug(L) 53 (2003), 77–106.

LÖSSL, SALLUST: Lössl, J., Sallust in Julian of Aeclanum, in: VigChr 58 (2004), 179–202.

Lössl, J., Augustine, 'Pelagianism', Julian of Eclanum and Modern Scholarship, in: ZAC 11 (2007), 129–150.

LÖSSL, VOLUNTARISMUS: Lössl, J., Intellektualistischer Voluntarismus – Der Willensbegriff Augustins von Hippo, in: Müller, J./ Hofmeister Pitch, R. (edd.), Wille und Handlung in der Philosophie der Kaiserzeit und Spätantike, Berlin [u. a.] 2010, 301–330.

LÖSSL, ARISTOTLE: Lössl, J., The Bible and Aristotle in the Controversy Between Augustine and Julian of Aeclanum, in: Lössl, J./ Watt, J.W. (edd.), Interpreting the Bible and Aristotle in Late Antiquity. The Alexandrian Commentary Tradition between Rome and Baghdad, Farnham [u. a.] 2011, 111–120.

LÖSSL, NUPTIIS: Lössl, J., Nuptiis et concupiscentia (De -), in: AL 4 1/2 (2012 sqq.), 261–268.

LLOYD, GRAMMAR: Lloyd, A.C., Grammar and Metaphysics in the Stoa, in: Long, A.A. (ed.), Problems in Stoicism, London 1971, 58–74.

LÜTCKE, AUCTORITAS: Lütcke, K.-H., »Auctoritas« bei Augustin. Mit einer Einleitung zur römischen Vorgeschichte des Begriffs, Stuttgart [u. a.] 1968.

LÜTCKE, ARS: Lütcke, K.-H., Ars, in: AL 1 (1986–1994), 459–465.

LUKAS, RHETORIK: Lukas, V., Rhetorik und literarischer ‚Kampf'. Tertullians Streitschrift gegen Marcion als Paradigma der Selbstvergewisserung der Orthodoxie gegenüber der Häresie. Eine philologisch-theologische Analyse, Frankfurt a. Main 2008 (Würzburg, Diss., 2007).

LUKKEN, ORIGINAL: Lukken, G.M., Original Sin in the Roman Liturgy. Research into the Theology of Original Sin in the Roman sacramentaria and the Early Baptismal Liturgy, Leiden 1973.

MALAVASI, INVOLVEMENT: Malavasi, G., The Involvement of Theodore of Mopsuestia in the Pelagian Controversy: A Study of Theodore's Treatise *Against Those who Say that Men Sin by Nature and not by Will*, in: Aug(L) 64 (2014), 227–260.

MANN, ETHICS: Mann, W.E., Inner-Life Ethics, in: Matthews, G.B. (ed.), The Augustinian Tradition, Berkeley [u.a.] 1999, 140–165.

MANSFELD, DOXOGRAPHY: Mansfeld, J., Doxography and Dialectic. The *Sitz im Leben* of the 'Placita', ANRW II.36.4 (1990), 3056–3229.

MANSFELD, PROLEGOMENA: Mansfeld, J., Prolegomena. Questions to be Settled before the Study of an Author, or a Text, Leiden [u.a.] 1994.

MARA, ARRIANI: Mara, M.G., Arriani, Arrius, in: AL 1 (1989–1994), 450–459.

MARA, AGOSTINO: Mara, M.G., Agostino e la polemica antimanichea: Il ruolo di Paolo e del suo epistolario, in: Aug 32 (1992), 119–143.

MARA, INFLUSSO: Mara, M.G., L'influsso di Paolo in Agostino, in: Ries, J./ Decret, F./ Frend, W.H.C./ Mara, M.G. (edd.), Le epistole paoline nei Manichei, i Donatisti e il primo Agostino, seconda edizione, Roma 2000, 135–190.

Marandino, R., Giuliano di Aeclanum, S. Angelo dei Lombardi 1987.

MARCOS, ANTI-PELAGIAN: Marcos, M., Anti-Pelagian Legislation in Context, in: *Lex et religio*, XL Incontro di Studiosi dell'Antichità Cristiana, Roma, 10–12 maggio 2012, Roma 2013, 317–344.

MARKSCHIES, KOMMENTIERUNG: Markschies, C., Origenes und die Kommentierung des paulinischen Römerbriefs. Einige Bemerkungen zur Rezeption von antiken Kommentartechniken im Christentum des dritten Jahrhunderts und ihrer Vorgeschichte, in: Markschies, C., Origenes und sein Erbe. Gesammelte Studien, Berlin [u.a.] 2006, 63–89.

Markus, R.A., Augustine's *Confessions* and the Controversy with Julian of Eclanum: Manicheism Revisited, in: Aug(L) 41 (1991), 913–925.

MATTEOLI, ORIGINI: Matteoli, S., Alle origini della teologia di Pelagio. Tematiche e fonti delle *Expositiones XIII epistularum Pauli*, Pisa [u.a.] 2011.

MAY, SCHÖPFUNG: May, G., Schöpfung aus dem Nichts. Die Entstehung von der Lehre der creatio ex nihilo, Berlin [u.a.] 1978.

MAYER, CONFESSIO: Mayer, C., Confessio, confiteri, in: AL 1 (1986–1994), 1122–1134.

MAYER, REGULA: Mayer, C., Die Bedeutung des Terminus *regula* für die Glaubensbegründung und die Glaubensvermittlung bei Augustin, RAg 33 (1992), 639–675.

Mayer, Creatio: Mayer, C., Creatio, creator, creatura, in: AL 2 (1996–2002), 56–116.
Mayer, Da quod: Mayer, C., Da quod iubes et iube quod uis, in: AL 2 (1996–2002), 211–213.
Mayer, Homo: Mayer, C., Homo, in: AL 3 (2004–2010), 381–416.
Mayer, Interior: Mayer, C., Interior intimo meo, in: AL 3 (2004–2010), 666.
Mayer, Ring: Mayer, C.P., In memoriam Thomas Gerhard Ring OSA, in: Aug(L) 59 (2009), 187–189.
McGrath, A.E., Divine Justice and Divine Equity in the Controversy between Augustine and Julian of Eclanum, in: DR 101 (1983), 312–319.
McLeod, Roles: McLeod, F.G., The Roles of Christ's Humanity in Salvation. Insights from Theodore of Mopsuestia, Washington (D.C.) 2005.
Meijering, Tertullian: Meijering, E.P., Tertullian contra Marcion. Gotteslehre in der Polemik, Adversus Marcionem I–II, Leiden 1977.
Menn, Theory: Menn, S., The Stoic Theory of Categories, in: OSAPh 17 (1999), 215–247.
Merkelbach, Mani: Merkelbach, R., Mani und sein Religionssystem, Opladen 1986.
Mohrmann, Études 2: Mohrmann, C., Études sur le latin des chrétiens. Tome II: Latin chrétien et médiéval, Roma 1961.
Mohrmann, Études 3: Mohrmann, C., Études sur le latin des chrétiens. Tome III: Latin chrétien et liturgique, Roma 1965.
De Montcheuil, Y., La polémique de saint Augustin contre Julien d'Éclane d'après l'*Opus imperfectum*, in: RechSR 44 (1956), 193–218.
Moreschini, Natura: Moreschini, C., *Natura* e *peccatum* in Giuliano d'Eclano, in: Nazzaro, A. (ed.), Giuliano d'Eclano e l'*Hirpinia Christiana*. Atti del Convegno 4–6 giugno 2003, Napoli 2004, 55–72.
Müller, Liberum: Müller, C., Liberum arbitrium, in: AL 3 (2004–2010), 972–980.
Müller, Formen: Müller, G.A., Formen und Funktionen der Vergilzitate bei Augustin von Hippo. Formen und Funktionen der Zitate und Anspielungen, Paderborn [u. a.] 2003.
Müller, Dispenso: Müller, H., *Dispenso, dispensator, dispensatio* im Werk Augustins, in: WSt 108 (1995), 495–521.
Müller/Schwarte, Dispensatio: Müller, H./ Schwarte, K.-H., Dispensatio, in: AL 2 (1996–2002), 487–498.
Müller, Willensschwäche: Müller, J., Willensschwäche in Antike und Mittelalter. Eine Problemgeschichte von Sokrates bis Johannes Duns Scotus, Leuven 2009.
Müller, Mensch: Müller, J., Willensschwäche und innerer Mensch in Röm 7 und bei Origenes. Zur christlichen Tradition des Handels wider besseres Wissen, in: ZNW 100 (2009), 223–246.
Müller, Memory: Müller, J., Memory in Medieval Philosophy, in: Nikulin, D. (ed.), Memory. A History, Oxford 2015, 92–124.

MÜLLER, SPRACHBEWUßTSEIN: Müller, R., Sprachbewußtsein und Sprachvariation im lateinischen Schrifttum der Antike, München 2001.

Nazzaro, A. (ed.), Giuliano d'Eclano e l'*Hirpinia Christiana*. Atti del Convegno 4–6 giugno 2003, Napoli 2004.

NEUSCHÄFER, ORIGENES: Neuschäfer, B., Origenes als Philologe, 2 Bände, Basel 1987.

NISULA, FUNCTIONS: Nisula, T., Augustine and the Functions of Concupiscence, Leiden [u.a.] 2012.

O'DALY, ANIMA: O'Daly, G., Anima, animus, in: AL 1 (1986–1994), 315–340.

O'DALY, PHILOSOPHY: O'Daly, G., Augustine's Philosophy of Mind, Berkeley [u.a.] 1987.

O'DALY, DEFINITIO: O'Daly, G., Definitio, in: AL 2 (1996–2002), 263–265.

O'DALY/ZUMKELLER, AFFECTUS: O'Daly, G./ Zumkeller, A., Affectus (passio, perturbatio), in: AL 1 (1986–1994), 166–180.

OGLIARI, GRATIA: Ogliari, D., Gratia et Certamen. The Relationship between Grace and Free Will in the Discussion of Augustine with the So-called Semipelagians, Leuven 2003.

OHLIG, CANON: Ohlig, K.-H., Canon scripturarum, in: AL 1 (1986–2004), 713–724.

VAN OORT, MANI: van Oort, J., Augustine and Mani on concupiscentia sexualis, in: den Boeft, J./ van Oort, J. (edd.), Augustiniana traiectina. Communications présentées au Colloque International d'Utrecht 13–14 novembre 1986, Paris 1987, 137–152.

VAN OORT, CONCUPISCENCE: van Oort, J., Augustine on Sexual Concupiscence and Original Sin, in: StPatr 22 (1989), 382–386.

VAN OORT, MANI(CHAEUS): van Oort, J., Mani(chaeus), in: AL 3 (2004–2010), 1121–1132.

VAN OORT, SEMEN: van Oort, J., 'Human Semen Eucharist' among the Manichaeans? The Testimony of Augustine Reconsidered in Context, in: VigChr 70 (2016), 193–216.

OPELT, SCHIMPFWÖRTER: Opelt, I., Die lateinischen Schimpfwörter und verwandte sprachliche Erscheinungen. Eine Typologie, Heidelberg 1965.

OPELT, FORMEN: Opelt, I., Formen der Polemik bei Lucifer von Calaris, in: VigChr 26 (1972), 200–226.

OPELT, STREITSCHRIFTEN: Opelt, I., Hieronymus' Streitschriften, Heidelberg 1973.

OPELT, POLEMIK: Opelt, I., Die Polemik in der christlichen lateinischen Literatur von Tertullian bis Augustin, Heidelberg 1980.

OTTO, SPRICHWÖRTER: Otto, A., Die Sprichwörter und sprichwörtlichen Redensarten der Römer, Hildesheim 1962 (Nachdruck von ¹1890).

PAPAGEORGIOU, CHRYSOSTOM: Papageorgiou, P., Chrysostom and Augustine on the Sin of Adam and Its Consequences, in: SVTQ 39 (1995), 361–378.

PENNACCHIO, SERMO: Pennacchio, M.C., *Cum sermo propheticus absolute utrumque promiserit*: l'interpretazione giulianea del concetto di *theoria*, in: Nazzaro, A. (ed.), Giuliano d'Eclano e l'*Hirpinia Christiana*. Atti del Convegno 4–6 giugno 2003, Napoli 2004, 171–189.

PERAGO, VALORE: Perago, F., Il valore della tradizione nella polemica tra S. Agostino e Giuliano d'Eclano, in: AFLF(N) 10 (1962/1963), 143–160.

PETERS, DIHAERESE: Peters, H., Dihaerese, in: HWRh 2 (1994), 748–753.

POLLMANN, DOCTRINA: Pollmann, K., Doctrina christiana (De-), in: AL 2 (1996–2002), 551–575.

POLLMANN, UNTERSUCHUNGEN: Pollmann, K., Doctrina christiana. Untersuchungen zu den Anfängen der christlichen Hermeneutik unter besonderer Berücksichtigung von Augustinus, *De doctrina christiana*, Freiburg i. d. Schweiz 1996.

Prendiville, J.G., The Development of the Idea of Habit in the Thought of Saint Augustine, in: Traditio 28 (1972), 29–99.

PRIMMER, RHYTHMUS 1: Primmer, A., Rhythmus- und Textprobleme in IVL. Aug. op. imperf. 1–3, in: WSt 88 (1975), 186–212.

PRIMMER, RHYTHMUS 2: Primmer, A., Rhythmus- und Textprobleme in IVL. Aug. op. imperf. 1–3 (2. Teil), in: WSt 90 (1977), 192–218.

PRIMMER, TEXTVORSCHLÄGE: Primmer, A., Textvorschläge zu Augustins Opus imperfectum, in: Bannert, H./ Divjak, J. (edd.), Latinität und alte Kirche, Festschrift für Rudolf Hanslik zum 70. Geburtstag, Wien [u. a.] 1977, 235–250.

QUILLEN, CONSENTIUS: Quillen, C.E., Consentius as a Reader of Augustine's *Confessions*, in: REAug 37 (1991), 87–109.

RAMSEY, DEBATE: Ramsey, J.T., Debate at a Distance: A Unique Rhetorical Strategy in Cicero's Thirteenth Philippic, in: Berry, D.H./ Erskine, A. (edd.), Form and Function in Roman Oratory, Cambridge 2010, 155–174.

RATH, NATUR: Rath, N., Natur, zweite, in: HWPh 6 (1984), 484–494.

REBENICH, HIERONYMUS: Rebenich, S., Hieronymus und sein Kreis. Prosopographische und sozialgeschichtliche Untersuchungen, Stuttgart 1992.

Rebillard, E., Augustin et ses autorités: l'élaboration de l'argument patristique au course de la controverse pélagienne, in: StPatr 38 (2001), 245–263.

REES, PELAGIUS: Rees, B.R., Pelagius. Life and Letters, Woodbridge [u. a.] 1998.

REESOR, CATEGORIES: Reesor, M.E., The Stoic Categories, in: AJPh 78 (1957), 63–82.

REFOULÉ, JULIEN: Refoulé, F., Julien d'Éclane. Théologien et philosophe, in: RechSR 52 (1964), 42–84.233–247.

Rego, F., La relación del alma con el cuerpo. Una reconsideración del dualismo agustiniano, Buenos Aires 2001.

RIBREAU, MANIFESTE: Ribreau, M., Un manifeste de la *disputatio* chrétienne: fins et moyens de l'écriture polémique dans les deux *Contra Iulianum* d'Augustin, in: Galand-Hallyn, P./ Zarini, V. (edd.), Les manifestes littéraires dans la latinité tardive, poétique et rhétorique. Actes du Colloque international de Paris, 23–24 mars 2007, Paris 2009, 223–246.

RIGBY, ORIGINAL: Rigby, P., Original Sin, in: Fitzgerald, A.D. (ed.), Augustine through the Ages. An Encyclopedia, Grand Rapids (MI) 1999, 607–614.

RILEY, INITIATION: Riley, H.M., Christian Initiation. A Comparative Study of the Interpretation of the Baptismal Liturgy in the Mystagogical Writings of Cyril of Jerusalem, John Chrysostom, Theodore of Mopsuestia and Ambrose of Milan, Washington (D.C.) 1974.

RING, EPISTULAS: Ring, T.G., Duas epistulas Pelagianorum (Contra -), in: AL 2 (1996–2002), 672–684.

RING, EXPOSITIO: Ring, T.G., Expositio quarundarum propositionum ex epistula apostoli ad Romanos, in: AL 2 (1996–2002), 1209–1218.

Ring, T.G., Einführende Bemerkungen zu *Contra secundam Iuliani responsionem opus imperfectum (libri VI)*. *Das unvollendete Werk gegen Julian (6 Bücher)*, in: Förster, G./ Grote, A.E.J./ Müller, C. (edd.), Spiritus et littera. Beiträge zur Augustinusforschung. Festschrift zum 80. Geburtstag von C.P. Mayer OSA, Würzburg 2009, 353–376.

Del Río, C., La Mariología en las obras de S. Agustín. Absoluta pureza de María en la doctrina agustiniana, in: Semanas misionológicas de Burgos, Contribución Española a una Misionología Augustiniana, Burgos 1955, 182–190.

RIST, CATEGORIES: Rist, J.M., Categories and their Uses, in: Long, A.A. (ed.), Problems in Stoicism, London 1971, 38–57.

RIST, THOUGHT: Rist, J.M., Augustine. Ancient Thought Baptized, Cambridge 1994.

Römer, F., Zur handschriftlichen Überlieferung der Werke des heiligen Augustinus, in: RhM N.F. 113 (1970), 228–246.

De Rosa, G., L'Immacolato Concepimento di Maria negli scritti di S. Agostino, in: Augustiniana. Napoli a S. Agostino nel XVI centenario della nascita, Napoli 1955, 203–226.

SAGE, PÉCHÉ: Sage, A., Le péché original dans la pensée de saint Augustin, de 412 à 430, in: REAug 15 (1969), 75–112.

SALAMITO, VIRTUOSES: Salamito, J.-M., Les virtuoses et la multitude. Aspects sociaux de la controverse entre Augustin et les pélagiens, Grenoble 2005.

SANTORELLI, NOTE: Santorelli, P., Note sulla terminologia retorica in Giuliano d'Eclano, in: Nazzaro, A. (ed.), Giuliano d'Eclano e l'*Hirpinia Christiana*. Atti del Convegno 4–6 giugno 2003, Napoli 2004, 191–208.

SCHÄUBLIN, UNTERSUCHUNGEN: Schäublin, C., Untersuchungen zu Methode und Herkunft der antiochenischen Exegese, Köln [u.a.] 1974.

SCHÄUBLIN, HOMERUM: Schäublin, C., Homerum ex Homero, MH 34 (1977), 221–227.

SCHÄUBLIN, PRÄGUNG: Schäublin, C., Zur paganen Prägung der christlichen Exegese, in: van Oort, J./ Wickert, U. (edd.), Christliche Exegese zwischen Nicaea und Chalcedon, Kampen 1992, 148–173.

SCHECK, ORIGEN: Scheck, T.P., Origen and the History of Justification. The Legacy of Origen's Commentary on Romans, Notre Dame (IN) 2008.

SCHENKEVELD, STRUCTURE: Schenkeveld, D.H., The Structure of Plutarch's *De Audiendis Poetis*, in: Mnemosyne 35 (1982), 60–71.

Scheppard, C., The Transmission of Sin in the Seed: A Debate between Augustine of Hippo and Julian of Eclanum, in: AugStud 27 (1996), 97–106.

SCHIEMANN, EMANCIPATIO: Schiemann, G., Emancipatio, in: DNP 3 (1997), 1006–1007.

SCHIRNER, INSPICE: Schirner, R.S., Inspice diligenter codices. Philologische Studien zu Augustins Umgang mit Bibelhandschriften und -übersetzungen, Berlin [u.a.] 2015.

SCHMIDT, TYPOLOGIE: Schmidt, P.L., Zur Typologie und Literarisierung des frühchristlichen lateinischen Dialogs, in: Fuhrmann, M. (ed.), Christianisme et formes littéraires de l'antiquité tardive en occident, Vandœuvres [u.a.] 1977, 101–180.

SCHMIDT, FORMTRADITION: Schmidt, P.L., Formtradition und Realitätsbezug im frühchristlichen lateinischen Dialog, in: WüJb N.F. 3 (1977), 211–225.

SCHNEIDER, FULGENTIUS: Schneider, H., Fulgentius, Mythograph, in: LACL, Freiburg i. Br. 1998, 240–241.

SCHNEIDER/ZILKER, TALKING: Schneider, M., Zilker, V., Talking to books. Some basic principles of the literary genre of book dialogues, in: WüJb 39 (2015), 5–38.

SCHÖLLGEN, ULTIMA: Schöllgen, G., De ultima plebe. Die soziale Niedrigkeit der Christen als Vorwurf ihrer Gegner, in: Hutter, M./ Klein, W./ Vollmer, U. (edd.), Hairesis. Festschrift für Karl Hoheisel zum 65. Geburtstag, Münster 2002, 159–171.

SCHOLTEN, KATECHETENSCHULE: Scholten, C., Die alexandrinische Katechetenschule, in: JbAC 38 (1995), 16–37.

SCIBONA, DOCTRINE: Scibona, C.G., The Doctrine of the Soul in Manichaeism and Augustine, in: van den Berg, J.A./ Kotzé, A./ Nicklas, T./ Scopello, M. (edd.), 'In Search of Truth': Augustine, Manichaeism, and other Gnosticism. Studies for Johannes van Oort at Sixty, Leiden [u.a.] 2011, 377–418.

SIDER, RHETORIC: Sider, R.D., Ancient Rhetoric and the Art of Tertullian, Oxford 1971.

SIEBENBORN, LEHRE: Siebenborn, E., Die Lehre von der Sprachrichtigkeit und ihren Kriterien. Studien zur antiken normativen Grammatik, Amsterdam 1976.

SIMONETTI, LETTERA: Simonetti, M., Lettera e/o allegoria. Un contributo alla storia dell'esegesi patristica, Roma 1985.

SLUITER, GRAMMAR: Sluiter, I., Ancient Grammar in Context. Contributions to the Study of Ancient Linguistic Thought, Amsterdam 1990.

Smalbrugge, M., L'identification interdite et imposée avec Dieu. Sur le moralisme de Julien d'Eclane, in: Aug(L) 54 (2004) (= Mélanges offerts à T.J. van Bavel à l'occasion de son 80ᵉ anniversaire, Leuven 2004), 307–323.

Smalbrugge, M., Predestinatie en de verbeelding van de persoon, in: van Geest, P./ van Oort, J. (edd.), Augustiniana Neerlandica, Aspecten van Augustinus' spiritualiteit en haar doorwerking, Leuven [u.a.] 2005, 365–379.

SÖDER, NATURA: Söder, J., Natura, in: AL 4, Fasc. 1/2 (2012 sqq.), 160–177.

SOMMER, ENDE: Sommer, A.U., Das Ende der antiken Anthropologie als Bewährungsfall kontextualistischer Philosophiegeschichtsschreibung: Julian von Eclanum und Augustin von Hippo, in: ZRGG 57 (2005), 1–28.

SORABJI, EMOTION: Sorabji, R., Emotion and Peace of Mind. From Stoic Agitation to Christian Temptation, Oxford [u.a.] 2002.

Stein, M., Bemerkungen zu Iulianus von Aeclanum, in: JbAC 43 (2000), 122–125.

STEINMETZ, STOA: Steinmetz, P., Die Stoa, in: Grundriss der Geschichte der Philosophie. Begründet von F. Ueberweg. Die Philosophie der Antike, Band 4: Die hellenistische Philosophie, zweiter Halbband, hg. von H. Flashar, Basel 1994, 495–716.

STELZENBERGER, BEZIEHUNGEN: Stelzenberger, J., Die Beziehungen der frühchristlichen Sittenlehre zur Ethik der Stoa. Eine moralgeschichtliche Studie, München 1933.

STEMMER, TUGEND: Stemmer, P., Tugend. I. Antike, in: HWPh 10 (1998), 1532–1548.

STEUDEL-GÜNTHER, RATIOCINATIO: Steudel-Günther, A., Ratiocinatio, in: HWRh 7 (2005), 595–604.

TESKE, GENESI: Teske, R.J., Genesi ad litteram (De -), in: AL 3 (2004–2010), 113–126.

THIER, KIRCHE: Thier, S., Kirche bei Pelagius, Berlin [u.a.] 1999.

THONNARD, ARISTOTÉLISME: Thonnard, F.-J., L'aristotélisme de Julien d'Éclane et saint Augustin, in: REAug 11 (1965), 296–304.

THONNARD, JUSTICE: Thonnard, F.-J., Justice de Dieu et justice humaine selon saint Augustin, in: Augustinus 12 (1967), 387–402.

TORNAU, LOCUTIO: Tornau, C., Locutio, in: AL 3 (2004–2010), 1035–1047.

TORNAU, LOCUTIONUM MODI: Tornau, C., Locutionum modi, in: AL 3 (2004–2010), 1055–1061.

TORNAU, VIRTUE: Tornau, C., Does Augustine Accept Pagan Virtue? The Place of Book 5 in the Argument of the *City of God*, in: StPatr 43 (2006), 263–275.

TORNAU, RHETORIK: Tornau, C., Zwischen Rhetorik und Philosophie. Augustins Argumentationstechnik in *De ciuitate Dei* und ihr bildungsgeschichtlicher Hintergrund, Berlin [u.a.] 2006.

TORNAU, MOTUS: Tornau, C., Motus, in: AL 4, Fasc. 1/2 (2012 sqq.), 99–105.

TORNAU, HAPPINESS: Tornau, C., Happiness in this Life? Augustine on the Principle that Virtue Is Self-sufficient for Happiness, in: Emilsson, E.K./ Rabbås, Ø./ Fossheim, H./ Tuominen, M. (edd.), The Quest for the Good Life. Ancient Philosophers on Happiness, Oxford 2015, 265–280.

TORNAU, RATIO: Tornau, C., *Ratio in subiecto*? The Sources of Augustine's Proof for the Immortality of the Soul in the *Soliloquia* and its Defense in *De immortalitate animae*, in: Phronesis 62 (2017), 319–354.

Trapè, A., Un celebre testo de Sant'Agostino sull «ignoranza e la difficoltà» (*Retract.*, I, 9, 6) e l'«Opus imperfectum contra Iulianum», in: Augustinus Magister. Congrès International Augustinien, Paris, 21–24 septembre 1954, Communications 2, Paris 1954, 795–803.

UHLE, DIALEKTIK: Uhle, T., Augustin und die Dialektik. Eine Untersuchung der Argumentationsstruktur in den Cassiciacum-Dialogen, Tübingen 2012.

VACCARI, COMMENTO: Vaccari, A., Un commento a Giobbe di Giuliano di Eclana, Roma 1915.

Vessey, M., *Opus imperfectum*. Augustine and his readers, 426–435 A.D., in: VigChr 52 (1998), 264–285.

De Villalmonte, A., El pecado original, ¿dogma popular o dogma plebeyo? Controversia Agustín – Julián de Eclana, in: CDios 216 (2003), 739–768.

VÖGTLE, AFFEKT: Vögtle, A., Affekt, in: RAC 1 (1950), 160–173.

VOGT, ANGER: Vogt, K.M., Anger, Present Injustice and Future Revenge in Seneca's *De Ira*, in: Volk, K./ Williams, G.D. (edd.), Seeing Seneca Whole. Perspectives on Philosophy, Poetry and Politics, Leiden [u. a.] 2006, 57–74.

VOSS, DIALOG: Voss, B.R., Der Dialog in der frühchristlichen Literatur, München 1970.

WASZINK, VORSTELLUNGEN: Waszink, J.H., Die Vorstellungen von der »Ausdehnung der Natur« in der griechisch-römischen Antike und im frühen Christentum, in: Dassmann, E./ Frank, K.S. (edd.), Pietas. Festschrift für Bernhard Kötting, Münster 1980, 29–38.

WATSON, COGITATIO: Watson, G., Cogitatio, in: AL 1 (1986–1994), 1046–1051.

WEBER, LITERATUR: Weber, D., Klassische Literatur im Dienst theologischer Polemik: Julian von Eclanum, *Ad Florum*, in: StPatr 38 (2001), 503–509.

WEBER, SPEZIFIKA: Weber, D., Textkritische Spezifika von Augustins Schriften gegen Julian von Aeclanum, in: Primmer, A./ Smolak, K./ Weber, D. (edd.), Textsorten und Textkritik. Tagungsbeiträge, Wien 2002, 193–209.

WEBER, PUNIC: Weber, D., "For What Is so Monstrous as What the Punic Fellow Says?" Reflections on the Literary Background of Julian's Polemical Attacks on Augustine's Homeland, in: Fux, P.-Y./ Roessli, J.-M./ Wermelinger, O. (edd.), Augustinus Afer. Saint Augustin: africanité et universalité (Paradosis 45,1–2), Actes du colloque international, Alger-Annaba, 1–7 avril 2001, Fribourg 2003, 75–82.

WEBER, ASPECTS: Weber, D., Some Literary Aspects of the Debate between Julian of Eclanum and Augustine, in: StPatr 43 (2006), 289–302.

WERMELINGER, ROM: Wermelinger, O., Rom und Pelagius. Die theologische Position der römischen Bischöfe im pelagianischen Streit in den Jahren 411–432, Stuttgart 1975.

WERMELINGER, STAATLICHE: Wermelinger, O., Staatliche und kirchliche Zwangsmaßnahmen in der Endphase des pelagianischen Streites, in: Agostino d'Ippona, „Quaestiones disputatae" (Palermo 3–4 dicembre 1987), Palermo 1989, 75–100.

WESTERMANN, GENESIS: Westermann, C., Genesis. 2. Teilband. Genesis 12–36, Neukirchen-Vluyn 1981.

WICKERT, STUDIEN: Wickert, U., Studien zu den Pauluskommentaren Theodors von Mopsuestia als Beitrag zum Verständnis der antiochenischen Theologie, Berlin 1962.

WILDBERGER, SENECA 1: Wildberger, J., Seneca und die Stoa: Der Platz des Menschen in der Welt. Band 1: Text, Berlin [u. a.] 2006.

WILDBERGER, SENECA 2: Wildberger, J., Seneca und die Stoa: Der Platz des Menschen in der Welt. Band 2: Anhänge, Literatur, Anmerkungen und Register, Berlin [u. a.] 2006.

WOOTEN, PHILIPPICS: Wooten, C.W., Cicero's *Philippics* and Their Demosthenic Model. The Rhetoric of Crisis, Chapel Hill (NC) [u. a.] 1983.

WU, BATTLE: Wu, T., Did Augustine Lose the Philosophical Battle in the Debate with Julian of Eclanum on *concupiscentia carnis* and *voluntas*?, in: Aug(L) 57 (2007), 7–30.

WU, INVOLUNTARY: Wu, T., Augustine on Involuntary Sin: A Philosophical Defense, in: Aug(L) 59 (2009), 45–78.

WU, ADAPTATION: Wu, T., Rethinking Augustine's Adaptation of 'First Movements' of Affection, in: ModSch 87 (2010), 95–115.

WU, INITIUM: Wu, T., Augustine on *initium fidei*. A case study of the coexistence of operative grace and free decision of the will, in: RechThPhM 79 (2012), 1–38.

WURST, BEMERKUNGEN: Wurst, G., Bemerkungen zu Struktur und *genus litterarium* der *Capitula* des Faustus von Mileve, in: van Oort, J./ Wermelinger, O./ Wurst, G. (edd), Augustine and Manichaeism in the Latin West. Proceedings of the Fribourg-Utrecht Symposium of the International Association of Manichaean Studies (IAMS), Leiden [u. a.] 2001, 307–324.

WURST, HAERESIS: Wurst, G., Haeresis, haeretici, in: AL 3 (2004–2010), 290–302.

WURST, WERKE: Wurst, G., Antimanichäische Werke, in: Drecoll, V. H (ed.), Augustin-Handbuch, Tübingen 2007, 309–316.

WURST, MANICHÄISMUS: Wurst, G., Manichäismus um 375 in Nordafrika und Italien, in: Drecoll, V.H. (ed.), Augustin-Handbuch, Tübingen 2007, 85–92.

WUTTKE, SYNKRISIS: Wuttke, D., Synkrisis, in: LAW (1965), 2962–2963.

YOUNG, EXEGESIS: Young, F.M., Biblical Exegesis and the Formation of Christian Culture, Cambridge 1997.

YOUNG, MEANING: Young, F.M., Teasing Out Meaning: Some Techniques and Procedures in Early Christian Exegesis, in: StPatr 100 (2020), 3–18.

Zelzer, M., Die Klosterneuburger Handschrift zu Augustins Opus imperfectum contra Iulianum, in: WSt 84 (1971), 233–237.

ZELZER, IUDICEM: Zelzer, M., *Quem iudicem potes Ambrosio reperire meliorem?* (Augustinus, *op. impf*. 1,2), in: StPatr 33 (1997), 280–285.

ZELZER, PRAECEPTOR: Zelzer, M., Meus est praeceptor Ambrosius (Augustinus, *Contra Iulianum op. Impf*. 6,21), in: Collatz, C.-F./ Dummer, J./ Kollesch, J./ Werlitz, M.-L. (edd.), Dissertatiunculae criticae, Festschrift für G.C. Hansen, Würzburg 1998, 367–375.

Zelzer, M., L'edizione critica dell'*Opus imperfectum contra Iulianum*, in: Todisco, V.A. (ed.), Opus solidaritatis pax, Studi in onore di Mons. A. Forte, Avellino 1999, 219–225.

Zelzer, Giuliano: Zelzer, M., Giuliano e la tradizione classica, in: Nazzaro, A. (ed.), Giuliano d'Eclano e l'*Hirpinia Christiana*. Atti del Convegno 4–6 giugno 2003, Napoli 2004, 225–233.

Zelzer, Iulianum: Zelzer, M., Iulianum (Contra -), in: AL 3 (2004–2010), 812–824.

Zelzer, Iulianum opus: Zelzer, M., Iulianum opus imperfectum (Contra -), in: AL 3 (2004–2010), 824–835.

Zelzer, Giovanni: Zelzer, M., Giovanni Crisostomo nella controversia tra Giuliano d'Eclano e Agostino, in: Giovanni Crisostomo. Oriente e Occidente tra IV e V secolo, XXXIII Incontro di Studiosi dell'Antichità Cristiana, Roma, 6–8 maggio 2004, Roma 2005, 927–932.

Zelzer, M., Das augustinische *Opus imperfectum contra Iulianum* und seine Rezeption im Mittelalter, in: Förster, G./ Grote, A.E.J./ Müller, C. (edd.), Spiritus et littera. Beiträge zur Augustinus-Forschung. Festschrift zum 80. Geburtstag von C.P. Mayer OSA, Würzburg 2009, 797–807.

Zumkeller, Consuetudo: Zumkeller, A., Consuetudo, in: AL 1 (1986–1994), 1253–1266.

Zumkeller, Correptione: Zumkeller, A., Correptione et gratia (De -), in: Al 2 (1996–2002), 39–47.

Namen, Orte, Sachen

Abraham 80n490, 467–469, 534n933, 542 sq., 552
Adam 25, 33, 39, 40, 43, 51, 53, 57, 84 sq., 231n54, 333, 339, 344, 354, 364, 378, 382 sq., 397, 448, 462, 475, 510, 535, 540
Adimantus 257 sq., 339 sq.
adoptio 34, 329 sq., 332, 483, 524
Aeclanum 3
Aelius Donatus 295–297
affectus/afficere 28 sq., 42, 49, 57, 399n560, 403 sq., 451–453, 536 sq.
Afrika 7, 78, 223, 227 sq., 291
Akzidenz/akzidentell 81, 257, 269, 302, 341, 533
Alexandrien 9
Allgemeinverständnis 82 sq., 259 sq., 279–282, 292, 307, 312 sq., 340, 388, 444 sq., 494
Altes Testament 24, 59, 69, 224n24, 225, 258, 284, 301, 318, 339 sq., 534 sq., 562
Alypius 6, 11, 228 sq., 292, 323, 461
ambiguitas 33, 60 sq., 66, 224 sq., 310, 373n493, 392 sq., 425, 464, 553
Ambrosiaster 36, 38, 40, 374 sq., 392, 542n948, 543n954, 555, 557
Ambrosius 281n212, 282n215, 295, 489, 453, 488, 495, 497, 536
Anianus von Celada 295
animal rationale 27, 444–446, 480, 561
animus 27–30, 43–46, 71 sq., 226, 282 sq., 294 sq., 297–301, 395, 400 sq., 441, 449–453, 481, 493
Annahme durch Gott (v. *adoptio*)
Apostrophe 16, 67 sq., 287, 354, 406, 410, 526 sq.
Apulien 78n481
Apuleius 251, 286n228
Argumentation
   antideterministische 18, 369, 391, 394 sq., 456, 485, 514 sq.
   antimanichäische 13, 18, 72 sq., 224n24, 232, 258, 294 sq., 315, 381, 391, 394 sq., 456, 469, 500, 508n881

Argumentationsfigur 86–89, 517
Argumentationsstrategie 15, 60 sq., 65–89
Aristoteles 29n172, 77, 81n497, 268–271, 275 sq., 278–282, 310
Arius/Arianer 421, 424, 427 sq., 430–435
Art (Kategorie; v. *species*)
artes liberales 294
Art und Weise des Verhaltens (Kategorie; v. *modus*)
Athanasius 20, 251, 421, 426–433
Auctor ad Herennium 77n474
auctoritas 74 sq., 88, 222, 234, 258 sq., 261, 293, 512 sq., 525, 541, 549 sq., 561
ausgeschlossenen Dritten, Satz vom 460 sq.
Auslegung
   alexandrinische 64
   antiochenische 63 sq.
   allegorische 62–64
   biblische 40, 42, 57–64, 67 sq., 79 sq., 82–89, 218–225, 248, 252, 265, 322, 336, 344 sq., 353–355, 358–382, 385–396, 436, 438, 441, 448, 458, 472, 476, 511–519, 540–566
   grammatische 61, 372–374, 518 sq.
   historische/*secundum historiam* 59–64, 561–566
   pagane 59–64
   strittige 17, 22, 236, 247
   typologische/*secundum prophetiam* 59–64, 564–566
Auferweckung (v. *excitatio*)
Auferstehung (v. *resurrectio*)
Ausonius 416
Autorität der Bibel (v. *auctoritas*)
Auxentius von Mailand 432

Babylon/babylonisch 63, 421
baptisma 34 sq., 38, 54–57, 83 sq., 233, 249 sq., 328–334, 337, 354, 363 sq., 367, 465, 472, 483, 487–489, 496–511, 524, 539
Basilius von Caesarea 20, 28n169, 42, 227n42, 388, 412
Beda Venerabilis 5
Begierde (v. *concupiscentia*)

Beispiel (v. *exemplum*)
Bekehrung   38, 53, 76, 84, 229, 353, 360, 362 sq., 367 sq., 370 sq., 380, 386–388, 483, 495, 544
Beschimpfung (v. auch Topos, polemischer)   17, 76–78, 339, 384, 427
Besserung, moralische   34 sq., 50, 54 sq., 331, 362 sq., 365, 369, 387, 403, 462 sq., 466, 469, 471, 483–485, 524, 531, 536 sq.
Bestechung   218, 229, 255, 291, 413, 421
Bibelübersetzung   297, 562, 565
Bischofstätigkeit   1, 3, 263
Boethius   266 sq., 271, 273n179
Böse, das (v. *malum*)
Bonifatius   6, 228 sq., 461
bonum   32, 312–314, 442–445, 453–456
Buchdialog   7, 11–15
Budapester Anonymus   38

Caelestius   1, 3, 7 sq., 220, 230, 233, 246, 325n356, 327, 329, 412, 423, 431, 435, 542n947
Caelestianer/caelestianisch (v. Pelagianer)
Cassiodor   295 sq.
Cato d. Ältere   77n474, 290n243
Chartulae (Exzerpte von *Turb.* 1)   6, 228, 237, 239–246, 249, 252, 254, 325, 342–349, 354–356, 410 sq., 415–419, 435
Christus   34 sq., 38, 63, 84, 230, 249, 252 sq., 257–259, 284, 324, 326, 328–331, 349–351, 353, 361–367, 371, 374, 401, 420, 430, 434, 460, 466 sq., 470, 486, 489, 495, 518, 523 sq., 531, 535, 564
Chrysipp   36n215, 283n218, 285
Cicero   14, 19, 36 sq., 60, 65n391, 66 sq., 76n466, 88 sq., 219 sq., 222, 228, 248, 250–252, 263 sq., 269, 270n173, 276–278, 279n204, 280n207, 282, 287 sq., 290, 292, 300, 304, 308, 319n347, 340n406, 348, 365, 373n493, 400, 407, 440 sq., 444, 448n717, 451 sq., 459n755, 474, 504
concupiscentia / concupiscentia carnis   17, 29 sq., 43, 48 sq., 56 sq., 70, 226, 229 sq., 234 sq., 237, 267, 274 sq., 302 sq., 315, 322, 341–343, 349, 351, 353–358, 362, 382–385, 395–404, 452, 498, 500, 507–510, 534
Consentius   76n464
consequentia lectionis   59, 538

Constantinus I. / Konstantin der Große   430 sq.
Constantius II.   246n111, 252, 431 sq., 434
consuetudo   31, 37 sq., 43, 48, 51, 84, 237 sq., 299, 353, 356, 358–361, 363–366, 374, 386–395, 481 sq., 552
consuetudo (sprachliche)   58, 60, 84, 372–374, 376, 389 sq., 512
corpus   43, 57, 70, 232, 341, 373, 378, 389–391, 395, 500
corpus mortis   84, 353, 355 sq., 358, 360, 367, 371–375, 379, 382, 385–399
Cyprian   246n111, 533n929, 536

Definition   75, 79–82, 287–289, 293, 439–445, 494, 503, 506
   der *iustitia*   21, 79–82, 248, 250, 264 sq., 279–290, 292, 307, 380, 441, 445, 507, 510 sq., 541 sq.
   des *liberum arbitrium*   21, 79–82, 264, 292, 438–458, 466, 473, 494, 502 sq., 508, 510 sq.
   des Menschen (v. auch *animal rationale*)   444–447
   des *peccatum*   21, 79–82, 248, 250, 264 sq., 287–304, 306 sq., 380, 406, 441, 466, 506–508, 510
   der *uoluntas*   297–300, 306, 503
Demagogie   246, 262–264, 289–291, 412–415
diabolus/diabolicus   85, 230 sq., 249, 324, 332, 338, 342–345, 347, 349–351, 401, 466–469, 506, 521 sq., 524 sq., 533, 535
Dialektik (v. auch *diuisio*)   67, 75, 81, 222, 265, 287, 307, 438 sq., 441, 490
Dialog (v. auch Buchdialog)   11–16, 541
Diesseits   41, 47, 49, 378 sq., 397, 463 sq., 466, 531, 542, 558
differentia   266, 273–274, 283 sq., 287 sq., 301
Differenz (Kategorie; v. *differentia*)
Dio Chrysostomus   290n243, 291
dispensatio/reuelatio   39, 284, 561–563
Disputation, öffentliche   12–15, 65, 222 sq., 233 sq.
Disputationsprotokoll   12–15, 393
diuisio   81, 265, 270, 277, 287–289, 438–441, 444, 469 sq., 478 sq., 490, 494
Donatisten   8n43, 220
Dualismus   69–71, 75, 294, 313 sq., 340, 349 sq., 394n552, 461, 491 sq., 495, 528

NAMEN, ORTE, SACHEN 615

Ebenbild Gottes (v. *imago dei*)
Ehe   10, 28, 230, 233–235, 249, 266, 322, 341–343, 347, 351, 354, 383–385, 396 sq., 488, 496
electio   52 sq., 55, 80, 332 n387, 541, 558
emancipatio   441–444, 454, 472
Ennius   295 sq.
Epistula ad Menoch   25, 66 n393, 75, 395
Epistula tractoria   6, 9, 243 sq., 333 n393, 413 n602, 432
Erbsünde (v. *peccatum originale*)
Erleuchtung (v. *illuminatio*)
Etikettierungsstrategie   345, 412, 422–425, 427 sq., 435
Esau und Jakob   52, 80 n490, 541, 543 sq., 547 sq.
Eusebius von Caesarea   20, 320, 425
Evodius   314 sq.
excitatio   34, 379 sq., 489
exemplum (v. auch *imitatio*)
  Adams   33, 39, 364
  Christi   27 n166, 35, 38 sq., 333, 363, 482 n805
Exegese (v. Auslegung)
Exil   1, 10, 40, 251, 431–433
Exil, babylonisches   562
Exkommunizierung   8 sq., 220
Exzerpt (v. *Chartulae*)
Exzess (= *excessus*)   29, 274 sq., 302, 401–403, 452

Faustus von Mileve   13, 257 sq., 339 sq., 393–396, 535
Fehler, moralischer (v. *peccatum*)
fides   38, 49, 54, 76–78, 250, 253, 363, 465, 546 sq.
Florus   11, 218 sq., 221, 223, 321
Fortpflanzung   29, 55, 225 sq., 341, 343–347, 349–352, 354, 365, 383 sq., 400, 402–404
Fortunatus   393 sq., 508 n881
Fragenreihe zur Begriffserörterung   270–273, 276–279, 285 sq., 288 sq., 303
Freier Wille (v. *liberum arbitrium*)
Freiheit
  des Willens (v. *liberum arbitrium*)
  der Entscheidung   26, 31, 295, 299, 306, 420, 441, 447, 453–457, 475, 483, 487, 494, 514, 536, 544
Fulgentius Mythographus   350

Gattung (Kategorie; v. *genus*)
Gebot   33, 285
Gebrauch, exzessiver (v. *excessus*)
Gebrauch, maßvoller (v. *modus*)
Gebrauch, rechter   294, 557
‚Gefäße der Gnade' (v. *uasa misericordiae*)
‚Gefäße des Zorns' (v. *uasa irae*)
Gellius   290 n245
genera dicendi   67, 248 sq., 270, 287, 305, 389 sq., 461 sq., 470, 474, 518 sq., 530
Gennadius   4
genus (= *origo*)   266, 270–273, 285–288, 301, 403, 446
Gerechtigkeit (v. *iustitia*)
Gerichtsverfahren   1, 16, 22, 65–68, 89, 233 sq., 239, 248, 250 sq., 261, 316
‚Gesetz der Sünde' (v. *lex peccati*)
‚Gesetz in den Gliedern' (v. *lex in membris*)
Gesetz, mosaisches (v. *lex*)
Gewissen (v. *conscientia*)
Glaube (v. *fides*)
Glaubensbekenntnis (v. *regula fidei*)
Glaubensgrundsatz (v. auch *regula fidei*)   58, 61, 66 sq., 82 sq., 250, 255, 259 sq., 265, 312 sq., 319, 411 sq., 414, 434, 472, 478–480, 527, 566
Gnade (v. *gratia*)   23, 35, 46, 72
Gnade, Feind der (v. *inimicus gratiae*)
Gott, Gottesbild   26, 43, 51–54, 69–72, 80, 313–318, 322, 326, 337 sq., 350, 362, 367, 370 sq., 406 sq., 445, 482, 520–523, 527 sq., 530–534, 540 sq., 550, 561–563
gratia   8, 32, 46–56, 81, 83, 85, 287, 325, 327, 329 sq., 332 sq., 366, 379, 382 sq., 394 sq., 397, 405, 407 sq., 420, 463, 474, 476–479, 481–483, 486, 491, 497 sq., 510, 527, 534 sq., 537, 542 sq., 547 sq., 558 sq., 563
  als *adiutorium*   32 n188, 37, 39, 230, 300, 332, 387 sq., 453 sq., 478, 481–485
Gregor von Nazianz   395, 412
Gute, das (v. *bonum*)

Hadrumetum   397
haeretici noui   73, 230, 244, 424 sq., 462, 488
Häresie/Häretiker   12, 68, 308, 394 n552, 412, 421, 423 sq., 427, 432, 473, 498
Häretikervorwurf   74, 254–259, 209, 395, 423 sq., 522, 541
Hegemonius   314 n329

Heiden   260, 293, 311 sq., 458, 534
Heidenchristen   80n490, 543, 545, 546n962, 548, 552, 554
Heilsplan (v. *dispensatio/reuelatio*)
Hermagoras   268n165, 276
Hermeneutik   57–64, 84–88, 219, 255 sq., 259, 261, 265, 339, 373, 465 sq., 538
Hieronymus   12, 18, 35n207, 72, 87n511, 227, 236n75, 244 sq., 262–264, 285n225, 295 sq., 311, 346n418, 405, 416, 429, 432, 461n758, 476n790, 495–497, 562, 565
Hilarius von Poitiers   432
Hochmut (v. *superbia*)
Hoffnung   34, 329, 366, 463, 523 sq., 531
Homöer   430 sq.
Homöusianer   431, 434
Homonymie   61, 310, 465, 470
Homousianer   424
homousios   425–427, 430, 433–435
Honoratus   3
Honorius   8, 10, 246, 431 sq.

illuminatio   39, 71 sq., 334, 481 sq.
imago dei   27, 259, 282 sq., 441, 446, 479 sq., 561
imitatio   35, 37, 40 sq., 310, 363–366, 379, 468 sq., 482
inimicus gratiae   23, 78, 83, 219, 245 sq., 322, 324 sq., 407 sq., 479, 483, 509 sq., 563
Innozenz I., Bischof von Rom   3, 8, 228, 291, 327n359, 329, 487
Interlokutor, fiktiver   17, 86 sq., 294, 304 sq., 309 sq., 312 sq., 379 sq., 503, 548–550, 552–554, 556
Italien   10, 77 sq., 227, 339
iustificatio   34, 52
iustitia (v. auch Definition der *iustitia*)
   dei   27, 43, 55, 59, 80–83, 219, 222, 224, 259, 283, 301, 303 sq., 318, 335–337, 407, 447, 457, 551
   hominis   259, 283

Jenseits   41, 47, 398, 463, 475, 514, 542
Jerusalem   9, 528
Jesaja   561–564
Johannes Chrysostomus   20, 28n169, 36, 40, 42, 87, 222n17, 227n42, 295, 330, 331, 354, 367–369, 375, 380 sq., 387, 391 sq., 394n552, 403, 404n583, 412, 444, 485 sq., 514 sq., 518n896, 519, 546, 556
Jovinian   19, 80, 245, 421, 472, 474, 487–490, 495–500, 502–504
Juden   47 sq., 63, 80n490, 85 sq., 221, 353, 361, 366, 368n476, 371, 393n548, 462, 464 sq., 467–469, 541–554, 562, 565
Judenchristen   462–464, 543, 552–554
Juliana, Mutter Julians   3
Jungfräulichkeit Marias   349–351, 496 sq., 564, 566

Katastasen   40 sq., 331, 378 sq.
Kategorien zur Begriffserörterung   265–279, 287 sq., 301, 441, 446 sq.
Kategorien, aristotelische   81n497, 265–270
Kategorien, stoische   265 sq., 278
Katholiken, katholisch   220, 225, 250, 252, 254–256, 264, 346 sq., 407, 411 sq., 420, 424, 487–489, 520, 540 sq., 566
Kilikien   10 sq., 221
Klarheit der Heiligen Schrift   87 sq., 257, 368, 371, 469, 473, 512, 516–519, 560
Kleinkinder (v. *paruuli*)
‚Körper des Todes' (v. *corpus mortis*)
Kommentar
   biblischer   5, 36, 58 sq., 88, 374 sq., 377 sq., 465
   paganer   15, 59 sq., 371, 373, 389
Kommentarprolog   61, 542
Konstantinopel   4, 9, 10n66, 11
Kontext   58, 61, 74, 84–86, 537, 540–542, 562, 564–566
Kontroversdialog   11 sq.
Konzil/Synode
   von Arles   432n668
   von Béziers   432n668
   von Diospolis   8, 72n443, 243, 333n393, 524n947
   von Ephesus   4
   von Mailand   432
   von Mileve   8
   von Karthago   8, 243
   von Rimini/Seleukia   413n602, 421, 425–435
Kreatianismus   226
Kyros II.   564–566

NAMEN, ORTE, SACHEN 617

Laien (v. *simplices*)
Laktanz   28n169, 246n111, 270n173, 348, 405
Leo I., Bischof von Rom   4
liberum arbitrium (v. auch Definition des *liberum arbitrium*)   26 sq., 32 sq., 35, 46–51, 72 sq., 80–83, 224, 300 sq., 307, 370, 408, 411, 420 sq., 433 sq., 436 sq., 477 sq., 483–485, 490 sq., 494, 505, 554, 558 sq.
Leben, ewiges (v. auch *resurrectio*)   33, 463
Leser (v. Schiedsrichter)
lex   36n212, 47, 361, 371, 387, 448
lex in membris   237 sq., 265, 358 sq., 374, 385–393, 398
lex peccati   39 sq., 48, 353, 359, 385–388, 397–407
Livius   77, 78n478, 251, 290, 461n757
Lucifer von Calaris   246n111, 251
Lukian   291
Lust (v. *concupiscentia*)

Macrobius   327
Märtyrer   317 sq.
malum (v. auch *peccatum*)   69–72, 219, 231 sq., 236, 245, 256, 261, 285, 294 sq., 313, 316, 341, 344 sq., 350, 406 sq., 453–455, 461, 521 sq., 528
Manichäer/Manichäismus   13, 36n212, 51n317, 65, 69–72, 75, 80, 219 sq., 224n24, 225, 232, 253–256, 260, 294, 303, 312–317, 339 sq., 346–348, 351 sq., 357, 367, 386, 391–396, 409, 414, 422–424, 456, 461, 480, 487 sq., 490, 492–495, 498–500, 502, 513, 522, 527 sq., 533–535
Manichäismusvorwurf / *Manichaei noui*   24, 66n393, 73–75, 219 sq., 227, 231, 235, 244, 246, 248, 250, 252, 255–258, 260 sq., 305, 322, 337, 346, 349–352, 354, 357, 383, 395 sq., 421–424, 462, 489–491, 523, 535, 566 sq.
Manilius   256
Maria (v. Jungfräulichkeit Marias)
Marius Mercator   6, 9n56, 243
Marius Victorinus   266n157, 266n160, 267, 269, 272, 274n180, 372n486, 444 sq.
Markion   69, 258, 308, 339, 340, 445
Martianus Capella   533n929
massa damnata/peccati   53n331, 86, 539, 543, 558 sq.

Materie   70 sq., 491 sq.
Medizin, antike   402
Mehrdeutigkeit (v. *ambiguitas*)
Memor, Vater Julians   3, 293, 311
meritum   34, 259, 287, 335, 453, 455, 491, 542–547
Minucius Felix   11, 286n228
modus (Kategorie)   266 sq., 274 sq., 285, 302 sq., 507
modus (maßvoller Gebrauch)   274 sq., 302, 400, 403
Möglichkeit (v. *possibilitas*)
Monnica, Mutter Augustins   76, 384
motus animi   27–31, 297, 300 sq., 449–453
   appetitus   27, 30 sq., 43, 299, 301, 400, 449, 451 sq.
   impetus   30, 449–451
   uoluntas (v. auch Definition der *uoluntas*)   27, 31–36, 43 sq., 50 sq., 57, 297, 298–301, 306, 325, 344, 364, 381, 405, 439, 449–455, 458–460, 469, 483, 490, 492–494, 497, 503 sq., 524, 544, 563
mores/actio/uita   41n252, 86, 311, 340, 353, 367, 369 sq., 468, 507 sq., 513, 533, 541, 560

Nachahmung (v. *imitatio*)
Natur, natürlich (v. *natura*)
natura   27, 37, 55, 70, 75, 81 sq., 84, 86, 225 sq., 255–257, 266, 295, 311, 316, 336 sq., 341, 343, 345, 360, 365–367, 370 sq., 378, 381, 387, 393, 396 sq., 402, 406 sq., 448, 458, 467, 469, 479, 490 sq., 494, 500–502, 507, 513, 527 sq., 531–535, 560
natura uitiata   51 sq., 56, 341, 344n413, 394n552, 437, 500
necessitas   25, 31, 48, 71 sq., 81, 238, 255, 299 sq., 316, 332, 363n465, 370, 378, 393, 404–408, 439, 443 sq., 454, 456–459, 472, 475, 477 sq., 484, 486–489, 494–497, 499, 502–508, 510 sq., 537n938, 552, 557, 563
Nestorius   3 sq., 11
Neues Testament   59, 69, 224n24, 258, 284, 301, 318
Nizäner/Nizänum   251, 430 sq., 433 sq.
Notwendigkeit (v. *necessitas*)
Numida/Numidien   238 sq.

Offenbarung (v. *dispensatio/reuelatio*)
Opfer 284, 312
Origenes 64n384, 310, 320, 373
Origenes/Rufin 31n185, 36, 38–40, 86, 320, 354, 360–362, 369, 376 sq., 380n514, 388, 391, 450, 453, 457, 465, 514 sq., 550, 555 sq., 561
origo (v. *genus*)
Orthodoxie, orthodox 11, 73, 76–78, 218, 256, 297, 325, 427, 434, 456, 489, 540, 567

paenitentia 56, 71, 536 sq.
Paradies 49, 289 sq., 355, 396, 398 sq.
Parallelstellen (Homerum ex Homero) 60 sq., 84, 373 sq., 386, 389
paruuli 24, 55, 73, 249, 286 sq., 299, 305–312, 316, 322–328, 333–338, 340–342, 345, 347–350, 370, 407, 509 sq., 524, 527, 567
Paulinus von Nola 3, 18
Paulinus von Trier 432n668
Paulus 84–88, 310, 353, 361–363, 365–371, 373, 377–380, 384 sq., 389–393, 512–518, 529, 540–542, 544 sq., 548–561
peccatum (v. auch Definition des *peccatum*) 31–35, 47, 54, 70–72, 84, 237 sq., 274 sq., 278, 289 sq., 299–308, 330 sq., 340 sq., 364 sq., 371–380, 386, 389–393, 396, 406, 447, 508 sq.
peccatum naturale / peccatum naturae / malum naturale 70–72, 219, 231–233, 254, 256 sq., 263, 261, 264 sq., 279, 285, 353 sq., 370 sq., 505 sq., 511, 528
peccatum originale 7, 22, 53, 55, 80 sq., 84, 219, 225 sq., 230, 231, 235, 237, 238, 249, 252, 254–257, 274, 289, 307, 322–325, 328, 330–342, 349, 353 sq., 358, 390 sq., 395, 407, 411, 465–468, 470 sq., 489, 500–505, 509 sq., 524–527, 535, 539, 552
Pelagius 1, 3, 7 sq., 20, 31n185, 36, 38, 42n257, 47n281, 220, 227n42, 228, 230, 232 sq., 243 sq., 246, 281, 285, 327, 329, 333, 354, 359 sq., 362–365, 369, 374, 382, 387 sq., 391, 408, 412, 423, 427, 431 sq., 435, 444n708, 448, 450, 454 sq., 457, 463, 478, 480–482, 484 sq., 487–489, 513 sq., 535, 542n948, 544–546, 548, 552, 557 sq.
Pelagianer/Pelagianismus 4, 8, 12, 38, 42n256, 72 sq., 78, 230, 233 sq., 241, 253, 291, 323, 325, 333 sq., 346, 417, 420, 423–425, 432–434, 488
Peripatetiker, peripatetisch 285n226, 397 sq., 403, 452
Person (v. *persona*)
persona 86 sq., 360n450, 361, 363n465, 371, 379 sq., 550 sq.
Petron 505
Pferdelieferung 291 sq.
Pharao 367, 368n476, 556, 562n1003
Philosophie/philosophisch 272, 280, 287, 289, 291–293, 444
pietas als Grundsatz der Auslegung 255 sq., 261, 339, 540, 566
Platon 35n206, 273n179, 277n199, 279n204, 280, 287, 328, 448n719, 481
Plautus 346
Plinius d. Jüngere 286n228, 423
Plotin 51n317
Plutarch 15, 283n218
Polemik 68 sq., 72–79, 256, 260, 291 sq., 310 sq., 315, 341, 351, 353 sq., 356 sq., 384, 407, 422–424, 462, 466, 468, 472, 493, 497, 509, 522 sq., 530–535
Polysemie 61, 81, 85, 272, 465
Porphyrius 88n514, 266 sq., 271–273
possibilitas 25, 39, 453, 457–459, 484 sq., 487, 497
praedestinatio 52–54, 80, 539, 544–546, 549, 556 sq., 559
Präexistenzialismus 226
Predigt 262 sq., 291
Priszillianisten 429
Prophet / Prophetie 62 sq., 535, 561–565
  falscher 262
Prosopopoiie 361
Prosper von Aquitanien 4
Prudenz 320
Punier, punisch 77 sq., 227 sq., 239, 308, 339, 407, 419, 502

Qualität (Kategorie; v. *qualitas*)
qualitas 27, 29n172, 81n497, 226, 266, 275–276, 303, 491
Quintilian 59n358, 60n364, 68, 267–269, 276n192, 277, 278n200, 287 sq., 297, 304, 372 sq., 422n624, 427, 444, 459n755, 474

NAMEN, ORTE, SACHEN 619

Ravenna 9
Rechtfertigung (v. *iustificatio*)
regula fidei 59, 61, 82, 260, 329, 430, 566 sq.
regula rationis 58, 222, 255, 256, 261, 339, 392 sq., 527
Rehabilitierung 1, 3 sq., 90
resurrectio 33 sq., 329, 377, 378n510, 464, 531
Reue (v. *paenitentia*)
Rhetor (= *orator*) 267, 308, 311, 317, 339, 357, 474, 561
Rhetorik 12, 65–68, 265, 268–270, 276, 308, 310, 339, 356, 503, 518
Rhodanius 432n668
Rolle (v. *persona*)
Ruf Gottes (v. *uocatio*)
Rufinus von Aquileia 5, 19 sq., 320, 425–430, 432 sq., 435
Rufus von Thessaloniki 6, 10, 73, 327, 489

Sallust 16, 220, 233n69, 239n82, 251, 290n245, 480n798
Samen (v. *semen*)
Schiedsrichter 12, 14, 418
   Leser als … 65, 234–236, 316, 410
Schlussfolgerung, logische 73, 75, 79–82, 255, 260, 285, 306 sq., 338, 340 sq., 343–345, 370 sq., 407, 456, 487, 489, 499, 503–505, 508–510, 532
Schöpfer/Schöpfung 26, 33, 52, 72 sq., 81, 85, 305 sq., 316, 326, 345 sq., 350 sq., 406 sq., 411, 433, 448, 479 sq., 489, 526, 528, 532, 534, 542, 558–560, 566, 535, 538–540
Schöpfung aus dem Nichts 52, 479 sq.
Seele (v. *animus*)
Seelenbewegung (v. *motus animi*)
Seelenvermögen
   cogitatio 27, 30, 45n274, 299, 449–451
   conscientia 27, 308, 459, 463, 466, 470
   memoria 43 sq.
   ratio 27, 30, 32, 43 sq., 298 sq., 306, 403, 449, 451, 481, 484, 524
   scientia 27
Selbständigkeit (v. *emancipatio*)
semen 57, 225, 507 sq., 560
Seneca der Ältere 251
Seneca der Jüngere 290n243, 327, 365, 416, 423, 449, 451
Serapion von Thmuis 20, 232, 252 sq., 258, 260, 311 sq., 339, 351, 414, 500, 522, 535

Servius 389
seruus iustitiae 515 sq.
seruus peccati 466, 512, 515 sq.
Silius Italicus 77
simplex, simplices 72, 78, 262–264, 290, 412–415, 417, 421, 425, 428
Sinne/Sinneswahrnehmung 43 sq., 399, 401 sq., 481
Siricius 495
Sixtus, Bischof von Rom 4
‚Sklave der Gerechtigkeit' (v. *seruus iustitiae*)
‚Sklave der Sünde' (v. *seruus peccati*)
Skopos 61, 84–86, 459, 463, 470, 542n948, 546
Sokrates scholasticus 430
Sozomenos 430
species 266, 272 sq., 283 sq., 287 sq., 301, 447
Sprachgebrauch (v. *consuetudo*, sprachliche)
Stasis-Lehre, Status-Lehre 60, 66 sq., 267–269, 276 sq., 304, 373n493, 422, 436
Sterblichkeit 41, 43, 358, 371, 378 sq., 383, 403, 489, 502
Stereotyp 77 sq., 239, 263, 290, 522
Stilebenen (v. *genera dicendi*)
Stoiker, stoisch 35n206, 280 sq., 283n218, 285, 298, 365, 383n520, 397 sq., 400, 449–453
Stolz (v. *superbia*)
Strafe 50, 56 sq., 379, 386, 508, 535
Streit
   arianischer 427
   donatistischer 14
   pelagianischer 1, 362
substantia 29n172, 70, 75, 81, 225 sq., 232, 257, 266, 270 sq., 273, 313–316, 341, 351 sq., 394n552, 444 sq., 480, 500, 521n903, 522, 527 sq., 533
Substanz (v. *substantia*)
Sueton 295
Sünde (v. *peccatum*)
Sündenfall 32 sq., 35, 40–43, 50, 55–57, 81, 225 sq., 255, 315, 330n376, 333, 336, 341, 343 sq., 358, 371, 378, 382 sq., 385 sq., 397–399, 402 sq., 420, 437 sq., 469, 474 sq., 494, 502, 508, 527 sq.
superbia 51, 86, 469, 544, 546, 549, 552–554
Synode (v. Konzil / Synode)
Synonymie 310, 548

Tacitus   221n14, 327, 505
Taufe (v. *baptisma*)
Taufgnade   23, 222n17, 287, 301, 322–338, 348, 478, 483, 497, 504
Taufe von Kleinkindern   7, 72, 78, 83, 226, 230, 231 sq., 249, 252, 261, 319, 322–328, 332, 334–338, 342, 408, 481, 508
Täuschung   72, 73n446, 75–79, 83, 218, 245, 250–254, 258 sq., 262 sq., 293, 313, 346, 348, 356, 412–416, 421–423, 428 sq., 434–437, 460 sq., 505, 522, 526, 541
Terenz   346
Tertullian   16, 18 sq., 60, 65, 82, 225, 235, 236n75, 246n111, 258 sq., 308, 320, 333n390, 396n556, 423n626, 442–446, 453, 456–459, 521, 525
Teufel (v. *diabolus*)
Theodor von Mopsuestia   3, 5, 10, 20, 36, 40–42, 63, 86, 227n42, 330–332, 377 sq., 457, 486, 545, 547, 550, 557 sq.
Theodoret   351, 522
theoria   62 sq.
Thessaloniki   9
Titia, Ehefrau Julians   3
Tod, körperlicher   30, 33 sq., 39–42, 52, 333, 361, 376n503, 378 sq., 382 sq., 397, 464, 489, 514n891, 531
Tod, zweiter/ewiger (v. auch Verdammung)   33 sq., 40, 374 sq.
Töpfer   86, 552–557, 563 sq., 566
Topik, rhetorische   22, 68 sq., 268 sq., 423, 459
Topos, polemischer   68 sq., 72–79, 83, 236 sq., 246, 252, 262, 290–292, 308 sq., 356 sq., 407, 412, 415, 422–424, 437, 462
Traduzianer / Traduzianismus   226, 260, 425
Tugend, tugendhaft   28, 35, 41, 55, 85, 220, 280–283, 293, 365, 358, 378, 445, 450 sq., 454, 458n754, 464 sq., 471, 534
  Kardinal-   267, 280–282
Tugenden, Antakoluthie der   19, 281 sq.
Turbantius   418

Ulpian   280n204
unde malum (v. auch Sündenfall)   25 sq., 232, 254, 289n238
Übel (v. *malum*)
Unterricht   60, 64, 88 sq., 269, 372 sq., 389

Ursprung (Kategorie; v. *genus*)

Valerius (Comes)   6, 9 sq., 228, 233 sq., 240–242, 244 sq., 291
Valerius Maximus   78n478
uasa irae   367, 538 sq., 541, 554–560
uasa misericordiae   538 sq., 541, 554–560
Verdammung   40, 53, 56, 71 sq., 75, 80, 310, 335 sq., 370, 526–528, 530 sq., 534 sq., 538 sq., 542, 560, 567
Verdienst (v. *meritum*)
Vergebung   56, 84, 232, 261, 301, 328, 333, 335, 337 sq., 354, 366 sq., 371, 380, 382, 470, 483, 501, 508–510, 524
Vergil   19, 228, 295–297, 311, 416, 453
Vergleich   74 sq., 79 sq., 254 sq., 288 sq., 303–305, 312–319, 328 sq., 341, 349–352, 395, 407, 409, 428, 472–474, 487–490, 499, 502, 510, 527–536, 540
Vernunft (v. *ratio*)
Vetus Latina   233, 283, 297, 543
Victor von Vita   432
Vier-Stadien-Lehre   46 sq., 332
Vincentius Victor   444n708
uisum/species/phantasia   46, 449–451, 458
uocatio   49, 52 sq.
uoluntas bona   30, 32, 50–53, 73, 83, 420, 484, 492, 536, 546
uoluntas mala   30, 50–53, 85, 301, 302, 310, 451, 455, 467, 479, 492
Vorauswissen   543–545, 557
Vorbestimmung (v. *praedestinatio*)
Vorbild (v. *exemplum*)
Vorstellung (v. *uisum/species/phantasia*)

Wahl Gottes (v. *electio*)
Wahrheit / Feind der Wahrheit   68, 74 sq., 219, 225, 235, 245 sq., 294, 256, 380, 414 sq., 489, 511
Widerspruch, logischer   74 sq., 79, 256 sq., 289, 290, 295, 307, 309, 311 sq., 338, 346–348, 399–406, 409, 439, 459–462, 469, 473, 490 sq., 502–504, 520, 522, 538 sq.
Widerspruch, Satz vom   81, 338
Wille (v. *uoluntas* / *uoluntas bona* / *uoluntas mala*)
Willensschwäche   31, 50 sq., 360, 458 sq., 515 sq.

Xenophon 263

Zenon von Kition 19, 267, 280 sq.
Zitierpraxis 6 sq., 12–15, 21–23, 74 sq., 235, 239, 250, 410
    manipulative 21 sq., 78, 239, 242 sq., 245 sq., 249, 253 sq., 258 sq., 260, 322–325, 334, 342–344, 346, 353, 356, 359, 410, 417–419, 459 sq., 471

Zosimus 1, 6, 8, 10, 223, 228, 233, 243, 291, 333
Zusammenwirken von Gott und Mensch 41, 334, 368, 486, 563
Zustimmung (= *consensus / consensio / assensio / assensus*) 37, 45, 46n277, 48, 57, 298, 398, 404, 449–451, 458, 508
Zwang (v. *necessitas*)